Saussure

John E. Joseph

Saussure

Tradução

Bruno Turra

FICHA CATALOGRÁFICA ELABORADA PELO
SISTEMA DE BIBLIOTECAS DA UNICAMP
DIVISÃO DE TRATAMENTO DA INFORMAÇÃO
Bibliotecária: Maria Lúcia Nery Dutra de Castro – CRB-8ª / 1724

J774s Joseph, John E.
Saussure / John E. Joseph ; tradução: Bruno Turra. – Campinas, SP : Editora da Unicamp, 2023.

Tradução de: *Saussure*.

1. Saussure, Ferdinand de, 1857-1913 – Biografia. 2. Linguística. 3. Estruturalismo. 4. História intelectual. I. Turra, Bruno. II. Título.

CDD – 921.9
– 410
– 149.96
– 121.4

ISBN 978-85-268-1621-3

Foi feito o depósito legal.

Editora da Unicamp
Rua Sérgio Buarque de Holanda, 421 – 3º andar
Campus Unicamp
CEP 13083-859 – Campinas – SP – Brasil
Tel./Fax: (19) 3521-7718 / 7728
www.editoraunicamp.com.br – vendas@editora.unicamp.br

Sumário

PARTE II – Dos primeiros passos ao *Mémoire*

PARTE III – O doutorado e os anos em Paris

PARTE IV – O retorno a Genebra

PARTE V – Última florada

Prefácio à edição brasileira

Bruno Turra

O ano de 2002 marca uma renovação nos estudos saussurianos, com a publicação dos *Escritos de Linguística Geral.* Esse volume, editado por Rudolf Engler e Simon Bouquet, compila manuscritos já conhecidos dos estudiosos saussurianos e publica o inédito *Essência dupla da linguagem*, descoberto em 1996. A versão brasileira da obra surge apenas dois anos depois da edição francesa. Se levarmos em conta o período de mais de meio século entre a publicação, em 1916, do *Cours de Linguistique Générale* (CLG) e sua versão brasileira em 1970, o intervalo de dois anos da publicação dos *Escritos* é significativo.

É significativo também o número de eventos e congressos no Brasil quando do centenário de publicação do CLG, em 2016. Os dois fatos, quando aproximados, dão indícios de um cenário acadêmico ativo e interessado no que o dito pai da linguística moderna teria ainda a dizer ou, antes, no que seus manuscritos nos convocariam a dizer.

Se elementos de uma recepção da teoria saussuriana podem ser observados no Brasil já em Said Ali[1] e, de forma mais sistemática, em Silva Neto e Mattoso Câmara,[2] o primeiro gesto editorial nacional acerca da obra saussuriana ocorre em 1970, com a publicação da tradução brasileira do CLG pela editora Cultrix.

Quando ganhamos uma edição em nossa língua, a França vivia o canto do cisne do estruturalismo, para retomar a expressão de Dosse.[3] É dessa época também a grande influência que passa a exercer a linguística estadunidense no Brasil.[4] Ao mesmo tempo que a obra se faz necessária, ela é apresentada de maneira deslocada: "não uma 'bíblia', mas um ponto de partida".[5] Uma obra que já em 1970 se destacava mais como um marco na história da linguística do que propriamente como uma teoria da linguagem a ser posta em funcionamento.

Um Saussure *dépassé*, ultrapassado, o linguista das dicotomias que havia excluído a fala, o sujeito e a história de sua pesquisa para construir um objeto científico, a língua. Foi contra esse Saussure que se levantaram as novas teorias linguísticas, como a sociolinguística e as teorias do discurso.

Com a publicação dos *Escritos* em 2002, a imagem de pai da horda dos linguistas começou a ruir, e o Saussure *dépassé* começou a dar espaço a um Saussure possível, ainda atual. Lemos nos manuscritos um Saussure mais dialógico que dicotômico, que tem o sujeito e a fala como pontos de partida de toda a sua pesquisa. Cria-se então uma outra miragem. O verdadeiro Saussure está nos *Escritos*, queimem o CLG!

As pesquisas na área que vêm sendo realizadas nessas passadas duas décadas do novo milênio, inclusive (ou sobretudo) no Brasil, visam compreender a construção dos conceitos por Saussure e os processos que os levaram a se cristalizar a partir da segunda metade do último século. Essas pesquisas parecem apontar também para a compreensão de que o verdadeiro Saussure está, desde a enunciação de suas aulas, perdido, e o que se recupera desse dizer se faz no batimento entre o CLG, seus manuscritos e as anotações de seus alunos. Nas palavras de Françoise Gadet, "parece-nos impossível, hoje, abordar sua obra de outra forma senão como uma *circulação de escritos*, desde as fontes e o CLG até os comentários de Godel, Engler e De Mauro".[6]

São numerosas as pesquisas brasileiras que se dedicam ao legado do linguista genebrino, seja a partir de um ponto de vista histórico/historiográfico, seja como base teórica para o desenvolvimento de estudos linguísticos. De uma perspectiva histórica, isto é, sobre a inserção do pensamento saussuriano na construção da disciplina linguística e seus efeitos na linguística brasileira, podemos mapear de modo geral duas grandes tendências, uma desenvolvida a partir da Historiografia Linguística, cujo grande nome é Konrad Koerner, e outra estabelecida em torno do Laboratoire d'histoire des théories linguistiques, fundado por J.-C. Chevalier. Há, ainda, as pesquisas brasileiras que tomam a reflexão saussuriana como base teórica para pensar aspectos da língua e da linguagem, mostrando sua atualidade e sua proficuidade. Ao leitor interessado, recomendo a consulta à seleção de textos brasileiros sobre Saussure no final do volume.

Apesar da crescente e significativa produção acadêmica brasileira no campo dos estudos saussurianos, são poucos, ainda, os textos de autoria de Ferdinand de Saussure – sejam manuscritos, cartas ou textos publicados em vida – em língua portuguesa. É escassa também a tradução em nosso idioma das obras incontornáveis que estabeleceram o que hoje chamamos de *filologia saussuriana*. Diante desse ponto se constrói a relevância da publicação, em português brasileiro, da obra que o leitor tem agora em mãos.

Lançada inicialmente em 2012, pela Oxford University Press, e com recente tradução para o francês de Nathalie Vincent-Arnaud, pela Lamber-Lucas, em 2022, esta obra ganha uma versão brasileira pouco mais de uma década depois de sua publicação. O decênio que separa o original de suas versões em francês e português brasileiro conferiu ao trabalho de John Joseph o *status* de obra de referência para os estudos saussurianos.

Esta biografia atenderá, acredito, a uma demanda de leitores e pesquisadores que passaram a se interessar pelo biografado a partir das recentes comemorações do CLG e da nova e crescente produção acadêmica a seu respeito. Tal publicação se insere numa (possível) nova leitura do saussurianismo no Brasil, em que a paternidade do estruturalismo que lhe foi atribuída passa a ser relativizada, e suas obras passam a ser lidas não mais do ponto de vista das dicotomias estanques, da exclusão do sujeito e da fala.

A biografia *Saussure*, de John Joseph, dividida em cinco partes, estabelece como fio condutor a elaboração teórica de Ferdinand de Saussure para fornecer ao leitor uma análise rigorosa das reflexões sobre a linguagem no século XIX e no início do século XX. A obra fornece um material fundamental para os estudiosos não apenas do campo linguístico, mas também das áreas conexas nas quais o estruturalismo erigido sob seu nome estabeleceu profundos diálogos. Trata-se, portanto, de uma obra essencial, não apenas para os estudos da linguagem, mas também para as humanidades de um modo geral, a qual pode fomentar ainda mais as pesquisas desenvolvidas no Brasil.

Saussure apresenta-nos de forma bem documentada um intelectual inquieto da virada do século XIX para o século XX sem recorrer a interpretações fáceis e psicologizantes. Mas o livro vai muito além do romance individual desse grande linguista. O trabalho do professor Joseph tece um pano de fundo detalhado de como a proeminente família de Saussure se instala em Genebra e ganha importância política e cultural ao longo dos séculos e de como Ferdinand se inscreve nessa história. Destaca-se ainda o denso trabalho teórico presente no livro, que fornece as condições de produção que permitiram ao linguista desenvolver os avanços na disciplina pelos quais ficou conhecido. A obra recupera e contextualiza as interlocuções do genebrino desde seus primeiros ensaios juvenis até seus últimos dias, tornando compreensíveis ao público não especializado seus trabalhos mais herméticos, como o *Mémoire sobre o sistema primitivo de vogais nas línguas indo-europeias* e sua tese sobre o genitivo absoluto em sânscrito.

A primeira parte é dedicada ao estabelecimento da família em Genebra. O primeiro capítulo narra a fuga dos primeiros membros da família de Saulxures-

-lès-Nancy da região de Lorraine, onde possuíam terras e títulos, para a cidade onde vieram a se estabelecer e se destacar em diversas áreas. Após ter sido preso em 1550, o huguenote Antoine de Saussure (o primeiro a grafar o nome como conhecemos hoje) foge com sua família para Genebra, devido à perseguição religiosa. O livro nos relata como, após o estabelecimento na região, a família foi ocupando espaços na sociedade genebrina. No segundo capítulo, dedicado já aos pais e avós de Ferdinand, o autor elenca os eventos que, mais adiante, nos serão úteis para compreender a formação intelectual do biografado, como a presença dos familiares nos corredores da Universidade de Genebra e as conquistas acadêmicas de seus predecessores. O terceiro e último capítulo traça um breve panorama do legado dos estudos sobre a linguagem desde o *Crátilo*, de Platão, até os estudos comparatistas do século XIX, com o objetivo de inscrever Ferdinand em uma história dos estudos da linguagem.

A segunda parte trata da formação intelectual do pequeno Ferdinand, de seus anos de ginásio à publicação do *Mémoire* e à sua experiência na Universidade de Leipzig. Ao longo de quatro capítulos, o autor traz elementos da vida privada do biografado – relatos da infância, primeiros amores e problemas financeiros da família –, de sua vida acadêmica e de sua aproximação de Adolphe de Pictet, a quem, ainda jovem, envia um ensaio sobre a redução das palavras do grego, do latim e do alemão a poucas raízes, seu primeiro exercício comparatista. Destaca-se o capítulo 7, último dessa parte, em que temos uma detalhada apresentação das principais teses defendidas no *Mémoire*, a relação com os neogramáticos em Leipzig e a recepção dessa sua obra inaugural.

A terceira parte cobre o período em que o genebrino escreve sua tese de doutoramento sobre o genitivo absoluto em sânscrito, sua breve passagem pela Universidade de Berlim e o contato com a obra do estadunidense William D. Whitney, a viagem de campo para a Lituânia e seu estabelecimento em Paris, onde ficará até 1891. Ao longo de quatro capítulos, o autor da biografia, além de fornecer ao leitor detalhes dos primeiros anos da vida adulta de Ferdinand, das crises familiares, do início do relacionamento com sua futura esposa e das disputas nos corredores universitários, também descreve as atividades desenvolvidas por Saussure nos anos parisienses, desde as primeiras experiências como conferencista na École des Hautes Études até sua última participação nas reuniões da Société de Linguistique de Paris e sua nomeação como *Chevalier* da Légion d'Honneur francesa.

Na quarta parte, dedicada ao período genebrino, lemos, através de um minucioso trabalho com os arquivos, os movimentos teóricos que culminaram nas principais contribuições de Saussure à linguística geral e, posteriormente, às humanidades como um todo. Trata-se dos anos genebrinos que precederam os famosos cursos de linguística geral. Destacam-se, nos cinco capítulos dessa parte, o posicionamento do biografado sobre o trabalho de Whitney, as aulas sobre versificação francesa e sobre a sílaba, sua incursão nas temáticas do psicólogo Théodore Flournoy (a língua marciana e a glossolalia espírita), além do extenso trabalho sobre as lendas germânicas. Vale destacar, mais uma vez, que não se trata apenas de um relato histórico dos eventos da vida do biografado. A cada ponto teórico, Joseph se aprofunda nas temáticas discutidas pelo genebrino, tornando-as mais compreensíveis ao público menos especializado.

A quinta e última parte nos apresenta de forma contextualizada as disputas políticas em cena na Genebra do novo século e os anos finais de docência e vida de Ferdinand de Saussure. Os quatro capítulos finais tratam das reformas universitárias ocorridas em Genebra e de como o nome de Saussure foi utilizado pelos jornais da época. É nessa parte também que acompanhamos o biografado em seus anos de curso de linguística geral. Ao longo dos capítulos, encontramos reflexões contextualizadas sobre os diversos conceitos saussurianos que depois foram consagrados em sua obra póstuma (sincronia e diacronia, língua, fala, arbitrariedade, a questão das unidades, entidades e identidades da língua). O último capítulo é dedicado à publicação do livro editado por Bally e Sechehaye – o *Curso de Linguística Geral* – e ao destino dado ao espólio do biografado, bem como à expansão do alcance de sua teoria sob o nome de estruturalismo.

O leitor tem ainda à sua disposição uma seleção bibliográfica sobre Saussure e um índice remissivo. Além de uma atualização da seleção de obras sobre o linguista, a versão brasileira apresenta também uma seleção de textos de pesquisadoras e pesquisadores das diversas universidades brasileiras que vêm se debruçando sobre o tema nos últimos anos.

Sobre a tradução

Compreendo que a significação de uma obra não se dá isoladamente do processo de significação de um nome de autor (para retomar Foucault). E, no Brasil, pouco se sabe sobre a vida e a obra de Saussure para além do que se desenhou a partir do CLG, o que produz efeitos sobre a forma como ele é lido. Nesse sentido, a tradução desta biografia tem por finalidade trazer a público as condições de produção das ideias saussurianas e, assim, contribuir para que novos movimentos de leitura de Saussure sejam desencadeados em solo nacional.

No que tange ao processo tradutório, concordo com a afirmação de Flores[7] de que a teorização saussuriana, apesar de pouco lembrada por autores que se ocupam do fenômeno tradutório, tem na tradução um elemento validador da admissibilidade da diversidade das línguas. Para o autor,

> [...] a tradução tem para Saussure simultaneamente valor operacional e demonstrativo. Operacional porque considera a diversidade das línguas. Saussure recorre à tradução para fazer funcionar sua teoria. Nesse sentido, a tradução é um mecanismo que contém um modo de funcionamento. Demonstrativo porque a diversidade das línguas é o lugar por excelência no qual o raciocínio de Saussure evidencia o caráter verídico de sua teoria sobre a língua.

Nesse sentido, se não se pode afirmar haver em Saussure uma teoria da tradução, pode-se "derivar da teoria e da prática saussuriana uma reflexão sobre a tradução, desde que se perceba como ela opera no pensamento do linguista".[8] Esse movimento implica levarmos a cabo a teorização saussuriana no exercício tradutório: "O argumento essencial de Saussure contra a concepção senso comum [de que a língua é uma nomenclatura] que ele recusa é a comparação entre línguas: *traduzir não é substituir um termo por outro*".[9] Ainda na esteira de Flores, é também com Saussure que delimitarei meu fazer tradutório, uma vez que "admitir que cada língua constitui um sistema de valores, criado *em vista do discurso* (ELG, p. 237), que *entra em ação como discurso* (ELG, p. 237), é admitir que não há língua que possa existir 'fora dos indivíduos falantes' (ELG, p. 115)".[10] É de uma perspectiva saussuriana, portanto, que conduzi a tradução de *Saussure*.

É importante destacar ainda, com Meschonnic,[11] que a tradução é um ato de linguagem e, como tal, tem sua própria historicidade. Por isso, a tradução não deve substituir o original; fazê-lo a torna uma "amnésia coletiva. Uma desescritura. Uma desistoricização. A tradução que apaga manifesta a permanência do mito de Babel". Dessa forma, insisto: há um decênio que separa o original de sua tradução, um período que a consolidou como obra fundamental, e há também uma produção acadêmica em língua portuguesa do Brasil que justificou e promoveu sua tradução.

Durante minha pesquisa de doutorado, a quase inexistência de versões brasileiras de textos fundamentais para os estudos saussurianos me despertou o desejo de me lançar no exercício tradutório. Entretanto, por onde começar? A resposta surgiu como uma provocação, no melhor sentido do termo, após um evento na Universidade Federal Fluminense (UFF) em 2021. Em conversa com a professora Vanise Medeiros, mencionei algum ponto da vida de

Saussure que havia lido no livro de Joseph. Vanise, com sua escuta delicada e atenta, daquelas que ouve as palavras sob as palavras, provocou: "Por que você não traduz?". Dito e feito. E é a ela que destino meus agradecimentos iniciais.

Agradeço também ao professor John Joseph, que desde o primeiro contato colocou-se à disposição, com muita generosidade, para me orientar diante de alguns impasses da tradução. Nesse mesmo sentido, agradeço a Nathalie Vincent-Arnaud, tradutora da elegante versão francesa do livro, e a seu editor, Marc Arabyan, a quem também recorri.

A versão francesa do livro foi fundamental como material de pesquisa, pois apresenta os textos originais de Ferdinand de Saussure e dos demais autores francófonos mencionados na obra, de forma que sua tradução foi direta. Em especial, os textos de Ferdinand de Saussure passaram por uma segunda checagem, a das fontes manuscritas disponíveis na página *on-line Archives Ferdinand de Saussure*, da Biblioteca de Genebra. A fim de manter o rigor da fonte, a visita aos manuscritos de Saussure, à letra saussuriana, foi essencial e também sempre fascinante. Havia algo de hipnótico, era um mergulho que me tomava por horas a fio, pois sempre havia mais uma página manuscrita a ser redescoberta para além daquela que continha o excerto buscado, e mais uma, e mais uma. As obras citadas que já possuíam versão brasileira, como é o caso do *Curso de Linguística Geral* e dos *Escritos de Linguística Geral*, foram consultadas e utilizadas. As demais citações foram traduzidas de seus textos originais.

Agradeço profundamente à professora Maria Fausta Pereira de Castro, que acolheu o projeto da tradução deste livro a título de pesquisa de pós-doutorado no Instituto de Estudos da Linguagem (IEL) da Universidade Estadual de Campinas (Unicamp), e com quem aprendo constantemente. Sua atenção e sua dedicação à pesquisa saussuriana foram a base para que esta tradução fosse possível. Agradeço também a todas as e todos os colegas do Grupo de Pesquisa em Aquisição de Linguagem (GPAL-Unicamp) e do Grupo de Pesquisa Ferdinand de Saussure, da Universidade Federal de Uberlândia (UFU), que sempre se prontificaram a ajudar e a me encorajar neste projeto.

Agradeço aos amigos Thaís Costa, Valéria Motta e Júlio Cattai, que acompanharam de perto todo o processo de tradução e foram leitores de primeira hora dos capítulos recém-traduzidos.

O apoio e a ajuda de todos esses colegas não lhes conferem nenhuma responsabilidade sobre os equívocos e descuidos da tradução. Esses são todos meus.

Agradeço, por fim, ao Lucas. Companheiro de todas as horas e que, mais uma vez, teve a atenção dividida com esse senhor falecido há tanto tempo.

P. S. A tradução do poema de Voltaire (p. 47), de Alfred Gautier (p. 183) e dos de Saussurre (pp. 176, 179, 180, 181, 182, 185, 186, 204, 205, 228, 229, 235, 236, 237 e 488) são de Luis Dolhnikoff.

Referências

ALTMAN, C. "Saussure e o (des)encontro de duas gerações acadêmicas no Brasil". *Signo y Seña*. n. 30, 2016, pp. 3-21.

BECHARA, E. "Primeiros ecos de F. de Saussure na gramaticografia de língua portuguesa". *Revista Confluência*, n. 48, 1º semestre de 2015 [1993], pp. 9-16.

COSTA, T. A. "Grammatica historica da lingua portugueza de Said Ali cem anos depois: considerações acerca do movimento de (res)significação de uma obra". *Líng. e Instrum. Linguíst.*, Campinas, SP, vol. 24, n. 48, jul./dez. 2021, pp. 61-109.

DOSSE, F. *História do Estruturalismo*. 2 vols. Bauru, SP, EDUSC, 2007 [1992].

FLORES, V. N. *Saussure e a tradução*. Brasília, Editora da UnB, 2021.

GADET, F. *Saussure: une science de la langue*. Paris, Puf, 1987.

KATO, M. & RAMOS, J. "Trinta anos de sintaxe gerativa no Brasil". *D.E.L.T.A.*, vol. 15, n. especial, 1999, pp. 105-146.

MESCHONNIC, H. *Poética do traduzir*. Trad. Jerusa Pires Ferreira e Suely Fenerich. São Paulo, Perspectiva, 2010 [1999].

SALUM, I. N. "Prefácio à edição brasileira". *In*: SAUSSURE, F. *Curso de Linguística Geral*. Trad. A. Chelini, J. P. Paes e I. Blikstein. 27. ed. São Paulo, Cultrix, 2006 [1969].

Notas

1 Altman, 2016; Bechara, 2015 [1993]; Costa, 2021.

2 Altman, 2016.

3 Dosse, 2007 [1992].

4 Kato & Ramos, 1999.

5 Salum, 2006 [1969], p. XV.

6 Gadet, 1987, p. 13. Grifo meu.

7 Flores, 2021, p. 41.

8 *Idem, ibidem*.

9 Gadet, 1996 *apud* Flores, 2021, p. 44. Grifo do autor.

10 Flores, 2021, p. 44. Grifos do autor.

11 Meschonnic, 2010 [1999], p. XXVI.

Prefácio da primeira edição

Estou profundamente em débito com dezenas de pessoas que me ajudaram, de diversas maneiras, a escrever este livro. Quatro agradecimentos em particular encabeçam a lista. Sem a concessão de uma bolsa substancial para este projeto pelo Leverhulme Trust, não haveria livro. Eu nunca poderia ter passado o tempo necessário em Genebra ou ter viajado para outros lugares onde Saussure viveu ou onde estão guardados seus papéis, ou ter tido o tempo e a energia mental para absorver tudo o que ainda precisava aprender, mesmo depois de 35 anos lendo Saussure e quase 30 anos escrevendo sobre ele.

A equipe do Département d'Archives et Manuscrits da Bibliothèque de Genève, liderada por Barbara Roth-Lochner, foi infalivelmente prestativa; sua devoção à preservação dos materiais que possuem não os deixou relutantes em ouvir um motivo para massagear levemente as regras quando isso pudesse significar chegar a uma melhor compreensão desses materiais. Essa é a abordagem que se sonha encontrar em uma equipe de arquivo.

A comunidade de estudiosos saussurianos há muito goza de certa reputação de irascível, mas é apenas por causa de nossa paixão pela beleza e pela elegância das ideias de Saussure, e de nosso amor por um homem que todos sentimos que conhecemos, embora de fato tenhamos em grande parte o construído à nossa própria imagem. Algumas décadas atrás, E. F. K. Koerner empreendeu uma importante tentativa inicial de um estudo abrangente de Saussure no contexto da linguística dos séculos XIX e XX – então se tornou alvo de ataques de alguns estudiosos mais antigos, cuja pretensa experiência histórica ele expôs. Tendo tido a sorte de ser seu amigo por um quarto de século, tive muitas oportunidades de vê-lo demonstrar sua honestidade e sua generosidade, especialmente para jovens talentosos que ingressam no campo da linguística. Ao pesquisar e escrever este livro, sempre soube que poderia contar com sua ajuda e seu apoio, o que foi particularmente vital para entender a relação de Saussure com seus predecessores e seus contemporâneos alemães. As conclusões a que cheguei nem sempre são aquelas com as quais ele concorda; de vez em quando sinto que elas até o deixaram um pouco magoado, mas sua amizade é inabalável.

A quarta de minhas maiores dívidas é com minha família, cujas vidas em grande parte tiveram que girar em torno de minha devoção obstinada a este livro. Minha esposa, Jeannette, enfrentou a curiosa situação de sentir ciúmes das incontáveis horas que passei com um homem que morreu há quase um século. Nossos filhos, Julian, Crispin e Maud, lutam para se lembrar de uma época em que eu não estava trabalhando na biografia. O amor e o apoio deles durante nossas férias de verão em Genebra foram inesgotáveis e, espero, deixaram-lhes lembranças tão calorosas quanto as minhas – por exemplo, daquela tarde que passamos no Cemitério de Genthod com as crianças sendo recompensadas com um franco suíço por cada lápide da família Saussure que encontravam. Infelizmente, meu próprio pai, John, morreu durante o tempo em que trabalhava no livro, pelo qual ele é o grande responsável, pois eu não poderia ter realizado tal empreitada sem o exemplo que me deu desde a infância, de alguém que nunca temeu trabalho árduo. Minha prima Mary Ann Byers é outra pessoa assim, e o cuidado que ela teve com meu pai durante seus anos de declínio, bem como a ajuda que me proporcionou sem exigir nada em troca, nunca serão esquecidos.

Mas mesmo essas instituições e pessoas sozinhas não poderiam ter me ajudado. A Universidade de Edimburgo tem apoiado infalivelmente. Os arquivistas da Houghton Library Harvard foram muito prestativos em fornecer acesso aos documentos de Saussure que possuem. Estudiosos de Saussure e outros historiadores da linguística sempre se mostraram generosos com informações e, embora eu não possa fornecer uma lista exaustiva, devo destacar os agradecimentos a René Amacker, Michel Arrivé, R. E. Asher, Gabriel Bergougnoux, Simon Bouquet, Marie-Claude Capt-Artaud, Jean-Claude Chevalier, Alessandro Chidichimo, Jonathan Culler, Loïc Depecker, o falecido Rudolf Engler, Claire Forel, Anne-Marguerite Frýba-Reber, Daniele Gambarara, *Sir* David Gilmour, W. Terrence Gordon, Frans Gregersen, Laura Gressani, Geoffrey Galt Harpham, Roy Harris, Brian D. Joseph, Douglas A. Kibbee, Carita Klippi, Frederik Kortlandt, Michael MacMahon, Maria Pia Marchese, Claudia Mejía Quijano, Valelia Muni Toke, Claudine Normand, Daniel Petit, Christian Puech, Geoffrey K. Pullum, Fabienne Reboul, E. Wyn Roberts, Carol Sanders, Jean-Bénédict de Saussure, Haun Saussy, Patrick Sériot, Estanislao Sofia, Ronald de Sousa, Giedrius Subačius, Talbot J. Taylor, Pierre-Yves Testenoire, Margaret Thomas, Simon Trépanier, Jean Verrier e o falecido George Wolf. Foi um prazer trabalhar com John Davey e a equipe da Oxford University Press.

Tentei equilibrar minhas responsabilidades para com meus leitores, que merecem precisão e a maior aproximação possível da verdade, e para com meu tema de investigação e à família do biografado, que merecem decência e respeito por seus sentimentos diante das coisas às vezes difíceis e dolorosas que as pesquisas de arquivo inevitavelmente fazem emergir. Durante o período em que fiz esta pesquisa, descobri que meu próprio avô materno morreu em um manicômio. Isso aconteceu antes de eu nascer e, embora não tenha vergonha disso, posso avaliar a dor que causou a minha avó, minha mãe e minhas tias, por nunca terem tocado no assunto pelo resto de suas vidas. No caso de Ferdinand de Saussure, não encobri nada: mas o fato é que certos rumores que circulam sobre ele há décadas são realmente muito piores do que aquilo que emerge do registro documental. Isso, felizmente, tornou meu trabalho menos difícil do que poderia ter sido.

Apresentação para a edição brasileira

John E. Joseph

No capítulo de abertura deste livro, encontramos uma fala atribuída ao grande estadista francês Talleyrand, proferida no Congresso de Viena de 1815, que afirma: "O mundo é dividido em cinco partes: Europa, Ásia, América, África – e Genebra". A vida de Ferdinand de Saussure, incluindo a forma como via a si próprio, está completamente enredada por essa quinta parte do mundo. O que de fato me surpreendeu quando li a citação de Talleyrand, além da ausência da Austrália e da Nova Zelândia, foi que uma das quatro partes é "América". Tendo crescido no Michigan, a América do Sul parecia a mim um lugar muito mais distante do que a Europa ou mesmo a Ásia, onde dois de meus avós nasceram. Quando perguntei à minha amiga Claire Forel, da Universidade de Genebra, sobre a citação, porém, ela confirmou que também cresceu aprendendo que a América é um único continente.

Nos anos em que participei de um grupo disperso de acadêmicos dedicados à história da linguística nas universidades da América do Norte, ficamos surpresos com o alto nível das atividades na área no Brasil. Havia um dinamismo com o qual poderíamos apenas sonhar, e que o único paralelo, nos parecia, era com a Europa francófona. O grande intelectual saussuriano E. F. K. Koerner fazia o que podia para organizar o que dizia respeito à América do Norte, mas nos faltou um centro óbvio. Diante disso, sinto como uma enorme conquista pessoal ter meu livro *Saussure* traduzido para o português, a verdadeira língua materna da história da linguística na América.

Na verdade, não se trata de uma "conquista" minha, mas de uma honra. A conquista pertence ao Dr. Bruno Turra, o tradutor. O que se espera de um tradutor é a sensibilidade às nuances das línguas envolvidas – o que o *protégé* de Saussure, Charles Bally, chamava de sua dimensão "afetiva" –, juntamente com a habilidade de manter sempre bem próximo de si um leitor imaginário, que avisa quando alguma passagem parece ambígua ou obscura. Tendo eu próprio traduzido as *Últimas Lições: Collège de France, 1968 e 1969*, de Émile

Benveniste, e tendo feito parte da equipe de *The Henri Meschonnic Reader: A Poetics of Society*, editada por Marko Pajević (ambos os livros publicados pela Edinburgh University Press, em 2019), estou muito ciente do lugar em que Turra se encontra.

Meu leitor imaginário pertence a um meio bem diferente do de Turra, evidentemente. Turra está plenamente familiarizado com este, ainda que situado em outro. Como autor, pude atender apenas ao meu leitor imaginário; Turra, por outro lado, como tradutor, teve de ser o drogomano entre os dois, sendo, é claro, leal primeiramente ao leitor de sua tradução. Assim, leitor, você tem minha garantia de que Bruno Turra aplicou assiduamente seus profundos talentos linguísticos para produzir a versão de *Saussure*, que, quando de sua publicação, deverá ser considerada a versão definitiva, uma vez que teve a oportunidade de corrigir alguns dos erros do meu original de 2012. Apesar de a tradução francesa de 2021 ter tido a virtude de corrigir outros erros, e de prover os textos originais em francês que fui forçado a excluir por questão de espaço, inevitavelmente alguns novos erros e inconsistências foram introduzidos e tiveram de ser solucionados. Sempre que uma questão surgia enquanto traduzia, Turra não hesitou em me contatar, e fiz meu melhor para esclarecer tudo aquilo que eu havia conseguido confundir.

Houve, é claro, um progresso substancial nos estudos saussurianos desde 2012. A edição de Estanislao Sofia (2015) da *Collation* das anotações dos alunos preparadas por Albert Sechehaye e que serviu de base para o *Cours de Linguistique Générale* é um material de pesquisa enorme, assim como a publicação de François Vincent (2020) do complexo conjunto de fontes para o primeiro curso de linguística geral de Saussure de 1907. O centenário da publicação do *Cours*, em 2016, foi marcado por dezenas de novos estudos, incluindo aqueles que fizeram parte das conferências organizadas em Paris e em Genebra pelo Cercle Ferdinand de Saussure. A revista do Cercle, *Cahiers Ferdinand de Saussure*, continua sendo a principal publicação sobre os progressos nos estudos saussurianos, e eu convido os leitores a explorarem os recursos oferecidos em <https://www.cercleferdinanddesaussure.org/>.

Sou imensamente grato a Turra e à professora Maria Fausta Pereira de Castro, que o supervisionou no planejamento inicial do projeto. O resultado final mostrou que todo o meticuloso trabalho, toda a energia espiritual, toda a engenhosidade criativa empregados nesta tradução foram pagos, e com juros.

Edimburgo, 17 de julho de 2023

Referências

SOFIA, E. (ed.). *La "Collation Sechehaye" du "Cours de Linguistique Générale" de Ferdinand de Saussure.* Edição, introdução e notas de Estanislao Sofia. Leuven/Paris/Bristol, Peeters, 2015.

VINCENT, F. (ed.). *Ferdinand de Saussure, Le premier Cours de Linguistique Générale: la trilogie achevée.* Paris, Champs-Elysées-Deauville, 2020.

Abreviações

A abreviatura "dS" é utilizada nas notas para de Saussure, e "FdS" para Ferdinand de Saussure. Além disso, as seguintes abreviações são usadas para arquivos e publicações:

AdS = os Archives de Saussure na BGE

BGE = Bibliothèque de Genève

BSLP = *Bulletin de la Société de Linguistique de Paris*

CLG = *Cours de Linguistique Générale.* (Paris, Éditions Payot & Rivages, 1972). O texto teve sua primeira edição em 1916. Em 1922, a segunda edição apresentou algumas alterações e correções no texto original, que segue inalterado desde então. Em 1972, são incorporados ao texto do CLG notas e comentários de Tullio de Mauro. É dessa edição que são extraídos os excertos presentes nesta biografia. [*Curso de Linguística Geral.* Tradução brasileira de Antônio Chelini, José Paulo Paes e Izidoro Blikstein. São Paulo, Editora Cultrix, 1970. Nesta biografia, utilizamos a 26ª edição, de 2004.]

CLG/E = Edição crítica do CLG de Rudolf Engler (Wiesbaden, Harrassowitz, 1967-1974)

ELG = *Écrits de Linguistique Générale*, editado por Simon Bouquet & Rudolf Engler (Paris, Gallimard, 2002). [*Escritos de Linguística Geral.* Tradução brasileira de Carlos Augusto L. Salum e Ana Lucia Franco. São Paulo, Editora Cultrix, 2004.]

MSLP = *Mémoires de la Société de Linguistique de Paris*

PARTE I

Seu mundo e suas origens

1

A ascensão da família Saussure

A Suíça e sua vizinha, Genebra

Nunca houve um "povo suíço" que compartilhasse um traço nacional. Napoleão disse:

> A Suíça não se parece com nenhum outro Estado, seja pelos acontecimentos que se sucederam ao longo dos séculos, seja por sua configuração geográfica, seja por suas diferentes línguas, suas diferentes religiões, ou pela extrema diferença cultural existente entre suas diferentes partes. A natureza fez de seu Estado uma federação, e nenhum homem seria insensato em desejar conquistá-lo. [...] A neutralidade de seu país, a prosperidade de seu comércio e uma administração familiar são as únicas coisas que unem seu povo e o mantêm unido.[1]

Nessas terras, onde as placas tectônicas que formaram a Europa se fundiram, elevando os Alpes e o Jura ao se chocarem, os povos que aí se estabeleceram não puderam se fundir. Os alamanos que vieram pelo norte no quinto século depois de Cristo, os burgúndios que chegaram na Helvécia celta vindos do oeste no mesmo período e a federação dos francos que derrotou os burgúndios pelo controle de seus territórios menos de cem anos depois não nutriam confiança ou afeição mútuas. Com o tempo, eles descobriram que a afeição também diminuía por aqueles que ficaram em suas terras natais.

Os corpos d'água formados pelas montanhas criaram seus próprios limites e oportunidades. No ponto mais ocidental das terras helvéticas, onde o Lago Léman despeja suas águas no poderoso Rio Ródano, resta incrustada uma nesga geograficamente ambígua, não pertencendo exatamente nem à Suíça, a leste, nem à França, a oeste. *Genava*, como era chamada nas Guerras Gálicas comandadas por Júlio César, tem uma história própria, só em parte conectada à história do restante da antiga Helvécia e atual Suíça. Talleyrand-Périgord, político e diplomata francês, teria dito no Congresso de Viena, em 1815, que "O mundo é dividido em cinco partes: Europa, Ásia, América, África – e Genebra". Mesmo apócrifa, a observação é, além de mordaz, precisa sobre como os genebrinos compreendem sua cidade ou, para dar-lhe seu título mais imponente, sua República.

Genebra tornou-se um bispado cristão pouco antes do quarto século. Pertenceu ao Império Merovíngio dos francos desde 534 d.C. até sua dissolução, no século XI. A cidade então foi incorporada ao Segundo Reino Burgúndio e, a partir de 1032, ao Sacro Império Romano, juntamente com todo o restante da Suíça. A cidade permaneceu com seu governo independente conduzido por seus bispos. Porém, quando, no século XIII, as antigas casas governantes foram suplantadas pelas casas de Habsburgo e Savoia, a independência *de facto* de Genebra não poderia mais ser garantida. Os Savoia não estavam satisfeitos com a organização anterior e periodicamente ameaçavam assumir o controle direto da cidade. A leste, os Habsburgo foram paulatinamente revogando os privilégios de que desfrutavam as comunas das montanhas.

Em 1º de agosto de 1291, as comunas de Uri, Schwyz e Unterwalden concordaram em constituir sua própria aliança de defesa contra o Sacro Império Romano. O lendário herói desse feito, William Tell, ainda hoje simboliza a independência suíça. Em 1531, mais dez cantões aderiram à aliança, formando então a Federação Suíça até o período napoleônico. Genebra não estava entre eles.

Culturalmente, o acontecimento mais marcante de todo esse período ocorreu em 31 de outubro de 1517, quando o clérigo Martinho Lutero publicou suas 99 teses sobre o poder e a eficácia das indulgências. Genebra seria o refúgio para milhares de famílias perseguidas na França, na Itália e na Bélgica devido ao apoio à Reforma, que chegavam em ondas ao longo dos séculos XVI e XVII.

Na mais antiga onda de refugiados estava uma família da baixa nobreza de Lorraine, no leste da França. A residência oficial da família, Saulxures-lès-Nancy, localizada a leste de Nancy, capital de Lorraine, é hoje o subúrbio adjacente ao aeroporto da região. Trata-se de uma das cinco antigas propriedades da família que ainda carregam seu nome, as outras são Saulxures-lès-Bulgnéville, Saulxures-lès-Vannes, Saulxures-sur-Moselotte e, em uma clareira na floresta a cerca de 60 km a sudoeste de Nancy, um puro e simples Saulxures.

No século XVI, quando a ortografia do francês era bem menos padronizada que hoje, a grafia tradicional Saulxures era por vezes escrita da forma como se pronunciava: Saussure.

Os nobres Saulxures de Lorraine

O mais antigo membro da família de que se tem registro se chamava Chouel (às vezes grafado Schouel). Nascido em Saulxures-lès-Nancy, era o senhor de Monteuil, na vila de Amance, a 100 km ao norte.[2] Sobrenomes ainda não eram de uso comum, mas as poucas famílias que possuíam terras nomeavam-se como sendo *de* seu território particular. O senhor de Monteuil, cujos registros mostram ter vivido em 1440, tinha por nome Chouel de Saulxures-lès-Nancy.

Em 1469 é registrado o nascimento de seu filho e herdeiro, Mongin Chouel de Saulxures. Mongin serviria de falcoeiro de René II, duque de Lorraine. Em 1503, aos 34 anos, ele foi "nobilitado sem pagamento, por títulos do duque René II, concedidos em Neuchâtel".[3] No mesmo ano, casa-se com Catherine Warin de Clémery, que dá a ele 11 filhos.[4] Algum tempo após a condecoração, Mongin adquire uma propriedade e uma senhoria mais distante, tornando-se senhor de Dommartin-sous-Amance, que se tornaria, então, a residência oficial da família.

Mongin seguiu colecionando honrarias, sendo elevado a Grande Falcoeiro de Lorraine pelo filho do duque René – Antoine, o Bom. Como gesto de lealdade e apreço pelas honrarias recebidas, Mongin e Catherine deram o nome de Antoine a um de seus filhos, nascido em 1514. Um ano antes, François I ascendeu ao trono francês. Sob o reinado esclarecido do jovem François, a França era tolerante à crescente onda de ideias protestantes. Antoine tinha 11 anos quando, em 1525, um clérigo da Picardia de nome Jehan (Jean) Cauvin, ou "Calvin" em sua forma latinizada, iniciou o estabelecimento de uma igreja reformada na França e na Suíça. Nos anos vindouros, Antoine se tornou um seguidor devoto.

O ano de 1525 também viu a maré política começar a virar em favor de Charles V, sacro imperador romano. François foi obrigado, a certa altura, a confessar sua fé católica e sancionar a perseguição dos protestantes. Um edito de 1535 baniu todos os "hereges" do solo francês, formando então a primeira onda de refugiados protestantes – ou "huguenotes", termo de origem incerta – a deixar a França, mas não Lorraine, onde ainda se gozava de proteção ducal.

Em Genebra, onde os ensinamentos de Calvino já haviam encontrado devotos, os reformistas depuseram o governo dos bispos da cidade e declararam-na uma república independente, um *status* que mantém até o presente. Apesar de Genebra ter se incorporado à Federação Suíça em 1815, seu grau de adesão permanece convenientemente ambíguo. Os genebrinos de hoje ainda se referem a Genebra como *la République*, a República, e, quando falam sobre os suíços, não necessariamente se incluem entre eles.

Em 1536 João Calvino foi a Genebra como refugiado da perseguição francesa. Não levou muito tempo até que uma disputa pelo poder irrompesse entre seus apoiadores e o Conselho Geral da República, resultando na expulsão de Calvino da cidade em 1538. Naquele mesmo ano, Antoine de Saussure, o primeiro a assinar seu nome com a grafia simplificada, casa-se, aos 24 anos, com Antoinette d'Augy, dama de Sorcy.

Eles tiveram 14 filhos.[5] Após a morte de Mongin, seu pai, em 1542, aos 72 ou 73 anos, Antoine herdou suas propriedades, sucedendo-o em seus deveres e ofícios. Em dezembro do ano seguinte, Antoinette dá à luz seu primeiro filho e herdeiro, Claude.

Antoine continuou a gozar dos favores de seu homônimo, o duque Antoine de Lorraine.[6] Mas, em 1544, com a morte do duque, a proteção aos protestantes em Lorraine chega ao fim. Seu herdeiro, duque Charles, era menor de idade, e o território passa então à regência de sua mãe, Christine da Dinamarca, que era leal a Roma. Em 1547, Antoine de Saussure é preso por ofensas contra a religião, mas lhe é concedido perdão.[7] Um novo julgamento foi ordenado em 1550, com Christine acusando Saussure de transmitir os conhecimentos da religião reformada ao jovem duque Charles.[8] Ciente da hostilidade da regente sobre si, Saussure foge com sua família antes que pudesse ser apreendido e levado a júri, abandonando suas propriedades para o tesouro real.

Inicialmente, residiu nas proximidades de Metz, onde se diz ter contribuído para o estabelecimento da igreja reformada. Seu itinerário seguinte é tema de disputa. Após deixar Metz, ele parece ter se instalado temporariamente em Estrasburgo e Neuchâtel, então seguiu para Lausanne, antes de se estabelecer permanentemente em Genebra, ou o contrário, ou, ainda, estabeleceu base em cada uma das cidades. Segundo uma genealogia da família de 1671, foi concedida cidadania a Antoine como um *bourgeois* de Lausanne em 1556.[9] Qualquer que tenha sido a ordem de seu itinerário, ele "se tornou um amigo dos líderes reformistas, de Calvino em Genebra, Farel em Neuchâtel, e Viret em Lausanne".[10] Logo no início das viagens, sua esposa Antoinette, que já lhe havia parido meia dúzia de filhos, deu à luz Jean, que continuaria a linhagem que nos leva a Ferdinand de Saussure.[11]

Na Genebra de Monsieur *Calvino*

Três anos depois de Calvino ser expulso da República em 1538, seus apoiadores haviam conquistado assentos no Conselho, e ele foi convidado a retornar, de maneira triunfante e permanente, em 1541. Em 1550, quando Antoine de Saussure foge de Lorraine, tanto a Igreja quanto o Estado em Genebra estavam nas mãos de Calvino, onde permaneceram até sua morte, 23 anos mais tarde. Raramente se tem um único homem a moldar tão completamente as instituições, o pensamento e a personalidade de uma cidade. Sua influência se estendeu para muito além da separação oficial entre Igreja e Estado na República de Genebra, em 1907. Foi neste *milieu* sociocultural calvinista que Ferdinand de Saussure cresceu e passou quase toda a sua vida adulta, com exceção dos três anos estudando em Leipzig e Berlim, seguidos de dez anos lecionando em Paris – e mesmo nesse período ele passou quase todo o seu tempo livre na companhia de outros expatriados genebrinos. É claro que seu histórico e seu entorno não determinam seu pensamento ou as escolhas que tomou na vida, mas fornecem muitas pistas para compreender suas prioridades e inclinações, o que ele tomava como conhecimento de senso comum, e quais obstáculos internos o impediram de concluir muitos dos projetos a que se dedicou.

A imagem do calvinismo hoje é a de um paternalismo severo, sisudo e austero, conhecido por uma crença lamentável na predestinação. É preciso, porém, que seja compreendido em seu contexto histórico. Assim como outras doutrinas protestantes, o calvinismo surgiu da oposição a uma Igreja Católica Romana que se colocava como concessora da graça e da salvação. Calvino disse, mais claramente que qualquer outro reformista, que somente Deus concede a graça e que não é necessária uma igreja para atuar como Seu intermediário.

Toda doutrina, de toda religião, parece perfeita, bela e racional quando se examinam os ideais que lhe deram origem. O calvinismo não é uma exceção. Ele considera todo ser humano absolutamente igual aos olhos de Deus, o que fez com que se extinguisse a hierarquia de cardeais, bispos e padres. Da mesma forma, significava que o governo também deveria ser democrático. "A República de Genebra é um organismo espiritual e religioso assim como civil e político. O Estado é uma igreja e a Igreja é um Estado, a nação é constituída em Igreja."[12]

O calvinismo defende que todas as pessoas merecem acesso à palavra de Deus em sua própria língua. Isso significa que é preciso aprender a ler – portanto, educação deve ser oferecida a todos. Não deve haver nenhuma barreira entre fé, de um lado, e razão e ciência, de outro. Se as respostas dadas pela ciência são diferentes daquelas da Bíblia, devemos nos lembrar de que Deus nos deu o próprio universo como uma Bíblia e quer apenas que descubramos a verdade. "Assim, os calvinistas terão o sentimento de que é um dever não deixar que as faculdades dadas por Deus se tornem inativas ou estéreis [...]. Criados para respeitar e amar a verdade, odiar os vícios e, acima de tudo, a mentira, abominar qualquer comprometimento com o erro e com a superstição, eles aprenderam a abrir seus olhos para observar e usar a razão para refletir e examinar."[13]

Genebra foi a primeira cidade moderna a estabelecer uma educação geral. Jean-Jacques Rousseau observou que tudo sobre o que se poderia conversar com um comerciante parisiense era seu comércio, enquanto um relojoeiro genebrino discutiria literatura ou filosofia.[14] A obrigação em manter a ciência acessível significa resistir à fácil atração pelo desenvolvimento de um jargão científico restrito a especialistas. Tudo pode e deve ser dito de forma clara, estabelecendo-se uma relação transparente entre palavras e conceitos. A tradição registra que mesmo os inimigos de Calvino tinham que admitir que, "[q] uando *Monsieur* Calvino fala, é *claro*".[15]

Novamente, trata-se da teoria do calvinismo, seu ideal utópico. Como em toda doutrina, os ideais devem se curvar para acomodar a política, que inevitavelmente surge em qualquer que seja o grupo. Tendo extinguido a hierarquia eclesiástica, o governo de Genebra construiu seu complexo sistema de conselhos – o Conselho dos Duzentos, o Conselhos dos Sessenta, e o "Conselho Magnífico" dos Vinte e Cinco. Ano após ano, os conselhos menores se apropriavam das responsabilidades dos maiores, e todos eles gradualmente usurparam poderes do verdadeiramente democrático Conselho Geral, que incluía todos os cidadãos. Reinavam, acima do sistema de conselhos, como príncipes e bispos temporários, os quatro síndicos de Genebra, escolhidos anualmente das fileiras do Conselho dos Vinte e Cinco.

O sistema foi projetado para uma República em que se pressupunha o consenso, baseado na aceitação compartilhada pelos cidadãos da autoridade da palavra de Deus. Não é preciso dizer que problemas começaram a surgir assim que se percebeu que nem todos interpretavam a palavra de Deus da mesma forma. A autoridade teve que ser afirmada, e o governo tornou-se autoritário quase desde o início. No âmbito social, contradições também abundaram. Ao seguir a doutrina calvinista da igualdade, Genebra não concedia títulos além daqueles temporários de Conselheiro ou Síndico. Mas, com o crescimento econômico da cidade – algo que sempre parece aumentar a distância entre ricos e pobres –, tornou-se aparente que a igualdade social era apenas superficial.

Como parte de seu programa racionalista, Calvino fundou em 1559 a Académie de Genève, dedicada ao estudo da teologia e do direito. Essas permaneceriam suas principais disciplinas por dois séculos. Fundou também um Collège para a educação de meninos, que ainda existe. A Académie também se mantém até hoje, apesar de ter sido renomeada de Université de

Genève em 1873, dois anos antes de Ferdinand de Saussure ter se inscrito em alguns de seus cursos.

Calvino morre em 1564, dois meses após seu 55º aniversário, e 5 anos depois da morte de Antoine de Saussure, aos 55 anos. Não se trata de uma grande coincidência, mas, na linhagem masculina que descende de Antoine a Ferdinand de Saussure, ninguém mais teve vida tão curta, até o próprio Ferdinand morrer com a mesma idade.

Em 1566, o primogênito e herdeiro de Antoine, Claude, casou-se com Anne de Pierre, filha do senhorio de Chamel, na vizinha Dauphiné, região da França em que os recém-casados foram viver.[16] A época não poderia ser pior para um retorno à França, onde uma guerra ostensiva entre católicos romanos e protestantes estava prestes a eclodir. Tal guerra culminou no Massacre do Dia de São Bartolomeu, em 23 e 24 de agosto de 1572, quando milhares de protestantes foram dizimados em Paris e seus arredores.

A lembrança desse evento jamais se dissiparia das mentes dos huguenotes de Genebra, mesmo depois de 1789, quando a França Revolucionária se autoproclamou o grande farol da tolerância religiosa no mundo. Aqueles genebrinos atraídos por Paris iriam sempre manter um pé seguramente fincado no único lugar que nunca falhou em dar a seus ancestrais refúgio e segurança.

Uma maré de refugiados sem precedentes inundou Genebra após o Massacre do Dia de São Bartolomeu. Claude e Anne de Saussure permaneceram em Dauphiné, aparentemente seguros, sob a proteção do poderoso pai de Anne. Eles tinham 4 filhos e 2 filhas, e ao menos 11 netos, incluindo 7 deles que carregavam o nome Saussure. Entretanto, nenhum desses 7 teve filhos,[17] e em meados do século XVI essa linhagem se extinguiu. Foi nesse ponto que a linhagem mais velha se tornou aquela dos descendentes do segundo filho de Antoine, Jean.

Em 1575, Jean casou-se com Catherine de Veillet de Scrimgeour, viúva de Henri de Scrimgeour, originalmente de Dundee, Escócia, ele próprio viúvo da irmã de Jean, Françoise.[18] Nove meses após o casamento, nasceu seu filho Jean-Baptiste. Seu batismo foi realizado em janeiro de 1576, em Cheseaux, no cantão de Vaud, onde a família possuía uma propriedade. Jean-Baptiste conquistou grande avanço social através de seu casamento, em 1597, com Suzanne Diodati, membro de uma das mais distintas famílias calvinistas refugiadas vindas da Itália para Genebra. Jean Diodati, primo de Suzanne, era famoso por ser um tradutor da Bíblia – uma profissão inerentemente perigosa na época –, além de pregador e professor de teologia. O poeta John Milton foi a Genebra visitá-lo em 1638. Ao longo dos séculos seguintes, os Diodati continuaram a aparecer na lista das famílias acadêmicas mais proeminentes de Genebra, e gerações posteriores dos Saussure viriam a atribuir seu sucesso acadêmico à introdução do sangue Diodati à sua linhagem, com o casamento de Jean-Baptiste e Suzanne.

Em 30 de abril de 1598, o rei francês Henri IV assinou o Edito de Nantes, restaurando os direitos dos protestantes e assegurando sua liberdade religiosa. O próprio Henri havia precisado renunciar ao protestantismo em 1593, a fim de assegurar sua sucessão ao trono, declarando (talvez apocrifamente) que *Paris vaut bien une messe.** O Edito de Nantes encerrou décadas de guerra religiosa na França, e as famílias que haviam buscado refúgio em Genebra a partir dos anos 1540 deveriam decidir se voltariam à sua terra natal.

Se Jean-Baptiste de Saussure tivesse algum desejo de retornar à Lorraine de onde seu avô havia fugido 48 anos antes, sua recente união com os Diodati significava que sua família não era mais simplesmente francesa, exceto pela língua. Os Saussure ainda não haviam sido recebidos como burgueses, cidadãos da República de Genebra, mas ao menos haviam se tornado genebrinos por matrimônio, e lá permaneceram.

Quando Ferdinand de Saussure transcreveu a árvore genealógica de seus ancestrais paternos, foi com Jean-Baptiste de Saussure que começou[19] – apesar de saber, através de seu pai, os nomes de seus ancestrais mais antigos. De fato, ele próprio havia sido batizado com o segundo nome Mongin, em homenagem ao tataravô de Jean-Baptiste. A geração de Jean-Baptiste e seu irmão Daniel, que é creditado por uma fonte moderna de ter estabelecido o ramo de Lausanne dos Saussure,[20] teve uma importância especial como figura fundadora para as mentes de seus descendentes, absorvendo alguns dos feitos de seus irmãos, pai e avô.

A ascensão à burguesia

Quando da morte de Jean, em 1637, aos 87 anos, a família já havia crescido consideravelmente. Apesar da alta taxa de mortalidade na infância e na adolescência, os 14 filhos que Antoine e Antoinette haviam trazido de Lorraine em 1550 deram início a uma dinastia contada às dezenas.

O herdeiro vivo mais velho de Jean-Baptiste e Suzanne de Saussure, Élie, nasceu em 1602, o ano da Escalada, quando o exército do duque de Savoia

* Paris vale uma missa, expressão proferida por Henri IV em sua coroação como rei da França em 25 de julho de 1593, quando se converteu ao catolicismo. (N. da T.)

invadiu os muros da cidade de Genebra e foi impedido de os escalar pelos cidadãos (a data, 11-12 de dezembro, é comemorada como o equivalente ao dia nacional da República). Em 1626, Élie se torna senhorio de Morrens, próximo a Cheseaux, em Vaud, após a morte de seu tio Daniel, que havia comprado o título senhorial em 1594. Apesar de o sistema feudal vir a ser abolido na Revolução Napoleônica, um traço dessa época permanece na família: o irmão de Ferdinand de Saussure, Léopold, adota "L. de Morrens" como seu *nom de plume*, seu pseudônimo. Em 1633, Élie se casa com a jovem de 18 anos Sara Burlamacchi, na Église Italienne, em Genebra. Os Burlamacchi eram outra família de refugiados protestantes vindos de Lucca, aliados próximos dos Diodati. O nome de solteira da mãe de Sara era Anne Diodati, e o celebrado Jean Diodati foi casado com Madeleine Burlamacchi, tia de Sara.

O número relativamente pequeno de famílias refugiadas, estimado em cerca de cem,[21] casava-se entre si em tal extensão que suas árvores genealógicas se pareciam com salgueiros-chorões após um vendaval. Na verdade, os casamentos não se distribuíam igualmente entre as cem famílias: "Por consenso, o grande erro da sociedade genebrina era o de se repartir em pequenos círculos. Isso se iniciava na infância: o arranjo era feito entre vizinhos para que suas crianças se encontrassem com frequência, e as relações assim formadas se mantinham por toda a vida".[22]

As alianças familiares que determinavam os amigos de infância e restringiam as escolhas matrimoniais de alguém persistiram por gerações, até o século XX. A especulação sobre possíveis inconvenientes genéticos é tentadora devido a tanta consanguinidade,[23] mas deve-se lembrar que, de pequenos vilarejos rurais a palácios reais, esse padrão não era incomum.

Em 1635, Élie, por conta de seu casamento, foi recebido como um burguês de Genebra.[24] Os Saussure haviam chegado. Eles possuíam uma residência confortável na Rue de la Poissonnerie, e continuaram a tradição de se reproduzir prodigiosamente, com 13 filhos. O herdeiro vivo mais velho, César, foi batizado em 1637 na Église Italienne. O *status* de Élie na cidade continuava a crescer, até, em 1647 – ano em que seu pai, Jean-Baptiste, morre aos 78 anos –, obter um lugar no Conselho dos Vinte e Cinco.

Élie é o ancestral da única linhagem que manteve o nome Saussure até o presente. Entretanto, seu irmão mais novo, Henri, teve um neto,[25] também chamado Henri, que emigrou para a Carolina do Sul, nos Estados Unidos, pouco tempo depois de seu casamento em 1735. Dele descende a família De-Saussure (pronuncia-se *Des-suh-sher*, com a primeira sílaba tônica), que comandou uma *plantation* com trabalho escravo até ser destruída pelas tropas do general Sherman no fim da Guerra Civil Estadunidense. Descendentes portadores do sobrenome ainda vivem no sul dos Estados Unidos até hoje. O membro dessa linhagem mais celebrado é um dos netos do Henri que emigrou, Henry William DeSaussure, *chancellor* do estado da Carolina do Sul. Foi um dos curadores originais da South Carolina College, hoje University of South Carolina, que inclui um DeSaussure College, nomeado em sua homenagem.

Élie de Saussure faleceu em 1662, aos 60 anos. Seu filho César não continuou a tradição de duas gerações de casar-se com algum membro da comunidade de refugiados italianos. Quando se casou, aos 32 anos, em 1670, sua noiva de 17 anos, Anne-Catherine Lullin, era de uma antiga família genebrina. O pai da noiva iniciara sua carreira como comerciante antes de entrar no ramo bancário, profissão escolhida pelos aristocratas genebrinos que dispunham de capital. Seu filho, Jean-Antoine Lullin, aumentou a fortuna da família e suas diversas propriedades.

César e Anne-Catherine tiveram 17 filhos nos 22 anos entre o casamento e a morte da esposa. A linhagem de seu filho mais velho, Jean, encerrou-se antes do final do século XVIII. A linhagem mais velha, assim, passou a ser a do segundo filho, que teve a mais distinta carreira: Théodore de Saussure, nascido em 1674, alcançaria o posto de Síndico de Genebra.

Quando Théodore era ainda um garoto, houve um acontecimento que serviu de lembrete aos huguenotes de Genebra da razão pela qual os laços com sua terra natal haviam sido cortados. No dia 22 de outubro de 1685, o governo francês revoga o Edito de Nantes. Após 87 anos, os protestantes da França viram-se perseguidos mais uma vez, e uma nova grande onda de refugiados se derramou por Genebra. Aqueles que haviam chegado há mais de um século sentiram-se no dever de receber os recém-chegados, mas sem esquecer quem chegou primeiro. Terem se estabelecido antes deu aos refugiados do século XVI uma vantagem econômica e social sobre seus conterrâneos do final do século XVII, a qual permaneceu incrustada na sociedade genebrina até recentemente e ainda não foi de todo esquecida.

No raiar do século XVIII uma constelação de acontecimentos significativos surgiu para a família de Saussure. Théodore casou-se na véspera do Natal de 1702, na Catedral de Saint-Pierre, com Marie Mallet. Os Mallet estavam entre os maiores das maiores famílias banqueiras que emergiam em Genebra. Esse laço familiar viria a ser motivo de grande preocupação para o destino de Ferdinand de Saussure, que, como observado anteriormente, era muito consciente de sua árvore genealógica.

Era o momento de maior prosperidade de Genebra, e a Haute Ville [Cidade Alta] estava sendo redesenhada pelas famílias mais bem-sucedidas de banqueiros e mercadores, com a construção de residências palacianas: "Essas eram em sua maioria do estilo clássico de arquitetura então em voga na França – com alguns acréscimos de características italianas, como pátios internos e arcadas, que lembrariam os antigos lares dos refugiados de Lucca ou Cremona".[26] O tio de Théodore, o banqueiro Jean-Antoine Lullin, ordenou a construção da maior e mais elegante casa de todas: "Foi construída segundo os desenhos de Abeille, um celebrado arquiteto de seu tempo, e completada em 1707".[27] Diz a tradição que Lullin nunca cruzou a soleira do palacete. Seu coche quebrou quando retornava de Paris para ver a nova casa pela primeira vez e, com isso, "chegou tão tarde que os portões da cidade, sempre trancados meia hora depois do pôr do sol, já haviam se fechado". Ele se hospedou em uma estalagem fora dos muros da cidade, quando morreu durante a noite.

Além da mansão imponente na Rue de la Cité, Lullin construiu, como seu retiro de veraneio no campo, uma vila em uma baía arborizada de frente para o lago próximo do vilarejo de Genthod (então pronunciado *Gentou*), cerca de 6 km ao norte de Genebra. Foi descrita como "um bom exemplo, por dentro e por fora, de uma casa de campo de tamanho moderado em estilo formal francês", em que "tamanho moderado" deve ser entendido em relação às grandes casas de campo britânicas. Essa mansão substancial viria a ser conhecida, tempos depois, como Creux de Genthod.

Théodore de Saussure, apesar de filho de um Lullin e esposo de uma Mallet, não era nem banqueiro nem mercador, e financeiramente não estava no mesmo nível de seu tio Lullin. Ele também comprou uma casa para a família em 1708, cara e elegante, não no centro da cidade, mas em Frontenex, cerca de 2 km a leste de Genebra.[28] A cidade há muito se expandiu para preencher a lacuna entre elas. O ano de 1709 trouxe à luz um filho e herdeiro, Nicolas, a Théodore e Marie, que pariu três meninas desde a morte de seu primeiro filho, cinco anos antes.[29]

Sob alguns aspectos, foi um golpe de sorte para Lullin ter morrido antes que a crise de 1709 atingisse os bancos privados de Genebra, levando os menores à ruína e os mais fortes ao chão. Seu filho Ami, um pastor e professor de história eclesiástica na Académie, herdou a casa e o banco arrasado e, apesar de não ser sua especialidade, iniciou a reestruturação financeira do banco. Ami teve sucesso em sua empreitada e terminou como "de longe o homem mais rico de Genebra".[30]

Quando Ami morre em 1756, sem deixar herdeiros homens, sua propriedade passa à filha Marie, Madame Boissier, de quem uma das filhas desposaria o neto de Théodore de Saussure, Horace-Bénédict, em 1765. É então que a mansão Lullin passa a ser a residência oficial da família Saussure, e assim permanecerá até hoje. A vila Lullin, ou Creux de Genthod, torna-se seu adorado idílio de verão até ser vendida logo após o fim da Primeira Guerra Mundial.[31]

Nos anos seguintes, Théodore havia se tornado extremamente ativo no governo de Genebra, obtendo o posto de membro do Conselho dos Vinte e Cinco, em 1721, e de Síndico da República, em 1734.[32] Tempos sombrios estavam por vir. Em 1738, a violência irrompeu à medida que as classes mais baixas passavam a demandar direitos políticos. Apesar das fortes credenciais democráticas da República, somente aqueles reconhecidos como burgueses tinham voto. Isso deixou descontente um significativo segmento da população, os descendentes das últimas ondas de refugiados, conhecidos como "*Natifs*", ou nativos.

Conforme os *Natifs* prosperavam, como outros genebrinos, no enorme crescimento econômico da época, eles se tornavam cada vez mais insatisfeitos com o tratamento de cidadãos de segunda classe que recebiam. A burguesia era dividida em duas partes, uma das quais – a classe média em geral, os *Représentants*, os representantes (ou *Repr판s*) – havia se aliado aos *Natifs*, em oposição aos Aristocráticos *Négatifs*, os negativos, assim chamados pois negavam qualquer tentativa de uma divisão mais ampla do poder político. O acordo alcançado em 1738, apesar de provisório, deu, entretanto, à República um quarto de século de relativa paz, quando a prosperidade econômica atingiu novos patamares.

Quando Nicolas se casou em 1739, aos 30 anos, ele e sua noiva, Renée de la Rive, não ficaram com seus pais em Frontenex, se apossando de uma das propriedades rurais da família, em Conches, "uma aconchegante casa de campo localizada em uma das curvas do Rio Arve, a alguma distância da cidade, próximo à fronteira com a Savoia".[33] Nicolas se formou advogado, mas sua grande paixão era a agricultura, e em Conches pôde se dedicar ao máximo a tal atividade. Felizmente, Renée, apesar de abastada herdeira criada na cidade, não era nenhuma donzela da sociedade, mas uma *femme savante*, uma intelectual. Filha de um acadêmico do direito e neta de um Pictet, família que deixará sua marca no sistema bancário, na diplomacia e na linguística, seu interesse pessoal era a botânica, um interesse mais adequado à vida no campo.[34] Renée e Nicolas já residiam em Conches quando, em 17 de fevereiro de 1740, ela dá à luz o filho a quem batizaram de Horace-Bénédict, em homenagem ao pai dela.

Cinco meses após a morte da esposa, em 1741, Théodore, então com 67 anos, desposa Judith Rigot, com 49 anos e sem nenhum registro de casamento anterior. Quando Théodore morre, em 1750, Nicolas herda a casa de Frontenex, uma base convenientemente próxima à cidade, sobretudo depois de sua eleição, em 1746, ao Conselho dos Duzentos. Ele recusou, porém, um lugar no Conselho dos Vinte e Cinco, o que significaria muito tempo longe de Conches e de seus objetivos agrícolas, que eram sua grande fascinação.

O primeiro dos Saussure a alcançar algum mérito acadêmico, apesar de modesto, foi Nicolas, que viajou à Grã-Bretanha em 1740 para estudar silvicultura, "trazendo do outro lado do Canal ideias e um gosto pela dendrologia que comunicava àqueles a sua volta".[35] Posteriormente, desenvolveu uma reputação internacional com seus escritos sobre o cultivo e as doenças de grãos e videiras[36] – *Os métodos de cultivo*, *O fracasso das colheitas de trigo*,[37] *A poda das videiras* – e teria sido escolhido um dos colaboradores da monumental *Encyclopédie* de Diderot.[38]

Com a idade, seu interesse pela política diminui à medida que os políticos de Genebra começam a se tornar cada vez mais inflamados e até violentos. Em 1782, no auge de uma nova disputa entre *Négatifs* e *Reprćs*,[39] o Nicolas de 73 anos foi detido nos portões da cidade ao tentar retornar à sua fazenda, e ameaçado de ser feito refém, até ser resgatado pela intervenção de seu filho Horace-Bénédict.[40]

Esse foi o primeiro incidente verdadeiramente dramático no qual um membro da família Saussure foi pessoalmente atacado por seus compatriotas genebrinos por pertencer à oligarquia aristocrata, a qual sentiu ser seu dever, mas também seu direito, controlar os assuntos da República. A reação de autopreservação de Nicolas foi sua retirada. Sua nora registra, alguns meses após o incidente nos portões da cidade, que ele estava inteiramente ocupado com sua lavoura e "um antigo sistema de física" – sua última obra foi o tratado *Le feu, príncipe de la fécondité des plantes et de la fertilité de la terre* [O fogo, princípio da fecundidade das plantas e da fertilidade da terra] – ignorando o incêndio político ao seu redor.[41] Quando, 130 anos depois, um ataque com motivação similar foi publicado por um jornal radical contra seu tataraneto Ferdinand, a reação deste foi também como uma retirada. Talvez haja algo de atávico, afinal.

Horace-Bénédict de Saussure

Os genebrinos consideravam as montanhas de picos nevados que circundavam sua República como um obstáculo. Não lhes ocorria vê-las como belas e interessantes até por volta de 1740, o ano em que Horace-Bénédict de Saussure nasceu. Grande parte da Europa estava em guerra, e a atmosfera segura e controlada de Genebra se mostrava um lugar atraente para as famílias da nobreza britânica enviarem seus filhos a fim de concluírem seus estudos.

Os filhos, de sua parte, logo foram tomados pela ansiedade de ultrapassar os portões da cidade para alguma diversão não supervisionada, em que suas atividades não seriam reportadas à Académie e a seus pais. As montanhas foram o convite que buscavam. Os locais riam quando os estudantes estrangeiros partiam para observar massas de gelo de formas peculiares penduradas em um penhasco próximo a Chamonix (ou Chamouni, como se escrevia à época).

Ainda assim, os genebrinos se mostravam intrigados pelas curiosidades que os estudantes britânicos diziam ver – fósseis, formações e estratos rochosos, imensas massas de gelo que nada mais eram que glaciares pré-históricos. Um jovem local em particular deixou-se levar pela imaginação e escreveu sobre a beleza e as maravilhas das montanhas em que a natureza poderia ser observada em sua forma mais indômita. Rousseau, porém, não era do tipo ao qual a aristocrática Cidade Alta ou sua Académie prestariam muita atenção, tendo crescido onde cresceu, do outro lado do rio, no "bairro operário e pequeno burguês de Saint Gervais".[42] Em 1762, tempo em que já havia ganhado enorme reconhecimento internacional, seus *Contrato social* e *Emílio* foram oficialmente condenados pelo governo genebrino, o que fez com que renunciasse à sua cidadania da República. Rousseau continuaria a ser dispensado como um *parvenu*, uma espécie de alpinista social, por muitos da elite genebrina até o início do século XX. Em suas memórias de infância, Conde Guy de Pourtalès, primo de primeiro grau de Ferdinand de Saussure, lembra que, para seu tio Henri de Saussure e para alguns outros membros da família de sua geração, Rousseau não passava de "um garoto imaturo e impertinente, cujas obras ilegíveis não possuíam qualquer valor, senão por evocar as magníficas tetas das babás de outrora".[43]

Para a Genebra aristocrática descobrir os Alpes, era preciso um aristocrata genebrino para os persuadir. Encorajado especialmente pelo grande naturalista suíço-alemão Albrecht von Haller, um amigo da família, Horace-Bénédict de Saussure, nos primeiros anos de sua vida adulta, passou a tratar os Alpes como seu laboratório científico, até como a Grande Bíblia da Natureza na qual se poderia ler a detalhada história da criação.

Na memória popular, Saussure conquistou os Alpes – o primeiro a fincar pé no cume do Mont Blanc, o primeiro a investigá-los de maneira científica, o inventor da escalada de montanhas (alpinismo) como um esporte e uma atividade de lazer. Na verdade, ele não foi o primeiro a realizar nenhuma dessas atividades. Dois outros homens escalaram o Mont Blanc um ano antes dele, a fim de receberem uma recompensa que o próprio Horace-Bénédict lhes oferecera pela conquista. Rousseau tem um bom argumento para ser o fundador do alpinismo. Um longo rastro de estudos científicos precedeu Saussure até o cume das montanhas, iniciado no século XVI.[44]

Entretanto, a conquista de Saussure foi a de aproximar os Alpes de um público leitor mais vasto ao redor do mundo. Sua obra em quatro volumes *Voyages dans les Alpes* [Viagens aos Alpes] (1779-1796) é muito mais do que as anotações de viagem que o título sugere. É também o registro de suas vastas descobertas científicas. Além disso, a obra promoveu uma revolução estética que levou, inicialmente, os endinheirados e, posteriormente, a classe média de todas as nações a vislumbrarem os Alpes como os Palácios da Natureza e o "*playground* da Europa", para citar o título de um livro tardio de Leslie Stephen, pai de Virgina Woolf: "Se Rousseau", escreveu Stephen, "fosse julgado pelo crime de construir montanhas como objeto de adoração humana, ele deveria ser condenado por qualquer júri imparcial. Ele foi auxiliado, é verdade, por cúmplices, nenhum deles foi mais conspícuo que Saussure".[45]

Horace-Bénédict de Saussure foi o mais famoso cientista genebrino do século XVIII. Sua sombra pairaria sobre as três gerações seguintes de seus descendentes. Em parte, porque os eventos da Revolução Francesa o fizeram perder muito de sua fortuna, o que, pelos cem anos seguintes, fez com que a família lutasse para manter o padrão de vida esperado deles. Mas ele também estabeleceu um padrão de conquistas que os Saussure que o sucederam se sentiram na obrigação de manter, porém nenhum deles conseguiria. O que mais se aproximou de tal feito, seu bisneto Ferdinand, foi também o que provavelmente mais sofreu com o fracasso em se igualar a ele – em vida, a qualquer custo. São muitos os paralelos entre as vidas desses dois homens. Qualquer um familiarizado com o *Curso de Linguística Geral* de Ferdinand apreciará a precisão das declarações a seguir:

> A maior parte das aulas de De Saussure não existem mais, mas algumas notas entre os papéis de dois de seus alunos permitem felizmente fazer uma justa ideia de sua posição filosófica.[46]

Qualquer crítica que se faça a sua obra, deve-se ter em mente que, aos 54 anos, quando ele talvez almejasse por 20 ou ao menos 10 anos de descanso para organizar e avaliar seus trabalhos, foi acometido, enfim, por ataques sucessivos de paralisia.[47]

Admiradores de Ferdinand ficariam surpresos em saber que Horace-Bénédict é o Saussure de que se trata aqui. Em tantos aspectos para ser considerado acidental, Ferdinand reviveu a vida de seu eminente bisavô.

Quando tinha apenas seis anos, Horace-Bénédict ganhou o primeiro lugar de sua turma em leitura no Collège de Genève: "[A] emoção que essa vitória trouxe a ele era tão vívida que nunca se apagou de seu espírito; essa foi talvez a primeira fagulha que acendeu nele o desejo pela glória, e que depois disso o fez trabalhar com ardor para conquistá-la".[48] Seu interesse nos estudos tinha que competir com suas duas outras paixões – a caça, em primeiro lugar, e a "literatura de ficção", em segundo, histórias que sua mãe também amava ler. Muito disciplinado, o jovem Horace-Bénédict desistiu por completo das obras de ficção e limitou a caça a um dia na semana.

Na fazenda em Conches, sua mãe, Renée, transmitiu-lhe sua paixão por botânica. De suas excursões juntos à Salève, ele poderia dizer das montanhas, mais tarde: "Para mim, tenho por elas, desde a infância, a paixão mais decidida".[49] O único problema com a inteligência e a carinhosa instrução particular da mãe foi fazer o trabalho no Collège parecer maçante e desestimulante. No entanto, juntamente com os demais filhos da República (a educação pública para meninas teve início apenas em 1804 em nível primário, e em 1836 em nível secundário), ele permaneceu no Collège até 1754, quando, aos 14 anos, iniciou seus estudos na Académie.

Genebra adquiriu um novo residente célebre naquele ano, que havia sido exilado de Paris devido a seus escritos políticos incendiários. Sem surpresas, Voltaire foi mordaz com a sociedade que encontrou em sua chegada.

Noble cité, riche, fière et sournoise;
On y calcule et jamais on n'y rit:
L'art de Barême est le seul qui fleurit;
On hait le bal, on hait la comédie;
Pour tout plaisir Genève psalmodie
Du bon David les antiques concerts,
Croyant que Dieu se plaît aux mauvais vers.

Nobre cidade, altiva, ardilosa e rica,
Onde todos tabulam e ninguém ri.
Apenas prospera a arte do cálculo;
Odeia-se o baile e odeia-se o palco.
O único prazer de Genebra é ouvir
Antigos salmos do bom rei Davi,
Crendo que Deus se deleita em versos ruins.[50]

Os 24 anos de Voltaire em Genebra e Ferney, cruzando a fronteira com a França, alteraram permanentemente o centro de gravidade cultural da alta sociedade genebrina. A influência de Calvino permaneceu onipresente, mas cada vez mais abaixo da superfície, sem ditar cada detalhe da vida cotidiana, como a maneira de se vestir e de conversar, ou as atividades de lazer que eram permitidas, em particular o teatro.

Em 1756, quando Horace-Bénédict tinha 16 anos, a irmã mais nova de sua mãe, Jeanne-Marie de la Rive, casou-se com Charles Bonnet, um naturalista de grande renome. Os recém-casados mudaram-se para uma casa grande a apenas algumas centenas de metros da encosta de Creux de Genthod.

Bonnet ficou imediatamente impressionado com seu jovem sobrinho e o adotou como seu *protégé*, seu protegido. Enquanto Nicolas de Saussure, uma espécie de estudioso, tinha seus interesses estreitamente focados na agricultura, Charles Bonnet era um homem da ciência, cujos horizontes eram tão vastos quanto o universo. Era de esperar, então, que Horace-Bénédict se aproximasse do novo tio. Foi através de Bonnet que Saussure conheceu Haller, que o incentivou a coletar amostras botânicas para ele nas montanhas próximas a Genebra. Iniciou-se então uma amizade pessoal e profissional que durou por décadas, assim como as excursões científicas às montanhas, que dominaram a vida de Saussure.

Ele completou seus estudos na Académie em 1759, aos 19 anos, submetendo uma dissertação intitulada *Dissertatio physica de igne* [Dissertação física sobre o fogo], sobre a transmissão do calor pelo Sol. Ele publicou e defendeu sua dissertação, recebendo elogios por seu raciocínio lúcido, seu estilo claro e pelo "cuidado tomado para evitar reflexões hipotéticas".[51] O último trabalho de seu pai também foi um tratado sobre o "fogo", em ambos os casos no sentido do que futuramente seria conhecido como "energia".

No Discurso Preliminar de sua *Voyage dans les Alpes*, Saussure escreveria posteriormente que, "em 1760, eu fui sozinho e a pé visitar os glaciares de Chamouni, pouco frequentados à época, e considerados de acesso difícil e perigoso".[52] Nesse momento ele já era assombrado pelo sonho de que o Mont Blanc pudesse ser conquistado – mas não com ele abrindo a trilha. Durante sua expedição naquele ano, Horace-Bénédict postou avisos em todas as paróquias do vale de Chamonix, oferecendo uma recompensa substancial ao primeiro homem a escalar o Mont Blanc.[53] Ainda não era claro em absoluto que o feito pudesse ser realizado.

Os interesses de Saussure se expandiam da botânica para a geologia e gradualmente absorveriam a metrologia e o estudo da eletricidade. Cada excursão seguiu uma agenda de pesquisa detalhada, preparada com antecedência. Com o tempo, os estudos de Saussure sobre as montanhas fariam seu nome e exerceriam um impacto significativo no pensamento europeu. Nesse momento, porém, apenas uns poucos compartilhavam de seu interesse ou poderiam imaginar seu potencial.

Em 1761, Saussure, sem êxito, se candidata à cadeira de matemática da Académie.[54] Entretanto, no ano seguinte uma cadeira de filosofia tornou-se vaga e, dessa vez, os professores da Académie escolheram Saussure em detrimento de dois outros candidatos:

> Em 13 de dezembro dois digníssimos representantes da Venerável Companhia apresentaram o jovem professor de 22 anos para a confirmação em seu posto ao [...] Magnífico Conselho – um corpo composto de 25 austeros e veneráveis magistrados, vestidos com capa e peruca, um privilégio da aristocracia.[55]

Suas aulas começariam em outubro de 1763, com disciplinas alternadas em ciclos de dois anos. Em um ano ele lecionaria física (ciências naturais) em francês e, no ano seguinte, metafísica em latim.[56] Sua aula inaugural era "Uma análise das qualidades necessárias para formar um filósofo, e da educação a ser dispensada às crianças para promover ou evocar tais qualidades".[57]

Se as crianças ocupavam suas reflexões no outono de 1763, isso pode ter tido relação com o fato de estar cortejando uma jovem moça, a qual gostaria de desposar. Ele havia colocado os olhos em Albertine-Amélie Boissier, cuja família pertencia ao mais alto escalão dos abastados banqueiros de Genebra. Sua falecida mãe, Marie, mencionada anteriormente, foi a única filha de Ami Lullin, e após a morte de Lullin, em 1756, Albertine, com 11 anos, herdou sua fortuna, inclusive a mansão na Rue de la Cité e a vila em Creux de Genthod.

Por várias gerações até aqui, os Saussure contraíram matrimônios que os fizeram ascender financeiramente. Isso era quase inevitável, uma vez que vinham se devotando ao serviço público e, mais recentemente, ao estudo científico, enquanto outros em seu círculo haviam sido muito exitosos como comerciantes e banqueiros. Os Saussure estavam confortavelmente afastados de tudo isso graças aos arrendamentos de suas propriedades e aos investimentos seguros realizados a partir dos bons conselhos dos familiares que haviam embarcado no mundo dos negócios. Entretanto, qualquer passo significativo rumo à ascensão financeira dependia do casamento do herdeiro da família Saussure com um membro de uma dinastia mais abastada.

Isso não quer dizer que Horace-Bénédict, seus ancestrais ou descendentes escolheram suas esposas de forma grosseira. De Renée de la Rive em diante, as *Mesdames* de Saussure estavam todas entre as jovens moças mais elegíveis de Genebra de sua época, não apenas pela fortuna, mas pelo intelecto, pelo caráter e por tudo o que contava como "etiqueta". Os aristocratas genebrinos estavam desenvolvendo uma cultura própria e singular de etiqueta através de seus círculos familiares e dos grupos e clubes que, seguindo a moda criada em Londres, tornaram-se a forma mais elegante de passar a noite a partir dos anos 1740.

A conexão com Londres não era acidental – Rousseau escreveu que em sua época os hábitos britânicos eram moda em Genebra,[58] em que saber a língua inglesa se tornou uma marca importante de distinção. Em 1814, o historiador e economista político Simonde de Sismondi chamou Genebra de "uma espécie de cidade inglesa no continente, [...] uma cidade em que as pessoas pensam e sentem em inglês, mas falam e escrevem em francês. [...] Em nenhum outro lugar a língua inglesa é tão universalmente cultivada".[59]

Aos 17 anos, Albertine Boissier estava em idade de se casar, mas seu pai, Jean-Jacques Boissier, não ansiava casá-la com um rapaz que, apesar das soberbas credenciais intelectuais, não apresentava as condições para manter a geração seguinte ascendendo economicamente na sociedade genebrina. Boissier chega a um meio termo: nenhum noivado formal ocorreria antes de Albertine completar 20 anos. Enquanto isso, uma sucessão de nobres fabulosamente ricos desfilaria diante dela na esperança de que um deles ganhasse seu coração.

A manobra não funcionou. Saussure conseguia encontrá-la ao menos uma vez por semana, e afinal seu amor ardente por ela foi correspondido. O atraso de três anos não se confirmou, e eles se casaram em maio de 1765, quando Albertine tinha 19 anos e Horace-Bénédict, 25. Dez meses após suas núpcias, a filha do casal, Albertine-Adrienne, nasceu. No mesmo ano, Saussure foi homenageado com um chamado para servir como Secretário da Venerável Companhia de Pastores, que continuava a exercer um controle quase total sobre a Académie e o Collège.[60] Apesar de obrigado a limitar suas atividades alpinas por ora, ele descobria um estímulo vívido nos estudos fisiológicos que estava conduzindo juntamente com suas aulas de física. Cartas a Bonnet mostram que ele buscava estabelecer onde exatamente traçar a fronteira entre, de um lado, movimentos aparentemente espontâneos induzidos por reação química ou estímulo elétrico e, de outro, a vida em seu sentido verdadeiro.[61]

A sombra da morte interveio para estragar esse breve idílio. Em outubro de 1766, Jean-Jacques Boissier foi encontrado afogado no Ródano. Ele tinha 66 anos e estava "ainda no auge de sua vida", na opinião de Saussure.[62] Seu médico o estava tratando de uma melancolia aguda, e tinha escrito para ele dois dias antes de sua morte pedindo que mudasse de ares – não sendo o fundo do Ródano bem o que o médico tinha em mente. Foi realizado um inquérito, que concluiu que Boissier, o tataravô de Ferdinand de Saussure, havia cometido suicídio.

Visitantes britânicos nesse período comentavam em suas cartas para casa sobre a surpreendente frequência de suicídios em Genebra, inclusive entre a aristocracia.[63] Poucas décadas depois, em 1812, a administração napoleônica da República lançaria uma investigação sobre a tendência, concluindo que era o resultado da "influência do calvinismo, do hábito por disputas políticas, das ocupações sedentárias combinadas com o esforço intelectual dos estudos sérios e, sobretudo, da escala opressiva da paisagem local e do clima frio, incerto e deprimente".[64] Nenhuma dessas causas explica por que um aumento tão dramático na taxa de suicídios ocorreu na segunda metade do século XVIII. Um estudo recente conectou tal aumento com o surgimento, na época, de ideais relativos a sentimentos, romance e companheirismo matrimonial.[65] O que quer que esteja por trás disso, o suicídio será um tema recorrente na vida de Ferdinand de Saussure e de pessoas próximas a ele.

Alguma recompensa pela perda de Boissier veio um ano depois, quando Albertine deu à luz um filho e presumível herdeiro, Nicolas-Théodore, nomeado em homenagem ao pai e ao avô de Horace-Bénédict. O casal e seus dois filhos moravam nas propriedades Lullin-Boissier junto com as duas irmãs mais novas de Albertine, e com Saussure funcionando como "o anfitrião e mais ou menos o dono" da mansão e da vila à beira do lago.[66]

A essa altura, outra das crises políticas periódicas de Genebra estava se formando. Depois de 25 anos de expansão econômica, dos quais todos os cidadãos haviam se beneficiado, o fosso que separava os ricos dos demais havia, no entanto, aumentado muito, e os ressentimentos inevitavelmente se seguiram. Os *Natifs* estavam inquietos. Dentro de alguns meses, a atmosfera seria tensa o suficiente para Horace-Bénédict solicitar e receber uma licença da Académie.

Ele embarcou em um *Grand Tour* de um ano com sua esposa. Eles passaram de fevereiro a junho de 1768 em Paris, com Saussure dedicando suas manhãs a seguir os cursos particulares de cientistas eminentes, incluindo o Conde de Buffon, o cientista mais célebre de sua época. Horace-Bénédict escreveu à mãe uma carta de Paris que ressoa intimamente com as experiências de Ferdinand um século e um quarto depois.

> [O] país não é muito agradável para gente como nós, esmagada entre a alta nobreza e os financistas. Jovens como os Lullins, viajantes de passagem como nós, podem enfrentar a situação, mas pessoas de fortuna moderada, e eu chamo de moderada qualquer coisa abaixo de 60 mil *livres* de renda, que viessem a se estabelecer aqui sofreriam constantes inconveniências, a menos que fossem sábias o suficiente para viverem exatamente na mesma escala que aqueles de semelhante fortuna; mas nós, genebrinos, que somos em casa tudo o que há de melhor, estamos propensos a pensar que somos feitos para nos igualar aos melhores em outros lugares, e muitas vezes temos ocasião de nos arrepender.[67]

Entre os riquíssimos genebrinos estabelecidos em Paris estava Suzanne Curchod Necker, esposa do banqueiro Jacques Necker, a quem o rei mais tarde encarregaria das finanças da França. Suzanne convidou Saussure para o seu salão, mas não sua mulher nem os outros de seu círculo, temendo que esses provincianos genebrinos, desabituados aos costumes parisienses, a humilhassem diante dos grandes e dos bons. Porém, um mês depois da primeira visita de Saussure, ela convidou a esposa e sua família, e frequentemente recebia Horace-Bénédict para jantar ou cear ao lado dos enciclopedistas e de todos os outros que valiam a pena conhecer.[68] Ele mal poderia suspeitar que menos de 20 anos depois as famílias de Saussure e Necker se uniriam em matrimônio.

Em junho, as irmãs e o cunhado de Albertine retornaram a Genebra, enquanto ela e Horace-Bénédict continuaram sua viagem, visitando a Bélgica e a Holanda, e finalmente, em agosto, chegando à Inglaterra. A essa altura, a saúde de Saussure, que, apesar de suas atividades alpinas, "nunca foi robusta",[69] começou a se deteriorar. Albertine também começava a achar a rotina cansativa.[70] Em Londres, Horace-Bénédict teve conversas importantes com Benjamin Franklin sobre o interesse de ambos em eletricidade e mantinha companhia regular com David Garrick, o principal ator e produtor de teatro de sua época.[71] Quando os abatidos Saussure partiram para o norte da Inglaterra, descobriram um mundo de tamanha beleza que não o quiseram abandonar. Quando finalmente voltaram para casa, em janeiro de 1769, Horace-Bénédict redesenhou os terrenos de Creux de Genthod no estilo do Castelo Howard, em Yorkshire, apresentando a Genebra pela primeira vez uma concepção de beleza selvagem e natural que ele desenvolveria em seus escritos sobre os Alpes. Horace-Bénédict retomou suas aulas, tendo decidido concentrar sua atenção a partir de então na física e na química.[72] A descrição de suas aulas deixada por um contemporâneo ecoa os relatos daquelas de Ferdinand de Saussure mais de um século depois, quando aponta "a clareza de seu ensino, seu método luminoso, a graça de sua elocução, o encanto de sua eloquência, sua presença de espírito quando as objeções eram levantadas, seu trabalho interminável para aperfeiçoar suas aulas".[73] As conferências sobre filosofia metafísica mostraram que ele era "um homem de mente profundamente religiosa", embora demonstrasse "muito pouca simpatia pelo dogmatismo".[74] Ele "se esforçou para conservar sua filosofia – que não fazia crer ser original – distinta de sua religião, que guardava quase inteiramente para si mesmo, e não se empenhava em propagar essa filosofia para além dos cadernos de seus alunos".

Dentro de alguns anos, ele começaria a dar aulas sobre "geografia física", e são essas aulas pioneiras, no que agora é chamado de "geologia" – um termo que Saussure é creditado por estabelecer –, que são de maior interesse atualmente, com esforços em andamento para reconstruir os cursos com base em manuscritos e notas preservados.[75]

Em 1769, Albertine engravidou novamente, e o 16 de janeiro de 1770 viu o nascimento do terceiro e último filho do casal, Alphonse-Jean-François, cujas realizações não foram notáveis em comparação com as de seus irmãos mais velhos. Mas, ao contrário de seu irmão, Alphonse gerou filhos, e assim conseguiu algo que tinha uma importância muito maior em sua época do que agora: ele perpetuou o nome da família.

Horace-Bénédict havia retomado suas explorações científicas nos Alpes enquanto continuava suas pesquisas sobre a eletricidade e a essência da vida. Após suas conversas com Franklin em Londres, ele estava ansioso para apresentar a Genebra o uso de para-raios como condutores elétricos e colocou um em sua casa em Frontenex em 1771.[76] Os vizinhos se assustaram. Saussure conseguiu acalmá-los com um tratado explicando a utilidade dos para-raios, que logo começaram a surgir na zona rural.[77]

A imagem construída por esses vizinhos camponeses aterrorizados, como em um filme de Frankenstein, invadindo o castelo do cientista acusado de brincar de Deus, não estava distante da realidade. Uma das pesquisas conduzidas por Saussure tratava da fronteira entre a vida propriamente dita e a reanimação química ou elétrica do tecido morto.[78]

Mary Shelley escreveu seu romance *Frankenstein, ou o Prometeu Moderno* (1818) enquanto se hospedava em Cologny, às margens do Lago Genebra, na Villa Diodati, construída pela família da tataravó de Saussure. O personagem central do livro é um cientista genebrino, Victor Frankenstein, que inicia sua narração:

> Nasci em Genebra, e minha família é uma das mais distintas dessa república. Meus antepassados foram durante muitos anos conselheiros e administradores, e meu pai ocupou muitos cargos públicos. Passou os dias de sua juventude permanentemente ocupado com os assuntos de seu país.*

Um comentarista moderno sugeriu, mesmo sem ter nenhum conhecimento aparente do trabalho de Saussure sobre eletricidade e animação, que Mary Shelley estabeleceu o encontro memorável entre o cientista e sua criação reanimada no vale de Chamonix propositalmente, para vincular as atividades de Victor Frankenstein com as de "cientistas alpinistas como Horace-Bénédict de Saussure".[79]

A saúde de Saussure piorou abruptamente em 1771-1772,[80] e cada remédio prescrito parecia apenas gerar outra doença. Ele experimentou os reputados poderes curativos das águas termais de Aix-les-Bains, na Savoia,[81] mas desenvolveu um problema de garganta que persistiu por muitos anos.

Pouco tempo depois, a família Saussure experimentou seu primeiro escândalo público. A irmã solteira de Horace-Bénédict, Judith, tinha a fama de ter um caso com o morador mais famoso e infame de Genebra, Voltaire.[82] Judith havia escrito pelo menos um romance[83] que não foi publicado, e sua sensibilidade literária teria proporcionado um vínculo espiritual com o autor de *Cândido*. Os dois estavam desfrutando da companhia um do outro já havia quatro anos,[84] mas discretamente, evitando qualquer boato malicioso. Por volta de dezembro de 1772, no entanto, Voltaire enviou convites para uma grande festa em seu *château*, seu castelo em Ferney, apenas para perceber que, no dia do evento, não estaria disposto a receber tamanha multidão. Deixou a sobrinha ser a anfitriã da festa, para grande decepção dos convidados reunidos, enquanto ele e Judith de Saussure jantavam *tête-à-tête*.

A notícia dessa indiscrição se espalhou rapidamente, muito além de Genebra. Quando chegou à corte francesa, Luís XV enviou uma mensagem obsce-

* SHELLEY, M. *Frankenstein ou o Prometeu moderno*. Trad. Adriana Lisboa. Rio de Janeiro, Nova Fronteira, 2014. (N. da T.)

na sobre o assunto a Voltaire através do cardeal Richelieu. Voltaire respondeu com uma citação das *Odes* de Horácio (Livro 2, Ode 4):

> *fuge suspicari*
> *cuius octauum trepidauit aetas*
> *claudere lustrum*
>
> Não suspeites de alguém
> cuja quarta década o tempo
> se esforçou por selar!*

O fato de Voltaire estar chegando ao fim de sua *oitava* década tornava a ironia ainda mais pungente – embora "fosse de melhor gosto se ele tivesse demonstrado mais ressentimento por um insulto grosseiro à sua convidada".[85] Com efeito, a história foi confirmada, e a reputação de Voltaire reforçada por ela.

A de Judith, no entanto, foi arruinada. Vinte anos depois, *Sir* Charles Blagden escreveu em seu diário, após um "agradável e alegre jantar" com Horace-Bénédict em Conches: "Sua irmã em Paris: reputação perdida especialmente com Voltaire: considerada uma Messalina".[86] Ela abandonou Genebra para viver em Montpellier, no sul da França, a oeste da ainda não famosa Riviera. O motivo oficial de sua mudança foi o bem que o clima faria para sua saúde, embora todos soubessem do que se tratava. Ela voltava ocasionalmente para visitar seus pais, mas "que achava cansativa a vida doméstica em Frontenex com sua mãe inválida e seu pai agricultor, que ela não tinha simpatia pelos círculos sociais de Genebra, e que nunca perdoou o grave desprezo que lhe foi despendido, é óbvio".[87]

O escândalo de forma alguma manchou a reputação de seu irmão. Em 1774, foi nomeado reitor da Académie e do Collège, uma nomeação de um ano, normalmente reservada aos clérigos. Isso marcou o início do período mais produtivo de sua vida, os dez anos de pesquisa conduzidos principalmente nas montanhas que culminariam em sua *magnum opus*. Em primeiro lugar, porém, como forma de agradecer à República a confiança depositada nele como pensador, professor e administrador educacional, Saussure voltou sua atenção para um projeto no verdadeiro espírito calvinista de reforma.

* Versão em português de *Odes*. Lisboa, Livros Cotovia e Pedro Braga Falcão, 2008, p. 135. (N. da T.)

A reforma do Collège de Genève

Saussure nunca esqueceu o quanto de sua verdadeira educação veio de sua mãe, e quão pouco do Collège de Genève. Quando se tornou reitor, partiu imediatamente para endireitar o Collège. O *Projeto de Reforma do Collège de Genève*, que publicou no início de 1774, expôs tudo o que considerava errado em seu ensino, juntamente com um plano para transformá-lo em uma instituição-modelo, baseada em princípios modernos. Ele não mediu suas palavras:

> Há um pai de família que, como muitos outros, sente ser seu dever recusar-se a enviar seus filhos ao Collège enquanto este permanecer no estado em que está o nosso, mas que sentiria que estava dando-lhes a melhor educação possível, se os enviassem ao Collège reformado segundo os princípios que fundamentam a presente proposta.[88]

Ao contrário do Collège, a Académie, apesar de seu conservadorismo básico, havia se livrado de seu programa original do século XVI – uma herança medieval – de se concentrar exclusivamente na teologia, no direito e nas línguas clássicas necessárias para seu estudo. Sem abandonar essas atividades, a Académie abriu espaço para a filosofia, humanística e natural, fazendo com que seu centro de gravidade mudasse de uma devoção obstinada a inculcar o conhecimento acumulado das eras para a criação de novos e mais precisos conhecimentos, principalmente por meio direto da observação do mundo ao nosso redor.

O Collège não seguiu o exemplo da Académie. Pelo contrário, ver o equilíbrio se afastar dos estudos clássicos na Académie pode ter fortalecido a determinação daqueles que ensinavam no Collège, a fim de garantir que seus alunos tivessem a base mais sólida possível, para que toda a herança antiga não fosse perdida. O resultado foi que os alunos chegaram à Académie sem qualquer base nas técnicas de observação, que eram o fundamento das ciências naturais, e pouca ou nenhuma inclinação para adquiri-las nessa fase tardia.

A essência do plano de Saussure para reformar o Collège de Genève era um programa metodológico começando com a observação básica do mundo físico[89] e progredindo até os primórdios da cultura humana, mitologia e história antiga. As artes deveriam ser ensinadas através do uso real das ferramentas relevantes, e a aritmética, a geometria, a matemática e a química experimental deveriam ser todas apresentadas através de materiais físicos, não livros. O estudo das línguas clássicas deveria ser reservado para uma fase tardia e apenas para aqueles que iriam se especializar nelas.

Atualmente, é provável que a origem de tais ideias sobre a reforma educacional seja atribuída a um genebrino posterior, Jean Piaget, mas é claro que remonta a um anterior, Rousseau. Além disso, o suporte filosófico para as reformas de Saussure pode ser encontrado em um livro publicado pelo contemporâneo e feroz oponente de Rousseau, Charles Bonnet, um ano antes de Bonnet se casar com a tia de Horace-Bénédict e assumir o menino como seu *protégé* intelectual. O "retorno à natureza" é algo que Bonnet e Rousseau provavelmente encontraram simultaneamente, como se desenvolvia nas conversas e nos escritos da Genebra de sua época, muito antes de Rousseau dar voz definitiva ao tema em seu *Emílio*.

O *Essai de psychologie* [Ensaio de psicologia] (1755), de Bonnet, baseia-se fortemente em uma teoria dos signos linguísticos como fundamento para o funcionamento da mente.[90] Parece ser baseado no altamente influente *Essai sur l'origine des connoissances humaines* [*Ensaio sobre a origem dos conhecimentos humanos*] (1746), de Condillac.[91] Sua influência sobre Horace-Bénédict não se limitou a questões educacionais, mas também moldou suas aulas sobre filosofia metafísica.[92]

Bonnet dedicou-se, em parte, a questões epistemológicas, como a certificação de que os objetos de nosso conhecimento, incluindo suas próprias observações científicas, realmente constituem conhecimento sólido e permanente em vez de eventos pontuais ou mesmo ilusões. Sua resposta foi buscar sequências paralelas de eventos físicos e ideias, que tomam forma em signos linguísticos. Ele acreditava em uma "lei secreta" divinamente estabelecida pela qual nossa percepção dos acontecimentos está unida às imagens ou aos sinais de nossas ideias.[93] Enquanto as conexões entre as ideias correspondessem àquelas entre os eventos físicos, poder-se-ia estar confiante o bastante sobre a realidade do que se observava. Para confirmar ou não tal correspondência, exigia-se, no entanto, que o conhecimento dos eventos físicos fosse adquirido separadamente das ideias que os representam – via observação empírica direta, e não verbalmente.

O décimo capítulo do *Essai* de Bonnet trata de como a mente aprende a vincular suas ideias a sons articulados e a expressar esses sons. Uma vez formada a ligação, escreve Bonnet, "as duas ideias recordam-se reciprocamente: a palavra torna-se signo do objeto; o objeto leva a recordar a palavra".[94] Essas ideias ressurgirão cerca de 75 anos depois, em um livro da filha de Horace-Bénédict, Albertine-Adrienne, a ser discutido no próximo capítulo. Mais 75 anos de intervalo e Ferdinand de Saussure introduzirá a perspectiva da linguagem como um sistema de signos no contexto da linguística, um campo que, diferentemente da psicologia e de várias outras disciplinas, a havia abandonado e esquecido.

Aos 34 anos, Horace-Bénédict ainda era idealista o suficiente para supor que seus compatriotas lhe agradeceriam por se preocupar em mostrar-lhes a luz, e ingênuo o suficiente para esperar que o governo ordenasse uma implementação imediata das reformas que ele pedia. Os *Représentatifs*, o partido da classe média, endossaram amplamente seus objetivos. Entretanto, por ter rejeitado de imediato a ideia popular de estabelecer escolas técnicas separadas para a formação de trabalhadores, Saussure foi acusado por alguns entre os *Natifs* da classe trabalhadora de querer mantê-los subservientes aos interesses da aristocracia.

A oposição mais feroz, no entanto, veio dos colegas aristocratas de Saussure, os *Négatifs* da Cidade Alta, que viam em suas propostas simplesmente um rebaixamento dos padrões acadêmicos e intelectuais. Ele ficou surpreso ao encontrar tantos de seus velhos amigos tratando-o como se fosse um traidor de sua própria classe e de seu próprio partido. Por outro lado, os mais radicais dentre os outros partidos consideravam Saussure um herói justamente por isso. Eles, como os *Négatifs*, perceberam que reformar a educação no Collège de alguma forma faria a sociedade genebrina retornar ao ideal não hierárquico de Calvino – e, em termos práticos, oferecia a melhor esperança de manter pacificamente algo próximo ao *status quo*. A alternativa, a crescente guerra de classes culminando na revolução, era a última coisa que Saussure queria, mas foi o que Genebra conseguiu.

As propostas de Saussure foram encaminhadas a um comitê, que, previsivelmente, não as acatou. Somente em 1836 as propostas de Saussure de 1774 foram parcialmente implementadas. As línguas clássicas tornaram-se disciplinas optativas, e a gramática agora era ensinada através do francês. No entanto, a educação moral e religiosa permaneceu o pilar do programa do Collège, e nenhum lugar foi dado às ciências naturais – arrancando assim o coração da reforma que Saussure havia defendido.

Quando a verdadeira reforma finalmente chegou, bem no século XX, as propostas pioneiras de Saussure não eram mais diretamente relevantes, mas também não foram esquecidas. O Collège de Genève foi reorganizado em um sistema de diversos colégios, cada um com o nome de um famoso genebrino. Um deles é o Collège de Saussure, e sua dedicação em manter a memória da obra de Horace-Bénédict, inclusive a da reforma educacional, é tão enfática que seria grosseiro apontar a ironia de vincular seu nome à instituição que foi sua *bête noire*, seu pesadelo, ao longo da vida.

A glória do Mont Blanc, a infâmia da revolução

Nos dez anos seguintes, Saussure continuou suas excursões científicas aos Alpes, registrando observações detalhadas do que encontrou. No processo, sua insatisfação cresceu com os instrumentos de observação científica à sua disposição, o que fez com que dedicasse consideráveis atenção e esforço para melhorá-los. Hoje ele é mais celebrado na história da ciência como um inovador técnico radical que fez muito para modernizar o termômetro, o barômetro, o altímetro e outros instrumentos básicos. É creditado com a invenção do forno solar (ou "caixa quente"), do anemômetro, para medir a força do vento, do higrômetro, para medir a umidade na atmosfera, do cianômetro, para medir a intensidade do azul do céu, do diafanômetro, para medir a transparência do ar, de um eletrômetro portátil e de um aparelho para testar o calor do Sol.[95]

Suas *Voyages dans les Alpes* estabeleceram a geologia como um termo e deram direção a esse campo nascente. Saussure desviou a atenção do estudo de amostras minerais particulares e fósseis individuais, muitas vezes perseguidos no contexto de sua relação com a narrativa bíblica ou teorias cosmológicas, insistindo em interpretá-los como parte de um relato sistemático. A história da Terra "só deveria ser elucidada por um exame diligente das substâncias que compõem sua crosta", e "em nenhum lugar isso poderia ser realizado com tanta eficácia quanto entre as montanhas, onde as formações e os estratos sucessivos se mostram aos olhos do observador inteligente nos penhascos e desfiladeiros".[96]

Os contemporâneos de Saussure o repreendiam por "descuido e certo provincianismo em seu estilo",[97] embora o que eles percebessem como provincianismo fosse em parte um desrespeito proposital aos modismos vigentes na escrita científica por alguém que via os autores clássicos da Antiguidade como seus modelos. Em meados do século XIX, quando o estilo já era outro, as *Voyages* ganharam, como grande admirador, John Ruskin, nada menos que um árbitro de estilo. No entanto, em matéria de ciência, já estavam ultrapassadas. Como o *protégé* de Ruskin e biógrafo de Saussure, Douglas Freshfield, admite, "a grande obra não tem unidade [...] é constituída por vários ingredientes que não foram suficientemente fundidos".[98]

Em 1786, a recompensa que Saussure oferecera 26 anos antes a quem escalasse o Mont Blanc foi finalmente reivindicada. Em 8 de agosto, Michel Gabriel Paccard, médico e botânico amador de Chamonix, e Jacques Balmat, seu guia, chegaram ao cume da montanha, algo que o próprio Saussure havia tentado sem sucesso no ano anterior, com a ajuda do irmão de Balmat, Pierre. Mas, com uma rota para o topo agora estabelecida, Saussure estava determinado a completar a escalada no verão seguinte.

A fim de se dedicar integralmente a esse objetivo e de se preparar para a pesquisa que tal feito lhe permitiria empreender, ele renunciou à sua cátedra na Académie em 1786, queixando-se de que a doença persistente da garganta que havia contraído em Aix-les-Bains uma década e meia atrás impedia suas aulas.[99] Uma enfermidade na garganta faria com que Ferdinand de Saussure encerrasse seu ensino na mesma instituição em 1912. Em 3 de agosto de 1787, com Jacques Balmat como um de seus 18 guias, e com seu filho Nicolas-Théodore a reboque, Horace-Bénédict alcançou o cume do Mont Blanc. Ele passou várias horas realizando pesquisas no pico, apesar de sua sempre delicada saúde. A expedição é contada em detalhes no segundo volume das *Voyages*.

Encontrando um amigo em sua descida, Saussure exclamou: "Dê-me os parabéns: venho da conquista do Mont Blanc".[100] Porém, estava muito ciente de que era outro o verdadeiro conquistador. Em um diário dessa época, ele escreve que o dr. Paccard, mais jovem e mais em forma do que ele, "parece ter se esforçado muito mais para ter ido mais longe e mais alto do que eu".[101] No entanto, é Saussure – não Paccard – que tem uma estátua na praça central de Chamonix, com Balmat ao seu lado. Saussure – não Paccard – foi premiado com uma bolsa da prestigiosa Royal Society de Londres, e viu seu feito se tornar uma lenda.[102]

Na década de 1780, Genebra havia se livrado da maioria dos traços da teocracia calvinista que, até 20 anos antes, a distinguia do resto da Europa. Ainda uma cidade pequena, com uma população de apenas 25 mil habitantes de acordo com o censo de 1781,[103] atingiu resultados melhores que o esperado na economia por conta de seu setor bancário e de manufatura de precisão, liderada pela relojoaria. William Beckford, famoso como autor do romance *Vathek* (1784), ficou surpreso ao visitar Genebra em 1782 e descobrir não apenas que a proibição calvinista de produções teatrais foi esquecida, mas que até mesmo o sagrado fechamento dos portões da cidade todas as noites foi relaxado no verão para que os frequentadores de teatro pudessem retornar às suas propriedades rurais. Ele atribuiu a mudança de atitude à influência de um homem: "Voltaire, de fato, pode justamente ser denominado o arquiteto daquela ponte brilhantemente decorada, pela qual o livre-pensar e a imoralidade foram contrabandeados para a República sob a máscara da filosofia e do liberalismo e do sentimento".[104]

Os escritos de Voltaire estiveram entre as inspirações para a revolução que atingiu a França em 1789. Talvez sua presença tenha ajudado a fomentar a mentalidade revolucionária em Genebra. Já em 1782 ocorreu uma revolta, com uma turba sitiando a mansão Saussure, na Rue de la Cité. Pelos dez anos seguintes, o governo aristocrático manteve seu domínio sobre a República apenas pela força das baionetas.[105]

Quando, no outono de 1792, o exército da França revolucionária ocupou Savoia e cercou Genebra, seu destino foi selado e, em dezembro, o governo "solicitou" a anexação à França. No momento em que uma faixa foi colocada na cidade – não mais uma República, apenas a capital de um novo departamento francês – proclamando que *L'union fait la force* [A união faz a força], ouviu-se o comentário de que se deveria ler *La force fait l'union*.[106]

Saussure não se surpreendeu. Ele havia previsto a revolução e tentou evitá-la com suas propostas de reformas educacionais quase 20 anos antes, apenas para que seus colegas aristocratas ignorassem suas advertências. Concordou também em participar da redação de uma nova constituição para a República em 1794, mas, naquele verão, o Reino do Terror que havia varrido Paris no ano anterior chegou a Genebra. Quinhentos cidadãos foram sumariamente julgados e condenados, e 11 deles foram executados por fuzilamento nos Bastions, as muralhas guardadas sob os limites da Cidade Alta, perto da mansão Saussure.

Saussure foi moralmente esmagado pelo rumo dos acontecimentos. Não ajudou que sua fortuna, herdada de sua mãe e investida em títulos franceses a conselho de Jacques Necker, tivesse caído mais de 80%.[107] Pelo menos as grandes casas da família pertenciam a sua mulher, não a ele, e por isso não corriam o risco de se perderem, mas Saussure não dispunha de fundos suficientes para suportar o custo de vida nelas. Teve de vender a casa da família em Frontenex,[108] e, para reduzir as despesas, ele e sua família deixaram a mansão da cidade e voltaram para a casa de fazenda em Conches, onde nascera,[109] agora vazia desde a morte da mãe, em 1789, e do pai, em 1791.

A mudança poupou-lhe a visão da violência do verão, mas não foi tão benéfica quanto esperava. Saussure sofreu um derrame paralisante.[110] Ele começou a se recuperar, mas depois foi atingido por outro derrame mais grave, que o deixou permanentemente incapacitado. De alguma forma, sem dúvida com mais contribuições de seus filhos do que foi reconhecido publicamente, os dois últimos volumes de *Voyages dans les Alpes* foram concluídos e impressos em 1796, 17 anos após o lançamento do primeiro volume e dois anos após o acidente vascular. Financeiramente, esse trabalho representou sua última esperança.[111]

O lançamento de *Voyages dans les Alpes* foi extremamente bem-sucedido. Mas era tarde demais para o próprio autor se beneficiar dele. A anexação de Genebra pela França revolucionária em 1798 parecia, compreensivelmente, o fim do mundo. Os anos já não eram contados desde o nascimento de Cristo, mas desde o estabelecimento da nova ordem republicana francesa. Um novo calendário e uma nova moeda foram introduzidos, o pronome de polidez *vous* foi proibido, junto com o uso de outros títulos além de *Citoyen*.* Os aristocratas que optaram por não retirar o "de" de seu nome não foram autorizados a escrevê-lo como uma palavra separada, de modo que *Monsieur* de Saussure tornou-se Citoyen Desaussure.[112] Quando Napoleão chegou a Genebra, em 1800, requisitou naturalmente acomodações em sua casa mais grandiosa, a mansão Saussure, na Rue de la Cité.[113]

Tendo dedicado tanto de seu tempo e de sua energia em seus anos mais produtivos para salvar o mundo que conhecia, apenas para vê-lo desmoronar diante de seus olhos, Horace-Bénédict de Saussure morreu em 3 Pluvioso, no ano VII (22 de janeiro de 1799), com 58 anos. Cidadãos genebrinos de todas as classes foram momentaneamente reunidos em luto por um homem que reconheciam não apenas como um gênio, mas um amigo de todos, que deu tudo de si à República quando requisitado. A Suíça também lhe devia muito – a indústria do turismo, que se tornou tão importante no século XIX, e a indústria do esqui, que começou como atividade secundária e se tornou sua força motriz.

No século XX, George Sarton, a figura fundadora da história moderna da ciência, ficou surpreso ao saber que, quando Saussure morreu, "funerais triunfais foram concedidos a ele, mas, por incrível que possa parecer, tanto sua família quanto sua cidade natal foram negligentes ao não marcarem sua sepultura, cujo local exato agora é desconhecido!".[114] É certo que os genebrinos passaram por uma anexação, uma revolução e um colapso financeiro para distrair sua atenção. Na época da derrota de Napoleão, quase uma década depois, a Europa havia passado por uma mudança radical, e Saussure já pertencia a outra época, mais distante do que a contagem dos anos poderia sugerir.

No entanto, seu nome ecoaria longe e alto. Bem mais de cem anos após sua morte, seus descendentes, ao serem apresentados a qualquer pessoa alfabetizada, certamente teriam seu nome reconhecido. Mesmo agora, mencione o nome Saussure a qualquer parisiense, e, se isso não significa mais nada para eles, eles conhecerão a Rue de Saussure, nomeada em homenagem a Horace-Bénédict, ainda o único membro da família a ter inspirado monumentos públicos significativos.

* O título de cidadão [*citoyen*] é introduzido pela *Declaração dos direitos do homem e do cidadão*, de 1789, durante a Revolução Francesa. (N. da T.)

Notas

1 Napoleão Bonaparte para uma delegação suíça. Paris, 19 Frimário XI (10 de dezembro de 1802).

2 COLLIGNON, A. "Um savant d'origine lorraine: la famille de Saussure". *Le pays lorrain et le pays messin*, vol. 10, 1913, pp. 211-14 (p. 211). Nas notas bibliográficas que compõem a edição comentada do *Cours de Linguistique Générale* (Paris, Payot, 1972, pp. 319-358), Tullio de Mauro afirma que Mongin nasceu em Saulxures-sur-Moselotte. Nem De Mauro nem Collignon citam suas fontes, mas este, como historiador de Lorraine, pode ser tomado como o mais autorizado sobre a questão.

3 Collignon, 1913, p. 212, citando Dom Ambroise Pelletier, *Nobiliaire ou armorial général de la Lorraine et du Barrois* (Nancy, Thomas père & fils, 1758 (p. 740)).

4 Collignon, 1913, p. 212, atribui a ela o sobrenome de Clémery, enquanto a Société Généalogique de Genève registra Warin como seu sobrenome, ao identificar Jacques de Clémery como seu pai. É possível que Catherine fosse a viúva de um *Monsieur* Warin quando Mongin de Saussure a desposou. As datas são igualmente confusas: as 11 crianças atribuídas ao casal pela Société Généalogique de Genève incluem uma filha nascida "aproximadamente em 1494", 9 anos antes de seu casamento, e talvez um fruto do casamento anterior de Catherine. As outras dez crianças estão listadas como nascidas entre 1514 e 1524, ou seja, começando mais de uma década depois do casamento de Mongin e Catherine.

5 BENOIT, D. & BERNUS, A. "Une procuration du Synoda National de 1578". *Bulletin historique et littéraire de la Société de l'histoire du protestantisme français*, vol. 41, 1892, pp. 354-367 (p. 366).

6 Collignon, 1913, p. 212.

7 PFISTER, C. *Histoire de Nancy*, 3 vols. Paris, Berger-Levrault, 1902-1909 (vol. 2, p. 97, n. 2, citado por Collignon, 1913, p. 212).

8 *Nouvelle Biographie générale*, 46 vols. Paris, Firmin Didot, 1855-1866 (citado por Collignon, 1913, p. 212); "ou, de acordo com outro registro, a seu marido": FRESHFIELD, D. W. [com o auxílio de Henry F. Montagnier]. *The Life of Horace-Bénédict de Saussure*. London, Edward Arnold, 1920 (p. 48).

9 A genealogia de 1671 (conforme citado por Freshfield, 1920, p. 47) registra o seguinte itinerário a Antoine de Saussure: Metz, Estrasburgo, Neuchâtel, Genebra "e, finalmente, o cantão de Vaud sob a proteção de vossas excelências de Berne", antes de ser recebido como um burguês de Lausanne, em 1556. De Mauro (1972, p. 320) escreve que Antoine foi recebido como um burguês de Genebra em 1556; na verdade, foi seu tataraneto Élie quem ganhou esse *status* em 1635.

10 Freshfield, 1920, p. 48, baseado na genealogia de Lausanne de 1671.

11 Pelo registro da genealogia de Lausanne de 1671, quando Antoine de Saussure deixa Lorraine com sua esposa e seus filhos em 1550, eles permanecem brevemente em Genebra antes de se estabelecerem em Lausanne. Apenas duas gerações depois, por volta dos anos 1590, um dos netos de Antoine, Jean-Baptiste, deixa Lausanne para iniciar o ramo genebrino da família. Entretanto, isso não se encaixa bem com os demais registros da família, incluindo aqueles que mostram os batismos, casamentos e mortes de numerosos familiares que ocorreram em Genebra, não em Lausanne, nos anos de 1560 a 1570, o que é confrontado, por sua vez, por Pfister (1902-1909, vol. 2, p. 97, n. 2), que afirma que o itinerário do refúgio de Antoine o levou inicialmente a Lausanne, "depois a Genebra, onde morreu em 1569", sugerindo que ele tenha passado o restante da vida lá. De Mauro (1972, p. 390) ignora a confusão e diz que a família se estabeleceu

em Genebra e Lausanne simultaneamente. Isso pode estar correto, apesar de ser uma suposição baseada na discrepância dos primeiros registros.

12 CHOISY, E. *L'État Chrétien calviniste au temps de Théodore de Bèze*. Genève/Paris, Ch. Eggimann & Co/Librairie Fischbacher, s.d. [1902] (p. 511).

13 *Idem*, pp. 523, 579-580.

14 Freshfield, 1920, p. 38 (fonte original não fornecida).

15 Sermão proferido pelo sucessor de Calvino, Henry Babel, Cathédrale Saint-Pierre, Genebra, 12 de fevereiro de 2006.

16 Benoît & Bernus, 1892, p. 366, citando J.-A. Galiffe, *Notices généalogiques sur les familles genevoises depuis les premiers temps jusqu'à nos jours* (Genève, publicação do autor, 1829. 2. ed., vol. 2, p. 602).

17 Benoît & Bernus, 1892, p. 366.

18 A data da morte de Catherine é desconhecida, mas Jean de Saussure casou-se novamente em 1593, aos 43 anos, quando seu filho Jean-Baptiste já tinha 17. A segunda esposa de Jean, Elisabeth de Budé, era cerca de 20 anos mais nova que seu marido e lhe deu sete filhos. Entre seus vários bisnetos do segundo casamento, havia um Ferdinand de Saussure, batizado em Lausanne em 1652.

19 Bibliothèque de Genève Ms. Fr. 3957/2, f. 34v. Essa árvore genealógica sem data pela mão de Saussure mostra os casais de sua linhagem paterna direta, incluindo os nomes de solteiro das mulheres.

20 Freshfield, 1920, p. 48, nota de rodapé. Mas, como Freshfield não identificou corretamente como descendentes de Daniel os filhos de seu irmão mais novo, é difícil avaliar a precisão do julgamento. Um irmão mais novo de Daniel e Élie, Marc, se tornou pastor e professor de teologia na academia de Lausanne e teve muitos filhos e filhas, porém sua linhagem masculina parece não ter sobrevivido após meados do século XIX.

21 *Idem*, p. 40.

22 *Idem*, *ibidem*.

23 *Idem*, p. 136. Freshfield sugere uma conexão entre essa consanguinidade e a alta taxa de suicídio na Genebra do século XVIII; o tema será abordado mais adiante.

24 *Idem*, p. 48. A precisão dessa informação é atestada por um documento de séculos de idade anexado ao AdS 264/3.

25 Outro neto de Henri, César de Saussure (não confundir com César, filho de Élie, mencionado no parágrafo anterior) passou os anos de 1725 a 1729 na Inglaterra. Suas cartas para casa foram posteriormente publicadas como *A foreign view of England in 1725-1729: the letters of Monsieur César de Saussure to his family* (editadas e traduzidas por Madame Van Muyden. London, John Murray, 1902) e se tornaram um importante documento para a história social da Inglaterra. A linhagem masculina de César não continua.

26 Freshfield, 1920, pp. 33-34. Freshfield foi, anos antes, amigo e associado de John Ruskin; daí seu conhecimento em história da arquitetura.

27 *Idem*, pp. 77-78. Freshfield contatou Henri de Saussure quando ele, pela primeira vez, considerou escrever uma biografia de Horace-Bénédict, por sugestão de Ruskin, nos anos 1870. Ao finalmente assumir o projeto, quatro décadas mais tarde, buscou e recebeu assistência de vários membros da família Saussure, inclusive do irmão de Ferdinand, Horace, da viúva Marie e do filho Raymond. Henry F. Montagnier, um estadunidense vivendo em Genebra, auxiliou Freshfield em sua pesquisa, e é de seus contatos pessoais que as "tradições" sem referências podem derivar. Alguns registros atestam a morte de Lullin em 1707, outros em 1708.

28 GAILLARD, E. & MONTAGNIER, H. F. (ed.). *Lettres de H.-B. de Saussure à sa femme.* Chambéry, Dardel, 1937 (p. 125, n. 3 da "*Lettre* LIX").

29 Eles tinham mais uma filha, Judith, nascida um ano após Nicolas, que, excepcionalmente na história da família, se casaria com outro Saussure, o primo de primeiro grau de seu pai, George, neto de Élie e Sara. Como se a rede de casamentos consanguíneos já não estivesse robusta o bastante, um neto de George e Judith chamado Jules du Pan desposaria uma mulher chamada Marie Faesch, tia e homônima da Madame Ferdinand de Saussure.

30 GEISENDORF, P-F. *L'Université de Genève, 1559-1959.* Genève, Alexandre Jullien, 1959 (pp. 142-143). O banco privado dos Lullin ainda opera atualmente, porém o nome deixou de ser usado desde a fusão, em março de 2006, com o Banco Julius Bär & Cie. Jean-Antoine Lullin e seus irmãos fizeram uma parceria com a família Marcet, para a qual a irmã de Ferdinand de Saussure, Albertine, entraria pelo matrimônio.

31 Freshfield, 1920, p. 77. Um comentário diferente é feito por De Mauro (1972, p. 320), que diz que os Saussure adquiriram a casa da cidade de J. A. Lullin no início do século XVIII e a casa de campo em 1723. Entretanto, isso levantaria toda sorte de questões sobre a sucessão dos Lullin; a hipótese de Freshfield, ao contrário, é completamente plausível. Nem Freshfield nem De Mauro mencionam que Lullin era tio de Théodore de Saussure.

32 Freshfield, 1920, p. 48.

33 *Idem*, p. 49.

34 *Idem*, p. 40. Ver também Jean Senebier, *Mémoire historique sur la vie et les écrits de Horace-Bénédict de Saussure, pour servir d'introduction à la lecture de ses ouvrages, lu à la Société de physique et d'histoire naturelle de Genève, le 23 Prairial an VIII* (Genève, J. J. Paschoud, Librairie, IX [1800-1801] (p. 8)), que confirma que Renée era conhecida por "seu gosto por certos aspectos da história natural", mas "acima de tudo pela educação que deu ao filho, que era também seu melhor amigo".

35 CORREVON, H. "L'arbre dans nos montagnes: Introduction d'espèces exotiques". *Bibliothèque universelle et Revue suisse*, vol. 49, n. 145, 1908, pp. 499-510 (p. 503).

36 COOLIDGE, R. W. A. B. "Horace-Bénédict de Saussure". *Encyclopedia Britannica*, 11. ed., vol. 24, 1911 (p. 328).

37 Nicolas dS. *Essai sur la cause des disettes de bled, qu'on a éprouvées dans une grande partie de l'Europe, pendant les sept ou huit années qui ont précédé cette dernière 1775, & sur les moyens qui pourroient prévenir ou diminuer du moins dans la suite ces calamités.* Genève, Barth. Chirol, 1776.

38 Os títulos são de Freshfield (1920, p. 48). De Mauro (1972) observa que o *Vignes, raisins, vendanges et vins* (Lausanne, 1778), de Nicolas dS, foi extraído de seus escritos para a *Encyclopédie.*

39 Gaillard & Montagnier, 1937, p. 116, n. 3 da "*Lettre* XXXII".

40 Freshfield, 1920, p. 49.

41 *Idem, ibidem.*

42 O'MARA, P. F. "Jean-Jacques and Geneva: The Petty Bourgeois Milieu of Rousseau's Thought". *The Historian*, vol. 20, 1958, pp. 127-152 (p. 134).

43 POURTALÈS, G. de. *Chaque mouche a son ombre, Première partie: Mémoires de ma vie, 1881-1906*, Livre I, 1881-1893. Paris, Gallimard, 1980 (p. 45).

44 Para uma lista, ver a revisão de George Sarton, sobre Freshfield (1920), no jornal de Sarton *Isis* (vol. 6, 1924, pp. 64-71).

45 STEPHEN, L. *The Playground of Europe.* London, Longmans, Green & Co., 1871 (p. 38).

46 Freshfield, 1920, p. 76.

47 *Idem*, p. 425. A doença final de Ferdinand, que o acometeu com a mesma idade, levou-o um ano depois, enquanto Horace-Bénédict viveu até os 58 anos.

48 Senebier, [1800-1801], p. 10.

49 Horace-Bénédict dS. "Discours préliminaire". *Voyages dans les Alpes*, vol. 1. Lausanne, chez Samuel Fauche, Imprimeur et Libraire du Roi, 1779 (p. x).

50 Citado de Freshfield, 1920, p. 39.

51 Senebier, [1800-1801], p. 16.

52 Horace-Bénédict dS, *Voyages*, p. 290.

53 Freshfield, 1920, pp. 69, 197.

54 Senebier, [1800-1801], pp. 18-19; Freshfield, 1920, p. 74.

55 Freshfield, 1920, p. 76.

56 *Idem*, p. 448.

57 *Idem*, p. 76.

58 ROUSSEAU, J.-J. *Julie, ou, la nouvelle Héloïse*. 6e partie, Lettre V de Madame d'Orbe à Madame de Wolmar, 1761.

59 SIMONDE DE SISMONDI, J.-C.-L. *Considérations sur Genève, dans ses rapports avec l'Angleterre et les États protestants, suivies d'un discours prononcé à Genève sur la philosophie de l'histoire*. London, John Murray, 1814 (pp. 4, 7).

60 Choisy, s.d. [1902], pp. 126, 422; Freshfield, 1920, p. 86.

61 Freshfield, 1920, p. 84.

62 Carta para Haller (citado por Freshfield, 1920, pp. 85-86).

63 Freshfield, 1920, p. 42.

64 *Idem*, p. 42, nota de rodapé, em que o relatório do prefeito de Napoleão é dispensado, juntamente com uma sugestão do Barão de Zurlauben de que o suicídio era mais um dos modismos introduzidos pelos visitantes ingleses. Tal hipótese foi relatada em Jean-Benjamin de Laborde, *Tableaux topographiques, pittoresques, physiques, historiques, moraux, politiques, et littéraires de la Suisse* (5 vols. Paris, Clousier, 1780-1786). Dr. John Moore, em *A View of Society and Manners in France, Switzerland, and Germany, with anecdotes relating to some eminent characters* (3 vols. London, Strahan & Cadell, 1779 (pp. 301-308)), atribui o fato à leitura excessiva de filósofos humanistas, que desvia a mente dos homens da preocupação com seu destino na vida após a morte.

65 WATT, J. R. *Choosing Death: Suicide and Calvinism in Early Modern Geneva*. Kirksville, Missouri, Truman State University Press, 2001. A Suíça continua a ser a capital europeia do suicídio, por não ter nenhuma lei contra a assistência ao suicídio de terceiros.

66 Freshfield, 1920, p. 122.

67 *Idem*, p. 94. O *livre* ("libra") era a unidade monetária francesa, a de Genebra era o florim. Equivalências são impossíveis ao longo dos séculos, devido às grandes mudanças nos custos relativos de bens e serviços, mas 60 mil libras francesas de 1768 podem equivaler a cerca de 400 mil euros em 2011.

68 *Idem*, p. 98.

69 *Idem*, p. 103.

70 Albertine, no entanto, parece ter ficado fascinada com o assunto principal das fofocas de salão da época, o divórcio de *Lord* Grafton de sua esposa, *Lady* Ossery. Ela escreveria um romance intitulado *Les Méprises, ou Mémoires de Mylady D'Ossery*, embora o título pareça ser o único paralelo entre o romance e o caso de divórcio. Nunca publicado, o romance definhou em um armário na mansão da família até que Raymond de Saussure, segundo filho de Ferdinand, o

encontrou em 1920. De acordo com Freshfield ("Addenda and corrigenda", 1920, p. 461), "A história é contada em uma série de cartas da senhora para sua amiga, e tanto em sua forma quanto em 'sensibilidade' mostra a forte influência de Rousseau e da *Nouvelle Héloïse*".

71 Freshfield, 1920, p. 119. Pode-se imaginar o bisavô de Garrick, um refugiado huguenote de Bordeaux, revirando-se em seu túmulo por ter seu nome (originalmente Garric) consagrado para sempre nos anais do teatro, perdendo apenas para o Vaticano como a instituição que Calvino mais desconfiava e desprezava.

72 Carta para Haller (citado por Freshfield, 1920, p. 121).

73 Senebier, [1800-1801], pp. 26-27.

74 Freshfield, 1920, p. 452.

75 Já existe uma obra publicada, intitulada *Lectures on Physical Geography given in 1775 by Horace-Bénédict de Saussure at the Academy of Geneva/Cours de géographie physique donné en 1775 par Horace-Bénédict de Saussure à l'Académie de Genève*, editada por Albert V. Carozzi & John K. Newman, em versão trilíngue inglês-francês-latim (Genève, Éditions Zoe, 2003).

76 CORREVON, H. "Réfugiés huguenots et l'arboriculture à Genève". *Journal de Genève*, 2 dez. 1900, reimpresso em *Bulletin historique et littéraire de la Société de l'histoire du protestantisme français*, pp. 48-50 (p. 49).

77 Senebier, [1800-1801], pp. 52-53.

78 Senebier ([1800-1801], p. 41) sugere que esse foi um interesse duradouro, citando um artigo de Saussure no *Journal de Paris*, de março de 1784, sobre a medição do aumento do "fluido elétrico" em movimentos violentos de humanos e animais.

79 NARDIN, J. "A meeting on the *mer de glace*: Frankenstein and the History of Alpine Mountaineering". *Women's Writing*, vol. 6, 1999, pp. 441-419.

80 Senebier, [1800-1801], p. 53.

81 *Idem*, p. 22; Freshfield, 1920, p. 130.

82 Voltaire viveu em Genebra de 1755 a 1759, quando se mudou para os arredores da cidade francesa de Ferney (agora Ferney-Voltaire), onde poderia encenar suas próprias produções teatrais sem interferência da Venerável Companhia de Pastores.

83 Freshfield, 1920, p. 39, nota de rodapé.

84 Freshfield (1920, p. 136) dá várias indicações disso.

85 *Idem*, p. 137.

86 BEER, G. R. de. "The Diary of Sir Charles Blagden". *Notes and Records of the Royal Society of London*, vol. 8, n. 1, Oct. 1950, pp. 65-89 (p. 85).

87 Freshfield, 1920, p. 141.

88 Horace-Bénédict dS. *Projet de réforme pour le Collège de Genève*. Genève: s.n., 1774 (citado por Freshfield, 1920, pp. 312-313).

89 Senebier, [1800-1801], p. 76.

90 BONNET, C. *Essai de psychologie, ou considérations sur les opérations de l'âme, sur l'habitude et sur l'éducation, auxquelles on a ajouté des principes philosophiques sur la cause première et sur son effet*. London, s.n., 1755.

91 CONDILLAC, É. B. de. *Essai sur l'origine des connoissances humaines*, 2 vols. Amsterdam, chez Pierre Mortier, 1746. Ver: ANDERSON, L. *Charles Bonnet and the Order of the Known*. Dordrecht/Boston/London, D. Reidel, 1982.

92 Essa foi a impressão de Ernest Naville, em "La philosophie d'Horace-Bénédict de Saussure" (*Séances et Travaux de l'Académie des sciences morales et politiques*, 1883, vol. cxx (pp. 92 e ss., p. 350 e ss.)) e em "Horace-Bénédict de Saussure et sa philosophie d'après des document inédits"

(*Bibliothèque Universelle*, Mars-Mai 1883); ver Freshfield (1920, p. 452). Naville, um eminente classicista e historiador, encontrara, entre papéis de família, anotações feitas durante o curso de filosofia de Saussure.

93 Bonnet, 1755, p. 2.

94 *Idem*, p. 17.

95 Freshfield, 1920, p. 435; Horace-Bénédict dS, *Voyages*, *passim*; *Essais sur l'Hygrométrie* (Neuchâtel, Samuel Fauche, 1783); "Description d'un cyanomètre ou d'un appareil destiné à mesurer l'intensité de la couleur bleue du ciel" e "Description d'un diaphanomètre ou d'un appareil destiné à mesurer la transparence de l'air" (*Mémoires de l'Académie Royale de Turin*, vol. 4, 1778--1779, pp. 409-424, pp. 425-453).

96 Freshfield, 1920, p. 421.

97 *Idem*, p. 443.

98 *Idem*, pp. 443-444.

99 Geisendorf, 1959, p. 135.

100 Freshfield, 1920, p. 235. Foi em Servoz que ele encontrou seu amigo bernês J. S. Wyttenbach.

101 *Idem*, p. 223.

102 Uma hierarquia social de reivindicações estava em ação, ecoando a luta de classes da época. Na história oficial, escrita e mantida pelos aristocratas, dr. Paccard, de classe média, sempre teria prioridade sobre o camponês Balmat, mas só com a chegada de alguém cujo nome incluía o aristocrático "*de*" o Mont Blanc foi *realmente* conquistado. Em seu *Impressions de voyages: en Suisse*, 5 vols. Paris, Dumont, 1833-1837, Alexandre Dumas relata sua entrevista em 1832 com o então idoso Jacques Balmat, que sustentava que Paccard havia desmoronado a alguma distância do pico do Mont Blanc e não pôde ser persuadido a seguir em frente. Balmat foi em frente e encontrou o cume; depois voltou e forçou o moribundo Paccard a voltar com ele.

103 Freshfield, 1920, p. 34.

104 Citado por Freshfield, 1920, p. 45.

105 Geisendorf, 1959, p. 151.

106 *Idem*, p. 157.

107 Carta de Albertine dS para seu filho Nicolas-Théodore, início de 1794 (citada em Gaillard & Montagnier, 1937, p. 125, n. 3 da "*Lettre* LIX"). Ver ainda Barbara Roth-Lochner, "Comment Saussure perdit sa fortune", em *H.-B. de Saussure (1740-1799): un regard sur la terre*, editado por René Sigrist com Jean-Daniel Candaux (Genève, Georg, 2001 (pp. 471-485)).

108 Gaillard & Montagnier, 1937, p. 125, n. 3 da "*Lettre* LIX".

109 ROUX, J-B. "La vie d'Horace-Bénédict de Saussure". Disponível *on-line*.

110 Freshfield, 1920, p. 425.

111 À medida que se espalhava a notícia de seu empobrecimento, várias universidades estrangeiras lhe fizeram ofertas de cátedras, incluindo um convite de Thomas Jefferson para lecionar na nova Universidade da Virgínia, que estava construindo (Freshfield, 1920, p. 385). Aqueles que faziam as ofertas não sabiam do estado físico deplorável de Saussure.

112 É assim que o nome é escrito por Senebier, no Ano IX (1800-1801), exceto em sua folha de rosto.

113 BUDÉ, E. de. "Les Bonapartes en Suisse". *Bibliothèque universelle et Revue suisse*, vol. 12, n. 34, 1898, pp. 21-51 (pp. 38-39), citando cartas de Albertine dS a Nicolas-Théodore em Paris. O *Journal de Genève* de 5 de fevereiro de 1885 relata uma palestra de Théodore dS, neto de Horace--Bénédict, sobre essas cartas.

114 George Sarton (1924, p. 68), revisão de Freshfield (1920).

2

As gerações de seus pais e avós

O Congresso de Viena

A derrota de Napoleão pela Rússia em 1812 marcou o início do fim. Em 31 de dezembro de 1813, um dia após as tropas austríacas entrarem na Suíça, a anexação francesa de Genebra foi declarada encerrada, pondo fim a uma década e meia de ocupação e restaurando a independência da República. A capitulação final de Napoleão em Waterloo ocorreu em 18 de junho de 1815, e, naquele outono, foi realizado em Viena um congresso dos Aliados, a parte vitoriosa, para redesenhar o mapa da Europa.

Nenhuma delegação veio à mesa de negociações em Viena com ideais mais elevados do que a de Genebra. Ela reconheceu que a independência de sua República deveria ser comprometida, a fim de garantir que nunca mais fosse totalmente usurpada. O Congresso de Viena encorajou dezenas de pequenos estados feudais a se unirem voluntariamente a vizinhos maiores, com quem possuíssem laços culturais e linguísticos.

Em 3 de outubro, Genebra e Neuchâtel solicitaram e obtiveram entrada na Confederação Suíça, com a qual mantinham relações pacíficas há muito tempo. A cidade de Calvino seria dali em diante a República e o Cantão de Genebra, com grande parte de sua independência tradicional mantida em seu *status* corrente de República, mas com seu futuro protegido por seu novo *status* de Cantão federal.

Em 20 de outubro, uma delegação de Genebra chefiada por Charles Pictet de Rochemont propôs ao Congresso de Viena que os Aliados aceitassem oficialmente e consagrassem a perpétua neutralidade dos suíços. O acordo foi celebrado, e a neutralidade suíça vem sendo mantida pelos dois séculos seguintes, com Genebra em particular sendo reconhecida como a última cidade não alinhada na qual as organizações internacionais teriam sua sede e as potências hostis se encontrariam para resolver suas diferenças em terreno totalmente neutro.

Os próprios genebrinos aproveitaram para reorganizar a constituição da República em um ambiente menos carregado de tensões de classes sociais do que o habitual. O antigo sistema de Conselhos foi reconfigurado, passando a existir um Conselho Representativo com 250 membros e um Conselho Estadual com 24. Os Síndicos, eleitos pelo e a partir do Conselho, mantinham a autoridade executiva. O Conselho Geral de todos os cidadãos foi substituído por um sistema de referendos populares. Enquanto o governo evoluía superficialmente em direção a uma democracia mais ampla, as velhas famílias aristocráticas desenvolviam novos meios para garantir que medidas seriamente prejudiciais aos seus interesses nunca fossem implementadas. As velhas tensões sociais ressurgiriam gradualmente. Por um longo período após 1815, porém, Genebra mais uma vez gozou de maior estabilidade que as grandes potências europeias, e manteve-se como um centro de aprendizado em face da crescente competição das universidades da Alemanha, França e Grã-Bretanha, graças a uma nova geração de estudiosos das ciências naturais. Mesmo aqueles que eram jovens demais para terem sido discípulos de Horace-Bénédict de Saussure foram inspirados por suas *Voyages dans les Alpes* e se beneficiaram da nova precisão possibilitada por suas invenções.

Albertine Necker de Saussure

Quando Horace-Bénédict de Saussure morreu, em 1799, sua filha mais velha, Albertine-Adrienne, já havia lhe dado seus únicos quatro netos. Albertine tinha 19 anos quando se casou, em 1785, com Jacques Necker, o jovem, capitão da cavalaria francesa e sobrinho do famoso banqueiro. A Revolução encerrou sua carreira militar e forçou toda a família Necker a retornar a Genebra em 1790. Jacques, o jovem, pôde assumir uma profissão nova e bastante modesta, como professor assistente de botânica na Académie – não por causa de seus conhecimentos ou habilidades, que na melhor das hipóteses eram mínimos, mas por causa do sobrenome de sua esposa.[1] Ele e Albertine moravam com seus tios Necker em seu magnífico Château de Coppet, onde Albertine se tornou como uma irmã para a única filha dos Necker, Germaine. Quando Germaine Necker tinha apenas 12 anos, o embaixador sueco na França, 17 anos mais velho, pediu a seus pais sua mão em casamento. Suzanne, uma mãe muito controladora, aceitou, e, oito anos depois, em 1786, Germaine casou-se com Eric-Magnus, Barão de Staël-Holstein. Com o tempo, Germaine Necker alcançaria renome como grande romancista e ensaísta sob o nome de Madame de Staël. Albertine, escrevendo sob o nome de Madame Necker de Saussure, seria sua primeira biógrafa.

Albertine não iniciou sua carreira literária até que seus filhos estivessem crescidos, mas participou do Groupe de Coppet – um salão no sentido mais amplo do termo, com interesses não apenas estéticos, mas também políticos, sociais e educacionais.[2] Reunido no Château de Coppet, o grupo floresceu entre a Revolução e os primeiros anos da Restauração, apesar do exílio de Germaine imposto por Napoleão, de maio de 1812 a maio de 1814, passado na Grã-Bretanha e na Suécia. Os membros incluíam Simonde de Sismondi, Charles-Victor de Bonstetten e Benjamin Constant.[3] O Groupe de Coppet deixou de se reunir regularmente após a morte de Germaine de Staël, em 1817. Para Albertine, a perda de Germaine, a irmã que ela nunca teve, foi agravada pela morte de sua mãe, 15 dias depois.

O espírito do grupo Coppet, no entanto, sobreviveu, e foi principalmente Albertine que, durante as duas décadas seguintes, o transmitiu a uma nova geração de jovens aristocratas genebrinos. Entre eles estava Adolphe Pictet, filho de Charles Pictet de Rochemont, que havia negociado a neutralidade suíça no Congresso de Viena. Na década de 1820, Adolphe Pictet deixou Genebra para estudar em Paris com o principal filósofo da época, Victor Cousin, de quem se tornou assistente e *protégé*. O interesse de Pictet pela filosofia estética, incluindo a ligação entre estética e linguagem, continuou a ser um tema do Groupe de Coppet, desenvolvido particularmente por Bonstetten.[4] As importantes contribuições de Pictet para a linguística serão examinadas com detalhes mais adiante, devido à forte impressão que causaram no jovem Ferdinand de Saussure. Mas os interesses de Pictet eram amplos. Ele teve uma carreira militar de sucesso, chegando ao posto de major, e foi um inovador reconhecido no desenvolvimento de bombas e outros explosivos.

Além da biografia de sua cunhada, o trabalho mais influente de Necker de Saussure foi seu estudo em três volumes sobre "educação progressiva", uma educação planejada em etapas progressivas.[5] Seu interesse pelo assunto estava ligado aos esforços de seu pai para modernizar a educação em Genebra. O sexto capítulo do segundo livro do primeiro volume, intitulado "Comment les enfants apprennent à parler" [Como as crianças aprendem a falar],[6] contém o primeiro modelo saussuriano de linguagem.

Embora focado na aquisição da linguagem infantil, o capítulo também apresenta uma teoria sobre a origem da linguagem e de como essa opera na mente de crianças e adultos. Os psicólogos-filósofos cujo trabalho cita e, em alguns casos, contesta – Condillac, Locke, Thomas Reid e Maine de Biran – ainda hoje são levados muito a sério. Necker também retoma algumas das ideias de seu tio-avô Charles Bonnet. Vale a pena examinar o capítulo com algum detalhe, não apenas porque a tia-avó de Ferdinand de Saussure o escreveu, mas porque sabemos que ele estava ciente disso.[7]

A autora começa apontando o notável progresso linguístico que a maioria das crianças faz por volta do segundo aniversário. Todas as crianças conseguem falar a essa altura, embora já se faça sentir a distribuição desigual dos dons da natureza. Várias faculdades físicas e mentais diferentes devem estar coordenadas para falar – um bom ouvido, músculos articulatórios flexíveis, inteligência para compreender as palavras e memória para retê-las. Se alguma dessas faculdades demorar a se desenvolver, a capacidade linguística da criança será prejudicada.

No entanto, como qualquer criança consegue isso em uma idade na qual, em muitos aspectos, somos inferiores a todas as outras espécies? É isso que Necker de Saussure gostaria de esclarecer com observações precisas. Ela, porém, se desculpa; tudo o que pode oferecer são meras impressões, fatos que conseguiu reunir por experiência própria e com a ajuda de algumas outras mães.

Na mente da criança, certas palavras se destacam de todo o enunciado em que ocorrem e ocupam um lugar próprio. As primeiras palavras a fazer isso são "os substantivos ou signos" ligados a pessoas ou coisas que atraem sua atenção. As crianças ficam repetindo a sílaba tônica dessas palavras, razão pela qual as primeiras palavras aprendidas, como *papa*, tendem a ter a mesma sílaba reduplicada. Já aos sete ou oito meses, pronunciam continuamente as sílabas *pa*, *ma*, *da*, sem lhes atribuir nenhum sentido. "[E]las mais tarde associam esses sons com as ideias de certos objetos e, assim, fazem deles uma linguagem."

Nomear objetos materiais é um processo bastante simples. Quando se mostra a uma criança um determinado objeto várias vezes ao mesmo tempo em que se emite certos sons, "a coisa então suscita a ideia da palavra, e a palavra a da coisa". O que é mais difícil de entender é como as crianças atribuem um signo ao que não tem existência corpórea. As ações expressas pelos verbos, por exemplo, tendem a não acontecer quando são nomeadas – uma criança só diz *Vai!* quando algo ou alguém não está indo. A criança deve ter dentro de si a ideia expressa pelo verbo, e o gesto parece ser sua fonte mais provável. Sem pensar, os adultos gesticulam muito quando falam com as crianças, e as crianças também são ótimas gesticuladoras.

Até os animais entendem os verbos na medida em que expressam uma ação – imperativos como *Senta!* e *Galopa*! representam a maneira de fazer com que cães e cavalos obedeçam. "A criança a princípio usa apenas infinitivos, como os pretos fazem", escreve Necker de Saussure, que provavelmente nunca conheceu um "preto". "Como a criança não forma para si nenhuma noção de tempo e não entende pronomes até muito tarde, ela é reduzida a esse modo." As partículas *sim* e *não*, que as crianças aprendem muito rapidamente, são também traduções de gestos, um de reunir, outro de afastar. Mais tarde, alguns adjetivos entram na cabeça da criança, que expressam sentimentos muito fortes. *Joli* [bonito, agradável] é um deles.

A criança primeiro utiliza essas palavras sem juntá-las, mas é fácil ver que estão conectadas em sua mente. Uma criança vendo seus pais sentados ao lado da lareira diz *papai, mamãe, quente*, deixando de fora as palavras intermediárias. Necker de Saussure observa que todos os seus exemplos foram, na verdade, enunciados por crianças com idades entre 12 e 18 meses. Após reflexão, a autora diz que as três categorias de palavras que as crianças usam, substantivos, verbos e adjetivos, "são verdadeiramente a matéria do discurso, seu corpo, por assim dizer". Como, então, progridem ainda mais as crianças usando palavras às quais é difícil atribuir uma significação – preposições, conjunções, advérbios? "Que uso elas fazem de palavras como *para*, *com*, *embora*, *como*, *muito*, cujo sentido nem um adulto em dez poderia definir?"

A hipótese de Necker de Saussure é a de que as crianças começam a usar essas palavras sem separá-las de todos os enunciados de que fazem parte. Elas percebem o enunciado como uma palavra longa e adivinham seu sentido, podendo repeti-lo de maneira satisfatória se tiverem um bom ouvido e uma garganta flexível; caso contrário, destroem-no ou o abreviam, mas sempre sem distinguir seus elementos constitutivos.

Necker se engaja em uma disputa filosófica com Locke[8] sobre como a criança aprende a entender e usar substantivos comuns, em oposição a nomes próprios.

> Que ela atribua um signo a um objeto particular, isso é concebível; mas como chega a aplicá-lo a toda uma classe de seres? Como chama todos os cachorros de *cachorro*, por mais que se pareçam pouco com o primeiro que ouviram chamar assim? Ela constrói ideias gerais? Sabe que os nomes das espécies se aplicam a todos os indivíduos que possuem certas qualidades, e encara essas qualidades abstratamente, separando-as do sujeito que as possui? Isso seria pedir muito para um espírito nascente.[9]

A ironia mordaz desse último comentário, beirando o sarcasmo, mantém-se quando a autora se volta para aqueles filósofos – todos homens, evidentemente – que provavelmente nunca observaram uma criança de perto desde que eles próprios eram uma: "quando os metafísicos se dignam a se preocupar com crianças pequenas, eles têm, na minha opinião, atribuído a elas mais raciocínio e menos adivinhação do que elas realmente possuem". A citação de uma página de Locke, via Condillac, que segue, diz que as crianças começam usando as palavras *enfermeira* e *mãe* como nomes próprios, nomeando os dois indivíduos mais próximos a elas. À medida que observam outros que se assemelham a seus pais em certos aspectos, as crianças "formam uma ideia na qual descobrem que todos esses seres participam igualmente e lhe dão, como os outros o fazem, o nome de *homem*". Assim, elas passam a ter seu primeiro substantivo comum. A avaliação de Necker de Saussure do empirismo de Locke é fulminante:

> Certamente não nego que essa explicação seja muito lógica [...], mas a maneira pela qual as crianças passam do uso de nomes próprios para nomes comuns não parece ter chegado a Locke por meio da observação. Proceder por separação e reagrupamento, ou seja, por abstração, não me parece ser conforme ao espírito da criança. Quando se expressam livremente, a quantidade e a singularidade de suas associações mostram-nas mais próximas do poeta do que do analista.

Ferdinand de Saussure escreverá em uma época em que a origem da linguagem estava fora dos limites da investigação científica, e a aquisição da linguagem pelas crianças era considerada uma tarefa de psicólogos e não de linguistas. Portanto, há poucos pontos em comum entre suas preocupações e as de sua tia-avó. Aqui, porém, no que toca à abstração, eles estão em consonância. Quando Necker de Saussure diz que a criança opera como um poeta, ela quer dizer que o faz de maneira instintiva e sensorial, e não analítica. Ferdinand sempre associará as análises dos gramáticos à abstração e à irrealidade, a menos que elas se conformem ao que é psicologicamente real para os falantes comuns, conforme revelado por seus instintos linguísticos.

Necker de Saussure observa também que as crianças generalizam demais os substantivos comuns quando os adquirem, usando *cachorro* para nomear não apenas cães, mas cavalos e outros animais: "Assim, vi uma criança que nomeava de *damascos* todas as frutas, as ameixas, as cerejas, as groselhas, as uvas etc., uma outra que chamava pelo mesmo nome duas menininhas que usavam o mesmo vestido". Ao contrário do que Locke sugere, não há "raciocínio" acontecendo aqui.

> O que vemos é um simples despertar de ideias, uma sensação ao invés de um julgamento. [...] A criança não decide nem que o objeto seja diferente nem que seja igual, mas o ato de *reconhecimento* é produzido.

Com "o reconhecimento do mesmo e da diferença", essa primeira consideração saussuriana da linguagem se aproxima bastante daquela muito mais conhecida de duas gerações posteriores, apesar de apresentar algumas diferenças de terminologia e perspectiva. Necker de Saussure afirma:

> Esse movimento imediato, irrefletido, quase mecânico, que excita a identidade da imagem que se conservou à do objeto que se vê, é aqui o efeito de uma simples analogia, e há antes erro que operação do espírito. Mas, quando essa operação começa, quando o exame ocorre verdadeiramente, as diferenças são apreciadas, e cada um dos diversos objetos evoca seu signo próprio.

A continuidade com o que Ferdinand vai ensinar é realmente impressionante. O mesmo acontece quando ela passa a descrever o funcionamento da mente da criança.

> As crianças têm uma maravilhosa faculdade de associação: tudo se encadeia, tudo é atraído reciprocamente em seu cérebro; as imagens despertam umas às outras e trazem a palavra atrás delas. Quando essa palavra passa de um objeto a outro, é pelo efeito de uma relação menos apreciada do que sentida, e a criança não percebe distintamente nem a analogia nem as diferenças.

Necker de Saussure viveu até os 75 anos, falecendo em 1841. Deixou dois de seus quatro filhos, incluindo seu filho Théodore Necker, que se casou com Hortense de Senarclens. Em uma dessas múltiplas conexões matrimoniais muito genebrinas, a sobrinha de Hortense, Marie Faesch, estava destinada a se tornar Madame Ferdinand de Saussure.

Nicolas-Théodore de Saussure

Todos os três filhos de Horace-Bénédict o ajudaram em seus experimentos e observações desde tenra idade, mas foi o filho do meio, Nicolas-Théodore, conhecido na família como Théo, que se tornou um cientista.[10] Ao contrário de seu pai, embora como seu avô Nicolas em seus últimos anos, seu lado sério e sombrio não era compensado pela sociabilidade. Lady Shelley, a esposa de *Sir* John Shelley, relembrou uma observação feita por Théo em 1816 durante uma discussão sobre a alta taxa de suicídio em Genebra: "Ah, Madame, nós dominamos desde cedo a arte de se cansar da vida".[11] Isso vindo de um jovem que havia participado de algumas das grandes aventuras românticas de seu tempo, as primeiras escaladas aos cumes dos altos Alpes.

Théo entrou na Académie com a idade tradicional de 14 anos e gravitava em torno de Jean Senebier, que havia assumido a linha de pesquisa sobre o crescimento das plantas, iniciada uma geração antes, por Bonnet. Eles queriam saber exatamente qual era a contribuição do solo, do ar, da água e da luz solar, e talvez também de uma "força vital", que, embora aceita em outros lugares, despertou o ceticismo do genebrino ultrarracional. Pouco a pouco, ano a ano, de Bonnet a Nicolas-Théodore de Saussure, passando por Senebier, o misterioso processo de fotossíntese foi revelando seus segredos.

É claro que havia pesquisas paralelas em outros lugares. A cadeia de descobertas como reconhecida atualmente não se estende até Bonnet, mas a Priestley na Inglaterra, a Lavoisier em Paris e ao cientista holandês Ingenhousz. Eles estabeleceram progressivamente a base da fotossíntese, mas os passos importantes que seguiram vieram de Genebra, começando com a descoberta de Senebier de que o "ar fixo", dióxido de carbono, era consumido no processo.

Após concluir sua formação na Académie, Théo viajou pela Europa para assistir a cursos e trabalhar com os principais pesquisadores em fisiologia vegetal. A Revolução acabou com a viagem. Ele passou a maior parte de 1793 na Inglaterra, morando com parentes distantes.[12] No início de 1794, porém, sua mãe foi obrigada a escrever-lhe:

> Você sabe, meu caro amigo, que seu pai perdeu sua fortuna, não por algum gasto que ele não estava em condições de fazer durante o tempo de nossa prosperidade passada, mas pela infelicidade de seus investimentos na França. Toda a propriedade de sua mãe e, consequentemente, seu legado agora não valem um quinto do preço que valiam antigamente.[13]

Ele esperava manter a continuidade de seus estudos na Inglaterra encontrando trabalho como professor particular, mas a preferência pelos estudos clássicos sobre os científicos permaneceu forte entre a aristocracia, e nenhuma oferta foi feita.[14]

Ele voltou a Genebra naquele verão, bem a tempo da revolta revolucionária da qual seus pais haviam escapado ao deixar a mansão da cidade rumo à fazenda de Conches. Temendo que o Reino do Terror francês pudesse inspirar atrocidades semelhantes em Genebra, Théo e seu irmão mais novo, Alphonse, fugiram para Rolle, um vilarejo em Vaud, entre Genebra e Lausanne. Permaneceram lá durante todo o ano de 1795, passando grande parte de seu tempo corrigindo as provas dos dois últimos volumes de *Voyages dans les Alpes*.[15]

Em 1796, os irmãos voltaram para Genebra e, em julho daquele ano, Théo casou-se com Renée Fabri, de outra das proeminentes famílias calvinistas italianas. Seu antepassado Pierre Fabri foi um dos primeiros Síndicos de Genebra no século XVI, e vários de seus descendentes o sucederam no cargo. Tanto Théo quanto Renée tinham 29 anos na época do casamento, ainda dentro da idade fértil para ela. Entretanto, nenhuma criança veio ao mundo.

Em 1797, Théo publicou seu primeiro tratado importante sobre a formação do ácido carbônico em plantas. Ele embarcou em mais cinco anos de viagens e estudos na Inglaterra e na França, antes de retornar a Genebra, em 1802, para assumir a cadeira de mineralogia e geologia na Académie. Não tinha obrigações docentes, o que lhe permitiu concluir a pesquisa que vinha desenvolvendo nos últimos anos e sintetizá-la em sua obra-prima, *Recherches chimiques sur la végétation* [Pesquisas químicas sobre a vegetação], publicada em 1804.[16]

Embora lido com séria atenção em todo o mundo científico, o livro estava muito à frente de seu tempo para ser totalmente compreendido ou apreciado. As experiências de Saussure "foram mal interpretadas e incompreendidas até a contestação da teoria da existência de uma força vital, 20 ou 30 anos após sua publicação".[17]

Saussure estabeleceu o papel preciso da água, do carbono e do oxigênio na fisiologia das plantas. Uma parte importante de seu método era queimar plantas e realizar uma análise química das cinzas. Os resultados só poderiam ser triviais para aqueles que atribuíam o crescimento das plantas a uma força vital inanalisável. Mas, através de uma cuidadosa experimentação, Saussure demonstrou que a presença de certos minerais era necessária à vida da planta. Se algum dos minerais essenciais estivesse ausente, a planta não poderia se desenvolver, e a quantidade exata necessária variava de acordo com o mineral. Foi essa hipótese que, transferida da biologia vegetal para a biologia humana, emergiria um século depois como a teoria das vitaminas.

Théo morreu em 1845, aos 67 anos. Seu testamento mostra que sua fortuna melhorou desde os dias difíceis de 50 anos antes, quando teve que interromper seus estudos no exterior e seu pai foi obrigado a vender uma das casas da família. A propriedade que deixou valia cerca de 475 mil francos.[18]

Ele legou a maior parte para seus sobrinhos Théodore e Henri de Saussure, o segundo recebendo cerca de 175 mil francos e o primeiro 125 mil mais um terço do que cabia a seu tio nas duas casas da família. Para sua esposa, Renée, Théo deixou "o testemunho inexprimível de minha gratidão por seu apego, atenção e devoção à minha felicidade", bem como "o usufruto de todos os meus bens. Eu a faço legatária de todos meus bens móveis, toalhas de mesa e pratos, à exceção de meus instrumentos de física e dos livros contidos em minha biblioteca particular". Estes, ele especificou, seriam entregues a Théodore após a morte de Renée, com a recomendação especial de preservar os manuscritos de Horace-Bénédict e um apelo a Henri para garantir que os bens móveis de Théo não fossem vendidos em leilão público.

Renée viveu menos de dois anos após a morte de seu marido, tempo suficiente para ver uma nova revolução derrubar a constituição estabelecida após a Restauração, em 1815. Para Théo, que havia testemunhado tanta agitação política em sua juventude e assistido à morte de seu amado pai, era melhor não ter que suportar outra revolta popular. A vida lhe ensinara que tais lutas nunca trazem os resultados utópicos sonhados por aqueles que se envolvem nelas.

Alphonse de Saussure

É impressionante que, apesar de toda a jactância de Horace-Bénédict de Saussure acerca de suas ideias sobre educação, seu filho mais novo não tenha deixado nenhum registro de realização acadêmica. *Sir* Charles Blagden, depois de conhecer a família durante uma visita a Genebra em 1792, escreveu em seu diário sobre os "filhos muito estudados de Saussure" e pareceu igualmente impressionado por ambos.[19] A longa necrologia de Horace-Bénédict feita por Senebier diz de Alphonse apenas que "ele muitas vezes ajudava seu pai com seus experimentos, e era sempre o consolador de seus pesares".[20] No entanto, Alphonse-Jean-François é tão obscuro que o principal relato biográfico sobre Ferdinand de Saussure não apenas o omite, mas nomeia Nicolas-Théodore como avô de Ferdinand.

Alphonse era ativo na política, servindo como prefeito de Genthod, o vilarejo perto da grande vila dos Saussures à beira do lago.[21] O solteiro mais velho da família de que se tem registro casou-se apenas em 1819, aos 49 anos. Sua esposa, Fanny Crud, tinha 23 anos. Foi o último lance de dados para a continuação do nome Saussure em Genebra; a esposa de Théo, Renée, tinha 50 anos.

Os primeiros sinais não eram bons. Passaram-se cinco anos após o casamento de Alphonse e Fanny antes que ela desse à luz um filho, Horace-René-Théodore, conhecido como Théodore,[22] em 3 de julho de 1824. Foram mais cinco anos até a chegada de um segundo filho, Henri-Frédéric-Louis, em 27 de novembro de 1829. Apenas dois filhos – mas robustos, que sobreviveram até o século seguinte.

Alphonse compartilhava a preocupação da família com a Educação Progressiva, e isso se demonstra pelo fato de que, mesmo depois de muitas das reformas propostas por seu pai para o Collège de Genève terem sido finalmente instituídas em 1836, ele ainda se recusou a que seus filhos lá estudassem. Em vez disso, enviou-os para Hofwyl, um internato de renome internacional dirigido por Emanuel von Fellenberg, no interior, a cerca de 10 km de Berna. O pai de Fellenberg tinha sido amigo de Pestalozzi, reformador educacional suíço cuja própria escola primária ficava nas proximidades e que aconselhou o jovem Fellenberg sobre o currículo de sua escola.[23] Hofwyl foi montada sob um plano utópico, com os alunos encarregados de governar a instituição. Nenhuma regra ou regulamento foi emitido por Fellenberg ou pelo corpo docente, apenas pelo conselho estudantil.

Outro aspecto da escola *parecia* radical: os alunos variavam de jovens príncipes e nobres a filhos da classe média e órfãos indigentes. Na verdade, porém, os órfãos, juntamente com os filhos de camponeses miseráveis, frequentavam a Escola Vehrli, anexa à propriedade de Hofwyl. Eles trabalhavam na fazenda oito ou nove horas por dia, além de terem quatro horas de aulas diárias no inverno e duas no verão. Sobre Fellenberg, o ex-aluno de Hofwyl, Robert Dale Owen, escreveria:

> A única grande ideia de sua vida parece ter sido não fundir, no cadinho da igualdade, as chamadas classes alta e baixa, mas apreender os extremos da sociedade e cuidadosamente educá-los: aqueles que serão trabalhadores inteligentes e cultos; e aqueles outros que serão legisladores sábios e atenciosos, líderes esclarecidos e filantrópicos da civilização. Acredito que ele tenha imaginado que haveria ricos e pobres até o fim do mundo; e restringiu seus esforços a fazer os ricos amigos dos pobres, e os pobres dignos de tal amizade. Para isso, considerava que a agricultura, quando inteligentemente seguida como vocação, era uma ajuda essencial.[24]

Hofwyl ganhou fama mundial pela correspondência entre Charles Pictet de Rochemont e o embaixador francês na Suíça, que apareceu nas páginas da *Bibliothèque britannique* (posteriormente *Bibliothèque universelle*) em 1807-

-1808. Tornou-se então a escola escolhida para os filhos de aristocratas e nobres europeus esclarecidos.

O programa educacional incluía história, filosofia natural, química, mecânica, matemática, desenho, música vocal e instrumental, ginástica, equitação e esgrima, grego, latim, francês e alemão, sendo esse último o idioma de instrução, bem como a língua franca da instituição. O grego e o latim, embora ensinados de forma abrangente, não eram o foco. A filosofia natural foi concebida de forma tão ampla que incluía ciências agrárias, o que pode ter agradado particularmente a Alphonse, cujo avô Nicolas era dedicado à agricultura. E a esposa de Alphonse, Fanny, era filha do notável inovador agrícola Barão Victor Crud, que, em 1808, foi chamado para reorganizar o programa agrícola em Hofwyl.[25]

Alphonse herdou um terço das casas da família, nas quais, no entanto, seu irmão mais velho era o mestre. Para os filhos de Alphonse, era como se tivessem dois pares de pais, sendo o tio Théo a autoridade maior. Não foi por acaso que o primogênito de Alphonse levou o nome de seu tio, de quem era o herdeiro aparente, ou que seu segundo nome fosse René, em homenagem à sua tia. Após a morte de Théo, em 1845, e de sua viúva, Renée, no início de 1847, Alphonse torna-se nominalmente o *pater familias*, embora sua idade avançada o tivesse deixado enfermo.

Quando Alphonse morreu, em Genthod, em 18 de janeiro de 1853, dois dias depois de seu aniversário de 83 anos, nenhum de seus filhos era ainda casado. O mais velho estava se aproximando dos 30 anos, e a continuação do nome Saussure começava a parecer tão tênue quanto na geração anterior. O próprio Alphonse, porém, se casara tardiamente e tivera filhos. Ainda havia esperança.

Fanny Crud

O único Saussure da geração anterior à de seu pai que sobreviveu até a infância de Ferdinand foi sua avó, nascida Marie Fanny Crud. Fanny nasceu em Lausanne, em 1796, e era a filha mais velha do Barão Victor Crud e de sua esposa Marie de Pétra, esta, filha de um Conselheiro de Morges, uma pequena cidade às margens do Lago Léman, em direção a Lausanne. A informação mais íntima que temos sobre Fanny vem dos diários de seu filho Henri. Ele a descreve como obstinada, dissimulada, negligente e de uma independência voraz, e acrescenta que todas as mulheres de sua família eram assim.[26] E, no entanto, admirava sua energia surpreendente, que, para o bem ou para o mal, ele havia herdado.

O pai de Fanny, Victor Crud, foi criado em Lausanne por um primo chamado Lavanchy, um notário sem filhos que pretendia deixar ao jovem Victor sua fortuna de 600 mil francos. Entretanto, o fazia trabalhar 18 horas por dia como seu assistente, enfraquecendo permanentemente sua saúde e sua visão.[27] Incapaz de suportar essa rotina, Victor casou-se com Marie de Pétra e passou o primeiro inverno de casado dando infindáveis jantares e bailes. No final de seu primeiro ano de casamento, Lavanchy ficou horrorizado ao descobrir que Victor havia gastado 20 mil francos nesses eventos e o deserdou de tudo, exceto de uma pequena parte de sua fortuna, que teria recebido de qualquer maneira como um de seus muitos primos. Durante toda a vida, Henri de Saussure ouviu a lição dessa experiência martelada por sua mãe: "Esse infeliz inverno foi a causa de uma vida cheia de tribulações. Uma grande lição para a imprudência da juventude. Quando as pessoas se casam, elas sempre começam gastando demais. Em seguida vêm as experiências, e muitas vezes elas são duras".[28]

Embora ele e sua esposa nunca mais tenham tido uma vida de luxo, Victor pelo menos encontrou sucesso no regime napoleônico. Serviu como presidente do conselho administrativo do cantão de Vaud em 1801-1802; depois, em 1803-1804, foi um membro influente da comissão criada por Napoleão para liquidar a dívida dos cantões suíços e reorganizar suas finanças. Em 1805, teve uma audiência privada com Napoleão para discutir assuntos suíços.[29] "Ele parecia estar bem estabelecido em uma carreira política triunfante, quando, por motivos pessoais, viu-se obrigado a assumir uma pequena propriedade familiar perto de Genebra."[30] A fazenda que Victor Crud assumiu ficava em Genthod, onde os Saussure tinham sua residência de verão.[31] Mais de um casamento aconteceria entre as duas famílias.

A mudança para a fazenda não foi escolha de Crud, mas, uma vez lá, descobriu sua verdadeira vocação. No espírito dessa época romântica, ele estava "convencido de que a agricultura é a mãe fértil da indústria, e que um bom sistema de cultivo é o meio mais eficaz para deter o progresso da pobreza e devolver a paz e o bem-estar às nações". Ele dedicou o resto de sua vida ao ensino prático das ciências agrárias.[32] Sua tradução de quatro volumes do *Grundsätze der rationellen Landwirtschaft* [Princípios racionais da agricultura], de Thaer, do qual ele corrigiu todos os erros nos cálculos originais e inseriu seus próprios comentários na forma de notas de rodapé, muitas vezes discordando totalmente do autor, estabeleceu seu nome na agronomia internacional.[33]

Em 1808, Crud fazia parte de uma delegação de cinco homens nomeada pelo governo para inspecionar a escola de Fellenberg em Hofwyl, sobre a qual Thaer havia recentemente publicado suas próprias observações. Os demais delegados escolheram-no para escrever o relatório,[34] que foi publicado e mais lido do que o típico relatório de inspeção escolar, devido ao interesse internacional que o programa educacional único de Fellenberg despertava, centrado na agricultura. Crud escreveu, posteriormente, que seu relatório de 1808 sobre Hofwyl "atraiu críticas amargas de direções absolutamente opostas: alguns me acusaram de parcialidade em relação a Fellenberg, outros exatamente do contrário".[35] Crud não hesitou em apontar onde achava que as coisas poderiam ser tratadas melhor no âmbito agrícola, e Fellenberg aceitou e implementou seu conselho, a ponto de dizer que Crud reformulou o programa Hofwyl. Ele retornou em 1816 para fazer uma inspeção privada de acompanhamento e, dessa vez, o relatório que publicou foi inteiramente positivo.

> Aqui não há rivalidade: cada um avança com os seus na estrada da vida: se alguém se afasta de sua linha natural, seu companheiro de jornada o recoloca no lugar enquanto avança; cada um apoia e avança; ninguém recua. É a imagem da sociedade, não como é, mas como deveria ser.
> [...] A escola para pobres, ao caminhar com o instituto para as classes privilegiadas, produz modelos de virtude esclarecida para a classe baixa, ao mesmo tempo que ensina aos jovens ricos as verdadeiras relações que devem existir entre eles e os homens pobres.[36]

Após a Restauração, Crud deixou Genebra em 1815 – sozinho – para uma estada de mais de 20 anos em Massa Lombarda, na região da Romagna, na península italiana.[37] Nos anos que se seguiram, desenvolveu uma reputação acadêmica considerável, com seu livro de 1820 *Économie de l'agriculture* [Economia agrícola] ganhando a medalha de ouro da Société d'Agriculture de France.[38] Ele reformou e modernizou completamente a prática agrícola na Romagna, conquistando a admiração e o carinho duradouros dos moradores, que lhe agraciaram com uma placa em sua homenagem em Massa Lombarda em 1888.

No entanto, o motivo preciso que o levou tão longe de sua fazenda em Genthod é misterioso. A mudança para a Itália pode ter sido uma maneira de evitar credores, pois Crud estava se endividando profundamente,[39] ou de escapar das represálias que estavam sendo infligidas àqueles muito envolvidos com a administração napoleônica.[40] Seu amigo, o marquês Ridolfo, parece ter desempenhado um papel na mudança. A vida de Crud talvez tenha sido moldada por eventos que lhe foram impostos – desistir de sua carreira política inicial para resgatar a fazenda em Genthod, ser apanhado na administração napoleônica, ser arrastado mais ou menos acidentalmente para a carreira de agrônomo e depois deixar sua família para trás por duas décadas para viver e trabalhar em outro país.

Genthod era o único lar que suas filhas conheciam. Fanny, a mais velha, tinha então 19 anos e deveria pensar no casamento. Dadas as circunstâncias, os Crud não estavam em posição de serem exigentes. Tampouco, com sua própria fortuna ainda muito reduzida e desesperados por um herdeiro homem, os Saussure podiam esperar que uma das grandes famílias desse a mão de uma herdeira a um segundo filho idoso como Alphonse. Ainda assim, Alphonse trouxe consigo um importante sobrenome; se houvesse percalços, eles ainda herdariam as grandes casas construídas por Lullin, mesmo que batalhassem pelo dinheiro necessário para a sua manutenção.

Como observado anteriormente, o casamento de Alphonse e Fanny ocorreu em 1819. O vínculo familiar foi reforçado em 1822, quando a irmã mais nova de Fanny, Louise, casou-se com Auguste Saladin, sobrinho da esposa de Nicolas-Théodore, Renée. O tão esperado herdeiro da família Saussure surgiu apenas em 1824, e os demais em 1829. Os meninos não conheceram seu avô materno até seu retorno da Itália em 1836, aos 64 anos, quando se mudou de Genthod para Lausanne, onde serviu em um cargo relativamente modesto como membro do Conselho.

Aos 73 anos, Crud estava "mais enfraquecido pelo trabalho do que pelos anos, completamente cego e amargurado pelas agitações políticas que perturbavam o Cantão de Vaud". Ele também estava muito endividado quando morreu "de repente e inesperadamente", em 1845. Se a combinação de amargura e brusquidão são palavras-chave para suicídio, não seria uma surpresa nesse contexto. Foi um triste fim para quem um dia sonhou em salvar a humanidade através do ensino da agricultura, um amante da literatura e da música que durante seus anos na Itália fez amizade com o compositor Rossini.[41]

Sua filha Fanny de Saussure perdeu o marido Alphonse oito anos depois que seu pai morreu, e viveu por quase dez anos mais. Constrangida com as dívidas deixadas pelo pai, que sentiu ser seu dever saldar, mas incapaz de fazê-lo, ela vivia em Genthod durante todo o ano, evitando Genebra. Por alguns anos uma de suas irmãs solteiras viveu com ela como acompanhante;[42] depois seus filhos e noras fizeram o possível para assisti-la durante uma longa doença. Em seu diário, Henri confidenciou por que não suportava viver com sua mãe.

> Ela sempre precisou de alguém para perseguir. Sendo totalmente desorganizada em sua arrumação e em seu caráter, sem nada concluído em sua casa, todos e tudo tiveram que se curvar à sua vontade, e ela sempre usou artimanhas para nos con-

trolar. Para me impedir de ir à cidade pela manhã (quando eu morava com ela em Genthod), ela dizia que queria ir ela mesma à tarde, sabendo que eu mudaria meus planos para deixá-la ficar com o cavalo. Então, à tarde, depois de fingir indecisão até que fosse tarde demais, ela dizia que havia mudado de ideia. Essas manobras intermináveis acabaram esgotando minha paciência e me fizeram prolongar minha ausência em Paris e em outros lugares.[43]

Verdade seja dita, mãe e filho eram muito parecidos.

Conde Alexandre de Pourtalès

A mãe de Ferdinand, condessa Louise de Pourtalès,* vinha de uma família de grande riqueza e considerável influência política, estabelecida em Neuchâtel, que de 1707 a 1857 (além de um interlúdio napoleônico) foi um principado isolado, cercado pelo cantão suíço de Vaud. O príncipe de Neuchâtel era o rei da Prússia. A riqueza da família Pourtalès foi gerada através do comércio global, e, incomumente, sua influência foi exercida não apenas localmente, mas em todo o Império Prussiano. Foi o pai de Louise, Conde Alexandre-Joseph de Pourtalès, que estabeleceu o ramo genebrino da família, com seu casamento com uma local, Augusta Saladin de Crans.

Alexandre nasceu em 1810, sendo 40 anos mais jovem que Alphonse de Saussure. Ele era o caçula dos nove filhos do Conde Louis de Pourtalès, cujo pai, Jacques-Louis, conhecido na família como Louis e no resto do mundo como "*le Roi Pourtalès*" [o Rei Pourtalès], havia impulsionado a já próspera família para vultosas riquezas na segunda metade do século XVIII.

A família se originou na Espanha, como sugere seu sobrenome um tanto incomum na França. A tradição familiar diz que um capitão espanhol Portales veio para o norte para se estabelecer na região de Languedoc, no sul da França, no século XIV.[44] Foi um período em que a região foi envolvida em turbulência religiosa, prefigurando a Reforma dois séculos depois, com Roma enviando a Cruzada Albigense para purgar Languedoc de uma heresia ariana que revigorou a fé religiosa. Não se sabe ao certo se o movimento do capitão Portales teve alguma ligação com esses eventos históricos, mas as gerações posteriores da família Pourtalès construiriam sua fortuna permanecendo firmes, mantendo a calma e fazendo negócios como de costume enquanto tempestades político-religiosas as assolavam.

* Pronuncia-se "pur-ta-lés", com um "r carioca". (N. da T.)

Em Languedoc, a família se estabeleceu em uma aldeia pequena chamada Castanet des Perduts, no alto de uma montanha nas Cévennes, historicamente uma das regiões mais pobres da Europa Ocidental. Eles, no entanto, gradualmente acumularam terras e dinheiro e, no século XVI, quando as linhagens mais abastadas se estabeleceram na cidade de Lasalle, eles haviam se casado bem o suficiente para que suas linhagens incluíssem não apenas "as famílias mais poderosas do sul da França, mas também as casas dos duques de Borgonha e Normandia, os reis da Itália, Inglaterra e França (a casa de Capeto)".[45]

A família Pourtalès abraçou a Reforma por volta de 1550.[46] Mas, ao contrário dos Saussure, que fugiram de Lorraine naquele ano, eles não saíram de seu canto na França. Também não estabeleceram uma igreja reformada local. Em vez disso, adotaram uma abordagem pragmática, permanecendo nominalmente católicos romanos, embora não escondendo sua crença na causa protestante. Foi uma estratégia que não teria sucesso em toda a França. Mas, em seu canto empobrecido, particularmente desconfiado por causa de sua longa história de heresia, simplesmente não havia famílias prósperas o suficiente capazes de administrar o campesinato para que o governo em Paris os perseguisse.[47] Como observou um de seus descendentes, Robert Cramer:

> É surpreendente que nem o Massacre do Dia de São Bartolomeu, nem as guerras de religião, nem a revogação do Edito de Nantes em 1685 os fizeram decidir deixar seu país, e a tempestade parece tê-los poupado milagrosamente, pois, além de uns poucos incidentes triviais, não há nenhuma menção a perseguições nas cartas e nos documentos que deixaram.

O fato de tantos outros estarem deixando o lugar criou uma enorme oportunidade. Jean de Pourtalès criou um banco mercantil que cuidava dos negócios dos huguenotes abastados que abandonavam Languedoc para se refugiar no exterior, obtendo grandes lucros com as propriedades que deixavam para trás.[48] Ele também descobriu que não apenas a segurança, mas a vantagem financeira, estava em enviar seus próprios filhos para se estabelecerem nos lugares de refúgio protestante, onde seus clientes estavam, enquanto ele ficava para trás com suas propriedades e as deles. Assim, é impossível separar os motivos religiosos e os financeiros na eventual decisão da família Pourtalès de se estabelecer fora da França.[49]

No início do século XVIII, a família Pourtalès havia se tornado uma rede de negócios que se estendia por toda a Europa não católica romana, da Grã-Bretanha à Holanda, passando por Genebra e pelos demais cantões suíços.

Ao contrário das famílias calvinistas mais resolutas fixadas em Genebra, no entanto, eles mantiveram sua base na França e buscavam novas oportunidades de comércio e bancos nos reinos luteranos. Lasalle, no sudoeste da França, ainda era sua base quando Jérémie de Pourtalès nasceu em 1701.[50] Aos 16, partiu para Lyon; depois foi para Genebra para trabalhar no comércio de tecidos de seu irmão Louis.

Um dos empreendimentos mais ativos nesse período foi a importação de *indiennes*, tecidos com primorosos desenhos pintados à mão produzidos na Índia, na Pérsia e na China, onde as incontáveis horas de mão de obra altamente qualificada exigidas para produzi-los custavam quase nada em comparação com salários europeus. O custo estava, em vez disso, no transporte. Um avanço ocorreu quando Jean-Jacques de Luze, um refugiado protestante em Neuchâtel, obteve os segredos da tecnologia de produção de *indiennes* de padres missionários, provavelmente na colônia francesa de Pondicherry. Luze e Louis de Pourtalès eram amigos e aprenderam juntos no comércio de tecidos; acordou-se, então, que o irmão de Louis, Jérémie, de 21 anos, visitaria Neuchâtel para conhecer o processo de fabricação que Luze estava desenvolvendo.

Jérémie estava há pouco tempo em Neuchâtel quando pediu a mão de Esther de Luze, a primeira filha de Jean-Jacques, cinco ou seis anos mais velha que ele. Jean-Jacques, cuja fortuna estava em ascensão, tinha objetivos mais altos para Esther e para si mesmo, já que casar uma filha com uma família mais rica que a sua era a maneira mais rápida de aumentar seu capital comercial. O pai da moça estava claramente hesitante em aceitar a proposta de Jérémie – não temos registro de como Esther se sentiu sobre isso –, até que Louis de Pourtalès interveio para lhe oferecer um presente de 5 mil francos. Havia provavelmente outro fator na equação: segundo registros familiares, Jérémie e Esther se casaram em 1722, e seu primeiro filho, Jacques-Louis, tataravô de Ferdinand de Saussure, nasceu em Genebra, em 9 agosto de 1722, o que normalmente exigiria uma concepção em dezembro de 1721.

O casamento de Jérémie com a filha de um cidadão proeminente de Neuchâtel deu-lhe entrada na corte do rei da Prússia, Frederico Guilherme I. Já em 1722, viajou para a Prússia e apresentou um pedido ao rei para estabelecer um banco de empréstimos em Halle. Esse foi um pedido incomum, mas oportuno. Nas terras luteranas, como nas católicas romanas, o empréstimo de dinheiro, proibido durante séculos pelo direito canônico, ainda era considerado anticristão. Isso significava que, até o desenvolvimento bancário irrestrito pelos calvinistas, mesmo os tesouros reais tinham que buscar capital com famílias judias ricas, que, na ausência de concorrência, podiam cobrar altas taxas de juros. A corte prussiana viu com bons olhos o pedido de Jérémie, principalmente porque oferecia uma maneira para a própria Prússia financiar seus gastos, inclusive militares, sem prejudicar os pagamentos de juros.

Jérémie tornou-se súdito naturalizado de Neuchâtel em 1724, o que lhe permitiu estabelecer uma grande empresa comercial em Lyon, pois, como "estrangeiro", ele não estava mais sujeito às restrições impostas aos protestantes franceses. Tornar-se burguês de Neuchâtel em 1729 o libertou ainda mais, e, em 1730, mudou-se para Londres, fundando e administrando a Pourtalès Simmons & Co., especializada na venda de tecidos de linho fino. Tudo isso foi alcançado sem renunciar a nenhum de seus outros negócios ou empresas bancárias, incluindo o Banco Pourtalès, que se tornou efetivamente o banco real da Prússia. Por seus serviços, Jérémie foi nomeado nobre da Prússia por Frederico, o Grande, em 1750.

Nesse mesmo ano, o filho de 28 anos de Jérémie, Louis, iniciou sua própria empresa têxtil, combinando de forma inovadora as funções anteriormente especializadas de importação, exportação e fabricação. Usando algodão simples enviado da Índia e lã da Suíça, a empresa estampava o tecido e o exportava para todos os principais portos e feiras comerciais da Europa. O que estabeleceu Louis como "Rei Pourtalès" foi que ele não apenas vendia seu tecido acabado para intermediários; ele montou seu próprio escritório em cada um dos portos e cidades de feiras das quais seu negócio dependia, dirigido por homens que ele conhecia pessoalmente, nos quais confiava e que haviam se preparado para a tarefa.

Em 20 anos, sua riqueza era célebre, e ele ainda procurava expandi-la. Em 1770, comprou a primeira de suas cinco *plantations* de arroz e café em Granada, nas Índias Ocidentais. Como Granada era (e continua sendo) uma possessão britânica, isso exigia que ele obtivesse a naturalização britânica.[51] Suas cinco *plantations*, que se estendiam por 1.700 acres, empregavam entre 100 e 200 escravos cada.[52] Ele enviou seu filho Louis, o mais novo, para morar em Granada e supervisionar esse vasto empreendimento, que o Rei Pourtalès finalmente vendeu em 1797, assustado com a guerra iminente entre a Grã-Bretanha e a França.

Os anos napoleônicos foram difíceis para a família Pourtalès, cujos interesses consideráveis na França e em toda a Europa estavam ameaçados por causa de sua longa e estreita ligação com o regime prussiano. Quando Neuchâtel foi tomada, o Rei Pourtalès ficou determinado a estabelecer uma base mais segura para sua família e sua fortuna.[53]

O *status* de nobre prussiano que ele herdou de seu pai, Jérémie, não oferecia muita proteção, nem seu *status* de senhor de Tloskau na Boêmia, ao sul de Praga, adquirido através da compra de cerca de 6.500 hectares de terra lá, que incluíam 71 cidades, vilarejos e aldeias com 10 mil habitantes.

O homem conhecido como rei queria ser o Conde de Pourtalès – mas a política em Berlim era a de não conceder condados no Principado de Neuchâtel, pois isso criaria ciúmes e antipatias que só poderiam comprometer o apoio aristocrático à continuação do domínio prussiano. Como protestante, Louis não pôde receber um título do rei da França. Em vez disso, seguiu o exemplo de alguns primos distantes e solicitou um título de nobreza do Império Austríaco. Como senhor de Tloskau, teria direito a ele se também fosse burguês de uma cidade dentro do império, então comprou uma casa em Praga. Em 1811, foi-lhe concedido o título pessoal de *Chevalier* pelo Império Austríaco e, o que mais lhe importava, o título de Conde, que seria transmitido hereditariamente a todos os seus descendentes com o sobrenome Pourtalès.[54]

Assim, seu neto recém-nascido Alexandre-Joseph, vindo à luz em 9 de outubro de 1810, em Neuchâtel, tornou-se Conde de Pourtalès, bem como todos os seus descendentes masculinos. As mulheres portavam o título de Condessa enquanto mantivessem o sobrenome.[55] A geração do Conde Alexandre, nascida rica e com títulos, não tinha as mesmas ambições de negócios que seus antepassados. As propriedades de Tloskau foram desmembradas e divididas entre os descendentes; Alexandre era o senhorio de Radowesnitz e Weltrub na Boêmia.[56]

Com a aparentemente interminável turbulência política que tomou conta do continente nas décadas de 1830 e 1840, muitos membros da família ingressaram nas forças armadas, incluindo Alexandre, que serviu como *chef de corps* na artilharia de Neuchâtel e alcançou o posto muito considerável de major no exército da Prússia. Ele tinha 25 anos quando se casou com Augusta Saladin de Crans, em Commugny, em 26 de novembro de 1835, 22 anos antes do nascimento de seu primeiro neto, Ferdinand de Saussure.

Embora vários de seus ancestrais tenham morado em Genebra e a família sempre tenha mantido interesses comerciais lá, Alexandre e seus filhos não sentiam a mesma lealdade à República que outros aristocratas genebrinos. Afinal, eram condes austríacos, senhorios da Boêmia e burgueses de uma cidade que ainda era um principado prussiano. Na visão de Henri de Saussure, seu sogro detestava a sociedade genebrina, inclusive ele próprio.[57]

> Seu amor pelo lago, sua personalidade rude, sua violência, sua falta de boas maneiras sempre tornaram a boa sociedade desagradável para ele. Ele sempre tendeu a preferir as pessoas do lago, a frequentar seus refúgios e festas náuticas e se sentir em casa com todos os delinquentes, marinheiros, grumetes do lago etc. Essas pessoas o bajulam, chamando-o de Conde, e, como todas as pessoas de pouco caráter, ele se sente à vontade em sua companhia quando tem o papel de destaque. [...] na boa sociedade ele se sente inferior, age com desprezo para com todos e discute com todos. [...] Com toda a sua grosseria, violência etc., ele é tímido, porque não tem caráter.[58]

Alexandre pode não ter sido sociável, mas ele era um homem intelectualmente culto, algo para o qual seu avô, o Rei Pourtalès, nunca teve tempo. Em 1856, Alexandre construiu uma nova casa para a família, Les Crénées, às margens do Lago Léman, em Mies, entre Coppet e Versoix.[59] Além de equipá-la com instalações náuticas de primeira linha, construiu para si uma grande biblioteca, revestindo as paredes altas de seu escritório do chão ao teto com livros sobre todos os assuntos, incluindo um que lhe interessava particularmente, o estudo da linguagem. Foi ali que Ferdinand de Saussure seria tomado por esse mesmo interesse, quando menino, folheando a coleção eclética e conversando com seu avô, que, diz Saussure, "era um amador eminente das pesquisas etnológicas e etimológicas – sem método, mas cheio de ideias".[60]

Assim que começou seu estudo sério de linguística, Ferdinand percebeu que Alexandre não havia acompanhado o progresso do tema nos últimos anos.[61] O avô era, no entanto, mais do que um diletante, e Ferdinand iria se lembrar dele respeitosamente como a pessoa em seu meio imediato que lhe ensinou o espírito intelectual necessário para a pesquisa original – não apenas em suas etimologias, mas também com

> [...] sua outra paixão, a construção de iates sobre um princípio matemático: ele nunca encontrou esse princípio com os iates que lançou para se divertir no Léman, mas nunca havia sido proposta a ideia de construir um barco baseado no raciocínio. Ele, portanto, tinha o justo espírito para a condução de pesquisas.[62]

Ferdinand claramente gostava muito de seu avô – o único que conhecia, uma vez que Alphonse de Saussure faleceu antes de seu nascimento. O neto fez questão de enviar a Alexandre uma cópia de seu *Mémoire sur le système primitif des voyelles dans les langues indo-européennes* [*Mémoire* sobre o sistema primitivo de vogais nas línguas indo-europeias] quando foi publicado, em dezembro de 1878. Ele provavelmente não esperava receber em troca a carta muito longa que mostra o avô lutando para compreender o trabalho de seu neto e, finalmente, falhando, mas não sendo capaz de admiti-lo.[63]

Augusta Saladin de Crans

O Auguste Saladin que se casou com a irmã de Fanny Crud, Louise, era primo de quarto grau de Augusta-Elisabeth-Marie Saladin, avó materna de Ferdinand de Saussure, com seus tataravós em comum tendo vivido no século XVI. Tais relacionamentos não eram atípicos nos círculos aristocráticos de Genebra, mas menos comum era o fato de os pais de Augusta serem primos em *primeiro grau*. Na verdade, o nome de solteira de sua mãe era Elisabeth Saladin, o mesmo que seu nome de casada. Em anos posteriores, Henri de Saussure atribuiria a quase surdez de sua filha mais nova, Jeanne, a um defeito genético causado por esse casamento no limite do incestuoso.

O nome cristão de origem inglesa do pai de Augusta, William Saladin, não era uma afetação de estilo. Sua mãe, Elisabeth Egerton, era inglesa, membro de uma das famílias mais bem colocadas da nobreza britânica. Ferdinand de Saussure estava muito consciente e orgulhoso desse lado de sua herança. William Saladin foi prefeito de Collex-Bossy e proprietário do Château de Crans. Casou-se com sua prima Elisabeth em 1809, e tiveram três filhas, das quais Augusta foi a segunda. A mais velha, Ariane, casou-se em 1830 com Arthur Berthout van Berchem, da nobre família flamenga responsável pela primeira instituição do calvinismo na Bélgica, refugiando-se, posteriormente, em Genebra, no século XVII. Os netos de Arthur e Ariane van Berchem, primos em segundo grau de Ferdinand de Saussure, seriam especialmente próximos a ele, profissional e pessoalmente.

Augusta tinha 20 anos quando se casou com o conde Alexandre de Pourtalès, em 1835. Ela lhe deu cinco filhas e três filhos entre 1836 e 1852. A segunda criança, Louise, seria a mãe de Ferdinand de Saussure; sua irmã mais velha, Blanche, foi madrinha do garoto. Em 1842, Augusta teve seu primeiro filho, Léopold, seguido por mais dois filhos, Max em 1845 e Hermann em 1847. Esses três são retratados em detalhes no romance *La pêche miraculeuse* [A pesca milagrosa] (1937), do filho de Hermann, Guy de Pourtalès.[64] Max, em particular, marcaria muito a juventude de Ferdinand.

Augusta foi uma figura única na vida de seus netos Ferdinand de Saussure e Guy de Pourtalès, porque não era calvinista, mas uma leal e piedosa metodista, parte de sua herança inglesa.[65] A piedade era a norma no meio em que Ferdinand cresceu. A cultura familiar estava enraizada na "leitura da Bíblia e dos pensadores protestantes, no comparecimento aos cultos e nas discussões sobre a Reforma".[66] Mas generalizar a palavra "protestante" mascara o fato de que os calvinistas genebrinos se consideravam bastante distintos até mesmo da igreja reformada do Cantão de Vaud, e não sentiam mais parentesco com os luteranos do que com os católicos. Guy, como Ferdinand, sentiu-se mais atraído pela Grã-Bretanha do que pela Alemanha, e aqui a influência de sua avó Augusta desempenhou seu papel. Suas cartas para Ferdinand regularmente o exortavam a não esquecer as necessidades do espírito em sua busca pela ciência.[67]

Na década de 1870, Augusta havia estabelecido uma casa de inverno para si em Cannes, na Riviera Francesa, então ainda um vilarejo, mas para a qual muitos genebrinos ricos acorriam a conselho médico para tomar o bom ar e o clima mais ameno do Midi. Sua filha Blanche Naville também fez desta sua casa principal depois que ficou viúva, e outros membros da família vinham regularmente para longas estadas, incluindo Louise de Saussure. O marido de Augusta, Alexandre, ficava, no entanto, em Les Crénées, onde sua esposa se juntava a ele durante o verão.

Mais de 50 anos após a morte de Augusta, um velho criado da família escreveria a Guy de Pourtalès que sua avó era considerada por todos "uma espécie de santa, a quem foi dado um funeral em Cannes digno da Rainha Vitória".[68] Nem mesmo Henri de Saussure tinha algo duro a dizer sobre ela em seu diário, como fez sobre seu sogro ou mesmo sua própria mãe.

A Revolução Genebrina de 1846-1848

O Congresso de Viena pôs fim à era napoleônica, em alguns casos devolvendo as coisas ao *status quo* pré-revolucionário, o que foi tranquilizador e trouxe um período de calmaria. Mas Napoleão dera voz política à classe média, que crescia rapidamente naquela era de progresso industrial, e levou apenas 15 anos para que uma nova onda de mudanças turbulentas começasse em toda a Europa. O ano de 1830 viu a aprovação da Lei da Reforma na Grã-Bretanha, que transferiu o poder político dos aristocratas com grandes latifúndios para a "burguesia industrial", como era chamada por Engels.[69] Na França, a Revolução de Julho derrubou a monarquia Bourbon, que havia sido restaurada em 1815, e instalou Louis-Philippe da Casa de Orléans como o primeiro rei constitucional do país.

Genebra estava, em muitos aspectos, à frente do jogo. Sua classe média foi emancipada, embora sempre brincando de gato e rato com a aristocracia no que se tratava do funcionamento das instituições governamentais. Era uma classe média abastada, sem um grande campesinato rural sem-terra para lidar. A mecânica de precisão da relojoaria, uma indústria que liderou por cem anos, estava encontrando cada vez mais aplicações, tornando possível a produção em massa de mercadorias de todos os tipos. Ainda hoje, um relógio genebrino, o Rolex, é a referência de qualidade e luxo – e um dos muitos produtos paradoxais do calvinismo, especificamente da doutrina calvinista da necessidade de usar o tempo com sabedoria. Isso deu um imperativo religioso à necessidade de medir com precisão o tempo, que por sua vez forneceu a base da riqueza da República ao entrar na Era Moderna. Um comentarista dos cursos de linguística geral de Saussure disse que eles parecem ter sido dados "por alguém com uma obsessão incômoda pelo tempo";[70] mas talvez isso seja simplesmente outra maneira de dizer que eles foram dados por um genebrino.

Na segunda metade da década de 1840, a Europa experimentava uma ebulição revolucionária que não se observava havia 50 anos. Genebra sentiu-se isolada dela, mas as tensões fervilharam lentamente, até que, em 7 de outubro de 1846, James Fazy organizou uma reunião na Igreja de Saint-Gervais, na parte pequeno-burguesa da cidade onde Rousseau vivera. Os presentes ardiam com os mesmos ressentimentos contra os patrícios da Cidade Alta que dividiam a sociedade genebrina por mais de dois séculos. Fazy os conduziu em massa através do rio e colina acima até a Câmara do Conselho.

O resultado foi o fim da Constituição de 1815 e a implantação de uma nova constituição, que, com emendas, continua em vigor até os dias atuais. O Grande Conselho de todos os cidadãos foi restabelecido como o principal poder legislativo em nível estadual. Uma mudança decisiva ocorreria também em nível nacional, quando em 12 de setembro de 1848 a Federação Suíça adotou uma nova constituição, em grande parte baseada na estadunidense. A natureza da aliança mudou de uma união de estados efetivamente autônomos para uma confederação na qual os cantões ainda tomavam suas próprias decisões sobre a maioria dos assuntos, mas nos limites impostos por uma autoridade central. A capital da Confederação Suíça foi estabelecida em Berna.

A Revolução de 1846-1848 não acabou com o domínio social da antiga aristocracia genebrina. No entanto, mudou o papel do governo, de uma ferramenta de cumplicidade e aplicação do poder aristocrático para um baluarte contra ele, garantindo que, quando a vontade da maioria dos genebrinos se opusesse à das cem antigas famílias calvinistas, essas últimas teriam que ceder.

1846 ainda é lembrado como o ano em que o governo de Genebra entrou decisivamente na Era Moderna.

Os jovens aristocratas da geração de Théodore e Henri de Saussure não tiveram escolha senão fazer as pazes com os representantes politicamente motivados de uma burguesia a qual foram criados para ver quase como se fosse uma raça diferente. Os irmãos Saussure diferiam em suas atitudes quanto à Revolução. Henri, embora entusiasmado com o progresso que acontecia ao seu redor na ciência e na engenharia, não via as mudanças no equilíbrio do poder político como progressivas. Seu espírito habitava um passado mítico e utópico e associava instintivamente a mudança social ao declínio. Théodore, o irmão mais socialmente liberal e voltado para o futuro, foi mais receptivo às mudanças, pelo menos inicialmente. Logo ficou claro, porém, que os revolucionários de 1846 não eram homens de boa vontade dispostos a encontrá-los no meio do caminho. Relembrando os eventos da época 12 anos depois, Théodore escreveu: "Dissemos a eles: 'Esqueçamos nossos ódios e rancores. Em uma pequena república como a nossa, essas lutas, essas divisões hostis não têm razão de ser'. Ao que responderam com renovado desafio, gritando nos banquetes e na imprensa: *Sem reconciliação*".[71]

Felizmente para os aristocratas, com o tempo, descobriu-se que as classes média e trabalhadora de Genebra estavam inclinadas, na maioria das disputas, a ficar do lado dos aristocratas em detrimento dos radicais. Fundamentalmente, o que eles queriam era a oportunidade para eles e seus filhos progredirem, melhorarem de vida – ou seja, tornarem-se mais parecidos com os aristocratas, a quem admiravam e em quem buscavam a liderança em questões de ciência e engenharia, religião e artes, comércio e finanças, todas aquelas coisas que melhoraram suas vidas. Enquanto Théodore de Saussure estivesse disposto a trabalhar por seus interesses, eles estariam felizes em exercer seu voto arduamente conquistado para elegê-lo prefeito de Genthod continuamente, por 50 anos, orgulhosos de serem representados por alguém de nome tão ilustre.

Uma decisão tomada pelo Conselho Revolucionário de 1846 teve consequências duradouras, que moldariam diretamente a educação recebida por Ferdinand de Saussure, incluindo o que lhe foi ensinado sobre a natureza da linguagem: "Assim que Fazy chegou ao poder, ele se apressou em assumir o controle do ensino público, para pôr fim à autoridade que vários de seus adversários atribuíam à forma como foram educados e para acomodar às suas visões o ensino das novas gerações".[72] Em 1848, a comissão independente para o Collège de Genève foi extinta, e a escola foi colocada sob o controle direto do Conseil d'État eleito. Sua prioridade era promover a separação entre Igreja e Estado na educação, tirando a última das mãos do clero calvinista. As aulas de religião tornaram-se opcionais em vez de obrigatórias.

O que causou a maior reviravolta, entretanto, foi a decisão de afastar todos aqueles professores que tinham credenciais eclesiásticas. Estudar para o clero era uma carreira normal para o jovem protestante, para então assumir um cargo de professor enquanto talvez também pastoreasse uma pequena igreja. Homens pertencentes às grandes famílias foram para o olho da rua, homens de sobrenomes Marcet, Mallet, Naville – e Adolphe Pictet.[73] Seus substitutos foram trazidos de partes próximas da França, sobretudo católicos romanos, que anteriormente tinham cargos negados por motivos religiosos, ou do leste da Suíça, em especial porque o alemão foi obrigatório no currículo do Collège pela primeira vez a partir de 1848. Mais um golpe às velhas famílias aristocráticas que, apesar de todo o seu apreço pela cultura alemã – a música acima de tudo –, ainda pensavam na Alemanha como um remanso rural cheio de porcos e gansos.[74]

As famílias da Cidade Alta não conseguiram impedir essas mudanças no sistema educacional público, mas nada as impediu de montar uma alternativa privada. Em outubro de 1849, um "Gymnase Libre" foi aberto, composto por homens que haviam ensinado anteriormente na Académie, no Gymnase e no Collège. Dois em cada três alunos matriculados no Gymnase público o abandonaram para estudar no Gymnase Libre.[75] Dois anos depois, Ernest Naville e Élie LeCoultre fundaram uma escola particular para os anos que antecediam o Gymnase. Seu corpo docente era formado pelos mesmos homens que ensinavam nos níveis mais altos – uma vez que as famílias que mandavam seus filhos para as escolas particulares eram ricas porque viviam pela virtude calvinista da parcimônia, e não estavam dispostas a empregar dois professores quando um seria o suficiente. As mensalidades deveriam ser baixas para que as escolas fossem viáveis, de modo que os mestres não poderiam receber muito, e ganhariam a vida apenas ministrando todos os cursos que lhes eram oferecidos.[76]

Em 1857, as tensões diminuíram um pouco, e o Gymnase Libre, atraindo menos alunos, teve que fechar suas portas. A Instituição LeCoultre permaneceu viável, no entanto, uma vez que as famílias ainda se preocupavam com a educação religiosa e moral de seus filhos no início da adolescência. O resultado foi que muitos dos que foram afastados em 1848, e que em outras circunstâncias poderiam ter se tornado importantes acadêmicos, acabaram passando a vida inteira como professores de ensino básico. Literalmente toda a vida, porque, tendo perdido seus benefícios, eles nunca poderiam se aposentar. Alguns ainda mantinham cargos de professor aos 70 ou 80 anos, quando Ferdinand de Saussure era estudante, no início da década de 1870. No final dessa década, porém, quase todos já estavam sob a terra.

Théodore de Saussure

O nascimento de Théodore de Saussure, em 1824, cinco anos após o casamento de seus pais, foi um acontecimento maravilhoso. Seu pai estava com 54 anos, sua mãe com quase 30, e o nome Saussure parecia destinado à extinção, exceto no sul dos Estados Unidos. Na verdade, Théodore nunca geraria seus próprios filhos, mas ele seria uma espécie de copai para seus sobrinhos e sobrinhas. Ele e seu irmão mais novo eram tão diferentes em valores, visão de mundo e personalidade que juntos eram um pai mais completo e satisfatório do que Henri jamais poderia ter sido sozinho.

Os irmãos compartilharam a experiência de educação no lendário colégio de Hofwyl, vivendo e estudando ao lado de filhos de nobres e até de reis. Théodore esteve em Hofwyl em 1838, data de um ensaio de composição francesa que escreveu lá e que foi preservado.[77] Mas Henri entrou ainda mais profundamente no espírito agrícola e analítico da escola do que seu irmão. Pelo resto de suas vidas, Théodore interpretaria o artista para o Henri cientista.

Um pintor talentoso, mas não um gênio, Théodore escreveu sobre arte, música, poesia e até linguagem. É autor de duas peças, incluindo um drama histórico intitulado *Jenatsch*, sobre o homem que governou os Grisões, cantões mais a leste da Suíça, durante a Guerra dos Trinta Anos.[78] Foi presidente da Société Suisse des Arts e da Société Suisse des Monuments Historiques, tendo ajudado a fundar esse último.[79] Como já mencionado, Théodore também reviveria a tradição familiar de serviço ao governo, não em Genebra, mas em Genthod, onde foi eleito prefeito em 1850, permanecendo no cargo até 1900. Ele também serviu duas vezes no Grande Conselho e, combinando seus conhecimentos artísticos e administrativos, foi diretor do Musée Rath, na Place Neuve, ao pé da Rue de la Tertasse, sob a mansão da família.[80]

As diferenças entre os dois irmãos podem ser vistas também em suas atitudes em relação a Rousseau. Henri mantinha o desdém aristocrático por esse arrivista, cujas ideias, embora não contribuíssem com nada de valor duradouro para a ciência, haviam semeado a agitação social e a revolução. Théodore, ao contrário, adorava Rousseau. Seu primeiro livro publicado foi uma coleção de notas e documentos sobre o ano que Rousseau passou em Veneza, em

1743-1744.[81] O sucesso do livro foi grande o suficiente para que a editora publicasse outro livro de Théodore logo em seguida, seu estudo sobre a língua francesa, que será discutido em um capítulo posterior.

No entanto, com as finanças, era Henri quem era o romântico, arriscando vultosas somas em grandes esquemas que prometiam um alto retorno, mas inevitavelmente enfrentavam obstáculos que ameaçavam um colapso ruinoso. Théodore, relativamente conservador, atraiu a atenção nacional, pela primeira vez, em 1859, ao exigir que as disposições contra jogos de apostas no código penal fossem aplicadas ao cassino do Cercle des Étrangers, que ocupava parte de um prédio erguido por James Fazy, herói da Revolução de 1846-1848, em terras que lhe haviam sido concedidas como um presente nacional. Théodore não teve grandes sucessos em sua vida, mas acabou confortavelmente bem. Não teve filhos, mas era sempre nele que os filhos de Henri sentiam o conforto para confiar suas ambições e decepções, e a ele procuravam quando necessitavam de ajuda, temendo que o pai fizesse ouvidos moucos ou lhes desse um sermão, culpando-os por seus próprios problemas.

Os dois irmãos embarcaram juntos em um esquema relativamente modesto. Dez meses depois que seu pai morreu, em 1853, Théodore e Henri compraram em conjunto uma grande fazenda em La Charniaz (ou Charnéa) no distrito de Annemasse, França, do outro lado da fronteira de Genebra. A agricultura estava no sangue tanto do bisavô Nicolas de Saussure quanto no do avô materno, Victor Crud. Para Henri, La Charniaz representava "um lugar de refúgio em caso de revés financeiro",[82] enquanto Théodore planejava fazer sua casa lá após seu casamento.[83]

Entretanto, a fazenda não trouxe as receitas esperadas. Para fazer face às despesas, os irmãos, que, além de suas próprias despesas eram responsáveis pelo pagamento de uma pensão à mãe, tiveram que alugar cada vez mais partes da propriedade da família. Em vez de se estabelecer em La Charniaz, o que teria envolvido despesas consideráveis, Théodore e Adèle foram morar com a família dela.[84] Em fevereiro de 1856, Henri escrevia ao irmão que, no inverno seguinte, se ainda fosse solteiro, ficaria feliz em dividir um apartamento com Théodore e Adèle.[85] Henri acabou se casando antes disso, e foi ele e sua esposa que fizeram sua casa em La Charniaz.

Théodore viveria até os 79 anos e faria muita falta quando morresse. Em um esboço de carta, seu sobrinho Ferdinand agradeceu a um amigo por enviar condolências pela morte de "meu tio, com quem você tinha razão em pensar que eu tinha um vínculo de afeição verdadeiramente especial".[86]

Adèle Pictet

Françoise-Adélaïde Pictet, conhecida como Adèle, nasceu em 1836. Seu pai, François-Jules Pictet de la Rive – ele acrescentou o sobrenome de sua esposa ao seu para distingui-los dos outros ramos da família –, era um renomado zoólogo e paleontólogo, o quinto primo de Adolphe Pictet.

A mãe de Adèle, Eléonore, era tataraneta de Horace-Bénédict de la Rive, avô e homônimo de Horace-Bénédict de Saussure. Por parte de mãe, Eléonore era neta de Albertine Necker de Saussure. Théodore, tendo nascido com o pai já em idade avançada, pertencia assim à geração da avó de sua esposa. Através de sua tia Albertine, Adèle era sua prima-sobrinha-neta, e em uma dessas complexidades genealógicas típicas de Genebra, ela também era sua prima-sobrinha-neta terceira por descendência de Horace-Bénédict de la Rive.

François Pictet de la Rive foi nomeado para uma cadeira na Académie em 1835, sucedendo seu mentor Augustin-Pyramus de Candolle. Seus primeiros trabalhos se concentraram na entomologia, mas gradualmente ele ampliou seus escritos para cobrir o campo da "paleontologia", sendo seu *Tratado elementar sobre paleontologia* (1844-1846), de quatro volumes, um dos primeiros a trazer ampla atenção à área.[87] Esse trabalho foi importante para impulsionar o debate sobre a evolução das espécies.[88] Pictet de la Rive assumiu como sua premissa fundamental que as espécies não foram transformadas, mas criadas – não todas de uma vez, mas em estágios sucessivos. Ele reconhecia a evidência fóssil que sugeria o desenvolvimento de algumas espécies ao longo do tempo a partir de modificações progressivas de seus ancestrais. Entretanto, assim como seu contemporâneo suíço-estadunidense Louis Agassiz e Adam Sedgwick, o geólogo inglês uma geração mais velho, Pictet de la Rive acreditava que o aparecimento súbito de grupos inteiros de espécies nos registros fósseis não poderia ser conciliado com a hipótese da transformação gradual.

Na segunda edição de seu tratado, publicada entre 1853 e 1857, Pictet de la Rive aprofundou a questão, trazendo à tona o crescente corpo de evidências de que algumas espécies animais, pelo menos, sofreram transformações ao longo do tempo. Mas ele não abandonou sua visão básica da criação sucessiva de espécies. *A origem das espécies*, de Darwin, apareceu em 1859, e Pictet de la Rive começou uma correspondência com o autor no ano seguinte.

Ele expôs seus pontos de concordância e discordância em uma longa resenha do livro,[89] sobre a qual Darwin comentou: "De todas as resenhas contrárias, acho que esta é a única bastante justa, e nunca esperei ver uma".[90] Darwin acreditou que Pictet de la Rive, juntamente com Sedgwick e Agassiz, tendo ficado "espantados" com seu trabalho, vacilariam um pouco, mas acabariam mudando de lado.[91] Isso não aconteceu, mas Pictet de la Rive também não continuou o debate na imprensa, mudando o foco de seu trabalho posterior para o aspecto geológico da paleontologia.

Ele também se tornou cada vez mais ativo no governo cívico, inclusive servindo como presidente do Grande Conselho de 1862 a 1864. Ao contrário de seus primos Pictet, que fundaram um dos bancos mais importantes de Genebra, ele não estava entre os cidadãos mais ricos da República. Como Alphonse de Saussure, era confortavelmente abastado e carregava o trunfo de um sobrenome distinto – na verdade, dois sobrenomes distintos. O casamento, em 1855, de Adèle Pictet, aos 18 anos, com Théodore de Saussure, aos 30 anos, uniu, ou melhor, reuniu duas casas de riquezas comparáveis. Dessa vez, nenhuma das famílias estava procurando se elevar financeira ou socialmente.

Adèle era a figura que toda família tem, se tiver sorte – a pessoa altruísta que está sempre lá, pronta para cuidar de quem está doente ou angustiado, para lidar com calma com a calamidade, cuja presença garante aos outros que tudo terminará bem. Henri e Louise eram egocêntricos demais para desempenhar esse papel. Théodore tinha a personalidade para isso e apoiou Adèle nesse papel na medida em que seus compromissos cívicos permitiam. Mas, com efeito, o papel em questão é o de uma figura materna. Sem filhos, Adèle canalizou suas energias maternais para proteger aqueles ao seu redor.

Enquanto seus sobrinhos e sobrinhas se beneficiavam de seus cuidados e proteção, Adèle dispensava os mesmos cuidados a muitos jovens escritores genebrinos promissores do final do século XIX e do início do século XX. Ela não mantinha um salão como o de Coppet, mas nutria e apoiava jovens de talento literário, inclusive aqueles que vinham de origens menos ilustres. Édouard Rod, considerado na época de sua morte o maior escritor franco-suíço desde Germaine de Staël, era seu amigo íntimo, e, mais tarde, seu incentivo foi importante para Guy de Pourtalès, sobrinho de sua cunhada.[92] Ela mesma produziu pelo menos um livro, marcando o centenário de Rousseau, sobre quem Théodore também escreveu um livro.

Adèle e Théodore claramente se estimaram muito durante os 48 anos de sua vida de casados. Ela sobreviveu ao marido por 14 anos e era a única Saussure sobrevivente de uma geração anterior quando seu sobrinho Ferdinand morreu, em 1913.

Henri de Saussure

Henri-Louis-Frédéric de Saussure nasceu dois meses antes do 60º aniversário de seu pai, Alphonse. Ele e seu irmão Théodore, como os filhos de Horace-Bénédict, nunca pisaram no Collège de Genève, mas, em vez de serem educados em casa, passaram grande parte de sua infância longe de Genebra, no Instituto Hofwyl, de Fellenberg, perto de Berna. Henri se lembraria de seus oito anos lá como talvez os mais bonitos de sua vida.[93]

Ele entrou na Académie de Genebra semanas antes de seu aniversário de 17 anos, em 1846, e apenas alguns dias após a revolução liderada por James Fazy. Na Académie, Henri estudou ciências clássicas e naturais.[94] Em sua maturidade, comentaria que, durante esse período, a Académie era "altamente reputada, graças à plêiade de professores famosos que a dirigiam", nomeando em particular os físicos Charles-Gaspard de la Rive e Jean-Daniel Colladon, o astrônomo Emile Plantamour, o botânico Alphonse de Candolle, o geólogo Alphonse Favre, e o professor cujo ensino causou maior impacto nele, Pictet de la Rive, pai de sua futura cunhada Adèle.[95]

À medida que progredia em seu aprendizado, Henri via-se menos atraído pelos estudos clássicos do que pelas ciências naturais, nas quais o nome Saussure ainda tinha relevância, e pela matemática, a disciplina na qual acabou se formando em Genebra.

Já em seu primeiro ano na Académie, Henri passava suas horas livres ajudando a classificar as coleções do Museu de História Natural de Genebra, dirigido por Pictet de la Rive. Mas ele não se encaixava na imagem do entomologista iniciante. Pouco depois do Natal de 1847, Henri, com 18 anos, e seis de seus amigos fundaram a Société de Sciences Naturelles e, "em sua primeira assembleia geral, convidaram todos os professores de ciências (Pictet, Candolle, Plantamour etc.) para dar palestras científicas, seguidas de um grande jantar com fartura de vinho, em que os ilustres professores tiveram dificuldade em manter sua dignidade".[96] Henri foi descrito como "um estudante barulhento" que "nunca perde um baile e frequenta a sociedade estudantil Zofingue", um grupo fundado em 1819 e ostensivamente dedicado à discussão política, mas muito dado a se divertir. Aos 20 anos, duas vezes decepcionado no amor, começou a sonhar em viajar para as costas distantes do sul.

Henri tinha 21 anos quando completou seus estudos na Académie, em 1851. Ele foi para Paris para obter uma *licence ès sciences** na Sorbonne e, durante seu ano de estudo lá, trabalhou em vários laboratórios notáveis, incluindo o Museu do Jardin des Plantes, dirigido por Henri Milne-Edwards e Émile Blanchard. Ele recebeu seu diploma em 1852, mas não retornou a Genebra, como originalmente planejado.

Em vez disso, empreendeu um estudo intensivo da biologia e do comportamento das vespas, comparando a variedade solitária com a variedade social e fazendo observações sobre como e por que a última pôde ter evoluído da primeira. Ele submeteu sua tese à Universidade de Giessen, na Alemanha,[97] onde passaria apenas algumas semanas para defendê-la e prepará-la para publicação, obrigatória para a obtenção do título, concedido pela universidade em 29 de junho de 1854.[98]

Henri foi o primeiro Saussure a realizar um doutorado. A seu pedido, a Académie de Genève conferiu-lhe seu título pelo mesmo trabalho, prática regular quando um ex-aluno recebia um diploma avançado de uma universidade estrangeira.

Agora, com 26 anos, esperava-se que Henri se estabelecesse em Genebra e começasse uma carreira de professor, ou supervisionasse a fazenda La Charniaz e outros interesses familiares. Ele pensava em se casar e deu a conhecer suas intenções à jovem que esperava tornar sua noiva, a condessa Louise de Pourtalès, que completara 17 anos em setembro de 1854. Decidiu, no entanto, que, antes de se casar, iria explorar o México e a América Central, em uma expedição que duraria entre 12 e 18 meses. Anos mais tarde, escreveria sobre ter sido atraído para isso pelo "gosto pelas viagens",[99] e estava consciente de compartilhar as sensibilidades de um explorador com seu avô Horace-Bénédict.[100] Era também uma forma de escapar da mãe, cuja companhia não se tornara mais agradável durante sua ausência. Além do mais, a empreitada poderia lhe render recompensas financeiras muito necessárias; um dos projetos que completou durante a viagem foi um "livro literário" apresentando o México a uma Europa para a qual ainda era um mistério.[101]

No outono de 1854, Saussure escreveu a vários estudiosos proeminentes pedindo conselhos sobre o planejamento de sua excursão,[102] incluindo o maior

* A *licence ès sciences* é uma certificação nacional francesa atribuída àqueles que concluem o ciclo universitário inicial, de três anos, equivalente, no Brasil, ao título de bacharel. Com a obtenção desse diploma, o estudante segue seus estudos visando ao *diplôme national de master* e, em seguida, ao *diplôme national de doctorat*. (N. da T.)

explorador vivo, o barão Alexander von Humboldt. O barão respondeu-lhe com humildade e humor, talvez sentindo que faltava um pouco de ambos ao jovem apressado: "Eu não poderia estar mais tocado, meu caro senhor, pelas mostras de confiança e carinho que você gentilmente me deu em sua carta. Sendo antediluviano, estou tentando petrificar o mais lentamente possível, e certamente minha petrificação não começará pelo coração".[103] Recordando sua admiração por Horace-Bénédict e sua amizade com Nicolas-Théodore de Saussure, Humboldt deu a Henri uma lista de vulcões mexicanos que precisavam ser investigados. Além de ter em mãos a agenda de pesquisa do jovem, o vigoroso homem de 85 anos providenciou a passagem de Henri para o México no mesmo navio em que viajaria o ministro prussiano, barão Von Richthofen.

Saussure partiu de Genebra menos de 15 dias depois, levando consigo três companheiros. Seu amigo de 20 anos, Henri Peyrot, não trazia credenciais científicas específicas, mas concordou em cofinanciar a viagem.[104] Em 1861 e 1863, Peyrot e seu irmão se casariam com duas das filhas de Adolphe Pictet. Também os acompanhavam o jardineiro da família, Marc Grosjean, para atuar como criado de Saussure, e François de Sumichrast, de Yvorne, em Vaud, que havia estudado em Lausanne, Berna e Genebra.[105] Ele foi trazido para atuar como assistente científico de Saussure.[106]

A viagem começou mal. Após um atraso de uma semana, o navio parte de Southampton, e seus motores quebram no caminho.[107] Nenhum detalhe sobre a incompetência da tripulação, a náusea generalizada entre os passageiros ou a estranheza dos não europeus a bordo ficou de fora das cartas de Henri para casa. Os aventureiros chegaram à ilha caribenha de Saint Thomas tarde demais para a conexão com o México. Como levariam dois meses e meio para conseguirem outra, Henri decidiu aproveitar a ocasião para visitar o Haiti, Cuba e a Jamaica. Ele e seus companheiros finalmente chegaram a Veracruz em março de 1855, para iniciar uma viagem pelo México, que duraria quase exatamente um ano.[108]

Cerca de quatro dúzias de longas cartas para seu irmão, sua mãe e sua tia registram em detalhes cada visão e cada evento que afetou a consciência peculiar do jovem Henri de Saussure. Ele chegou após a Rebelião de Ayutla, de 1854, que derrubou o presidente Santa Anna e iniciou o período conhecido como La Reforma, que ocorreu no contexto da guerra civil, enquanto as forças conservadoras leais ao exilado Santa Anna lutavam sem sucesso para restaurá-lo ao poder.

Embora em uma de suas primeiras cartas Saussure afirmasse não ter intenção de publicá-las, isso é falso. Ele também pede aos destinatários que cuidem bem delas,[109] pois quer se lembrar de cada detalhe da viagem.[110] O viajante até numera as cartas para sua referência posterior,[111] talvez para enriquecer o "livro literário" que escreveu durante sua estada. Uma carta inicial e longa foi publicada no *Journal de Genève*.

Henri, entretanto, nunca publicou o livro literário. Se o tivesse feito, poderia ter desfrutado de um sucesso popular. Suas cartas registram as coisas incomuns que lhe aconteceram de uma maneira particularmente vívida, com uma surpreendente leveza de estilo. Nas entrelinhas, no entanto, surge uma imagem diferente do narrador: de alguém incapaz de compaixão por aqueles que não são como ele e como a sociedade em que cresceu – uma sociedade extremamente rarefeita, que foi sua pequena tragédia tê-la erroneamente interpretado como normal. Qualquer desvio disso é tomado como algo pessoal, destinado a feri-lo. Embora considerasse a escravidão moralmente injustificável,[112] a profundidade de seu racismo é muito aparente nos trechos a seguir.

> Há pretos de todas as cores, e eles são ainda menos macacos quando se aproximam do marrom ou do amarelo.[113]
>
> O preto, aliás, é sempre ridículo em trajes finos, mas, quando em cima disso se o ouve falar, inclina-se a favor de coisas de que já não se ousa falar desde a leitura de Pai Tomás. Apenas tenha certeza de que o Pai Tomás está bem em teoria (como as viagens), mas a lacuna entre teoria e prática é grande. Pai Tomás é sublime, mas Montesquieu disse que há apenas um passo do sublime ao sem sentido.[114]
>
> [E]stúpidos e ignorantes, os mexicanos, incapazes de lucrar com seus recursos, não querem que outros lucrem. Para realizar algo no México, no estado em que está, seria preciso ficar sete anos aqui.
>
> Os europeus são tão superiores a eles que tomaram todo o comércio nas mãos e os usam e abusam de uma maneira inacreditável.[115]

A última citação é de uma carta intitulada: "Puebla. Cidade cujo melhor habitante não vale nada". A condenação geral de Saussure aos mexicanos incluía imigrantes europeus e indígenas, e ele frequentemente sugere que o clima e a dieta induziam torpor intelectual e moral, mesmo entre aqueles que estiveram nos trópicos apenas por um curto período. A única exceção é "o encantador, o excelente Sr. Becker", de Puebla.[116] Originalmente de Darmstadt, Philipp J. Becker voltaria para sua terra natal com uma fabulosa coleção de antiguidades mexicanas.[117]

A inabalável autoconfiança e o desdém de Saussure pelos que o cercavam faziam-no não hesitar em enganar os outros quando isso se adequava ao seu propósito. Em abril de 1855, ele e Peyrot visitaram um advogado em Puebla, *l'infame* Cardozo, como Saussure se refere repetidamente a ele,[118] que havia acumulado sua própria coleção de antiguidades locais. Eles aprenderam que

> [...] esse canalha deu um jeito de conseguir um manuscrito indígena que remonta bem antes da Conquista e que em seus quatro metros e meio de comprimento está coberto com as figuras mais inusitadas, quase japonesas. Sacrifícios humanos e várias outras cerimônias são mostrados. É a genealogia dos reis de Mitla. Esse advogado canalha não quer vender esta peça notável nem deixar que ela seja copiada, e estou totalmente furioso com isso. Isso atrapalha bastante minha digestão. [...] Espero que ele morra logo![119]

Embora não entendesse seu conteúdo, Henri reconheceu o valor histórico do manuscrito por sua semelhança com os descobertos e publicados por Humboldt.[120] Ele propôs a Peyrot que eles o "pegassem emprestado" e copiassem clandestinamente sem que Cardozo soubesse.[121] Eles o colocaram em três mesas no salão de Becker e passaram cinco dias trabalhando das 6 da manhã às 11 da noite, traçando meticulosamente, pintando os detalhes e anotando o códice de quatro metros e meio de comprimento, sem nenhuma pista sobre o que estava escrito.

Conforme decifrado por estudiosos posteriormente, o manuscrito relata a história das dinastias mixtecas do século XI d.C., em particular a batalha final entre dois reis rivais, um conhecido como Rei 11 Vento e o outro, como Rei 8 Cervo. No final do relato dado no códice, Rei 8 Cervo sacrifica Rei 11 Vento, cujo filho Príncipe 4 Vento escapa para ser iniciado como rei no lugar de seu pai. O manuscrito em si não remonta ao século XI, mas acredita-se que data do século XVI. Saussure estava certo em ficar impressionado com isso; um estudioso moderno escreveu: "O princípio do arranjo da sequência de imagens [...] é muito mais claramente percebido do que o de qualquer outro manuscrito. Curiosamente, seu arranjo mostra uma notável semelhança com o das inscrições maias".[122]

Saussure calculou corretamente que Cardozo, o "ganancioso e imbecil que sofre de gota", que passava a maior parte do tempo na cama, não notaria a falta do manuscrito na estante de sua biblioteca. Terminado o trabalho, colocaram o códice de volta na estante, e Henri escreveu ao irmão: "Agora só falta enviar ao infame Cardozo uma cópia da publicação, convencê-lo de que o que ele possui é apenas uma cópia, não o original, então comprar-lhe o pergaminho por uma ninharia!".[123] Essa parte do plano não deu certo, porque, embora Saussure acabasse publicando a cópia que ele e seus companheiros fizeram, sob o título *Le manuscrit du Cacique* [O manuscrito do Cacique], levou 36 anos para que isso acontecesse.[124]

A obtenção de artefatos históricos não estava entre os objetivos visados para Saussure por Humboldt, que eram mais de ordem geográfica e mineralógica. Outro conselheiro, Jomard, havia enfatizado a necessidade do estudo das línguas indígenas – mas quanto a esse tópico Saussure é totalmente desdenhoso:

> As línguas primitivas do país são numerosas, mas as principais, que ocupam a maior parte do país, são três: asteca ou mexicana, mixteca e otomi. Vendo-as escritas, é incompreensível como alguém pode pronunciar palavras tão bárbaras, que preenchem meia linha com uma infinidade de consoantes, quase nunca qualificadas com algumas vogais. A língua fica torcida antes mesmo de chegar ao fim, e como as crianças indígenas podem aprender a falar é difícil de entender. A letra *r* está absolutamente ausente, mas *z*, *zt* e *zl* são abundantes. *Iztaccihuatl* é uma das palavras mais suaves.
> No entanto, essas línguas, faladas por goelas nascidas para isso, são muito suaves e lembram o chilrear dos pássaros.[125]

Em vista desses comentários, é de comemorar que Saussure não tenha se preocupado com questões linguísticas. Ele não negligenciou, entretanto, os objetivos geográficos. O que publicaria primeiro, porém, não seriam estudos científicos dos vulcões conhecidos, que Humboldt lhe indicara como sendo de particular interesse, mas relatos de suas próprias descobertas de um vulcão "anteriormente desconhecido"[126] e das ruínas "anteriormente desconhecidas" de uma cidade asteca.[127] É claro que ambos eram perfeitamente conhecidos dos moradores da região, tanto indígenas quanto europeus, mas nenhum deles havia aparecido em mapas ou na literatura conhecida por Saussure.

Em 1858, publicou o primeiro de dois volumes dedicados à "história natural do México, das Antilhas e dos Estados Unidos", que continha descrições de muitas espécies biológicas até então desconhecidas que ele e Sumichrast encontraram.[128] Nos anos seguintes, Saussure também produziu um mapa do México, mostrando a elevação oriental do planalto de Anahuac – que em anos posteriores afirmaria ser ainda "o mais perfeito que temos para essa região"[129] –, e estudos sobre a hidrologia do México e as leis metrológicas que o regulam em uma determinada região,[130] sobre várias espécies de mariscos e mamíferos mexicanos,[131] sobre o comportamento de várias espécies de pássaros mexicanos,[132] e vários breves avisos sobre vulcões mexicanos, incluindo análises químicas dos gêiseres que esses produzem.

Assim que Saussure percebeu como as viagens dentro do México eram perigosas, em meio a bandidos e facções políticas em guerra, o plano original de viajar para o sul, rumo à América Central, foi tacitamente abortado. Em julho de 1855, quatro meses depois de sua chegada ao país, Saussure escrevia: "Do México, já me fartei, dez vezes mais que farto. O senhor Von Humboldt, com suas belas descrições, que são apenas as declarações de um alucinado e sonhador, enganou-me totalmente. O México é um país horrível".[133] Na verdade, os relatos de Humboldt sobre suas viagens incluíam muitos incidentes, perigos que haviam ameaçado sua vida, mas que parecem ter passado batido na leitura do romântico e obstinado Saussure.

No janeiro seguinte, Henri também recebeu cartas de sua mãe, que estava ansiosa para tê-lo de volta. Ela pediu-lhe que zarpasse para casa no início de fevereiro para levá-la a Roma para a Páscoa em março[134] – como se o México não lhe tivesse mostrado superstição e exotismo católicos suficientes para durar uma vida inteira. Esse pedido, ele pretendia ignorar, mas não podia fazer o mesmo com suas insinuações de que as tentativas de plantio de Théodore em La Charniaz estavam indo mal.[135] Pessoalmente, Henri estava mais do que pronto para fugir do México, mas isso significava encerrar sua expedição apenas após a previsão mínima de duração da viagem. Agora, pelo menos, poderia alegar que o necessitavam com urgência em casa.

Henri fez planos para partir e cuidou de mais um assunto antes de sua chegada a Genebra: seu casamento com Louise de Pourtalès. Ambas as famílias parecem ter assumido que os dois se casariam após seu retorno. À medida que a hora de sua partida se aproximava, no entanto, Théodore sentiu certa hesitação pelas cartas de Henri, principalmente ao fazer um comentário depreciativo sobre seu pretendido sogro.[136] Assegurando ao irmão que ele estava simplesmente dizendo que havia um "outro lado da moeda", Henri implorou-lhe que impedisse Adèle de dar a Louise qualquer indicação de que pudesse estar vacilando, acrescentando: "eu ainda amo Louise, mas, quando se está longe, somos assaltados por tantos medos".[137]

Saussure e seu grupo voltaram a Veracruz em fevereiro de 1856, mas a cidade estava em estado de sítio, pois Santa Anna e as forças leais a ele lutavam contra os rebeldes que o haviam deposto. Foi em março que conseguiram a passagem em um barco de propriedade de um francês com destino a Nova Orleans.[138] No entanto, apenas três dos integrantes originais partiram. Apesar de todos os "horrores" do México, Sumichrast ficou tão tomado pelo país que escolheu ficar, dedicando o resto de sua vida à exploração científica do local. Ele descobriu um grande número de espécies de mamíferos, pássaros, insetos e de suas criaturas favoritas, os répteis. Muitos desses foram enviados a estudiosos para que escrevessem a respeito e compartilhassem o crédito, com a maioria dos insetos indo para Henri de Saussure, que os descreveu na *Bibliothèque universelle et Revue suisse* [Biblioteca universal e Revista suíça].[139]

De Nova Orleans, Saussure, Peyrot e Grosjean tiveram de chegar à costa leste de trem para pegar um navio a vapor de volta à Europa. Saussure aproveitou a ocasião para visitar seu primo, o ex-senador estadunidense William Ford DeSaussure, em Columbia, Carolina do Sul, antes de viajar para Washington, D.C., onde se encontrou com Joseph Henry, diretor fundador do Smithsonian, e Matthew Fontaine Maury, diretor do Observatório Nacional.[140] Embora pudesse facilmente ter navegado para casa de Baltimore ou Nova York, ele fez a longa jornada até Cambridge, Massachusetts, para se encontrar com Louis Agassiz.

Segundo sua descrição posterior dessas visitas, Henri "criou vínculos com os principais estudiosos e cientistas do país".[141] É claro que essas figuras eminentes não teriam rejeitado o neto de Horace-Bénédict de Saussure. Eles podem até ter visto certa promessa no jovem, mas é improvável que tenham ficado tão impressionados com Henri quanto ele ficou com os estudiosos, ou consigo mesmo. Finalmente partiu, levando consigo seus baús cheios de relatos e notas observacionais, códices copiados, dezenas de livros raros roubados de conventos e as coleções de espécimes biológicos que ele e Sumichrast haviam coletado.[142] Também recuperou uma febre recorrente que o atormentou durante o verão de 1856, que cedeu apenas a tempo de seu casamento, em 20 de setembro.[143]

Durante o restante de seus 75 anos, Henri de Saussure faria viagens a congressos científicos ou para visitar a família. Até os 50 anos, às vezes também viajava para supervisionar projetos de investimento e, em seus últimos anos, para curas de saúde. Mas, depois de deixar o México, nunca mais empreendeu uma viagem de observação científica. Continuou a publicar extensivamente sobre espécies recém-descobertas do Novo Mundo e da África, incluindo três volumes sobre os insetos de Madagascar, um lugar em que nunca pôs os pés.[144] Fez tudo isso a partir de seu estudo em Genebra, trabalhando com espécimes que lhe eram enviados por colecionadores do campo, cujas contribuições raramente mereceram um reconhecimento nos livros e artigos que anunciam e catalogam as centenas de espécies que ainda hoje levam o nome *Saussure*.

A viagem ao México descarrilou Henri de Saussure da gloriosa carreira científica que estava destinada a estabelecê-lo. Seu escopo ambicioso tinha ares de século passado aos olhos do professorado genebrino, e os relatos românticos de Henri sobre suas descobertas confirmaram a eles que não deveria ser levado a sério. Henri, traumatizado e exausto demais para discutir com os acadêmicos, escreveria mais tarde:

> Eu duvido de mim. Em vez de tentar lutar contra essa corrente de oposição, enrolei-me em uma concha, acostumei-me a trabalhar sozinho, longe da corrente de Genebra. Apliquei-me à América e me retirei do círculo científico-aristocrático de Genebra.[145]

Ele queria lecionar, mas nunca ocuparia um cargo acadêmico e, portanto, nunca ocuparia mais do que uma posição de segunda categoria nas sociedades científicas de Genebra, mesmo naquelas que ele ajudou a fundar.[146]

Suas violações éticas no México foram realizadas em parte para a glória pessoal, mas também no interesse maior de preservar para o mundo parcela daquela herança que estava em risco de se perder. Em um caso, seus esforços certamente foram justificados: o original de um manuscrito mixteca que ele copiou foi declarado perdido por estudiosos, e é somente através da cópia de Saussure que seu conteúdo foi preservado.[147] O mesmo ocorreu com sua descoberta mais espetacular, *O manuscrito do Cacique*, agora conhecido como *Codex Becker I*. Esse foi adquirido por Philipp Becker e agora está na coleção do Museum für Völkerkunde [Museu Etnográfico] de Viena. A exposição à luz solar fez com que se desvanecesse tanto ao longo do século XX que hoje seu brilho original é conhecido apenas pela cópia de Saussure e pelas reproduções que ele publicou em 1891. Estudiosos expressam, sem hesitação, gratidão a Saussure por isso.

Henri era um personagem complexo. Suas falhas vieram à tona porque ele teve o impulso de empreender uma expedição científica altamente ambiciosa, e elas são conhecidas por nós porque ele teve a honestidade de registrar suas emoções cruas. Os capítulos a seguir mostrarão os efeitos de seu caráter, em suas dimensões tanto positivas quanto negativas, em sua esposa e seus filhos. Mesmo quando riam ou choravam de sua hipocondria implacável, ou se ressentiam do que poderia parecer para eles como sua determinação de conduzir suas vidas, eles nunca deixaram de tomá-lo com profunda afeição. Henri não será o vilão da peça, embora seja seu antagonista mais duradouro.

Condessa Louise de Pourtalès

Louise-Elisabeth de Pourtalès nasceu em 25 de setembro de 1837 em Neuchâtel, então ainda um principado prussiano. Isso pode explicar por que seu filho Ferdinand tinha o direito de ser descrito como um "súdito prussiano" em um passaporte emitido a ele pelo governo da Prússia, em 1880, para uma visita à parte russa da Lituânia. Entre os poucos detalhes que temos sobre seus primeiros anos, está o nome de sua governanta, ou uma de suas governantas, *Mademoiselle* Heber.[148]

A família havia feito fortuna por nunca estar muito ligada a nenhum lugar, mas por parecer pertencer a todos os lugares ao mesmo tempo. Sua posição na sociedade genebrina veio através do vínculo conjugal com os Saladin, a família da mãe de Louise, que incluía a "*Tante* Saladin" de Henri de Saussure, como ele chamava sua tia, *née* [nascida] Crud. Correspondências anteriores ao casamento de Louise de Pourtalès mostram que ela era próxima de outras jovens do círculo que incluía os Saussures. Uma delas, Blanche Lombard, era filha de um importante banqueiro, e seus filhos, por sua vez, seriam amigos íntimos do filho de Louise, Ferdinand.

Um amigo de Ferdinand escreveria mais tarde sobre ter sido "conquistado inteiramente" pela "distinção elegante e graciosa generosidade" de Louise.[149] Outro relembraria: "Parecia que sua mãe, *née* de Pourtalès, possuía todos os dons de espírito e do bom gosto, sendo, entre outras coisas, uma musicista consumada".[150] Na verdade, ela era algo ainda bastante raro para uma mulher em meados do século XIX: uma compositora. Uma *Tarentelle* que escreveu para o piano foi publicada sob o nome "*Mme.* H. de Saussure", infelizmente sem data, embora o desenho ornamentado da folha de rosto seja típico das décadas de 1860 ou 1870.[151]

Trata-se de uma peça melancolicamente melódica, ritmicamente variada (ainda que pouco aventureira), de alguém cujos gostos iam, não incomum para sua época, na direção de Chopin e Liszt, e que inclui cadências que exigem considerável proficiência para execução. Se transições ocasionais traem a mão de um amador, a competência técnica geral da partitura sugere que ela estudou composição e não estava compondo intuitivamente. Mostra também que a música no ar que o jovem Ferdinand cresceu respirando era de alta qualidade. O mais significativo era sua mãe ser uma mulher que não tinha medo de levar suas ambições artísticas para um "campo masculino", exibir abertamente sua música, que poderia ser interpretada como uma peça de emoções bastante sombrias e atormentadas, e ainda oferecê-la à venda, ao consumo público, a sete francos e meio o exemplar. Mais sombria, porém, a julgar por uma resenha de jornal, foi uma *Marche funèbre* que ela compôs e que foi apresentada em um concerto em 1892.[152]

O motivo de uma jovem de tanto talento, bom gosto, riqueza e *status* ter se casado com Henri de Saussure, que não possuía nada disso, não é óbvio. Mas Henri era uma figura romântica, como mostra um desenho dele feito em algum momento dos seus 20 anos. Seu longo cabelo ondulado é estilizado como o do jovem Franz Liszt. Sua sobrecasaca e seu colete remontam à década de seu nascimento, como se quisesse escapar da rápida modernização do mundo da década de 1850. É fácil ver como Louise pode ter se apaixonado por aquele jovem e, com o incentivo de um pai em cuja biblioteca antiquada as *Voyages dans les Alpes* ainda eram o ápice da realização científica, casou-se com a visão romântica que tinha de Henri de Saussure sem realmente conhecer o homem em si. As duas jovens que se envolveram com Henri, seus reveses românticos anteriores, adotaram uma abordagem lúcida, talvez com sugestões de pais cientes do estado financeiro dos Saussure. Se Louise se casou por amor, isso deve ser contabilizado em seu crédito, embora tenha sido também parte de sua tragédia.

Ela tinha 19 anos e ele 26 quando se casaram. Quatorze meses depois, Louise deu à luz o primeiro dos nove filhos que teria nos próximos 17 anos: três filhas e seis filhos. Isso foi em uma época em que famílias tão grandes deixaram de ser a norma entre a aristocracia, mas as inclinações de Henri sempre foram para os grandes dias de outrora, e ele agora carregava o fardo de gerar todos os futuros Saussure da Europa. Enquanto isso, para os prover, investiu dinheiro em grandes esquemas que tendiam a falir. Quando não tinha mais para investir, Louise recebeu a tarefa de pedir ao pai metade de sua herança antecipadamente, o único dos seus filhos a fazê-lo. Não era apenas uma humilhação, mas tinha o potencial de prejudicar suas relações familiares, o que parece não ter ocorrido. Entretanto, só pode ter aumentado o estresse mental que estava se acumulando dentro de Louise.

Não era incomum que as mulheres da aristocracia genebrina tirassem férias frequentes com seus pais e irmãos, deixando seus maridos e famílias para trás. Quando Louise tinha trinta e poucos anos, já com mais de meia dúzia de crianças pequenas em casa, suas cartas de férias em outros lugares tornaram-se cada vez mais frequentes. Henri, enquanto isso, procurava maneiras de economizar nas despesas domésticas ou escondia-se em seu escritório escrevendo descrições minuciosas de insetos encomendados a colecionadores, em que o custo não era questão. A vida em Genebra era estressante, por mais que ela adorasse seus filhos. Eles, por sua vez, eram muito próximos da família da mãe, em parte porque a família do pai era muito pequena. As crianças Saussure eram muito sociáveis e adoravam as reuniões dos primos de Pourtalès. Com o passar dos anos, no entanto, e com os filhos mais velhos de Louise partindo para começar suas próprias vidas, as alegrias da vida familiar começaram a ser superadas pelos infortúnios. Quando Louise estava próxima dos 50 anos, os seus demônios começariam a tirar o melhor dela.

Em 1856 e 1857, porém, seu mundo era como um livro de histórias. Os anos de seu casamento e da alegria de ter seu primeiro filho também foram aqueles em que o nome de Pourtalès ressoou pela Europa, quando Neuchâtel finalmente conquistou sua independência da Prússia. Essa luta foi em grande parte um assunto de família, de ambos os lados. A rebelião contra o domínio prussiano foi liderada por Georges-Frédéric Petitpierre, deputado do corpo legislativo no governo de 1832 a 1848. Nascido burguês, Petitpierre tornou-se conde de Wesdehlen pouco antes de seu casamento com a condessa Hermine Waldburg.[153] Dois de seus filhos se casariam mais tarde com duas das filhas de Alexandre de Pourtalès e Augusta Saladin de Crans. No comando das forças governamentais pró-prussianas, estava o irmão mais velho de Alexandre, o conde Frédéric de Pourtalès.

A rebelião de Neuchâtel foi o evento político mais discutido em toda a Europa, e "Frédéric de Pourtalès entrou para a história como um verdadeiro herói, simbolizando ações julgadas indispensáveis para cortar a cabeça da hidra da Revolução, que se tornava cada vez mais ameaçadora na Europa".[154] Neuchâtel alcançou sua independência em 1857, ano em que Ferdinand de Saussure nasceu. É fácil imaginar, portanto, como foi emocionante para o pequeno menino estar cercado por esses heróis extraordinários da família de sua mãe, tão diferentes de seu pai nervoso, que tinha ido para o México para se tornar um herói, mas que ao final fugiu em pânico e agora preferia se trancar em seu escritório com seu último carregamento de mariposas.

Notas

1 GEISENDORF, P-F. *L'Université de Genève, 1559-1959*. Genève, Alexandre Jullien, 1959 (p. 168).

2 Sua obra mais lida foi a tradução anônima do *Cours de littérature dramatique*, de August Wilhelm Schlegel (3 vols. Paris, J. J. Paschoud, 1814). Germaine de Staël, viúva em 1802, contratou Schlegel para ser tutora de seus filhos.

3 Todos esses homens eram ativos em tantos campos que se deve evitar reduzi-los a uma única carreira, como se fossem especialistas, mas Bonstetten é mais lembrado como historiador, Sis-

mondi como economista e Constant por seu romance *Adolphe, Anecdote trouvée dans les papiers d'un inconnu* (Paris/London, Treuttel & Würtz/Colburn, 1816) e por seus escritos políticos, que defendiam um ideal de governo representativo baseado no sufrágio limitado.

4 As obras *Recherches sur la nature et les lois de l'imagination* (Genève, J. J. Paschoud, 1807) e *Études de l'homme, ou Recherches sur les facultés de sentir et de penser* (3 vols. Genève/Paris, J. J. Paschoud, 1821), de Charles-Victor de Bonstetten, são menos conhecidas do que suas obras históricas. Ver: BOWMAN, F. P. "Les idées esthétiques de Bonstetten et le Groupe de Coppet". *Le Groupe de Coppet: actes et documents du deuxième Colloque de Coppet, 10-13 juillet 1974*. Editado por Simone Balayé e Jean-Daniel Candaux. Genève/Paris, Slatkine/H. Champion, 1977, pp. 305-323.

5 Albertine Necker dS. *De l'éducation progressive ou Étude du cours de la vie*, 3 vols., tomo 1: *Étude de la première enfance* [Estudo da primeira infância]. Paris, A. Sautelet, 1828; tomo 2: *Étude de la dernière partie de l'enfance* [Estudo da última infância]. Paris: Paulin, 1832; tomo 3, *Étude de la vie des femmes* [Estudo da vida das mulheres]. Paris, Paulin, 1838.

6 *Idem*, 1828, pp. 217-239.

7 Chama-se atenção para sua relevância para a psicologia da linguagem do início do século XX na tese de doutorado de Henri Odier, membro do círculo social de Saussure, que, sabe-se, foi lida por ele (ver capítulo 15).

8 LOCKE, J. *Essay Concerning Human Understanding*. London, impresso por Tho. Basset e vendido por Edw. Mory, 1690 (citado por Necker dS a partir das citações em Condillac, *Essai sur l'origine des connoissances humaines* (2 vols. Amsterdam, chez Pierre Mortier, 1746)).

9 Albertine Necker dS. L'éducation progressive ou Étude du cours de la vie. Tomo 1: *Étude de la première enfance*. Paris, A. Sautelet, 1841, pp. 210-211.

10 Ver: CANDAUX, J.-D. "Nicolas-Théodore de Saussure et ses archives: un survol documentaire". *In*: ROBIN, P.; AESCHLIMANN, J.-P. & FELLER, C. (ed.). *Histoire et agronomie: entre rupture et durée*. Montpellier, IRD Éditions, 2007, pp. 269-283.

11 FRESHFIELD, D. W. [com o auxílio de Henry F. Montagnier]. *The Life of Horace-Bénédict de Saussure*. London, Edward Arnold, 1920 (pp. 42-43).

12 HART, H. "Nicolas-Théodore de Saussure". *Plant Physiology*, vol. 5, n. 3, 1930, pp. 425-429 (p. 427).

13 GAILLARD, E. & MONTAGNIER, H. F. (ed.). *Lettres de H.-B. de Saussure à sa femme*. Chambéry, Dardel, 1937 (p. 125, n. 3 da "*Lettre* LIX").

14 Hart, 1930, p. 427.

15 *Idem*, pp. 427-428.

16 Théodore dS. *Recherches chimiques sur la végétation*. Paris, chez la veuve Nyon, l'An XII/1804.

17 Hart, 1930, p. 429.

18 Da cópia do testamento no Public Record Office, UK National Archives.

19 BEER, G. R. de. "The Diary of Sir Charles Blagden". *Notes and Records of the Royal Society of London*, vol. 8, n. 1, Oct. 1950, pp. 65-89 (p. 85).

20 SENEBIER, J. *Mémoire historique sur la vie et les écrits de Horace-Bénédict de Saussure, pour servir d'introduction à la lecture de ses ouvrages, lu à la Société de physique et d'histoire naturelle de Genève, le 23 Prairial an VIII*. Genève, J. J. Paschoud, Librairie, IX [1800-1801] (p. 37).

21 Foi prefeito em 1815, segundo Edmond Barde, em "Mobilisation financière d'autrefois" (*Journal de Genève*, 14 de julho de 1940 (p. 1)).

22 A ordem de seus nomes está de acordo com Albert Choisy, em *Généalogies genevoises: familles admises à la bourgeoisie avant la Réformation*. (Genève, Imprimerie Albert Kundig, 1947 (p.

337)). Quando o nome pelo qual uma pessoa veio a ser conhecida não era o primeiro, era comum que se alterasse a ordem de acordo com a vida posterior, de modo que, embora batizado Horace-René-Théodore, quando adulto, seu nome aparecia para propósitos oficiais como Théodore-Horace-René (às vezes com hifens, outras vezes sem).

23 Ver: OWEN, R. D. "Emanuel von Fellenberg and his Selfgoverning College: A Chapter of Autobiography". *The Atlantic Monthly*, vol. 31, n. 187, maio 1873, pp. 585-598 (p. 590).

24 *Idem*, p. 591.

25 B[URKHARDT], P. V. *Cenni biografici sul Barone Vittorio Crud*. Massa Lombarda, Tipografia Toffaloni & C., 1888 (p. 2). A cópia dessa brochura de Henri de Saussure encontra-se em AdS 272/17, f. 6. A identidade do autor é dada em: PASCALLET, E. "Notice biographique sur M. le Baron E. V. B. Crud". *Revue générale biographique et nécrologique*, 2e série, 8e année, 1833.

26 Henri dS, entrada de diário, 20 de setembro de 1862, cópia AdS 272bis/2, ff. 9-12.

27 Essas informações sobre o início da vida de Victor Crud e os seus primeiros anos de casamento vieram de sua filha Fanny e foram registradas por seu filho durante sua doença final, portanto, mais de 65 anos após os eventos terem ocorrido: Henri dS, entrada de diário, 20 de setembro de 1862, cópia AdS 272bis/2, f. 14.

28 Henri dS, entrada de diário, 20 de setembro de 1862, cópia AdS 272bis/2, f. 14.

29 B[urkhardt], 1888, p. 6.

30 *Idem*, pp. 2-3.

31 Anon. "Hommages rendus à un Suisse à l'étranger". *Journal de Genève*, 24 de abril de 1888. Esse artigo relatando a colocação da placa menciona os netos de Crud, Théodore e Henri dS, e é provável que tenha tido contribuição deles.

32 B[urkhardt], 1888, p. 3. Sobre o trabalho agronômico de Crud, ver: MARTINI, S. "E. V. B. Crud (1772-1845), ein Schweizer Agronom und Förderer der Landwirtschaft in Frankreich, Italien und in der Schweiz". *Schweizerische Landwirtschaftliche Monatshefte*, vol. 42, 1964, pp. 283-291.

33 THAER, A. D. *Principes rationnelles de l'agriculture*, 4 vols. Trad. E. V. B. Crud. Paris, J. J. Prechoud, 1811-1816. Ver ainda: FELLER, C. L.; THURIÈS, L. J.-M., MANLAY, R. J.; ROBIN, P. & FROSSARD, E. "The Principles of Rational Agriculture by Albrecht Daniel Thaer (1752-1828): An Approach to the Sustainability of Cropping Systems at the Beginning of the 19th Century". *Journal of Plant Nutrition and Soil Sciences*, vol. 166, 2003, pp. 687-698.

34 HEER; CRUD; MEYER; TOBLER & HUNKELER. *Rapport à Son Excellence le Landamman et à la Diète des 19 Cantons de la Suisse sur les Établissemens Agricoles de M. Fellenberg, à Hofwyl*. Paris/Genève, J. J. Paschoud, 1808. Sobre o contexto do relatório, ver: Owen, 1873, p. 585, nota de rodapé.

35 CRUD, E. V. B. *Notice sur les établissements de Hofwyl*. Genève/Paris, J. J. Paschoud, 1816 (p. 3).

36 *Idem*, pp. 14-15.

37 A data de 1815 é dada em Anon., "Hommages Rendus". Burkhardt diz que deixou Massa Romagna em 1836 depois de 25 anos lá, sugerindo uma saída anterior de Genthod, mas também fornece o texto de uma placa colocada em sua homenagem em Massa Romagna dizendo que ele viveu lá por 20 anos.

38 CRUD, E. V. B. *Économie de l'agriculture*. Paris, J. J. Paschoud, 1820. Sobre a medalha de ouro, ver: Anon., "Hommages Rendus".

39 Anon., em "Hommages rendus", admite que "seus negócios não prosperaram".

40 Geisendorf (1959, pp. 191-192) observa que o sucessor de Horace-Bénédict na Académie, Marc-Antoine Pictet, manteve sua cadeira após a Restauração, apesar de ter sido um alto funcionário do regime imperial.

41 B[urkhardt], 1888, p. 6.

42 Essa é a "*Tante* Crud" a quem Henri dS enviou saudações em tantas de suas cartas para casa quando de sua viagem ao México em 1854-1856, publicadas em Henri dS, *Voyage aux Antilles et au Mexique, 1854-1856* (editado por Louis de Roguin e Claude Weber. Genève, Olizane, 1993).

43 Henri dS, entrada de diário, 20 de setembro de 1862, cópia AdS 272bis/2, f. 11.

44 CRAMER, R. *Les Pourtalès, 1300-2000*. Saint-Pierre de Vassols, Éditions Familiales, s. d. (p. 3). O relato de Cramer é baseado em evidências de arquivo que Louis Malzac não conhecia, autor de uma história anterior da família, *Les Pourtalès: Histoire d'une famille huguenote des Cévennes, 1500-1860*. (Paris, Hachette, 1914). Embora observando que Malzac cometeu erros nos primeiros ramos da árvore genealógica, Cramer (s.d., p. 4) depende fortemente de Malzac do século XVII em diante.

45 Cramer, s.d., pp. 3-4.

46 *Idem*, p. 11.

47 *Idem*, p. 12 (citando Malzac).

48 *Idem*, p. 13 (citando LÜTHY, H. *La banque protestante en France, de la révocation de l'Edit de Nantes à la Révolution*, vol. 2. Paris, S.E.V.P.E.N, 1961).

49 Apesar de Cramer tender para a hipótese financeira, ele observa que, "para os muitos descendentes de Pourtalès que permaneceram fiéis ao protestantismo, o êxodo de seus ancestrais das Cévennes foi devido essencialmente à perseguição religiosa" (Cramer, s.d., p. 12) – possivelmente outro exemplo, semelhante àquele do assentamento dos Saussure em Lausanne e Genebra, de como as histórias familiares são mitificadas.

50 Cramer, s.d., p. 38.

51 *Idem*, p. 45.

52 *Idem*, p. 50.

53 *Idem*, p. 54 (citação do diário de Louis de Pourtalès, o jovem).

54 *Idem*, *ibidem*. Isso seguiu um acordo concedido pela Áustria aos Rothschilds, segundo Cramer (s.d., p. 55 (citando RAVAGE, M. E. *Grandeur et décadence de la Maison Rothschild*. Paris, Albin Michel, 1931)).

55 O Rei Pourtalès deu mais um passo para garantir que o nome fosse permanentemente consagrado em Neuchâtel ao fazer a doação de um hospital público gratuito. Em 1802, doou o terreno e os fundos para a construção, e, em 1811, ano do enobrecimento da família austríaca, foi construído o Hôpital de Pourtalès (Cramer, s.d., p. 49). O hospital continua em funcionamento, tendo sido inaugurado um novo edifício em 2005.

56 Cramer, s.d., p. 164.

57 Henri dS, entrada de diário, setembro de 1877 (data exata não especificada), cópia AdS 272bis/8, f. 98.

58 *Idem*, ff. 93-94.

59 JAKUBEC, D. "Enfance et jeunesse de Guy de Pourtalès". *In*: JAKUBEC, D.; DELACRÉTAZ, A.-L. & BOUVIER, R. (ed.). *Guy de Pourtalès, Correspondances, I: 1909-1918*. Genève, Slatkine, 2006, pp. 13-31 (p. 16).

60 FdS. "Souvenirs de F. de Saussure concernant sa jeunesse et ses études". Editado e apresentado por Robert Godel. *Cahiers FdS*, vol. 17, 1960, pp. 12-25 (pp. 16-17).

61 Alexandre de Pourtalès, Neuchâtel, para FdS, 14 de janeiro de 1877, AdS 366, ff. 184-185.

62 FdS, "Souvenirs", p. 17. De Mauro (*Cours de Linguistique Générale*. Edição comentada. Paris, Payot, 1972 (p. 322)) deturpa essa passagem ao resumir a descrição de Alexandre como "um construtor de iates amador guiado por sutis princípios matemáticos e, segundo Saussure, autor de etimologias não muito mais sólidas do que os iates que, assim que foram colocados no Léman, rapidamente desapareceram sob suas ondas". Saussure nunca disse que os iates de seu avô afundaram; seu ponto é que Alexandre não teve medo de perseguir ideias originais e nunca perdeu a paixão pela busca de um princípio subjacente, que, no final, nunca encontrou.

63 Alexandre de Pourtalès, Neuchâtel, para FdS, 27 de fevereiro de 1879, AdS 366, f. 186.

64 Nesse *roman à clef* autobiográfico, a família Pourtalès é chamada de Villars. Léopold aparece como Léopold, Max como Ferdinand, Hermann como Armand e o próprio Guy como Paul de Villars.

65 Henri dS, entrada de diário, setembro de 1877, cópia AdS 272bis/8, f. 94.

66 JAKUBEC, D. "Introduction". *In*: JAKUBEC, D.; DELACRÉTAZ, A.-L. & BOUVIER, R. (ed.). *Guy de Pourtalès, Correspondances, I: 1909-1918*. Genève, Slatkine, 2006, pp. 5-8 (p. 5).

67 Augusta de Pourtalès, Villa Augusta, Cannes, para FdS, 23 de novembro de 1876, AdS 366, ff. 190-191; 5 de janeiro de 1881, AdS 366, ff. 192-193.

68 Elise Bermond para Guy de Pourtalès, 1937 (citado por Pourtalès em: *Chaque mouche a son ombre*. Première partie. Paris, Gallimard, 1980 (p. 59)).

69 ENGELS, F. "The Movements of 1847". *Deutsche-Brüsseler-Zeitung*, 23 de janeiro de 1848.*
*Versão brasileira publicada pela primeira vez por Octávio Brandão, em partes, no jornal carioca *Voz Cosmopolita*, a partir da versão francesa, em 1923. (N. da T.)

70 HARRIS, R. *Reading Saussure: A Critical Commentary on the Cours de Linguistique Générale*. London/LaSalle, IL Duckworth/Open Court, 1987 (pp. 199-200).

71 Citado de Jules LeCoultre, *Notice historique sur l'Institution LeCoultre (1851-1869) e l'Institution Martine (1869-1882)* (Genève, A. Jullien, 1910 (pp. 1-2)), em que a fonte original não é indicada.

72 *Idem*, p. 2.

73 *Idem*, p. 4.

74 Essa ainda é a imagem com que as representações fictícias das crianças de Pourtalès insultam sua babá alemã em *La pêche miraculeuse* (Paris, Gallimard, 1937), de Guy de Pourtalès, ambientado no início da década de 1890.

75 LeCoultre, 1910, p. 4 (citando "Paul Chaix, d'après sa correspondance et ses souvenirs". Genève, p. 270).

76 Em suas memórias, publicadas como *Notes au crayon: Souvenirs d'un arpenteur genevois, 1855-1898*, (editadas por Marianne e Pierre Enckell. Lausanne, Éditions d'En-bas, 2004, p. 36), o colega de escola de FdS, Jean-Élie David, conta como seu pai, um dos que estavam nessa situação, teve que transformar a casa da família em uma pensão para sobreviver. O próprio FdS foi um de seus internos por um período, assim como Amiel, outro dos demitidos das escolas estatais, que reaparecerá no capítulo 5 como professor de filosofia de Saussure.

77 AdS 264/1.

78 Théodore traduziu sua peça para o alemão; a tradução foi corrigida e impressa por Hermann von Sprecher, e o drama encenado no Cairo, onde Sprecher morava (AdS 264/5).

79 De Mauro, 1972, p. 321.

80 A mansão dá para a Rue de la Cité, uma rua principal da Cidade Alta, em seu cruzamento com a Rue de la Tertasse, uma viela que leva à Place Neuve. Normalmente, darei sua localização como Rue de la Cité, mas às vezes ela é referida na correspondência familiar como la Tertasse.

81 *J.-J. Rousseau à Venise (1743-1744): notes et documents*, recueillis par Victor Ceresole, conseil de la Confédération Suisse à Venise, publié par Théodore dS. Genève/Paris, A. Cherbuliez/G. Fischbacher, 1885.

82 Henri dS, Veracruz, México, a Théodore dS, 13 de fevereiro de 1856 (em Henri dS, *Voyage*, p. 472).

83 Théodore recordou essa intenção em um diário que escreveu mais de 40 anos depois, em abril de 1895 (AdS 264/2, f. 36).

84 Henri dS, Puebla, México, a Théodore dS, 9 de maio de 1855 (em Henri dS, *Voyage*, p. 231).

85 Henri dS, México, a Théodore dS, 13 de fevereiro de 1856 (em Henri dS, *Voyage*, p. 472).

86 AdS 369/8, f. 4 *verso*.

87 DE LA RIVE, F.-J. P. *Traité élémentaire de paléontologie, ou histoire naturelle des animaux fossiles considéré dans leurs rapports zoologiques et géologiques*, 4 vols. Genève, Langlois & Leclercq, 1844-1846. Veja também suas "Remarks on the Succession of Organized Beings on the Surface of the Earth" (*Edinburgh New Philosophical Journal*, vol. 46, 1849, pp. 102-114).

88 Esse debate teve início com o aparecimento dos *Vestiges of the Natural History of Creation*, em 1844, simultaneamente à publicação da primeira parte do tratado de Pictet de la Rive. Somente quando a 12ª edição de *Vestiges* apareceu, em 1888, foi revelado que seu autor era Robert Chambers, coproprietário com seu irmão de uma das maiores editoras da Grã-Bretanha.

89 DE LA RIVE, F.-J. P. "Sur l'origine de l'espèce par Charles Darwin". *Bibliothèque universelle et revue suisse et étrangère*, n.s. 7, 1860, pp. 233-255.

90 Charles R. Darwin, Down, Bromley, Kent, para Asa Gray, 3 de abril [1860], em *The Correspondence of Charles Darwin*, vol. 8: *1860* (editado por Frederick Burkhardt, Janet Browne, Duncan M. Porter e Marsha Richmond. Cambridge/New York, Cambridge University Press, 1993).

91 Burkhardt *et al.*, 1993. Introdução a *The Correspondence of Charles Darwin*, vol. 8: *1860*.

92 Ver: Adèle dS para Guy de Pourtalès, 25 de maio de 1910, em *Guy de Pourtalès, Correspondances, I*, p. 45, em que ela lamenta a recente morte de Rod.

93 Henri dS, entrada de diário, véspera de Natal, 1847, cópia AdS 272bis/1, f. 31. Ver também: Roguin & Weber, introdução a Henri dS, *Voyage*, p. 9.

94 Essa informação e parte do que segue vêm de vários rascunhos de um relato autobiográfico de Henri em AdS 272/1. Os rascunhos podem ser datados de 1897 a 1902, as respectivas datas de publicação do vol. 23 da *Histoire physique, naturelle et politique de Madagascar* (editada por Alfred Grandidier. 2 vols. Paris, Imprimerie Nationale, 1890-1891), que ele inclui na lista de suas publicações, e do vol. 27, que ele omite. Parte do material do rascunho parece estar nas mãos de FdS, que muitas vezes serviu como amanuense de seu pai.

95 AdS 272/1, f. 1, nota de rodapé.

96 Roguin & Weber, em Henri dS, *Voyage*, p. 9.

97 Henri dS. *Études sur la famille des vespides*, vol. 1: *Monographie des guêpes solitaires, ou de la tribu des Euméniens, comprenant la classification et la description de toutes les espèces connues jusqu'à ce jour, et servent de complément au Manuel de Lepeletier de Saint Fargeau* (Paris/Genève, Victor Masson/J. Kessmann, Joël Cherbuliez, 1852); vol. 2: *Monographie des guêpes sociales, ou de la tribu des Vespiens, ouvrage faisant suite à la Monography des guêpes solitaires* (Paris/Genève, Victor Masson/J. Kessmann, Joël Cherbuliez, 1853); vol. 3: *Monographie des Masariens et un*

supplément à la Monographie des Eumeniens (Paris/Genève, Victor Masson/J. Kessmann, Joël Cherbuliez, 1854-1856).

98 Roguin & Weber, em Henri dS, *Voyage*, p. 10.

99 AdS 272/1, f. 7b.

100 AdS 272/1, f. 14.

101 Henri dS, Veracruz, para Théodore dS, 13 de fevereiro de 1856 (em Henri dS, *Voyage*, p. 473).

102 Entre eles, estava Edmé-François Jomard, que participou da expedição francesa ao Egito em 1798 e fez grande parte do trabalho preparatório que levou à decifração dos hieróglifos por Champollion. Jomard publicou sua resposta a Saussure como "Notes pour le voyage de M. H. de Saussure au Mexique et dans l'Amérique centrale" (*Bulletin de la Société de Géographie*, 4e série, vol. 8, 1854, pp. 265-268).

103 Alexander von Humboldt, Potsdam, para Henri dS, 14 de novembro de 1854, incluído na introdução de Henri dS, *Voyage*, pp. 10-12.

104 Roguin & Weber, em Henri dS, *Voyage*, p. 10.

105 BOUCARD, A. "Notice sur François Sumichrast". *Bulletin de la Société Zoologique de France*, vol. 9, 1884, pp. 305-312 (p. 305).

106 AdS 272/1, f. 1.

107 Henri dS, Londres, para Fanny dS, 3 de dezembro de 1854 (em Henri dS, *Voyage*, p. 21).

108 A última entrada datada de Henri em uma carta do México para casa é de 5 de março de 1856, e em 11 de março ele estava em Nova Orleans (Henri dS, *Voyage*, pp. 489, 491). Adolphe Boucard, que estava em Veracruz quando o barco de Saussure chegou vindo de St. Thomas no ano anterior, mais tarde se lembraria erroneamente da data de sua chegada como sendo em abril e não no início de março (Boucard, 1884, p. 305). Ele, no entanto, relata corretamente a duração de sua estada como "cerca de um ano", enquanto Henri afirmaria estar no México por 18 meses (AdS 272/1, f. 1).

109 Henri dS, Puebla, para Louise Saladin, 26 de abril de 1855 (em Henri dS, *Voyage*, p. 218).

110 Henri dS, Haiti, para Théodore dS, 10 de janeiro de 1855 (em Henri dS, *Voyage*, p. 63).

111 Saussure numera as cartas na ordem em que as escreve sem levar em conta quem é o destinatário. Sua carta a sua tia Louise Crud Saladin, de 26 de abril de 1855, de Puebla, começa com a correção de um erro de numeração (Henri dS, *Voyage*, p. 213).

112 Henri dS, Havana, para Théodore dS, 13 de fevereiro de 1855 (em Henri dS, *Voyage*, p. 116): "É impossível entender que um homem faça sua fortuna ao preço do sofrimento de 400 pessoas".

113 Henri dS, St. Thomas, para Théodore dS, 19 de dezembro de 1854 (em Henri dS, *Voyage*, p. 38).

114 Henri dS, St. Thomas, para Fanny dS, 18 de janeiro de 1855 (em Henri dS, *Voyage*, p. 74).

115 Henri dS, Puebla, para Louise Saladin, 26 de abril de 1855 (em Henri dS, *Voyage*, p. 213).

116 Becker é quase sempre referido com um ou ambos os adjetivos, começando com a carta de Henri à sua família de 21 de abril de 1855, de Puebla (em Henri dS, *Voyage*, p. 195).

117 Sobre a proveniência de Philipp Becker de Darmstadt e o fato de que sua "longa permanência" em Puebla cobriu o tempo da ocupação francesa, ver: HAMY, E.-T. "Le Codex Becker no. 1 et le manuscrit du Cacique récemment publié par M. H. de Saussure". *Journal de la Société des Américanistes*, vol. 1, 1895-1896, pp. 171-174 (p. 171). Que o Becker com quem Henri ficou em 1855 é esse mesmo homem é afirmado por Joaquín Galarza, em "Découverte de codex mexicains à Genève: La Collection Henri de Saussure de 1855" (*Bulletin de la Société Suisse des Américanistes*, vol. 50, 1986, pp. 7-41 (p. 11)).

118 As primeiras quatro instâncias estão em sua carta a seu irmão Théodore, de 9 de maio de 1855, de Puebla (em Henri dS, *Voyage*, pp. 229-230).

119 Henri dS para Théodore dS, de Puebla, "país dos monges, manuscritos e da ralé", 22 de abril de 1855 (em Henri dS, *Voyage*, p. 203).

120 Em HUMBOLDT, A. von *Vues des Cordillères et monumens des peuples indigènes de l'Amérique*. Paris, F. Schoell, 1810; Parte I, seção 2 da *Voyage aux régions équinoxiales du Nouveau Continent*, de Humboldt. Ver também: Galarza, 1986, p. 9.

121 Henri dS, Puebla, para Théodore dS, 9 de maio de 1855 (em Henri dS, *Voyage*, p. 229).

122 NOWOTNY, K. A. *Codices Becker I/II: Museum für Völkerkunde Wien Inv. Nº 60306 e 60307*. Graz, Akademische Druck-u. Verlagsanstalt, 1961 (p. 27).

123 Henri dS, Puebla, para Théodore dS, 9 de maio de 1855 (em Henri dS, *Voyage*, p. 230).

124 Henri dS. *Antiquités mexicaines, 1er fascículo: Le manuscrit du Cacique*. Genève, Audibert--Schuchardt, 1891. Nenhum outro fascículo foi lançado.

125 Henri dS para Louise Saladin, julho de 1855 (escrita antes de sua chegada à Cidade do México em 18 de julho e enviada de lá) (em Henri dS, *Voyage*, p. 294).

126 Henri dS. "Voyage au Mexique. Découverte d'un ancien volcan. Lettre de M. H. de Saussure à M. de La Roquette". *Bulletin de la Société de Géographie*, 4e série, vol. 14, 1857, pp. 384-395 (também publicado separadamente: Paris, L. Martinet, 1857); "Description d'un volcan éteint du Mexique, resté inconnu jusqu'à ce jour". *Bulletin de la Société Géologique de France*, 2e série, vol. xv, pp. 76-87, sessão de 2 de novembro de 1857 (também publicado separadamente: Paris, L. Martinet, 1857).

127 Henri dS. "Découverte des ruines d'une ancienne ville mexicaine située sur le plateau de l'Anahuac". *Bulletin de la Société de Géographie*, 4e série, vol. 15, 1858, pp. 275-294 (também publicado separadamente: Paris, L. Martinet, 1858). As ruínas dessa cidade, conhecida como Cantona, perto da cidade de Tepeyahualco, no estado de Puebla, permaneceram inexploradas até o início dos anos 1990; ver: COOK, A. G. & CARRIÓN, B. L. M. "Cantona: urbe prehispánica en el Altiplano Central de México". *Latin American Antiquity*, vol. 9, 1998, pp. 191-216.

128 Henri dS. *Mémoires pour servir à l'histoire naturelle du Mexique, des Antilles et des États-Unis*, 2 vols. Genève, H. Georg, 1858-1871. Henri publicaria separadamente um *Mémoire sur divers crustacés nouveaux du Mexique et des Antilles*, de 82 páginas, retirado do primeiro volume (Genève, J. G. Fick, 1858). Antes de sua viagem, que nunca chegou à costa oeste do México, ele publicou uma "Description de quelques crustacés nouveaux de la côte occidentale du Mexique" na *Revue et magasin de zoologie pure et appliquée*, 2e série, vol. 5, 1853, pp. 354-368 (também publicado separadamente: Paris, S. Raçon, 1853), provavelmente a partir de espécimes que ele havia examinado em Paris.

129 Henri dS. *Carte du Mexique representant le plateau de l'Anahuac et son versant oriental*. Genève, Jules-Guillaume Fick, 1862. Comentário posterior de Henri: AdS 272/1, f. 2.

130 Henri dS. "Coup d'oeil sur l'hydrologie du Mexique, principalement de la partie orientale, accompagné de quelques observations sur la nature physique de ce pays: Première partie". *Mémoires de la Société de Géographie de Genève*. Genève, J. G. Fick, 1862, vol. 2, n. 5, p. 196.

131 Henri dS. "Note carcinologique sur la famille des Thalassides et sur celle des Astacides". *Revue et magasin de zoologie pure et appliquée*, 2e série, vol. 9, 1857, pp. 99-102; "Notes sur quelques mammifères du Mexique". *Revue et magasin de zoologie pure et appliquée*, 2e série, vol. 12, 1860, pp. 479-494.

132 Henri dS. "Observations sur les mœurs de divers oiseaux du Mexique". *Archives des sciences physiques et naturelles*, vol. 1, 1858, pp. 331-333; vol. 3, 1858, pp. 14-25, 168-182; vol. 4, 1859,

pp. 22-41; "Note sur quelques oiseaux du Mexique". *Revue et magasin de zoologie pure et appliquée*, 2e série, vol. 11, 1859 (também publicado separadamente: Paris, Veuve Bouchard-Huzard, s.d.).

133 Henri dS, Cidade do México, para Théodore dS, 21 de julho de 1855 (em Henri dS, *Voyage*, p. 289).

134 Henri dS, Mirador, para Louise Saladin, 28 de janeiro de 1856 (em Henri dS, *Voyage*, p. 460).

135 Henri dS, Mirador, para Louise Saladin, 27 de janeiro de 1856 (em Henri dS, *Voyage*, p. 458).

136 Henri dS, Veracruz, para Théodore dS, 13 de fevereiro de 1856 (em Henri dS, *Voyage*, p. 471).

137 Henri dS, Veracruz, para Théodore dS, 13 de fevereiro de 1856 (em Henri dS, *Voyage*, p. 476).

138 Henri dS para Théodore dS, carta iniciada em Veracruz em 22 de fevereiro de 1856 e concluída e enviada de Nova Orleans, em 13 de março de 1856 (em Henri dS, *Voyage*, pp. 490-491).

139 Boucard, 1884, p. 309. Sumichrast tornou-se o principal colecionador no sudoeste do país para a recém-fundada Smithsonian Institution, além de reunir importantes coleções para as principais universidades e museus dos Estados Unidos e da Europa.

140 Roguin & Weber, em Henri dS, *Voyage*, p. 497.

141 AdS 272/1, f. 8 *verso*, f. 14.

142 Boucard, 1884, p. 306.

143 GALIFFE, J.-A. *Notices généalogiques sur les familles genevoises depuis les premiers temps jusqu'à nos jours*. Genève, publicação do autor, 1829 (pp. 610-611).

144 Henri dS. *Histoire naturelle des Hyménoptères*, vol. 20 de *Histoire physique, naturelle et politique de Madagascar*; Henri dS & Léo Zehntner, *Histoire naturelle des Orthoptères*, vol. 23 da mesma obra (1895); Henri dS & Léo Zehntner, *Myriapodes de Madagascar*, vol. 27 da mesma (1902).

145 Henri dS, entrada de diário, 18 de outubro de 1873, cópia AdS 272bis/4, f. 25.

146 Um relato de sua carreira científica publicado após sua morte na revista do Museu de História Natural de Genebra focou exclusivamente em sua tese de doutorado sobre vespas, considerada seu *chef d'oeuvre* e um modelo para monografias zoológicas, ignorando o trabalho de meio século que a seguiu (BOUVIER, E.-L. "Notice sur M. Henri de Saussure". *Bulletin du Muséum d'histoire naturelle*, n. 4, 1905, pp. 223-224).

147 Galarza, 1986, p. 14.

148 Henri dS, entrada de diário, junho de 1875, cópia AdS 272bis/6, f. 61.

149 Francis de Crue, Poitiers, França, para Henri dS, 7 de julho de 1887, AdS 227, ff. 130-131.

150 Jean-Élie David, em sua necrologia de FdS (publicada na *Gazette de Lausanne*, em 25 de fevereiro de 1913; reimpressa em: Marie dS. (org.) *Ferdinand de Saussure (1857-1913)*. Genève, Imprimerie W. Kündig, 1915, pp. 35-39 (p. 35)). David era o editor da *Gazette de Lausanne*.

151 *Mme*. H. dS (identificada como Louise de Pourtalès pelo catálogo da BGE). *Tarentelle pour piano*. Genève, A. Haas, s. d. (Dépôt pour l'Italie, Milano, Fratelli Buffa, s. d.).

152 Veja capítulo 14.

153 Cramer, s.d., p. 62.

154 *Idem*, p. 63.

3

A herança da linguística e da semiologia

Continuidade e progresso

O termo "linguística" é uma criação do final do século XVIII, com a intenção, como costumam ser os rótulos inovadores, de sinalizar a abertura de um novo campo de investigação. De fato, nenhum campo de estudo é criado do nada. Há sempre continuidade com o que foi pensado, escrito e ensinado antes. No entanto, pequenas mudanças de perspectiva ou terminologia podem mascarar isso, fazendo parecer que tudo o que precedeu foi apenas uma espécie de pré-conhecimento, um tatear cego até que um ou dois fundadores em retrospectiva captassem os primeiros vislumbres de luz.

Grande parte do impacto das aulas de Ferdinand de Saussure sobre a linguística geral estava em trazer de volta à atenção dos linguistas certas perspectivas tradicionais que haviam sido empurradas para tão longe do centro do campo que se esqueceu que elas já haviam feito parte dele. Algumas dessas perspectivas são regularmente creditadas a Saussure como invenção sua, embora ele nunca as tenha reivindicado como tal.

Em suas aulas, Saussure nem sempre citava os precedentes históricos para as ideias que estava apresentando. Afinal, estava lecionando, não escrevendo para publicação. Em pelo menos alguns casos, como em seu modelo do signo linguístico, os precedentes eram tão óbvios e familiares para ele que supôs que seus alunos estariam cientes deles. Nem sempre foi assim e, à medida que a versão publicada de seu curso foi sendo lida ao longo do século XX, cada vez mais leitores experimentaram sua apresentação de ideias veneráveis como sendo criações totalmente inovadoras de sua autoria.

Colocar Saussure no contexto histórico dessa maneira não é negar sua originalidade ou importância. Mesmo que possam ser encontrados precedentes para quase todos os elementos de sua linguística geral, isso não muda o fato de que sua síntese desses elementos produziu um modelo de compreensão da linguagem tão original e influente quanto qualquer outro já concebido. É o sistema total – a maneira pela qual os elementos interagem – que é original.

E não se deve subestimar o apelo de seu estilo. Outra razão para o impacto de Saussure é que, como Calvino, ele falava claramente. Isso lhe custou muito esforço, porque é muito mais fácil, ao lecionar sobre um assunto recôndito como a linguística, recorrer ao jargão, colocando o ônus sobre os alunos para dominar esse jargão. Saussure também se esforçou para *escrever* com clareza, mas aqui o assunto levou a melhor. Daí a publicação póstuma do trabalho sobre linguística geral que realmente começara a escrever no início da década de 1880, mas que abandonou repetidas vezes por não ter esperança nele. Todo conceito, todo termo em uso pelos linguistas, precisava ser refundado. Nas aulas que ministrou no final de sua vida, conseguiu refundar muitos deles, muitas vezes olhando para trás e para fora em busca de inspiração.

Além de ser reconhecido como o fundador da linguística moderna, Saussure é creditado por instituir a semiologia, o estudo dos signos, incluindo, mas não se limitando às palavras. Ela também tem uma herança antiga, que, por não ser evocada em suas aulas, foi por vezes ignorada. O objetivo do presente capítulo é esboçar uma perspectiva histórica sobre semiologia e linguística, sem a pretensão de ser abrangente, o que exigiria vários volumes por si só. Em vez disso, o capítulo se concentrará nas questões que encontram ecos particulares no próprio pensamento de Saussure e na história da linguística ensinada por Saussure a seus alunos.[1]

A história da linguística segundo Saussure

Os levantamentos históricos do campo empreendidos por Saussure em seus segundo e terceiro cursos de linguística geral de 1908-1909 e 1910-1911 fazem apenas uma menção passageira às figuras do século XVIII e dos anteriores, que foram os pilares do trabalho de sua tia-avó e da biblioteca de seu avô. A história da linguística como ele a ensinou foi essencialmente a história "recebida", como lhe foi ensinada em Leipzig por Hermann Osthoff em 1876,[2] embora com mais espaço reservado para Adolphe Pictet e, acima de tudo, para o linguista americano William Dwight Whitney. Os neogramáticos tinham Whitney em alta estima, embora não pudessem compreender completamente algumas de suas reflexões mais importantes.

Apesar de Saussure oferecer a seus alunos apenas estudos panorâmicos, esses estudos mostram o que o genebrino considerava essencial a saber sobre a evolução da disciplina. No segundo curso, o levantamento histórico veio na última aula da parte "introdutória" do curso (21 de janeiro de 1909), pouco antes do fim do semestre. Para o terceiro curso, Saussure transferiu-o para a aula de abertura (28 de outubro de 1910), encurtando-o drasticamente e expressando seus pontos de vista de uma forma não apenas mais concisa, mas mais incisiva. Foi particularmente nesse momento, em sua última palavra sobre o assunto, que apresentou um relato original e iconoclasta do desenvolvimento da disciplina e do lugar de sua visão própria da linguagem dentro dela, e é essa versão que será seguida aqui.

A linguística, diz Saussure, passou por três fases históricas de desenvolvimento, a partir dos gregos antigos, antes que uma "linguística propriamente dita, consciente de seu objeto", fosse finalmente alcançada no último terço do século XIX.[3] A primeira fase foi a da gramática, "inventada pelos gregos e permanecendo inalterada com os franceses", sempre de natureza normativa, estabelecendo regras sobre o que é correto e incorreto. "Ela nunca teve nenhuma visão filosófica sobre a língua <em si mesma>";[4] tal concepção, em vez disso, habitava o reino da lógica. Esse comentário reflete a forma como o assunto foi dividido na própria formação de Saussure. Veremos no capítulo 5 que no Gymnase de Genève, o que chamaria de "concepção filosófica da linguagem" – a partir do princípio do signo linguístico – foi incluído sob o título de "lógica".

A segunda corrente na história da linguística identificada por Saussure foi a da filologia clássica, que teve um "precursor" na cultura grega antiga de Alexandria, mas não se tornou um "grande movimento" até o início do século XIX. Em vez de correção gramatical, seu foco era trazer uma "perspectiva crítica" em que se considerasse a diferença de épocas, começando, em certa medida, a fazer linguística histórica. Essa perspectiva proporcionou inúmeras descobertas sobre a linguagem, "tratada com um espírito inteiramente diferente daquele da gramática tradicional [...]. Mas ainda não era o espírito da linguística".

Essa corrente corre paralelamente à terceira fase descrita por Saussure – aquela usualmente identificada em seu tempo, e ainda hoje, como o início da linguística propriamente dita, embora continue sendo para ele aquela em que o "espírito da linguística ainda não é visível". Trata-se do período da gramática comparada, que foi iniciado por um artigo de 1786, de *Sir* William Jones, afirmando que as semelhanças gramaticais entre o sânscrito, uma língua antiga e sagrada da Índia, e o grego e o latim clássicos eram grandes demais para serem acidentais, e que as três devem "ter nascido de alguma fonte comum, que talvez não exista mais".[5] A segunda fase do esquema de Saussure a precede apenas devido a seus precursores históricos, que faltavam à terceira fase.

Saussure acreditava que a linguística havia realmente se iniciado "por volta de 1870", por razões que aos poucos se tornarão aparentes. Essa não era a versão "*whig*", liberal, da história, caso possa parecer, porque, no momento em que a proferia a seus alunos, já havia se afastado da abordagem da década de 1870 e daqueles que continuaram a praticá-la. Ele passou a considerá-la falha em seus fundamentos, pois não refletia suficientemente sobre seus próprios conceitos e premissas básicos. Ainda assim, considerou-a muito mais racional do que o que a precedeu. E foi a abordagem que adotou em quase todos os seus trabalhos publicados. Para compreender o contexto em que Saussure escreveu e ensinou, mesmo quando se opunha a essa abordagem, é necessária uma compreensão básica dela e do pano de fundo em que se constituiu.

O surgimento do pensamento linguístico na Grécia

Na Grécia Antiga, foram desenvolvidas diversas áreas de conhecimento envolvendo diferentes aspectos da linguagem. Os poetas aprenderam a criar efeitos com seus ritmos e sons, e isso levou a uma poética destinada a codificar a poesia como arte criadora e a hermenêutica como ciência de sua interpretação. A lógica foi desenvolvida como uma maneira de fixar o conhecimento por meio de um uso mais preciso das palavras do que o encontrado na linguagem comum. A retórica explorou o potencial da linguagem, em suas dimensões implícita e explícita, para persuadir os outros, em alguns casos evocando reações emocionais além do conteúdo das palavras proferidas. A etimologia buscava a compreensão de verdades conhecidas por ancestrais distantes e que permaneciam codificadas nas palavras da língua. Encontrá-las exigia um trabalho retroativo a partir da evolução dos sentidos atuais para descobrir sua significação original.

O precedente mais direto para o trabalho dos linguistas modernos foi a gramática. Os gramáticos analisaram como as palavras trabalhavam juntas para formar enunciados portadores de sentido por meio de uma combinação de suas terminações – que mostravam o caso, o número e o gênero dos substantivos, o tempo, o aspecto, a pessoa, o número e o modo dos verbos – e sua sintaxe, a ordem em que ocorreram na frase. O trabalho dos gramáticos começou com a necessidade de ensinar o grego escrito a jovens das regiões do Império Helênico que não falavam grego, para que pudessem ocupar cargos administrativos. Mas logo se viu que a gramática era uma maneira eficaz de ensinar, até mesmo às crianças de língua grega, o básico da escrita e todas as outras artes que dependiam dela.

Outra criação helênica foi a semiótica, o estudo dos signos, inclusive os linguísticos, mas não apenas eles. Desenvolveu-se em grande parte para atender às necessidades de diagnóstico de médicos que buscavam entender o que estava acontecendo nos confins invisíveis do corpo. Por fim, mesmo uma lista não exaustiva como esta não pode omitir a filosofia e a dialética, artes totalmente fundamentadas na linguagem e parcialmente preocupadas com a compreensão de suas origens, natureza e função.

O *Crátilo* de Platão, datado da primeira metade do século IV a.C., é a primeira investigação filosófica completa sobre a linguagem. Toma a forma de um debate entre três dos professores de Platão – Crátilo, Hermógenes e Sócrates – sobre o uso correto das palavras (a matéria ensinada por Crátilo). Crátilo e Hermógenes discutem a questão dentro da dicotomia pedagógica básica dos sofistas de *physis* [natureza] versus *nomos* [convenção]. Sócrates se junta a eles, que o convidam a julgar quem está certo: Crátilo, que sustenta que uma palavra só é correta se naturalmente ligada ao seu sentido; ou Hermógenes, que pensa que qualquer palavra pode designar qualquer coisa tão bem quanto qualquer outra. Crátilo soa absurdo no contexto do nome próprio, quando sustenta que *Hermo-genes* não é realmente o nome de seu interlocutor, porque ele não "nasceu de Hermes", o que implicaria que ele é sortudo e eloquente, quando na verdade não é nem um nem outro. Hermógenes soa igualmente absurdo no contexto do substantivo comum, quando afirma que não faria diferença se alguém se referisse a um homem como *cavalo* e a um cavalo como *homem*.

Sócrates apresenta a visão tipicamente "platônica" de que as coisas que percebemos no mundo ao nosso redor não são realmente "reais", no sentido de que não são permanentes, mas estão em constante mudança. Elas não são as totalidades que percebemos, mas conglomerados de átomos, e não são percebidas da mesma maneira por todos nós. A mesa na qual estou escrevendo agora não era uma mesa 30 anos atrás, mas foi feita do que eram então partes de árvores, que não existiam cem anos atrás, e com o tempo a mesa queimará ou apodrecerá, com sua substância assumindo ainda outra forma. O significado da palavra *mesa*, o conhecimento que tenho do que é uma mesa, não é essa coisa transitória. Pelo contrário, as mesas reais são feitas de acordo com a função de uma mesa, que exige que ela tenha uma forma particular, uma superfície plana superior apoiada por pernas.

Isso é o que Platão chama de *ideia* de mesa, o que define a *forma ideal* de uma mesa. Essa forma ideal é a realidade verdadeira e imutável. Qualquer mesa individual é meramente uma tentativa de realizar essa forma ideal na matéria transitória. O sentido da palavra *mesa* é a ideia, não uma instanciação material particular dela. Além disso, as ideias são tudo o que podemos *conhecer*, pois o conhecimento deve ser de coisas permanentes e imutáveis, em oposição à percepção ou à opinião que podemos ter das coisas materiais. As formas ideais habitam um céu o qual só o filósofo, o mais sábio dos homens, pode ver.

Em resposta ao argumento de Sócrates sobre a verdade, Hermógenes levanta uma poderosa objeção: se a verdade depende de algum tipo de relação natural entre palavra e coisa, como é possível que existam línguas diferentes? Sócrates não tenta respondê-lo imediatamente, mas conduz o diálogo na direção que a pergunta exige. Ele pergunta a Hermógenes sobre o propósito das palavras, e os dois concluem que as palavras existem por duas razões: para discernir as coisas, isto é, escolher a verdadeira essência que pertence apenas a elas, e ensinar, isto é, transmitir esse conhecimento dos poucos que podem percebê-lo diretamente para os muitos que não podem.

Isso leva Sócrates a indagar sobre as origens das palavras que usamos, abrindo caminho para a indagação etimológica que constitui o cerne do diálogo. A grande questão, diz Sócrates, é se quem fez as palavras que usamos realmente percebeu a verdadeira essência da coisa que nomeava e, em caso afirmativo, se o fabricante de palavras foi bem-sucedido na arte da *mimesis*, imitação dessa essência nos sons da linguagem. Isso fornece, pelo menos em teoria, a resposta para a perplexidade de Hermógenes sobre como diferentes línguas poderiam existir a menos que as palavras fossem puramente convencionais: qualquer número de palavras pode designar um determinado sentido, desde que cada uma delas capture sua essência e a torne clara.

À medida que Sócrates percorre várias classes de palavras e suas etimologias, ele mostra como é fácil encontrar explicações *ad hoc*, como a de atribuir a uma palavra uma origem estrangeira. No que diz respeito à *mimesis*, observa que o *r*, uma consoante vibrante múltipla em grego, parece naturalmente denotar movimento pelo próprio modo como é produzida, e de fato aparece em muitas das palavras com qualidades positivas que o filósofo remonta à ideia de movimento – ainda que não apareça na palavra que designa movimento em si, *kinesis*. Sócrates também cita casos de palavras conhecidas por terem sofrido mudança de som, a que atribui àqueles que "não se importam com a verdade, apenas com a maneira com que mexem a boca".

Ele finalmente se volta para Crátilo para discutir outro problema fundamental: as palavras serem naturalmente conectadas ao seu sentido. Crátilo insistiu que o sentido de uma palavra "correta" não deve apenas ser incorporado diretamente aos sons da palavra, por ser indistinguível da ideia do que ela designa. Sócrates o leva a admitir que essa não é de fato a natureza da *mimesis*

– se a imagem de algo fosse idêntica a essa coisa, ela não seria uma imagem, mas teria se tornado a própria coisa. Em vez disso, a arte da *mimesis* na linguagem é capturar e reproduzir alguma parte da essência das coisas. E, no entanto, admite Sócrates, uma vez construída, a linguagem passa para a multidão, que se preocupa menos com a verdade do que com a função "vulgar" da comunicação, para a qual bastam palavras convencionais (não as "corretas" no sentido de Crátilo). A discussão chega a um impasse, e Sócrates conclui rejeitando a possibilidade de que o estudo da linguagem abra um caminho para a compreensão da verdadeira natureza do universo. Para cada palavra, seria preciso primeiro decidir se ela foi criada tendo em vista a verdade, se essa verdade foi imitada de maneira adequada e consistente em sons e se a forma original dos sons permaneceu inalterada. Entretanto, já a primeira dessas decisões exige que saibamos o que é a verdade, independentemente da palavra em questão – e, se pudermos saber isso, não há sentido em embarcar em maiores investigações.

Quando o discípulo de Platão, Aristóteles, abre seu tratado *Sobre a interpretação*, dizendo que o que está na voz é o signo convencional das afecções da alma,[6] pode-se compreender um distanciamento em relação à conclusão do *Crátilo*. Indiscutivelmente, no entanto, Aristóteles aceita a admissão do funcionamento da linguagem, em oposição à maneira como ela deveria idealmente funcionar. Essa concepção é incorporada à sua própria visão de que toda fala dotada de sentido implica o corpo em diversos níveis, incluindo a articulação, os sentimentos, os apetites e a percepção através dos sentidos corporais. Essa é uma perspectiva diferente da de Platão no *Crátilo*, em que os sentidos das palavras são tratados simplesmente como ideias, não como parte integrante da pessoa que os produz. A despeito dessa diferença, ambos afirmam que a relação entre som e sentido deve, em última análise, ser tratada como convencional, mesmo que isso não pareça causar a Aristóteles a mesma angústia que causou a Sócrates e Platão.

Os séculos posteriores a Aristóteles viram o surgimento da análise da linguagem e dos signos centrada em duas grandes cidades do Império Helenístico, Alexandria, no Egito, e Pérgamo, do outro lado do Mediterrâneo, no que hoje é a Turquia. Debatia-se sobre a questão de saber se as línguas têm uma lógica interna a elas próprias. Aqueles que afirmavam que tal lógica interna existia estavam do lado africano do império, em Alexandria, e desenvolveram a gramática essencialmente na forma como a conhecemos – uma elaboração da lógica interna do grego, especificamente para fins de ensiná-lo a falantes não nativos. Do lado asiático do império, em Pérgamo, estavam os estoicos, que sustentavam que as línguas não possuem estrutura lógica própria, mas são altamente variáveis, sendo elas próprias parte do *logos*, o princípio da razão que fundamenta e organiza todo o universo.

Os estoicos também são lembrados como aqueles que desenvolveram a abordagem de Aristóteles da linguagem como um sistema de "signos".[7] Compreendê-la dessa forma, e não como um conjunto de "palavras", é enfatizar a função significante – a mecânica do sentido e da interpretação – e traçar uma analogia implícita entre a linguagem e outros tipos de signos que as pessoas interpretam e criam. Os estoicos distinguiam explicitamente o *sēmainon*, o que significa (a "palavra" no sentido usual), do *sēmainomenon*, o que é significado (o "sentido" propriamente). Em conexão com esse último, incluíam o *lekton*, o "dizível". Se os dois termos designam o mesmo conceito, ou duas maneiras de imaginar o mesmo conceito básico, ou dois conceitos distintos, mas relacionados, não fica claro a partir da discussão em *Contra os matemáticos*, de Sexto Empírico (segundo ou terceiro século d.C.), que é praticamente a única fonte de informação sobre a teoria dos signos estoicos. O que é inequívoco, porém, é que o *lekton* é entendido como algo incorpóreo, e não deve ser confundido com as coisas do mundo – o que em termos modernos são chamados de "referentes" das palavras.

A Idade Média cristã

Dado o domínio do cristianismo na Europa desde a Antiguidade tardia, é surpreendente que a concepção medieval do sentido linguístico seja construída não tanto a partir dos relatos bíblicos da origem e do poder da linguagem, mas da filosofia estoica. A teoria estoica dos signos foi transportada para a tradição latina, principalmente através da *Dialética* e d'*O Mestre*, de Santo Agostinho,[8] para quem a significação através *da linguagem* era central para entender a natureza humana em relação a Deus.

A história do cristianismo é uma crônica de ambivalência em relação ao material; em comum com outras religiões, valoriza o espiritual acima de tudo. No entanto, o mundo material é criação de Deus e, portanto, não pode ser mau em si mesmo. As teorias medievais da linguagem estão profundamente implicadas nessa tensão. Da mesma forma como os seres humanos que a utilizam, a linguagem tem uma natureza tanto espiritual quanto material. Essa última inclui sua manifestação em som (ou escrita ou sinais manuais), juntamente com o fato de que um corpo humano material é necessário para produzir essas manifestações. Mas o que transforma esses sons de mero ruído, ou o equivalente a sons de animais, é sua dimensão espiritual – significação, sentido.[9] No centro da doutrina cristã está a "Palavra", *logos* em grego, *verbum* em latim, que funciona em ambas as línguas como um elemento-chave da análise linguística e semântica, ao mesmo tempo que significa a inteligência mística e divina que cria e ordena o universo – e, a partir daí, a própria divindade, Deus e Jesus Cristo. Conforme exposto por Santo Agostinho, a palavra linguística pode ser percebida de duas maneiras, ou como som puro (*vox* [voz]) ou como som significante (*dictio*).[10]

Entretanto, se *dictio* é uma palavra entendida como significando algo, o que isso exatamente quer dizer? Essa é a pergunta central para toda tentativa de explicar o sentido na linguagem, desde os tempos antigos até o presente. No uso comum, falamos de palavras como significando coisas. *Caneta* significa essa coisa que estou segurando na mão enquanto escrevo. Pois é e não é. Essa coisa na minha mão se chama caneta, sim. Mas é também o caso de inúmeras outras coisas com forma e função semelhantes (e diferentes: o drible do futebol, por exemplo). O que a palavra *caneta* significa não é nenhuma dessas coisas, mas toda a categoria na qual todas elas se enquadram. E uma categoria *não* é algo que você pode segurar na mão. Mas você pode mantê-la em sua cabeça, em sua mente. É precisamente aí que os sentidos das palavras são mantidos no pensamento linguístico medieval: na mente (às vezes referida como o "coração", do qual tratarei mais adiante).

Qual é então a relação entre a caneta que seguro e o sentido de *caneta* em minha mente? (Vou deixar os dribles etc. de lado e focar nos instrumentos de escrita.) Mais uma vez uma questão-chave que perpassa todo o pensamento linguístico medieval e cuja resposta reflete uma herança platônica. A coisa chamada "caneta" e o sentido da palavra *caneta* têm algo fundamental em comum: a *forma* de uma caneta, o que uma caneta deve ser para cumprir sua função de escrever. A caneta que seguro tem materialmente a forma de uma caneta. A forma de uma caneta que está em minha mente quando entendo o sentido da palavra caneta obviamente não é material, mas puramente mental.

No final da Idade Média, o debate natureza-convenção não havia desaparecido, mas não parecia mais imediatamente relevante para as preocupações dos gramáticos. No entanto, o debate realismo-nominalismo, que dominou a filosofia durante o período e que se situava no ponto de convergência da lógica, da teoria da linguagem e da teologia, pode ser visto como uma versão da querela natureza *versus* convenção aplicada a categorias universais. O debate não era sobre como os nomes se ligavam a ela, mas se há algo *na natureza* para os nomes se ligarem. Caso não haja, então esses nomes são puramente convencionais, tanto em termos dos sons que os compõem quanto de seus sentidos: essa foi a posição nominalista, cujo defensor mais vigoroso foi Pedro Abelardo, associado às ideias de Aristóteles – uma associação perigosa até que o pensamento aristotélico fosse reabilitado aos olhos da Igreja através do trabalho de Alberto Magno e de seu pupilo Tomás de Aquino.

Na esteira do neoaristotelismo de meados do século XIII, seguiu-se um novo modo de investigação sobre a linguagem e o pensamento chamado *grammatica speculativa* – gramática como *speculum*, espelho –, baseado na suposição de que os modos de significar espelham diretamente os modos de ser, de que há, portanto, uma conexão fundamental entre as categorias gramaticais, a mente significante e o mundo existente. Isso implicava que as categorias gramaticais deveriam ser de caráter universal. Enquanto no século XI Pedro Elías acreditava que havia tantas gramáticas quanto línguas, o gramático especulativo do século XIII Michel de Marbais professava que "quem sabe a gramática em uma linguagem sabe em outra, quanto a tudo o que é essencial", com todas as diferenças sendo meramente acidentais.[11] Essa visão, que teria importantes ressonâncias no século XVII e novamente no final do XX, desfaz o que sempre foi o argumento mais poderoso contra o que une a linguagem – a existência de línguas diferentes –, ao dizer que as línguas apenas *parecem* ser diferentes, por causa de trivialidades superficiais que desviam a atenção de sua identidade subjacente.

Renascença e Iluminismo

A Renascença é marcada pela nova atenção dada primeiro à obra de Aristóteles – anteriormente conhecida através de Tomás de Aquino, e não de forma direta –, depois à de Platão, depois ainda à de Epicuro, que se tornou o precursor de uma visão "moderna" da linguagem e da mente como formadas por meio da experiência sensorial, em vez do dom inato. Epicuro (*Carta a Heródoto*, 75-76) sustentou que as linguagens se originam diretamente do corpo; então, em uma evolução subsequente, são refinadas pela convenção social. Segundo Epicuro, em um primeiro estágio, a forma como uma determinada etnia exala o ar determina uma linguagem inicial "bruta" para aquele povo. Embora falada não por raciocínio, mas por limitação natural, essa linguagem fornece uma base sobre a qual o pensamento racional e o acordo social podem doravante ser construídos. Os falantes podem então tomar consciência das falhas que essa comporta, como a ambiguidade ou a falta de concisão, e introduzir melhorias por "comum acordo".

A visão de Epicuro da evolução da linguagem como enraizada na diferença étnica contrasta fortemente com os primeiros ensinamentos de Aristóteles, que considerava os sentimentos e impressões experimentados pelos seres humanos como universais, "idênticos para todos" (*Da interpretação*, 16a3-16a9). Entretanto, Aristóteles não conseguiu explicar por que línguas diferentes deveriam existir; e, para epicuristas posteriores como Lucrécio (*De rerum natura*, 5), a falha crucial dos argumentos convencionalistas sobre a origem da linguagem recaía sobre a ideia de se estabelecer um acordo sobre o sentido das palavras sem já haver uma linguagem na qual discutir e concordar.[12] Os neoepicuristas da Renascença estabeleceram os "signos naturais", incluindo os diferentes sons emitidos pelos animais quando sentiam medo, dor ou felicidade, como a base das teorias evolutivas modernas da linguagem, apontando para uma continuidade também com outras espécies, além de uma explicação da razão pela qual as línguas compartilham características comuns.

No século XVII, vários esquemas vieram à luz defendendo um "caráter real", uma forma de escrita que representaria objetos físicos por meio de signos naturais, miméticos, em vez de signos convencionais, específicos de uma língua, para assim formar uma linguagem verdadeiramente universal. O princípio desses esquemas – um "retorno" à linguagem natural e original do homem, que havia sido ofuscada pelas línguas formadas por convenção – era consistente tanto com a visão de mundo epicurista quanto com a bíblica. Como tal, apoiou e recebeu apoio de uma ideologia protestante empenhada em limpar o culto religioso do que via como acréscimos convencionais promulgados por Roma, que passou os últimos cinco séculos sob a escravidão intelectual de Aristóteles.

A teoria renascentista da linguagem reviveu o debate natureza-convenção, embora de forma menos polarizada que no passado. Para Locke, em seu *Essay Concerning Human Understanding* [*Ensaio sobre o entendimento humano*] (1690), a linguagem apresenta um aspecto natural no simples fato de que o aparelho vocal foi fornecido pela natureza como mecanismo de expressão. Mas, assim que as palavras passaram a ser usadas pelos homens, como "*signos* de concepções internas, e a fazê-los significar as marcas das Ideias, internas de sua própria Mente", elas entraram no reino do voluntário e do arbitrário.[13] Esse não é claramente o caso de um adepto das ideias inatas como Descartes ou Leibniz; pois, se as ideias em si não são arbitrárias, a linguagem que as expressa também não pode ser totalmente arbitrária. Se a mente é o espelho da natureza, e a linguagem o espelho da mente, então a linguagem também deve espelhar a natureza. Mesmo esses racionalistas do continente, porém, não negaram que as palavras significam por meio de combinações convencionais de sons que cada indivíduo deve aprender.

As coisas "reais" para Locke, e para os empiristas em geral, são aquelas que são perceptíveis ao corpo e à mente. As abstrações são cognoscíveis apenas pela mente, e isso dá origem às falhas de compreensão que Locke remediaria ao decompor as abstrações em seus componentes sensíveis, que são universalmente cognoscíveis porque são conhecidos através do corpo.

Os gramáticos tomaram posições alinhadas às dos filósofos. A visão pós-cartesiana da relação entre linguagem e mente deu origem a projetos para a escrita de uma "gramática geral" na França do século XVII, sendo o mais famoso aquele realizado na escola jansenista de Port-Royal por Claude Lancelot e Antoine Arnauld e publicado em 1660 como *Grammaire générale et raisonnée*. Como veremos no capítulo 18, Saussure conhecia claramente esse trabalho em primeira mão, pois descreveu seus objetivos com algum detalhe em seu terceiro curso de linguística geral. A gramática de Port-Royal era "geral" no sentido de que seu objetivo era analisar a gramática do francês não por si só, mas como fonte de inspiração sobre as correlações entre, por um lado, a estrutura da faculdade humana da linguagem em geral e, por outro, a lógica, a estrutura do pensamento.[14] Na perspectiva de Port-Royal, que teria um impacto pelo menos tão grande na retórica quanto na teoria da linguagem na França e em outras partes do continente, aqueles elementos de qualquer língua que não correspondessem à lógica eram considerados arbitrários, no sentido de serem acidentes caprichosos e fortuitos que contrariam a essência lógica da linguagem e, portanto, deveriam ser evitados.

Em ambos os lados do Canal da Mancha, Locke seria uma influência fundamental no pensamento liberal que se desenvolveu no início do século XVIII e veio a ser chamado convenientemente de "Iluminismo". Um dos que adotaram e desenvolveram temas lockeanos relativos à linguagem e ao pensamento foi Étienne Bonnot, abade de Condillac, especialmente em seu *Essai sur l'origine des connoissances humaines* [*Ensaio sobre a origem dos conhecimentos humanos*], de 1746. No início desse trabalho, Condillac propõe uma solução bíblica entre a visão cartesiana da mente como possuidora de ideias inatas e controladora dos sentidos e a visão lockeana da mente como uma *tabula rasa* inteiramente dependente dos sentidos para o conhecimento que adquire. Condillac acredita que as ideias inatas cartesianas moldaram a mente pré-lapsariana – o estado de Adão e Eva antes do pecado original, ao qual retornaremos quando morrermos –, mas que, desde a Queda do Homem, as mentes de todos os seres humanos vivos são *tabulae rasae* lockeanas moldadas pela experiência.[15] A solução de Condillac é admitir que a mente cartesiana é aquela platonicamente real, mas ocupa-se apenas da mente lockeana, temporalmente real, porque, como um ser humano vivo, só é capaz de raciocinar sobre o que pode experimentar.[16]

A contribuição mais marcante de Condillac pode ter sido seu recurso à linguagem como o princípio explicativo central para a formação da mente (pós-lapsariana). Ao contrário da "linguagem da ação" (linguagem gestual), a linguagem convencional é sucessiva, ou seja, significa em fragmentos espalhados no tempo. Os sons compõem a palavra, as palavras compõem a frase, as frases compõem o discurso. Tanto na espécie quanto no indivíduo, é por meio da aquisição da linguagem convencional que também o pensamento passa de um modo atemporal, sintético, para um temporal, analítico. Em trabalhos posteriores, Condillac enfatizou que os signos artificiais, para serem funcionais, devem basear-se na analogia dos signos naturais e acidentais; eles nunca podem ser arbitrários.[17]

> As línguas não são uma coleção de expressões tomadas ao acaso, ou que são usadas apenas porque se concordou em usá-las. Se o uso de cada palavra pressupõe uma convenção, a convenção pressupõe uma razão para a adoção de cada palavra. E a analogia, que dita a lei, e sem a qual seria impossível a compreensão, não permite uma escolha absolutamente arbitrária. Mas, porque diferentes analogias conduzem a expressões diferentes, acreditamos que escolhemos, e isso é um erro: pois, quanto mais nos consideramos mestres da escolha, mais escolhemos arbitrariamente, e piores são as escolhas que fazemos.[18]

A essa altura, a arbitrariedade da linguagem está ligada à discussão entre livre-arbítrio e predestinação, com todas as implicações para as disputas em curso entre várias formas de cristianismo católico e reformado. A filosofia cristã medieval tardia pode ter ajudado a motivar o forte deslocamento cartesiano do corpo em favor da mente no que diz respeito à linguagem; mesmo assim, Descartes deu como certa a arbitrariedade da conexão entre as palavras e aquilo que designam. A politização da questão por Hobbes e Locke ajudou a colocá-la em contato com o debate religioso sobre o livre-arbítrio, levando ao alinhamento setecentista. Condillac evitou se aproximar da visão radical de arbítrio de Locke, mas o livre-arbítrio era a característica crucial dos signos instituídos, que distinguiam a mente humana de seus análogos animais.

As reações a Condillac foram rápidas e difundidas. Na Escócia, Adam Smith contestou a possibilidade de que a mudança em uma língua represente algum tipo de progresso para quem a fala.[19] Ao contrário, a evolução da língua encena um tipo diferente de economia estrutural em que a mudança da simplicidade para a complexidade necessariamente acompanha o movimento das populações em uma mudança da simplicidade para a complexidade, provocando uma mudança exatamente inversa em outra esfera da estrutura da língua. Rousseau, em seu *Discours sur l'origine et les fondements de l'inégalité parmi les hommes* [*Discurso sobre a origem e os fundamentos da desigualdade entre os homens*], de 1753, afirma aceitar as considerações de Condillac,[20] exceto quando se trata de signos arbitrários (os signos instituídos de Condillac). Condillac, diz ele, "supõe o que eu questiono, a saber, um tipo de sociedade já estabelecida entre os inventores da linguagem".[21] Mas, em seu *Essai sur l'origine des langues* [*Ensaio sobre as origens das línguas*] (escrito em 1761, mas não publicado até 1781), ele insiste, ao contrário de Condillac, que, embora "as necessidades ditem os primeiros gestos, [...] as paixões extraem as primeiras vozes", que certamente devem ter sido cantadas, pois acentos, tons e ritmos são as características da linguagem que saem naturalmente da garganta do infante.

O *Abhandlung über den Ursprung der Sprache* [*Ensaio sobre a origem da linguagem*], de Johann Gottfried von Herder, ganhou o Prêmio da Academia de Berlim em 1770 e foi muito mais lido do que o *Essai* publicado postumamente de Rousseau. Herder se coloca em oposição tanto a Condillac quanto a Rousseau ao afirmar que "o primeiro transformou animais em homens e o segundo homens em animais". Ele rejeita qualquer tentativa de se estabelecer uma analogia entre o "caráter natural" da linguagem animal e a linguagem humana. A linguagem humana foi inventada, uma vez que o homem foi "colocado no estado de reflexão que lhe é peculiar", e que à sua mente, nesse estado de reflexão, foi "pela primeira vez dada plena liberdade de ação". Nem essa reflexão nem essa liberdade são compartilhadas com os animais, enquanto para o homem elas são "essenciais à sua espécie; assim como a linguagem".[22] A linguagem foi "inventada de forma natural e, para o homem, de forma tão necessária quanto o homem é homem".[23] Nenhum aspecto de sua invenção foi arbitrário – Herder considera a própria ideia da arbitrariedade da linguagem sem sentido.[24]

O encontro com o sânscrito e o início do comparatismo

Chegamos agora ao ponto de partida da segunda fase da pré-história da linguística de Saussure. A longa tradição de reflexões filosóficas sobre a origem da linguagem e sua relação com a mente e o corpo foi abalada pela ideia de uma relação genética do sânscrito, a língua sagrada do hinduísmo, com o latim, o grego e a maioria das outras línguas da Europa. A hipótese não era inteiramente nova para o artigo de *Sir* William Jones em 1786; na verdade, ela já aparecia em trabalhos publicados no século XVII. Porém, o enquadramento de Jones chamou atenção dos linguistas, e, em 30 anos, um método se cristalizou para deduzir as formas gramaticais primitivas que deram origem à diversidade encontrada nas línguas historicamente relacionadas. Como sugere Saussure, isso não teria sido possível se os filólogos não estivessem simultaneamente engajados em um grande esforço para descobrir e analisar textos antigos, em todos os cantos da Europa e da Ásia ocidental e meridional.

Entre esses textos estava uma antiga gramática sânscrita, de autoria de Pāṇini. Sua data é impossível de determinar. Certas pistas lexicais sugerem que foi escrita entre os séculos VI e IV a.C., mas pode representar uma tradição oral muito mais antiga. Seu núcleo é o Ashtadhyayi (os "Oito capítulos"), um conjunto de 3.959 sutras que cobrem toda a fonologia e a gramática do sânscrito. Os sutras são escritos em um estilo extremamente compacto, talvez para ajudar na memorização e na repetição. Esse aspecto lhes dá o caráter de fórmulas matemáticas, e foi isso, juntamente com o fato de partirem de uma forma-base abstrata da qual se derivam regras complexas que descrevem as formas que realmente ocorrem na língua, que influenciou os métodos da linguística moderna. Essa característica foi extraída do estudo apenas dos dois primeiros sutras, que também introduzem dois termos centrais da fonologia do sânscrito.

vṛddhirādaic
adeṆguṇaḥ

O primeiro sutra diz: *vṛddhi* = *ā* ou *aic*. A palavra *vṛddhi*, que significa "crescer" ou "aumentar", é usada para indicar um "fortalecimento" da vogal *a* sob certas condições. Mais adiante, neste capítulo, será introduzida uma distinção entre transcrição fonética e ortografia, que aqui omito em favor da legibilidade. O sutra especifica que, sob *vṛddhi*, *a* pode ser dobrado em comprimento para *ā*, ou então pode se tornar "*aic*" – a fórmula para o conjunto que consiste nos dois ditongos *ai* e *au*. Tal conjunto, chamado *paribasa*, é algo que se deve conhecer separadamente. O conhecimento dele é assumido pelo sutra.

O segundo sutra diz: *a* ou *eṆ* = *guṇa*. Isso define um grau menor de fortalecimento de *a* que é denominado *guṇa*. O sutra especifica que, sob *guṇa*, *a* pode permanecer como *a* ou então pode se tornar "*eN̦*" – a fórmula para outro *paribasa*, que consiste nas vogais longas *ē* e *ō* (agrupadas com os ditongos na gramática do sânscrito). Assim, o primeiro sutra pode ser traduzido de forma expandida como "O termo *vṛddhi* abrange os sons *ā ai au*", e o segundo como "O termo *guṇa* abrange *a ē ō*". A economia conduziu a estrutura do texto de tal forma que o tornou extraordinariamente difícil de acompanhar. O fato de símbolos serem usados antes de serem explicados é apenas uma parte dessa dificuldade. A maneira como muitos dos sutras devem ser expandidos é uma questão controversa, dando origem a uma longa tradição de comentários sobre Pāṇini.

Nenhuma análise gramatical de comparável complexidade existia na Europa ou em qualquer outro lugar da Ásia até o século XX, ou seja, depois que Pāṇini se tornou conhecido por linguistas em todo o mundo. As figuras mais importantes no desenvolvimento da linguística no século passado, incluindo Leonard Bloomfield e Noam Chomsky, reconheceram prontamente sua dívida metodológica e intelectual com Pāṇini. Que seu trabalho teve um impacto sobre como Saussure também concebeu a análise linguística é indiscutível, embora a intensidade exata dessa influência nunca seja conhecida com certeza. Uma das realizações iniciais mais célebres de Saussure foi libertar os indo-europeístas das regras pāṇinianas de *guṇa* e *vṛddhi*, o ponto de partida do Ashtadhyayi. Isso não poderia ter sido feito sem que primeiro internalizasse o método de Pāṇini.

No final da primeira década do século XIX, um novo discurso emergiu na Europa, com sua primeira forte articulação em *Über die Sprache und Weisheit der Indier* [Sobre a língua e a sabedoria dos indianos], de Friedrich Schlegel, de 1808. Aqui, especulações sobre a formação da linguagem humana se metamorfosearam em relatos de como a língua-mãe que viria a ser conhecida como ariana, ou indo-germânica, ou indo-europeia, desenvolveu-se enquanto veículo mais altamente aperfeiçoado do pensamento e da cultura humana.[25] Isso implicava que outras línguas haviam sido interrompidas em seu desenvolvimento – uma visão que, não surpreendentemente, desagradou estudiosos sérios dessas outras línguas.[26]

Uma característica definidora da linguística moderna seria a substituição da tríade de línguas "sagradas" (hebraico, grego e latim), circunscrevendo o cristianismo, por uma nova tríade de línguas "originais" (sânscrito, grego e latim), circunscrevendo o histórico caráter nacional europeu. Ainda nas décadas de 1820 e 1830, a ideia de que o sânscrito fosse língua irmã (ou mesmo mãe) do grego e do latim permaneceu profundamente controversa, apesar do trabalho de Franz Bopp e de outros que o seguiram. Esse trabalho, que décadas mais tarde seria universalmente reconhecido como definitivo, foi em seu tempo amplamente descartado como trivial.[27] Bopp ainda não tinha 25 anos e havia trabalhado na análise das línguas indo-europeias por apenas quatro anos antes de expor seu método em um livro publicado em 1816 que revolucionou o estudo da linguagem tanto quanto o *Curso de Linguística Geral* de Saussure o faria em 1916.[28] Seu método se concentrava em comparar as estruturas gramaticais de várias línguas, com base no fato de que as estruturas eram mais estáveis do que itens de vocabulário, sendo menos sujeitas às mudanças de significado que tornavam a comparação entre as línguas incerta. Foi um grande salto metodológico, ainda que o método não pudesse produzir resultados melhores do que os dados dos quais foi servido, e que o conhecimento textual das primeiras línguas indo-europeias ainda estivesse em um estágio inicial de seu desenvolvimento.

Saussure observa que a gramática "comparada" de Bopp é frequentemente contrastada com a gramática "histórica" de Jacob Grimm, um dos famosos irmãos Grimm dos contos de fadas, cujo nome está consagrado em uma das primeiras e mais básicas "leis" da linguística indo-europeia.[29] A "Lei de Grimm" tenta explicar as correspondências regulares encontradas entre conjuntos de palavras como o latim ***pater***, ***pes***, ***piscis*** e o inglês ***father***, ***foot***, ***fish***; o latim ***tenuis***, ***torrere***, ***tres*** e o inglês ***thin***, ***thirst***, ***three***; o latim, ***canis***, ***cor***, ***corulus*** e o inglês ***hound***, ***heart***, ***hazel***. Em todas essas palavras, o latim manteve a consoante protoindo-europeia (PIE), mas as línguas germânicas sofreram uma mudança:

PIE		**latim**		**germânico**
p	→	p	→	f
t	→	t	→	th
k	→	k	→	h

O verdadeiro mecanismo explicativo proposto por Grimm era demasiado *ad hoc* para ser aceitável no início do século XX. Saussure chama as ideias linguísticas de Grimm de "fantasmagóricas" demais para serem consideradas princípios fundadores da gramática histórica. Mas Grimm trouxe uma importante mudança de perspectiva através de sua atenção cuidadosa a diferentes estágios históricos no desenvolvimento de línguas particulares, tratando, por exemplo, o alto-alemão antigo e o alto-alemão médio de forma mais destacada do que outros de seu tempo. Assim, em sua obra, "vê-se de século em século se modificar a língua e percebe-se a corrente!".[30]

Ao mesmo tempo em que reconhece o trabalho de Bopp, a avaliação de Saussure sobre os estudos que seguiram seu caminho é contundente: "Coisa espantosa: nunca ninguém teve uma ideia mais defeituosa e mais absurda do que é uma língua do que nos 30 anos que se seguiram a essa descoberta de Bopp (1816)".[31] Os estudiosos fizeram uma espécie de jogo de comparações entre as diferentes línguas indo-europeias, até que, por volta de meados do século, finalmente começaram a perguntar o que exatamente essas conexões significavam em termos concretos. Mesmo assim, por mais 20 anos, até quase 1870, eles jogaram esse jogo sem levar em conta as condições de existência de uma língua. Essa fase representou um progresso em relação à fase anterior, por sua atenção a uma grande multiplicidade de línguas e às relações entre elas, mas, sob uma perspectiva puramente comparativa, havia uma carência de ideias "realmente racionais e aprováveis" sobre a linguagem.[32]

O cenário finalmente melhorou, avalia Saussure, através das lições aprendidas com o estudo das línguas românicas. A linguística românica foi inaugurada na década de 1830 por Friedrich Diez, que fundamentou seu trabalho nas regras estabelecidas por Bopp para o estudo da família indo-europeia mais ampla.[33] Mas a linguística românica teve a vantagem incomum de um registro documental que inclui a língua fonte ou protótipo, o latim, bem como muitos dos estágios intermediários dos séculos ao longo dos quais os distintos idiomas românicos se desenvolveram: "A perspectiva histórica que faltava aos indo-europeístas, porque viam tudo sob o mesmo plano, se impôs aos romanistas. E através da perspectiva histórica veio o encadeamento dos fatos".

Essa perspectiva histórica consolidou-se devido à preservação dos textos escritos; entretanto, paradoxalmente, outra contribuição da linguística românica foi o rompimento com o "apego servil" à palavra escrita que a linguística comparada inicial havia herdado da filologia. Comparando as estruturas dos dialetos românicos e reconstruindo sua provável forma de origem usando os métodos de Bopp, revelou-se uma lacuna inesperadamente grande entre o latim literário e o vernáculo falado, que era a fonte das línguas românicas. Saussure observa que a linguística germânica – sua principal área de ensino durante o período que passou em Paris na década de 1880 – também funcionou dessa maneira salutar, embora com a desvantagem de não ter o protótipo documentado.

Com essa mudança de perspectiva, os linguistas finalmente "chegaram a fazer perguntas sobre as condições gerais da língua, [de] sua vida".[34] A "vida" da linguagem era uma metáfora que Saussure às vezes criticava, mas aqui é uma referência implícita a um livro que evocou com certa extensão na aula correspondente do segundo curso, e que, para ele, incorporava o espírito da linguística propriamente dita: *The Life and Growth of Language* [*A vida da linguagem*], do sanscritista estadunidense William Dwight Whitney.[35]

O levantamento sobre a história da linguística no segundo curso de Saussure incluiu informações mais detalhadas sobre obras particulares da fase comparatista. Aqui ele discutiu a decifração do zende, uma antiga língua do leste da Pérsia, por Eugène Burnouf, e o trabalho pioneiro nos estudos celtas de Adolphe Pictet, além de Bopp e seus sucessores: Grimm e sua famosa lei, os estudos etimológicos de August Friedrich Pott, e os trabalhos de Theodor Benfey, Adalbert Kuhn, Theodor Aufrecht, Georg Curtius e Friedrich Max Müller.

A pesquisa de Saussure omitiu uma figura que havia ocupado um lugar de destaque no curso de história da linguística de Osthoff 30 anos antes: Wilhelm von Humboldt, o último dos grandes filósofos da linguagem do Iluminismo, que teve um profundo impacto no estudo da linguagem no século XIX. Em um tratado publicado postumamente, em 1836, Humboldt insistia que o poder intelectual de uma língua dependia principalmente de como formava suas palavras (através de flexão ou aglutinação ou deixando suas unidades isoladas), e mais ainda de sua consistência interna do que do próprio sistema. Como Herder, Humboldt partiu da suposição romântica de que toda a história de uma língua já está contida em germe em sua origem – sua evolução é, na verdade, apenas o desdobramento desses desenvolvimentos predeterminados. Na segunda década do século XIX, no entanto, a atenção da academia estava se concentrando cada vez mais nos detalhes da forma linguística e na história desses detalhes, e não mais na construção de grandes narrativas de origem, ou na extrapolação da tipologia de formação de palavras para explicar as diferenças culturais e intelectuais entre os povos.

Wilhelm von Humboldt, irmão do famoso explorador, Alexander, que ajudara Henri de Saussure a organizar sua viagem ao México, fora ele próprio conhecido e interlocutor de Albertine Necker de Saussure. Para o sobrinho-neto de Albertine, na primeira década do século XX, ele representou o que talvez houvesse de mais antiquado e menos atraente no pensamento linguístico alemão – a hipótese de que os falantes comuns não conhecem a realidade da linguagem, uma realidade que, na verdade, gosta de se esconder e revela vislumbres apenas para o filósofo, que não pode capturá-la em linguagem facilmente compreensível, mas apenas em jargão. Isso impediu Saussure de ver certas afinidades que existiam entre a concepção de linguagem de Humboldt e a sua. Suas notas ocasionalmente se referem a Humboldt em termos que sugerem uma familiaridade com sua obra principal, mas não o citou em seus cursos ou escritos publicados, e as afinidades não são suficientes para sugerir uma influência direta.

Os pontos de vista de Humboldt ainda carecem de investigação por especialistas; muitos de seus escritos só agora estão sendo preparados para publicação pela primeira vez. Entre os aspectos duradouros de seu pensamento linguístico, um com particular relevância para Saussure é sua distinção entre a língua como *ergon* e como *energeia*, aproximadamente um "produto" e um "processo".[36] No uso ordinário, falamos de linguagem de forma ambígua, para abranger muitas coisas – os sons que saem de nossas bocas, a ação de produzir esses sons, a capacidade de fazê-los e o conhecimento específico que nos permite produzi-los de forma significativa. Para Humboldt, é um erro incluir os sons como parte da linguagem, quando na verdade são sua materialização.

Encontramos aqui antecipadas algumas das preocupações cardeais que moldariam o pensamento de Saussure meio século depois: a necessidade de ordenar as múltiplas concepções que estão embrulhadas no termo "língua" e diferenciar aquelas que se referem à fala que existe no tempo e as que se referem a um sistema virtual que está, por assim dizer, fora do tempo. Saussure não segue Humboldt ao tomar uma dessas concepções como "verdadeira", excluindo sua contraparte – uma entre muitas razões pelas quais seria enganoso pensar nele como um humboldtiano, apenas porque os dois foram movidos pela frustração com os mesmos obstáculos colocados pelas ambiguidades da linguagem cotidiana. No entanto, o desdém por aqueles que pensam a linguagem como uma mera coleção de palavras e regras, e não como uma unidade essencial que só pode ser apreciada no discurso encadeado, é tão saussuriano quanto humboldtiano.

O principal representante do espírito romântico alemão na linguística francesa e o linguista mais famoso da França de meados do século XIX foi Ernest Renan, especialista em línguas semíticas, além de importante arqueólogo, historiador e filósofo moral e político. Seus heróis linguísticos foram Schlegel e Humboldt, e se valeu muito de Herder também, começando com sua visão de que "o homem é naturalmente falante, como é naturalmente pensante".[37] A consequência linguística dessa naturalidade para Renan é que: "A ligação do sentido e da palavra nunca é *necessária*, nunca é *arbitrária*; é sempre *motivada*".[38] Em outras palavras, o significado do inglês *mutton* (a carne de cordeiro) pode ter sido expresso pela palavra *sheep* (o cordeiro vivo), mas isso não significa que a conexão entre *mutton* e seu significado seja arbitrária. Qualquer que seja a palavra pela qual esse significado seja expresso, haverá uma razão para a conexão, mesmo que essa esteja em "analogias secretas e muitas vezes inalcançáveis". Logicamente, essa é uma afirmação improvável; trata-se na verdade de uma profissão de fé – mas uma fé que perduraria por muito tempo na linguística.[39]

O desejo de criar uma "ciência" da linguagem no século XIX trouxe a dimensão inconsciente ao centro do debate, pois apenas o que está além do alcance da vontade individual era considerado passível de estudo científico. No início do século, os processos inconscientes foram tratados analogamente a processos mecânicos, passando posteriormente a uma perspectiva organicista, o que culminou na metáfora muito poderosa de que as línguas são organismos com vida própria separada de seus falantes. O pensamento linguístico iluminista era agora rejeitado por ter abordado a linguagem como uma série de operações racionais e, portanto, implicitamente deliberadas. A teoria dos signos associada a essa forma de investigação racionalista foi considerada antiquada e não científica pelos linguistas.

Com o tempo, alguns linguistas chegaram a pensar que a metáfora orgânica se tornara tão poderosa, particularmente na esteira de Darwin, que as pessoas estavam esquecendo que se tratava de uma metáfora. Ressuscitar a teoria dos signos era uma forma de combatê-la. Michel Bréal, que seria colaborador próximo de Saussure na década de 1880, faz uma declaração precisamente nesse sentido em seu *Essai de sémantique* [*Ensaio de semântica*], universalmente lido, em que a concepção das palavras como signos é descrita como simples e honesta, uma expressão com conotações folclóricas:

> Nossos pais da escola de Condillac, esses ideólogos que serviram de alvo, durante 50 anos, a uma certa crítica, estavam mais perto da verdade, quando diziam, segundo sua maneira simples e honesta, que as palavras são signos. Seu erro era relacionar tudo ao pensamento racional (*raison raisonnante*).[40]

Essa retomada sugere uma rota pela qual a herança semiótica antiga pode ter chegado a Saussure, mas não foi a única. Seus professores no Gymnase já foram mencionados. Filósofos e psicólogos nunca se distanciaram da teoria dos signos da maneira como os linguistas o fizeram, e em suas discussões sobre a linguagem. O estudo de Victor Egger de 1881 sobre a "fala interior" contém uma extensa discussão sobre o signo linguístico, conduzido em termos que prefiguram o de Saussure de maneira surpreendente. Saussure deixou anotações de sua leitura de Egger, bem como da literatura psicológica sobre os tipos de afasia.[41] Possíveis fontes filosóficas também foram identificadas, mas na verdade a ideia de que a linguagem é constituída de signos era difundida em ambos os campos, o que provavelmente é o motivo pelo qual Saussure não viu necessidade de citar referências.

Uma das fontes requer especial atenção, no entanto, por emanar do interior da linguística e por termos o testemunho do próprio Saussure sobre o impacto dessa obra em seu pensamento. *The Life and Growth of Language*, de Whitney, é iniciada com dois capítulos nos quais a concepção da linguagem como um sistema de signos aparece com destaque. Uma nota de 1894 mostra que, em sua releitura do livro de Whitney naquela época, Saussure encontrou a prova de que a linguagem "nada mais é do que um caso particular do signo".[42] A dívida de Saussure com Whitney será avaliada em detalhes em capítulos posteriores.

As vogais do indo-europeu primitivo

No início da linguística histórico-comparada moderna está a crença de Grimm de que a língua-mãe indo-europeia tinha três vogais, *a, i* e *u*.[43] Inicialmente, a hipótese foi de difícil aceitação para os classicistas, pois estavam habituados ao latim e ao grego com suas cinco vogais *a, e, i, o* e *u*, cada uma com uma variante curta e uma longa. A atenção de Grimm, no entanto, estava centrada não nas línguas clássicas, mas na família germânica. Nos primeiros textos góticos, *a, i* e *u* são as únicas vogais curtas existentes. Além disso, essas também são as únicas três vogais curtas do sânscrito (que tem cinco vogais longas, com *ē* e *ō* contadas como ditongos, como observado na última seção), novamente fazendo parecer que *a, i* e *u* são as únicas vogais sânscritas originais.[44]

A ideia de que *a, i* e *u* também eram as três vogais originais da língua-mãe indo-europeia se mostrava intuitivamente correta em uma época em que se supunha que o sânscrito e o zende constituíam o ramo atestado mais antigo da família, portanto, o mais próximo da língua-mãe, mesmo que não fosse idêntica a ela. Ao mesmo tempo, o desenvolvimento de três vogais originais para cinco vogais posteriores foi apoiado pela crença em um padrão geral de evolução cultural (e biológica) de formas simples para formas complexas, que gradualmente substituiu a ideologia anterior de uma perfeição inicial que havia posteriormente se degenerado. Ou melhor, modificar em vez de substituir: a linguística indo-europeia assumiria por muito tempo um período inicial de desenvolvimento progressivo no período pré-histórico, levando a língua a um estado de perfeição que depois declinou gradualmente no período histórico, à medida que o povo indo-europeu se dividia em grupos distintos e migrava para diferentes áreas geográficas.[45]

Além de comparar a distribuição de vogais em famílias de palavras em diferentes línguas indo-europeias, os linguistas basearam-se em dois outros tipos básicos de evidências na construção de suas teorias e seus argumentos. Um deles envolvia os sons em famílias de palavras no interior de uma mesma língua; o outro, a mecânica de produção de som, agora conhecida como fonética articulatória. Os sons *a*, *i* e *u* foram identificados como as três vogais pronunciadas com a língua nas posições mais "extremas" – o *a* com a língua o mais baixo possível, o *i* o mais alto e projetada possível, e o *u* igualmente no alto, mas com a língua retraída ao máximo. Essas três vogais formam um "triângulo", para usar o termo proposto pela primeira vez pelo amigo de Grimm, August Böckh.[46] As considerações fonéticas, combinadas com as comparativas, deram a Grimm a certeza de que a língua-mãe indo-europeia tinha *a*, *i* e *u*, e que *e* e *o* surgiram mais tarde, através da alteração de *i* e *u* respectivamente.

O esquema de Grimm se tornaria o modelo padrão entre os linguistas por décadas. Bopp, no entanto, expressou dúvidas sobre ele desde o início. As vogais fechadas (ou altas) *i* e *u* mostraram uma correspondência bastante regular em toda a família indo-europeia – o sânscrito ***imáḥ*** corresponde ao grego ***imen*** [ir]; o sânscrito ***yugán*** ao grego ***zugón*** [jugo]. O quadro se torna muito mais complexo, porém, com as vogais abertas (ou baixas), como *a*, *ē* e *ō*. A opinião aceita para o sânscrito era, novamente, a de que *ē* e *ō* surgiram da contração relativamente recente dos ditongos *ai* e *au*. Nesses ditongos, a vogal propriamente dita é *a*, com *i* e *u* funcionando como uma "semiconsoante" (muitas vezes transcrita como *j* e *w*). Por implicação, então, o *ē* e o *ō* sânscritos foram "puxados para cima" de um *a* original, e não "puxados para baixo" de *i* e *u*.

Bopp tinha a hipótese de que o *e* e o *o* do grego e do latim também tivessem se desenvolvido a partir do *a* da língua-mãe.[47] Mais uma vez, isso parecia intuitivamente plausível, dada a frequência com que a vogal *a* ocorre em sânscrito, superando em muito as outras vogais. A distribuição mais uniforme das vogais em grego e latim seria explicada pela divisão tripartite de *a* em *a*, *e* e *o*. Além disso, muitos casos poderiam ser citados de palavras gregas e latinas com *e* ou *o* em que a palavra cognata sânscrita apresentava *a*. Assim, o grego ***phérō*** e o latim ***fero*** [eu carrego] correspondem ao sânscrito ***bhárani***; enquanto o grego ***óis*** e o latim ***ovis*** [ovelha] correspondem ao sânscrito ***áviḥ***.

Entretanto, o argumento decisivo de Bopp parte da outra categoria de evidência mencionada acima: a variação de sons em famílias de palavras no interior de uma mesma língua. Na morfologia do verbo grego, são as três vogais *a*, *e*, *o*, e apenas elas, que se alternam para sinalizar diferentes tempos ou aspectos. Por exemplo, o verbo *derkomai* [eu vejo] tem a forma perfeita *dedorka* [eu tinha visto], e a forma aoristo *edrakon* [eu vi]. Esse tipo de alternância, chamado *ablaut* por Grimm, pode ser visto (com distribuição vocálica diferente) em verbos do inglês como *sing–sang–sung*, e no substantivo cognato *song*.

Exemplos como o de *derkomai* convenceram Bopp de que *e–o–a* originalmente teriam sido uma única vogal. Essas formas do mesmo verbo tiveram que derivar de uma única raiz, aparentemente *dark-*. O tempo presente *derkomai* mostra a mudança mínima: a vogal *a* tornou-se *e*. No aoristo, algo fez com que o *-ar-* de *dark-* sofresse metátese (reversão) para *-ra-*, dando o *drak-* de *edrakon*. Na forma do tempo perfeito *dedorka*, a vogal *a* de *dark-* tornou-se *o*, enquanto a primeira sílaba *de-* é uma reduplicação do *d-* inicial da raiz, sendo tal reduplicação característica do tempo perfeito.[48]

Nas décadas seguintes, os linguistas se empenharam em resolver esses detalhes em toda a gama de línguas indo-europeias. De particular importância foi um artigo de Georg Curtius, da Universidade de Leipzig, que estabeleceu uma divisão vocálica primordial entre o ramo asiático (ou indo-iraniano) da família indo-europeia, com o sânscrito, o avéstico e o persa antigo como seus principais representantes mais antigos, e o ramo europeu, incluindo o grego e o latim e as línguas celta, germânica e eslava.[49] Curtius mostrou que a vogal *e* do ramo europeu corresponde regularmente a um *a* nas línguas asiáticas. A importância histórica disso era enorme: significava que, após o período em que os indo-europeus eram um único povo falando uma única língua, havia seguido não uma dispersão geral, mas um segundo período de divisão em dois povos com duas línguas.

Em outras palavras, valendo-se da analogia comumente usada, o povo indo-europeu primitivo e sua língua deram à luz duas filhas, uma europeia e outra asiática, após a divisão migratória inicial que separou os dois grupos. Cada uma delas posteriormente deu à luz suas próprias filhas, após um segundo período de separação. Assim, as línguas historicamente atestadas não eram tanto “filhas” do indo-europeu primitivo, mas “netas”. E, enquanto o grego e o latim eram línguas irmãs uma da outra, eram primas em primeiro grau do sânscrito e do persa antigo. Isso foi uma revelação: anteriormente, uma única separação da família indo-europeia havia sido assumida, tornando todas essas línguas irmãs umas das outras. Curtius, porém, foi convincente em sua argumentação de que a possibilidade de todas as línguas do ramo europeu mudarem de maneira separada e individual de *a* para *e* em todas as mesmas palavras desafiava essa crença. Línguas diferentes não sofrem as mesmas mudanças em paralelo exato com tamanha regularidade.

Uma ousada tentativa de repensar o desenvolvimento das vogais indo-europeias foi feita em 1861 por August Schleicher, a quem Saussure atribui um lugar especial em seu levantamento, por ser o primeiro a tentar codificar a ciência fundada por Bopp e a adotar uma perspectiva mais ampla. No entanto, Saussure considerou as fórmulas de Schleicher, em geral, falsas e, em uma nota manuscrita particularmente dura, descreve seus esforços como "risíveis" e "desmoronando sob o peso de seu próprio ridículo".[50] Bopp havia compreendido a protolíngua indo-europeia como tendo uma estrutura simples que se complexificou com a evolução subsequente. Na época de Schleicher, a ideia tornou-se mais explicitamente aquela em que cada característica estrutural de toda língua indo-europeia tinha que ser rastreada a características já presentes na protolíngua. O resultado foi que as línguas em particular não apareciam mais como complexificações daquele estado original, mas sim simplificações dele, implicando um processo evolutivo muito diferente.

Ao reconstruir o sistema vocálico do indo-europeu primitivo, e para explicar os padrões *ablaut*, Schleicher supôs um sistema de "gradações" comparável ao que os gramáticos sânscritos ensinavam como base para o sistema vocálico dessa língua (o grau normal, o grau *guṇa* fortalecido e o grau *vṛddhi* ainda mais fortalecido, conforme explicado na seção anterior). A ocorrência de um desses três graus em uma forma particular parecia depender de uma combinação de fatores fonológicos e morfológicos.

Grau normal	a	ā	i, ī	u, ū	ṛ
guṇa	a	ā	ē	ō	ar
vṛddhi	ā	ā	ai	au	ār

Para a coluna mais à direita, Bopp havia rejeitado a ideia de que *ṛ* em vez de *ar* era o grau normal, tratando-o como um enfraquecimento que ocorreu em um período posterior. Além disso, Bopp analisou o *guṇa* como a adição de um /a/ antes da vogal. (O /a/ aqui indica uma unidade de som que tem diferentes realizações na ortografia.) Isso deixou a vogal *a* inalterada, enquanto mudava *i* e *u* para os "ditongos" *ē* e *ō*. O *vṛddhi* acrescentou ainda outro /a/, alongando *a* para *ā* e mudando *ē* e *ō* para os ditongos propriamente ditos *ai* e *au*.

O que Schleicher agora propunha era olhar para além das mudanças peculiares ao sânscrito e observar o sistema vocálico indo-europeu primitivo como uma forma mais pura da análise de Bopp:

Vogal base	a	i	u
Primeiro fortalecimento	aa (ā)	ai	au
Segundo fortalecimento	āa (ā)	āi	āu

O sistema de Schleicher é limitado a *a*, *i* e *u*, mais um *ā* longo em graus fortalecidos (embora não haja *ī* ou *ū* longos) e ditongos propriamente ditos (sem os "ditongos" sânscritos *ē* e *ō*). As vogais longas *ī*, *ū*, *ē* e *ō* representariam desenvolvimentos posteriores.

Os *ablauts* podem ser ilustrados pelos seguintes exemplos em inglês: as formas verbais *speak–spoke* representam a vogal base *a* e o incremento *ā* (as vogais obviamente sofreram alterações posteriores); *bit–bite* representa *i* e *ai*; *buy–bought* representa *u* e *au*. O julgamento posterior de Pedersen ilumina os pontos fortes e fracos de Schleicher. Depois de apontar que "muitas outras alternâncias vocálicas herdadas da língua-mãe [...] não podem ser encaixadas no sistema de Schleicher", Pedersen é rápido em reconhecer que "Schleicher, em suas formas reconstruídas, criou um método de expressão claro e preciso para a fonologia".[51]

Com sua morte, Schleicher deixou aos linguistas a tarefa aparentemente interminável de ter que explicar não apenas cada palavra e forma atestada em cada uma das línguas antigas, mas também as formas reconstruídas de palavras não atestadas. Esses padrões, como as formas atestadas, estavam cheios de exceções, tantas que os próprios padrões, por mais convincentes que fossem, eram frequentemente alvo de ataques.

Além disso, os padrões pareciam mudar dependendo da língua de que se partia. Por exemplo, quase todas as palavras que têm a vogal raiz *a* em latim também têm *a* em seus congêneres (palavras historicamente relacionadas) em grego, celta, germânico e lituano, enquanto os congêneres sânscritos às vezes têm *a*, mas com mais frequência têm *i*, e em eslavo a vogal raiz correspondente é sempre *o*. Por outro lado, se começarmos por grego, germânico, lituano ou especialmente pelo sânscrito, encontraremos um conjunto muito maior de palavras com a vogal raiz *a* do que o latim. Onde essas línguas têm *a*, o latim geralmente tem *o* ou *u*. Era um emaranhado enorme que atraiu muitos estudiosos, porque resolver esse quebra-cabeça desvendaria a pré-história e revelaria a língua falada por nossos primeiros ancestrais civilizados, dezenas de milhares de anos antes de escreverem qualquer coisa. A matéria-prima estava lá, mas continuou a resistir às tentativas de grandes mentes para desvendar seus segredos. A glória que aguardava quem conseguisse explicar o sistema vocálico primitivo das línguas indo-europeias seria tão brilhante e duradoura quanto a alcançada por qualquer grande pensador dos tempos modernos.

A série subsequente de avanços na compreensão do sistema vocálico indo-europeu seria desencadeada por uma nova análise, não das vogais, mas das consoantes. Em 1862, Carl Lottner catalogou e analisou as exceções à primeira mudança consonantal que havia sido estabelecida por Grimm.[52] O trabalho de Lottner reduziu a lista a um número limitado de exceções "verdadeiras" e, embora ele mesmo não conseguisse encontrar uma maneira de explicá-las, tornou possível que outros o fizessem.

Um dos que aceitaram o desafio foi Hermann Grassmann, um polímata que fez importantes contribuições para uma extraordinária variedade de campos, incluindo a linguística, a matemática e a óptica.[53] Lendo o artigo de Lottner, Grassmann notou que um subconjunto das exceções poderia ser perfeitamente explicado se se isolassem os exemplos do sânscrito e do grego e se aplicasse a eles uma generalização histórica bastante simples: se uma raiz contivesse duas consoantes oclusivas aspiradas, a primeira delas perdia sua aspiração.[54] Isso significava que as raízes que figuravam na lista de Lottner como começando com *b-* ou *p-* não aspirado com base em suas formas em sânscrito e grego deveriam realmente começar com b^h- ou p^h- aspirado, se seguidas de outra consoante aspirada na raiz.

Essa observação, que veio a ser conhecida como "Lei de Grassmann", fez "as numerosas exceções à primeira mudança de som desaparecerem quase sem deixar vestígios", como o próprio Grassmann colocou no final de seu artigo de 1863. Foi um divisor de águas: a solução que oferecia era poderosa demais para não ser aceita e trazia consigo duas implicações importantes. Mesmo as raízes bem atestadas do sânscrito e do grego, tradicionalmente vistas como as mais arcaicas das línguas indo-europeias, tiveram que ser parcialmente "reconstruídas" para que as mudanças sonoras posteriores não contaminassem a imagem da língua-mãe original. Em segundo lugar, uma vez que essa mudança se restringiu a apenas uma língua asiática e uma europeia, deve ter ocorrido de forma independente nas duas línguas após o desmembramento da família indo-europeia, contrariando um pressuposto básico da metodologia da linguística histórica.

Grassmann, o forasteiro, ensinou os linguistas a não presumirem que as formas historicamente atestadas eram "originais". Em 1870, o linguista italiano Graziadio Ascoli, inspirado por Grassmann como todos os seus contemporâneos, mostrou que certos desenvolvimentos consonantais aparentemente irregulares poderiam ser explicados se as duas séries distintas de consoantes posteriores encontradas no sânscrito e no zende fossem consideradas como não tendo se desenvolvido ulteriormente, como era o costume, mas uma característica original da língua-mãe indo-europeia.[55]

As consoantes velares do sânscrito são pronunciadas com o dorso da língua tocando o véu, ou palato mole: *k* desvozeado, *g* vozeado e *gh* aspirado vozeado. Com as consoantes palatais, a língua avança para fazer contato com o palato duro, o "teto" da boca: *ç* desvozeado, *j* vozeado, *jh* vozeado aspirado. Apenas uma das palatais do sânscrito é escrita com uma letra distinta, a saber, *ç*. Assim como em português a letra *g* abrange o /g/ de *gato* e o /ʒ/ de *gente*, uma única letra sânscrita é usada para escrever *g* e *j*, e outra letra tem dupla função para *gh* e *jh*. Não havia evidência direta de consoantes palatais nas antigas línguas europeias, e mesmo no ramo asiático o fato de que elas não eram geralmente marcadas ortograficamente sugeria que elas não eram originalmente distintivas, mas representavam variantes fonéticas ulteriores das velares. Ainda assim, a distinção sânscrita *k*, *ç* não podia ser ignorada.

Os congêneres gregos das palavras sânscritas contendo velares e palatais eram às vezes velares (*k*, *g*, *kh*), mas em outros casos eram labiais (*p*, *b*, *ph*) e muito ocasionalmente dentais (*t*, *d*, *th*), sem aparente regularidade nas correspondências. Mas o que impressionou Ascoli foi o seguinte: em nenhum caso em que o grego mostrasse uma labial ou dental, a palavra em sânscrito ou zende correspondente tinha algo além de uma velar. Por outro lado, se *ç* ou outra das palatais aparecia na palavra asiática, sua contraparte grega sempre tinha a velar, nunca a labial ou a dental.

Essas observações não explicavam nada, mas sugeriam que dois casos distintos estavam em jogo: um primeiro caso, no qual o sânscrito e o zende sempre têm uma velar, enquanto o grego tem uma velar, uma labial ou uma dental; e um segundo caso, em que o sânscrito e o zende sempre têm uma palatal, enquanto o grego sempre tem uma velar. A natureza exata dessa distinção fonética entre as duas séries apresentava um problema: se a primeira série era originalmente velar e a segunda série palatal, como sugeriam as línguas asiáticas, então por que e como a segunda série se tornou uniformemente velar em grego? Isso desafiava a lógica, potencialmente lançando dúvidas sobre a relevância da observação como um todo. Para se contrapor a qualquer objeção do tipo, Ascoli decidiu não projetar as palatais de volta à língua-mãe. Em vez disso, ele simplesmente distinguiu entre as duas séries de consoantes velares com um numeral subscrito:

k_1, g_1, g_1h– transformados no sânscrito *k*, *g*, *gh*, e no grego *k*, *g*, *kh* / *p*, *b*, *ph* / *t*, *d*, *th*

k_2, g_2, g_2h– transformados no sânscrito *ç, j, jh*, e no grego *k, g, kh*

Uma outra observação de Ascoli teve importância essencial. Embora os casos gregos que mostravam as dentais *t, d, th* fossem muito poucos em número, havia uma regularidade impressionante entre esses e os casos das labiais *p, b, ph*: as circunstâncias em que um ou outro apareciam eram efetivamente as mesmas em que em sânscrito ocorriam *k, g, gh* ou *ç, j, jh*. Mais uma vez, Ascoli não pôde oferecer nenhuma explicação sólida, mas a observação foi suficiente para sugerir que as duas séries k_1, g_1, g_1h e k_2, g_2, g_2h não eram simplesmente variantes fonéticas de um único som original na língua-mãe, mas dois conjuntos totalmente diferentes de sons, cada um capaz de sofrer variação com resultados independentes no mesmo ambiente fonético.

A hipótese de Ascoli teve efeitos ainda mais abrangentes na maneira como os linguistas concebiam a protolíngua indo-europeia. A possibilidade de que as palatais do sânscrito pudessem ser historicamente ligadas às velares do grego, enquanto as velares do sânscrito estavam ligadas a uma aparente mixórdia de labiais e dentais do grego, desafiava todos os princípios para os quais um linguista foi treinado a seguir. Foi necessária uma completa reorientação conceitual e metodológica. Não menos iconoclasta foi a admissão de que as palatais pudessem representar uma série independente na língua-mãe, em face de sua ausência nas línguas clássicas europeias e da evidência ortográfica de que elas eram uma derivação ulterior mesmo em sânscrito.

O método de Ascoli parecia um passo retrógrado, e seus colegas mais velhos estavam relutantes em adotá-lo. Levaria meia dúzia de anos para que a geração seguinte de estudiosos atingisse a maioridade, com alguns deles menos condicionados contra a nova maneira de pensar. À medida que seguiam as pistas que Ascoli havia fornecido sobre as condições em que determinadas consoantes ocorriam – as vogais circundantes e onde o acento (tonicidade) recaía –, feixes de luz começavam a brilhar na escuridão.

Um ano depois do artigo de Ascoli, outra proposta radical foi publicada, mas não teve o mesmo impacto imediato. Um linguista pouco conhecido, Arthur Amelung, mostrou como as evidências das correspondências vocálicas, particularmente o *ablaut*, apontavam para a possibilidade de que o ramo europeu, após sua separação do asiático, tivesse o *e* como sua única vogal não fechada.[56] Entre as poucas coisas em que os linguistas concordaram até então era que *a* era primordial, que as vogais médias *e* e *o* tinham surgido ao mesmo tempo e tinham o mesmo *status*, e que as fontes de *e* e *o* haviam surgido na mesma época e tinham o mesmo *status*, e as fontes de *e* e *o* eram ou *a* ou uma alteração das vogais fechadas *i* e *u*. A proposta de Amelung perturbou imediatamente a economia da originalidade acadêmica. A maioria ignorou. Demorou vários anos até que uma nova geração pudesse começar a absorvê-la. Quando o fizeram, marcou-se o início de um novo período na análise histórica das vogais indo-europeias.

Um último terremoto remodelou a paisagem da linguística indo-europeia justamente na época em que Saussure começou a estudá-la. O linguista dinamarquês Karl Verner estava lendo o artigo de Lottner que ajudou Grassmann a resolver muitas das exceções à Lei de Grimm. Ele trabalhava no problema do acento nas línguas dinamarquesa e eslava, e isso o levou a ver algo que escapava a todos os outros. O último conjunto restante de exceções "verdadeiras" identificadas por Lottner foi aquele em que o *p*, *t*, *k* do protoindo-europeu não se tornou *f*, *th*, *h* pela Lei de Grimm, mas se tornou *b*, *d*, *g*. Esses incluíam palavras muito básicas como *mother* e *father*, que em latim eram *mater* e *pater* e deveriam, pela Lei de Grimm, ser pronunciadas em inglês com o *th* desvozeado de *think*, não o *th* vozeado de *this*. A evidência comparativa mostra que, em protoindo-europeu, essas palavras tinham uma vogal longa na segunda sílaba: *matēr*, *patēr*. Isso significava que o acento recaía na segunda sílaba, não na primeira, como no latim e no germânico. Verner observou que, em todos esses casos em que um *p*, *t* ou *k* eram precedidos por uma vogal átona e seguidos por uma tônica, a consoante não estaria sujeita à Lei de Grimm. Elas não se tornaram fricativas em germânico, mas vozeadas, aparecendo primeiro como *mōder*, *fadar*. A mudança de *d* para *ð* vozeado em inglês e para *t* em alemão ocorreu separadamente, em desenvolvimentos posteriores.

A publicação da Lei de Verner, em 1875, pareceu aos linguistas históricos como um amadurecimento.[57] A eliminação dos últimos resíduos sérios da Lei de Grimm deu-lhes a confiança para proclamar que o que estavam fazendo era realmente uma ciência, a par da química e da biologia. O progresso dos anos seguintes significou também que era uma ciência que demandava estudo. Pesquisadores sérios teriam que dominar evidências de pelo menos cinco domínios fundamentais:

1. a *comparação* de formas de toda a sorte de línguas indo-europeias a partir de seus textos atestados mais antigos;
2. a *fonética*, com tudo aquilo que revelou sobre como os processos de mudança de som ocorreram a partir de uma perspectiva articulatória, e quais mudanças eram plausíveis, prováveis, "naturais", e assim por diante;

3. o *ablaut* e outros tipos de distribuição de formas fortes e fracas, incluindo o comprimento vocálico, em uma determinada língua;
4. as *influências mútuas de sons vizinhos*, conforme as Leis de Grassmann e Ascoli;
5. a *influência do acento (tonicidade)* e de fenômenos conexos, como a entonação, conforme a Lei de Verner.

Seria preciso estarem preparados, em certas ocasiões, a rejeitar doutrinas que pareciam indiscutíveis a partir da evidência textual, da tradição gramatical do sânscrito, ou da fonética moderna, em outras palavras, das próprias pedras angulares de sua ciência. A descoberta de Ascoli foi feita ignorando a fonética e concentrando-se simplesmente na distribuição, na ocorrência e no contexto das unidades sonoras. Os conjuntos de consoantes que o linguista italiano determinava dessa maneira tinham uma qualidade bastante abstrata, algébrica, que foi intensificada por sua decisão de indicá-los com numerais subscritos.

Essa decisão ao mesmo tempo tornou possível e exigiu uma nova maneira de pensar, na qual a língua-mãe poderia ser imaginada de uma forma não atestada em nenhuma das filhas, a evidência era algébrica e não textual, e os princípios, abstratos e idealistas, não mais baseados na observação. Não se tratou de uma mudança que a maioria dos linguistas mais velhos e estabelecidos fosse capaz de fazer. Mas isso desencadeou uma súbita erupção de ideias para vários estudiosos mais jovens. O epicentro foi a Universidade de Leipzig, e o ano em que ocorreu foi 1876, justamente quando o jovem Ferdinand de Saussure ali chegou para realizar seus primeiros estudos formais em linguística.

Notas

1 Para uma visão geral, conferir: ROBINS, R. H. *Pequena história da linguística*. Rio de Janeiro, Ao livro técnico, 1983.

2 As anotações de FdS sobre o curso de Osthoff estão no AdS 370/8 e serão discutidas mais detalhadamente no capítulo 8.

3 FdS. "Notes preparatoires pour le Cours de Linguistique Générale 1910-1911"; CONSTANTIN, É. "Linguistique générale, cours de M. le professeur de Saussure 1910-1911". Ed. Daniele Gambarara e Claudia Mejía Quijano. *Cahiers FdS*, vol. 58, 2005, pp. 71-290 (p. 83). São as anotações de curso de Constantin e não as breves notas preparatórias de FdS que são citadas

aqui, exceto onde indicado. A coleção mais completa dos materiais de origem usados por Charles Bally e Albert Sechehaye na montagem do *Cours de Linguistique Générale* publicado após a morte de FdS é a edição crítica de Rudolf Engler. (Wiesbaden, Harrassowitz, 1968-1974). As notas de Constantin não estavam disponíveis para Bally e Sechehaye, mas é consenso que fornecem o registro mais completo do terceiro curso. Uma grande parte delas foi publicada como: FdS. *Troisième Cours de Linguistique Générale (1910-1911), d'après les cahiers d'Émile Constantin/Saussure's Third Course of Lectures on General Linguistics (1910-1911), from the notebooks of Émile Constantin*. Ed. Eisuke Komatsu e trad. Roy Harris. Oxford/New York, Pergamon, 1993.

4 As palavras e expressões entre <divisas> indicam inserções do próprio autor.

5 JONES, W. "The Third Anniversary Discourse", enviado em 2 de fevereiro de 1786 à Asiatick Society of Bengal, publicado em *Asiatick Researches*, vol. 1, 1788, pp. 415-431.

6 *De interpretatione* 16a3. Ver mais em: JOSEPH, J. E. "Body, Passions and Race in Classical Theories of Language and Emotion". *In*: WEIGAND, E. (ed.). *Emotion in Dialogic Interaction: Advances in the Complex*. Amsterdam/Philadelphia, John Benjamins, 2004, pp. 77-99.

7 Ver: BARATIN, M. & DESBORDES, F. *L'analyse linguistique dans l'antiquité classique*, vol. I: *Les théories*. Paris, Klincksieck, 1981 (pp. 18-25, 93-103).

8 *Idem*, pp. 52-56, 211-246.

9 Ver: LAW, V. *The History of Linguistics in Europe: From Plato to 1600*. Cambridge, Cambridge University Press, 2003. Para um levantamento completo e acessível da história das abordagens sobre o sentido que é particularmente robusto no período medieval, ver: KRETZMANN, N. "History of Semantics". *In*: EDWARDS, P. (ed.). *Encyclopedia of Philosophy*. New York, Macmillan, 1967, vol. 7, pp. 358-406.

10 Para uma discussão completa de *vox* e *dictio* de sua herança clássica até os *Modistae*, ver: KELLY, L. G. *The Mirror of Grammar: Theology, Philosophy and the Modistae*. Amsterdam/Philadelphia, John Benjamins, 2002, pp. 11-38.

11 JOLIVET, J. "La philosophie médiévale en Occident". *In*: PARRAIN, B. (ed.). *Histoire de la philosophie*, tomo I: *Orient-Antiquité-Moyen Âge*. Paris, Gallimard, 1969, pp. 1.198-1.563 (pp. 1.458-1.459).

12 Ver: JOSEPH, J. E. *Limiting the Arbitrary: Linguistic Naturalism and its Opposites in Plato's Cratylus and Modern Theories of Language*. Amsterdam/Philadelphia, John Benjamins, 2000 (cap. 4).

13 LOCKE, J. *Ensaio acerca do entendimento humano*. Trad. Anoar Aiex. São Paulo, Ed. Nova Cultural, 1999, III.i.2. Ver mais em: TAYLOR, T. J. *Mutual Misunderstanding: Skepticism and the Theorizing of Language and Interpretation*. Durham, NC/London, Duke University Press/ Routledge, 1992 (cap. 2).

14 Sob esse prisma, a Gramática de Port Royal se aproximava da gramática especulativa, embora sua atenção muito maior à estrutura linguística real a torne, finalmente, muito menos subserviente à lógica do que sua predecessora medieval.

15 CONDILLAC, É. B. de. *Oeuvres philosophiques*. Ed. Georges Le Roy. 3 vols. Paris, Presses Universitaires de France, 1947 (pp. 7-8).

16 *Idem*, p. 8.

17 Em *From Locke to Saussure: Essays on the Study of Language and Intellectual History* (London/ Minneapolis, Athlone/University of Minnesota Press, 1982), Hans Aarsleff ignora os textos posteriores, a fim de pintar um quadro inequívoco de Condillac como a principal fonte da

tradição moderna acerca da arbitrariedade dos signos linguísticos, baseada no *Essai*, que, mesmo tomado isoladamente, é mais ambivalente a esse respeito do que Aarsleff a retrata.

18 CONDILLAC, É. B. de. "La langue des calculs" [1798]. *Oeuvres philosophiques*, 1974 (p. 419).

19 SMITH, A. "Considerations concerning the First Formation of Languages, and the Different Genius of Original and Compounded Languages". *The Philological Miscellany*, vol. 1, 1761, pp. 440-479.

20 ROUSSEAU, J.-J. *Oeuvres complètes*. Paris, A. Belin, 1817, p. 270.

21 *Idem*, p. 266.

22 O século XVIII foi a grande era das teorias evolucionistas da linguagem, produzindo-as em abundância demais para serem abordadas adequadamente aqui; um resumo um pouco mais completo pode ser encontrado em: RÉE, J. *I See a Voice: A Philosophical History of Language, Deafness and the Senses*. London, HarperCollins, 1999 (cap. 12).

23 HERDER, J. G. *Abhandlung über den Ursprung der Sprache*. Berlin, Voss, 1772 (p. 56).

24 *Idem*, pp. 92-93.

25 De fato, Schlegel não dá nome à língua-mãe; para detalhes, ver: KOERNER, E. F. K. *Practicing Linguistic Historiography: Selected Essays*. Amsterdam/Philadelphia, John Benjamins, 1989 (p. 158).

26 Tracei como esse debate se desenvolveu entre os membros da Société Asiatique de Paris no início e em meados da década de 1820 em: JOSEPH, J. E. "A Matter of *Consequenz*: Humboldt, Race and the Genius of the Chinese Language". *Historiographia Linguistica*, vol. 26, 1999, pp. 89-148.

27 Como observado por Eugène Burnouf em sua resenha de Franz Bopp, "Vergleichende Zergliederung der Sanskrita-Sprache und der mit ihr verwandten Sprachen. Erste Abhandlung [...]". (*Abhandlungen der Königlichen Akademie der Wissenschaften zu Berlin*, Philosophisch-historische Klasse, 1825, pp. 117-148), em *Journal Asiatique*, vol. 6, 1825, pp. 52-62, 113-124, 53.

28 BOPP, F. *Über das Conjugationssystem der Sanskritsprache in Vergleichung mit jenem der griechischen, lateinischen, persischen und germanischen Sprache*. Frankfurt am Main, Andreäischen, Buchhandlung, 1816.

29 O que é conhecido como "Lei de Grimm" (embora o próprio Grimm não a tenha chamado de "lei") ou a "Primeira mudança consonantal germânica" foi formulada na 2ª edição da *Deutsche Grammatik* de Grimm, vol. 1 (Göttingen, Dieterich, 1822). Winfred P. Lehmann, em *Historical Linguistics* (3. ed. London/New York, Routledge, 1992 (p. 28)), acredita que a nova formulação se deveu ao fato de Grimm ter se familiarizado nesse ínterim com a publicação tardia de Rasmus Rask, *Undersøgelse om det gamle Nordiske eller Islandske Sprogs-oprindelse* (Copenhagen, Gyldendal, 1818). Rask listou palavras correspondentes do grego e do nórdico antigo nas quais as relações podiam ser percebidas. Ver também: BENWARE, W. A. *The Study of Indo-European Vocalism in the 19th Century, from the Beginnings to Whitney and Scherer: A Critical-Historical Account*. Amsterdam, John Benjamins, 1974 (pp. 19-22). É impressionante que Rask, que no século XX seria considerado um dos fundadores da linguística histórico-comparada ao lado de Bopp e Grimm, tenha sido ignorado por Osthoff em suas aulas em Leipzig, e novamente por FdS em suas aulas em Genebra.

30 FdS. *Deuxième Cours de Linguistique Générale (1908-1909), d'après les cahiers d'Albert Riedlinger et Charles Patois/Saussure's Second Course on General Linguistics (1908-1909), from the notebooks of Albert Riedlinger and Charles Patois*. Ed. Eisuke Komatsu e trad. George Wolf. Oxford/New York, Pergamon, 1997 (pp. 76-77).

31 FdS/Constantin, 2005, p. 83.

32 *Idem*, p. 86.

33 DIEZ, F. *Grammatik der romanischen Sprachen*, 2 vols. Bonn, Eduard Weber, 1836-1838.

34 Notas de George Dégallier, em Engler, 1968-1974, p. 13, D2[75]. Também em: GODEL, R. *Les sources manuscrites du Cours de Linguistique Générale de F. de Saussure*. Genève, Droz, 1957, p. 95.

35 WHITNEY, W. D. *The Life and Growth of Language: An Outline of Linguistic Science*. New York/London, D. C. Appleton/Henry S. King, 1875. A edição de Londres não tem o subtítulo. FdS cita tanto o original quanto a tradução anônima francesa, *La vie du langage* (Paris, Germer Baillière, 1875; 2. ed., 1877). A tradução alemã, *Leben und Wachstum der Sprache*, de August Leskien (Leipzig, F. A. Brockhaus, 1876), foi publicada em Leipzig no mesmo ano em que FdS chegou lá para estudar, e o tradutor, Leskien, foi um de seus professores.*

*No Brasil, o livro foi traduzido por M. A. Cruz: *A vida da linguagem*. Petrópolis, Vozes, 2010. (N. da T.)

36 HUMBOLDT, W. von. *Ueber die Kawisprache auf der Insel Java*, vol. 1: *Ueber die Verschiedenheit des menschlichen Sprachbaues und ihren Einfluss auf die geistige Entwickelung des Menschengeschlechts*. Ed. Alexander von Humboldt. Berlin, Royal Academy of Sciences of Berlin, 1836. Tradução de Peter Heath para o inglês: *On Language: The Diversity of Human Language-Structure and its Influence on Mental Development of Mankind*. Cambridge, Cambridge University Press, 1988 (p. 49). A escolha desse par de palavras gregas por Humboldt não foi tão cuidadosa quanto poderia ter sido, pois na verdade seus sentidos se sobrepõem amplamente. *Ergon* significa ao mesmo tempo realizar algo e o produto dessa realização, enquanto *energeia* (fonte da palavra *energia*) significa tanto a capacidade de trabalhar quanto sua realização.

37 RENAN, E. *De l'origine du langage*. 2. ed. Paris, Michel Lévy Frères, 1858 [1848] (pp. 90-92).

38 *Idem*, p. 149. Itálico no original.

39 Ver mais em: Joseph, 2000, capítulo 6.

40 BRÉAL, M. *Essai de sémantique : Science des significations*. Paris, Hachette, 1897 (p. 277).*

*Tradução brasileira por A. Ferras. *Ensaio de semântica: ciência das significações*. São Paulo, EDUC/Pontes, 1992 (p. 168). (N. da T.)

41 As notas sobre Egger são discutidas no capítulo 9; para as notas sobre afasia, ver: Godel (1957, p. 40) e Engler (1968-1974, p. 169).

42 Godel, 1957, p. 44.

43 GRIMM, J. "Bötticher Gesellen". *Altdeutsche Wälder*, vol. 1, 1813, pp. 100-122 (p. 107, nota de rodapé; p. 109, nota de rodapé). Ao resumir a complexa história desse ramo da linguística para leitores não especializados, baseei-me no melhor dos resumos já feitos. Para o período anterior, *The Study of Indo-European Vocalism in the 19th Century*, de Benware, é um *tour de force* de clareza narrativa. Para os desenvolvimentos da década de 1870, a exposição mais clara e completa é encontrada em: BLOOMFIELD, M. "The 'Ablaut' of Greek Roots Which Show Variation between *e* and *o*". *American Journal of Philology*, vol. 1, 1880, pp. 281-326. A resenha de Louis Havet do *Mémoire sur le système primitif des voyelles dans les langues indo-européennes* de FdS, no *Journal de Genève*, 25 de fevereiro de 1879, n. 47, Supplément, pp. 1-2, também é útil, embora focada em apenas alguns pontos cruciais. Entre os trabalhos mais recentes, os mais úteis foram os de: SZEMERÉNYI, O. "La théorie des laringales de Saussure à Kuryłowicz et à Benveniste". BSLP, vol. 68, 1973, pp. 1-25; WYATT JR., W. A. *Indo-European /a/*. Philadelphia, University of Pennsylvania Press, 1970; e DAVIES, A. M. "Saussure and Indo-European linguistics". *In*: SANDERS, C. (ed.). *The Cambridge Companion to Saussure*. Cambridge, Cambridge University Press, 2005, pp. 9-29.

44 Embora o $\bar{e}$ e o $\bar{o}$ do sânscrito não sejam pronunciados como ditongos, a possibilidade de que eles possam ter sido originalmente assim pronunciados é sugerida pelo fato de que a letra usada para representar $\bar{e}$ é a mesma do ditongo *ai* sem o traço sobre ela, e, da mesma forma, a letra para $\bar{o}$ é a mesma que para *au* igualmente sem o traço. Como $\bar{e}$ e $\bar{o}$, os ditongos *ai* e *au* são sempre longos.

45 Ver mais em: Benware, 1974, pp. 55-58.

46 BÖCKH, A. "Von dem Uebergange der Buchstaben in einander". [Carl Daub & Friedrich Creuzer's] *Studien*, vol. 4, Frankfurt am Main/Heidelberg, 1808, pp. 358-396.

47 De acordo com Benware, 1974, p. 23, Bopp nunca desistiu totalmente da visão anterior de que a letra sânscrita *a* era realmente pronunciada /a/, /e/, ou /o/, uma ideia com algum suporte em Pāṇini, *Ashtadhyayi VIII*, 4, 68.

48 O capítulo 7 mostrará como a análise de Bopp dessas relações *ablaut* foi rejeitada e reformulada por FdS.

49 Curtius apresentou essa ideia em um artigo de 1855 ("Andeutungen über das Verhältniss der lateinischen Sprache zur griechischen". *Verhandlungen der Versammlung deutscher Philologen und Schulmänner*, pp. 1-8), e está implícito em seu trabalho mais conhecido, o *Grundzüge der griechischen Etymologie* (2 vols. Leipzig, B. G. Teubner, 1858-1862). No entanto, foi só mais tarde, em resposta às críticas feitas por Carl Lottner, cuja obra será discutida a seguir, que ele definitivamente formulou a ideia em "Über die Spaltung des a-Lautes im Griechischen und Lateinischen mit Vergleichung der übrigen europäischen Glieder des indogermanischen Sprachstammes" (*Berichte über die Verhandlungen der Königlichen Sächsischen Gesellschaft der Wissenschaften zu Leipzig, Philologische-Historische Classe*, vol. 16, 1864, pp. 9-42). Ambos os artigos de Curtius estão incluídos em seu *Kleine Schriften*, editado por Ernst Windisch (2 vols. Leipzig, S. Hirzel, 1886).

50 Engler, 1968-1974, p. 8, N10 [3297][52], p. 6.

51 PEDERSEN, H. *The Discovery of Language: Linguistic Science in the 19th Century*. Trad. John Webster Spargo. Cambridge, MA, Harvard University Press, 1931 (p. 272).

52 LOTTNER, C. "Ausnahmen der ersten Lautverschiebung". *Zeitschrift für vergleichende Sprachforschung auf dem Gebiete des Deutschen, Griechischen und Lateinischen*, vol. 11, 1862, pp. 161-205.

53 N. E. Collinge (*The Laws of Indo-European*. Amsterdam, John Benjamins, 1985, p. 47) diz que ele também era banqueiro, mas isso é duvidoso.

54 GRASSMANN, H. "Ueber die Aspiraten und ihr gleichzeitiges Vorhandensein im An- und Auslaute der Wurzeln". *Zeitschrift für vergleichende Sprachforschung auf dem Gebiete des Deutschen, Griechischen und Lateinischen*, vol. 12, 1863, pp. 81-138. Winfred Lehmann, em *A Reader in Nineteenth Century Historical Indo-European Linguistics* (Bloomington, Indiana University Press, 1967), aponta que essa análise já havia sido feita de passagem por Rudolf von Raumer em seu artigo "Die sprachgeschichtliche Umwandlung und die naturgeschichtliche Bestimmung der Laute" (*Zeitschrift für die Österreichischen Gymnasien*, vol. 5, 1856, pp. 353-373), mas apareceu em um jornal relativamente obscuro e não se beneficiou do cuidadoso trabalho preparatório feito por Lottner.

55 ASCOLI, G. I. *Corsi de glottologia dati nella Regia Academia Scientifico-letteraria di Milano, I: Lezioni di fonologia comparata del sanscrito, del greco, e del latino*. Torino/Firenze, Loescher, 1870. Os volumes subsequentes planejados nunca apareceram. Uma biografia e antologia conjunta de Ascoli e seu irmão foi publicada por Antonio Casella e Guido Lucchini, *Graziadio*

e Moisè Ascoli: Scienze, cultura e politica nell'Italia liberale (Pavia, Università degli Studi di Pavia, Dipartimento di Fisica Volta, 2002).

56 AMELUNG, A. *Die Bildung der Tempusstämme durch Vocalsteigerung im Deutschen: eine Sprachgeschichtliche Untersuchung*. Berlin, Weidmann, 1871.

57 VERNER, K. "Eine Ausnahme der ersten Lautverschiebung". *Zeitschrift für vergleichende Sprachforschung auf dem Gebiete der Indogermanischen Sprachen* [Kuhns Zeitschrift], vol. 23, 1875, pp. 97-130.

PARTE II

Dos primeiros passos ao Mémoire

4

1857-1873

Nascimento e infância

O ano de 1857 foi de turbulência em todo o mundo, e dessa vez a Suíça não saiu ilesa. Para Louise de Saussure, felizmente intocada pela destruição, foi um ano de alegria. A família celebrou o casamento de sua irmã de 20 anos, a Condessa Blanche-Sophie de Pourtalès, com Gabriel Naville, viúvo. Em abril, Neuchâtel, sede da família Pourtalès, tornou-se independente do domínio prussiano. Embora sempre tenham apoiado ardentemente tal domínio e se beneficiado generosamente de seus vínculos com a corte real prussiana, a família de Louise saiu da disputa com sua reputação preservada, e até mais valorizada. Por volta dessa mesma época, Louise, com menos de 20 anos, soube que estava grávida de seu primeiro filho.

Ela deu à luz em uma quinta-feira, 26 de novembro, em Genebra, provavelmente no apartamento de sua sogra na mansão da Rue de la Cité. A criança foi batizada de Ferdinand-Mongin, o segundo nome em reverência a seu ancestral Mongin Chouel. Conforme observado no capítulo 1, houve um ou dois outros Ferdinand de Saussure na família ao longo dos séculos, mas não era um nome francês comum.[1] A madrinha de Ferdinand, a tia Blanche Naville, levou seu papel a sério, permanecendo perto dele por toda a vida. Seu marido Gabriel morreria em 1864, aos 38 anos, deixando Blanche para viver por mais 59 anos de viuvez.

Sobre seu primogênito, Henri lembraria mais tarde:

> Quando criança, ele era o ser mais gracioso que se poderia imaginar. Sorria para todos com uma graça excepcional que eu nunca vi em nenhuma outra criança. Mas ele sempre teve uma seriedade sobre ele que impressionou a todos. As pessoas diziam que era diferente de qualquer outro, e alguns na família achavam isso preocupante.[2]

Um ano e meio após o nascimento de Ferdinand, Louise deu à luz um segundo filho, chamado Horace, em homenagem ao descendente mais distinto da família. Horace sofreu toda a sua vida de coreia de Sydenham, um distúrbio motor conhecido tradicionalmente como dança de São Vito.[3] Os dois meninos foram companheiros inseparáveis de brincadeira em seus primeiros anos. Como muitos segundos filhos, Horace cresceu à sombra de seu irmão, mas não se importou, já que ele próprio tendia a venerar Ferdinand. Mesmo no final da adolescência, Horace estava "sempre pronto para fazer qualquer coisa" por Ferdinand, que, na opinião de seu pai, às vezes abusava da bondade de seu irmão.[4]

Nesse período, a residência principal de Henri, Louise e seus filhos era a fazenda de La Charniaz,[5] do outro lado da fronteira, na Savoia, que em 1860 foi anexada pela França. Era um ambiente isolado, sem outras crianças para brincar. A família passava algum tempo em Creux de Genthod, especialmente no verão, com a avó Fanny, o tio Théodore e a tia Adèle, e mais raramente em Genebra, onde grande parte da mansão da família continuava sendo alugada para renda. Henri, no entanto, mantinha um escritório no primeiro andar, abaixo do grande apartamento de sua mãe, no segundo.[6] Em La Charniaz, o trabalho agrícola era, na verdade, feito pelo inquilino Schaerer, nascido em Zurique e cujas habilidades Henri admirava muito. Com seu treinamento em Hofwyl, Henri continuou a realizar observações e experimentos sobre agricultura eficaz, aplicando suas técnicas sempre com o auxílio do inquilino. Os êxitos de Henri foram reconhecidos em toda a região, dada a sucessão de faixas que trazia para casa, obtidas em premiações de feiras agrícolas. Esses prêmios parecem ter significado para ele quase tanto quanto o reconhecimento internacional por suas publicações contínuas sobre a biologia de insetos.

Fanny viveu para ver sua primeira neta, Albertine Adèle, nascida em agosto de 1861, dois anos depois de Horace. Batizada em homenagem à tia e cunhada de Henri, estava destinada a ser a grande beleza dessa geração dos Saussure.[7] Albertine também seria a irmã com quem Ferdinand teve o relacionamento mais caloroso ao longo de sua vida. Quando uma doença glandular levou Fanny ao seu declínio final, no verão de 1862, ela teve a satisfação de deixar para trás um trio de jovens Saussure, dois meninos e uma menina, assim como a geração de seu marido.

Sua morte não foi rápida ou silenciosa. Ao cuidar da sogra em La Charniaz, Louise sentiu seus próprios nervos à flor da pele devido a suas exigências e seus caprichos.[8] No verão de 1862, Fanny insistiu em ser levada para Creux de Genthod, onde, no final de outubro, estava acamada com ataques de asfixia. A vigília de sua morte começou com Théodore, que passava quase todas as noites ao lado de sua cama, muitas vezes acompanhado por Henri.[9] Ela perguntava constantemente sobre os pequeninos. Duas semanas antes do fim, Ferdinand, aproximando-se de seu quinto aniversário, foi trazido e colocado ao lado dela em seu leito de morte, para sua imensa alegria.[10] Em suas duas últimas semanas, no entanto, o estado de saúde era tão grave, escreveu Henri, que "ela me pediu como sempre notícias das crianças; eu disse que não os traria por medo de cansá-la. – Ah! Como é verdade, ela clamou". Ele, no entanto, lamentou não ter trazido Ferdinand para uma última visita.

Fanny morreu em novembro de 1862, aos 66 anos. Louise trouxe os meninos de volta de La Charniaz para o funeral. Henri escreveu:

> Sem dúvida ficaram impressionados, um pouco assustados com esse ritual solene, mas nenhum deles entendeu o fato. A notícia da morte da avó causou-lhes uma impressão bizarra; Ferdinand correu e se escondeu; estava meio assustado, meio zangado com sua mãe por lhe dar a notícia. Lamento muito que não lhes tenha sido mostrado o cortejo fúnebre, que ficaria gravado na memória deles melhor do que a impressão deixada pela cerimônia.[11]

Henri ficou desgostoso com o fato de poucas pessoas comparecerem ao funeral, como também tinha sido o caso de seu pai – mas ficou ainda mais grato àqueles que compareceram, entre os quais seu antigo companheiro de viagem Henri Peyrot e o sogro de Peyrot, Adolphe Pictet.[12] Estava acordado que Henri assumiria Creux de Genthod, um lugar que sempre amou, mesmo que a presença irritante de sua mãe às vezes o fizesse preferir evitá-lo. Vendo as poucas joias deixadas pela mãe, Henri comentou: "Infelizmente, ela não foi mimada".

Pouco antes do primeiro aniversário da morte de Fanny, Louise deu à luz uma segunda filha, Elisabeth Théodora. Batizada em homenagem à avó de Louise, Elisabeth Saladin, e ao irmão de Henri, Théodore, ela foi conhecida ao longo de sua vida como Dora. Aos olhos de Henri, era quase um caso de reencarnação: "Ela é o retrato de minha mãe, a semelhança às vezes é risível, embora ela não tenha seu nariz, mas teve o mau gosto de escolher meu nariz de corvo".[13] Enquanto Albertine tinha "um pouco da inércia" de Louise e da família Pourtalès em geral, "Dora tem um espírito mais vivo. [...] Ela é alegre, empreendedora, cheia de iniciativa, como os Saussure". Isso, Henri foi obrigado a admitir, também tinha seu lado negativo.

> Dora tinha uma personalidade mais romântica, imprevisível, muito agitada, uma intrometida. Ela nunca nos deu um momento de descanso, nenhuma chance de

> ler em uma sala quando ela estava passando, vindo a cada minuto para mostrar sua boneca ou isso ou aquilo. Sempre teve paixões exageradas, era muito coquete; isso se acalmou, mas ela está sujeita ao ciúme e, sobretudo, à depressão, como minha mãe e eu. Ela teve vários períodos difíceis que beiravam a histeria. Tudo isso está se resolvendo à medida que ela cresce.

Henri, que foi o primeiro professor dos filhos, apreciava o dom de Albertine para escrever com facilidade e produzir textos em prosa encantadores, enquanto Dora era "hábil com os dedos, fazendo vestidos, se saindo bem em todos os tipos de pequenas coisas práticas, menos estudiosa do que Albertine, mas capaz de escrever versos encantadores com facilidade".

Esses quatro primeiros filhos, Ferdinand, Horace, Albertine e Dora, formaram o grupo dos mais velhos, relacionando-se como iguais enquanto tratavam os irmãos mais novos de maneira quase parental. Aos olhos de Henri, nenhum dos outros se comparava intelectualmente a Ferdinand: "Desde muito jovem ele aprendia com extrema facilidade. Sua memória privilegiada lhe permitia aprender fábulas muito rapidamente. Era um prazer dar aulas a ele."[14] Henri estava começando a se preocupar, no entanto, que o menino pudesse ser *demasiado* intelectual. Sua muito comentada seriedade estava se direcionando para a introversão, e não estava particularmente inclinado à atividade física. Henri apreciava o temperamento equilibrado e receptivo de Horace, mas temia que Ferdinand sofresse a longo prazo se suas tendências livrescas não fossem amenizadas e sua maturidade precoce não fosse controlada, para que pudesse desfrutar de uma infância adequada.

Seguindo o padrão estabelecido por Horace-Bénédict, a vida da família girava em torno das duas grandes casas construídas por seu antepassado Lullin. A mansão na Rue de la Cité era a residência da família entre o final de outubro e o início de julho, enquanto os meses de verão eram passados na outra mansão, em Creux de Genthod, na costa norte do Lago de Genebra. Mesmo lá, Ferdinand sempre mostrou uma

> [...] grande aversão às brincadeiras comuns da infância e a qualquer coisa que cheirasse a exercícios de ginástica.
>
> O excesso de inteligência tinha como reverso uma singular preguiça física que sempre me preocupou, e tenho feito tudo o que posso para combatê-la, encarregando-o de algumas tarefas, de ir às compras, tentando fazer com que se interesse por atividades ao ar livre.[15]

Mesmo quando pequeno, Ferdinand gostava de pescar e de poder atirar com o rifle de seu pai. Henri, que acolhia qualquer atividade que atraísse seu filho ao ar livre, atribuiu seu amor ao tiro ao fato de que "ele tem a coragem e a ambição de não ser inferior em nada". Além disso, havia visitas aos castelos da família Pourtalès, que ficavam em vastos terrenos onde as crianças podiam se perder da manhã ao anoitecer, e onde os meninos, quando tivessem idade suficiente, poderiam aprender a caçar – grande prazer não intelectual de Ferdinand durante a adolescência até o início da vida adulta.

Um intervalo de dois anos e meio se seguiu antes do nascimento, em maio de 1866, de Léopold, cujo nome recebeu em homenagem ao irmão mais velho de Louise. Sendo o filho do meio, com quatro irmãos mais velhos e quatro mais novos, ele se relacionava bem com todos. Ferdinand, assim como suas irmãs mais velhas, tratou-o como um irmão mais novo até seus 20 anos, quando começou a se destacar na carreira militar e depois como escritor e pesquisador. A relação de Ferdinand com Léopold nunca passou pelas tensões que ele experimentou com seus outros irmãos, e, em seus últimos anos, os dois se tornariam especialmente próximos.

Menos de quatro meses após o nascimento de Léopold, a família sofreu sua primeira morte realmente trágica desde o século anterior. Tratava-se do irmão mais novo de Adèle de Saussure, Charles Pictet, estudante da Universidade de Edimburgo. Depois de um fim de semana de bebedeira,

> [...] ele entrou no *pub* dos Messrs Rutherford & Co. e, instalando-se em uma alcova, pediu algumas bebidas e material de escrita, que lhe foram fornecidos. Poucos minutos depois, ouviu-se o barulho de uma pistola dentro da alcova, a porta foi aberta e Pictet foi encontrado sentado à mesa com a cabeça, que escorria sangue, apoiada nas mãos. A seus pés, foram encontradas uma pequena pistola e uma caixa de espoletas de percussão. Era evidente que ele havia atirado em si mesmo, e o tiro, que foi disparado na têmpora direita e se alojou no cérebro, deve ter sido instantaneamente fatal.[16]

O relato do jornal prossegue dizendo que "O falecido", embora "bem-vestido e de porte cavalheiresco", era "aparentemente muito pobre. Ele havia penhorado seu relógio pela manhã, supõe-se, para permitir que comprasse a pistola e a pólvora". E outro detalhe revelador: "o bilhete que ele havia escrito em parte era aparentemente endereçado a uma senhora, começando com 'Minha querida Maggie' ou 'Querida Maria'; mas estava tão borrado pelo sangue que escorria sobre ele que era quase ilegível".

Essa inclinação incomumente alta para o suicídio entre os homens genebrinos não diminuiu desde o século XVIII. O caso de Charles Pictet nos lembra que os segundos filhos de famílias abastadas tiveram que trilhar seu próprio caminho financeiramente e que, até que o fizessem, as jovens que amavam provavelmente não aceitariam suas propostas de casamento.

Por mais comum que tenha sido o suicídio, esse foi o primeiro a ter tocado diretamente o jovem Ferdinand, com quase nove anos na época. Sua tia Adèle era como uma mãe para ele, e o irmão da tia, Charles, era seu primo-sobrinho de segundo grau. Para as crianças da família Saussure e seus amigos, Adèle foi sempre a "graciosa decana" da família, aquela que se dedicou a "manter, com as tradições, o culto dos antepassados, Madame Necker de Saussure, N.-Théodore de Saussure, e sobretudo esse Horace-Bénédict de Saussure, que foi, no final do século XVIII, o príncipe da ciência de Genebra".[17] Dois deles eram seus ancestrais diretos, enquanto apenas um era o ancestral direto das crianças da família Saussure. A partir do final da década de 1880, quando sua própria mãe já não morava com a família, Adèle tornou-se sua mãe *de facto*, embora permanecessem próximos de suas tias, tios e primos maternos.

Em algum momento desse período, ocorreu uma tentativa de assassinato seguido de suicídio na casa de Henri e Louise. Henri faz alusão a isso apenas de passagem em seu diário, uma década depois. Uma governanta inglesa que eles contrataram, *Miss* Mansfield, adoeceu e sofreu com uma febre alta; em seu delírio, tentou pular de uma janela, levando Albertine com ela.[18] Basta olhar para a altura das janelas do andar superior da mansão Saussure para ver que o salto certamente teria sido fatal.

Dentro da família, Ferdinand foi tratado como um dos adultos desde tenra idade. Seu pai escreveu em 1870:

> Ele sempre foi uma criança séria e reflexiva, acho que nunca fez nada bobo. Desde os nove ou dez anos, pensávamos que ele deveria ser tratado como gente grande; podíamos confiar totalmente nele. Ele nunca foi desobediente e colocava a maior consciência em tudo. Ele nunca deixou uma tarefa inacabada; nesse sentido ele me lembra Théodore em sua juventude, mas ele é mais aberto, mais alegre, mais espirituoso, mais observador. Nada lhe escapa. Ele é rápido em pegar coisas ridículas e fazer graça delas. Reportagens de jornais lhe servem como temas sobre os quais cria inúmeras tiradas espirituosas. Desde os dez anos ele lê seu jornal de uma ponta a outra como gente grande.[19]

É claro que, desde quando consegue se recordar, era constantemente lembrado de sua posição como filho mais velho e das responsabilidades que isso implicava, que cresciam junto com a família. Dois anos após o nascimento de Léopold, Henri e Louise tiveram seu quarto filho, René, em março de 1868. Com seu batismo, todos os três nomes do irmão mais velho de Henri, Horace-René-Théodore, foram dados a um dos filhos, o último, na versão feminina, Théodora. Se Léopold nunca entrou no círculo encantado de Ferdinand, Horace, Albertine e Dora, tornou-se, com a chegada de René, o irmão mais velho de um novo grupo só deles. Os dois celebraram sua aliança fraterna criando sua linguagem própria. Não se tratava, como ocorre comumente, de uma versão codificada do francês e parece ter sido sua *primeira* língua.

> Léopold e René, quando eram pequenos, antes de saberem falar, tinham entre eles um certo jargão que não entendíamos, mas que eles entendiam perfeitamente. Na verdade, uma língua se formou entre essas crianças, pelo mero fato da necessidade e do contato. As palavras eram muito incompletas, o que era compreensível no caso dessas crianças que ainda não conseguiam articular bem as palavras. Do ponto de vista psicológico, esse fato tem uma importância real e lança alguma luz sobre o modo como nasce uma língua. Ferdinand, com seu gênio para a linguística, não deixou de tomar nota da língua de seus irmãos menores e, embora ainda criança, elaborou sua gramática.[20]

Embora René sempre fosse o caçula aos olhos dos irmãos mais velhos, ele ainda ocupava um lugar importante no mundo dos irmãos. A relação com os irmãos que vieram posteriormente não era a mesma. Os três que se seguiram pertenciam praticamente a outra geração. A diferença não era apenas de idade. A terceira filha, apenas um ano e quatro meses mais nova que René, era profundamente diferente das demais.

Jeanne nasceu aos sete meses em uma época em que bebês prematuros, se sobrevivessem, muitas vezes sofreriam problemas de desenvolvimento. No caso de Jeanne, sua saúde permaneceu fraca até muito depois de seu nascimento, e, aos poucos, constatou-se que sua audição era severamente comprometida. Henri culpou o fato de que os avós de sua esposa, William e Elizabeth Saladin de Crans, eram primos de primeiro grau. A consanguinidade existia também na família Saussure, mas isso não foi considerado por ele. Um fator mais direto e provável, entretanto, foi a demora de vários anos para que um dos médicos de família, Victor Gautier, removesse uma supuração nos ouvidos de Jeanne. Quando veio o tratamento, o dano já estava feito.[21] Não há indicação, porém, de que Jeanne tenha sido tratada como uma pessoa surda, ensinada a ler lábios ou usar língua de sinais. Mesmo tendo se retraído e nunca tendo feito parte do mundo social ou intelectual de seus irmãos e irmãs, ela era muito amada por eles. "Ela é a criança mais bem comportada que se pode imaginar", escreveu o pai.[22] "Ela sempre foi gentil e obediente, até onde seu estado de saúde permitia, e nesse aspecto ela lembra a Albertine."

Quando um quinto menino, Louis Octave, chegou, em abril de 1871, a família ficou aliviada e até mesmo muito feliz ao descobrir que ele não tinha deficiências; de fato, era uma criança excepcionalmente inteligente e encantadora. O nome Octave não foi uma escolha arbitrária – ele era o oitavo filho – enquanto Louis era o nome compartilhado por sua mãe Louise e seu pai Henri-Frédéric-Louis, além de ter uma longa história na família Pourtalès. Com todos os seus irmãos e irmãs mais velhos tratando-o como um boneco, não seria surpresa se ficasse um pouco mimado ou que se sentisse desapontado e abandonado quando chegasse à adolescência e toda a atenção especial cessasse. Para seu pai, era como se, depois de muitos esforços, ele finalmente tivesse gerado um filho perfeito.[23] Ferdinand se divertia provocando seu irmãozinho, às vezes levando-o ao que Henri chamava de "raiva azul". Certa vez, quando Louis correu de cabeça em Ferdinand, dando-lhe uma cabeçada com força, Ferdinand reagiu dando um tapa leve em seu irmão, descrito por seu pai como "um pouco professoral". O pequeno, então, ficou furioso e começou a bater em Ferdinand repetidamente, o mais forte que podia. Os demais presentes tentaram segurar Louis, lembrando-o de que ele havia dado o primeiro golpe. "Sim!", ele gritou indignado, "mas dois erros não fazem um acerto!".

O último filho, Maximilien, nasceu em fevereiro de 1873,[24] quando Ferdinand já tinha 15 anos. Sua história pertence a uma fase diferente da adolescência do irmão, e será contada no próximo capítulo. Por ora, basta dizer que os 9 filhos que Louise de Saussure gerou em 16 anos a colocaram entre as grandes mães genebrinas de outrora. Graças a ela, a linhagem Saussure, que parecia condenada à extinção anteriormente, estava realmente muito segura. Mas ter nove filhos afetaria a pessoa mais forte do mundo, e Louise nunca fora excessivamente forte.

Mons-Djémila e Henri Dunant

O casamento de Henri de Saussure não o resgatou das dificuldades financeiras sobre as quais escrevera ao irmão quando estava no México. Forneceu-lhe, no entanto, capital suficiente para investir em um novo projeto que prometia grandes retornos, no qual muitos de seu círculo estavam investindo quantias substanciais. A história desse esquema e o envolvimento de Saussure com ele são notáveis por causa das ramificações totalmente inesperadas que produziria – a Cruz Vermelha Internacional e a Convenção de Genebra –, mas também porque seu fracasso final lançou uma longa sombra sobre a infância de Ferdinand de Saussure, quando, por pelo menos dois anos, tornou-se a maior preocupação na vida de seu pai, e sobre o início de sua carreira, quando a família ainda estava lidando com as consequências das escolhas de Henri.

O esquema foi obra do amigo de Henri, Henri Dunant, que havia começado sua carreira em 1849 como aprendiz no banco Lullin & Sautter. Dunant passava a maior parte de suas horas longe do banco, reunido com grupos de cristãos evangélicos que estavam surgindo em Genebra, em parte em resposta às revelações de Harriet Beecher Stowe sobre o custo humano do comércio estadunidense de escravizados. A Igreja Reformada oficial tinha interesses financeiros no sul dos Estados Unidos, que seria ameaçado pela abolição, assim como muitos entre a elite de Genebra.

Em 1853, o governo francês concedeu ao Lullin & Sautter 20 mil hectares de terra perto de Sétif, na Argélia, para estabelecer a Compagnie Genevoise des Colonies Suisses de Sétif.[25] Dunant foi enviado ao local por dois meses e lá começou a fazer propaganda para atrair colonos. Em um artigo no *Journal de Genève* de 3 de novembro de 1853, descreveu "um país próspero, saudável, fértil, onde reina a segurança, com uma mão de obra árabe barata e autoridades francesas atentas ao bem-estar dos colonos".

Numerosos comboios de colonos foram persuadidos a partir imediatamente, antes mesmo que as casas em que residiriam fossem concluídas. Foi um começo apressado e mal planejado. Nenhuma preparação havia sido feita para os invernos rigorosos em Sétif, ou para condições sanitárias que não eram tão saudáveis quanto Dunant as descrevera. Epidemias de cólera e febre tifoide irromperam na primavera, e, em julho de 1854, despreparados também para o sol do deserto que os castigava implacavelmente, colonos morriam todos os dias. À medida que a notícia voltava pelo Mediterrâneo, não havia mais colonos suíços dispostos a cruzar o mar. Dunant, há muito retornado a Genebra, teve que deslocar seus esforços de recrutamento para Savoia e Borgonha, onde obteve considerável sucesso.

Quando Dunant retornou a Sétif em 1855, junto com seu irmão mais novo Daniel, percebeu como seus relatórios haviam sido indevidamente positivos. Os colonos mal conseguiam ganhar o suficiente para pagar o aluguel ou a hipoteca da Compagnie. Também estavam em crescente conflito com a população local, cujos direitos de pastoreio de ovelhas não haviam sido claramente delineados na concessão de terras. No entanto, a Compagnie estava avançando com a construção de novas aldeias, ao mesmo tempo em que pressionava o governo francês com pedidos de mais concessões e direitos de terras. Na esteira dos desastres iniciais e do fracasso da Compagnie em completar os termos de sua outorga original, os pedidos foram indeferidos.

Durante sua segunda estada prolongada em Sétif, Dunant, por iniciativa própria, comprou uma carga de madeira e a vendeu com um lucro substancial, impressionando os diretores do Lullin & Sautter no processo e aguçando seu apetite por empreendimentos ainda maiores.[26] Sétif situa-se nos altos planaltos férteis da Argélia, com excelentes condições para o cultivo do trigo, utilizado em todo o norte da África, consumido na forma de semolina (no cuscuz), além de ser utilizado para a produção de pão e macarrão. A elevação também significava muita força hidráulica para o funcionamento dos moinhos. Dunant percebeu que o potencial agrícola dessa região, que já fora o celeiro do Império Romano, mal havia sido explorado.

Em 1856, Dunant traçou planos para uma grande plantação de grãos e um moinho – não como um empreendimento do Lullin & Sautter, mas pessoal. Ele se candidatou com sucesso a uma concessão pessoal de terra para uma área conhecida como Mons-Djémila e começou a levantar o capital necessário para estabelecer a fazenda, construir um grande moinho e desviar a água para administrá-lo. Dunant criou a Société Anonyme des Moulins des Mons-Djémila. Henri de Saussure foi um dos primeiros dos muitos genebrinos que compraram ações com entusiasmo. O empreendimento parecia promissor, com um retorno que restabeleceria os Saussure entre as famílias mais ricas de seu círculo. O moinho foi construído – está de pé até hoje –, mas surgiram problemas quando a cachoeira incluída na concessão de Dunant se mostrou insuficiente para o colocar em funcionamento. Ele enviou repetidos apelos a Napoleão III pela concessão de uma segunda cachoeira, mas eles ficaram sem resposta.

Com seus acionistas sem receber dividendos e começando a perder a paciência, Dunant decidiu, em junho de 1859, fazer uma visita pessoal ao imperador. A França estava em guerra com a Áustria, apoiando os esforços de Garibaldi e Cavour para obter a independência da Itália. Napoleão III liderava suas tropas, e Dunant os alcançou em Solferino.[27] A carnificina humana deixada na esteira da batalha – a primeira que vira – mudou sua vida irrevogavelmente. O destino de Mons-Djémila parecia trivial quando homens morriam aos milhares, esperando por tratamento médico primitivo. A maioria dos médicos que vieram com o exército foram feitos prisioneiros ou mortos. Dunant soube que, após qualquer negociação de prisioneiros de guerra pelos dois lados, era tradicional matar os que restavam. O empreendedor nunca viu o imperador, apesar de segui-lo de Solferino a outras três batalhas, onde seu horror só aumentou.

Dunant voltou a Genebra e aos negócios de Mons-Djémila sabendo que, sem a concessão da cachoeira, o empreendimento estava condenado. Mesmo assim, gastou o capital e não conseguiu pagar seus acionistas. Ele os enganou por vários anos, permanecendo esperançoso de uma mudança na sorte e cada vez mais assombrado pelo que havia testemunhado. Em 1861, escreveu *A Memory of Solferino* e pagou para imprimi-lo. Teve um impacto instantâneo. A maioria dos que o leram concordou de imediato com suas propostas de elaborar um conjunto de regras para a condução da guerra, incluindo a concessão de *status* neutro ao pessoal médico e o tratamento humano dos prisioneiros de guerra.

Em 1863, Dunant, juntamente com Gustave Moynier, convocou a primeira reunião a fim de organizar o que viria a ser conhecido como Comitê Internacional da Cruz Vermelha; mais duas reuniões se seguiram com representantes de governos de todo o mundo em 1864 e 1868 para redigir as Primeira e Segunda Convenções de Genebra. As convenções até hoje regem as condutas de guerra, além de terem fornecido o ponto de partida para todo o direito internacional.

Entretanto, já em 1865, a necessidade de capital para impedir o colapso total do projeto Mons-Djémila estava levando Dunant a especular perigosamente. Muito respeitado por seus empreendimentos humanitários, tornou-se diretor do banco Crédit Genevois, o que o colocou em posição de tomar empréstimos do banco com poucas restrições, e de jogar no mercado de ações de Paris.[28] Quando o Crédit Genevois entrou em colapso, alguns meses depois, seus diretores foram condenados pelos tribunais a compensar as perdas de seus credores. Dunant foi à falência e, embora não fosse o único entre seus diretores a abusar do acesso a seus fundos, seu perfil elevado fez com que a imprensa e o público concentrassem nele sua ira. Ele renunciou ao Comitê Internacional da Cruz Vermelha, deixou Genebra e passou a maior parte das duas décadas seguintes viajando de uma capital europeia a outra como convidado de admiradores humanitários. Continuou a divulgar as Convenções de Genebra, e até mesmo a Cruz Vermelha, que agora estava ocupada tentando apagá-lo de sua história.

A Société Anonyme des Moulins de Mons-Djémila teve ainda uma meia-vida moribunda. A maioria daqueles que investiram dinheiro nela concluiu que seus investimentos foram perdidos e retirou-se, levando qualquer fração do capital original obtido com suas ações. No entanto, em 1867, Dunant ainda permanecia otimista de que um sucesso na Argélia o colocaria em posição de saldar suas dívidas e restaurar seu nome. Ele propôs aos investidores remanescentes de Genebra que o ativo mais valioso da Société, a Floresta Akfadou, poderia ser transformado em um empreendimento extremamente lucrativo usando o capital remanescente somado a uma modesta infusão de novos recursos.[29]

Um grupo de 12 investidores foi persuadido. Mesmo agora, depois de mais de uma década de perdas e desastres, eles estavam preparados para canalizar outros cem mil francos para o esquema de Dunant. Henri de Saussure aportou dez mil. A lista de investidores não incluía nenhum membro das famílias de banqueiros de Genebra, a quem a experiência havia ensinado a não desperdiçar dinheiro. Mas Saussure estava confiante de que aquela era uma grande oportunidade. Ele teve um papel ativo no empreendimento reativado, viajando para a Argélia no início de junho de 1867 para avaliar a situação com seus próprios olhos.[30] De lá, foi a Paris, encontrando-se com funcionários coloniais que esperava persuadir a fornecer à Société as demais doações e concessões necessárias antes que as obras pudessem começar.[31] Saussure partiu com a garantia de que os pedidos seriam atendidos.

Com base nisso, os investidores concordaram em prosseguir com o empreendimento. Sua prioridade inicial era lidar com Henri Dunant, agora residindo em Paris. Um milhão de francos de ativos originais da corporação desapareceu na década anterior sem ser claramente contabilizado.[32] Dunant não tinha posses que pudessem confiscar, e não tinham estômago para processar criminalmente um compatriota genebrino. O melhor recurso, eles decidiram, era começar de novo sem ele. Entre todos os papéis e correspondências relativos a Henri Dunant nos arquivos de Henri de Saussure, não há menção de suas atividades humanitárias. Além disso, Saussure jamais condenou seu velho amigo pessoalmente, embora fosse franco sobre sua péssima administração da empresa.

No outono de 1867, a Société, com Henri de Saussure como presidente de seu Conselho Administrativo reconstituído, estava pronta para levar adiante seus planos. Contratou o engenheiro e topógrafo David Kaltbrunner para atuar como seu diretor e o despachou para a Argélia. Kaltbrunner descobriu que os obstáculos eram tão intransponíveis quanto há uma década. Um ano depois de chegar à Argélia, e seis meses depois de a reorganização da Société ter recebido a aprovação do Estado, ele voltou à Suíça tão desanimado que nem mesmo teve coragem de ir a Genebra para se encontrar com os investidores. Coube a um dos banqueiros que cuidava dos negócios da Société procurar

Kaltbrunner em Friburgo. Ele relatou a Saussure: "o Sr. Kaltbrunner está convencido de que qualquer nova tentativa de extrair o que quer que seja da floresta estava fadada ao fracasso e que todo dinheiro doravante investido no projeto será perdido, como já estão perdidas todas as somas já investidas".

Tão relutantes estavam Saussure e os outros em admitir que tudo tinha sido em vão que ainda assim não fecharam a empresa e liberaram o capital restante. Resistiram até 1871, quando Saussure foi atraído por outra grande oportunidade de investimento, mais perto de casa, por meio da qual esperava compensar suas próprias perdas e as dos amigos que persuadiu a continuar na tentativa desesperada de resgatar algo do desastre de Mons-Djémila.

Saussure era um jovem recém-casado de 27 anos quando Dunant iniciou sua aventura na Argélia. Em 1871, ele tinha 41 anos e era pai de oito. Ele não tinha, nem jamais teve, emprego remunerado, mas estava determinado a sobreviver como um rentista, com os aluguéis de suas propriedades, dividendos de seus investimentos e juros de seus ativos. As decepçoes de La Charniaz e Mons-Djémila não extinguiram sua fé de que o próximo esquema de investimento acabaria com seus problemas financeiros. Internamente, deve ter compartilhado toda a amargura de seus compatriotas em relação a Dunant e aos contratempos causados a eles, mesmo que fosse mais reticente em desabafar. É de perguntar como se sentiria se estivesse vivo hoje, a cada vez que descesse a curta e íngreme Rue de la Tertasse, de sua mansão até a Place Neuve, e encontrasse, logo em frente, o busto heroico e gigantesco de Henri Dunant, colocado em um pedestal em 1980.

Em 1895, o jornal *Die Ostschweiz* relatou que Dunant, agora com 67 anos, vivia na obscuridade em um quarto individual mal mobiliado em Heiden, um vilarejo no nordeste da Suíça. O artigo foi reimpresso em todo o mundo, e Dunant foi "redescoberto", com pródigas homenagens prestadas a ele e honras que se acumulavam. Em 1901, o primeiro Prêmio Nobel da Paz foi concedido conjuntamente a Dunant e ao ainda mais velho Frédéric Passy, que em 1867 havia fundado a Liga Internacional Permanente pela Paz, que evoluiu para a Sociedade Francesa de Arbitragem entre as Nações, ancestral institucional da Liga das Nações e das Nações Unidas.

Hofwyl

Em 1864, a Suíça tornou-se um dos primeiros países a introduzir a educação obrigatória. A nova lei fez com que o sistema escolar do Estado ficasse ainda menos atraente para os aristocratas, uma vez que seus filhos seriam superados em número por seus colegas de classe média e baixa. O Instituto Hofwyl, que Théodore e Henri frequentaram e que seu avô Crud havia ajudado a supervisionar, fechou as portas poucos anos após a morte de Emmanuel Fellenberg, em 1844. Entretanto, em 1855, foi reaberto pelo cunhado de Fellenberg, Dr. Edouard-Ludwig-Gabriel Müller von Lanhof.[33] Essa "segunda escola Hofwyl", como é conhecida, foi apresentada por Müller como a herdeira direta da original. Na realidade, as duas escolas não tinham quase nada em comum além de sua localização.

Müller nasceu e foi criado em Calcutá, onde seu pai era oficial da Companhia Britânica das Índias Orientais.[34] Ele se casou com uma inglesa chamada Flora Ackerly Grisdale, e os dois dirigiam Hofwyl mais como uma versão internacional de uma escola pública britânica do que nas linhas românticas do currículo de Fellenberg-Pestalozzi "de retorno à natureza". No entanto, Henri gostou tanto de seus anos de Hofwyl que não hesitou em enviar seus filhos para lá.

No outono de 1866 ou 1867, Ferdinand foi separado de sua família pela primeira vez, com seu irmão Horace juntando-se a ele em Hofwyl no ano seguinte.[35] Ferdinand detestou tanto a experiência que respondeu com profunda apreensão, 30 anos depois, quando sua irmã Albertine escreveu que planejava enviar seu jovem primo Horace de Pourtalès para uma escola pública inglesa.[36] Ela era uma criança pequena quando o irmão frequentou Hofwyl, e só agora soube como ele havia sido infeliz. Detalhes da vida estudantil em Hofwyl só recentemente se tornaram de conhecimento público, por meio da publicação, em 2004, das memórias do colega de Saussure Jean-Élie David. Escrevendo já no final de sua vida, David relembrou Hofwyl como um inferno em que foi intimidado impiedosamente por outros alunos e tratado com frieza pelos Müller. Nunca se pode confiar totalmente em um retrato tão unilateral, mas a essência do que David relata é corroborada pelos diários de Henri de Saussure e pela carta de Ferdinand a Albertine mencionada acima.

Apesar do sentimento amargo sobre a experiência, David não hesitou em descrever o próprio ensino de Müller como excelente: "suas aulas de história eram cativantes; ele iluminava os conflitos subjacentes e descrevia as batalhas do ponto de vista primeiro de um lado, depois do lado do inimigo".[37] Mas isso só serviu para destacar como o restante do corpo docente era inferior.

> Algumas palavras também sobre o corpo docente, a maioria deles era renovada no início de cada ano. Os professores eram recrutados entre os jovens doutores de universidades alemãs que queriam obter um ano de experiência docente fora de seu

> país de origem. Eu conheci apenas três estáveis durante minha estada de três anos. O odioso Kiesel e seu papagaio: ele nos fazia cantar os hinos nacionais alemães. O bom papai Küpfer, de Münchenbuchsee, uma enciclopédia de aldeia, autodidata, ensinava física, história natural, desenho e ginástica, cheio de humor e bom senso.

O terceiro ensinava italiano, matéria que Saussure não cursava. "Os outros", escreve David, "estiveram em Hofwyl por apenas dois ou no máximo três semestres". Um deles pode ter causado uma impressão significativa em Saussure: "Descombaz, o mestre francês, muito animado, nos fez ler e nos explicou *Buda e sua religião* (1860), de Jules Barthélemy-Saint-Hilaire".[38]

Entretanto, o ensino significava pouco quando, fora da sala de aula, os meninos sofriam tortura. Élie David tinha 14 anos, dois a mais que Saussure, quando chegou à escola, mas foi o menino de 12 anos que o confortou, e não o contrário. David chegou pouco antes do "odioso Kiesel" levá-lo, junto a mais 10 ou 12 outros meninos, em uma caminhada de ida e volta até Genebra que tomou vários dias. No caminho, David adoeceu com febre alta e uma diarreia terrível, quase desmaiando. Kiesel não teria feito nada por ele.

> Felizmente encontrei, sem procurar, a complacência de dois irmãos, genebrinos como eu, Ferdinand e Horace de Saussure. Não sei o que os atraiu a mim, mas desde o início mostraram-me uma profunda amizade que lhes retribuí de todo o coração, primeiro por simples reciprocidade, depois porque não tinham nada da grosseria, da vulgaridade de alguns espécimes do internato. Quase nunca é a fina flor que os pais confiam a estabelecimentos educacionais distantes. Na maioria das vezes, são crianças inquietas, mimadas, vulgares e até cruéis, com as quais não sabem mais como lidar após tentativas infrutíferas no círculo familiar ou em seu entorno. Os Saussure mantinham distância desses meninos, três dos quais em particular me deixaram uma lembrança amarga.[39]

Um era escocês, outro de família irlandesa estabelecida no Brasil, o terceiro italiano. O rapaz irlandês também tinha um irmão mais novo que "não era mau, mas gostava de assistir aos tormentos infligidos aos meninos mais novos" pelo escocês, por instigação de seu irmão. David e os irmãos Saussure tornaram-se

> [...] amigos inseparáveis desde o terceiro dia. Horace, pequeno e esguio, tinha dificuldade em carregar sua mochila; eu o ajudava sempre que podia, jogando-a sobre a minha. Ele sentia um prazer infantil com minhas piadas, rindo ruidosamente delas. Ferdinand, o mais reflexivo, mostrou sua inteligência precoce nas observações que fazia sobre tudo o que pensava.

Quando os caminhantes chegaram a Creux de Genthod, foram convidados pelos Saussure para jantar em sua magnífica mansão às margens do lago. No dia seguinte, eles chegaram a Genebra, e a mãe de Élie David os convidou para sua própria casa, muito mais modesta – fazendo com que os valentões zombassem impiedosamente de David sobre como a hospitalidade de sua família não se comparava à dos Saussure. O golpe em sua autoestima doeu quase tanto quanto a brutalidade infligida a ele pelos meninos mais velhos nos campos de esportes e no lago, onde quase o afogaram.

> Contra essas perseguições sistemáticas, tive apenas a afeição de Ferdinand de Saussure. Enquanto seu irmão Horace olhava para o lado bom da vida, sorrindo para as nuvens que passavam, Ferdinand se indignava com a brutalidade zombeteira e a vulgaridade de alguns de nossos camaradas. Ele me fez o confidente de seu problema e ouviu com comovente simpatia o relato de minhas provações. Poderíamos ter reclamado com nossos pais, mas nossos pais nos mandaram para um internato para que pudéssemos aprender a sobreviver, e sem dúvida as torturas que sofremos faziam parte do programa. Além disso, havíamos lido o *Saint Winifred's*, de Farrar. Esse era o regime, e era preciso se submeter a ele.[40]

Em casa para as férias da Páscoa de 1869, Ferdinand deve ter se sentido aliviado por ter apenas mais um semestre pela frente em Hofwyl, já que naquele outono ele esperava começar a estudar em Genebra, ao lado dos outros meninos do círculo de sua família. Ele, no entanto, não sabia o que se passava na cabeça de seu pai. Henri havia adquirido o hábito de comparar os dois filhos mais velhos de forma invejosa e criticar qualquer fraqueza que demonstrassem.

> *6 de abril de 1869.* Ferdinand e Horace (11 e 9 anos) voltaram de férias de Hofwyl. Eles parecem bem, e estou muito satisfeito com os dois. Ferdinand continua a fazer grandes progressos com os dons extraordinários que o distinguem, Horace tem muito menos facilidade, mas é muito mais ágil e se sai bem em exercícios físicos, em que F. é apenas mediano. Ferdinand precisa ser contido e Horace pressionado. Continuo com medo de quando Ferdinand atingir a puberdade. Sua mente é muito precoce, e seu corpo sente os efeitos disso. Portanto, acho que seria melhor deixá-lo mais um ano em Hofwyl, mesmo que isso o coloque para trás de seus amigos aqui. Ele saberá alemão a fundo, inglês bastante bem, o que servirá como compensação.[41]

Mandá-lo de volta por mais um ano foi um erro que Henri lamentaria profundamente. Algo aconteceu durante o último ano de Ferdinand em Hofwyl, algo sério o suficiente para que seu pai o retirasse repentinamente da escola na primavera de 1870.[42] Algo indescritível para Henri – que era bem pouco reticente até mesmo em questões físicas que a maioria de seus contemporâneos teria tratado como tabu – para se referir apenas a "coisas deploráveis" ao revisitar os eventos em seu diário alguns anos depois.[43] Ferdinand talvez já o estivesse suportando em silêncio há algum tempo, assumindo, como David, que fazia parte do programa.

Sem dúvida, isso se relaciona com as garantias de Albertine a seu irmão de que Horace de Pourtalès ficaria hospedado apenas com meninos de sua idade. Se Hofwyl havia sido modelada a partir das escolas públicas britânicas, sua tradição era a de que os meninos mais novos ficassem à mercê dos mais velhos, servindo-lhes de *fags*, sendo obrigados a desempenhar tarefas forçadas, realizando toda sorte de serviços para eles, incluindo aqueles que deram à palavra inglesa suas conotações homossexuais. Uma observação de David, ainda bastante cautelosa, sugere que algo de ordem sexual havia ocorrido. Dizia respeito ao fato de a sala de estar dos Müller ficar, em princípio, aberta aos meninos durante a noite, mas as filhas do casal, que já tinham cerca de 20 anos e nenhum interesse por meninos tão jovens, os recebiam com frieza.

> [E]sse distanciamento privou os meninos de toda influência feminina, e o resultado foi, entre um certo número de pensionistas, hábitos secretos que, felizmente, o diretor abreviou com entrevistas pessoais que causaram forte impressão.[44]

Henri evidentemente nunca experimentou nada do tipo na Hofwyl original e, embora chocado o suficiente para tirar Ferdinand imediatamente de lá, ainda manteve alguma fé em Müller, que representava sua região no conselho nacional, para enviar Horace de volta no início do ano seguinte. Na primavera, porém, Horace é retirado "por razões não menos graves". Müller, ele decidiu, não passava de um falastrão, do tipo que conhecia muito bem de suas experiências com Dunant.

Pelo menos, consolou-se Henri, os meninos aprenderam alemão. Afinal, Hofwyl ficava perto de Berna, na parte da Suíça onde se fala alemão, e o alemão era a principal língua falada na escola na época de Henri. Mas, se tivesse se dado ao trabalho de perguntar, teria descoberto que, na verdade, o francês e o inglês eram as duas línguas de uso diário na segunda escola Hofwyl.[45] David notou que sua irmã havia aprendido alemão melhor em 18 meses como *au pair* em Göppingen do que ele havia aprendido em 3 anos em Hofwyl.[46] Como um linguista nato, Ferdinand pode ter se beneficiado mais da exposição limitada ao alemão. Ele não teve dificuldade em entender as aulas em alemão na Universidade de Leipzig a partir de 1876. Optou, porém, por fazer seu trabalho escrito formal em francês, e, lendo as cartas ocasionais que escreveu em alemão para seus professores e outras pessoas, pode-se ver que seu uso ativo da língua era mais livresco do que idiomático.[47] Mais tarde, ele registraria em um fragmento sem data:

> Acho que falei de *Leistungen* ["conquistas"], e teria sido suficiente falar daqueles que '*etwas beigetragen haben, oder sich verdient gemacht haben*' ['contribuíram com algo, ou se fizeram merecedores'], mas, em todo caso, rejeito qualquer expressão em alemão, faz muito tempo que parei de praticar a língua para ainda ter o sentido das sinonímias.[48]

É difícil de identificar o que quer que tenha aproveitado de seus dois anos em Hofwyl. Talvez, como forma de deixar a experiência traumática para trás, ele nunca tenha escrito sobre o tema, exceto em uma carta para sua irmã. Isso pode ter fortalecido seus laços emocionais com sua terra natal, da mesma forma que a viagem traumática de seu pai ao México o transformou em um entomologista de poltrona – embora incansável – que nunca mais ficou longe de casa por muito tempo.

Dois boletins escolares de Ferdinand, de Hofwyl, ambos assinados por Müller, sobreviveram entre os papéis da família. O primeiro, datado de 24 de março de 1869, mostra que ele estudava religião, latim, alemão, inglês, francês, matemática, história natural, desenho e redação. Todas as suas notas são "boas", mostrando maior competência em religião, matemática, desenho e latim. O segundo boletim, datado de 23 de dezembro de 1869, cobre principalmente os mesmos assuntos, mas com a adição de grego, história, geografia e física, eliminando a história natural e a redação. Dessa vez, a maioria dos cursos tem notas excelentes, incluindo francês e todos os outros idiomas, exceto o inglês.

As sombras de seu bisavô já estavam invadindo a vida de Ferdinand. A forte crítica de Horace-Bénédict à educação pública genebrina deve-se ao fato de seus próprios filhos terem sido educados em casa, e seus dois netos e dois primeiros bisnetos em Hofwyl. Henri, admitindo que "a experiência" de enviar seus filhos para Hofwyl "não deu certo",[49] começou a preparar Ferdinand para entrar na melhor das escolas particulares de Genebra no outono.[50] O próprio menino ficou radiante ao retornar ao ambiente familiar das mansões que seu bisavô havia adquirido.

No entanto, Henri ficou perturbado ao descobrir como seu filho havia se tornado introvertido: "Ele sempre foi muito silencioso, muito introvertido; nunca se sabia o que estava pensando. Respondia de forma breve às perguntas".[51]

O abuso sofrido por Ferdinand em Hofwyl, que fechou suas portas em 1876, provavelmente reforçou essa introspecção, fazendo-o sentir que mesmo as pessoas e instituições nas quais deveria confiar poderiam se voltar contra ele e traí-lo, e que sua melhor proteção era construir um muro ao seu redor. Ao mesmo tempo, Henri observa: "Essa disposição foi combinada com o excesso oposto, aquele do riso louco e da excitação nervosa que se manifestavam quando tocávamos em assuntos divertidos". Era de esperar que Henri se consolasse com isso – na verdade, o que salvaria Ferdinand de uma adolescência solitária era sua prontidão em confiar e formar laços fortes com meninos que compartilhavam seu senso de humor. Mas Henri, cada vez mais dado a achar tudo motivo de preocupação, também não via com bons olhos esse traço de sua personalidade, por se tratar de "uma fraqueza".[52]

Ainda assim, ao dar aulas a Ferdinand na primavera de 1870, Henri não poderia ter ficado mais impressionado com o intelecto do filho: "Que menino extraordinariamente talentoso é nosso Ferdinand. Ele aprende com extrema facilidade e não é superficial como as crianças superdotadas costumam ser".[53] Mesmo o Henri mais pessimista, seis anos depois, lembraria que:

> À medida que crescia, suas faculdades cresciam também. Ele sempre foi um homem. Desde os 12 anos lia seu jornal regularmente e se interessava por política geral. Seus gostos não eram os da juventude. Ele procurou a companhia de pessoas mais velhas; ele lia tudo o que pousava em suas mãos.[54]

Se é verdade que até então Ferdinand não gostava de ler livros escritos para crianças, isso estava prestes a mudar, pois seus novos colegas raramente o encontravam sem o nariz enterrado em uma história de aventura. É mais provável, porém, que sempre tenha gostado de os ler, mas, na presença de seu pai, manteve a aparência de ter gostos totalmente adultos. Henri também não estava interessado na outra habilidade que Ferdinand estava começando a desenvolver: escrever poesia. Isso o ocuparia cada vez mais nos anos seguintes.[55] Um registro desse período, datado de 29 de junho de 1870 e intitulado "Várias pequenas coisas", contém uma estrofe que Ferdinand compôs ou copiou:

Mon père dites-moi, qu'est-ce donc que la gloire?
La gloire mon enfant? De pénibles travaux
C'est le fruit si tardif qui croît sur les tombeaux
Et dont seule jouit l'immortelle Mémoire.

Meu pai, me diga, o que é afinal a glória?
A glória, meu filho? O trabalho duro
É o fruto que, tardio, brota no túmulo
E dele só desfruta a imortal Memória.

No caso do jovem Ferdinand de Saussure, a premonição é tão precisa que chega a ser também assustadora.

A Guerra Franco-Prussiana

O verão que seguiu ao retorno de Hofwyl por Ferdinand foi cataclísmico, com a eclosão de uma guerra que moldaria a Europa em que viveria pelo resto de sua vida. Para um ávido leitor de jornais interessado em política geral como Ferdinand, essa era a história do momento. Embora neutros, os suíços, como os franceses, estavam preocupados com o crescimento do poder prussiano. Em caso de guerra, o exército suíço seria convocado para defender as fronteiras. Quando a guerra foi declarada em 19 de julho de 1870, Ferdinand estava na Savoia junto com seus pais, tio e tia. Em um livro de memórias dos eventos registrados em 1883, seu tio Théodore relembra que, alguns dias antes, os cinco haviam partido "pela diligência de Chamounix. Meu irmão teve a ideia de escalar o Mont Blanc, enquanto minha esposa e eu íamos parar no vilarejo de St. Gervais".[56] Sentada ao lado deles, estava a esposa de um oficial do exército francês, que lhes disse que a guerra era iminente.

Théodore acreditou se tratar de mero boato e desembarcou com Adèle em St. Gervais, conforme planejado. Dois dias depois, recebeu um telegrama de Henri em Chamonix, dizendo que Schaerer, que trabalhava nas terras de La Charniaz para ele, havia morrido. Henri era muito apegado a Schaerer e se sentiu obrigado a voltar para fazer os preparativos para o funeral. O telegrama dizia que sua carruagem passaria algumas horas depois. Henri deixou Ferdinand com Théodore, que levou o menino para uma caminhada no Col du Tricot.[57] No final do dia seguinte, o banqueiro Ernest Pictet, que também estava hospedado em St. Gervais com sua família, recebeu uma mensagem de que a guerra havia sido declarada, e, na tarde seguinte, Théodore foi informado por Henri de que "minha divisão (a Segunda) foi convocada, e estou sob ordens de ir imediatamente a Bienne".

A família Pourtalès estava em uma posição particularmente difícil. Sua longa tradição de lealdade à Prússia continuou mesmo após a independência de Neuchâtel. Agora a Prússia reivindicava o direito natural de tomar da França o controle da Alsácia e da Lorena, em grande parte com base no fato de que os dialetos falados na Alsácia e no leste da Lorena eram alemães, não franceses.[58]

Os condes e condessas de Pourtalès estavam na situação oposta. O francês era sua língua. Não havia em suas veias uma gota de sangue alemão,[59] mas eram leais à coroa prussiana e serviam em suas forças armadas. Os irmãos de Louise lutaram ao lado da Prússia na guerra franco-prussiana. Um deles, o conde Maximilien de Pourtalès, conhecido como Max, tornou-se herói, apesar de suas tropas terem dificuldade em entender os comandos que dava em seu alemão macarrônico, falado "com um sotaque francês muito acentuado e de difícil compreensão".[60] Seu grande momento ocorreu em 2 de janeiro de 1871, na Batalha de Bapaume, no extremo norte da França, uma batalha em que as forças prussianas estavam em desvantagem numérica de quase dois para um. O príncipe Bernhard von Bülow, que mais tarde seria chanceler da Alemanha, testemunhou o acontecimento e relatou em suas memórias como

> [...] o coronel Von Loë formou um meio-esquadrão [...] e ordenou ao tenente conde Pourtalès que o conduzisse às alturas a leste de Sapignies [...]. O conde Pourtalès não demorou um instante. "Avante para o ataque! Marche!" foi sua ordem, e o esquadrão se lançou contra o inimigo, os oficiais bem à frente, e atrás deles 50 fortes hussardos que os aplaudiam. Os franceses que não foram atropelados fugiram em pânico. [...] Dois batalhões, 12 canhões e 50 hussardos do rei repeliram o ataque de uma divisão inteira. O conde Max Pourtalès era feito do mesmo lenho de que Napoleão I entalhava seus marechais. Esguio e flexível, bigode preto elegante e eriçado, olhos ousados e um sorriso brincando na boca, ele costumava atrair os olhares das mulheres e meninas nas ruas de Amiens e Rouen, assim como na Poppelsdorfer Allee em Bonn às margens do Reno. Filho de pai *neuchâtelois* e mãe genebrina, ele falava alemão com sotaque francês, mas seu coração era prussiano por inteiro.[61]

Max permaneceu solteiro até mais de 60 anos. Durante o período de Ferdinand de Saussure em Paris, nada o agradava mais do que uma ocasião para percorrer a cidade ao lado do tio Max, apenas 12 anos mais velho, mais um irmão do que um pai substituto.

A esmagadora vitória da Prússia na guerra colocou-a na posição de arquitetar a criação de uma nova nação, a Alemanha. Absorveu muitos estados menores que antes eram independentes ou, como no caso da Alsácia e da Lorena, estavam sob o domínio de potências vizinhas. A França ficou enfraquecida, não apenas econômica e militarmente, mas culturalmente, e passaria as décadas seguintes tentando se recuperar. A Alemanha ganhou confiança cultural e foi reconhecida em todo o mundo como o centro inigualável de ciência, tecnologia e indústria, bem como de alguns domínios de menor envergadura, como música e linguística.

Institution Martine

No outono de 1870, Ferdinand foi matriculado em uma escola particular de Genebra chamada Institution (ou École ou Collège) Martine, na Rue Beauregard. Ela fora a Instituição LeCoultre até 1869, quando Élie LeCoultre, seu diretor desde 1851, se aposentou e foi sucedido por Eugène Martine.[62] Os dois homens estavam entre os expulsos do sistema escolar estadual na Revolução de 1846-1848. A escola formou "muitos acadêmicos, especialmente historiadores e arqueólogos, e muitos banqueiros genebrinos".[63] Também foi aluno do Instituto o psicolinguista Auguste Lemaître,[64] colega de classe de Saussure, junto com Élie David, com quem compartilhou as dificuldades de Hofwyl. O pai de David lecionava na escola, e Saussure residia com a família David em vez de se deslocar diariamente de Genthod para a cidade.[65] Anos depois, David se lembraria de como Saussure era uma figura impressionante quando adolescente, fisicamente, intelectualmente e como pessoa.

> Ele era, aos 12 anos, lindo como um jovem deus. Vê-lo, falar com ele, era amá-lo. Já no olhar havia a aparente ausência das mentes reflexivas. Isso não era um demonstrativo de sua personalidade. Seu jeito reservado podia ser confundido com altivez àqueles incapazes de encontrar o caminho de seu coração tão correto e sensível, muito cuidadoso para se entregar a um afeto apenas se recíproco e certo. Porém, por baixo de seu exterior distraído, era atencioso de maneira ao mesmo tempo natural e delicada.
> Estava atento também a tudo o que ocorria em seu entorno. Mas sua natureza comedida o furtava de qualquer reação apressada. Ele precisava de um tempo; e então uma conexão profunda surgia, uma ideia engenhosa, às vezes, um capricho burlesco anunciado com uma explosão de riso.
> Tudo o que era alegria, beleza, distinção de forma e de conteúdo, nobreza, brio físico e moral o encantava. Todo problema o fascinava: ele o retomava, o escavava, não o abandonava sem antes formular, para si e para seus amigos, uma solução, que enunciava com um rigor de expressão surpreendente para o adolescente que era então. Em seguida, opinava que a verdade pudesse estar alhures, mesmo em seu oposto. Pois, se ele tinha a necessidade do rigor da expressão, ele tinha mais respeito ainda pela verdade, de forma que, no instante em que a afirmava, podía-

mos crer que ele pretendia apenas a colocar de pé simplesmente para demonstrar sua fragilidade, uma tese fundada sobre argumentos incompletos.[66]

Esse relato corresponde às descrições que outros dariam de Saussure ao longo de sua vida. Seu caráter foi formado cedo, e tudo o que os anos posteriores acalmariam eram sua exuberância e impetuosidade, o que David chama de seus "caprichos burlescos". Seu ar sonhador permaneceria intacto, junto com o encanto que os outros sentiam em sua presença, a sensação de ser agraciado pela atenção de um ser genuinamente superior que não era condescendente, mas fazia os outros se sentirem elevados.

Ainda assim, era um menino e deixou para trás uma pilha de charges de humor e bilhetes que desenhava durante a aula e passava de um lado para o outro com seus amigos, para sua diversão. Alguns dos bilhetes, datados de 1872-1873, quando tinha 15 anos, estão em um latim bom o suficiente para servirem de homenagem a seu mestre na Institution Martine, Ernest Pénard, que obteve um doutorado *summa cum laude* na Universidade de Heidelberg no ano anterior.[67] Um desses bilhetes contém uma conversa entre Saussure e seu colega Georges Lebet, referido aqui na forma latinizada Lebes, que tentou sem sucesso resolver um enigma proposto por Saussure em um bilhete anterior.[68]

[Saussure:] *Cras si tu non solveris responsum tibi dabo*
Sed ego spero posse id te soluturum amice.
[Lebet:] *Tandem forte aenigma hoc num nunc solvere sphinx vult?*
[Saussure:] *At, dic mî, quae causa, Lebes, quae tanta morandi?*
<sed> Quae tanta autem, dic, impatientia amice?
[Lebet?:] ~~*saussurreus Saussurreus d impatientia amice*~~

[Saussure:] Amanhã dou-lhe uma resposta, se você não o tiver resolvido.
Mas espero que o possa resolver, amigo.
[Lebet:] A esfinge está disposta, agora, a esclarecer o enigma?
[Saussure:] Mas, me diga: qual é a causa, Lebes, de toda essa demora?
<E> qual a impaciência, meu amigo?
[Lebet?] ~~saussurreus Saussurreus d impaciência amigo~~

No verso dessa folha, encontra-se outra conversa, que se interrompe, porque Saussure e Lebet foram pegos no ato proibido de passar o bilhete durante a aula. Foram colocados para fora da sala, junto com seu colega Jules Cougnard, destinado a se tornar um célebre poeta e libretista,[69] e receberam a punição severa de serem excluídos de receber qualquer prêmio acadêmico por boas notas naquele ano. Um breve poema que Saussure escreveu para seus amigos após o incidente é intitulado "Le Prix de Bonnes Notes", que é um trocadilho duplo: *prix* significa tanto "preço" quanto "prêmio", *notes* significa tanto as "notas" atribuídas aos alunos em avaliações quanto os "bilhetes" que os alunos trocavam durante as aulas. Assim, o título significa tanto "O prêmio por boas notas" quanto "O preço dos bons bilhetes".

Dans le cours de l'année une <innocente> note
Comme <un> nuage noir m'<a> rempli de terreur
Autrefois en tournant un peu mon Hérodote
Hélas je fus noté. Plus de prix! Quelle aigreur!

No curso do ano uma <pobre> nota
Como <uma> nuvem negra <me> encheu de terror.
Antes, denotando um pouco meu Heródoto
Eis que fui a-notado. O preço: o prêmio! Que amargor!

Outro poema sobre o mesmo tema refere-se às "ameixas negras" [amargas], *prune* [ameixa] sendo a gíria escolar para uma nota ruim.[70]

Des prix peu je m'inquiète, et cette noire prune
Ne me gêne pas plus, qu'un diable dans la lune.

Pouco me importa o prêmio, e a nota amarga na ameixa preta
Me incomoda tanto quanto um diabo em um cometa.

A punição desencadeou toda uma série de poemas e desenhos em que o incidente da troca de bilhetes se metamorfoseia no roubo de ameixas de uma árvore. Os poemas são inteligentes, os desenhos divertidos, mas não o tipo de coisa a que a maioria das pessoas se apegaria. Teriam eles um valor particular para Saussure, ligado à sua pretensão de não se incomodar em ser excluído de prêmios acadêmicos? A afirmação é repetida com tanta frequência nesses poemas que se torna pouco provável.

Tout triste et tout confus à la fin de l'année
Je suis car je n'ai point obtenu de prix φεν!
Ma conduite hélas fut trop mal disciplinée
Et Péraponte ô ciel ne m'estime que peu

Estou infeliz e confuso quando o ano chega ao fim
Pois prêmio algum eu ganhei, *phen*!
Minha conduta, hélas, não teve boa disciplina
E Peraponte, ó céus, muito pouco me estima.

Péraponte pode ser um codinome para Pénard, o professor de latim. Todos os professores ganhavam apelidos dos alunos. Charles LeCoultre era Loclo – não confundir com o fundador da escola, Élie. O alto e magro Louis Rochat, diretor do Collège de Genève de 1871 até sua morte, era *Tuyau*, cano, tubo, em francês.

Mas Saussure vingou-se, pois, além dos prêmios por boas notas, havia um concurso do qual não foi impedido de participar. Os resultados das duas premiações mostram uma discrepância gritante. Lemaître levou o primeiro prêmio por boas notas, mas no concurso não ganhou nada. Saussure ganhou o primeiro prêmio no concurso de tradução latina, composição grega, história e composição francesa; segundo prêmio de composição latina e geografia (ambos depois de Lebet) e tradução grega (negado a ele apenas porque já havia vencido o prêmio de composição grega); e terceiro prêmio em leitura e recitação, e alemão (em que novamente Lebet levou o primeiro prêmio).[71]

Um relatório escolar de segundo ano na Institution Martine mostra que Saussure era um aluno extremamente capaz. De um total possível de 93 pontos pelo conjunto de suas disciplinas, ele obteve 82,65, ou 89%, quando a pontuação média da turma foi de 73%. Suas melhores disciplinas eram grego e aritmética, seguidas de latim, com notas menos impressionantes (mas ainda acima da média) em francês, geografia e história. Nos exames orais, obteve excelentes notas em todas as matérias. Durante seu tempo na Institution Martine, foi o primeiro da classe.[72]

O professor de grego da Institution Martine era Jude Millenet, que morreu aos 93 anos, apenas um ano antes do próprio Saussure.[73] Saussure registrou que o livro de gramática grega que "reinava supremo" na escola era o de C. Haas, que havia sido docente da instituição por um breve período em 1855, embora não fosse grego o que ele ensinava.[74] O predecessor de Millenet, Ami Bétant, preparou a segunda edição revisada desse livro.[75] Anos depois, Saussure escreveria a Jules LeCoultre, filho do fundador da escola:

> Agradeço imensamente o ensinamento do senhor Millenet, que foi um ensinamento de admirável precisão, inculcando, como primeiro princípio, aos que dele querem se beneficiar, o horror pelo aproximativo e o instinto pela exatidão, que será sempre a base fundamental para um estudo como o do grego.[76]

Millenet aparece com destaque em um conjunto de desenhos satíricos, até mesmo zombeteiros, que o jovem Saussure desenhou em pedaços de papel, junto com outro professor apelidado de Botto (ou Boton ou Botton ou Bottom), que muitas vezes é mostrado usando ou carregando um chapéu-coco e uma bengala. Esse era Aimé Bouvier, cujo apelido foi lembrado em outra variação – *Bottot*, baixinho – por David, que o descreveu como de "tamanho minúsculo" e com uma voz estridente, quase inaudível.[77] Um dos desenhos de Saussure mostra uma "medalha cunhada em homenagem a Botton", cujo verso estampa o nome "Iuda Melitophagus Busso", e a borda "Judas Milenophagus sive Botto",[78] jogo de palavras bobo que combina Jude Millenet com o grego *melitophagus* [comedor de mel], (*miel*, em francês).

Outro pedaço de papel característico, intitulado "Improvisação", começa com a rima de Boton e Cothon, o porto artificial da antiga Cartago; então progride para um trocadilho com Cothon e *coton* [algodão], enquanto invoca a bengala de Boton – *canne* em francês, e em grego, *Σκηπτρον* (*Skēptron*), que rima com Boton, pelo menos quando pronunciado à maneira francesa, com ênfase na última sílaba.[79]

Hérodote nous dit qu'on vit jadis Bōton
(Devancier de Boton) du fond de sa cabane
<Sortir> comme un marchand du grand port de Cothon
Son coton ... quel erreur: sa maman et sa canne.(1)
(1) *canne de Boton*
Σκηπτρον.

Heródoto nos conta do encontro de Bōton
(Antecessor de Boton) a sair do fundo da cabana
Como um mercador do portentoso porto de Cothon
Seus botões ... que mancada: sua mamãe e o coto da sua cana.(1)
(1) cana de Boton
Skeptron.

O humor dos bilhetes escolares deve ser opaco em caso de detecção. Com quase um século e meio de distância, esse humor pode ser irrecuperável. Esses bilhetes podem envolver nada mais do que trocadilhos perfeitamente inocentes, embora pareçam sugerir que Bōton/Boton/Bottom/Botto/Busso devora Jude Millenet e recupera sua bengala das profundezas de sua mãe.

Muitos anos depois, David admitiu que ele e os outros meninos da Institution Martine submeteram o pobre Bouvier a "uma antecipação do purgatório, se não do inferno. Percebemos desde o início que ele não possuía nem sombra de autoridade".[80] Bouvier, entretanto, fez carreira no Departamento de Instrução Pública, e alguns dos meninos que o escarneciam podem ter se arrependido quando, como professores de escola ou de universidade, viram-se tendo que responder à autoridade de seu gabinete.

Os meninos satirizavam não apenas seus professores, mas uns aos outros, embora com mais gentileza. Saussure guardou alguns poemas escritos sobre ele por seu colega de classe e primo Alfred Gautier,[81] um dos quais nos fala sobre os gostos literários de Ferdinand. Era um menino estudioso, mas alguém que, como o jovem Horace-Bénédict, antes de reformar seus hábitos de leitura, adorava se perder em uma história rasgada – uma história adolescente normal, como *Os três mosqueteiros*, de Dumas. Ele estava entediado com a literatura "adequada", como a peça de Victor Hugo, *Cromwell*, famosa principalmente por seu prefácio, no qual Hugo apresenta um manifesto para o romantismo francês.[82]

Hélas! qu'arriva-t-il? Ferdinand de Saussure
Ne souffrit bientôt plus une bonne lecture
Et plonge tout le jour dans des romans <mal>sains
Il trouvait tout bon livre embêtant et bassin.
Ses amis le voyaient tous les jours en silence
D'Athos ou d'Aramis envier l'existence.
Gautier le voyant dans ces dispositions
Refuse de nourrir encor sa passion
Ne veut plus lui prêter aucun roman funeste
Aucun de ces romans bien pires que la peste
Infructueuse et bœufs immoraux graveleux,
Et lui donne Cromwell pour l'endormir un peu.

Hélas! Mas o que se passa? Ferdinand de Saussure
Não atura mais uma boa leitura
E afunda o dia todo em romances malsãos
A achar todo livro bom, espesso ou sem sal.
Seus amigos o viam, todo dia, em silêncio,
A invejar, de Athos ou Aramis, os sucessos.
Gautier, deparando-se com tal disposição
Recusa-se a seguir a nutrir essa paixão
E não mais se presta a emprestar romances imprestáveis
Mais nenhum desses romances piores do que a peste
Inférteis, indecentes, grassos, grossos,
E lhe dá o *Cromwell* para o pôr a dormir um pouco.

Isso contradiz de forma bastante reconfortante a visão de seu pai, citada em uma seção anterior, de que Ferdinand desdenhava a leitura comum da juventude. Ele apenas a mantinha fora de vista quando Henri estava por perto.

Entre a coleção de folhas e bilhetes variados que incluem todos esses poemas, há um item de natureza séria, novamente envolvendo um romance popular. Saussure copiou uma passagem de *Picciola*, de X. B. Saintine (1836), e escreveu na margem: "Isto é edificante":

> O orgulho da ciência humana! Por que o homem se deleita em destruir os elementos de sua felicidade ao querer se aprofundar neles e os analisar? Quando ele apenas devia sua felicidade a uma mentira, por que tentar retirar a máscara, e correr de si mesmo à frente de suas ilusões? É-lhe a verdade tão doce? Basta a ciência, então, para seus desejos ambiciosos? Tolice!

Se David estava certo sobre o caráter de Saussure estar essencialmente formado aos 12 anos de idade, é provável que uma crença tão fundamental como essa tenha permanecido com ele por toda a vida. Ele rejeitará qualquer ciência que busque "aprofundar" e "analisar" para além das intuições linguísticas disponíveis para todos os falantes da língua. É uma crença consoante com sua formação calvinista, que a Institution Martine se dedicou a reforçar. Cada dia de aula começava com um serviço religioso, no qual o melhor aluno, frequentemente Saussure, fazia a leitura do Novo Testamento.

Um credo particular da Institution parece ter impactado Saussure. Seu fundador, Élie LeCoultre, assim o expressou:

> No fundo, é preciso mais esforço que em qualquer outro estudo para aplicar as regras que cremos possuir instintivamente. É preciso esforço para dar conta exata do que se sente e escolher, entre vários fraseados, várias expressões, várias entonações, aquela que traduz a nuance desejada. É preciso esforço para livrar-se de alguma forma dessa massa confusa de incorreções e defeitos que preenchem a linguagem do país. É preciso esforço para formar o gosto pelo equilíbrio, pela graça e pela harmonia e, por fim, o gosto pelo verdadeiro e pelo belo. Esse esforço, tememo-lo acima de tudo.[83]

Quando encontrarmos rascunhos do Saussure maduro, nos quais tenta repetidamente expressar a mesma ideia básica de maneiras diferentes, devemos lembrar que o que parece ser um perfeccionismo obsessivo e paralisante não era apenas uma idiossincrasia pessoal. É uma prática básica da educação que recebeu e da moralidade que a sustenta.

Outro fragmento de uma paródia poética de Gautier preservada por Saussure trata de um assalto contra um palácio. Apesar de não ter sobrevivido na íntegra para fornecer todo o contexto, é interessante, pois menciona um de seus colegas de classe, Adolphe Tschumi, que embora não fosse de seu círculo, se impôs à atenção de todos por sua vigorosa inteligência e personalidade.

On emporte mourant Ferdinand de Saussure
Dont le sang coule a flots d'une large blessure.
Gautier fuit. Dubert suit. Même Adolphe Tschumi
Est forcé de céder devant cet ennemi.

A morrer, Ferdinand de Saussure é carregado
Com um córrego de sangue a correr de um corte largo.
Gautier foge. Dubert segue. Até Adolphe Tschumi
É forçado a ceder face a tal inimigo.[84]

Como será visto em capítulo posterior, 18 anos após a morte prematura de Tschumi, os efeitos duradouros de um livro que ele escreveu abalariam a educação genebrina em seu âmago, apenas algumas semanas antes da morte de Saussure.

Ao terminar seu segundo ano na Institution Martine no verão de 1872, primeiro aluno de uma classe impressionante, Saussure ansiava pelo outono, quando esperava entrar no Gymnase de Genève. Era ali que aqueles que planejavam seguir para a Académie passariam seus últimos dois anos de estudos secundários. Normalmente os meninos entravam no Gymnase aos 15 ou 16 anos. Saussure ainda não teria completado 15 quando o semestre letivo de outono começasse, mas, para um menino com seus dotes intelectuais incomuns, isso não deveria ser uma preocupação. E a alternativa – ir primeiro para o Collège de Genève por um ano – era impensável. Nenhum Saussure planejara entrar por suas portas desde que Horace-Bénédict orgulhosamente saiu delas em 1754.

Primeiros afetos

Na primavera e no verão de 1872, Ferdinand, de 14 anos e meio, estava produzindo poemas que não eram mais destinados apenas à diversão de outros meninos. Entre seus papéis estão breves versos sobre uma garota chamada Denyse,[85] um ano mais velha que ele, cujo pai ensinava arte na École Municipale de Genève e na Institution Martine. Saussure não estudou arte e, portanto, não teria sido um de seus alunos.

Tes dessins, Frédéric, auraient bien plus d'attrait
Si tu nous remplaçais un dindon insipide
Et ces bouleterriers par le charmant portrait
De la fille, Gillet, cette douce Sylphide!

Seus retratos, Frederico, seriam bem mais atrativos
Se você trocasse o peru insípido
E esses terriers pelo enfeitiçante feitio
Da garota, Gillet, essa doce Sílfide!

Frédéric Gillet era um artista talentoso, e suas pinturas continuam a ser vendidas nas principais casas de leilão. Seus trabalhos publicados sobre teoria do desenho e perspectiva expõem o que é conhecido como o "método Beaux--Arts", desenvolvido e ensinado na École des Beaux-Arts de Genebra, notadamente por Barthélemy Menn, cujo aluno mais famoso foi Ferdinand Hodler.[86]

Os breves poemas são expressões românticas do ardor adolescente, com exceção de alguns poucos descaradamente tolos, incluindo um em forma de *bocusserie* – uma palavra não registrada de outra forma, cujas duas primeiras sílabas são homófonas de *beau cul* [belo traseiro]. A filha de um pintor-professor nunca seria cortejada seriamente pelo jovem descendente de uma das "cem famílias". Mas, por trás da estupidez, alguns dos poemas capturam emoções que parecem sinceras.

Et jusqu'en mon sommeil ma brûlante pensée
Croit – ô divin bonheur! – *te tenir embrassée*
(ode à Denyse)
G. 12.7.72

E mesmo em meu sono minha mente ardente
Oh divina felicidade ! tê-la em meus braços crê.
(ode a Denise)
G.12.7.72 [Genebra, 12 de julho de 1872]

Denise-Apolline Gillet era o tipo de garota de classe média com quem os jovens aristocratas gostavam de flertar, talvez beijar, talvez um pouco mais, embora terminassem antes de ficar sério. Denise se casou com Serge Sarkissof e ensinou desenho em Tbilisi, na Geórgia, e, a partir de 1888, na École des Beaux-Arts em Genebra, como seu pai e sua mãe antes dela.

Enquanto isso, Saussure e outros garotos de seu círculo se viam agora com uma sucessão interminável de bailes a comparecer junto com garotas que conheciam desde a infância. Todos eram bem-educados, encantadores e aparentados em um grau ou outro. Alguns deveriam ter grandes fortunas, outros menores. Mesmo aos 14 anos, todos os meninos sabiam que suas futuras esposas estavam no salão de baile com eles agora, ou ainda no berçário, enquanto os meninos dançavam com suas irmãs e primas mais velhas.

Collège de Genève

Durante toda a sua juventude, Saussure ouvira os adultos ao seu redor comentarem sobre a extraordinária maturidade de sua personalidade, de seu caráter e de seu intelecto. Ele havia deixado a Institution Martine como o primeiro da classe e esperava, no outono de 1872, começar seus estudos no Gymnase de Genève, que cobria os dois últimos anos do Ensino Médio, em preparação para ingressar na Académie. Faltava a Saussure cerca de um mês para completar 15 anos quando entrou no Gymnase, alguns meses mais velho do que Horace-Bénédict quando esse se matriculou na Académie.

Foi preciso toda a maturidade que conseguiu reunir para reagir com serenidade quando seu pai lhe disse que, afinal, não se matricularia no Gymnase, porque não era maduro o suficiente. Para piorar a situação, ele se tornaria o primeiro Saussure em mais de um século a frequentar o Collège de Genève, alvo das queixas da família que já haviam se tornado uma tradição: aquela escola secundária irremediavelmente empoeirada e anticientífica, com seus prédios do século XVI perto da catedral de St.-Pierre na Cidade Alta. Uma nova lei educacional adotada em outubro de 1872 trouxe a primeira reorganização completa do Collège em sua longa história e, com ela, uma nova esperança para o futuro da instituição, o que, sem dúvida, contribuiu para que Henri de Saussure se dispusesse a enviar seu filho para lá. Mas para Ferdinand isso não amenizou o golpe.

Nada indica que ele tenha levantado alguma objeção ou feito outra coisa senão obedecer devotamente. Em seu íntimo, porém, surgiu uma amargura que nunca o abandonaria. Anos depois, retornaria diversas vezes à ideia de que a ida ao Collège foi o ponto de virada em sua vida, a decisão fatal que o impediu de atingir todo o seu potencial.

> No outono de 1872, eu entrei, não sei por que, no Collège de Genève, para desperdiçar um ano tão completamente quanto um ano pode ser desperdiçado. O pretexto era que eu era muito jovem, aos 14 anos e meio, apesar dos bons resultados nos exames, para passar da escola particular ao Gymnase de Genève; e, como alguns de meus camaradas estavam na mesma situação que eu, por decreto comum de nossos pais, fizemos um ano juntos no Collège public, preparatório para o Gymnase public, e notavelmente inútil para cada um de nós.[87]

Embora a decisão tivesse sido tomada pelos pais dos colegas de Ferdinand em conjunto, ele conhecia seu pai bem o suficiente para saber que, em uma discussão em grupo, Henri era mais propenso a influenciar os outros do que ser influenciado. Não foi justamente Henri quem acabou assumindo o controle da empresa Mons-Djémila?

De fato, naquele outono, Henri havia aceitado uma nomeação como diretor em um grande novo empreendimento que prometia recuperar suas perdas argelinas e render muito mais. Em Bellegarde, um vilarejo do outro lado da fronteira francesa, a sudoeste de Genebra, uma usina hidrelétrica deveria ser construída, usando a força dos rios Ródano e Valserine para operar seis turbinas produtoras de energia. Além disso, uma fábrica de papel e uma fábrica de fosfato seriam construídas para transformar a energia em produção lucrativa, e uma ligação ferroviária seria instalada para escoar o papel e o fosfato.[88]

Os fundadores do empreendimento, um canadense e um alemão, haviam acabado de vender o terreno e suas demais participações a um grupo de investidores escoceses com sede em Londres. Foi nesse momento que Henri, antes um simples acionista, assumiu a função de diretor. Ele não entendia nada sobre a lei societária inglesa, que isenta os diretores da empresa de responsabilidade pessoal por perdas. Na época, isso não acontecia nos países continentais, que desde então se aproximaram do sistema inglês.

Portanto, Ferdinand tinha poucas dúvidas de onde estava a responsabilidade pela decisão supostamente "corporativa" de enviá-los e a seus colegas para o Collège. A decisão lhe pareceu um desvario, mais uma traição como a punição injusta na Institution Martine, ou a traição ainda pior dos meninos mais velhos em Hofwyl. Henri pode ter considerado essa última enquanto argumentava para manter Ferdinand e os outros afastados do Gymnase por um ano.

Se Ferdinand examinou os diários de seu pai após sua morte, em 1905, pôde finalmente ter compreendido seus motivos. Ferdinand e os amigos que tanto o admiravam e imitavam agiam e falavam como adultos, mas suas emoções e julgamentos eram ainda de adolescentes. Talvez não fossem mais vulneráveis ao tipo de coisa que acontecera em Hofwyl, mas corriam o risco de juntarem-se à longa lista de aristocratas adolescentes que engravidam uma criada ou alguma outra garota com quem não se casariam. Entrar no Gymnase, com alunos de 16 e 17 anos, os colocaria em lugares onde tais riscos eram maiores. Esperar um ano daria ao seu desenvolvimento moral a chance de alcançar sua precocidade intelectual.

O próprio Ferdinand, em um diário que escreveu no ano seguinte, nos mostra o tipo de travessuras que os meninos do Gymnase aprontavam. A "Paedagogia" era a mais elitizada das sociedades estudantis, aquela a que Ferdinand e a maioria de seus amigos pertenceriam quando finalmente se matricularam no Gymnase no outono seguinte.[89] Suas diversões incluíam alugar salas para realizar festas barulhentas, como Ferdinand ouviu de amigos um pouco mais velhos, como Henri Lefort, um ano à sua frente nos estudos.

> Sexta-feira, 9 de maio de 1873. [...] Saio para passear com Lefort, que me conta histórias sobre o passeio de ontem da Paedagogia. Fizeram tanto barulho em seu hotel que a proprietária entrou em um de seus quartos, o que continha o maior número deles, sem nem mesmo bater. Ela os encontrou quase fantasiados de Adão, e eles se contorciam tanto enquanto ela gritava e se exasperava com os edredons que ficaram sem reação.[90]

O que exatamente uma cama cheia de meninos quase nus de 16 e 17 anos de famílias aristocráticas calvinistas teria feito em um hotel de Genebra por volta de 1873 é o tipo de coisa que a história não preserva, a menos que a polícia seja chamada. Como a pobre dona do hotel desabafou sua indignação com seus jovens hóspedes em privado, resta a experiência de uma idade posterior para preencher as lacunas, sempre com risco de anacronismo.

Ferdinand estava agora hospedado em uma pensão com a família Frei, e não mais os Davids, mas continuou a ver Élie todos os dias na escola e, com frequência, depois da aula.[91] Seus amigos eram todos do círculo de sua família e, como ele, seguiram a "rota dourada" do Collège, cursando estudos clássicos e literários em preparação para a educação universitária. Em 1868, o Gymnase foi dividido em duas seções, clássica e industrial. A lei educacional de 1872 estendeu essa divisão ao Collège, começando no segundo ano de seu programa de sete anos. A partir dos 8 ou 9 anos de idade, os meninos seriam colocados em uma das duas trilhas, ou a clássica (a rota dourada), ou então a comercial e industrial. Aqueles que seguiam a trilha clássica eram chamados de *latins* ou *lapins* [coelhos], enquanto os colegas na trilha comercial e industrial eram os *français* ou *franc-chiens* [cães livres].[92]

Os *franc-chiens* superavam em número os *lapins*, e era difícil não perceber que qualquer um que levasse o nome de uma das cem famílias da Cidade Alta provavelmente seria um *lapin*. Como sempre em Genebra, os ressentimentos rugiram. Ocorreram batalhas rituais entre *franc-chiens* e *lapins* que ficaram gravadas na memória local. Ferdinand e seus amigos não supunham que alguns dos meninos com que cruzavam nos corredores do Collège se sentiam desprezados por eles, quando essa não era a intenção.

Apesar de todas as suas reclamações posteriores sobre a inutilidade de seu ano no Collège, essa experiência deu-lhe a oportunidade de desenvolver seus talentos para a escrita, e particularmente para a poesia, passando de uma mera diversão para a saída criativa na qual superou todos os seus colegas, incluindo Jules Cougnard. Seu trabalho para o curso de composição francesa parece ser tudo o que guardou daquele ano. Para cada uma das três composições em verso, ele recebeu a nota máxima possível de seis.[93] No entanto, apenas a primeira de suas quatro composições em prosa recebeu essa nota.[94] A segunda, "Mon agenda pour 1873" [Minha agenda para 1873],[95] recebeu nota quatro e meio, com pontos deduzidos por, entre outras coisas, usar o pretensioso latinismo "*colloquer*" [colocar] em uma frase que não o exigia ("para me colocar no trem de Marselha"). É uma lição que ficou com Saussure: tais afetações estão ausentes de seus escritos maduros. Ele irá, com raras exceções, se ater às palavras cotidianas, mesmo quando jargões ou neologismos pudessem ser mais precisos para o que almejava.[96]

Sua composição em prosa seguinte recebeu nota cinco, com o comentário "original, mas incompleto", enquanto sua tarefa final recebeu cinco e meio. Ele estava em uma trajetória ascendente.[97] Mas o fato de Ferdinand ter conquistado a nota máxima em todas as suas composições em verso revela a facilidade com que se apropriou do aspecto formal da produção de poesia. Ele tinha o dom para a exploração de uma imagem, uma situação ou um sentimento particular – as qualidades de um poema –, o oposto do que seus professores valorizavam em uma composição em prosa, ou seja, a narração de uma história. Para um menino que gostava tanto de um conto cheio de ação, suas peças em prosa, surpreendentemente, apresentam temáticas mais próximas a poemas do que a histórias. Com pouco enredo e caracterização mínima, elas realmente parecem originais, mas incompletas.

Ele estudou os mesmos conteúdos no Collège e na Institution Martine, incluindo história, geografia, literatura francesa e matemática.[98] Achou até que o ensino de línguas clássicas – sempre o esteio do Collège, e ministrado no último ano pelo diretor André Oltramare[99] – era igual ou inferior ao nível de sua escola anterior. Essa falta de progresso em sua educação o frustrou terrivelmente, mas também concentrou sua atenção na única coisa que era nova sobre o grego que estava aprendendo: a existência de variantes dialetais na língua clássica. Ensinava-se – e ainda se ensina – aos alunos o dialeto ático, o de Platão, Aristóteles e outros grandes pensadores de Atenas, antes de passar para textos de autores de outras regiões da Grécia e de suas colônias asiáticas, em que as formas são diferentes. O primeiro contato de Saussure com outros dialetos deu-se, como lembrou mais tarde, com o historiador Heródoto, que escreveu no dialeto jônico da costa sudoeste do que hoje é a Turquia. Enquanto lia Heródoto na aula de Oltramare, Saussure teve um lampejo de percepção que anos mais tarde compartilhou oralmente com pelo menos três colegas próximos.

> Foi no Collège, no primeiro ano, numa aula do Sr. André Oltramare. Na Institution Martine, o professor de grego, Millenet, era exclusivamente um aticista; ele apenas nos ensinou, para a terceira do plural do passivo perfeito de verbos com velares, a forma perifrástica *tetagménoi eisí*. Assim, ao ler Heródoto em uma aula do Sr. Oltramare, encontramos a forma, nova para mim, *tetákhatai*, notei que *tetákhatai* era *tetákhntai*. Consultei Bopp, que não mencionou o fato [...]. No entanto, guardei minha ideia durante os anos seguintes.[100]

É difícil encontrar um relato da vida de Saussure em que essa história marcante não seja recontada.* Em outra versão do "Souvenir", temos mais detalhes sobre sua visão acerca de *tetákhatai* e *tetákhntai*.

* "Esse acontecimento na vida do jovem Saussure tornou-se um mito da tradição linguística francófona, de forma até abusiva, na medida em que o próprio princípio da descoberta das *nasalis sonans* é baseado em dados questionáveis (*v. infra*). Pode-se citar, por exemplo, Michel Arrivé, que, em uma conferência proferida em Lyon, em 11 de janeiro de 2012, Um momento importante na história das ciências humanas, a obra de FdS, *on-line*, resume desta forma o caso: 'No mesmo ano [1872], ele fez a descoberta do que chamamos *nasalis sonans*, que compreende a transformação da consoante *n* em vogal, fenômeno que esclarece a morfologia do verbo grego. E ele ficará extremamente desapontado ao constatar, quatro anos mais tarde, em 1876, que essa descoberta acabava de ser revelada por um artigo do ilustre professor alemão Karl Brugmann. Assim, essa descoberta, que acreditava ser sua e que considerava como tão evidente que não necessitava ser publicada, foi creditada a outra pessoa, sem que pudesse protestar! Ele conservará por toda a sua vida a lembrança ardente desse acontecimento'. Maria Pia Marchese faz o mesmo relato em uma nota de 'Traces de la formation indo-européaniste de Saussure dans le CLG' (*Recherches sémiotique*, t. 34, fac. 1-2-3, 2014, pp. 157-172 (p. 169)):

No instante em que vi a forma *tetákhatai*, minha atenção, em geral extremamente distraída, como era natural durante esse ano de repetições, foi repentinamente captada de maneira extraordinária, pois tive esse raciocínio que ainda está vívido em meu espírito até agora: *legómetha : légontai*, consequentemente *tetágmetha : tetákh*N*tai*, e consequentemente N = *a*.[101]

Em ático, o verbo *légō* significa "eu digo". Na passiva, *légō* tem a forma *légōmetha* na primeira pessoa do plural ("somos ditos") e *légontai* na terceira pessoa do plural ("eles são ditos"). Parece, portanto, que o radical passivo do verbo é *lego-*, e que as desinências são *-metha* na primeira pessoa do plural e *-ntai* na terceira pessoa do plural.

O verbo *táttō* significa "eu disponho". A forma correspondente no aspecto perfeito, que expressa a conclusão de uma ação, era *tétakha* "eu dispus". A forma *tetágmetha* que Saussure dá era a primeira pessoa do plural da passiva, "nós fomos dispostos". Se sua análise de *legómetha* em *lego-* + *-metha* estivesse correta, então *tetágmetha* deveria consistir na mesma desinência *-metha* anexada ao radical *tetag-*. E, por analogia, seria de esperar que a forma da terceira pessoa ("eles foram dispostos") fosse *tetag-* + *-ntai*. No entanto, **tetagntai* não é encontrado, presumivelmente porque é impossível pronunciar três consoantes, *g*, *n*, *t* todas seguidas sem vogais entre elas. É por isso que, normalmente, "eles foram dispostos" é expresso no grego clássico não por uma única palavra flexionada, mas pela expressão *tetayménoi eisí*, literalmente "tendo-sido-dispostos eles-estão". Essa é uma solução sintática para o problema fonético colocado por **tetagntai*.

Mas a forma *tetákhatai* representa uma solução diferente para o problemático encontro de três consoantes. É uma solução fonológica em duas etapas. O

'É bem conhecido o episódio que retorna com insistência nos escritos de Saussure: ele conta diversas vezes (ver suas *Souvenirs*, publicadas por Godel (1960, p. 18), e o manuscrito *Theorie des sonantes*, f. 7r e 132r [...]) que havia intuído as *nasalis sonans* enquanto era ainda um jovem estudante do Collège public de Genève, em 1872; três anos e meio depois, Brugmann, para explicar formas como o grego *τατός*, formula a hipótese da *nasalis sonans* indo-europeias [...], e essa descoberta permanecerá ligada ao nome de Brugmann'. Estanislao Sofia reconta a mesma história, em 'Qui est l'auteur du *Cours de Linguistique Générale*?' (*idem*, pp. 39-57 (p. 49)): 'Que Saussure tenha formulado a hipótese da existência das '*nasalis sonans*' num momento anterior à descoberta 'oficial' feita por Brugmann, em 1876, mostraria por exemplo que se interessava pela linguística desde a juventude, que já possuía nessa época um conhecimento atestado de línguas antigas, que tinha a tendência a refletir criticamente sobre o que era submetido à sua atenção etc.'. Nenhum desses especialistas de FdS colocou esta história em questão". Esta nota, presente apenas na edição francesa (Éd. Lambert-Lucas, 2021), foi gentilmente cedida pela tradutora Nathalie Vincent-Arnaud e pelo editor Marc Arabyan. (N. da T.)

g de **tetagntai* é enfraquecido para *kh*, tornando-o um pouco mais fácil de pronunciar antes do *nt* que o segue. Isso nos dá a forma que Saussure indicou como *tetákh*N*tai*. Então, a consoante *n* é transformada na vogal *a*, eliminando completamente o encontro consonantal. Mas como? Sons de classes totalmente diferentes não se transformam uns nos outros de maneira tão simples.

> Deixei o Collège imaginando como *n* poderia ter se tornado *a*, e fazendo ensaios fonológicos que me satisfizessem. Eu concebi, ao repetir esses experimentos, que realmente era possível passar de *tetákhntai* para *tetákhatai*, mas naturalmente sem marcar, mesmo em meu espírito, este *n* com qualquer signo especial (como *ṇ* ou qualquer outra coisa). Sua característica era para mim (o que é fisiologicamente correto) de se encontrar entre duas consoantes, e de dar lugar, por isso, a um *a* grego, mas era um *n* como qualquer outro.

Contando tudo isso 30 anos depois, Saussure escreveu que o incidente "permaneceu como se tivesse sido fotografado em minha memória". Quando viu a forma *tetákhatai*, a analogia apareceu para ele como "um relâmpago que recebi instantaneamente". Ele não parece, por esse relato, ter perguntado a ninguém sobre sua intuição, nem ter dado continuidade à sua investigação. No entanto, o *frisson* daquela descoberta repentina permaneceu com ele, talvez para nunca mais ser experimentado com um prazer tão desenfreado.

Esse episódio fez com que Saussure acreditasse, pelo resto de sua vida, que havia feito a descoberta inovadora de que algumas das nasais (*n* e *m*) da língua-mãe indo-europeia não eram consoantes, mas *vogais*. Em inglês, *n*, *m* e o som grafado como *ng* (na verdade, um único som, chamado nasal velar) funcionam rotineiramente como vogais, caso em que podem ser notados foneticamente como *ṇ ṃ* e *ŋ*. Na palavra *prism*, a segunda sílaba tem *m* como vogal. Assim, também em *prison*, a segunda sílaba tem como vogal não *o* (caso em que soaria como prizown), mas *ṇ*. O francês, o latim, e o grego não apresentam tais sons. O sânscrito foi capaz de usar *ṛ* e *ḷ* dessa maneira (novamente como o inglês, por exemplo, na sílaba final de *litter* e *little*), indicando-os por escrito de forma diferente dos *r* e *l* consonantais.

A dedução de que o indo-europeu primitivo pudesse ter tais vogais seria publicada por um de seus professores em Leipzig pouco antes da chegada de Saussure na cidade alemã. Essa hipótese forneceu o ponto de partida para a primeira obra importante de Saussure, seu *Mémoire* sobre o sistema vocálico primitivo das línguas indo-europeias. Na visão de seus professores em Leipzig, o jovem linguista não lhes daria reconhecimento suficiente por essa e outras de suas descobertas, que Ferdinand incorporou em seu próprio trabalho como se fossem de conhecimento comum. Foi porque essa crítica o feriu tanto que, aos 45 anos, Saussure escreveu suas memórias sobre esses eventos.[102] Acreditava ter dado o devido crédito a seus professores, embora ele mesmo tivesse feito a descoberta do *n* vocálico como um estudante no Collège de Genève lendo Heródoto em 1873.

É uma boa história, cujo enredo teria agradado seus professores de composição francesa no Collège. Na verdade, é uma pena ter que colocar alguns pontos desse relato em dúvida, mas não é de surpreender se sua memória lhe pregasse algumas peças tanto tempo depois do evento. Em primeiro lugar, a forma *tetákhatai* não é realmente encontrada em Heródoto, mas ocorre em Tucídides (3.13) e Xenofonte – ambos atenienses, embora às vezes tenham introduzido formas jônicas em seu grego ático.[103] Em segundo lugar, os rascunhos das memórias de Saussure – um dos quais foi publicado em 1960 e será referido como seus "Souvenirs" – divergem em certos detalhes. Em um caso notável, o relato estabelece um evento-chave, a escrita de seu primeiro ensaio sobre linguística, dois anos antes de realmente acontecer (alguns dos rascunhos o empurram ainda mais para trás). Esse ensaio será examinado no próximo capítulo. Em 1903, lembra-se de ter escrito o ensaio no verão de 1872, antes de ver a forma *tetákhatai* e ficar impressionado com sua intuição sobre o *a*. No entanto, um diário seu tornado público em 1996 mostra que ele escreveu o ensaio em agosto de 1874, quando tinha quase 17 anos e havia concluído seus estudos no Gymnase. Se a ideia sobre o *tetákhatai* realmente ocorreu após a redação do ensaio, então aconteceu enquanto estudava não no Collège, nem mesmo no Gymnase, mas na Université de Genève. Um dos rascunhos de suas lembranças confirma essa hipótese. Por outro lado, a maioria dos rascunhos reflete uma memória clara do *insight* que lhe ocorreu enquanto estava "nos bancos do Collège", como escreveu em uma primeira tentativa parcial de recontar essa história em 1887.[104]

A terceira razão para questionar a exatidão do que Saussure escreveu é o fato de que, na *Grammaire élémentaire de la langue grecque, à l'usage des établissements d'instruction publique* [Gramática elementar da língua grega, para o uso nos estabelecimentos de instrução pública], de Raphael Kühner, o livro didático de grego mais utilizado no mundo desde a década de 1830 até meados de século XX, pode-se encontrar o seguinte:

§ 18. b. Líquidas.

> 1. A líquida *n* por vezes é transformada em *a*. Isso ocorre, por ex. [...] na 3ª pes. pl. do perfeito e do mais-que-perfeito das vozes média e passiva de verbos mudos e líquidos, que normalmente devem terminar em *-ntai* e *-nto* [...], por ex. [...] *tetákhatai* [...].[105]

Saussure possuía uma cópia da edição de 1869 desse livro[106] com sua assinatura datando de 1875 e marcado com suas anotações, o que significa que o estudou de perto. Inclui três páginas, em letras pequenas e compactas, sobre tais formas nos dialetos lésbico, dórico e antigo e novo jônico, nas quais se observa que:

> No dialeto ático, a 3ª pessoa do plural do perfeito e do mais-que-perfeito de verbos de temas consonantais, geralmente expressos perifrasticamente com o particípio perfeito e *eisi(n)*, êsan, tomam as formas antigas de jônico ătai, ăto, como: *tetákhatai* (Tuc. 3, 13).[107]

Essas passagens contêm especificamente o exemplo de *tetákhatai* e referem-se ao *n* como uma "líquida", o que significa que possui a natureza de uma vogal. Em outras palavras, o que Saussure mais tarde acreditou ter sido a primeira pessoa a intuir já era um conhecimento comum o suficiente para ter sido incluído em um livro escolar – livro que ele próprio usou, embora não antes de seu ano na Université de Genève, em 1875-1876. Mas por que ele silenciou sobre o que leu acerca do *tetákhatai* em Kühner quando contou a história a outros e a escreveu em seus "Souvenirs"? E como é que os livros didáticos de grego vinham dizendo há décadas que *n* se tornou *a* antes de ser saudado como uma "descoberta" pelos estudiosos?

A resposta é que houve um período intermediário em que o endurecimento da prática etimológica tornou metodologicamente inaceitável afirmar que um determinado som "se transformou em" outro som, especialmente um pertencente a uma categoria diferente. Tais metamorfoses, se permitidas, privariam a etimologia de rigor, tornando possível que qualquer palavra seja derivada de qualquer outra de forma *ad hoc*. A edição de 1869 de Kühner, de propriedade de Saussure, é mais cautelosa sobre a relação *n–a* do que as edições de décadas anteriores. Ela aponta para a correspondência e dá exemplos, incluindo *tetákhatai*, sem dizer que um se tornou o outro. Isso criou uma espécie de lapso de memória institucional, uma janela de ignorância que torna possível "descobrir" que *n* se tornou *a*, algo que todos já souberam, mas aprenderam a des-conhecer.

O breve "Souvenirs" de Saussure tem sido a principal fonte de conhecimento biográfico sobre o genebrino desde 1960, quando foi publicado. O texto continua sendo uma fonte importante de informações sobre sua juventude, mas seu conteúdo, até então reproduzido rotineiramente como fato, precisa ser tratado como afirmações ou crenças, na melhor das hipóteses, e potencialmente como mitos pessoais ou autoenganos. Deve-se ressaltar que os rascunhos eram papéis particulares que Ferdinand nunca mostrou a ninguém. Teremos que trabalhar com mais alguns deles antes de avaliar o quanto as discrepâncias entre suas memórias e os fatos documentados representam uma lembrança falha ou uma reescrita deliberada de sua própria história. Ao julgar a veracidade de afirmações particulares e seus motivos para escrevê-las, abrimos uma janela para o caráter, os valores, a autoimagem, os ressentimentos e os arrependimentos – na alma – de Ferdinand de Saussure como um homem maduro.

Na segunda-feira, 26 de maio de 1873, os alunos do último ano do Collège foram submetidos a um exame oral por avaliadores externos. A entrada do diário de Saussure daquele dia está repleta de condescendência sobre os quatro examinadores, grandes senhores que tinham dificuldade para ficar acordados mesmo às nove da manhã.[108] À tarde, porém, as coisas não correram muito bem. Os meninos não sabiam de antemão em qual de suas disciplinas não clássicas seriam examinados. Pela segunda vez em sua história, a família Saussure foi atingida pela maldição de Voltaire.

> À tarde eu teria tirado facilmente 6, se tivesse sido convocado para história, ou mesmo geografia. Em vez disso, pediram-me para resumir uma carta de Voltaire (N. B. Oltramare veio nos avisar há uma hora que seríamos examinados sobre as seleções francesas que havíamos lido, e eu a lera uma vez 15 minutos antes). [...] Resumindo, consegui 4,5, enquanto muitos dos que foram examinados sobre reis de Roma ou algo desse calibre conseguiram 6 sem esforço. De qualquer forma, eu não dou a mínima para esses exames!

Claramente, apesar de sua negação, Saussure se importava. Assim como quando ficou inelegível para o prêmio na Institution Martine, ele se ressentiu da injustiça.

Entretanto, o jovem Ferdinand passou no exame e, para grande satisfação de seu pai, seus resultados gerais o tornaram o primeiro da classe. Dos três meninos que fizeram o exame de ingresso para o Gymnase antes de deixar o Collège, ele foi o único a ser aprovado.[109] Os outros tiveram que refazê-lo no outono, junto com a maioria de seus colegas. A essa altura, todo o regime de exames havia mudado, pois o ensino superior em Genebra estava passando por sua revisão mais radical desde a época de Calvino. Como se viu, Saussure foi o último aluno a passar em um exame competitivo para o Gymnase de Genève. A partir do outono de 1873, os candidatos só precisavam atingir um certo limite, em vez de competirem uns contra os outros, tornando a entrada extremamente fácil, na opinião de Henri. Isso, porém, nos faz pensar se Ferdinand fora realista em sua esperança de entrar no Gymnase diretamente da Institution Martine, sem primeiro passar um ano no Collège.

Notas

1 Os santos que portavam esse nome eram espanhóis, incluindo o Rei Fernando (Ferdinand) III de Castela, mas não parece terem sido as origens espanholas da família Pourtalès a razão da escolha, uma vez que todos tinham nomes resolutamente franceses. Ferdinand, ao que tudo indica, no entanto, era um nome em voga na época; outro suíço famoso que o portou foi Ferdinand Hodler, nascido em Berna, em 1853, embora tenha passado a maior parte de sua vida em Genebra. Ele é classificado como um dos maiores pintores suíços do *fin de siècle*.

2 Henri dS, entrada de diário, 5 de maio de 1876, cópia AdS 272bis/7, f. 76.

3 Adèle dS, *Notes et souvenirs de famille*, 1916, AdS 417.

4 *Idem*, f. 80.

5 Fato que aparece claramente no diário de Henri dS do período, cópias AdS 272bis/2.

6 Henri dS, entrada de diário, 20 de abril de 1860, cópia AdS 272bis/2, f. 3.

7 Pode-se ter uma ideia de seu fascínio ao ver sua sobrinha-neta Delphine Seyrig, uma destacada atriz do cinema francês dos anos de 1960 e início dos anos de 1970, que estrelou *L'année dernière à Marienbad* (1962), de Alain Resnais, e muitos dos filmes de Truffaut e Buñuel.

8 Ver: Henri dS, entrada de diário, 20 de abril de 1860, cópia AdS 272bis/2, ff. 9-10.

9 Henri dS, entrada de diário, 17 de novembro de 1862, cópia AdS 272bis/2, f. 15.

10 *Idem*, ff. 21, 28.

11 *Idem*, f. 28.

12 *Idem*, f. 23.

13 Henri dS, entrada de diário, 20 de setembro de 1878, cópia AdS 272bis/9, f. 113.

14 Henri dS, entrada de diário, 5 de maio de 1876, cópia AdS 272bis/7, f. 76.

15 *Idem*, f. 78.

16 Anon. "Suicide of a Genevese Student in Leith Street". *The Scotsman*, 4 de setembro de 1866, p. 2.

17 "Allocution de M. le professeur Francis de Crue, Doyen de la Faculté des Lettres et des Sciences Sociales". *Ferdinand de Saussure* (1857-1913), pp. 15-23 (p. 19).

18 Henri dS, entrada de diário, 30 de dezembro de 1874, cópia AdS 272bis/4, f. 37.

19 Henri dS, entrada de diário, 25 de agosto de 1870, cópia AdS 272bis/4, f. 19.

20 Henri dS, entrada de diário, 20 de setembro de 1878, cópia AdS 272bis/9, ff. 112-113.

21 *Idem*, ff. 113-114. Victor Gautier era marido de Augusta Berthout van Berchem, prima de Louise e ela própria neta de William e Elisabeth Saladin de Crans.

22 *Idem*, f. 114.

23 *Idem*, ff. 110-111.

24 Henri dS, entrada de diário, 20 de março de 1875, cópia AdS 272bis/5, f. 56.

25 A fonte da maioria dos detalhes sobre o empreendimento Sétif é Claude Schurer, "La Compagnie genevoise des colonies suisses de Sétif" (*L'Algérianiste*, n. 29, 15 de março de 1985, e n. 30, 15 de junho de 1985, *on-line*).

26 MOOREHEAD, C. *Dunant's Dream: War, Switzerland and the History of the Red Cross*. London, HarperCollins, 1998 (p. 13).

27 *Idem*, p. 2. Essa foi a última grande batalha europeia com chefes de Estado dirigindo o ataque.

28 *Idem*, p. 48.

29 Carta de Henri Dunant, Paris, para Henri dS, 18 de julho de 1867, AdS 280/1, ff. 16-17; também a cópia do relatório de Dunant "Akfadou: Topographie, voies de communications", AdS 280/5, anexada à sua carta a Saussure. Esse relatório é a fonte dos detalhes que se seguem. A floresta tinha a particularidade de ser constituída de carvalhos-de-monchique, em alta demanda para construção naval, em vez do menos desejado sobreiro da maioria das florestas para as quais o governo realizou concessões.

30 Carta do governo francês ao prefeito da Província de Constantina, 3 de junho de 1867, AdS 280/1, f. 3, solicitando seu credenciamento e salvo-conduto, afirma que ele se encontra lá no momento.

31 Cartas de R. L. Filliol, vice-presidente, Fleury Bourdillion & Cie., Banque, Genebra, para Henri dS, 24 de junho de 1867, AdS 280/1, f. 7; e 29 de junho de 1867, AdS 280/1, f. 9.

32 Rascunho de carta de Henri dS, Genebra, para Monsieur Faré, Secrétaire Générale du Gouvernement d'Algérie, Argel, 1º de novembro de 1867, AdS 280/1, ff. 26-27.

33 A relação existente entre os dois reproduz a apresentada no *Journal de Genève* (17 de abril de 1868, p. 2); outras fontes dizem que Müller era sobrinho de Fellenberg.

34 SUMMERMATTER, S. "Eduard Ludwig Gabriel von Müller". *Dictionnaire historique de la Suisse*. Disponível *on-line*. Ver também: Schazmann, P.-E. "Célébrités genevoises. Un linguist de génie: Ferdinand de Saussure". *Tribune de Genève*, 27 de novembro de 1957.

35 Henri dS, entrada de diário, 5 de maio de 1876, cópia AdS 272bis/7, f. 77. Quando exatamente Ferdinand começou seus estudos em Hofwyl é incerto. Henri escreveu mais tarde: "eu o enviei muito jovem para Hofwyl (aos 8 anos, eu acho)" (*idem*, p. 78). Mas outros eventos do início da vida de Ferdinand lembrados por seu pai na mesma entrada do diário confundem sua idade em até dois anos. De acordo com Denise Wittwer Hesse, que escreveu uma tese sobre a história das escolas Hofwyl e agora é arquivista da Burgerbibliothek Bern, os registros da segunda escola Hofwyl, que Ferdinand frequentou, "parecem estar perdidos" (comunicação pessoal, 24 março de 2005). Horace estava lá na primavera de 1869, de acordo com a entrada de diário de Henri de 6 de abril de 1869, cópia AdS 272bis/3, f. 3.

36 A carta de Ferdinand a Albertine não sobreviveu, mas o conteúdo pode ser inferido por sua resposta, que tenta tranquilizá-lo sobre cada um desses pontos (Albertine dS Marcet para FdS, Londres, 14 de janeiro de 1898, AdS 366, ff. 260-263). Horace de Pourtalès, irmão mais novo de Guy, foi adotado pelos Marcets, que não possuíam filhos, como seu herdeiro.

37 DAVID, J.-É. *Notes au crayon: Souvenirs d'un arpenteur genevois, 1855-1898*. Ed. Marianne e Pierre Enckell. Lausanne, Éditions d'En-bas, 2004 (p. 100).

38 Schazmann (1957) observou as origens indianas de Müller e disse que o jovem Ferdinand era "fascinado pelas histórias de seu professor sobre as civilizações orientais das margens do Ganges". Isso pode ser verdade ou fantasioso, ou pode representar uma memória turva de Decombaz.

Outros mestres descritos por David que podem ter ensinado FdS incluem "Doehner, tão bondoso que o deixou culpavelmente fraco; ele deveria ter nos punido com um porrete, pregamos todas as peças imagináveis nele; no entanto, era preciso admirá-lo quando era sua vez de nos supervisionar na ginástica: ele fazia *tours de force* de tirar o fôlego nas barras paralelas. Um valdense do Piemonte, Jayet, que havia feito sua teologia em Genebra, nos ensinou francês como os dois anteriores; devemos muito a ele. Schäppig, um personagem muito simpático, revelou-me a beleza da língua alemã, que cometi o erro de esquecer com muita facilidade quando voltei a Genebra" (David, 2004, p. 100).

39 David, 2004, pp. 95-96.

40 *Idem*, p. 98.

41 Henri dS, entrada de diário, 6 de abril de 1869, cópia AdS 272bis/3, f. 3.

42 Henri dS, entrada de diário, 25 de agosto de 1870, cópia AdS 272bis/4, f. 18.

43 Henri dS, entrada de diário, 5 de maio de 1876, cópia AdS 272bis/7, f. 77.

44 David, 2004, p. 107.

45 *Idem*, p. 101.

46 *Idem*, p. 94.

47 Ver, por exemplo, sua carta para Karl Brugmann de 21 de junho de 1879, em: VILLANI, P. "Documenti saussuriani conservati a Lipsia e a Berlino". *Cahiers FdS*, vol. 44, 1990, pp. 3-33 (p. 13ff).

48 BGE Ms. fr. 3957/2, f. 28.

49 Henri dS, entrada de diário, 5 de maio de 1876, cópia AdS 272bis/7, f. 77.

50 Henri dS, entrada de diário, 25 de agosto de 1870, cópia AdS 272bis/4, f. 18.

51 Henri dS, entrada de diário, 5 de maio de 1876, cópia AdS 272bis/7, f. 78.

52 *Idem*, f. 79.

53 Henri dS, entrada de diário, 25 de agosto de 1870, cópia AdS 272bis/4, f. 18.

54 Henri dS, entrada de diário, 5 de maio de 1876, cópia AdS 272bis/7, ff. 77-78. Observe que, em uma entrada de 1870, citada anteriormente neste capítulo, Henri diz que Ferdinand lia o jornal de ponta a ponta aos dez anos de idade. Como essa entrada foi escrita quando Ferdinand já tinha 12 anos, ela se torna mais confiável. Em 1876, era comum Henri confundir as datas no desenvolvimento e na escolaridade de seu filho em dois anos para mais ou para menos.

55 AdS 371/9, f. 13.

56 Diários de Théodore dS, "Souvenirs", datado de 16 de dezembro de 1883, AdS 264/2, ff. 2-4. O filho de Ernest Pictet, Amé-Jules, seria um dos amigos mais próximos de FdS nos anos seguintes.

57 *Idem*. Henri Barbey era neto de Louise Crud, irmã do avô de Théodore, Victor. Sua filha Hélène Barbey mais tarde se casaria com o irmão viúvo de Louise dS, o conde Hermann de Pourtalès. Os condes Nicolai permaneceram amigos dos Saussure por toda a vida.

58 Em 1808, ao reunir os povos das terras de língua alemã para pegar em armas e resistir a Napoleão, Johann Gottlieb Fichte argumentou vigorosamente que a língua de um povo é o fator mais importante para determinar sua identidade e a nação a que pertencem. Isso passou a ser uma premissa aceita, mesmo entre os estudiosos franceses da metade do século XIX. Em 1870, esses estudiosos tiveram que recuar e revisar seus pontos de vista, uma vez que os povos de língua alemã da Alsácia-Lorena eram em grande maioria leais à França. Ver: JOSEPH, J. E. "842, 1871 and All That: Alsace-Lorraine and the Transformations of Linguistic Nationalism". *In*: Ayres-Bennett, W. & JONES, M. C. (ed.). *The French Language and Questions of Identity*. London/ Cambridge, MA: Legenda, 2007, pp. 44-52.

59 CRAMER, R. *Les Pourtalès, 1300-2000*. Saint-Pierre de Vassols, Éditions Familiales, s. d. (p. 183).

60 *Idem, ibidem*. O ano de nascimento de 1845 dado para Max no *Index of Names* está de acordo com Cramer (s.d., p. 171); a Société Genevoise de Généalogie indica 1847, ano de nascimento de seu irmão Hermann.

61 Prince von Bülow. *Memoirs, 1849-1897*. Trad. G. Dunlop e F. A. Voigt. London/New York, Putnam, 1932 (pp. 215-216). Original: Fürst von Bülow. *Denkwürdigkeiten*. Vierter Band. Berlin, Ullstein, 1931.

62 David, 2004, p. 122; e, para o ano da aposentadoria de LeCoultre, *Le livre du Recteur de l'Académie de Genève (1559-1878)*, publicado por Suzanne Stelling-Michaud (vol. 4. Genève, Droz, 1976 (p. 295)). Algumas pessoas continuaram a se referir à escola pelo antigo nome, levando Schazmann (1957) a pensar que a mudança de nome tivesse ocorrido depois do início dos estudos de FdS. Auguste Lemaître, que estava na mesma classe de FdS, mas havia entrado dois anos antes, refere-se a ele apenas como o "collège [...] chez M. LeCoultre" em seu *En glanant dans mes souvenirs (croquis & anecdotes)* (Neuchâtel/Genève, Éditions Forum, [1922] (p. 15)). No entanto, uma entrada no diário de Henri dS na época – 25 de agosto de 1870 – diz que Ferdinand entrará na "école Martine" no outono. J[ean] D[ebrit], em "Dernière heure: autour de la mort de F. de Saussure" (*A.B.C.*, 26 fev. 1913 (p. 5)), identifica incorretamente a localização da escola e nega erroneamente que FdS tenha estudado no Collège de Genève anos depois.

63 Schazmann, 1957.

64 FdS e Lemaître se cruzariam diversas vezes ao longo de suas vidas. Dos 4 aos 6 anos e meio de Lemaître, sua família ocupou um apartamento na Rue de la Tertasse (Lemaître, [1922], p. 6), que possui apenas dois prédios, sendo o outro a mansão Saussure de frente para a Rue de la Cité. Naquela época, o próprio FdS não morava lá, mas na fazenda de La Charniaz e em Creux de Genthod. Mesmo quando estava na cidade, no entanto, é improvável que FdS tenha conhecido Lemaître, neto de um ferreiro. Eles eram, porém, colegas de classe desde a Institution Martine. Nos anos posteriores, Lemaître faria um trabalho pioneiro em psicolinguística e iniciaria o estudo da médium Élise Müller, com o qual FdS se envolveu, conforme relatado no capítulo 13.

65 Henri dS, entrada de diário, 25 de agosto de 1870, cópia AdS 272bis/4, f. 18.

66 Jean-Élie David, em sua necrologia de FdS (publicada na *Gazette de Lausanne*, em 25 de fevereiro de 1913; reimpressa em: Marie dS (org.). *Ferdinand de Saussure (1857-1913)*. Genève, Imprimerie W. Kündig, 1915, pp. 35-39 (pp. 36-37)).

67 Schazmann, 1957. De acordo com *Le livre du Recteur* (vol. V, p. 114), Pénard obteve uma licença em Heidelberg em 1845, antes de se tornar Doct. Sc. Instit. em Genebra de 1850 a 1872.

68 AdS 371/12. Os muitos documentos nesse envelope não são numerados separadamente. Lebet também faz uma breve aparição em Lemaître ([1922], p. 20). As palavras entre <divisas> são inserções de Saussure, e as rasuras e sublinhados estão como no texto original do manuscrito.

69 Cougnard, primo de Auguste Lemaître, é hoje lembrado em Genebra principalmente por causa de uma rua que leva seu nome. As cantatas e óperas para as quais escreveu libretos são ocasionalmente executadas. Caso contrário, sua poesia é quase esquecida, exceto por um estudo de Claude Schmidt, *Trois poètes genevois: Jules Cougnard, Henry Spiess, René-Louis Piachaud* (Genève, Perret-Gentil, 1979), e um anterior, de Jean Violette, "Figurines littéraires: Jules Cougnard" (*Bulletin de l'Institut National Genevois*, vol. 51, 1938). Ele também escreveu sobre história literária e outros assuntos.

70 Lemaître, [1922], p. 23.

71 *Journal de Genève*, 2 de julho de 1873, p. 3.

72 Henri dS, entrada de diário, 25 de agosto de 1870, cópia AdS 272bis/4, f. 18; e 5 de maio de 1876, cópia AdS 272bis/7, f. 77.

73 J[ean] D[ebrit], 1913, p. 5. A informação é repetida sem identificação de fonte por De Mauro (*Cours de Linguistique Générale*. Edição comentada. Paris, Payot, 1972). Os detalhes do nome e da idade de Millenet foram corrigidos com base em *Le livre du Recteur* (vol. IV, p. 548). Schazmann (1957) afirma que o professor de grego de FdS na Institution Martine era "um homem de 85 anos que leu todas as obras de Homero no original e os fez decorar longas passagens" – um erro provavelmente derivado de uma leitura errada de Jules LeCoultre (*Notice historique sur l'Institution LeCoultre (1851-1869) e l'Institution Martine (1869-1882)*. Genève, A. Jullien, 1910 (p. 131)): "Sozinhos entre os professores que conheceram a Institution em seus primeiros dias, os senhores Millenet e Verchère ainda vivem. Aos 85 anos, o primeiro releu Homero inteiro no texto grego, sem a ajuda de nenhum comentário".

74 LeCoultre, 1910, p. 71, nota de rodapé.

75 HAAS, C. *Grammaire élémentaire de la langue grecque et spécialement de la prose attique*. 2. ed. Revisado por E.-A. Bétant. Genève, J.-C. Müller-Darier, 1863. Ver: FdS. "Souvenirs de F. de Saussure concernant sa jeunesse et ses études". Editado e apresentado por Robert Godel. *Cahiers FdS*, vol. 17, 1960, pp. 12-25 (p. 18).

76 Citado em LeCoultre, 1910, p. 58.

77 David, 2004, p. 81.

78 AdS 371/12.

79 *Idem*. Na verdade, era costume nas escolas de língua francesa pronunciar palavras latinas e gregas dessa maneira.

80 David, 2004, p. 81.

81 Alfred, filho de Victor Gautier, o médico mencionado anteriormente em conexão com a surdez de Jeanne dS, era primo de FdS por parte de seus quatro avós. Eles incluíam um Boissier, um Saladin e um Berthout van Berchem, além de seu avô Gautier, um descendente dos Diodatis.

82 AdS 371/12, sem data, com o nome Gautier escrito no canto superior direito da folha e circulado.

83 Élie LeCoultre, relatório anual para a Institution LeCoultre, 1865, citado em Jules LeCoultre (1910, pp. 83-84).

84 AdS 371/13.

85 AdS 371/12.

86 GILLET, F. *Résumé sommaire d'une méthode de dessin* (Genève, A. Blanchard, 1867) e *Enseignement collectif du dessin par démonstrations orales et graphiques: guide de la nouvelle méthode* (Paris, Renouard, 1869).

87 FdS, "Souvenirs", p. 17.

88 Documentos que definem o escopo completo das obras de Bellegarde estão em AdS 285.

89 Schazmann (1957) refere-se aos "anos passados no Collège onde usava o *casquette* azul da Paedagogia". Mas ele passou apenas um ano no Collège; e, de acordo com Mareike Buss, Lorella Ghiotti e Ludwig Jäger, "Lettres de Leipzig (1876-1880)", em *Ferdinand de Saussure* (editado por Simon Bouquet. Paris, L'Herne, 2003, pp. 442-472 (p. 467)), foi apenas em 16 de setembro de 1873, no início do primeiro ano do Gymnase, que FdS se tornou membro da Paedagogia.

90 FdS, entrada de diário, 9 de maio de 1873, AdS 369/5, f. 2 *verso*.

91 Baseado em entradas de diário no AdS 369/5.

92 ZIEGLER, H. de. *Le Collège de Genève*. Paris/Neuchâtel, Victor Attinger, 1933 (p. 46).

93 Os poemas "Tant va la cruche à l'eau qu'à la fin elle se casse" [Assim vai a jarra de água que acaba quebrando], "Le poltron" [O covarde] e "Le chant du coq" [O canto do galo] estão preservados em AdS 370/1, ff. 9, 13-14 e 15, respectivamente.

94 Era "Par une belle soirée d'été..." [Em uma linda noite de verão...], datada de terça-feira, 5 de novembro de 1872 (AdS 370/1, ff. 2-4).

95 AdS 370/1, ff. 5-6.

96 Ele nunca abandonou *langue* [língua] e *langage* [linguagem] ou *parole* [fala], apesar da imprecisão desses termos no uso comum. Os neologismos pelos quais é mais conhecido, *signifiant* e *signifié* (significante e significado, as duas partes componentes do signo linguístico), só foram introduzidos perto do final de seu último curso de linguística geral, depois de anos lutando com termos como "imagem acústica" e "conceito", que, no entanto, não captaram a nuance com precisão.

97 Esses foram "Les quatre saisons" [As quatro estações], 15 de março de 1873 (AdS 370/1, ff. 7-8) e "Le parjure découvert" [O perjúrio descoberto] (AdS 370/1, ff. 10-12).

98 Sobre a literatura francesa, ver: FdS, entrada de diário, 26 de maio de 1873, AdS 369/7. A matemática era ensinada por Jean Romieux, o professor mais antigo do Collège e um de seus regentes (Lemaître, [1922], p. 35).

99 Lemaître, [1922], p. 26.

100 Nota de discussão de Léopold Gautier com FdS, 14 de maio de 1910, publicada em: BALLY, C. *Ferdinand de Saussure et l'état actuel des études linguistiques* [aula inaugural para a cadeira de linguística geral, 27 de outubro de 1913]. Genève, Atar, 1913; reimpresso em: BALLY, C. *Le langage et la vie*. 3. ed. Genève, Droz, 1952, pp. 147-160 (p. 147). Bally disse que FdS lhe contou a anedota repetidamente. O relato de Antoine Meillet está em "Notice: Ferdinand de Saussure" (BSLP, vol. 18, n. 61, 1913, pp. clxv-clxxv (p. clxvi)).

101 FdS, "Souvenirs", p. 18.

102 Como será explicado mais detalhadamente, Saussure produziu numerosos rascunhos dessas lembranças, nenhum definitivo.

103 Isso está de acordo com o dicionário autorizado de grego Liddell & Scott: LIDDELL, H. G. & SCOTT, R. *A Greek-English Lexicon*, 9. ed. Revisado e aumentado por *Sir* Henry Stuart Jones, com a assistência de Roderick McKenzie e com a cooperação de muitos estudiosos, e com um Suplemento editado por P. G. W. Glare. Oxford, Clarendon Press, 1996. *A Lexicon to Herodotus*, por J. Enoch Powell (Cambridge, Cambridge University Press, 1938), também não faz nenhuma menção a essa forma.

104 BGE Ms. fr. 3970b, f. 3 *verso*.

105 Kühner, R. *Ausführliche Grammatik der griechischen Sprache, wissenschaftlich und mit Rücksicht auf den Schulgebrauch*. 2 vols. Hannover, Hahnsche Hofbuchhandlung, 1834-1835 [2. ed., 1843; 3. ed., 1851]. Edições desse livro continuaram a aparecer durante o século XIX, com reimpressões regulares até 1976.

106 GAMBARARA, D. "La bibliothèque de Ferdinand de Saussure". *Genava*, n.s. 20, 1972, pp. 319-368 (p. 346). Essa edição de Kühner, publicada em dois volumes (Hannover, Hahn, 1869--1870), é designada como "2. ed.", o que é estranho, devido às diversas atualizações das edições que apareceram nas décadas anteriores. FdS referiu-se ao livro em seus cursos de linguística geral; ver: *Cours* 3160 (número da passagem na edição crítica de Engler).

107 Kühner, 1834-1835, vol. 1, p. 548. Como mencionado anteriormente, Tucídides e Xenofonte eram ambos atenienses, mas algumas vezes introduziram formas jônicas em seus textos.

108 FdS, entrada de diário, 26 de maio de 1873, AdS 369/7.

109 Henri dS, entrada de diário, 6 de maio de 1876, cópia AdS 272bis/7, ff. 80-81.

5

1873-1876

Primeiro amor

Em 1873, o conhecimento de grego de Ferdinand era profundo o suficiente para que realizasse uma tradução em versos de 40 páginas do Livro XIV da *Odisseia* na esperança de ganhar o prêmio do Collège naquele ano.[1] A tradução é construída em dísticos alexandrinos rimados, executados com competência, apesar de uma ou outra rima fraca, como *rocher/porcher* e *embonpoint/point*, ou um neologismo como *mnéstères*, que ele tem que anotar com uma nota de rodapé: "Μνηστήρ [*Mnēstēr*] em grego = galanteador ou pretendente". Mas na primavera daquele ano seus talentos poéticos estavam sendo cada vez mais canalizados na direção do romance.

Aos 15 anos e meio, Ferdinand saiu de sua concha. Ele era menos estudioso e tinha um círculo de amigos íntimos com quem passava grande parte do tempo em busca de diversões típicas de meninos daquela idade. Em fevereiro de 1873, Louise deu à luz seu nono filho,[2] um menino, batizado de Maximilien em homenagem a seu irmão. Henri contratou os serviços de Pauline Fer, uma parisiense de 26 anos com conexões com os Pourtalès, para ser a governanta residente das crianças mais novas. Ela, que foi ferida e perdeu sua casa e família no cerco de Paris em 1870, provou ser de grande valor, não apenas como governanta, mas em sua devoção ilimitada a Louise, propensa a ataques de exaustão nervosa, que, na pior das hipóteses, podiam durar longos períodos. Pauline não apenas cuidou dela, mas assumiu suas tarefas domésticas durante esses períodos, sem contestação.[3]

O dinheiro estava apertado. A empresa Bellegarde não gerava a receita com a qual Henri contava. Pior ainda, os investidores de Genebra ficaram horrorizados ao perceber que seus sócios em Londres estavam mais preocupados com o pagamento imediato de dividendos do que com o sucesso do empreendimento a longo prazo. Para financiar seus dividendos, simplesmente emitiam mais ações, o que os genebrinos viam como um caminho rápido para a ruína.[4]

Após sua mudança para o Collège, Ferdinand não viu mais Denise Gillet, e qualquer atração por ela acabou no início de 1873. Seu amor pela caça, no entanto, certamente não diminuiu. Uma página arrancada de caderno tem um desenho seu de um homem atirando em um animal e, do outro lado, uma lista do resultado das caçadas de Ferdinand no final de 1872, incluindo 1 gato, 1 esquilo e 23 pássaros de várias espécies.[5] Mas veio a primavera, e seu interesse voltou-se para uma presa maior.

> Quinta-feira, 8 de maio de 1873. Decido ir com Pictet e não com Bourcart. Então vou à escola de equitação (onde Pictet está das 7 às 8) para dizer-lhe. Enquanto espero que ele saia às 8h15, vou dar um passeio na região dos Westerweller. Léonie está em sua janela.[6]

Léonie de Westerweller, prima de seu colega de escola Henri Lefort,[7] foi a nova paixão na vida de Ferdinand, inspirando poemas que nada têm da jocosidade daqueles sobre Denise Gillet. Em vez disso, são os versos de um jovem seriamente apaixonado.[8]

Vous seule êtes coupable, aimable Léonie,
Si, jaloux d'exprimer mes pensers les plus chers
Je me risque parfois à murmurer des vers:
C'est qu'en pensant à vous la charmante harmonie
Vient, qu'on l'appelle ou non, de mêler au soupir
Et que le coeur épris qui dans son souvenir
Entend chanter la voix de votre bouche rose
Le sent presque profane en vous parlant la prose.

Só você tem culpa, amável Léonie,
Se, com receio de expressar meus mais caros devaneios,
Atrevo-me, às vezes, a murmurar versos:
É que, ao pensar em você a sedutora harmonia
Vem sem convite misturar-se à lamúria;
E ao coração amoroso que à sua memória
Ouve cantar a voz da sua boca rosa
Parece profano lhe falar em prosa.

O diário minucioso que Ferdinand manteve durante o mês de maio de 1873 está repleto de dias passados em família ou com amigos, apanhando o bonde para ver algum evento atlético que se revela entediante, parando no caminho para comprar "uns cigarros atrozes". Esses passeios são intercalados com tentativas de marcar encontros "casuais" com Léonie, ou de passar por sua janela. Ela ficou encantada com suas atenções, ou pelo menos era nisso que Ferdinand queria acreditar.

Na semana seguinte, um dos Gautier organizou um baile para os meninos e meninas do grupo, o que Ferdinand chama de *pince-cul*, literalmente "belisca-bunda", uma palavra atestada pela primeira vez apenas em 1867, de acordo com o dicionário *Robert*, para uma festa em que os convidados se comportam maliciosamente. O jovem comparece sabendo que Léonie estará lá. Porém, ela não é tão amigável com ele quanto esperava: "Aubert diz que não percebeu no baile dos Gautier que Léonie estava sendo muito amigável comigo. Eu também não acho; as coisas não acontecem tão rápido com ela".[9]

O amor de Ferdinand por Léonie é inocente e idealizado. Os poemas que invocam seu nome são clássicos e castos. Ele até se dirige a ela com o *vous* formal – para Denise Gillet, ele havia usado o *tu* informal. Havia, porém, pensamentos mais ousados passando por sua mente, que aparecem em outro rascunho de poema dessa época.[10]

Déjà l'aurore a glissé curieuse
Un rayon rose au travers du rideau.
Sur ma poitrine <Contre mon sein> une tête amoureuse
Sommeille encor, tiède et charmant fardeau.
Un seul baiser qui frôlerait sa bouche
En l'éveillant rendrait <à un désir> ~~ses transports à un amour~~
Sa voix, ses yeux, ~~son amour, ses caresses~~
~~Ses brulantes caresses~~
et ses tendres étreintes

Já a aurora deslizou, curiosa,
Através da cortina um raio rosa.
Contra meu torso <Sobre meu peito> uma cabeça amorosa
Dorme ainda, carga encantadora e morna.
Se um beijo apenas sua boca roçara
Despertaria, ao despertá-la, <seu desejo> ~~seus ensejos de amor~~
Sua voz, seus olhos, ~~seu amor, suas carícias~~,
~~Suas carícias ardorosas~~
e seus abraços cálidos.

Henri de Westerweller, pai de Léonie, administrou os negócios do conde Alexandre de Pourtalès, e foi ele quem Henri de Saussure culpou por enganar a ele e Louise quanto ao que lhes era justo da fortuna de seu sogro.[11] Se Henri de Saussure tivesse suspeitado de alguma coisa sobre os sentimentos de seu filho por Léonie, tê-los-ia cortado pela raiz.

Por alguma razão, o ardor de Ferdinand esfriou. No verão, parte do qual passou nos Alpes franceses,[12] parou de escrever poemas para Léonie. Quanto à moça, parece nunca ter se casado.[13] Embora muitos dos últimos poemas de Ferdinand tenham sobrevivido, nenhum é dirigido a interesses amorosos. Há uma razão para isso – outra jovem a quem dedicou alguns versos responderia com um ardor que teve consequências desastrosas. No entanto, a poesia permaneceu em sua alma e ressurgiria anos mais tarde para encontrar um lugar em seu ensino e sua pesquisa. Na medida em que a poesia consiste em descobrir padrões e possibilidades latentes na linguagem, sua análise linguística é, em essência, poética.

Gymnase de Genève

O Gymnase foi estabelecido como parte do acordo da Revolução de 1846-1848.[14] Teve como modelo o *lycée* francês e o *Gymnasium* alemão, e, ao longo das décadas, seu controle era exercido ora pelo Collège, ora pela Académie de Genève. Crucial para determinar seu *status*, no entanto, foi o fato de estar alojado nos Bastions, dentro das instalações da Académie,[15] ou, como foi renomeada permanentemente naquele ano de 1873, da Université de Genève.

A localização era importante porque enfatizava o objetivo do Gymnase de preparar jovens para estudar na Université, com seu *ethos* de educação moderna e ampla, enraizada tanto nas ciências naturais quanto nas humanidades. Mais importante ainda, os alunos do Gymnase tinham acesso aos recursos da Université, que superavam em muito os do Collège, principalmente no que se referia ao equipamento científico e aos livros e periódicos especializados nas bibliotecas das faculdades universitárias.

A lei de outubro de 1872 aumentou o número de seções do Gymnase de duas para cinco: clássica, técnica, comercial, pedagogia clássica e pedagogia não clássica.[16] A seção clássica preparava os acadêmicos, os melhores dos quais poderiam aspirar a lecionar na Université, enquanto a seção de pedagogia clássica preparava os professores do ensino médio. Na época, essa parecia uma mudança liberalizante, reduzindo a corrente clássica de metade a apenas um quinto da instituição e mudando o centro de gravidade para áreas mais práticas. Entretanto, a percepção passou a ser inversa: a seção clássica era agora o domínio da elite, reservado a *muito* poucos seletos. Meninos da classe média com talento para línguas clássicas, que anteriormente poderiam ter entrado nessa seção ao lado de seus colegas aristocráticos, agora eram canalizados para a pedagogia clássica e o ensino escolar.

Uma tensão adicional foi introduzida, que recrudesceria por 40 anos antes de estourar. O programa do Gymnase sempre foi concebido como preparatório para a Université. Ela, entretanto, não oferecia cursos de comércio, matéria considerada muito prática para ser ensinada no mais alto nível de formação. Nenhum aluno matriculado na seção de comércio do Gymnase era elegível para ingressar na Université, mesmo que desejasse estudar em outra área.

Em 16 de setembro de 1873, Ferdinand, agora se aproximando de seu 16º aniversário, foi admitido na sociedade estudantil Paedagogia,[17] de onde partiram algumas das traquinagens descritas no capítulo 4. As sociedades estudantis se espelhavam nas "corporações" de estudantes em universidades alemãs. Seus membros usavam os emblemas da sociedade diariamente, de forma discreta quando frequentavam as aulas, mas com extravagância em ocasiões especiais. A Paedagogia era a sociedade "chique". Seus casquetes (bonés pontudos) azul-celeste, estampados com a letra "P" em fio de prata, eram o modelo de *bon ton*. Não era um simples "P", mas um

> [...] com um grande luxo de hastes e ramos supérfluos, além de um grande ponto de exclamação teutônico (cujo significado, imagino, era: aqui estamos, é assim que fazemos as coisas; e, se você não gosta, pouco importa, ou: o que você tem a ver com isso etc.). Esses encantamentos gráficos são chamados de *zirkels*. No Collège, pode-se vê-los em todos os lugares, desenhados nas paredes ou gravados nas mesas. É uma obsessão.[18]

As sociedades tinham seu próprio jargão "teutônico", incluindo *Zirkel*, junto com *Bierzipfel*, *Wichs* e *Flaus*, outros itens de vestuário específicos da sociedade usados apenas quando fora do Gymnase.[19] Um membro em seu primeiro ano era um *Fuchs*, em seu segundo ano, um *Bursch*.

Os documentos remanescentes da educação de Ferdinand incluem poucos do ano acadêmico de 1873-1874, seu primeiro no Gymnase. Ele manteve uma tradução de Horácio que fez naquele ano, junto com uma do Collège do ano anterior.[20] Estar na corrente clássica significava que suas áreas de estudo se sobrepunham amplamente ao que ele havia feito no Collège, portanto, não o desafiava intelectualmente. E, embora os meninos agora recebessem sua primeira instrução formal em ciências naturais, ela estava muito abaixo do que Ferdinand havia absorvido ao ajudar seu pai, ditando e ajudando em pequenas tarefas de pesquisa.

A compreensão da educação de Ferdinand no Gymnase é fornecida por notas de curso feitas por seus colegas Alexandre Claparède e Amé Pictet, e pelas memórias de David e Lemaître. O que mais impressionou Lemaître foi seu primeiro contato com as ciências naturais

> [...] na forma de noções muito elementares de zoologia e botânica. Quanto ao último ramo, nosso professor, Philippe Privat, apelidado de Cotilédone, [...] esforçou-se ao máximo para tornar seu ensino interessante, seja trazendo do açougue um cérebro de ovelha, seja inflando um pulmão de vitela para demonstrar seu funcionamento, ou tirando de sua vasta caixa botânica vários exemplares de uma planta que nos dava para identificar, [...] apesar de suas repetições e de seu zumbido monótono, ele nos inspirava por sua simpatia.[21]

Os garotos aprenderam física com um professor da Université, o amável Élie Wartmann, acompanhado por seu assistente de laboratório, Beaudroit. O ensino de Wartmann baseava-se na demonstração experimental de peso, pressão, dilatação dos corpos, magnetismo, eletricidade e outros princípios. Sempre que o professor estava ausente e Beaudroit conduzia os experimentos, eles conseguiam na primeira tentativa. Mas, se Wartmann estava presente, sempre insistia em ajudar, e os experimentos falhavam. Era de esperar que o professor aprendesse a lição e deixasse os experimentos para seu subordinado, mas não aprendia. "Nesse caso de arrogância com um subordinado", observou Lemaître, "pode-se observar um defeito bastante comum da velha guarda".[22]

História e geografia eram ensinadas por Paul Chaix, apelidado de Chameau [Camelo], por conta de seus longos membros e de uma viagem ao deserto da Líbia que adorava relembrar.[23] Era "um erudito de memória prodigiosa, que, por sua alta estatura e uma expressão indefinível em seu rosto, nos impunha respeito".[24] Embora também fosse da velha guarda, tinha um talento especial para contar histórias em suas aulas que levariam seus alunos ao riso solto – apesar de as risadas não serem permitidas em sua sala de aula. Os rapazes lutavam para se conter, mas às vezes sua hilaridade os vencia. Chaix anunciava aos que não conseguiam conter o riso: "*Monsieur* X e *Monsieur* Y, peguem seus chapéus!", o sinal para que saíssem do recinto. Os alunos notaram rapidamente que a palavra favorita de Chaix era "turpitude" e esperavam que a pronunciasse a cada aula, piscando uns aos outros com satisfação ao ouvirem-na. Os alunos também faziam questão de usá-la abundantemente em seus exames orais, nos quais suas notas eram concedidas na proporção em que reproduziam exatamente o que Chaix lhes havia dito, sem (de acordo com Lemaître) qualquer incentivo ao pensamento original. Ainda assim, Chaix foi um dos três professores de Saussure desse período a quem ele mais tarde considerou enviar uma de suas publicações.[25]

Os meninos não se mostravam inteiramente críticos ao ensino que recebiam. Quando era de qualidade, o reconheciam, ainda mais quando se tratava de um assunto pelo qual não eram naturalmente atraídos. David Decrue, o professor de matemática, havia recebido o apelido de Q' (/Cuprime/ [*que linha*]), que tinha conotações grosseiras por causa da homofonia da letra "Q" com a palavra *cul* [cu].[26] Ele chegava à aula "envolto em uma longa sobrecasaca preta, hermeticamente abotoada", movia-se rapidamente ao tablado e de imediato chamava um aluno até o quadro-negro para escrever as fórmulas que recitaria para sua primeira demonstração de álgebra. Entre uma demonstração e outra,

> [...] cruzava os braços sobre o peito por alguns instantes, depois nos dava, com inefável solenidade, uma palestra moralizante, aparentemente meditada antes de vir para a aula. Sua gravidade era tamanha que ficávamos tentados a rir, e instintivamente abaixávamos a cabeça para não nos contorcermos no momento mais emocionante.

No entanto, Decrue "foi um professor muito bom, que tinha o segredo de nos inspirar a trabalhar, muito além do que pudéssemos ambicionar".

O professor de alemão, Carl Krauss, "iniciou-nos nas belezas da língua alemã, fazendo-nos traduzir *Wilhelm Tell*, *Maria Stuart* e *Hermann und Dorothea*". Após seu primeiro ano no Gymnase, Krauss foi nomeado para uma cadeira na Université, onde, além da literatura clássica, ofereceu um curso sobre o poema medieval *Das Nibelungenlied* [*Canção dos Nibelungos*] e, a partir de 1885, um curso sobre a gramática do alto-alemão médio. Ambos se desenvolveram posteriormente em importantes áreas de interesse para Saussure.

As línguas grega e latina e as antiguidades eram ensinadas por Joseph Duvillard e Édouard Tavan, amigos próximos, apesar de serem bastante diferentes um do outro: "O Sr. Duvillard era espontâneo e quase saltitava enquanto ensinava, já o Sr. Tavan se movia com um passo seguro e tranquilo, o dedo indicador direito fixo em Horácio ou Cícero e o esquerdo em seu caderno de tradução". Paixão não faltou a Tavan, mas reservou-a para uma ocupação diferente, que exercia na privacidade de seu escritório: "seu admirável talento como *poète ciseleur*", o tipo de poeta que esculpe versos finos e requintados com mais preocupação com a forma do que com o conteúdo. Ainda assim, Tavan era reverenciado como uma inspiração por três gerações de seus contemporâneos e alunos, que compilaram um álbum de poemas em sua homenagem.[27] Ele e Duvillard eram os outros dois professores do Gymnase, junto com Chaix, a quem Saussure pensou em enviar uma de suas últimas obras.

De todos os cursos do Gymnase, o de seu diretor, Antoine Verchère, pode ter causado o impacto mais duradouro em Saussure. Lemaître diz que Verchère "nos deu um agradável curso de lógica de extrema simplicidade",[28] enquanto David diz "eu não entendi muita coisa; a matéria de seu curso era, eu acho, psicologia".[29] Na verdade, o título era "Filosofia", mas se tratava de uma pesquisa abrangente da filosofia e da psicologia desde a Antiguidade até os tempos modernos. É interessante que Lemaître o tenha lembrado como um curso de Lógica, que era uma das principais subdivisões e que incluía a seção de linguagem. As notas de Claparède para esse curso começam assim:

> Um dos grandes apanágios da espécie humana é a capacidade de se comunicar intelectualmente. Essas comunicações são realizadas por diferentes meios que geralmente levam o nome de *linguagem*. Os processos materiais são chamados de *signos*. Mas, se alguém produz um signo a uma pessoa ausente, esse não tem mais valor. Toda vez que uma coleção de signos convencionais ou naturais é feita, isso é chamado uma linguagem. Existem vários sistemas de signos: portanto, os sons da voz ou da *fala*, que é linguagem por excelência (a língua) (παραβολα, comparação, depois linguagem).[30]

Mostre esse parágrafo para a maioria dos linguistas de hoje e eles provavelmente identificarão o autor como alguém bem familiarizado com a obra de Ferdinand de Saussure. Algumas das principais ideias associadas ao nome de Saussure estão aqui: a distinção entre *linguagem*, *língua* e *fala*, linguagem como coleção de signos, valor, signos convencionais, linguagem como sistema de signos. Antoine Verchère foi então o verdadeiro fundador da linguística moderna? Se não, de onde vieram esses termos e concepções? A resposta para isso está um pouco mais adiante nas notas, onde Verchère diz:

> Quando se faz um estudo dos elementos que compõem uma língua, esse é chamado gramática geral. Há um pequeno número de fatos primordiais que podem ser combinados de inúmeras maneiras.[31]

A gramática geral, *la grammaire générale*, é a tradição associada a Port-Royal no século XVII. Essa tradição perdurou até as primeiras décadas do século XIX, quando foi abandonada na França em favor da nova abordagem histórico--comparada. A educação de Genebra, entretanto, era peculiar, por conta dos eventos que se seguiram à Revolução de 1846-1848. Verchère era um daqueles jovens que acabaram de iniciar a carreira docente quando a nova administração liderada por James Fazy retirava da sala de aula qualquer pessoa que tivesse tido uma educação eclesiástica. Passou anos lecionando em escolas particulares, inclusive na Institution Martine, antes de ser chamado de volta ao setor público para atuar como diretor do Gymnase. Ele conduziu, ao mesmo tempo, uma carreira política, que culminou na presidência do Grande Conselho de 1868 a 1870. Devido às demandas de tal atividade, não teve oportunidade ou motivação para renovar seu ensino de modo a mantê-lo alinhado com os desenvolvimentos mais recentes da área. Continuou, em meados da década de 1870, a lecionar aquilo que ele mesmo ouvira de seus próprios professores, como Adolphe Pictet e Rudolf Töpffer 30 anos antes.[32]

Verchère era um elo vivo de volta à época de Condillac, e as anotações dos alunos de seu curso de filosofia resolvem o mistério de como conceitos como o de signo linguístico passaram de Port-Royal e Condillac a Saussure. Eles explicam também por que Saussure nunca tratou nenhum desses aspectos de sua concepção de linguagem como novidade. Esses conceitos haviam sido ensinados a ele como noções de senso comum, e foi assim que os tratou. Verchère, porém, os apresentava a estudantes cuja educação havia sido modernizada, de modo que a velha tradição à qual Saussure se apegava parecia-lhes radicalmente nova.

A teoria dos signos não era a única noção "saussuriana" encontrada no ensino de Verchère. Encontra-se também a ideia de "diferença":

> [...] a *comparação* (*cum-par*) é a operação pela qual as ideias são aproximadas duas a duas. Mas o sentido real dessa palavra é mais amplo que seu sentido etimológico, assim, pode-se comparar mais de duas coisas e coisas dessemelhantes. A comparação consiste, portanto, em confrontar ideias, a fim de destacar suas relações de re- ou dessemelhança. As ideias que resultam dessa comparação são comparativas; todas as noções de grandeza são comparativas.[33]

Nessa mesma discussão, Verchère dá uma definição de *abstração* bastante diferente da encontrada nos dicionários de hoje, e que ajuda a elucidar como Saussure usa o termo: "A *abstração* é uma palavra latina que significa separação, ela consiste em considerar <isoladamente> pelo pensamento uma única qualidade que é encontrada em um todo". O termo *sistema* é frequentemente usado por Verchère em conexão com aspectos da linguagem, por exemplo, em sua discussão sobre os diferentes sistemas de ordem de palavras usados em diferentes línguas.[34] Sob o título "Métodos de ciências físicas e naturais", utiliza o termo *nomenclatura* para designar "uma linguagem científica".[35] Em suas últimas aulas, Saussure enfatizará o fato de que as línguas ordinárias *não* são nomenclaturas e que é um erro comum imaginar que o sejam.

Apesar da acuidade adolescente em identificar as fraquezas de seus professores, os rapazes tinham certa afeição por todos eles – com uma exceção. O professor de retórica e composição francesa, John Braillard,[36] não inspirou nenhum sentimento amigável em David ou Lemaître. Outro veterano do expurgo de 1848, carregou para a sala de aula as turbulências de seu serviço no conselho administrativo de Genebra, incluindo dois mandatos como prefeito em 1866 e 1868. Parecia a seus alunos que ele usava suas aulas de composição francesa como uma oportunidade para humilhá-los.

> Brusca foi a mudança de cenário quando, após a aula com o Sr. Privat, aparecia diante de nós a silhueta sem charme do Sr. Braillard, nosso professor de retórica e composição. Ele [...] nos remetia, se nós os conhecíamos naquela época, aos piores traços de um parisiense dos *boulevards*, com seu tom altivo e presunçoso, seu sorriso astuto e condescendente. Ele tinha prazer em tornar nossas pobres produções literárias ainda mais patéticas do que eram e em dissecá-las vivas.[37]

As composições de apenas um membro da classe mereceriam elogios do terrível Braillard, elogios entusiasmados, de fato, como veremos em uma seção posterior. Uma avaliação póstuma de Braillard disse que

> [...] sua independência zelosamente guardada o isolou. As armas da ironia e do sarcasmo, que manejava com rara destreza, deixaram muitas feridas. [...] Entristecido talvez pelo uso vão e disperso de seus preciosos dons, irritado consigo mesmo por não ter permanecido fiel à sua vocação de escritor-crítico e aos seus instintos de artista, devastado por sua autocrítica rápida e penetrante, demonstrou pouca indulgência a seus alunos.[38]

A mesma apreciação traz detalhes que sugerem ter temperamento semelhante, em certos aspectos, ao de seu aluno Saussure.

> Braillard poderia ter escrito um daqueles livros raros, um bom manual de retórica. Seus alunos poderiam tê-lo em suas mãos e suas aulas poderiam ter sido dedicadas a mostrar sua aplicação viva, tão atraente quanto instrutiva, às obras de grandes escritores. Mas, muito severo consigo mesmo e rapidamente desencorajado, não deixou nenhum trabalho concluído.

A diferença é que ninguém jamais sentiu crueldade na presença de Saussure. Anos mais tarde, pode ter se sentido igualmente amargurado, igualmente irritado consigo mesmo pelas ambições não realizadas, mas manteve isso dentro de si. Uma indicação desses sentimentos aparecia, ocasionalmente, em um rascunho de algo que estava escrevendo, mas ninguém mais tinha permissão para lê-lo.

O jovem Saussure fez um catálogo dos livros que possuía.[39] Ainda é em grande medida a biblioteca de um colegial, na qual os autores latinos figuram com mais destaque (César, Lívio, Suetônio, Sêneca, Cícero, Luciano). Sua coleção de dicionários incluía o grego-francês de Alexandre, o latim-francês de Quicherat, o dicionário francês de Nodier, o dicionário etimológico latino de Döderlein e um léxico francês-grego. Suas duas dúzias de "*Livres d'amusement* [Livros de divertimento] etc." eram todos em francês, exceto um: *Ansichten der Natur* [Visões da natureza], de Alexander von Humboldt. O restante da coleção incluía histórias de Théophile Gautier e Mérimée, as *Mil e uma noites* (em versão ilustrada), os dramas de Shakespeare, obras dramáticas do século XVIII (ilustradas), os estatutos da Paedagogia, *Como encontrei Livingstone*, de Stanley (também em versão ilustrada), as *Causeries du Lundi* [Conversas de segunda-feira] e *Nouveaux Lundis* [Novas segundas-feiras], de Sainte-Beuve, um livro sobre xadrez, os três volumes de estudos da literatura francesa contemporânea de Scherer, a história da França em dois volumes de Guizot (em versão ilustrada), *Helvetia*, de Geilfus, e *Les Alpes*, de Tschudi, e alguns contos e romances populares. Ele também incluiu na lista seus álbuns de selos, cuja coleção girava em torno de mil exemplares.

Além de colecionar selos, Ferdinand escrevia versos "obsessivamente" na opinião do pai e dava aulas de grego à governanta da família, Pauline Fer, a pedido dela.[40] Porém, como seus colegas membros da Paedagogia e de outras sociedades estudantis, ele dedicava a maior parte de suas energias extramuros às atividades sociais, que giravam em torno de beber cerveja, cantar canções estudantis, realizar expedições aos Alpes e festas em quartos de hotel. Os meninos da Paedagogia também passavam horas realizando reuniões, simulando debates e redigindo suas atas satíricas; muitas páginas da mão de Ferdinand sobreviveram.[41] Os professores que ensinavam no Gymnase frequentemente reclamavam das sociedades, que desviavam indevidamente os alunos de seus trabalhos.[42] Os pais também costumavam ficar preocupados: "O filho deles sai com frequência e chega tarde em casa, às vezes embriagado. Ele age como um adulto etc.".[43]

Foi por essa razão, é claro, que os pais de Ferdinand e de seus amigos os impediram de ir ao Gymnase por um ano. Ele se ressentiu muito, porque, anos mais tarde, convenceu-se de que, se não tivesse sido impedido de avançar nos estudos, poderia ter publicado sua descoberta da sonante indo-europeia *ṇ* antes de qualquer outra pessoa. No entanto, uma visão objetiva de como passou seu primeiro ano no Gymnase nos faz pensar se realmente teria sido tão concentrado quanto imaginou posteriormente. E nem haveria razão para arrependimento: o vínculo com seus congêneres na Paedagogia fez maravilhas por seu desenvolvimento social. Pelo resto de sua vida, contou com diversos amigos em Genebra. Raramente, porém, seria capaz de fazer amizade com alguém de fora do círculo de sua família, limitando-se quase inteiramente a uma companhia especial, mesmo quando morou em Leipzig e em Paris.

Em janeiro de 1874, foram anunciados os resultados dos exames do primeiro semestre no Gymnase. Pela primeira vez, Saussure não estava entre os primeiros da turma. Lebet, seu antigo parceiro no crime da Institution Martine, ficou em primeiro lugar, enquanto Ferdinand ficou horrorizado ao se ver reduzido à terceira posição.[44] O choque foi suficiente para fazê-lo retomar o rumo. Em julho, foram divulgados os resultados do segundo semestre e entregues os prêmios do ano. Dessa vez, estava Saussure no topo da lista, com 100,5 dos 106 pontos possíveis, e Lebet em terceiro. Ferdinand saboreou a vingança contra o amigo, ainda mais doce quando também levou o prêmio de composição francesa, por um poema intitulado "Le fou rire" [O ataque de riso].[45]

Foi provavelmente no final de seu primeiro ano no Gymnase que Saussure teve sua experiência intelectual mais profunda. Leu pela primeira vez uma obra de linguística. Quando terminou, havia encontrado sua vocação, embora ainda não o soubesse.

Adolphe Pictet

O livro que tanto marcou o jovem Saussure foi *Les origines indo-européennes ou les Aryas primitifs* [As origens indo-europeias ou os árias primitivos], de Pictet, publicado em dois volumes em 1859 e 1863 e que alcançou amplo renome, sendo a obra pela qual Pictet é mais lembrado. Em um exercício de memória, aos 45 anos, Saussure viu seu fascínio inicial pelo livro como juvenil, mas a obra de Pictet permaneceu indelevelmente gravada em sua mente. Perto do final do *Curso de Linguística Geral*, lemos que "serviu de modelo a muitas outras; continua a ser a mais atraente de todas. [...] o ensaio mais considerável que já se fez nessa direção".[46]

As ligações de Pictet com a família Saussure, incluindo sua amizade com Albertine Necker de Saussure e sua relação de sangue com a tia de Ferdinand, Adèle, foram observadas em capítulos anteriores.[47] Nascido em 1799, ele ganhou, na década de 1830, o apelido de "*L'Universel*" [O Universal], devido à sua gama de interesses, vasta até mesmo para os padrões dos intelectuais aristocráticos de Genebra de sua geração, que ia desde projetar explosivos militares até provar que as línguas celtas formam uma ramo da família indo-europeia.[48] Pictet foi descrito como "um dos deuses tutelares da infância de Saussure",[49] e o próprio Saussure escreveria em seus "Souvenirs":

> O venerável Adolphe Pictet, autor das *Origens indo-europeias*, era vizinho de minha família em nossa casa de campo, durante parte do ano, quando eu tinha 12 ou 13 anos. Eu o encontrava com frequência em sua propriedade de Malagny, perto de Versoix, e, embora não ousasse interrogar o excelente velhote, eu nutria secretamente uma admiração tão profunda quanto infantil por seu livro, do qual estudei seriamente alguns capítulos. A ideia de que se pudesse, com a ajuda de uma ou duas sílabas do sânscrito – era essa a ideia do próprio livro e de toda a linguística da época –, redescobrir a vida de povos desaparecidos, inflamou-me de um entusiasmo sem igual em sua ingenuidade; e não tenho lembranças mais verdadeiras ou mais requintadas do prazer linguístico do que aquelas que ainda hoje me invadem a mente dessa leitura de infância.[50]

Duas coisas precisam ser corrigidas aqui. A idade em que Saussure leu *Origens indo-europeias* foi adiantada, por razões que serão discutidas mais à frente. Além disso, quaisquer que sejam as críticas feitas ao livro de Pictet, esse não se baseia em "uma ou duas sílabas sânscritas" para redescobrir a vida de povos desaparecidos. Para cada palavra da língua-mãe indo-europeia perdida que tenta reconstruir e derivar informações históricas, o autor compara cuidadosamente as palavras em todas as línguas-filhas conhecidas e traz uma consideração detalhada de toda a literatura linguística relevante de Bopp e Grimm em diante. É verdade que Pictet olhou para o sânscrito como o "controle" de suas reconstruções tanto quanto os linguistas românicos olharam para o latim: "A palavra sânscrita, se existir, servirá como ponto de partida e como norma constante, representando, com toda probabilidade, a forma mais pura".[51] O livro de Pictet forneceu a Saussure sua primeira exposição séria ao sânscrito, por meio das centenas de palavras sânscritas citadas, mas também pelas várias línguas celtas, germânicas e eslavas antigas, bem como o albanês, o armênio e outras. O livro começa com um preâmbulo metodológico substancial, que diz precisamente que é provável que as semelhanças em palavras de uma ou duas sílabas sejam coincidências e não forneçam uma base sólida para a reconstrução comparada. É preciso antes de tudo estabelecer a relação entre as línguas *como um todo*.

> A probabilidade de uma relação real entre palavras semelhantes que designam o mesmo objeto depende, portanto, essencialmente do grau de afinidade das línguas a que pertencem, e essa afinidade deve ser previamente estabelecida por meio de um corpo de evidências que abarque todo o organismo dessas línguas.[52]

É precisamente essa posição que Saussure vai sustentar ao longo de sua carreira. O primeiro volume do livro de Pictet concentra-se em etnografia, geografia e história natural, preocupando-se em estabelecer a localização da pátria original dos povos indo-europeus. O autor concluiu que "O povo dos *árias*, que quer dizer os excelentes, os dignos de respeito, os mestres, os heróis (o nome significa tudo isso), como eles se chamavam em oposição aos *bárbaros*, deve ter ocupado uma região da qual a Báctria pode ser considerada o centro".[53]

O segundo volume trata de cultura material – pastoreio, agricultura, trabalho em madeira e metal, navegação, guerra, construção e arquitetura das cidades –, arranjos sociais e vida intelectual e religiosa, incluindo "psicologia primitiva". À medida que Pictet avança nessas temáticas, cada vez menos evidências são oferecidas pela etnografia. Em última análise, é apenas da linguística comparada que pode ser derivada uma imagem de como esses ancestrais antigos percebiam seu mundo. O estudo do vocabulário comparado mostra a Pictet que "os antigos árias eram essencialmente um povo de pastoreio [...]. O país foi dividido em pastagens, a propriedade de uma comunidade composta por várias famílias e unidas por interesses comuns, bem como por laços de sangue".[54]

A descoberta mais específica e inesperada da pesquisa de Pictet foi a extensão da cultura ancestral de respeito quase reverente e adoração pela vaca, uma veneração ainda mantida no hinduísmo.

Da vaca são emprestados vários nomes de plantas e pássaros, assim como medidas de vários tipos. Os principais momentos do dia são designados por palavras para a saída e o retorno dos rebanhos. Possuir vacas constituía riqueza e bem-estar, e o desejo de possuí-las era um motivo comum para expedições de guerra. Dar uma vaca de presente era um sinal de honra reservada para ocasiões particulares, como a chegada de um convidado, a celebração de um casamento; e, quando a morte se aproximava para um membro da família, era novamente a vaca que lhe era dada como companheira e guia no outro mundo, sacrificando-a em sua pira.

Um exemplo notável é fornecido pela palavra *filha* e por seus congêneres em muitas línguas indo-europeias, incluindo o alemão *Tochter*, o russo *duche*, o grego *thygatéra* e o sânscrito *duhitṛ* (escrito como *duhitar* por Pictet): "Não há dúvida sobre a etimologia de *duhitar*. É um substantivo agentivo, como *pitar* [pai], *mâtar* [mãe], derivado regularmente da raiz *duh*, ordenhar, e significando aquela que ordenha".[55] Pictet conclui disso que, na cultura ancestral primitiva, ordenhar as vacas era um papel social essencial atribuído às moças solteiras.

É fácil entender o apelo do livro, não apenas para um jovem Saussure, mas para linguistas, antropólogos culturais, historiadores e até teólogos. Sua mensagem foi prontamente absorvida por um público ainda mais amplo em toda a Europa, que nunca se daria ao trabalho de ler diretamente as centenas de páginas de argumentos etimológicos de Pictet. Foi o sonho romântico por excelência: romper uma muralha para descobrir o mundo perdido mais original e puro de nós mesmos. O Saussure adolescente encontrou nele o equivalente pré-histórico dos romances de aventuras heroicas nos quais mergulhava por dias a fio. Quando fechou o primeiro volume, um linguista havia nascido e havia sido exposto, indiretamente, ao trabalho de todos os comparatistas indo-europeus de Bopp a Schleicher, Curtius e outros que escreveram sobre o assunto até o final da década de 1850.

Quanto ao segundo volume, mais especulativo e polêmico, não está claro se Saussure foi profundamente marcado por suas afirmações sobre a "psicologia" dos povos indo-europeus.[56] Contra um pano de fundo de suposições de que o pensamento "primitivo" era inteiramente concreto por natureza, com o pensamento abstrato surgindo apenas em estágios posteriores e avançados da civilização, Pictet encontrou algo muito diferente no que diz respeito aos indo-europeus. Os árias oferecem o exemplo, talvez único nas línguas, de uma distinção bastante sutil entre o ser puramente abstrato e a existência real e concreta. Aqui novamente se encontram os germes desse vigor de pensamento que fez dos povos arianos os criadores da filosofia, com exclusão, pode-se dizer, de quase todos os outros. A busca desenfreada pela verdade sempre foi uma de suas tendências predominantes.[57]

O problema começa com *a exclusão... de quase todos os outros*. Um debate culturalmente carregado e fortemente contestado estava emergindo sobre a "perfeição" das línguas indo-europeias. A cultura religiosa central da Europa – o cristianismo em suas versões ortodoxa e ocidental – claramente não era de origem indo-europeia, mas semita.[58] Jules Oppert, especialista em línguas indo-iranianas e um dos fundadores da assiriologia, contestou as alegações de superioridade linguística indo-europeia, argumentando, por exemplo, que os salmos de David são superiores aos hinos védicos.[59] Como uma figura importante nos estudos indo-europeus e semíticos, Oppert ocupava uma posição de destaque para julgar tais questões, embora o fato de ele próprio ser judeu não tenha passado despercebido.

Pictet não diz diretamente que os árias foram superiores aos hebreus. Sua posição é que cada um era exatamente o que precisava ser para cumprir seu papel no plano divino. No entanto, ao descrever suas características, não disfarça onde residem suas próprias simpatias.

> O contraste entre as duas raças é o mais nítido possível. Para os hebreus, a autoridade que conserva, para os árias, a liberdade que desenvolve; para um, a intolerância que concentra e isola, para outro, a receptividade que amplia e assimila; para o último, energia direcionada para um único objetivo, para o primeiro, atividade incessante em todas as direções; por um lado, uma única nacionalidade compacta, por outro, uma imensa extensão da raça dividida em uma multidão de povos diferentes: de ambos os lados exatamente o que era necessário para cumprir seu destino providencial. Ver nesse arranjo apenas um simples jogo do acaso é fechar voluntariamente os olhos à luz.[60]

Nascido no final do século XVIII, formado intelectualmente na década de 1820 sob a égide de Victor Cousin e no salão de Coppet, Pictet tendeu a se apoiar no discurso da linguística histórico-comparada vigente em meados do século para sustentar os primeiros tempos da era romântica, do qual era um herdeiro espiritual. Em sua mente, os árias e os hebreus sobre os quais escreveu eram ideais históricos. Os atributos culturais que descreveu foram escolhas influenciadas pelo ambiente em que os povos viviam, sem nenhuma sugestão de que fossem determinados ou transmitidos geneticamente. Na verdade, sua descrição dos árias e dos hebreus se ajustava melhor ao contraste moderno entre protestantes e católicos romanos, o contraste que realmente importava para ele como um calvinista genebrino que fizera carreira na Europa mais ampla e predominantemente católica. Algum calvinista teria visto "a busca irrestrita pela verdade" como uma tendência predominante dos papistas? No vocabulário tradicional de Genebra, "autoridade" e "intolerância" são termos associados em primeiro lugar a Roma.

No entanto, os leitores que receberam o livro de Pictet após sua publicação pertenciam a uma época em que o discurso público estava começando a refletir certa consternação com o que foi percebido como um excesso de poder dos dos judeus no setor bancário, nas profissões liberais, nas ciências, nas artes e na política. A emancipação judaica ocorreu na Suíça em 1866, e lá, como em outras partes da Europa, as pessoas que simpatizaram com os judeus quando lhes foram negados plenos direitos de cidadania começaram a temê-los e a ressentir-se deles quase tão logo esses direitos foram concedidos. Para algumas dessas pessoas, o livro de Pictet parecia oferecer uma prova científica de que a raça ariana era superior. Certamente, Pictet não poderia imaginar a que isso levaria em menos de cem anos.

Em suas memórias autobiográficas, Saussure diz que "não ousou interrogar muito o excelente velhote", dando a entender que o interrogou um pouco. Uma espécie de relação de orientação se desenvolveu entre eles, e Saussure passou a ler e admirar todos os livros de Pictet. Suas opiniões sobre dois deles aparecerão mais adiante, no contexto de uma série de artigos que escreveu sobre Pictet e sobre a importância das *Origens indo-europeias*, numa época em que superava o método linguístico de Pictet, mas não necessariamente sua visão mais geral.

Ensaio para reduzir as palavras do grego, do latim e do alemão a um pequeno número de raízes

Em julho de 1874, após completar seu primeiro ano no Gymnase, Saussure empreendeu seu primeiro esforço em linguística. O trabalho não estava relacionado com sua educação formal, que continuou a deixá-lo sem inspiração, exceto pelas composições que escreveu para o curso de retórica e de composição francesa de Braillard. Totalmente por conta própria, começou a escrever um ensaio desenvolvendo uma visão que lhe ocorreu durante a leitura das *Origens indo-europeias*, de Pictet. Sua visão, muito mais radical do que qualquer coisa que Pictet jamais sugeriu, é a de que as palavras do grego, do latim e do alemão – representando os três ramos do indo-europeu em que Saussure reivindicaria um conhecimento sólido – poderiam ser sistematizadas historicamente de forma a derivá-las todas de apenas nove raízes primitivas. Essas raízes incorporavam o uso perfeitamente econômico de três consoantes básicas, *p*, *t* e *k*, e uma única vogal, *a*.

O jovem começou o *Ensaio* em julho, mas teve que deixá-lo de lado para sair com o pai e o irmão Horace para uma excursão aos Alpes romanches e italianos.[61] Era mais longa e ambiciosa do que a típica viagem de verão, mas Henri precisava dela para fugir e limpar sua mente dos problemas cada vez maiores com os projetos de Bellegarde, que agora o consumiam. As negociações maliciosas dos parceiros britânicos ameaçavam a base financeira de todo o empreendimento. Alguns meses antes, Henri havia apresentado aos investidores um plano para salvá-lo. Eles teriam que renunciar aos dividendos temporariamente e devolver as ações gratuitas que receberam quando novas ações foram emitidas para financiar seus dividendos anteriores. Henri liderou o caminho devolvendo suas próprias ações gratuitas, mas, para seu choque e consternação, nenhum dos escoceses seguiu o exemplo.

Na primavera, foi tomada a decisão de colocar a fábrica de fosfato em liquidação.[62] Henri renunciou ao cargo de diretor da empresa. Em uma longa carta ao diretor na Grã-Bretanha, escrita em um inglês imperfeito, negou ter feito isso para sua própria conveniência.

> Posso dizer que durante seis meses me sacrifiquei inteiramente pela Companhia, e que, se algum dos diretores tivesse feito a metade do trabalho que fiz na época, nossas ações teriam sido vendidas e a posição salva. [...] Estou extremamente abatido e esgotado, como um cavalo que tem estado há muito sobrecarregado.[63]

Louise estava com os pais em suas propriedades na Boêmia, onde passavam de dois a três meses a cada verão. Naquele ano, Ferdinand foi convidado a se juntar a eles. Henri, que não falava com o sogro, hesitou em concordar com a viagem, pois Ferdinand o ajudava em seu trabalho fazendo cópias de cartas, que lhe eram ditadas para Henri guardar. Além disso, Henri tinha certeza de que o velho estava pregando peças financeiras nele e em Louise, instigado por seu gerente de negócios, Westerweller. Ferdinand ficou surpreso ao descobrir que ele próprio não estava tão ansioso para ir. "Não sei por que isso não me encheu de alegria desmesurada", escreveu em seu diário no final do ano. "Eu também teria ficado tranquilamente em Genthod", para trabalhar no *Ensaio*.

Nenhuma decisão havia sido tomada sobre a Boêmia quando Henri partiu com seus dois filhos mais velhos para St. Moritz. Depois de alguns dias lá, Henri anunciou que havia decidido deixar Ferdinand fazer a viagem para a propriedade de seu avô. O jovem manteve sua ambivalência para si mesmo e, como sempre, não questionou a decisão de seu pai. Deixando Horace em um *resort* em St. Moritz para se curar dos tiques nervosos de sua coreia de Sydenham,[64] Henri levou Ferdinand em 14 de julho para Lindau, onde embarcou em um trem para Munique e, de lá, seguindo as instruções detalhadas de Henri, tomou outro trem para a viagem de cerca de 500 km até a propriedade dos Pourtalès em Radowesnitz (atual Radovesnice), perto de Kolin, na Boêmia (atual República Tcheca). Lá passou uma semana muito agradável com seus avós e seu tio Max.[65] Sua mãe também estava presente, embora ele nunca a mencione ao escrever sobre a viagem em seu diário no final do ano. Terminada a semana, Max voltou a Berlim, enquanto Ferdinand acompanhou a mãe e os avós de volta à Suíça pelo Rio Main, parando para ver o tio e a tia Hermann de Wesdehlen. Eles então levaram Ferdinand de volta para Creux de Genthod, onde não teve mais de três semanas para terminar seu *Ensaio* antes de enviá-lo para Adolphe Pictet em 17 de agosto de 1874.

Esse *Ensaio para reduzir as palavras do grego, do latim e do alemão a um pequeno número de raízes* está conservado na Biblioteca Houghton da Universidade de Harvard, junto com a carta de apresentação de Saussure a Pictet.[66] Em um rascunho inicial de seus "Souvenirs" de 1903, Saussure lembrou que

> [...] muito impressionado com a leitura de seus livros – notadamente as *Origens indo-europeias* –, entreguei-me aos 13 ou 14 anos a uma *teoria geral*, e curiosamente infantil, de todas os radicais possíveis, que tinha à mão (pelo grego – lat. – al. – fr.) <e que eu> distribuí, tanto quanto me lembro, entre um número de tipos determinados, por ex. PNK: πνίγω, funke, &c.[67]

Em um rascunho posterior, que seria publicado em 1960, Saussure diz que escreveu o *Ensaio* em 1872, quando, assim que "aprendeu alguns rudimentos de grego na escola", sentiu-se

> [...] pronto para esboçar um *sistema geral de linguagem*, destinado a Adolphe Pictet. Essa infantilidade, tanto quanto me lembro, consistia numa prova de que

tudo remonta, em todas as línguas possíveis, a radicais imediatamente constituídos por três consoantes (mais antigamente ainda por duas consoantes).[68]

A cronologia de Saussure aqui é multiplamente falha. Ele não apenas errou o ano, como não foi no Collège de Genève ou mesmo na Institution Martine que aprendeu seus "primeiros rudimentos de grego". Seus relatórios escolares de Hofwyl mostram que já em 1868-1869, aos 11 anos de idade, ele estava se saindo muito bem no estudo da língua. Isso foi quase seis anos antes de realmente escrever o *Ensaio*, e quatro anos antes de afirmar tê-lo escrito nos "Souvenirs".

Embora o *Ensaio* ainda estivesse em posse de Saussure quando escreveu suas memórias, seus manuscritos eram inúmeros e já haviam atingido um estado terrível de desorganização quando ele tinha vinte e poucos anos.[69] Se tivesse sido capaz de localizá-lo e refrescar sua memória, teria visto que, pelo menos abertamente, o *Ensaio* não faz afirmações sobre "todas as línguas possíveis" ou um estágio de duas consoantes. O jovem Ferdinand já tinha o cuidado de não propor nada que não pudesse sustentar com exemplos de línguas que conhecia bem. Deixa claro desde o início que não é tão ingênuo a ponto de aceitar a ideia corriqueira de que, em sua origem, a linguagem era onomatopaica. Se fosse o caso, seus primeiros falantes teriam que dominar uma imensa quantidade de articulações sonoras para reproduzir as nuances da natureza. Em vez disso, Saussure assume que "somente por meio de uma educação lenta eles chegaram a pronunciar todos os sons de que são capazes".[70] No primeiro estágio da linguagem humana, as palavras ainda eram "informes", compostas apenas de vogais, esses "sons elementares que não são recusados nem aos mudos".

Como observado acima, o *Ensaio* de Saussure propõe que as consoantes teriam surgido uma a uma. A primeira consoante, *k*, veio da aspiração, um som *h* feito antes de vogais, a princípio acidentalmente, sem nenhum significado. "Essa foi a aurora das consoantes" – sua origem era laríngea, uma visão que, curiosamente, se alinhava com os argumentos daqueles que acreditavam que a família semítica representava a linhagem mais antiga das línguas humanas, principalmente (embora nem sempre) daqueles que se apoiavam no relato bíblico.

Depois de *k*, a próxima consoante deve ter sido *p*, porque sua articulação é mais fácil. Até esse ponto, nem a língua, nem o palato, nem os dentes foram usados; o som *t* é o primeiro a surgir envolvendo esses órgãos, o que o torna mais complicado do que *k* ou *p*. Assim, temos nossas três consoantes, que se combinam com uma vogal, antes ou depois dela, para formar sílabas.

pa ap ka ak ta at

No segundo estágio da linguagem, a vogal é um "elemento mutável que assume a tonalidade de qualquer céu sob o qual viaje ou desapareça completamente". Saussure utiliza aqui a letra *a* algebricamente, para indicar, não o som [a] de fato, mas "qualquer vogal" ou o traço "vocálico". O som real da vogal não importa. Nesse estágio, as vogais mudam demais para servirem como um "índice seguro" de sentido. Qualquer que seja o sentido da sílaba *pa*, esse sentido seria o mesmo se o som fosse [pa] ou [po] ou [pe] ou qualquer outra variante.

Essa abordagem algébrica da vogal, abstraindo-a do som real, não é característica da linguística da época de Saussure. É, no entanto, uma abordagem que perdurará em seu próprio trabalho. Podemos ver traços distintivos da linguística saussuriana já no *Ensaio*, embora o Saussure maduro não tivesse deixado tamanha ponta solta ao não oferecer nenhuma explicação de como as diferenças vocálicas que eram significativas no primeiro estágio da linguagem deixaram de ser no segundo.

Essas diferenças permaneceram indistintas conforme a linguagem passava para seu terceiro estágio, o das sílabas, contendo duas consoantes com uma vogal entre elas. As três consoantes tornaram possíveis nove combinações, cada uma com um sentido, ou pelo menos uma significância geral, a que Saussure chama de "ideia".

pap pat pak tap tat tak kap kat kak

A ideia de *kap*, por exemplo, é "qualquer coisa que seja oca ou curva", enquanto *kat* é "esconder, cuidar, estimar, salvaguardar, honrar". Cada uma dessas nove "raízes" torna-se a base de uma "família de palavras" nas três línguas consideradas. "A partir desse ponto", escreve Saussure, "a raiz repousa sobre duas consoantes que lhe conferem seu caráter distintivo; não pode ser confundida com outra raiz".

Aqui emerge outro traço fundamental da linguística saussuriana: o lugar central dado à *diferença*. O que é real na linguagem, para Saussure, é aquilo que serve para distinguir um elemento significativo de outro no espírito dos falantes. Esse não é claramente o caso nos estágios mais primitivos, quando ainda não se possuía o domínio físico dos sons. Mas, uma vez que a linguagem esteja totalmente formada, todos os sons estão sob o controle dos falantes, e não resta nenhuma distância significativa entre os sons "fáceis" e os "difíceis". Agora estamos lidando com um *sistema* no sentido mais verdadeiro, no qual a identidade de cada elemento depende de sua relação com todos os outros elementos, começando pelo fato de que cada raiz "não pode [...] ser confundida com outra raiz".

A etapa seguinte é aquela em que o timbre da vogal se torna distintivo. Agora, *kep* e *kop* têm um sentido relacionado a *kap*, mas não idêntico a ele. Os estágios subsequentes consistem em elaborações progressivas das raízes iniciais. Outras consoantes labiais (*b*, *m*, *f*, *v*) surgem inicialmente como variantes de *p*, outras dentais (*d*, *n*, *s*, *z*, *l*, *r*) de *t*, e assim por diante. As primeiras raízes de duas sílabas são formadas, às vezes com uma das vogais sendo omitida. As consoantes são duplicadas. Então Saussure entra nos "casos complicados", como quando uma consoante substitui outra pertencente a um tipo diferente.

É por meio dessas operações complexas que o jovem genebrino consegue reduzir centenas de palavras a um pequeno número de raízes. A raiz que examina detalhadamente é *tap*, à qual atribui o sentido geral de "esmagar, sufocar, amortecer, aplainar, tudo o que é moderado, sem ênfase; o que é baixo, humilde, curto, grosso, pesado, enfadonho, obtuso, entorpecido". Ele deriva o grego *túptō* [bater] dessa raiz, junto com o alemão tupfen [tocar]. Isso pode parecer bem óbvio, mas outras palavras exigem mais trabalho. O grego *stémphō* [imprimir, pressionar] tem no centro a sílaba *tap*, mas sua vogal mudou para *e*, seu *p* mudou para *m*, seu *t* foi reforçado por um *s* e combinou com outra sílaba (*phō*).

O problema com tal conjunto de operações é que praticamente qualquer palavra pode ser derivada de qualquer raiz. Os linguistas descrevem tais operações como excessivamente "poderosas". O jovem Saussure previu essa acusação e tentou afastá-la:

> Não posso ser repreendido por ter dado grandes saltos na derivação de sentido, pois aqui está, por exemplo, [latim] *traho* e [alemão] *tragen* (arrastar, carregar) que são reconhecidas como sendo o grego *trékhō* (correr), mas que eu não consegui colocar sob nenhuma *ideia*, porque seus sentidos pareciam muito distantes.

É uma defesa frágil: o simples fato de contestar um salto nesse ou naquele caso não é prova de que se conteste tudo. Entretanto, é digna de nota aqui a distinção que faz entre o sentido de uma palavra e algo que ele chama de "ideia", uma categoria mais geral que une muitas palavras de sentido relacionado e as distingue de outras.

Eu classifico ordinariamente em *ideias* as palavras de uma raiz e tento fazer ver a relação dessas ideias. Mas deve-se ter em mente que não pretendo indicar com isso o desenvolvimento histórico que a raiz seguiu; eu não discuto se tal ideia emergiu de tal outra ou o contrário.

Isso terá ecos no pensamento saussuriano posterior, assim como a distinção feita aqui entre o "desenvolvimento histórico" e as "relações" que existem em um determinado ponto no tempo – duas abordagens que Saussure mais tarde denominará "diacronia" e "sincronia".

Depois de fazer um relato detalhado de três de suas famílias de raiz, Saussure encerra seu *Ensaio*, explicando que seu propósito foi simplesmente apresentar sua ideia de forma resumida.

Se eu tivesse certeza de que o restante fosse verdade, naturalmente estudaria especialmente todos esses pontos difíceis. Conseguiria assim, e sobretudo se conhecesse as línguas orientais, dividir com certeza todas as palavras em uma dúzia de raízes. Mas vejo que me perco em sonhos e que devo ter em mente a fábula da leiteira.

Em *La laitière et le pot au lait* [*A menina do leite*], de La Fontaine, "os esquemas grandiosos da menina se esvaem junto com o leite, cuja venda teria fornecido a base para seus sonhos. O tema da fábula é geralmente classificado pelos folcloristas na categoria de 'Castelos no Ar'".[71] Com relação às "línguas orientais", ele certamente foi exposto a elas, particularmente o sânscrito e o persa, em sua leitura de Pictet. Mas, a seu crédito, não está preparado para simplesmente coletar palavras do estudo de línguas que ele próprio não conhece.

Pictet levou apenas três dias para enviar a Ferdinand suas considerações sobre o *Ensaio*. No final de 1874, recordando os acontecimentos daquele ano, Ferdinand, agora com 17 anos, escreveu em seu diário que Pictet "me respondeu em 20 de agosto com uma carta que poderíamos chamar de muito desencorajadora. Desde então, compreendi o efeito que minhas ideias devem ter tido sobre ele ao ler diferentes coisas em linguística".[72] Em seus "Souvenirs", ele lembrou:

O excelente estudioso teve a particular gentileza de me dar uma resposta por escrito, na qual dizia entre outras coisas: Meu jovem amigo, vejo que você pegou o touro pelos chifres..., e então ele me distribuiu boas palavras que foram eficazes em me acalmar definitivamente sobre qualquer sistema universal de linguagem.[73]

Mais uma vez, o *Ensaio* não propõe explicitamente nada de "universal". Talvez suas especulações sobre as origens da linguagem tivessem essa intenção, e é verdade que Saussure nunca mais se envolveria em tais especulações. A visão da linguagem humana original no *Ensaio* é mais uma linguagem planejada do que uma evolução orgânica.

Apesar de toda a sua excessiva ingenuidade, o *Ensaio* continua sendo um trabalho notavelmente bem organizado e linguisticamente perspicaz para alguém a três meses de completar 17 anos. A presença de tantos conceitos caracteristicamente saussurianos, mesmo que apenas em germe, mostra que sua abordagem da linguagem é profundamente original. Embora enraizada em sua educação e suas experiências iniciais, essa abordagem não deriva da literatura linguística, que, à exceção de Pictet, ele não conhecia. Sua visão provará ser fundamentalmente consistente, quaisquer que sejam os desenvolvimentos pelos quais passará, de sua juventude até sua morte.

O próprio Saussure, no entanto, não via dessa forma. Como em todas as ocasiões anteriores em que sofreu um revés, reagiu de forma forte e pessoal. Apesar das tentativas de Pictet de ser encorajador, a mensagem de sua carta era clara, e Ferdinand, humilhado, foi interrompido em seu caminho. Em 1903, o *Ensaio* existia em sua mente como uma loucura juvenil, e seu papel na mitologia pessoal que criara se tornou o de um demonstrativo de sua total ingenuidade aos 14 anos – talvez até 12, de acordo com um rascunho de suas memórias[74] – antes de ter o lampejo de percepção sobre a palavra grega *tetákhatai*. De acordo com os "Souvenirs", "a partir desse momento (1872), eu estava muito pronto para receber outra doutrina, se tivesse encontrado uma, mas na verdade esqueci a linguística por dois anos, bastante desgostoso com meu ensaio fracassado".[75] De todos os lapsos de memória em seus rascunhos de lembranças, esse é o mais extraordinário. Ele não esqueceu a linguística por dois anos. Os próprios "Souvenirs" afirmam que, no ano letivo que estava para começar, o segundo no Gymnase, o jovem iniciou seu estudo sério e independente do assunto. Mas foi um ano de traumas, incluindo um período de doença com risco de vida; por isso, é compreensível que, olhando para trás, um quarto de século depois, sua cronologia seja falha. A mitologia pessoal que constrói pode ser sua melhor tentativa de dar sentido aos eventos conforme se lembra deles.

Se pretendia propositalmente enganar, por que teria mencionado o *Ensaio*? Por que não o usar para mostrar que os traços característicos do pensamento saussuriano já existiam dois anos antes de sua chegada à Universidade de Leipzig? Ele estava, é claro, com a desvantagem de não saber o que era o pensamento saussuriano. Nós, que lemos o *Ensaio* cem anos depois de suas aulas sobre linguística geral, podemos detectar prenúncios que escaparam ao próprio Saussure.

A tragédia e o triunfo

Ao iniciar seu segundo ano no Gymnase, Ferdinand continuou a aproveitar sua vida social com os colegas da Paedagogia. Tendo já experimentado a emoção da liberdade adulta, ele passou a se dedicar seriamente aos estudos, e seus dons intelectuais e literários começaram a amadurecer. Em setembro de 1874, um poema para a aula de composição francesa de Braillard fez com que até aquele professor hipercrítico o saudasse como um gênio. Alguém poderia esperar que seus colegas ficassem ressentidos, mas, como Lemaître lembrou mais tarde, eles também ficaram comovidos com o poema e maravilhados com os poderes de seu condiscípulo.

> O Sr. Braillard reconheceu prontamente as belas qualidades na prosa e no verso, sempre sobre temas atraentes, de nosso condiscípulo Ferdinand de Saussure. A essa prosa e a esses versos, o Sr. Braillard tentaria dar seu devido valor lendo-os impecavelmente. Ele comparou seu aluno a Delille, achando Saussure superior.[76]

Jacques Delille, conhecido como "o Virgílio francês", foi eleito para a Académie Française com a idade inédita de 36 anos, tendo sido nomeado por Voltaire. Hoje ele está praticamente esquecido, seus poemas sobre temas neoclássicos tornaram-se ultrapassados no início do século XX, quando a década de 1870 consagrou-se como o período do decadente e do moderno, a era de Verlaine, Rimbaud e Mallarmé – nomes talvez sussurrados no Gymnase de Genève, mas certamente nunca estudados.

Ter isso em mente ajuda a entender o que havia de tão impressionante no "Virgile enfant" [Virgílio menino] de Saussure em 1874. O que o torna particularmente digno de atenção é que o Rio Míncio de Virgílio é tão obviamente o lago de Genebra, assim como a criança Virgílio é Ferdinand de Saussure, como construiu em sua própria fantasia. Começa da seguinte forma:

Souvent Virgile enfant, le doux et blond Virgile
Ayant avec son père pétri l'argile

S'échappeait, l'oeil rêveur, dans les secrets sentiers
Qui <longaient> le Mincio, tout bordés d'églantiers ;
Puis au-delà du pont, quittant la route étroite,
S'égarait dans les bois, courait à gauche, à droite
Partout où l'appelaient ses jeux et les oiseaux.
Il aimait les forêts avec leurs mille échos,
Avec leur demi-jour discret, leur dôme <front> antique,
Avec leur éternel & sublime cantique.
Ces bruits étaient pour lui pleins d'un trouble émouvant.
Il aimait les forêts! il aimait que le vent
Fît pleurer les vieux pins & craquer leurs branchages;
Car la voix des forêts, c'est la voix des vieux âges,
Et ce poète aimait les siècles oubliés.[77]

Por vezes o menino Virgílio, loiro e gentil,
Havendo amassado com seu pai a argila,
Fugia, olhar sonhador, pelas sendas secretas
Às margens do Míncio, de roseiras cobertas.
Depois, depois da ponte, deixada a estrada estreita,
Perde-se na mata, corre à esquerda, à direita,
Onde quer que o chamem seus passos e os pássaros.
Amava as florestas com seus ecos variados,
Com sua meia-luz discreta, seu dossel antigo,
Com seu eterno e sublime cântico:
Ruídos repletos de desordem comovente.
Ele amava as florestas! Ele amava que o vento
Faz chorar os velhos pinheiros e seus agulheiros;
Pois a voz das florestas é a voz dos velhos tempos,
E esse poeta amava os séculos no esquecimento.

Revisitando o poema no verão seguinte, Saussure observou no manuscrito que:

> Ao escrever esses versos eu era pagão, muito mais pagão que Virgílio. Passei vários dias acreditando-me transportado para o tempo em que *aureus hanc vitam in terris Saturnus agebat* ["também do áureo Saturno esta era a vida"].[*] Para escrever o poema, corri pelos campos como um louco, sentei-me sob os carvalhos acima

* Virgílio, *Geórgicas* 2, v. 538. Tradução brasileira de Manuel Odorico Mendes. *Geórgicas*. Cotia, Ateliê Editorial, 2019, p. 137. (N. da T.)

de Genthod e combinei em uma impressão deliciosa o sentimento da natureza e o perfume da antiguidade. A velha faia do Fauno, o pasto das ovelhas, a nascente na floresta, tudo isso está lá no alto da colina e, quando volto a visitá-los ou quando releio essa obra, acredito estar evocando memórias de 3 mil anos atrás e não um episódio do ano passado, tanto me parece que *vivi* tudo isso.
Julho 75

"Virgile enfant" foi escrito apenas algumas semanas depois de Saussure terminar seu *Ensaio* destinado a Pictet, no qual imaginava a língua primordial falada na Europa há talvez 3 mil anos. Ele não estava apenas deduzindo como tudo deve ter sido. Em sua poderosa imaginação juvenil, informada e estimulada pelas *Origens indo-europeias*, de Pictet, ele estava *lá*.

Também como Ferdinand, Virgílio conhecia o olhar de orgulho e admiração que os pais dão a um filho cujo gênio reconhecem, embora fosse apenas um menino.

Quand il rentrait le soir au foyer domestique,
Sentant vibrer encor son âme poétique
Que ses parents surpris, tout en le regardant
Restaient silencieux. [...]

Quando voltou à noite para casa
Sentia ainda vibrar, poética, a alma
Por que seus pais, ao vê-lo, surpresos
Mantiveram silêncio. [...]

Era de esperar que o jovem poeta tivesse sido insuportável, especialmente depois que seu professor o proclamou superior a um dos imortais da Academia Francesa. Mas não era. A graça natural e o charme que podiam fazer pessoas de qualquer classe social se sentirem amigas de Saussure continuaram inabaláveis, embora, como lembrou Lemaître, alguns estivessem determinados a resistir.

Tínhamos por Saussure uma admiração inteiramente justificada. Era genuinamente nosso amigo, mas, curiosamente, um amigo distante, provavelmente porque à nossa amizade se juntava a deferência por uma reconhecida superioridade de que nos orgulhávamos. Teríamos prontamente confiado nele, mas ele era do bando dos Gautier e Pictet, que, naquela época, descartavam qualquer ideia de

uma intimidade muito grande, enquanto do lado deles provavelmente nem se incomodassem muito com isso. Aconteceu que dois ou três deles estupidamente quiseram forçar essa regra tácita, Tschumi os chamou de *grimpions*.*
No entanto, como eu dizia, não existia entre nós a sombra de uma animosidade, nem o menor sentimento de inveja ou rancor em relação a um pequeno círculo distinto, e nossas relações, por serem um pouco distantes, não eram apenas corretas, [mas] graças a Saussure eram cordiais. Novamente, alguns anos antes de sua morte, Ferdinand de Saussure, que ganhou fama por seus trabalhos linguísticos, me convidou para seu apartamento na Rue de la Tertasse para uma troca de ideias sobre nossas escolas e sobre a educação de seus filhos.[78]

Quase 50 anos depois de ouvi-lo, Lemaître lembrava-se de "Virgile enfant" como um poema requintado e podia até citar seus primeiros versos, não exatamente como Saussure os escreveu, mas perto. "Gostaríamos de reler essas produções precoces de nosso falecido amigo De Saussure", escreveu Lemaître, "mas ele nem sonharia em guardá-las". Ele não conhecia o amigo tão bem quanto pensava.

Num fim de semana de novembro de 1874, Ferdinand e Horace saíram para caçar na margem do lago perto de Creux de Genthod.[79] Eles não estavam vestidos com roupas quentes o suficiente para a estação, e Ferdinand, cuja falta de robustez física sempre preocupou seu pai, adoeceu gravemente com pleurisia. O lado esquerdo de sua cavidade torácica estava tão congestionado que a pressão empurrava para cima seu coração, que podia ser visto batendo na porção superior direita de seu peito. A pleurisia grave tendia a ser fatal nesses anos anteriores ao tratamento com antibióticos.

Henri consultou o Dr. Lancelot de Versoix, e o tratamento incluía a aplicação de sanguessugas e emplastros dolorosos destinados a irritar a pele e criar bolhas, extraindo assim o fluido da cavidade torácica. Henri estava profundamente preocupado, temendo que tais remédios antiquados fossem ineficazes. Ele sentiu instintivamente que o tratamento de que Ferdinand precisava era ser enrolado em toalhas embebidas em água gelada. Empreendeu então esse tratamento no lugar dos emplastros diários que o médico havia prescrito.

Quando Lancelot soube disso no dia seguinte, ficou compreensivelmente chateado. Porém, ao examinar Ferdinand, descobriu, para sua surpresa, que os sintomas haviam diminuído. "Por que não usamos sempre esse método?", perguntou o Dr. Lancelot a Henri, que respondeu: "Porque a medicina, como a teologia, é puro empirismo, e, no entanto, nos deixamos acorrentar pela

* Palavra suíço-francesa para aqueles ansiosos por subir ao topo. (N. da T.)

doutrina escolástica. Essa é a resposta: é uma doutrina, um artigo de fé". O que, afinal, é a medicina? – filosofou Henri em seu diário. A arte de fazer o que não se sabe. Combater um distúrbio com outro distúrbio e, necessariamente, arriscar um terceiro distúrbio no processo.

No Natal, Ferdinand estava bem o suficiente para passear em Genthod, mesmo com o tempo mais frio. Por fim, seu batimento cardíaco voltou ao lado esquerdo e, a partir desse ponto, rapidamente recuperou peso e força. Ele estaria restabelecido para assistir às aulas no Gymnase quando recomeçassem em janeiro.

Durante sua doença, Pauline Fer, a governanta de seus irmãos e irmãs mais novos, caiu de cama com uma febre prolongada. Em seu delírio, disse coisas que confirmaram o que Louise já suspeitava há algum tempo. Pauline havia se apaixonado perdidamente por Ferdinand. Já durava um ano, desde que ele completou 16 anos. Louise informou Henri, que imediatamente confirmou a veracidade da informação. Isso fez com que vários aspectos de seu comportamento nos últimos anos se encaixassem. "Essa pobre pessoa", escreveu ele, "obviamente tem uma obsessão histérica. [...] Parece que ela já teve que deixar um emprego por ter ficado obcecada pelo irmão da madame – e aqui ela fica obcecada por um garoto de 16 anos".

Henri preocupou-se com a situação. A pobre Pauline havia sofrido terrivelmente durante o cerco de Paris, sendo ferida por uma bomba enquanto cuidava de outras vítimas. Ela serviu bem à família, especialmente durante as crises nervosas de Louise. Havia todas as expectativas de que ficasse com eles nos próximos anos. Depois que a febre de Pauline passou, ela voltou a agir como se tudo estivesse perfeitamente bem. Durante o mês de dezembro, os Saussure estavam apreensivos, preocupados não apenas com a pleurisia de Ferdinand, mas também com a forma de lidar com a moça apaixonada. De acordo com Henri, o problema pesava especialmente sobre Louise, piorando seus nervos já tensos.

Uma solução finalmente se apresentou. A irmã de Louise, a condessa de Wesdehlen, estava passando o inverno em Cannes. Ela concordou em levar Pauline pelo resto do inverno, desde que os Saussure continuassem pagando seu salário. A frágil Louise deu a notícia a ela e, escreveu Henri, "Houve cenas". Eles decidiram enviar Ferdinand para passar alguns dias com seus avós em Les Crénées, para que não presenciasse a partida de Pauline. Quando Henri o informou, ele esperava uma reação de "muita tristeza", mas na verdade Ferdinand

> [...] saiu a galope para dar a notícia à mãe, seus pés não tocavam o chão, estava em júbilo!
> Percebi então que aquilo não *significava nada para ele* e que toda a intriga existia apenas na imaginação distorcida de *Mlle.* Fer.
> Tudo isso tinha começado um ano antes com as aulas de grego que *Mlle.* Fer fazia Ferdinand lhe dar e provavelmente com outras intenções. Parece que Ferdinand, que é obcecado por escrever poemas, escreveu um lindo para ela, e isso lhe subiu à cabeça; então sua imaginação fervente construiu um andaime inteiro.
> Ela ficou profundamente magoada com a alegria de Ferdinand quando anunciou que estava partindo para Les Crénées. Ela deixou isso ser conhecido em voz alta, chamando-o de menino sem coração etc.

Se Ferdinand desconhecia a profundidade da paixão de Pauline por ele, não poderia ter permanecido da mesma forma depois desse incidente ruidoso. Os únicos poemas dele conhecidos depois dessa data são aqueles escritos para a escola, além de um burlesco tardio escrito para a festa de casamento de um amigo. Acabaram-se os sonetos de amor.

Em 3 de janeiro, a nova governanta, Srta. Krausman, chegou da Alemanha para substituir Pauline. "Esperemos", escreveu Henri, lembrando-se da tentativa de *Miss* Mansfield de pular pela janela com Albertine, "que essa terceira não seja uma garota nervosa, propensa a febres e delírios!".

Ferdinand estava bem agora e voltou ao Gymnase no dia 4 de janeiro. Pauline também estava melhor, pelo menos fisicamente. Ela viveria solteira até os 94 anos.[80] Entretanto, o episódio fez outra vítima: "Minha pobre esposa", escreveu Henri, "ficou muito abalada por essa longa tragédia, e agora aqui está ela mais uma vez sofrendo de seus males interiores como consequência de tanta emoção e fadiga". Isso é, no mínimo, um eufemismo. Os colapsos anteriores de Louise foram terríveis, mas temporários e não destrutivos para ela ou para as pessoas ao seu redor. Agora, aos 37 anos, com nove filhos com idades variando de 17 a menos de 2 anos e todas as responsabilidades domésticas que isso implicava, com um marido amargurado por desastres financeiros causados pela má conduta de outros, com tensões com o próprio pai e entrando na meia-idade, ela estava a um passo de afundar.

Já para Henri, alguns raios de esperança apareciam por entre as nuvens. Após 20 anos de negligência por parte do *establishment* acadêmico de Genebra, viu-se requisitado por eles. A carreira acadêmica com que um dia sonhara estava finalmente ao seu alcance, ou assim ele percebia. Porém, quando se passa tantos anos cultivando uma pele grossa como proteção contra a dor, não se deixa abraçar tão facilmente.

> Em vez de tentar lutar contra essa corrente de oposição, voltei-me para dentro, fechei-me em uma concha, acostumei-me a trabalhar sozinho, [...] apartado do círculo de Genebra. [...] Hoje eles precisam de mim e estão atrás de mim para entrar para o clã. É tarde demais; seria uma loucura. O pouco tempo que posso tirar das batalhas da vida material deve ser economizado para o trabalho e não desperdiçado em mais comitês.[81]

Ainda assim, concordou em dar uma série de quatro conferências em janeiro e no início de fevereiro de 1875 sobre a evolução animal durante e após a Era do Gelo. Isso deu-lhe um motivo para deixar de lado todas as preocupações com os negócios e se concentrar em algo de que gostava. A primeira e a quarta conferências incluíram uma novidade, um projetor à luz elétrica com que podia exibir fotografias de geleiras e pinturas de animais da época feitas em lâminas de vidro por Théodore.[82] Henri também fez uso de pinturas em tela, desenhadas por ele e executadas com a ajuda de Ferdinand e especialmente de Horace, cuja habilidade não escapou ao olhar de seu pai, por vezes hipercrítico: "Horace com seu talento artístico pintou em tela uma visão muito bem-sucedida de uma geleira e uma paisagem do Período Terciário". As conferências tiveram boa participação do início ao fim, com a presença de eminências como Ernest Naville e o antigo professor de geologia de Henri, Alphonse Favre.

Seus feitos em agronomia – os prêmios e as publicações provenientes de suas inovações em La Charniaz, a herança de sua educação em Hofwyl – também estavam sendo reconhecidos. Ele foi convocado pelo prefeito de Annecy no domingo, 31 de janeiro de 1875, para receber a Cruz e o Diploma de Oficial da Légion d'honneur francesa.[83] Pessimista que era, Henri suspeitava que cada fresta de esperança trazia uma nuvem. No entanto, mesmo ele não estava preparado para o que aconteceria com sua família a seguir. Em meados de fevereiro, o pequeno Max foi acometido por uma crise de crupe que não cedia e provocava inflamação na garganta. Henri usou o tratamento com toalha gelada, convencido de que faria bem à criança. Na verdade, estava tendo o efeito oposto. Em outro movimento mal pensado, pela manhã, Max foi colocado na cama com Louise, gripada, e pegou febre da mãe.

Na sexta-feira, 25 de fevereiro, ele piorou. Os médicos, Gautier, Picot e Adolphe d'Espine, professor de pediatria da universidade, decidiram realizar uma operação no dia seguinte. Informaram a Henri que não tinham muita esperança. Estranhamente para um homem que esperava o pior para si mesmo, ele nunca perdeu a esperança por seu filho. Os dias que se seguiram foram uma montanha-russa. Várias vezes o menino parecia ter morrido, apenas para ser revivido após uma massagem corporal com rum por d'Espine, ou um banho em vinho quente administrado por Henri, que pelo menos havia abandonado o regime de toalha gelada. Em 6 e 7 de março, Max parecia finalmente estar fora de perigo.

Outra recaída, entretanto, se seguiu, e, em 9 de março, a agonia da morte começou. Às 11 da noite, Louise decidiu sair do quarto de Max e ir para sua própria cama, "desejando guardar na lembrança o lindo olhar nos olhos azuis da pobre criança". É rara a mãe que não fica para embalar o filho nos braços quando ele deixa este mundo, encontrando nisso um conforto em vez de um acréscimo à sua própria angústia. Se os olhos não estivessem todos fixos na criança moribunda, alguém poderia ter percebido que Louise estava tendo um colapso nervoso.

O fim chegou para Max às 5 da manhã de 10 de março de 1875, 19 meses após seu nascimento. Théodore, que ficou em vigília com seu irmão e os médicos, foi acordar Adèle, enquanto Henri acordou Ferdinand e Horace. Os outros, incluindo Louise, não foram perturbados. Os dois meninos "ficaram profundamente impressionados com a visão de seu irmãozinho morto, especialmente Horace, que tem um coração tão bom". Tanto Horace quanto Théodore pegaram seus blocos de desenho e fizeram retratos de Max, mas, na opinião de Henri, "esse tipo de desenho nunca dava certo". A notícia se espalhou rapidamente pela Cidade Alta, e logo o caixão em que o pequeno corpo foi colocado foi cercado de arranjos de flores. Henri, inconsolável, como jamais ficaria novamente em toda a sua vida, escreveu: "De todos os meus filhos, ele era o bebê mais encantador, e isso realmente quer dizer alguma coisa".

Nas semanas que se seguiram, Louise parecia estar se recuperando aos poucos do golpe. Mas então começaram a chegar cartas de Cannes, torrentes delas, cheias de lágrimas e ranger de dentes. Pauline Fer insistia obstinadamente em voltar para eles. À medida que as cartas se acumulavam, Louise caiu em um estado de colapso nervoso do qual nunca se recuperaria.

Com a angústia que carregava naquele segundo ano de Gymnase, é notável que Ferdinand tenha feito algum progresso intelectual. De acordo com a versão de seus "Souvenirs" publicada em 1960 foi quando começou a estudar sânscrito, a partir da cópia da *Gramática de Sânscrito* de Bopp na Bibliothèque Publique et Universitaire.[84] Ele diz tê-lo feito sozinho, sem a ajuda de um professor, mas o diário de seu pai registra que o filho costumava ir à noite à casa do "Sr. Favre" para ajudá-lo a aprender sânscrito. Léopold Favre,[85] filho do geólogo Alphonse, era um latinista, e aparentado de Saussure através de sua ascendência compartilhada das famílias Saladin e Fabri. Um ano depois, num exercício de memória, Henri escreveu que Ferdinand "também estava fazendo estudos sérios de grego e, na verdade, estava trabalhando em excesso, e eu estava preocupado com sua saúde. Ele estava pálido e não fazia exercícios, dada sua constante aversão a qualquer coisa cansativa ou física".[86]

Os "Souvenirs" dizem que nessa época ele também começou a ler os *Princípios da etimologia grega*, de Georg Curtius, o decano da linguística comparada indo-europeia que lecionava na Universidade de Leipzig, no leste da Alemanha.[87] As observações de Bopp sobre o *ṛ* vocálico em sânscrito relembraram a Saussure seu instinto anterior em relação ao *ṇ* vocálico em grego, mas não se atreveu a prosseguir com a questão, pois o fracasso de seu *Ensaio* para Pictet o deixou com uma "imaginação tímida". A experiência o convenceu de que deveria seguir as autoridades estabelecidas, em vez de inventar teorias originais por conta própria. Os "Souvenirs" afirmam também que foi atingido por declarações conflitantes entre os livros de Bopp e Curtius.

No entanto, mais uma vez, a cronologia está errada. Entre seus trabalhos tornados públicos em 1996, há outra versão de suas memórias na qual ele lembra muito claramente que foi em 1875-1876, durante seu ano na Université de Genève, que estudou Bopp e Curtius, com a ajuda de um professor.[88] As notas que fez em suas leituras linguísticas nesse período serão discutidas na próxima seção.

Os dois anos de Ferdinand no Gymnase terminaram com um grande triunfo. Ele não apenas recebeu o *baccalauréat ès lettres*,* mas novamente conquistou o primeiro prêmio de poesia no Concurso de Literatura de 1875, como havia feito no ano anterior.[89] Entre seus papéis, dois poemas estão incluídos em um envelope marcado como "primeiro prêmio e comp. para *baccalauréat*", sem indicação de qual ganhou em qual ano. Um deles, "Le combat de la vie" [O combate da vida], é outro poema de veia clássica. Vinte gladiadores romanos lutaram até a morte no Coliseu. O último sobrevivente olha para César para ver se também deve morrer ou se receberá clemência. Ele lê sua sentença de morte no rosto de César.

Alors pris tout-à-coup d'une joie insensée
Il essuie en riant son glaive de la main.
Il n'a plus qu'un orgueil et plus qu'une pensée:
Tomber avec noblesse et tomber en Romain.

* Esse diploma é concedido aos estudantes que encerram o ensino secundário, equivalente ao Ensino Médio no Brasil. Possibilita o ingresso no ensino universitário. (N. da T.)

Tels depuis cent mille ans dans leur lutte infinie
Tous les êtres vivants ont péri tout à tour.
Quel dieu prend donc plaisir à voir cette agonie,
Et, pour le voir défendre, à leur donner le jour?[90]

De repente, presa de um júbilo insano,
Ri e limpa a espada com a mão.
Tem apenas um orgulho e uma consideração:
Cair com nobreza e cair como romano.
Ainda que após cem mil anos de luta infinita,
A vida de todos os seres chega a um fim.
Que deus tem prazer em ver tal agonia,
E, para o ver se defender, trazê-los à luz do dia?

Ferdinand dificilmente poderia deixar de pensar nas agonias que seu irmãozinho Max sofreu antes de sua morte, poucas semanas antes.

As sangrentas imagens de abertura de "Le combat de la vie" foram ousadas para a época, embora o sentimento final não ultrapasse o banal. Mais original e impressionante é o segundo poema, "Le feu sous la cendre" [O fogo sob as cinzas], o retrato de uma família huguenote do século XVI.

Seuls on voit éclairés d'une rouge lueur
Le père et ses deux fils devant la cheminée.
La lecture du soir vient d'être terminée
C'est la Bible qu'on lit; car le vieux huguenot
A bien besoin, ces jours, de regarder là-haut.[91]

Vê-se somente, refletindo o ígneo brilho,
Em frente à lareira, o pai e os dois filhos.
A leitura noturna recém chegou ao fim.
É a Bíblia que leem; pois o velho huguenote
Nestes dias, precisa olhar sobre o horizonte.

O trio lembra algo de Jean de Saussure e seus filhos Jean-Baptiste e Daniel, lembrados como os fundadores dos ramos de Genebra e Lausanne da família. E, claro, há sombras anacrônicas de Horace-Bénédict e seus dois filhos, de Alphonse e os seus, e de Henri e os seus filhos mais velhos, Ferdinand e Horace. Não sabemos o que está perturbando o velho, mas, quando ele e seus filhos olham para o fogo, têm premonições assustadoras e ouvem suspiros de angústia que lembram o *Inferno* de Dante. O poema conclui:

Et les voilà tous trois, rêveurs et sérieux
Cherchant dans ce chaos un sens mystérieux
Et si le destin sombre aussi leur fait attendre
Quelque vague malheur qui couve sous la cendre.

E aqui estão os três, sonhadores e sérios
Buscando no caos o sentido do mistério;
E se o fado sombrio também lhes destina
Algum vago infortúnio a arder sob as cinzas.

É o primeiro poema em que vemos Saussure reter algo – um sentido misterioso que arde sob o texto –, conferindo ao poema uma literariedade genuína, em múltiplos níveis. Seus outros versos começam com uma imagem, um evento ou um sentimento transparente e buscam um efeito literário na superfície, em seu ritmo e sua rima e na ocasional afetação sintática.

No entanto, "Le feu sous la cendre" e "Le combat de la vie" são seus últimos poemas sérios dos quais temos algum registro atualmente. Parece estranho que tenha abandonado a poesia justamente quando seu talento poético amadureceu e ganhou reconhecimento público, sendo julgado superior ao trabalho de colegas de idade como Cougnard, que seguiu carreira ilustre como versificador. Talvez o prêmio tenha sido suficiente para convencê-lo de que havia provado seu valor nesse domínio e deveria desistir enquanto estava ganhando. Talvez planejasse voltar a escrever poesia no futuro, apenas para descobrir que a musa o havia deixado.

Uma pista é dada pelas anotações que fez em seus poemas escolares durante o verão de 1875. No manuscrito de "Virgile enfant" ele escreveu: "(composição para o Gymnase. Muitos versos precisariam ser retocados, especialmente um grande número que fiz no último minuto para que minha composição ficasse pronta a tempo.)".[92] Ele, então, esboça em prosa sobre o que teria sido o resto do poema se tivesse tido tempo de realizar sua concepção original por completo.

O poema que John Braillard proclamara superior a Delille, e do qual Lemaître se lembrava meio século depois e ansiava por reler, na mente de seu autor permanecia inacabado. Seus defeitos eram tantos que jamais poderia "terminá-lo", no sentido de torná-lo o poema sublime que originalmente imaginara. É a primeira ocasião em que vislumbramos o perfeccionismo de Saussure – o tipo paralisante de perfeccionismo que torna difícil comprometer qualquer coisa com uma forma escrita definitiva. Essa limitação pioraria com o tempo.

Université de Genève

Em julho de 1875, quando as férias de verão começaram, Saussure tentou mergulhar nos escritos alemães sobre linguística histórica. Nas anotações que fez, acrescentou posteriormente a observação: "(Férias entre o Gymnase e a Académie; eu estava me familiarizando com o Handbuch de Lat. Et. de Döderlein e li um pouco de Curtius sem compreender nada)".[93] A certa altura, refere-se ao "sistema" proposto em seu *Ensaio* para Pictet, lançando dúvidas sobre sua queixa, nos anos seguintes, de tê-lo abandonado imediatamente por ter se sentido humilhado.

> Como eu não havia pensado nisso? πόθος, ποθέω vai com παθ∈ ω. Eu vi isso em Falda, 248. Em meu *sistema*, eles estavam naturalmente sob a mesma raiz, mas não acho que vi sua relação imediata.[94]

Naquele verão, ele ainda estava pensando de acordo com as linhas do *Ensaio*, mesmo que aceitasse o conselho de Pictet para estudar e seguir as autoridades estabelecidas. Suas notas linguísticas sobre o grego se concentram nas formas homéricas e dialetais, por vezes considerando, novamente, como elas refletem o sistema de raízes primitivas proposto no *Ensaio*.[95] As notas sobre o latim dizem respeito, por exemplo, às formas comparativas e superlativas, analisando onde termina o radical e começa a desinência[96] – uma questão fundamental e com amplas implicações para a estrutura da língua e suas operações mentais que permaneceriam com ele até o fim de sua vida.

Nessa época, Saussure desenvolveu um entusiasmo repentino por experimentos químicos, para grande surpresa de seu pai, que escreveu:

> Fiquei muito impressionado ao ver seu desejo, durante as férias, de começar a fazer física e química! Coisa prodigiosa! Ele, geralmente tão aristocrático, tão hostil a qualquer perturbação, tão cheio de aversão por qualquer coisa [ilegível] ou fatigante, remexeu na poeira dos sótãos; descobriu vidrarias de química que lá estavam desde que o laboratório do meu tio foi desmantelado, encontrou restos

> de ácidos etc., e pôs mãos à obra. Não perdi tempo ao encorajar esse zelo inesperado, comprando-lhe uma bateria, e ele se instalou na *orangerie* para fazer experimentos!! É um pouco como servir a mostarda depois do jantar, mas mesmo assim é uma das coisas mais extraordinárias que já vi na vida, Ferd. indo remexer no sótão, pensando em como superar as dificuldades [ilegíveis], para – fazer química!![97]

Como nos anos anteriores, o verão de 1875 incluiu uma excursão aos Alpes com Henri, por duas ou três semanas, em agosto.[98] Horace – agora um candidato a seguir Ferdinand como membro da Paedagogia[99] – não os acompanhou dessa vez, tendo feito uma viagem ao Jura em julho. Louise estava se curando em Lavey junto com Jeanne e seus seis anos recém-completados, cuja surdez era cada vez mais problemática.[100] Henri "ficou muito feliz em colocar Ferdinand ao ar livre. Há apenas uma maneira de fazê-lo se exercitar, e é caçar".[101] Infelizmente, tudo o que Ferdinand conseguiu caçar foi um faisão.[102]

Com o verão chegando ao fim, a discussão familiar naturalmente se voltou para o que ele estudaria na universidade. Seus prêmios literários deixaram claro onde estavam seus talentos e seu coração. Mas o súbito interesse pela química levou Henri a acreditar que seu filho estava deixando as atividades infantis para trás e voltando-se para as áreas em que os Saussure outrora alcançaram real distinção.

Em 28 de agosto, Ferdinand escreveu uma longa carta a Amé Pictet, que se tornara um de seus amigos mais próximos e que estava de férias em Heidelberg com sua família. A carta mencionava que Ferdinand estava sob pressão da família para abandonar suas atividades literárias em favor das ciências. "De modo algum pretendo fazer exclusivamente ciências", escreveu Saussure. "Mas até que ponto há tempo para fazer as duas coisas?". Pictet estava convencido, assim como os outros amigos de Saussure, de que estava destinado a ser um grande escritor. Em 30 de agosto de 1875, Pictet escreveu em seu diário:

> Esta manhã recebi duas cartas: uma longa de Saussure, uma carta genuína de saudação e realmente muito espirituosa. Que ser, esse Saussure!
> "É verdade que eles querem me empurrar para as ciências", ele diz calmamente. É ele – Essa frase é o retrato dele. Eles o empurram, ele se deixa empurrar e sente falta total de sua vocação.
> De minha parte, nada mais desejo do que tê-lo comigo, mas seria realmente uma pena se se dedicasse às ciências; enfim, espero que não seja definitivo e que mais

> tarde ele volte às letras. Ele tem que escrever. Ele fará seu nome, é tudo o que estou dizendo. Mas ele não deve se deixar levar.[103]

Seu pai se esforçou: "Era impossível fazê-lo aceitar um programa completo de estudos. Ele só conseguia pensar em literatura. Teria gostado que fizesse todas as ciências".[104] Em seus "Souvenirs", Ferdinand escreveu que fez cursos de química e física durante seu ano na Université, "conforme uma espécie de tradição familiar", e, a seu ver, desperdiçando mais um ano, assim como seu tempo no Collège de Genève havia sido desperdiçado.[105] Mais uma vez, porém, o que lembrava estava longe de ser toda a história. Em um registro de 24 de outubro do diário, véspera do início do semestre, Amé Pictet anotou que

> [...] Saussure está fazendo uma carga impossível de cursos, um pouco de tudo, está tanto em Teologia quanto em Direito, como em Ciências; faz cursos de segundo ano de que não entende nada, porque não teve o primeiro ano. Em suma, ele está fazendo as coisas à sua maneira peculiar.
> Vou vê-lo em Álgebra, em Física e no Vaucher.[106]

Vaucher era o professor de história geral e suíça. É de fato uma gama extraordinária de cursos. Mas parece ter havido ainda mais. De acordo com o *curriculum vitæ* anexado à tese de doutorado de Saussure de 1880:

> De 1875 a 1876 estudei na Université de Genève e tive como professores os senhores Amiel (filosofia), Giraud-Teulon (história da arte), Marignac (química), L. Morel (gramática grega), Nicole (língua e literatura grega), Oltramare (língua e literatura latina), Wartmann (física).[107]

Henri-Frédéric Amiel é considerado o maior escritor de Genebra da geração seguinte à de Constant e Germaine de Staël. Sua fama para além de sua República natal veio inteiramente depois de sua morte, com a publicação de dois volumes de seu *Journal intime* a partir de 1882. Saussure pode ter se inspirado em uma das famosas máximas de Amiel: "O grande artista é o que simplifica". E, quando, anos depois, leu o diário de Amiel, como todos os genebrinos faziam, pode ter encontrado em suas páginas finais uma amostra do que ele próprio sentiria quando sua própria vida chegasse ao fim:

> Será que todos os meus rabiscos reunidos, minha infinita correspondência, minhas 13 mil páginas íntimas, meus cursos, meus artigos, minhas rimas, minhas anotações

diversas são tudo menos uma coleção de folhas secas? Para quem e para que fui útil? Viverá meu nome um dia a mais que eu e terá algum significado para alguém? – *Vie nulle*!

Ferdinand podia contar com a aprovação de Henri para os cursos de química inorgânica e física experimental. Alexis Giraud-Teulon era amigo de Henri, então talvez seu curso, embora intitulado "Estética", não fosse totalmente censurável. E Jules Nicole era um classicista respeitado, com uma estreita ligação profissional com o marido da tia de Saussure, Édouard Naville. Nicole era o único dos professores ou colegas de Saussure em Genebra para cujo *Festschrift** ele contribuiria com um artigo. Quanto ao curso de latim, é surpreendente que Saussure o tenha feito, dado seu desapontamento com o ensino da matéria por Oltramare no Collège.

Henri ficou furioso com a falta de concentração do filho. Em sua época, a Académie exigia que os alunos escolhessem uma série de cursos especializados. Entretanto, com sua reorganização na Université, as diferentes trilhas foram substituídas pelo princípio da liberdade de estudos – ou, como Henri o via, pela anarquia.[108] A desobediência aos desejos de seus pais não era do feitio de Ferdinand; ele estudou as ciências, mas sem abandonar os interesses mais antigos ou resistir à oportunidade estimulante de explorar novos. Suas escolhas na Faculdade de Teologia foram entre história teológica, dogmática, teologia prática e outros cursos que teriam um apelo linguístico óbvio para ele: exegese hebraica e do Antigo Testamento e interpretação filológica e exegese do Novo Testamento.

As ofertas em Direito são ainda mais interessantes do ponto de vista de seu pensamento linguístico. A Faculdade de Direito era a única da Université que tinha cursos separados para os três anos do currículo, e especificamente para o segundo ano havia dois cursos, um de economia política, ministrado por Henri Dameth, outro de direito comparado, ministrado por Victor Schreyer. As referências ocasionais à economia política nos cursos posteriores de Saussure sobre linguística geral deram origem a muita especulação sobre vários economistas da virada do século que podem tê-lo influenciado, mas na verdade podem ser uma lembrança do curso de Dameth. As anotações dos alunos do curso dado em 1866-1867 mostram que seu conteúdo incluía "Circulação – a ciên-

* Livro de homenagem, uma coletânea de artigos de colegas acadêmicos em homenagem a um pesquisador. Em francês, utiliza-se o termo *Mélanges*. (N. da T.)

cia da troca", observando que a troca é baseada no *valor*, não no preço, e que o valor é baseado na *utilidade*, um critério funcional.[109]

A legislação comparada, ou jurisprudência comparada, por outro lado, não estava longe dos interesses anteriores de Saussure; no centro dela havia um trabalho como o das *Origens do indo-europeu*, de Pictet, a reconstrução etimológica da pré-história do direito e da sociedade. Giraud-Teulon trabalhava nessa mesma área e produziria, em 1884, um livro sobre a estrutura familiar indo-ariana para o qual Saussure contribuiu. Seus escritos sobre as origens do casamento e da família, estendendo-se à história dos direitos de propriedade, chamaram atenção de uma ampla gama de figuras, incluindo Darwin e Engels. Alguns anos depois, Saussure comentou com a irmã que estava terminando uma carta a ela "para assistir à primeira <aula>, eu ia dizer representação, de Giraud-Teulon na Université",[110] insinuando que seu estilo era excessivamente teatral.

Como indicado anteriormente, em seu ano na Université de Genève, Saussure levou o estudo da linguística histórica a sério. Todos os cursos mencionados até agora estavam no currículo regular, exceto "L. Morel (gramática grega)". Como um dos dois *Privatdozenten*[*] na Faculté des Lettres, Morel tinha de ser pago diretamente pelos alunos. Na versão manuscrita de seus "Souvenirs" que melhor se harmoniza com suas notas remanescentes da época e outras evidências, Saussure escreveu:

> Eu estava estudando por minha conta três livros: a gramática comparada de Bopp; a gramática sânscrita de Bopp, <o Compêndio de Schleicher> e os *Grundzüge* [Fundamentos] de Curtius. Além disso, tendo <um> Sr. *Louis Morel* anunciado um curso *Privatdozent* de gramática grega seguindo princípios comparativos, inscrevi-me nesse curso. <O referido Morel tinha acabado de voltar de Leipzig, onde ouviu o curso de G. Curtius.> Esse curso foi <uma> leitura pura e simples do curso de G. Curtius que o referido Morel havia feito em Leipzig.[111]

Interessante aqui é a inserção de Schleicher como uma reflexão tardia, e o modo como Saussure se distancia de Morel, o primeiro a lhe ensinar linguística.[112] Ele primeiro escreveu "Sr. Louis Morel", depois acrescentou o "um" antes de Sr., sinalizando que Morel não era uma pessoa de qualquer distinção ou

[*] Título universitário mais comum nas universidades alemãs dado ao professor habilitado a lecionar na universidade, mas sem receber uma cátedra. É um estágio anterior ao professor de cátedra. Por não ter cátedra, o *Privatdozent* não é remunerado pelo governo. (N. da T.)

status. As outras referências a ele com o "dito" legalista são incomuns e conotam um desdém semelhante. O rascunho publicado dos "Souvenirs" é mais gentil com Morel, afirmando que "devo reconhecer seu curso", apesar de sua natureza de segunda mão, como uma "reprodução absolutamente literal" do curso de Curtius.[113] Saussure observa também: "Algo mais vivo do que as obras impressas veio a mim através de L. Morel". Não se pode julgar, na ausência de qualquer evidência independente, até que ponto a caracterização de Saussure do curso de Morel é justa. O curso foi de fato anunciado como "gramática grega" para o primeiro semestre, mas como "elementos de linguística comparada aplicada à filologia clássica" para o segundo.

Saussure afirma também que sua carga horária pesada deixou pouco tempo para se dedicar a outros estudos. Algumas das atividades que gostaria de ter cursado foram ensinadas por homens que já haviam sido seus professores no Gymnase, incluindo língua e literatura alemã, ensinadas por Krauss, que no segundo semestre deu um curso específico sobre a *Canção dos Nibelungos*. Saussure recusou-se a fazer o curso de história da língua francesa oferecido pelo filólogo Eugène Ritter e se afastou dos cursos ministrados por Joseph Wertheimer, rabino-chefe de Genebra, que incluíam filologia e linguística. Wertheimer era professor dessas disciplinas desde 1873, ano em que a Université foi criada.[114] Seu curso de linguística não tinha boa reputação e, de fato, Lemaître, que o frequentou, não deixa de expressar sua decepção. No entanto, há evidências sólidas mostrando que Wertheimer conhecia as fontes mais atualizadas e ficou particularmente impressionado com o trabalho do linguista estadunidense William Dwight Whitney. O próprio Saussure se depararia com o trabalho de Whitney no ano seguinte em Leipzig, e seu pensamento seria profundamente afetado por ele. Portanto, não está claro se o fato de ignorar Wertheimer foi o "bom instinto" descrito por De Mauro ou uma oportunidade perdida de avançar em sua compreensão sobre a linguagem.

Tampouco há indicação de que Saussure tenha assistido a alguma aula no curso ministrado no primeiro semestre pelo *Privatdozent* visitante Hippolyte Taine, que, longe de ser um jovem comum como Morel, foi um dos escritores mais famosos de seu tempo. Taine expôs as premissas de seu livro no prelo sobre o Antigo Regime e a Revolução, publicado em dezembro.[115] Isso é importante, porque, um século depois, o historiador literário Hans Aarsleff apresentaria um argumento de que Taine antecipa "todos os princípios metodológicos e concepções linguísticas [de Saussure] [...] hermeticamente encerrados em um único sistema totalmente articulado".[116] Aarsleff afirma que uma série de livros de Taine – embora ele não inclua *L'Ancien Régime* entre eles[117]

– já contém as concepções saussurianas de signo linguístico e de valor como algo específico para um sistema de linguagem particular, bem como uma insistência no sistema e na estrutura, de que, diz Aarsleff, seguem as distinções entre *langue* [língua] e *parole* [fala] e sincronia e diacronia. Quanto à arbitrariedade do signo linguístico, Aarsleff observa que era uma concepção que Taine "nunca teve oportunidade de usar, mas obviamente ele a tinha como certa".[118] Ele também sugere que Taine é o elo crucial entre Saussure e Condillac, para quem a arbitrariedade do signo é uma doutrina de base.

A grande dificuldade para a conjectura de Aarsleff é que Saussure nunca cita nada de Taine, nunca dá qualquer indicação direta de que o leu ou absorveu ideias associadas a ele. Aarsleff sustenta que, no entanto, tantas são as coincidências em seus pontos de vista e sua terminologia que "seria implausível argumentar que o jovem francófono de Genebra não conhecesse o trabalho de Taine"; "Não acho que minha análise deixe margem para dúvidas de que Saussure [...] estava profundamente em dívida com Taine".[119]

Aarsleff não sabia que Taine tinha dado um curso na Université de Genève durante os primeiros dois meses de Saussure como aluno lá. Olhando para o seu conteúdo, no entanto, parece que, se algo de Taine teve um impacto sobre o jovem Saussure, é improvável que tenha sido isso. O tratamento da história francesa que antecedeu a Revolução é altamente original, imaginativo e à frente de seu tempo. Posiciona o rei como um ator em um espetáculo teatral perpétuo, preso a um papel do qual não tinha possibilidade de escapar e, portanto, em última análise, sem agência. A corte e a sociedade são igualmente analisadas em termos das posições que ocupam no espetáculo, e a seção sobre a língua francesa durante esse período "clássico" examina como essa foi moldada para cumprir tais fins. Isso leva Taine a um contraste entre o francês clássico e a língua mais "natural" baseada diretamente na "sensação", ou seja, na percepção dos sentidos do corpo. Aqui Taine invoca Condillac e Locke.

> Já Locke havia dito que todas as nossas ideias têm como fonte inicial a experiência externa ou interna. Condillac mostra, além disso, que toda percepção, lembrança, ideia, imaginação, julgamento, raciocínio, conhecimento, tem como elementos atuais sensações propriamente ditas ou sensações evocadas; nossas ideias mais elevadas não têm outros componentes; pois elas são feitas de signos que são eles próprios sensações de um certo tipo. Assim, as sensações são a substância da inteligência humana como da inteligência animal; mas a primeira supera infinitamente a segunda na medida em que, pela criação de signos, consegue isolar, extrair e

notar fragmentos de suas sensações, ou seja, formar, combinar e manipular noções gerais.[120]

A sensação primária se transforma em "necessidade, tendência ou desejo; depois, graças a um mecanismo fisiológico, nos movimentos voluntários ou involuntários", inclusive naqueles por meio dos quais os signos são produzidos e compreendidos. Na obra tardia de Saussure, o que se assemelha a Condillac é a concepção dos signos como sendo feitos de algo primordial, algo que em si não é semelhante a um signo, mas a um tipo de reação mental, cuja natureza é independente do "conteúdo" de qualquer signo dado. Essa é uma ideia que Saussure pode já ter encontrado no capítulo sobre a linguagem de sua tia-avó Necker de Saussure, e que certamente já conhecia de sua leitura de *Du beau* [Sobre o belo], de seu amigo Adolphe Pictet, que morreu em 20 de dezembro de 1875, enquanto Taine encerrava seu curso.

Se Saussure assistiu às aulas de Taine – caso em que poderíamos esperar alguma menção ao curso no diário de Amé Pictet ou nas notas de Saussure ou na correspondência da época –, algo que poderia ter causado uma impressão é o apelo de Taine a seus alunos para considerarem se o "fato elementar" da sensação-desejo-movimento, que continua a ser fundamental tanto nos seres mais desenvolvidos quanto nos mais primitivos, não é "o fio de que é tecida toda a nossa trama mental, e se o desdobramento espontâneo que liga trama com trama não acaba por fabricar toda a rede dos nossos pensamentos e das nossas paixões". Essa imagem marcante teria reforçado a ideia da mente como uma rede de elementos interligados.

A alegação de que Taine exerceu uma influência única e universal na concepção de linguagem de Saussure é forte demais. Afirmações semelhantes poderiam ser feitas para dezenas de escritores do século XIX cujas ideias mostram certas afinidades com as de Saussure. O que não pode ser determinado, na ausência de qualquer documentação de que Saussure os tenha lido, é se houve uma "influência" deles sobre o genebrino, ou se talvez ambos tenham bebido da mesma água – alguma fonte comum, ou ideias que estavam "no ar" naquela época.

O primeiro semestre, ou semestre de "inverno", na Université de Genève terminou no início de fevereiro, com uma pausa de algumas semanas antes do início do segundo semestre, "de verão", com duração de março a julho. O período de verão de seu ano na Université de Genève marca o período em que Saussure começou a amadurecer como linguista. Um grande caderno datado de abril de 1876 mostra que adquiriu domínio sobre o assunto trabalhando com os diários e manuais de linguística, incluindo os *Princípios da etimologia grega*, de Curtius, o livro que tentou ler no verão anterior, mas não conseguiu entender.[121] A escrita de Curtius é um modelo de clareza, e o livro não se envolve em complexidades técnicas, tornando-o mais fácil de seguir do que Bopp, por exemplo. O que escapou a Saussure provavelmente tinha a ver com questões epistemológicas e metodológicas subjacentes, que, embora mais tarde relutasse em admitir, Morel poderia tê-lo ajudado a decifrar.

O trabalho de outro pesquisador que não é mencionado em suas reminiscências posteriores, Ernst Förstemann, era também estudado por ele. Além de Förstemann, as referências copiadas nas anotações de Saussure vêm do livro de Curtius e são de pesquisadores como Pott, Benfey e Pictet.[122] A respeito desse último, Curtius mantém uma distância respeitosa: "Essa estimulante obra de Pictet oferece um número considerável de análises etimológicas bem como de conclusões interessantes, embora ao mesmo tempo muitas vezes audaciosas".[123] Foi com efeito a mesma crítica que Pictet fizera ao *Ensaio* de Saussure um ano e meio antes. Vinte anos depois, Saussure repetiria efetivamente o julgamento de Curtius a seu colega Bernard Bouvier:

> Hoje, observa o Sr. Ferdinand de Saussure, essa reconstrução das coisas através das palavras não é mais considerada uma das tarefas capitais da linguística. O método criado por Ad. Pictet sobrevive, é verdade, em algumas obras, mas reduz a linguística a apenas uma das fontes consultadas. A fé enfraqueceu-se no valor do documento linguístico para estabelecer o que era a coisa designada. Não se pode pedir aos linguistas de hoje que subscrevam todas as etimologias contidas nas *Origens indo-europeias*, nem que acreditem, em princípio, que a palavra pode lançar toda a luz que Pictet esperava dela, pelo menos não da maneira regular e quase infalível que seu método supõe.[124]

As primeiras páginas do livro de Curtius expunham a importância para a ciência moderna da linguagem de dois autores cujos nomes Saussure já havia conhecido antes: Wilhelm von Humboldt, chamado por Curtius de "o primeiro fundador do estudo geral da linguagem", e Friedrich Max Müller, cujo *Lectures on the Science of Language* é colocado na primeira fila de "obras que combinam precisão na pesquisa com universalidade de julgamento".[125] Outro nome talvez tenha chamado atenção de Saussure pela primeira vez, por ser do autor de um livro que Curtius considerou adequado colocar ao lado do de Max Müller: "a obra *Language and the Study of Language* de William Dwight Whitney, uma obra que se distingue pela severa sobriedade de julgamento".

Nenhum outro livro é escolhido por Curtius para elogios tão elevados e irrestritos.

Desde a década de 1960, estudiosos localizaram "influências" linguísticas em Saussure não apenas em Taine, mas em vários linguistas históricos, incluindo Georg von der Gabelentz, cuja obra, como a de Taine, Saussure nunca cita. Enquanto isso, a publicação de uma versão dos "Souvenirs" de Saussure serviu para despistar os pesquisadores. Entretanto, suas primeiras anotações tornadas públicas em 1996 finalmente nos dão uma imagem mais clara de como as várias peças de sua concepção de linguagem se encaixaram. Após a iniciação fornecida pela leitura de Pictet, seu estudo de Curtius, com a orientação de Morel, impulsionou-o a partir de uma investigação "paleontológica", baseada em um desejo antiquado, mas ainda poderoso, de reanimar a cultura de nossos ancestrais distantes, para uma investigação com uma aposta mais moderna e modesta nas línguas em si e para si.

Ainda assim, se no início de 1876 suas ambições foram se tornando mais modestas, sua confiança em julgar o trabalho dos outros foi ganhando força. Escrevendo a Saussure em fevereiro de 1877, o conde Alexandre de Pourtalès expressou sua felicidade por seu neto ter admitido ter se enganado um ano antes, quando insistiu que "os linguistas estavam no caminho errado". O contexto da carta deixa claro que o linguista específico que Ferdinand decidiu estar no caminho errado era Pictet. Ferdinand parece ter pensado que ele e seu avô concordavam com isso, mas estava errado. "Sempre me inclinei diante da ciência de Bopp etc. etc. que apreciei por quase 20 anos", escreveu Alexandre, acrescentando que "o Sr. A. Pictet em sua paleontologia linguística permanece em terreno sólido por meio de um método racional, de forma a não tirar conclusões que excedam o que as premissas lhe permitem".[126] Pourtalès continua comparando as realizações de Pictet às de Cuvier e conclui com o seguinte conselho:

> Estude a linguística segundo Bopp etc., depois aplique esse estudo às línguas antigas ou modernas que deseja analisar (e o etrusco lhe dará a oportunidade de se distinguir se conseguir decifrá-lo), mas mantenha-se dentro de sua especialidade na medida em que outras especialidades não lhe são perfeitamente familiares, em outras palavras, permaneça linguista e filólogo até que isso o leve a um resultado e, se possível, a um resultado inédito (etrusco), depois disso pare de se lançar em nevoeiros de suposições arqueológicas etc.

Saussure ignorou o conselho sobre o etrusco, mas levou a sério o que seu avô tinha a dizer sobre manter sua especialidade – algo sobre o qual o conde falava com autoridade, já que seu próprio fracasso em o fazer o tornara, em suas próprias palavras, "um simples diletante".[127] Uma das chaves para entender o ensino maduro de Saussure é que ele nunca se desviou para outros campos, como a psicologia ou a sociologia. Saussure pode acenar para eles, indicando sua relevância para o signo linguístico e o sistema de linguagem, mas nunca fez nenhuma afirmação que fosse além do que ele, como linguista, tinha autoridade para pronunciar – sons e palavras. Mesmo assim, não ousaria dizer nada sobre a natureza física dos sons, que era domínio de especialistas em acústica e fisiologistas; ou sobre os significados das palavras em termos de seus referentes do mundo real, com os quais os psicólogos e filósofos deveriam lidar; ou a estrutura da sociedade, além de insistir que uma língua é um "fato social".

Notas

1 AdS 370/2.

2 A data foi deduzida de uma entrada no diário de Henri dS, 20 de março de 1875, cópia AdS 272bis/5, f. 56.

3 Henri dS, entrada de diário, 30 de dezembro de 1874, cópia AdS 272bis/4, f. 33.

4 Carta de Henri dS, Genebra, para R. O. Campbell, Londres, 28 de junho de 1874, cópia fiel da mão provavelmente de FdS, AdS 284/1, ff. 241-247.

5 AdS 371/12. As folhas contidas nesse envelope não são numeradas.

6 AdS 369/5, f. 1.

7 Ver: FdS, Leipzig, para Albertine dS, Genebra, 1º de junho de 1880, AdS 396/3, f. 17, em que pergunta à irmã se viu o tio de Lefort, Ludwig de Westerweller, que aparece em outra carta citada abaixo.

8 AdS 369/5, f. 4.

9 AdS 369/5, f. 3.

10 AdS 371/12.

11 Henri dS, entrada de diário, setembro de 1877, cópia AdS 272bis/8, ss. 9788. Os dois Henris morreriam com 15 dias de diferença um do outro, uma derrota dupla para a Société des Arts, que foi destacada em "Chronique locale" (*Journal de Genève*, 5 de março de 1905, p. 2).

12 Ver sua carta para sua mãe em Chamounix, 16 de julho de 1873, AdS 361, ff. 180-181. "Chamounix" era então a grafia usual do que é hoje Chamonix.

13 Na nota de falecimento de seu pai (*Journal de Genève*, 1º de fevereiro de 1905), quando ela estava com quase 40 anos, seu nome ainda é dado como *Mlle.* Léonie de Westerweller. Não consegui localizar a nota de falecimento de Léonie.

14 ZIEGLER, H. de. *Le Collège de Genève*. Paris/Neuchâtel, Victor Attinger, 1933 (p. 45).

15 LEMAÎTRE, A. *En glanant dans mes souvenirs (croquis & anecdotes)*. Neuchâtel/Genève, Éditions Forum, [1922] (p. 29).

16 Ziegler, 1933, p. 45.

17 O nome da sociedade remontava a décadas e nada tinha a ver com as recém-criadas seções de pedagogia do Gymnase.

18 Ziegler, 1933, pp. 88-89. Em 1933, quando Ziegler redigia sua obra, o Gymnase havia sido efetivamente reabsorvido pelo Collège; portanto, é sobre as sociedades estudantis nos últimos dois anos do "Collège" que ele escreve.

19 *Idem*, p. 89. A palavra "Pich't" com a qual Albertine se dirigia a FdS em suas frequentes cartas a ele nos anos seguintes é aparentemente outro exemplo.

20 AdS 369/4, ff. 3-4.

21 Lemaître, [1922], pp. 29-30.

22 *Idem*, p. 33.

23 DAVID, J.-É. *Notes au crayon: Souvenirs d'un arpenteur genevois, 1855-1898*. Ed. Marianne e Pierre Enckell. Lausanne, Éditions d'En-bas, 2004 (p. 110).

24 Lemaître, [1922], pp. 34-35.

25 AdS 383/3, f. 131, é uma lista de nomes de pesquisadores sem data, dividida por localidade, no mesmo formato de outras listas elaboradas por FdS ao decidir a quem enviar cópias de seus trabalhos. O nome de Chaix aparece com um ponto de interrogação antes dele, assim como os nomes dos outros dois professores, Duvillard e Tavan, que serão mencionados mais adiante.

26 Lemaître, [1922], p. 37.

27 BGE Ms. supplement "Album Tavan".

28 Lemaître, [1922], p. 36.

29 David, 2004, p. 110.

30 Notas de curso de Alexandre Claparède, I: Cours de Gymnase, 2ᵉ année, 1876; V: Cours de Philosophie, Mr. le prof. Verchère, BGE Cours univ. 578, f. 426.

31 Notas de curso de Claparède, Philosophie, Mr. Verchère, BGE Cours univ. 578, f. 428.

32 Também mantido na Bibliothèque de Genève está um conjunto de notas anônimas do Curso de Retórica dado por Töpffer, na Académie, em 1835-1836. Está dividido em três seções: elementos de gramática geral, história da língua francesa, elementos de estilo.

33 Notas de curso de Claparède, Philosophie, Mr. Verchère, BGE Cours univ. 578, f. 417.

34 *Idem*, f. 428.

35 *Idem*, f. 473.

36 O uso do nome John em vez de Jean, como foi batizado, pode estar relacionado ao fato de ter uma esposa cujo nome de solteira era Chillingworth.

37 Lemaître, [1922], p. 30.

38 BOUVIER, B. "Faculté des Lettres de 1872 à 1896" [mémoire rédigé, en 1896, à l'occasion de l'Exposition nationale suisse de Genève]. *Histoire de l'Université de Genève: L'Académie et l'Université au XIXᵉ siècle, Annexes*. Genève, Georg, 1934, pp. 69-168 (p. 148).

39 AdS 369/4, ff. 142.

40 Henri dS, entrada de diário, 30 de dezembro de 1874, cópia AdS 272bis/4, f. 36.

41 AdS 369/6.

42 Ziegler, 1933, pp. 89-91.

43 *Idem*, p. 90.

44 FdS, entrada de diário, 22 de dezembro de 1874, AdS 369/4, f. 14 *verso*.

45 Henri dS, entrada de diário, 18 de outubro de 1874, cópia AdS 272bis/4, f. 22.

46 FdS. CLG. Edição de Charles Bally e Albert Sechehaye, com a colaboração de Albert Riedlinger. Genève/Paris, Payot, 1916 (pp. 306-307); as páginas citadas são da segunda edição definitiva,

de 1922 [Edição brasileira traduzida por A. Chelini; J. P. Paes; I. Blikstein. 26. ed. São Paulo, Cultrix, 2004 (p. 262)].

47 Ele optou por não adotar o sobrenome com ar aristocrático "Pictet de Rochemont", incorporado por seu pai, Charles, ao se casar com Adélaïde Sara de Rochemont, em 1786. Charles Pictet de Rochemont tornou-se um herói nacional suíço no Congresso de Viena em 1815, por manter Genebra na Confederação Suíça e preparar a declaração de neutralidade permanente do país. Para um relato biográfico de Adolphe, ver a introdução de *"Aimez-moi comme je vous aime": 190 lettres de G. H. Dufour à A. Pictet*, editado por Jean-Jacques Langendorf (Vienna, Karolinger, 1987 (pp. 13-128)). Um relato mais breve pode ser encontrado em: OLENDER, M. *Les langues du Paradis: Aryens et Sémites – un couple providentiel.* Paris, Gallimard/Le Seuil, 1989 [edição revisada e ampliada de 1994].

48 A prova de que as línguas celtas eram indo-europeias desenvolveu-se gradualmente, e é provável que a melhor reivindicação para estabelecê-la solidamente pertença a um tratado do médico e etnólogo inglês James Cowles Prichard, *The Eastern Origin of the Celtic Nations, proved by a comparison of their dialects with the Sanskrit, Greek, Latin, and Teutonic languages* (Oxford/Cornhill, London, Printed by S. Collingwood for J. & A. Arch, 1831). Fato desconhecido para Pictet, cujo livro sobre o assunto, publicado seis anos depois, *De l'affinité des langues celtiques avec le sanscrit* (Paris, B. Duprat, 1837), foi coroado pela Académie Française e fez seu nome no mundo linguístico europeu.

49 DE MAURO, T. *Cours de Linguistique Générale.* Edição comentada. Paris, Payot, 1972 (p. 322).

50 FdS. "Souvenirs de F. de Saussure concernant sa jeunesse et ses études". Editado e apresentado por Robert Godel. *Cahiers FdS*, vol. 17, 1960 (p. 16). Uma nota de Godel ao texto indica que a palavra *sérieusement* [seriamente] é uma leitura duvidosa.

51 PICTET, A. *Les origines indo-européennes, ou les Aryas primitifs: essai de paléontologie linguistique.* 2 vols. Paris/Genève, Joël Cherbuliez, 1859/1863 (vol. 1, p. 16).

52 *Idem*, vol. 1, p. 13.

53 *Idem*, vol. 1, p. 536.

54 *Idem*, vol. 2, p. 739.

55 *Idem*, vol. 2, p. 353.

56 O *Languages of Paradise*, de Olender, um livro muito bem pesquisado e elegantemente escrito, sugere que FdS é indiretamente culpado pelos usos que o livro de Pictet mais tarde teria por certos escritores obcecados com a raça ariana. As questões envolvidas aqui, que não devem ser ignoradas ou simplificadas demais, serão revisitadas no capítulo 14.

57 Pictet, 1859/1863, vol. 2, p. 749.

58 Entretanto, na época do Novo Testamento, que reflete a colonização da Ásia Ocidental pela Europa, o impacto da filosofia grega estava sendo sentido tanto no pensamento judaico quanto no cristão.

59 "Discours de M. Jules Oppert fait à la Bibliothèque Impériale, le 28 Décembre 1865, pour l'ouverture de son cours de sanscrit". *Annales de philosophie chrétienne*, jan. 1866, pp. 50-68. Ver: HAYM, M. I. "William Dwight Whitney and Ernest Renan: The Role of Orientalism in Franco-American Relations". *Journal of the American Oriental Society*, vol. 99, 1979, pp. 225-234.

60 Pictet, 1859/1863, vol. 2, p. 753.

61 A informação que se segue vem de uma entrada de diário de FdS, 22 de dezembro de 1874, AdS 369/4, f. 14 *verso*, parcialmente publicado em John E. Joseph, "Two Mysteries of Saussure's

Early Years Resolved" (*Historiographia Linguistica*, vol. 34, 2007, pp. 155-166), que também fornece um relato completo da datação do *Ensaio*.

62 Ver: AdS 281/6, item 12.

63 Carta de Henri dS, Genebra, para R. O. Campbell, Londres, AdS 281/1, ff. 241-247.

64 *Idem*, f. 24.

65 FdS, entrada de diário, 22 de dezembro de 1874, AdS 369/4, f. 14 *verso*.

66 Houghton Library, Harvard University, Ferdinand de Saussure Linguistic Papers (bMS FR 266/2). A carta é datada de 17 de agosto, mas sem indicação do ano. A Houghton Library adquiriu esse e alguns outros manuscritos de FdS de seus filhos Jacques e Raymond na década de 1960, por iniciativa do linguista Roman Jakobson.

67 AdS 369/8, f. 6, publicado em Joseph, 2007, p. 158. Como muitos dos rascunhos de FdS, esse é interrompido no meio da frase. Parece ser o primeiro dos rascunhos intercalados com material relacionado à morte de Théodore dS, em 4 de agosto de 1903, incluindo um rascunho da carta ao destinatário pretendido dos "Souvenirs", Wilhelm Streitberg, explicando que esse evento atrasou sua conclusão (AdS 369/8, f. 7 *verso*).

68 FdS, "Souvenirs", p. 17.

69 Carta de FdS, Paris, 19 de dezembro de 1881, à sua irmã Albertine dS, Genebra, AdS 396/3, f. 24.

70 FdS. "Essai pour réduire les mots du grec, du latin & de l'allemand à un petit nombre de racines". Ed. Boyd Davis. *Cahiers FdS*, vol. 32, 1978, pp. 73-101 (p. 77).

71 DAVIS, B. "Introdução". *In*: FdS. "Essai pour réduire les mots du grec, du latin & de l'allemand à un petit nombre de racines". Ed. Boyd Davis. *Cahiers FdS*, vol. 32, 1978, pp. 73-101 (p. 76).

72 FdS, entrada de diário, 22 de dezembro de 1874, AdS 369/4, f. 14 *verso*.

73 FdS, "Souvenirs", p. 17.

74 AdS 369/8, f. 5.

75 FdS, "Souvenirs", p. 17.

76 Lemaître, [1922], p. 31.

77 AdS 369/4, ff. 54-57. O poema completo, junto com outros escritos juvenis de Saussure, foi publicado por Claudia Mejía Quijano, em: *Le cours d'une vie: portrait diachronique de Ferdinand de Saussure* (Nantes, Cécile Defaut, 2008, pp. 271-318). Muitos documentos dos primeiros anos de Saussure apareceram nessa e em várias outras publicações na última década; ao referir-me a eles nestas notas, geralmente os identificarei por sua listagem de AdS, antecipando-me à sua disponibilização *on-line* em um futuro próximo.

78 Lemaître, [1922], pp. 31-32.

79 O relato a seguir foi extraído do diário de Henri dS de 30 de dezembro de 1874, cópia AdS 272bis/4, ff. 29437 e 272bis/5, f. 38.

80 A nota de seu falecimento está no *Journal de Genève*, 24 de janeiro de 1941, p. 5. Ela continuou a ser amiga íntima de Adèle dS, que foi companhia constante em seus últimos anos (ver, por exemplo, o diário de Adèle de outubro de 1912, AdS 416/6).

81 Henri dS, entrada de diário, data desconhecida (verão ou outono de 1874), cópia AdS 272bis/4, f. 25, que carece das páginas anteriores que dão a data.

82 Henri dS, entrada de diário, 14 de fevereiro de 1875, cópia AdS 272bis/5, f. 39.

83 *Idem*, f. 40.

84 FdS, "Souvenirs", p. 19. Essa é provavelmente a *Kritische Grammatik der Sanskrita-Sprache in kuerzerer Fassung*, de Bopp (2. ed. Berlin, Nicolaische Buchhandlung, 1845), embora a biblioteca também possua a segunda edição latina, de 1832, e a primeira edição alemã, de 1834.

85 Henri dS, entrada de diário, 5 de maio de 1876, cópia AdS 272bis/7, f. 82. Henri menciona o fato ao descrever o ano de FdS na Université, então pode ser que ele tenha começado a aprender sânscrito um ano depois do relatado nos "Souvenirs" ou, alternativamente, que apenas começou a receber ajuda de Favre após o primeiro ano de estudos.

86 *Idem, ibidem.*

87 CURTIUS, G. *Grundzüge der griechischen Etymologie*. 4. ed. Leipzig, B. G. Teubner, 1873. Essa edição, expandida por Ernst Windisch com material comparativo sobre as línguas celtas, é especificamente citada por FdS em AdS 374/1, p. 7.

88 AdS 369/8, f. 9 *recto* e *verso*.

89 A anotação do diário de Henri dS de 5 de maio de 1876 (cópia AdS 272bis/7, f. 81) observa: "Ele ganhou por duas vezes o prêmio do Concours de littérature, por composições de versos verdadeiramente notáveis, marcadas por um vigor extraordinário, e que conservei".

90 AdS 370/3, f. 3. Assim como no poema seguinte, os versos citados são trechos, não o poema completo.

91 AdS 370/3, f. 2.

92 AdS 369/4, f. 5.

93 AdS 380/1. A referência ao *Handbuch der lateinischen Etymologie*, de Ludwig Döderlein (Leipzig, F. C. W. Vogel, 1841) lembra que a lista de livros que Ferdinand dS possuía incluía um dicionário etimológico de latim do mesmo autor. Não há indicação de quando as observações foram acrescentadas às suas anotações, mas o fato de referir-se à Université como "l'Académie" pode indicar que a adição foi feita na década de 1870, enquanto a mudança de nome, oficialmente adotada em 1873, ainda não havia sido absorvida pelo uso geral.

94 AdS 380/2, f. 15 *verso*.

95 AdS 380/1-2.

96 AdS 380/2.

97 Henri dS, entrada de diário, 5 de maio de 1876, cópia AdS 272bis/7, ff. 84-85.

98 Além da entrara de diário de Henri, ver a carta de FdS para Amé Pictet, 2 de setembro de 1875, em: BUSS, M.; GHIOTTI, L. & JÄGER, L. "Lettres de Leipzig (1876-1880)". In: BOUQUET, S. (ed.). *Ferdinand de Saussure*. Paris, L'Herne, 2003, pp. 442-472 (p. 447).

99 FdS para Amé Pictet, 28 de agosto de 1875 (Buss; Ghiotti & Jäger, 2003, pp. 445-456).

100 Henri dS, entrada de diário, 5 de maio de 1876, cópia AdS 272bis/6, f. 65; Henri dS para Louise dS, s.l., s.d., AdS 361, ss. 291-292.

101 Henri dS, entrada de diário, 5 de maio de 1876, cópia AdS 272bis/7, f. 73.

102 FdS para Amé Pictet, 2 de setembro de 1875 (Buss; Ghiotti & Jäger, 2003, p. 447).

103 Amé Pictet, entrada de diário, Z n. 8, 30 de agosto de 1875, extratos copiados pelo genro de Pictet, Paul-Edmond Martin, e enviados para Léopold Gautier, 15 de julho de 1961, em BGE Ms. fr. 1599/5, f. 25. Pictet (ou Martin) citou de forma levemente equivocada a carta de FdS: ela não diz "*c'est vrai*" [é verdade], mas "*je crois*" [eu acho] "que eles querem me empurrar para as ciências".

104 Na Université, isso incluiria matemática e geometria, mecânica analítica e aplicada, astronomia, geografia física, física experimental, cromatologia, teoria mecânica do calor, química inorgânica e orgânica, mineralogia, fisiologia botânica, paleontologia, zoologia e anatomia comparada. ver: "Université de Genève, Cours du Semestre d'Hiver 1875-1876", *Journal de Genève*, 31 de agosto de 1875. Além disso, cursos médicos especializados eram oferecidos por *Privatdozenten*.

105 FdS, "Souvenirs", p. 20. Em um rascunho, ele chama os cursos de "uma espécie de tradição genebrina" (AdS 369/8, f. 9 *verso*).

[106] Amé Pictet, entrada de diário, Z n. 9, 24 de outubro de 1875, extratos copiados por Martin, em BGE Ms. fr. 1599/5, f. 25.

[107] FdS. *De l'emploi du génitif absolu en sanscrit, thèse pour le doctorat présentée à la Faculté de Philosophie de l'Université de Leipzig.* Genève, Imprimerie Jules-Guillaume Fick, 1881 (p. [97]).

[108] Henri dS, entrada de diário, 5 de maio de 1876, cópia AdS 272bis/6, ff. 81-83.

[109] Notas tomadas por Théodore Dufour, Economie politique, 2e année, M. le professeur Dameth (2 cahiers), 1866-1867, BGE Ms Cours universitaire 767. As notas citadas são da 1ère partie do 1er cahier, que passa a considerar "a utilização do *crédito* [...] *do ponto de vista do tempo*". O segundo caderno inclui a observação de que o papel-moeda "não é o equivalente ao dinheiro, mas sim um *signo*" dele.

[110] FdS, Genebra, para Albertine dS, Cannes, 9 de abril de 1880, AdS 396/3, ff. 14-15. Giraud-Teulon foi professor adjunto de estética, sucedendo a Pictet nessa função.

[111] AdS 369/8, f. 9 *verso*. Essencialmente a mesma informação é dada em FdS, "Souvenirs", p. 20.

[112] De acordo com a *vita* (pp. 89-90) anexada à dissertação de Leipzig de Morel, *De vocabulis partium corporis in lingua gæca metafórica dictis: dissertatio inauguralis quam ad summos in philosophia honores ab ... ordine philosophorum Lipsiani rite impetrandos* (Genevæ, excudebat J.-G. Fick, 1875), ele nasceu em Genebra e, como FdS, frequentou o Collège e o Gymnase, seguidos de dois anos na Académie. Em 1873, foi a Leipzig por um ano e meio, e estudou com Curtius, Ritschel, Lang, Lepsius, Voigt, Kuhn e Windelband. *Le Livre du Recteur* (STELLING-MICHAUD, S. *Le livre du Recteur de l'Académie de Genève (1559-1878)*, vol. 4. Genève, Droz, 1976 (p. 590)) nos informa que Morel trocou Genebra por Zurique em 1883 e mudou seus interesses das línguas clássicas para a literatura moderna francesa e alemã. Ensinou literatura francesa na École supérieure pour jeunes filles e, a partir de 1891, também trabalhou como *Privatdozent* em literatura francesa na Universidade de Zurique, publicando numerosos ensaios.

[113] FdS, "Souvenirs", p. 20. Nada menos que 273 alunos assistiram às aulas de Curtius sobre gramática grega no inverno de 1874, de acordo com a revisão de A. S. Wilkins de Ernst Windisch, *Georg Curtius: Eine Characteristik* (Berlin, Calvary, 1887), em *The Classical Review* (vol. 9, 1887, pp. 263-265 (p. 264)).

[114] Segundo Godel (*Les sources manuscrites du Cours de Linguistique Générale de F. de Saussure.* Genève, Droz, 1957 (p. 29, n. 23)), Krauss deu um curso intitulado "Philologie", depois "Linguistique comparée", na Académie de 1869 a 1873, quando Wertheimer assumiu seu lugar. No entanto, uma busca aos arquivos da Université não revelou nenhum registro de seus cursos anteriores a 1873. Wertheimer ensinou linguística na Section des lettres e filologia na Section des sciences sociales. Sua aula inaugural foi publicada como *La linguistique: Discours prononcé le 30 octobre 1877 à l'ouverture du Cours de linguistique* (Genève, s.n., 1877).

[115] Para as datas: *H. Taine, sa vie et sa correspondance*, vol. 3: *L'historien (1870-1875)* (Paris, Hachette, 1905 (p. 244)). Para o tópico: GEISSENDORF, P-F. *L'Université de Genève, 1559-1959.* Genève, Alexandre Jullien, 1959 (p. 264). O livro mencionado é *Les origines de la France contemporaine: L'Ancien Régime*, de Taine (2 vols. Paris, Hachette, 1876). As ofertas do curso o listam como Henri Taine, o nome pelo qual "muitas pessoas insistem, por motivos inteiramente ocultos, em chamá-lo" (*New York Times*, 17 de janeiro de 1880, p. 4).

[116] Aarsleff, H. "Taine and Saussure". *Yale Review*, vol. 68, 1978, pp. 71-81 (p. 79). Reimpresso em: Aarsleff, H. *From Locke to Saussure: Essays on the Study of Language and Intellectual History.* London/Minneapolis, Athlone/University of Minnesota Press, 1982, pp. 356-365 (p. 364).

[117] Os livros de Taine que ele cita são: *Essais de critique et d'histoire* (Paris, Hachette, 1858), *Histoire de la littérature anglaise* (4 vols. Paris, Hachette, 1863-1864), *Nouveaux essais de critique et*

d'histoire (Paris, Hachette, 1866), *De l'idéal dans l'art* (Paris, G. Baillière, 1867) e *De l'intelligence* (2 vols. Paris, Hachette, 1871). O último deles teve um impacto sobre a psicologia na última parte do século XIX, embora no início do século XX estivesse sendo citado principalmente para contestar seus pontos de vista, que então pareciam antiquados.

118 Aarsleff, 1978, p. 79; 1982, p. 363.

119 Aarsleff, 1978, pp. 74, 79; 1982, pp. 359, 364.

120 Taine, H. *Les origines de la France contemporaine: L'Ancien Régime*, vol. 1. 24. ed. Paris, Hachette, 1902 (pp. 284-285).

121 AdS 374/1. Esse grande caderno de capa dura foi reutilizado por FdS em vários períodos, de meados da década de 1870 a meados da década de 1880. A referência a páginas específicas é problemática, porque os textos de diferentes anos são intercalados em várias partes do caderno, e páginas originalmente separadas são coladas. As notas de 1875-1876 incluem a p. 8, datada de 23 de abril de 1876.

122 Todos citados, por exemplo, em AdS 374/1, p. 6.

123 CURTIUS, G. *Principles of Greek Etymology*. Trad. [da quarta edição] Augustus S. Wilkins e Edwin B. England, 2 vols. London, John Murray, 1875 (vol. 1, p. 22).

124 Bouvier, 1934, p. 123.

125 Curtius, 1875, pp. 2-3.

126 Alexandre de Pourtalès, Neuchâtel, para FdS, 27 de fevereiro de 1877, AdS 366, f. 186.

127 Alexandre de Pourtalès, Neuchâtel, para FdS, 14 de janeiro de 1877, AdS 366, ff. 184-185.

6

1876-1878

Société de Linguistique de Paris

Ao mesmo tempo em que estudava os *Princípios* de Curtius em abril de 1876, Saussure lia volumes recentes dos *Mémoires* da Société de Linguistique de Paris e periódicos menos especializados, como a *Revue critique d'histoire et de littérature*, que, apesar do título, foi fortemente orientada para a filologia e a linguística.[1] Um marco particular é alcançado quando o encontramos pela primeira vez questionando em especial o valor do trabalho de um grande estudioso contemporâneo, o decano da linguística francesa Michel Bréal, um homem destinado a desempenhar um papel fundamental em sua carreira.

> Que opinião devo ter de Bréal? Não li muito dele; mas aqui está, por exemplo, um artigo seu sobre o suf. *aut* (Mém. de la Soc. de Linguist. II. 188), em que ele ao final não faz mais do que repetir o que Bopp disse, e não pode ser sem saber, já que ele é o tradutor da Gramática Comparada. (Está em dois parágrafos diferentes no vol. 4.) – No mesmo artigo ele diz em uma nota: *nós* derivamos *indiges* de *indu* e *ga* "trazer ao mundo", uma explicação dada há muito tempo por Curtius e citada também na Gram. Comp. de Bopp, trad. Bréal IV página 247 se bem me lembro. – Louis Morel, por outro lado, me disse que Bréal foi a Leipzig para ouvir o curso de Curtius sobre o umbro, que ele pegou emprestado um caderno de estudante e fez bom uso dele no que publicou sobre o assunto; "portanto, diz Morel, o Sr. Bréal não precisa disso; não sei se é muito apropriado".[2]

Algumas páginas adiante, Saussure lança diretamente calúnias sobre a honestidade de Bréal quanto a comentários na *Revue critique* acerca de um dicionário etimológico comparativo das línguas indo-europeias.[3]

A húbris do jovem é óbvia, mas na verdade seus comentários são profundamente perspicazes. Os pontos fortes de Bréal nunca residiram na resolução de problemas complexos da linguística indo-europeia, apesar de suas dezenas de breves conferências na Société tentando fazer exatamente isso. Bréal nasceu em uma família judia em uma parte da Alsácia que se tornou bávara em 1815 e tinha o alemão como primeira língua.[4] Seu pai, promotor público do Tribunal Real da Baviera, morreu quando Michel tinha cinco anos, e a família mudou-se para a Alsácia francesa. Os dons intelectuais do menino trouxeram-lhe uma série de sucessos no sistema educacional nacional, culminando com sua admissão na prestigiosa École Normale Supérieure em Paris, em 1852. Lá pôde prosseguir seu crescente interesse em filologia comparada, ensinada na École desde 1839 por Émile Egger. Nesse mesmo ano de 1852, Karl Benedikt Hase, de 72 anos, foi nomeado para uma cadeira de filologia comparada na Sorbonne, e foi de Egger e Hase que Bréal recebeu seu treinamento inicial em linguística.

Em 1857, Bréal qualificou-se para lecionar no ensino secundário da rede pública, mas solicitou e obteve uma licença de dois anos para ir a Berlim estudar com Bopp e outros. Depois disso, uma série de golpes de sorte, combinados com seu raro *status* de jovem estudioso francês que fora estudar em primeira mão com os mestres alemães, o levaram a ser nomeado sucessor de Renan na supervisão da divisão de línguas orientais da Biblioteca Imperial, então como sucessor de Hase após sua morte em 1864, no momento em que o ensino de filologia comparada foi transferido da Sorbonne para o Collège de France.

Em 1866, Bréal estourou na cena intelectual francesa como uma figura importante nos estudos indo-europeus, não por meio de qualquer descoberta sua, mas como tradutor da gramática comparada de Bopp.[5] Em 1875, publicou a obra que mais chamou atenção entre os linguistas das universidades alemãs, um estudo das Tábuas Eugubinas, sete tábuas de bronze bem preservadas provavelmente do quarto ao terceiro século a.C., encontradas em 1444, perto de Gubbio (antigo Eugubium), na Itália, e contendo inscrições em umbro e latim antigo, bem como em etrusco, a língua que o avô de Saussure esperava poder decifrar.[6] Um artigo de Bréal na *Revue des deux mondes* resumindo a história e o significado linguístico das tábuas despertou grande interesse dentro e fora da França.[7] Em *Anna Karenina*, de Tolstói, é Bréal que Karenin lê na parte III, capítulo 14, mas acaba por perceber que "não havia como restaurar seu muito vivo interesse anterior nos escritos de Iguvium".[8]

Seu projeto de escrita de um dicionário histórico do latim manteve Bréal fixado em questões de etimologia, que se situam na interface entre som e significado. Enquanto os estudiosos alemães estavam introduzindo um novo rigor no estudo da mudança de som, a etimologia continuou a seguir um regime relativamente frouxo no qual qualquer conexão de significado poderia ser suficiente para ligar as palavras, desde que uma explicação *ad hoc* plausível pudesse ser concebida.[9] Bréal resolveu retificar a falta de rigor, sendo o pioneiro de uma metodologia mais rigorosa para os aspectos da etimologia relacionados ao significado das palavras, a qual ele daria o nome de "semântica".

Ele permaneceu responsável pelo ensino dos cursos de linguística indo-europeia no Collège de France e na recém-criada École des Hautes Études. Mas o assunto estava se tornando cada vez mais técnico, exigindo atenção em tempo integral para acompanhar os artigos e livros, que surgiam em uma velocidade vertiginosa. Como Bréal não podia dar tanta atenção a seu trabalho, esse não era sempre tão original quanto pensava, ou tão bem fundamentado. Talvez, percebendo isso, ele tendia cada vez mais a escrever críticas ao trabalho de outras pessoas, em vez de expor suas ideias originais a uma recepção muitas vezes morna. E não tinha pressa em oferecer ao mundo um livro sobre semântica – embora, quando finalmente o fez, em 1897, aos 65 anos, tenha sido um sucesso espetacular, e a única obra pela qual seu nome é amplamente lembrado hoje.[10]

Nesse mesmo mês de abril de 1876, Saussure candidatou-se a membro da Société de Linguistique de Paris, apresentando com seu pedido um artigo que havia escrito sobre o sufixo *-t-* nas línguas indo-europeias. O artigo foi impressionante o suficiente não apenas para torná-lo membro, mas para o próprio trabalho ser aceito para publicação no *Mémoire* da Société, no qual apareceu em 1877.[11] No primeiro sinal do que se tornaria uma preocupação constante e duradoura com questões de prioridade e citação, a primeira frase desse artigo, seu primeiro publicado, reivindica prioridade para uma ideia publicada por Bréal, antes de corrigir a versão de Bréal.

> Sr. Bréal, em sua análise do sufixo *ant* no tomo II dessas *Mémoires* (p. 188), derivou-o do sufixo *ta* do particípio passivo perfeito, mostrando a anterioridade da forma *at* sobre a forma *ant*. Também foi essa a nossa conjectura, no sentido de que o *t* nos parecia ser o único elemento essencial do sufixo, e sua relação com *ta* extremamente provável.
> Mas é em *t*, não em *ta*, que cremos reconhecer a forma mais primitiva.[12]

A escrita de Saussure aqui é diferente de tudo que já produziu. Absorveu um estilo técnico e elíptico a partir da leitura de artigos produzidos no círculo dos iniciados, que assumem grande parte do conhecimento compartilhado. Ele então leva esse estilo além dos limites observados pelos mais velhos – para mostrar, ao que parece, que é pelo menos igual a eles. Não faz concessões à acessibilidade, mas assume casualmente um leitor bem versado na literatura linguística atual e tão à vontade em sânscrito quanto em grego e latim, embora o conhecimento do próprio Saussure em sânscrito ainda tivesse pouco mais de um ano.

Tal como acontece com o *Ensaio* a Pictet, a orientação de "Le sufixe *-t-*" é reduzir as línguas indo-europeias a unidades significativas primitivas e mínimas. A fé de Saussure em uma linguagem original perfeitamente econômica, e que ainda pudesse ser recuperada sob as camadas de "exceções" criadas pelo acidente histórico, permanece inabalável.

Saussure parece ter revisitado suas notas de abril de 1876 alguns anos depois e acrescentou ainda mais críticas a Bréal por sua ignorância sobre etimologias bem conhecidas. Em um caso particular, insinua que algo seu foi apropriado. Um artigo de Bréal no *Mémoires* da Société relaciona etimologicamente o latim *interpres* [intérprete] ao grego πέρνημι [vender], "que", observa Saussure, "é um lugar-comum; em particular, encontra-se no final do meu estudo do sufixo *t* que havia sido lido por Bréal algum tempo antes".[13] O artigo de Saussure não menciona de fato *perugmi*, mas faz um comentário passageiro sobre *pernēmi* [eu vendo], que se baseia na mesma raiz.[14] O jovem Saussure tinha como certo que os estudiosos mais antigos prestariam muita atenção a cada detalhe de seu artigo, por isso ficou surpreso quando até mesmo uma menção tangencial em uma nota de rodapé escapou à consciência de Bréal. Nos anos que se seguiram, ele ficaria gravemente desiludido ao ver inclusive suas conclusões centrais alegremente ignoradas ou repetidas sem atribuição, como se fossem de conhecimento comum. Esse foi apenas um aperitivo.

Na reunião regular de sábado à noite da Société, seguinte à publicação, em 29 de abril, o nome de "*Monsieur* Mongin-Ferdinand de Saussure" de Genebra foi apresentado como membro por dois membros seniores, o sanscritista Abel Bergaigne e ninguém menos que Michel Bréal.[15] Nenhum dos dois ter conhecido ou tido qualquer contato direto com o jovem que estavam indicando não era incomum. Não atrapalhou o fato de ele ter um sobrenome tão famoso e receber altas recomendações do amigo de Bergaigne, Léopold Favre, parente de Saussure que também fora seu primeiro tutor em sânscrito.[16]

O nome de batismo de Saussure foi registrado como "Mongin-Ferdinand" no *Bulletin* da Société. Isso levou a uma confusão considerável ao longo dos anos. No século XIX, os homens genebrinos da classe alta eram batizados com dois, três ou quatro nomes, cuja ordem não importava muito. O nome pelo qual a criança era chamada era em parte uma questão de distinção – o mesmo nome geralmente não seria encontrado em duas gerações adjacentes. Ao listar todos os nomes dados, existiam duas tradições básicas. Uma delas era colocar o nome pelo qual é chamado primeiro, seguido pelos outros, com ou sem hifens, geralmente em ordem alfabética, embora às vezes em ordem cronológica dos últimos ancestrais que os geraram. A outra tradição era basicamente a mesma, mas com o nome pelo qual é tratado por último. Em geral, a família Saussure seguiu a primeira tradição, mas pode ter sido Favre quem enviou a indicação com o nome de Mongin-Ferdinand, uma ordem que o próprio Saussure nunca usou e que não é encontrada em outros registros.

Seu nome foi registrado da mesma forma quando, 15 dias depois, na reunião de 13 de maio de 1876, sua nomeação foi aprovada e ele foi admitido como membro da Société.[17] Nessa mesma reunião, outro genebrino foi indicado como membro: Paul Oltramare, filho de André, diretor do Collège de Genève durante os dois anos de Saussure lá. Paul era agora um estudante na École des Hautes Études em Paris. Ferdinand, por outro lado, nunca havia estado em Paris.

A aceitação de seu artigo para publicação pela Société limpou sua imagem em casa, pois seus estudos na Université haviam terminado desastrosamente. Henri continuou a colocar a maior parte da culpa na instituição, por introduzir despropositadamente o princípio da livre escolha de cursos. Mas seu filho poderia ter escolhido com mais sabedoria.

> Em poucas palavras, Ferd. não se aplicou nas ciências e – coisa inédita! – faltou à prova de química!
> Eu estava perturbado. [...] Ferd. poderia ter feito uma boa prova, se quisesse. Mas há essa questão de caráter. Ele tem essa infeliz propensão a fazer apenas o que gosta de fazer. Não deu importância alguma às ciências, e assim a sua bela carreira de estudos, tão brilhante durante tantos anos, acabou num fiasco que lhe tirou a sua auréola de aluno excepcional. Que pena acabar assim, náufrago no porto![18]

A decepção de Henri foi amenizada pela notícia de que o artigo de Ferdinand havia causado sensação em Paris e seria publicado no mais importante periódico linguístico de língua francesa. "Esse é um sucesso que redime em grande parte o fracasso", escreveu Henri, um homem mais capaz de simpatia do que de empatia, "mas eu teria preferido que o fracasso não tivesse ocorrido." Ainda assim, o sucesso reconciliou Henri com o caminho "literário" que seu filho escolheu seguir.

Ferdinand sempre guardou um certo ressentimento de seu pai por menosprezar o estudo das línguas na tentativa de orientá-lo para as ciências. Em retrospectiva, é impossível não ficar do lado do filho e condenar a atitude de Henri como míope, egoísta e insensível. Mas, considerando a questão do seu ponto de vista, a família continuava no auge da fama alcançada por seu avô, Horace-Bénédict, quase um século antes. As realizações de seu tio Théo, embora em escala menos grandiosa, ao menos o marcaram como um cientista de solidez e de real importância na Era Moderna. As contribuições literárias e educacionais de sua tia Necker, substanciais para uma mulher daquela época, não estavam no mesmo nível que as de seu irmão, muito menos as de seu pai. Na geração de Henri, ficou claro que Théodore nunca seria mais do que um luminar local e, dos defeitos de Henri, ninguém estava mais ciente do que ele. A vida lhe havia dado cartas ruins a cada rodada – com uma exceção. Dera a ele um filho cujos dons intelectuais, Henri tinha orgulho de admitir, eram muito superiores aos seus.

Por outro lado, a única pessoa na família de quem Ferdinand poderia ter herdado seu interesse por línguas mortas era o sogro de Henri, um homem sem nenhuma disciplina intelectual, aos olhos de Henri, contente em viver para seus prazeres mais triviais. Não que a linhagem de Henri fosse isenta de tais traços infelizes – sua própria mãe era outra fonte deles. E ele os achou muito aparentes em Ferdinand. Em maio, Henri escreveu o extraordinário "retrato" de dez páginas de seu filho, citado com frequência nos últimos dois capítulos. O "retrato" inclui uma avaliação completa e direta do caráter de Ferdinand como seu pai o via.

> Ele agora tem 18 anos [...]. Esse menino tem dons transcendentes que devem ser realizados mesmo que isso signifique fazer os maiores sacrifícios.
> [...]
> Ele sempre foi muito silencioso, muito fechado; nunca se sabia o que estava pensando, pois ele respondia pouco às perguntas. Essa disposição combinava-se com o extremo oposto, o do riso descontrolado e uma excitação nervosa que se manifestava quando se tocava em assuntos engraçados. Isso sempre me preocupou, porque essa disposição era uma fraqueza.
> Esse tipo fechado permaneceu. Temos tentado combatê-lo de todas as formas. Falamos com ele – seu tio, sua tia –, e é óbvio que às vezes ele faz grandes esforços para se livrar disso, mas só consegue com certo constrangimento. Ele sempre se mantém tão distante que não se sabe como se aproximar dele e mesmo meu irmão, embora lamentando esse estado de coisas, nunca encontra uma ocasião.

A longo prazo, isso nos deixa impacientes e irritados, mas já superei. Quando se consegue quebrar o gelo, percebe-se que essa criança pensa tudo o que não diz e no fundo é excelente. Ele sempre se mostrou amável com seus irmãos e irmãs mais novos. Ele era tão generoso quanto um adulto com suas fraquezas; isso é raro na juventude.
Em suma, ele está repleto de bons sentimentos, mas não os deixa transparecer. Ele é cooperativo, e minhas aulas tiveram a vantagem de torná-lo ainda mais atento. Ele me lembra muito Théodore, que também na adolescência era um adulto, nunca fazendo bobagens, vivendo sozinho com seus pensamentos, perfeitamente educado, extremamente trabalhador, sem se importar com o momento presente. É verdade que o momento presente não era atraente. A casa estava lamentável, enquanto Ferd. foi criado com todas as conveniências de nossos dias. Além disso, sua disposição não é exatamente a mesma. Ele não sabe cuidar de si mesmo, adora se esquivar de qualquer dever e tende a se aproveitar de seu irmão Horace, que está sempre pronto para fazer qualquer coisa por ele. Ainda assim, durante essas férias, Ferd. mudou visivelmente; ele rega o terraço – tenho certeza de que isso o entedia muito, mas ele sabe que isso me deixa feliz. Estou surpreso com essa mudança.[19]

Ferdinand achava que, ao empurrá-lo para as ciências, seu pai estava colocando a tradição familiar acima de encorajá-lo em seu próprio caminho pessoal. Henri não podia contar-lhe os medos que confidenciava a seu diário. Submeter-se à disciplina que as ciências exigiam era a única maneira de proteger a mente desse jovem genial de uma herança genética capaz de arruiná-la. Parte disso era uma incapacidade de concluir qualquer tarefa que não lhe desse prazer ou satisfação imediata. Era, aos olhos de Henri, uma fraqueza emocional e física que poderia ser combatida com o tipo de exercício que Ferdinand nunca foi motivado a fazer, a menos que houvesse algum prazer mental envolvido, como na caça. O sogro de Henri era rico o suficiente para que seus defeitos não fossem um problema. Mas Ferdinand não tinha em mãos uma grande fortuna e poderia acabar como outros homens com fraquezas semelhantes que decepcionaram Henri – homens como Müller von Lanhof, ou pior, Henri Dunant.

O tempo mostraria que esses temores paternos eram parcialmente bem fundamentados. Ao longo de sua vida, quando confrontado com obstáculos, Ferdinand recuava em vez de se impor e lutar. A cada projeto que iniciava, naufragava no ponto em que algum sério obstáculo que desafiasse sua lógica surgia. Mas Henri errou ao imaginar que esse comportamento se devesse a um desejo fácil de evitar o desprazer. Pelo contrário, estava ligado a uma integridade intelectual tão absoluta que não admitia transigência – pelo menos não sem angústia interior. Henri gostaria que seu filho – aliás, Ferdinand gostaria que ele próprio – tivesse aquela bravura diferente que permite publicar uma obra sabendo que ela é imperfeita e dá respostas que estão longe de ser definitivas. De fato, os periódicos da época estão repletos do trabalho de homens muito audaciosos, cujos nomes e ideias são agora de interesse apenas para alguns historiadores altamente especializados.

Rumo a Leipzig

Tendo se reconciliado com a inclinação para os estudos linguísticos de seu filho, Henri, da forma como lhe era peculiar, decidiu onde Ferdinand os faria. Henri fez seus estudos em Paris, depois o doutorado na Alemanha e nunca teve o diploma francês nem a carreira acadêmica que esperava. Para Ferdinand, determinou que fizesse as coisas ao contrário: estudar primeiro na Alemanha, depois em Paris para um doutorado na École des Hautes Études.

Em seus "Souvenirs", Ferdinand escreveu que a escolha da Universidade de Leipzig foi feita "*por acaso*, simplesmente porque meus amigos de Genebra estudavam lá... Meus pais preferiram, como eu tinha apenas 18 anos e meio, uma cidade estrangeira onde eu estaria cercado por compatriotas".[20] Mas Henri não teria enviado Ferdinand para Leipzig se não tivesse uma reputação mundial no estudo da linguística – e mais particularmente como o centro da *ciência* linguística, na qual superou em muito Paris.

Os compatriotas em Leipzig incluíam os irmãos Gautier, Lucien e Raoul, seu primo em primeiro grau Edmond Gautier e Édouard Favre, que se casaria com a irmã de Edmond, Mathilde. Também figurando na "colônia suíça de Leipzig" estava Henri Lefort, amigo de Saussure desde os tempos de escola, quando se apaixonara pela prima de Lefort, Léonie de Westerweller. Edmond e Mathilde Gautier eram primos de segundo grau de Saussure, pois suas avós maternas eram irmãs. Sem dúvida, a presença reconfortante desses parentes figurava nos cálculos de Henri, assim como o fato de que a cidade de Leipzig não oferecia distrações divertidas para os jovens da classe alta. A acomodação de Ferdinand também era modesta – um quarto na casa de *Frau* H. Schlag, no número 12 da Hospitalstrasse.[21] Mais tarde, em Leipzig, ele se hospedaria com Édouard Favre na casa de *Frau* Schreck, Thalstrasse I/III.[22]

Em outubro, Henri levou Ferdinand a Leipzig, via Viena.[23] Embora seu filho tivesse agora quase 19 anos, idade em que Henri se considerava um adulto independente, ficou ao lado de Ferdinand até se certificar de que tudo estava em ordem. Tendo havido um desastre quando Ferdinand foi enviado para estudar em Hofwyl dez anos antes e, mais recentemente, quando foi autorizado a escolher seus próprios cursos na Université de Genève, Henri estava determinado a garantir que seu filho estivesse bem estabelecido, tanto em suas condições de vida quanto em seu programa de estudos. Garantiu até que Ferdinand fizesse exercícios físicos, organizando aulas de equitação no melhor estábulo de Leipzig.[24]

Em 21 de outubro, Ferdinand matriculou-se na universidade.[25] Quatro dias depois, Henri escreveu a Louise: "Nossa instalação está completa: acho que Ferd. tem tudo o que precisa e, de qualquer forma, tem uma boa comitiva e ótimas recomendações, então posso deixá-lo sem preocupações".[26] Mas Henri não seria ele próprio se não se preocupasse e, em vez de abandonar seu filho completamente, passou mais um mês na Alemanha e na Boêmia, primeiro trabalhando "como um cavalo" em museus alemães para concluir seu trabalho sobre grilos, depois visitando as propriedades de vários príncipes e nobres para desfrutar de suas festas de caça.[27]

Durante esse tempo, Henri ficou de olho em Ferdinand e ficou contente com o que viu, escrevendo para Louise em 5 de novembro, por exemplo, que "Ferdinand está muito satisfeito com sua universidade e, de fato, muito feliz".[28] Ferdinand, por sua vez, estava analisando o programa da universidade para escolher seus cursos. Um dos anúncios que chamou sua atenção foi o de um curso de persa antigo oferecido *privatissime* – em aulas individuais – por Heinrich Hübschmann, que naquele ano havia sido nomeado professor de línguas iranianas.[29] Ele foi visitar Hübschmann em sua casa perto da Augustusplatz, a praça onde fica a universidade, e lembrou em seus "Souvenirs" que foi recebido calorosamente por seu jovial futuro tutor. Durante essa visita ocorreu o momento mais dramático e portentoso no relato do jovem sobre seus primeiros anos, quando o professor trouxe à tona um artigo recente de Karl Brugmann, um professor que havia feito doutorado em Leipzig em 1871.[30]

> Ele começou a falar comigo sobre linguística indo-europeia quase imediatamente e perguntou se eu havia lido o artigo de Brugmann sobre as sonantes nasais, publicado durante as férias. Eu ainda nem tinha ouvido falar de Brugmann, o que era venial naquela época, especialmente para mim, e foi então que Hübschmann me disse que havia uma agitação imensa há várias semanas sobre a questão de saber se certos casos de *a* grego poderiam ter vindo de *n*, ou se certos casos de *n* podem ter produzido *a*. Mal pude acreditar no que ouvia, pois na primeira entrevista que tive com um intelectual alemão ele me apresentou como sendo uma conquista

científica algo que por três anos e meio eu havia considerado uma espécie de verdade elementar que não ousara mencionar por ser provavelmente muito conhecida, eu <disse> timidamente ao Sr. Hübschmann que isso não me parecia muito extraordinário ou novo. Hübschmann então insistiu na importância que lhe atribuíam os germanistas, e revelou-me que a linguística germânica – da qual eu não tinha nenhuma noção – possuía um grupo *-un-* compatível com o *a* grego. Quando saí, comprei um exemplar da edição dos *Studien* que continha essa "novidade", mas, ao contrário do que se possa pensar, não fiquei muito impressionado ao lê-lo. Não consegui avaliar exatamente naquele momento.[31]

O que quer que pensemos da crença de Saussure de que ele próprio havia feito essa descoberta algum tempo antes, essa história é significativa. Em sua educação até então, ele tendia a menosprezar seus professores genebrinos como provincianos de segunda categoria, exceto os professores da Université de Genève que eram membros de seu círculo familiar e estudiosos de renome internacional. No que se refere à linguística, ele tolerava o medíocre Morel, não apesar de estar repetindo o curso do grande Curtius, mas justamente por isso – pois os estudiosos da linguagem que Saussure reverenciava eram os autores que lhe falavam a partir das páginas de seus próprios livros. Até mesmo Pictet, a única figura importante no campo que conheceu pessoalmente, foi seu guia mais por seus escritos do que por suas conversas.

Leipzig ofereceu-lhe a chance de ouvir e trabalhar com alguns dos mais renomados linguistas do mundo, incluindo Curtius e as principais figuras emergentes da nova geração. Para Saussure, eram eminências imponentes; assim, descobrir, em seu primeiro encontro, que Hübschmann era um homenzinho alegre que dava boas-vindas calorosas a um novo aluno de outro país foi um alívio e uma decepção. O mesmo ocorreu com a revelação de que essa comunidade acadêmica poderia reciclar um fato há muito conhecido, talvez até bastante óbvio, sobre a fonologia indo-europeia, transformando-o em uma nova descoberta de grande importância. A decepção era óbvia; o alívio que o acompanha é detectável em uma passagem do manuscrito riscada da versão publicada dos "Souvenirs":

Foi a partir desse momento que, tendo percebido repentina e definitivamente que minhas ideias não eram piores do que as que via levadas a sério ao meu redor, ousaria, mesmo na ausência de qualquer conhecimento provisório dos idiomas indo-europeus, estudá-los de uma perspectiva analítica aprendendo cada idioma.[32]

Está longe de ser verdade que lhe faltava "qualquer conhecimento provisório" das línguas indo-europeias. Até uma passagem anterior desse mesmo documento menciona sua exposição ao sânscrito por meio de seu estudo de Bopp, bem como seu longo estudo de latim e grego – o que talvez seja parte do motivo pelo qual riscou a passagem citada. É verdade que, além desses três, seu conhecimento das formas mais antigas das línguas indo-europeias limitava-se a palavras e formas encontradas na literatura linguística, e que ele não havia realmente lido textos extensos em língua celta ou eslava ou balto-eslava, persa antigo ou mesmo nas línguas germânicas, para além do inglês e do alemão modernos. Essas lacunas ele se propôs a remediar desde o início de seu tempo em Leipzig e assim o fez, por pura assiduidade, combinada com um poder de memória linguística que seus alunos ainda estariam comentando décadas depois.

Outra versão de sua reação à primeira conversa com Hübschmann é importante por um motivo diferente. Quando informado da "efervescência" do círculo de linguistas em Leipzig em torno da publicação de Brugmann sobre a correspondência *a–n*, Saussure escreve:

> Lamentei a mim mesmo: oh, Morel![33]

A frase está riscada e foi substituída na margem por:

> Eu penso em Morel (!) e

O imediatismo e a intensidade da reação de Saussure não deixam dúvida. No entanto, nada mais em suas notas liga esse ponto particular a Morel, deixando-nos a pensar sobre as trocas entre eles a respeito das nasais sonoras. Teria Saussure levantado a questão, talvez como possível tema de um artigo para a Société de Linguistique de Paris, apenas para vê-la descartada por Morel como óbvia e desinteressante? A única pista vem mais abaixo na mesma página de anotações. Voltando sua atenção para o ano anterior, 1875-1876, escreve:

> *Mesmo ano*. – O efeito <da Curtiana teria sido bom, especialmente por causa de *tatós*; mas o> [efeito] da leitura de Bopp (seja a Gram. Comp. ou a Gram. Sansc.) foi o mais desastroso possível para
> Notadamente no ponto de estender a coisa a *r* <pois de outro modo não poderia explicar a profunda impressão que me causou a afirmação de Bopp sobre *phertós*>

> Na ausência absoluta de direção <ou conhecimento da doutrina recebida,> em nenhum caso consenti em abandonar tão facilmente minha ideia de que o *a* de[34]

Aqui, o rascunho publicado de "Souvenirs" preenche as lacunas, apesar de atrasar os eventos em um ano e trazer o duvidoso episódio do *tetákhatai*:

> Havia em meu espírito um conflito entre Curtius e Bopp. Com efeito, observei em Curtius um grande número de casos, como *tatós* ou *memiōs*, que Curtius derivou de raízes em *-n*.
> E, lembrando-me do *tetákhatai* do Collège, perguntei-me vagamente se esse *a* não poderia ser explicado pela nasal. Quando, lendo Bopp, aprendi que o sânscrito possuía um *r* vocálico, instantaneamente tive uma visão da verdade, ainda maior do que a de *tetákhatai*, estabelecendo mentalmente <*bhar-*, *bhrtas*>, portanto, talvez *tntas*? Infelizmente, deparei-me quase imediatamente com uma passagem de Bopp, em sua gramática sânscrita ou em sua gramática comparativa que comprei em 1876, que ensinava que nenhuma atenção deveria ser dada ao *r* sânscrito, "e que *phertós* provou, sem sombra de dúvida, a inanidade de *bhrtas*". Lembro-me especialmente desse *phertós* como sendo a forma que, vinda da pena de Bopp, teve um efeito tão poderoso e injustificado em minha tímida imaginação.[35]

A forma *tatós*, que significa "que pode ser esticado", vem da mesma raiz do grego *tanúō* e do latim *tendo* [esticar]. As duas últimas formas exigem uma raiz original que contenha um *n*, mas *tatós* tem simplesmente *a*.[36] Uma vez que não há nenhuma relação fonética específica entre *n* e *a* que poderia explicar por que apenas aquela consoante em particular deveria ser "suprimida", Saussure se perguntou sobre uma possível conexão com a correspondência *a–n* em *tetákhatai*. Aprendendo que o sânscrito tem um *ṛ* vocálico em seu alfabeto, ele viu imediatamente que o elo que faltava para as palavras gregas era um *ṇ* vocálico. A consoante *n*, quando colocada entre duas outras consoantes, tornava-se essa vogal, que depois se simplificaria em *a* em alguns casos, enquanto em outros se tornaria *an* ou *en*. Entretanto, Saussure descobre que, como observado no capítulo 3, Bopp havia rejeitado a ideia de que o *ṛ* vocálico era original, insistindo que deveria ser a degradação de um *er* ou *ar* anterior.

As três frases interrompidas na penúltima citação sugerem a dificuldade que o próprio Saussure teve para recordar, compreender e expressar como seu aprendizado da linguística indo-europeia oscilava entre as visões de Bopp e Curtius. Ele culpa Bopp por desviá-lo de perseguir a questão das sonantes nasais, enquanto as observações de Curtius sobre o *tatós* gregos poderiam tê-lo levado na direção certa. Uma apreciação de visões mais modernas sobre a vogal *r̥* poderia ter feito o mesmo, mas ele se viu persuadido pela análise de Bopp sobre ela como uma redução do que na protolíngua havia sido *ar*.

É revelador que Saussure se lembrasse de ter comprado a gramática comparativa de Bopp em 1876, na versão que afirmava que esses eventos teriam ocorrido em 1874-1875. Juntando as peças do quebra-cabeça, parece que, durante seu ano na Université de Genève, ele empreendeu seu primeiro estudo sério de linguística histórico-comparada, com uma forte dose de Curtius, tanto de seu compêndio quanto via Morel. Em retrospecto, Saussure lamentou não ter depositado mais fé em Curtius naqueles pontos em que contradizia Bopp. Mas o nome desse último foi entoado para ele como uma autoridade suprema por seu avô, pela obra de Pictet e pela cultura geral que habitava. Tendo errado anteriormente ao deixar sua imaginação correr solta, ele agora foi longe demais na outra direção, curvando-se a uma autoridade mesmo quando seus instintos lhe diziam que outra explicação era a certa. No registro que faz em seus "Souvenirs", esse erro removeu sua última chance de reivindicar a sonante nasal como sua descoberta, imortalizando seu nome. Saussure aponta que discutiu a ideia com Morel:

> L. Morel permite-me dar uma segunda data à minha ideia de sonante nasal e à importância que lhe atribuí. Pois, depois do curso, essa memória é clara, tive conversas no passeio, precisamente sobre esta questão: o que diz Curtius, já que o <ouviu>?[37]

O lamento "Oh, Morel!" permite inferir que seu tutor havia se juntado às fileiras daqueles que o decepcionaram ao não conseguir orientá-lo na direção certa.

Outra coisa chama atenção nessa versão das reminiscências de Saussure. Os "Souvenirs" publicados mostram Saussure comprando os *Studien* depois de sair da casa de Hübschmann, mas não ficando particularmente impressionado ao lê-los. Aqui, no entanto, eles têm um impacto enorme sobre ele:

> Depois dessa conversa compro a edição dos *Studien*, e lá, ao lado da sonante nasal – que me era familiar há muito mais tempo do que era para Brugmann –, estou especialmente interessado por a_1 e a_2. – A partir desse momento eu trabalho, *volens nolens*, em esclarecer o vocalismo que me obceca, e um dos resultados dessa obsessão é que em Leipzig não faço nenhum estudo sério, ao contrário do meu programa.

O que Brugmann quis dizer com a_1 e a_2 será explicado em uma seção posterior. Fato é que tão instantânea e obsessivamente o problema das correspondências vocálicas expostas por Brugmann se apoderou de Saussure que, durante seu tempo em Leipzig, ele nunca assistiu seriamente a suas aulas, ou cursos, ou qualquer outra coisa que não fosse seu próprio trabalho totalmente isolado e individual do sistema vocálico da língua-mãe indo-europeia. Reconhecidamente, o que constitui um "estudo sério" é uma questão subjetiva, e, para alguém com os altos padrões quase inalcançáveis de Saussure, talvez nada menos do que o foco total e intenso contasse, e somente então resultasse na formulação e na solução de algum problema fundamental. Mas os cadernos de Saussure de Leipzig, tornados públicos em 1996, mostram que era assíduo nas aulas e as registrava literalmente.

Ele não voltou a Genebra para o Natal e o Ano Novo, permanecendo em Leipzig, para continuar seus estudos, apesar de um forte resfriado. Felizmente, Mathilde Naville, sua parente por parte dos Crud e dos Saladin e cunhada de sua madrinha Blanche Naville, estava visitando Leipzig. Ela enviou a Ferdinand um bilhete insistindo para que a avisasse se precisasse de alguma coisa, e instando-o a jantar no hotel assim que se sentisse apto.[38] Enquanto isso, cartas de casa o mantinham a par do que estava acontecendo na família. Sua mãe partiu para ficar com sua avó em Cannes, levando consigo Léopold, de dez anos, e Jeanne, de sete. Foram na companhia de Henri Peyrot e sua esposa Alice, filha de Adolphe Pictet.[39] Durante seu tempo em Leipzig, Ferdinand manteve uma correspondência constante com amigos em Genebra ou na universidade em que estivessem, com seus pais e avós, sua tia Adèle de Saussure e várias tias e primos de Pourtalès, seu irmão Horace e suas irmãs Dora e especialmente Albertine, sua correspondente mais fiel, alegre e prolífica. Entre o tempo que passou lendo e respondendo suas cartas e desfrutando da companhia dos outros estudantes genebrinos em Leipzig, mal notou que estava na Alemanha. Nas ocasiões em que o fez, o que viu, ouviu ou provou não o agradou: a comida e a conversa pouco requintadas da burguesia da pequena cidade, as inúmeras diferenças culturais para as quais não estava preparado ou a lama que estava por todo o lado, pelo menos até que a neve do inverno a congelasse, nessa cidade industrial isolada. Até a vista de seu quarto o deprimia.

> Se eu ainda tivesse que escrever composições para Braillard, "o que vejo da minha janela" seria o assunto mais infértil que poderia escolher. Uma oficina e meia dúzia de chaminés de fábrica são o contorno do quadro. Entre duas delas está a

> Hospitalstrasse. Infelizmente é o caminho para o cemitério, e só vejo passar lúgubres carros fúnebres. [...]
> Leipzig tem uma ou duas curiosidades, mas cansa-se rapidamente delas. Por exemplo: você está andando pacificamente pela rua: de repente você vê um pedacinho de carvão descansando na ponta do seu nariz. Você quer se livrar dele, ele *explode* no seu dedo, e depois disso todos os seus esforços são inúteis: seu nariz está preto. De onde veio esse pedaço de carvão? Das fábricas de que a cidade está cheia e que vomitam a fumaça por uma centena de aberturas... então não fumamos, isso seria demais, decididamente.[40]

Saussure não era o único a desprezar a falta de sofisticação da cidade. Mais de um quarto de século depois, *The Gourmet's Guide to Europe*, de 1903, do talvez apropriadamente chamado A. Bastard,* ainda diria, sobre as oportunidades de jantar, que

> [...] Leipzig tem um bom restaurante, o Restaurant Päge na Marktplatz – ao menos é o melhor da cidade. O Hôtel Hauffe, na Russplatz, é um hotel antigo, bem conduzido, e tem um restaurante onde se pode conseguir um jantar bastante decente se for encomendado com antecedência. Há também outro, Friedrichkrause, Katharinensbresse, nº 6, mas com esses três as possibilidades gastronômicas de Leipzig estão praticamente esgotadas.[41]

Deve-se ressaltar que Algernon Bastard foi ainda mais mordaz sobre os restaurantes de Genebra, mas é claro que os Saussure nunca precisaram jantar fora. Felizmente, Ferdinand encontrou a salvação em uma loja sofisticada de Leipzig, que vendia iguarias de toda a Europa. Sua descrição da vida na cidade continua:

> A água é intragável; e é mais higiênico não tomar banho. Uma cerveja pesada está lenta mas seguramente nos germanizando...! Quanto à cozinha, apenas os bifes são *defumáveis* (expressão de Leipzig). Felizmente existe na Universitätsstrasse um homem, um homem cujo nome impõe respeito, e que mereceu de nós o título de "benfeitor da raça humana", Gustave Markendorf, porque é preciso chamá-lo pelo nome em uma loja cheia de biscoitos Huntley, chocolate Suchard, caça enlatada, carne enlatada, pasta de anchova, geleia de pêssego... na verdade, tudo

* O termo *bastard*, em inglês, pode também ser traduzido por "desgraçado", "infame". (N. da T.)

> de precioso que a grande arte da preservação pode trazer a um lugar abandonado como Leipzig. Honra a Markendorf.[42]

A ignorância local era tamanha que, mesmo na universidade, por mais imponente que fosse uma instituição, não se reconhecia o grande sobrenome científico Saussure. Ferdinand observou ironicamente em uma carta a Henri que no livro de visitantes do início do semestre seu nome havia sido registrado primeiro como "Graf von Schuseier", depois descartado para "Herr von Schesire".[43]

Algum alívio veio por meio de Theobald von Bethmann-Hollweg, cuja mãe, nascida Isabelle de Rougemont, era prima em primeiro grau de Louise de Saussure. Theobald, um estudante de direito em Leipzig, fez uma visita a Ferdinand logo após sua chegada.[44] Ele e Ferdinand tinham idades próximas, e o vínculo entre eles ajudou a garantir a Ferdinand um convite para passar o feriado de Natal na propriedade da família em Hohen Finow, em 1876, e retornar para outra estada em maio de 1877.[45] Theobald estava destinado a se tornar chanceler da Alemanha de 1909 a 1917, e foi, pelo menos em certos aspectos, uma força de moderação durante a Primeira Guerra Mundial, embora seu papel preciso em questões como o tratamento dos poloneses em áreas conquistadas continue a ser debatido pelos historiadores.

Em tal companhia, Ferdinand se sentia em casa de uma forma que nunca se sentiria nas salas de aula da universidade. Ao contrário do que ocorria em Genebra, aqueles que lecionavam na Universidade de Leipzig não eram aristocratas engajados em um serviço público por um modesto honorário, mas filhos da classe média trabalhando para viver. Pouco na formação de Saussure o preparou para entendê-los ou lidar com eles, então não é de admirar que sua experiência acadêmica em Leipzig se revelasse de isolamento, estranhamento, desconfiança, incompreensão e, finalmente, amargura. Mesmo assim, admitiu a Amé Pictet depois de resmungar sobre o horror de Leipzig que, "no que diz respeito à universidade, nenhum de nós voltaria para a Université de Genève nem por todo o ouro do mundo".[46]

Os cursos em Leipzig

Como observado acima, as anotações de Saussure dos cursos que frequentou em Leipzig ao longo de quatro semestres são abundantes e cuidadosas. Elas incluem dois cadernos e algumas folhas soltas que cobrem o curso de gramática de nórdico antigo dado por Anton Philipp Edzardi,[47] cujo interesse particular de pesquisa é comparar a *Canção dos Nibelungos* com suas contrapartes em nórdico antigo, a *Saga dos Volsungos* e a *Saga de Ragnar*.[48] O foco de seu curso de gramática era o contraste entre o nórdico antigo e as formas góticas. Assim, novamente, a afirmação de Saussure nos "Souvenirs" de que "nunca pus os pés em um curso de sânscrito além de duas sessões de um curso elementar ministrado por Osthoff, muito menos qualquer curso de gramática gótica ou germânica, embora tenha assistido às aulas de Braune sobre a história da língua alemã",[49] deve ser tomada com algum cuidado. Seus estudos com Hermann Osthoff serão considerados mais adiante. Estranhamente, suas notas de curso não incluem nada de Wilhelm Braune, que, como Hübschmann, deixaria Leipzig em 1877 para assumir uma cadeira em outro lugar.[50] Aparentemente, então, Saussure, cuja primeira nomeação para ensinar seria em gramática gótica e germânica, na verdade assistiu a ainda mais aulas do que as muitas que estão registradas.

Ele chegou ao curso de Edzardi justamente quando o professor pesquisava o desenvolvimento do sistema vocálico indo-europeu pelo qual é mais lembrado. Na década de 1840, Jacob Grimm e Adolf Holtzmann sugeriram que a mudança de *i* em *e* e de *u* em *o* poderia ter ocorrido em estágios, e não de uma só vez.[51] Essa ideia foi perdida de vista no esforço posterior para simplificar as contas do sistema vocálico primitivo, até que Edzardi a reviveu em um artigo de 1877 que, de maneira mais geral, reintroduziu a noção de periodização a uma linguística que se fixou no estado original da língua-mãe.[52]

Novamente, ao contrário da lembrança citada acima, Saussure frequentou cursos de sânscrito, tendo um caderno dedicado a um curso de literatura sânscrita ministrado conjuntamente por Ernst Windisch e Erdmann,[53] outro a um curso ministrado por Hübschmann sobre os hinos do *Rig-Veda*.[54] O ensino de Hübschmann consistia em análises palavra por palavra e comentários sobre os hinos védicos, tornando-os genuinamente de natureza filológica. Em 1877, enquanto Saussure era seu aluno, Hübschmann publicou sua obra mais importante, uma demonstração de que a língua armênia não fazia parte do ramo iraniano do indo-europeu, mas constituía um ramo separado por si só. A publicação lhe rendeu a oferta de uma cadeira de filologia comparada em Estrasburgo, que Hübschmann assumiu naquele mesmo ano, após apenas um ano em sua cadeira de Leipzig.

Outro fato não mencionado nos "Souvenirs" é que em maio de 1877 Saussure aproveitou a oportunidade para registrar a pronúncia do sânscrito por um bengali que viera a Leipzig para estudar linguística, história e filosofia. Nisi

Kānta Chattopādhyūya se tornaria, em 1882, o primeiro bengali a receber o título de doutor de uma universidade europeia – mas de Zurique, não de Leipzig, pois depois de um ano a universidade alemã o expulsou por ateísmo.[55] Uma página de um grande caderno é coberta com as observações de Saussure sobre as vogais de Nisi Kānta, depois sobre suas consoantes.

> Pronúncia de Nisi Kānta Chattopādhyūya
> Ele é <de> Bengala. Ele pronuncia o sânscrito e o bengali da mesma forma.
> Consoantes. As aspiradas *gh*, *dh*, *bh* são bem pronunciadas; sem que a aspiração seja muito fortemente marcada. – Como esperado, há um som irracional entre a aspiração e um *r*, por exemplo, que segue imediatamente (bh^{e}ram-) [...]
> As linguais não diferem muito sensivelmente das dentais; muitos ingleses pronunciam o *t* e o *d* de forma mais palatal do que Chattop. [...][56]

Nisi Kānta tornou-se diretor do Hyderabad College e professor de história no Maharajah's College, Mysore,[57] publicando muitos artigos e livros, incluindo pelo menos um em uma revista linguística.[58] Fama ainda maior viria a ele sob seu pseudônimo de "Koot Hoomi", pelo qual era conhecido por milhões como um dos dois adeptos do bramanismo que eram os mestres espirituais de Madame Blavatsky, fundadora da Sociedade Teosófica.[59]

Em carta a um amigo, Saussure menciona Nisi Kānta no contexto de uma brincadeira sobre qual chocolate suíço é mais popular em Leipzig.

> Com relação a Neuchâtel, fiquei convencido de que Suchard também é muito famoso aqui. Conheci um estudante muito gentil de Bengala chamado Chattopâdhyâya e escrevi para ele pedindo-lhe que me desse algumas aulas de sânscrito. Em sua carta de resposta, notei impressões digitais cor de chocolate. Minha primeira visita a ele apenas confirmou minha suspeita. Ele responde com frases evasivas quando menciono o sistema fonético indiano; seu sânscrito é indistinto; muitas vezes ouve-se repetidas as palavras *kakao*, *superfin*, *cho-kola*. Em suma, estou observando-o muito de perto, mas estou convencido de que ele é um neuchâtelois manchado de chocolate.[60]

Desnecessário dizer que, de tão burlesco, é impossível saber onde termina a realidade e começa a fantasia.

Embora o programa acadêmico de Saussure fosse muito menos abrangente do que no ano anterior em Genebra, ele incluiu, em seu primeiro período, um curso de história da arte clássica ministrado por Johannes Overbeck.[61] Um obituário de Overbeck observa que suas aulas "costumavam ser assistidas e recebidas com entusiasmo não apenas por estudantes de filologia e arqueologia, mas também por estudantes de direito, medicina, teologia e filosofia".[62] Esse deve ter sido o único curso no qual Saussure pôde compartilhar da companhia de seus amigos genebrinos. Sua atenção pode ter sido especialmente atraída para os princípios de Overbeck para a análise de uma obra de arte, que exigia que fosse examinada de três pontos de vista: primeiro historicamente, depois de duas perspectivas não históricas, a subjetiva e a técnica.[63]

Mais próximo dos interesses centrais de Saussure estava o curso de métrica de Adolph Fritzsche, um filólogo da velha guarda.[64] Aqui Saussure foi levado a um estudo aprofundado de poemas gregos e latinos arcaicos, incluindo o saturnino, uma forma pré-clássica de verso latino que, acreditava Fritzsche, operava com base na ênfase da palavra, como a poesia germânica antiga, e não na contagem silábica, como na poesia clássica e românica. Essas aulas tiveram uma reação tardia – a métrica figuraria no centro dos interesses linguísticos de Saussure a partir da segunda metade da década de 1880, enquanto o saturnino começaria a assombrá-lo 20 anos depois.

Isso nos leva aos dois professores de Leipzig de quem Saussure mais tarde seria acusado de se apropriar de ideias centrais sem o devido reconhecimento, o que o levou a redigir os "Souvenirs". A respeito de Osthoff, ele escreveu: "Eu assisti (1876?) às primeiras aulas de um curso dado por Osthoff, de que não me lembro mais. Osthoff deixou Leipzig logo depois disso".[65] Pela primeira vez, sua lembrança de uma data estava certa. O curso era História da Linguística Moderna, e as 34 páginas de notas detalhadas de Saussure datam de novembro de 1876, seu primeiro período em Leipzig.[66] Osthoff começou afirmando que existia apenas um livro sobre o assunto – *Geschichte der Sprachwissenschaft*, de Benfey – e criticando sua irregularidade e superficialidade.[67] Seu próprio curso, anunciou, teria cinco "capítulos":

I. História do conhecimento do sânscrito na Europa.
II. A ciência comparada das línguas; Fr. Bopp.
III. A ciência histórica das línguas; J. Grimm.
IV. A ciência filosófica das línguas; W. Humboldt.
V. A fusão das duas primeiras disciplinas.

As notas de Saussure cobrem apenas o capítulo I e parte do II. Elas começam com o comerciante florentino Filippo Sassetti, que viajou para a Índia em 1583 e dois anos depois enviou um relatório a Florença com detalhes sobre o uso e o estudo da língua arcaica que ele chamou de *Sanscruta*, palavra que, na própria língua, observou ele, significa "aperfeiçoado".[68] As notas de Saussure incluem dez páginas sobre o livro de Schlegel de 1808, seguidas por dez páginas e meia sobre a gramática do sânscrito de Bopp. Muitas outras figuras são abordadas brevemente. Finalmente, cinco páginas sobre a gramática comparada de Bopp sinalizam que Osthoff havia seguido para o segundo "capítulo" de seu curso, mas parece que foi nesse ponto que Saussure parou de frequentá-lo. Não se sentiu compelido a voltar para a parte "filosófica" do curso, focado em Humboldt, o que sugere que não o entendia como parte de sua própria orientação.

Um segundo caderno intitulado "Osthoff. Lat. *o-Deklination*" contém 12 páginas que lidavam principalmente com formas em latim antigo e itálico antigo (osco e umbro). Muitos dos comentários são reações a Bréal. Essas notas não parecem estar ligadas ao curso de história da linguística, mas a outro curso de Osthoff que Saussure pode ter frequentado apenas uma ou duas vezes.

Duas coisas são importantes sobre esses cadernos. A primeira é que Saussure assistiu a mais aulas de Osthoff do que as duas sessões de um curso elementar de sânscrito e as primeiras aulas de um curso de gramática comparada, do qual havia esquecido o assunto específico em 1903. A segunda é que, quando ele próprio chegou a pesquisar a história da linguística como parte de suas aulas sobre linguística geral a partir de 1907, seguiu de perto o que havia aprendido com Osthoff 30 anos antes.

Outro curso parece ter sido tão importante para Saussure que dispendeu trabalho e recursos para ter seus seis cadernos de capa mole separados encadernados em um único volume de 96 páginas, com capa de couro e com "Brugman. *Griechische Grammatik* [gramática grega]" gravado em ouro na lombada. No entanto, lembrou, em 1903, que havia assistido apenas "às primeiras aulas" do curso de Brugmann, antes de decidir parar.[69] Aqui, novamente, e mais diretamente do que nunca, somos forçados a confrontar o ímpeto por trás da redação dos "Souvenirs": contrariar a persistente suposição de que Saussure havia utilizado ideias de seus professores, em particular Brugmann e Osthoff, sem os referenciar adequadamente.

> Minha frequência à Universidade de Leipzig deveria ter sido intensa para aprender tudo o que me faltava materialmente. Pelo contrário, foi vaga. Tudo o que fiz corretamente foram os cursos de eslavo e lituano de Leskien, os de persa antigo de Hübschmann e parte do de celta de Windisch.[70]

August Leskien havia publicado recentemente um importante livro sobre a morfologia eslavo-lituana e germânica,[71] e sua preocupação particular com as mudanças de acento no desenvolvimento histórico do lituano despertou um interesse forte e permanente sobre o assunto por parte de Saussure. Leskien também publicou sua tradução de *Life and Growth of Language*, de Whitney, em 1876.

No entanto, a afirmação de Saussure de ter frequentado apenas "vagamente" seus outros cursos cai por terra diante das anotações que fez no curso de Brugmann. Elas incluem uma seção estendida sobre as líquidas e nasais sonoras,[72] bem como uma visão detalhada das vogais designadas como a_1 e a_2 e suas realizações específicas em sânscrito.[73]

Em uma ocasião em que Saussure perdeu uma das aulas de Brugmann, ele pediu a outro aluno que o informasse sobre o conteúdo para que pudesse preencher a lacuna em suas anotações. Essa aula introduziu questões que viriam a assombrar Saussure pelo resto de sua vida: "as leis fonéticas e a analogia são os únicos fatores que transformam uma língua. – As leis fonéticas podem ser fisiológicas ou psicológicas".[74]

A aula seguinte de Brugmann, à qual Saussure não deixou de comparecer, aprofundou esse assunto, levantando questões sobre como ocorre a mudança linguística – como uma inovação, inicialmente percebida como anormal pela maioria dos falantes e rejeitada por eles, mas que em seguida passa a ter força de uma "lei" psicológica à qual os indivíduos não resistem porque param de percebê-la.

> Como uma tendência fonética pode se transformar em uma lei fonética? Quando uma inovação ocorre, ela afeta todos os casos que se apresentam, não alguns em particular. Se em um determinado período os gregos se acostumarem a pronunciar *s* como *ch*, todo σ deve ser afetado. É um equívoco pensar que algumas palavras podem escapar, como se as palavras vivessem em algum lugar diferente da boca dos falantes.
>
> Um grande número de leis fonéticas indo-europeias é totalmente isento de exceções: por exemplo, a dissimilação em grego de δτ e ττ para στ.
>
> Deve ser porque muitas pessoas têm ao mesmo tempo uma tendência fisiológica ou psicológica semelhante. Isso cria uma grande massa no centro. A inovação dos indivíduos é baseada na anormalidade. Os outros falantes sentem isso como tal, e ela não se espalha.
>
> Mas algumas mudanças ocorrem apenas de forma muito limitada porque há poucas palavras que fornecem as condições necessárias. Mesmo apenas uma única palavra. Exceções verdadeiras, portanto, não existem. As razões para a isenção

são principalmente psicológicas. Nem todas as razões para exceções podem ainda ser observadas.[75]

Outro aspecto do problema é o da continuidade de um som linguístico ao longo do tempo. Às vezes, o que parece ser uma exceção é na verdade um som que sofreu uma alteração, seguido de uma segunda alteração que o devolveu ao que parece ser seu estado original, mas na verdade é um novo estado.

$\sigma\ \sigma^1\ \sigma^2\ \sigma^3$..... h .....$\sigma$
Isso levou gerações para ocorrer. A única exceção parece ser que ἔλυσα [élusa] manteve um σ, como mostrado no estágio 4.
Se ἔλυσα se desenvolver, então é um novo σ; o σ original de ἔλυσα foi submetido à lei fonética.[76]

Depois, há a questão da causa "psicológica" das aparentes exceções às leis fonéticas. Para os neogramáticos, resumia-se a uma única causa: a analogia, o processo racional pelo qual os falantes detectam o que parecem ser padrões lógicos na língua e mantêm esses padrões diante de mudanças fonéticas que as perturbariam.

Efeitos da analogia.
Todas as modificações que não são mudanças de sons
Só pode haver transformação usando o modelo das formas mais antigas. Scherer foi o primeiro a dar a esse princípio o devido reconhecimento. Leskien foi o primeiro a ter razão no que concerne às leis fonéticas. – Paul Estudos IV.
Não idêntico às ~~leis fonéticas psicológicas~~.
[...]
Regeneração associativa[77]

Levantando problemas que seriam infinitamente fascinantes para Saussure, as aulas de Brugmann deveriam ter sido o ponto alto de toda a sua formação acadêmica. Elas não eram apenas ensaios mecânicos de minúcias linguísticas, mas mergulhavam nas questões profundas subjacentes ao funcionamento da linguagem no espírito e na sociedade, à sua coerência, ao que a permite, ainda assim, mudar incessantemente. A reação de Saussure, no entanto, não foi a que se esperava. Foi peculiar, mas não incomum a ele.

Como relatou nos "Souvenirs", a relação de Saussure com Brugmann era de amizade pessoal, particularmente preciosa para ele por ser a única que desfrutou com um de seus professores de Leipzig. Sua vida social era ocupada quase inteiramente com seus amigos genebrinos. Ele se dava muito bem com alguns de seus colegas do curso de filologia indo-europeia, incluindo dois estudantes suíços de Basel, Rudolf Thurneysen, destinado a ser uma figura importante nos estudos celtas, e Wyss, possivelmente Arthur Franz Wilhelm Wyss, ambos cuja companhia valorizou especialmente durante o que seria o verão muito solitário de 1878.[78] No entanto, apenas com dois, ambos alemães, ele cultivou intimidade suficiente para considerá-los seus amigos em suas reminiscências posteriores. Esses eram Rudolf Kögel e Johannes Baunack.[79] Nos "Souvenirs", ele atribui seu isolamento ao distanciamento da maioria dos estudantes alemães em relação a um estrangeiro francófono. Isso pode ser verdade, mas precisa ser confrontado com o fato de que o jovem Saussure e aqueles com quem ele geralmente convivia eram um grupo aristocrático desconcertante. Saussure reconheceu:

> Se eu frequentava pouco, na verdade demasiadamente pouco, como desde então mais de uma vez me arrependi, as salas de aula da universidade, também não tinha muito a ver com os círculos, Kneipeanos ou não Kneipeanos, que habitualmente se agrupavam em torno dos jovens líderes acadêmicos da escola linguística de Leipzig.

Um *Kneipe* é um *pub*, e os eventos "não Kneipeanos" podem ter incluído as *soirées* organizadas por Curtius para seus colegas mais jovens, enquanto os "Kneipeanos" se referem àqueles animados pelo

> [...] círculo de jovens linguistas que se encontrava semanalmente na cervejaria *Caffeebaum* para um *Kneipabend*. Essas noites eram regularmente frequentadas por Karl Brugmann, Hermann Osthoff, August Leskien, Heinrich Hübschmann e Wilhelm Braune. Karl Verner, que ocupava um cargo na biblioteca da universidade em Halle, vinha toda semana. Berthold Delbrück e Eduard Sievers eram convidados frequentes de Jena [...].[80]

É de notar que Saussure não diz que nunca frequentou as noites de *pub*, mas que "não tinha muito a ver" com elas. Dada a hipérbole de sua afirmação de ter raramente frequentado as salas de aula da universidade, pode ser que ele tenha ido a mais dessas noitadas, especialmente em seu primeiro semestre de estudo, do que se lembraria mais tarde. Seu relato continua:

Eu, além disso e acima de tudo, conheci pessoalmente o Sr. Brugmann, cuja amabilidade eu ia relatar, ao passo que de repente percebi que este texto está sendo escrito em parte para estabelecer que nunca roubei nada do Sr. Brugmann. Ele certamente me perdoará por isso, sabendo como as coisas realmente são. Minha amizade com o Sr. Brugmann, embora muito preciosa para mim, não é o que preciso relatar aqui.[81]

Em vez disso, diz Saussure, são suas "relações científicas" que registrará, e que "elas são perfeitamente caracterizadas por três coisas que deixaram em minha memória uma lembrança absolutamente precisa".[82] No entanto, escreveu apenas uma das três na íntegra, interrompendo seus "Souvenirs" no meio da segunda. A primeira centra-se em sua descoberta do conhecimento errôneo de Brugmann de algo que Saussure considerava fatos básicos e óbvios da fonologia e da morfologia indo-europeia.

1. Quando eu fiz, em 1877, no seminário de Curtius, a comunicação mencionada acima, sobre o fato de que ă [longo] está em alternância regular com ā [curto], o Sr. Brugmann assistiu a essa comunicação, mas, ao me ver no dia seguinte no segundo pátio da universidade (grande pátio), ele veio até mim, e perguntei amigavelmente sobre algo que o interessava (isso é palavra por palavra de Brugmann) "se talvez houvesse outros exemplos desse *ablaut* além de *stātor* : *stătus* e *māter* : *păter*". <Talvez eu esteja esquecendo um terceiro exemplo.> Quando hoje se conta como o Sr. Brugmann perguntou se havia mais de três exemplos do *ablaut* ă : ā, a pessoa que o conta parece estar inventando histórias formidáveis. Ora, isso prova apenas como a geração atual é pouco capaz de julgar seja o estado dessas questões em 1877, seja a parte exata que cabe aos pesquisadores.[83]

No cerne dessa narrativa, que estabelece a independência de Saussure em relação a seu professor, vemos Brugmann o abordando. A lembrança do próprio Brugmann sobre o que estabeleceu uma distância entre eles está centrada em um incidente em que ocorreu o inverso.

[...] ele veio à minha casa na Königsstrasse e perguntou se eu me importaria se ele não continuasse a assistir às minhas aulas. Com efeito, ele me ouve propor novas interpretações (que eu ainda não publiquei) que concordam exatamente com o que ele também imaginou sobre esse mesmo assunto. Ele está trabalhando atualmente em um livro sobre o sistema das vogais no indo-germânico (isso foi uma surpresa para mim!), e não sabe se pode evocar certos fenômenos como oriundos ou não de *sua* própria descoberta.[84]

Efetivamente, a mesma história é relatada por Saussure em um fragmento de manuscrito:

> Quando, no outono de 1877, comecei a fazer um curso do Sr. Brugman, fiz uma visita ao Sr. Brugman para declarar-lhe que, como estava começando a escrever algo (Mémoire sobre o sist. das vogais) no qual poderia parecer que eu estava usando parcialmente suas ideias, estava desistindo de ser um de seus auditores e, por favor, tome nota de meu[85]

Mas, enquanto Saussure aqui faz parecer que isso ocorreu logo no início do curso, em uma carta posterior, Brugmann diz: "Foi provavelmente em janeiro de [18]78 quando ele veio e me explicou uma noite que não queria mais assistir aos meus cursos (pela razão que eu já lhe apontei)".[86]

Se considerarmos o relato de Saussure pelo valor de face, pareceria que a face é precisamente o que ele estava tentando salvar com sua visita a Brugmann. Tendo perdido o respeito pelo amigo em nível científico, ele procurava uma maneira plausível de desistir de seu curso sem ofender. Mas pode a história de Saussure ser levada a sério, em vista de suas extensas notas preservadas do curso de Brugmann? Em vez disso, elas tendem a apoiar a narrativa de Brugmann como sendo realmente substancial. Brugmann certamente estava dando aulas sobre as questões que Saussure considerava – e consideraria durante toda a sua vida – as questões centrais para o estudo da linguagem. Isso, porém, introduz outra questão: a maioria das pessoas não desistiria de um curso por acreditar que as ideias discutidas se aproximavam muito do que elas mesmas estavam pensando. Pode-se muito bem se retirar da sala caso o professor deixe de inspirar respeito. Mas Ferdinand de Saussure não era como a maioria das pessoas e, nesse caso, é concebível que ambas as histórias sejam verdadeiras.

Primeiras publicações

O artigo de Saussure sobre o sufixo *-t-*, submetido à Société de Linguistique de Paris quando seu nome foi proposto para membro, foi o primeiro de nada menos que seis escritos seus a aparecer no *Mémoire* da Société em 1877. Dois deles eram muito curtos, com apenas uma ou duas páginas de extensão. Em novembro de 1876, ele estava ansioso para corrigir as provas de seu primeiro artigo. Talvez esperasse vê-lo impresso antes de seu 19º aniversário, idade em que Horace-Bénédict teve sua primeira publicação. Informado pelo editor, Bergaigne, de que as provas não chegariam até o final do mês, Ferdinand escreveu a Henri:

> Suponho, portanto, que essa edição da revista não sairá até o final do ano; eles não trabalham muito rapidamente. Além disso, o Sr. Berg. vai me deixar ter 150 cópias. Então está tudo bem; mas esses atrasos são irritantes, porque toda a cidade de Genebra teve tempo de saber que vou ser publicado e, se a primeira pessoa se contentar em falar de um livro *in octavo*, a segunda naturalmente fará dele um *in quarto*. Então, quando as pessoas virem as dez páginas, dirão: isso é tudo?[87]

Cento e cinquenta é um número muito grande de cópias. É improvável que Ferdinand conhecesse mais do que um punhado de pessoas interessadas no sufixo *-t-*. Mas ele tinha uma grande família, com muitas ramificações, e um círculo ainda maior de amigos seus e amigos de seu pai, e para muitos deles queria dar evidências palpáveis de que sua fé no jovem ao longo da vida havia sido justificada.

Outros de seus escritos estavam sendo lidos nas reuniões quinzenais da Société, com "um artigo do Sr. de Saussure, contendo várias etimologias", lido em três reuniões em janeiro e no início de fevereiro.[88] Em 24 de março houve a leitura de seu "Sobre uma classe de verbos latinos em *-eo*", o mais longo dos seis publicados naquele ano.[89] Esse artigo trata dos verbos da quarta classe em sânscrito, que formam seu "tema" presente a partir da desinência "característica" *-ja*. Seria de esperar que seus congêneres latinos também pertencessem a uma única classe verbal, mas na verdade eles estão divididos, alguns tomando *-io* (*capio*, *cupio*), outros *-eo* (*torqueo*, *sedeo*). Grassmann havia proposto que dependia do comprimento da sílaba do radical: se fosse curta, a desinência *-io* era tomada, e, se fosse longa (contendo uma vogal longa ou uma vogal curta seguida por duas ou mais consoantes), então *-eo*. Isso funcionou em vários casos, mas o próprio Grassmann foi forçado a conceder exceções, incluindo *sĕdeo* [eu sento] – exceções demais para que sua proposta fosse convincente.

Saussure aborda o problema não apenas de uma direção fonética, mas de uma combinação de fonética e semântica.

> Eis a hipótese de onde se deve partir: os verbos da classe em *-ja* cujo sentido era neutro originalmente tinham o acento na característica. Os verbos com sentido ativo da mesma classe acentuam ou a raiz ou a característica, sem regra fixa. Por verbos de sentido neutro, entendemos não apenas os verbos intransitivos, mas também aqueles verbos transitivos que contêm uma ideia de passividade ou que indicam um estado de espírito, por exemplo, *patior* [eu sofro], *cupio* [eu desejo].[90]

Isso resultaria em duas regras sem exceção:

– todos os verbos dessa classe com sentido neutro recebem a desinência *-io*;
– todos os verbos dessa classe que levam a desinência *-eo* têm um sentido ativo.

Essas duas regras não abrangem todos os casos, porque nenhuma regra é válida no sentido inverso. Ou seja, verbos que levam *-io* ainda podem ter um sentido ativo, e verbos com sentido ativo podem levar *-eo* ou *-io*, imprevisivelmente. Ainda assim, a solução de Saussure parece ser superior à de Grassmann em virtude do fato de introduzir um princípio básico que Grassmann não notou. E, embora Saussure não pretenda explicar 100% dos casos, sua solução é válida nos casos em que se aplica. Reconhecidamente, a solução de Grassmann era mais simples, dependendo apenas do comprimento da vogal. Mas, na economia das explicações linguísticas, a elegância de um princípio deve ser contrabalanceada com o resíduo de exceções que ele deixa, e aqui a solução de Grassmann não estava à altura, a julgar pela relutância dos pares em aceitá-la.

Além da dimensão explicativa, no entanto, outra coisa estava em jogo aqui: o princípio neogramático das leis fonéticas sem exceções. O apelo de Grassmann apenas ao acento silábico, um aspecto do som, alinhou sua solução com o ideal de Leipzig. A alternativa de Saussure implicava que o *sentido* de um verbo tinha um impacto primário em seu desenvolvimento fonético. Isso parecia, da perspectiva neogramática, um passo para trás, já que todo o seu projeto definidor era precisamente afastar-se do tipo de explicação que operava palavra por palavra em direção a uma em que os sons seguiam um caminho de desenvolvimento próprio, inconsciente aos sentidos e funções das palavras nas quais ocorreram. Os dados forçaram os neogramáticos a admitir exceções, mas, como vimos nas notas de Saussure das aulas de Brugmann, eles negaram que fossem exceções "verdadeiras" e as explicaram por causas psicológicas, especialmente pela analogia. Apenas como último recurso as causas *ad hoc* deveriam ser admitidas.

O que Saussure propunha nesse artigo ia muito além. Pois o fato de o sentido desempenhar um papel primário e regular no desenvolvimento da forma desafiou não apenas a doutrina neogramática, mas toda a herança antiga de ensino de que o signo linguístico é arbitrário – que não há ligação direta entre som e sentido em uma palavra, em vez de simples convenção que os une como um signo. Para o desenvolvimento intelectual pessoal de Saussure, "Sobre uma classe de verbos latinos em *-eo*" representa um passo além até mesmo do impulso de encontrar as unidades de sentido primitivas das línguas indo-europeias que motivaram seu *Ensaio* para Pictet de dois anos e meio antes, e ainda apareceu em seu primeiro artigo publicado, "Le sufixe *-t-*". Esses três artigos imaginam um sistema no qual o desenvolvimento do som é, em última instância, racional, porque impulsionado pelo sentido e pela função.

Pode-se começar a entender por que, para seus professores de Leipzig, esse jovem aristocrata deve ter parecido um visitante não apenas de Genebra, mas da Genebra do século XVIII, mais a reencarnação do que o bisneto de Frankenstein. O problema não era apenas a arrogância de um garoto de 19 anos afirmando sua superioridade sobre Grassmann. Foi sua incapacidade ou recusa em compreender por que, mesmo que sua solução para o problema em questão representasse mais dados, a de Grassmann continuava preferível. Metodologicamente, Grassmann foi quem impulsionou a linguística, afastando-se de relatos fragmentados que se baseavam em uma ligação de som e sentido que era inexplicável – até mesmo mística – em direção a uma abordagem moderna da psicologia e da fisiologia da produção de som. O atraso de Saussure, na perspectiva deles, era o dos "franceses" em geral, sobretudo de Bréal, com sua preocupação já ultrapassada com a lexicografia e a semântica.

Os três artigos seguintes que Saussure enviou à Société eram muito breves e não se referiam a nada além da fonologia – talvez um sinal de que a atmosfera neogramática estava surtindo efeito. Também estão ausentes os golpes gratuitos contra os mais velhos, um sinal da maturidade crescente.

Um dos artigos curtos propôs uma mudança na ideia convencional de que, quando *-tt-* mudou para *-ss-* em latim, passou por um estágio intermediário de *-st-*. Essa proposta fazia sentido fonológico, mas tornava impossível explicar por que as palavras latinas que tinham um *-st-* que remonta ao indo-europeu também não mudavam para *-ss-*, mas mantinham *-st-*. Saussure argumentou que, se o estágio intermediário na mudança de *-tt-* para *-ss-* fosse *-ts-*, isso explicaria todos os casos enquanto ainda seria perfeitamente verossímil fonologicamente. O artigo traz uma nota de abertura de Bergaigne apontando que foi enviado por Saussure em 13 de março de 1877 – isso porque Friedrich Fröhde havia publicado essencialmente a mesma proposta em outro jornal em 11 ou 12 de abril.[91] Mais uma vez, Saussure foi derrotado. A nota editorial não estabelecia sua reivindicação anterior da ideia, mas pretendia apenas absolvê-lo de qualquer acusação de plágio.

Dois outros artigos foram ainda mais breves, como "Exceções ao rotacismo", de apenas meia página.[92] Normalmente, palavras que em formas mais antigas de latim e grego tinham *-s-* ou *-ss-* entre duas vogais mudaram para *-r-* em latim, e desapareceram completamente em grego. Essas duas mudanças ocorreram aproximadamente no mesmo período, mas independentemente uma da outra. No entanto, por que, pergunta Saussure, entre o pequeno número de exceções a essas regras, quatro (uma grande proporção) envolvem a mesma palavra em grego e em latim (por exemplo, grego *písos* e latim *pisum*, ambos significando "ervilha")? Ele não propõe uma resposta, mas sugere uma quando faz a pergunta adicional sobre se é uma coincidência que, em outra das exceções latinas, o *-s-* corresponda à sibilante palatal *-ç-* em sânscrito.

Esse artigo foi imediatamente seguido por outro, de duas páginas, intitulado "*I, U = ES, OS*", que também se refere a uma mudança fonológica específica.[93] Na verdade, a mudança é ainda mais precisa do que o título indica, uma vez que envolve apenas casos de *es* mudando para *i* e *os* mudando para *u* antes de uma consoante sonora e onde a vogal resultante é curta. Uma vogal longa seria o resultado esperado, porque a perda do *s* normalmente seria compensada pelo alongamento da vogal anterior, de modo a manter o tempo rítmico inalterado.

O A *indo-europeu*

Em seu primeiro ano em Leipzig, Saussure voltou para casa apenas durante o feriado de Páscoa. Conversando com amigos como Amé e Guillaume Pictet, descobriu que, à medida que seu trabalho se tornava cada vez mais especializado, ficava mais difícil explicá-lo em termos leigos. Amé escreveu em seu diário:

> Saussure começa a nos explicar, a G[uillaume] e a mim, as etimologias do sânscrito, como o sânscrito, o grego e o latim são filhos do mesmo pai, indo-germânico, e irmãos de quase todas as línguas da Europa, como é esse indo-germânico que eles estão tentando reconstituir sinteticamente, embora não haja nenhuma documentação disso. Tudo isso sustentado por inúmeros exemplos até uma hora da manhã. Esse bravo Saussure se lançou através de suas palavras bárbaras; via-se que ele estava em seu elemento e o mais cômico é que entendi perfeitamente e come-

cei a admitir, quase, que esses estudos filológicos poderiam ter certa utilidade. Em todo caso, o de provar mais uma vez que a humanidade é muito mais velha nesta pobre terra do que acredita. É curioso como todas as ciências, linguística, geologia, história natural, chegam todas a esse mesmo resultado por cem caminhos diferentes. E há apenas esse pobre Gênesis de Moisés para lutar contra essas conquistas do século XIX.[94]

Talvez a dificuldade tenha ajudado Saussure a colocar as coisas em perspectiva enquanto trabalhava em seu próximo artigo a ser lido em uma reunião da Société de Linguistique de Paris. Sua leitura foi agendada pela primeira vez para a reunião de 23 de junho de 1877, mas repetidamente adiada, presumivelmente em favor de documentos de membros que estavam realmente presentes.[95] Intitulado "Uma tentativa de distinguir os diferentes *a* do indo-europeu", o texto foi finalmente lido em 21 de julho.[96] O tema do artigo representa um avanço em relação a seus trabalhos anteriores, todos os quais lidavam com subconjuntos muito específicos de formas, principalmente em latim e grego, aventurando-se ocasionalmente no sânscrito, mas raramente além disso. Dessa vez, ele aborda todo o sistema vocálico da família indo-europeia, sob a inspiração direta do artigo de Brugmann de 1876 sobre as sonantes nasais.

Tabela 6.1 Quatro conjuntos de correspondências vocálicas nas línguas indo-europeias (adaptado de Pedersen, *The Discovery of Language*, p. 278)

Língua	Conjunto 1	Conjunto 2	Conjunto 3	Conjunto 4
Sânscrito	a	a	i / a	i / u / a / sem vogal
Grego	e	o	a	a (o em alguns dialetos)
Latim	e / i / (a)	o / u / (a)	a	e / i / o / u / (a)
Celta	e / i	o / u	a	e / i / a
Gótico	i	a	a	u
Lituano	e	a	a	i
Eslavo	e	o	o	e / ĭ / sem vogal

O a_1 e o a_2 de Brugmann podem ser mais bem explicados retornando à discussão do capítulo 3 de como as palavras cognatas das línguas antigas se enquadram em vários conjuntos com relação ao alinhamento de suas vogais básicas. Quando Curtius estabeleceu a divisão asiático-europeia, segundo a qual todos os casos da vogal radical *e* na línguas europeias correspondem a um *a* nas línguas asiáticas, ficou mais claro perceber como esses grupos caíram em conjuntos semirregulares, conforme mostrado na Tabela 6.1.

Abaixo estão alguns exemplos dos três primeiros conjuntos. O Conjunto 4, bem díspar, será ilustrado mais adiante.

Conjunto 1: sânscrito *b^har-* / grego *p^herō* / latim *ferō* [carregar]
Conjunto 2: sânscrito *dama-* / grego *domos* / latim *domus* [casa]
Conjunto 3: sânscrito *pitṛ* / grego *patēr* / latim *pater* [pai]

Mesmo após o esclarecimento de Curtius, o Conjunto 4 na tabela permaneceu uma miscelânea, com exceção da regularidade vista em grego, gótico e lituano. E mesmo essa regularidade permaneceu mascarada pela aparente anarquia do sânscrito e do latim. Além disso, é preciso lembrar que o reconhecimento dos próprios conjuntos ainda estava emergindo. Até que uma explicação convincente pudesse ser dada de como tais conjuntos poderiam ter surgido historicamente, nunca haveria um acordo sobre quais palavras exatamente pertenciam a qual conjunto.

O uso de numerais subscritos por Brugmann para distinguir entre dois *a* protoindo-europeus diferentes teve um precedente na análise de Ascoli de 1870 das duas séries de consoantes posteriores. Em ambos os casos, os subscritos indicam uma distinção fonética menor entre sons que, embora escritos da mesma forma, explicariam o desenvolvimento dos sons adjacentes a eles. Na esteira de Ascoli, Vilhelm Thomsen, de Copenhague, propôs uma hipótese adicional. As sílabas sânscritas e zende *ka* e *ca*, com /k/ velar e /c/ palatal respectivamente, foram consideradas primitivas, uma vez que a vogal *a* compartilhada não permitia a explicação usual de um /k/ velar tornando-se palatalizado em /c/ pelo efeito de uma vogal anterior seguinte. Os congêneres gregos de palavras asiáticas com *ka* e *ca* não mostraram palatalização – mas, de maneira intrigante, tinham *kha* onde o sânscrito tinha *ka* e *khe* onde o sânscrito tinha *ca*. Em outras palavras, o grego mostrava a vogal anterior *e* que explicaria a palatalização asiática de /k/ em /c/, embora as próprias línguas asiáticas não mostrassem o *e*.

Aplicando a lógica de Ascoli, Thomsen considerou que o que foi escrito como *a* em sânscrito e zende poderia apenas em alguns casos ter sido pronunciado /a/, como em inglês *father*, e em outros uma variante levemente anterior da vogal, como o /æ/ de *hat* em inglês. Mesmo no inglês atual, esses dois sons são escritos com a mesma letra *a*, tornando fácil acreditar que os escritores antigos faziam o mesmo. A implicação era que a divisão do *a* indo-europeu nas duas vogais *a* e *e* já havia ocorrido no indo-europeu primitivo, mas foi mascarada pela prática dos escritores de sânscrito e zende de indicar tanto o /a/ "real" quanto o "colorido em *e*" /æ/ pela mesma letra *a*. Essa prática induziu Curtius a ver uma divisão asiático-europeia no Conjunto 1 da Tabela 6.1.

O a_1 de Brugmann é a vogal "colorida em *e*" da protolíngua que deu origem às correspondências no Conjunto 1. Para a qualidade fonética precisa dessa vogal em seu estado primitivo, não há nenhuma evidência; provavelmente não foi pronunciado tão à frente quanto o /e/ indo-europeu que surgiu posteriormente.[97] Seu a_2 é uma outra coloração da vogal, fonte do Conjunto 2. Também é escrito *a* em sânscrito e zende, e é a fonte da maioria dos *a* do grego, das línguas germânicas e do lituano, embora os congêneres latino, celta e eslavo dessas palavras tenham, em vez disso, a vogal posterior *o* (ou ocasionalmente a alta posterior *u* em latim e celta). Brugmann deduziu que, se a_1 fosse uma vogal anterior, "colorida em *e*" o suficiente para explicar o *e* europeu, mas não tão distinta a ponto de exigir uma letra separada nos sistemas de escrita asiáticos, então a_2 poderia ser concebida de maneira simétrica como uma vogal ligeiramente recuada, "colorida em *o*". Isso explicaria por que a vogal continuou a ser percebida e escrita como *a* nas línguas asiáticas e no grego, mesmo enquanto evoluía para *o* e *u* nas línguas mais ocidentais e do norte da Europa.

O Conjunto 2 da Tabela 6.1 levou muito tempo para ser reconhecido, porque a correspondência *o–a* que o define não é tão grande, básica ou regular quanto a correspondência *e–a* que define o Conjunto 1. Seus efeitos são encontrados em grande parte no *ablaut*, que assume formas específicas de uma língua, em vez de correspondências entre línguas. Pelos princípios metodológicos da linguística histórica, tudo isso sugere que o Conjunto 2 não estaria no mesmo nível histórico do Conjunto 1, mas em um desenvolvimento posterior a partir dele, uma vez que qualquer mudança que ocorre dentro de uma língua deve ter seguido somente a separação dessa língua de suas irmãs – caso contrário, elas deveriam mostrar a mesma mudança em formas similares.

Se Brugmann tivesse parado por aqui, já teria sido suficiente para chamar atenção para um professor de ensino básico de 27 anos. Mas seu artigo teve a surpresa ainda maior de propor que a língua-mãe continha sonantes nasais. Ao lançar as bases para essa proposta, ele assumiu a possibilidade levantada por vários linguistas nas décadas anteriores, mais recentemente por Osthoff em 1876, de que o *ṛ* sânscrito não resultou de um enfraquecimento de *ar*, como Bopp insistiu, mas na verdade era parte do inventário da língua-mãe, mesmo que isso tornasse o sânscrito a única das línguas antigas a retê-lo.[98] A evidência de ser uma das quatro vogais indo-europeias originais, junto com *a*, *i* e *u*, veio principalmente de dois fatos. Um deles era que o *ṛ* sânscrito tem uma variante curta e uma variante longa, ao passo que, conforme explicado no capítulo 3, foi a falta de um *e* e um *o* longos em sânscrito que persuadiu Bopp de que essas vogais não faziam parte do idioma em sua forma mais antiga. O outro fato era o de que, em sânscrito, o *ṛ* funciona exatamente como *i* e *u*: "Em certas circunstâncias, dentro da inflexão de uma única palavra, substantivo ou verbo, as vogais simples *i*, *u* alternam com os ditongos *ai*, *au*; exatamente nas mesmas circunstâncias, a vogal simples *r* alterna com a sílaba *ar*".[99] Partindo dessa observação, Brugmann deu um passo adiante e mostrou que *ṇ* e *ṃ* em sânscrito também formam um padrão exatamente da mesma maneira que *i*, *u* e *ṛ* e, portanto, têm o mesmo direito que *ṛ* de serem reconhecidas como parte do inventário original de vogais do sânscrito.

Mais uma vez, tudo isso teria sido explosivo o bastante por si só. Mas, tendo estabelecido a hipótese de que a protolíngua indo-europeia tinha sonantes nasais, Brugmann mostrou como isso poderia explicar o conjunto mais intratável e heterogêneo de correspondências vogais indo-europeias, aquelas rotuladas como Conjunto 4 na Tabela 6.1. Esse era um grande conjunto de palavras e morfemas, que cobria todo o espectro de vogais. Brugmann mostrou que o conjunto se desenvolveria perfeitamente e com regularidade se alguém postulasse *ṇ* como o elemento vocálico original que foi substituído por uma vogal própria em todas as línguas filhas, embora não até depois de terem se separado uma da outra. Assim, por exemplo, a protolíngua tinha um prefixo negativo *ṇ-* que podia ser adicionado a adjetivos, verbos ou substantivos para transformá-los em seus opostos. Por meio de uma mudança fonológica regular, isso produziu o prefixo negativo grego *a-* (como em *assexual*), o latino *in-* (*inanimado*), o germânico *un-* (*uncanny* [estranho]) e assim por diante.

Na verdade, tal clareza que está incorporada na Tabela 6.1 só foi possível após o artigo de Brugmann. Pensando na análise de Bopp do *ablaut* grego e/o/a em *derkomai* / *dedorka* / *edrakon*, com a inexplicável metátese de *-ar-* em *-ra-* no último deles, era agora evidente que Bopp havia sucumbido a uma ilusão. A protoforma da raiz na qual essas palavras foram baseadas não era *dark-*, como Bopp supôs, mas *da_1rk-*, ou seja, *derk-*. O *e* dessa raiz tinha duas variantes graduais: o *o* que aparece no perfeito *de-dork-a*, e o "zero". O grau zero equivale a dizer que a vogal desaparece. É bastante familiar para estudantes de grego a partir de verbos como *leipō* [eu parto], em cujo aoristo *e* muda para o grau zero, resultando em *elipon* [eu parti]; *pheugō* [eu fujo], aoristo *ephugon* [eu fugi]; *petomai* [eu roubo], aoristo *eptomēn* (o *e-* inicial dessas palavras é um prefixo aoristo sem relação direta com o *e* do tempo presente). Com *derkomai*, o perfeito começou como **dederka*, então a vogal mudou para o grau *o*, dando *dedorka*. O aoristo *edrakon* começou como **ederkon*, com o *e* então mudando para o grau zero, dando **edṛkon*, em que o *ṛ* serve como vogal para a sílaba que perdeu sua vogal original *e*.

Em algum estágio posterior, o *ṛ* de **edṛkon* se expandiu para *ra*. Isso significa que o *a* de *edrakon* na verdade não tem relação histórica direta com o *e* de *derkomai* ou com o de *dedorka*. Isso é importante porque deixa claro que apenas as vogais *e* e *o* originalmente participavam de *ablaut*, não o *a*. Novamente, outros verbos gregos confirmam essa relação *ablaut e–o* : *leipō* [eu parto] tem como seu perfeito *leloipa* [eu parti]. Para Bopp, o *ablaut* ilusório *a-e-o* tinha sido a base de seu argumento de que originalmente eram uma única vogal na língua-mãe; agora, por esse mesmo critério, apenas *e* e *o* – as genuínas variantes *ablaut* – poderiam originalmente ter sido uma vogal.

Em uma reversão completa da visão tradicional, agora parecia que os *a* das línguas clássicas não eram originais, mas desenvolvimentos posteriores! O *a* original da língua-mãe se dividiu em dois – a_1 (*e*) e a_2 (*o*) de Brugmann –, resultando em um sistema de quatro vogais, *i*, *e*, *o*, *u*, mais três sonantes vocálicas adicionais, *ṛ*, *ṇ*, *ṃ*.[100] Os *a* do Conjunto 2 desenvolveram-se a partir dos *o* anteriores, enquanto os *a* do Conjunto 4 desenvolveram-se a partir de sonantes nasais. Isso ainda deixou os *a* do comparativamente pequeno Conjunto 3 como um mistério – mas, novamente, a coleção de palavras representadas aqui estava apenas começando a ser reconhecida como um conjunto unificado, em vez de exceções aparentes entre os outros conjuntos.

O artigo de Brugmann não ofereceu uma solução completa, mas um novo ponto de partida. Muitas das vogais nas línguas indo-europeias atestadas não vêm das vogais originais da língua-mãe, mas de sonantes nasais que poderiam funcionar como o elemento vocálico de uma sílaba, e que somente em um estágio posterior se desenvolveram em vogais propriamente ditas. Isso alterou radicalmente a base de dados. Centenas de palavras que anteriormente se supunha conter um *a* (ou possivelmente outra vogal) em indo-europeu agora poderiam ser recategorizadas como tendo um *ṇ*, *ṃ* ou *ṛ* silábico. No entanto, surpreendentemente, em vista de sua insistência de que as sonantes nasais eram sua descoberta pessoal, o artigo de Saussure de 1877 as ignora, preferindo, em vez disso, ficar com a análise tradicional de uma vogal precedendo a consoante nasal, em vez da própria nasal funcionando como o elemento vocálico da sílaba.

O artigo de Saussure começa deixando claro seu apoio à visão de Brugmann de que a divisão de *a* em *e* e *o* ocorreu antes da divisão do indo-europeu em línguas-filhas distintas, e não depois, conforme Bopp e Schleicher. Ele prossegue com a questão do que o *i* e o *u* das línguas asiáticas, particularmente o sânscrito, revelam sobre a língua-mãe primitiva. Observa que muitas palavras sânscritas que mostram um *i* ou um *u* antes de uma consoante líquida (*l* ou *r*) têm uma contraparte grega ou latina em que a vogal correspondente é *a* ou *o* – mas nunca *e* (com pouquíssimas exceções em latim, que podem ser explicadas como desenvolvimentos posteriores). Ele conclui disso – bastante abruptamente – que existe um tipo especial de *a* indo-europeu que aparece antes de líquidas como *i* ou *u* em sânscrito e como *a* ou *o* em grego e latim, e que deve ser uma vogal diferente do *a* indo-europeu que sai como *e* em grego e latim. Esse último é o a_1 de Brugmann, mas o outro *a* que Saussure está estabelecendo em contraste com ele não é exatamente o a_2 de Brugmann. Olhando novamente para a Tabela 6.1, ela inclui não apenas o Conjunto 2, mas também algumas palavras dos conjuntos 3 e 4, mais as vogais que precedem *r* – já que, novamente, Saussure aqui se recusa a seguir Brugmann ao reconhecer *r̥* como uma vogal original.

Ao mesmo tempo, observa Saussure, nas línguas europeias *e* e *o* frequentemente estão em uma conexão muito próxima, de modo que, por exemplo, um determinado verbo mudará entre *e* e *o* em suas diferentes formas (ele dá o exemplo do grego *gegona* [eu nasci] / *genesthai* [ser nascido], do latim *toga* [vestimenta (toga)] / *tego* [eu cubro]). "Esse tipo de *o*", afirma, "não pode ser o mesmo que acabamos de ver trocando com *a*" antes de líquidas, pois nesse caso o *e* nunca aparece.

Portanto, além dos diferentes tipos de *a* que discutimos, estamos lidando com dois tipos diferentes de *o*. Um deles intercambia historicamente com *a* nas línguas europeias, enquanto o outro intercambia com *e*. Saussure designa o primeiro deles como o_1 e o segundo como o_2. Assim, por exemplo, sabemos que o *o* da palavra grega *gegona* é o_2, porque outra forma da mesma palavra contém *e* em seu lugar. Sabemos também que o *o* do grega *polis* [cidade] é o_1, porque sua contraparte sânscrita *purī* mostra o *u* que é o reflexo asiático regular de *a* antes de uma consoante líquida, e nenhuma forma de *polis* contém um *e* na primeira sílaba.

Saussure defende que, quando o_2 aparece como *e*, essa gradação serve para distinguir uma forma fraca do verbo de sua forma forte, da mesma maneira que uma distinção entre vogal curta/longa pode sinalizar uma distinção entre forma fraca/forte. Ele reconhece que qualquer um desses sons de vogais pode aparecer em uma raiz de palavra sem que tal distinção fraca/forte esteja implícita: assim, em grego e latim a palavra para pai (grego *patēr*, latim *pater*) tem o *a* curto "fraco", e a palavra para mãe (grego dórico *mātēr*, latim *māter*) tem sua gradação "forte", o *ā* longo.[101] Mas essas duas palavras não estão em uma relação fraco/forte entre si. Algo mais deve explicar a diferença no comprimento da vogal.

Saussure deixa claro que, enquanto o_2 pode passar pela gradação de *e*, o_1 não pode (como ilustrado acima com *gego*$_2$*na versus po*$_1$*lis*). Mas o_1 tem uma forte gradação própria, um alongamento para *ō*. Como isso está exatamente em paralelo com o alongamento gradual de *a* para *ā*, Saussure conclui que existe uma ligação primitiva particular entre o_1 e *a*. Seu comportamento de gradação estabelece que eles são "do mesmo nível". A fim de expressar em uma fórmula a unidade de o_1 e *a*, Saussure introduz o símbolo *A* para representar o hipotético único som indo-europeu ao qual essas duas vogais podem ser rastreadas. Assim, o grego *polis* e o sânscrito *purī* vêm de uma forma mais antiga, cuja primeira sílaba era *pA-*. Essa *pA-* mais tarde se dividiu em *po*$_1$- do grego e *pa-* do sânscrito primitivo, com uma mudança sânscrita ainda posterior transformando *a* em *u* quando seguido por uma consoante líquida.

Para manter a consistência na representação das várias vogais, Saussure introduz A_2 para designar a forma alongada "forte" de *A*. Assim, por exemplo, a primeira sílaba da palavra grega *nosphi* [com as costas viradas] é *no*$_1$-, com a forma fraca da vogal, enquanto a da palavra da mesma família *nōton* [a parte de trás] é *nō*$_1$-, com a forma forte; e esses Saussure remontaria respectivamente a *nA-* e *n*A_2-. Em última análise, ambos voltariam a um *nA-* ainda mais primitivo antes da introdução da gradação.

Aqui a influência da periodização da língua-mãe de Edzardi pode ser sentida. O que torna a discussão tão complexa é que Saussure está constantemente passando, muitas vezes de forma tácita, por diferentes épocas históricas. Na ordem inversa:

1. aquele estágio dos textos atestados de grego e latim, quando estamos lidando inicialmente com *a*, *e*, e *o* (mais *ā* e *ō*);
2. o estágio imediatamente anterior, no qual alguns casos de *o* (identificado como o_1) agrupam-se com *a*, outros (identificados como o_2) com *e*;
3. um estágio anterior no qual *a* e o_1 ainda não se separaram um do outro, mas são um único som (identificado como *A*), com a gradação forte A_2 (dando origem a *ā* e $\bar{o}_1$ posteriores); nesse mesmo estágio, o_2 e *e* são as gradações forte e fraca de outra vogal que se opõe ao *A*;
4. um estágio mais primitivo, antes da introdução da gradação, em que havia um único contraste, aquele entre *A* e a segunda vogal não alta que mais tarde desenvolveu as formas de gradação forte e fraca o_2 e *e*.

Esse quarto estágio, o mais primitivo, no qual o indo-europeu tinha apenas duas vogais não altas distintas, é aquele em que Saussure concentra sua atenção. (As vogais altas, *i* e *u*, são simplesmente deixadas de lado.) Novamente, dessas duas vogais, *A* é a fonte de que derivam *a* e o_1, assim como, posteriormente, os sânscritos *i* e *u* antes de líquidas; enquanto sua gradação forte A_2 dará origem a *ā* e *ō*. A segunda vogal – a fonte de que derivam o o_2 e o *e* – começou presumivelmente como *a* também. Por essa razão histórica, explica Saussure, designará doravante essa vogal como *a*.

Em resumo, então, ele postula que havia originalmente duas vogais indo-europeias não altas:

A | *a*

Cada uma delas tinha uma forma de gradação forte, que, por coerência, ele representará em ambos os casos com um 2 subscrito, fazendo o sistema completo da seguinte forma:

$A/A_2 \mid a/a_2$

Essas quatro vogais se desenvolvem no ramo europeu da seguinte maneira:

A torna-se *a* e o_1
A_2 torna-se *ā* e *ō*
a torna-se *e*
a_2 torna-se o_2

Em sânscrito, o cenário é menos claro, mas Saussure descobre que, no final de uma raiz, *A* consistentemente se torna *i* ou *ī*, enquanto A_2 consistentemente se torna *ā*. Daí a palavra para "*father*" [pai], que no pré-protoindo-europeu tinha a primeira sílaba *pA*-, é *pitar* em sânscrito, ao lado do grego *patēr*, do latim *pater* e do inglês *father*.

Como se os próprios detalhes da evolução não fossem suficientemente confusos, é preciso muita atenção para lembrar que a vogal pré-histórica que Saussure está chamando de *a* (em oposição a *A*) não corresponde ao *a* em grego ou latim ou em outras línguas europeias. Também não tinha necessariamente o som /a/. Conforme usado por Saussure, *a* e *A* são mais como símbolos algébricos do que fonéticos. Nisso, Saussure estava seguindo o exemplo de Ascoli e Brugmann, cujo uso de índices subscritos liberou a mente de Saussure para imaginar como essas unidades poderiam ter funcionado como um *sistema*, com os detalhes fonéticos se encaixando para atender às necessidades do sistema, e não o inverso.

Mais confuso ainda para os linguistas da época foi o fato de Brugmann ter estabelecido recentemente uma distinção semelhante, mas menos complicada do que a que Saussure propunha, e ter usado muitos dos mesmos marcadores, mas os aplicando a diferentes entidades.

Saussure explica por que, a seu ver, seu próprio sistema é mais racional, e parece presumir, um tanto ingenuamente, que não haverá confusão, porque doravante toda discussão sobre o tema simplesmente abandonará o esquema de Brugmann e adotará sua própria reformulação.

Depois de apresentar concisamente o sistema original como o concebeu, Saussure passa a fornecer evidências detalhadas para as afirmações feitas nas páginas iniciais. Primeiro, porém, vem uma observação que prenuncia seu ensino maduro. Observando que o sânscrito *a* remonta a um *a* original indo-europeu apenas naquelas palavras cujos congêneres europeus mostram *e*, ele comenta: "O caráter desse *a* em sânscrito é totalmente negativo: ele nunca enfraquece para *i* ou *u*". É essa prontidão para localizar o valor linguístico naquilo que um elemento do sistema não faz – seu caráter negativo – que é tipicamente saussuriano.

O artigo finaliza com uma hipótese, acrescentada quase *a posteriori*, mas que na verdade se revelaria a sua contribuição mais duradoura. Diz respeito ao tipo de detalhe fonético que até agora foi deixado de lado no artigo, especificamente o k_2 que faz parte da segunda série de consoantes posteriores postulada por Ascoli em 1870.

> Depois de ter dividido os diferentes *a* da maneira que se acaba de mostrar, [...] veio-me a ideia, depois de completar o sistema, de ver se a divisão ariana de k_2 em *k* e *c* poderia estar relacionada ao tipo de *a* que seguia a gutural [velar]. Descobri que toda vez que k_2 era seguida por *A* ou A_2, ela permanecia gutural [velar], mas, se fosse seguida por *a* ou a_2, tornava-se palatalizada.

A observação de Saussure – efetivamente a mesma de Thomsen de alguns anos antes, da qual parece não ter conhecimento – implicava que *A* era uma vogal não anterior, enquanto *a* era uma vogal anterior. Isso concorda perfeitamente com sua equação de *A* com /a/ posterior e de *a* com /e/ posterior. Embora tenha formulado seu sistema sem ligá-lo a detalhes fonéticos, "é essa confirmação", escreve ele, "que me convenceu de que a teoria aqui apresentada pelo menos não seria acusada de artificialidade, e que me convenceu a propô-la, apesar das negações que a comparação de um número maior de línguas indubitavelmente infligirá a ela em muitos pontos".

Esse foi o único dos escritos publicados de Saussure do qual retrataria um aspecto. E, no entanto, foi o que o colocou no caminho de seu destino. Reconstruir o sistema vocálico das línguas indo-europeias é o tema que o consumiria durante o ano e meio seguinte, culminando na obra a que o seu nome mais fortemente se associaria para o resto da vida.

No mesmo dia em que o artigo de Saussure foi lido na Société, Osthoff, agora professor em Heidelberg, escreveu a Brugmann comentando-o, observando particularmente que o *A* de Saussure abrangia os a_1 e a_2 de Brugmann.[102] Não é isso; o a_1 de Brugmann é equivalente ao *a* de Saussure, enquanto seu *A* combina o a_2 de Brugmann com outras vogais que Brugmann considerou de forma diferente. Entre parênteses, Osthoff pede a Brugmann que estenda seus melhores cumprimentos a Saussure e diga-lhe que o usou como uma autoridade *Sprachgefühl* do francês, aquela da intuição do falante nativo. A partir disso, pode-se inferir que Osthoff e Saussure não estavam em contato direto um com o outro, mas que Saussure havia dado a Brugmann uma cópia do artigo (manuscrita, é claro), que Brugmann enviou a Osthoff. A carta mostra claramente que não havia rixa entre Saussure e seus dois veteranos alemães naquela época. Em vez disso, vemos todos os sinais da amizade com Brugmann que Saussure recordaria em seus "Souvenirs" e, da parte de Osthoff, receptividade e respeito – embora não houvesse uma compreensão real de seu artigo.

Questões familiares e serviço militar

Dez dias depois de seu artigo sobre o *a* indo-europeu ser lido para a Société de Linguistique de Paris, Saussure iniciou seu único dever como cidadão da Confederação Suíça: servir como membro da reserva militar até os 45 anos. A neutralidade do país significava que não havia perigo de ser chamado para a batalha em solo estrangeiro, mas a necessidade de defender as fronteiras ainda era fortemente sentida apenas 62 anos após o fim da ocupação napoleônica. Os homens, independentemente da posição social, passavam por um treinamento inicial intensivo seguido de cursos anuais de uma semana em um acampamento militar. Eles também estavam sujeitos a uma "inspeção de armas" regular ao longo do ano, da qual, por um pagamento específico, poderiam ser dispensados se estivessem fora do país, como Saussure estaria durante a maior parte dos próximos 12 anos.

De 31 de julho a 15 de setembro de 1877, Saussure frequentou a Escola de Recrutamento Militar nº VI em Colombier, no cantão de Neuchâtel. Dada a sua antipatia por exercícios físicos, não se poderia esperar que ansiasse por isso, mas, por outro lado, a prática do rifle figurava com destaque no treinamento, e seu amor pela caça não diminuía.[103] Ele se saiu bem, sendo premiado com o posto de *fusilier* em 18 de agosto e de *carabinier* em 16 de setembro.

Em outro verão, poderia ter se ressentido das seis semanas longe de sua família, depois de ter estado ausente de Genebra a maior parte do ano. Mas esses foram os momentos mais difíceis de seu pai, e foi um alívio ser poupado de seus resmungos. Muitos dos sonhos há muito nutridos de Henri estavam chegando ao fim, e muito do que ele amava foi tirado dele. No entanto, poderia ter sido pior.

A empresa Bellegarde, que em 1872 parecia um investimento sem risco que recuperaria as perdas de Mons-Djémila, acabou em concordata. Foi prejudicada por atrasos nas obras, depois condenada pela criação de ações extras pelos investidores britânicos e pela hostilidade que isso provocou entre seus colegas de Genebra. Os juízes de falências de Nantua, a cidade francesa mais próxima de Bellegarde, apoiaram firmemente os sócios britânicos, declarando os genebrinos responsáveis pelas perdas sofridas por sua recusa em cooperar com as medidas de recapitalização que, argumentaram os britânicos, teriam salvado a corporação e permitido que as obras fossem concluídas. Os investidores genebrinos lançaram um caro recurso no tribunal superior de Lyon, que foi decidido em seu nome. Henri confidenciou a seu diário que tinha ido pessoalmente "ver os juízes, o procurador Gl.[?], um parente de Giraud-Teulon. Conversei com ele, apresentando-me como amigo do imperador Napoleão [...]. Resumindo, ganhei o caso na apelação – e ganhei de forma espetacular".[104]

Henri foi assim salvo da ruína financeira total. Mas seus sonhos de restaurar a situação financeira da família acabaram. Com Mons-Djémila, Genebra aceitou que a avaliação de Henri era menos culpada do que sua boa natureza cristã ao acreditar nas promessas do muito persuasivo Dunant. Com Bellegarde, o tribunal de Lyon poupou-o da humilhação da falência e, talvez mais importante, deu-lhe uma vitória moral. Mas ele aprendeu a lição. Depois de Bellegarde, nunca mais se envolveu em um grande esquema de desenvolvimento.

As perdas ainda foram suficientes para forçá-lo a vender sua amada fazenda em La Charniaz, onde Ferdinand e Horace passaram seus primeiros anos. Foi mantida por mais de uma década por arrendatários sob a supervisão de Henri, mas sem nunca obter lucro ou mesmo cobrir as despesas de sua manutenção. Théodore, que havia comprado a fazenda junto com seu irmão em 1853, opôs--se à venda, recebendo uma severa repreensão no diário de Henri por "estar sempre sob o domínio de seus sentimentos e não ter um espírito prático".[105] Théodore finalmente cedeu e, após longas negociações, um preço de 85 mil francos foi alcançado pela venda da fazenda a um Sr. Descombes. "Tive que anotar", disse Henri a seu diário, "que havia recusado 240 mil do Príncipe de Lucinge dez anos atrás *porque atribuí um sentimento a isso*. [...] O sentimento é a ruína das famílias".[106]

Mas mesmo a perda de La Charniaz não foi o custo mais alto do caso Bellegarde e certamente não foi o que teria o maior impacto pessoal em Ferdinand e seus irmãos. Em seu diário, Henri registra:

> Passei um inverno deplorável, muito doente, totalmente atormentado, lamentando todas as noites. Minha saúde sofreu com o mal moral que eu mesmo causei ao ruminar sobre meus problemas. Meu Deus! Eu tive tantos deles na última década. Acabei abdicando para ter paz em casa. Desde então as coisas têm corrido melhor e, como tenho absoluta necessidade de me distrair, para não acabar me levando ao manicômio pelas minhas lamentações, resolvi sair de casa o mais rápido possível e talvez até ir para o Brasil.[107]

Sua "abdicação" envolveu possivelmente desistir das responsabilidades e dos direitos tradicionais do chefe da família. Do lado das responsabilidades, deixando de supervisionar a administração da casa e da família de Louise, deixando--a mais independente nesses assuntos. Do lado dos direitos, aparentemente o fim das relações íntimas com sua esposa: em meados de 1878 queixa-se do tormento do "priapismo" noturno, ereções que não vão embora. Ele recorreu à sua panaceia favorita:

> Finalmente, tentei me esfregar de manhã e à noite com uma toalha molhada e houve uma melhora pronunciada. Quase não levanto mais de três a quatro vezes por noite e, com compressas úmidas, consigo um afrouxamento da coxa e vou dormir. A esgrima e a cavalgada também contribuíram para a melhora.[108]

A ideia de deixar a família e emigrar para o Brasil não era apenas um sonho. Quando, em agosto de 1877, o imperador do Brasil, Pedro II, visitou Genebra, um jornal noticiou que ele "visitou o Musée Rath e o Museu de História Natural, onde foi acompanhado pelo Sr. H. de Saussure e pelo conservador, Sr. Lunel".[109] Na primavera seguinte, Henri escreveu em seu diário:

> Há anos tenho estado tão infeliz, por tantas complicações da vida e de coisas sobre as quais nunca quis escrever, que por desespero por um momento decidi partir para o Brasil, onde o Imperador teria me dado uma posição adequada, seja para explorar o país, seja para organizar o Museu do Rio.[110]

Embora "finalmente tenha decidido renunciar a esse passo extremo", admitiu que "a ideia continua a perseguir-me". Apesar de toda a sua hipocondria de autopiedade, essas anotações deixam claro que seu tormento era real. Parte de sua tragédia foi sua incapacidade de ver o que havia realizado, mesmo que representasse apenas uma sombra de seus sonhos, ou de sentir o grande afeto que nutria por seus filhos e outras pessoas ao seu redor, mesmo aqueles que em particular zombavam da importância que atribuía a si e de seu histrionismo. Para outro tipo de homem, isso compensaria muito do que havia dado errado em seu casamento e em suas atividades acadêmicas e comerciais, mas Henri desprezava seus sucessos e deixava que seus fracassos o consumissem.

O ano letivo de Leipzig durou até o final de julho de 1877, obrigando Ferdinand a ir diretamente de lá para Colombier, para seu treinamento militar. Lá, recebeu uma carta de seu amigo Édouard Favre, que estudava em Göttingen e tinha ouvido "que Hübschmann estava deixando Leipzig, sinto muito por você, mas espero que isso não mude seus planos para o próximo semestre".[111] A gentileza inicial de Hübschmann tocou Saussure, e sua partida foi um golpe. Se, como previu Favre, Saussure estivesse pensando em uma mudança de planos, isso esclareceria sua correspondência com Paul Oltramare no início de outubro, após seu retorno a Genebra. Oltramare estava em Paris estudando sânscrito, e Saussure pretendia descobrir tudo o que pudesse sobre o cenário linguístico francês, onde já havia demarcado sua principal reivindicação acadêmica com seus artigos no *Bulletin* da Société de Linguistique. Oltramare escreveu em tom muito formal, dirigindo-se a Saussure com *vous*, o que não teria feito se fossem amigos íntimos. Ele relatou, entre outras coisas, que Bréal parecia ter desistido de seu vasto dicionário etimológico de latim, acrescentando:

> [U]m de seus amigos parisienses me dizia que sua eleição para o Instituto havia alcançado o mais ambicioso de seus objetivos e que, desde então, ele havia desistido de qualquer projeto de grande porte; além disso, o *far niente* parece estar mais ou menos em sua natureza. Ademais, você sabe que a Société de Linguistique

> confiou ao Sr. L. Havet a publicação de um colossal dicionário de latim, que [ilegível] todo novo; é possível que o trabalho do Sr. Bréal tenha sido fundido no trabalho coletivo de seus colegas.[112]

A percepção de Oltramare sobre Bréal mais como um político acadêmico e *socialite* do que um estudioso sério foi (e continua sendo) amplamente compartilhada. O interessante é que Saussure, para quem Bréal e Havet eram apenas nomes, de certa forma os estava espionando. Se Saussure pensava em se mudar para Paris para continuar sua formação, as informações fornecidas por Oltramare ajudaram a convencê-lo a permanecer em Leipzig, apesar da ausência de Hübschmann.

Os deveres de Saussure na milícia suíça agora significavam que precisava pedir permissão para sair do país, pois, de outra forma, seria obrigado a se apresentar regularmente para inspeção de armas. O registro dessas solicitações ajuda a estabelecer as datas de suas idas e vindas na década seguinte. Em 20 de outubro de 1877, iniciou uma ausência autorizada de um ano para retornar a Leipzig.[113] Seus estudos nos dois semestres seguintes em Leipzig já foram discutidos, em paralelo com os do ano anterior. Mais uma vez, estar longe o poupou das reclamações de seu pai. Tampouco Ferdinand teve de suportar as brigas entre Henri e Louise, quando não podiam evitar um ao outro, entre Louise e as crianças, que se tornavam mais independentes, embora não menos barulhentas, e entre Henri e o universo.

Com Ferdinand fora, foi Horace, de 19 anos, quem suportou o peso disso. Na primavera de 1878, desapareceu por 15 dias sem dizer uma palavra a ninguém. Horace, embora sem dúvida com uma inteligência bem acima da média, não podia deixar de ser constantemente comparado a seu irmão mais velho, implicitamente, se não explicitamente. Afastou-se das atividades acadêmicas e tornou-se cada vez mais inclinado para a arte, na qual seus dotes de pintor foram devidamente reconhecidos. Lembrando como Henri resistiu à busca de Ferdinand por um caminho "literário", pode-se facilmente imaginar como se sentia em relação a Horace. Também não ajudou que Théodore, cuja natureza artística e cujas atividades Henri sempre desdenhou, ficou encantado com o desejo de seu sobrinho de se tornar um pintor. O breve desaparecimento de Horace conseguiu abalar Henri, que concluiu que seu filho devia estar sofrendo de uma condição nervosa e que "ele deve ser deixado para fazer o que quiser – pintar [...]. Não se pode pensar nos estudos com sua enfermidade que reage no cérebro".[114]

Henri cedeu apenas com a condição de Horace seguir uma educação formal, clássica e acadêmica. O filho consentiu, mas basta olhar para pinturas como o retrato de Ferdinand para ver que sua visão era contemporânea e não clássica. Nas obras classicizantes que produziu para concursos acadêmicos, deve-se buscar com afinco alguma expressão original da vida interior do artista, assim como nos poemas neoclássicos de Ferdinand. Eles foram criados menos para expressar do que para impressionar, seguindo critérios cobertos de poeira em todos os lugares, menos nos enclaves acadêmicos.

O único raio de sol para Henri nessa época foi uma reaproximação com o sogro. Isso é surpreendente em vista das páginas do diário que ele encheu de ódio sobre como o conde havia enganado ele e Louise, dando-lhes uma propriedade supervalorizada em vez de parte dos cem mil francos que estava distribuindo aos filhos como adiantamento de sua eventual herança, a segunda vez que ele fez isso. Apenas Louise e sua irmã Marguerite receberam uma propriedade no lugar de parte do dinheiro, e bem na época em que Henri estava com as finanças comprometidas. Henri atribuiu isso ao fato de que ambas as filhas se casaram com homens genebrinos; Marguerite se casou com Édouard Naville, um egiptólogo em ascensão, em 1873: "Como ele detesta os genebrinos e fica com raiva de todos que vê perto dele, Naville e eu tivemos que sofrer os efeitos dessa aversão".[115]

Henri novamente culpou Henri de Westerweller por planejar o esquema para se livrar das propriedades indesejadas do conde Alexandre, impingindo-as às filhas desfavorecidas. Ainda assim, ficou chateado ao ver seu sogro ser manipulado por tais pessoas, na verdade por qualquer um que estivesse disposto a bajulá-lo. No longo e único registro do diário de Henri em 1878, a reconciliação deles é a única boa notícia absoluta: "Como um evento importante, deve ser notado nosso reatamento de relações com meu sogro. Minha esposa e eu aproveitamos uma viagem a Neuchâtel para visitá-lo, e foi um grande sucesso. Ele foi carinhoso".[116] O velho agora estava sozinho, já que sua esposa havia estabelecido residência própria em Cannes no início da década, regressando para ficar com ele apenas nos verões. Talvez Henri, depois de sua própria "abdicação", pudesse ver o quanto ele e Alexandre tinham em comum.

Recordações de Pictet

Em janeiro de 1878, uma série de etimologias de Ferdinand foi lida em uma reunião da Société de Linguistique de Paris, assim como havia sido feito no janeiro anterior. Era a última coisa que enviaria à Société durante o período de seus estudos na Alemanha. A explosão de atividade que o fez produzir suas primeiras publicações nos *Mémoires* da Société foi possível desde que estivesse feliz em escrever um artigo sobre um problema específico, envolvendo uma quantidade limitada de dados. Isso era o que os artigos dos *Mémoires* normalmente faziam – e assim, em geral, eles falharam em ganhar o respeito dos acadêmicos alemães, cujos artigos em suas próprias revistas especializadas visavam problemas de maior alcance, contendo formas de todas as línguas indo-europeias, além de estarem menos contentes em varrer as aparentes exceções para debaixo do tapete. Saussure percebeu que, para obter o reconhecimento alemão, precisaria perseguir um problema de importância central e fazê-lo com muito mais profundidade do que qualquer coisa que ele havia tentado até então.

Além do artigo sobre etimologia de janeiro, ele produziu uma publicação na primeira parte de 1878. Dois anos após a morte de Adolphe Pictet, apareceu uma segunda edição de *Les origines indo-européennes*, e a ocasião foi marcada com uma série de três artigos de Saussure, agora com 20 anos, no *Journal de Genève* em abril de 1878. A riqueza de detalhes fornecidos sobre a vida e a carreira de um homem que Saussure descreve como possuidor de uma "inteligência flexível e brilhante" e as descrições que faz de todos os seus principais escritos testemunham seu conhecimento íntimo de Pictet e de sua obra.[117]

O primeiro dos artigos discute alguns dos livros de Pictet além das *Origines indo-européennes*. Entre eles, aquele que oferece as pistas mais contundentes para a formação intelectual de Saussure não é um estudo linguístico como tal, mas *Du beau*, que Pictet escreveu em 1856.[118] O livro reconhece, desde o título, que a estética tem como ponto de partida uma única palavra: beleza. O belo constitui uma categoria de coisas e seres, assim como palavras como *ferramenta* ou *mamífero*. Mas, enquanto a funcionalidade é uma característica definidora para ferramentas, e nascimento, amamentação e assim por diante para mamíferos, para a beleza existem duas visões fundamentalmente opostas. Haveria um princípio geral e invariável comparável à funcionalidade por trás dela, ou ela existiria na impressão recebida por um observador? Pictet começa justapondo essas duas visões e afirmando que cada uma apresenta dificuldades por conta própria.

Belo não é a única entre as palavras que colocam esse problema de onde seu sentido deve ser localizado. O Saussure maduro sustentaria em suas aulas que *todas* as palavras, com efeito, são igualmente *belas* a esse respeito. Uma seção de *Du beau* que trata da beleza na poesia dá a Pictet a oportunidade de voltar sua atenção diretamente para a linguagem, e entre suas primeiras preocupações está estabelecer sua semiótica e, de fato, sua natureza arbitrária.

> A linguagem [...] em si mesma nada mais é do que um signo arbitrário e variável.[119] O som, com efeito, já não tem, na linguagem, qualquer sentido imediato; foi reduzido ao papel de signo arbitrário, cuja significação varia infinitamente segundo a diversidade das línguas. É combinando-se com a articulação que o som vocal simples se torna suscetível de servir de signo ao pensamento e de se curvar a todas as suas necessidades. Esse caráter profundamente artificial da linguagem a torna, sem dúvida, a forma menos material que pode ser empregada para a manifestação do espírito [...].[120]

O ponto sobre a imaterialidade da linguagem será insistido repetidamente por Saussure ao longo de sua carreira. Que "a língua é uma forma e não uma substância" é uma verdade de que "nunca nos compenetraremos bastante", diz o *Curso de Linguística Geral*,[121] e essa verdade culmina na visão radical de que "esse [o significante linguístico] não é de modo algum fônico; é incorpóreo, constituído, não por sua substância material, mas unicamente pelas diferenças que separam sua imagem acústica de todas as outras".[122]

Pictet traça uma distinção fundamental entre linguagem figurativa e linguagem comum, que, surpreendentemente, liga a primeira mais diretamente à realidade objetiva do que a segunda. Sobre a linguagem figurativa da poesia, *Du beau* diz que ela "deve sempre permanecer na região intermediária que reúne e reconcilia os dois extremos" da realidade material e do pensamento racional abstrato.[123] Como isso acontece?

> Os objetos que ela faz passar diante de nossos olhos não podem se apresentar nem na forma acidental da realidade bruta, nem na do pensamento reflexivo; mas deve, em uma única visão, fazer-nos vê-los em sua ideia e em sua forma sensível, em sua noção abstrata e na plenitude de sua existência real. Esse duplo problema é resolvido pelo uso da *imagem* [...].
> O efeito próprio da imagem é forçar o espírito a reproduzir em si mesma a aparência sensível do objeto e, assim, impedir que ele seja apreendido diretamente apenas pelo pensamento.

Na linguagem comum, por outro lado,

> [...] as palavras dirigem-se à inteligência sem qualquer intermediário, mesmo quando designam coisas reais, porque o pensamento vai direto ao seu objetivo e descarta como mero acessório a aparência sensível de seu objeto.

Essas afirmações de Pictet ajudam a elucidar um dos mistérios do pensamento posterior de Saussure, a saber, a natureza do "significado", a parte do signo linguístico descrita de diversas maneiras como um conceito, um padrão de pensamento ou uma ideia, e ilustrada como um palavra escrita ou uma imagem. Se lermos a passagem de Pictet como um comentário sobre seu protegido, isso sugere que a condição normal da linguagem é aquela em que o significado é puro pensamento, divorciado de qualquer imagem visual – o que faz eco ao que Saussure entende como "pura diferença". O que torna especial a linguagem poética e outras linguagens figurativas é precisamente o fato de invocar a imagem visual tão diretamente que supera a operação "pura" ordinária. Essa não é uma pergunta que Saussure se fazia, dada a sua determinação de deixar tais questões para os psicólogos, em cujo domínio se encontram. No entanto, ele também não se dissocia disso, o que nos dá uma maneira de ler suas várias representações do significado como não necessariamente contraditórias.

As noções de estética de Pictet foram formadas sob a tutela de Cousin em Paris no início da década de 1820. Elas se cristalizaram durante uma semana em agosto de 1835, que passou viajando incógnito nos Alpes franceses na companhia de George Sand, Franz Liszt e da amante de Liszt, a condessa Marie d'Agoult, oriunda da família Bethmann-Hollweg.[124] Isso se tornou a base da "história fantástica" de Pictet, *Une course à Chamounix*, publicada em 1838.[125] O artigo de Saussure considera a história "uma obra-prima menor" e, após retomar seu conteúdo em detalhes, observou: "Hoje esse pequeno volume requintado encontra felizmente mais leitores capazes de apreciá-lo do que na época em que aparecia sob o véu do anonimato".[126] O enredo consiste principalmente na discussão apaixonada de vários tópicos filosóficos e estéticos por quatro personagens chamados Franz, George, Condessa Arabella e o Major (que, por acaso, era o posto de Pictet na artilharia federal suíça). Franz está convencido de que "a arte é uma linguagem". Ele explica: "A linguagem é uma manifestação de ideias em uma forma sensível; pode a arte ser outra coisa? Somente a arte deve buscar no belo seus meios de expressão, pois esse é o seu domínio. Assim, completarei minha definição dizendo que a arte é a linguagem do belo".[127]

A semana de conversas apaixonadas com esses arquirromânticos conquistou Pictet para a liberdade irrestrita da imaginação em criar as ilusões que quiser, sem que se distingam do real. "Quem sabe", pergunta George na história de Pictet, "se a verdade dos seres naturais é outra coisa senão uma ilusão desse tipo?".[128] A pergunta de George está bem no cerne de *Du beau*. O próprio Saussure afirma em seu artigo que a estética e a linguística de Pictet eram uma só.[129] Juntos, *Une course à Chamounix* e *Du beau* formam um elo entre, por um lado, a libertação romântica da imaginação das algemas do classicismo e, por outro, a concepção de Saussure do significado linguístico como puramente mental, livre dos objetos do mundo material.

Os artigos de Saussure sobre Pictet representam uma das duas únicas ocasiões em que escreveu para um jornal, em ambos os casos o *Journal de Genève*. A segunda apenas viria 30 anos depois. Nos artigos sobre Pictet é ainda o jovem poeta, conjugando a sensibilidade de expressão com um tom literário que não se revela inteiramente genuíno. Os artigos oferecem um vislumbre do que poderia ter produzido se tivesse seguido o caminho de se tornar um Bréal genebrino, escrevendo para um público amplo que não toleraria paradoxos lógicos, sutilezas terminológicas ou massas de dados que desafiam uma categorização fácil. O próximo projeto que empreendeu acabou definitivamente com essa ambição.

Notas

1 Dois dos quatro editores fundadores da *Revue critique*, Gaston Paris e Paul Meyer, também fundaram a revista *Romania* e foram as principais figuras nos estudos românicos e na história da língua francesa. Outro, Charles Morel, era um genebrino que estudou com Gaston Paris em Bonn em 1856-1857, trabalhou como tutor em filologia e antiguidades romanas na École Pratique des Hautes Études, depois voltou a Genebra em 1874 como secretário editorial (*secrétaire de rédaction*) do *Journal de Genève*.

2 AdS 374/1, p. 8 (23 de abril de 1876).

3 ZEHETMAYR, S. *Lexicon etymologicon latino etc. – sanscritum comparativum quo eodem sententia verbi analogice explicatur*. Vindobonae, Hoelder, 1873. Foi revisado junto com dois dicionários etimológicos latinos por C. de G., na *Revue critique* (vol. 8, n. 33, 15 août 1874, pp. 97-102). Um correspondente alemão (Th. N. "Remarques supplémentaires sur le Dictionnaire étymologique latin, etc. – sanscrit de Zehetmayr". *Revue critique*, vol. 9, n. 14, 3 avril 1875, pp. 220-223) escreveu para defender Zehetmayr contra algumas das críticas levantadas pelo "Sr. C. de G.", aparentemente um aristocrata. Em uma nota editorial introdutória, Bréal aponta que "C. de G." na verdade significa o "Cours de grammaire" da École Pratique des Hautes Études, onde Bréal lecionou. FdS comenta em seu caderno: "Considero isso desonesto. – Aliás, [...] é provável que o autor da resenha tenha sido Bréal" (AdS 374/1, p. 13). Ele prossegue observando que

algumas das etimologias de Zehetmayr que a revisão rejeitou são de fato bem fundamentadas e apoiadas por outras autoridades.

4 Veja a introdução do tradutor em: BRÉAL, M. *The Beginnings of Semantics*. Ed. e trad. George Wolf. Stanford, CA, Stanford University Press, 1991 (pp. 3-17).

5 BOPP, F. *Grammaire comparée des langues indoeuropéennes comprenant le sanscrit, le zend, l'arménien, le grec, le latin, le lithuanien, l'ancien slave, le gothique et l'allemand*. Traduzido da segunda edição por Michel Bréal. 5 vols. Paris, Imprimerie Impériale/Nationale, 1866-1874.

6 BRÉAL, M. *Les tables eugubines: texte, traduction et commentaire, avec une grammaire et une Introduction historique*. Paris, F. Vieweg, 1875.

7 BRÉAL, M. "Les tables eugubines: Études d'archéologie et de linguistique". *Revue des deux mondes*, 3e période, t. 12, nov.-déc. 1875, pp. 57-79.

8 Tolstói, Lev. *Anna Kariênina*. Trad. Irineu Franco Perpetuo. São Paulo, Editora 34, 2021 (p. 314). De acordo com C. J. G. Turner, em *A Karenina Companion* (Waterloo, Ontário, Wilfrid Laurier University Press, 1993 (p. 118)), é o artigo da *Revue des deux mondes* que Karenin lê, mas pelo texto parece ser o livro.

9 O problema é explorado longamente por Georg Curtius, em *Principles of Greek Etymology* (Trad. [da quarta edição] Augustus S. Wilkins e Edwin B. England, 2 vols. London, John Murray, 1875 (por exemplo, pp. 102-104)).

10 BRÉAL, M. *Essai de sémantique: science des significations*. Paris, Hachette, 1897.

11 FdS. "Le suffixe *-t-*". MSLP, vol. 3, 1877, pp. 197-209 (reimpresso em *Recueil des publications scientifiques de Ferdinand de Saussure*. Ed. Charles Bally e Léopold Gautier. Genève/Lausanne/Heidelberg, Sonor/Payot/C. Winter, 1922, pp. 339-352).

12 FdS, "Le suffixe *-t-*", p. 197; *Recueil*, p. 339. Depois de fazer essas afirmações de sua própria descoberta anterior, ele diz: "Esta hipótese [...] já foi apresentada pelo Sr. Ebel (*Journal de Kuhn*, IV 325)", sugerindo que foi duas vezes ultrapassado por publicações de terceiros.

13 AdS 374/1, p. 13; essas notas, em tinta mais escura e caligrafia um pouco mais madura, estão mais abaixo na página que as anteriores e são unidas a elas por uma seta.

14 Ele levanta a possibilidade de que o *-t-* se originou por razões puramente fonéticas, para reforçar uma raiz que termina em vogal ou uma das consoantes sonantes *r*, *l*, *m* ou *n*. Aponta que, em alguns casos, o *-t-* e a líquida trocam de lugar – e em uma nota de rodapé contrasta o latim *inter-pre-t* (originalmente *inter-per-t*) com *pernēmi*.

15 BSLP, vol. 3 (1875-1878), n. 16 (1876), p. xxix. Nesses anos os BSLP saíram em fascículos, que eram encadernados como volumes em intervalos irregulares, mas a data oficial é a dos volumes.

16 Ver: FdS, Paris, para Albertine dS, 8 de maio de 1881, AdS 396/3, f. 20. Também estava presente naquele encontro um homem que havia sido um dos membros fundadores da Société dez anos antes, Antoni Dufriche-Desgenettes, destinado a dar uma pequena, mas significativa contribuição ao vocabulário conceitual de FdS e, por meio dele, à linguística moderna como um todo.

17 BSLP, n. 16, p. xxx.

18 Henri dS, entrada de diário, 5 de maio de 1876, cópia AdS 272bis/7, ff. 83-84.

19 *Idem*, ff. 76-80.

20 FdS. "Souvenirs de F. de Saussure concernant sa jeunesse et ses études". Editado e apresentado por Robert Godel. *Cahiers FdS*, vol. 17, 1960, pp. 12-25 (p. 20, nota de rodapé).

21 Ver, por exemplo, o envelope endereçado a FdS por Mathilde Naville, 31 de dezembro de 1876, AdS 366, f. 158.

22 Ver: BUSS, M.; GHIOTTI, L. & JÄGER, L. "Lettres de Leipzig (1876-1880)". *In*: BOUQUET, S. (ed.). *Ferdinand de Saussure*. Paris, L'Herne, 2003, pp. 442-472 (p. 471, n. 34).

23 *Idem, ibidem.*

24 Uma carta de FdS para Henri dS, 9 de novembro de 1876 (em Buss; Ghiotti & Jäger, 2003, p. 448), narra a primeira aula. Ferdinand gostou bastante de seu cavalo, mas não ficou nada impressionado com as técnicas de adestramento alemãs.

25 Buss; Ghiotti & Jäger, 2003, p. 467.

26 Henri dS para Louise dS, 25 de outubro de 1876 (em Buss; Ghiotti & Jäger, 2003, p. 443).

27 Henri dS, entrada de diário, setembro de 1877, cópia AdS 272bis/7, ff. 88-89. Ele caçou veados com o Príncipe de Colloredo-Mannsfeld em sua propriedade em Opočno, e participou de outras festas de caça com os Príncipes de Leiningen e de Hohenlohe-Schillingsfürst, e com Frederick Gye, que dirigiu o Theatre Royal de Londres, Covent Garden, onde ele havia montado uma produção de *Lohengrin*, de Wagner, no ano anterior, com grande sucesso, e agora seguia com *Tannhäuser* e *The Flying Dutchman*. Ver também a referência ao príncipe Colloredo na carta de FdS para Henri dS, 9 de novembro de 1876 (em Buss; Ghiotti & Jäger, 2003, p. 448).

28 Henri dS para Louise dS, 5 de novembro de 1876 (em Buss; Ghiotti & Jäger, 2003, p. 442).

29 FdS, "Souvenirs", p. 20.

30 BRUGMAN, K. "Nasalis sonans in der indo-germanischen Ursprach". *Curtius' Studien*, vol. 9, 1876, pp. 287-338. Brugman e sua família mais tarde mudaram a grafia de seu sobrenome para Brugmann; ver: Honeybone, P. "Karl (Friedrich Christian) Brugmann". *In*: Chapman, S. & Routledge, C. (ed.). *Key Thinkers in Linguistics and the Philosophy of Language*. Edinburgh, Edinburgh University Press, 2005, pp. 45-48 (p. 45).

31 FdS, "Souvenirs", pp. 20-21. A frase é interrompida nesse ponto.

32 *Idem*, p. 21, nota de rodapé.

33 AdS 369/8, f. 9 *verso*.

34 *Idem, ibidem.*

35 FdS, "Souvenirs", p. 19.

36 Embora essa palavra tenha ficado na memória de FdS, Curtius não a discute de fato; ele, no entanto, fornece formas relacionadas, como *tásis* [um alongamento] (CURTIUS, G. *Grundzüge der griechischen Etymologie*. 4. ed. Leipzig, B. G. Teubner, 1873 (p. 216)), e comenta sobre "a tendência especial do grego de suprimir *n* após *a*" (*Idem*, p. 68).

37 FdS, "Souvenirs", p. 20.

38 Mathilde Naville para FdS, 31 de dezembro de 1876, AdS 366, ff. 159-160.

39 Marguerite Naville para FdS, 29 de dezembro de 1876, AdS 366, ff. 156-157.

40 FdS para Amé Pictet, 1º de dezembro de 1876 (em Buss; Ghiotti & Jäger, 2003, pp. 451-452).

41 BASTARD, A. *The Gourmet's Guide to Europe*. Editado e com acréscimos do tenente-coronel N. Newnham-Davis. London, Grant Richards, 1903 (p. 125).

42 FdS para Amé Pictet, 1º de dezembro de 1876 (em Buss; Ghiotti & Jäger, 2003, pp. 451-452).

43 FdS para Henri dS, 12 de novembro de 1876 (em Buss; Ghiotti & Jäger, 2003, p. 449).

44 FdS para Henri dS, 9 de novembro de 1876 (em Buss; Ghiotti & Jäger, 2003, p. 448).

45 Ver cartas de Blanche Naville, Montchoisy, Genebra, para FdS, Leipzig, 22 de dezembro de 1876 [ano determinado a partir de evidências internas], AdS 366, ff. 151-152; FdS para Édouard Favre, 25 de maio de 1877 (em Buss; Ghiotti & Jäger, 2003, p. 453); FdS para Amé Pictet, 26 de maio de 1877 (em Buss; Ghiotti & Jäger, 2003, pp. 454-455).

46 FdS para Amé Pictet, 12 de dezembro de 1876 (em Buss; Ghiotti & Jäger, 2003, pp. 451-452).

47 AdS 370/5; 370/13, ff. 13-22, 68-71.

48 Ver *Die Saga von den Volsungen und Nibelungen*, traduzido livremente *do Old Norse Volsunga--Saga* por Anton Edzardi (Stuttgart, A. Heitz, 1881).

49 FdS, "Souvenirs", p. 21, nota de rodapé.

50 No caso de Braune, em Giessen, de onde Henri dS havia obtido seu doutorado.

51 Ver a introdução de Wilbur A. Benware à reimpressão de Adolf Holtzmann, *Über den Umlaut* e *Über den Ablaut* (Amsterdam, John Benjamins, 1977, pp. ix-xx (p. xiv)).

52 EDZARDI, A. "Brechung und Umlaut im Nordische". *Beiträge zur Geschichte der deutschen Sprache und Literatur*, vol. 4, 1877, pp. 770-777.

53 AdS 370/10. Foi Windisch quem, em 1868, como aluno do sânscrito de Leipzig com Hermann Brockhaus, levou seu amigo Friedrich Nietzsche, então estudante de filologia clássica, à casa de seu professor para conhecer o cunhado de Brockhaus, Richard Wagner. Esse foi o início de uma longa associação entre os dois, com consequências importantes para o desenvolvimento de Nietzsche como filósofo e para a cultura alemã em geral.

54 AdS 370/7.

55 Sarker, S. "Nishikanta Chattopadhyay". *In*: ISLAM, S. (ed.). *Banglapedia: National Encyclopedia of Bangladesh.* Nimtali, Ramna, Dhaka, Asiatic Society of Bangladesh, 2006. Disponível *on-line.* O fato de que "[e]m meados dos anos 70 ele viveu por cerca de um ano em Leipzig" está registrado em uma carta de Gustav Theodor Fechner, Leipzig, 25 de abril de 1883, para seu tradutor Hugo Wernekke (1846-1929), Weimar, publicada em: NEFF, M. K. "Echoes of the Past: Master Koot Hoomi". *The Theosophist*, novembro de 1929, pp. 214-217.

56 AdS 374/1, f. 1. A numeração "f." começa aqui após 22 páginas numeradas pelo próprio FdS, que foram indicadas acima como "p.". Por "som irracional", FdS quer dizer uma vogal "epentética", uma que não é escrita e não é historicamente justificada, mas ocorre para separar e presumivelmente facilitar a pronúncia de duas consoantes consecutivas, como o *schwa* na pronúncia irlandesa e americana não padrão de *elm* e *athlete* como *elum* e *athulete.**
*Em português brasileiro, são comumente ouvidas em "pneu", "advogado", "psicólogo", quando pronunciadas "pineu", "adivogado", "pisicólogo". (N. da T.)

57 CALDWELL, D. H. "Some of the Works of Nisikanta Chattopadhyaya (1852-1910)". Disponível *on-line.* Ele desempenhou um importante papel público na luta pela abolição do casamento infantil e pela melhoria da condição das mulheres hindus, questões nas quais já havia atuado antes e depois de sua passagem pela Europa.

58 Publicado na *Revue de linguistique et de philologie comparée*, o jornal dos " naturalistas " linguísticos estudados por Piet Desmet, *La linguistique naturaliste en France (1867-1922): Nature, origine et évolution du langage* (Leuven/Paris, Peeters, 1996). A lista de autores dada na p. 13 inclui um artigo de "Chattopadhyaya".

59 A identificação de Chattopādhyūya como Koot Hoomi foi feita por Neff, com base em informações fornecidas por Fechner, professor de Chattopādhyūya em Leipzig. Blavatsky e a Sociedade Teosófica reaparecerão em capítulos posteriores; para uma introdução, ver: Washington, P. *Madame Blavatsky's Baboon: Theosophy and the Emergence of the Western Guru.* London, Secker & Warburg, 1993. Sobre algumas das ligações entre teosofia e linguística, ver: HUTTON, C. M. & JOSEPH, J. E. "Back to Blavatsky: The Impact of Theosophy on Modern Linguistics". *Language & Communication*, vol. 18, 1998, pp. 181-204.

60 FdS para Amé-Jules Pictet, 26 de maio de 1877 (em Buss; Ghiotti & Jäger, 2003, pp. 454-455).

61 AdS 370/9.

62 MILLER, W. "Necrology: Overbeck". *The American Journal of Archaeology and of the History of the Fine Arts*, 1896, pp. 361-370 (p. 364).

63 Johannes Overbeck, *Kunstarchäologische Vorlesungen im Anschluss an das akademische Kunstmuseum in Bonn*, 1853 (citado por Miller, 1896, p. 363).

64 AdS 370/6.

65 FdS, "Souvenirs", p. 22.

66 AdS 270/8, f. 1 (capa). Ele começou a escrevê-los em francês, fazendo tradução simultânea enquanto Osthoff dava aulas em alemão. Mas logo o alemão começou a se infiltrar e, portanto, as notas estão todas naquela língua. É difícil julgar pelas anotações a quantas aulas ele assistiu; não ajuda que a tinta às vezes mude no meio do parágrafo, tornando essa uma pista inútil. Eu estimaria que as notas cobrem inicialmente quatro aulas, após as quais FdS escreve "uma aula perdida", então outras duas aulas são registradas.

67 AdS 270/8, f. 2.

68 Ver: ROCHER, R. "The Knowledge of Sanskrit in Europe until 1800". *In*: Auroux, S.; KOERNER, E. F. K.; Niederehe, H.-J. & Versteegh, K. (ed.). *History of the Language Sciences: An International Handbook on the Evolution of the Study of Language from the Beginnings to the Present*, vol. 2: *1880-1908*. Berlin/New York, Walter de Gruyter, 2001, pp. 1.156-1.163.

69 FdS, "Souvenirs", p. 22.

70 FdS, "Souvenirs", p. 21. As notas de FdS sobre o irlandês antigo do curso de Windisch são descritas em detalhes em: Ahlqvist, A. "Notes on Saussure's Old Irish Copybook". *In*: Embleton, S.; JOSEPH, J. E. & Niederehe, H.-J. *The Emergence of the Modern Language Sciences: Studies on the Transition from Historical-Comparative to Structural Linguistics in Honor of E. F. K. Koerner*. 2 vols. Amsterdam/Philadelphia, John Benjamins, 1999 (vol. 1, pp. 169-186).

71 LESKIEN, A. *Die Declination im Slavisch-Litauischen und Germanischen*. Leipzig, S. Hirzel, 1876.

72 AdS 370/4, f. 21 *verso*.

73 *Idem*, f. 23 *verso* a f. 25.

74 *Idem*, f. 39 *recto*.

75 *Idem*, f. 39 *recto* e *verso*.

76 *Idem*, f. 39 *verso*.

77 *Idem*, f. 40 *verso*.

78 Ver cartas de FdS para Édouard Favre, 3 de abril de 1878 e 17 de agosto de 1878 (em Buss; Ghiotti & Jäger, 2003, pp. 460-461, 463).

79 Embora Baunack pareça ter sido um amigo especialmente próximo, em 1903, FdS o confundiria com seu irmão mais novo Theodor, com quem Johannes foi coautor de sua obra mais importante, *Die Inschrift von Gortyn* (Leipzig, S. Hirtel, 1885), uma inscrição cuja cópia figurava na biblioteca pessoal de FdS. Theodor tinha apenas 15 anos quando FdS foi para Leipzig.

80 WILBUR, T. H. "Introdução". *In*: WILBUR, T. H. (ed.). *The Lautgesetz-Controversy: A Documentation (1885-1886)*. Amsterdam, John Benjamins, 1977, pp. ix-xcv (pp. xxvi-xxvii).

81 FdS, "Souvenirs", pp. 22-23.

82 *Idem*, p. 23.

83 *Idem*, p. 23.

84 Brugmann para Streitberg, 28 de novembro de 1914 (em: VILLANI, P. "Documenti saussuriani conservati a Lipsia e a Berlino". *Cahiers FdS*, vol. 44, 1990, pp. 3-33 (p. 30)).

85 AdS 369/10, f. 3. Ver também: BGE Ms. fr. 3970/b, f. 9 *verso*. Nesse período, uma distinção era geralmente feita nas universidades europeias entre estudantes (*étudiants*), que assistiam às aulas como parte de um curso de graduação, e auditores (*auditeurs*), que as assistiam, embora não fossem obrigados a fazê-lo.

86 Brugmann para Streitberg, 1º de dezembro de 1914 (em Villani, 1990, p. 30).

87 FdS para Henri dS, 12 de novembro de 1876 (em Buss; Ghiotti & Jäger, 2003, p. 449).

88 BSLP, n. 17, pp. liv, lvi; n. 18, p. lvii. Uma nova continuação foi colocada na ordem do dia para a reunião seguinte, mas nenhum registro dela aparece nos BSLP.

89 FdS. "Sur une classe de verbes latins en -eo". MSLP, vol. 3, 1877, pp. 279-293; *Recueil*, pp. 353--369.

90 FdS. "Sur une classe de verbes", p. 280; *Recueil*, p. 354.

91 FdS. "La transformation latine de *tt en ss suppose-t-elle un intermédiaire *st?". MSLP, vol. 3, 1877, pp. 293-298; *Recueil*, pp. 370-375. Ver: Fröhde, F. "Die Entstehung des st und ss im Lateinischen". *Beiträge zur Kunde der Indogermanischen Sprachen (Bezzenbergs Beiträge)*, vol. 1, 1877, pp. 177-212.

92 FdS. "Exceptions au rhotacisme". MSLP, vol. 3, 1877, p. 299; *Recueil*, p. 376.

93 FdS. "i u = es, os". MSLP, vol. 3, 1877, pp. 299-301; *Recueil*, pp. 377-378.

94 Amé Pictet, entrada de diário, Z n. 15, 17 de março de 1877 (trecho copiado por Martin, em BGE Ms. fr. 1599, f. 25).

95 BSLP, n. 18, pp. lxiii, lxiv.

96 BSLP, n. 18, p. lxv; publicado como "Essai d'une distinction des différents *a* indo-européens". MSLP, vol. 3, 1877, pp. 359-370; *Recueil*, 379-390. De Mauro (*Cours de Linguistique Générale*. Edição comentada. Paris, Payot, 1972) faz FdS ler o jornal na reunião, mas fica claro pelo BSLP que foi lido em sua ausência. As notas de FdS para o artigo estão contidas na Houghton Library, Harvard University, Ferdinand de Saussure Linguistic Papers (Folder 6, S. 1), ff. 38-47.

97 Observe, no entanto, que a letra *a* é pronunciada como /ei/ em palavras em inglês como *hate*.

98 Embora as fontes do século XX geralmente deem o crédito exclusivo pela descoberta a Osthoff, cujo artigo de 1876 ("Zur Frage des Ursprungs der germanischen n-Declination". *Beiträge zur Geschichte der deutschen Sprache und Literatur*. Paul & Braunes Beiträge, vol. 3, pp. 1-89) teria sido lido antes da publicação de Brugmann, Pedersen (*The Discovery of Language: Linguistic Science in the 19th Century*. Trad. John Webster Spargo. Cambridge, MA, Harvard University Press, 1931 (p. 284)) aponta corretamente que: "A suposição de uma silábica *ṛ* na língua-mãe não era inteiramente nova. [...] havia indícios de que pertencia à língua-mãe (Benfey em 1837, Ebel em 1852). [...] Nos anos [18]70, vários estudiosos tocaram na questão novamente – G. Humperdinck em um programa escolar (Siegburg, 1874), o famoso pesquisador eslavo Miklosich em 1875, o amigo de Brugmann, Osthoff, em 1876". Esse é outro caso de "janela de ignorância", semelhante ao discutido no capítulo 4 no contexto da "descoberta" de FdS e Brugmann das soantes nasais. Com Osthoff, a janela foi aberta não por um princípio metodológico (os sons não se transformam em outros sons), mas por uma doutrina mais geral de que a mudança ao longo do tempo produz formas mais simples, não mais complexas. Pedersen omite a contribuição de Abel Hovelacque, em *Mémoire sur la primordialité et la prononciation du r-vocal sânscrito* (Paris, Maisonneuve, 1872). Louis Havet se mostrou cético em relação à proposta em sua resenha de Hovelacque (em *Revue critique*, vol. 6, 1872 (pp. 345-346)), mas mudou de opinião na época de sua resenha do *Mémoire* de FdS em 1879.

99 REDARD, G. "Louis Havet et le Mémoire". *Cahiers FdS*, vol. 32, 1978, pp. 103-122 (p. 109).

100 Acreditava-se que o *ḷ* vocálico do sânscrito era um desenvolvimento posterior do *ṛ* e não fazia parte do repertório sonoro original.

101 Outra gradação "forte", *ē*, aparece no grego ático *mētēr*.

102 Hermann Osthoff, Heidelberg, 21 de julho de 1877, para Karl Brugmann, Leipzig (em Einhauser, E. (ed.). *Lieber Freund...: Die Briefe Hermann Osthoffs an Karl Brugmann, 1875-1904*. Trier, WVT, 1992 (p. 42)).

103 Ver a carta de FdS para Édouard Favre, 20 de agosto de 1877 (em Buss; Ghiotti & Jäger, 2003, pp. 456-457).

104 Henri dS, entrada de diário, setembro de 1877, cópia AdS 272bis/8, ff. 87-88.

105 *Idem*, f. 90.

106 *Idem*, f. 91. Charles Marie Maurice, príncipe de Faucigny-Lucinge et Coligny, era bisneto do último rei da França, Charles X. Parte de Charniaz ficava na comuna de Lucinge, no cantão francês de Annemasse (BGE, Manuscrits et Archives, Catálogo XIIc, p. 76).

107 Henri dS, entrada de diário, setembro de 1877, cópia AdS 272bis/8, f. 87.

108 Henri dS, entrada de diário, 15 de junho de 1878, cópia AdS 272bis/9, f. 101.

109 Recorte de jornal não identificado, 15 de agosto de 1877, exemplar AdS 272bis/9, f. 99.

110 Henri dS, entrada de diário, maio de 1878, cópia AdS 272bis/9, f. 100.

111 Édouard Favre, Göttingen, 31 de agosto de 1877, para FdS, AdS 366, ff. 87-88. Favre soube da notícia por Lucien Gautier, que o visitou.

112 Paul Oltramare, s.l. [Paris], s.d., para FdS, [Genebra], em resposta à carta de FdS de 8 de outubro de 1877, AdS 366, ff. 167-168.

113 Assim, ele quase perdeu a oportunidade de assistir à aula inaugural em 30 de outubro para o curso de linguística na Université de Genève por Wertheimer, que, como observado no capítulo anterior, vinha ministrando o curso desde 1873 (ver: GODEL, R. *Les sources manuscrites du Cours de Linguistique Générale de F. de Saussure*. Genève, Droz, 1957, p. 29, n. 23).

114 Henri dS, entrada de diário, 15 de junho de 1878, cópia AdS 272bis/9, f. 103.

115 Henri dS, entrada de diário, setembro de 1877, cópia AdS 272bis/8, f. 98. Em vez de cem mil francos, os Saussure receberam 65 mil mais o Grand Clos, supostamente no valor de 35 mil, mas que Henri só conseguiu vender por 15 mil.

116 Henri dS, entrada de diário, 15 de junho de 1878, cópia AdS 272bis/9, f. 102.

117 FdS. Resenha de Adolphe Pictet, *Les origines indo-européennes, ou les Aryas primitifs: essai de paléontologie linguistique* (2. ed. 3 vols. Paris, Sandoz & Fischbacher, 1877). *Journal de Genève*, 17, 19 e 25 de abril de 1878; *Recueil*, pp. 391-402. Todo o material citado é do artigo de 17 de abril. Essa passagem é do *Recueil*, p. 391.

118 Ver: JOSEPH, J. E. "Pictet's Du beau (1856) and the Crystallisation of Saussurean Linguistics". *Historiographia Linguistica*, vol. 30, 2003, pp. 365-388; e JOSEPH, J. E. "Root and Branch: Pictet's Role in the Crystallization of Saussure's Thought". *The Times Literary Supplement*, n. 5.258, 9 de janeiro de 2004, pp. 12-13. Ceri Crossley, em "The Aesthetic Thought of Adolphe Pictet" (*Swiss-French Studies*, vol. 4, 1983, pp. 42-51), fornece um resumo útil de *Du beau* em inglês e menciona a admiração de FdS por Pictet, mas não explora a conexão entre eles. *Languages of Paradise*, de Olender, examina as odiosas comparações entre arianos e semitas no final de *Les origines indo-européennes*, de Pictet, e se debruça um pouco sobre seu papel de mentor para o jovem FdS, mas não comenta sobre o trabalho de FdS.

119 PICTET, A. *Du beau, dans la nature, l'art et la poésie: études esthétiques*. Paris/Genève, J. Cherbuliez, 1856 (p. 256).

120 *Idem*, pp. 252-253. Haun Saussy (em comunicação pessoal) apontou para mim a estreita ligação entre essa passagem e a seção sobre poesia em *Vorlesungen über die Ästhetik*, de Hegel (ed. H. G. Hotho. 3 vols. Berlin, Duncker & Humblot, 1835-1838 [escrito entre 1820-1829]).

121 FdS. CLG. Edição de Charles Bally e Albert Sechehaye, com a colaboração de Albert Riedlinger. Paris, Éditions Payot & Rivages, 1972 [Trad. brasileira: A. Chelini, J. P. Paes e I. Blikstein. São Paulo, Cultrix, 2004 (p. 141; ver também p. 131)]. Embora essas passagens tenham sido costuradas pelos editores do *Curso* a partir de observações separadas sobre forma e substância (ver: FdS, CLG/E, pp. 254, 276), elas são consistentes com o espírito de muito do que foi dito nas aulas de FdS.

122 FdS, CLG, p. 138.

123 Pictet, *Du beau*, p. 306.

124 A história é bem recontada por Guy de Pourtalès em sua biografia *La vie de Franz Liszt* (Paris, Gallimard, 1925 (pp. 54-65)). A filha ilegítima de Marie d'Agoult, Cosima Liszt, tornou-se a segunda esposa de Richard Wagner – apesar de sua herança judaica – uma fervorosa antissemita.

125 PICTET, A. *Une course à Chamounix: conte fantastique*. Paris, B. Duprat, 1838 (reimpresso junto com a décima "Lettre d'un voyageur", de George Sand (Genève, Georg, 1989)). "Chamounix" era então a grafia usual do que é hoje Chamonix. O relato de George Sand sobre a aventura apareceu pela primeira vez na *Revue des deux mondes* em 1837; despertou a raiva de Pictet e "estimulou-o a responder" com seu próprio livro (Crossley, 1983, p. 51, n. 2).

126 FdS. Resenha de Adolphe Pictet, *Les origines indo-européennes* (2. ed. 3 vols. Paris, Sandoz & Fischbacher, 1877). *Journal de Genève*, 17, 19 e 25 de abril de 1878. Reimpresso em *Recueil*, pp. 391-402.Todo o material citado é do artigo de 17 de abril. A opinião de *Une course à Chamounix* como uma obra-prima negligenciada é compartilhada por Paul Alexandre em seu prefácio à reimpressão de 1989, que acrescenta: "A posteridade foi injusta com Adolphe Pictet, que era dotado de tudo que faz um escritor: um estilo brilhante, um senso de palavras surpreendente que é certeiro, uma imaginação que é incessantemente inovadora, mas sempre sob controle [...]. Talvez, no final das contas, a principal desvantagem de Adolphe Pictet fosse não morar em Paris: em 1840, como hoje, melhor estar às margens do Sena do que as do Ródano para ser reconhecido" (pp. 25, 29).

127 Pictet, 1838 [reimpressão em 1989], p. 93.

128 *Idem*, p. 94.

129 Outro momento de interesse linguístico em *Une Course à Chamounix* é seu sétimo capítulo, no qual o Major se lança em uma mística fantasia sânscrita, que nos remete a nada mais do que as sessões de "Hélène Smith" (Élise Müller) em Genebra, que ocorrerão cerca de 60 anos depois e serão descritas detalhadamente no capítulo 13. O narrador de *Une Course à Chamounix* afirma que, ao contrário do Major, não conhece sânscrito e teve que contar com a ajuda do linguista Éugène Burnouf para traduzir as declarações do Major.

7

O Mémoire *sobre o sistema vocálico original das línguas indo-europeias*

Chegar primeiro

No verão de 1877, Ferdinand teve seu tempo com a família interrompido devido ao treinamento militar; em 1878 mal tirou férias. Durante o ano acadêmico de 1877-1878, enquanto ainda assistia às aulas em Leipzig, começou a trabalhar em um importante estudo do sistema vocálico indo-europeu, muito mais abrangente que as considerações feitas em seu artigo sobre a vogal *a* para a Société de Linguistique de Paris. O diário de Henri registra que a família fugiu para Creux de Genthod em 2 de julho, "depois de ver as absurdas comemorações do centenário da morte de Rousseau". Eles esperavam que o filho se juntasse a eles no final do mês, mas "ele teve que ficar em Leipzig para terminar essa obra, visto que outra pessoa estava trabalhando no mesmo assunto e que era uma questão de chegar primeiro".[1] A família esperou sete semanas pelo seu retorno. Ele deveria se apresentar para a reunião de tropas da milícia suíça em 3 de setembro,[2] mas mesmo essa obrigação teve de ser adiada por uma dispensa especial.

O problema era que o estudo que empreendeu crescia mais e mais à medida que trabalhava nele. "Ele pensou que iria escrever 60 páginas", observou seu pai. "Ele fez 300."[3] Isso, é claro, significava 300 páginas manuscritas, que foram impressas por partes pelo editor-impressor-livreiro de Leipzig B. G. Teubner. Em 17 de agosto, escreveu a Édouard Favre: "Desde que você saiu, imprimi 68 páginas" – 17 folhas *in-quarto*, os quatro primeiros fascículos da primeira edição, incluindo as páginas pré-textuais e as páginas de 1 a 64 do texto propriamente dito.[4] Antes de deixar Leipzig, Ferdinand teve que terminar o manuscrito enquanto corrigia as provas, depois teve que preparar os índices e a lista final de acréscimos e correções. O livro apareceu impresso em dezembro de 1878.

Imprimir partes do trabalho à medida que as produzia significava que não havia como voltar atrás para correções ou revisão do prefácio para dar uma visão mais completa de quais seriam as conclusões. Nunca tendo tentado um projeto de tal extensão, Ferdinand estava aprendendo com os erros que cometia. A certa altura, ele é obrigado a anunciar uma mudança de opinião em relação a uma declaração que havia feito cem páginas antes.[5] Pouco depois, no início do capítulo sobre o "Papel gramatical dos diferentes tipos de *a*", tenta justificar racionalmente o que os leitores podem tomar como mero desleixo de composição de sua parte.

> Se o assunto deste opúsculo pudesse ser circunscrito ao tema do presente capítulo, sem dúvida o plano geral teria se beneficiado. Mas tínhamos que nos certificar da existência de diversos fonemas antes de definir seu papel no organismo gramatical, e nessas condições era muito difícil não sacrificar algo da ordenação racional dos tópicos.[6]

A essa altura, ele ainda esperava que fosse uma obra breve, um opúsculo. O que desfaz sua brevidade é a longa série de exemplos dados para estabelecer se um determinado fonema era unitário ou não no período "pró-étnico", ou seja, anterior à divisão da família indo-europeia em povos e línguas. Ainda assim, o livro poderia ter sido reorganizado para que essas provas viessem em apêndices, ou pelo menos depois que o argumento teórico já houvesse sido colocado. Do jeito que está, o propósito dos exemplos só fica claro na metade do livro.

A forma como o *Mémoire* foi produzido ajuda a explicar por que é tão difícil de ser lido, mesmo para pessoas com formação em linguística indo-europeia. A primeira metade da obra estabelece uma conclusão que só estava se tornando definitiva na mente de seu autor enquanto a escrevia. Para leitores sem esse conhecimento, é impenetrável. Foi considerado impenetrável até por alguém tão versado em Bopp quanto o avô de Saussure, o conde Alexandre de Pourtalès. Por outro lado, os estudiosos que acompanhavam o desenvolvimento das teorias relevantes, edição por edição, nas principais revistas, geralmente eram capazes de acompanhar o argumento e apreciar a elegância do raciocínio, mesmo quando não aceitavam as conclusões. Mas o próprio Louis Havet admitiu a Henri de Saussure que nunca seria possível explicá-lo ao público em geral.[7]

Um jovem com menos pressa poderia ter voltado e recomeçado o trabalho do zero. Mas Saussure estava muito preocupado em publicar sua conclusão antes que alguém a antecipasse. Nessa questão, ele não precisaria se preocupar: até mesmo Brugmann foi pego de surpresa pelo sistema de Saussure, que seguia uma direção marcadamente diferente da sua. Em todo caso, a despesa e o desperdício de recomeçar, uma vez que o trabalho já estava no prelo, teria sido difícil de suportar para um calvinista, ainda mais num momento em que sua família estava bastante empobrecida.

Aqueles meses de verão escrevendo, estendendo-se até o outono, foram longos e solitários. Ele tinha a companhia de alguns amigos, incluindo os estudantes suíços Thurneysen e Wyss, com quem passava um tempo no Café Mercure – em vez do Kaffeebaum, o *pub* regular de Brugmann e outros neogramáticos.[8] Quando Ferdinand finalmente voltou para casa, na última semana de setembro, Henri ficou horrorizado ao ver como o intenso esforço que depositou em seu *Mémoire* cobrou seu preço.

> Estou muito ansioso para ver Ferdinand chegar e conhecer sua obra, um trabalho enorme para sua idade! Mas estou muito atormentado por sua saúde. A vida sedentária, o distanciamento de tudo o que é cansativo e incômodo é para ele uma enfermidade grave, e muito perturbadora. [...] Isso é ainda mais inquietante porque é uma das enfermidades da família Pourtalès. Louis de P. acabou não conseguindo tirar as pantufas. [...] Em minha esposa, novamente a inércia, que acabou por me esgotar completamente. Repetir 500 vezes a mesma coisa, – inútil. – a boa vontade está aí, mas falha na execução.
> Ferdinand realmente precisa de uma cura de água fria e exercícios de caça, mas como posso levá-lo, agora que ele tem apenas cinco semanas de férias.[9]

No entanto, assim que Henri abriu o manuscrito que seu filho havia produzido, todas as suas preocupações anteriores com sua inércia se dissolveram diante de um estudo não apenas de enorme erudição, mas de uma complexidade que Henri, como cientista, nunca imaginou encontrar em um mero trabalho "literário", sendo-lhe tão impenetrável.

As férias foram suficientes para renovar Ferdinand, e, no devido tempo, ele e o pai falaram sobre seu passo seguinte: uma tese de doutorado. Assim como Henri havia feito o trabalho para seu doutorado em Giessen enquanto estava em Paris, surgiu a possibilidade de que Ferdinand pudesse ir a outro lugar para buscar orientação de especialistas. Foi decidido que a Universidade Friedrich-Wilhelms de Berlim seria o ideal. Lá ele poderia estudar sânscrito com Hermann Oldenberg e celta com Heinrich Zimmer,[10] que haviam recebido seus doutorados no início daquele ano, de Leipzig e Berlim, respectivamente. Em Berlim, Ferdinand também poderia usar as conexões da família Pourtalès para lhe dar uma vida social mais variada do que em Leipzig. O jovem não teria a companhia de seus amigos genebrinos – um marco na confiança que Henri depositava na maturidade de seu filho, que agora estava preparado e poderia partir sozinho.

Em 12 de novembro de 1878, Ferdinand recebeu a dispensa de um ano da "inspeção de armas", que era sua obrigação militar suíça, e, em 21 de novembro, matriculou-se na universidade de Berlim.[11] Em dezembro, seu *Mémoire sur le système primitif des voyelles dans le langues indo-européennes* apareceu impresso com a data do ano seguinte (1879), e assim nasceu uma lenda.

Quem era a outra pessoa trabalhando no mesmo problema, forçando Ferdinand a escrever tão freneticamente para, como disse seu pai, "chegar primeiro"? Provavelmente o homem cujo nome aparece com mais frequência do que qualquer outro no *Mémoire*, Karl Brugmann ou, alternativamente, o amigo e colaborador de Brugmann, Osthoff. De sua parte, Brugmann não parece ter percebido que ele e Saussure estavam em qualquer tipo de corrida. Portanto, não conseguiu entender a estranha explicação de o jovem estudante não querer mais assistir às suas aulas, ou o constrangimento com que reconheceu suas ideias publicadas, quando só então tomou conhecimento delas.

No início, quando esperava que o *Mémoire* fosse um artigo de 60 páginas, Saussure poderia muito bem tê-lo submetido a uma das revistas linguísticas alemãs, ou à Société de Linguistique de Paris. No entanto, ele deu o passo extraordinário de providenciar sua própria publicação. Ele já havia experimentado os atrasos na publicação que estão além do controle de um autor quando entrega seu trabalho a terceiros – lembremos da nota editorial que teve de ser adicionada ao seu artigo publicado sobre o sufixo -t- no ano anterior, explicando por que ele não deve ser considerado um plagiador de Fröhde. Embora os alemães operassem com mais eficiência do que os parisienses, ainda havia o risco de expor suas descobertas aos olhos de outras pessoas antes da publicação. A experiência o ensinou a jogar com suas cartas próximas ao peito.

B. G. Teubner concordou em imprimir o *Mémoire* e vendê-lo em sua livraria, mas não em arriscar seu capital em um autor que ainda não tinha um diploma universitário. É por isso que a edição original não indica Teubner como editor, mas diz na folha de rosto "à venda na livraria de B. G. Teubner" e, no verso, "impresso por B. G. Teubner". O "editor" era na verdade Henri de Saussure.[12] Sem nenhum risco financeiro para ele, Teubner não precisou enviar o manuscrito a um especialista para revisão acadêmica – e isso serviu perfeitamente a Saussure, eliminando qualquer atraso e qualquer preocupação de que o revisor pudesse recusá-lo, ou exigir mudanças complicadas, ou deixar de manter seu conteúdo confidencial.

Em termos contemporâneos, o *Mémoire* foi uma espécie de "autopublicação". Pagar os custos de produção não era incomum, mesmo para os pesquisadores mais experientes da época, e tornou-se a norma novamente hoje nas ciências exatas. Henri de Saussure pagou os custos de muitas de suas próprias publicações, embora elas sempre aparecessem com o *imprimatur* de uma sociedade erudita, como a Sociedade de História Natural de Genebra. Ferdinand não buscou um *imprimatur*. Seu objetivo imediato era reivindicar suas ideias, imprimindo-as antes que qualquer outra pessoa o fizesse. Foi um pensamento míope. Se o livro tivesse sido feito com menos pressa, Saussure poderia ter aproveitado os conselhos de pessoas em quem confiava, como Léopold Favre, para identificar e corrigir deficiências, torná-lo mais fácil de compreender, dar crédito a quem merecia e expressar críticas ao trabalho de outros estudiosos de forma mais diplomática. Assim, talvez, o *Mémoire* pudesse ter sido apreciado por um público mais amplo, sua recepção pudesse ter sido mais consistentemente positiva e a carreira de seu autor mais brilhante do que acabou sendo.

O manifesto neogramático

Se Saussure não tivesse se distanciado de seus professores de Leipzig, poderia ter percebido que eles mudaram um pouco o foco. Em junho de 1878, quando Saussure estava imerso na redação de seu *Mémoire*, Brugmann e Osthoff lançaram seu novo jornal, *Morphologische Untersuchungen* [Investigações morfológicas]. A revista era incomum porque Brugmann e Osthoff eram os autores de todo o seu conteúdo, numa época em que se estava convencionando que os editores raramente publicassem seus próprios trabalhos.

Normalmente, quando jovens ambiciosos iniciam uma nova revista própria, é por frustração com o conservadorismo da geração mais velha, que controla as revistas existentes. Nesse caso, pode-se dizer que foi a geração mais velha que se separou. Em 1876, Curtius nomeou Brugmann coeditor de sua revista *Studien zur griechischen und lateinischen Grammatik* [Estudos sobre gramática grega e latina]. A primeira edição pela qual Brugmann compartilhou a responsabilidade foi impressa enquanto Curtius estava fora. Sem consultá-lo, Brugmann decidiu incluir seu próprio artigo sobre as soantes nasais – aquele de que todos falavam quando Saussure chegou em Leipzig. Quando Curtius viu a edição impressa e leu o artigo de Brugmann pela primeira vez, ficou descontente, para dizer o mínimo. Ele acrescentou uma nota no final do volume explicando por que não teve a chance de examinar o artigo de Brugmann, de modo que "devo, portanto, deixar apenas para ele a responsabilidade por suas conclusões de longo alcance". Depois de mais um volume do periódico, Curtius o extinguiu.[13]

Dada a influência de Curtius, Brugmann teve pouca escolha a não ser publicar seu próprio trabalho. A primeira edição da *Morphologische Untersuchungen* abriu com um prefácio coassinado por Osthoff e Brugmann, embora redigido apenas por Brugmann.[14] O texto ganhou uma fama duradoura como o manifesto do grupo para quem Brugmann cunhou o termo *junggrammatische Richtung* [a ordem neogramática], baseando-se, de coração leve, em um termo depreciativo que às vezes era lançado contra ele e outros que compartilhavam seus escrúpulos metodológicos. Seu credo, conforme formulado por Brugmann, redefiniria a ciência da linguagem nas próximas décadas: "Toda mudança de som ocorre de acordo com leis que não admitem exceção".

Foi uma daquelas ideias que se cristalizam no momento certo e exercem um poder extraordinário na imaginação não apenas dos linguistas, mas de um público mais amplo. Desde o início do século, a noção de uma mente inconsciente vinha se difundindo da filosofia para uma circulação cultural mais geral. Era aquela parte da mente que controlava as atividades mecânicas, como a respiração e os batimentos cardíacos, que continuam mesmo durante o sono, que são compartilhadas até mesmo com espécies animais inferiores – mas também são contínuas com a atividade mental consciente, incluindo a reação estética e a produção artística. A linguagem sempre pareceu pertencer totalmente ao domínio consciente; de fato, a capacidade de tornar inteligível uma experiência mental é precisamente o que define o consciente em oposição ao inconsciente. Também foi reconhecida como a grande divisão entre humanos e outros animais e, como tal, obstáculo a qualquer teoria de que nós, animais com alma, pudéssemos ter evoluído de parvas bestas. Mas, se pudesse ser demonstrado que a própria linguagem está sujeita a leis evolutivas de natureza inconsciente, que são tão absolutas que os humanos não poderiam sequer introduzir exceções a elas, o abismo que nos separa de outras espécies poderia ser superado.

Na verdade, Brugmann não reivindicou tanto quanto é tradicionalmente creditado a ele. O que ele escreveu foi:

> Os dois princípios mais importantes do movimento "neogramático" são os seguintes:
> Primeiro. Toda mudança de som, na medida em que ocorre mecanicamente, ocorre de acordo com leis que não admitem exceção [...][15]

O "na medida em que ocorre mecanicamente" implica claramente que toda mudança de som *não* é mecânica, mas tem aspectos não mecânicos que *não* seguem leis sem exceção. A declaração continua especificando outros casos em que o princípio não se aplicaria;

> [...] ou seja, a direção da mudança sonora é sempre a mesma para todos os membros de uma comunidade linguística, exceto quando ocorre uma divisão em dialetos; e todas as palavras nas quais o som submetido à mudança ocorre na mesma relação são afetadas pela mudança sem exceção.[16]

A primeira parte não se refere à mecânica da mudança sonora, mas às pessoas, aos falantes da língua em questão. É perfeitamente possível que parte de uma comunidade linguística resista "excepcionalmente" a uma mudança sonora que está acontecendo no resto da comunidade – mas, se assim for, o resultado é que sua maneira de falar passa a definir um dialeto separado, com leis sonoras próprias. A segunda parte da proposição tem a cláusula de escape "na mesma relação". Aqui o foco muda dos falantes e volta para os próprios sons. A relação em questão é com os demais sons que o cercam, o que hoje se chamaria de ambiente ou contexto fonológico: se o som em questão ocorre no início ou no final de uma sílaba, ou entre duas vogais, ou se a sílaba é tônica ou átona, e assim por diante. Uma lei sonora pode se aplicar apenas a alguns ambientes, mas aí se aplicará a todas as palavras, independentemente de seu sentido ou sua função.

Os neogramáticos pareciam propor um forte antipsicologismo no qual não havia espaço para analisar os "motivos" que os falantes poderiam ter para a mudança na língua, ou para que alguns trechos dela mudassem enquanto outros não. Isso novamente é uma caracterização imprecisa. Os autores atribuíram o papel central, nas mudanças *ad hoc*, ao processo de *analogia*, que se baseia em um princípio psicológico que associa semelhança na forma com semelhança no sentido ou na função.

> Segundo. Como é claro que a associação de formas, ou seja, a criação de novas formas linguísticas por analogia, desempenha um papel muito importante na vida das línguas mais recentes, esse tipo de inovação linguística deve ser reconhecido sem hesitação para períodos antigos, e até para os ainda mais antigos.[17]

Exemplos de analogia na linguagem são abundantes. A criança (ou adulto) que espontaneamente diz *I brang* como o pretérito de *I bring* [eu trago], mesmo que talvez nunca tenha ouvido alguém dizer *brang*, está operando o princípio de analogia baseado em outros verbos em inglês como *ring–rang* [tocar], *drink–drank* [beber]. As leis sonoras que, por meio de sua aplicação regular, produziram a forma *brought* [trouxe] são quebradas por causa da consciência do falante, por mais obscura que seja, de um sentido ou função de pretérito, e de um padrão pelo qual o pretérito é sinalizado formalmente por *ablaut* da vogal *i* do tempo presente para *a*.*

Muitas palavras historicamente tiveram suas formas alteradas por esse processo. O inglês *kine*, outrora o plural de *cow* [vaca], foi "nivelado" por analogia com a maioria dos substantivos, que formam seus plurais com *-s*. Mas suponha que um historiador do inglês estivesse determinado a explicar a mudança de *kine* para *cows* sem recorrer à analogia. Ele teria que criar uma lei fonológica *ad hoc* mudando *-ine* para *-ows* no ambiente semântico [+bovino]. Por mais absurdo que pareça, alguns dos oponentes dos neogramáticos estavam tentando exatamente esse tipo de coisa, e seu extremismo é um dos aspectos visados por Brugmann.

O princípio neogramático não pretendia ser um dogma psicológico ou evolutivo, mas uma metodologia que protegeria a linguística histórica de explicações arbitrárias. Para serem admissíveis, as leis sonoras tinham de ser postuladas de uma forma que tivessem a maior amplitude possível. O manifesto de Brugmann prometia "recorrer à analogia apenas quando as leis sonoras nos compelirem", acrescentando, no entanto, que mesmo "a suposição mais ousada de operação da analogia sempre tem mais direito de ser 'acreditada' do que evasões arbitrárias de leis sonoras mecânicas". Essa meticulosidade elevou a linguística histórica alemã, e Leipzig em particular, ao reconhecimento global como o centro da ciência da linguagem, posição que manteria até a Primeira Guerra Mundial, ou seja, pelo resto da vida de Saussure.

Em seu primeiro ensaio linguístico, em 1874, Saussure tentou reconstruir a língua de origem das línguas reais que conhecia. Ele imaginou essa protolíngua como extremamente simples, tendo apenas uma vogal. Em 1877, alinhou-se com os elementos mais progressistas dos estudos convencionais, segundo os quais o sistema vocálico da protolíngua já era bastante complexo. No entanto, quase duas décadas se passaram desde que a *Origem das espécies*, de Darwin, impulsionou a ideia da evolução de teoria de vanguarda para a narrativa principal da história de todos os organismos vivos, incluindo culturas e línguas humanas. Rejeitar a concepção tradicional da história linguística como um

* No português brasileiro, é comum, na fala de crianças, ouvirmos **eu fazi*, **eu sabi*, para *eu fiz*, *eu soube*, em que as leis fonéticas que produziram *fiz* e *soube* são quebradas pela consciência do falante que então operara por analogia a partir da relação *comer-comi*, *crescer-cresci*. (N. da T.)

progresso do simples ao complexo agora ia contra a essência do discurso cultural geral. Para Saussure, que cresceu ouvindo e até copiando artigos de um pai que se via trabalhando na vanguarda da biologia evolutiva, um pai que de fato se corresponderia com Darwin em 1881,[18] a ideia de partir da complexidade não permaneceria satisfatória por muito tempo.

Recuperar a simplicidade, reposicionar a complexidade: a_1 e os coeficientes sonantes

Metodologicamente, dada a escolha entre uma explicação simples e elegante e uma explicação complexa e confusa, o analista prefere a primeira. Esse é o princípio conhecido como Navalha de Occam: todas as outras coisas sendo iguais, a explicação mais simples de um fenômeno é a correta. Com o sistema vocálico indo-europeu, no entanto, o problema residia nos próprios fenômenos. Não se tratava de um pequeno número de formas, mas de cada palavra em cada texto de um período em que os textos não eram datados, nem a escrita padronizada. As mudanças não puderam ser fixadas nem do ponto de vista fonético nem do ponto de vista temporal.

Quando, nos primeiros meses de 1878, Saussure começou a dedicar-se obstinadamente a uma nova análise do sistema vocálico original das línguas indo-europeias, não foi com a intenção de conciliar a complexidade de seu artigo sobre o *a* do ano anterior com algo como a simplicidade de seu ensaio de 1874. Mas a solução a que chegou fez exatamente isso. Ele recuperou a simplicidade ao reafirmar a ideia de que a língua-fonte indo-europeia originalmente tinha *apenas uma vogal.* Isso explica algo que pode confundir os leitores de primeira viagem de seu estudo: o fato de um livro sobre *o sistema de vogais* nas línguas indo-europeias deixar claro desde o parágrafo inicial que se concentra em uma única vogal, o *a*.

> Estudar as múltiplas formas em que se manifesta o assim chamado *a* indo-europeu, esse é o objetivo imediato deste pequeno opúsculo: o restante das vogais será considerado apenas na medida em que os fenômenos relacionados ao *a* fornecerem a ocasião. Mas, se, tendo chegado ao fim do campo assim definido, a tabela do vocalismo indo-europeu foi pouco a pouco modificada diante de nossos olhos e se a vimos agrupada inteiramente em torno do *a*, para tomar uma nova atitude em relação a ela, é claro que de fato é o sistema de vogais em sua totalidade que

terá entrado no escopo de nossa observação, e que seu nome deve estar inscrito na primeira página.[19]

No entanto, afirma Saussure em seu breve prefácio, o que os linguistas sempre chamaram de *a* indo-europeu é uma ilusão, "um agregado sem unidade orgânica".[20] Ele mascara uma diversidade de vogais – três, segundo Brugmann, que o dividiu em a_1, a_2 e *ā*. Saussure indica que sua própria intenção é acrescentar mais um:

> Nossa tarefa será a de trazer à luz o fato de que na verdade estamos lidando com quatro termos diferentes, e não três [...]. Esses quatro tipos de *a* que tentaremos descobrir na base do sistema vocálico europeu, nós os perseguiremos mais longe ainda, e chegaremos à conclusão de que já pertenciam à língua-mãe de onde saíram as línguas do Oriente e do Ocidente.

Seu artigo de 1877 também postulou quatro *a* na linguagem primitiva, mas agora é um conjunto diferente de quatro *a* que ele está defendendo. Sua nova notação é superficialmente mais próxima da de Brugmann, pois inclui a_1, a_2 e *ā*. Embora até certo ponto os símbolos cubram o mesmo terreno nas análises dos dois homens, eles não são idênticos. Assim, o quarto *a* que Saussure busca identificar ocorre nos casos em que Brugmann analisou como parte de seu a_1 ou a_2, o que significa que cada um deles, como um conjunto, terá que ser substancialmente reconfigurado.

Há uma disjunção parcial entre o que é anunciado no prefácio e o sistema vocálico estabelecido no *Mémoire*. No prefácio, lê-se que a conclusão a que o trabalho chegará é a existência de um *a* adicional na língua-mãe – qual seja, o *a* na origem do Conjunto 3, na Tabela 6.1 do capítulo anterior. Identificar o Conjunto 3 parece ter sido o objetivo original do *Mémoire* e, de fato, foi uma contribuição extraordinariamente importante. No entanto, à medida que o trabalho se desenvolvia, outros aspectos da análise de Saussure sobre o sistema vocálico protoindo-europeu emergiram; um deles foi a existência de "coeficientes sonoros" não atestados – não mencionados no Prefácio – que passam então a ser mais lembrados que o estabelecimento do *a* adicional.

Ao chegar quase na metade do *Mémoire*, Saussure anuncia que a língua-mãe indo-europeia original tinha uma única vogal. Ele não considerava mais que essa vogal fosse o *a*, como em seu ensaio de 1874, mas mais ou menos o que Brugmann chamava de a_1, ou seja, *e*.

> O fonema a_1 é a vogal radical de todas as raízes. Ele pode formar o elemento vocálico da raiz por si só, ou pode ser seguido por uma segunda sonante que denominamos *coeficiente sonante*.[21]

Essa foi a proposta mais inovadora – ou retrógrada? – feita na linguística histórico-comparada moderna por alguém que obviamente não era um maluco. A primeira metade desse livro desenvolveu-se firmemente em direção a essa proposta. No início do *Mémoire*, Saussure adotou a visão apresentada em 1871 por Amelung de que o ramo europeu, após sua separação do asiático, tinha o *e* como sua única vogal não fechada.[22] Saussure também introduziu o "coeficiente sonante" como um termo de cobertura para as semivogais (*i*, *u*) e as consoantes sonoras (*m*, *n*, *r*) que poderiam seguir esse *e*. Sugeriu ainda que, para as línguas europeias, o enfraquecimento posterior do *e* poderia ter deixado um *i* ou *u* como a vogal raiz. Então, no meio do livro, propõe que essa era a estrutura não apenas do ramo europeu, mas também da língua-mãe original – que todas as raízes indo-europeias, incluindo aquelas com as vogais altas *i* e *u*, tinham o *e* como sua vogal de origem. Tudo desde Bopp, em outras palavras, teve que ser reescrito. Outra descoberta que teria de ser revista era aquela de Curtius, em que postulava que o desenvolvimento do *e* ocorreu após a separação entre os ramos europeu e asiático da família indo-europeia, mas antes de qualquer ruptura dentro do ramo europeu. O *Mémoire* restauraria à língua-mãe pró-étnica muito do que os linguistas haviam promovido após a dissolução da família indo-europeia.

"O fonema a_1 é a vogal radical de todas as raízes", resume o gênio de Saussure sobre a descrição do sistema vocálico indo-europeu. Recupera a simplicidade de uma protolíngua com uma única vogal em todas as suas raízes. A segunda frase – "Esse pode ser o único a formar o vocalismo da raiz ou ainda ser seguido de uma segunda sonante que chamamos de *coeficiente sonante*" – resgata então toda a complexidade, realocando-a para o que *segue* aquela única vogal. Como diz Saussure, pode ser um espaço vazio, ou pode ser um coeficiente sonante, termo que comporta duas conotações. Em primeiro lugar, os leitores não devem pensar na unidade em questão como um som, mas sim como uma *unidade* hipotética que opera em conjunto com a vogal (daí "co-eficiente"). Em segundo lugar, sua única qualidade essencial como som é a de que deve ser uma consoante, como *n* ou *r* – semelhante a uma vogal em sua capacidade de formar o núcleo de uma sílaba, mas também capaz de iniciar ou terminar uma sílaba, como uma consoante.

Seguindo a sugestão do próprio Saussure no *Mémoire*, no restante deste capítulo a_1 será indicado como *e*, e sua gradação a_2 como *o*. Assim, a frase seguinte no relato de Saussure de fato começa "Em certas condições que não são conhecidas, a_1 é substituído por a_2", mas é mais facilmente lida na forma dada abaixo.

> Em certas condições que não são conhecidas, *e* é substituído por *o*; em outras, mais bem conhecidas, é descartado.
> *e* sendo expulso, a raiz permanece sem vogal no caso em que não contiver nenhum coeficiente sonante. Caso contrário, o coeficiente sonante se põe a nu [...] e se torna a vogal da raiz.[23]

Uma raiz da qual o *e* foi retirado é chamada de forma "reduzida". Dizer que as condições para o *e* ser substituído por *o* "não são compreendidas" foi um desafio direto a Brugmann, que sustentou que *e* e *o* estavam em uma gradação forte-fraco desencadeada pela acentuação.[24] Saussure afirmou que sua evidência provou que, qualquer que seja a origem de *o*, uma vez surgido, as duas vogais tornaram-se independentes uma da outra.[25] Além disso, argumentou que não se tem certeza do que determina o lugar do acento[26] – portanto, o relato de Brugmann, mesmo que resistisse aos dados, ainda chegaria a um impasse.

Desde Bopp, as evidências dos conjuntos *ablaut* do grego foram a espinha dorsal da reconstrução vocálica indo-europeia dentro de uma língua e entre línguas, e, naturalmente, Saussure dedicou grande parte de sua análise para classificar esses conjuntos. Ele foi atraído pelo fato de que em pares *ablaut* como *peíthō* : *épithon* e *leípō* : *élipon*, uma vogal *e* na primeira forma caiu na segunda, e um *i* que parece fazer parte de um ditongo na primeira forma tornou-se a única vogal na segunda. Em outros conjuntos, a distinção não era entre um ditongo e uma vogal única, mas entre uma vogal longa e uma vogal curta: por exemplo, *hístāmi* : *statós*.[27] E, em outros ainda, era entre uma vogal curta e vazio: *(s)ékhō* : *éskhon*, em que a vogal *e* que veio entre *s* e *k* na primeira forma caiu na segunda (o *e* no início de *éskhon* é a mesma adição observada no início de *épithon* e *élipon*). Esses conjuntos pareciam exigir três regras separadas:

1. Ditongos perdem sua vogal
2. Vogais longas encurtam
3. Vogais curtas caem

Tabela 7.1 As combinações vocálicas [+ sonantes] do indo-europeu pró-étnico

Raiz plena	e	ei	eu	en	em	er	eᴀ	eọ̯
	o	oi	ou	on	om	or	oᴀ	ooọ̯
Raiz reduzida	–	-i	-u	-ṇ	-ṃ	-ṛ	-ᴀ	-oọ̯

Essas regras descreveriam um único processo morfológico, a formação do aoristo. Esse foi o tipo de quebra-cabeça que levou Saussure a procurar uma explicação unificada que abrangesse todos os casos. A primeira e a terceira regras são, na verdade, as mesmas: os ditongos perdem sua vogal justamente por terem uma vogal curta suprimida. Mas o encurtamento da vogal longa como em *hístāmi* : *statós* parecia de tipo bem diferente.

Ou havia uma maneira de igualar as duas? Para isso, seria necessário derivar o *a* de *statós* de uma semiconsoante. Saussure deixou-se imaginar o inimaginável: uma espécie de equivalente semiconsonantal da vogal *a*, que ele simbolizava como *ᴀ*. Então, *histāmi* derivaria de uma forma antiga *histeᴀmi*, e *statós* de um *steᴀtos*. Se o *e* for reduzido ao seu grau zero, então o *ᴀ* deve funcionar como a vogal da sílaba, assim como aconteceu com a semiconsoante *i* em *épithon* e *élipon*: daí *statós*, com *a* curto. Se o *e* não for reduzido, então podemos supor que o desaparecimento do *ᴀ* do sistema deixou um traço, de modo que *eᴀ* se tornou um longo *ā*: daí *hístāmi*.

Levando em conta a mudança subsequente de alguns *e* em *o*, Saussure fornece uma tabela (Tabela 7.1) que mostra todas as combinações possíveis de vogal com coeficiente sonante nas raízes indo-europeias primitivas.[28]

Uma das muitas coisas notáveis sobre esse sistema é que, ao contrário do tratamento de Brugmann em 1876 ou do de Saussure de 1877, ele explica até mesmo a origem das vogais altas *i* e *u* do protoindo-europeu. Em vez de assumir que são primitivas, esse sistema as rastreia até raízes nas quais a vogal era originalmente *e* ou *o*, com *i* ou *u* como o coeficiente sonoro subsequente, sendo então reduzidos, de modo que o *e* ou o *o* foi perdido, e o que tinha sido um coeficiente sonoro tornou-se a vogal da raiz.

Saussure preocupa-se em não deixar que seus leitores atribuam demasiada importância à qualidade de som dos coeficientes sonoros. A razão é que, embora a maioria deles corresponda a sons reais familiares das línguas indo-europeias atestadas, dois deles não têm reflexo atestado. Indicados como *ᴀ* e *ọ̯*, sua existência pré-histórica é simplesmente deduzida por Saussure do suposto efeito que tiveram sobre a vogal precedente, formando com ela, por "contração", uma vogal longa. Por isso,

eA se contrai em *ē* ou *ā*
eọ̬, *oA* e *oọ̬* se contraem em *ō*.[29]

Propor a existência de elementos na protolíngua que não pudessem ser encontrados em nenhuma das línguas filhas não era usual. Essa porta havia sido aberta por Ascoli e Brugmann com suas notações subscritas, mas essas ainda indicavam as formas parentais das unidades sonoras que podiam ser encontradas em todas as línguas filhas. Tendo aberto um pouco mais a porta com *A* e A_2, em seu artigo de 1877, Saussure agora a tira de suas dobradiças. Ao fazê-lo, estabeleceu o que se tornaria conhecido no século XX como o método de "reconstrução interna".[30] Mais uma vez, Saussure estava descartando uma doutrina básica que remontava a Bopp, negando que as vogais longas fizessem parte da protolíngua primitiva e sustentando, em vez disso, que todas eram derivadas da contração de uma vogal curta com outra vogal curta ou um coeficiente sonante.

A Tabela 7.1 mostra todo o inventário do sistema vocálico indo-europeu conforme Saussure o reconstruiu, com exceção de um item. Voltando à Tabela 6.1 no capítulo anterior, o Conjunto 1 é composto das vogais derivadas do *e* protoindo-europeu, o Conjunto 2 das derivadas de *o*, e o Conjunto 4 daquelas derivadas de um coeficiente sonoro que passou a funcionar como uma vogal após a redução de um *e* ao seu grau zero. Mas isso deixou de lado o Conjunto 3 – aquele conjunto relativamente pequeno, que, no entanto, incluía alguns itens de alta frequência, em particular as palavras indo-europeias para "pai" – sânscrito *pitṛ versus* grego *patēr* e latim *pater*. O caso desse conjunto era peculiar, primeiro porque inverteu a regra usual que dava às línguas asiáticas um *a* onde as línguas europeias tinham outra vogal, e segundo porque envolvia exclusivamente uma vogal fechada e uma vogal aberta, sem a intervenção de uma vogal média.

No sistema de Saussure, o sânscrito *pitṛ* pode presumivelmente ter vindo de uma raiz *peit-*, que se reduz a *pit-*. Dessa forma, então, o grego e o latim também deveriam ter *pit-* como raiz. Em vez disso, o acordo das línguas europeias sobre o *a* defendia fortemente aqui algum tipo de *a* como origem desse conjunto. Preocupado em explicar casos como *pitṛ* usando recursos já incluídos em seu sistema, Saussure notou que havia postulado um tipo especial de *a* que não era derivado de *e* e, portanto, poderia naturalmente ter passado por um caminho evolutivo diferente. O som em questão era o coeficiente sonoro *A*. Por ser de natureza semivocálica, mas, como os outros coeficientes sonantes, original do sistema e não derivado de *e*, seria lógico esperar que, tal como *e*, tivesse uma forma reduzida. Saussure levantou a hipótese de que o *A* realmente tinha uma forma reduzida que ocorria apenas em sílabas átonas e que, ao contrário da forma reduzida de *e*, não era um grau "zero", mas um som enfraquecido que ele simbolizava como ^{A}. Esse ^{A} não era um coeficiente sonoro, mas uma vogal, o quarto *a* anunciado no Prefácio, junto com a_1, a_2 e *ā*. "Somos assim levados a concluir pela diversidade, se não totalmente original, pelo menos pró-étnica, do fonema *A* e da vogal que deu origem ao indo-iraniano ĭ. [...] Designaremos a vogal indeterminada por um ^{A} colocado acima da linha."[31]

Seu efeito sobre uma vogal precedente era totalmente diferente daquele do coeficiente sonante *A*. Enquanto *e* + *A* contrai-se em *ē* ou *ā*, *e* + ^{A} resulta em *i* no ramo asiático. No ramo europeu, o ^{A} às vezes desaparecia, às vezes se confundia com *A* ou *o̬*, e às vezes sobrevivia de diversas formas, dependendo da língua e da ocorrência na primeira ou na segunda sílaba de uma palavra. Em latim, e^{A} normalmente dava *a* quando na primeira sílaba de uma palavra, e *e* quando na segunda. Assim, a raiz de "pai" teria a forma *pe*^{A}-, dando o indo-iraniano *pi-* e o latim *pa-* (esse último também sendo a forma grega nesse caso, embora, em geral, os resultados gregos de ^{A} fossem menos previsíveis do que os do latim).

Saussure notou que, para uma consistência perfeita em seu sistema, *o̬* também deveria ter uma forma reduzida. No entanto, a necessidade de simplicidade exigia que nenhum elemento fosse hipotetizado sem que o caminho fosse provado sistematicamente por formas que, de outra maneira, exigiriam uma contabilidade *ad hoc*. O autor sugeriu, portanto, que ^{A} fosse a forma reduzida de *A* e *o̬*. Excepcionalmente, dada sua tendência a evitar especificações fonéticas, acrescentou: "Acreditamos que essa vogal fosse uma espécie de *e* mudo, decorrente de uma alteração dos fonemas *A* e *o̬*".

O *e* mudo é o som francês, simbolizado foneticamente como /œ/, que ocorre, por exemplo, no *de* de "Ferdinand *de* Saussure".[32] A descrição da origem do ^{A} é vista como uma *dégénérescence*, uma degeneração. Surpreende o termo empregado, termo que os linguistas abandonaram desde Schleicher, e que o próprio Saussure evita. "[E]ssa vogal indeterminada foi uma degeneração das vogais *A* e *o̬* – acrescentamos por hipótese: *somente* dessas vogais – e não, como se poderia pensar, de um fonema distinto de todos os outros [...]."

Em suma, em algum lugar de uma pré-história tão irrecuperável que sequer desperta interesse científico, existia um conjunto de sílabas todas com uma única vogal, talvez originalmente *a*, conforme mantido pela tradição. Seguindo os rastros de seu professor Edzardi, Saussure introduziu uma periodização secreta da língua-mãe indo-europeia pré-histórica. A palavra "primitivo" no título de seu estudo carregava uma bagagem ideológica: como diria Antoine Meillet mais tarde, "implicava que a gramática comparada permitia o acesso a um período 'orgânico' em que a língua estava sendo constituída ou sua forma estabelecida".[33] Remetia também aos "árias primitivos", o segundo título das *Origens indo-europeias*, de Pictet, livro que primeiro despertou o interesse de Saussure pela linguística. O *Mémoire* rastreia a vogal única da língua-mãe desde seu primeiro estágio "primitivo" até o último estágio "pró-étnico" antes que seus falantes deixassem de formar uma comunidade unificada:

I-E primitivo				I-E pró-étnico
a	→	e	→	e / o

O estágio pró-étnico deve ser ainda dividido em um período inicial em que o *o* "colorido" não sinalizava qualquer diferença de sentido ou função, e um período posterior em que o fazia.

Assim, as sílabas primitivas *pa*, *ta*, *ka* que Saussure imaginara em seu ensaio de 1874 não haviam sido abandonadas, apenas tacitamente relegadas à fase mais primitiva. No período pró-étnico, *pa* corresponderia a duas colorações, ou graus, *pe* e *po*, normalmente seguidas por um dos sete coeficientes sonantes. Esse fenômeno ocorreu em uma fase bem anterior à separação da família indo-europeia. Em uma fase posterior, mas ainda pró-étnica, a vogal *e* ou *o* poderia cair de qualquer uma dessas sílabas, mais uma vez, sem afetar inicialmente seu sentido, e com frequência transformando um coeficiente sonante posterior em uma vogal. Além disso, em algum momento os *A* e *o̬* sonantes transformados em vogais deram origem à vogal "degenerada" ^{A}.

Antes do final do período pró-étnico, uma mudança fonética ocasionou a perda dos coeficientes sonoros *A* e *o̬*. No entanto, eles deixavam um rastro quando acompanhavam uma vogal ou uma sonante: os dois sons se contraíram para formar uma vogal longa ou sonante. Quando, por outro lado, um coeficiente sonante *A* ou *o̬* precedia uma vogal, esse era simplesmente elidido. Assim, como vogais, *A* e *o̬* não tinham uma variante longa. De fato, pode-se afirmar que, como vogais, nunca ocorreram em uma sílaba tônica.

Quando algumas dessas variantes começaram a ser utilizadas para sinalizar modificações secundárias no sentido da raiz de uma sílaba – tempo verbal, singular ou plural de substantivos e assim por diante – teve início o *ablaut*. Não é o caso no cenário de Saussure, em que a necessidade funcional veio antes e motivou as mudanças sonoras. As variantes vocálicas desenvolveram-se primeiro, através puramente dos processos fonológicos que os linguistas expressam como leis fonéticas, e só mais tarde assumiram a função de *ablaut*. Isso foi uma reversão da doutrina que havia se desenvolvido nas décadas anteriores, retomando as afirmações dos gramáticos sânscritos, segundo os quais as necessidades semântico-funcionais motivavam o sistema de gradação vocálica.

O repertório de sílabas no sistema de Saussure é maior do que o número encontrado em qualquer uma das línguas indo-europeias atestadas. Essa é uma das complexidades relocalizadas que permitem a Saussure explicar a distribuição das vogais nas línguas filhas de maneira relativamente simples. É assim que são explicados os muitos casos em que o grego tem um *a*, enquanto as outras línguas europeias têm uma vogal diferente, postulando que aí a protolíngua tinha o coeficiente sonante *ṇ*. Precisamos ter uma protovogal da qual derivar os *a* gregos que ocorrem em palavras em que as outras línguas indo-europeias também têm *a*, e outra protovogal (ou coeficiente sonante) da qual derivar os *a* gregos que ocorrem em palavras em que as outras línguas indo-europeias têm algo mais. Seguindo a mesma lógica para todos os casos aparentemente excepcionais ou anômalos em todas as línguas-filhas, somos levados a expandir da mesma forma o repertório da língua-mãe. Supostamente, se a língua-mãe tivesse um repertório menor, as línguas-filhas mostrariam menos diversidade, já que haveria menos opções para herdar.

Fonemas

Além do "coeficiente sonante", outro novo termo adotado por Saussure não era de sua autoria, mas o uso preciso que dele fez era, e foi principalmente por influência do *Mémoire* que esse passou a fazer parte do léxico linguístico moderno. A palavra "*phonème*" [fonema] foi introduzida por Antoni Dufriche-Desgenettes em um artigo para a Société de Linguistique de Paris em 1873.[34] Havet tornou-se o primeiro a usar a palavra em texto, inicialmente em um breve relato do artigo de Dufriche na *Revue critique*,[35] depois em um artigo de sua autoria em 1874.[36] Dufriche e Havet usaram "fonema" para indicar uma unidade de som que ocorre regularmente em uma língua – o equivalente fonético de "letra".

Para Saussure, no entanto, o termo assumiu um valor diferente. Ele o usa quase desde o início do *Mémoire*, sempre que o *A* é evocado. Tal uso lhe permite adiar qualquer discussão sobre o que exatamente é o *A* até que esteja pronto para introduzir a noção de coeficiente sonante. O leitor, portanto, naturalmente assume que *A* é uma vogal, uma versão de *a*, como o *A* do artigo de Saussure de 1877. *Son* [som] poderia ter sido escolhido como um termo neutro para cobrir *A*, mas o autor optou por uma definição mais precisa: um "coeficiente" não corresponde a nenhum som indo-europeu conhecido, tendo como função essencial *coefetuar* a evolução do sistema vocálico do *e* original. "Fonema" era o termo ideal porque, além de aparentemente ter algo a ver com som, ninguém tinha certeza do que significava. Dufriche-Desgenettes não forneceu uma definição, nem Saussure.

No *Mémoire*, o fonema não é concebido como um som como tal, mas como uma unidade dentro de um sistema. Os fonemas encontrarão sua substância material no som, mas essa não é sua essência. O essencial é como eles funcionam em relação às outras unidades do mesmo sistema. Seja qual for o seu som exato, é acidental, contingente. Novamente, essa é uma maneira de recuperar a simplicidade.

Foi do *Mémoire* que o termo "fonema" foi retirado pelo linguista polonês Jan Baudouin de Courtenay, professor da Universidade Imperial Russa de Kazan. Como seu nome sugere, Baudouin de Courtenay era descendente de aristocratas franceses que se mudaram para a Polônia no início do século XVIII. Com uma origem aristocrata em comum, o professor polonês e Saussure se conheceriam pessoalmente em Paris, em 1881. Junto com seu aluno Mikołai Kruszewski, que desde 1875 vinha trabalhando com ele na análise de alternâncias fonéticas, Baudouin de Courtenay deu ao conceito de fonema sua forma moderna, como a menor unidade de som capaz de ser usada para distinguir unidades de sentido em uma língua. Embora apenas descrito como uma "unidade de som", novamente o que é essencial para o fonema não é o som, mas como ele funciona. É, antes de mais nada, uma unidade psicológica e funcional, relacionada com o que os falantes reconhecem como significativamente diferente. Embora o fonema não esteja definido no *Mémoire*, é efetivamente assim que funciona na análise de Saussure, e deu a Baudouin de Courtenay e Kruszewski um salto conceitual crucial. Por sua vez, seu trabalho mais tarde ajudaria Saussure a refinar sua própria compreensão da fonologia.

O impacto de Saussure na linguística do século XX incluiria a simplificação trazida por essa reorientação do som como tal para os sistemas e as unidades que os compõem. Essa seria a base para o movimento conhecido como estruturalismo. O *Mémoire* de Saussure é um momento fundamental na história desse movimento – embora não tenha sido uma invenção *ex nihilo*, pois se constituiu a partir de tendências já discutidas na época e as levou um passo adiante. A simplicidade reivindicada pelo fonema não foi recompensada pela complexidade introduzida em qualquer outro lugar do sistema linguístico. Em vez disso, o detalhe fonético foi deixado de lado, ou pelo menos relegado a um *status* secundário. A realidade da linguagem, insistia Saussure, não está no som, nem nos movimentos musculares necessários para criar o som, nem na acústica vibratória de sua transmissão e percepção – mas na forma, entendida como padrões mentais, em última análise, traços cerebrais, socialmente compartilhados, que possibilitam a produção e o reconhecimento de uma substância como linguagem significativa. Isso se tornaria a base da linguística no século XX. No entanto, seu desenvolvimento ao longo daquele século seria em grande parte sobre a tensão criada ao relegar uma substância que teimosamente se recusava a desaparecer.

As raízes dissilábicas

Outra inovação introduzida no *Mémoire* provou ser amplamente influente. Uma das suposições inquestionáveis na linguística "evolutiva" do século XIX era que as primeiras formas de indo-europeu consistiam em palavras de uma sílaba – uma estrutura lógica extremamente simples ainda visível em muitas das línguas do mundo, incluindo o chinês. O ensaio de Saussure para Pictet baseia-se na hipótese das raízes monossilábicas, que permanece incontestada mesmo nas primeiras partes do *Mémoire*. A outra hipótese – de que a língua-mãe tinha uma estrutura de raiz mais complexa, que depois se simplificou – sugeria o tipo de "decadência" que Schleicher havia banido para a lata de lixo das concepções pré-modernas.

No entanto, essa alternativa se impôs a Saussure enquanto lutava com um problema específico. Os infixos são uma adição a uma raiz e funcionam como um prefixo ou um sufixo, indicando alguma nuance, como o caso de um substantivo ou o tempo de um verbo, mas ocorrem dentro da raiz e não antes ou depois dela. Em latim, vários verbos têm um infixo *-n-* no tempo presente que não aparece em outras formas de tempo ou em palavras relacionadas: *vinco* [eu conquisto], em oposição a *vici* [eu conquistei]; *scindo* [eu corto] *versus scidi* [eu cortei]; *jungo* [eu me junto], em comparação com os substantivos relacionados *jugum* [jugo] e *conjugem* [cônjuge]. As raízes de origem são *vik, skid, iug* e, em cada caso, o *-n-* parece ter sido infixado antes do som final da raiz.

Também em sânscrito, o infixo *-n-* é comum. Nessa língua, a raiz *iug*, a fonte do latim *jungo/jugum*, aparece como *yuj*, e o *-n-* ocorre em formas de tempo presente, como *yunjmas* [nós nos juntamos] e *yunjanti* [eles se juntam]. Em algumas outras formas, no entanto, encontramos uma manifestação diferente do infixo: *-na-*, como em *yunajmi* [eu me junto], *ayunajam* [eu estava me juntando], e *yunakti* [ele se junta] (em que o *j* da raiz mudou para *k* por razões fonológicas). O *a* não pode ter surgido do nada; as desinências de tempo presente *-mi* [eu] e *-mas* [nós] são fonologicamente semelhantes e não podem explicar as diferentes formas do infixo. A forma com a vogal parece ter se tornado uma marca do singular ("eu", "ele"), enquanto a forma sem a vogal marca o plural ("nós", "eles"). Pelo relato de Saussure, que sustenta que todas as vogais começavam como *e*, a forma original teria sido *-ne-*. Na maioria dos casos, esse *e* se reduziu ao grau zero, incluindo *todas* as instâncias do infixo em latim. Mas em formas sânscritas como *yunajmi* ele foi mantido, passando pela habitual mudança asiática de *e* para *a*.

Até agora tudo bem. Mas tanto o grego quanto o sânscrito pareciam conter outro grupo de raízes que usavam *n(e)* de maneira semelhante quanto à sua função, porém, não como um infixo, mas como sufixo à raiz. A forma *ne* completa se liga ao final da raiz grega *per* em *pernēmi* (contraída de um *perneami* precedente) [eu vendo], enquanto a forma reduzida *n* é vista no plural *pernamen* [nós vendemos]. Esse funcionamento é homólogo à distinção singular-plural sânscrita *yunajmi* [eu me junto] / *yunjmas* [nós nos juntamos], exceto que o que é um sufixo no caso grego é um infixo no caso sânscrito. No entanto, a história das línguas indo-europeias não mostra outras instâncias do mesmo elemento aparecendo ora dentro e ora no final das palavras. Seria uma enorme irregularidade, inexplicável por analogia.

A ideia de Saussure foi a seguinte: suponha que a raiz do verbo grego para "vender" não fosse o monossílabo *per*, mas *per*^{A}, em duas sílabas. Então o *n(e)* poderia ser analisado como um infixo perfeitamente regular, inserido entre o *r* e o ^{A}, ou seja, antes do som final da raiz, assim como em todos os outros casos examinados acima. O grego *pernamen* [nós vendemos] seria então, não *per-* + *n* + *-amen*, mas *per*^{A} - → *per-n-*^{A} - + *-men*; e *pernēmi* seria, não *per-* + *ne* + *-ami*, mas *per*^{A} - → *per-ne-*^{A} - + *mi*. "De repente", Havet comentaria em sua crítica, "a regularidade mais perfeita foi estabelecida".

Raízes dissilábicas como *per*^{A} esclareceram um grande número de outras anomalias. Por exemplo, anteriormente era impossível explicar por que em grego o futuro correspondente à suposta raiz *per* era *perasō*, em vez de **persō*, visto que o futuro da raiz *leip* era *leipsō*. Se, no entanto, a raiz fosse realmente *per*^{A}, um problema deixaria de existir: sua forma futura seria completamente regular. Também com os verbos sânscritos, muitas complicações desapareceram com a colocação da raiz dissilábica. De forma mais radical, duas das classes de verbos estabelecidas pelos gramáticos hindus poderiam agora ser reduzidas a uma.

Como todas as raízes dissilábicas tinham ^{A} na segunda sílaba, a existência de tais raízes decorre dessa vogal.[37] "As regras", comentou Havet sobre o resultado da hipótese de Saussure, "diminuem em número e aumentam em generalidade". Ele interrompe sua crítica nesse ponto para impressionar seus leitores com a profundidade do que pode ter parecido trivial e óbvio.

> Peço ao leitor que pare um instante e reflita sobre as circunstâncias singulares que aqui se apresentam. Nunca nenhum linguista conseguiu ver a raiz *per*^{A} no futuro *perasō*, onde ela salta aos olhos. O Sr. De Saussure, com uma sagacidade extraordinária, descobre-o em *pernēmi*, onde o ^{A} foi obscurecido por uma contração e onde a raiz é quebrada pelo infixo. Ele então olha em volta simplesmente para ver se pode haver alguma confirmação de sua hipótese sutil e erudita, e encontra pela primeira vez formas explicadas cuja análise é de uma simplicidade infantil. [...] O Sr. De Saussure faz descobertas do tipo que os linguistas de segunda categoria não fazem; e essa é uma das mais originais que já foram feitas.

Essa foi também uma descoberta duradoura. A maioria dos indo-europeístas ainda trabalha com base no fato de que a protolíngua continha raízes de uma, duas e, ocasionalmente, três sílabas. Alguns estão determinados a quebrar as raízes dissilábicas e trissilábicas em unidades monossilábicas, mas sem negar que essas unidades se fundiram durante o período pró-étnico do indo-europeu.

Mais uma vez, porém, Saussure não sinaliza a hipótese das raízes dissilábicas como uma descoberta, mas simplesmente observa que "um grande número de raízes e sufixos [...] são dissilábicos"[38] – como se essa fosse uma noção já sedimentada. Em geral, Saussure raramente sinaliza suas inovações e, mesmo quando o faz, como com a hipótese de que *e* foi a vogal original de todas as raízes indo-europeias, está no meio de um capítulo repleto de dados detalhados. Um autor mais "atencioso com os leitores" poderia ter administrado as informações de uma forma que os ajudasse a ver como os múltiplos fios são entrelaçados – e que ajudasse a si mesmo plantando bandeiras mais claras em suas inovações cruciais.

As leis e o dogma

Em cerca de dois terços do *Mémoire*, Saussure compromete-se a formular "leis". Depois de observar que "[n]ão se encontram raízes terminando em vogal e cuja vogal consiste apenas em *e*, como *ste* ou *pe*", ele propõe o que chamará de "a lei fundamental das raízes" no protoindo-europeu: "Chamemos de Z qualquer fonema diferente de *e* e *o*. Essa lei pode ser postulada: toda raiz contém o grupo *e* + Z".[39]

Sua fórmula *e* + Z define o que chamará mais adiante de "célula" de cada raiz e sufixo:

> Se o termo *sílaba* não fosse aqui mais ou menos consagrado pelo uso, preferiríamos muito mais o de *célula* ou de *unidade morfológica*, pois um grande número de raízes e de sufixos [...] são dissilábicos. Definamos bem, portanto, o que entendemos por "sílaba" ou célula: *grupo de fonemas tendo, no estado não enfraquecido, o mesmo* e *como seu centro natural.*

Ao equiparar a célula à "unidade morfológica", Saussure deixa claro que sua existência não pode ser abstraída de sua função. Propõe, de fato, que as células se desenvolvem de maneira diferente como raízes e como sufixos: "As variações pró-étnicas do vocalismo, em suma, são compostas por: (1) casos em que o *e* da raiz é expulso ou transformado [em *o*]; (2) casos em que o *e* do sufixo é expulso ou transformado [em *o*]". Há na introdução alguma precisão adicional. Qualquer raiz que não seja seguida por um sufixo, na verdade, se comporta como um sufixo, enquadrando-se, então, no tipo (2). Portanto, os dois tipos realmente devem ser chamados:

1. pré-sufixal (raízes seguidas por um sufixo)
2. pré-desinencial (sufixos, e raízes não seguidas por um sufixo)

"Pré-desinencial" significa preceder à desinência que indica pessoa e número de um verbo, ou o caso e o número de um substantivo. Assim, por exemplo, o verbo latino *sum* [eu sou] consiste em uma célula pré-desinencial *su-* (raiz sem sufixo), sendo o *-m* a desinência da primeira pessoa do singular. A forma imperfeita *eram* [eu era] inclui a célula pré-sufixal *e-* e a célula pré-desinencial *-ra-*, novamente com *-m* como desinência.

O outro conjunto de leis que Saussure enuncia tem a ver com a forma como a mudança de acento afeta a qualidade da vogal, um assunto abordado na época por Brugmann e Osthoff, como observa o *Mémoire*. Essas leis dizem respeito apenas às células pré-desinenciais e aplicam-se igualmente aos substantivos e aos verbos. Comentaristas posteriores do *Mémoire* e de seu impacto não escolheram essa parte da análise como tendo sido de particular importância, e a distinção entre morfemas pré-sufixais e pré-desinenciais não perdurou. De fato, nem as leis articuladas na obra foram consagradas como tal. Com o tempo, haveria uma Lei de Saussure que ainda é reconhecida como válida, mas, como veremos quando for discutida em um capítulo posterior, não é nenhuma das apresentadas no *Mémoire*.

O reconhecimento de uma lei fonética com o nome de alguém ligado a ela era nesse período a conquista máxima de um linguista e sua garantia de imortalidade. O peso quase místico que carregava se reflete no fato de que nenhum linguista é lembrado por mais de uma lei sólida – é uma espécie de racionamento comunitário de gênio. O jovem Saussure acreditava ter descoberto quatro delas e, novamente, isso só poderia ter parecido arrogante para seus colegas mais velhos em Leipzig. Eles o trouxeram de volta à terra simplesmente ignorando completamente suas supostas leis.

À medida que o final da obra se aproxima, Saussure sinaliza que "o grupo sonante + ^{A}" tem sido o "objeto especial" do estudo, e que duas "regras" – não leis – decorrem dele:

> 1. O grupo sonante + ^{A}, precedido por uma vogal, rejeita ^{A} se for seguido por uma segunda vogal e permanece o mesmo antes de consoantes.
> 2. O grupo sonante + ^{A}, precedido de consoante ou colocado no início de palavra, transforma-se em *sonante longa*, seja qual for o fonema que se segue.[40]

Saussure acrescenta mais um comentário que novamente enfatiza o que tem sido seu principal avanço na pesquisa.

> Aqui, mais do que em qualquer outro lugar, é indispensável não perder de vista o princípio que nos esforçamos para ilustrar nos capítulos anteriores. Com exceção de alguns casos especiais, na verdade duvidosos, todo enfraquecimento pró-étnico, toda degradação, toda alternância de formas fortes e fracas consiste invariavelmente, qualquer que seja a aparência que assuma, na expulsão de *e*. É esse princípio que nos obriga a tomar como *unidade morfológica* não a sílaba, mas o grupo ou célula dependente do mesmo *e* (p. 174). Quando o acento se desloca, o tom não se move de uma sílaba para outra, mas de uma célula para outra, mais exata-

mente de um *e* para outro. O *e* é o procurador e o moderador de toda a circunscrição da qual forma o centro.

As referências aqui a degradações e enfraquecimentos nos lembram que o *Mémoire* não simplesmente acrescentou leis e regras ao repertório da linguística histórico-comparada indo-europeia. Ele ceifou as supostas leis que nunca haviam sido questionadas anteriormente, incluindo explicações herdadas dos gramáticos sânscritos sobre *guṇa* e *vṛddhi*, as regras semânticas e funcionais que supostamente regiam o desenvolvimento de formas fortes e fracas. Um dos efeitos mais abrangentes do *Mémoire* foi mostrar que *guṇa* e *vṛddhi* não eram nem mesmo adequados para explicar os fatos fonológicos do sânscrito, muito menos de qualquer língua aparentada, e não apenas poderiam, como *deveriam*, ser abandonados. O *Mémoire* nem sempre foi reconhecido como a fonte desse desenvolvimento, mas, quando o foi, mesmo os linguistas que não aceitaram os pontos principais da análise de Saussure mostraram-se gratos a ele pelo que experimentaram como uma libertação do dogma.

A recepção do livro

O *Mémoire* abre com uma "Revisão de diferentes opiniões apresentadas sobre o sistema de *a*", traçando brevemente a história de Bopp, passando por Curtius e Fick, até Schleicher. Saussure adverte seus leitores: "Nenhum assunto é mais controverso; as opiniões estão divididas quase ao infinito, e os vários autores raramente deram uma aplicação perfeitamente rigorosa de suas ideias".[41]

Em sua primeira página, o *Mémoire* deixou boquiabertos seus leitores em Leipzig. Um dos "vários autores" cujo rigor estava sendo questionado era o decano de linguística comparada da universidade. Mesmo Brugmann e Osthoff nunca teriam sonhado em afrontar o grande Curtius dessa maneira, mas aqui estava ele sendo abertamente criticado, junto com seus mais ilustres predecessores, por um estudante que, por mais talentoso e encantador que fosse, ainda era um jovem estrangeiro com apenas um diploma do Gymnase. O reverso de seu encantamento era uma indiferença aristocrática intensificada pelo desdém que ele e seu círculo de aristocratas genebrinos mantinham por um ambiente que consideravam bastante miserável, e por sua desconfiança quanto a qualquer um que pudesse roubar suas ideias.

Se alguns pensavam que o *Mémoire*, quaisquer que fossem suas impertinências e imperfeições, era uma obra de gênio, isso era mais uma razão para que os colegas mais velhos de Saussure em Leipzig não o abraçassem nem o rejeitassem abertamente. Em vez disso, como leões cujo orgulho foi ferido por um jovem macho, lançam um olhar frio e cauteloso sobre ele, sabendo que um rival ou inimigo em potencial se mantém por perto.

Totalmente diferente foi a reação dos linguistas franceses, liderados, como vimos, por Havet. Em 8 de fevereiro, Louis Havet escreveu a Henri de Saussure que havia terminado seu artigo sobre o *Mémoire* e o enviara a Jacques Adert, diretor do *Journal de Genève*.[42] A carta expressa a admiração e o encantamento de Havet pelo trabalho, ao mesmo tempo em que opina que, embora nunca fosse possível popularizar suas descobertas, elas se espalhariam ao serem incorporadas ao trabalho futuro de Saussure. O artigo de Havet, publicado em 25 de fevereiro, termina com a frase "Ferdinand de Saussure tem 21 anos". É um final eficaz, pois, mesmo que a maioria dos leitores do *Journal de Genève* possa ter conhecido Saussure ou relembrado seus brilhantes prêmios de cinco anos antes, ele sintetiza a promessa que o aguardava.

No dia seguinte à publicação do artigo, Henri escreveu para agradecer Havet, acrescentando: "li e reli seu artigo [...] e foi apenas lendo-o que aprendi tudo o que a obra de meu filho contém de novo e interessante".[43] Henri pede desculpas implicitamente pelo estilo do *Mémoire*, que Havet descreveu como forçando o leitor "a suar água e sangue", explicando: "Esse livro poderia ter se tornado volumoso se meu filho não tivesse imposto a si mesmo uma concisão totalmente algébrica. Os custos de impressão são tão altos que ele desistiu de desenvolvimentos que tornariam a leitura menos laboriosa".

Henri em sua carta trata o filho como "nosso menino, a quem enviarei a Paris assim que obtiver seu doutorado". Foi o que aconteceu, embora não esteja claro se Henri pensou que Ferdinand receberia o doutorado pelo *Mémoire* ou se teria que escrever uma tese separada.

Ferdinand, agora em Berlim, teve de esperar alguns dias para receber seu exemplar do *Journal de Genève*. Ele escreveu a Havet em 28 de fevereiro agradecendo-lhe e levantando alguns pontos para discussão.[44] A carta de resposta de Havet foi longa e efusiva.[45] Ele inicia a carta com: "Caro senhor, ou melhor, caro mestre, pois é a seu livro que devo metade do que sei sobre fonética". Depois de desenvolver extensamente uma série de pontos técnicos, Havet encerra com o tipo de elogio que talvez nenhum jovem devesse ouvir, para que isso não o levasse a atender às expectativas as quais qualquer um estaria fadado a não atingir.

> Você me agradece pelo tempo que passei escrevendo sobre seu livro. Devo lhe dizer francamente que, de início, eu esperava gastar menos. O Sr. Adert me disse: escreva uma ou duas colunas. De minha parte, disse a mim mesmo: aqui está uma coleção de minúcias fonéticas que não podem interessar ao público em geral: farei uma breve recomendação do livro, com alguns lugares-comuns como um tempero para uso dos assinantes. – Então eu o li, e vejo que estou lidando com uma obra de primeira ordem, que teria sido totalmente deslocado abordá-la levianamente. [...] Em alguns anos, quando você for reconhecido como um dos três ou quatro estudiosos que existem na Europa, ainda terei o prazer de saber que fui seu primeiro apóstolo.

E, de fato, Havet se tornou o primeiro a espalhar o evangelho segundo Ferdinand para a cena universitária de Paris, onde a análise apresentada no *Mémoire* se manteria de grande relevância até o século XX.

Para os professores de Saussure na Alemanha, no entanto, o que os impressionava no *Mémoire* não era sua ousada originalidade, mas sua falta de originalidade, no sentido de que encontravam em suas páginas o que consideravam ser suas próprias ideias, percepções e hipóteses, com atribuição insuficiente de suas fontes. Na maioria dos casos, nenhum crédito foi dado. As "Adições e correções" anexadas ao livro contêm duas referências à primeira edição do *Morphologische Untersuchungen*, cada uma das quais enfatiza que a obra havia aparecido "durante a impressão do presente *Mémoire*".[46] Na primeira delas, Saussure escreve:

> O Sr. Osthoff nos parece reconhecer a existência da vogal que chamamos de *A*, para a qual, além disso, ele adota a mesma designação que nós. A ideia que o Sr. Osthoff tem sobre o papel morfológico dessa vogal, bem como sua relação com o ā longo, não é outra senão aquela contra a qual cremos dever alertar o leitor para se precaver, p. 127 ss.

Na segunda, Saussure contrasta a explicação de Brugmann sobre o *au* do *dadhaú* sânscrito com a sua própria, acrescentando que "Na p. 226, o Sr. Osthoff [...] apresenta observações sobre o tipo *dadhaú* que concordam parcialmente com as nossas". Mas é obviamente a primeira dessas referências que mais importa, já que diz respeito à vogal *A*, que está no cerne do *Mémoire*. Saussure, então, fracassa em seu objetivo de "chegar primeiro". Osthoff venceu a corrida para imprimir seu relato em cerca de cinco ou seis meses. De início, dada a inovação compartilhada de uma vogal designada como *A*, é fácil ver como aqueles que conheciam o artigo de Osthoff – e dado o prestígio que cercou o surgimento do *Morphologische Untersuchungen* – perceberam o livro de Saussure, atrasado em seis meses, como uma reformulação do que Osthoff havia proposto.

Entretanto, em muitos outros pontos, aqueles que ensinaram Saussure em Leipzig sentiram que suas ideias haviam sido apropriadas. Esse é um assunto altamente controverso, e é difícil julgar a validade de suas queixas. Os estudiosos apresentam ideias na esperança de que eventualmente sejam aceitas como conhecimento comum. O ponto em que isso acontece é tão nebuloso quanto o ponto em que a inovação linguística de um indivíduo se torna parte da "língua". Enquanto isso, os estudiosos experimentam a aceitação sem reconhecimento como violação de sua propriedade intelectual.

Pelo fato de o *Mémoire* ter crescido descontroladamente enquanto era escrito, Saussure teve que cortar tudo o que não impactasse diretamente em seu argumento. Poucos exemplos linguísticos têm suas fontes citadas e, embora ele tenha feito um enorme trabalho coletando exemplos originais de dicionários e outros textos, também retirou muitos da literatura linguística. A propriedade que um autor pode reivindicar sobre um exemplo particularmente revelador que encontrou em um texto anterior e usou em sua obra é, novamente, nebulosa.

De certa forma, é de lamentar que ninguém em Leipzig tenha aberto um processo legal contra Saussure, porque isso lhe daria um fórum público para se defender. Em vez disso, submeteram-no a uma campanha de sussurros, condenando-o efetivamente por plágio sem julgamento. Era uma ironia cruel, já que o que o impelia a trabalhar com tanto fervor era o medo de não ter o crédito por suas próprias descobertas. No geral, Saussure conseguiu seu objetivo; o *Mémoire* foi amplamente reconhecido fora de Leipzig como uma obra de imensa originalidade. As acusações de plágio não se espalharam além do círculo de seus atuais e antigos professores na universidade – mas esse ainda era um círculo amplo e incluía a maioria dos proeminentes linguistas da época.

Embora intelectualmente mais maduro, Saussure em seu íntimo não mudou muito em relação ao jovem poeta sensível de quatro anos antes. Ficou profundamente ferido e permanentemente marcado pelos rumores que chegaram aos seus ouvidos. Em uma versão dos "Souvenirs" 25 anos depois, ele escreve:

> É ~~portanto extremamente~~ por consequência natural, ~~mesmo inevitável~~ para toda pessoa que vê que um escrito sobre as vogais indo-europeias foi publicado em Leipzig em 1878 (dez.), e que seu autor era um estudante de Leipzig matriculado naquela universidade desde outubro de 1876, supor que este livro, qualquer que

> fosse o seu grau de originalidade, se liga ~~primordialmente~~ geneticamente ao impulso geral e representa acima de tudo um produto da árvore de Leipzig.
> Na realidade essa conclusão prova ser ~~falsa, inexata como pode ser visto lendo este manuscrito~~ [...].[47]

Em outra versão ele diz:

> Não se pode saber se um dia, com a distância do tempo, em uma apresentação histórica do desenvolvimento da [ ], meu trabalho não será apresentado como o de um curioso plagiador. Isso me toca profundamente. ~~Quero renunciar a todos os meus bens, não passar, por outro lado, por ter interferido nos alheios.~~
> Eu tenho o direito de me defender. Haverá sem dúvida pelo menos toda a teoria das raízes dissilábicas que protestará, já que nenhuma teoria foi mais completamente desprezada pelo círculo de Leipzig, mas que em si mesma poderia ser invertida, pois já vi o suficiente, não sem espanto, o quanto essa teoria totalmente original tendeu a tornar-se um anexo de coisas ditas por aqueles que argumentaram contra ela.
> *Que não houve crítica alguma* à teoria das raízes dissilábicas, um silêncio.[48]

O que surpreendeu e desorientou Saussure acima de tudo foi a incongruência das reações. As pessoas de quem ele supostamente roubou ideias ignoravam seu trabalho ou o atacavam – embora, como o acusavam de plágio, fossem suas próprias ideias que estivessem atacando. E, nesse processo, eles realmente absorveram muitas das ideias centrais do *Mémoire* sem reconhecer sua fonte. Ao insulto de ser acusado de plágio foi adicionado o prejuízo de ser plagiado.

Porém, como ocorre com frequência na vida de Saussure, ou em qualquer vida, é difícil chegar à verdade. Certamente as reações ao *Mémoire* foram polarizadas. Foi recebido de forma muito positiva por linguistas em países de língua francesa, inglesa e eslava, e na Dinamarca, e eventualmente até mesmo por alguns na Alemanha, apesar de sua rejeição inicial. No entanto, a reação de Leipzig não foi tão radical quanto pareceu a Saussure. O que ele experimentou como hostilidade pessoal não era isso. A correspondência de Brugmann e de outros na época e nos anos posteriores mostra que sua afeição e benevolência por um de seus alunos mais talentosos e esforçados não se transformou em ódio ou malevolência quando os desapontou ao publicar às pressas um livro que, no olhar deles, era imaturo. Se se sentiram ofendidos por Saussure não ter se aproveitado de sua orientação, dificilmente poderiam esquecer que apenas dois anos e meio se passaram desde que Brugmann estivera na mesma posição em relação a Curtius.

E, embora tenhamos nos acostumado a juntar os nomes de Brugmann e Osthoff como se fossem dois homens com um mesmo pensamento, suas formas de lidar com a decepção foram diferentes. A maneira de Brugmann era evitar conflitos falando o menos possível sobre o *Mémoire*, como se ele nunca tivesse existido. A de Osthoff foi tentar fornecer a Saussure a orientação que ele deveria ter buscado em primeiro lugar, explicando por que seu sistema não era viável – agora não apenas por causa de Saussure, mas também para os leitores de seu *Mémoire*. Os comentários de Osthoff às vezes eram extremamente duros, fazendo com que Saussure se ofendesse e inferisse que Osthoff havia se tornado seu inimigo. Mas Osthoff foi abrupto e franco mesmo em suas críticas publicadas ao trabalho de Brugmann no período em que eles estavam trabalhando com maior proximidade. Sua reação ao *Mémoire*, como ele relatou no *Morphologische Untersuchungen* em 1879, foi cáustica, mas sincera, destinada a ser equilibrada e de forma alguma pessoal.

> Devo, porém, julgar todo o princípio de Saussure de colocar o som *e* (a_1) em todas as raízes, sem diferenciação, como equivocado. Embora eu reconheça a grande perspicácia em sua preparação e implementação, acho sua fabricação de consistência um pouco rígida demais.[49]

E, no entanto, é fácil ver por que Saussure interpretou as intenções de Osthoff dessa maneira. Aos 21 anos, essa foi sua primeira experiência de ter um trabalho dilacerado. No passado, quando surgia uma chance de nada menos que um sucesso brilhante, ele procurava uma saída. Isso pode explicar a falta no exame de química que tanto chocou seu pai. Pode ser também por isso que, quando alcançou um grande sucesso, tendeu a abandonar a esfera de atividade em que o havia conquistado, como no caso da poesia depois de receber os prêmios máximos em seu ano de Gymnase. Por outro lado, perante a humilhação das críticas mais brandas de Adolphe Pictet, lançou-se sem trégua numa obra que lhe trouxesse a redenção. Mas, naquele caso, ficou claro que apenas a benevolência era pretendida – Saussure e Pictet falavam a mesma língua, o genebrês aristocrático, a língua que suas famílias falavam uma com a outra nos três séculos que os antecederam. De Osthoff, Saussure foi separado por diferenças de cultura e personalidade que levaram a mal-entendidos. Aos olhos de Saussure, o raciocínio de Osthoff era tão claramente fraco, e o sistema alternativo que continuou a defender era tão inferior ao seu, que sua rejeição do *Mémoire* parecia ser motivada por animosidade pessoal e talvez desonestidade.

Embora tenha havido muitos mal-entendidos sobre o *Mémoire*, muitos estudiosos sérios do indo-europeu de fato o compreenderam e rejeitaram a solução proposta por Saussure por motivos intelectuais ou metodológicos genuínos. A força do *Mémoire* – o número de problemas aparentemente díspares que ele mostrava que podiam ser amarrados e resolvidos com a proposição de um quarto *a* (o *A* de Saussure) – também era sua fraqueza. Nenhuma das soluções era perfeita; foi todo o nexo de soluções não tão perfeitas que deu credibilidade à proposta. Mas uma cadeia é tão forte quanto seu elo mais fraco, e o sistema de Saussure era uma cadeia em que cada elo já havia sido objeto de muito estudo por parte dos linguistas, que tiveram pouca dificuldade em identificar suas lacunas e contradições.

As críticas de Osthoff foram dirigidas conjuntamente a Saussure e ao linguista dinamarquês Möller, discutidas na próxima seção. Em geral, as reações alemãs foram silenciadas porque os estudiosos preferiram ignorar o *Mémoire* em vez de repetir os rumores que circulavam sobre seu plágio. Mas a Alemanha ainda era o centro científico do universo, certamente no que dizia respeito à linguística, e a perspectiva de sair de lá sem um doutorado não parecia ter sido cogitada por Saussure. Para Henri de Saussure, após o grande triunfo de seu filho, conforme relatado no artigo de Havet no *Journal de Genève*, redimindo tantas outras coisas que deram errado em sua vida, tal desastre teria sido demais para suportar.

Möller e as laríngeas

Muitas vezes, conta-se a história de como os fonemas hipotetizados no *Mémoire* de Saussure foram confirmados em 1927, quando o linguista polonês Jerzy Kuryłowicz mostrou sua correspondência à distribuição de certas consoantes em hitita, uma língua indo-europeia arcaica não decifrada até 1911. Na realidade, Kuryłowicz confirmou que as consoantes "laríngeas" do indo-europeu primitivo eram a reinterpretação de Hermann Möller dos coeficientes sonantes de Saussure como parte de seu projeto para provar a unidade original das famílias indo-europeia e chamito-semita.

Möller ficou particularmente impressionado com a forma como os coeficientes sonantes hipotéticos de Saussure se juntavam a uma vogal precedente para produzir uma vogal longa. Ele havia apontado muito recentemente para o fato de que a escrita semítica não indica vogais, exceto quando são longas, caso em que a letra escrita é a semiconsoante correspondente. Assim, um /i/ longo é escrito como y (ي) e um /u/ longo como w (و). Para a terceira vogal, /a/, o equivalente longo é ا (álefe), a oclusiva glotal – uma consoante laríngea comparável, talvez até idêntica, à respiração suave indo-europeia. Ele levantou a hipótese da existência de três consoantes laríngeas no proto-hamito-semítico e sugeriu a possibilidade de que fossem parte do proto-hamito-semita-indo--europeu que ele esperava estabelecer. Ao ler o *Mémoire* logo após sua publicação, aproveitou os coeficientes sonoros de Saussure e arriscou que seriam de fato idênticos aos seus laríngeos.[50]

Saussure e Möller estreitaram seus laços de amizade por meio de correspondência, encontrando um vínculo particular nas críticas que ambos haviam recebido de Osthoff. Möller também ficou extremamente desapontado com a reação hostil ao seu trabalho por parte dos intelectuais da linguística alemã. De acordo com um relato posterior, eles contemplaram conjuntamente o abandono da linguística e o investimento no estudo da *Canção dos Nibelungos*, que permaneceu um interesse duradouro de Saussure.[51]

Saussure nunca se interessou pela "macrorreconstrução" além dos limites do indo-europeu, mas involuntariamente contribuiu para a crença de que essa família e a semítica poderiam ser uma só, e não apenas pelos laríngeos. Foi Brugmann quem sugeriu que o ^{A} de Saussure poderia ser um *schwa* indo-europeu, um termo da gramática hebraica para o signo colocado sob uma letra consoante para mostrar que o que se segue não é uma vogal ou, em algumas posições, o /ə/ neutro. Mais uma vez, Saussure claramente nunca teve a intenção ou previu isso, mas notas não publicadas datadas de março de 1885, provavelmente para um curso que ministrava na época, indicam que não era hostil à ideia. Ele tira o chapéu para Möller, mas depois risca seu nome.

> A correlação semítica entre o álefe e a vogal *a* apresenta-se ~~naturalmente involuntariamente~~ ao espírito, ~~e a ideia que muitas vezes me ocorreu e que o Sr. Möller expressou~~ como a ideia ~~que muitas vezes me tentou~~ indicada por todo o conjunto de fenômenos e que o Sr. Möller expressou ~~também~~ por sua vez, a saber que ^{A} seria fundamentalmente apenas uma consoante laríngea.[52]

De fato, as linhas riscadas implicam que Saussure tenha pensado a teoria laríngea independentemente de Möller. Em nenhum outro lugar ele faz essa afirmação, difícil de sustentar, visto que o *Mémoire* apresenta o ^{A} como uma vogal. Possivelmente tivesse em mente seu *Ensaio* para Pictet, que propunha que as consoantes se originavam quando as vogais eram aspiradas, a princípio de forma acidental e sem sentido, depois eventualmente com a aspiração evoluindo para um som gutural.[53] Seu senso de necessidade metodológica de ficar dentro dos limites do que conhecia já era forte, e ele nunca havia estudado linguística semítica – embora entre seus papéis tenha sido encontrado um caderno sem data intitulado "versículos hebraicos", que inclui duas páginas de palavras hebraicas com comentários sobre sua possível relação com o indo--europeu.[54]

A partir da década de 1930, desenvolveu-se uma constante confusão entre os linguistas sobre o que Saussure e Möller haviam hipotetizado individualmente, a ponto de ainda ser comum ler que Saussure propôs a existência de laríngeas no *Mémoire*.[55] Ele não o fez. Contra os dois coeficientes sonoros hipotéticos de Saussure, Möller havia previsto três laríngeas, e esse foi o número encontrado em hitita. As consoantes hititas que Kuryłowicz apontava eram uma confirmação um tanto indireta do que Saussure havia proposto. Já em seu *Ensaio* de 1874, e em conferências e notas posteriores, Saussure admitiu a possibilidade de que, no caminho para o desaparecimento, ^{A} e o̬ fossem desvozeados e sussurrados, com um elemento laríngeo, e não rejeitou a hipótese de Möller por completo. Ainda assim, por se basear na inerente distinção consoante--vogal que Saussure rejeitou, a "hipótese laríngea" como creditada a ele não é algo que poderia ter aceitado. No entanto, as localizações dos ^{A} e o̬ de Saussure alinham-se tão bem com a distribuição de dois dos laríngeos hititas que é correto atribuir a ele parte do crédito pela descoberta.

Saussure estava, na verdade, mais intrigado com um outro fato que pudesse confirmar seu sistema, um que estava dentro da família indo-europeia. Envolvia os curiosos acentos do lituano. A ideia veio de um artigo que leu de um estudioso russo, que não extraiu todas as implicações que Saussure notou. As informações disponíveis sobre a acentuação lituana, porém, eram esparsas, dispersas e contraditórias, e levaria mais tempo para compilar o material do que ele poderia dispor no momento. Ele arquivou na memória essa pista para a retomar no futuro.

Notas

1 Henri dS, entrada de diário, 21 de setembro de 1878, cópia AdS 272bis/9, f. 105. Essa passagem foi publicada em: BUSS, M.; GHIOTTI, L. & JÄGER, L. "Lettres de Leipzig (1876-1880)".

In: BOUQUET, S. (ed.). *Ferdinand de Saussure*. Paris, L'Herne, 2003, pp. 442-472 (p. 470, n. 10).

2 Henri dS, entrada de diário, 21 de setembro de 1878, cópia AdS 272bis/9, f. 107.

3 *Idem*, f. 105.

4 FdS para Édouard Favre, 17 de agosto de 1878 (em Buss; Ghiotti & Jäger, p. 463).

5 FdS. *Mémoire sur le système primitif des voyelles indoeuropéennes*. Leipzig, impresso por B. G. Teubner, 1879; *Recueil des publications scientifiques de Ferdinand de Saussure*. Ed. Charles Bally e Léopold Gautier. Genève/Lausanne/Heidelberg, Sonor/Payot/C. Winter, 1922 (p. 107).

6 FdS, *Mémoire*; *Recueil*, p. 116.

7 Louis Havet, Vitry (Seine), para Henri dS, 8 de fevereiro de 1879, em Georges Redard, "Ferdinand de Saussure et Louis Havet" (BSLP, vol. 71, 1976, pp. 313-349 (pp 316-317)).

8 FdS para Édouard Favre, 17 de agosto de 1878 (em Buss; Ghiotti & Jäger, p. 463).

9 Henri dS, entrada de diário, 21 de setembro de 1878, cópia AdS 272bis/9, ff. 108-109.

10 Este era Heinrich Friedrich Zimmer, que não deve ser confundido com seu filho Heinrich Robert, um indólogo e historiador da arte do sul da Ásia que se tornou amplamente conhecido por seus vínculos e colaborações com Carl Jung e Joseph Campbell.

11 Buss, Ghiotti e Jäger (p. 467) dão a data de sua matrícula em Berlim como 21 de novembro de 1877, mas isso está claramente atrasado em um ano. Sémir Badir, em "Chronologie" (*Ferdinand de Saussure*. Ed. Simon Bouquet. Paris, L'Herne, 2003, pp. 502-504 (p. 502)), dá julho de 1878 como o início dos estudos de Berlim, sem dúvida assumindo esse erro de De Mauro (*Cours de Linguistique Générale*. Edição comentada. Paris, Payot, 1972 (p. 327)).

12 Henri dS refere-se aos "enormes" custos de impressão da obra em uma carta para Louis Havet, 26 de fevereiro de 1879 (em Redard, 1976, pp. 316-317).

13 Ver: PEDERSEN, H. *The Discovery of Language: Linguistic Science in the 19th Century*. Trad. John Webster Spargo. Cambridge, MA, Harvard University Press, 1931 (p. 293). Curtius, de fato, iniciou outro jornal, sem convidar Brugmann como colaborador.

14 Osthoff, H. & Brugmann, K. "Prefácio". *Morphologische Untersuchungen auf dem Gebiete der indogermanischen Sprachen*, vol. 1. Leipzig, S. Hirzel, 1878, pp. iii-xx.

15 *Idem*, p. xiii.[*]

[*] As citações referentes às notas 15, 16 e 17 foram traduzidas do original em alemão. (N. da T.)

16 *Idem, ibidem*.

17 *Idem, ibidem*.

18 Ver carta de Charles Darwin, Down, Beckenham, Kent, para Henri dS, 17 de março de 1881, AdS 227, ff. 111-112.

19 FdS, *Mémoire*; *Recueil*, p. 3.

20 *Idem*, p. 7.

21 *Idem*, p. 133.

22 Ver capítulo 3.

23 FdS, *Mémoire*; *Recueil*, p. 127.

24 *Idem*, pp. 126, 203.

25 *Idem*, p. 126.

26 *Idem*, p. 220.

27 A primeira delas geralmente ocorre como *hístēmi*, mas Saussure cita sua forma aparentemente mais antiga.

28 Na reimpressão do *Mémoire* publicada no *Recueil*, o *-m* da tabela é inexplicavelmente revertido para *m-*. Na verdade, essa é apenas uma das muitas pequenas diferenças entre a edição de 1879

do *Mémoire* e a versão de 1922, algumas das quais são emendas silenciosas. Nenhuma delas está sinalizada no texto do *Recueil* e nem foi revisada. A reimpressão fotomecânica do *Mémoire* emitida em 1889 é idêntica à edição de 1879, exceto por um prefácio de meia página com uma nota de rodapé apontando dois erros no livro. O prefácio e a nota foram eliminados do texto de 1922, e um dos dois erros foi deixado intacto.

29 Na terminologia do *Mémoire*, *oA* produz a forma contraída $\bar{o}_1$, *oọ* produz a forma contraída $\bar{a}_2$, e *eọ* produz a forma contraída $\bar{o}_2$, todos os três são efetivamente equivalentes a $\bar{o}$.

30 Os fundamentos desse método são frequentemente atribuídos a Hermann Grassmann, em "Ueber die Aspiraten und ihr gleichzeitiges Vorhandensein im An- und Auslaute der Wurzeln" (*Zeitschrift für vergleichende Sprachforschung auf dem Gebiete des Deutschen, Griechischen und Lateinischen*, vol. 12, 1863, pp. 81-138).

31 FdS, *Mémoire*; *Recueil*, pp. 167-168.

32 É comparável ao *schwa* do inglês, simbolizado por /ə/, mas ligeiramente mais frontal e com os lábios ligeiramente arredondados.

33 MEILLET, A. *Introduction à l'étude comparative des langues indo-européennes*. Paris, Hachette, 1903 (p. 49).

34 Na verdade, esse artigo foi lido por Louis Havet, com Dufriche sentado a seu lado – alegando visão deficiente, mas provavelmente esperando se proteger de entrar em discussão, tendo sido gravemente ferido em combate acadêmico anos antes. Ver: JOSEPH, J. E. "Dufriche-Desgenettes and the Birth of the Phoneme". *In*: Embleton, S.; JOSEPH, J. E. & Niederehe, H.-J. (ed.). *The Emergence of the Modern Language Sciences: Studies on the Transition from Historical-Comparative to Structural Linguistics in Honor of E. F. K. Koerner*. 2 vols. Amsterdam/Philadelphia, John Benjamins, 1999, vol. 1, pp. 55-75; e MUGDAN, J. "On the Origins of the Term Phoneme". *Historiographia Linguistica*, vol. 38, 2011, pp. 85-110.

35 Anon. "Compte rendu de la séance du 24 mai 1873 de la Société de linguistique". *Revue critique d'histoire et de littérature*, vol. 13, n. 23, 7 de junho de 1873 (p. 368). A atribuição dessa notícia a Havet é encontrada em: KOERNER, E. F. K. "A Minor Figure in 19th-Century French Linguistics: A. Dufriche-Desgenettes". *Phonetica*, vol. 33, 1976, pp. 222-231 (p. 225).

36 HAVET, L. "*Oi* et *ui* en français". *Romênia*, vol. 3, 1874, pp. 321-338 (p. 321, nota de rodapé).

37 Meillet, 1903, p. 406.

38 FdS, *Mémoire*; *Recueil*, p. 174.

39 *Idem*, p. 172.

40 *Idem*, p. 231. As regras aparecem em itálico no original.

41 *Idem*, p. 3.

42 Redard, 1976, p. 317, nota de rodapé. É provável que Charles Morel, cofundador da *Revue critique* e agora secretário editorial do jornal, tenha participado da publicação.

43 *Idem*, pp. 318-319.

44 *Idem*, pp. 319-320.

45 *Idem*, pp. 320-325.

46 FdS, *Mémoire*; *Recueil*, pp. 266, 267.

47 AdS 369/8, f. 3 *recto* e *verso*.

48 *Idem*, f. 8.

49 Osthoff, H. & Brugmann, K. "Prefácio". *Morphologische Untersuchungen auf dem Gebiete der indogermanischen Sprachen*, vol. 2. Leipzig, S. Hirzel, 1879, pp. 125-126.

50 Hermann Möller, resenha de Friedrich Kluge, *Beiträge zur Geschichte der germanischen Conjugation* (Straßburg, Karl J. Trübner, 1879), em *Englische Studien*, vol. 3, 1880, pp. 148-164 (p. 150).

51 CUNY, A. "Chamito-sémitique et indo-européen". *Mélanges de linguistique et de philologie offerts à Jacq. van Ginneken à l'occasion du soixantième anniversaire de sa naissance* [21 de abril de 1937]. Paris, C. Klincksieck, 1937, pp. 141-147 (p. 142). Cuny, aluno do discípulo de FdS, Antoine Meillet, foi um dos colaboradores dos *Mélanges* em homenagem a FdS em 1908 (ver capítulo 17).

52 AdS 374/1, f. 118 *recto*, publicado em: JOSEPH, J. E. "Saussure's Notes of 1881-1885 on Inner Speech, Linguistic Signs and Language Change". *Historiographia Linguistica*, vol. 37, 2010, pp. 105-132.

53 FdS. "Essai pour réduire les mots du grec, du latin & de l'allemand à un petit nombre de racines". Ed. Boyd Davis. *Cahiers FdS*, vol. 32, 1978, pp. 73-101 (p. 77).

54 AdS 379/4. Outro caderno sem data, Ms. Fr. 3970g, contém palavras hebraicas com glosas e tem uma nota dizendo "Iniciado na segunda-feira, 20 de novembro, com o Sr. Lescivel", aparentemente seu tutor. Os anos em que 20 de novembro caiu em uma segunda-feira foram 1876, 1882, 1893, 1899, 1905 e 1911.

55 Por exemplo, em: TRASK, R. L. *The Dictionary of Historical and Comparative Linguistics*. Edinburgh, Edinburgh University Press, 2000 (p. 186).

PARTE III

O doutorado e os anos em Paris

8

1879-1881

Berlim e Whitney

Saussure passou quatro meses e meio em Berlim, de meados de novembro de 1878 ao início de abril de 1879.[1] Sua mudança para a capital do Império Alemão pode ter sido relacionada à falta de confiança que sentia em relação àqueles em Leipzig contra quem estava competindo para reivindicar suas ideias. Havia também o fato de que seus pais, perplexos com o estado de exaustão que apresentava ao retornar para casa no final do verão, o queriam em um lugar onde os parentes mais velhos pudessem cuidar de sua saúde. Em Berlim, o jovem doutorando teria acesso a instrução de alto nível e recursos de biblioteca e, após dedicar seus dias ao estudo linguístico, poderia passar as noites e fins de semana na companhia de seus três tios Pourtalès, todos residentes em Berlim. O galante e glamoroso tio Max, agora semiaposentado do serviço militar, passava os dias cavalgando e as noites no teatro com os amigos.[2] Podia-se confiar em seus irmãos menos extravagantes, Hermann e Léopold, para estabilizar o barco.[3]

A vida social agitada de Saussure não impediu seus estudos assíduos com os jovens *Privatdozenten* Hermann Oldenberg e Heinrich Zimmer. Ele não buscou a linguística comparada em Berlim,[4] mas o estudo específico da língua. Os dois tutores foram escolhidos com objetivos diferentes. O conhecimento de Saussure sobre o sânscrito já era avançado, até mesmo uma olhada superficial no *Mémoire* o comprova. Mas as formas sânscritas nesse trabalho são extraídas principalmente de obras de referência, notadamente o dicionário de São Petersburgo e estudos de outros linguistas. A pesquisa que estava realizando para seu doutorado exigia que voltasse aos textos originais completos, e isso exigia uma compreensão muito mais completa e diferenciada da língua, que buscou em Oldenberg.

Seu estudo do celta com Zimmer, embora não diretamente ligado à tese que estava desenvolvendo, foi importante para completar seus conhecimentos a longo prazo. Como ocorreu com muitos indo-europeístas, com exceção dos poucos que optaram por se especializar em celta, esse ramo da família permaneceu à margem do horizonte de Saussure. O próprio Zimmer não era um especialista em celta, mas principalmente um sanscritista. Ainda assim, até mesmo Thurneysen, colega de Saussure em Leipzig, destinado a se tornar um importante celtologista, foi a Berlim para aprofundar seus estudos em celta com Zimmer.[5]

Além de dar aulas particulares, Zimmer estava empenhado em preparar a tradução alemã da *Sanskrit Grammar* que William Dwight Whitney estava escrevendo. As versões em inglês e alemão da gramática de Whitney deveriam ser publicadas simultaneamente.[6] Em julho de 1878, Whitney viajou à Europa com sua família para uma estadia de 14 meses, a fim de consultar vários especialistas enquanto completava a gramática sânscrita. Ele queria particularmente discutir a sintaxe do sânscrito com o maior especialista nessa área, Berthold Delbrück, da Universidade de Jena. A estada também permitiria que supervisionasse a tradução de Zimmer e a correção de provas.

Durante esse tempo, Saussure escreveu a seu avô tentando explicar com suas próprias palavras a essência do *Mémoire*. O conde Alexandre respondeu: "Seu livro chegou em boa hora, e, embora eu o tenha lido com interesse, não entendi muito. É graças ao que você detalhou para mim em sua última carta que estou começando a entender".[7] O avô segue tecendo comentários que mostram a profunda dificuldade do *Mémoire* até mesmo para seus leitores mais simpáticos. Mas reconhece também que os coeficientes sonoros representam "um valor teórico simples" – algo que ninguém, incluindo Saussure, colocou tão claramente por muito tempo.

O período de matrícula de Saussure na Friedrich-Wilhelms-Universität de Berlim se encerrou na quinta-feira, 27 de março de 1879, e no dia seguinte ele fez uma visita de despedida a Zimmer. Enquanto estava na cidade, outro visitante chegou – ninguém menos que Whitney.[8] O grande linguista estadunidense havia lido o *Mémoire* e feito anotações a respeito, que ofereceu dar a Saussure junto com cópias de alguns de seus próprios trabalhos. Mas então algo aconteceu que fez com que Saussure retornasse rapidamente a Genebra, de onde escreveu a Whitney uma semana depois:

> Você teve a gentileza de me dizer alguns dias atrás, em Berlim, que eu receberia de você um de seus escritos junto com algumas notas acerca de meu *mémoire* sobre

as vogais. Para meu grande pesar, não pude comparecer em pessoa para recebê-las, impedido por uma indisposição que posteriormente me obrigou a retornar repentinamente a Genebra. Eu atribuo grande valor a esses documentos vindos de você, senhor, e se eu ousasse pedir que eles fossem enviados para mim em meu endereço atual, eu ficaria infinitamente grato a você por isso.[9]

A carta é datada de três dias após a partida da família Whitney de Berlim.[10] Não se sabe se Saussure recebeu as anotações de Whitney sobre o *Mémoire*. A carta, como o encontro, não é mencionada no diário de Whitney, que geralmente se restringe a pequenas anotações sobre eventos sociais, o clima e o progresso de Whitney em seu trabalho.

Também é incerto o quanto Saussure sabia sobre o trabalho de Whitney nessa época. Através de Zimmer, estava ciente do projeto de gramática sânscrita. E não menos significativos para Saussure foram os escritos de Whitney sobre linguística geral. Em 1917, Albert Sechehaye afirmaria que, durante os dias de estudante de Saussure em Leipzig, "um livro sem dúvida já havia exercido uma profunda influência em seu pensamento e o apontou na direção certa: queremos dizer o trabalho do sanscritista estadunidense Whitney, *The Life and Growth of Language* (1875)".[11] As preocupações de Saussure com as questões gerais da linguagem e os problemas epistemológicos levantados por sua análise remontam, de fato, àquela época. Elas são evidentes nas anotações que fez no curso de gramática grega de Brugmann e em outras notas manuscritas que levantam questões gerais que Saussure sempre teve que adiar, mas que nunca estiveram muito abaixo da superfície no *Mémoire*.

De sua cadeira em Yale, Whitney exerceu uma autoridade única em sua terra natal. Sua fama se deveu menos aos seus livros do que às polêmicas vastamente reproduzidas com Friedrich Max Müller, que os tornaram nomes conhecidos em todo o mundo. Contra a insistência de Müller na "naturalidade" da linguagem, Whitney mantém sua arbitrariedade fundamental:

> [C]ada palavra [...] foi aprendida por cada pessoa que a emprega de alguma outra pessoa que a empregou antes dela. Ela a adotou como signo de uma certa ideia, porque já era usada por outros como tal. Conexão interna e essencial entre ideia e palavra, pela qual a mente que concebe uma apreende e produz a outra ao mesmo tempo, não existe nenhuma, em nenhuma língua sobre a terra. Toda forma existente de fala humana é um corpo de signos arbitrários e convencionais para o pensamento, transmitidos pela tradição de uma geração a outra [...].

Referindo-se a Max Müller como "um recente escritor popular", Whitney cita uma passagem de seu livro como representativa de um erro fundamental no pensamento sobre a linguagem.[12] Em uma passagem incriminadora, Müller havia escrito que, "embora haja uma mudança contínua na linguagem, não está no poder do homem produzi-la ou impedi-la".[13] Para Müller, o estudo linguístico era uma ciência física. Whitney, que o considerava uma ciência histórica, reafirma com veemência o convencionalismo e a vontade humana:

> A linguagem [...] é constituída de signos de pensamento articulados e independentes, cada um dos quais está ligado por uma associação mental à ideia que representa, ela é enunciada por esforço voluntário e tem seu valor e sua circulação apenas pelo acordo entre falantes e ouvintes. Está em poder destes e sujeito à sua vontade; assim como é mantida, pode ser modificada e alterada, pode também ser abandonada, pela ação conjunta e consentida dos falantes, e de nenhuma outra forma.[14]

Aqui e em seu livro mais curto de 1875, *The Life and Growth of Language*, Whitney articula uma visão radicalmente funcionalista da linguagem como uma *instituição*, existindo para o propósito último da comunicação. Isso o afasta das tradições iluminista e romântica e o coloca à frente de uma linha modernista que continuará no próximo século.

Ao fazer da comunicação o ponto de partida de sua abordagem da linguagem, Whitney atribui a ela uma base totalmente democrática. Para Max Müller a linguagem estaria diretamente vinculada à *formulação* do pensamento – como em sua famosa máxima: "Não há pensamento sem linguagem, nem linguagem sem pensamento". Se sua visão estivesse correta, a linguagem pertenceria mais plenamente aos grandes pensadores, tanto no sentido humboldtiano das nações que fizeram as maiores contribuições intelectuais, quanto no sentido mais usual dos grandes filósofos dessas nações. Mas, se, como Whitney insiste, o pensamento existe antes e separadamente da linguagem, e a linguagem existe apenas para o propósito da comunicação, então ela pertence igualmente a todos que podem se comunicar.

Whitney, como Darwin, acreditava que a linguagem vocal humana se desenvolveu não como um fim evolutivo em si, como Max Müller afirmou, mas como um subproduto da evolução dos órgãos bucais e laríngeos para fins de respiração e ingestão de alimentos. A posição acidentalista atraiu Whitney não apenas porque contrariava a de seu inimigo mais famoso, mas porque parecia reforçar sua própria posição fundamental de que a linguagem surgiu e opera como uma instituição convencional em vez de um desenvolvimento natural.

Se Saussure falhou em causar uma boa impressão pessoal em Whitney – cuja natureza era, segundo todos os relatos, benevolente e generosa, mas que, afinal, estava muito pressionado para concluir seu trabalho, apesar dos recorrentes surtos de doença –, talvez seja mais surpreendente que Saussure não tenha registrado em nenhum lugar seu encontro, por exemplo, em suas notas para um artigo ao Whitney Memorial Meeting, que será discutido no capítulo 13. Seus "Souvenirs" terminam muito cedo, em 1878. No entanto, a carta de Saussure para Whitney ajuda a confirmar que o impacto do estadunidense sobre o genebrino data desde seus dias de estudante, e foi intensificado quando de seu contato pessoal.

Retirada para Genebra, retorno para Leipzig

A "indisposição" que Saussure comunicou a Whitney o "forçou a retornar abruptamente a Genebra" por volta da quinta-feira, 3 de abril de 1879, provavelmente devido a uma questão familiar. O tio Théodore e a tia Adèle tinham ido ou iam passar férias na Itália, levando consigo as irmãs Albertine e Dora. Louise havia tido mais uma recaída; alguns meses depois, Adèle escreveria a Ferdinand que "a saúde de sua mãe deixa muito a desejar: ela tem muita paciência, mas sofre de cansaço ao se pôr a fazer qualquer coisa".[15] Isso deixou Adèle, Albertine e Dora sobrecarregadas com os afazeres domésticos, e, com os três fora, uma crise era quase inevitável.

Saussure mais tarde descreveria esse período como "uma interrupção em meus estudos <para ter> uma estada ~~prolongada~~ <de algum tempo> na Suíça".[16] Ele gostou de se reinserir na casa e na vida social da Cidade Alta.[17] Isso não quer dizer, porém, que houvesse deixado os estudos de lado. Os meses que passou em Genebra, de abril de 1879 até o início do outono, foram amplamente ocupados com pesquisas para sua tese de doutorado, cujo tema não poderia ser mais diferente do que o estudado no *Mémoire*. Centrava-se em distinções muito sutis de significado em uma forma particular de substantivo sânscrito, o genitivo absoluto. Seus arquivos incluem centenas de páginas de anotações tiradas dos textos em sânscrito que examinava cuidadosamente – de fato, com muito cuidado, porque dessa vez não se tratava apenas de escolher palavras individuais com base nos sons que continham. Classificar essas distinções exigia consideração do contexto em que as palavras apareciam, às vezes apenas a frase em que estavam, mas frequentemente mais.

Pode-se indagar sobre as razões que o levaram a não apresentar o *Mémoire* como sua tese de doutorado; ele poderia tê-lo feito, apesar de já ter sido publicado. A razão provável era o medo de que os professores de Leipzig, dada sua reação menos favorável a ele, reprovassem-no ou exigissem mudanças substanciais. Afinal, foi escrito deliberadamente sem nenhum esforço para consultar qualquer um deles. Tendo já desembolsado uma grande soma de dinheiro para imprimir o livro, Saussure estaria então na posição de efetivamente ter que renegá-lo ou retirá-lo. A maneira de evitar tal obstáculo foi mudar o tema de sua tese de doutorado para algo que não colidisse com o que foi discutido no *Mémoire*.

No final de junho, leu a breve resenha de Brugmann sobre o *Mémoire* no *Literarisches Centralblatt* e escreveu-lhe uma carta de agradecimento por "tratar-me de maneira muito amigável".[18] A carta diz que, enquanto esteve em Berlim, Saussure "deixou o comparatismo completamente de lado e ouviu muito pouco sobre os pesquisadores e a pesquisa filológica". Ele pergunta "se possivelmente algo novo está acontecendo" e expressa sua esperança de que o segundo volume do *Morphologische Untersuchungen* seja lançado em breve.

Se soubesse o que Osthoff teria a dizer sobre o *Mémoire* naquele segundo volume, Saussure talvez não estivesse tão ansioso para vê-lo. Foi nesse período que ele e Hermann Möller supostamente pensaram em desistir da linguística em favor do estudo dos poemas épicos germânicos que forneceram textos tão memoráveis para as óperas de Wagner.[19] Saussure decidiu, no entanto, manter o curso rumo ao doutorado em linguística.

Em sua carta de junho a Brugmann, Saussure anunciou que pretendia "viajar diretamente para Leipzig no início do semestre de inverno e obter um doutorado lá, mas sem ficar mais tempo". Na verdade, voltaria um semestre antes. Hospedou-se com *Frau* Schreck ao lado de Édouard Favre, que mais tarde relembraria uma história que desde então se tornou parte da tradição saussuriana. Os doutorandos eram obrigados a visitar todos os professores da faculdade para discutir seus planos de tese. "Dizem", escreve Favre, "que, durante uma dessas visitas, um professor vendo esse belo adolescente chegar à sua porta perguntou-lhe se ele era parente do famoso Ferdinand de Saussure".[20] Outro artigo publicado na época da morte de Saussure identifica o professor em questão como "o famoso Delitzsch",[21] Franz Delitzsch, renomado hebraísta e professor de teologia luterana. Em um artigo posterior, a cena é narrada com mais detalhes e conta com o seguinte diálogo:

> Quando o grande filólogo alemão viu chegar o jovem estudante genebrino – ainda não tinha 21 anos – disse-lhe: "Seria você, por acaso, parente do famoso De Saussure?". Incapaz, na sua modéstia, de pensar que pode ser ele mesmo, Ferdinand respondeu: "Sim, Monsieur, eu sou seu bisneto". – "Seu bisneto! Você deve estar brincando! Ainda no ano passado ele publicou seu admirável *Mémoire sur le système primitif des voyelles indoeuropénnes*!". E nosso aluno, estupefato, gaguejou: "Mas... fui eu quem o escreveu...!". Todo Saussure e todo o seu destino nesta pequena cena.[22]

Se a história for verdadeira, pelo menos um professor de Leipzig expressou admiração pelo *Mémoire*. Mas, não sendo um indo-europeísta, a opinião de Delitzsch era de importância marginal.

Em algum momento no final de 1879, Saussure deixou Leipzig para uma estada de duração desconhecida em Paris. Parece ter sido sua primeira vez na cidade.[23] Foi uma viagem de trabalho, e parte de sua tese de doutorado foi pesquisada ou escrita enquanto estava lá. Ele pode ter previsto a possibilidade de que os professores de Leipzig rejeitassem até mesmo essa nova tese e estava explorando a possibilidade de submetê-la à faculdade de Paris.

Sua estada foi agradável o suficiente para que voltasse no outono seguinte para continuar seus estudos. Embora já possuísse seu doutorado, ainda teria apenas 22 anos. Dada a sua desilusão com o cenário linguístico alemão, Paris era o lugar lógico para se concentrar em termos de carreira. Mas Saussure não era francês, em termos de cidadania, identidade ou educação – e essa era a Terceira República, quando a visão revolucionária da França como um país aberto a todos havia sido substituída por uma em que as instituições, especialmente as educacionais, eram vistas como a chave para criar, inocular e manter a identidade nacional. Inscrever-se a um segundo doutorado parisiense seria uma maneira astuta de obter credenciais francesas.

Antes, porém, havia o doutorado alemão a ser concluído. Pode ter sido durante sua permanência em Paris que Saussure tenha trabalhado pela primeira vez lado a lado com outro jovem genebrino de seu círculo, Francis de Crue, que escrevia uma tese em história. Anos mais tarde, Crue recordaria: "Foi um privilégio, aos 20 ou 30 anos, formar o próprio caráter ao seu lado, trabalhando em Paris na mesma sala de estudos, em meio a uma desordem de papéis, sem dúvida, mas que entusiasmo!".[24]

Em dezembro retornou a Leipzig, onde concluiria sua tese e a apresentaria antes do final de janeiro de 1880. Uma carta que escreveu em 2 de janeiro a Albertine, que estava com a avó em Cannes, relata que no final do ano teve a "grande alegria" de "uma caçada perto de Leipzig na propriedade dos Hohenthal. Voltei no dia 31 e, desde então, quase não vi ninguém, exceto a mãe Schreck, que me acordou ontem de manhã com gritos de *Prosit Neujahr*! [Feliz Ano-Novo!]".[25] Na mesma carta, Saussure pergunta à irmã: "Além da família, você deve encontrar alguns de nossos conhecidos, como os Marcet e, ainda mais encantadores, os De Valcourt?". O sentimento de Albertine com relação aos Marcet mudaria, pois três anos e meio depois ela se casaria com Alexander Marcet.

No final de janeiro, Saussure estava em outra corrida contra o tempo como a que havia experimentado com o *Mémoire* um ano e meio antes. Desculpa-se com Albertine por um bilhete escrito às pressas, alegando: "tenho muito o que editar e copiar por esses dias para terminar minha tese, que o encadernador espera".[26] A tese não estava saindo de controle dessa vez. Acabaria tendo pouco mais de um quarto do comprimento do *Mémoire*, ou seja, do tamanho que ele havia previsto originalmente para a obra anterior. O problema estava em outro lugar. O plano aprovado pela faculdade de Leipzig previa três seções. As duas primeiras abordaram os dados e sua análise diretamente, e Saussure as completou a seu contento. Mas a terceira seção, destinada a dar conta da origem do genitivo absoluto em sânscrito, apresentava dificuldades.

Essa última seção seria a do aporte teórico, a parte que faria a tese equiparar-se ao *Mémoire*, senão superá-lo. Pelo menos Saussure não estava tendo que lidar com as eventualidades e despesas de impressão, apenas com a encadernação de suas cópias manuscritas. Mas é uma novidade importante o fato mesmo de a carta mencionar a *edição do texto* como algo que ocupava seu tempo. Com o *Mémoire*, a edição parece não ter sido uma questão para Ferdinand, que se ocupava apenas em imprimir suas ideias o mais rápido possível. Ao longo de sua educação, sua escrita foi elogiada por sua clareza sem esforço. Nada o havia preparado para a reação ao estilo do *Mémoire*, que A. H. Sayce, de Oxford, descreveu em uma carta a Whitney com um sucinto e seco "extremamente jejuno"[27], e que Havet admitiu que faria os leitores suarem água e sangue.

Saussure levou a sério a crítica, e isso pode ser visto em como sua tese de doutorado é muito mais fácil de acompanhar. A edição custou-lhe tempo, mas atingiu seu objetivo, e a lição teve um impacto duradouro sobre ele. Dizer qualquer coisa de maneira clara sobre a linguagem requer um cuidado pelo menos tão grande quanto aquele que os poetas dão ao seu trabalho. Nunca mais as ideias linguísticas fluiriam facilmente da pena de Saussure. Ou, mais precisamente, fluiriam, depois seriam riscadas, depois fluiriam novamente em outra versão, apenas para serem riscadas mais uma vez, e assim por diante por 5, 10, 20 revisões.

Essa condição parece ter se estabelecido quando Saussure esboçava a terceira seção de sua tese, uma seção histórica, que lida com a teoria e não com os dados. À medida que se aproximava o prazo para enviar as cópias para a encadernação e a pilha de rascunhos rejeitados crescia cada vez mais, ele viu o que tinha que fazer. A seção final foi alijada. Os examinadores saberiam que havia sido descartada, porque haviam visto e aprovado o plano que a incluía. Isso, combinado com a indiferença geral que sentiu em Leipzig, deixou Saussure inseguro sobre seu sucesso quando apresentou a tese em fevereiro para Ernst Windisch, seu ex-professor de irlandês antigo, que tomaria a primeira decisão sobre o encaminhamento para defesa oral.[28]

O genitivo absoluto em sânscrito

O tema da tese de doutorado de Saussure estava tão longe do espectro do *Mémoire* que se suspeita que ele o escolheu exatamente por esse motivo. Onde o trabalho anterior era um estudo fonológico de vasto escopo comparativo, visando reconstruir todo o sistema vocálico da protolíngua, a nova tese seria uma investigação morfológica e sintática de uma construção peculiar a uma única língua. O *Mémoire* abordou o tema em voga no momento, colocando Saussure em competição com homens muito mais experientes e levando-o a concluir seus estudos em um ritmo febril. O genitivo absoluto do sânscrito foi escolhido porque ninguém demonstrou interesse suficiente por ele. Como Saussure explicou: "Pode-se dizer que essa construção é conhecida apenas por boatos e pelas observações muito lacônicas dos gramáticos da Índia, tão difícil é encontrar qualquer indicação precisa dela nas obras europeias. Uma monografia sobre esse assunto pode, portanto, ser de alguma utilidade".[29]

Uma construção absoluta é uma proposição que combina um grupo nominal e um particípio, mas sem um verbo conjugado:

Dito isso, desejo-lhe felicidades.
Seu trabalho concluído, ela foi para casa.

Dito isso e *Seu trabalho concluído* são predicados independentes, ligados à proposição seguinte apenas em virtude de estar ao lado dela e, às vezes, compartilhar implicitamente o mesmo sujeito nocional (Dito isso = *Eu* disse isso, Seu trabalho concluído = *Ela* terminou seu trabalho).[30]

Nas línguas em que os substantivos são marcados por caso, as construções absolutas devem indicar essa marcação, pois contêm um substantivo. O caso normalmente funciona para mostrar como as palavras se relacionam com outras palavras dentro da mesma proposição. Aqui, por outro lado, o que o caso faz é destacar a proposição absoluta do resto da sentença. O exemplo mais conhecido é o absoluto ablativo latino – *Deo volente* [Deus querendo], com *Deus* [Deus] e *volens* [querendo] assumindo a desinência ablativa. Essa marcação possui um caráter "absoluto", o que significa dizer que não considera qualquer outro elemento da sentença: *Vicimus Deo volente* [Nós vencemos, Deus querendo], *Deo volente non pluit* [Deus querendo, não vai chover].

O ablativo absoluto é peculiar ao latim. A construção correspondente em grego está no genitivo, o caso que normalmente marca a posse (e o único caso para o qual os substantivos ingleses continuam a ser marcados, por um *s* final, como em *men's room* [banheiro dos homens]). Em sânscrito, o absoluto é normalmente formado com o caso locativo, que, como o próprio nome sugere, indica localização ou situação. Há também uma variante sânscrita relativamente incomum que, como o grego, usa o genitivo. Um exemplo do Rāmāyaṇa:[31]

divaṁ jagāma **munīnāṁ paçyatāṁ** tadā
Aos-céus ele-foi os ascetas (GEN) observando (GEN) então
"Então ele foi para o céu, os ascetas observando."

O genitivo absoluto não possui uma relação direta com a posse e, no entanto, o primeiro instinto de um linguista é supor que essa foi sua origem. Assim, Whitney, no único parágrafo que dedica ao tema em sua gramática sânscrita, escreve:

> Um genitivo, originalmente de posse, ao passar para um de interesse geral, ocorre em um estado posterior da língua (a construção é desconhecida anteriormente) para ser utilizado de forma absoluta, com um particípio concordante, ou muito raramente um adjetivo [...] tornando o genitivo cada vez mais independente [...].[32]

Whitney observa o que Pāṇini e seus comentaristas tinham a dizer sobre as diferentes conotações dos genitivos e locativos absolutos, mas sem aceitar sua validade inteiramente: "A construção é dita pelos gramáticos hindus para transmitir uma implicação de desrespeito ou despeito; e isso deve ser frequentemente reconhecido nela, embora não predominantemente". Comentaristas europeus anteriores também minimizaram a explicação de Pāṇini, em favor de uma visão que Saussure acreditava ter se originado com Adolf Stenzler. Essa visão sustentava que o locativo absoluto conotava a passagem do tempo na ação, enquanto o genitivo absoluto expressava imprevisibilidade ou contraste, traduzível como "porém" ou "mesmo que".

A tese de Saussure começa com um olhar sobre as poucas e breves observações sobre o genitivo absoluto na literatura linguística existente, incluindo Whitney. O *corpus* de textos sânscritos que ele "explorou minuciosamente"[33] em busca de exemplos do genitivo absoluto era considerável e se concentrou em textos como os *Pañćatantra* [Cinco princípios], que não foram tão bem estudados por pesquisadores anteriores, tornando-os muito mais difíceis de compreender em suas nuances.[34] Seus exemplos também cobrem *Rig-vēda*, *Mahā-bhārata* [Grande história da tribo Bhārata], *Harivamśa* [Linhagem de Hari/Vishnu] e *Bhāgavata-purāṇa* [Purāṇa do Deus de Todos os Deuses], embora não afirme ter passado por eles em sua totalidade. Eles foram analisados de forma mais completa em estudos anteriores e mais bem representados nas crestomatias nas quais Saussure também se baseou.[35] Para muitos dos exemplos, suas notas manuscritas contêm traduções francesas de Burnouf, mas apenas raramente as traduções são fornecidas na própria tese.

O primeiro ponto notável sobre o estudo é que ele conseguiu encontrar tantos exemplos – 496, para ser preciso – de uma construção que, de acordo com todas as autoridades, "passa por uma raridade sintática. Seria mais correto dizer que raramente é encontrada fora de um certo número de fórmulas, algumas das quais são bastante difundidas".[36] Ele ressalta que encontrou o gênero como um fator importante na ocorrência da construção.

> No sânscrito clássico, não há um texto de qualquer extensão que não ofereça exemplos do genitivo absoluto, desde que o gênero literário se preste a ele. São obras do gênero narrativo, principalmente os épicos e o Purāṇa, mas também a prosa do *Pañćatantra*, que admitem seu uso mais facilmente.

Saussure também se deparou com um problema raramente enfrentado ao trabalhar com línguas europeias: determinar quais textos são antigos e quais são modernos. Geralmente, é possível dizer se um texto latino ou grego foi escrito no período arcaico, clássico, medieval ou renascentista. Além da própria linguagem, o conteúdo, as informações sobre o manuscrito, seu modo de produção, onde foi descoberto ou guardado ajudam a encaixá-lo em uma dessas amplas categorias cronológicas. A cultura hindu, no entanto, foi mais estável do século V a.C. até os tempos modernos do que qualquer uma de suas contrapartes europeias. Privilegiava os textos novos que remontavam à linguagem e aos conteúdos do período arcaico em detrimento da novidade e da originalidade. Os linguistas do século XIX por vezes baseavam suas análises da língua "antiga" em textos com menos de cem anos. Um exame cuidadoso pode mostrar como, apesar dos melhores esforços do autor moderno, a linguagem não era exatamente a mesma de seus predecessores antigos.

> Quanto aos escritos do período tardio, tanto quanto conseguimos observar, sua linguagem erudita e artificial não pode mais se valer de uma construção que nunca fora muito corriqueira. No entanto, isso diz respeito apenas ao sânscrito dos puristas, pois genitivos absolutos são encontrados em textos escritos mais livremente, como o *Pańćadaṇḍaćhattraprabandha*, posterior ao século XV. Sem dúvida, isso está relacionado ao fato de que a construção permaneceu viva na fala popular, como pode ser julgado em Pāli.[37]

Esse era um verdadeiro dilema. Em certo sentido, todos esses textos estavam na mesma língua, o sânscrito, independentemente de quando foram compostos. Por outro lado, quanto mais antigo o texto, mais próximo estava de uma época em que o sânscrito era a língua materna daqueles que o escreviam, e não uma língua "erudita e artificial". Para um autor do século XVIII, não importa a magnitude de sua erudição, o sânscrito não tinha a mesma realidade psicológica que para alguém que o falava desde o berço.

Se pudesse ter certeza sobre a idade dos diversos textos sânscritos, Saussure poderia ter se restringido àqueles escritos antes de uma data específica. Da forma como os encontrou, o melhor que poderia fazer era deixar de lado aqueles que todos concordavam serem de origem moderna. Mas ele não conseguia expurgar o problema de sua mente. Essa foi a primeira ocasião em que foi forçado a abordar a questão de como uma língua existe no tempo. A planejada terceira parte da tese, sobre a origem da construção, o teria obrigado a tirar conclusões baseadas em uma ordenação temporal dos textos, que, dados os problemas de datação, só poderia ser espúria.

Após um estudo profundo de seu *corpus* de exemplos sânscritos, Saussure foi capaz de fazer uma série de observações que estenderam e reconciliaram as tentativas anteriores de análise desde Pāṇini. Um fato crucial passou despercebido: o uso do genitivo absoluto tinha um caráter um tanto estereotipado e tendia a ocorrer com um conjunto limitado de particípios:

> [...] a construção que estamos estudando nunca é absolutamente obrigatória, pois todos os seus usos estão igualmente abertos ao locativo absoluto. No entanto, os particípios de certos verbos mostram uma forte preferência pelo genitivo: *misaṇt-*, praticamente nunca encontrado com o locativo absoluto, *paçyant-* e çṛṇvant-, também raros no locativo absoluto, pelo menos na linguagem da epopeia.[38]

O verbo *paçyant-* [observar] é aquele a partir do qual o particípio genitivo *paçyatāṁ* foi formado no exemplo dado anteriormente nesta seção; *misaṇt-* [abrir os olhos] e *çṛṇvant-* [ouvir] pertencem à mesma família semântica, ou seja, a da percepção sensorial.

Tendo feito essa observação, Saussure passa a separar seus exemplos em duas grandes divisões.

> No Grupo A, o genitivo absoluto marca uma situação dentro da qual se desenrola a ação principal, e não modifica visivelmente a ideia.
> O Grupo B é composto simplesmente de todos os outros casos, ou seja, de elementos bastante díspares [com o] traço comum [...] de que as palavras do genitivo modificam a ação principal de forma direta, ao contrário do que ocorre no outro grupo.[39]

Apenas o Grupo B é de real interesse para Saussure. O Grupo A também é pesquisado para que a segunda parte da tese possa se apresentar como um catálogo completo. Mas o fato de serem construções autônomas, sem impacto no restante da frase em que ocorrem, significa que suas descrições são como listas secas das características físicas de algum grilo de um dos livros de seu pai. O trabalho de Henri de Saussure incluiu observações mais estimulantes sobre o comportamento social dos insetos, em que as características físicas passam a *significar* algo em virtude dos usos a que são destinadas. Os absolutos do genitivo no Grupo B são de interesse precisamente por seu comportamento "social" em relação ao resto da sentença, e pela coloração de sentido que atribui a ela.

Ao descrever o Grupo B, Saussure parte da premissa de que Pāṇini – que estava descrevendo sua língua materna – estava essencialmente certo, embora sua formulação grosseira exija refinamento. A atitude de *anādara* [desdém], que Pāṇini afirma expressar a construção, nem sempre está lá, "nem mesmo é predominante, mas seria difícil de apontar no Grupo B outra aplicação saliente e até mesmo pouco constante do genitivo absoluto".[40] Isso é suficiente para que os casos de *anādara* sejam os que precisem principalmente de descrição, e aqui

> [...] o genitivo absoluto equivale a uma proposição subordinada introduzida por *embora* ou *ainda que*, do tipo que chamamos de *concessiva* por fazer intervir o ponto de vista do narrador, e que seria mais correto chamar de *adversativa* porque coloca o narrador no ponto de vista do *sujeito da subordinada*. O termo *anādara* usado por Pāṇini é emprestado de um terceiro fato: a atitude do *agente principal* em relação à ação subordinada. O sentido desse termo pode ser expresso como: "quando não se leva em conta, quando há indiferença, desconsideração, superação".[41]

A hipótese mais determinante de Saussure é que *anādara* na verdade não tem conexão direta com o uso do caso genitivo.

> No entanto, seria um erro pensar que o genitivo absoluto goza de uma faculdade própria para expressar a ideia de *embora*. É necessário que essa ideia emerja mais ou menos claramente das próprias palavras, e nessas condições o absoluto locativo indiano, como o absoluto ablativo latino e o absoluto genitivo grego, desempenha perfeitamente bem a mesma função.[42]

E, no entanto, continua a tese, em casos muito raros, o locativo absoluto seria insuficiente para traduzir a ideia de *embora* de forma inequívoca. Aqui, deve-se dizer que o genitivo absoluto, por meio de sua frequente associação com casos de *anādara*, carrega esse sentido em si mesmo.

Com essa compreensão, Saussure retoma a tendência de o genitivo absoluto ocorrer com um pequeno conjunto de verbos de percepção, em que alguém está "observando" ou algo parecido. O autor acredita que o que está expresso é o fato de a ação da oração principal ocorrer apesar da presença de um agente hostil.[43] Aponta, ainda, que esse *anādara* mitigado ou atenuado pode ser encontrado em outras línguas em que se diz "*na presença de*" com o sentido implícito de "*apesar* da presença de": *Ele se despiu na presença da Irmã Imaculada*. Ou *Ela o enterrou enquanto ele ainda estava vivo*, sugerindo "embora ele ainda estivesse vivo" (exemplos nossos, não de Saussure).

O que tornou o *Mémoire* impressionante foi tanto a forma como Saussure lidou com tantos dados fonéticos como a originalidade de um sistema que quebrou muitas das regras da época. O que tornou a tese impressionante – embora nunca tenha conquistado nada parecido com o respeito concedido ao livro anterior – foi o profundo estudo textual do sânscrito combinado com uma nova maneira de ver as estruturas que já eram conhecidas. Windisch apresentou seu relatório sobre a tese, cujo título era *Du génitif absolu en sanscrit*

[Sobre o genitivo absoluto em sânscrito], à faculdade em 15 de fevereiro de 1880.[44] O relatório dizia:

> O Sr. F. de Saussure já provou seu brilhante talento científico através de outros trabalhos, particularmente seu livro *Mémoire sur le système primitif des voyelles dans les langues indo-européennes* (1879), publicado por Teubner, que aqui não é mencionado. No presente tratado, ele mostra novamente, com referência a outra área, com que nitidez ele é capaz de compreender as questões científicas e com que clareza ele é capaz de apresentá-las. Suas produções anteriores foram focadas na área de fonologia comparada, mas ele preferiu apresentar como tese a discussão de um interessante fenômeno sintático do sânscrito, sobre o qual a posição que ele assumiu na área anterior não pode de forma alguma ser aplicada. A construção do genitivo absoluto em sânscrito nunca antes foi objeto de um tratamento especializado, nem sobre a extensão de sua ocorrência, nem sobre a medida de concordância com o que Pāṇini observou a respeito de seu sentido. A rica coleção de exemplos dessas construções (mais de 400, demonstrados a partir da p. 46 em aplicações muito úteis que tornam o uso formal desse idioma imediatamente marcante), que na verdade são bastante raros, a maneira refinada como é trazido à luz o que realmente importa, e do qual depende a característica do genitivo absoluto em relação ao absoluto locativo usual e a variação de seu sentido dentro de certos limites, tudo isso constitui um aporte precioso. Lamenta-se a ausência da 3ª parte, que deveria tratar da origem do genitivo absoluto, mas ainda assim o tratado é em si final e extenso o suficiente. [...] Proponho, portanto:
> 1) que o pedido de defesa oral seja autorizado com base nesse trabalho, e
> 2) que a menção de *egregia* [excelente] seja atribuída a essa tese.[45]

A surpresa de Windisch por Saussure não ter apresentado o *Mémoire* como sua tese de doutorado significa que os temores de seu autor foram infundados? Não necessariamente, porque um segundo examinador ainda tinha que confirmar o veredicto de Windisch – e o docente escolhido foi o professor Curtius, o homem de vasto percurso na área que friamente baniu Brugmann para o interior, devido a um único artigo que considerou ousado demais. Curtius apresentou seu relatório dois dias depois de Windisch:

> Pela correção e suficiência dos fatos aqui demonstrados sobre o uso das línguas índicas, aceito a decisão de meu colega Windisch. Mas, no que diz respeito à clareza da apresentação, ao arranjo claro e à perfeição com que os pontos cruciais são discutidos, posso aderir com plena convicção ao seu julgamento elogioso. É, no entanto, lamentável que a terceira parte prevista sobre a origem da construção

não tenha sido executada. Isso certamente teria um grande interesse para a sintaxe comparada. O que foi apresentado, porém, é esplêndido, e, quando acrescentamos aos outros escritos de Saussure, ficamos surpresos com os dons, o conhecimento e a perícia desse jovem de apenas 23 anos, que por puro amor à ciência – ele parece viver em circunstâncias financeiras brilhantes – mergulhou em tais problemas tão jovem e com tanto sucesso. Um exame oral é realmente redundante nesse caso. No entanto, não gostaria de pedir nenhum precedente para o anular e estou convencido de que o próprio candidato preferiria seguir o processo regular.

Assim, acompanho também a permissão e a menção *egregia*.[46]

Saussure, que de fato só completaria 23 anos dali a nove meses, nunca viu esses relatórios. Isso é lamentável, pois poderiam tê-lo convencido de que seu trabalho não foi tão miseravelmente recebido em Leipzig quanto presumia. Ele poderia ter se divertido ao ler sobre suas "circunstâncias financeiras brilhantes", mesmo nunca tendo tido nenhum dinheiro além de uma mesada de seu pai. É claro que até mesmo um aristocrata decadente vive em uma situação econômica diferente daquela do pesquisador pobre, mesmo aquele cujos livros vendem tão bem quanto os de Curtius. Mais importante, no entanto, são as indicações desses relatórios de que teria recebido o doutorado pelo *Mémoire* se o tivesse apresentado. De fato, talvez a menção *egregia* tenha sido dada tanto para o *Mémoire* quanto para a tese, comparativamente modesta, sobre o genitivo absoluto em sânscrito.

A defesa oral foi realizada em 28 de fevereiro, e Édouard Favre, que compareceu a esse evento público, comentaria mais tarde: "Você pode adivinhar como ele passou nos exames; se ele não fosse tão modesto, os papéis poderiam ter se invertido: o jovem examinado poderia ter colocado na berlinda seus doutos examinadores".[47] Os examinadores, por unanimidade, concederam-lhe a menção *summa cum laude* pela defesa oral, além da *egregia* pela tese escrita.[48]

Naquela noite, talvez a única vez durante sua estada em Leipzig, Saussure convidou dois de seus colegas linguistas para o tipo de jantar a que estava acostumado em casas aristocráticas, embora não em restaurantes, com sua modesta mesada. Causou tamanha impressão em um de seus convidados, Brugmann, que o relembrou em detalhes quase 40 anos depois:

Na noite de sua defesa, Johann Baunack e eu fomos convidados por ele para um jantar requintado – apenas nós três – no Hotel Hauffe: havia um vinho tinto muito bom, e eu me lembro especialmente do tamanho dos aspargos fenomenais que comemos.[49]

Vimos no capítulo 6 que o *Gourmet's Guide to Europe*, de A. Bastard, de 1903, classificou o Hotel Hauffe como o segundo melhor lugar para se comer em Leipzig, e a primeira escolha de Bastard talvez ainda não tivesse sido inaugurada em 1880. Brugmann deve ter pensado que qualquer ressentimento da parte de Saussure já havia ficado para trás, e que ele poderia contar com a amizade e o apoio de um jovem de cujo gênio ele claramente nunca duvidou. Mas não era para ser. Um ano e meio depois, Brugmann não tinha mais notícias de Saussure. Ele ainda considerava o vínculo entre os dois forte o suficiente para fazer o gesto muito pessoal de convidar Saussure para seu casamento. Este, que estava no acampamento militar em Colombier na época, respondeu com afeto.

> Fico particularmente feliz por me encontrar entre os amigos a quem anunciou seu noivado. Por favor, saiba que compartilho inteiramente de sua felicidade e que será uma grande honra para mim, se algum dia eu for a Leipzig, ser apresentado à senhora sua futura esposa. Que vocês dois possam viver em boa sorte é o meu sincero e afetuoso desejo.[50]

Saussure nunca mais viu Brugmann, no entanto. Em 1914, Brugmann escreveu: "Ainda é estranho que, depois de deixar Leipzig para trás, ele tenha rompido todo contato (escrito, quero dizer, é claro) com Osthoff e comigo. Obviamente, ele não queria, sob nenhuma circunstância, parecer fabricado na Alemanha [...]".[51]

Claramente havia sentimentos feridos de ambos os lados e faltava compreensão sobre as razões de tais sentimentos.

À luz dos resultados portentosos concedidos a ele e dos gestos de amizade não correspondidos que Brugmann continuou a fazer, não podemos deixar de nos perguntar por que Saussure se sentiu tão vitimado. Quando uma pessoa eminentemente racional se comporta de uma maneira que parece irracional – e a desconfiança de Saussure em relação aos seus professores de Leipzig beira a paranoia –, deve-se procurar uma lógica subjacente. Nesse caso, um lugar para procurar pode ser Hofwyl. Foi a primeira instituição de ensino a que Saussure foi confiado, o primeiro lugar onde foi enviado para viver sozinho, longe da família. Mas os professores que deveriam cuidar dele falharam em protegê-lo das "coisas deploráveis" feitas a ele pelos meninos mais velhos. Isso pode tê-lo deixado com a sensação de desconfiança de todos, sobretudo de quem o deveria proteger. Para ele, o seio da sua família, ou de seu círculo estendido, era onde não se sentia vulnerável.

Conceder as mais altas honras a Saussure atesta a honestidade, imparcialidade e discernimento agudo dos professores de Leipzig que o examinaram. No entanto, o pesar que expressaram sobre a terceira parte de sua tese mostra que tinham pouca ideia de seu conteúdo. As notas que Saussure deixou sobre o tema mostram que suas ambições iam muito além do que poderia de fato ter alcançado em algumas dezenas de páginas.[52] Outra nota o mostra chegando finalmente à decisão de não escrever a Parte III.

> Não se poderia exigir de uma tese que tem por objeto o uso do genitivo absoluto em sânscrito que entrasse na discussão das possíveis origens dessa construção gramatical. Para <obter sobre esse ponto luz suficiente>, seria necessário estender a pesquisa <bem> além dos limites de um único idioma.[53]

Isso explica a mudança de título da tese (*Sobre o genitivo absoluto em sânscrito*) para o livro publicado (*Sobre o emprego do genitivo absoluto em sânscrito*). A palavra "emprego" o absolveu da necessidade de explicar a origem da construção.

Sob um olhar retrospectivo, parece óbvio que a Parte III só poderia ter sido uma expansão especulativa sobre o tipo de inferência feita por Whitney sobre a passagem do genitivo de posse para um genitivo de "abrangência geral". Uma especulação dessa ordem teria falhado no teste que o próprio Saussure registrou na página inicial do *Mémoire*, em que se tratava "não de especulações de ordem transcendente, mas da busca de dados elementares, sem os quais tudo flutua, tudo é arbitrário e incerteza". No entanto, explicações como a de Whitney eram o elementar de seus professores de Leipzig. Na análise de Saussure, na medida em que o genitivo absoluto produzia uma diferença de sentido em relação ao locativo absoluto, tudo o que, em última análise, importava sobre sua marcação de caso era que não era locativo. Qualquer outro caso teria funcionado bem da mesma forma – a *diferença* era o ponto principal.

Os arquivos de Saussure incluem material substancial que parece ter feito parte do processo de revisão da tese para publicação, que levou mais de um ano. Depois do *Mémoire*, qualquer coisa que ele produzisse seria um anticlímax. Houve pouca reação à tese; o esquecimento foi quase imediato. Ele tinha 23 anos quando o livro foi lançado, e foi o último livro que terminaria, apesar de ter empreendido vários outros nas décadas seguintes. Sua retirada para o silêncio profissional começou não depois da tese, mas ainda em seu desenvolvimento, com sua maneira lacônica e, acima de tudo, com o fantasma da Parte III.

A viagem à Lituânia

Após sua bem-sucedida defesa de doutorado, Saussure voltou a Genebra em 4 de março de 1880.[54] Suas seis semanas em casa foram planejadas para serem exclusivamente de férias. A experiência da tese não foi nem de longe tão traumática quanto a de finalizar o *Mémoire*, mas aquele verão de 1878 abalou gravemente seu espírito, e mesmo os esforços moderados desse último ano exigiram alguma recuperação. Além das visitas familiares, havia festas de caça, tardes jogando *croquet* com Dora, de 16 anos, e noites passadas com amigos no reformado Le Manille, jovens de seu círculo social que anteriormente se entregavam a jogos de azar, mas que agora limitavam-se ao *whist*.[55] Outras noites foram dedicadas a concertos, entre eles um de Camilo Savori, único aluno de Paganini; leituras no Athénée, como a do poeta e dramaturgo Jean Aicard, que Saussure encontrava em festa após festa nas noites anteriores ao evento; e palestras na Université, incluindo uma de Giraud-Teulon em 9 de abril.[56]

O único trabalho com que se ocupava era uma obrigação filial. Desde os 15 anos, ele passava parte dos domingos tomando ditado da correspondência de seu pai. Henri, agora alegando problemas de saúde, convocava-o para essa tarefa também durante a semana. Além da correspondência, Henri ditava fragmentos de artigos de jornal a respeito de uma polêmica sobre o nível das águas do lago de Genebra.[57] Ferdinand continuaria a fazer esse serviço para seu pai nos próximos anos. Talvez fosse algo que os unisse, apesar do aborrecimento ocasional de Ferdinand.

Seu registro militar mostra 19 de abril como o início de uma ausência autorizada de seis meses da inspeção de armas, indicando que estaria na Alemanha. Assim, foi por volta dessa data que regressou a Leipzig,[58] por dois motivos: para receber o diploma de doutoramento, atribuído em 13 de maio, e para consultar textos para revisões de sua tese. Saussure examinou meticulosamente o manuscrito, página por página, escrevendo adições e correções em um grande livro de registro, com cada página correspondendo a uma página do manuscrito da tese. A estada em Leipzig parece ter se estendido entre os meses de junho[59] e julho, quando trabalhou nas revisões. Embora ainda não tivesse comparecido oficialmente a uma reunião da Société de Linguistique de Paris, o registro de sua reunião de 12 de junho o mostra indicando (por correspondência) seu amigo Johannes Baunack como membro da Société, com Louis Havet como coindicador.[60]

Em julho, Saussure decidiu viajar à Lituânia com a intenção de fazer pesquisas sobre dialetos.[61] As viagens à Lituânia não eram incomuns para os indo-europeístas nesse período.[62] Como tantos outros, Saussure sentiu-se atraído exclusivamente pelo lituano como sendo as Galápagos da evolução linguística, onde, por quaisquer razões, as pressões que levaram à modernização das outras línguas da família não se aplicaram – pelo menos não naquelas partes do país onde o contato com o polonês e outras línguas vizinhas não havia apagado características antigas nos últimos tempos. Embora os registros mais antigos do lituano tivessem menos de 400 anos, eles pareciam dar uma visão mais direta da língua-mãe indo-europeia primitiva do que ocorria com qualquer das outras filhas.

O curso de lituano que Saussure havia feito em Leipzig sob a orientação de Leskien, autor de um livro recente sobre morfologia eslavo-lituana e germânica,[63] foi um dos poucos cursos que mais tarde reconheceu ter levado a sério.[64] A preocupação de Leskien com as mudanças de acento no desenvolvimento histórico do lituano estimulou um forte e permanente interesse sobre o tema por parte de Saussure. O lituano e o restante do ramo báltico compartilham muitas características com o eslavo, mas é imediatamente perceptível, ao comparar as conjugações de verbos ou declinações de substantivos lituanos com suas contrapartes eslavas, que o acento não cai na mesma sílaba. Por vezes a sílaba é a mesma, mas em muitos casos o acento recai sobre uma sílaba anterior ao que parece ser um padrão aleatório.

Além do local do acento, o lituano difere das línguas vizinhas ao marcá-lo não apenas pelo acento (aumento do volume), mas pela entonação (mudança de altura). Fridrichas Kuršaitis, um prussiano de ascendência lituana conhecido por Saussure por seu nome germanizado Friedrich Kurschat, começou em 1849 a publicar estudos descrevendo as entonações.[65] Ele ampliou essas descrições em sua gramática lituana de 1876, a principal fonte de informação de Saussure sobre o idioma na preparação de seu *Mémoire*.[66] Kurschat descreveu como a maioria das palavras lituanas tem uma sílaba (ou parte de uma) falada em uma altura maior à do resto da palavra. Esse acento de altura assume uma das três formas:

1. a voz sobe rapidamente quando começa a pronunciar a sílaba, e logo depois cai rapidamente e assim encerra a sílaba; tal sílaba tem sua vogal marcada na escrita com o acento grave (\`);

2. a voz sobe lenta e gradativamente até chegar ao final da sílaba, depois cai rapidamente; essa vogal é marcada com o acento circunflexo [ou um til] (^ ou ~);
3. a voz sobe bruscamente no início da sílaba, depois diminui gradativamente até chegar ao final da sílaba; essa vogal é marcada com o acento agudo (′).[67]

Esses três acentos não foram distribuídos igualmente: (1) ocorreu apenas em vogais curtas, e (2) e (3) apenas em vogais longas. Mas a distribuição do circunflexo e do agudo entre as vogais longas permanece um enigma.

Parecia natural para Kurschat adotar os acentos do grego antigo, que tinha seu próprio sistema de acentos de altura, mas teve o efeito de levar os linguistas a imaginar que os dois sistemas poderiam ser idênticos, havendo uma sobrevivência direta do acento indo-europeu primitivo.[68] Um dos muitos influenciados foi o linguista russo que primeiro discerniu um padrão na distribuição dos dois acentos de vogais longas. F. F. Fortunatov percebeu durante a leitura de Kurschat que, em lituano, *ir*, *il*, *im* e *in* tinham a entonação aguda quando correspondiam a palavras sânscritas historicamente relacionadas que continham uma vogal longa (*īr*, *īl*, *īm*, *īn*, ou depois de certos sons anteriores, *ūr*, *ūl*, *ūm*, *ūn*), mas uma entonação circunflexa quando suas contrapartes sânscritas comportavam a vogal curta *a* ou simplesmente a sonante *r̥*, *l̥*, *m̥*, *n̥* sozinha.[69] A correspondência era muito regular para que isso fosse uma coincidência. De maneira ainda mais confirmadora, o conjunto com os agudos lituanos e os longos sânscritos correspondia regularmente ao *ō* longo grego e ao ā longo latino. Vendo essas correspondências se estenderem por quatro ramos da família indo-europeia, asiática e europeia, e percebendo a entonação lituana como pró-étnica, Fortunatov concluiu que na língua-mãe esses dois conjuntos de palavras eram distinguidos pela altura, mas fora da Lituânia essa distinção havia se perdido, deixando como traço o comprimento da vogal.

Uma comparação cuidadosa dos dados logo mostraria que tal hipótese é improvável, e que ouvir as alturas no lituano não era como ouvir um cilindro fonográfico de vários milhares de anos atrás. Mas Saussure viu que a ideia de Fortunatov estava correta em um ponto crucial, ideia que mais tarde descreveu como "inteiramente nova e de um tipo inesperado".[70] A acentuação lituana pode não ser uma continuação direta das entonações antigas, mas também não surgiu *ex nihilo*. As distinções entre os acentos do lituano de fato apontam para uma continuidade com a língua-mãe indo-europeia, mas não se pode dizer o mesmo das distinções de entonação.

O sistema vocálico protoindo-europeu de Saussure incluía, em um estágio tardio, sonantes longas e curtas – tanto um ṝ quanto um ṛ. Saussure interpretou as correspondências de Fortunatov da seguinte forma:

	I-E primitivo		I-E pró-étnico		Sânscrito	Lituano
Conjunto 1	ṛ	→	ṛ	→	a / ṛ	ir̃
Conjunto 2	ṛ + ^{A}	→	ṝ	→	īr / ūr	ír

Observando apenas o sânscrito, não era evidente que os dois conjuntos remontassem a uma única diferença mínima, a saber, a ausência ou a presença de ^{A}. São os reflexos lituanos, com sua própria distinção mínima na entonação, que tornam isso aparente. Com esses conjuntos estabelecidos, o segundo conjunto ofereceu a prova que Saussure precisava para seu postulado sobre o ṝ longo pró-étnico e o ^{A} primitivo. Fortunatov deu, assim, suporte independente para as ousadas hipóteses de Saussure e, sem querer, revelou a Saussure como a entonação aguda lituana era a relíquia viva de seu ^{A} indo-europeu primitivo.[71]

Permaneceu sem solução a questão de como a vogal ^{A} poderia se tornar o traço distintivo entre a entonação aguda e a circunflexa. Aparentemente, antes de ler Fortunatov, Saussure havia notado uma anomalia na distribuição dos acentos lituanos sobre vogais longas dentro de sílabas internas (não as iniciais ou finais). O padrão geral era que o circunflexo recaía sobre aquelas que se originavam de uma vogal curta herdada ou de um ditongo começando com uma vogal curta. O agudo recaía sobre vogais longas herdadas (no sistema de Saussure, originalmente vogais curtas seguidas de ^{A}). Além disso, porém, havia um conjunto de palavras com ditongos internos à sílaba em que o circunflexo seria esperado, mas em vez disso havia um agudo. Em alguns casos, Saussure percebeu, havia palavras correspondentes em outras línguas, o que indicava que, no sistema original, esses ditongos também eram seguidos por um ^{A}. Quando o ^{A} desapareceu, teria deixado o efeito entoacional como seu rastro.

A ligação entre o ^{A} e o tom agudo parecia, portanto, razoavelmente bem estabelecida. No entanto, o trabalho de Kurschat estava cheio de anomalias e inconsistências no que diz respeito à acentuação, e essa foi provavelmente a principal lacuna que Saussure esperava preencher com seu trabalho de campo na Lituânia.

Em julho de 1880, o estudioso genebrino partiu de Leipzig para Memel (atual Klaipėda), a cidade mais setentrional do Império Alemão. A distância de Leipzig a Memel é quase precisamente a de Leipzig a Genebra, cerca de 725 km em linha reta. Memel ficava no topo do estreito corredor da costa lituana do Mar Báltico, que pertencia à Prússia desde 1815. O restante da Lituânia pertencia ao Império Russo. Com boas conexões ferroviárias via Berlim, viajar para Memel não deveria levar mais do que um dia inteiro, embora Saussure possa ter parado em Berlim para ficar com parentes no caminho.

Em 5 de agosto de 1880, um pedido oficial de passaporte prussiano para Saussure entrar na Lituânia russa foi emitido pelo embaixador Ziegler, com o carimbo "*Amt Paskalwen/Kreis Rágnit*" [Escritório de Paskalwen/Distrito de Rágnit].[72] O passaporte, emitido em 7 de agosto em Memel, diz: "O portador deste documento, o súdito prussiano Saussure de Genebra, doutor em filosofia, viaja a Kretinga na Rússia". Descreve-o como tendo 22 anos, 1,75 m de altura, cabelos loiros, olhos azuis e imberbe.[73] É surpreendente vê-lo descrito como um súdito prussiano; presumivelmente, ele tinha direito ao título devido ao *status* de sua mãe como burguesa de Neuchâtel, embora seu governo pelo rei da Prússia tenha terminado sete meses antes do nascimento do próprio Saussure. Provavelmente foi uma questão de conveniência administrativa, com o governo prussiano, e não o suíço, assumindo a responsabilidade por seu bem-estar e suas atividades durante a estada na Lituânia.

Saussure usou o verso do passaporte para registrar algumas notas de campo. A metade direita está coberta com palavras lituanas escritas a lápis e uma nota: "mas tudo isso é de um sujeito vindo do fundo do Haff". O Curisches Haff, ou Laguna da Curlândia, é o golfo que forma a costa ocidental da Lituânia e é separado do Mar Báltico a oeste por uma faixa de terra muito longa e estreita. A Península de Sambia, no fundo (ao sul) do Haff, fazia parte da Prússia Oriental e era a última área onde o prussiano antigo ainda era falado antes de desaparecer no final do século XVIII – portanto, não era uma área onde tradicionalmente se falava a língua lituana.

O "26 1880" estampado no verso do passaporte indica que deixou a Lituânia Russa em 26 de agosto.[74] Isso está de acordo com seu registro militar, que coloca seu retorno da Alemanha em 27 de agosto. No dia 31 teve que se apresentar no acampamento militar de Colombier para duas semanas e meia de treinamento, ao final das quais foi promovido ao posto de caporal, antes de retornar a Genebra.

Sua experiência de campo na Lituânia não foi proveitosa. As notas sobreviveram, mas nenhuma delas foi incluída em nenhum de seus trabalhos posteriores sobre essa língua. A razão surge em alguns de seus manuscritos sem data.

> Com efeito, não há observador estrangeiro capaz de descobrir a entonação lituana: pode-se, depois de ser informado sobre ela, apreendê-la, retificá-la <tanto quanto se queira;> – não se pode carregar nessa floresta virgem o primeiro machado, sem se ter nascido lituano.[75]
> Deixo de lado toda a dificuldade que um ouvido estrangeiro tem em captar esse acento, estou supondo uma <orelha> perfeita e ideal: mesmo assim, o observador acharia impossível obter uma ideia geral do acento. É que seria preciso comandar <[ilegível]> a totalidade das palavras, <[ilegível]> de suas formas inflexionais para <arriscar> uma única palavra dessa acentuação. O observador estrangeiro <que se reduz a perguntar a outro em vez de se interrogar> nunca obterá nada mais do que uma imagem fragmentária do confuso [ilegível] desse acento.[76]

Como seu pai diria em carta, a Lituânia não é um lugar para onde se vai duas vezes. O lituano continuaria a figurar no centro dos interesses de pesquisa de Saussure pela próxima década e meia, mas, como mencionado acima, as formas linguísticas com as quais trabalhou continuaram a ser extraídas da literatura publicada e não de sua breve visita.[77]

Rumo a Paris

Após seu retorno de Colombier a Genebra em meados de setembro, Saussure não teve pressa de estar em Paris quando o ano letivo começou. Passou dois meses desfrutando do ambiente familiar de sua cidade natal. Em 24 de novembro de 1880, teve início seu afastamento das obrigações militares que lhe foi outorgado pelo período de um ano e, no final do mês, se instalou em Paris.[78] Saussure continuou a trabalhar nas revisões de sua tese, enquanto também assistia a aulas na École des Hautes Études, onde Bréal estava no comando, na Faculté des Lettres da Sorbonne e no Collège de France, onde Bréal também ocupava uma cadeira.[79] Além disso, frequentava o curso de Havet sobre fonologia latina, o de Arsène Darmesteter sobre fonologia românica e o de Bergaigne sobre sânscrito, todos na École, além do curso de Gaston Paris sobre francês antigo no Collège de France.

Mais uma vez, assim como em seus estudos em Genebra e Leipzig, Saussure também fazia cursos fora da linguística. Um deles estava no auge: um curso de epigrafia ministrado pelo historiador Ernest Desjardins.[80] Frequentava também cursos de Albert Reville, teólogo e figura de destaque do protestantismo liberal,[81] e do filósofo e historiador literário Elme Caro, cujas aulas o interessavam tanto a ponto de cursá-las, apesar de um choque parcial de horário com o curso de Michel Bréal às segundas-feiras.

O professor Caro é de especial interesse como um dos elos perdidos no desenvolvimento do pensamento linguístico de Saussure. Foi um dos "imortais" da Académie Française, eleito em 1874 em detrimento do candidato rival, Taine, que teria de esperar mais quatro anos para ser eleito para outra cadeira vaga. Como filósofo, Caro fazia uma oposição "espiritualista" ou cristã ao positivismo e era visto como um herdeiro intelectual de Victor Cousin, mentor de Adolphe Pictet. Como historiador literário, dois de seus interesses particulares eram George Sand e Germaine de Staël.[82] Sua pesquisa sobre Staël o levou a Coppet, onde pode ter sido apresentado a Saussure pelo descendente de Staël e seu herdeiro literário Gabriel Othenin de Cléron, Conde d'Haussonville, que estava trabalhando em um estudo sobre o salão literário de Albertine Necker de Saussure.[83] Os escritos filosóficos de Caro fornecem sua ligação intelectual mais direta com Saussure: uma extensa resenha do livro de Victor Egger de 1881 sobre a fala interior. Como a resenha em si apareceu só no ano seguinte, ela ficará guardada para o próximo capítulo.

Saussure é finalmente registrado como participante de sua primeira reunião da Société de Linguistique em 4 de dezembro de 1880. Essas reuniões, que seriam uma característica regular de sua vida na década seguinte, aconteciam quinzenalmente aos sábados à noite, das 20h30 às 22h, por vezes até as 22h15. Sua participação começou agitada, dando uma palestra sobre a etimologia de *Agamemnōn*, e foi também nomeado para a comissão tripartite para verificar as contas da Société.[84] Quando, porém, o relatório da comissão – escrito por Saussure como seu secretário – foi lido na reunião seguinte, em 18 de dezembro, ele não estava presente.[85]

Seu breve artigo sobre *Agamemnōn* foi publicado nas *Mémoires* da Société em 1881.[86] É bastante diferente de tudo o que publicou antes, por se tratar da origem de uma única palavra. Entretanto, como mencionado no capítulo 6, Saussure havia enviado um artigo contendo várias etimologias para a Société quatro anos antes, que foi lido em três reuniões no início de 1877. O novo texto sugere que as duas últimas sílabas do nome devem ter sido originalmente *-menmōn*, relacionando-o a um grupo de substantivos compostos possessivos que terminam em *-mōn*. Por uma lei fonética grega, seria de esperar que *-menmōn* se tornasse *-emmōn*, mas, antes que isso pudesse acontecer, a dificuldade de articular MeNMoN fez com que "o *n* e o *m* mediais mudassem de lugar para se aproximar do som do mesmo órgão que os atraiu". A mudança de *nm* para *mn* significa que a lei fonética *nm* → *mm* não se aplica a essa palavra.

É uma boa explicação, mas contraria o espírito de seu *Mémoire*, em que defende uma contradição *ad hoc* em relação a uma lei fonética baseada não na analogia, mas no detalhe fonético articulatório. Se Saussure sentiu que era algo que agradaria a Société, estava certo. Uma palestra com o nível de complexidade do *Mémoire* poderia ter prejudicado seu objetivo de se encaixar no cenário linguístico parisiense.

Em janeiro de 1881, duas pessoas que mais tarde seriam importantes na vida pessoal e profissional de Saussure surgiram no horizonte. Na reunião da Société em 8 de janeiro, o "Sr. Henry, bibliotecário da cidade de Lille" (na verdade, de sua faculdade de direito) foi indicado a membro.[87] Tratava-se de Victor Henry, formado em direito, mas cujo coração estava na linguística, que praticava como amador. Além de sua sólida formação em línguas clássicas, foi autodidata. Sete anos mais velho que Saussure e sem a precocidade do jovem, Henry não seria, na visão de Saussure, alguém que emergisse como seu rival profissional.

Naquele mesmo mês, Saussure recebeu um convite para visitar a casa de Arthur Mallet, um rico banqueiro genebrino-parisiense cuja esposa Anna, nascida Rougemont, era prima em primeiro grau de Louise de Saussure. Os Mallet, que Saussure não conhecia bem, viviam em um grande castelo em Jouy-en-Josas, no extremo sul de Paris.[88] No dia marcado, 20 de janeiro, a temperatura era congelante, e Saussure fez questão de partir com bastante tempo para a viagem a Jouy-en-Josas em um ônibus puxado por cavalos. Foi uma viagem de três quartos de hora, embora hoje, por causa do trânsito, possa demorar quase o dobro. Saussure chegou na hora marcada. No portão de entrada, o porteiro pareceu surpreso com sua chegada, e, na porta, os olhos do mordomo se arregalaram positivamente ao ver sua refinada gravata branca. Ele informou ao jovem que os Mallet estavam jantando tranquilamente e não esperavam visitas naquele dia, nem nos dias seguintes.

Saussure ficou perplexo e chateado com o tratamento dispensado a ele. Em Genebra, quaisquer que fossem as circunstâncias, ele teria sido recebido calorosamente e conduzido à sala de jantar para se juntar a seus primos em sua refeição, ou pelo menos *Monsieur* ou *Madame* Mallet teriam descido para falar com ele. Ao voltar para casa, olhou novamente para o convite: "Li muito claramente: *Monsieur* e *Madame* Arthur Mallet solicitam etc. para quinta-feira, 20 de janeiro. Eu me belisco para saber se estou realmente acordado! Eu estava e fui para a cama sem uma explicação para o mistério".

Duas noites depois ocorreria a reunião de sábado da Société. Henry foi nomeado membro, e Saussure deu uma palestra sobre o acusativo védico *pan-*

thám [o caminho] e a raiz da qual deriva, com comentários seguidos por Léger e Havet. Saussure, por sua vez, comentou as falas etimológicas de Havet e Bréal.[89]

Enquanto isso, Saussure descobriu o que havia acontecido com os Mallet. Entre o recebimento do convite e o dia da visita, ele havia se mudado de sua primeira acomodação temporária para residir na rue Gay-Lussac, 33, onde viveria pelo próximo ano e meio. Os Mallet sabiam disso, mas nesse ínterim enviaram o convite para seu antigo endereço:

> No dia seguinte, encontrei em meu antigo hotel um bilhete dizendo que o jantar havia sido postergado por 8 dias. Meu novo endereço foi perdido [...] muito cômodo para mim. Esta noite tenho que reiniciar todo o sistema; eu ficaria feliz em rejeitá-lo se fosse possível.

Foi como um tapa na cara, semelhante ao primeiro convite de Horace-Bénédict para o salão de Suzanne Necker, que não se estendeu a sua esposa e ao resto de seu entorno "provinciano". Mas a *nobreza obriga*, e na quinta-feira, 27 de janeiro, Saussure retornou a Jouy-en-Josas para o jantar adiado. Ele ficou feliz por ter perseverado. *Madame* Mallet não era apenas uma prima. Ela e o marido eram pessoas que poderiam dar-lhe uma entrada na alta sociedade parisiense. E, em um nível mais pessoal, Saussure ficou encantado com seu círculo familiar, principalmente com sua filha de 14 anos, Noémi.

Embora ainda ocupado com as revisões de sua tese, frequentando cursos e preparando seus próprios trabalhos para a Société, Saussure escreveu um resumo para o trabalho de seu amigo de Leipzig, Baunack, sobre os pronomes pessoais indo-europeus. Ele o leu para a Société, em 5 de fevereiro,[90] e foi bem recebido ao ponto de fazer uma tradução completa do artigo para o francês, na qual acabou gastando pelo menos três meses.[91]

Em 15 de fevereiro, Saussure matriculou-se como aluno na École des Hautes Études. Participou de um seminário ministrado por Havet, no qual, de acordo com o relatório de fim de ano de Havet à Faculdade, Saussure fez muitas exposições "da maneira mais distinta".[92] Assistiu também às aulas de James Darmesteter, um protegido de Renan e o mais eminente orientalista francês de sua geração.[93] Além de tomar notas copiosas sobre o conteúdo das aulas, o genebrino anotou coisas que o impressionaram no francês que os parisienses falavam. Por exemplo:

> *damné* [amaldiçoado]. J. Darmesteter o pronuncia *dãné* (com um *a* aproximando-se de um *o* fechado)
> *drogue* [droga]. J. Darmesteter o pronuncia com um *o* muito longo e elevado.
> [...] L. Havet pronuncia *appendice* [apêndice] como *appĕdice* e não (francês padrão) *appădice*.[94]

Na reunião de 5 de março da Société, Bergaigne apresentou um artigo que incluía algumas considerações sobre raízes dissilábicas. Saussure ofereceu comentários, que acompanhou na reunião seguinte, no dia 19, com um conjunto de observações mais formais.[95] Esse foi um evento marcante para ele. Uma das principais propostas do *Mémoire* havia sido adotada por um importante membro do professorado parisiense. A nomeação de Saussure para o comitê de finanças em dezembro já mostrava que estava sendo tratado de forma diferente de outros membros mais jovens, e isso foi confirmado em 2 de abril, quando foi delegado, junto com outros três, para representar a Société na reunião anual de sociedades científicas na Sorbonne, a convite do Ministro da Educação Pública.[96]

De volta a Genebra, seu pai também se deleitava em glória, trocando cartas com Charles Darwin, a quem enviara algumas amostras e uma cópia de um de seus livros.[97] Henri veio a Paris para ficar com Ferdinand, trazendo consigo Léopold, agora com quase 15 anos. Aos 12 anos, Léopold decidiu seguir carreira na marinha e aos 16 entraria na Borda, a Academia Naval de Brest, na Bretanha.[98] Sua carreira exigia que obtivesse a cidadania francesa, o que era perdoável, de acordo com sua necrologia no *Journal de Genève*, já que era um marinheiro nato, e uma das poucas coisas que a Suíça não tem é uma marinha. Ferdinand ficou feliz ao descobrir que a saúde do pai melhorou em relação ao ano anterior e passou o máximo de tempo que pôde com ele e seu irmão.[99]

Durante a primavera e o verão, Ferdinand seguiu sua rotina de aulas e reuniões da Société enquanto completava as revisões substanciais de sua tese.[100] Se ele tentou convencer algum editor de Paris a publicá-la, não obteve sucesso. A tese foi impressa por Jules-Guillaume Fick, de Genebra, novamente com Saussure arcando com os custos de publicação. Foi por volta de abril, pode-se presumir, que o livro ganhou a prensa, a julgar por uma menção em sua correspondência que diz ter sido "pressionado pelo impressor".[101] Ele também o submeteu à Faculdade de Letras da Universidade de Genebra para a concessão do grau de *docteur ès lettres*, que lhe foi concedido em 1881.[102]

Sua agenda social continuou muito cheia e, novamente, como em Leipzig, quase exclusivamente com os representantes do círculo genebrino de sua família que residiam em Paris ou que estavam de passagem. Raramente passava as noites na companhia de seus colegas linguistas, exceto nas reuniões quinzenais da Société aos sábados. Escrevia regularmente a Albertine e a outros membros da família – embora, talvez sem se dar conta, com menos frequência à mãe, cujo estado de nervos permanecia inalterado. Ela o repreendeu pelas cartas enviadas que simplesmente relatavam o que fazia. É verdade que suas cartas muito mais pessoais a Albertine expressavam seus sentimentos e sua personalidade de uma forma que as cartas a Louise não expressavam. Obviamente o relacionamento deles era diferente, mas Saussure fez um trabalho admirável para tranquilizá-la.

> Querida mamãe,
> É verdade que nossa correspondência diminuiu enquanto papai e Léopold estavam aqui; naquela época, eu estava bastante pressionado pelo impressor e, além disso, queria passar o máximo de tempo possível com eles. [...]
> No domingo passado, nos divertimos muito assistindo às corridas de cavalos em Longchamp pela módica soma de um franco. – Mas aqui estou eu escrevendo um monte de bobagens, como você me censura levemente por fazer em sua carta. O que você espera? É preciso fazer a pequena crônica diária. Você imagina que minha vida, como a de nós todos, é tão cheia e tão ativa que devo estar escondendo algo de você quando não digo nada? Minhas ocupações? Mas eu raramente acharia alguma delas digna de ser comunicada a você. Quando Horace escreve: estou começando meu retrato, estou trabalhando em uma paisagem, notei algo sobre os procedimentos de Ruysdaël, isso significa algo para todo mundo. Infelizmente, se eu disser a você: dediquei essas últimas semanas a um estudo aprofundado das raízes dissilábicas em *-êvi*, ou melhor, não tenho conseguido fazer nada ultimamente porque tive que traduzir ao francês um artigo do Sr. Baunack, ouso dizer que isso tudo seria bastante indiferente para você. Não sei por que você supõe que não está em meus pensamentos, que esqueço o que lhe devo, que me preocupo pouco com a família, ao passo que, ao contrário, em meio às ideias turvas em que estou mergulhado, vocês são um raio de sol contínuo.[103]

O que as "ideias turvas" de Ferdinand envolviam, não sabemos, mas podemos presumir que sua mãe tinha uma boa noção disso, já que ela e o marido eram propensos à depressão. Parte disso, sem dúvida, foi sua amarga decepção com a rejeição contínua de seu trabalho pelos linguistas alemães, exceto Baunack, a quem era ainda mais devotado por causa disso. Na reunião da Société em 14 de maio, ele leu parte de sua tradução do artigo de Baunack sobre os pronomes pessoais indo-europeus[104] e, em 28 de maio, proferiu a palestra mencionada na carta à mãe, dedicada a uma classe de raízes "aryo-europeias" em *eiua* (ou *-êvi*), cujo breve resumo foi impresso no *Boletim*.[105]

Saussure ficou em Paris até o final de julho, retornando a Genebra em 3 de agosto, segundo seu registro militar. Uma semana depois, teve que se apresentar em Colombier para a terceira etapa da Escola de Recrutas, bem como para o curso de Oficiais, que durou até 1º de outubro. Em seguida, retornou imediatamente para Paris. Isso significava que 1881 foi o primeiro ano de sua vida em que não passou um longo período em Genebra. Foi, porém, um assunto importante que antecipou seu regresso a Paris. Michel Bréal tinha-lhe oferecido a sua primeira indicação acadêmica, como *maître de conférences* (um dos primeiros cargos da docência universitária) na École des Hautes Études.

École Pratique des Hautes Études

Fundada em 1868, a École Pratique des Hautes Études foi a tentativa de Napoleão III de colocar as universidades francesas em pé de igualdade com as instituições alemãs. É uma universidade *sans murs*, sem muros, uma instituição "virtual" sem *campus* próprio, parte integrante da Sorbonne, a medieval Universidade de Paris. Cada grande período histórico viu sua própria sobreposição na estrutura original: no Renascimento, o Collège de France, criado em 1530 por François I; na época revolucionária, as Écoles Polytechniques, fundadas por Napoleão. Cada uma dessas instituições continuou à medida que novas camadas de estrutura universitária e de pós-graduação foram adicionadas. Ainda é a cadeira no Collège de France que detém o maior prestígio, e a que os melhores acadêmicos aspiram como uma honra, ao contrário de uma cadeira na Académie Française, que meros mortais podem alcançar.

A École era originalmente composta por quatro seções, a primeira dedicada à matemática, a segunda à física e à química, a terceira às ciências naturais e a quarta à história e à filologia. A última ainda hoje é conhecida como "Seção IV", embora seja uma das três seções remanescentes na École, as duas primeiras tendo sido separadas após a Segunda Guerra Mundial, e uma nova seção sobre ciências religiosas adicionada.

Bréal era uma figura pública proeminente, nomeado na École e no Collège. Ele era tão dedicado à sua carreira como um político acadêmico quanto ao ensino e à erudição. Sua nomeação em 1879 como Inspetor-Geral do Ensino Superior deu-lhe grande poder, mas também era uma responsabilidade em tempo integral, o que significava que seria dispensado de suas funções como professor de gramática comparada na École des Hautes Études. Essas foram as funções que convidou Saussure a assumir. Um processo de indicação e nomeação pelo Conselho da Seção IV teve que ser feito, embora, em vista da posição de Bréal, fosse pouco provável que sua escolha pessoal pudesse ser rejeitada.

Havia, no entanto, três dificuldades. Uma era da idade de Saussure. Ele ainda tinha 23 anos, e, embora Horace-Bénédict fosse um ano mais novo quando nomeado para uma cadeira na Académie de Genève, não estavam mais em 1762. Estavam na Paris da Terceira República, produto da humilhante derrota de 1870-1871, fundada em um forte senso de nacionalismo – e Saussure não era cidadão francês. Havia um obstáculo legal para empregar estrangeiros em instituições públicas, ainda que, para um posto de nível relativamente baixo, como *maître de conférences*, os burocratas pudessem ser persuadidos a fazer vista grossa, dada uma justificativa razoável para a nomeação. Para qualquer honra ou cargo mais proeminente, obter a cidadania francesa era um requisito formal. Foi em 1881 que o único imortal nascido na Suíça, Victor Cherbuliez, foi eleito para a Académie Française, um ano após a sua naturalização.

O terceiro complicador era que a proposta de Bréal não era exatamente que Saussure o substituísse em suas aulas de gramática comparada, mas que essas aulas fossem substituídas por um curso de alto-alemão antigo e gótico, a mais antiga língua atestada da família germânica, e que Saussure se encarregaria delas. Não era a área de estudo mais óbvia para o genebrino, depois de uma tese de doutorado sobre sânscrito; nem as línguas germânicas aparecem com destaque especial no *Mémoire*. Ele tinha mais experiência em grego e latim e um interesse mais profundo nas línguas balto-eslavas, sobretudo o lituano. A única indicação de um interesse particular nas línguas germânicas antigas é que ele é atraído pelos épicos dos Nibelungos. Tampouco houve grande demanda estudantil. A principal consideração pode ter sido mostrar que Saussure poderia preencher uma lacuna que nenhum dos palestrantes ou professores existentes poderia cobrir, simplesmente para justificar sua contratação.

A École tinha uma cadeira de sânscrito, ocupada pelo idoso e relativamente indistinto Eugène Louis Hauvette-Besnault. A gramática comparada era o campo não apenas de Bréal, mas também de Abel Bergaigne na Sorbonne, que também lecionava sânscrito lá. As línguas clássicas foram abordadas na École por Louis Havet. A linguística românica pertenceu a Gaston Paris e Paul Meyer. O céltico, o eslavo e o balto-eslavo talvez estivessem fora do alcance de Saussure, visto que não falava nenhuma língua desses ramos, por melhor que fosse seu conhecimento filológico. Alemão, ele falava e escrevia bem, graças a

Hofwyl e Leipzig, e seu inglês era razoável. Era escandaloso que Paris tivesse tão pouca presença na linguística germânica, quando a Alemanha era tão forte nos estudos românicos. Os alunos de Saussure vieram predominantemente da Alemanha, da Áustria e da Alsácia-Lorena.[106]

A proposta de Bréal foi aceita pelo Conselho da Seção IV em sua reunião de 30 de outubro de 1881.[107] Havet falou a seu favor. O Conselho aceitou por unanimidade, e Léon Renier, presidente da Seção, enviou sua recomendação ao Ministério com a observação de que "o Sr. de Saussure, embora ainda jovem, [é] já muito famoso e altamente estimado no mundo acadêmico".[108] Quanto à sua nacionalidade, Renier assegurou ao Ministério que, "tendo nascido em Genebra de refugiados franceses, bastaria fazer uma declaração na *Mairie* (Prefeitura) para recuperar a nacionalidade francesa", acrescentando que tinha um irmão a servir na marinha da França. O Ministério aceitou a recomendação do Conselho, e a nomeação foi oficializada em 5 de novembro.[109]

Saussure teve que pedir à irmã Albertine que vasculhasse seus papéis para encontrar seus diplomas e os mandasse para Paris, pois eram necessários para o processo de nomeação. Havia apenas dois, seu bacharelado em Genebra e seu doutorado em Leipzig, ou três, se ele incluísse também o doutorado em Genebra. Mas a organização de seus papéis já havia atingido um estado lamentável.

> Certamente haverá um bom trabalho a ser feito nas gavetas cheias de papéis que você mencionou, mas até o próximo verão eles podem dormir em paz sem incômodos. Aceito sua oferta de colocá-los em ordem e sou muito sensível a isso, mas faremos isso juntos durante minhas férias, porque é necessário que eu esteja lá para categorizar as coisas como as entendo e saber a que os diferentes papéis se relacionam, embora eu tenha toda a confiança, como você sabe, no cuidado que você tomaria.[110]

Isso é portentoso. Na verdade, Saussure jamais se daria ao trabalho de organizar seus papéis. O resultado seria que grande parte deles ficaria escondida por décadas, uma confusão sem fim, após sua morte, para estabelecer o que e quando foi escrito.

O patriotismo que ligava Saussure a Genebra e à Suíça o impedia de aceitar com tranquilidade uma mudança de cidadania. Esse patriotismo foi compartilhado por seu tio Théodore, enquanto Henri, eternamente frustrado com seus fracassos, culpou aqueles ao seu redor e ficou amargurado com sua república natal. Sua maior esperança de vingança e expiação era que seu filho se tornasse a estrela mais brilhante do firmamento intelectual, não de Genebra, mas de Paris. Nada deve impedir isso – certamente não um mero sentimento nacionalista. Louise não se sentia diferente. Seus próprios pais foram desprezados pela aristocracia genebrina, e sua família foi bem servida por uma tradição de séculos de transferência de cidadania e lealdade, sem nenhum sentimentalismo, por questões práticas.

A única pessoa em quem Ferdinand se sentia capaz de confiar era sua tia Adèle, cuja capacidade de dominar suas próprias emoções e agir como pacificadora a tornara chefe de fato da família. Adèle respondeu ao sobrinho com a simpatia e o bom senso que lhes são próprios.

> Meu querido menino,
> [...]. Fique muito tranquilo – não falarei com seus pais – sobre esse assunto, que é bastante doloroso para nós, mas entendo que nossa maneira de o enxergar só pode complicar e entristecer as coisas para todos vocês [...]. Permiti-me dizer-lhe algumas palavras para que, em nenhum caso, tome uma decisão levianamente. Você não é mais uma criança – e certamente as *preferências*, como você diz, não devem ser atendidas em detrimento de considerações sérias. Mas então você tem idade suficiente para ter sentimentos pátrios de nacionalidade que podem ser mais ou menos vivazes e separados de outras considerações. [...]
> Não há pressa – se a França precisar de você, você pode prestar seus serviços a ela e assumir um cargo sem entregar-lhe imediatamente sua nacionalidade. – O tempo esclarecerá as questões e as ideias – você não deve se precipitar nas coisas, e o que me assusta um pouco é que seu pai está neste momento em uma fase de grande irritação e desânimo com a Suíça e com Genebra – e, bem, eu não desejaria que o que é apenas um estado de *impressões* nele influenciasse decisões que podem refletir sobre toda a sua vida. Você me entende, tenho certeza – e peço que guarde *para você* o que lhe escrevo.
> Conte sempre com meu amor e tenha certeza de que sempre tentarei acalmar as emoções de todos e ajudá-lo no caminho que você acredita que deve trilhar.[111]

Ferdinand seguiu o conselho de sua tia. Ele nunca mudou de nacionalidade. Isso significava que, dentro da École, seu *status* deveria ser deixado ambíguo. Embora fosse chamado de *maître de conférences* nos relatórios publicados da Seção IV e em alguns documentos oficiais, no que diz respeito ao escritório de contabilidade, ele não ocupava um cargo, mas apenas desempenhava funções específicas pelas quais recebia não um salário, mas uma "indenização".[112] Era de 2 mil francos por ano durante o primeiro ano, igual ao salário inicial para o maior posto de diretor de estudos, uma indicação de quanto o jovem era valorizado. Por outro lado, era insuficiente para o vestuário e outras despesas de quem frequentava os salões e festas da aristocracia.

A nomeação de novembro deixou Saussure com apenas seis semanas para se preparar para sua primeira experiência de ensino. Havia muito o que fazer.

Notas

1 Sobre a datação, ver n. 11 do capítulo 7.

2 As informações sobre a vida de Max em Berlim são de uma carta de Blanche Naville, Montchoisy, Genebra, para FdS, Leipzig, 22 de dezembro de 1876 [ano determinado por evidências internas], AdS 366, ff. 151-152. Ver também: Alexandre de Pourtalès, Neuchâtel, para FdS, Berlim, 11 de fevereiro de 1879, AdS 366, ff. 187-188: "Estou muito grato também pelas notícias diretas que você me dá sobre minha família e sobre Max em particular e vejo com prazer que você está passando um pouco de tempo com os amigos de meus filhos".

3 FdS registrou seus compromissos sociais para o final de janeiro e o início de fevereiro de 1879, AdS 369/4, f. 13.

4 Ver: FdS, Genebra, para Karl Brugmann, Leipzig, 29 de junho de 1879 (em: VILLANI, P. "Documenti saussuriani conservati a Lipsia e a Berlino". *Cahiers FdS*, vol. 44, 1990, pp. 3-33 (pp. 13-14)).

5 Ver: BUSS, M.; GHIOTTI, L. & JÄGER, L. "Lettres de Leipzig (1876-1880)". *In*: BOUQUET, S. (ed.). *Ferdinand de Saussure*. Paris, L'Herne, 2003, pp. 442-472 (p. 468).

6 Whitney, W. D. *Sanskrit Grammar, including both the Classical Language, and the older Dialects, of Veda and Brahmana*. Leipzig, Breitkopf & Härtel, 1879. Versão alemã: *Indische Grammatik, umfassend die klassische Sprache und die älteren Dialekte*. Trad. Heinrich Zimmer. Leipzig, Breitkopf & Härtel, 1879. O editor havia proposto o projeto a Whitney durante sua breve visita a Leipzig em junho de 1875.

7 Alexandre de Pourtalès, Neuchâtel, para FdS, Berlim, 11 de fevereiro de 1879, AdS 366, ff. 187-188. Infelizmente não se sabe o paradeiro da carta de FdS.

8 A descoberta desse encontro foi anunciada pela primeira vez por John E. Joseph, em "Saussure's Meeting with Whitney, Berlin, 1879" (*Cahiers FdS*, vol. 42, 1988, pp. 205-214); uma versão revisada faz parte do capítulo 2 de John E. Joseph, *From Whitney to Chomsky: Essays in the History of American Linguistics* (Amsterdam/Philadelphia, John Benjamins, 2002). O artigo e o capítulo consideram outras ocasiões possíveis entre 28 de março e 1º de abril, quando os dois homens podem ter se encontrado, mas a visita de Whitney a Zimmer no dia 28, registrada em seu diário, parece mais provável.

9 FdS, Genebra, para William Dwight Whitney, 7 de abril [1879], Yale University Library, W. D. Whitney Family Papers, Caixa 28, Arquivo 791 (em Joseph, 1988, p. 214;2002, p. 46). Acrescentado a lápis por outra mão, após a saudação: "[WDW]". Acrescentado à tinta por um terceiro, lateralmente na margem: "F. de Saussure, Genebra, 7 de abril de 1879".

10 Registrado no diário de Whitney como ocorrendo em 4 de abril.

11 Sechehaye, A. "Les problèmes de la langue à la lumière d'une théorie nouvelle". *Revue philosophique*, vol. 84, 1917, pp. 1-30 (p. 9). Quarenta anos depois, Godel (*Les sources manuscrites du Cours de Linguistique Générale de F. de Saussure*. Genève, Droz, 1957 (p. 33)) contestaria as

declarações de Sechehaye, argumentando que o "sem dúvida" indica uma conjectura de Sechehaye, e não provém de informações obtidas diretamente de FdS, e que as preocupações epistemológicas de FdS realmente pertencem a um período posterior. Mas De Mauro (*Cours de Linguistique Générale*. Edição comentada. Paris, Payot, 1972) ficou do lado de Sechehaye contra Godel, observando que as obras de Whitney eram de fato extremamente conhecidas e respeitadas nos círculos linguísticos alemães.

12 Whitney, W. D. *Language and the Study of Language: Twelve Lectures on the Principles of Linguistic Science*. New York/London, C. Scribner/Trübner, 1867 (p. 35).

13 Müller, F. M. *Lectures on the Science of Language, delivered at the Royal Institution of Great Britain in April, May, and June, 1861*. London, Longman, Green, Longman & Roberts, 1861 (pp. 36-37).

14 Whitney, 1867, p. 35.

15 Adèle dS, Genebra, para FdS, Paris, 6 de dezembro de 1879, AdS 366, ff. 224-226.

16 De um esboço de *curriculum vitae* escrito para a versão final da tese de doutoramento de FdS, 1880, AdS 374/1, f. 6.

17 Ver: FdS, Genebra, para Albertine dS, Roma, 30 de abril de 1879, AdS 396/3, ff. 5-6, que descreve "uma noite musical com *Mlle*. Gérard e Doekert Jr. como as estrelas, que foi bem frequentada".

18 FdS, Genebra, para Karl Brugmann, Leipzig, 29 de junho de 1879 (em Villani, 1990, pp. 13-14). A resenha está em *Literarisches Centralblatt für Deutschland*, vol. 24, 14 de junho de 1879, pp. 773-774.

19 Ver "Möeller e as laríneas", no capítulo anterior. De Mauro (1972, p. 296) considera que a experiência de uma crise por volta de 1880 foi confirmada "pelo menos por sua parte (e por Karl Verner) pelo próprio Möller", na obra de Möller *Semitisch und Indogermanisch*, Teil 1: *Konsonanten* (Copenhague, H. Hagerup, 1906 (pp. viii-ix)).

20 "Allocution de M. Édouard Favre, Président de la Société d'Histoire et d'Archéologie de Genève". *In*: Maride dS (org.). *Ferdinand de Saussure* (1857-1913). Genève, Imprimerie W. Kündig, 1915, pp. 27-34 (p. 30).

21 G. G. e J[ean] D[ebrit]. "Une gloire genevoise qui s'en va ". *A.B.C.*, Genève, 25 de fevereiro de 1913.

22 J[ean] D[ebrit]. "Dernière heure: autour de la mort de F. de Saussure". *A.B.C.*, Genève, 26 de fevereiro de 1913 (p. 5).

23 A fonte das informações sobre sua estada em Paris é uma carta de Adèle dS, Genebra, para FdS, Paris, 6 de dezembro de 1879, AdS 366, ff. 224-226.

24 "Allocution de M. le professeur Francis de Crue", *In*: Maride dS (org.). *Ferdinand de Saussure* (1857-1913). Genève, Imprimerie W. Kündig, 1915 (p. 21).

25 FdS, Leipzig, para Albertine dS, Cannes, 2 de janeiro de 1880, AdS 396/3, ff. 7-8.

26 FdS, Leipzig, para Albertine dS, Cannes, 21 de janeiro de 1880, AdS 396/3, ff. 9-10.

27 Archibald Henry Sayce, Queen's College, Oxford, para William Dwight Whitney, 17 de novembro de 1879, Biblioteca da Universidade de Yale, W. D. Whitney Family Papers, Caixa 29, Arquivo 819.

28 Villani, 1990, p. 10.

29 FdS. *De l'emploi du génitif absolu en sanscrit, thèse pour le doctorat présentée à la Faculté de Philosophie de l'Université de Leipzig*. Genève, Imprimerie Jules-Guillaume Fick, 1881; *Recueil des publications scientifiques de Ferdinand de Saussure*. C. Bally e L. Gautier (ed.). Genève/Lausanne/ Heidelberg, Sonor/Payot/C. Winter, 1922 (p. 271).

30 Eles diferem de outras construções como "Tendo dito isso, desejo-lhe felicidades" ou "Depois de terminar seu trabalho, ela foi para casa", que modificam diretamente o sujeito ou o verbo da oração principal seguinte. *Tendo dito isso* é um sintagma participial modificando o *eu* (elíptico) que segue, e *depois de terminar seu trabalho* é um sintagma preposicional modificando *foi*.

31 Rāmāyana I, 60, 15 (citado em Whitney, 1879, §300b; FdS, *De l'emploi*; *Recueil*, p. 315).

32 Whitney, 1879, §300b.

33 FdS, *De l'emploi*, p. ii (verso da folha de rosto).

34 Também o Rāmāyaṇa [Jornada de Rāmā], Kathā-sarit-sāgara [Oceano das correntes da história], Hitōpadēça [Livro de bons conselhos] e Mārkandēyapurāṇa [O purāṇa do sábio Mārkandēya]. O purāṇa, literalmente "antigo", é um gênero literário hindu que compreende mitos, lendas, história e ritual. O Kathā-sarit-sāgara e o Hitōpadēça são coleções de histórias que lembram as fábulas de Esopo, com títulos como "O burro, o cachorro e o ladrão" e "O rei que não sabia sua gramática sânscrita".

35 Esses foram *Sanskrit-Chrestomathie*, de Otto Böhtlingk (2. ed. Sankt-Peterburg, Kaiserliche Akademie der Wissenschaften, 1877), e seu *Indische Sprüche: Sanskrit und Deutsch* (2. ed. 3 vols. Sankt-Peterburg, Kaiserliche Akademie der Wissenschaften, 1870-1873); também o mais antigo *Chrestomathie aus Sanskritwerken: Zum Gebrauch für Vorlesungen und zum Selbststudium*, de Theodor Benfey (2 vols. Leipzig, F. A. Brockhaus, 1853-1854).

36 FdS, *De l'emploi*; *Recueil*, p. 273.

37 *Idem*, *ibidem*.

38 *Idem*, p. 277. Nas notas de rodapé, FdS dá o único exemplo que encontrou de um locativo absoluto com o primeiro verbo, dois com o segundo e um com o terceiro, observando com relação aos dois últimos que no Kathā-sarit-sāgara "esses locativos são muito mais frequentes".

39 *Idem*, p. 278.

40 *Idem*, p. 279.

41 *Idem*, pp. 279-280.

42 *Idem*, p. 280.

43 *Idem*, p. 283.

44 Esse é o título que aparece na versão manuscrita na Houghton Library, Harvard University, Ferdinand de Saussure Linguistic Papers (bMS Fr 266/1). Esse manuscrito foi usado por FdS para preparar a versão publicada. Na página de título, a palavra *en* do título está riscada com uma linha ondulada, indicando que ele pretendia mudá-la para *Du génitif absolu sanscrit* [Sobre o genitivo absoluto sânscrito]. No entanto, o livro apareceu em 1881 com o título *De l'emploi du génitif absolu en sanscrit* [Sobre o emprego do genitivo absoluto em sânscrito]. Pode-se ver aqui o início do que se tornaria uma insatisfação compulsiva com a redação de qualquer coisa que escrevesse.

45 Ernst Windisch, relatório sobre a tese de doutorado de FdS, Universidade de Leipzig, 15 de fevereiro de 1880 (em Villani, 1990, pp. 10-11).

46 Georg Curtius, relatório sobre a tese de doutorado de FdS, Universidade de Leipzig, 17 de fevereiro de 1880 (em Villani, 1990, p. 11).

47 "Allocution de M. Édouard Favre", p. 30.

48 Buss, Ghiotti e Jäger (2003, p. 467) dizem que FdS obteve seu doutorado em Leipzig nesse dia, mas o diploma (AdS 369/3, f. 6) traz a data de 13 de maio de 1880, enquanto as assinaturas têm data ainda posterior, 12 de agosto de 1880.

49 Karl Brugmann para Wilhelm Streitberg, 1º de dezembro de 1914 (em Villani, 1990, pp. 30-31).

50 FdS, Colombier próximo a Neuchâtel, para Karl Brugmann, Leipzig, 1º de setembro de 1881 (em Villani, 1990, p. 14).

51 Karl Brugmann para Wilhelm Streitberg, 1º de dezembro de 1914 (em Villani, 1990, pp. 30-31).

52 AdS 374/3, f. 16 *verso*.

53 AdS 374/3, f. 211 bis.

54 FdS, Genebra, para Albertine dS, Cannes, 11 de março de 1880, AdS 396/3, ff. 10-11.

55 FdS, Genebra, para Albertine dS, Cannes, 9 de abril de 1880, AdS 396/3, ff. 14-15.

56 *Idem, ibidem*.

57 Ver: FdS, Genebra, para Albertine dS, Cannes, 11 de março de 1880, AdS 396/3, ff. 10-11, em que ele reclama da tarefa de tomar ditado dos artigos do jornal, apenas para interromper sua carta porque seu pai tem correspondência para ditar. O oponente de Henri na polêmica foi François Forel, bisavô da pesquisadora de Saussure-Bally, Claire Forel.

58 Estava definitivamente em Leipzig em 5 de maio, data de uma carta de lá dirigida a Albertine, AdS 396/3, f. 16.

59 FdS, Leipzig, para Albertine dS, Genebra, 1º de junho de 1880, AdS 396/3, f. 17.

60 BSLP, n. 20, p. xxxii. Baunack foi eleito na reunião seguinte, 15 dias depois (p. xxxiii).

61 Ver mais em: JOSEPH, J. E. "Two Mysteries" e "Why Lithuanian Accentuation Mattered to Saussure" (*Language and History*, vol. 52, 2009, pp. 182-198).

62 Ver: REDARD, G. "Le voyage de F. de Saussure en Lituanie: Suite et fin?". *Cahiers FdS*, vol. 30, 1976, pp. 141-150 (pp. 149-150).

63 LESKIEN, A. *Die Declination im Slavisch-Litauischen und Germanischen*. Leipzig, S. Hirzel, 1876.

64 FdS. "Souvenirs de F. de Saussure concernant sa jeunesse et ses études". Editado e apresentado por Robert Godel. *Cahiers FdS*, vol. 17, 1960, pp. 12-25 (p. 21).

65 Kurschat, F. *Beiträge zur Kunde der littauischen Sprache, II: Laut- und Tonlehre der littauischen Sprache*. Königsberg, Hartungsche Hofbuchdruckerei, 1849.

66 Kurschat, F. *Grammatik der littauischen Sprache: Mit einer Karte des littauischen Sprachgebiets und einer Abhandlung über littauische Volkspoesie, nebst Musikbeilage von 25 Dainosmelodien*. Halle, Buchhandlung des Waisenhauses, 1876.

67 A descrição dos sons desses acentos é adaptada de Raphael Sealey, "Stress as a Factor in Classical Greek Accentuation" (*Greece & Rome*, 2nd Series, vol. 10, n. 1, março de 1963, pp. 11-25 (p. 15)). As descrições de Sealey, baseadas em sua própria observação atenta de falantes de lituano, são as mais claras que encontrei desse fenômeno altamente complexo.

68 A superficialidade da semelhança entre lituano e grego e a ilusão criada pelo uso dos mesmos acentos foram apontadas por Jerzy Kuryłowicz em "On the Development of the Greek Intonation" (*Language*, vol. 8, 1932, pp. 200-210).

69 Fortunatov, F. F. "Zur vergleichenden Betonungslehre der lituslavischen Sprachen". *Archiv für slavische Philologie*, vol. 4, 1878, pp. 575-589 (p. 586).

70 FdS. "À propos de l'accentuation lituanienne (intonations et accent proprement dit)". MSLP, vol. 8, 1894, pp. 425-446; *Recueil*, pp. 490-512 (pp. 496-497).

71 Frederik Kortlandt, em "Historical Laws of Baltic Accentuation" (*Baltistica*, vol. 13, 1977, pp. 319-330 (p. 319)), posteriormente ampliou essa hipótese para propor que as entonações aguda e grave do lituano são os reflexos sobreviventes dos coeficientes sonantes de FdS, enquanto a entonação circunflexa reflete as primeiras contrações e o grau alongado.

72 AdS 369/3, f. 5. O vilarejo de Paskalwen (em lituano, Paskalviai), localizado entre Tilzit (Tilžė) e Ragnit (Ragainė), agora atende pelo nome russificado de Dubki.

73 AdS 369/12.

74 Entre a data de emissão do passaporte, 7 de agosto, e o "26" carimbado no verso, decorreram 19 dias, enquanto o próprio passaporte tinha apenas 14 dias de validade. Durante os primeiros dias, FdS realizou pesquisas na parte prussiana oriental da Lituânia, antes de entrar na parte russa.

75 BGE Ms. fr. 3953, f. 224 *recto* e *verso*.

76 *Idem*, f. 232.

77 Como Redard (1976, p. 150) aponta, nem mesmo as notas dos cursos de lituano que FdS ministrou em Genebra contêm qualquer alusão à sua experiência pessoal da língua ou do país.

78 Buss; Ghiotti & Jäger, 2003, p. 467.

79 Essa informação vem de seu cronograma manuscrito dos cursos que frequentou, colado na capa interna do manuscrito de sua tese de doutorado na Houghton Library, Harvard University.

80 Algumas fontes confundem Ernest Desjardins com outro historiador, Abel Desjardins, que morreu no mesmo ano. Ernest é o homem que deu as palestras de epigrafia assistidas por FdS, como esclarece a necrologia de Camille Jullian, "M. Ernest Desjardins" (*Revue historique*, année 12, 1877, t. 33, pp. 101-105).

81 Ele havia sido recém-nomeado para o Collège de France em 1880, então o curso a que Saussure assistiu foi o primeiro curso que ministrou.

82 Uma seção do livro de Caro *La fin du 18e siècle: études et portraits* (2 vols. Paris, Hachette, 1880) é dedicada a Staël.

83 Comte d'Haussonville. *Le salon de Mme. Necker* (2 vols. Paris, Calmann Lévy, 1882). Os Othenin viviam em Paris, mas eram conhecidos de FdS, que viu *Mme.* Othenin em um concerto em Genebra em abril de 1879. Além de autor célebre, o conde foi uma figura de destaque no movimento de restauração orleanista, que teria colocado seu tio materno, o duque de Broglie no trono francês. D'Haussonville assumiu a cadeira de Caro na Académie Française em 1887.

84 BSLP, n. 21, p. xxxv. Os outros membros eram Arbois de Jubainville e Bovier-Lapierre.

85 *Idem*, pp. xxxv-xxxvii.

86 FdS. "Αγαμέμνων". MSLP, vol. 4, 1881, p. 432; *Recueil*, p. 403.

87 BSLP, n. 21, p. xxxviii. Os indicados foram Bréal e Robert Mowat.

88 A história é contada em uma carta de FdS, Paris, para Albertine dS, Genebra, 27 de janeiro de 1881, AdS 396/3, ff. 18-19.

89 Bréal deu uma segunda palestra naquela noite sobre a perda do *g* intervocálico em latim *frio*, *strio*, *pio*, sobre a qual FdS também comentou. BSLP, n. 21, 1981, pp. xxxviii-xxxvix.

90 BSLP, n. 21, p. xxxix.

91 Ver: FdS, Paris, para Louise dS, Genebra, 3 de maio de 1881, AdS 361, ff. 190-191.

92 FLEURY, M. "Notes et documents sur Ferdinand de Saussure (1880-1891)". *Annuaire de l'École Pratique des Hautes Études*, IVe section, 1964/5, 1964, pp. 35-67 (p. 39, n. 2); REDARD, G. "Ferdinand de Saussure et Louis Havet". BSLP, vol. 71, 1976, pp. 313-349 (p. 314).

93 Ver: FdS, Genebra, para Antoine Meillet, Paris, 17 de abril de 1911, em: Benveniste, É. "Lettres de Ferdinand dS à Antoine Meillet". *Cahiers FdS*, vol. 21, 1964, pp. 89-135 (p. 123).

94 AdS 374/1, f. 34.

95 BSLP, n. 22, p. xlvii.

96 *Idem*. Os outros eram Mowat, Berger e Leger.

97 Charles Darwin, Down, Beckenham, Kent, Estação Ferroviária Orpington S. E. R., para Henri dS, Genebra, 17 de março de 1881, AdS 227, ff. 111-112. Darwin até pediu a Henri uma fotografia sua "para adicionar à minha coleção". É de perguntar se Henri reconheceu esse pedi-

do como simples polidez da parte de Darwin, já que Henri havia solicitado uma fotografia de Darwin primeiro.

98 De acordo com o BGE (Cat. des Ms. XIID, p. 67), Léopold entrou em Borda aos 12 anos. No entanto, seu sobrinho Raymond dS, em "Léopold de Saussure (1866-1925)" (*Isis*, vol. 27, 1937, pp. 286-305 (p. 287)), dá a data de sua entrada como 1882. Aqui, sigo Horace Micheli, em "Léopold de Saussure" (*Journal de Genève*, 2 de agosto de 1925, p. 4), que diz que ele escolheu a carreira naval aos 12 anos, e entrou em Borda mais tarde.

99 FdS, Paris, para Louise dS, Genebra, 3 de maio de 1881, AdS 361, ff. 190-191.

100 Na introdução à sua edição de FdS, *Phonétique: Il manoscritto di Harvard Houghton Library bMS Fr 266 (8)* (Padova, Unipress, 1995, pp. vii-xxvi (p. viii)), Maria Pia Marchese descreveu com precisão a versão publicada da tese como "amplamente revisada e elaborada" a partir da versão submetida à Universidade de Leipzig, uma cópia da qual, como observado acima, é encontrada entre os papéis de FdS em Harvard.

101 FdS, Paris, para Louise dS, Genebra, 3 de maio de 1881, AdS 361, ff. 190-191.

102 A outorga desse grau, não mencionado em nenhum relato anterior da vida de FdS, está registrada no *Livre du recteur* [Livro do reitor] da Université de Genève daquele ano.

103 FdS, Paris, para Louise dS, Genebra, 3 de maio de 1881, AdS 361, ff. 190-191.

104 BSLP, n. 22, p. xlix.

105 FdS. "Racines en eiua". BSLP, n. 22, pp. liv-lv; *Recueil*, p. 600.

106 Isso foi apontado por Fleury,1964, p. 54 (nota de rodapé).

107 O dossiê que cobre o emprego de FdS na École Pratique des Hautes Études está no Archives Nationales F^{17} 23.170. Os itens são resumidos por Fleury, 1964.

108 Renier ao Directeur de l'Enseignement Supérieur, nos Archives Nationales F^{17} 23.170 (citado por Fleury, 1964, p. 40).

109 Godel, 1957, p. 24. Marc Décimo, em "Saussure à Paris" (*Cahiers FdS*, vol. 48, 1994, pp. 75-90 (p. 75)), dá 30 de outubro como a data da nomeação, e Badir, em "Chronologie" (*Ferdinand de Saussure*. Ed. Simon Bouquet. Paris, L'Herne, 2003, pp. 502-504 (p. 503)), dá 31 de outubro, mas estes envolvem claramente uma confusão com a data da reunião do Conselho e do seu relatório ao Ministério. A nomeação de novembro é confirmada por um documento do fim do período de trabalho de FdS na École, mensagem do Ministro da Instrução Pública ao Ministro dos Negócios Estrangeiros, 30 de junho de 1891, nos Archives Nationales F^{17} 23.170 (citado por Fleury, 1964, p. 41).

110 FdS, Paris, para Albertine dS, Genebra, 19 de dezembro de 1881, AdS 396/3, ff. 24-5.

111 Adèle dS, Genebra, para FdS, Paris, 2 de janeiro [1882], AdS 366, ff. 227-230. O ano de 1882 foi acrescentado a lápis.

112 Novamente um fato apontado por Fleury, 1964.

9

1881-1884

Primeiros cursos

Em seu primeiro ano como professor na École des Hautes Études, Saussure ministrou um curso de gramática gótica e outro sobre a tradução da Bíblia do século IV atribuída ao bispo Úlfilas, o principal texto pelo qual a língua gótica é conhecida. Seu ensino começou na quarta-feira, 14 de dezembro de 1881,[1] e consistia em três horas semanais. Às quartas-feiras, às 13h, ele lecionava "fonologia (sistema gráfico, sistema vocálico, sistema consonantal, tanto do ponto de vista fisiológico quanto do ponto de vista histórico)". Aos sábados, também às 13h, dedicava metade do período à morfologia e a outra metade à explicação de Úlfilas. No relatório anual daquele ano, Saussure descreveu o conteúdo dos cursos:

> As primeiras aulas se ocuparam de uma introdução sobre a nação gótica, sobre a vida de Úlfilas, sobre a fixação de datas relativas à sua vida, enfim, sobre as fontes da língua gótica e sobe a origem, provavelmente pós-ulfilana, da tradução dos Livros sagrados dos quais possuímos fragmentos. O *maître de conférences* em seguida abordou simultaneamente e conduziu de frente, ao longo dos dois semestres, a fonética, a morfologia e a interpretação do texto: essa distribuição do ensino se impôs, com os ouvintes não tendo, em sua maioria, conhecimento prévio dos antigos dialetos germânicos.
> [...] Tanto nos exercícios práticos como na exposição teórica, o *maître de conférences* procurou, pelos contrastes entre os dialetos, deixar emergir os traços distintivos do gótico dentro da família germânica. Ele assim conduziu suas comparações para além do germânico, quando a utilidade de o fazer se fez sentir, sem, contudo, esquecer o verdadeiro objetivo de seu ensino.[2]

"Deixar emergir os traços distintivos" – deixar que os alunos os descobrissem indutivamente, em vez de simplesmente dizer-lhes o que são – seria a marca registrada do ensino de Saussure. Ele ficou surpreso ao vislumbrar que é necessário mais trabalho do que parece, comentando em uma carta a Albertine que "essas aulas, especialmente as primeiras, são muito demoradas para se preparar. Elas ocupam cerca de 30 páginas cada, o que significa que apenas o trabalho de copiá-las leva várias horas".[3]

O material relacionado às aulas de quarta-feira sobreviveu na forma de cinco cadernos, contendo um total de 177 páginas manuscritas.[4] O primeiro caderno parece conter sua aula inaugural, uma vez que introduz a fonologia indo-europeia e tem exatamente 30 páginas. Como ele havia preparado apenas uma aula antes da carta a Albertine, é provável que seja essa.[5] O primeiro caderno traz um plano do que vem a seguir, organizado em "capítulos". Essa forma de organização do curso em capítulos fez supor erroneamente que o manuscrito estava sendo escrito como um livro, separado dos cursos que Saussure estava ministrando. Entretanto, no século XIX, era normal que um curso fosse organizado dessa maneira. Os professores de Saussure em Leipzig apresentavam seus cursos nesse formato, e seu aluno continuaria a usá-lo ao longo de sua carreira.

O curso se inicia com a seguinte pergunta: "Qual é a distribuição de papéis que encontramos estabelecida entre os diferentes fonemas ario-europeus no que diz respeito à oposição entre consoante e soante?".[6] A resposta é uma divisão de três vias, mas não a divisão padrão de consoantes, vogais e semiconsoantes. Em vez disso, Saussure divide os fonemas naqueles que são

1. constantemente soante: *e o*
2. constantemente consoante: $g_1 g_2 d\, b\, k_1 k_2 t\, p\, g_1h\, g_2h\, dh\, bh\, z\, s$
3. tanto soante quanto consoante: *i u r l n m*

Por conveniência, esses grupos foram nomeados *e–o*, *g–s* e *i–m*. Saussure observa que, por ora, está deixando de lado seu *A* hipotético, que pertenceria ao conjunto *i–m*, devido às várias complicações que apresenta. Também não são mencionados o *ǫ̌* nem o ^{A}. Esse é, com apenas essa exceção, o sistema do *Mémoire*, com o termo "coeficiente sonante" não sendo utilizado para o conjunto *i–m*, nem os termos "vogal" e "consoante" como propriedades inerentes dos fonemas. Seus três grupos constituem não tipos, mas "papéis". Ao deixar claro que sua intenção "é registrar o fato histórico e apenas o fato histórico", ele explicita que não terá nada a dizer sobre quaisquer qualidades "naturais" dos fonemas – de seus graus de ressonância, por exemplo – que os possam ter levado a preencher esses papéis.

Até hoje é comum pensar em uma sonante (*r*, *l*, *m*, *n*) na origem, essencialmente, de uma consoante, que a queda de uma vogal ou algum outro acidente fonético forçou-a a assumir o papel de núcleo silábico. Da mesma forma, *j* (*i*) e *w* (*u*) são pensados como tendo uma origem vocálica, sendo que, por estarem posicionados antes ou depois de outra vogal, assumiram o papel de semiconsoantes. E ainda, Saussure pergunta, por que fazer essas suposições, quando não há nenhuma evidência histórica direta para elas? Se as vogais *i* e *u* se originaram como coeficientes sonantes, por que deveríamos atribuir-lhes implicitamente um tipo diferente com base no que elas se tornaram posteriormente?

Essa nova maneira de pensar sobre os sons do indo-europeu é moderna em sua prontidão em deixar de lado rótulos e conceitos tradicionais. Pode-se imaginar a reação inicial dos alunos. Saussure assume que eles conhecem o *Mémoire* e aceitam seus argumentos básicos, ou podem acompanhá-los *in medias res* sem dificuldade. O resultado era previsível: dois terços do público desapareceram. O terço restante, os mais bem preparados, inspiraram-se nos ensinamentos de Saussure e tornaram-se seus devotos, retornando ao seu curso no ano seguinte e, em alguns casos, por vários anos.

O primeiro caderno segue na explicação de que a nova concepção proposta oferece a única esperança de evitar a circularidade lógica que os linguistas introduziram ao basear a diferença entre consoante e soante em sua posição dentro da sílaba.

> O essencial é não deixar intervir de forma alguma a questão da divisão silábica, que sempre semeou uma confusão sem esperança na questão da sonante. Assim, para citar apenas um ponto, fala-se na maior parte do tempo não das consoantes e soantes da palavra, mas da soante de cada *sílaba*, os outros fonemas da sílaba sendo consoantes. Isso determina de antemão metade da pergunta que estamos tentando responder. Se a respeito de dois fonemas *rn* se perguntar qual será *a* soante *da* sílaba, está-se excluindo de início as alternâncias *r̥ n̥* (duas sílabas) e *rn* (zero sílaba) para escolher arbitrariamente o dilema.[7]

Saussure propõe um conjunto de três regras que determinam os papéis fonológicos:

1. O efeito dos fonemas do grupo *e–o* sobre os do grupo *i–m* é ao mesmo tempo regressivo e progressivo e consiste em torná-los consoantes.

2. O efeito dos fonemas do grupo *g–s* sobre os do grupo *i–m* é apenas regressivo e consiste em torná-los sonantes, sob a reserva que resulta da regra 1. Uma pausa [limite de palavra] age como um fonema do conjunto *g–s*.
3. O efeito dos fonemas do grupo *i–m* sobre os fonemas do mesmo grupo pode ser fixado somente após a aplicação das regras 1 e 2: um fonema do grupo *i–m* que foi transformado em consoante (pela regra 1) age como um fonema do grupo *g–s*; transformado em sonante (pela regra 2) age como um fonema do grupo *e–o*.[8]

Assim, por exemplo, em **deiuom*, uma palavra reconstruída do indo-europeu primitivo para "deus", a regra 1 se aplica ao *e* e ao *o*, transformando os fonemas anteriores e posteriores em consoantes. Isso significa que a palavra é pronunciada *dej wom*, em duas sílabas. A palavra relacionada **dieum* "céu, dia", no entanto, exigem uma explicação mais detalhada. Primeiro, a regra 1 se aplica ao *e*, tornando consoantes tanto o *i* que o precede quanto o *u* que o segue. Então a regra 2 se aplica à pausa, ou seja, o limite final da palavra, fazendo com que transforme o *m* que precede a pausa em uma soante. (Isso não aconteceria com o *m* de *deiuom*, pois a regra 1 já o tornava consonantal.) Ao contrário do que se poderia esperar, então, *dieum* é pronunciado em duas sílabas: *djew m̥*.

A palavra reconstruída **urt* também segue contra as expectativas. A confusão introduzida por suposições baseadas em línguas históricas conhecidas leva a antecipar que a palavra seria pronunciada com uma vogal inicial, *u*, seguida do encontro consonantal *rt*, ou alternativamente em duas sílabas, *u r̥t*. Mas as regras de Saussure fornecem o que acredita ter sido a pronúncia real. Como a palavra não contém um *e* nem um *o*, a regra 1 não se aplica. A regra 2 se aplica ao *t*, fazendo com que transforme o *r* em uma soante. A regra 3 então se aplica ao *r*, fazendo com que transforme o *u* antecedente em uma consoante. A palavra é, portanto, pronunciada *wr̥t* (*wert*).

Saussure descreve essas regras como "infalíveis na prática, sem valor na teoria".[9] Sua intenção agora é "encontrar uma base racional para explicar os fatos do sonantismo". Central para essa explicação é determinar o que faz um fonema aparecer em uma ou outra das duas formas, que chama de "fixações" e "explosões", seguindo a terminologia de Eduard Sievers em sua introdução à fonética para estudantes de linguística indo-europeia, e que o caderno de Saussure reproduz em suas linhas basilares.[10] Esses envolvem o que é conhecido como plosivas ou oclusivas, consoantes como /t/ em que há um fechamento completo da corrente de ar pela língua ou pelos lábios. Em geral, após o fechamento, há um relaxamento subsequente, fazendo com que o fluxo de ar seja aberto; quando isso ocorre, Saussure chama de explosões. Em alguns casos, porém, o fluxo de ar é interrompido sem que ocorra nova liberação do fluxo de ar, e essas são as fixações. Por exemplo, o /t/ de *smart* na frase *smart tailor*, ou o primeiro /t/ em uma geminada italiana como *spaghetti*, em que não há liberação – o fonema termina com a língua fixada na posição de fechamento que produz a consoante. O /t/ de *tailor* e o segundo /t/ de *spaghetti* são seguidos, ao contrário, da liberação do fluxo de ar, uma explosão que é acompanhada por um suspiro no caso inglês, mas não no italiano.

Os cadernos de fonologia subsequentes apresentam várias complexidades e serão discutidos em uma seção posterior. Mas o primeiro caderno é suficiente para mostrar o quanto Saussure exigia de seus alunos e de si mesmo. Foi muito além da norma nas universidades parisienses da época, sendo obrigado a relatar no final do ano letivo que, enquanto 15 assistiram às suas aulas no primeiro semestre, "a audiência no segundo semestre reduziu-se a um núcleo de alunos e ouvintes cuja assiduidade foi grande durante todo o ano".

O mais esforçado e impressionante de todos foi o suíço Henri Meylan, nascido em Lausanne, para onde voltaria depois de se formar em 1882 para lecionar no Collège Gaillard, antes de ser nomeado para uma cadeira de língua e literatura grega na Université de Lausanne em 1899.[11] Aos 21 anos, era o único do "núcleo duro" mais jovem do que o próprio Saussure. Mas não era o aluno do grupo que imprimiria seu nome na história linguística. Esse era Joseph Loth, nascido na Bretanha e especialista nas línguas bretã e celta em geral. Ele se preparava para a *agrégation* em gramática, exame que qualificava para lecionar na rede pública de ensino, e começaria a lecionar no ano seguinte no renomado Collège Stanislas. Em 1883, retorna à Bretanha, tornando-se professor de línguas celtas e, posteriormente, reitor da Faculdade de Letras de Rennes. Em 1910, foi nomeado para uma cadeira no Collège de France. Nove de suas obras, datadas de 1870 a 1909, estavam na biblioteca pessoal de Saussure, em sua maioria separatas que Loth enviara a seu antigo professor.[12]

Entre os outros fiéis estava um parisiense, René David, o único nativo da França central no núcleo duro. David tinha um diploma de engenharia e outro da École em 1879. O alsaciano Albert Lange havia publicado suas duas teses de doutorado na Faculté des Lettres, que ainda exigia, mesmo de um germanista, o estudo da língua francesa e da língua latina.[13] Ele seria nomeado *maître de conférences*, o mesmo posto de Saussure, na Faculté des Lettres no ano seguinte. Enquanto isso, concluía sua licenciatura e mais tarde lecionaria nos prestigiados Collège Rollin e Lycée Louis-le-Grand. Seu colega alsaciano Alfred Bauer obteve o certificado de professor de alemão e, em 1869, o de *bachelier ès lettres* em gramática comparada e filologia românica. Em 1870, Bauer traduziu o estudo dos glossários do romance antigo de Friedrich Diez, o fundador da linguística românica moderna.[14] Finalmente, Johann Kirste, de Graz, na Áustria, estava trabalhando para se formar em gramática comparada e zende. Kirste retornaria à sua cidade natal para assumir uma cadeira de filologia oriental e deixaria sua marca com estudos de textos sânscritos e fonologia sânscrita,[15] seis dos quais figuravam na biblioteca pessoal de Saussure.[16] Ele permaneceria como membro da Société de Linguistique de 1893 até sua morte.

O grupo era tão dedicado aos ensinamentos de Saussure que todos voltaram ao curso no ano seguinte, exceto Meylan, que estava fazendo uma gama muito maior de cursos do que qualquer um dos outros. David voltaria por mais dois anos, em 1884-1885, enquanto Bauer provou ser o mais dedicado de todos, frequentando os cursos de Saussure em todos os anos, exceto um, em que lecionou na École.

Entre os que vieram no primeiro semestre, mas abandonaram o barco no segundo, o mais conhecido foi Émile Ernault, que, como Loth, era um estudioso do celta vindo da Bretanha.[17] Ele deixaria sua marca como especialista em bretão antigo e médio na Faculté des Lettres em Poitiers e, com o cognome "Emil Ernod", como líder do movimento de renascimento bretão.[18] Um quarto de século depois, enviou a Saussure uma cópia de seu livro sobre ortografia francesa, acrescentando "ex-aluno" após sua assinatura, caso seu antigo professor o tivesse esquecido.[19] Ernault já havia começado a indagar pela pesquisa dos dialetos celtas vivos na década de 1870. Loth, poucos anos depois de seus estudos com Saussure, respondeu à indagação em termos mais estridentes. Ele criticou diretamente os linguistas por terem feito tão pouco sobre os dialetos existentes, preferindo confiar nas informações muito parciais fornecidas pelos textos medievais.[20]

Para Saussure, no segundo semestre de suas palestras em 1882, um contraponto à perda de dois terços de sua audiência foi o fato de que as aulas de quarta-feira eram regularmente assistidas por Arsène Darmesteter, um dos linguistas mais conceituados de Paris. Uma figura ainda mais importante, Louis Léger, professor de russo na Escola de Línguas Orientais e no Collège de France, e membro do Institut, também aparecia com frequência. Isso foi mais do que uma honra pessoal para Saussure; ele o menciona em seu relatório anual, porque lhe conferiu capital acadêmico do tipo que um jovem *maître de conférences* precisa, além das publicações, a fim de subir na hierarquia e, finalmente, conquistar uma cadeira.

A fala interior e os signos linguísticos

Um conjunto de notas desse período registra a reação de Saussure à leitura de *La parole intérieure* [A fala interior], a tese de doutorado de Victor Egger, publicada no final de 1881.[21] Seu pai, Émile Egger, um dos classicistas mais eminentes da França, havia publicado recentemente um estudo sobre o desenvolvimento da linguagem infantil.[22] *La parole intérieure* foi amplamente revisada, inclusive por Elme Caro, cujas aulas Saussure assistiu em seu primeiro semestre em Paris.[23]

As notas de Saussure não são datadas, então não sabemos exatamente quando leu Egger pela primeira vez. As notas cobrem apenas as primeiras 26 páginas do livro, então pode ser que ele tenha desistido de lê-lo naquele ponto, embora isso não fosse comum. É mais provável que tenha continuado a leitura sem fazer anotações, o que era sua prática normal. O que dá às notas um interesse particular é que Egger é frequentemente e brilhantemente citado em *Antinomies linguistiques* [Antinomias linguísticas], um livro de 1896 de Victor Henry que, de forma única em todo esse período, levanta algumas das mesmas questões epistemológicas sobre linguística que Saussure faz em suas notas não publicadas e em seus cursos de linguística geral. Pode-se esperar, portanto, um encontro de mentes entre Egger e Saussure – mas, na verdade, a reação inicial de Saussure foi crítica. Egger começa seu livro afirmando:

> A todo instante, a alma expressa internamente seu pensamento. [...] a série de palavras interiores forma uma sucessão quase contínua, paralela à sucessão de outros fatos psíquicos; ela retém para si, então, uma parte considerável da consciência de cada um de nós.
>
> Essa fala interior, silenciosa, secreta, que só nós ouvimos, é evidente sobretudo quando lemos: ler é, com efeito, traduzir a escrita em fala, e ler em voz baixa é traduzir em fala interior; ora, em geral, lemos em voz baixa. O mesmo acontece quando escrevemos: não há escrita sem fala; a fala manda, a mão obedece [...].[24]

Saussure discorda profundamente:

> *Egger. La Parole intérieure.* A julgar pelas primeiras páginas, todo o livro vai repousar sobre ~~esse erro~~ uma imprecisão de observação: sobre a distinção insuficiente entre a passagem da *ideia à palavra* e a passagem da *palavra à ideia*.
>
> Assim, página 1: "essa fala interior... é evidente sobretudo quando lemos"

Página 2. "O mesmo acontece quando escrevemos". Sim, mas quando escrevemos, <podemos escrever> somente depois de traduzir nosso pensamento em fala interior <pois não podemos falar de outra forma>. Mas nós pensamos sem o acompanhamento necessário da fala interior.[25]

Esses comentários rapidamente rabiscados por Saussure não são totalmente apropriados. Nem mesmo está claro se ele e Egger estão em desacordo em qualquer um desses pontos – inclusive no último, em que Saussure não está negando a existência de toda fala interior, apenas afirmando que às vezes pensamos sem ela, de forma puramente visual ou sensorial. No entanto, Saussure está claramente agitado. As afirmações de Egger liberaram uma torrente de ideias que flui mais rápido do que Saussure pode organizar. Logo os comentários críticos param e passa a citar declarações que aprova, implicitamente na maioria dos casos, mas às vezes acrescentando *très bien* [muito bem]. Há uma anotação para reler a página 16, em que Egger introduz "o termo *imagens vocais*. 'distinguir a imagem da sensação sonora'".

Da pesquisa de Egger sobre as observações dos séculos XVII e XVIII sobre a fala interior, Saussure copia referências a Locke e Leibniz, Rousseau e Bonald. Em resposta à crença de Bonald de que "o homem pensa sua fala antes de falar seu pensamento", Saussure escreve: "Eu diria: o homem pensa sua fala antes de falar".

Próximos a essas observações estão dois parágrafos que articulam pela primeira vez uma das principais ideias da linguística saussuriana.

A *convenção*, ideia falsa dos psicólogos. As palavras não se aplicam a objetos e fenômenos em si <não são signos de coisas <ou seja signos da ideia das coisas>, mas motores de ideias, como as coisas são motores das ideias>; elas se aplicam a conceitos, e os provocam <em cada língua> segundo leis particulares que são o resultado de uma evolução histórica. Não aprendemos por tradição que ~~um cavalo~~ <o Sol> é chamado de cavalo; nascemos <e crescemos> em um meio tão preparado pela série histórica de fatos da língua que a ideia de cavalo é despertada em nós ~~pela palavra~~ pelo som cavalo; somos pessoas entre as que [interrompido]
A tradição tem seu lugar independentemente do objeto designado; não há, portanto, <ou pelo menos não há mais, desde o primeiro momento da linguagem> convenção <acordo> feito sobre <a base> ~~o acordo~~ do objeto, um e invariável, ~~há educação perpétua~~ há por força do hábito correspondência e aliança <através de uma *cadeia histórica* [ilegível]> entre uma palavra e uma ideia, qualquer que seja a relação da ideia <ela mesma> com as coisas.[26]

A referência a "psicólogos" alude ao subtítulo de Egger, *Ensaio sobre psicologia descritiva*. Nessa passagem, vários temas estão em conflito: as palavras não se referem a coisas, mas a conceitos; esses não são ensinados e aprendidos, mas adquiridos pelo hábito; as línguas consistem não em acordos convencionais, mas em leis históricas produzidas pela evolução histórica, mesmo no nível do sentido; a relação que une, por um lado, os conceitos indicados pelas palavras e, por outro, quaisquer coisas no mundo que possam ser abrangidas por esses conceitos, não interessa à linguística, porque a linguagem opera da mesma maneira independentemente de quaisquer diferenças na natureza dessa relação.

Essas ideias parecem ter chegado a Saussure todas de uma vez, dando-lhe a impressão de que estão logicamente ligadas, embora com o tempo tenha preferido tratá-las separadamente. Cada uma delas é reconhecível como parte de seu legado para a linguística moderna. Sua rejeição de um simples "convencionalismo" será o que o separa de sua principal inspiração, Whitney. A crença de que as palavras se referem a conceitos e não a coisas é central para Saussure, embora não a reivindique como uma ideia original, aqui ou em suas aulas posteriores. Ele a reconheceu como parte da herança comum do pensamento europeu e ficou surpreso ao descobrir que pessoas supostamente eruditas haviam conseguido esquecê-la.

Ao longo de sua vida, Saussure insistirá que a competência do linguista termina com o conceito verbal. Ela não se estende à relação entre o conceito e as coisas do mundo, que cabe a psicólogos ou filósofos. Isso pode parecer uma insularidade intelectual, mas aqui vemos a lógica mais profunda: a linguagem existe na *junção* entre o conceito e o som, que não é afetado pela natureza do conceito *per se*. Qualquer que seja a posição que se tome sobre a relação entre conceitos e coisas, não mudará o fato central para o linguista: que a ligação entre o conceito verbal e os sons que o significam é o produto arbitrário de um processo histórico guiado por leis inconscientes da evolução fonética.

Presumindo que Saussure tenha lido Egger, ele encontrou muitos elementos que se alinhavam com seus próprios pontos de vista e lhe proporcionaram novas formas de pensar sobre a linguagem. A perspectiva fundamental de Egger era a do sensacionalismo associado à psicologia britânica, em oposição ao idealismo dos alemães. *La parole intérieure* inclui uma longa e complexa discussão sobre signos que prefigura o pensamento saussuriano tardio mais diretamente do que qualquer outra discussão desse período. "Somente o som *cavalo*", diz Egger, e não a forma visível do animal, seu relincho etc.,

> [...] está vinculado arbitrariamente, por uma simples convenção, ao grupo do qual parece fazer parte; é isso que o distingue de outras imagens; é isso que o torna um signo; o que é próprio de uma convenção é poder ser modificada em certos detalhes ou revogada e substituída por outra [...].[27]

Para Egger, a relação entre um signo motivado e um arbitrário é a de um progresso evolutivo.

> Com efeito, a convenção que conecta uma palavra a uma ideia pode ser não arbitrária, mas motivada por uma relação, mais ou menos distante, entre os dois termos associados; [...] é incontestável que um signo, ao mesmo tempo que é signo, também pode fazer parte da ideia que expressa: [...] *craquer* [estalir] e *craquement* [estalido] não deixam de ser palavras da língua porque são imitações dos fenômenos que representam; [...] as onomatopeias simbólicas, como o estalar do chicote, faziam parte do grupo acessório. [...] Mas sustentamos que as línguas se aperfeiçoaram perdendo pouco a pouco suas onomatopeias e seus símbolos; esses são sinais provisórios e de valor medíocre; o signo propriamente dito, o signo perfeito, é aquele que é signo e nada mais, aquele que não tem relação com a coisa significada senão pela vontade arbitrária de quem o usa.[28]

Isso corresponde perfeitamente ao pensamento tardio de Saussure, ao passo que outras ideias de Egger são rejeitadas. As notas de Saussure nas primeiras páginas de *La parole intérieure* mostram essa mesma ambivalência. São indicadores importantes de como seu pensamento sobre a linguagem tomou a direção que tomou nesse período, e como as ideias gerais implícitas em seu trabalho anterior tomaram forma em uma verdadeira teoria dos signos linguísticos.

A experiência docente

Em seu segundo ano na École, 1882-1883, Saussure continuou ministrando duas aulas por semana, às quartas e aos sábados. No primeiro semestre, o número de alunos e ouvintes voltou para 14, um a menos do que no ano anterior, incluindo 5 repatriados de 1881-1882: Bauer, David, Lange, Loth e Kirste. Saussure aprendeu uma lição com o ano anterior, e não tentou se estender demoradamente sobre o componente de fonologia do sábado, limitando-o ao sistema consonantal, estudado historicamente.[29] No que diz respeito à retenção de alunos, funcionou: apenas um, russo, desistiu no segundo período, por conflito com uma disciplina essencial para o seu programa.[30]

O restante do grupo permaneceu fiel. Os novos alunos desse ano, nove, incluíam, além do russo, três alemães, dois franceses e um húngaro.[31] E havia dois estudantes suíços, Adrien Taverney de Jongny e Jakob Zimmerli de Aarburg. Na década de 1890, Zimmerli produziria um estudo inovador em três volumes sobre a fronteira entre o alemão e o francês na Suíça.[32] Desses nove, apenas Taverney retornaria no ano seguinte, mas, em seu relatório anual, Saussure declarou-se muito satisfeito com a dedicação dos alunos ao trabalho.

Mais uma vez, as aulas das quartas-feiras eram sobre o alto-alemão antigo, embora, em vez de Úlfilas, Saussure usasse a crestomatia de Wilhelm Braune,[33] cujas aulas assistira durante seu primeiro ano em Leipzig. Saussure não percorreu com os alunos todos os textos que continha, mas passou quase o ano inteiro apenas no poema de Otfrid. A razão para tal abordagem está em seu relatório, em termos surpreendentemente próximos aos do "movimento da reforma" de ensino de línguas que começava a ganhar força na época. Um de seus princípios – que seria redescoberto e se tornaria o consenso profissional entre os professores de línguas um século depois – era que, idealmente, os alunos deveriam descobrir a gramática de uma língua por conta própria, indutivamente, em vez de aprendê-la de maneira explícita.

> A multiplicidade de dialetos representaria, de fato, para os iniciantes, uma dificuldade ainda maior, visto que ainda não existe uma gramática elementar destinada a guiá-los na contínua flutuação da língua e da ortografia. Além disso, a semelhança desses dialetos entre si e com o alemão moderno esconde um perigo: os significados das frases se deixam surgir tão facilmente que as particularidades gramaticais escapam à atenção; daí muitas vezes uma ideia confusa das formas e regras. Crestomatias e gramáticas são, por essas razões, de pouca ajuda; iniciantes devem compor sua própria gramática com base em um determinado texto que eles devem ter como regra não ir além. [...] Somente no final do ano, depois de familiarizados com a gramática de Otfrid, os alunos foram expostos aos textos de Tatian e Isidore, e convidados a apontar todas as divergências do dialeto por eles conhecido.[34]

David, Lange, Kirste, Taverney e Zimmerli se revezaram explicando os textos e apontando as diferenças de dialeto. Saussure declarou-se satisfeito com os resultados. Um dos alunos alemães, Emil Hausknecht, pode ter tirado algo crucial da experiência. De seu trabalho em inglês médio e filologia francesa, passou para uma carreira de destaque no ensino da língua inglesa e pedagogia geral e, em 1894, produziu um livro de inglês que dominaria o segmento "progressivo" do mercado alemão.[35] Seu *modus operandi* foi descrito em termos que soarão familiares: "fenômenos gramaticalmente relevantes foram apontados, sem serem explicados ou enunciados na forma de regras. Os alunos receberam várias tarefas relacionadas a essas observações e ao texto precedente".[36] Os últimos 20 anos da vida de Hausknecht foram passados na Suíça, como professor na Université de Lausanne,[37] onde Taverney se juntou a ele em 1916.[38]

O curso de gótico aos sábados, para o qual os recém-chegados novamente iam sem nenhum conhecimento prévio da língua, consistia quase inteiramente em palestras de Saussure, com pausas ocasionais, em que pedia aos alunos que respondessem a perguntas. Seu primeiro tópico foi uma introdução a fontes textuais, alfabetos e principais dialetos germânicos antigos – gótico, escandinavo, alto-alemão antigo, baixo-francônio antigo, saxão antigo, frísio e anglo-saxão. Em seguida, como observado anteriormente, limitou suas aulas ao desenvolvimento das consoantes.[39]

No terceiro ano de aulas de Saussure, 1883-1884, o número de seus alunos e ouvintes aumentou para 19, com apenas 3 resistentes do ano anterior (Bauer, David e Taverney). Dos 16 recém-chegados, 9 eram franceses, ainda alsacianos deslocados em sua maioria. Um deles, o jovem parisiense Sylvain Lévi, se tornaria um indianista de grande importância, o primeiro dos ouvintes de Saussure cujo nome ainda hoje é amplamente reconhecido, além do já consagrado Darmesteter. Como especialista em sânscrito, no entanto, Lévi não via Saussure como um de seus principais professores, mas simplesmente como alguém cujo ensino da linguística germânica poderia ajudar a ampliar a ancoragem comparatista de Lévi. Seu mentor foi Bergaigne, professor de sânscrito e linguística comparada, a quem Renan chamou de "esse professor genial, que não tinha alunos".[40] O talentoso Lévi, com menos de 20 anos, tornou-se protegido e assistente de Bergaigne.[41]

Nem Lévi nem qualquer outro especialista em sânscrito em Paris nessa época poderia dedicar sua atenção exclusivamente à linguística. Deveria apresentar um interesse sério em literatura, cultura, história, até arqueologia relevantes, e um compromisso mais amplo com o orientalismo em geral. A Société Asiatique era o centro de gravidade dos sanscritistas, alguns dos quais também eram membros ativos da Société de Linguistique. Talvez tenha sido o medo de arriscar suas credenciais de germanista que impediu Saussure de ingressar na Société Asiatique, embora sua tese de doutorado fosse sobre o sânscrito. Ou talvez, tendo sido imediatamente convocado pela Société de Linguistique, não quisesse assumir outro compromisso regular. Seja qual for o motivo, a distância que mantinha da Société Asiatique significava que um sanscritista como Lévi não pensaria nele como um potencial orientador de doutorado.

Outro membro da turma de 1883-1884 é menos lembrado do que Lévi entre os linguistas, mas foi mais amplamente famoso na década de 1890 e nas décadas seguintes. O alsaciano Henri Lichtenberger foi o germanista mais celebrado a ter feito um dos cursos de Saussure em Paris. Como palestrante da Sorbonne, Lichtenberger foi uma figura fundamental na recepção de Nietzsche e Wagner na França durante as duas últimas décadas do século XIX. Publicou inúmeras interpretações de seus trabalhos na *Revue critique* e como livros autônomos, e foi o tradutor francês de Nietzsche. Um artigo de 1894 dele sobre a *Canção dos Nibelungos* é de particular interesse, dado o fascínio duradouro de Saussure pelo texto, que ressurgiu na época do artigo de Lichtenberger.[42]

Outro dos estudantes franceses, Léon Pineau, tornou-se uma figura importante nos estudos do folclore moderno. Nascido em Varsóvia, Émile Lombard já havia obtido um doutorado em Leipzig e tornou-se professor no Lycée Michelet.[43] Poucos ou nenhum vestígio acadêmico foi deixado pelos outros estudantes franceses,[44] além do que será discutido no próximo parágrafo, ou pelos três estudantes alemães.[45] Os dois membros do contingente holandês, no entanto, seguiram carreiras distintas: Anton Gerardus van Hamel como professor da Universidade de Groeningen, onde fundou a primeira escola de filologia românica na Holanda, e Gédéon Busken Huet como arquivista-paleógrafo-bibliotecário da Bibliothèque Nationale e secretário adjunto da Société des Anciens Textes Français, cargos em que editou e publicou dezenas de textos em francês antigo.[46]

O outro novo aluno francês registrado para aquele ano era tão prodigioso quanto o próprio Saussure. Seu nome era Meyer Schwob, embora, como muitos outros judeus franceses de classe média de sua geração com aspirações de fazer parte da sociedade refinada, ele fosse chamado de Marcel, que soava gentio, não judeu. Nascido em 1867, tinha apenas 16 anos quando começou seus estudos na École no outono de 1883.[47] O jovem era bem relacionado, sobrinho de David Léon Cahun, um prolífico e respeitado escritor de relatos de viagens e história oriental. Schwob faria uma contribuição significativa para a linguística antes de deixar o campo para uma carreira literária, na qual, na época de sua morte prematura, em 1905, estabeleceu-se no primeiro escalão dos jovens escritores. Mas esse foi um período em que reputações verdadeiramente grandes foram reservadas a romancistas ou poetas e, como Schwob não se encaixava em nenhuma das categorias, nunca alcançou o *status* canônico de um Proust ou de um Gide. Ele sempre contou, porém, com seguidores dedicados, e seu trabalho teve um crescimento constante de leitores e atenção da crítica nas últimas duas décadas. É mais lembrado por suas histórias de veia simbolista e orientalista, e escritos relacionados a suas viagens nos mares do sul, inspirados por seu herói literário Robert Louis Stevenson, com quem se correspondia. Como escritor, buscou sua principal inspiração em autores de língua inglesa, incluindo Stevenson e os estadunidenses Walt Whitman e Edgar Allan Poe, o grande ídolo da primeira geração de simbolistas franceses, liderados por Baudelaire. Schwob protagonizou o renascimento do interesse pelo poeta francês medieval François Villon, o que lhe permitiu manter uma posição no mundo acadêmico que ainda estava a algumas décadas de dar lugar à literatura contemporânea.

A ligação de Schwob com Saussure seria muito mais profunda do que o curso que frequentou. Tornou-se um dos membros estudantis mais ativos da Société de Linguistique durante os anos em que Saussure esteve mais diretamente envolvido em seus assuntos. E, no final da década, como veremos, Schwob tornou-se colaborador e companheiro íntimo de outro jovem aluno de Saussure, o único com quem Saussure baixou sua guarda patrícia e desenvolveu algo como uma relação mentor-protegido.

O grande salto no número de alunos de Saussure pode parecer ter feito de 1883-1884 seu ano de ensino de maior sucesso até hoje. Além disso, a École ficou satisfeita com seu desempenho a ponto de aumentar seu salário em 25%, de 2 mil para 2.500 francos por ano. Seu relatório anual para a École, porém, reflete uma verdadeira decepção em relação aos alunos e desvela uma falta de entusiasmo intelectual com seu trabalho.

Saussure afirma que as aulas das quartas-feiras eram destinadas a "continuar e encerrar o curso de fonologia iniciado no ano anterior". Como o curso do ano anterior se limitara às consoantes, dessa vez abordou as vogais dos dialetos germânicos antigos, seguindo um plano semelhante, mas limitando-se "às línguas mais acessíveis aos alunos, o gótico e o alto-alemão antigo". Ele não parece particularmente preocupado com essas limitações, uma vez que as aulas de quarta-feira visavam à compreensão do quadro geral, das características comuns da família germânica, e não dos detalhes precisos de línguas individuais.

Os detalhes foram reservados para as aulas de sábado sobre o alto-alemão antigo, e foi aqui que sentiu que os alunos o decepcionaram. Para Saussure, esse estudo textual minucioso era a base da linguística, sem a qual as teorias expostas às quartas-feiras não teriam sentido. A frequência às aulas de quarta-feira foi excelente ao longo do ano, mas, como escreveu em seu relatório:

> O *maître de conférences* lamenta que o mesmo não tenha ocorrido nas conferências de sábado, pelo menos no segundo semestre, que, por serem mais elementares, talvez fossem mais indispensáveis para os alunos. As primeiras oito aulas de sábado foram dedicadas à gramática do alto-alemão antigo. Os membros da turma, então, se revezaram para interpretar textos do alto-alemão antigo retirados da crestomatia de Braune (Tatian, a canção de Hildebrand e uma série de seleções mais curtas). A importância de um bom conhecimento dos dialetos para a compreensão das formas do alto-alemão antigo sempre foi o primeiro ponto de vista a ser destacado para os alunos.[48]

Saussure destacou David, Van Hamel e Pineau por terem uma participação particularmente ativa nos exercícios de leitura e gramática, e notou a intenção de Pineau de se especializar em estudos germânicos. O jovem professor parece ter ficado satisfeito por ter inspirado seu primeiro convertido declarado. Pineau, que viveu até os 104 anos, faria contribuições importantes para o estudo do folclore escandinavo, mas a longo prazo seus interesses folclóricos seriam tanto sobre sua terra natal, Poitou, e outras partes do mundo quanto sobre o reino germânico.

A decepção de Saussure com seus alunos é irônica em vista de suas próprias afirmações posteriores de ter sido tão descuidado com sua frequência às aulas em Leipzig. Como qualquer professor novato, ele estava dividido entre culpá-los por não fazerem melhor e a si mesmo por não conseguir inspirá-los. Em seus relatos, o vemos enfrentar o fracasso, ajustando seu programa e suas expectativas para garantir que os alunos aprendam o máximo possível dentro de suas limitações. Também podemos sentir sua alma murchando aos poucos ao fazê-lo.

A desmontagem do fonema

Na sequência do primeiro caderno não datado de Saussure sobre fonologia, que parece ser de dezembro de 1881, há ainda outros quatro cadernos com indicações de datação de 1883-1885.[49] Esses cadernos desenvolvem questões levantadas no primeiro, provavelmente para um artigo destinado às *Mémoires* da Société.[50] Todos eles examinam criticamente a abordagem de Sievers à fonologia indo-europeia. O problema essencial, como afirma Saussure no segundo caderno, é que

> Sievers estudou, por um lado, o fonema fisiológico e, por outro, a cadeia fonética, mas muito pouco o fonema na cadeia fonética.
> O estudo do fonema na CADEIA FONÉTICA. Entendemos com isso o regime a que estão submetidos os fonemas pelo fato de terem de se encadear <agrupar-se> uns aos outros.[51]

Aqui Saussure articula pela primeira vez um dos princípios cardeais de sua compreensão da linguagem, o que em suas últimas aulas sobre linguística geral chamará de *linearidade*. No primeiro caderno de fonologia, a questão é trabalhada ao perguntar o que faz um mesmo fonema aparecer como uma fixação ou uma explosão. A resposta está naquilo que o precede ou segue.

O artigo incompleto a que visam o segundo caderno e os seguintes teria articulado a linearidade como um fato geral da linguagem e desdobrado suas implicações, que equivalem a uma reformulação completa da análise fonológica. O segundo caderno diz, em sua segunda página:

> O presente artigo originalmente não passava de uma nota explicativa destinada a um estudo sobre a sílaba indo-europeia.
> A introdução, tendo se tornado mais longa do que <o trabalho principal> em si, teve que assumir a forma de um trabalho separado. Essa circunstância precisa ser mencionada, porque é nossa única desculpa para ousar abordar uma questão fundamental desse tipo, ao mesmo tempo tão vasta e tão difícil. Qualquer que seja o valor que esse ensaio possa ter, ele não é inspirado pela confiança em nossas habilidades, mas pelo sentimento de que toda pesquisa histórica está condenada a flutuar no vazio[52]

O que Saussure diz aqui sobre a confiança em suas habilidades não é falsa modéstia, a julgar pelo que foi chamado de composição "atormentada" dessa mesma passagem.[53] Pelo contexto, pode-se completar a frase final com facilidade: toda pesquisa histórica está fadada a flutuar no vazio, desde que seja conduzida fora da estrutura de uma compreensão completa do papel desempenhado por cada elemento do sistema em relação a todos os outros, no que concerne tanto à sua função dentro do sistema quanto às suas ligações entre si na "cadeia fonética".

A ideia de que "consoante" e "vogal" não são classes de sons, mas funções que qualquer som pode cumprir, é reconstruída desde o início. É verdade que um grupo de sons funciona como consoantes e outro como vogais na maior parte do tempo, com um terceiro conjunto preenchendo ambos os papéis com frequência aproximadamente igual. No entanto, é um erro imaginar que a função mais frequente de um som define sua natureza. O conjunto de vogais também não deve ser limitado, como em Sievers, a sons que satisfazem algum critério arbitrário de sonoridade fisiológica. Saussure rejeita a alegação de Sievers de que, em qualquer agrupamento de sonantes ocorrendo "na mesma sílaba, aquela fisiologicamente mais sonora torna-se uma consoante. De forma alguma no sânscrito *wr̥*, *yu* e *wi*".[54]

Seguindo sua visão anterior sobre a circularidade de basear a análise de sonantes e sílabas umas nas outras, Saussure concluiu que todos esses termos são artefatos analíticos criados por linguistas, sem existência independente no que diz respeito aos falantes.[55] O plano traçado no segundo caderno é o de uma reconfiguração da fonologia baseada não numa classificação dos sons ("'fonemas' como os conhecemos"), mas nos "tempos ou momentos" de implosão e explosão, o fechamento e a abertura relativos da passagem vocal.[56] Sob esse aspecto, Saussure desenvolve o programa previsto por Whitney em *The Life and Growth of Language*, citado por Saussure de sua tradução francesa, *La vie du langage*:[57]

> Nosso esquema tem, sobretudo, a vantagem de esclarecer a relação das vogais e das consoantes que, apesar de foneticamente muito distintas, não são de modo algum sistemas independentes e separados, apenas constituindo os dois polos de uma série contínua, cujo centro é território neutro: elas são simplesmente os sons mais abertos e os sons mais fechados do sistema alfabético. De sua alteração e de sua oposição depende o caráter silábico ou *articulado* da linguagem humana: a corrente de som se divide em *articuli* ou articulações pela sucessão alternada de sons abertos e de sons fechados, sucessão alternada que, ao mesmo tempo, os liga e os separa, os torna flexíveis, distintos, e permite uma variedade infinita de combinações.[58]

Saussure percebeu uma relação entre a afirmação de Whitney e um problema particular que Havet havia levantado alguns anos antes com relação à consoante *l*.[59] Quando se diz /l/, o início e o final do som são semelhantes aos de uma consoante plosiva, mas entre os dois pontos não há nada de consonantal. Havet rejeitou a visão aceita de que /l/ era uma fricativa, como /v/. O filólogo dinamarquês Julius Hoffory, professor em Berlim, revisou o artigo de Havet com desdém, insistindo que era óbvio que /l/ era uma consoante fricativa.[60] Saussure percebeu que a questão fricativa era uma pista falsa: /l/ poderia *opcionalmente* ser pronunciado com fricção entre sua implosão e explosão, e

Havet errou ao negar que fosse assim, mas não importava. Hoffory caiu vítima de uma ilusão: o fato de falarmos de /l/ como um fonema (unitário) e transcrevê-lo com uma única letra leva as pessoas a percebê-lo como um som isolado e unitário.

Embora Saussure discordasse de grande parte do artigo de Havet, acreditava que estava certo no ponto crucial sobre o /l/ ser composto de diferentes "tempos" ou "momentos". Combinando essa contribuição com o que Whitney havia escrito, Saussure levantou a hipótese de que todos os sons são de fato compostos quando ocorrem na fala contínua. Quando nos referimos ao fonema /p/, pensamos estar nos referindo a uma unidade articulatória. De fato, /p/ abrange ambiguamente três atos articulatórios bastante diferentes:

1. um estado em que os lábios estão fechados e imóveis, bloqueando a passagem de ar e com efeito acústico nulo (*estase*),
2. o momento em que a corrente de ar é cortada pelo movimento de fechamento dos lábios, produzindo um determinado som (*implosão*)
3. o momento em que os lábios se abrem, permitindo que o fluxo de ar seja retomado com um outro som determinado (*explosão*).[61]

Saussure retoma o termo "fixação" do primeiro caderno, que não conseguia distinguir entre 1 e 2, e tira a seguinte conclusão sobre a natureza do fonema:

> Das duas, uma: ou compreendemos por *p* a pronúncia real e sucessiva dos três momentos distintos, e, nesse caso, deve-se compreender que o fonema é sempre um composto de três articulações, de modo que o *p* plosivo não é mais um fonema – ou então *p* é um nome genérico para cada uma das três articulações indicadas ou para as três reunidas na pronúncia. O último é de fato o uso adotado. Mas então a unidade chamada *p*, o fonema em geral, torna-se uma unidade abstrata, não é mais um indivíduo: é uma espécie mais ou menos artificial que criamos, para o qual não temos mais uma designação e é <inadmissível> aproveitá-lo para a descrição prática dos sons que compõem uma palavra

É surpreendente ver Saussure tentar desconstruir o fonema dessa maneira, visto ser um dos principais responsáveis pelo estabelecimento do conceito. Para ele, chamar o fonema de abstrato e artificial equivale a reduzi-lo a uma invenção da imaginação dos linguistas. Mais adiante, no segundo caderno, inicia uma nova seção com o título "A unidade do *fonema* não tem aplicação na teoria da fala".[62] Ninguém ficou mais surpreso com a aparente eliminação do fonema do que o próprio Saussure, que lutou repetidamente para salvar um lugar para o conceito.[63] Ao fazê-lo, vemos algo crucial se desenvolvendo em seu pensamento.

> Buscou-se estabelecer, no que precede, onde geralmente termina a aplicação legítima do termo *fonema*. O fonema não é uma unidade formadora da cadeia, é um termo de classificação fisiológica. A ideia do fonema, assim concebida, não tem um papel menor a desempenhar na questão da cadeia fonética. À natureza específica da articulação ou do fonema estão ligadas, com efeito, propriedades altamente variáveis no que diz respeito aos agrupamentos. Está, portanto, longe de ser indiferente conhecer a qualidade fonética de cada unidade da cadeia, e vista nessa perspectiva essa unidade será um fonema.[64]

É como se dois níveis de realidade distintos, mas interdependentes, fossem necessários para que a produção da linguagem fosse compreendida. Esse caderno começa incitando "[o] estudo do fonema na CADEIA FONÉTICA". Termina negando que o fonema seja "uma unidade formadora da cadeia". Em vez disso, afirma que cada unidade da cadeia, se vista fora de seu *caráter formativo de cadeia* e em termos de sua qualidade fonética, é um fonema. É o lugar e o modo de articulação, considerados separadamente da cadeia de fala. O fonema representa outra realidade, nem mais nem menos real que a série de implosões, estases e explosões que constituem a cadeia da fala, mas separada e de ordem distinta.

> Uma implosão é um fonema, uma explosão é um fonema, uma estase é um fonema, desde que eu não os considere <absolutamente> como partes da cadeia, o que colocaria todas as implosões em pé de igualdade, mas no que diz respeito às suas diferenças específicas.

A realidade habitada pelos fonemas é aquela definida por suas "diferenças específicas" entre si, algo totalmente distinto do que ocorre quando se juntam na fala contínua.

Saussure acaba de expor pela primeira vez a visão fundamental da linguagem que cultivaria pelo resto de sua vida, e não a articularia publicamente até seus cursos de linguística geral.[65] Os fonemas como diferenças puras habitam o que chamará de outro "eixo" daquele sobre o qual se justapõem. Ao longo dos demais cadernos, Saussure explora o que essa visão implica sobre a natureza da linguagem, suas partes componentes e o desenvolvimento histórico do sistema de sons indo-europeu.

Diferença e intencionalidade

Logo no início, o terceiro caderno afirma:

> Somente as diferenças são o objeto de nossa pesquisa; agrupamentos de fonemas semelhantes não são. A tabela
>
> | p | m |
> |---|---|
> | b | m surdo |
>
> não deve de forma alguma indicar um grupo acusticamente ou mecanicamente relacionado, mas, dada a não identidade acústica, deve exibir a diferença mecânica que os separa.
> Identidade ou não identidade ou pluralidade, mas o grau de diferença ou semelhança é indiferente.
> Diferença termo incômodo! porque permite gradação.[66]

Saussure insiste apenas na diferença, não em graus de diferença, porque é assim que acredita que a linguagem funciona. Acusticamente e em termos articulatórios, as consoantes /p/ e /b/, ambas oclusivas labiais, diferem muito menos uma da outra do que de /r/, por exemplo – e, no entanto, as palavras *pato* e *bato* não estão próximas uma da outra em sentido ou função do que estão de *rato*. Sua capacidade de *significar* repousa na diferença, não na *gradação* dessa diferença. Isso leva Saussure a concluir que a classificação dos fonemas por seus traços não será, por si só, responsável por seu funcionamento.

> E como a diferença entre fonema e silêncio é fundada sob o mesmo princípio, pode-se dizer que o fonema não é apenas um tipo, mas uma ~~entidade~~ <substância> <não apenas em sua oposição a outros fatos da fonação, mas em sua oposição à afonia> é formado parcialmente por fatores negativos.
> Negativo sendo tanto: não fisiologicamente ativo
> quanto: <sem influência no fenômeno acústico>[67]

Ainda buscando obstinadamente uma maneira de conciliar a necessidade de classificar os sons com o fato de que, funcionalmente, é apenas a diferença que importa, Saussure retorna à sua pequena tabela de consoantes *p*, *b*, *m* e *m surdo*, e observa:

> Deve-se indicar apenas as diferenças. No entanto, a *classe* também tem sua importância; <é bom> lembrar que *p b m* são fonemas de mesma articulação bucal mas apenas no que diz respeito ao mecanismo fisiológico e sem atribuir a esse grupo o valor de uma classe acústica.

Perseguir a análise fisiológica, no entanto, leva de volta à questão do que torna ou não um som em um fonema, o que o torna um elo separado em uma cadeia de fala em oposição a uma característica de algum outro elo. Por exemplo, /b/ é fisiologicamente um /p/ com a adição de vozeamento (vibração das cordas vocais), e /m/ é um /b/ com adição de nasalidade (abaixamento do véu palatal para permitir a passagem de ar pelo nariz). Vozeamento e nasalidade são ações fisiológicas distintas, mas não contam como elos separados na cadeia de fala. Por que não?

Saussure resume seu longo questionamento em uma lista das várias maneiras pelas quais um fonema pode – deve – ser concebido, uma lista que se destaca pelo aparecimento de dois termos que figurarão com destaque em seu pensamento maduro: *oposição acústica*, outra maneira de dizer "diferença", e *semiologia*, aqui significando a capacidade de significar.

> fonema = sempre possibilidade de um valor semiológico
> fonema = oposições acústicas
> fonema = indivisão do som no tempo – resultante da semelhança relativa
> fonema = totalidade do som percebido momento a momento
> fonema = impressão capaz de direcionar a vontade (onde o que se controla não é a sonoridade como tal, mas a sonoridade como tendo que concorrer com um determinado fonema).
> Fração de um fonema no tempo e parte componente de um efeito.
> A linguagem é composta por um sistema de oposições acústicas e mesmo o prolongamento de um elemento não existe para ajudar a caracterizar um conjunto de sons, uma palavra, mas para fornecer um elemento adicional de oposição. (Nesse caso, *a* e ā seriam semiologicamente dois fonemas)
> Não fundamentado na diversidade de som.
> Delimitação em nome da semiologia do fonema (somente negativa) e vindo somente após a delimitação acústica.[68]

Nenhuma dessas ideias esboçadas por volta de 1883 seria desenvolvida em qualquer obra publicada de Saussure durante sua vida.[69] Em retrospecto, elas já estavam implícitas no *Mémoire* de cinco anos antes, quando questões de articulação e acústica foram deixadas de lado para focar exclusivamente na distribuição dos fonemas como unidades significantes. Aqui, no terceiro caderno, nós as vemos se tornando explícitas, enquanto Saussure luta para colocá-las em uma forma lógica e abrangente, por um lado, e clara e facilmente comunicável, por outro. Não é uma luta que venceria – daí seu silêncio em publicar essas ideias.

Talvez o obstáculo mais difícil tenha sido o imposto pelo tempo. Saussure se pergunta:

> O fonema pode ser considerado <fora do tempo> [...]
> Sem confundir fonema com elemento de um fonema?
> Assim o ruído que há em *z* é o mesmo que em *s*.
> Se você considerar fora do tempo, descobrirá que *s* fonema = elemento de outro fonema.[70]

O terceiro caderno continua a explorar uma gama de ideias. É comum Saussure iniciar uma seção com um texto coeso, apenas para fragmentá-lo em uma série de observações ou ideias abreviadas, explorando-as brevemente antes de deixá-las cair, às vezes para serem retomadas mais adiante. Uma dessas ideias é o "circuito", que ele identifica como a "direção natural":[71]

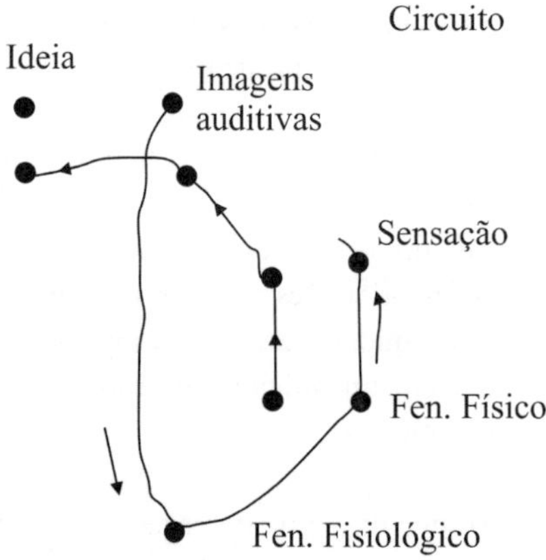

A esse "ciclo acústico-psicológico" o autor relaciona outra ideia, a de valor:

Na cadeia acústica determinamos os momentos únicos, as unidades homogêneas (duração irrelevante) papa, *pa* seria divisível. *valor* diferente[72]
fonética semiológica:
preocupa-se com <sons e séries de sons existentes em cada idioma> na medida em que têm um *valor* para a ideia (ciclo acústico-psicológico)[73]

O valor, como a semiologia, passará a figurar como um aspecto fundamental de seu pensamento maduro, mas faz sua primeira aparição nesse manuscrito inacabado de seus vinte e poucos anos.

Muito da parte final do terceiro caderno é dedicada a descobrir a natureza da *intencionalidade* na produção dos sons da fala. Isso está ligado à definição do fonema como uma unidade provida de significação, o que implica que o falante pretende sinalizar algum sentido. E, no entanto, como falantes, sabemos como desconhecemos em absoluto, na maioria das vezes, os movimentos musculares que produzem os sons significativos de nossos enunciados, sem falar das variantes que não produzem mudança de sentido. Saussure experimenta vários esquemas para captar esse paradoxo. Um deles é uma divisão tripartite de intenção, ato e efeito diretos, de modo que, por exemplo, a produção de um /s/ é descrita como:

intenção dirigente: produção imediata de S
ato: constrição lingual-palatal
efeito: conforme à intenção[74]

O formato – descritivo na melhor das hipóteses, tautológico na pior – não explica nada, e Saussure o abandona, mas põe em foco a questão de saber o que "direciona" o movimento preciso dos órgãos vocais. Saussure introduz agora o termo "*imagem* diretriz", que pode ser entendida como uma imagem mental dos sons a serem produzidos que precede e conduz os impulsos nervosos e os movimentos musculares. Mas Saussure resiste em descrevê-lo tão diretamente.

A vontade transmitida aos músculos deve ser separada da intenção de produzir este ou aquele traço da imagem. [...]

Distinguir:	O que é um fim	efeitos	sofridos
	O que é um meio		imprevistos

Voluntários	– movimentos executados com seus efeitos acústicos diretamente para o fim – movimentos executados ativamente com o efeito acústico do movimento seguindo para o fim
Involuntários ou passivos	– movimentos executados por uma consequência forçada do movimento precedente, e sem serem acompanhados de vontade (acompanhar é a palavra aqui)

<Mas eles não tardam a ser acompanhados porque se tornam parte integrante da imagem acústica e coportadores do sentido>

O termo *imagem acústica* introduzido na última passagem lembra a "imagem vocal" de Egger, anotada por Saussure durante sua leitura de *La parole intérieure*, seguida do comentário "distinguir a imagem da sensação sonora". Essa é uma pista relevante, junto com as considerações de valor semiológico, de que o longo e complexo terceiro caderno segue logo após as reflexões de Saussure sobre Egger. A imagem acústica perdurará no pensamento de Saussure, ressurgindo em suas aulas de linguística geral como uma das duas metades do signo linguístico, sendo a outra o que chama aqui de "sentido", mas que posteriormente especificará como sendo uma representação mental. A imagem acústica fornece finalmente a melhor solução a seu alcance para o problema da "vontade" do falante no que diz respeito à produção de sons:

> Dizer de um efeito que ele é desejado, isso significa presente <previsto> na imagem a ser reproduzida. Dizer de um movimento que ele é desejado, isso significa ordenado pela presença de um determinado elemento na imagem.
> Movimento solicitado e solicitante
> E a antinomia é que um movimento desejado, ou seja, solicitado por alguma parte da imagem, pode trazer à tona um elemento acústico que não é desejado.[75]

O surgimento da palavra *antinomia* é intrigante, visto que, cerca de 13 anos depois, ela apareceria no título das *Antinomies linguistiques*, de Henry, mencionado anteriormente como tendo grande parte de sua inspiração em Egger. O rebaixamento inconsciente do palato por um falante que quer pronunciar *n* é um caso de antinomia a que Saussure se refere aqui. Mas o que exatamente o falante "quer"? Pode-se presumir que "queira" reproduzir a imagem interna de um som, mas, novamente, o falante não tem ideia de como isso é feito fisiologicamente, tendo consciência simplesmente de "sensações distintas". Saussure escreve: "A imagem desejada contém apenas oposições. 'As unidades são desejadas na medida em que são distintas/percebidas/reconhecidas pela sensação'".[76]

As aspas escritas por Saussure em torno da última frase sugerem que tem uma fonte, mas nenhuma referência é fornecida. As possibilidades são muitas, estendendo-se de Condillac e Maine de Biran no século XVIII, a Herbert Spencer e Alexander Bain em meados do século XIX, até a emergente psicologia francesa que se baseava no "associacionismo" britânico do qual Bain era visto como fundador. Mas foi apenas no final da década de 1880 que esse elo vontade-sensação ganharia destaque na França, nos escritos de Alfred Fouillée e, sobretudo, de Henri Bergson.

A partir dessas páginas, fica claro que, já na primeira metade da década de 1880, Saussure não apenas estava ciente dos princípios do associacionismo, mas estava construindo sua própria compreensão da linguagem sobre eles. "Querer" algo não é necessariamente ter um desejo explícito que se possa articular. Basta ter um propósito maior em vista do qual a ação particular faz parte, juntamente com uma consciência implícita, ainda que tácita, na forma de sensação distinta, que poderia assumir a forma de saber que em inglês *bit* [*mordido*, pronuncia-se /bɪt/] e *knit* [*tricotar*, pronuncia-se /nɪt/] são duas palavras diferentes, enquanto *bit* e *b*^{h}*it* não são.

Saussure então busca conectar essas considerações às anteriores, sobre os diferentes "momentos" na pronúncia de um fonema.

> O que é, na comparação de fonemas abstratos, *diferença* entre presença ou ausência de nasalidade, de glote, é representado concretamente pela *entrada* ou *cessação* de um dado fator. O que é "diferença" entre duas articulações é representado concretamente pela "passagem a uma" posição inicial.
> Na cadeia: a entrada ou cessação, a passagem à posição inicial <são o que criam> um tempo de qualidade diferente da anterior.
> Na abstração: a diferença entre concorrência e não concorrência entre este ou aquele jogo de articulação são o que constitui as *espécies*, subtipos (em seu valor essencial).[77]

Isso leva a uma constatação crucial sobre como relacionar os dois planos existenciais aparentemente intratáveis, o da cadeia da fala enquanto desenrolada no tempo, e o dos fonemas como tipos considerados fora do tempo.

> Ao falar de uma cadeia fonética, sempre se tem uma coisa concreta em vista. Ao falar de um fonema isolado, pode-se entendê-lo de forma concreta ou abstrata. Concreta se for concebido como ocupando uma extensão de tempo. Abstrata se falamos apenas de suas características distintivas, e se o classificamos.[78]

O quarto caderno, muito mais curto, começa abordando a diferença entre sonantes e consoantes no desenvolvimento da sílaba do indo-europeu primitivo. O termo *valor* está agora totalmente incorporado à discussão, para significar o uso de um som para cumprir uma função específica, ou mais precisamente sua capacidade de ser usado dessa forma. Saussure se esforça para explicar que usar o termo dessa maneira não significa que tenha se decidido sobre uma das questões básicas que se propôs a investigar.

> Pode-se falar de valor sonântico e consonântico sem examinar se cada um deles é próprio de certos fonemas, ou se cada fonema pode ter alternadamente os dois valores, ou finalmente se apenas alguns fonemas podem ter os dois valores.[79]

O fragmento aponta para um maior desenvolvimento do pensamento de Saussure a partir do que se encontra no terceiro caderno. Por outro lado, é retomada a terminologia "explosões e fixações", que parecia já ter sido superada no segundo caderno. Enquanto a maior parte do quarto caderno consiste em fragmentos desconexos de ideias já familiares dos outros cadernos, há um parágrafo sobre *la phonétique générale* [fonética geral], que dá uma ideia do que Saussure pretendia alcançar. Depois de observar que "essa área foi conduzida como se estivessem fazendo geometria com o método dos zoólogos", ele afirma:

> A teoria das combinações de fonemas não pode ser outra coisa senão uma discussão sobre possibilidade e impossibilidade; a constatação e a descrição das combinações existentes dão apenas uma perspectiva limitada.
> Para que o espírito fique satisfeito, deve-se mostrar em cada caso as condições de existência de uma combinação, o limite de quais combinações são possíveis e o que aconteceria se esse limite fosse transgredido. Caso contrário, o princípio dos fatos permanece oculto.

O quinto caderno, finalmente, investiga exemplos específicos da história da família linguística indo-europeia, com base nos fundamentos teóricos apresentados nos quatro anteriores. Saussure retorna às propostas feitas por Havet e outros, e contesta particularmente a afirmação de Osthoff de que a relativa sonância inerente de dois sons adjacentes determinaria qual seria a vogal em uma dada sílaba do indo-europeu primitivo. Por fim, oferece reflexões gerais, novamente do tipo associado ao Saussure "tardio" e não ao "primeiro" Saussure.

> No entanto, tudo o que há na linguagem é um fato da consciência, isto é, a relação entre o som e a ideia, o valor semiológico do fonema, pode e deve ser estudada fora de qualquer preocupação histórica: o estudo no mesmo plano de um estado da língua é perfeitamente justificado (e mesmo necessário, embora negligenciado e mal compreendido) quando se trata de fatos semiológicos.[80]

Encontramos no fragmento acima o essencial da linguística saussuriana em uma única frase escrita por volta de 1883: o signo linguístico (a relação entre o som e a ideia), a semiologia, o valor, o fonema, a necessidade de estudar um único "estado da língua" (*état de langue*) fora das considerações históricas. Ainda assim, Saussure insiste em que apenas evidências históricas – isto é, dados – podem validar uma proposição teórica: "A regra da silabificação seria justificada apenas se fosse *histórica*. Podemos tomá-la apenas em seu resultado". E, no entanto, "[é] legítimo dizer que a divergência *y–i* era para os ario-europeus sem valor semiológico, sem examinar a origem dessa divergência fonética".

A concepção de valor semiológico de Saussure, juntamente com todas as outras considerações linguísticas gerais que acabamos de esboçar, tomou forma em seu questionamento sobre o que é uma consoante e o que é uma vogal no indo-europeu primitivo.

Secretário adjunto

A presença de Saussure não foi registrada nas duas primeiras reuniões da Société de Linguistique no outono de 1881. No entanto, Jan Baudouin de Courtenay, que compareceu, escreveu a um amigo que Saussure estava na segunda reunião, em 19 de novembro.[81] Ambos certamente estiveram presentes na reunião de 3 de dezembro, na qual Baudouin foi eleito membro. Ele presenteou a Société com cópias de vários trabalhos dele e de seu aluno Kruszewski, com quem, conforme observado no capítulo 7, estava elaborando o conceito de fonema como uma unidade sonora psicológica, inspirada no *Mémoire* de Saussure.

Baudouin deve ter aguardado com muita expectativa o artigo que Saussure leu para a Société em 3 de dezembro – e ficou surpreso ao descobrir que não era sobre a fonologia indo-europeia, mas sobre a fonética do dialeto franco-suíço do Vaud, próximo a Friburgo. Esse foi o breve resumo publicado da apresentação:

O *ch* e o *j* franceses representados por *ts*, *dz*. *S* por š. O *c* do latim antes de *e i* talvez por θ. O *l* precedido por uma consoante é suavizado e finalmente resulta em *y*. O grupo *mn* produziu *nn*. O *a* latino persiste, exceto após consoantes palatais. O *o* final, onde não é descartado, dá *u* (*ou*).

Essa foi a primeira análise de Saussure de uma língua viva para apresentação pública. Seu interesse por tal análise não era novo: vimos no capítulo 4 como, quando menino, ele havia elaborado o sistema gramatical do código privado elaborado por seus irmãos menores Léopold e René, e houve também a viagem à Lituânia em 1880. Esse tipo de análise detalhada continuaria nos anos seguintes, embora sem nunca mais apresentar ou publicar nada disso.

Na reunião de 17 de dezembro e na seguinte, em 7 de janeiro de 1882, Baudouin de Courtenay e Saussure estiveram novamente presentes, embora isso pareça ter encerrado o relacionamento pessoal entre os dois. Em cada uma das reuniões, Baudouin apresentava várias outras de suas obras à Société. Fragmentos dos manuscritos de fonologia de Saussure que datam dessa época podem refletir discussões entre os dois e a leitura de Saussure do trabalho de Baudouin e Kruszewski – mas não há citações.

Outro desenvolvimento importante ocorreu na reunião de 17 de dezembro de 1881. Por ser a última do ano, incluiu uma eleição para as funções da instituição para o ano seguinte. Bréal foi reeleito presidente e Havet secretário adjunto, o que efetivamente significava dirigir a Société, já que a presidência era em grande parte um cargo honorário. No entanto, Havet estava achando o trabalho excessivo. A Société votou para estabelecer um segundo cargo de secretário adjunto e, para que a carga de trabalho pudesse ser finalmente compartilhada, Saussure foi "delegado às funções de secretário adjunto". Ele foi, além disso, nomeado para o Comitê de Publicações, junto com Bergaigne, Paris, Renan e o celtista Henri Gaidoz. Isso o colocava na mais augusta companhia, ainda que, como secretário adjunto delegado, fizesse sozinho todo o árduo trabalho de editar o *Bulletin* e as *Mémoires* da Société, auxiliado por seu aluno Émile Ernault, nomeado administrador da Société em 1882.[82]

Na mesma semana, Saussure assumiu suas primeiras aulas na École Pratique des Hautes Études, que, somadas à função na Société, conferiam-lhe um trabalho enorme. Ele já não era o jovem animado e alheio de seus limites que produziu o *Mémoire*. Era mais provável que encarasse seu novo trabalho com o mesmo espírito do ditado que tomava de seu pai – um dever. Pode-se perguntar se, caso não tivesse aceitado a função, poderia ter concluído o artigo sobre fonologia, o que colocaria sua carreira e sua vida em um rumo muito diferente.

Na reunião de 4 de fevereiro de 1882, Saussure leu o restante de seu artigo sobre o patoá de Friburgo, consistindo em um resumo de seu sistema fonético e algumas características incomuns em sua gramática.[83] Um mês depois, deu uma palestra sobre as etimologias do eslavo *lobŭzati* [beijar] e do grego *katērēs* [decorado]. Um artigo sobre o prefixo negativo grego *nēon* em 24 de junho foi o último do ano, mas fazia comentários frequentes sobre as palestras dadas por outros. Ele também sabia quando segurar a língua. Após a palestra de De Charencey sobre fonética e etimologia basca, em 29 de abril, ofereceu seus pontos de vista, mas silenciou sobre a tentativa do aristocrata-acadêmico de conectar o basco ao algonquiano na sessão de 10 de junho.

Saussure desempenhou seu papel com competência. Quando chegou a hora da eleição de funções para o ano seguinte, em dezembro de 1882, Bréal propôs que ele fosse nomeado secretário adjunto, em vez de simplesmente delegado. Havet seria promovido ao cargo de vice-presidente, formalmente uma honra, mas, como todos sabiam, sem função – portanto, em termos práticos, um rebaixamento. A notícia chegou a Havet de que foi por instigação de Saussure que Bréal havia proposto a mudança. Saussure de fato deixou claro que, a menos que fosse eleito secretário adjunto no lugar de Havet, não estaria disposto a continuar na função.

Era uma posição razoável a ser tomada. Ao mesmo tempo, significava anunciar que durante o último ano não apenas aliviou Havet de parte de seu fardo excessivo, mas efetivamente fez seu trabalho. Saussure havia enviado sinais sutis a Havet, por exemplo, com um cartão postal em março de 1882, desculpando-se pelo atraso com sua contribuição para o volume memorial que Havet estava editando para o falecido Charles Graux, um especialista em grego e seu colega professor na École.[84] Saussure culpou-se pelo grande número de correções e acréscimos necessários às provas, chamando-o de "absolutamente indecente" e oferecendo-se para pagar quaisquer custos que o impressor pudesse reivindicar. Se ele esperava que Havet inferisse que talvez tivesse que apressar a redação do artigo porque estava cumprindo os deveres de Havet além dos seus, a mensagem não foi transmitida.

Portanto, o anúncio de dezembro parecia um golpe de Estado. Para Havet, que havia feito mais do que ninguém para proclamar a importância do *Mémoire* e ajudar Saussure a se estabelecer na cena acadêmica parisiense, foi como uma facada nas costas.

Haveria algo nessa movimentação? Já em Leipzig, Saussure fazia anotações para si mesmo, como "Refutar Havet Mém. Sociedade Ling. II 326",[85] e, no início de seu tempo em Paris, fez anotações sobre as pronúncias não padronizadas de Havet. Na seção anterior, vimos como foi crítico, em 1883, a outro artigo de Havet, sobre a pronúncia de *l*. No final de 1884, escreveu que a "fonologia latina" – nome do curso de Havet na École des Hautes Études, que Saussure frequentara três anos antes – repousa sobre "uma base de velhas ideias falsas".[86] Nada disso foi dirigido contra Havet pessoalmente, nem foi publicado. Ainda assim, pode-se ver como Havet pode ter se sentido inseguro e tratado com alguma condescendência pela educação aristocrática de Saussure, que deixava transparecer como estava consciente de sua superioridade intelectual.

Saussure escreveu a Havet, dirigindo-se a ele pela primeira vez como "*Mon cher ami*", meu caro amigo, em vez de "*Cher Monsieur*", caro senhor, embora continuasse a usar o *vous* formal.

> Eu não sonharia nem por um instante, é preciso dizer-lhe, em fazer-me nomear contra a vontade do senhor para um cargo que a Société tanto se beneficia de tê-lo ocupado, e não estou nem um pouco obcecado pelo desejo de fazer parte do comitê. Minha intenção, que me permiti expressar a alguns membros da Société, é apenas deixar de fazer parte do comitê em vez de continuar fazendo parte dele nas condições atuais. Considero, com efeito, que a utilidade do meu cargo de *delegado para as funções etc.* é desproporcional ao ônus que impõe ao seu titular, uma vez que qualquer membro pode substituir o secretário quando esse está impedido de comparecer à reunião. Eis meu ponto de vista. O senhor percebe que tem a ver com minha conveniência pessoal, que não tento esconder, mas que não estou levantando nenhuma *pretensão*. Após essa explicação, sei que o senhor não atribuirá à minha intervenção as segundas intenções que essa pergunta pode sugerir. Se estiver disposto a deixar suas funções, certamente terei prazer em preenchê-las. Mas minha aceitação depende de sua concordância. Tudo o que importa para mim é não mais ser *delegado*.[87]

Na reunião seguinte da Société, em 16 de dezembro de 1882, Havet anunciou seu desejo de não se candidatar, e Saussure foi eleito secretário adjunto em 1883.[88] Isso o tornou oficialmente o editor-chefe das *Mémoires* da Société,[89] que efetivamente editava desde o início de 1882. Na semana seguinte, Saussure escreveu a Havet pedindo seu conselho sobre a reorganização do catálogo impresso da biblioteca da Société e o manuseio das provas de suas *Mémoires*.[90] Nos meses seguintes, Saussure ainda tratou delicadamente os sentimentos de Havet. Quando a publicação do volume 23 do *Bulletin* foi anunciada na reunião da Société de 12 de maio de 1883, Saussure orgulhosamente apontou a atualização muito atrasada da lista de membros que continha – então se apressou em dar crédito por isso ao secretário adjunto anterior, Havet.[91]

Em 1883, Saussure leu dois artigos curtos para a Société. O primeiro, em 20 de janeiro, dizia respeito à etimologia da palavra grega *hygiēs* [saúde]. Seu aluno Kirste estava entre os que o comentaram, e, na mesma reunião, Saussure fez comentários sobre um artigo de Loth sobre o prefixo bretão *to-*. O segundo foi lido em 17 de março, na reunião em que seu aluno Taverney foi eleito membro, e tratava da etimologia da palavra alemã *Hexe* [bruxa]. Entre uma leitura e outra, em 3 de fevereiro, ocorreu uma das sessões menos convencionais da Société, na qual Jules Lefort demonstrou "sua máquina fonética, capaz de produzir todas as vogais francesas, exceto as nasais".

Em 1884, Saussure proferiu três palestras à Société. Em 29 de março, tratou dos ditongos *eo* e *iu* do alto-alemão antigo e, 15 dias depois, apresentou "uma conjectura sobre o nome grego da enguia, *ímbēris*, usado em Metímina de acordo com Hesíquio. Essa palavra parece ter a mesma origem de *éngkhelys* e seu *r* a relaciona com o *ungurŷs* do lituano". Em julho, falou sobre o alto-alemão antigo *wirdar* para *widar* e sobre o adjetivo *murgi* [curto]. Essa reunião teve pouca participação, porque muitos membros haviam saído mais cedo para as férias de verão, mas comentários sobre o artigo de Saussure foram feitos por seu fiel aluno Bauer.

Nos anos seguintes, Saussure seria extremamente ativo na Société, apresentando muitos trabalhos e comentando inúmeros outros. Os relatos publicados das reuniões desses anos, embora anônimos, são principalmente de sua pena, assim como os volumes das *Mémoires* são o produto de sua tácita e dedicada edição. Aqueles que apresentaram trabalhos foram instruídos a dar a Saussure um resumo completo de sua palestra dentro de 15 dias. Se não o fizessem, receberiam apenas um relatório resumido, que Saussure teria de escrever ou designar alguém para escrever se estivesse ausente.[92] É preciso ter isso em mente quando nos perguntamos por que o jovem que escreveu as 300 páginas do *Mémoire* em questão de meses publicou tão pouco durante seus anos em Paris.

Um evento trágico para a Société ocorreu em 7 de setembro de 1884, enquanto Saussure ainda estava em um acampamento de treinamento militar de três semanas em Colombiers. O presidente da Société, Stanislas Guyard, suicidou-se.[93] O motivo é desconhecido. Ele tinha 38 anos e havia sido nomeado recentemente para a cadeira de língua e literatura árabe no Collège de France. James Darmesteter presidiu as reuniões de outono, com Charencey eleito presidente para o ano seguinte. Saussure foi reeleito secretário adjunto.

A incapacidade de Saussure em concluir seu projeto de fonologia certamente não foi resultado de indolência. No mínimo, um impulso para produzir constantemente – muito parecido com o de seu pai e impossível de desconectar de sua herança calvinista – levou Saussure a canalizar tanto de suas energias físicas e intelectuais em tarefas mínimas que não restava o suficiente para fazer fruir suas ambições maiores. Nessas circunstâncias, seu calendário social muito cheio não ajudava em nada.

Casamentos

Durante os anos em Paris, a vida social de Saussure continuou a girar quase inteiramente em torno de pessoas do círculo genebrino de sua família. Em Leipzig, eles formavam um círculo muito pequeno, mas não foi o caso em Paris. Algumas das famílias de banqueiros, como os Mallet, estabeleceram-se permanentemente na capital francesa, sem abandonar sua propriedade genebrina, embora preferindo o esplendor e a alegria da maior cidade do mundo em seu auge histórico. E quase toda a classe alta de Genebra fazia essa peregrinação ocasionalmente, por razões que iam de moda e compras a atividades artísticas e intelectuais.

O vizinho e companheiro mais próximo de Saussure era Francis de Crue. Élie David também residia em Paris, e ele e Saussure jantavam juntos com alguma frequência. Em julho de 1884, seu irmão Léopold foi seu vizinho enquanto realizava parte de seu treinamento de oficial da marinha na capital.[94] Quanto aos colegas linguistas, além dos que via na École, Saussure passava duas noites de sábado por mês com eles na Société, e grande parte de sua semana era dedicada à correspondência com aqueles que preparavam trabalhos para publicação nas *Mémoires*. Novamente, como em Leipzig, habitavam mundos sociais que não se sobrepunham, com pouquíssimas exceções. Bréal às vezes aparecia nos salões literários da alta sociedade, que uma década depois cairiam sob o feitiço de seu jovem primo Marcel Proust. Saussure às vezes era convidado para jantar na casa dos Bréal e na casa de outro linguista aristocrático, Arbois de Jubainville.[95] Os convites não foram totalmente bem-vindos, pois interferiam profundamente no tempo de Saussure, mais do que imediatamente pudesse parecer. Antes de ir para o jantar, viu-se obrigado a fazer uma visita "preparatória" à Madame, e outra (chamada jocosamente de "digestivo") após o jantar, para expressar sua gratidão. Escrevendo sobre isso para Albertine – com seu "recluso" companheiro genebrino Francis de Crue ao seu lado, escrevendo para sua própria família –, ele acrescentou:

> Mas há mais: cada uma das esposas desses senhores tem seu dia fixo para receber visitas, de forma que não se pode visitar uma após a outra. Você tem que tirar folga sucessivamente nas terças, quartas, quintas, no meio da tarde; a vida não é mais possível. [...] Mais uma vez, esta noite, estou me abstendo de uma festa para a qual um membro da Société de Linguistique me convidou.[96]

O único linguista parisiense de sua geração com quem Saussure cultivou uma amizade pessoal foi o meio-grego, meio-francês Jean Psichari, que no inverno de 1882 se casou com a filha de Ernest Renan. A ligação com Renan abriu todas as portas para Psichari. Nominalmente, Saussure e Renan serviram juntos no comitê de publicações da Société, mas Renan nunca compareceu às reuniões. Saussure o encontrou pela primeira vez no início de fevereiro de 1883, quando foi convidado para jantar na casa de Psichari. Ele achou Renan encantador e cheio de bonomia.[97]

Em um caso, a família de Saussure e os círculos linguísticos se sobrepuseram. O jovem Max van Berchem, seu primo de segundo grau por parte de mãe, realizava estudos árabes em Paris e, em março de 1883, Saussure o indicou para membro da Société.[98] Saussure continuaria próximo de Van Berchem e seus irmãos ao longo de sua vida.

Em 3 de junho de 1883, o avô de Saussure, o conde Alexandre de Pourtalès, morreu em Genebra, aos 72 anos. Ferdinand tinha estado perto dele quando menino, espelhando-se nele como uma inspiração intelectual. O ocorrido o fez se ausentar das duas reuniões seguintes da Société para comparecer ao funeral. Para Henri de Saussure, que ficara tão aliviado com a reconciliação com o sogro alguns anos antes, foi uma perda triste, mas a perspectiva de uma herança prometia algum alívio há muito necessário para sua queda financeira. Ainda assim, levaria mais de um ano para que o espólio fosse regularizado.

A perspectiva era muito bem-vinda, dado também que Albertine e Dora estavam prestes a se casar. Em agosto de 1883, Albertine, de 21 anos, trocou votos com Alexander Marcet, de uma conhecida família de estudiosos de medicina anglo-genebrina. Em 1880, a irmã mais velha de Alexander, Daisy, casou-se com o conde Hermann de Pourtalès, irmão de Louise, e, no ano seguinte, tiveram o primeiro filho, o conde Guy de Pourtalès, destinado a se tornar um dos grandes escritores de sua geração. Com as famílias já assim conectadas, o casamento de Albertine com Alex foi uma ocasião especialmente alegre.

No ano anterior, Blanche Odier, amiga íntima de Louise de Saussure desde a infância, tentou arranjar um casamento entre seu filho Gabriel e Albertine. Ferdinand ficou mortificado quando Blanche escreveu-lhe anexando uma foto de Gabriel, aparentemente confiante de que Ferdinand convencesse sua irmã.[99] Casar-se com um membro da família de banqueiros Lombard-Odier teria impulsionado Albertine para o alto escalão financeiro e social de Genebra. Ela claramente se casou por amor, com a atração adicional do caráter e da vida cosmopolita de Alex. Ele estudou no Marlborough College e na Universidade de Londres, depois assumiu o cargo de engenheiro na George Forrester & Company de Liverpool, fabricante de grandes motores marítimos.[100] Em 1883, ano de seu casamento, voltou para Londres para se encarregar da produção de máquinas hidráulicas para as obras de engenharia da East Ferry em Millwall Docks. Nada disso parece muito glamoroso, mas salvou Albertine de uma vida de cuidadora de seus pais, que teria sido seu destino como uma Odier e um pilar da sociedade genebrina.

Ela era, no entanto, profundamente devotada à mãe e ao pai; então passar metade do ano em Londres, e o restante do tempo dividido entre as casas da família Marcet, em Cannes, e em Genebra, combinava perfeitamente com ela. Albertine poderia estar com sua própria família durante os verões em Creux de Genthod, quando estavam em sua melhor forma. Com o passar dos anos, as demandas crescentes da carreira de Alex por vezes os impediam de aproveitar o verão. Isso foi difícil para Albertine, mas felizmente membros de sua família, incluindo Ferdinand, ficavam felizes em visitá-la em sua casa perto de Londres por períodos curtos ou mesmo longos.

O casamento de Dora ocorreu apenas três meses e meio depois do de Albertine. Em 26 de novembro de 1883, um dia antes do 26º aniversário de Ferdinand, Dora, de 20 anos, casou-se com Edmond Agénor de la Rive. Edmond era 16 anos mais velho que ela e pertencia a outra das cem famílias antigas – na verdade, a da mãe de Horace-Bénédict de Saussure, nascida Renée de la Rive. Os dois permaneceriam estabelecidos em Genebra ao longo de sua vida de casados, servindo como um ponto de ancoragem para os irmãos de Dora. Ela inevitavelmente carregaria uma grande parte do fardo de cuidar dos pais, mas o fato de ela e Edmond nunca terem tido filhos pelo menos a deixou com mais tempo e energia para isso.

A correspondência de Ferdinand com sua mãe durante esses anos continuou a mostrar sinais de tensão no relacionamento entre eles. Antes era ela quem reclamava da raridade e superficialidade das cartas do filho. Em setembro de 1884, ao passar o verão em casa, foi ele quem se sentiu abandonado, pois a mãe havia partido para ficar com Albertine em Londres.[101] Louise permaneceu lá de outubro a novembro, mas na viagem de volta parou em Paris para visitar Ferdinand.[102] Estava agora com 47 anos. Suas duas filhas mais velhas eram casadas. Ferdinand, com quase 27 anos, fez seu nome e estabeleceu uma carreira. Horace, de 25 anos, artístico e sonhador como ela, era um jovem pintor promissor, que parecia caminhar passo a passo rumo a uma reputação reconhecida. Léopold, de 18 anos, realizava suas ambições para uma carreira naval, enquanto René, de 16, seguia os passos de Ferdinand reunindo prêmios escolares, embora em atividades matemáticas e científicas, e não poéticas. Jeanne, de 15 anos, era parcialmente surda, com uma introversão que a fazia se perder na confusão. O filho mais novo, Louis, tinha agora 13 anos, o que significava que Louise não tinha mais filhos pequenos totalmente dependentes dela.

A recente morte de seu pai, por mais triste que tenha sido, também a libertou das tensões familiares que sua personalidade difícil causava, principalmente com sua madrasta. E a promessa de uma herança aliviaria algumas das preocupações práticas que eram uma nuvem negra sobre a família Saussure desde o fracasso dos grandes esquemas de investimento de Henri quase 15 anos antes. Havia todos os motivos para pensar que a depressão nervosa que assaltava Louise por tanto tempo poderia começar, finalmente, a amainar.

Publicações

Além de suas contribuições editoriais anônimas para as publicações da Société, Saussure publicou uma resenha na *Revue critique* em 1883 de um livro em sueco sobre fonologia sueca de Axel Kock, que se enquadrava em sua competência como professor de línguas germânicas. Essa resenha, sua primeira contribuição para um periódico acadêmico não publicado pela Société, aponta para questões levantadas nos cadernos de fonologia sobre a relação entre consoantes e sonantes, chegando a afirmar que fatores fisiológicos são irrelevantes para uma explicação do sistema fonológico. Isso surge no contexto de como o *ch* nos textos suecos medievais tardios, que mais tarde se tornou *k*, se relaciona com o *ch* presente em alguns dialetos modernos, que ocorre em palavras diferentes e tem outra fonte. Kock os trata como um grupo unitário, levando Saussure a comentar que "uma ligação histórica é concebível apenas entre duas *formas*, ou entre dois fonemas como *elementos constitutivos das formas*. A identidade, como a diversidade acústica dos fonemas, não tem ela própria significação em si para a história".[103]

As publicações de Saussure de 1884 incluíam três breves notas nas *Mémoires* da Société. Uma propõe uma ligação entre o sânscrito védico *líbuǵā-* [hera] e o antigo eslavo *lobŭzati* [beijar]. Saussure admite que isso parece improvável, não apenas devido à incompatibilidade semântica, mas porque *líbuúǵā-* não se parece com uma palavra sânscrita original, fato importante para que um congênere eslavo antigo fosse crível. No entanto, ele aponta: "A língua mãe deve, como toda língua, ter admitido algumas exceções aos tipos usuais, algumas palavras de fabricação bizarra nascidas por onomatopeias, empréstimos de línguas vizinhas etc.".[104] Outra nota examina a etimologia do verbo latino *sūdo* [suar], que Saussure diz ter origem em um indo-europeu não atestado **svoido*, com o *v* abandonado como em outras palavras latinas primitivas começando com *sv-*, e o *oi* se tornando *ū*.[105] A terceira nota é sobre o alto-alemão antigo *murg, murgi* [curto], que ocorre como uma palavra independente apenas uma vez, na tradução de Notker de Boethius, em que também é encontrada a maioria das poucas ocorrências do composto *murgfāri* [por um curto período de tempo]. Saussure rejeita a sugestão de Grimm de uma ligação com o alto-alemão médio *murc* [pútrido, sombrio], relacionando-o ao gótico *gemaúrgjan* [encurtar]. Isso pressupõe um adjetivo gótico **maúrgus* que corresponde etimologicamente ao grego *brakhýs*, ambos derivados do indo-europeu **m̥rghús*.[106]

Além disso, seu artigo para os *Mélanges* em homenagem a Charles Graux, "Uma lei rítmica da língua grega", apareceu em 1884.[107] A métrica poética grega antiga mais comum era o hexâmetro, composto principalmente de dáctilos (uma vogal longa seguida por duas curtas), intercalados com espondeus (duas vogais longas). Isso significava que no verso hexamétrico nenhuma palavra contendo mais de duas vogais curtas em sequência poderia ser usada, a menos que uma delas seja alongada "por posição", colocando-a antes de um encontro consonantal ou no final do verso (onde foi considerado combinar com o silêncio seguinte para formar uma sílaba longa). Saussure aplica esse fato métrico à aparente falta de padrão que caracteriza o comprimento da vogal em um grande número de palavras gregas, em que se encontra um *ā*, *ē* ou *ō* longos onde etimologicamente um *a*, *e* ou *o* curtos seria esperado. O autor levanta a hipótese de que, em um estágio arcaico do grego, a evasão rítmica de três vogais curtas em sucessão fazia com que essas vogais se alongassem.[108]

Essa lei hipotética tinha um grande resíduo de exceções a considerar. Ao restringir sua aplicação ao período arcaico, Saussure poderia isentar as centenas de novas formações do grego clássico que toleram sequências ilimitadas de vogais curtas. Ele acreditava que uma "lenta revolução no ritmo da frase grega" ocorreu entre os dois períodos.[109] Quando se trata de uma palavra básica como *thugatéra* [filha], que deve ter existido no período arcaico, mas tem quatro vogais curtas em sequência, Saussure invoca a analogia – nesse caso, uma analogia morfológica com *mētéra* [mãe], que impediu uma mudança para **thugatēra*, por exemplo: "Quando a execução rigorosa da lei custou a simetria natural de um sistema de formas, a língua sacrificou a harmonia do som em favor da harmonia morfológica".[110]

O artigo é interessante por ser a única publicação de Saussure abordando a questão de como a linguagem dos poetas se relaciona com a linguagem cotidiana. Acerca do grego arcaico, ele propõe que "[a] língua corrente e cotidiana ofendeu-se com uma sucessão de três sílabas curtas, e a pergunta precisa ser feita se o mais antigo ritmo poético do grego não foi, até certo ponto, ditado antecipadamente por essa cadência natural de sua fala".[111]

Seu interesse pela métrica poética e pela poesia permaneceu adormecido desde sua virada para a linguística, e esse é um dos primeiros sinais de seu despertar. O artigo também é sua primeira tentativa de declarar uma "lei" fonética desde o *Mémoire*. Sua proposta relativa ao grego tinha a simplicidade e a aplicabilidade geral esperadas de uma lei fonética, mas deixava muitas exceções para ser satisfatória. A proposta foi amplamente aceita e é mencionada em muitos estudos subsequentes sobre o desenvolvimento das vogais gregas. Mas, anos depois, até mesmo um dos mais ardentes defensores de Saussure, Robert Gauthiot, teria de reconhecer que, embora o artigo de Saussure tenha sido o primeiro a apontar as variações na quantidade, foi outro linguista suíço, Jakob Wackernagel, de Basel, que resolveu os detalhes cruciais.[112]

A outra publicação de Saussure de 1884 é um longo trecho de uma carta que escreveu a Alexis Giraud-Teulon, mencionado em um capítulo anterior como amigo da família e professor de etnologia na Université de Genève. Incluído como um apêndice do livro de Giraud-Teulon sobre as origens do casamento e da família,[113] foi a primeira publicação não técnica de Saussure desde o artigo de três partes sobre Pictet para o *Journal de Genève* em 1878 e, por acaso, a única referência acadêmica na carta é a Pictet. Saussure provavelmente não previu que Giraud-Teulon publicaria a carta, que simplesmente relata opiniões recebidas sobre a etimologia das palavras para relações familiares básicas, referindo-se principalmente ao grego e ao latim, com outros ramos indo-europeus trazidos no que diferem das línguas clássicas. Saussure enfatiza que suas observações se limitam a fatos que têm base incontestável na evidência linguística. Era cético em relação a outras extrapolações feitas, às vezes com base apenas em evidências parciais, sobre a sociedade indo-europeia como um todo. No final, oferece sua avaliação pessoal sobre o que os dados mostram, particularmente sobre a questão, central para a investigação de Giraud-Teulon, de saber se os papéis femininos e não os masculinos estavam no centro de como as relações familiares eram concebidas e organizadas.

> Com base no que está contido nesses dados linguísticos, e nada mais, devemos certamente concluir que o pai e o marido ocupavam um lugar tão amplo na família indo-europeia quanto a mulher. [...] – Os nomes que os aryas usavam para designar o esposo e a esposa eram provavelmente *potis* e *potnî*. O significado fundamental de *potis* é "mestre", mas esse título, como Pictet aponta com razão, não deve ser tomado como implicando que a esposa fosse uma escrava, já que, por sua vez, o título *potnî* significa "mestra". É em relação ao resto da família que esposo e esposa eram mestre e mestra, senhor e senhora. Parece-me que esses termos sugerem um estado patriarcal, no qual não apenas os filhos, mas toda uma *familia* ou clã se agrupava em torno do *potis* e da *potnî*. Sem dúvida, era apenas nas famílias eminentes que marido e mulher usavam esses nomes. Eles são curiosos porque apresentam como ideias associadas, por um lado, o casamento e, por outro, uma comunidade patriarcal vivendo sob a égide e a autoridade de um chefe.[114]

A observação sobre "famílias eminentes" não se baseia em nenhuma evidência linguística, mas reflete o sentido instintivo de Saussure de como as sociedades são organizadas. Seus instintos também tornavam "curioso" que o casamento pudesse estar associado à autoridade de um chefe masculino. Olhando para sua própria família, pode-se ver o porquê. Do lado dos Pourtalès, a corte de sua avó Augusta em Cannes era o verdadeiro salão de encontro da família, enquanto o avô Alexandre brincava com seus barcos. Do lado dos Saussure, o verdadeiro poder estava com a tia Adèle; o diletante Théodore e o irresponsável Henri tinham apenas autoridade titular. Ainda assim, a responsabilidade de ser o próximo chefe do clã recaiu sobre os ombros do próprio Ferdinand. Adèle, guardiã das tradições da família, com seu jeito sutil, fazia com que ninguém se esquecesse disso. E não era da natureza piedosa de Ferdinand, quando chegasse a hora, renunciar ao papel de *potis* para aqueles que o amavam e contavam com ele.

Notas

1 FdS, Paris, para Albertine dS, Genebra, 19 de dezembro de 1881, AdS 396/3, ff. 24-25.

2 FdS, em *Rapport sur l'École Pratique des Hautes Études (1881-1882)*, pp. 28-29 da separata da parte relativa à Seção IV, pp. 28-29 (citado em FLEURY, M. "Notes et documents sur Ferdinand de Saussure (1880-1891)". *Annuaire de l'École Pratique des Hautes Études*, IVe section, 1964/5, 1964, pp. 35-67 (p. 55)). FdS usa consistentemente a palavra *phonétique* para o que entendemos como *fonologia*. A distinção posterior entre fonética, enquanto estudo da articulação e da acústica, *versus* fonologia, enquanto estudo de como o sistema de sons opera mentalmente, ainda não havia sido feita, e é de fato precisamente o que veremos FdS tateando.

3 FdS, Paris, para Albertine dS, Genebra, 19 de dezembro de 1881, AdS 396/3, ff. 24-25.

4 Estes foram publicados como FdS, *Phonétique: Il manoscritto di Harvard Houghton Library bMS Fr 266 (8)*. Padova, Unipress, 1995.

5 O fato de todos os exemplos do primeiro caderno de fonologia serem do gótico e do alto-alemão antigo, somado às datas das obras citadas e ao fato de ser o único ano em que o curso de FdS abriria com uma componente de fonologia, confirmam a identificação dessa como sua primeira aula.

6 Por que FdS começou a usar Ario- ou Aryo- em vez de indo-europeu nesse período é desconhecido.

7 FdS, *Phonétique*, p. 5. Essa passagem inacabada é seguida por um espaço e pelo símbolo *r̥*, que, no entanto, não se conecta diretamente com o que o precedeu.

8 FdS, *Phonétique*, p. 7.

9 *Idem*, p. 8. Em termos posteriores, chomskyanos, pode-se falar de adequação descritiva, mas não explicativa.

10 Sievers, E. *Grundzüge der Phonetik, zur Einführung in das Studium der Lautlehre der indogermanischen Sprachen*. Leipzig, Breitkopf & Härtel, 1881. Esperava-se que os alunos já estivessem familiarizados com o livro de Sievers ou então que o compreendessem por conta própria. Como assinala Marchese, na introdução a FdS, *Phonétique*, as referências a essa edição ao longo dos cinco cadernos, sem qualquer menção à sua segunda edição de 1885, estabelecem uma precisa janela de quatro anos para sua composição, pois FdS sempre utilizou as últimas edições de livros em seu ensino e em sua escrita.

11 Fleury, 1964, p. 40. A informação sobre os alunos e ouvintes restantes dos cursos de FdS provém essencialmente desse mesmo artigo.

12 Ver: GAMBARARA, D. "La bibliothèque de Ferdinand de Saussure". *Genava*, n.s. 20, 1972, pp. 319-368 (pp. 348-349).

13 LANGE, A. *De Goethio, quo tempore Argentorati vixit* (Paris, Sandoz & Fischbacher, 1878); *Un trouvère allemand: Walther von der Vogelweide* (Paris, C. G. Fischbacher, 1879). Anos depois, ele publicaria diversas traduções de obras literárias alemãs e escreveria um livro sobre literatura alemã.

14 Diez, F. C. *Anciens glossaires romans*. Trad. Alfred Bauer. Paris, A. Franck, 1870. Versão original: *Altromanische Glossare, berichtigt und erklärt*. Bonn, E. Weber, 1865.

15 Ver J. W. De Jong, revisão de Johann Otto Ferdinand Kirste, *Kleine Schriften*, editado por Walter Slaje (Stuttgart, Franz Steiner, 1993), em *Indo-Iranian Studies*, vol. 38, 1995, p. 182.

16 Esses livros e separatas de artigos datam de 1881 a 1908; ver: Gambarara, 1972, pp. 345-346.

17 Ele faria uma tese sobre o perfeito em grego e latim, *Du parfait en grec et en latin* (Paris, F. Vieweg, 1886).

18 Os outros eram três alemães, Édouard Ascher, Frédéric Posth e Kurt Bohnstedt; dois nativos de Moselle (Lorraine), Antoine Assant e o abade Victor Muller; e um romeno, Mihail Calloianu (a quem Fleury (1964, p. 45, n. 1) atribui o ano de nascimento incrivelmente tardio de 1869). Bohnstedt demorou até 1897 para concluir o doutorado em Leipzig, com uma edição da antiga vida francesa de São Nicolau: *Vie Saint Nicholas* (Erlangen, Junge & Sohn, 1897). Mais tarde, produziria um livro escolar sobre lendas medievais, *Mittelalterliche Legenden* (Malchin in Mecklenburg, Programm des städtischen Realgymnasiums zu Malchin, 1900). Calloianu, membro da Société de Linguistique, tendo falhado duas vezes em ser nomeado para a cadeira de língua e literatura latina em Iaşi, a universidade mais antiga da Romênia, teve uma carreira respeitável como diretor de *lycées* em sua terra natal, Craiova, e em Bucareste.

19 O livro em questão era a segunda edição do *Français parlé et français écrit, ou le procès de l'Académie contre l'ortografe [sic]* de Ernault (Paris, Champion, 1906). Ver: Gambarara, 1972, p. 338.

20 Ecos de FdS ainda podem ser ouvidos no artigo de Loth "Alphabet phonétique" (*Annales de Bretagne*, vol. 11, 1896, pp. 233-235 (p. 233)): "o conhecimento exato e preciso dos sons de uma língua ainda viva deve ser o próprio fundamento de toda pesquisa sobre a vida e a história dessa língua".

21 Egger, V. *La parole intérieure: essai de psychologie descriptive*. Paris, Germer Baillière, 1881.

22 Egger, É. *Observations et réflexions sur le développement de l'intelligence et du langage chez les enfants: mémoire lu à l'Académie des Sciences Morales et Politiques*. Paris, Picard, 1879; 2ª ed., 1880.

23 E. Caro, resenha de Egger, *La parole intérieure* (*Journal des savants*, junho de 1882, pp. 313-329); reimpresso em: Caro, E. *Mélanges et portraits*. 2 vols. Paris, Hachette, 1888, vol. 1, pp. 345-369.

24 Egger, 1881, pp. 1-2.

25 AdS 374/1, f. 38.

26 AdS 374/1, f. 37 *verso*.

27 Egger, 1881, p. 247.

28 *Idem*, p. 248.

29 FdS, em *Rapport sur l'École Pratique des Hautes Études (1882-1883)*, pp. 193-195 (citado em Fleury, 1964, p. 58).

30 Era Isidore Goldstein, que estudava filologia românica e também gramática comparada e precisava frequentar o curso de Paul Meyer na École des Chartes no mesmo horário.

31 Os franceses, Xavier Brun e Florentin Gaignière, deixaram menos vestígios. Gaignière obteve uma *licence de droit* em 1880. Dos alemães, Emil Hausknecht será discutido abaixo; Oswald Cohn publicou em 1880, aos 20 anos, sua tese em Berlim sobre um *corpus* de sermões em inglês médio, *Die Sprache in der mittelenglischen Predigtsammlung der Hs. Lambeth 487* (Berlim, S. Liebrecht, 1880); Fritz Fath, aos 22 anos, acabava de publicar sua tese em Heidelberg sobre os textos de um conjunto de canções francesas antigas de Guy de Coucy: *Die Lieder des Castellans von Coucy, nach sämmtlichen Handschriften kritisch* (Heidelberg, J. Horning, 1883). O húngaro, Ignace Kont, viria a ocupar a primeira cadeira de língua e literatura húngara na Sorbonne.

32 Zimmerli, J. *Die deutsch-französische Sprachgrenze in der Schweiz*. Basel, H. Georg, 1891-1899.

33 Braune, W. *Althochdeutsches Lesebuch, zusammengestellt und mit Glossar versehen*. 2ª ed. Halle a/S., Max Niemeyer, 1881; 1ª ed. Halle a/S, Lippert, 1875.

34 FdS, em *Rapport sur l'École Pratique des Hautes Études (1882-1883)*, pp. 193-195 (citado em Fleury, 1964, p. 57).

35 Hausknecht, E. *The English Student: Lehrbuch zur Einführung in die englische Sprache und Landeskunde*. Berlin, Wiegandt & Grieben, 1894.

36 Macht, K. "Practical Skills or Mental Training? The Historical Dilemma of Foreign Language Methodology in Nineteenth and Twentieth Century Germany". *Paradigma*, n. 14, setembro de 1994. Nomeado em 1888 para uma cadeira na faculdade de literatura de Tóquio, onde estabeleceu um departamento de pedagogia, Hausknecht também foi uma figura-chave na reforma das universidades japonesas com base nos princípios filosóficos e educacionais alemães, em particular os de Johann Friedrich Herbart. Ver: Möller, J. *Damit 'In keinem Haus ein Unwissender zu finden sei': zum Wirken von Emil Hausknecht und der Herbart-Rezeption in Japan*. München, Iudicium, 1995.

37 Drewek, P. "The Inertia of Early German-American Comparisons: American Schooling in the German Educational Discourse, 1860-1930". *In*: Charle, C.; Schriewer, J. & Wagner, P. (ed.). *Transactional Intellectual Networks: Forms of Academic Knowledge and the Search for Cultural Identities*. Frankfurt am Main, Campus, pp. 225-268 (p. 249).

38 Taverney tornou-se reitor da faculdade e, em 1926, publicou, aparentemente com financiamento próprio, um livro de 79 páginas sobre *La versification en français moderne* (s.d., s.n.).

39 FdS, em *Rapport sur l'École Pratique des Hautes Études (1882-1883)*, pp. 193-195 (citado em Fleury, 1964, p. 58).

40 Palavras de Renan a Marcelin Berthelot, relatadas em: RENOU, L. "Sylvain Lévi et son oeuvre scientifique". *Mémorial Sylvain Lévi*. Paris, Hartmann, 1937, pp. xi-li (p. xi).

41 Sobre o papel de Lévi como assistente de Bergaigne, ver: Goudemare, S. *Marcel Schwob ou les vies imaginaires*. Paris: le cherche midi, 2000, p. 59.

42 Após a Primeira Guerra Mundial, Lichtenberger tornou-se o principal analista francês dos desenvolvimentos políticos, culturais e sociais na Alemanha e, em 1936, escreveria um estudo sobre o Terceiro Reich, que ainda é respeitado como uma das raras tentativas de avaliação objetiva desse período. (Lichtenberger, H. *L'Allemagne nouvelle*. Paris, Flammarion, 1936).

43 Sua dissertação de Leipzig de 35 páginas (1880) sobre o dramaturgo clássico francês Alexandre Hardy foi publicada no *Zeitschrift für neufranzösische Sprache und Literatur I-II*.

44 Os outros franceses não alsacianos foram Émile Jeanmaire, que traduziu a *Histoire de l'historiographie moderne*, de Eduard Fueter (Paris, F. Alcan, 1914); Adolphe Eugène Proust, nascido em Orléans, provavelmente o Eugène Proust que foi coautor de um livro sobre o *L'Allemand commercial* (Paris, A. Colin, 1900), e talvez também aquele que escreveu "La légende du Puits Taillé" (*Société historique et scientifique des Deux-Sèvres, Procès-verbaux – Mémoires – Notes et documents 2*. Niort, au siège de la Société, 1906); e o bretão Albert Rollin. O resto do contingente da Alsácia-Lorena era Léon Hildt; Léon Hirsch, coautor com F. C. Hebert de *Neues Englisch-Deutsches Wörterbuch: zum Gebrauch fur alle Stände* (Paris, Gebrüder Garnier, 1926); e Jean Henri Laudenbach.

45 Esses foram Georges Keil, Victor Swaine e Jacob Löwenberg, provavelmente o autor da dissertação *Über Otway's und Schiller's* Don Carlos (Lippstadt, A. Staats, 1886).

46 A biblioteca pessoal de FdS continha uma separata de "Fragments inédits de la traduction des cantiques du psautier en vieux-néerlandais" (*Bibliothèque de l'École des Chartes*, vol. 46, 1885), de Huet; ver Gambarara, 1972, p. 344. Gerardus van Hamel foi aluno de Conrad Busken Huet, pai de Gédéon e um importante crítico literário de quem Van Hamel escreveria um relato biográfico: *Conrad Busken Huet* (Haarlem, H. D. Tjeenk Willink, 1886).

47 Goudemare (2000, p. 51) dá 1885 como data, tendo assim uma idade normal. Mas os registros da École, incluindo o relatório da FdS para 1883-1884, têm Schwob inequivocamente presente (Fleury, 1964, pp. 37, 50, 59).

48 FdS, em *Rapport sur l'École Pratique des Hautes Études (1883-1884)*, pp. 193-194 (citado em Fleury, 1964, p. 59).

49 Ver a introdução de Marchese a FdS, *Phonétique*, pp. xiv-xvii. O quinto e último caderno refere-se (p. 216) ao "artigo recente de Schmidt no qual ele fala de minha vṛṣaṇaçva": esse é Johannes Schmidt, "Skr. úpan-, úpa" (*Zeitschrift für vergleichende Sprachforschung (Kuhn's Zeitschrift)* vol. 27, 1885, pp. 281-286 (p. 282)). O fascículo do volume que contém esse artigo surgiu em 1883 (Marchese, introdução a FdS, *Phonétique*, p. xv).

50 A evidência de que o MSLP era o periódico para o qual FdS estava planejando seu próprio artigo é uma referência no segundo caderno a um estudo "nestes *Mémoires*" do aluno de FdS, Johan Kirste: "Études sur les prātiśākhjas", MSLP, vol. 5, 1883, pp. 81-120.

51 FdS, *Phonétique*, p. 28.

52 *Idem*, pp. 19-20.

53 Marchese, nota do editor para FdS, *Phonétique*, p. 20, n. 39.

54 FdS, *Phonétique*, pp. 29-30.

55 *Idem*, p. 226. Ele reconhece que a evidência da realidade psicológica das sílabas pode ser encontrada na existência de sistemas de escrita silábica.

56 *Idem*, pp. 33-34 e p. 37, onde os termos "*implosion*" e "*explosion*" são atribuídos a Ernst Brücke, *Grundzüge der Physiologie und Systematik der Sprachlaute für Linguisten und Taubstummenlehrer* (Wien, C. Gerold & Sohn, 1856; 2ª ed. 1876). Brücke, professor de fisiologia e anatomia na Universidade de Viena, iniciou o estudo da psicodinâmica que seria levado adiante por seu aluno e assistente de laboratório Sigmund Freud.

57 FdS, *Phonétique*, p. 32, escreve "Cf. Whitney Théorie du langage 57". Whitney nunca escreveu nada com esse título; FdS está citando *La vie du langage*.

58 Whitney, W. D. *The Life and Growth of Language: An Outline of Linguistic Science*. New York/ London, D. C. Appleton/Henry S. King, 1875 (p. 68); *La vie du langage*. Paris, Germer Baillière, 1875; 2. ed., 1877 (p. 57); *A vida da linguagem*. Petrópolis, Vozes, 2010 (p. 75).

59 Louis Havet, "Sur la nature physiologique des nasales et des L", MSLP, vol. 2, 1875, pp. 74-80. Ver: FdS, *Phonétique*, pp. 40-41.

60 Hoffory, J. "Phonetische Streitfragen". *Zeitschrift für vergleichende Sprachforschung (KZ)*, vol. 23, 1877, pp. 525-558. Hoffory, que foi declarado louco em 1890, seria o modelo para Eilert Løvborg em *Hedda Gabler*, de Ibsen, de acordo com C. D. Innes, em *A Sourcebook on Naturalist Theatre* (London/New York, Routledge, 2000 (p. 97)).

61 FdS, *Phonétique*, pp. 34-35. Os atos articulatórios haviam sido recentemente isolados em pesquisas sobre fonética experimental, notadamente a do abade Rousselot, algumas das quais foram apresentadas à Société de Linguistique e eventualmente publicadas em seu *Principes de phonétique expérimentale* (2 vols. Paris/Leipzig, H. Welter, 1897/1901).

62 FdS, *Phonétique*, p. 56.

63 *Idem*, pp. 58, 62, 66, 70-71.

64 *Idem*, pp. 70-71.

65 Por essa razão, a princípio, quando os cadernos foram encontrados na década de 1960, assumiu-se que datavam de um período posterior.

66 FdS, *Phonétique*, p. 77.

67 *Idem*, pp. 85-86.

68 *Idem*, p. 91.

69 Haverá algumas breves alusões a eles na resenha que FdS faz de Schmidt, discutida no capítulo 13.

70 FdS, *Phonétique*, p. 92.

71 *Idem*, p. 96 e Apêndice, Tav. v.

72 *Idem*, p. 115.

73 *Idem*, p. 120.

74 *Idem*, p 137.

75 *Idem*, p. 142.

76 *Idem*, p. 145.

77 *Idem*, pp. 150-151.

78 O alinhamento de percepção, vontade e tempo é uma reminiscência do trabalho de Henri Bergson a ser discutido em capítulos posteriores. Mas a datação é tal que FdS não pode ter seguido Bergson; eles provavelmente se basearam nas mesmas fontes.

79 FdS, *Phonétique*, p. 166.

80 *Idem*, pp. 224-225.

81 Jan Baudouin de Courtenay para J. Karlowitch, 21 de novembro de 1881, fragmento em: DE MAURO, T. *Cours de Linguistique Générale*. Edição comentada. Paris, Payot, 1972 (p. 306, nota de rodapé, edição italiana).

82 BSLP, vol. 5 (1881-1883), n. 23 (1883), p. lviii.

83 BSLP, vol. 5 (1881-1884), n. 23 (1883), pp. lxii-lxiii.

84 FdS para Louis Havet, 17 de março de 1882 (em REDARD, G. "Ferdinand de Saussure et Louis Havet". BSLP, vol. 71, 1976, pp. 313-349 (p. 328)). Sobre Graux, ver: HAVET, L. "Charles Graux". BSLP, vol. 5, 1881-1884, pp. cvi–cvii.

85 AdS 374/2, f. 124.

86 AdS 374/1, f. 107, intitulado "Décembre 1884".

87 FdS para Louis Havet, 6 de dezembro de 1882 (em Redard, 1976, pp. 331-332).

88 BSLP, vol. 5, (1881-1884), n. 23 (1883), pp. lxxix-lxxx.

89 BADIR, S. "Chronologie". *Ferdinand de Saussure*. Ed. Simon Bouquet. Paris, L'Herne, 2003, pp. 502-504 (p. 503).

90 FdS para Louis Havet, 16 de dezembro de 1882 (em Redard, 1976, pp. 332-333).

91 BSLP, vol. 5 (1881-1884), n. 24 (1884), p. cxxxvii.

92 Ver: BSLP, vol. 5 (1881-1884), n. 25 (1884), p. clxvi, relatando a reunião de 2 de fevereiro de 1884.

93 DÉcimo, M. "De quelques candidatures et affinités électives de 1904 à 1908, à travers un fragment de correspond: le fonds Michel Bréal (Lettres d'O. Jespersen, A. Bach, V. Henry, G. Maspéro, A. Meillet, F. de Saussure et Ch. Bally)". *Cahiers FdS*, vol. 47, 1993, pp. 37-60 (p. 41 (nota de rodapé)). O obituário de Guyard por Duval e Halévy (em BSLP, vol. 5 (18811884), n. 26 (1885), cci-cciii) não menciona o suicídio, o que era comum na época. (O nome de Duval foi omitido do obituário, com uma correção em uma edição posterior.)

94 Léopold dS, Paris, para Théodore dS, Genthod, 21 de novembro de 1884, AdS 262, ff. 159-160.

95 FdS, Paris, para Albertine dS, Genebra, 10 de fevereiro de 1883, AdS 396/3, ff. 43-44.

96 *Idem, ibidem.*

97 *Idem, ibidem.*

98 Van Berchem foi eleito membro (como "De Berchem") na reunião de 14 de abril de 1883: BSLP, n. 24, p cxxxvi.

[99] Ver: FdS, Paris, para Albertine dS, 14 de janeiro de 1882, AdS 396/1, f. 26.

[100] Miller, H. *Halls of Dartford, 1785-1985*. London, Hutchinson Benham, 1985 (p. 71).

[101] Albertine dS, Londres, para FdS, Creux de Genthod, 28 de setembro [1884, ano inferido de cartas relacionadas], AdS 366, ff. 277-279.

[102] Albertine dS, Londres, para FdS, Creux de Genthod, 1º de novembro de 1884, AdS 366, ff. 250-251.

[103] FdS, resenha de Axel Kock, *Studier öfver fornsvensk ljudlära*, vol. 1 (Lund, Gleerup, 1882), *Revue critique d'histoire et de littérature*, vol. 16, 1883, pp. 295-297 (pp.296-297).

[104] FdS, "Védique líbuǵ, Paléo-slave lobŭzati", MSLP, vol. 5 (1884 [1883]), p. 232; *Recueil*, p. 404. O ano dado entre colchetes é de quando o fascículo contendo o artigo foi publicado, caso seja anterior à data do volume.

[105] FdS. "Sūdo". MSLP, vol. 5, 1884, p. 418; *Recueil*, p. 405.

[106] FdS. "Vieux haut-allemand murg, murgi". MSLP, vol. 5, 1884, pp. 449-450; *Recueil*, pp. 406-407.

[107] FdS. "Une loi rythmique de la langue grecque". *Recueil de travaux d'érudition classique dédié à la mémoire de Charles Graux*, editado por Louis Havet (Paris, E. Thorin, 1884), 737ff.; *Recueil*, pp. 464-476.

[108] Isso pode acontecer diretamente ou por síncope, a queda de uma vogal para criar um encontro consonantal, tornando a vogal anterior longa por posição.

[109] FdS, "Une loi rythmique"; *Recueil*, p. 476.

[110] *Idem*, p. 475.

[111] *Idem*, p. 464.

[112] Robert Gauthiot, em *La fin de mot en indo-européen* (Paris, Paul Geuthner, 1913 (p. 166)), referindo-se a Jakob Wackernagel, em *Das Dehnungsgesetz der griechischen Composita* (Basel, L. Reinhardt, 1889).

[113] Giraud-Teulon deu ao extrato o título "Termes de parenté chez les Aryas" [Termos de parentesco entre os Aryas] quando o publicou como um apêndice (p. 494 e ss.) de seu *Les origines du mariage et de la famille* (*Recueil*, pp. 477-480).

[114] FdS, "Termes de parenté chez les Aryas"; *Recueil*, p. 480.

10

1884-1888

"Explicações teóricas" e "generalidades sobre o método linguístico e a vida da linguagem"

Insatisfeito com os resultados do ano anterior, Saussure mudou seu programa de ensino para 1884-1885, acrescentando uma sessão de sexta-feira à tarde e aumentando assim seus compromissos docentes pela metade, de três horas semanais para quatro horas e meia. Essa foi uma escolha sua. O trabalho de estudo da gramática do gótico e do alto-alemão antigo e de interpretação dos textos (Úlfilas e Tatian) era feito às quartas e sextas-feiras, com um novo curso aos sábados dedicado ao nórdico antigo. O novo arranjo impediu que os alunos tivessem apenas uma visão geral sem tratar de seus fundamentos. Seu relatório anual diz:

> Cada capítulo da gramática gótica era seguido pelo capítulo correspondente da gramática alemã; então, antes de passar para um novo tópico, o mesmo capítulo foi estudado novamente do ponto de vista histórico e comparativo. Essa ordem pareceu a mais favorável tanto para o trabalho de memorização quanto para tornar as explicações teóricas interessantes.[1]

No entanto, de 19 alunos em 1883-1884, o público de Saussure caiu para 9 em 1884-1885, a menor audiência de seus anos de ensino em Paris. Quatro dos nove desistiram antes do final do ano. Cada um tinha seu motivo – algo mais urgente em outro lugar –, mas não parecia que o novo arranjo havia sido um sucesso. As aulas de sábado sobre o nórdico antigo atraíram apenas três, incluindo Bauer e David, agora em seu quarto ano de frequência. No final, eram apenas os dois. Mesmo assim, não conseguiram passar por toda a gramática e tiveram que desistir da leitura planejada do *Snorra-Edda* [Edda de Snorri].

Para os demais cursos, Eugène Proust voltou após um ano afastado, resultando em seis novos rostos. Um jovem de talento excepcional, Louis Duvau, foi elogiado no relatório de Saussure. Duvau estava "bem preparado para o assunto por meio de seu conhecimento de gramática comparada" e "participou do trabalho da turma até o fim e com grande zelo".[2]

Nos arquivos institucionais da École, conforme registrado por Robert Gauthiot, diretor adjunto da Seção IV na época da morte de Saussure, 1884-1885 foi o ano em que o curso de Saussure deixou de "atrair ouvintes, mas não alunos".[3] A presença de Duvau, que se tornou um membro notável do corpo docente da Seção IV, é tudo o que Gauthiot cita em apoio a essa afirmação, que presta um péssimo serviço a alguns dos membros mais dedicados da audiência de Saussure nos primeiros anos. O registro, no entanto, mostra como as coisas foram vistas e lembradas em Paris: o quarto ano do ensino de Saussure foi quando encontrou seu ritmo e as coisas se tornaram, como disse Gauthiot, "notáveis".[4]

No mesmo caderno de grande formato que contém, 70 páginas antes, os comentários de Saussure sobre o livro de Egger sobre a fala interior, encontra-se um conjunto de notas datadas de "dezembro de [18]84" e "março de [18]85". Essas tratam especialmente do gótico, indício de que são notas de curso, sobretudo para as "explicações teóricas" aludidas no relatório de Saussure. No ano seguinte, 1885-1886, seu relatório menciona "algumas aulas dedicadas a generalidades sobre o método linguístico e a vida da linguagem". Tais aulas parecem estar articuladas às mesmas notas, que retomam ideias sobre os signos esboçadas algumas páginas atrás e aparentemente desencadeadas pela leitura de Egger. Não que Saussure tenha assumido o tratamento de Egger sem alterações – ele incorporou suas próprias revisões, integrando-as em uma discussão sobre o que é uma investigação em linguística histórica.

As notas de dezembro de 1884 comporiam o início do curso. Elas abordam a questão fundamental sobre o que realmente é o estudo da fonologia gótica. Tradicionalmente, um curso com essa temática traçaria o desenvolvimento dos sons desde o mais antigo estágio atestado da língua até seus descendentes modernos. Mas, aponta Saussure, isso não é realmente fonologia. A fonologia deve inventariar e descrever toda a gama de sons de uma língua particular, em vez de anexá-los automaticamente a algum estágio histórico anterior. Nas notas, vemos Saussure lutando para articular sua crítica radical ao assunto que está ensinando.

> "Fonologia latina", "fonologia gótica" etc. são termos que repousam sobre um fundo de velhas ideias falsas. Esses termos e as divisões temáticas que eles implicam estão em contradição insolúvel com nosso conhecimento dos fatos da linguagem.

> [...] Tudo o que podemos dizer sobre os diferentes fonemas depois de ter notado sua presença é comparar ou com um certo estado anterior ou com toda a série de estados anteriores acessíveis, para explicar o processo que deu origem a cada um deles.[5]

Observamos aqui a emergência da ideia com que vinha trabalhando. A fonologia é o estudo do conjunto de sons de uma língua em um determinado estado, um dado momento de seu desenvolvimento que Saussure chama de *état linguistique* [estado linguístico]. O estudo histórico deveria assumir a forma de comparar dois desses estados, dois desses conjuntos, em vez de observar como um determinado som se transforma ao longo dos séculos.

> Em suma, uma vez que estamos tratando de transformação fonética estamos considerando <um movimento, e por extensão> um espaço de tempo delimitado entre 2 termos <& 2> estados linguísticos mais ou menos distantes. A descrição de uma língua ~~é ao contrário~~ <corresponde> <preocupa-se, ao contrário>, pelo menos idealmente, ~~um conjunto <imóvel> de fatos simultâneos~~ com um dado ponto no tempo e um conjunto imóvel de fatos.

Essa é a concepção-chave saussuriana de *sincronia e diacronia*, sem esses rótulos, mas totalmente articulada. A separação dos dois já está implícita no *Mémoire*, que é sua tentativa de reconstruir os sucessivos *états linguistiques* das vogais indo-europeias. Novamente nos cadernos de fonologia do início da década de 1880, sem dizê-lo expressamente, Saussure discute os fonemas de um estado particular do indo-europeu, enquanto se pergunta se é possível considerá-los "fora do tempo".

Nesse ponto, nas notas de dezembro de 1884, o genebrino acha importante introduzir um termo que diz que "já foi proposto pelo Sr. Kruszewski em sua muito estimada brochura",[6] o de *divergência* fonológica em relação às formas etimológicas e relacionadas. A vantagem desse termo sobre o usual "mudança" ou "evolução" ou "desenvolvimento" é que a divergência (*Lautwechsel*, geralmente traduzida como "alternância de som") não implica necessariamente a passagem do tempo. Duas estradas podem divergir em um único momento no tempo, por exemplo. Tampouco sugere que as duas formas sejam de alguma maneira "a mesma" historicamente, apesar de mostrarem divergência fonológica e funcional entre elas.

É preciso, portanto, dizer que a descrição <científica> de uma língua em um dado momento nada tem a ver <no que diz respeito> a qualquer tipo de *mudança fonológica*. [...] Por outro lado, os *resultados* das mudanças fonológicas quando afetam a forma das *divergências fonológicas* de sons relacionados podem e devem ser incluídos nessa descrição.

A última frase parece dizer (não de maneira totalmente clara) que o tipo de análise de sons divergentes proposta por Saussure deverá inevitavelmente incorporar os resultados de quaisquer mudanças que tenham ocorrido entre os estágios históricos. A descrição de um sistema linguístico é *implicitamente* histórica e científica de uma forma que as observações diretas da mudança não são.

Permanece o caso de que "<as divergências das quais as pessoas estão conscientes> são <aquelas que> se tornaram significativas para a ideia>". Saussure sempre rejeitou, como nada mais do que a fantasia abstrata de um linguista, qualquer estrutura hipotética que não corresponda ao que os falantes experimentam no espírito. Em sua concepção, a experiência se conecta ao sentido. Quando o indo-europeu primitivo possuía apenas um fonema vocálico e todas as diferenças de sentido eram marcadas por meio de contrastes de consoantes, a vogal podia divergir com uma coloração em *e* ou em *o* sem que os falantes inicialmente percebessem a diferença. No entanto, assim que as colorações começaram a ser usadas para significar ideias diferentes, as pessoas perceberam de forma consciente a divergência. Esse foi o início de um segundo estágio linguístico com um sistema de duas vogais, enquanto o primeiro estágio tinha apenas uma. De fato, objetivamente falando, os sons de duas vogais eram produzidos pelos falantes, mas não estavam sendo ouvidos.

Com o início do segundo semestre, em março de 1885, Saussure voltou à questão da consciência dos falantes, o que o aproximou das preocupações de Egger. Em uma passagem que lembra sua crítica à "distinção insuficiente de Egger entre a passagem da *ideia à palavra* e a passagem da *palavra à ideia*", Saussure tenta esclarecer essa distinção colocando-a no contexto da analogia.

Em geral, o espírito dos falantes vai da ideia ao signo, e, se o signo não se apresenta, ele cria um novo ~~a partir de~~ <combinando> elementos fornecidos pela memória.

Mas, em um grande número de casos, ocorre o oposto: um signo está presente no espírito, mas a ideia que ele representa é esquecida e cria-se uma *significação analógica*, ou interpreta-se o signo~~, a partir de~~

Esse fato ~~não~~ parece extraordinário à primeira vista, porque o trabalho da língua se faz apenas na fala. Ora, para falar é preciso que a ideia preexista ~~ao signo~~ <à expressão>. Normalmente não se pronuncia uma palavra cujo sentido não se conhece. Mas o fenômeno não se realiza em palavras isoladas: realiza-se primeiro na palavra incorporada à frase; ~~a fórmula inteira~~ conhece-se o sentido da frase, mas analisa-se mal as relações que existem entre os seus diferentes termos.[7]

Saussure dá o exemplo dos *a* coloridos em *o* em francês – uma pronúncia fora do padrão ou o que chama de "viciosa" – para mostrar como uma lei fonológica opera sem os falantes, pelo menos inicialmente, terem consciência disso.

Quando uma pessoa é incapaz de pronunciar um *a* puro e diz *bogoge* para *baggage* [bagagem], *molode* para *malade* [doente], [...] ou bem não se percebe, ou se dirá que essa pessoa está mudando *os sons*, [...] não [...] a ideia de pensar que ela muda *as palavras*, *as formas*, isso que é, entretanto, forçosamente a consequência da mudança ocorrida nos elementos das palavras.

Embora não o afirme explicitamente, esse é o mesmo processo pelo qual surgiram as colorações vocálicas em *e* e *o* do indo-europeu primitivo. Saussure adota a metáfora de uma batalha para explicar como uma mudança passa de vício, ou abuso do sistema, a parte do sistema.

Agora, que o vício de pronúncia vá um pouco mais longe e ultrapasse um certo limite, difícil de fixar, e que a pessoa diga por exemplo l por r: *polte* por *porte* [porta], *galçon* por *garçon* [menino], *lage* por *rage* [raiva], fica-se imediatamente surpreso, <*essas* são> palavras <*que aparecem*> mudadas: ~~isto é,~~ assim a *consciência* da forma *normal* é ao mesmo tempo a da *ideia significada*, ~~está desperta; duas palavras diferentes~~ <está desperta>; a consciência da *palavra particular* intervém cada vez que essa pronúncia divergente se repete.

Enquanto os falantes não estiverem conscientes da mudança, como acontece com os *a* coloridos em *o*, as condições são as de uma lei fonológica. Mas

[...] se uma parte da comunidade começa a dizer *polte*, *galçon* etc.; haverá 2 formas rivais em presença para cada palavra contendo *r*, porque essa mudança não pode se insinuar sem evocar a percepção consciente da palavra afetada. [...] A batalha é transportada para o terreno *semiológico*.

O aparecimento de "significado" e "semiológico" mostra novamente que a concepção madura de linguagem de Saussure estava presente, em grande parte de seus aspectos centrais, nas aulas de 1884-1885. Aqui, a ligação entre sincronia e diacronia, por um lado, e semiologia, por outro, é mais clara do que em seu ensino posterior, refletido no *Curso de Linguística Geral*. Um estágio linguístico diferente é alcançado quando divergências de sons atingem o terreno semiológico, ou seja, quando começam a significar diferentes sentidos. Então estamos lidando com um novo sistema que possui uma realidade psicológica.

A função semiológica dos sons é o critério de Saussure para dizer que os falantes têm "consciência" deles. Tal consciência não depende de os falantes serem capazes de dizer explicitamente como entendem os sons de sua língua. Se estão usando sons para significar ideias diferentes, essa é a única base na qual um linguista pode decidir que estão "conscientes" desses sons.

Seguem-se a essa discussão 14 páginas de notas sobre formas sânscritas, mostrando que Saussure ainda esperava que seus alunos de línguas germânicas fossem totalmente versados em linguística indo-europeia. Ele retorna então à questão da semiologia, introduzindo, depois riscando, uma referência ao sistema de bandeiras de sinalização da marinha, que retomará na década seguinte e desenvolverá memoravelmente nas conferências de 1907. A menção a elas em suas aulas de março de 1885 lembra o fato de que seu irmão Léopold, que recentemente começou a servir como alferes de navio,[8] foi seu vizinho durante o mês de julho, enquanto estudava para ser oficial da marinha. Mas, se, em suas palestras de 1907, Saussure usará a analogia de maneira positiva, a fim de extrair fatos sobre a natureza da linguagem a partir do sistema de bandeiras marítimas, em 1885, sustenta que os dois sistemas *não* devem ser vistos como comparáveis.

> A figuração das ideias através das palavras não deve ser comparada a um sistema <por mais perfeito que seja> de signos: ~~por exemplo à linguagem dos sinais em uso na marinha~~ <sejam eles quais forem, só evocam ideias indiretamente <e através da abstração>, enquanto a fala é reservada para esse uso exclusivamente>; na verdade, ouvir a palavra *cavalo* evoca em nós a ideia de cavalo, de uma forma totalmente análoga à visão de um cavalo <vivo ou pintado>. Se <tentarmos> conceber objetos <e fenômenos> exteriores como <sendo> os *signos* de nossas ideias, em vez de <serem seus protótipos>, teremos a analogia do que são substantivos e verbos <falados> para nossas ideias. ~~O mesmo~~ Palavras como *beleza idem.*[9]

A referência de Saussure à palavra *beleza* remete à sua leitura de *Du beau*, de Pictet, escrito cerca de oito anos antes. Esse livro tratou diretamente da questão de como os objetos exteriores se relacionam com as ideias e as ideias com a linguagem. *Du beau* e *La parole intérieure*, de Egger, são as duas obras acerca dos signos linguísticos e de sua relação com o pensamento sobre as quais temos o testemunho do próprio Saussure de seu conhecimento e reflexão.

As notas no verso da página apresentam uma nova maneira de retratar a relação entre a ideia e a palavra: como a conjunção de ideia e som, ligados verticalmente um ao outro. Essa concepção chegou a ele de uma fonte inesperada, as aulas de James Darmesteter sobre o persa antigo que havia frequentado em 1881. Darmesteter estava discutindo o papel da analogia na reformulação da morfologia dos substantivos. Saussure substitui os exemplos de Darmesteter por formas de verbos franceses, de modo que seus alunos, que deveriam saber sânscrito, mas não persa antigo, veriam o efeito da analogia na geração de novas formas.

O Sr. J. Darmesteter mostrou como o genitivo ~~antigo de~~ plurais do persa antigo davam a forma geral do plural.

prendre		**pris**		**vendre**		**vendu**
ideia A^a	:	ideia A^b	=	ideia B^a	:	ideia B^b
som A^a	:	som A^b	=	som A'^a	:	Som A'^b
prendre		prendu		vendre		vendu

Na figura acima, tanto a ideia quanto o som são implicitamente divididos em uma raiz primária (A ou B) e uma flexão secundária (^{a} ou ^{b}). A identidade de ^{a} e ^{b} no nível da ideia, juntamente com a identidade parcial de A^a e A'^a no nível do som, provoca uma mudança analógica pela qual A^b e A'^b manifestam essa mesma identidade parcial. Nesse ponto de sua aula, o importante não é a mudança analógica como tal, mas o que essa revela sobre a ligação entre a mudança histórica e a operação de um sistema de signos linguísticos em um determinado momento. Tal como no quadro de Saussure, em alguns registros do português brasileiro, ou mesmo na fala infantil, *fazido* substitui *feito* como particípio parcial de *fazer*; isso acontece porque os falantes esperam que os sons se relacionem uns com os outros, e as palavras se relacionem umas com as outras, de uma forma que é essencialmente sistemática. Algumas páginas adiante há uma observação que resume esse ponto central:

Descrição ~~dos elementos~~ <das formas ~~e processos~~> significativas numa dada época = a verdadeira morfologia.
Base <para provar a existência individual de uma forma>: a ideia contida
incluindo: sinonímia
sintaxe
~~a estrutura~~ <a redução> de ~~palavras~~ <formas> que ~~onde o espírito sente mais de uma ideia~~ contém mais de uma ideia para aquelas que contêm apenas uma.[10]

Saussure critica Hermann Paul por não ver a ligação entre o desenvolvimento histórico e a operação da linguagem em um determinado período. Enfatiza que está em perfeito acordo com a concepção geral de linguagem de Paul, mas não consegue entender por que o autor do mais influente manual de linguística histórica da época "parece opor a gramática descritiva e comparada à gramática histórica, como se essa última não repousasse igualmente sobre a descrição dentro da comparação".[11] Isso leva Saussure a se perguntar se "histórico" é realmente o termo certo para o empreendimento que leva esse nome, observando que, "antes de ter reedificado a gramática *descritiva* sobre sua nova base, acho muito difícil ter <mais que> uma visão superficial do desenvolvimento histórico".

As notas voltam ao signo linguístico, retomando no meio da frase algo que foi interrompido anteriormente. Saussure está afirmando que a realidade última da linguagem não pode consistir em elementos linguísticos que um falante reúne para formar um todo. O pensamento chega até nós como um todo – portanto, a realidade primária da linguagem é a frase, que corresponde a esse todo. Os signos que constituem a frase são o resultado secundário de sua análise mental. Saussure explora a ideia de que essa análise é realizada por meio de uma espécie de busca pelos signos já na memória do falante. A análise termina quando chegamos à palavra, que é o signo que corresponde à ideia.

~~Quais são as ideias~~ os elementos das ideias sobre os quais a análise cessa de operar? ~~Eles são aqueles que~~ são assim aqueles aos quais a memória oferece um signo correspondente. Esse limite, vê-se, é inteiramente relativo. Conservou-se, por um uso ~~muito~~ frequente, a lembrança de um~~a frase~~ <signo muito complexo> como "tudo-pronto", "sair-de-formação!" <"contra a lei", "século XIX">, que gera o pensamento em sua totalidade, a análise <do pensamento> não se produz; há apenas análise do conjunto de ~~frases conhecidas~~ <signos retidos> para encontrar o signo desejado.

A evocação da memória e dos signos complexos ecoa Egger, que usou esses termos em um contexto intimamente relacionado, embora não da mesma forma que Saussure. Para Egger, "as palavras não são *lembranças*, são instrumentos de trabalho, são as ferramentas da inteligência".[12] Isso faz parte de seu argumento contra uma abordagem "histórica" sobre como os indivíduos adquirem a linguagem, em favor de uma preocupação com sua capacidade de usá-la uma vez que esteja totalmente formada – um argumento diretamente relacionado à ênfase de Saussure aqui no que mais tarde chamaria de sincronia. Egger pergunta: "Uma vez que se aprendeu a usar palavras, que diferença faz quando e como entraram no espírito? Que importa sua história?". Entretanto, ele acrescenta que, quando repetimos em nosso interior frases que ouvimos ou lemos, ou nos lembramos de uma palavra que esteve na ponta da língua, "esse é um caso totalmente diferente: esses enunciados, essas frases, essas palavras são lembranças".[13]

Para Saussure, todos os elementos da linguagem parecem se qualificar como memórias, não apenas aqueles que estão sob os holofotes de nossa atenção. Vimos Saussure tentar definir a palavra como o signo que, ao ser localizado, encerra nossa análise das ideias. Ele encontra uma formulação mais elegante – apenas para acabar riscando toda a passagem: "Chamam-se palavras os *signos*, simples ou complexos, correspondentes às unidades de ideias ~~que acima do~~ às quais se detém a análise na generalidade de indivíduos ~~e por [ilegível] tempo~~".[14]

Mais uma vez Saussure reintegra essa investigação semiológica e psicológica à questão da mudança ou divergência linguística.

> <Rigorosamente,> O que é criado *de novo* não é <jamais> <criado> para substituir o que existia, pois uma condição para que seja criado é que a ~~antiga~~ forma <vizinhança existente> não se apresente ao espírito, seja ~~por falha de memória ou~~ porque a ideia a ser expressa não é tal que não evoque esse signo em questão, ou porque, apesar de ela dever evocar a memória, por acidente, não a evocou. A chamada forma "substituída" é precisamente a ~~última~~ <única> que o falante de qualquer maneira não pensou.
>
> Se o que precede está certo, a massa <o número> de inovações ~~ling~~ produzidas <durante um certo tempo> na língua de diversos povos é proporcional à sua capacidade <faculdade> de análise e inversamente proporcional à sua capacidade de memória. [...]
>
> Os falantes <podem> analisar os signos apenas com a ajuda <e na proporção> da ideia que está ligada a esses signos, pela discussão das concordâncias e divergências[15]

Essa é uma abordagem original para o problema perene do porquê a linguagem muda. O parágrafo do meio soa mais humboldtiano do que saussuriano no modo como invoca as capacidades mentais de diferentes povos, e o terceiro lembra Condillac em sua ligação entre o desenvolvimento da linguagem e a análise do pensamento. Igualmente atípica para Saussure é uma referência nessas páginas à descrição de Renan dos primeiros falantes em seu *A origem da linguagem*.[16] Renan expôs a visão de Heymann Steinthal de como o desenvolvimento inicial da linguagem precisa ser entendido psicologicamente, e não logicamente. "As leis da psicologia agem sem consciência, mas não sem propósito", escreveu Renan, acrescentando que, "uma vez que as línguas pertencem aos povos, elas são obra da sociedade e não de um indivíduo". Renan descreveu suas diferenças em relação a Steinthal como sutis e centrou-se na visão leibniziana de Steinthal sobre a linguagem e o pensamento sem categorias impostas de fora. Renan, por outro lado, acreditava que a estrutura do mundo que nos cerca, que a linguagem representa, constitui um "molde lógico preexistente que determina essa ou aquela forma", negando, porém, que se trate de "ideias inatas" no sentido lockeano.

No contexto do caderno em que é mencionado, Egger parece ter desencadeado essa discussão. Uma vez que Saussure acreditava que a linguagem e o pensamento se constituem mutuamente, não é de surpreender que a ideia contraditória de um "molde lógico preexistente" que precede e molda a linguagem não perdure em seu pensamento posterior, enquanto a maioria das outras ideias apresentadas nessas notas permaneçam produtivas. Isso inclui a seguinte observação sobre como algo que é concreto em termos de substância fônica pode ser abstrato em análise linguística e vice-versa – a sintaxe, por exemplo.

> <Na língua> Tudo o que ~~pode~~ <é capaz de ser> acionado pela análise (inconsciente) dos falantes é *concreto*, tudo o que ~~não pode acionar~~ <nós acionamos fora dessa análise> é *abstrato*. Essas palavras não têm outro sentido diante dos fatos de língua. <Assim,> veremos neste momento que os elementos *concretos* no sentido que acabamos de definir incluem abstrações puras ~~ao sentido~~ <na> lógica, por exemplo o fato de indicar certas ideias por meio de sua *posição*, <por um signo> em relação a outros signos. Os falantes sabem analisar essa característica do signo, e desde então essa característica, ~~totalmente abstrata como é, torna-se <um> <fato> concreto na linguística~~ <essa abstração> tem <necessariamente> para o linguista o valor de um fato concreto. E por outro lado um fato concreto <na lógica> como ~~a arte~~ os diferentes fonemas ~~que servem~~ cuja articulação serve para

compor signos, são abstrações em linguística, porque a análise dos falantes não chega aos fonemas.
Essa análise é feita pelos falantes apenas em virtude do sentido.[17]

Em outras palavras, para ser concreta, uma unidade linguística tem que fazer parte da análise realizada por falantes comuns. Ou seja, deve corresponder a um signo, com função semiológica própria. Tudo o que não significa é abstrato. Como exemplo de uma "abstração" sintática concreta, Saussure retorna ao tema de sua tese de quatro anos atrás, o genitivo absoluto em sânscrito. Ele aponta como sua conotação implícita de "embora" ou "apesar de" surge por conta própria, por meio da semântica da construção, e não como um processo sintático.[18]

Comparando as notas das aulas de Saussure de 1884-1885 com as de 1881--1883 discutidas no capítulo anterior, nota-se a permanência dos temas básicos, mas consideravelmente desenvolvidos. A ideia de semiologia, levantada em 1883 em conexão com a função do fonema, assume um papel muito mais central para explicar não apenas o funcionamento psicológico da linguagem, mas também como o linguista pode explicá-la como um sistema em um dado ponto no tempo, embora seja evidente que esteja continuamente mudando. A realidade de qualquer coisa na linguagem reside em seu funcionamento semiológico – só isso demonstra sua existência concreta na consciência dos falantes. Uma compreensão da linguagem como signos mentais também é necessária para entender o mecanismo de sua mudança.

O livro de Théodore de Saussure sobre a língua francesa

No final da primavera de 1880, o tio de Ferdinand, Théodore, deu uma palestra sobre "linguística" – especificamente, sobre os problemas com os acentos franceses – para a Société des Arts de Genebra.[19] Ele continuou a desenvolver seus pensamentos sobre o assunto e, em 1885, publicou um livro intitulado *Étude de la langue française* [Estudo da língua francesa].[20] A dificuldade de encontrá-lo hoje indica a pequena quantidade de exemplares vendidos quando foi publicado. Entretanto, ao menos algumas pessoas que o folhearam em 1885 foram, como nós que o tiramos das prateleiras das bibliotecas agora, motivados a fazê-lo pelo sobrenome do autor. É claro que não se parece em nada com um livro que Ferdinand poderia ter escrito sobre o mesmo assunto.

No entanto, a abordagem idiossincrática de Théodore sobre os problemas linguísticos liga-se às visões do próprio Ferdinand de maneiras surpreendentes.

O tema do livro é explicitado em seu subtítulo: "Da ortografia dos nomes próprios e das palavras estrangeiras introduzidas na língua". Sua principal preocupação – muito familiar – é que a integridade da língua está ameaçada pela invasão de palavras estrangeiras, que estão destruindo seu caráter natural. O influxo está fora de controle devido ao recente progresso na tecnologia de comunicação, principalmente o telégrafo, e ao movimento sem precedentes de pessoas por trem e navio a vapor. Essas mudanças também criam um ímpeto inevitável para reduzir a variação na língua: "Os jornais, as ferrovias, os correios e o telégrafo exigem uma ortografia uniforme".[21] Daí a necessidade urgente, como Théodore percebe, de que a grafia de palavras estrangeiras seja estabelecida desde o início de uma forma que não viole o espírito da língua francesa.

Théodore não se propõe a eliminar as palavras estrangeiras, a habitual resposta purista à percepção de uma invasão. Essas são bem-vindas, desde que sejam "naturalizadas" – pronunciadas e soletradas de forma a torná-las francesas, seguindo os mesmos processos pelos quais as palavras foram emprestadas nos séculos anteriores. O problema era a tendência da época de manter intacta a grafia estrangeira, enquanto as deformava na fala pelo hábito francês de sempre enfatizar a sílaba final.

Assim, por exemplo, o nome da rainha Vict**o**ria (seguindo o uso de negrito por Théodore para indicar a vogal tônica) é (mal) pronunciado em francês como Victori**a**, que não é o nome dela, nem nunca foi o nome de ninguém. É uma criação artificial provocada por uma tendência não natural de pautar-se pela forma escrita e dela derivar sua pronúncia. O caminho natural da linguagem é mover-se na direção oposta. Théodore lamenta que, na época de sua ascensão ao trono, os editores de jornais franceses e outros árbitros do *bon usage*, do bom uso, não tenham decidido chamá-la de La Reine Victoire.[22]

Isso é muito importante para Théodore, pois acredita que os padrões de ênfase de uma língua, que determinam seu ritmo e, portanto, a forma de sua poesia, são sua própria essência. Suas opiniões estão obviamente relacionadas com a pesquisa que vinha desenvolvendo sobre Rousseau, cujo *Ensaio sobre a origem das línguas*, discutido no capítulo 3, postulava que a linguagem começava com a música. O francês dá peso igual a cada sílaba em uma expressão, exceto a última, que é alongada, enquanto o inglês e outras línguas europeias fazem uma forte distinção entre sílabas tônicas e átonas. A estrutura geral do acento do francês não estava sob ameaça, uma vez que todas as palavras emprestadas foram feitas para se adequar a ela. O problema é que novas palavras não estão mais entrando na língua pelo meio natural da fala, mas pelo meio artificial da escrita, em que não há indicação de onde está o acento. Foi dessa forma, por exemplo, que o nome de Genebra foi desnaturalizado em francês – era *Genava* ou *Geneva* para os romanos, daí seu nome alemão *Genf.* Théodore culpa a decisão da chancelaria da República de alterar a grafia para "Geneve", enquanto ainda era pronunciado *Geneve* ou *Gennve*, e assim enganar os falantes franceses a pronunciá-lo *Genève.*[23]

A solução que Théodore propõe é a de naturalizar os empréstimos nos moldes do exemplo Victoria-Victoire.

> É por isso que propus a teoria da transformação da ortografia de palavras estrangeiras introduzidas em nossa língua. Essa teoria visa conservar o acento e o caráter próprio dessas palavras e consiste em submetê-las à mesma operação que as palavras latinas sofreram para se tornarem palavras francesas.
> Como tentei deixar claro, isso não é uma inovação ou uma nova teoria. Não é nem mesmo uma teoria. Era, outrora, um uso constante, conduzido sem que se desse conta por um sentimento instintivo, natural e fundamentalmente racional.
> O cosmopolitismo moderno tende a acabar com esse uso. Impõe uma moda contrária à natureza. Viola a linguagem pela letra. A exatidão da letra produz a inexatidão do som e vai em direção ao extremo oposto do objetivo que realmente deveríamos querer alcançar.[24]

Novamente, é impossível imaginar Ferdinand compartilhando da preocupação de seu tio com a reforma da língua. Ele era um linguista moderno típico ao acreditar que as línguas seguem um curso de desenvolvimento que não é alterável pela vontade consciente de falantes individuais. Se tal alteração fosse imposta, seria antinatural e não se perpetuaria. Por outro lado, o linguista teria concordado plenamente com as duas últimas sentenças da citação acima. Suas afirmações nas aulas de linguística geral sobre a violência que a escrita impinge à língua são tão fortes quanto as escritas por seu tio.

Ao entrar na casa dos 60 anos, Théodore passou muito tempo confidenciando seus pensamentos e memórias a seu diário, prática que manteve até o fim da vida. À medida que sua saúde piorava, registrava seus "ataques", cuja natureza exata não foi especificada. O primeiro ocorreu em dezembro de 1893 no Athénée, um grande salão de Genebra usado para exposições e apresentações, o segundo em Berna na primavera de 1896, no meio da noite, e o terceiro e mais grave dentro de um trem entre Friburgo e Berna na primavera de 1899.[25]

Foi depois desse último ataque que seu estado o obrigou a deixar o cargo de prefeito de Genthod, após cinco décadas de serviço.

Théodore também mantinha anotações do patrimônio líquido dele e de sua esposa. Uma delas, provavelmente do final de 1899, registra que ela possuía 493 mil francos no banco Ernest Pictet, e ele 395 mil. O total combinado, de 888 mil francos, era suficiente para pagar o salário de um professor da Universidade de Genebra por 350 anos. Théodore era generoso em dar e emprestar dinheiro aos sobrinhos, cujos pedidos eram geralmente recusados pelo pai. No entanto, foi tão cuidadoso quanto o calvinismo o ensinou em não dar a eles o suficiente para retirar-lhes qualquer motivação para obter seu próprio sustento.

Foi em relação a Horace que as coisas realmente chegaram a um ponto crítico entre Théodore e Henri. Ele era o favorito de Théodore, porque suas habilidades como pintor prometiam a glória artística que o próprio Théodore havia sonhado, mas nunca conquistado. Horace já havia ganhado um prêmio em uma exposição em Genebra e, a partir daí, dedicou-se à sua arte – embora nunca, na opinião de seu pai, com empenho suficiente para melhorar suas habilidades. Henri repreendeu o filho por preferir um estilo "fácil" em vez das técnicas clássicas.[26] No entanto, em uma apreciação do trabalho de Horace publicada em 1919, Henri de Ziegler escreveu que o que lhe distinguia era o árduo trabalho intelectual que precedeu todos os aspectos de sua busca por um estilo que *parecesse* fácil.[27] No entanto, não o conseguiu até o final de sua carreira, de acordo com Ziegler.

Horace precisou constantemente de dinheiro até a meia-idade. Seu tio teve que ter cuidado para não ceder a todas as suas exigências, para não alienar seu próprio irmão, criar ciúmes entre seus sobrinhos e permitir que Horace abandonasse suas ambições genuínas e se tornasse, como o próprio Théodore, um diletante.

O ensino

Em 1885-1886, o quinto ano letivo de Saussure na École, o número de alunos em seus cursos subiu para 12. Do pequeno grupo que começou no ano anterior, quatro continuaram, incluindo o genial Duvau.[28] A continuidade permitiu a Saussure, nas palavras de seu relatório anual, "levar muito mais adiante que de costume, e num sentido mais científico, o estudo da gramática gótica".[29] Entre os sete novos alunos, havia alguns que se destacariam na linguística, embora apenas um, Paul Passy, um francês, alcançasse renome duradouro. Os outros incluíam dois belgas, Léon Parmentier e Georges Möhl. Parmentier viria a ser professor de latim e grego nas Universidades de Ghent e Liège.

Outro dos estudantes franceses, Théophile Cart, viria a se tornar uma figura importante no movimento esperantista anos mais tarde. Alguns o rotularam como o "segundo pai" do esperanto, depois de Dr. Zamenhof, o criador da língua. Quando o desenvolvimento de uma versão reformada da língua chamada ido ameaçou dividir o movimento em 1907, Cart liderou a defesa do esperanto em sua forma original, ou pelo menos em uma forma que excluía as mudanças planejadas, ao mesmo tempo em que permitia aquelas que surgiam espontaneamente à medida que a língua era colocada em uso diário pelos centenas de milhares que a aprenderam. Um dos argumentos a favor do ido era que o esperanto, como língua planejada, não poderia passar por uma evolução "natural", então quaisquer mudanças necessárias para mantê-lo simples, mas totalmente expressivo, exigiam controle central. Cart sustentou, ao contrário, que ter origens diferentes de outras línguas não poderia impedir que o esperanto passasse pelos mesmos processos de desenvolvimento que elas. Essa posição ecoa o que Cart havia aprendido com Saussure sobre a necessidade de manter a função sincrônica dos elementos separada de sua herança diacrônica. Por sua vez, Saussure, em sua primeira série de aulas de linguística geral em 1907, repetiu a visão de Cart de que as línguas artificiais sofreriam mudanças linguísticas ao longo do tempo e que era um erro imaginar o contrário.

Outro novo membro da classe de Saussure em 1885-1886 foi Ernest Muret, um jovem genebrino. Ele não vinha de uma das cem famílias da Cidade Alta, era um filho da classe média. Isso impôs uma distância natural entre ele e Saussure, que perdurou mesmo quando, na década seguinte, os dois se tornaram colegas na Université de Genève. Entretanto, os acontecimentos acabariam por aproximá-los, a ponto de, no final da vida de Saussure, Muret ser um dos poucos de fora do círculo familiar em quem realmente confiava, sendo ele também a receber a tarefa monumental de escrever o obituário de Saussure para o *Journal de Genève*.

Apesar dos maus resultados do ano anterior, Saussure manteve o formato de três aulas semanais, mas desistiu dos sábados em favor de um horário às segundas, quartas e sextas. Seu relatório de 1885-1886 é mais curto, porém mais positivo do que o do ano anterior: "Com a maior parte dos alunos já havendo assistido às aulas do ano anterior, foi possível levar muito mais adiante que de costume, e num sentido mais científico, o estudo da gramática gótica".

Isso incluía as "generalidades sobre o método linguístico e a vida da linguagem" discutidas na seção de abertura deste capítulo, que, juntamente com a análise de Úlfilas, "preencheu todo o primeiro semestre e parte do segundo". A partir do final de maio, Saussure lecionou sobre o sistema vocálico do anglo-saxão, a primeira vez em que o foco não era o alto-alemão antigo. O novo tema se estendeu mais do que o planejado, e sua única decepção foi que "a interpretação dos textos anglo-saxões (o manual de Sweet) apenas pôde ser abordada na última semana do ano".

Saussure ficou satisfeito com a seriedade demonstrada por todos os alunos, principalmente Duvau, Parmentier, Sénéchal, Muret, Möhl e Cart. Curiosamente, não destacou Passy, nem nesse ano nem no seguinte. Passy estaria destinado a se tornar a figura principal não na linguística propriamente dita, mas na fonética – o estudo físico dos sons da linguagem, que o genebrino sempre relegou a um segundo plano.

Algo mais aconteceu no início do ano acadêmico de 1885-1886 que teria repercussões posteriores para Saussure. A École tinha duas cadeiras de sânscrito. A original foi ocupada por Hauvette-Besnault, que não produziu nenhum trabalho de grande importância de sua autoria, mas treinou os grandes estudiosos da geração seguinte, incluindo Bergaigne, que ocupou a segunda cadeira. No outono de 1885, Hauvette-Besnault transferiu seu ensino para o jovem *protegé* de Bergaigne, Sylvain Lévi, que também havia estudado com Saussure. O arranjo era o mesmo pelo qual Bréal havia contratado Saussure para cobrir suas aulas na École quatro anos antes. Se ocorreu a Saussure que chegaria o dia em que a cadeira de Hauvette-Besnault precisasse ser preenchida, agora sabia quem seria o sucessor escolhido.[30]

Em 1886-1887, o público das aulas de Saussure aumentou para 16, retornando à audiência de seus primeiros anos na École. Pela primeira vez, Bauer não estava entre seus alunos, que eram quase todos iniciantes. Saussure voltou a atenção do anglo-saxão para o alto-alemão antigo, de modo que o tema das aulas era novo mesmo aos retornados do ano anterior, que tiveram de aprendê-lo em um nível elementar. O relatório anual de Saussure não esconde a decepção que isso o fez sentir.

Entre os novos membros da turma de 1886-1887 não havia nomes que seriam amplamente lembrados hoje, mas alguns deles contribuíram significativamente para a linguística e áreas relacionadas.[31] Georges Dottin tornou-se outro celtista proeminente, ao lado de Loth e Ernault.[32] Jean Mongin, cujo sobrenome Saussure certamente teria achado impressionante, passou a desempenhar um papel no movimento da geografia dialetal.[33] Três outros alunos daquele ano fizeram importantes contribuições para a literatura. Léon Dorez tornou-se um dos maiores especialistas em iluminuras, incunábulos e primeiras impressões, e sua coleção pessoal de mil volumes forma a espinha dorsal do impressionante acervo renascentista da Universidade do Kansas, que a comprou em 1957. Pierre Quillard era um estudante da École des Chartes, que mais tarde a abandonou para seguir a carreira de poeta e jornalista. Foi uma figura notável no movimento simbolista, ao lado de Mallarmé, Huysmans e, mais tarde, Proust. Embora sua obra literária seja menos lida hoje do que a de Marcel Schwob, Quillard é a principal ponte entre a concepção de linguagem de Saussure e os escritos linguísticos de Mallarmé, Remy de Gourmont e outros simbolistas cujas afinidades saussurianas há muito são notadas. Finalmente, o alsaciano Philipp Becker se tornaria o principal estudioso da literatura francesa antiga de sua geração. Seu aluno Leo Spitzer diz que Becker falou apenas de literatura, nunca da língua propriamente dita,[34] não transmitindo, portanto, diretamente as concepções saussurianas. Saussure o escolheu, no entanto, como um dos alunos com menção especial em seu breve relatório anual de 1886-1887, junto com Dottin e Mongin.

Na tentativa de talvez reparar a insatisfação que expressava por ter que ensinar em nível elementar, Saussure foi recompensado com um novo desafio em 1887-1888. Pela primeira vez, suas habilidades mais amplas foram oficialmente reconhecidas, sendo-lhe atribuído um curso de gramática comparada de grego e latim. Ele lecionava sobre o tema duas horas por semana, às quartas e aos sábados, e sobre as "antigas línguas germânicas" por mais duas horas, às terças e sextas-feiras, sempre à uma da tarde. Seu alívio e sua alegria por não estar mais restrito aos fundamentos da gramática germânica e "forçado a parar com o alto-alemão antigo, cujo interesse literário é praticamente nulo", transparecem claramente em seu relatório anual.[35]

O número de alunos caiu um pouco, mas era ainda saudável, 13, incluindo o retorno de Dottin e do fiel Bauer, cuja ausência no ano anterior não se repetiria durante o restante da estada de Saussure em Paris. Entre os novos alunos que alcançariam renome, estavam Paul Boyer, que em 1891 seria nomeado para a primeira cadeira de língua russa na École des langues orientales vivantes [Escola de Línguas Orientais Modernas], e Paul Desfeuilles, que junto com seu pai escreveria um estudo amplamente utilizado da língua de Molière.[36]

Finalmente, dois outros jovens que iniciaram seus estudos com Saussure em 1887-1888 teriam um grande impacto em sua vida. Antoine Meillet não se tornou confidente do genebrino imediatamente; demorou alguns anos, e o relacionamento deles era sobretudo epistolar. O mais importante linguista francês da primeira metade do século XX, Meillet sempre se proclamou discípulo de Saussure. O outro novo aluno, Georges Guieysse, tinha apenas 18 anos, a mesma idade do irmão mais novo de Saussure, René. Em Guieysse, Saussure encontrou não tanto um amigo, mas um *protegé* e um espelho de seu eu prodígio mais jovem. No entanto, suas personalidades eram muito diferentes. Algo em Guieysse, alguma combinação de intensidade intelectual e melancolia romântica, atraiu outras pessoas para perto dele. Saussure, que inspirava admiração e fazia os outros se sentirem bem em sua presença, mantinha-os, no entanto, a uma distância segura. O charme de Guieysse fez com que Saussure baixasse a guarda. Saussure e Bréal o indicaram como membro da Société de Linguistique em janeiro de 1888. A nomeação foi aprovada na reunião seguinte, e Guieysse apresentou seu primeiro artigo, sobre Pali, na última reunião daquele semestre, em 30 de junho, seguido dos comentários de Saussure.

Guieysse tinha Saussure como um mentor e encontrou em alguém próximo à sua idade um amigo, o ex-aluno de Saussure, Marcel Schwob. Embora Schwob e Saussure estivessem frequentemente na companhia um do outro na Société, não há indicação de que fossem particularmente próximos. Mas agora cada um estava mais próximo de Guieysse do que de qualquer outro, embora, como veremos, de maneiras diferentes.

Crise familiar

A fortuna de Henri de Saussure e sua família atingiu seu ponto mais baixo em meados da década de 1870, com a morte do pequeno Max, o fracasso dos empreendimentos Mons-Djémila e Bellegarde, o quase colapso nervoso de Louise por causa da paixão de Pauline Fer por Ferdinand e as primeiras dificuldades sérias com Horace. Os dez anos seguintes foram, ao contrário, relativamente bons. Ferdinand foi aclamado, pelo menos em alguns setores, como um gênio por seu *Mémoire*, e estabeleceu-se em uma carreira acadêmica em Paris. Dora e Albertine tinham feito bons casamentos. Léopold estava construindo uma carreira brilhante como oficial da marinha, e René ganhava prêmio após prêmio em seus estudos. Mesmo Horace se dedicava ao estudo acadêmico da pintura, sob a orientação do tio Théodore. A condição de Louise havia se estabilizado um pouco, com a ajuda de longas estadas na casa de sua mãe em Cannes. Se a morte de seu pai foi uma ocasião triste, pelo menos a deixou em uma situação financeira mais sólida do que antes.

Em meados da década de 1880, no entanto, as nuvens começaram a se formar mais uma vez. Em 10 de maio de 1885, a última avó sobrevivente de Saussure, Augusta de Pourtalès, morreu em sua casa em Cannes. Sua própria família ficou surpresa com a manifestação de luto na cidade por essa piedosa mulher metodista que era reverenciada como uma espécie de santa. Tendo herdado metade da propriedade de seu marido, além de sua própria riqueza, deixou uma grande fortuna para seus filhos. Isso deveria ter significado o fim de algumas das tensões entre Louise e Henri, mas as coisas acabaram sendo bem diferentes. E certamente não ajudou a situação de Ferdinand: em novembro de 1885 ele ainda teve que pedir emprestado 650 francos a Théodore, e prometeu pagar em parcelas pelo correio.[37]

Augusta tinha sido uma influência tranquilizadora na vida de Louise. Dois anos após a morte de sua mãe, Louise sofreu um colapso nervoso severo. Já vinha acontecendo há mais de uma década. Agora, seus filhos haviam abandonado o ninho, exceto Jeanne, que nunca poderia partir, e Louis, que aos 16 anos partiria cedo demais. Restava pouco para protegê-la das obsessões mesquinhas de Henri e de sua impaciência com o que ele percebia como irracionalidade da esposa. Em algum momento entre meados de maio e meados de julho de 1887, Louise foi enviada para um sanatório perto de Lausanne.

O próprio Henri estava se sentindo tão mal que partiu para obter tratamento médico especializado em Zurique, permanecendo no leste da Suíça até o outono, com aventuras ocasionais na Alemanha.[38] Ele empreendeu algumas visitas à esposa, escrevendo ao irmão, depois de vê-la em outubro: "encontrei Louise extremamente bem; ela fez enormes progressos desde a minha última visita e realmente poderia ser considerada completamente recuperada".[39] Ela, porém, ainda estava no sanatório no início de janeiro de 1888, quando Ferdinand recebeu uma carta de Ano Novo de sua tia e madrinha Blanche Naville com muitas informações sobre o que estava acontecendo na família nessa época.

> O ano de 1887 certamente ficará marcado em nossas memórias. Tem sido muito fértil em emoções e em preocupações para todos nós, e para você em particular, e, se Deus quiser, 1888 será mais feliz e tranquilo! Ainda assim, é com viva gratidão a Ele que começamos este novo ano, pois sua querida mãe está realmente tão bem quanto poderíamos esperar.[40]

Quando Louise ficou bem o suficiente para deixar o sanatório, não voltou para casa. Optou por passar vários meses em St. Aubin, uma vila portuária no lago de Neuchâtel.[41] Acompanhada por Jeanne, ela ficou em um pequeno retiro pertencente a sua irmã mais nova, Cécile Élisabeth, e seu marido, o conde Hermann de Wesdehlen, cuja casa principal não ficava muito a leste de Neuchâtel. Com a irmã, Louise poderia desfrutar de sossego e calma, enquanto ainda tinha entes queridos por perto. Ela voltaria para a casa da família no ano seguinte, enquanto fazia breves viagens periódicas a St. Aubin. Os eventos do verão de 1887, porém, afetaram todos na família. Henri escreveu a Théodore:

> Tenho muitas coisas na cabeça, e meus nervos estão exaustos. As sucessivas partidas me deixaram muito deprimido e, ao deixar Ferdinand, tive uma dose para a viagem. Tive uma conversa muito satisfatória com ele. Portanto, não devemos dizer nada a ele. Ele está trabalhando em uma obra. Então temos que deixá-lo em paz no momento. Está indo devagar, mas está indo.
> Este verão doloroso finalmente acabou. Estou muito chateado por ter dado a você tantos problemas. Se eu não estivesse tão doente, teria arranjado as coisas de maneira diferente.[42]

O problema que Henri lamentou ter causado a Théodore incluiu deixá-lo para lidar com seus dois filhos mais novos, Jeanne e Louis. Em junho de 1887, Théodore levou Louis para a Inglaterra para morar com uma família chamada Robertson em Colesville, para se preparar para o ingresso na faculdade lá no outono.[43] Os arranjos foram feitos por Albertine. Louis e Jeanne estavam suportando o peso de toda a agitação da casa e, em reação, ou talvez apenas para fazerem sentir sua presença, os dois juntos empreenderam um ato de rebelião. Não qualquer ato, mas aquele que para sua família parecia ser concebido expressamente como um repúdio a toda a sua história e identidade. Liderados por Louis, os dois deram a conhecer sua atração pelo catolicismo romano.

Roma estava desfrutando de uma onda de autoconfiança na esteira do papado de Pio IX, que impôs as doutrinas da imaculada concepção e da infalibilidade papal. Se o julgamento do papa sobre questões doutrinárias é divinamente inspirado, então Calvino foi condenado ao círculo mais baixo do Inferno, com as outras almas que partiram da Cidade Alta não muito acima. Essa se tornou a nova obsessão de Henri, como Albertine escreveu a Théodore: "Papai me parece muito agitado em suas cartas, e eu imploro que o impeça de ficar falando apenas dessas histórias do catolicismo. Só o silêncio pode acalmar as coisas, já que Louis está fora de alcance".[44] Na década seguinte, a própria Albertine se sentiria atraída pela Ciência Cristã, uma nova seita estadunidense com raízes calvinistas. Louis a seguiria no movimento.

O flerte da moda com o catolicismo também se estendia aos Mallet, a rica família de banqueiros parisienses relacionada aos clãs Saussure e Pourtalès, e para cuja mansão em Jouy-en-Josas Ferdinand aceitava convites. Em sua carta de Ano Novo de 1888 para Ferdinand, Blanche Naville mencionou:

> Albert de R[ougemont] me conta que sua irmã Mallet vai passar o inverno na Itália com a filha, cá entre nós, ele fica um pouco perturbado ao vê-las seguir a caminho de Roma, tendo em vista suas tendências levemente católicas. Com o passar do tempo, o recrudescimento dessas ideias é fato inegável. Com que deveriam se preocupar os espíritos sérios. Acho que Jeanne está curada dessas tendências no momento – mas me pergunto como isso está com Louis.[45]

Que Madame Mallet e sua filha Noémi pudessem ter "tendências católicas" não foi apenas uma notícia aleatória. A madrinha de Ferdinand sabia, seja por ele diretamente, ou por ter ouvido falar em Paris, que o sobrinho pretendia se casar com Noémi.

Ela era uma adolescente quando a conheceu, após o incidente embaraçoso em que apareceu em Jouy-en-Josas na data original, e não na data corrigida de seu convite. Agora a moça tinha 22 anos, e Ferdinand, aos 30, estava bem ciente da ânsia da geração mais velha para que a próxima geração de Saussure aparecesse. Se sua carreira fosse em Paris, Noémi seria o par perfeito. Os Mallet eram mais ricos do que qualquer família com a qual os Saussure haviam se casado desde que Horace-Bénédict se casou com a herdeira das fortunas de Lullin e Boissier. Blanche Naville não ignorava as dificuldades financeiras de Ferdinand em manter um estilo de vida aristocrático com o salário de professor. Ela lhe enviava "adiantamentos" em dinheiro, que o professor não deveria se preocupar em pagar de volta.

Blanche também estava ciente da obsessão de Henri com as inclinações de seus filhos mais novos em relação a Roma. Se ele tivesse ouvido rumores semelhantes sobre os Mallet, isso explicaria sua reação distintamente fria quando Ferdinand lhe disse, no outono de 1887, sobre seu desejo de se casar com Noémi.[46] Henri declarou-se neutro sobre o assunto e não se oporia ao casamento, independentemente de seus próprios sentimentos. Tudo isso está no pano de fundo, mas pode ser notado em uma observação direta na carta de Blanche a Ferdinand sobre as tendências católicas serem algo com que "deveriam se preocupar os espíritos sérios".

As cartas de Henri para Théodore e de Blanche para Ferdinand sugerem alguma dificuldade particularmente preocupante que Henri quer poupar de seu filho, mas que Ferdinand parece ter descoberto e tratado antes do final do ano. Eram tantos os problemas da família nessa época que havia certo constrangimento em escolher um. Não envolvia suas duas filhas casadas, ambas em boas circunstâncias, exceto por não terem filhos. O ano de 1887 foi de grande sucesso para o marido de Albertine, Alex Marcet. Ele foi atraído para longe de Liverpool por seu velho amigo de faculdade, Everard Hesketh, agora diretor da J. & E. Hall, principal fabricante de equipamentos de refrigeração da Grã-Bretanha.[47] A indústria estava passando por um enorme crescimento, com uma série de novos desenvolvimentos técnicos. Na década de 1870, Raoul Pictet, um dos Pictet de Genebra, descobriu que a amônia era um refrigerante eficaz, mas altamente venenoso e, portanto, de perigoso manuseio. Alex era um dos vários engenheiros que faziam experimentos com o dióxido de carbono, que é atóxico e logo se tornou o refrigerante preferido. Seu trabalho garantiu a posição dominante de Hall na indústria britânica, que nunca abandonou. Eles foram particularmente importantes no desenvolvimento do transporte refrigerado, tornando possível o transporte de carne e outros alimentos através dos oceanos. Alex tornou-se sócio da próspera empresa, o que significava que ele e Albertine eram de longe o casal mais rico da geração das famílias Saussure e Marcet. Eles compraram uma grande casa em Greenhithe, em Kent, não muito longe da fábrica Hall, perto de Dartford e a uma curta viagem de trem de Londres. O casal raramente ficava sem convidados da família, e seus formulários censitários mostram que empregavam vários criados para residirem na propriedade.

René tampouco era motivo de preocupação. Foi a Paris em 1887 para dois anos de estudo na École Polytechnique, e continuou a ter grande sucesso em seus estudos, como sempre tinha feito. Horace, porém, não era mais um jovem pintor promissor, mas um homem se aproximando dos 30, com pouco sucesso ou realização artística e nenhum desejo de seguir outra carreira. Léopold tinha o problema oposto. Tendo iniciado sua carreira como oficial da marinha desde o início da adolescência, ele agora estava se rebelando, talvez invejando a liberdade de Horace. Em 1887, ele pediu licença do serviço naval para estudar na École des langues orientales em Paris, o primeiro oficial da marinha francesa a fazer tal pedido.[48] Léopold aproveitou o que Paris oferecia, incluindo o absinto, e, ao invés de esconder essas indulgências de seu pai, zombou dele, alegando que o absinto era prejudicial apenas se bebido continuamente.[49] O fato causou um leve desentendimento entre Léopold e Ferdinand, cuja reparação é aludida por Blanche Naville em sua já citada carta a Ferdinand: "Léopold se juntou a nós para o pequeno jantar de família de Ano Novo. Estou encantada por você e por ele nessa reaproximação, que deve ser muito agradável".[50] Ainda assim, alguns meses depois, Henri escrevia a Ferdinand reclamando amargamente dos modos perdulários e do caráter fraco de Léopold.[51]

Outro problema seriamente perturbador foi que, com sua família agora quase completamente dispersa, Henri viu uma oportunidade de levantar algum dinheiro alugando a casa em Creux de Genthod. Para seus filhos, isso foi um golpe quase tão cruel quanto a ausência de sua mãe – embora pelo menos sua recente estada no sanatório parecesse estar lhe fazendo bem. Creux de Genthod foi o lar de seus corações, onde seus momentos mais felizes e idílicos foram passados desde a infância. Albertine escreveu a Théodore de Londres, em tormento.

> Você compreende qual é minha tristeza e quanto sinto vivamente, assim como cada um de meus irmãos e irmãs, por esse fechamento da casa fraterna. Não consigo compreender o que papai está pensando e o que ele espera que aconteça, afinal, como ele pode deixar todos os seus filhos sem lar e depois mamãe que está se recuperando tão bem e que naturalmente estaria <voltando> no próximo verão para o Creux, sua vida organizada de maneira diferente, sem dúvida, mas quem, afinal, iria para lá para estar rodeada de seus filhos.
> [...] Eu sei que você fez de tudo para impedir papai e que não conseguiu e às vezes me pergunto até onde vai esse desmembramento da família! Parece que papai está tentando cada vez mais nos separar e esquecer que ele é chefe de família e que tem mulher e filhos. É terrivelmente triste e é preocupante, pois ver o quanto é mais difícil a cada ano se dar bem ou qualquer coisa com papai faz você se perguntar se ele está perfeitamente bem.[52]

Parece ter havido apenas uma ocasião iluminada para dissipar a miséria da família – o casamento, em 1888, de Paul van Berchem, primo em segundo grau de Ferdinand do lado dos Pourtalès, com Alice Necker, também sua prima-segunda-sobrinha, por parte de pai. Ferdinand sempre foi próximo dos irmãos van Berchem, que, junto com Léopold e René, eram os membros mais talentosos e com perfil acadêmico da família. Como um dos solteiros mais cobiçados para o casamento, para não mencionar o mais bonito e celebrado, Ferdinand certamente estava sendo cobiçado pelas jovens casadeiras e por seus pais – embora seus próprios pensamentos estivessem direcionados para outro lugar: para Paris e Noémi Mallet. No entanto, os pensamentos se distraíram, pelo menos momentaneamente, por uma adorável jovem de 20 anos, prima em primeiro grau da noiva, Marie Eugénie Faesch.

A família Faesch (ou Vaesch ou Fesch) teve suas raízes em Freiburg im Breisgau, Alemanha, tornou-se burguesa da Basileia já em 1409 e abraçou o protestantismo em 1530. Em meados do século XVII, era a família mais rica de Basileia. Foi apenas na primeira parte do século XIX que o ramo de Genebra foi iniciado, quando Alphonse Faesch se tornou juiz nos tribunais criminais. O pai de Marie, Jules Faesch, havia inventado um novo tipo de turbina hidrelétrica, o que o levou a se envolver com Henri de Saussure no projeto Bellegarde. Sua mãe, nascida Amélie de Senarclens Vufflens, era a herdeira do Château de Vufflens, um castelo de contos de fadas a leste de Genthod, e também de todo o restante da fortuna de seu avô, o último senhorio de Senarclens.[53]

As mulheres pelas quais Ferdinand de Saussure teve um interesse romântico nunca eram desconhecidas. Algumas gerações atrás, Théodore de Saussure, avô de Horace-Bénédict, foi o único homem ancestral de Ferdinand a se casar duas vezes. Sua primeira esposa foi Marie Mallet. Cinco meses após sua morte, em 1741, casou-se novamente com Judith Rigot, uma descendente de quem seria sócio na Rigot & Westerweller, junto com o pai do primeiro amor de Ferdinand, Léonie. A filha de Théodore e Judith, também chamada Judith, casou-se com um primo, Georges de Saussure. Cerca de um século depois, seu tataraneto, Jules Du Pan, casou-se com Marie Faesch – não aquela que tinha 20 anos na época do casamento de van Berchem-Necker, mas sua tia. Os Du Pan e os Saussure pertenciam ao mesmo círculo de amizades durante a juventude de Ferdinand, o que fez com que conhecesse Marie desde muito jovem, embora, com a diferença de idade de quase dez anos entre eles, ela pertencesse ao grupo mais novo, de Léopold e René, e não ao grupo de Ferdinand, Horace, Albertine e Dora.

Anos difíceis

No início da década de 1880, qualquer sugestão de que Ferdinand de Saussure construiria sua reputação de um estudioso improdutivo, descansando sobre os louros de seu primeiro livro, teria provocado risos. Nenhum linguista dos tempos modernos havia produzido uma obra de tamanha magnitude em tão tenra idade, e ainda concluído o doutorado pouco mais de um ano depois de sua publicação. Mudando-se para Paris para estudos posteriores, logo foi nomeado professor e, além disso, passou a ser responsável pelas publicações da Société de Linguistique. Ainda assim, na primeira metade da década, conseguiu dar um grande número de palestras à Société e publicar vários artigos em suas *Mémoires*, junto com várias outras pequenas publicações.

Ao mesmo tempo, Saussure lutava para concluir um ou mais projetos maiores e mais significativos, em particular um artigo que refundasse o estudo da fonologia desde suas bases, epistemológica e metodologicamente. Suas obrigações profissionais e sociais não lhe davam o tempo de que precisava para realizar qualquer grande projeto, principalmente devido à sua meticulosidade em acertar cada palavra, cada frase. Além disso, gastava suas horas de lazer com uma recreação que achava estimulante, mas pode ter buscado em excesso. Pouco depois de sua chegada em Paris, Saussure escreve para a irmã e para a mãe sobre uma agradável tarde de sábado passada nas corridas de cavalos em Longchamp. Agora, seis anos depois, ia para lá todas as noites, em média, e perdia feio. Ele manteve suas contas de jogo em letras gregas, e é por isso que elas estão arquivadas entre os papéis sobre "gramática comparada", em vez de *personalia*. Um relato de suas vitórias e derrotas nas corridas em um período de menos de dois meses, de 17 de abril a 26 de julho, provavelmente em 1887, contém registros de 26 noites de apostas. Suas perdas aumentaram, deixando-o com uma dívida de 1.391 francos.[54]

Isso o teria colocado em sérias dificuldades financeiras, não fosse pelo fato de que estava mais do que compensando suas derrotas nas corridas com suas vitórias no pôquer, que jogava quase todas as noites com membros de seu círculo genebrino que viviam em Paris ou visitavam a cidade.[55] Novamente, seus relatos em letras gregas mostram um quadro claro de suas atividades. A anotação de um dia é tão incomum que merece um ponto de exclamação: "24 de abril: não joguei!".[56] Um conjunto de registros, mostrando πωκєρ [pôquer] à esquerda e τνρφ [turfe] à direita, tem entradas em ambas as colunas para o mesmo dia, o que significa que os jogos de pôquer ocorreram no final da noite, após as corridas ou em sábados alternados, após as reuniões da Société de Linguistique.[57] Dado que as entradas de pôquer são frequentemente marcadas com a data e "mat." (*matin* [manhã]), elas parecem ter durado até altas horas – perfeitamente normal para jogos de pôquer. A folha de registro em duas colunas começa em 12 de abril com Saussure em +915,50 francos para pôquer, -132 francos para o turfe. Fecha em 25 de maio, com +2.125 francos para o pôquer, -676 francos para o turfe. Em um mês, ele havia ganhado, no pôquer, quase o salário anual de um professor, embora devolvesse quase um terço em Longchamp. Portanto, o jogo não estava aumentando suas preocupações financeiras – muito pelo contrário. Embora haja muito a ser dito sobre seu *hobby*, especialmente quando lucrativo, todas as noitadas que se seguiram não foram propícias para a conclusão de um grande estudo linguístico, pois os dias já estavam sobrecarregados com obrigações profissionais e sociais.

Saussure continuou, no entanto, a escrever copiosamente, sem dar palestras à Société sobre o que estava escrevendo. A experiência lhe ensinara o perigo de discutir ideias ainda não totalmente formadas com pessoas que poderiam incorporá-las em suas próprias publicações, expondo-o a eventuais acusações de plágio. Ainda assim, foi generoso com seus pensamentos originais em suas aulas na École. Trabalhou duro em sua escrita em isolamento, as pilhas de manuscritos aumentando. Ainda não havia lhe ocorrido que nunca poderia terminá-los.

Em meados da década, a escassez em seu registro de publicações estava se tornando difícil de ignorar. Em 1885, publicou meia dúzia de notas de menos de uma página cada sobre palavras gregas e latinas individuais nas *Mémoires* da Société.[58] Ele fez outra meia dúzia de exposições muito breves à Société, a primeira das quais, ironicamente, sobre palavras do grego e do nórdico antigo para "silencioso". Em 1886, publicou apenas três notas curtas[59] e leu apenas uma breve exposição etimológica à Société. Os registros de suas reuniões mostram que frequentemente fazia comentários sobre os documentos lidos por outros, embora a natureza precisa dos comentários raramente seja observada. Mas havia outra razão – e boa – para sua relutância em gastar seu tempo com pequenos papéis. Saussure havia decidido enviar uma inscrição para o Prix Volney, concedido pelo Institut de France, por muito tempo o prêmio de maior prestígio em linguística, e com gratificações monetárias substanciais para trabalhos considerados pelo comitê de premiação como de qualidade real. As *Origines indo-européennes*, de Pictet, receberam o prêmio Volney em 1859. Em 1884, o aluno de Saussure, Joseph Loth, ganhou por seu vocabulário do bretão antigo,[60] assim como Victor Henry por um estudo sobre analogia.[61]

O trabalho apresentado por Saussure foi um ensaio intitulado "Études sur la phonétique germanique – Le vieux haut-allemand" [Estudos sobre a fonética germânica: alto-alemão antigo], que reunia os frutos de sua pesquisa minuciosa para os cursos que vinha ministrando nos últimos cinco anos. Foi uma das dez inscrições para o Prêmio Volney em 1886. O primeiro prêmio foi para um dicionário da língua náuatle do México, no qual seu autor, Rémi Siméon, trabalhou por 20 anos.[62] Quanto ao ensaio de Saussure, consta nos autos da comissão do prêmio que, "por estar incompleto, foi retirado do concurso por seu autor".[63]

O manuscrito do artigo preservado nos arquivos de Genebra começa com a página 40, encabeçada com o título dado acima.[64] Saussure parece ter planejado acrescentar uma primeira seção ao trabalho, que estimou ocupar 39 páginas. A seção pode ser o manuscrito de dez páginas intitulado "Système phonétique du vieux haut-allemand" [Sistema fonético do alto-alemão antigo], também incompleto.[65] O ensaio talvez fosse uma pesquisa, primeiro do sistema fonético do alto-alemão antigo de um ponto de vista sincrônico, seguido do desenvolvimento histórico, primeiro das vogais e consoantes individuais, depois do sistema acentual. Sobre o último ponto, Saussure estava desenvolvendo um contra-argumento às visões predominantes, em particular às reformulações de Sievers da lei de Lachmann,[66] tal como foi modificada por Paul.[67] No entanto, a proposta foi abandonada e o manuscrito, interrompido.

No ano seguinte, 1887, houve uma calamidade pessoal, com o colapso de Louise e a separação da família. Isso, somado aos problemas de nervos e de caráter de seu pai, à dificuldade de Horace em encontrar o caminho e à responsabilidade pelos dois filhos mais novos, colocou sobre seus ombros o pesado fardo do filho mais velho. Seu tio Théodore estava agora com 64 anos, e Ferdinand prestes a completar 30. Ele sentia profundamente seu dever familiar, mas era quase impossível cumpri-lo em Paris, onde também deveria dar palestras, editar as publicações e administrar os outros negócios da Société, enquanto ainda tentava concluir o trabalho principal que finalmente colocou a linguística no caminho certo.

Dois artigos de Saussure foram impressos em 1887, um deles como parte de outro volume em homenagem a um colega recentemente falecido da École des Hautes Études, Léon Renier, presidente da Seção IV. O artigo, sobre alguns raros comparativos e superlativos germânicos comparáveis em forma às suas contrapartes latinas, não abriu nenhum caminho de destaque.[68] O outro, "Sobre um ponto da fonética das consoantes no indo-europeu",[69] é uma peça curiosa que se propõe a resolver um quebra-cabeça, resolve-o e, em um pós-escrito, decide que, na verdade, o quebra-cabeça estava errado desde o início e que deveria ser ignorado – mas, no entanto, a solução ainda é válida! Esse problema inicial dizia respeito ao desenvolvimento de *feather* e seus congêneres germânicos que significam "pena" ou "asa", que, juntamente com formas como o grego *pterón* (que encontramos em *pterodáctilo*), pressupõem um protoindo-europeu **petro-*. Isso poderia, em princípio, ser decomposto em *pet* + *ro-*, mas como resistir, pergunta Saussure, vendo na palavra para o órgão de voo o sufixo usual para um substantivo instrumental, *-tro*? O problema é que, de acordo com todos os livros didáticos de fonologia histórica indo-europeia, *pet* + *tro* daria *festro* em germânico (daí algo como *fester* em vez de *feather* em inglês) e *péstron* em grego. Saussure, portanto, formula uma hipótese: que, antes de uma consoante (*r, l, y, w, m, n*), *tt* produz o mesmo resultado que *t*.

Ele então admite que, na verdade, seu exemplo de **pettro-* não serve para provar a hipótese, já que poderia, afinal, ser **petro-*, sem nenhuma consoante dupla envolvida. Examina, em seguida, uma série de outros exemplos em que um argumento melhor pode ser construído, com base em evidências germânicas, gregas ou sânscritas: havia na origem uma palavra com *tt* em vez de *t* antes de *r, l, y, w, m* ou *n*. No pós-escrito, ele afirma:

> P. S. – Teria sido preferível deixar completamente de lado a forma *petrom* (?) "asa" que cometemos o erro de escolher como texto e ponto de partida para este estudo. [...] O indo-europeu não poderia ter formado nem **pet-tro* nem *pet-ro*, mas apenas **pétA-tro-*, **pétA-ro*, ou com a perda do radical *e*, *ptA-tró*, *ptA-ró*.[70]

Uma coisa era ter renegado no *Mémoire* a análise do *a* indo-europeu que publicara dois anos antes. Mas aqui temos a renegação de uma análise dentro do próprio artigo. Na verdade, uma dupla renegação, já que primeiro rejeita seu exemplo inicial alegando que seu *tt* é muito hipotético, antes de admitir que, de fato, a forma da raiz estava completamente errada. A essa altura, já nos acostumamos a ver Saussure mudar e retrabalhar ideias em rascunhos inéditos, mas aqui, atípico, permitiu que sua hesitação fosse publicada.

Suas três palestras para a Société em 1887 foram sobre as histórias de palavras específicas nas línguas germânicas ou no grego. A primeira delas, em 8 de janeiro, concentrou-se notavelmente em como o caso em questão foi "justificado por considerações de fonética geral" – a única vez que questões de natureza "geral" são registradas como figurando com destaque em um de seus artigos para a Société. Em 1888, ele novamente deu três palestras, duas delas em maio sobre as histórias de palavras específicas em germânico, grego e latim. Na terceira, em 16 de junho, apresentou "alguns dos resultados do livro *A escrita rúnica* (segunda edição em alemão), de nosso eminente colega Sr. Wimmer". Outras duas notas curtas apareceram no fascículo das *Mémoires* da Société daquele ano.[71]

De maior importância para Saussure era o fato de que a primeira edição do que restava de sua *magnum opus*, o *Mémoire*, que publicou às suas próprias custas em Leipzig, estava esgotada, e o editor parisiense F. Vieweg, responsável pelos jornais da Société, concordou em publicar uma segunda edição. Como secretário adjunto da Société, Saussure trabalhou em estreita colaboração com Vieweg por cerca de cinco anos. Uma nova edição de uma obra tão aclamada na França, ainda que amplamente ignorada ou criticada na Alemanha, prometia beneficiar enormemente tanto o autor quanto o editor. Ajudou o fato de que, em 1885, um livro de Hübschmann não apenas proclamou a grande importância das hipóteses centrais do *Mémoire*, mas forneceu um resumo incomumente claro delas.[72]

Para Saussure, foi uma chance de esclarecer a questão de seus supostos plágios de seus professores de Leipzig, cuja sombra nunca pararia de assombrá-lo. Seria a oportunidade também de incorporar os desenvolvimentos posteriores de suas ideias que Möller havia proposto, em particular a possibilidade de que os coeficientes sonantes hipotéticos do indo-europeu primitivo fossem consoantes laríngeas, como Saussure vinha discutindo em suas aulas parisienses.

Era uma oportunidade para reescrever a obra que Havet disse ter feito os leitores suarem água e sangue, e para levantar explicitamente as questões que vieram à tona em seu pensamento nos anos seguintes, começando com a necessidade de entender todo o conjunto de vogais como um sistema semiológico em um dado momento no tempo, em vez de imaginar que seus elementos individuais tiveram alguma existência contínua ao longo dos séculos. De certa forma, todas as suas notas não publicadas dos últimos anos, que remontam à abortada Parte III da tese sobre o genitivo absoluto em sânscrito, foram revisões do *Mémoire*. Mas as pilhas guardadas de rascunhos parciais indicavam que qualquer tentativa de reescrever o livro seria infrutífera.

Saussure decidiu, em vez disso, deixar o corpo do livro intacto, e adicionar a ele uma nova introdução substancial, focada em localizar seu trabalho no contexto das ideias de Brugmann e Osthoff e em responder às críticas de Osthoff. Vários rascunhos de tentativas dessa introdução existem entre seus papéis. Além do problema de fazer tudo perfeitamente correto em termos conceituais e terminológicos, o autor teve que lidar com políticas acadêmicas delicadas, particularmente no que dizia respeito a Brugmann. Eles se separaram como amigos, e nenhum deles queria mudar isso. No entanto, cada um tinha sentimentos ambivalentes em relação ao outro. Brugmann ficou magoado com o fracasso de Saussure em reconhecer toda a extensão de sua influência no *Mémoire*. Quanto a Saussure, ele nem sequer aceitou ser roubado de sua glória por descobrir as nasais sonantes, muito menos por ter resolvido o grande problema fundamental da linguística descobrindo o sistema fonético do indo-europeu primitivo, apenas para ter sua solução deixada de lado e até mesmo atacada pelo aliado de Brugmann, Osthoff, que claramente não a entendeu. O insulto foi acrescentado à injúria em 1886, quando Brugmann publicou o primeiro volume de sua *magnum opus* sobre linguística indo-europeia, na qual as principais descobertas do *Mémoire* foram tratadas como conhecimento comum, sem atribuição.[73]

No entanto, não era da natureza ou da educação de Saussure publicar qualquer coisa que pudesse ofender diretamente um colega, independentemente da brutalidade das críticas que lhe houvesse dirigido. Ele estava se dedicando a essa tarefa diplomaticamente complexa justamente quando a grande crise em sua família estourou, forçando-o a fazer uma pausa em Paris e retornar a Genebra na primavera de 1887. Por fim, quando chegou a hora de entregar o manuscrito a Vieweg, Saussure não estava nem perto de completar a nova introdução. Sem ela, o editor não poderia esperar nenhuma venda para indivíduos ou bibliotecas que já possuíam a edição original, ou seja, a maior parte do público potencial. Haveria vendas futuras, em um ritmo lento, mas nenhuma pressa imediata que permitisse à Vieweg recuperar as despesas de impressão e encadernação.

Em vez de abandonar totalmente o projeto, Vieweg concordou em produzir o livro por meios relativamente baratos de reprodução fotomecânica – uma forma de fotocópia inicial e de surpreendente alta qualidade.[74] A versão parisiense de 1887 do *Mémoire* diz em sua folha de rosto "Reprodução, autorizada pelo autor, da edição de 1879". Ela contém apenas uma nova página, um prefácio, que explica que não é uma nova edição e pede desculpas por dois "erros inadvertidos" que são reproduzidos intactos, incluindo "um *trāho* imaginário (na realidade *trăho*)", que havia sido apontado por Havet em sua resenha no *Journal de Genève*. Se o trabalho tivesse sido *reimpresso* corretamente, o tipo poderia ter sido redefinido; mas, nesse caso, "eu não deveria ter me contentado apenas em corrigir esses erros materiais, e a forma, o conteúdo, o próprio plano da obra teriam sofrido modificações notáveis".

Na parte inferior da página há uma nota de rodapé afirmando que o *Mémoire* "apareceu em 1878, embora com a data do ano seguinte". É claro que isso é mais do que um detalhe bibliográfico. É tudo o que resta da esperança de Saussure de limpar seu nome de qualquer suspeita de plágio em relação a seus professores de Leipzig – e, a longo prazo, isso se mostrou surpreendentemente eficaz. Durante décadas, foi a única fonte amplamente disponível da informação de que o *Mémoire* foi de fato concluído em 1878, o que é crucial para avaliar sua originalidade.

A reedição do *Mémoire* foi oportuna por outros motivos. Serviu para lembrar a Bréal e a Paris que o homem que eles deixaram ser encaixotado para ensinar gramática do alto-alemão antigo em nível elementar era o maior indo-europeísta de língua francesa de sua geração, talvez de qualquer língua ou geração. Sua relativa juventude os levou a ignorá-lo quando as nomeações eram feitas para cargos mais altos, preferindo homens mais velhos que não haviam alcançado nada como o *Mémoire* e não haviam dado tudo de si pela Société. Isso chamou atenção o suficiente para que Saussure fosse recompensado com o curso de gramática comparada de grego e latim e, depois de 1887-1888, inteiramente dispensado de lecionar sobre línguas germânicas. Além disso, na última reunião da Société em 1887, Bréal passou a gastar até 500 francos anuais para contratar alguém para "cuidar de todas as necessidades materiais relativas à administração dos assuntos da Sociedade", a impressão das *Mémoires* e do *Bulletin*, o envio de publicações aos membros, a manutenção da lista de membros atualizada, a verificação do recebimento regular de periódicos de intercâmbio – tudo o que Saussure vinha fazendo com a ajuda de Psichari, que substituíra Ernault como administrador em maio de 1884.[75] Nem Saussure nem Psichari foram remunerados pelo trabalho. Com tantas pressões sobre ele, pessoais e profissionais, impossibilitando-o de concluir um grande projeto, Saussure deixou claro para Bréal que algo tinha que acontecer. O novo cargo de "factótum" foi para o aluno de Saussure, Georges Möhl.

Na verdade, um prêmio muito maior estava em jogo. As cadeiras para linguistas eram poucas, mesmo no vasto e multifacetado sistema universitário parisiense. Quando a cadeira de sânscrito na École Pratique des Hautes Études ficou vaga com a morte, em 1888, de Hauvette-Besnault, era inevitável que Sylvain Lévi o sucedesse. Então, em julho, algo totalmente inesperado aconteceu. Abel Bergaigne perdeu o equilíbrio e caiu para a morte em um feriado de montanhismo nos Alpes franceses. Aos 49 anos, esperava-se que ele ocupasse a cadeira de sânscrito e gramática comparada das línguas indo-europeias na Faculté des Lettres de Paris no século vindouro.

Entre aqueles com idade entre a de Bergaigne e a de Saussure, os pesquisadores de mérito como Havet já haviam sido nomeados para cátedras nos últimos anos. Quem estava mais qualificado para suceder Bergaigne do que o jovem *maître de conférences* de 30 anos da École que, apesar de ter publicado pouco nos últimos anos, era autor de uma tese de doutorado sobre o genitivo absoluto em sânscrito, bem como do magistral *Mémoire*? A publicidade em torno de sua reedição veio a calhar.

Notas

1 FdS, em *Rapport sur l'École Pratique des Hautes Études (1884-1885)*, pp. 31-32 da separata da parte relativa à Seção IV (citado em FLEURY, M. "Notes et documents sur Ferdinand de Saussure (1880-1891)". *Annuaire de l'École Pratique des Hautes Études*, IVᵉ section, 1964/5, 1964, pp. 35-67 (pp. 60-61).

2 *Idem*, p. 61.

3 "Notice de M. Robert Gauthiot". *Bulletin de l'Association des Élèves et Anciens Élèves de l'École Pratique des Hautes Études (Section des Sciences historiques et philologiques)*, 1914, pp. 49-55; reimpresso em: Marie dS. (org.) *Ferdinand de Saussure (1857-1913)*. Genève, Imprimerie W. Kündig, 1915, pp. 87-95 (p. 90).

4 Os outros novos alunos além de Duvau, em 1884-1885, foram Edmond Debray; Émile Rayon, um estudante de zende e filologia assíria; Louis Regnier, sub-bibliotecário do Institut; Edmond Sénéchal, bacharel em Direito e Inspetor de Finanças, membro da Société de 1893 a pelo menos 1921; e o sueco Anders Enander, estudante de linguística céltica e comparada.

5 AdS 374/1, f. 107 *recto* e *verso*.

6 Este deve ser o *Über die Lautabwechslung de Kruszewski* (Kasan, Universitätsbuchdruckerei, 1881), cuja cópia de FdS contém anotações manuscritas (GAMBARARA, D. "La bibliothèque de Ferdinand de Saussure". *Genava*, n.s. 20, 1972, pp. 319-368 (p. 346)) e traz a dedicatória "À Mr. le professeur Ferdinand de Saussure" na capa (ver a reprodução em: Kruszewski, M. *Writings in General Linguistics*. Ed. Konrad Koerner. Amsterdam/Philadelphia, John Benjamins, 1995 (p. 2)).

7 AdS 374/1, f. 108 *verso* e 109 *recto*.

8 Raymond dS. "Léopold de Saussure (1866-1925)". *Isis*, vol. 27, 1937, pp. 286-305 (p. 287).

9 AdS 374/1, f. 125.

10 *Idem*, f. 128.

11 *Idem*, f. 126.

12 EGGER, V. *La parole intérieure: essai de psychologie descriptive*. Paris, Germer Baillière, 1881 (p. 114).

13 *Idem*, p. 116.

14 AdS 374/1, f. 127 *verso*.

15 *Idem, ibidem*.

16 AdS 374/1, f. 128. A referência é à página 36 da terceira edição de *De l'origine du langage*, de Renan (Paris, Michel Lévy Frères, 1859).

17 AdS 374/1, f. 128.

18 *Idem*, f. 130 *recto* e *verso*.

19 A conferência é mencionada em *Bibliothèque universelle et revue suisse*, ano 85, tomo 7, n. 7, 1880, p. 159. A palavra "linguística" é usada na resenha do mesmo periódico sobre o livro de Théodore em 1886.

20 Théodore dS. *Étude sur la langue française: de l'orthographe des noms propres et des mots étrangers introduits dans la langue*. Genève/Paris, A. Cherbuliez/G. Fischbacher, 1885.

21 *Idem*, p. 105.

22 As palavras francesas "originárias", herdadas do latim, têm como sílaba tônica e final o que era a sílaba tônica em latim (por exemplo, *am**our*** do latim *amorem*). Novos empréstimos, por outro lado, deslocam a ênfase de onde ela se encontra na língua de origem, daí *Victori**a***.

23 Théodore dS, *Étude*, p. 74.

24 *Idem*, pp. 104-105.

25 AdS 264/4, f. 4.

26 Ver: Henri dS, Genebra, para FdS, Paris, 5 de janeiro de 1890, AdS 367, ff. 24-26.

27 Henri de Ziegler, "Figures d'artistes: Horace de Saussure", *Journal de Genève*, 15 de dezembro de 1919, p. 1.

28 Também continuaram Sénéchal, Enander e Rayon, que passou o primeiro semestre no exterior, mas acompanhou os cursos de FdS por meio de notas enviadas a ele por Sénéchal após cada aula. Rayon então voltou para o segundo semestre. Os dois novos alunos que não são discutidos abaixo foram Paul Ponsinet, nascido em Mâcon, e um alemão chamado Mieck, sobre quem não há outra informação disponível, pois não há cartão de matrícula dele na École.

29 FdS, em *Rapport sur l'École Pratique des Hautes Études (1884-1885)*, pp. 25-26 da separata da parte relativa à Seção IV (citado em Fleury, 1964, p. 62).

30 O arranjo ocorreu apesar de o jovem Lévi estar ainda a vários anos de um doutorado e ter publicado apenas um trabalho de sua autoria, o primeiro fascículo de uma transcrição e tradução de um conjunto de histórias medievais em sânscrito, "Le Bṛatakathāmanjarī de Kṣemendra", *Journal Asiatique*, 8ᵉ série, t. VI, (1885), pp. 397-479, e t. VII (1886), pp. 178-222. Foi aclamado como extraordinário, especialmente por James Darmesteter (relatório anual para a École, citado por RENOU, L. "Sylvain Lévi et son oeuvre scientifique". *Mémorial Sylvain Lévi*. Paris, Hartmann, 1937, pp. xi-li (p. xii, n. 3)), dando a Lévi um impulso ascendente em um momento em que o importante trabalho publicado de FdS não era mais tão novo.

31 Os alunos não mencionados no parágrafo seguinte são: Édouard Audouin, que mais tarde escreveria a tese de doutorado *De la déclinaison dans les langues indo-européennes et particulièrement en sanscrit, grec, latin et vieux slave* (Paris, C. Klincksieck, 1898) e se tornaria professor de antiguidades gregas e latinas em Poitiers; e Alfred Baudouin, professor do Liceu de Évreux. O contingente francês também incluiu o alsaciano Georges Schiffmann. Houve um sacerdote belga, Philémon Colinet, professor da Universidade de Louvain desde 1886, que publicou *La théodicée de la Bhagavadgita, étudiée en elle-même et dans ses origines* (Paris/Louvain, E. Leroux/ C. Peeters, 1885), e passou a fazer estudos fonéticos notáveis de dialetos holandeses; um suíço, Alphonse Vuillemin de Lausanne, secretário editorial da Bibliothèque universelle et revue suisse; um alemão, Wily Borsdorf, que escreveu uma tese sobre literatura francesa antiga e em 1895 começou a ensinar francês e alemão antigo na Universidade do País de Gales em Aberystwyth, e posteriormente foi autor de *Science of Literature: On the Literary Theories of Taine and Herbert Spencer; Two Lectures* (London, David Nutt, 1903); e Friedrich Braun, de São Petersburgo.

32 Dottin publicou amplamente, tornou-se reitor da Faculdade de Letras de Rennes e, em 1899, assumiu um papel de liderança, ao exigir um novo julgamento de Dreyfus na cidade, que agora tem uma Rue Georges Dottin em sua homenagem.

33 Mongin colaborou com seu mestre na França, Jules Gilliéron, em um estudo das palavras para "serrar" no sul e no leste da França: Gilliéron, J. & Mongin, J. *Étude de géographie linguistique: "Scier" dans la Gaule romane du Sud et de l'Est*. Paris, H. Champion, 1905.

34 Spitzer, L. *Linguistics and Literary History: Essays in Stylistics*. Princeton, Princeton University Press, 1948 (p. 4).

35 FdS. *Rapport sur l'École Pratique des Hautes Études (1887-1888)*, pp. 22-23 da separata da parte relativa à Seção IV (citado em Fleury, 1964, pp. 64-65). Ele observa que Psichari "deu ao professor a honra de estar em sua audiência".

36 Desfeuilles, P. & Desfeuilles, A. "Lexique de la langue de Molière". *In*: Molière, *Œuvres*, vols. 12-13. Paris, Hachette, 1927. Também na turma desse ano estavam Pierre Bollon, mais tarde autor de um *Lexique patois de la Chapelle d'Abondance* (Paris, E. Droz, 1933); Paul Sirven, que se tornou professor de literatura francesa na Université de Lausanne em 1904; Henri Gasc--Desfossés, que lecionou nos liceus de Lille, Bourges, Évreux e Alençon; Léon Lévy; e dois alemães, Charles Martin de Emmendingen e Emil Vigelius de Blansingen.

37 FdS, Paris, para Théodore dS, Genthod, 31 de dezembro de 1885, AdS 262, f. 18.

38 Ver a carta de Henri dS, Berna, para Théodore dS, Genthod, 2 de setembro [1887, data estabelecida pelo contexto], AdS 262, f. 125; e em sua aventura na Alemanha, Albertine Marcet, Flowermead, Wimbledon Park, Surrey, para Théodore dS, Genthod, 20 de outubro [acrescentado a lápis: 1887], AdS 262, ff. 110-111.

39 Henri dS, Berna, para Théodore dS, Genthod, 2 de setembro [1887], AdS 262, f. 125.

40 Blanche Naville, s. l., para FdS, Paris, 4 de janeiro de 1888, AdS 366, ff. 147-148.

41 Louise ainda estava em Creux de Genthod em 11 de maio, data de uma carta enviada por Henri a ela lá. Em 7 de julho, Francis de Crue escreveu uma carta de condolências a Henri pela doença de Louise e pela saída da casa da família (AdS 227, ff. 130-131). A localização de St. Aubin é estabelecida em muitas cartas, por ex. FdS, Brestenburg, para Albertine Marcet, Greenhithe, Dartford, Kent, 12 de outubro de 1888, AdS 396/3, f. 46.

42 Henri dS, Berna, para Théodore dS, Genthod, 2 de setembro [1887], AdS 262, f. 125.

43 Ver: Albertine Marcet, Helensburgh, Escócia, para Théodore dS, Genthod, 21 de junho [1887, data estabelecida pelo contexto], AdS 262, ff. 112-113; e cartas de Louis dS para Théodore dS, AdS 262, ff. 163-168.

44 Albertine Marcet, Helensburgh, Escócia, para Théodore dS, Genthod, 21 de junho [1887], AdS 262, ff. 112-113.

45 Blanche Naville, s.l., para FdS, Paris, 4 de janeiro de 1888, AdS 366, ff. 147-148.

46 Ver: FdS, Paris, para Henri dS, Genebra, 23 de novembro de 1888 (referindo-se à discussão do outono anterior), AdS 270, ff. 16-17.

47 Miller, H. *Halls of Dartford, 1785-1985*. London, Hutchinson Benham, 1985 (pp. 71-73).

48 Raymond dS, "Léopold de Saussure", p. 287.

49 Ver: Henri dS, Genebra, para FdS, Paris, 17 de junho de 1888, AdS 167, ff. 24-26.

50 Blanche Naville, s.l., para FdS, Paris, 4 de janeiro de 1888, AdS 366, ff. 147-148.

51 Henri dS, Genebra, para FdS, Paris, 17 de junho de 1888, AdS 167, ff. 24-26.

52 Albertine Marcet, Flowermead, Wimbledon Park, Surrey, para Théodore dS, Genthod, 20 de outubro [acrescentado a lápis: 1887], AdS 262, ff. 110-111.

53 A tia de Amélie casou-se com Friedrich von Zeppelin, e seu filho Ferdinand foi o famoso inventor do dirigível.

54 AdS 382/6, ff. 66-96. A probabilidade de o ano ser 1887 baseia-se na existência de entradas para as noites de 17 de abril e 1º e 2 de maio. Todas essas datas foram de 1885 ou 1886, quando consta que ele esteve presente nas reuniões da Société, e os papéis dão outras indicações de ser do período de 1885-1887.

55 Os nomes em suas contas incluem Roget, Gampert, Keller, Ferrier, Cramer, Duplan, G. Odier, Monnier, Chenevière, J. Odier.

56 AdS 382/6, f. 79.

57 AdS 383/3, f. 98.

58 FdS, "ἄδήν", MSLP, vol. 6 (1889 [1885]), p. 53; "*Lūdus*", p. 75; "Grec ἀλκνών – Allemand Schwalbe", p. 75; "ννστάζω", p. 76; "λύθρον", p. 77; "Ιμβηρις", p. 78; *Recueil*, pp. 408-413.

[59] FdS, "Κρήνη", MSLP, vol. 6 (1889 [1886]), p. 119; "Βουκόλος", p. 161; "Sânscrito stoká-s", p. 162; *Recueil*, pp. 416-419.

[60] Loth, J. *Vocabulaire vieux-breton, avec commentaire, contenant toutes les gloses du vieux-breton, gallois, cornique, armoricain connues, précédé d'une Introduction sur la phonétique du vieux-breton et sur l'âge et la provenances des gloses*. Paris, F. Vieweg, 1884.

[61] Henry, V. *Étude sur l'analogie en général et sur les formations analogiques de la langue grecque*. Paris/Lille, Maisonneuve/Danel, 1883.

[62] Siméon, R. *Dictionnaire de la langue Nahuatl ou mexicaine*. Paris, Imprimerie Nationale, 1885. Um segundo prêmio, no valor de mil francos, foi concedido a Henri Goelzer, *Étude lexicographique et grammaticale de la latinité de Saint-Jérôme* (Paris, Hachette, 1884).

[63] Leopold, Joan. *The Prix Volney: Its History and Significance for the Development of Linguistic Research*. 3 vols. Dordrecht/Boston/London, Kluwer, 1999 (vol. Ia, p. 351). Leopold, compreensivelmente, não sabia da existência do manuscrito parcial do ensaio de FdS.

[64] AdS 384/1.

[65] AdS 384/2. No início do manuscrito, Rudolf Engler escreveu a lápis a pergunta: "Este texto constitui o início do texto anterior 'Études sur la phonétique germanique'?".

[66] Sievers, E. "Zur Accent- und Lautlehre der germanischen Sprachen". *Beiträge zur Geschichte der Deutschen Sprache und Literatur*. Paul & Braunes Beiträge, vol. 4, 1877, pp. 522-539.

[67] Paul, H. "Zur Geschichte des germanischen vocalismus". *Beiträge zur Geschichte der Deutschen Sprache und Literatur (PBB)*, vol. 6, 1879, pp. 1-256.

[68] FdS. "Comparatifs et superlatifs germaniques de la forme inferus, infimus". *Mélanges Renier*, fasc. 73, p. 383 e ss.; *Recueil*, 481-489.

[69] FdS. "Sur un point de la phonétique des consonnes en indoeuropéen". MSLP, vol. 6, 1889 [1887], pp. 246-257; *Recueil*, 420-432.

[70] FdS, "Sur un point"; *Recueil*, pp. 431-432.

[71] FdS. "Un ancien comparatif de σώφρων". MSLP, vol. 6, 1889 [1888], p. 323; "Gotique *WILWAN*", p. 358; *Recueil*, pp. 433-434.

[72] Hübschmann, H. *Das indogermanische Vokalsystem*. Straßburg, Trübner, 1885. Uma carta de Max Müller para *The Academy* ("Fors Fortuna", *The Academy*, vol. 33, n. 823, 11 de fevereiro de 1888, p. 98) sugere que foi apenas lendo o relato de Hübschmann que ele entendeu a teoria de FdS, à qual começou a se referir regularmente em suas publicações nos anos seguintes.

[73] Brugmann, K. *Grundriß der vergleichenden Grammatik der indogermanischen Sprachen, I: Einleitung und Lautlehre*. Straßburg, Trübner, 1886. Brugmann foi criticado de modo geral por essa tentativa inicial do que hoje seria chamado de "manual", resumindo o estado da arte sem atribuição das fontes.

[74] Isso pode ser chamado hoje de "reimpressão", mas na época uma reimpressão envolvia redefinir o tipo à mão, o que para um livro da complexidade do *Mémoire* teria exigido muito trabalho, seguido de impressão e verificação de provas e redefinição dos tipos para correções, um processo demorado e caro.

[75] BSLP, vol. 5 (1881-1884), n. 26 (1885), pp. clxxxvii-clxxxviii.

11

1888-1891

Intenções matrimoniais

No outono de 1888, Saussure deixou Creux de Genthod em meados de outubro, várias semanas antes do habitual, pois esperava visitar Albertine e Alex em sua casa na Inglaterra.[1] Antes de sua partida, sua mãe, em um estado muito melhor depois de um ano fora, planejava retornar de St. Aubin com Jeanne na primeira semana de outubro para desfrutar da companhia do filho. Ela enviou diversos bilhetes adiando sua chegada, quando, em 12 de outubro, chegou uma mensagem dizendo que ficaria mais dois dias em St. Aubin. Ferdinand então decidiu que era melhor ir vê-la em vez de arriscar mais atrasos. Louise finalmente voltou para casa. No final de novembro, ela estava de volta à Rue de la Cité, onde ela e Henri receberam o explorador visitante *Sir* Richard Burton e sua esposa *Lady* Isobel para o almoço.[2]

A semana perdida em que esperou pela mãe, mesmo que ainda houvesse tempo de ir à Londres, custou-lhe a estada com os Marcet em Greenhithe. Havia negócios importantes a serem resolvidos em Paris que afetariam todo o curso futuro de sua vida: uma cadeira de sânscrito e gramática comparada das línguas indo-europeias a ser preenchida, para a qual era um candidato óbvio, e uma proposta de casamento a ser feita, sobre a qual se sentia menos confiante.

As duas coisas estavam conectadas. Para os ricos Mallet, haveria uma diferença substancial entre casar sua filha com um professor e não um *maître de conférences* que sequer fora oficialmente nomeado. Durante 1888-1889 Saussure não lecionaria, pela primeira vez, uma língua germânica; em vez disso, deu um curso sobre a gramática comparada de grego e latim e uma introdução ao lituano. De acordo com seu relatório anual, o curso de lituano foi lançado a pedido de cinco de seus alunos, mas foi um pedido que Saussure acolheu como uma oportunidade não apenas para se concentrar em um idioma que há muito o interessava, mas também para confirmar suas credenciais em indo-europeu comparado.

O aumento de salário que uma cadeira traria também seria bem-vindo, embora ainda fosse uma ninharia para os padrões dos Mallet. A família foi banqueira em Paris por quatro gerações, começando com o bisavô de Arthur, Jacques, cujo pai, Isaac, fundou o banco Mallet em Genebra. O pai de Arthur, James Mallet, serviu como regente do Banque de France.

A razão imediata para o retorno antecipado de Saussure a Paris foi seu convite para um baile oferecido pelos Mallet em sua casa na noite de quarta-feira, 7 de novembro. Isso lhe daria a oportunidade de propor casamento a Noémi.[3] Ferdinand não tinha dúvidas sobre a complexidade da operação, e sabia onde procurar conselhos – o verdadeiro motivo de sua viagem à Inglaterra era conversar com o tio Max de Pourtalès, que visitava os Marcet. Max parecia a escolha perfeita em vários aspectos. Ele era um solteiro de 43 anos, mas isso estava fora de questão, não por falta de *savoir-faire*. Era também primo dos Mallet e, por pertencer à geração dos pais, entendia o que esperavam de um genro. Mais rico e glamoroso do que qualquer um dos Saussure, Max tinha um instinto para o que atraía as jovens mulheres, e sua reputação como estrategista militar era lendária. Isso não foi nada senão uma campanha – Saussure escreverá sobre seu progresso com o noivado em termos de "terreno ganho" e de qualquer ação que possa impedi-lo como "traição". Se alguém sabia como derrotar uma poderosa força francesa nas situações mais adversas, esse alguém era Max.

Nessa batalha, as aparências eram tudo. Max levou Ferdinand para Savile Row, em Londres, a fim de que suas medidas fossem tiradas para dois novos trajes pelos alfaiates de maior prestígio do mundo, Henry Poole & Co., alfaiates da corte de Sua Majestade, a Rainha, e com 20 outros mandados reais em todo o mundo.[4] Foi Poole & Co. que estabeleceu Savile Row como o centro da elegância indumentária e que projetou o *smoking*. O recibo das roupas mostra que, em 6 de novembro de 1888, "Ferdinand de Saussure Esq." coletou e pagou – talvez com um "adiantamento" de Max – "um sobretudo preto em pura lã cheviote" e um "casaco curto xadrez em pura lã cheviote", cada um forrado de seda e com colete e calça combinando.[5] O custo de 18 libras esterlinas, 5 xelins e 6 pence (após um desconto de 15% pelo pagamento em dinheiro) era o salário de um ano para um criado na época. Esse não era o traje de um *maître de conférences*, nem mesmo de um professor, a menos que fosse da estatura social de um Renan ou de um Bréal. Saussure ia agora vestir o papel que esperava assumir, o de um renomado acadêmico cosmopolita casado com a filha de um grande banqueiro internacional.

Saussure partiu diretamente a Paris para se preparar para o baile dos Mallet na noite seguinte. O convite de Madame Mallet incluía instruções detalhadas para chegar ao castelo a tempo: "Saída da Gare Saint-Lazare às 20h45. Chegada a Jouy-em-Josas às 9h46. (Troca de trem em Versailles-Chantier.) Retorno de ônibus". Ainda hoje, não se pode voltar de trem dos subúrbios para Paris depois das 23 horas, e não há mais ônibus noturnos como em 1888, quando não eram ainda motorizados, mas puxados por cavalos. Era um daqueles veículos puxados por cavalos que, como a asa de uma borboleta na teoria do caos, alteraria o destino de Saussure ao mero acaso.

O pretendente contou o que aconteceu em uma carta ao pai 15 dias depois: "Fui impedido de ir ao baile pelo acidente mais incrível, uma chicotada no olho recebida por acaso enquanto passava pela Rue de la Paix".[6] Embora devesse ter sido incrivelmente doloroso, ele não reclama – na verdade, ao longo de sua vida, nunca se encontra nada além de estoicismo diante de seus sofrimentos. Nisso era exatamente o oposto de seu pai. Ainda assim, pode-se ouvir o estalo daquele chicote que chamou sua atenção em uma famosa aula de duas décadas depois, na qual se questiona sobre uma origem onomatopaica da palavra francesa para "chicote", *fouet*.[7]

Quatro dias depois, Saussure ainda não estava em condições de comparecer à reunião de sábado da Société. Na semana seguinte, ele se recuperou o suficiente para fazer uma visita aos Mallet e pedir desculpas por ter perdido o baile, a *soirée dansante*. Para seu pesar, disse depois ao pai, não teve oportunidade de falar a sós com Noémi, apenas com outras pessoas presentes. Ainda assim, não encontrou "nada desanimador em sua atitude". Ao tentar ler sinais tão sutis, ele talvez estivesse vendo apenas o que desejava ver, e ignorando o fato de que Noémi ou seus pais teriam arquitetado uma oportunidade para que os dois ficassem a sós se quisessem encorajar um romance.

No fim de semana seguinte, Saussure foi convidado para uma caçada na propriedade de outro parente, Adèle Anna Hagerman de Pourtalès. Seu falecido marido, o conde Robert, era primo em primeiro grau do avô de Ferdinand, o conde Alexandre. Também estavam presentes um dos dois irmãos de Noémi e seu primo, que Saussure considerou "perfeitamente gentis comigo".[8] Mais uma vez, leu no comportamento dos rapazes uma disposição da família com o futuro noivado. Em 23 de novembro, Ferdinand escreveu a seu pai que os Mallet estavam fora e que aguardava

> [...] o iminente retorno da família a Paris. Até lá, as coisas podem ser consideradas como indo *tão bem quanto possível*. Acima de tudo, imploro e conto absolutamente com você, nem uma palavra a quem quer que seja em Genebra; e, mesmo que as pessoas já estejam falando sobre isso, *mais uma razão*. Eu consideraria qualquer outro comportamento como uma traição.
> Talvez você tenha pensado, por solicitude por mim, em tomar algumas medidas, por exemplo, em relação a Albert de Rougemont. Apresso-me em dizer-lhe que nada poderia ser mais fatal para os meus interesses [...]. Se você estivesse aqui em Paris, perceberia que não é por ter parentes da Suíça que tenho a menor perspectiva de sucesso, mas, ao contrário, deve-se se apresentar como possuidor de uma propriedade em Paris, por menor que seja.
> [...] Meu tio Max, que ainda está aqui e que julga as coisas perfeitamente, compartilha exatamente da minha opinião. Não escondo de resto que é a ele que devo todo o terreno conquistado, e que qualquer passo imprudente que comprometesse a situação atual representaria para mim e para ele uma desgraça irremediável, com consequências incalculáveis.[9]

Obviamente, essa é uma carta extraordinária. Ferdinand se dirige a Henri como se seu pai fosse uma criança pouco confiável e um caipira provinciano sem entender como as coisas funcionam na grande capital. Qualquer coisa que dissesse a Albert de Rougemont, irmão de madame Mallet, seria fatal. A retórica de "traição", "infortúnio irremediável" e "consequências incalculáveis" mostra a seriedade com que Ferdinand levava o assunto, embora essas expressões exageradas visassem acima de tudo incutir em seu pai a necessidade de manter o silêncio.

Amigos e rivais

Em Leipzig, Saussure fez poucas amizades com seus colegas de sala, preferindo a companhia daqueles com quem tinha múltiplos laços de sangue que remontavam a três séculos. O mesmo aconteceu com sua vida social durante sua década em Paris. Em toda a sua correspondência com outros *maîtres de conférences*, o *vous* formal nunca é abandonado, nem mesmo com Psichari, o colega com quem mantinha relações mais próximas. Os dois trabalharam juntos no escritório da Société desde a nomeação de Psichari como administrador em 1884 até Saussure deixar Paris.

Os dois tinham outras coisas em comum. Como genro de Renan, Psichari fazia parte da aristocracia intelectual francesa, assim como Saussure, através de

Horace-Bénédict, pertencente à sua contraparte suíço-francesa. A sensibilidade literária de Psichari não era menos aguçada que a de Saussure, e mais ousada, se interessando pelos *poètes décadents*. Em 1888, Psichari apresentou um artigo à Société sobre a supressão do *r* e do *l* final no francês falado e, na discussão seguinte, "o Sr. Ploix e o Sr. De Saussure dizem que a omissão de *l* e *r* é apenas uma consequência da não pronúncia do *e* mudo, e que a questão assim se torna muito mais vasta". Isso foi uma revelação para Psichari, que mais tarde declarou que "todas as revoluções na literatura são realizadas em nome da gramática", e caracterizou o movimento decadente como a "Revolução do *e* mudo".[10]

Como mencionado no último capítulo, Saussure também se aproximou de Georges Guieysse, seu aluno em 1887-1888, enquanto Guieysse construía um vínculo ainda mais estreito com Marcel Schwob, da classe de Saussure de 1883-1884. Embora Schwob nunca tenha se aprofundado seriamente na linguística indo-europeia como Guieysse, os dois jovens compartilhavam o interesse pelo estudo da gíria e da linguagem familiar. Schwob se interessava por seu desenvolvimento histórico em francês, para o qual as evidências eram escassas. Guieysse estendeu-se além do francês, como mostra um artigo que leu para a Société sobre o patoá do inglês dos negros do Missouri registrado pelo "Sr. Twaine".[11] Saussure ofereceu comentários.

Enquanto Psichari apenas escrevia sobre os versos dos poetas decadentes, Schwob se misturava a eles, abraçando seu estilo de vida. Não surpreende, portanto, que o austero Saussure mantivesse distância. Mas novamente mostra a rara amplitude de espírito de Guieysse, que atraiu para perto de si dois homens que, de certa forma, estavam em polos opostos.

O final de 1888 trouxe outra perda para a cena linguística parisiense, que ainda enfrentava a morte de Bergaigne. Na reunião da Société em 24 de novembro, foi anunciado que Arsène Darmesteter havia falecido. Depois de Havet e Bréal, foi Darmesteter quem ajudou a consolidar o *status* de Saussure, ao ser o primeiro linguista de renome a assistir a suas aulas regularmente durante seu primeiro ano na École. Isso foi na mesma época em que Darmesteter estava escrevendo o livro que lhe renderia fama ampla e duradoura, *La vie des mots étudiée dans leurs significations* [A vida das palavras estudadas em suas significações].[12] Algumas vezes, foi considerada uma fonte possível para aspectos da concepção de linguagem de Saussure, mas pode ser que quaisquer ressonâncias sejam de coisas que Darmesteter apreendeu de Saussure, e não o contrário. Vimos também que as aulas do irmão de Darmesteter, James, às quais Saussure assistiu em 1881, incluíam material sobre a analogia, que foi o solo fértil de seu modelo de signo linguístico.

Quaisquer ambições que Saussure possa ter nutrido para suceder Bergaigne na Sorbonne foram fortalecidas pela forma como a política acadêmica estava se desenrolando. Em outubro, Victor Henry foi nomeado para cobrir as aulas de gramática comparada de Bergaigne para o semestre de outono, enquanto Sylvain Lévi, agora na cadeira de Hauvette-Besnault, assumiu as aulas extras de sânscrito. Isso fez com que Henry parecesse o favorito para suceder Bergaigne – fazendo com que outro candidato à cadeira, Paul Regnaud, empreendesse uma furiosa campanha contra ele.[13] Regnaud, professor de sânscrito e gramática comparada em Lyon, publicava polêmicas contra os neogramáticos e seus aliados desde 1885. Ele retratou Bréal, Saussure e Henry como o trio profano que espalhava a fé alemã em leis sonoras infalíveis e fonemas hipotéticos não atestados. Contra isso, Regnaud defendeu um retorno ao sistema vocálico *a-i-u* de Bopp-Curtius do indo-europeu primitivo, sem sonantes. O efeito de seus ataques e de seu *lobby* foi o de dividir a Faculdade, garantindo que nem ele nem Henry fossem nomeados para a cadeira. Isso potencialmente deixou um caminho claro para Saussure, presumindo que pudesse contar com o apoio de seus poderosos aliados Bréal e Gaston Paris e talvez com outros, como Renan e o ex-aluno de Saussure, Lévi.

Isso não aconteceu. A votação da Faculdade em dezembro resultou em empate, dez para Henry, dez para Regnaud. Henry teve uma vitória parcial, pois foi nomeado para continuar na função que lhe fora atribuída em outubro, embora não como titular de uma cadeira. Ele havia publicado uma grande quantidade de trabalhos, todos sólidos, embora não particularmente impressionantes para Saussure. Embora Henry tenha vencido o Prêmio Volney em 1884, nenhum grande avanço filológico foi associado ao seu nome.

Então, apenas uma semana após a votação na Sorbonne, ocorreu uma morte na família Saussure que foi um choque em particular porque, aos 31 anos, Daisy Marcet de Pourtalès, irmã de Alex Marcet e esposa do tio de Saussure, Hermann, era apenas seis meses mais velha que Ferdinand. Ela morreu ao dar à luz seu sexto filho.[14] A jovem família que deixou para trás incluía seu filho de sete anos, o conde Guy de Pourtalès, cujo desgosto pela perda está sempre próximo à superfície de seus romances semiautobiográficos. Em 22 de dezembro, Saussure partiu de Paris para Genebra para assistir ao funeral no cemitério de Genthod, que seria a cena de abertura de *La pêche miraculeuse*, de Guy. O filho recém-nascido, batizado de Horace, foi levado aos cuidados de Alex e Albertine, que não tinham filhos.

No dia 27, Saussure foi obrigado a enviar a Gaston Paris uma nota explicando que teria que faltar ao banquete comemorativo do 20º aniversário da fundação da École, ao qual planejara comparecer.[15] Saussure permaneceu em Genebra durante o feriado de Ano-Novo e não esteve presente na reunião da Société em 12 de janeiro de 1889, quando foi feito o anúncio da nomeação de Henry para lecionar gramática comparada na Sorbonne.[16]

Em nenhum documento conhecido Saussure expressa diretamente o desapontamento por não ter sido nomeado para uma cadeira que – é tão óbvio para nós agora quanto era para ele então – deveria ter sido dele. O que sabemos é que, em meados daquele ano, Saussure, devido a seu baixo *status*, havia tido um confronto tenso com Bréal, após o qual decidiu não retornar à École no outono seguinte. Como veremos, uma oferta de Bréal para melhorar seu *status* não foi suficiente para fazê-lo mudar de ideia. Ele estava esperando por uma cadeira com exatamente a descrição daquela que Henry ocupou. Criar uma cadeira, porém, não estava ao alcance nem mesmo de Bréal. Era uma questão para o governo central.

Em retrospecto, vê-se como Saussure se tornou inelegível para uma cadeira de sânscrito e gramática comparada em Paris. Os acadêmicos que ocuparam essas cadeiras deram sua lealdade primária não à Société de Linguistique, mas à Société Asiatique. Bréal era a força dominante no primeiro, com Renan como figura de fundo, enquanto o inverso era verdadeiro na Société Asiatique, cuja orientação era mais para a filologia textual do que para a análise linguística histórica. Léopold Favre e Lucien Gautier eram membros vitalícios da Société Asiatique, assim como o primo de Saussure, Max van Berchem. Outros membros incluíam os alunos de Saussure, Kirste e Guieysse, Lévi, é claro, e Henry, mas não Saussure.

Quanto a Regnaud, estava abaixo do desprezo, por suscitar uma polêmica equivocada ao submeter todo o trabalho de Saussure e Bréal a incessante ataque reacionário. O fato de Regnaud juntar Henry aos dois só aumentou o absurdo. Se o estado da academia parisiense era tal que a cátedra da Sorbonne estava sendo disputada por um ignorante agressivo e uma mediocridade passiva, quem estaria disposto a fazer parte dela, se pudesse escolher?

O momento sugere que o preenchimento da cadeira de Bergaigne foi significativo na decisão de Saussure de deixar Paris. Entre outras coisas, mostrou que seu *status* na comunidade acadêmica não era tão estelar quanto acreditava, assim como toda a Genebra foi levada a acreditar desde o artigo de Havet sobre o *Mémoire*. Isso pode ter ajudado a selar o destino de seu namoro com Noémi Mallet. Sua família poderia ter concordado com um casamento com base no *status* social, apesar da disparidade de riqueza. Mas casar-se com um *maître de conférences* que havia sido preterido para as únicas cadeiras em sua área que provavelmente ficariam vagas em Paris por um bom tempo não lhe seria muito recompensador. O projeto de matrimônio parece ter se encerrado.

Um ano depois, em fevereiro de 1890, Noémi Mallet casou-se com o barão Robert de Renusson d'Hauteville, tenente do 3º Cuirassiers [Regimento dos Couraceiros].[17] Ferdinand havia escrito ao pai que precisaria de uma "superfície" em Paris antes de propor casamento. Há uma via em Paris chamada Cité d'Hauteville; trata-se de uma superfície bastante respeitável.

Saussure, no início de 1889, encontrou seus planos e esperanças tanto para sua carreira profissional quanto para sua vida pessoal em frangalhos. Seu mundo social estava centrado no círculo Paris-Genebra, no qual os Mallet eram bastante proeminentes; agora seria estranho aceitar convites, se houvesse algum. Poderia pelo menos se confortar em ter dois alunos como Meillet e Guieysse, ambos altamente talentosos e devotados. Saussure também continuou a se concentrar intensamente no que havia de mais recente em sua série de projetos de pesquisa.

Empreendeu o que hoje seria chamado de estudo "quantitativo" da versificação homérica. Entre seus papéis estão dezenas de páginas analisando a variação entre os hinos homéricos e os diferentes livros da *Odisseia*, fazendo análises estatísticas de ritmos, cesuras, diéreses e, em alguns casos, como sua ocorrência pode ter sido afetada pela presença de um antigo digama (Ϝ), o som *w* do grego arcaico. Talvez tenha sido inspirado em parte pela linha de pensamento que Psichari estava desenvolvendo sobre como a prática poética se conecta à estrutura e à mudança gramatical. Saussure apresentou um artigo sobre o assunto à Société em 26 de janeiro de 1889, no qual afirmava que

> [...] um valor deve ser reconhecido para o final da palavra. Com efeito, o terceiro pé contém um fim de palavra 99 vezes em 100, o que não pode ser devido ao acaso [...]. Por outro lado, constata-se o fato bizarro de que o número de versos em que o primeiro pé termina com uma palavra é em cada canto inversamente proporcional àquelas em que o quarto pé termina assim. Quando o primeiro valor ultrapassa 52,5%, o outro cai abaixo de 61,5%, e reciprocamente sem exceção.

Nenhum trabalho como esse jamais havia sido apresentado à Société; o precedente mais próximo foi aquele em que medidas estatísticas foram usadas na análise de formas linguísticas. Se Saussure esperava estimular um debate acalorado ao abrir um novo caminho para a compreensão de uma das obras fundamentais da cultura europeia, ficou desapontado. Apenas Bréal ofereceu um comentário.

Para Saussure, isso deu início a uma nova linha de pesquisa que perseguiria, às vezes quase obsessivamente, pelos próximos 20 anos – a busca por padrões ocultos na poesia. O artigo de janeiro de 1889 para a Société foi a única vez em que o apresentou ao público, para uma recepção fria.[18] Ele havia sido cauteloso desde a ousadia despreocupada do *Mémoire*. Dali em diante, correria ainda menos riscos, tanto nas apresentações orais quanto nas impressas.

Na mesma reunião de 26 de janeiro, Schwob foi proposto como membro da Société, com Guieysse e Bréal como responsáveis pela apresentação do indicado. Ele foi devidamente eleito na sessão seguinte, quando Saussure apresentou outro trabalho, bem mais tradicional, sobre a variação entre as palavras gregas *pollós* e *polús* [muitos, vários]. Sua única ligação com seu estudo anterior era o envolvimento do digama, trazendo também uma comparação de congêneres lituanos e góticos. Depois disso, porém, ele desapareceu, estando ausente às reuniões por quase três meses.

Saussure pode ter retornado a Genebra durante as férias da Páscoa entre os semestres letivos. Ele havia feito algo semelhante dois anos antes, quando o aparente colapso nervoso de sua mãe tornou sua presença necessária. Dessa vez, parece ter sido seu próprio bem-estar que estava em risco. Informou à família que, naquele cenário, seria difícil permanecer em Paris. No entanto, Saussure não poderia ter estado fora de Paris durante todo esse período, devido às aulas que era obrigado a ministrar. Em algumas noites de sábado, simplesmente ficava longe da Société – outro passo rumo a seu afastamento da cena acadêmica parisiense. O fato de, durante a primeira metade de 1889, raramente estar presente em uma reunião à qual Henry compareceu, e vice-versa, talvez seja apenas coincidência. Mas, quando Henry morreu em 1907, Saussure escreveu friamente a Meillet que "nunca foi particularmente ligado a ele". É improvável que Henry não tenha sido afetado pelo desdém; em 1894 sofreu uma depressão severa, que tem sido associada a críticas de seu trabalho como pouco sólido ou original.[19]

Com as recentes mortes de Bergaigne, Arsène Darmesteter e Hauvette-Besnault, os professores pareciam estar caindo como moscas. Durante o período de afastamento de Saussure da Société, ocorreu outra morte acadêmica, dessa vez em Genebra. Carl Krauss, professor de literatura alemã na Université, foi professor de Saussure. Foi o primeiro a oferecer cursos de filologia e linguística comparada na Académie, de 1869 até serem assumidos pelo rabino Wertheimer em 1873. Para a família e os amigos de Saussure, parecia que a providência estava oferecendo a ele a oportunidade perfeita. Afinal, o germânico tinha sido seu campo em Paris na última década, e seu interesse duradouro pela literatura épica alemã aguardava desenvolvimento. Quando o Senado da Faculdade votou para redesignar a cadeira de línguas e literaturas germânicas, qualquer obstáculo remanescente à candidatura de Saussure para ela foi removido.

Mas a cadeira não lhe pareceu tentadora. Na tentativa de convencê-lo a se inscrever, seu velho amigo Crue o achou "frio" sobre o tema.[20] Dado que Saussure se sentia incapaz de continuar em Paris e que Genebra era sua casa, isso é surpreendente. No entanto, havia acabado de conseguir estender seu ensino para além das línguas germânicas pela primeira vez; ele não gostaria de ser encaixotado novamente. E, embora, em termos de carreira, a nomeação para uma cadeira compensasse a diferença de *status* entre Paris e Genebra, a menos que o campo fosse ampliado, o mundo veria a mudança como a admissão de Saussure de que sua década em Paris havia sido um fracasso – nenhuma nomeação para uma cadeira lá, nenhuma publicação importante, nenhum casamento brilhante e um retorno para casa com o rabo entre as pernas.

Enquanto a Faculdade discutia a sucessão de Krauss, seu ensino para o próximo semestre foi assumido por Bernard Bouvier. Ele havia feito seus estudos em Paris, onde recebeu uma *agrégation*, trabalhou dois anos como professor de francês na Universidade de Berlim e depois voltou a Genebra para lecionar na escola secundária para meninas. Não tendo nada parecido com as credenciais de Saussure, Bouvier não teria sido um oponente sério se Saussure fosse candidato à cadeira.

Em 27 de abril, Saussure compareceu à reunião da Société. Henry também estava lá – a primeira vez que os dois estiveram presentes desde a nomeação de Henry para substituir Bergaigne. Guieysse e Schwob não estavam presentes, no entanto. Em fevereiro, Schwob entregou um artigo à Société criticando os métodos usados até então nas pesquisas sobre a gíria. O artigo foi acompanhado na reunião seguinte, em 9 de março, por um trabalho sobre gíria escrito em colaboração com Guieysse. Isso criou bastante agitação para que a discussão fosse retomada 15 dias depois, quando Schwob foi questionado particularmente sobre o termo *à tire-larigot* [muito, em muita quantidade], uma gíria atestada pela primeira vez em 1536 com um significado literal relacionado a soprar uma flauta rústica. Isso então levou Schwob e Guieysse a seguirem com a parceria, preparando uma carta sobre o *tire-larigot* que foi lida na reunião de 6 de abril. A essa altura, porém, Schwob e Guieysse já haviam saído para as férias da Páscoa. Não sabemos se foram juntos, mas parece provável, visto que continuaram seu trabalho conjunto sobre a questão da gíria, finalizando, cerca de cinco semanas depois, um manuscrito suficientemente substancial para ser publicado em livro.

Em algum momento de abril, antes que o manuscrito estivesse completo, Guieysse partiu para a Inglaterra, para passar algum tempo em Londres e Manchester. Ele levou consigo uma cópia do *Mémoire* de Saussure, que lia cuidadosamente, e escreveu 24 páginas de notas junto com um resumo detalhado.[21] Ele se preparava para o outono, tendo sido nomeado *maître de conférences* em sânscrito na École, substituindo Lévi.[22]

Em 11 de maio, Schwob estava de volta a Paris para a reunião da Société. Guieysse, que talvez ainda estivesse na Inglaterra, não compareceu. Seus cadernos estão marcados como "Londres-Manchester, abril-maio de 1889"; se ele não estava de volta a Paris no dia 11, deve ter chegado pouco depois, já que os dois finalizaram o livro sobre gírias nos dias subsequentes. Então, na sexta-feira, 17 de maio, Georges Guieysse, de apenas 20 anos, cometeu suicídio com um tiro no coração.

Os linguistas de Paris sofreram muitas perdas no ano anterior, mas a morte de Guieysse os atingiu duramente. Mesmo que Bergaigne ainda tivesse muitos anos produtivos pela frente, os obituários e discursos fúnebres em sua homenagem se concentram no que ele realizou. Com Guieysse, só poderia haver o arrependimento amargo pela promessa que havia sido extinta e a confusão sobre como direcionar esse arrependimento. Afinal, ele havia acabado com sua própria vida. Para Saussure, a morte do jovem colega ecoou o suicídio, quando ele tinha 11 anos, de seu primo Charles Pictet, que também ocorreu no final de uma estada na Grã-Bretanha. No caso de Pictet, uma nota de suicídio inacabada mostrava que havia um caso de amor por trás do terrível ato.

Se algo semelhante ocorreu no caso de Guieysse, não temos nenhuma evidência direta. Mesmo assim, jovens de 20 anos não cometiam suicídio sem algum motivo convincente. Guieysse não viveu uma depressão óbvia, nenhuma dificuldade financeira e certamente nenhuma tristeza em relação ao seu futuro. Sua situação brilhante deveria ter compensado qualquer motivo que não envolvesse algum senso de honra. Ele estava prestes a editar um índice de nomes próprios em antigas inscrições indianas, sob a direção de Auguste Barth e Émile Senart, que teria sido uma importante obra de referência para historiadores e linguistas.[23] Além disso, seu sonho era ir à Indochina para estudar em primeira mão o desenvolvimento da civilização indiana tal como foi transplantada para lá.

Isso deixa as razões mais comuns, até mesmo convencionais, para o suicídio juvenil na época: amor não correspondido, obstáculos intransponíveis para um casamento ou culpa por algum ato considerado irremediavelmente vergonhoso. O rei George V, quando informado de que alguém que ele conhecia era homossexual, disse a famosa frase: "Eu pensei que homens como aquele se matassem".[24] O Reino Unido apenas equiparou sua legislação sobre atos homossexuais e heterossexuais em suas quatro nações constituintes em abril de 2008. A França aboliu suas leis antissodomia em 1791, razão pela qual Oscar Wilde se mudou para Paris depois de sua libertação da prisão de Reading, em 1897. Entre os íntimos do círculo parisiense de Wilde estava Marcel Schwob, que, na década de 1890, adotou todas as armadilhas do estilo de vida associado ao movimento decadente, incluindo, de forma memorável, um criado chinês que fazia as compras vestido em um elegante *changpao*. Na casa dos 30, Schwob casou-se com uma mulher mais velha, uma atriz, mas parece não ter vivido com ela. Ele morreu aos 37 anos, de tuberculose, de acordo com suas biografias oficiais. No entanto,

> [c]asos em que lesões físicas resultam do ato de sodomia são muito raros. Mas sabe-se que isso acontece, ocasionalmente com resultados fatais. Por exemplo, o amigo de Wilde, Marcel Schwob, o ensaísta e contista francês, a quem Wilde dedicou *A Esfinge* "com amizade e admiração", morreu em decorrência de um tumor sifilítico no reto, que adquiriu como resultado de sexo anal com um jovem infectado.[25]

O autor dessa passagem, Montgomery Hyde, conheceu e entrevistou os amigos sobreviventes de Wilde na década de 1940 e alguns anos depois.[26] Seu livro não tolera rumores infundados ou fofocas, nem repete informações de estudos sérios para os quais não consegue encontrar evidências sólidas.[27] Os leitores podem fazer seus próprios julgamentos sobre o que Hyde relata. Isso não afeta diretamente a biografia de Saussure, que nunca foi especialmente próximo de Schwob quando ambos estavam em Paris e não teve mais contato com ele depois de 1891. No entanto, a obra de Hyde aponta para uma explicação plausível para o suicídio de Guieysse. Ele havia se tornado muito próximo de Schwob, um jovem que se sentia obrigado a perturbar a moralidade convencional da época quebrando seus tabus. Nem é preciso supor que houve contato físico entre Schwob e Guieysse. A atração ou o desejo por si só, ou um interesse rejeitado, poderia bastar para provocar um sentimento de vergonha ou autoaversão no contexto da época.

Para o sensível Saussure, a perda de Guieysse, espelho de sua juventude, foi trágica. Pode-se imaginar seus sentimentos quando a mãe enlutada de Guieysse lhe enviou as anotações que seu filho havia feito no *Mémoire* durante sua viagem à Inglaterra. Vindo como veio, depois de todos os outros golpes que lhe foram dados recentemente, isso o levou ao limite.

Saussure continuou a participar das reuniões da Société, apresentando um trabalho em 8 de junho sobre a acentuação lituana, assunto que havia deixado adormecido desde sua decepcionante viagem à Lituânia. Agora, o curso que ministrava sobre a língua o forçava a se concentrar nas complexidades dos padrões de acentuação em suas conjugações e declinações. Com o interesse despertado, a acentuação lituana se tornaria o tópico dominante de seu trabalho nos anos seguintes.[28] O artigo se inicia com a exposição de sua descoberta mais elementar:

1. o acento grave está presente no lituano apenas em vogais curtas, e
2. o circunflexo e o agudo estão presentes apenas nas vogais longas.

Surpreendeu-o que um fato tão básico, que parece óbvio quando apontado, tenha escapado da atenção de um estudioso tão dedicado quanto Kurschat. Duas consequências importantes surgiram dessa descoberta. Em primeiro lugar, mostrou-se que a entonação independe do acento. Kurschat assumiu que a entonação era parte integrante do acento, e outros o seguiram nessa suposição; entretanto, Saussure percebeu que se trata de fato de uma qualidade própria da vogal, independente do acento. O acento torna a entonação evidente, mas não a cria.[29] Em segundo, mostrou-se que as vogais curtas com acentos graves poderiam ser deixadas de lado; faltava explicar a distribuição dos acentos circunflexos e agudos entre as vogais longas.

Kurschat deu uma descrição muito complexa dos padrões de acentuação nas conjugações e declinações da língua, postulando nada menos que quatro classes separadas de substantivos apenas para explicar por que, por exemplo, o substantivo *laî**ký**ti* [ele mantém] tinha seu acento (mostrado em negrito) na segunda sílaba, enquanto, por outro lado, o semelhante ***rá**ižyti* [ele corta], tinha seu acento na primeira. A descoberta de Saussure permitiu-lhe detectar um padrão puramente fonológico ligando a entonação com o acento de maneira regular e regrada. Primeiro, porém, ele teria que percorrer todos os dados disponíveis. Além do estudo de Kurschat, que refletia o que Saussure chamava de "lituano clássico da Prússia", havia os dados muitas vezes conflitantes coletados mais a leste por Antanas Baranauskas, um bispo católico romano e poeta conhecido por Saussure por seu nome polonês Baranowski.[30]

A análise desse novo material implicava mais do que poderia fazer a tempo para o jornal de junho, então Saussure adia o projeto. Ele ainda estava muito ciente de que a acentuação lituana poderia oferecer a prova de que o controverso sistema vocálico apresentado no *Mémoire* estava correto; no entanto, devido ao imenso trabalho necessário para construir a demonstração de sua hipótese, Saussure apenas expõe o problema em sua palestra à Société. A exposição foi bem recebida, a ponto de Saussure depositar suas esperanças em ser esse seu tão esperado projeto inovador. Ele estava determinado a desenvolvê-lo adequadamente e, portanto, recusou-se a publicar seu artigo imediatamente nas *Mémoires* da Société. Em vez disso, trabalharia nele durante o verão, enquanto estivesse em Genebra.

As férias de verão dariam a Saussure uma oportunidade muito necessária para fugir e recuperar seu equilíbrio na amada Creux de Genthod, independentemente das contínuas tensões familiares e do frágil estado nervoso de seus pais. Então, em 22 de julho, chegou uma carta ordenando-lhe que adiasse sua partida de Paris e comparecesse à inauguração dos novos prédios da Sorbonne pelo presidente francês, Sadi Carnot. A cerimônia teve mais do que a importância simbólica comum. Em julho de 1889, a França evitou por pouco uma nova revolução no centenário da primeira, quando os *boulangistes*, partidários de direita do general Boulanger, foram derrotados nas eleições. Uma demonstração de apoio à Terceira República e ao que ela fez pelo ensino superior na França ajudaria o governo a restabelecer sua autoridade e a curar as feridas das manifestações populares a favor de Boulanger, que vinham agitando Paris há meses.

Não sendo cidadão francês e sentindo-se maltratado pela administração acadêmica, Saussure não tinha nenhuma lealdade a demonstrar. Não está claro se ficou para assistir à inauguração dos novos prédios, mas consta que, antes de partir para as férias de verão, teve o confronto com Michel Bréal aludido anteriormente. O que o desencadeou pode ter sido a ordem de adiar sua partida, pois teria que informar a Bréal que pretendia ignorá-la, e Bréal teria que explicar isso às autoridades superiores. No decorrer do confronto, Saussure deu a conhecer sua insatisfação com sua posição e seu fracasso em ser promovido. Bréal, surpreso ao ouvir palavras duras de alguém que sempre foi um modelo de cortesia patrícia e sangue frio, não foi capaz de responder satisfatoriamente. Saussure – aparentemente de forma impetuosa, embora na verdade estivesse remoendo o assunto consigo mesmo e com os genebrinos mais próximos e de confiança – notificou sua renúncia.

Partida

Em fevereiro de 1889, os amigos de Saussure, sabendo de sua insatisfação com a situação em Paris, o aconselharam a se candidatar à cadeira deixada vaga em Genebra pela morte de Krauss. Ele não o fez. Seis meses depois, com sua situação pessoal e profissional só piorando, e abalado com o suicídio de Guieysse, Saussure não queria nada além de deixar Paris e voltar para casa. Crue, que agora era professor de história na Université de Genève, escreveu a ele em 6 de setembro:

> Lamento profundamente não o ter pressionado mais a aceitar a sucessão de Krauss – já que, para você, solicitá-lo e aceitá-lo teria sido a mesma coisa. O Departamento [de Instrução Pública] mudou o nome da cadeira, que eu não conhecia então: *cadeira de línguas e literaturas germânicas*. [...]
> Você me pareceu frio nessa questão: talvez eu devesse ter pressionado você, e, nós dois tomando medidas, teríamos conseguido. Confesso a você que me censuro seriamente por minha inércia: não me esforcei o suficiente <para esse lugar> para vê-lo do seu ponto de vista. Paris me parece muito mais o seu centro de atividade. Então eu perdi um pouco de vista o assunto. Mas talvez você tenha motivos para voltar a Genebra? Em suma, minha consciência como seu *amigo* e como *acadêmico* está perturbada e somente um sinal claro de sua parte pode tranquilizá-la. Eu sei que as inscrições estão encerradas. Mas, se você se arrependesse de sua abstenção, eu moveria o céu e a terra. [...][31]

A carta não menciona a situação política em torno do Departamento de Instrução Pública, que durante anos foi cada vez mais dominado por homens da classe média que teriam se oposto à nomeação de Saussure por motivos puramente antiaristocráticos. A oportunidade de uma cadeira pode não durar para sempre. Certamente Saussure era ambivalente, mas o que queria era uma cadeira com a descrição da que fora para Henry, em sânscrito e gramática comparada. Isso lhe daria espaço para que investigasse e ensinasse sobre toda a gama de línguas indo-europeias.

Em 1883, Adolphe Tschumi, outrora colega de Saussure no Collège de Genève e agora botânico, publicou *Routine et progrès* [Rotina e progresso], uma crítica à educação genebrina por estar anacronicamente enraizada em livros e no estudo de línguas mortas.[32] Muita coisa mudou nesse meio século desde *L'Éducation progressive*, de Madame Necker de Saussure. Para Tschumi, influenciado por pontos de vista que encontrou enquanto ensinava na Alemanha depois de concluir sua educação em Genebra – onde, apesar de suas origens, havia seguido o currículo clássico em vez do currículo do magistério –, a educação "rotineira", com foco em estudos humanísticos, favorecia as crianças vindas de famílias aristocráticas acostumadas há várias gerações com tais estudos. Ele voltou da Alemanha convencido de que o "progresso" social exigia uma nova forma de educação com estudos científicos práticos em sua base, preparando crianças de famílias comuns para carreiras. *Routine et progrès* convenceu muitos outros de que ele estava certo.

Apenas três anos depois, o governo aprovou uma Lei de Instrução Pública, liderada por Tschumi, e com outro contemporâneo do Collège de Genève, William Rosier, participando de sua formulação final.[33] A agenda dos líderes da reforma era tornar a educação "real", prática e politicamente ativa, afastando a universidade da condição de ser uma torre de marfim para os privilegiados. A linguística comparada não tinha valor prático direto. Se ali se estabelecesse uma cátedra, o Departamento de Instrução Pública sabia que seria para uns poucos alunos de elite. Ser ensinado por um aristocrata da Cidade Alta com um "de" em seu nome apenas destacaria a situação.

Entretanto, no final da década de 1880, ocorreu uma daquelas oscilações do pêndulo político que deu às forças conservadoras a vantagem na Instrução Pública. Ninguém imaginava que a mudança seria permanente. Mas, no momento, Saussure não precisava temer ser rejeitado por motivos sociais se tivesse pedido a Crue que colocasse seu nome na cadeira de Krauss, mesmo que o prazo tivesse expirado. Como se viu, os candidatos que se apresentaram não eram fortes, e nenhuma nomeação foi feita em 1889. Finalmente, em 1890, a cadeira foi para Bouvier, que havia substituído Krauss em seu ensino. Ele era um homem capaz, que, como Crue, ascenderia ao posto de reitor da Université. Embora de origem não aristocrática, Bouvier soube lidar com os aristocratas e encontrou maneiras de engajá-los na modernização da universidade e na ampliação do acesso a ela, objetivos aos quais, pressionados por mãos menos simpáticas, a velha guarda resistiu instintivamente. Ele não era, no entanto, um estudioso sério do germânico. Quando a cadeira de literatura francesa ficou vaga após a renúncia de Édouard Rod, que assumiu uma cadeira em Paris em 1893, Bouvier a assumiu, deixando a cadeira germânica.

Com a aproximação do outono, Saussure agonizava sobre o que fazer. Ele não conseguiu voltar para Paris. Em princípio, teria sido uma boa jogada trancar-se em um escritório em Creux de Genthod, eliminando todos os obstáculos que o impediram de realizar qualquer um de seus projetos da última década para sua própria satisfação. Um ano de trabalho sólido para enfim concluir aqueles manuscritos incompletos reestabeleceria sua reputação ao topo de sua área. Mas e se não fosse assim? E se descobrisse que os verdadeiros obstáculos não eram externos, mas internos?

Em 10 de outubro de 1889, Bréal escreveu a Saussure uma longa e amigável carta tratando de vários pontos dos negócios da Société. Saussure havia pedido uma edição inteira das *Mémoires* da Société dedicada ao lituano. Bréal disse que não havia obstáculo; eles simplesmente precisariam inserir algumas linhas explicando o motivo aos leitores. Ele também mencionou, sem comentários, uma carta que Saussure havia enviado ao *factotum* da Société, Georges Möhl, perguntando se Gaston Paris estava na École no momento. De fato, o próprio Möhl estava ausente, e a carta foi encaminhada a Bréal, que temia que Saussure estivesse prestes a enviar sua renúncia a Paris, presidente da Seção IV da École. Bréal escreveu:

> Espero que o restante das férias tenha corrigido as impressões infelizes em que você se encontrava quando nos vimos pela última vez. Com seu talento e caráter, não duvido que você seja apreciado em todos os lugares. Mas certamente você não será mais apreciado do que em Paris. Enquanto espera até que as circunstâncias permitam fazer outra coisa, o ministro, agindo por proposta do Sr. G. Paris e do Sr. Liard, deseja dar-lhe uma marca de sua estima, conferindo-lhe o título de Diretor de Estudos. Esse título estará mais de acordo com o seu mérito e o seu papel na École do que o de *maître de conférences*. Talvez o ajude a esperar. Não preciso dizer-lhe que, no que me diz respeito, lamentaria muito vê-lo deixar a França e que, depois das perdas que sofremos, isso seria mais um infortúnio.[34]

A carta ajudou a apaziguar os ânimos de Saussure, embora não tenha surtido o efeito que Bréal esperava. Saussure voltou a Paris antes de escrever a Gaston Paris em 5 de novembro, e quando escreveu não foi para renunciar, mas para solicitar um ano de licença sem remuneração. Três rascunhos da carta estão entre os papéis de Saussure; o mais completo deles diz: "Um conjunto de diversas razões, circunstâncias familiares e circunstâncias pessoais, <me leva>, contra a minha vontade, <a> dar este passo".[35]

Não era uma questão tão simples, no entanto. Um pequeno conjunto fixo de categorias permitia a um administrador solidário conceder uma licença como a solicitada por Saussure. Uma delas foi a licença por motivos de saúde, e foi isso que Saussure finalmente pediu, provavelmente a conselho de Gaston Paris, que aprovou o pedido. Arranjos foram feitos para que as aulas de Saussure – na verdade as aulas de Bréal – fossem assumidas por seu aluno Meillet.

Saussure trocou Paris por Genebra entre 5 e 9 de novembro. Quando se espalhou a notícia de que não lecionaria na École em 1889-1890, pois voltara para casa em licença médica, várias reações surgiram. Psichari enviou a ele um cartão em 9 de novembro que é diferente de qualquer outra correspondência que Saussure já recebeu de alguém fora de sua família e de seu círculo de amigos íntimos de Genebra, e mesmo eles não escreveram tão intimamente depois de atingirem a idade adulta. Psichari expressou, como havia feito Francis de Crue, sua crença de que Saussure realmente pertencia a Paris. Ele também reconheceu que o que Saussure estava contando a seus amigos em particular foi a principal motivação para sua retirada para Genebra: "o desejo de trabalhar mais livremente". Mas, junto com a verdadeira dor de perder sua companhia, Psichari expressa com muita lucidez o medo de que o trabalho que Saussure esperava realizar pudesse acabar, como o de tantos de seus predecessores, sem nunca avançar para além do "estado de um projeto".

> A notícia de sua partida me entristece. Por quase dez anos eu o conheço e o amo; Já me acostumei com a ideia de ter o senhor sempre em Paris. Além do mais, o senhor prestou muita honra à École para que eu ficasse feliz com essa licença. No passado o senhor me confidenciou seus escrúpulos, e é isso que me autoriza a falar-lhe sobre eles. Se foram eles que pesaram sobre sua decisão, lamento muito. Mesmo admitindo que seus escrúpulos sejam legítimos, haveria uma maneira de resolver as coisas, criando, por exemplo, um novo curso especialmente para o senhor. O que falta é, ao longo do próximo ano, que o senhor me dê permissão para falar sobre esse projeto que, como pode ver, é uma sugestão minha, e ninguém pode acusá-lo de tê-lo formado. Decidi fazer tudo o que puder, começando primeiro pelo senhor, para arrancá-lo de Genebra e trazê-lo de volta para dentro dessas paredes. Deixe-me por um momento fazer um voto: o senhor estava saindo, o senhor disse, para trabalhar mais livremente... (Euh! Euh! Vejo-o indo caçar; não o vejo fonetizando nas margens do lago.) Mas, eu imploro, não deixe esse trabalho permanecer no estado de um projeto. Alguém com sua inteligência tem um dever para com a vida. E a vida, para o senhor, é ciência. Suas faculdades atingirão seu máximo de intensidade ali; e a vida só é vivida quando se chega à sensação total dessa intensidade. Estou falando com o senhor como um acadêmico; Estou falando com o senhor como um amigo; Estou falando com o senhor como um filólogo apaixonado pelo progresso de nossa ciência. O senhor não pode se recusar a me ouvir. O desânimo é proibido ao senhor. Crie – e o senhor pode fazê-lo – um belo livro que decole imediatamente como um [ilegível e rasgado][36]

A carta de Psichari, assim como a carta anterior de Crue, deixa poucas dúvidas de que a licença por motivos de saúde tenha sido efetivamente um pretexto, uma opção a ser assinalada para que o pedido não fosse bloqueado enquanto seguia pelos canais burocráticos. Se a certificação fosse exigida de um médico, não teria sido difícil obtê-la. Os livros de psiquiatria da época foram surpreendentemente rápidos em reconhecer todos os tipos de patologias que se acreditavam resultar simplesmente do estresse da vida urbana moderna, e a remoção temporária da selva metropolitana era o tratamento padrão. Dado que os pais de Saussure eram ambos propensos à depressão, considerada uma disposição hereditária, e que ele realmente havia passado por um ano traumático, somente um médico insensível, de fato, se recusaria a endossar seu pedido de um ano para recuperar seu equilíbrio, mesmo que sua condição não fosse nem de longe crítica.

Entretanto, à medida que se espalhava a notícia da partida de Saussure por motivos de saúde, a especulação começou a tomar o lugar dos fatos, como a extraordinária carta que Brugmann recebeu de seu colega mais jovem Wilhelm Streitberg, no final de 1889:

> Uma mensagem que certamente pode interessá-lo, recebi recentemente de um aluno de Saussure, a saber, que ele sofreu recentemente um distúrbio mental incurável. Seria muito lamentável se essa mensagem fosse confirmada. Seu cunhado, que conheci recentemente em Genebra, negou qualquer doença por parte de Saussure; mas tal negação não significa muito.[37]

O cunhado só poderia ser Edmond de la Rive, já que Alex Marcet estava em Londres. Apesar desse boato ter sido espalhado por um dos alunos de Saussure, a Société de Linguistique de Paris, no mesmo dia em que Streitberg escreveu sua carta, reelegeu Saussure como secretário adjunto,[38] apesar de sua ausência em todas as reuniões do ano acadêmico de 1889-1890. Ele continuou muito presente no *Bulletin* da Sociedade, no entanto. Talvez como forma de limpar sua mesa antes de partir para Genebra, publicou nada menos que 18 breves notas no fascículo de 1889 das *Mémoires*.[39]

O projeto em que Saussure estava trabalhando durante sua retirada para Genebra em 1889-1890 era um extenso tratamento da acentuação e entonação lituana, expandindo o artigo que havia lido para a Société em junho e estabelecendo a conexão com os coeficientes sonantes da língua-mãe.[40] Assim como Psichari temia, Saussure não produziu nada. Quando finalmente publicou seu artigo original nas *Mémoires* da Société em 1894, estava na mesma forma em que o havia publicado originalmente, exceto por alguns parágrafos anexados que conseguiu organizar apenas no final de 1893.

Sua única composição firmemente datável desse período é um poema que escreveu para o banquete de casamento de Émile Odier. Dos quatro filhos de James Odier, Émile era o destinado a sucedê-lo no comando do banco da família. O filho mais velho, Gabriel, que sua mãe esperava casar com Albertine, era o mais próximo em idade de Ferdinand. O mais jovem, Henri Agénor, ele próprio um poeta iniciante, reaparecerá em um papel coadjuvante significativo em um capítulo posterior. O longo poema tem um tom muito mais leve do que qualquer coisa da juventude de Saussure. Esta amostra fala sobre Émile:

Je l'ai connu petit: c'était un enfant sage,
Tout juste, *j'en conviens. Je crois que le ménage*
Aurait fort mal marché dans ce temps-là, je veu
Madame, vous eu faire ouvertement l'aveu.
Car vous n'étiez pas là pour surveiller les farces
Du jeune homme, et les et les vitres éparses
Cassées à coup de fronde et les punitions
Qui s'abattaient sur lui, parfois par légions.[41]

Eu o conheci criança: era um bom menino
(Na medida, admito). O casamento, acredito,
Teria ido muito mal naquele tempo; tente
Entender, madame, confesso-o abertamente.
Você não estava lá para flagar as farsas
Do jovem homem, as vidraças
Estilhaçadas a estilingue e as punições
A cair sobre ele, às vezes em legiões.

Outro casamento, dois meses depois, não foi motivo para uma celebração tão alegre. O irmão mais novo de Ferdinand, Horace, ainda um artista empobrecido, tornou-se o primeiro Saussure a se casar fora do círculo das famílias aristocráticas calvinistas. E, enquanto a maioria dos homens da família Saussure se casava com noivas dez anos mais novas do que eles, a mulher com quem Horace se casou, Anna Schwer, de Heligoland, Alemanha, tinha 41 anos, dez anos mais velha. Eles viveram sem filhos durante os 16 anos antes de Horace bater outro recorde, tornando-se o primeiro Saussure na história registrada a se divorciar.

Também em 1890 ocorreu uma morte na família estendida dos Saussure. Henriette Macaire de Senarclens Vufflens era a viúva do último senhorio de Senarclens Vufflens. Seus dois filhos morreram jovens, e o título não poderia passar para suas filhas. Como foi observado no capítulo anterior, a filha mais velha, Amélie, era casada com Jules Faesch, e ela e sua irmã Hortense agora herdavam o magnífico Château de Vufflens, a oeste de Lausanne. O irmão mais velho de Marie, Albert, seria o principal herdeiro de sua geração, e era de esperar que, seguindo a norma, comprasse a participação de suas duas irmãs no castelo. Mas, nessa época, Albert fez algo quase tão pouco convencional quanto seu primo Horace de Saussure havia feito ao se casar com Anna Schwer. Albert aparentemente teve uma criança fora do casamento e reconheceu a filha, mas não se casou com a mãe dela.[42]

Jules Faesch e Henri de Saussure chegaram à mesma solução para lidar com seus filhos: enviá-los para a América. Apesar de seu excelente histórico acadêmico, René foi o primeiro a sair, em 1890, após se formar na École Polytechnique de Paris.[43] Henri estava convencido de que havia sido completamente corrompido por Léopold durante o tempo em que ambos estudavam em Paris. Mesmo Léopold continuou sendo um problema; pelo menos havia embarcado em seu próprio vapor, ou melhor, no vapor da marinha francesa, já que em 1888 iniciou um serviço de três anos no navio de guerra *Aspic* no Extremo Oriente.[44]

Enquanto isso, um projeto em comum para os filhos favoritos de Jules e Henri começou a tomar forma. Aos 22 anos, Marie Faesch era dez anos mais nova que Ferdinand de Saussure. Albertine casou-se aos 21 anos, Dora aos 20. Quanto a Ferdinand, seu pai, propenso a preocupações, cada vez mais alarmado depois dos casos de Horace, Albert Faesch e outros, não havia perdido a confiança nele, mas em um círculo social tão próximo, rumores sobre jogos de azar dificilmente poderiam ter escapado de seus ouvidos, juntamente com, talvez, outros rumores menos fundamentados. Tanto os Saussure quanto os Faesch tinham todos os motivos para garantir que seus filhos se vissem bastante durante o ano de licença de Ferdinand.

O problema mais premente, porém, era o que fazer com Albert Faesch e como livrar Henri do fardo de sustentar Horace e sua esposa. Em 1892, todos partiram para os Estados Unidos.[45] Quanto ao jovem Louis, que havia sido enviado para a Inglaterra em 1887, viajou rumo à América do Sul, para residir em uma fazenda de propriedade de um emigrado do círculo genebrino dos Saussure. Henri não teria coragem de organizar tudo isso sozinho. A presença de Ferdinand em Genebra durante esse ano possibilitou que todos esses planos fossem desenvolvidos e realizados. Os arranjos práticos eram consideráveis e se tornaram mais uma distração do trabalho acadêmico que deveria passar o ano fazendo.

Em julho, ficou claro para Saussure que seus objetivos não seriam alcançados. Com o fim do ano acadêmico, Gaston Paris escreveu-lhe em 5 de julho de 1890 perguntando sobre suas intenções para o ano seguinte. Saussure respondeu de Genthod cinco dias depois: "Apresso-me a declarar, como deveria ter feito há muito tempo, que minha intenção ainda é, com sua concordância e a de meus colegas, retornar e assumir meu posto na École des Hautes Études em novembro próximo".[46] Ele não disse se pretendia voltar *permanentemente*. As pessoas leem nessas omissões o que esperam ser verdade, e Paris presumiu que Saussure estava voltando para ficar.

Mas Saussure ainda hesitava. Sem nada definido, dificilmente seria um bom exemplo para seus irmãos se Ferdinand permanecesse sem cargo, vivendo inteiramente da generosidade da família. Relutante, começou a se preparar para retornar a Paris no outono de 1890.

René de Saussure e a diferença

Como apresentado no capítulo 9, a ideia de que o significante, o lado acústico do signo, é puramente oposicional aparece nos manuscritos inéditos de Saussure já em 1881-1883, quando ele estava em Paris e trabalhando em um livro nunca concluído sobre fonologia indo-europeia. Escreveu que a linguagem "é composta <de um sistema> de oposições acústicas", sem, no entanto, sugerir que o sentido também seja de natureza oposicional. Quanto ao "valor semiológico" e à relação do som com a ideia, naquela fase tudo o que estava em questão era o fonema.[47] Ao retornar às questões gerais da natureza da linguagem em dezembro de 1891, em manuscritos a serem discutidos no próximo capítulo, a natureza oposicional *tanto do som quanto do sentido* figura no centro de suas preocupações.

O interesse de Saussure por essas questões sobre relação e diferença foi despertado e ampliado pelo trabalho realizado por seu irmão René. O que quer que Henri pudesse ter pensado sobre sua suposta corrupção por Léopold, as ambições de René eram altas, e ele estava preparado para trabalhar duro a fim de se estabelecer e se sustentar. Depois de desembarcar em Nova York nos primeiros meses de 1890, René buscou por uma posição acadêmica, algo que deveria ter sido bastante fácil. Ele era um jovem incrivelmente bonito de 22 anos, com excelentes qualificações e pelo menos um inglês adequado para a metrópole heteroglóssica.

Embora desempregado, não passou seu tempo sem rumo. Começou a escrever uma série de artigos sobre geometria multidimensional, que, por volta de 1890, era uma área de investigação extraordinariamente vibrante. René ultrapassou a fronteira da geometria e da física e estava alcançando os grandes avanços feitos um quarto de século antes pelo matemático alemão Bernhard Riemann.[48] As "dimensões" envolvidas eram ilimitadas, incluindo não apenas dimensões espaciais, mas tempo, massa e energia. Foi essa linha de pensamento que o levou diretamente à filosofia de Henri Bergson e, alguns anos depois, à teoria da relatividade de outro suíço, Albert Einstein, que trata justamente de como a geometria do espaço muda radicalmente em sua relação multidimensional com o tempo. $E = mc^2$ é uma formulação da geometria do espaço (massa) e tempo (velocidade) em relação à energia. Em retrospecto, é evidente a solidez e a importância do trabalho que René estava realizando. Mas, na época, um afastamento tão radical da mecânica clássica pareceu à comunidade acadêmica de Genebra, na melhor das hipóteses, uma especulação frívola.

Em março de 1890, René completou um manuscrito que mais tarde enviou a Ferdinand, que leu o artigo cuidadosamente e o devolveu com um longo comentário crítico. A resposta de René, datada de 11 de agosto, é irritadiça, embora ainda bem-humorada, e apenas insinua gentilmente que talvez seu irmão mais velho esteja fora de seu alcance: "Esta manhã recebi sua carta ou seu volume, se preferir. [...] Você me diz que um plano matemático formado pela matéria está situado fora de toda realidade imaginável. Concordo, mas nunca disse que o espaço bidimensional com o qual estou lidando era um plano matemático".[49] Surpreso com a forte reação de seu irmão mais velho, René parece ter reescrito o manuscrito, retirando o material que talvez fosse exagerado, mas conceitualmente ousado e inovador. A versão revisada foi publicada no início de 1891, no jornal da sociedade de Genebra para as ciências físicas e naturais.[50] O artigo imagina a natureza das reações físicas, depois da geometria, em espaços de zero, uma, duas, três e quatro dimensões. Zero e quatro dimensões obviamente estendem o "físico" a reinos que só podem ser imaginados – que são puramente conceituais.[51]

O único trabalho que René cita no artigo de 1891 é *La matière et la physique moderne*, traduzido de *The Concepts and Theories of Modern Physics* (1882) [Os conceitos e as teorias da física moderna], de J. B. Stallo, um acadêmico nascido na Alemanha que se estabeleceu em Cincinnati, Ohio.[52] O livro de Stallo é também a principal influência em outro manuscrito sobre "Metageometria", mais longo e ainda mais ousado, que René enviaria a Ferdinand em 1892. É provável que esse manuscrito inclua e desenvolva parte do material que René extraiu do artigo que enviou a seu irmão em 1890. No segundo capítulo do manuscrito de 1892, René deixa claro que a base filosófica para sua própria hipótese reside na forte crítica de Stallo à hipótese de Riemann de 1858, que primeiro expôs a ideia de um espaço metageométrico.[53] O segundo capítulo de René também inclui um resumo de 17 páginas do livro de Stallo,[54] o que teria dado a Ferdinand uma exposição significativa do assunto.

As passagens de Stallo que René cita e comenta envolvem abstração, linearidade, tempo e percepção sensorial.[55] A visão de Stallo de que fenômenos aparentemente físicos como massa e duração são conceitos, abstrações, não realmente perceptíveis aos sentidos, vai além das ideias relacionadas nas notas de Ferdinand da primeira metade da década e aponta para o que ele escreverá e dirá sobre duração, tempo, linearidade e abstração em seus manuscritos do final de 1891 ao final de 1894, e novamente em seus cursos posteriores sobre linguística geral.

O próprio René escreve que "*nada* significa apenas algo que não tem *valor*",[56] e que "afirmamos a relatividade não apenas das qualidades percebidas por nossos sentidos, mas das noções concebidas por nosso espírito".[57] Essas são ideias que muitas pessoas hoje assumem terem sido articuladas pela primeira vez por Ferdinand. Material ainda mais diretamente "saussuriano" é encontrado em outras partes do livro de Stallo, que Ferdinand, mergulhado na obra de seu irmão, provavelmente não tenha lido. Na seção intitulada "A relação dos pensamentos com as coisas", Stallo faz muitas declarações nas seguintes linhas:

> O pensamento, em seu sentido mais abrangente, é o estabelecimento ou reconhecimento de relações entre fenômenos. Em primeiro lugar, entre essas relações – fundamento, de fato, de todas as outras, como as de exclusão e inclusão, coexistência e sequência, causa e efeito, meio e fim – estão as relações de identidade e diferença. A diferença entre os fenômenos é um dado primário da sensação. O próprio ato de sensação é baseado nisso. É uma das muitas observações perspicazes de Hobbes que "é tudo o mesmo: ser sempre sensível à mesma coisa e não ser sensível a nada". "Só conhecemos qualquer coisa", diz J. S. Mill, "por conhecê-la como distinta de outra coisa; toda consciência é de diferença; são necessários ao menos dois objetos para se constituir a consciência; uma coisa só é vista como sendo o que é em contraste com o que não é".[58]

Stallo afirma que "o pensamento lida não com as coisas como elas são, ou deveriam ser, em si mesmas, mas com nossas representações mentais delas. Seus elementos não são objetos puros, mas suas contrapartes intelectuais";[59] e que "objetos são conhecidos apenas por meio de suas relações com outros objetos". Mais uma vez, pensar um quarto de século à frente de Einstein nos ajuda a apreciar a tensão crescente entre uma física newtoniana baseada na observação empírica e a nova física, que começa imaginando o universo de maneira diferente do que nossos sentidos sugerem, e só depois procura maneiras de confirmar isso empiricamente.

Esse foi o *modus operandi* de Ferdinand ao sistematizar o sistema vocálico indo-europeu primitivo em seu *Mémoire*. Ele imaginou sons desaparecidos, não atestados em nenhuma das línguas indo-europeias históricas, que, se distribuídos de uma maneira particular, tornavam possível um relato perfeitamente regular de fenômenos anteriormente relegados ao limbo do excepcional. Confrontado uma década depois com as tentativas de seu irmão mais novo de aplicar o mesmo procedimento à geometria e à física, áreas nas quais afirmava não ter experiência, ele parece ter reagido com um conservadorismo instintivo, não muito diferente daquele dos críticos de seus trabalhos anteriores.

O que é original para Ferdinand não inclui a visão de que o significado linguístico ou qualquer outra forma de conhecimento conceitual é gerado puramente pela diferença de um elemento a outro dentro de um sistema de valores. É evidente que também não inclui a ideia de que a ligação entre um significado linguístico e os sons que o significam é arbitrária – essa é uma herança antiga. Sua contribuição original foi imaginar sons e conceitos como sendo perfeitamente semelhantes em sua natureza e operação mental, com as duas ordens de diferença mantidas juntas por uma força que é essencialmente social, ou seja, a imutabilidade dos signos linguísticos, a impossibilidade de alguém mudar sem criar uma língua totalmente nova, um novo sistema de valores. Pois, se toda consciência é de diferença, então só podemos falar de "língua" onde todas as diferenças já foram convencionalizadas e são compartilhadas. Ou, como disse Saussure em conversa com seu aluno Léopold Gautier em 1911, quando seu terceiro e último curso de linguística geral estava chegando ao fim: "Por enquanto, a linguística geral me parece um sistema de geometria".[60]

Há mais uma história a ser contada sobre como aquelas outras ciências que conheciam a oposição e a diferença no século XIX as esqueceram no século XX, de modo que, com o tempo, ela viria a ser considerada uma invenção de Saussure. A indicação mais direta de que a obra de René despertou o interesse de Saussure pela natureza diferencial do signo vem do testemunho de Albert Sechehaye, que diz que no início da década de 1890 uma ideia "preocupava [Saussure] incessantemente, e fez dela a pedra angular em matéria de organização e funcionamento das línguas, a saber que o que importa não são tanto os signos em si, mas as diferenças entre os signos que constituem um jogo de valores opositivos".[61]

No final de agosto de 1890, Ferdinand participou de uma assembleia de duas semanas de sua divisão militar, embora tenha obtido licença do curso de atualização que deveria frequentar. Ele estava em Genebra no final de setembro quando seu pai chefiou uma delegação da Geographical Society para receber Henry Morton Stanley e sua esposa em sua chegada à cidade.[62] Conforme observado no capítulo 5, *Como encontrei Livingstone*, de Stanley, fizera parte da biblioteca de infância de Ferdinand.

Com o outono se aproximando, Ferdinand começou a temer seu retorno a Paris. Era tarde demais para desistir, especialmente porque Meillet, que o havia substituído durante sua licença, estava ausente com um grupo de pesquisa em uma expedição ao Cáucaso. Ele estava estudando a língua armênia, ainda pouco conhecida pelos linguistas, e não estaria em condições de substituir Saussure novamente. Pelo menos Saussure se decidiu sobre seus planos de longo prazo e informou à família que aquele seria seu último ano na École. Léopold escreveu a ele em 16 de outubro a bordo do Aspic que "o último correio me informou de sua decisão de deixar Paris. Posso entender muito bem as dificuldades que você tem aí, e que continuaria a ter. Você está contando em encontrar uma cadeira em Genebra? Não me disseram nada sobre isso".[63] Nem, ao que parece, os colegas de Ferdinand em Paris. Sua decisão de regressar a Genebra definitivamente foi mantida em segredo até o início do segundo semestre.

Retorno e despedida de Paris

Pouco se sabe sobre o ensino de Saussure durante seu último ano na École des Hautes Études, pois o sistema de publicação de relatórios anuais havia sido abolido no ano anterior. Um de seus cursos era sobre o gótico, e temos os nomes de seus 22 alunos, o mesmo número de 1888-1889. A lista inclui alguns conhecidos: Boyer, Dottin, Quillard. Entre os novos rostos estavam dois que se tornariam preeminentes em sua geração, o linguista Maurice Grammont e o historiador Ferdinand Lot.[64]

Revigorado após seu ano fora e sabendo que aqueles seriam seus últimos meses na capital francesa, Saussure teve uma participação muito ativa nos assuntos da Société de Linguistique em 1890-1891. Ele foi reeleito como secretário adjunto em dezembro. Junto com Henry e Bréal, estava sempre pronto com comentários e perguntas sobre os trabalhos entregues. Ele e Henry discutiam regularmente entre si, principalmente sobre questões linguísticas, mas também administrativas, como em 6 de dezembro de 1890, em que se discutiu se os autores de artigos nas *Mémoires* da Société deveriam receber uma taxa, com a qual pagariam por suas próprias alterações nas provas, ou se não seriam pagos e simplesmente receberiam cópias de seus artigos. Ainda assim, suas relações permaneceram cordiais, com Henry enviando cópias de seu trabalho com dedicatórias pessoais a Saussure por vários anos. Os dois, junto com Schwob, foram delegados pela Société para representá-la no Congresso Anual de Sociedades Científicas realizado na Sorbonne na primavera seguinte, em que Meillet fez um discurso.

O inverno de 1890-1891 foi extraordinariamente frio em toda a Europa, quebrando todos os recordes. Saussure escapou para uma visita aos Marcet na temperada Inglaterra no início do ano novo.[65] Logo após seu retorno, deu a primeira de suas três palestras à Société em 1891. Em 10 de janeiro, tratou do nome alemão do Rio Vístula, *Weichsel*, propondo **Wīstlā* como o protótipo que explicaria também a forma lituana *Vyksla*.[66] Na reunião de 23 de maio, retomou um tópico sobre o qual havia falado oito anos antes, a etimologia do alemão *Hexe* [bruxa], derivando-o do "particípio perfeito muito antigo do verbo forte perdido correspondente ao substantivo *haz* 'ódio'".[67] Em 6 de junho, Saussure entregou seu trabalho final à Société. Foi um retorno incomum às suas origens, um artigo sobre a questão de saber se o sistema consonantal do indo-europeu primitivo incluía aspirações surdas, como insistia Brugmann, ou apenas as sonoras. Apenas algumas poucas palavras nas línguas filhas exigiam o recurso a elas, e o artigo de Saussure visava reduzir ainda mais seu número, eliminando a necessidade de um t^h. Ele propôs tal redução invocando a ligação entre o ^{A} do *Mémoire* (que ele agora indica como *ə*, seguindo Brugmann) e a respiração suave do grego, um tipo de aspiração – uma ideia que esboçou pela primeira vez em suas anotações de meados da década de 1880, em conexão com a hipótese laríngea de Möller. Saussure agora sugeria que "certos *th* em raízes e sufixos [...] viriam do *t* indo-europeu seguido pelo fonema *ə* regularmente omitido antes de uma vogal; assim, o masculino *prthús* [largo] representaria um indo-europeu **pretəús*, que se tornou **prt'ús* após a queda da raiz *e* átona".[68] Apenas o resumo desse artigo foi publicado e ainda é frequentemente citado, porque a controvérsia sobre as aspiradas desvozeadas nunca foi resolvida.

No mesmo dia em que proferiu essa palestra, Saussure escreveu a Gaston Paris: "O senhor Bréal me pede para *adiar por oito dias* a apresentação por escrito de minha renúncia definitiva de minhas funções na École".[69] Paris respondeu imediatamente que a reunião da Seção para aprovar os planos para o ano seguinte teria que ser adiada, e Saussure escreveu novamente no dia seguinte para se desculpar pelo inconveniente, enfatizando que o fazia a pedido expresso de Bréal. A cadeira de Bergaigne na Sorbonne permaneceu vaga. Estaria Bréal trabalhando nos bastidores para conseguir que Saussure fosse nomeado para ela, ou para ter uma nova cadeira criada para convencê-lo a ficar? Se isso tivesse acontecido, ele teria recusado uma cadeira parisiense?

A resposta para a última pergunta provavelmente é sim, embora a decisão o tenha atormentado. Mas a oferta não surgiu, e ele já sabia que em Genebra havia sido acordada sua nomeação como professor extraordinário – isto é, em caráter não permanente e com um terço do salário de um professor comum – de história e comparação das línguas indo-europeias. Ele seguiu em frente como planejado, enviando a Gaston Paris sua carta de demissão em 14 de junho.

> No início do ano, prevendo que provavelmente teria de tomar uma decisão que me distanciaria de Paris no futuro, fiz questão de informar a minha intenção de me afastar das funções que me foram confiadas na École des Hautes Études no final do semestre que está terminando. Venho, Senhor e caro Mestre, confirmar minha decisão e peço que trate estas linhas como estabelecendo oficialmente minha demissão.
> As circunstâncias que levaram à minha decisão são, como você sabe, inteiramente pessoais.[70]

Saussure compareceu à sua última reunião da Société de Linguistique de Paris em 20 de junho de 1891. Comentou a palestra de Möhl sobre um tópico da linguística eslava e despediu-se deferindo um sutil e derradeiro ataque a Victor Henry. Ingenuamente, Henry fez uma observação sobre o "*e* indo-europeu" – que significa *e* mudo, o ^{A} do *Mémoire* – referindo-se não a Saussure, mas a um de seus ex-alunos. A ironia da resposta de Saussure não teria passado despercebida por muitos dos presentes.

> O Sr. V. Henry relata uma opinião emitida pelo Sr. Paul Passy em sua defesa de tese sobre o assunto da perda do *e* indo-europeu, uma opinião que lhe pareceu

original e interessante. O *e*, antes de desaparecer, teria sido desvozeado; além disso, teria sido sussurrado porque, para o órgão ariano, essa vogal não era pronunciável abaixo de um certo registro vocal. –Algumas observações são feitas pelo Sr. De Saussure, que se lembra de ter no passado expressado uma conjectura semelhante perante a Société.[71]

Os dois homens nunca mais se encontraram. Saussure, após sua saída da École em julho, tampouco voltaria a ver Gaston Paris, Schwob e muitos outros de seus ex-alunos e colegas. Ele passaria novamente pela capital francesa, muitas vezes a caminho de visitar Albertine na Inglaterra. Mas nunca ficava muito tempo. A cidade guardava muitos fantasmas de sonhos e projetos não realizados. Ele havia chegado lá como um jovem prestes a completar 23 anos, que havia escrito um livro impressionante e tinha promessas ilimitadas. Ele partiu com 33 anos de idade, sem nenhuma outra realização significativa, apenas um baú carregado de manuscritos inacabados.

Houve um gesto de despedida. Saussure foi nomeado *Chevalier* [Cavaleiro] da Légion d'honneur francesa em reconhecimento à sua contribuição para a educação, por iniciativa de Bréal e Paris.[72] A condecoração pode representar a aceitação relutante de sua decisão de partir, combinada com a esperança de que – como parecia inevitável para eles –, quando ele se arrependesse de ter partido, consideraria a porta aberta para um possível retorno. A honra, que seu pai também havia recebido por agronomia em 1875, e que iria também para seu irmão Léopold em 1898 por seu serviço militar, significou muito para Ferdinand. O título seria incluído após seu nome em circunstâncias formais apropriadas pelo resto de sua vida e nas notícias de sua morte.

Ele havia, porém, se decidido. Se uma carreira medíocre era o destino ao qual ele parecia cada vez mais resignado, bem poderia ser o lugar ao qual pertencia, cercado por aqueles a quem amava e em quem confiava. Nenhuma cadeira em Paris, mas uma cadeira preparada para ele por seus amigos em Genebra. Nenhum casamento brilhante com sua prima da cidade, Noémi Mallet – agora condessa d'Hauteville –, mas um casamento agora tomando forma, ajudado por sua família, com sua prima do campo Marie Faesch, filha da Châtelaine de Vufflens. O casamento deles aconteceria dentro de um ano.

Socialmente, Saussure nunca havia deixado Genebra, mesmo durante seus anos na Alemanha e na França. Intelectualmente, entretanto, havia crescido por meio de sua constante interação com os linguistas de Paris. Ele não estava sendo desonesto quando escreveu a Gaston Paris, no final de 1891, sobre seus anos na capital francesa, que

> [...] a grande vantagem está efetivamente no privilégio de certas conversas, de ter usufruído por um momento dessa comunidade de espírito e inspiração, tão cordial e tão fértil, que se estabelece como num passe de mágica sob a vossa hospitaleira presidência. As noites inesquecíveis, para as quais se gosta de ser levado em pensamento cada vez que se deseja comunicar a alguém uma ideia que pode ser interessante, um tema discutível, um assunto digno de crítica.[73]

Ninguém pode deixar tal ambiente sem algum arrependimento. Mas todas as evidências indicam que aqueles que deixou para trás estavam mais arrependidos do que ele.

Notas

1 FdS, Brestenburg, para Albertine Marcet, Greenhithe, Dartford, Kent, 12 de outubro de 1888, AdS 396/3, f. 46.

2 Ver carta de *Lady* Isobel Burton para Henri dS, 20 de novembro de 1888, AdS 226, f. 169.

3 O convite está escrito à mão em um cartão de visita de *Mme*. Mallet, AdS 366, f. 126. Em carta para Henri dS de 23 de novembro de 1888, AdS 270, ff. 16-18, FdS lembra erroneamente a data do baile como 8 de novembro.

4 Sobre o papel de Max de Pourtalès como conselheiro de FdS, ver: FdS, Paris, para Henri dS, Genebra, 23 de novembro de 1888, AdS 270, ff. 16-18. Que Max acompanhou FdS a Londres é mencionado em uma carta de René dS, Paris, para Henri dS, Genebra, 30 de novembro de 1888, AdS 270, ff. 121-122.

5 O recibo encontra-se em AdS 369/1, f. 2 bis.

6 FdS, Paris, para Henri dS, Genebra, 23 de novembro de 1888, AdS 270, ff. 16-18.

7 Conforme observado no capítulo 9, esse exemplo também foi usado por Egger em *La parole intérieure*.

8 O irmão era Théodore ou Ernest Mallet. O primo era quase certamente Albert Mallet (nascido em 1846), o único primo de Noémi por parte de pai. Como qualquer primo por parte de mãe também era primo de FdS, e conhecido de Henri, FdS o teria nomeado, ou chamado de "nosso" em vez de "seu" primo.

9 FdS, Paris, para Henri dS, Genebra, 23 de novembro de 1888, AdS 270, ff. 16-18.

10 Ver: Psichari, J. "Le vers français aujourd'hui et les poètes décadents". *Revue bleue*, vol. 47, 1891, pp. 721-727. Em 1888, Psichari publicou um romance, *The Voyage*, satirizando os *katharevousists* em sua Grécia natal, aqueles que lutavam para estabelecer uma versão padrão do grego moderno que fosse o mais próximo possível da língua clássica.

11 8 de dezembro de 1888, a mesma reunião em que Psichari falou sobre a eliminação do *l* e do *r* finais no francês falado.

12 O livro, que passou por dezenas de reimpressões nos anos seguintes, revelou uma carência entre o público em geral por relatos acessíveis e não especializados de como não apenas sons, mas significados, eram desenvolvidos ao longo do tempo. Seria Bréal, eventualmente, quem encontraria uma maneira de preencher essa lacuna e atingiria amplo sucesso com sua "semântica", uma

abordagem semelhante à de Darmesteter, deixando os detalhes da forma linguística quase inteiramente de lado, de um modo que o fastidioso FdS nunca teria se permitido fazer.

13 Ver: DESMET, P. *La linguistique naturaliste en France (1867-1922): Nature, origine et évolution du langage*. Leuven/Paris, Peeters, 1996 (pp. 352-353).

14 JAKUBEC, D. "Enfance et jeunesse de Guy de Pourtalès". *In*: JAKUBEC, D.; DELACRÉTAZ, A.-L. & BOUVIER, R. (ed.). *Guy de Pourtalès, Correspondances, I: 1909-1918*. Genève, Slatkine, 2006, pp. 13-31 (p. 13).

15 FdS, Genebra, para Gaston Paris, Paris, 22 de dezembro de 1888 (em DÉCIMO, M. "Saussure à Paris". *Cahiers FdS*, vol. 48, 1994, pp. 75-90 (pp. 76-77).

16 A própria cadeira de Henry em Lille seria preenchida por outro ex-aluno de FdS, Louis Duvau. Enquanto Duvau era sete anos mais jovem que FdS, Lille era uma universidade provinciana, não ocupando um lugar de destaque na hierarquia acadêmica francesa.

17 *Almanach généalogique suisse*, vol. 4, 1913.

18 No entanto, foi citado por Gauthiot, em *La fin de mot en indo-européen* (Paris, Paul Geuthner, 1913 (p. 221)).

19 DÉCIMO, M. "De quelques candidatures et affinités électives de 1904 à 1908, à travers un fragment de correspond: le fonds Michel Bréal (Lettres d'O. Jespersen, A. Bach, V. Henry, G. Maspéro, A. Meillet, F. de Saussure et Ch. Bally)". *Cahiers FdS*, vol. 47, 1993, pp. 37-60 (p. 46).

20 Francis de Crue para FdS, 6 de setembro de 1889, AdS 66/74-75.

21 Essas notas estão na Biblioteca Houghton, Universidade de Harvard, Ferdinand de Saussure Linguistic Papers (MS Fr 166) (4), onde foram erroneamente identificadas como tendo sido escritas por FdS. Elas foram parcialmente publicadas, com imprecisões, por Herman Parret, em "Les manuscrits saussuriens de Harvard", *Cahiers FdS*, vol. 47, 1993, pp. 179-234.

22 Décimo, 1993, pp. 40-43.

23 D[armesteter], J. "Georges Guieysse". *Journal Asiatique*, 8ᵉ série, t. XIII, 1889, p. 536.

24 Hyde, H. M. *The Other Love: An Historical and Contemporary Survey of Homosexuality in Britain*. London, Heinemann, 1970 (p. 197).

25 *Idem*, p. 9.

26 Foi Hyde quem, em outubro de 1954, presidiu a colocação de uma placa comemorativa na casa de Wilde em Chelsea, um evento ao qual muitos desses amigos compareceram (*Idem*, pp. 2-3).

27 Por exemplo, Hyde (*Idem*, p. 125, nota de rodapé): "Magnus Hirschfeld afirma que Euston era homossexual: Homosexualität (1920, p. 662). Mas não consigo encontrar nenhuma evidência para apoiar essa alegação". Eu insisto na confiabilidade de Hyde apenas porque alguns dos admiradores literários de Schwob na França negam veementemente o que julgam ser rumores infundados.

28 O artigo de FdS de 1889 é descrito aqui com base em seu artigo "À propos de l'accentuation lituanienne", ao qual ele acrescentou uma nota quando foi publicado (na verdade em 1893) dizendo que continha apenas um acréscimo ao que ele havia lido para a Société quatro anos antes.

29 Meillet, A. "À propos de l'article de M. R. Gauthiot sur les entonations lituaniennes". *La Parole*, vol. 10, 1900, pp. 193-200 (p. 195).

30 Ver: FdS, "À propos de l'accentuation lituanienne"; *Recueil des publications scientifiques de Ferdinand de Saussure*. Ed. Charles Bally e Léopold Gautier. Genève/Lausanne/Heidelberg, Sonor/Payot/C. Winter, 1922 (p. 503). A essa altura, FdS conhecia a obra de Baranowski apenas pela síntese de Hugo Weber, em *Ostlitauische Texte*, editado por Anton Baranowski & Hugo Weber, vol. 1 (Weimar, Hermann Böhlau, 1882) (ver: FdS, "À propos de l'accentuation

lituanienne"; *Recueil*, pp. 501-502). FdS comprou esse livro em março de 1889 (fatura do livreiro AdS 369/1, f. 8), mas o havia lido muito antes, a julgar pelo rascunho de uma carta que o discutia destinada a Kurschat, morto em 1884 (AdS 387/7, ff. 166-167). Baranowski distinguiu três graus de comprimento vocálico no lituano e, embora o artigo de FdS aborde esse fato, não o tratarei aqui devido ao nível de detalhe técnico envolvido. FdS mais tarde adquiriria "Zametki o litovskom jazyke i slovare", de Baranowski, I-VIII, *Sbornik Imperatorskoj Akademii Nauk, Otdelenije russkogo jazyka i slovenosti*, vol. 65 (Sankt-Peterburg, Academia Imperial de Ciências, 1898) (ver: GAMBARARA, D. "La bibliothèque de Ferdinand de Saussure". *Genava*, n.s. 20, 1972, pp. 319-368 (p. 327)).

31 Francis de Crue, Genebra, para FdS, 6 de setembro de 1889, AdS 366, ff. 74-75. A carta também diz que Dora e Edmond de la Rive virão jantar na casa dos Crue dali a algumas noites e convida FdS para se juntar a eles. Pode ter sido de De la Rive que Crue ouviu sobre o desejo de FdS em retornar a Genebra, fazendo-o temer que tivesse interpretado mal as intenções de seu amigo no início do ano.

32 Tschumi, A. *Routine et progrès*. Genève, Jullien, 1883.

33 Ver: Magnin, C. *Instruction publique et privée et rapports de classe à Genève au XIX*[ème] *siècle: la loi sur l'Instruction Publique du 5 juin 1886*. Mémoire de licence. Département d'histoire de la Faculté des Lettres. Genève, 1973.

34 Michel Bréal, Paris, para FdS, Genebra, 10 de outubro de 1889, AdS 366, ff. 32-34.

35 Rascunho de carta de FdS, Paris, para Gaston Paris, Paris, 5 de novembro de 1889, AdS 366, f. 171.

36 Jean Psichari, Paris, para FdS, Genebra, 9 de novembro de 1889, AdS 368/1, f. 2.

37 Wilhelm Streitberg para Karl Brugmann, Wiesbaden, 28 de dezembro de 1889 (em VILLANI, P. "Documenti saussuriani conservati a Lipsia e a Berlino". *Cahiers FdS*, vol. 44, 1990, pp. 3-33 (p. 15)).

38 BSLP, n. 34, p. lix.

39 FdS. "Les formes du nom de nombre six en indo-européen", "Φρυκτός", "Λιγύς", "Vieux prussien siran "le coeur"", "Traitement de l'u en vieux prussien", "Les féminins en -u du vieux prussian", "Gotique þarf, þaúrban 'avoir besoin'", "Ακέων", "Τ∈ τίημαι", "Επιτηδές", "Π∈ ρί = ύπ∈ ρί", "Ηνία", "Εψινιν", "Υγιής", "X, Φ pour ks, os", "Attique -ρη- pour -ρᾱ-", "-νμνο- pour -ομνο-?", "Lituanien kùmstė 'le poing'". MSLP, vol. 7, 1892 [1889], pp. 73-93; *Recueil*, 435-463.

40 Ver a introdução de FdS, "À propos de l'accentuation lituanienne"; *Recueil*, p. 490: "O que se segue é o conteúdo de uma comunicação feita à Société de Linguistique há quatro anos. Tendo o projeto, desde então, de desenvolver as mesmas observações em um trabalho especial tratando tanto das entonações do lituano quanto do acento tônico dessa língua, não o havia feito objeto de um artigo em nossas *Mémoires* [...]".

41 FdS, rascunho de poema lido no banquete de casamento de Émile Odier, 31 de maio de 1890, AdS 371/8.

42 Essa informação vem da Société de Généalogie de Genève.

43 O grau foi concedido em 1889, de acordo com BGE, Catalog des Mss XIID, p. 68.

44 Raymond dS. "Léopold de Saussure (1866-1925)". *Isis*, vol. 27, 1937, pp. 286-305 (p. 287).

45 A data da emigração de Albert Faesch é encontrada em seus formulários do Censo dos EUA de 1900 e 1910.

46 FdS, Genthod, para Gaston Paris, Paris, 10 de julho de 1890 (em Décimo, 1994, p. 77).

47 FdS. *Phonétique: Il manoscritto di Harvard Houghton Library bMS Fr 266 (8)*. Padova, Unipress, 1995 (pp. 224-225); Houghton Library, Harvard University, Ferdinand de Saussure Linguistic Papers (bMS Fr 266) (8), Caderno 5, f. 29 *verso*.

48 Riemann, B. "Über die Hypothesen, welche der Geometrie zu Grunde liegen". *Abhandlungen der Königlichen Gesellschaft der Wissenschaften zu Göttingen*, vol. 13, 1867, pp. 133-152 (escrito em 1854).

49 René dS, Nova York, para FdS, 11 de agosto de 1890, AdS 367, ff. 171-174.

50 René dS. "Théorie des phénomènes physiques et chimiques". *Archives des sciences physiques et naturelles*, Genève, 3ème période, t. XXV, janeiro de 1891, pp. 105-128; continuação e conclusão, fevereiro de 1891, pp. 170-193. O manuscrito original e a crítica de FdS a ele não estão nos arquivos da família Saussure em Genebra, então não sabemos exatamente qual seu teor. A versão publicada, assinada em Nova York, em março de 1890, agradece Lucien de la Rive, primo de Edmond, pelos comentários críticos que ajudaram a melhorar o artigo, mas não menciona FdS.

51 FdS, imerso na tradição científica clássica da qual seu tio-avô Nicolas-Théodore havia sido um dos principais expoentes de Genebra, provavelmente concordou com a nota de abertura adicionada ao artigo de René pelo editor da revista, que começa: "Este estudo pode parecer ir além das condições impostas ao próprio trabalho científico que aqui publicamos. No entanto, as considerações originais que nele se encontrarão e o uso legítimo da concepção geométrica de um espaço quadridimensional nos convenceram a publicar um trabalho que chamará atenção para questões desse tipo" (René dS, "Théorie des phénomènes", p. 105, nota de rodapé).

52 STALLO, J. B. *The Concepts and Theories of Modern Physics*. London, Kegan Paul, Trench & Co., 1882. Tradução francesa anônima, *La matière et la physique moderne* (Paris, Félix Alcan, 1884).

53 AdS 396/7, ff. 114-119.

54 *Idem*, ff. 128-130; AdS 396/8, ff. 131-144.

55 AdS 396/7, ff. 142-143. As passagens são de Stallo, 1882, pp. 149-150.

56 AdS 396/7, f. 144.

57 *Idem*, f. 146.

58 Stallo, 1882, p. 129, citando Thomas Hobbes, "Physics, or the Phenomena of Nature", parte IV de *Elements of Philosophy: The First Section, Concerning Body*, em *The English Works of Thomas Hobbes*, editado por William Molesworth (11 vols. London, Bohn, 1839-1845 (I: pp. 387-532) (publicado pela primeira vez em latim em 1655, em inglês em 1656)); Hobbes, *Physica*, IV, p. 25, edição Molesworth, I, p. 321; e John Stuart Mill, *An Examination of Sir William Hamilton's Philosophy, and of the principal philosophical questions discussed in his writings* (2 vols. Boston, Spencer, 1866), I, p. 14. A trajetória histórica que Stallo traça de Hobbes a Mill não é perfeitamente reta, mas razoável. A citação de Mill realmente expressa a doutrina da "relatividade do conhecimento humano" de *Sir* William Hamilton, em *Lectures on Metaphysics and Logic*, editado por Henry Longueville Mansel e John Veitch (4 vols. Edinburgh/London, Blackwood, 1859-1960), e aparece na crítica de Mill à filosofia de Hamilton, em *Examination of Sir William Hamilton's Philosophy* (3. ed. London, Longmans, Green, Reader & Dyer, 1867), mas Mill diz (p. 62): "Com essa doutrina não tenho nenhuma desavença".

59 Stallo, 1882, pp. 133-134.

60 GODEL, R. *Les sources manuscrites du Cours de Linguistique Générale de F. de Saussure*. Genève, Droz, 1957 (p. 30).

61 "Allocution de M. Albert Sechehaye, Suppléant du professeur F. de Saussure, à ses élèves", aula de 28 de fevereiro de 1913 na Université de Genève (em Marie dS. (org.). *Ferdinand de Saussure (1857-1913)*. Genève, Imprimerie W. Kündig, 1915, pp. 59-67 (pp. 63, 65)).

62 *The Scotsman*, Edimburgo, 26 de setembro de 1890. Henri, sem dúvida escolhido por seu sobrenome e não por suas realizações geográficas, compartilhou essa honra com G. Rochette.

63 Léopold dS, Xangai, para FdS, 16 de outubro de 1890, AdS 367, ff. 70-71.

64 Os outros novos alunos incluíam dez franceses, Emmanuel Debrie, Henri Jaulmes, Antoine Laborier, Charles Lambert, Edmond Malbois, Pierre Martin, Jean Passy, Pierre Poujol, Barão Hippolyte de Saint-Didier e Hubert Pernot. O último tornou-se professor de grego moderno na Sorbonne, fez contribuições notáveis para o estudo da fonética e serviu como presidente da Société de Linguistique em 1911. Havia também três suíços: John Bérard de Genebra, Godefroy de Blonay e Ernst Brugger; dois romenos: Marin Demetresco e Jean Dianu; e um belga: Louis de la Vallée-Poussin. Um relato das notas de Lot para o curso de gótico foi publicado por André Rousseau, em "Ferdinand de Saussure descripteur des langues: à la lumière d'un cours inédit sur le gotique (1890-1891)" (*Nouveaux regards sur Saussure: Mélanges offerts à René Amacker*. Ed. Louis de Saussure. Genève, Droz, 2006, pp. 71-94). O editor do volume é neto do irmão de Ferdinand, Louis.

65 Ver: Henri dS, Genebra, para FdS, Paris, 5 de janeiro de 1890 [1891 por erro], AdS 367, ff. 24-26.

66 BSLP, n. 35, pp. cii-civ.

67 *Idem*, p. cxvii. A palestra anterior sobre *Hexe* foi em 17 de março de 1883.

68 *Idem*, p. cxviii.

69 FdS para Gaston Paris, 6 de junho de 1891 (em Décimo, 1994, pp. 77-78).

70 FdS para Gaston Paris, 14 de junho de 1891 (em Décimo, 1994, p. 78).

71 BSLP, n. 35, p. cxx. A distinção entre vogais que são simplesmente surdas (*chuché*) e aquelas que são surdas e sussurradas (*chuchoté*) parece ser idiossincrática para Passy: veja a versão publicada de sua tese de doutorado vencedora do Prêmio Volney, *Études sur les changements phonétiques et leurs caractères généraux* (Paris, Firmin Didot, 1892 (p. 96)).

72 Ver Michel Arrivé, *Em busca de Ferdinand de Saussure* (São Paulo, Parábola Editorial, 2010 (p. 38, n. 9)), em que se nota que todos os vestígios da nomeação, exceto a data do decreto (11 de julho de 1891), foram destruídos em um incêndio nos Arquivos da Grande Chancelaria. A designação exata de FdS era *Chevalier (Étranger)*. A proposta de nomeação está nos arquivos da École e foi publicada por Fleury, em "Notes et documents sur Ferdinand de Saussure (1880--1891)" (*Annuaire de l'École Pratique des Hautes Études*, IVe section, 1964/5, 1964, pp. 35-67 (pp. 41-42)).

73 FdS, Neuchâtel, para Gaston Paris, Paris, 30 de dezembro de 1891 (em Décimo, 1994, p. 80).

PARTE IV

O retorno a Genebra

12

1891-1894

Aulas inaugurais

Em 13 de outubro de 1891, a Université de Genève nomeou Ferdinand de Saussure para assumir o ensino das línguas indo-europeias para as quais o Departamento de Instrução Pública havia aprovado uma cátedra extraordinária. No final daquele mês, Albert Sechehaye, um jovem que acabara de obter sua licenciatura, viu um anúncio para o curso de Saussure sobre fonologia grega e latina, com início em novembro.[1] Embora não tivesse feito nenhum estudo anterior de linguística, Sechehaye se inscreveu no curso, assim como no de sânscrito, também ministrado por Saussure.[2] A língua nunca fora ensinada formalmente em Genebra, e nem Saussure já a havia ensinado.

Esperava-se que o curso de fonologia grega e latina atraísse os muitos alunos que faziam estudos clássicos e, portanto, foi programado para ocorrer na grande sala que mais tarde se tornaria o salão do Senado. Ao comparecer para a aula, Sechehaye se viu parte de uma audiência esparsa.[3] A sala simples tinha como mobília apenas algumas cadeiras espalhadas e um quadro-negro montado em um cavalete.[4] Entre as cerca de dez pessoas na sala, havia apenas um outro aluno, Virgile Tojetti. Os demais presentes eram parentes e amigos de Saussure. Somente no final do semestre, Charles Bally, professor do Collège de Genève, começou a assistir às aulas, sem nunca se registrar como aluno de Saussure.

Mais de 20 anos depois, Sechehaye ainda se lembrava vividamente de como

> [...] o professor entrou e ficamos imediatamente cativados por sua pessoa. Ele mal parecia "professor"! Ele parecia tão jovem, tão comum em seu jeito de ser, mas ao mesmo tempo seu ar de refinada distinção e delicadeza, com aquele olhar leve-

mente sonhador e distante em seus olhos azuis claros, nos deu uma amostra de seu poder e originalidade como pensador.
De pé ao lado do quadro-negro, ele deu uma aula com um preâmbulo introdutório sucinto.

As três primeiras aulas do curso não apresentavam o alto nível de seu ensino em Paris.[5] Saussure sabia que em Genebra o conhecimento linguístico de seus alunos se limitaria ao latim e ao grego, à gramática francesa e talvez a um pouco de alemão ou outra língua europeia moderna. A fonologia teria de ser introduzida desde o início, e a comparação com outras línguas indo-europeias antigas seria limitada até que conseguisse que alguns alunos interessados se iniciassem no sânscrito. O curso de sânscrito também consistia apenas em Sechehaye e Tojetti, provavelmente com Bally participando também não oficialmente no final do semestre.

Além de elementares, as primeiras aulas em Genebra tinham uma orientação local. Saussure estava se reinserindo na cultura genebrina e se inscrevendo em uma tradição de estudo da qual era o herdeiro natural. Na segunda frase de sua primeira aula, faz referência ao "nome genebrino, de que temos orgulho, também sob outros aspectos, por nossa pátria, de Adolphe Pictet", quem "primeiro concebeu <metodicamente> o partido que se pode tirar da língua como testemunha das eras pré-históricas". Saussure admite, porém, que Pictet confiou "talvez demais – <como era inevitável no entusiasmo inicial que provocou a súbita revelação de um mundo insuspeitado> – [na] <verdade, no valor absoluto> das indicações que a língua pode [dar]". Ainda assim, Pictet permanece como "o fundador de uma <séria> linha de pesquisas ainda hoje cultivada, com toda a razão, por uma série ininterrupta de estudiosos".

Nenhum outro linguista genebrino é citado por Saussure. Ele sequer diz o nome de Wertheimer, titular da cadeira de linguística, ao fazer referência direta ao professor.

> A Universidade de Genebra fez questão, desde o primeiro dia, e com razão, de dar um lugar à ciência da linguagem; ela o fez criando um curso de Linguística e reuniu, assim, sob um nome muito correto, o conjunto de estudos relativos ao falar humano. É quase inútil dizer que esse ensinamento, transmitido há 15 anos, com uma erudição, uma experiência, que vocês não devem esperar, por um único instante, reencontrar nestas aulas, – que esse ensinamento jamais teve <em seu programa, algo que excluísse> um corpo particular de estudos, como o que se relaciona às línguas românicas, ou às línguas germânicas, ou às línguas indo-

> -europeias, ou às línguas semíticas etc. Ao contrário, ele reúne em torno de si esses estudos particulares, e a prova mais autorizada e ao mesmo tempo mais agradável que eu poderia citar é o fato de o novo curso de línguas indo-europeias, criado pelo Departamento de Instrução Pública, estar em plena conformidade de objetivos com o eminente titular da cadeira de linguística.[6]

Sabendo que Saussure havia evitado o curso de Wertheimer quando era aluno da Université e que nunca colaboraria com ele nos anos seguintes, é tentador ler um certo sarcasmo nessas observações. Essa não era, entretanto, a intenção. Apesar da preocupação compreensível sobre como a nova cadeira poderia limitar o campo de suas próprias aulas, Wertheimer deu seu apoio. Permaneceram as dúvidas sobre se realmente havia alunos suficientes com interesse em sânscrito ou linguística comparada para justificar o gasto de fundos públicos em uma nova cadeira, mas estabelecê-la em condições extraordinárias deu ao Departamento de Instrução Pública a chance de ver como as coisas corriam antes de fazer uma alteração permanente. Saussure não deve ter se sentido muito esperançoso em relação às perspectivas de longo prazo, a considerar o público em sua primeira aula, mas sua gratidão ao rabino tinha todos os motivos para ser sincera.

A menção a Pictet surgiu em conexão com a utilidade da linguística para a etnologia. Não fosse pela análise das línguas faladas por esses povos, é improvável que alguém um dia suspeitasse da afinidade histórica entre os magiares da Hungria e os finlandeses. No entanto, pergunta Saussure, a linguística realmente precisa justificar sua existência mostrando sua utilidade para campos relacionados? Ele pensa que não. Está implícito aqui um distanciamento de sua posição daquela dos "naturalistas" parisienses, seguidores de Schleicher e Max Müller, que viam sua linguística como ramificando-se naturalmente na etnologia. Seus líderes incluíam Hovelacque e Regnaud, discutidos no último capítulo por seus ataques a Saussure como um simpatizante neogramático. Em 1891, Regnaud publicou suas 29 páginas intituladas *Observações críticas sobre o sistema do Sr. Saussure*, o primeiro opúsculo diretamente direcionado a Saussure pelo nome, e o único que presenciaria em vida.[7] Limitando-se estrategicamente a apenas três páginas do *Mémoire*, Regnaud empreendeu um exame minucioso da lista de exemplos gregos e latinos de Saussure destinados a ilustrar um ponto particular sobre a hipotética vogal ^{A}. Regnaud afirmou que metade dos exemplos estava incorreta e que, levando isso em consideração, a evidência não mais sustentava que o ^{A} de Saussure era originalmente uma vogal diferente de seu a_1.[8] A aula inaugural de Saussure não chega a citar Regnaud, mas aqueles de quem ele se distancia são associados aos naturalistas, incluindo Friedrich Müller, da Universidade de Viena (sem parentesco com Max Müller), que contribuiu com seis artigos para a *Revue de linguistique et de philologie comparée*, editada por eles.

Saussure passa em revista os nomes daqueles que acrescentaram sua pedra ao edifício do estudo da linguagem: entre os romanistas, Gaston Paris, Paul Meyer e Hugo Schuchardt; entre os eslavistas, Baudouin de Courtenay e Kruszewski; entre os germanistas, apenas Hermann Paul. No restante da aula e nas duas que se seguiram, os únicos outros linguistas citados nominalmente são Psichari, em conexão com o estudo do grego moderno, Havet, por uma maneira particular de formular a analogia, e Hovelacque, por uma declaração sobre a "vida" da linguagem que Saussure rejeita completamente. Nem um único sanscritista é nomeado, nem qualquer nome proeminente da Société de Linguistique de Paris, como Bréal e Henry. Acima de tudo, nenhum de seus professores de Leipzig, os homens geralmente considerados os maiores praticantes vivos da ciência linguística. Saussure não os ataca, mas os elimina da existência, exatamente como sentiu que haviam feito com ele.

Havia uma velha polêmica, suscitada por August Schleicher e Max Müller, acerca da inscrição da linguística no rol das ciências: é uma ciência natural que pertence a uma Faculdade de Ciências (Sociais) ou uma ciência histórica que pertence a uma Faculdade de Letras? Após se interrogar sobre a pertinência da questão na atualidade, Saussure responde de forma incisiva: "esse debate está encerrado e bem encerrado. À medida que se compreende melhor a verdadeira natureza dos <fatos da> linguagem, [...] torna-se mais evidente que a ciência da linguagem é uma ciência histórica e nada além de uma ciência histórica". Essa questão convoca Saussure a pensar a linguística como um todo, porque

> [...] quanto mais se estuda a língua, mais se chega a compreender que *tudo* na língua é história, ou seja, que ela é um objeto <de análise> histórica, não <de análise> abstrata, que ela se compõe de *fatos*, e não de *leis*, e que tudo o que parece *orgânico* na linguagem é, na realidade, *contingente* e completamente acidental.[9]

Novamente, o "abstrato" pertence aos objetos de *análise*, e não de observação. As leis fonéticas não podem ser observadas diretamente, mas devem ser deduzidas dos fatos concretos disponíveis aos olhos e ouvidos. O mesmo para o que parece "orgânico" na linguagem, sua vida e morte e outras características que a tornam comparável a um ser vivo. Saussure não nega que essas aparências existam, mas insiste que são criadas abstratamente a partir de fatos acidentais sobre as histórias das pessoas que falavam as línguas e sobre a transmissão dos textos por meio dos quais as conhecemos.

Saussure identifica duas maneiras de abordar o estudo "histórico" da língua. Uma delas pode ser chamada de "a língua na história". Parte-se da observação relativamente superficial de que um povo não pode ser totalmente compreendido sem a compreensão de sua língua, e que "a língua é uma parte importante da bagagem das nações, contribuindo para caracterizar *uma época, uma sociedade*". Fatos acerca da sobrevivência das línguas celtas por séculos após a conquista romana, por exemplo, são de importância crucial para os historiadores, mas não são a vida das línguas em si. É isso que a segunda abordagem estuda – e aqui Saussure introduz uma metáfora que lembra ao seu público quem eles são, onde estão e, especialmente, quem ele próprio é.

> Toda língua apresenta, um pouco como as grandes morainas que se vê na base de nossas geleiras, o painel de um prodigioso acúmulo de coisas trazidas através dos séculos, mas de coisas que *têm uma data*, e *datas muito diferentes*, assim como se pode perceber nos depósitos <glaciares> que eu usei na comparação, que tal pedaço de granito percorreu uma distância de muitas léguas, <vindos dos mais altos cumes da cordilheira>, enquanto tal bloco <de quartzo> remonta apenas aos primeiros contrafortes da montanha... Assim, *a língua tem uma história*, o que é uma característica constante.[10]

Em suas aulas em Paris, a metáfora teria ficado compreendida e também não teria evocado uma experiência familiar. A palavra *moraina* – formação sedimentar resultante do processo de movimentação das geleiras – faz parte do vocabulário cotidiano de qualquer pessoa que cresceu caminhando entre as geleiras dos Alpes. Em Genebra, essas excursões eram associadas a um nome acima de tudo. Com sua aula inaugural, o bisneto de Horace-Bénédict de Saussure retornou verdadeiramente para casa.

Continuidade e transformação (ou mutabilidade) das línguas ao longo do tempo é o tema do restante da primeira aula, e das duas aulas seguintes, cujos rascunhos são mais curtos. Ecoando Gaston Paris, Saussure denuncia o erro de dizer que o francês "vem do" latim, ou que o *chanter* [cantar] francês descende do latim *cantare*. Na realidade, *chanter* é a palavra *cantare*, e francês é latim. O povo da França não acordou um dia dizendo *bonjour* um ao outro, tendo dito *sero* na véspera. A mutabilidade se funde com a continuidade, assim como – mudando a ótica do tempo para o espaço – as divergências entre os dialetos românicos de aldeia para aldeia se misturam em sua continuidade essencial, sem limites claros. As duas forças, continuidade e mutabilidade/divergência, não são contraditórias, mas coexistem em um equilíbrio necessário.

> Não há jamais, na realidade, um equilíbrio, <um ponto permanente, estável> em língua alguma. Colocamos, então, o princípio da transformação incessante das línguas como absoluto. Não ocorre o caso de um idioma que se encontre em um estado de imobilidade e repouso.[11]

Temos com isso um paradoxo. Se as línguas estão em fluxo infinito, sem jamais ocupar um estado estacionário, como podem constituir um objeto de conhecimento, quanto mais de conhecimento científico? Os filólogos não enfrentam esse problema, já que não lidam com línguas, mas com textos, que permanecem convenientemente parados no tempo. Os linguistas podem inferir a estrutura de línguas "mortas" a partir desses textos, apenas porque não estão mais em fluxo. Porém, uma língua assim inferida não é realmente sânscrito, latim ou gótico, apenas um simulacro delas projetado de alguns restos embalsamados.

Os cursos de fonologia grega e latina e de sânscrito continuaram durante o semestre de inverno e foram retomados no semestre de verão, que começou no final de março. Em uma longa e franca carta de 30 de dezembro de 1891 a Gaston Paris, Saussure diz estar satisfeito com o fato de Meillet e Duvau terem sido nomeados para cargos na École des Hautes Études e admite ter ficado desapontado por não encontrar alunos de igual calibre em Genebra. Ele ao menos tem seu ex-aluno Ernest Muret como colega, ensinando linguística românica.

> Eu, de minha parte, comecei um pequeno curso na Université de Genève com três ou quatro alunos que parecem sérios. Espera-se que com o tempo, graças ao curso do Sr. Muret, se estabeleça um fluxo regular de estudantes alemães ou suíço-alemães. O elemento búlgaro é atualmente uma clientela desastrosa para esta Universidade. Atraídos pelo engodo da licenciatura em ciências sociais, instituída no seio da Faculdade de Letras, arrisca-se a expulsar outra clientela, mais próxima e mais natural desta Faculdade, e que perseguiria algo mais substancial do que a sociologia. Os cursos de letras puras foram abandonados enquanto os cursos de pedagogia etc... reúnem 40 alunos regulares.[12]

Saussure é, no entanto, cuidadoso para não criar qualquer ilusão de que está considerando um retorno. Embora a polidez lhe exija cuidado em torno do motivo, é claro que se sentiu subestimado e desvalorizado na École: "você é o único que me fez sentir que preciso levar em conta os apegos pessoais, entre tantas pessoas a quem sou genuinamente grato em Paris, e por isso posso dizer [...] que não me arrependo de ter voltado ao meu país".[13] O silêncio é ensurdecedor: ele não sentia nenhuma obrigação pessoal em relação a Bréal. Uma carta que escreveu a Paul Boyer um ano depois aponta a ironia de que muitas das "relações encantadoras" que agora mantinha com colegas parisienses "foram formadas quase no momento em que os deixei".[14]

Essência dupla

Os últimos meses de 1891, quando Saussure dava suas aulas inaugurais na Université de Genève, consistiram também no período em que escreveu o primeiro de uma série de manuscritos com o título "Sobre a essência dupla". Seu conteúdo não era totalmente novo, mas remontava ao manuscrito sobre fonologia que escreveu em Paris uma década antes. Há ainda questões de fonologia ao lado de questões mais gerais sobre a significação e o *status* dos signos ao longo do tempo, mas o novo manuscrito desloca o equilíbrio dos aspectos técnicos da mudança fonológica para questões filosóficas e metodológicas de maior amplitude. Evitando o jargão sempre que pode, Saussure finalmente consegue encontrar um estilo maduro, uma forma de escrever sobre a linguagem que não requer grandes desvios do francês cotidiano. No entanto, o preço às vezes é um compromisso de precisão que, no final, não poderia cumprir. Como todas as tentativas de Saussure de escrever sobre a natureza geral da linguagem, o projeto não passou de um rascunho.

O estudioso saussuriano Rudolf Engler reuniu 254 dessas páginas para formar um documento publicado em 2003, ano de sua morte, sob o título "Sobre a essência dupla da linguagem". Engler acreditava que o manuscrito fora planejado como um livro,[15] mas nessas mesmas páginas há uma referência ao próprio texto como um *opúsculo*,[16] que nesse período geralmente significava uma brochura encadernada em papel, cujo conteúdo também poderia aparecer em um periódico. A citação de muitas formas sânscritas mostra que pelo menos parte de "Sobre a essência dupla" foi formulada em conjunto com seus primeiros cursos na Universidade a partir do final de 1891. A única página manuscrita datada de 6 de dezembro de 1891 diz respeito à análise da morfologia dos verbos em grego, sugerindo que essa seção, e possivelmente outras, se seguiram às aulas inaugurais, que, no entanto, deram poucos indícios da iconoclastia e originalidade exibidas em "Sobre a essência dupla".[17]

Se as aulas inaugurais foram sua réplica aos "naturalistas" na esteira do *opúsculo* de Regnaud em que criticava o *Mémoire*, "Sobre a essência dupla" pode ter sido concebida como uma resposta menos direta, mais ponderada e mais completa. Isso mostraria como Regnaud e seu grupo entendiam o empreendimento em que afirmavam estar engajados. Outra inspiração imediata, particularmente pelos aspectos históricos, foi a nova edição crítica de trechos da *Chanson de Roland* por Gaston Paris, que enviou uma cópia a Saussure na última semana de novembro de 1891. A introdução de Paris contém uma longa seção de "Observações gramaticais", sobre a fonética, a morfologia e a sintaxe do francês antigo em que o texto foi escrito. Em 30 de dezembro, cinco semanas após recebê-lo, Saussure escreveu a Paris uma longa carta de agradecimento de Neuchâtel, onde provavelmente estava hospedado com sua tia Cécile de Wesdehlen para passar algum tempo com a mãe durante um de seus retiros em St. Aubin. A carta explica o que pretendia com "Sobre a essência dupla":

> A *Chanson de Roland*, na qual mergulhei por muitas horas lendo seu luminoso comentário linguístico, realmente me deu ideias que muito me faltavam sobre o progresso do latim-francês, ao mesmo tempo em que me deu um novo ímpeto para continuar com o trabalho que, feliz ou infelizmente, estou empreendendo. Ouso, com muito custo, apresentar-lhe o pensamento fundamental: é que acredito que não há morfologia (ou gramática) *histórica* e que, reciprocamente, não há fonética *momentânea*. A ligação entre estados de língua sucessivos resume-se, quando bem examinada, à ligação fonética; a ligação entre os elementos em um mesmo estado, inversamente, à ligação morfológica, mesmo que pareça tratar-se de fonemas sem valor significativo. Haveria uma oposição primordial e uma incompatibilidade, entre a visão *fonética* da língua, que supõe "sucessão" e "abstração total do sentido" – e a visão *morfológica* (gramatical), que supõe "unidade de época" e "que se leve em consideração sentido, valor, emprego".[18]

Implícita nos comentários de Saussure está uma crítica à decisão de Paris de incluir a fonética sob o título "observações gramaticais". Os parênteses de Saussure lembram gentilmente a Paris que a gramática começa propriamente com a morfologia. Mas isso é um ponto menor. O verdadeiro objetivo é que, assim que os sons se tornam significativos – assim que entram na língua propriamente dita –, eles deixam de existir através do tempo, porque seu valor é determinado pelo sistema do qual fazem parte, tal como se está em um dado momento. Menos evidente é o corolário de que o fonético, desvinculado do sentido, existe *apenas* através do tempo. Somente quando se tornam distintivos, funcionando como fonemas, os sons assumem uma existência "momentânea". O raciocínio subjacente parece ser que, até então, os sons não possuem realidade psicológica, portanto não fazem parte de nenhum sistema. Na terminologia posterior de Saussure, eles não existem na *langue* [língua], apenas na *parole* [fala]. A *parole* existe apenas no tempo, ao passo que a *langue* está separada do tempo.

A "essência dupla" do título refere-se a como os elementos da língua funcionam simultaneamente como sons distintos e como sons significativos, ou signos. Isso, diz Saussure, é totalmente diferente de opor forma e sentido, como costumam fazer os linguistas, mas que considera ilógico e impraticável. Nenhuma forma linguística pode existir separada do sentido, nem o sentido linguístico separado da forma. A "unidade linguística" é a sua conjunção, e isso torna a língua única. A natureza dupla está presente desde o início e, embora seja possível pensar nos elementos separados em duas partes distintas, essas não são entidades concretas, apenas abstrações criadas pela imaginação de um analista.

O que torna uma unidade linguística concreta para Saussure nada tem a ver nem com as coisas do mundo às quais o signo se refere, nem com os sons físicos. Como signo linguístico, *democrático* ou *unicórnio* não é mais ou menos concreto do que *matar* ou *dedo*. A desconexão da linguagem dos objetos sensíveis no mundo significa que a linguística não pode ser um empreendimento empírico da maneira como outras ciências devem ser.

> Uma sucessão de sons vocais, por exemplo *mer* (*m* + *e* + *r*), pode ser um fenômeno no domínio da acústica ou da fisiologia; não é de forma alguma, nesse estado, um fenômeno linguístico.
> Uma língua existe se a *m* + *e* + *r* se vincula uma ideia.[19]

Isso é, diz ele, "uma observação totalmente banal", mas os princípios que dela decorrem os linguistas falharam miseravelmente em compreender.

Saussure descreve uma gama de perspectivas sobre a linguagem que faz eco a uma passagem de seu manuscrito de fonologia de uma década atrás, mas com mudanças substanciais. Ele acredita que quatro pontos de vista podem ser considerados válidos:

- um momento particular: o estado de língua como sistema de signos, na sua essência dual, num dado momento no tempo;

- através do tempo: as mudanças sonoras, como "identidades transversais" de "figuras vocais" desvinculadas de sua função significante;
- o ponto de vista anacrônico: "artificial, intencional e puramente didático da PROJEÇÃO de uma morfologia (ou um estado de língua anterior) sobre outra morfologia (ou um outro estado de língua posterior)"; ao qual se acrescenta o ponto de vista anacrônico retrospectivo, também chamado de etimológico;
- o ponto de vista histórico: "da fixação de dois estados de língua sucessivos, tomados cada qual em si mesmo, de início, e sem subordinação de um a outro, seguido de uma explicação".

Saussure acredita que apenas o segundo e o terceiro desses pontos de vista foram levados em conta na linguística, e que uma "confusão lamentável" entre os quatro prevaleceu "mesmo em trabalhos que elevam bem alto suas pretensões científicas". Esse é um veredicto condenatório. Saussure não pode apontar uma única obra que tenha evitado essa confusão fundamental e que genuinamente mereça ser considerada científica. O que chama de "identidades transversais" corresponde ao que era tratado na fonologia histórica. Já seu modo anacrônico é aquele em que a morfologia e a semântica históricas são realizadas – por exemplo, quando o sistema em dois casos dos substantivos do francês antigo é analisado como o sistema de seis casos do latim, desconsiderando o fato de que os sentidos ou os valores de um caso não são diretamente comparáveis entre os dois sistemas.

O impacto de Saussure na linguística do século XX incluiria uma reorientação do segundo e do terceiro pontos de vista para o primeiro e o quarto, aos quais ele agora começa a aplicar um novo par de termos: *sincrônico* e *diacrônico*. Desse ponto em diante, ele aplicará "histórico" à segunda e não à quarta abordagem, com a diferença de que o ponto de vista diacrônico leva em conta a inerente dualidade da língua, enquanto o segundo não. Saussure declara que "por fim será preciso tudo reduzir, teoricamente, aos nossos quatro pontos de vista legítimos, que repousam sobre dois pontos de vista necessários".[20]

A discussão é confusa pela complexidade do que Saussure está tentando fazer: comprimir em um único esquema de quatro vias duas dicotomias fundamentais, aquela entre o sincrônico e o diacrônico de um lado, e, de outro, aquela entre o meramente fonético e o linguístico-morfológico-semiológico, em sua dualidade essencial tanto como "figura vocal" quanto como significante. Ele insiste que os quatro pontos de vista que está apresentando são válidos, mas fica claro que identidades transversais e anacronia descrevem a linguística como era praticada, enquanto o estudo sincrônico e diacrônico dos *estados de língua* são projeções saussurianas de como a linguística *deveria* ser praticada.

Mesmo durante a elaboração do manuscrito, Saussure começou a perder a esperança de retificar os erros primordiais incorporados em dois dos quatro pontos de vista. Embora ainda não esteja pronto para admitir que as duas dicotomias são muito diferentes em sua natureza para serem combinadas como propõe, ele admite que "também duvidamos de que alguma vez seja possível estabelecer, com pureza, a quádrupla ou, ao menos, a dupla terminologia que seria necessária".

A progressão argumentativa em "Sobre a essência dupla" foi deixada em um estado tão preliminar que, em vez de tratá-la como um texto coerente, podemos abordá-la de forma mais realista como a elaboração de ideias-chave. Uma dessas ideias é a noção de *valor*, termo já utilizado no contexto dos signos linguísticos nas escolas frequentadas por Saussure, notadamente por Verchère. Nesse texto, o termo surge em conexão com a natureza opositiva dos fonemas.[21] Um "som determinado só tem valor por oposição a outros sons presentes". Saussure chama isso de "a primeira aplicação rudimentar, mas já incontestável, do princípio das OPOSIÇÕES, ou dos VALORES RECÍPROCOS ou das QUANTIDADES NEGATIVAS E RELATIVAS, que criam um estado de língua". Mesmo quando há correlação de dois fonemas a significações, ele afirma, sua relação é "sempre simplesmente seu *valor* recíproco. É aqui que se começa a entrever a identidade da *significação* e do *valor*".

Ele vai mais longe: "Não estabelecemos nenhuma diferença séria entre os termos *valor*, *sentido*, *significado*, *função* ou *emprego* de uma forma, nem mesmo com *ideia* como *conteúdo* de uma forma; esses termos são sinônimos".[22] Uma forma sem emprego é simplesmente uma figura vocal.[23] Em seu ensino posterior, Saussure repensará parcialmente esse colapso terminológico, tornando o *valor*, produto da diferença, o termo essencial e o único componente propriamente dito do sistema linguístico. Aqui, porém, ele é claro em um ponto que é obscuro no *Cours de Linguistique Générale*: mesmo no nível da figura vocal, o valor não é simplesmente uma questão de som enquanto tal, mas do som como capaz de sinalizar a diferença de sentido. Da mesma maneira no nível do conceito: o valor não é gerado por diferenças entre ideias puras separadas do som, mas entre um sentido dado associado ao som e outros sentidos dados associados ao som. Em outras palavras, os valores não são determinados antes da "essência dupla" do signo linguístico. A língua não existe para denotar sentidos – a própria língua é que *cria* os sentidos.

Outro tema recorrente é a relação paradoxal entre diferença e identidade. São duas faces da mesma moeda, no sentido de que uma pode existir sem a outra. Os elementos da língua só podem ser reconhecidos como diferentes se outros elementos forem reconhecíveis como iguais, e vice-versa. E, no entanto, em um nível microscópico, dois enunciados nunca são idênticos – no mínimo, diferenças ínfimas são sempre detectáveis em um espectrograma de som. A identidade depende não apenas do som, mas do emprego-valor-sentido. "Quando eu abro duas vezes, três vezes, 500 vezes a boca para dizer *aka*", escreve Saussure, "a questão de saber se o que pronuncio pode ser considerado idêntico ou não idêntico depende de um exame". O fato de que tal identidade seja puramente o produto da análise é para Saussure "uma realidade completamente abstrata". Os fenômenos da fala tornam-se "entidades acústicas" apenas por meio do que Saussure chama de "identidade abstrata" das unidades significantes em sua dualidade.

> Imaginar que se pode prescindir, em linguística, dessa salutar lógica matemática, sob o pretexto de que a língua é uma coisa concreta que "vem a ser" e não uma coisa abstrata que "é", consiste em, segundo creio, um erro profundo, inspirado, no início, pelas tendências inatas do *esprit germanique* [espírito germânico].[24]

A observação sobre *l'esprit germanique*, "o modo de pensar germânico", lembra a tensa relação de Saussure com a academia alemã. É difícil imaginá-lo publicar o texto sem citar algumas exceções: Paul e Schuchardt, ambos escolhidos para serem elogiados em suas aulas inaugurais e, claro, Whitney, já que *germanique* inclui os anglo-saxões.

O que mais distingue os manuscritos de "Sobre a essência dupla" do pensamento posterior de Saussure é que as duas essências não têm o mesmo *status* ontológico. A segunda, complexa e envolvendo a significação, é derivada da primeira, simples e ligada à figura vocal pura. No entanto, surge uma contradição inevitável. Na formulação que segue, "signo" e "significação" são usados para figura vocal e conceito, respectivamente.

> 1º Um signo só existe em virtude de sua significação; 2º uma significação só existe em virtude de seu signo; 3º signos e significações só existem em virtude da *diferença dos signos*.

Esse terceiro passo, ao omitir "e significações" no final, desfaz a simetria de (1) e (2), o que torna primordial a diferença puramente fonética entre os "signos" – e, ao fazê-lo, cria um dilema. Como pode *A* existir apenas em virtude de *B*, se *B* existe apenas em virtude da diferença entre os *A*? Como exemplo, Saussure imagina alguém sem nenhum conhecimento prévio de grego tentando analisar o verbo *ἔφην*. Como se poderia determinar que "*ἔφην* é uma forma de aoristo comparável a *ἔβην*, se há *formações de aoristo* como *ἔφην* a menos que se evoque imediatamente o sentido"?[25] E, no entanto,

> [...] de onde tiramos, agora, o sentido de aoristo, sem o qual seria impossível, acabamos de ver, classificar as formas? Nós o tiramos, única e puramente, dessas mesmas formas: seria impossível separar uma *ideia* qualquer que pudesse ser denominada *aoristo* se não existisse, *na forma*, alguma coisa em particular.
> Ora [...] essa particularidade da forma consiste justamente no fato tão absolutamente negativo quanto possível da oposição ou da diferença com outras formas [...]
> Nós somos sempre reconduzidos aos quatro termos irredutíveis e às três relações irredutíveis entre eles, que formam um todo único para o espírito: (um signo/sua significação) : (um signo/e um outro signo) e, além disso : (uma significação/uma outra significação).

O exemplo mostra por que Saussure não pode deixar de ver a figura vocal como primordial: a metodologia dos linguistas deveria partir das formas e deixar que elas "nos digam" o que significam, em vez de assumir o sentido *a priori*.

É difícil de conciliar essa assimetria com a simultânea insistência de Saussure de que forma e sentido são inseparáveis. Mas há uma outra razão para a assimetria. Fazer o sentido tão primordial quanto a forma abriria a porta para a ideia de que as palavras surgem para denotar significados que já existem previamente. Em seus últimos ensinamentos, Saussure se referirá a isso como nomenclaturismo e o rejeitará explicitamente como a mais básica e difundida das falácias linguísticas.

Após explicar a razão pela qual, segundo ele, "a *forma* é a mesma coisa que a *significação*" – porque elas simplesmente denotam dois aspectos da mesma "coisa", que é o signo linguístico –, Saussure diz que esboçará "o que nós representamos sob o nome de uma *semiologia*, ou seja, de um sistema de signos [...] tal como existe no espírito dos sujeitos falantes",[26] mas o manuscrito se interrompe nesse ponto. Em outro fragmento, o termo "semiologia" é aplicado especificamente ao "domínio linguístico do *signo vocal*", ou seja, "Semiologia = morfologia, gramática, sintaxe, sinonímia, retórica, estilística, lexicologia etc., *sendo o todo inseparável*". Em outro fragmento ainda, iguala a semiologia à língua.[27]

Essa não é a conhecida definição saussuriana de semiologia como o estudo de *qualquer* sistema de signos. É especificamente linguística. Os manuscritos de "Sobre a essência dupla" incluem a consideração de bandeiras de sinalização marítima, embora aqui, ao contrário da discussão sobre bandeiras de sinalização em seu primeiro curso de linguística geral, seja introduzida como uma "comparação" com o sistema semiológico que é a língua, e não como um outro sistema desse tipo:[28]

> Quando uma bandeira, entre muitas outras, ondula no mastro [ ], ela tem duas existências: a primeira é ser um pedaço de pano vermelho ou azul, a segunda é ser um signo ou um objeto, que se entende dotado de um sentido para aqueles que o percebem. Observemos as três características eminentes dessa segunda existência:
> 1º Ela só ocorre em virtude do pensamento que se liga a ela.
> 2º Tudo o que representa, para o espírito, o sinal marítimo de uma bandeira vermelha ou azul procede, não do que ele é, não do que se decidiu associar a ele, mas exclusivamente destas duas coisas: 1) de *sua diferença* com relação aos outros signos que figuram no mesmo momento, 2) de *sua diferença* com relação aos signos que poderiam ter sido içados em seu lugar e em lugar dos signos que a acompanham. Fora esses dois elementos negativos, ao se perguntar onde reside a existência positiva do signo, vê-se, imediatamente, que ele não possui nenhuma e que esses [ ]

As bandeiras de sinalização podem ter sido um assunto de discussão com seu irmão Léopold, mas o que Ferdinand escreve não mostra muita familiaridade com o sistema em questão.[29] Nada tão simples como uma "bandeira vermelha ou azul" foi usada – todas as bandeiras eram multicoloridas, e seu significado baseava-se em padrões, formas e içamento, seja isoladamente ou em combinação. Além disso, o sistema de bandeiras de sinalização marítima, que havia sido padronizado em 1857 e ajustado várias vezes desde então, era amplamente alfabético e variava de língua para língua. Na verdade, era menos como uma língua do que como um sistema de escrita.

Igualmente desorientador para aqueles familiarizados com os ensinamentos posteriores de Saussure é o uso de *fala* para significar não a fala de um indivíduo em oposição à *língua* como o sistema da língua socialmente compartilhado, mas qualquer combinação de signos, potencial ou real. A *fala* potencial (ou "*parallélie*") é uma "coletividade de elementos concebidos e associados pelo espírito, ou regime no qual um elemento leva uma existência em meio a outros elementos possíveis"[30] – o que mais tarde será nomeado de eixo associativo de língua, e o que os estruturalistas depois dele chamarão de eixo paradigmático. A *fala* "efetiva" é "ou a combinação de elementos contidos numa seção da fala real" – *fala* no sentido familiar –, "ou o regime em que os elementos se encontram ligados entre si por sua sequência e precedência", seu posterior eixo sintagmático da língua.

Os manuscritos "Sobre a essência dupla" não contêm nada que já não seja familiar aos manuscritos anteriores ou posteriores de Saussure. No entanto, eles mostram um avanço significativo na síntese da concepção de linguagem e de linguística que ocupou seu pensamento desde que iniciou o *Mémoire*, cerca de 15 anos antes. Por fim, Saussure ficou insatisfeito com a nova tentativa e a abandonou.

Ainda assim, algumas das implicações da natureza puramente negativa e diferencial dos signos linguísticos são mais bem desenvolvidas nesse manuscrito abandonado do que em qualquer outro lugar. Além disso, essas folhas contêm sua tentativa mais direta de confrontar a crença de que pelo menos algumas palavras, *sol* e *lua*, por exemplo, têm um valor referencial positivo perfeitamente evidente. Saussure argumenta que, se o sentido de uma palavra fosse determinado por qualquer objeto material, essa não poderia se referir a nada além desse objeto. Qualquer sentido estendido seria impossível, como *lua* para significar "luar" em vez de apenas "o satélite", muito menos extensões metafóricas como "virado para a lua" ou "lunático". Para Saussure, "[n]ão há diferença entre o sentido próprio e o sentido figurado das palavras [...] porque seu sentido é eminentemente negativo".[31] "O sentido 'próprio' não passa de uma das múltiplas manifestações do sentido geral; esse sentido geral, por sua vez, é apenas uma delimitação qualquer que resulta da presença de outros termos no mesmo momento" – *sol*, *estrelas*, *constelação*, *escuridão*, *luz* e assim por diante.[32] Se não fosse assim, seria impossível que as palavras mudassem de sentido e, no entanto, o fazem. No que concerne à língua, ele afirma que "o tempo todo ela avança e se põe a serviço da formidável máquina de suas categorias negativas, verdadeiramente desembaraçadas de todo fato concreto e, por isso mesmo, imediatamente prontas a armazenar uma ideia qualquer que venha se juntar às precedentes".

Se tivesse concluído esse argumento, em vez de deixá-lo pela metade, algumas objeções posteriores à natureza puramente diferencial da significação poderiam ter sido antecipadas. Tal como está, é improvável que mude a opinião de quem acredita que *lua* designa "a Lua".

Casamento e família

Não foram muitos os empreendimentos bem-sucedidos de Henri de Saussure. Em 1891, ele finalmente publicou um fac-símile da cópia que havia feito secretamente no México em 1855 do manuscrito pertencente ao "infame Cardozo".[33] Intitulado *O manuscrito do Cacique*, era precedido por uma breve introdução relatando uma história falsa sobre como Henri havia recebido permissão para fazer a cópia de seu proprietário, Don Pascual Almazan, uma criatura ficcional descrita por Henri como um advogado de "mente elevada e distinto nas ciências". A publicação seria duramente criticada:

> O aparato crítico está ausente. Pergunta-se como o autor poderia ter publicado seu fac-símile sem buscar termos de comparação em documentos já conhecidos do mesmo gênero; pergunta-se, sobretudo, como alguém tão perspicaz poderia ter aceitado, acriticamente, a improvável tradição do "Cacique" de "Tindu", chamado "Sar-ho", e de sua esposa "Con-huyo".[34]

Outro estudioso apontaria a falha de Saussure em mencionar que, no Congresso Internacional de Americanistas realizado em Berlim, em 1888, o manuscrito original já havia sido exibido pelo homem descrito por Henri como "o encantador, o excelente Sr. Becker", seu anfitrião em Puebla, que comprou o manuscrito e o trouxe consigo quando voltou para casa em Darmstadt.[35] Henri havia publicado seu livro com o título *Antiquités mexicaines, Fascicule I* [Antiguidades mexicanas, Fascículo I], sinalizando que toda uma série viria a seguir, mas a recepção negativa o afastou de qualquer outro volume.

Um dos empreendimentos de Henri que deu frutos foi sua conspiração com Jules Faesch para encorajar um romance entre seus filhos. Na quarta-feira, 16 de março de 1892, Ferdinand de Saussure, de 34 anos, e Marie-Eugénie Faesch, de 24, casaram-se no civil em Genebra.[36] A bênção nupcial ocorreu no dia seguinte, quinta-feira, 17, às 12h30, no Temple de Saint-Pierre, a grande catedral da Cidade Alta que tem sido o centro espiritual do calvinismo desde as décadas em que o próprio Calvino exerceu seu ministério.[37] No dia seguinte, em um bairro mais modesto de Genebra, uma mulher chamada Élise Müller começou a manifestar habilidades psíquicas incomuns – das quais Saussure nada sabia na época, embora no devido tempo suas histórias se entrelaçassem.

Os parentes da família Saussure reconheceram que, dado o estado nervoso precário de Henri e Louise, o jovem casal tinha poucas chances de começar seu casamento de maneira idílica se morasse na Rue de la Cité ou em Creux de Genthod. Um apartamento foi preparado para eles na mansão da família Pourtalès, em Malagny, a leste de Genthod e acima da vila portuária de Versoix. Instalados em outros apartamentos estavam os tios e tias de Pourtalès e Naville e os primos van Berchem. Com o tio Théodore e a tia Adèle de Saussure por perto, Ferdinand estava cercado pelos membros de sua família de quem sempre foi mais próximo, dando a ele e a Marie muito apoio no início de sua vida juntos, ao mesmo tempo em que carregava o fardo da responsabilidade por seus pais, seus irmãos e sua irmã Jeanne.

René, pelo menos, estava se saindo bem nos Estados Unidos e se estabelecendo – na verdade, ele se casaria apenas dois meses depois de Ferdinand. Léopold, nunca o libertino que seu pai imaginou que fosse, recebeu a medalha de Chevalier da Ordem Real do Camboja em 1891, e foi promovido a tenente de navio no ano seguinte.[38] Em 1893, participou da grande expedição militar do Daomé na África, recebendo mais uma medalha pelos serviços prestados nessa campanha. Mas Horace precisava constantemente de dinheiro, Louis estava estudando artes plásticas em Zurique e depois em Paris, e Jeanne ainda estava sendo levada de médico em médico por causa de sua audição deficiente, aparentemente acompanhada pelo que agora seria chamado de autismo.

No que concerne às obrigações familiares, Ferdinand desempenhou seu papel a contento. Nove meses e quatro dias após o casamento, em 21 de dezembro, Marie deu à luz um menino, batizado de Jacques-Alexandre-Bénédict, em sua casa em Malagny. A importância do nascimento de Jacques para o senso de continuidade da família foi ainda maior devido à morte, no início de 1892, de um primo de Vaud, Victor de Saussure, pondo fim à última linha masculina de Saussure além de Théodore e Henri e seus filhos, e seus primos estadunidenses. Sabendo que isso era inevitável, Victor deixou para Henri sua coleção de papéis de família, que remonta a 1504.[39]

As contas domésticas de Marie fornecem um retrato único da vida familiar de Ferdinand e Marie no início de seu casamento. O registro da segunda quinzena de novembro de 1892 mostra o cuidado com que ela administrava a casa. A receita do período foi de 406,05 francos, dos quais 75 cêntimos foram para garrafas devolvidas à cooperativa. As despesas foram de 334,85, deixando um superávit de 71,20. Cada compra era registrada: 101,20 foram para o açougue, 57,80 para a iluminação e o aquecimento, 37,20 para a leiteria, 22,60 para a padaria, 15,75 para os mercados e apenas 60 cêntimos – uma moderação tipicamente calvinista – para vinhos e licores.

Menos de um quarto da renda familiar de 400 francos por quinzena (mais um pequeno dividendo da cooperativa e os trocados recebidos pelas garrafas devolvidas) vinha do salário de Ferdinand. Os professores comuns recebiam 2 mil francos por ano, ou 167 francos por mês. Como professor extraordinário, Ferdinand ganhava menos e, mesmo com a remuneração pelas tarefas extras na Université, sua renda mal chegava a cem francos por quinzena – o valor da conta do açougueiro de Marie. Da mesma forma como ocorreu em seus anos em Paris, ele estava sendo subsidiado pela família. As contas de Marie mostram como ela era cuidadosa com o dinheiro, mas a manutenção da casa custava cerca de 8 mil francos por ano.

Em 1892, René, agora com 24 anos, desistiu da carreira acadêmica e tornou-se sócio de um arquiteto, William Church Noland, que conheceu em Nova York. Quando Noland voltou para sua cidade natal, Roanoke, Virgínia, René foi com ele para abrir seu próprio escritório de arquitetura. O manuscrito que René chama de segunda parte de sua tese sobre "metageometria", descrita no capítulo anterior, levou mais de dois anos para ser preparado. Ele disse a Ferdinand, em dezembro de 1892, que estava reescrevendo todo o manuscrito e o enviaria quando estivesse pronto;[40] no final de 1895, René diz a Ferdinand que mudou para outro tema.[41] Isso é trágico, pois, com encorajamento, René poderia ter chegado, se não à teoria da relatividade, pelo menos às inovações filosóficas sobre a inter-relação de energia, massa, espaço e tempo que seriam creditadas uma ou duas décadas depois a Henri Bergson.

No entanto, René não estava preparado para terminar com seu sistema metafísico na fronteira entre ciência e religião. O "absoluto" de energia, espaço e tempo deve ser igualado ao "Um" em matemática e também pode ser concebido como Deus. Essa visão é característica do calvinismo moderno e comparável à sua ramificação unitária em seus pontos mais importantes. A equação de tempo absoluto e energia com Deus não está ausente em Bergson, mas é mantida a uma distância segura, enquanto o manuscrito de René, de 1892, a coloca em primeiro plano. Ao finalmente publicar uma versão de sua tese de metageometria em 1921,[42] René reduziu o papel de Deus a uma participação menor.

O casamento de René com Jeanne Davin ocorreu em Baltimore, Maryland, em maio de 1892.[43] Pouco se sabe sobre ela. Seu pai, o capitão Henri Davin, dirigia a Roanoke Transfer Company.[44] René informou a família do casamento somente após o fato, por um motivo óbvio: para que o casamento fosse realizado, ele era obrigado a se tornar católico romano. Esse foi o primeiro casamento na família Saussure fora da confissão protestante desde a Reforma.

Não ajudou em nada o fato de René também ter decidido obter a cidadania estadunidense. Os diários de sua tia Adèle não deixam dúvidas sobre a angústia da família, embora tenham ficado encantados quando conheceram Jeanne na visita do casal a Genebra em junho de 1895.[45]

Ao menos a esposa de Horace, Anna Schwer, veio de uma família protestante – mas não está claro se foram casados. Foi René quem questionou a situação da união do irmão na mesma carta para casa em que anunciou o próprio casamento. Horace veio para Roanoke para trabalhar com René na Noland & de Saussure, Architects, mas a relação entre os irmãos ficou tensa com a presença de Anna, que claramente era de uma classe social inferior. René explicou ao tio que, "desde que soube de seu casamento e sobretudo desde que vi com meus próprios olhos sua esposa ou o que ele chama de esposa, compreendi que todos os meus projetos estavam destinados a desmoronar".[46] René parece aqui aplicar os rígidos padrões de sua casta a uma mulher perfeitamente normal de classe média e demonstrar que, como Ferdinand, era sensível quando temia qualquer desrespeito à honra da família.

No final de 1892, Horace ainda trabalhava com o irmão. Seu papel timbrado desse período inclui os nomes de René e Horace como sócios.[47] Eles tiveram pelo menos um grande sucesso, uma comissão para projetar a nova Academia de Música de Roanoke, construída a um custo de 95 mil dólares. René se interessou particularmente pelos aspectos ópticos do auditório e publicou um artigo sobre o assunto em 1893.[48] O prédio foi demolido na década de 1950, embora ainda exista uma importante residência privada no leste de Maryland, projetada pela Noland & de Saussure. Mas, por qualquer motivo, a parceria não perdurou.[49]

De volta a Genebra, a situação familiar havia piorado desde a primavera, quando Louise deu sinais de progresso. Uma apresentação pública de uma de suas composições ocorreu na noite de quarta-feira, 5 de maio de 1892, pela Musique du Landwehr, uma banda de marcha e concerto regida por Jules LeCoultre, filho do fundador da escola LeCoultre/Martine. O maestro da banda havia falecido recentemente, e em sua memória o programa incluía uma *Marche funèbre* composta por Louise alguns anos antes. Depois de assistir aos ensaios no início de abril, Louise enviou ao novo maestro uma gentil nota crítica.

> Se o ensaio de dois dias atrás me deixou esperando o melhor do conjunto para o concerto, devo dizer que notei ontem um grande progresso em várias passagens que tiveram que ser estudadas novamente, mas, se seus músicos não estão acostu-

mados a esse tipo de música & se lhes faltou a nota fúnebre, o senhor não pode ser culpado e eu só posso parabenizá-los e também agradecer ao senhor.
Estou elaborando neste momento uma outra marcha que me impede de me interessar em outros esforços musicais e daqui a pouco conto-lhe o que decido fazer.[50]

O fato de Louise estar compondo ativamente parece uma boa notícia – uma destinação para sua criatividade, com reconhecimento público –, mas sua preocupação de que a banda não estaria soando "fúnebre" o suficiente pode refletir sua própria depressão. Não ajudou o fato de o crítico anônimo do concerto para o jornal *Le Genevois*, embora o apresentasse como um grande sucesso no geral, tenha conseguido atingir Louise precisamente em seu ponto mais vulnerável, o caráter derivado de suas composições: "[...] a *Marche funèbre* de Mme. H. de Saussure, de grande caráter, mas que em alguns momentos lembra a de Chopin, talvez pela coincidência da escolha do tom".[51]

O mais curioso é o silêncio sobre a vida musical de Louise na correspondência familiar, como se suas composições passassem completamente despercebidas por seus mais próximos. Os romances de seu sobrinho Guy de Pourtalès imortalizariam as apresentações caseiras de Beethoven, Chopin e Liszt de seus irmãos como a fonte de sua profunda sensibilidade musical. Mas na infância de Guy, Louise já era considerada uma pessoa com sérios problemas mentais.

Em 26 de junho, Henri recebeu um grupo de visitantes em Creux de Genthod, entre eles Henriette Bréal, esposa de Michel. Sua nota de agradecimento pela visita é dirigida apenas a Henri e não faz menção a Louise, o que seria impensável se ela estivesse presente.[52] Assim, foi provavelmente em maio ou junho que Louise voltou ao estado profundamente deprimido e agitado de cinco anos antes, e foi internada em La Métairie, uma clínica perto de Nyon, às margens do lago a cerca de 16 km de Genthod e de Malagny.[53] A clínica continua em funcionamento, atendendo convalescentes e pacientes psiquiátricos. Louise parece ter tido explosões de violência, embora não se saiba exatamente de que tipo.[54] Quando finalmente foi liberada de La Métairie, não retornou a Genebra ou Creux de Genthod, mas ao seu retiro em St. Aubin. Sua condição mental agora era muito precária para que voltasse a morar com sua família em Genebra. Nos 14 anos restantes de sua vida, seriam eles que a visitariam. Nessas circunstâncias, é surpreendente, comovente e trágico ler suas cartas a Henri durante esses anos, que são invariavelmente afetuosas, até amorosas.

Audição colorida

Para Ferdinand, o afastamento de sua mãe do círculo familiar estava fadado a ser um golpe emocional, mas vinha acontecendo periodicamente nos últimos cinco anos. Em 1892, ele e Marie estavam aguardando com alegria seu primeiro filho, abrigados no seio da família estendida de Ferdinand em Malagny. A Université não ficava a mais de uma hora de trem ou bonde. Foi a sede da vida profissional de Ferdinand, mas não de sua vida social, que continuou a girar em torno da família e de seu círculo. Ele ainda era lento para criar laços com alguém com quem não tinha relações íntimas desde a infância.

Adrien Naville e Francis De Crue estavam entre o pequeno número de seus colegas da Université que se enquadravam nessa categoria. Houve outro que quase conseguiu. Théodore Flournoy frequentou o Collège, o Gymnase e a Université de Genève, e passou a estudar em Leipzig, mas era três anos mais velho que Saussure, de modo que nunca frequentaram as mesmas aulas. A família de sua mãe, os Claparèdes, havia alcançado distinção acadêmica e contava, como os Flournoy, entre as cem famílias da Cidade Alta. Isso inevitavelmente significava que Flournoy e Saussure eram primos com algumas gerações de distância. Eles também tinham um vínculo pessoal próximo com Élie David, que foi o melhor amigo de Flournoy durante a adolescência.

Em Leipzig, Flournoy formou-se em medicina e em história e filosofia da ciência com Wilhelm Wundt. Voltou a lecionar na Université de Genève alguns anos antes de ser nomeado para uma cadeira na universidade em 1891, o mesmo ano em que Saussure foi nomeado. Saussure era profissionalmente o mais famoso, mas, nos anos que se seguiram, o promissor Flournoy estava destinado a ser tão celebrado por suas publicações quanto Saussure ficaria arrependido pela falta delas. Nos anos seguintes, os dois se tornaram próximos, o que é significativo porque Flournoy mantinha correspondência regular com o grande psicólogo-filósofo de Harvard, William James,[55] e James era intimamente ligado a Charles Sanders Peirce, que adotou o nome de Santiago (*Saint James*) em sua homenagem. Peirce é, juntamente com Saussure, o principal teórico moderno do signo linguístico. Por meio da conexão James-Flournoy, mediada pelo amigo da família Saussure e ex-aluno de Flournoy, Agénor Odier, Saussure conheceu a teoria dos signos de Peirce – embora o quanto tenha se debruçado sobre ela ainda permaneça desconhecido.

Em 1893, Flournoy publicou um livro sobre "sinopsia" ou "audição colorida",[56] um tipo de sinestesia, a associação de informações de diferentes sentidos. Ao resenhar o livro, James ficou impressionado com a vasta gama de peculiaridades individuais catalogadas. "Às vezes", observou James, "faz diferença como alguém imagina o som a ser escrito. O fotismo, por exemplo, do *ou* francês pode diferir do fotismo do mesmo indivíduo do *u* alemão, embora os sons sejam os mesmos".[57] *Fotismo* (do grego *photo-* "luz") foi uma palavra empregada pela primeira vez em língua inglesa por James. Apareceu no subtítulo do livro de Flournoy, no qual apenas um dos 700 sujeitos anônimos relatou que fazia diferença o modo como um som era escrito e que experimentava o /u/ francês e o alemão de maneira diferente. Seu nome, desconhecido para James, era Ferdinand de Saussure.

Em maio de 1892, Flournoy pediu a seu jovem primo e assistente de pesquisa Édouard Claparède que coletasse a resposta de Saussure a seu questionário sobre audição colorida. A pesquisa nessa área havia começado para valer na Alemanha na década anterior,[58] e Flournoy a retomara em seu recém-criado laboratório de psicologia na Université em 1890, antes de sua nomeação de cátedra.[59] Em retrospecto, não é difícil imaginar o interesse científico em um tópico inspirado pelo poema *Voyelles* [*Vogais*], escrito no final de 1871 ou início de 1872 por Arthur Rimbaud, de 17 anos, especialmente com a atenção renovada à sua escrita após a notícia da morte do poeta em 1891. Os estudos de sinestesia desse período, entretanto, não mencionam Rimbaud, que com seus colegas *poètes maudits*[*] estava além dos limites da polida discussão acadêmica.[60]

Ao questionário de Flournoy sobre a audição colorida, Saussure deu uma resposta extraordinariamente detalhada, de 650 palavras. Flournoy a publicou na íntegra, apresentando-a como a ilustração definitiva de como as respostas sinestésicas idiossincráticas podem ser. Atribuindo-a ao "eminente linguista, Sr. X",[61] Flournoy destaca a resposta de Saussure para explicar por que ele a excluiu da análise quantitativa realizada nas outras 700 respostas. Apenas Saussure não associa as cores nem às letras nem aos sons, mas à combinação dos dois.

> Creio não poder responder à pergunta (sobre a cor das vogais) nos termos em que foi colocada. Aqui está a situação como eu a vejo:
> Escrevemos em francês a mesma vogal de quatro maneiras diferentes em terr*ain*, pl*ein*, mat*in*, ch*ien*. Agora, quando essa vogal é escrita *ain*, vejo-a em amarelo

[*] A expressão "poetas malditos" dá título à obra de Paul Verlaine (1884) em que o autor retrata a vida de Tristan Corbière, Arthur Rimbaud e Stéphane Mallarmé. Os malditos eram aqueles que, desde a juventude, incompreendidos, viviam de forma a questionar os valores da sociedade. (N. da T.)

pálido como um tijolo malcozido ao fogo; quando está escrito *ein*, parece-me uma rede de veias violáceas; quando está escrito *in*, não sei mais que sensação de cor evoca em meu espírito e estou inclinado a pensar que não evoca nenhuma; finalmente, se está escrito *en* (o que só acontece depois de um *i* precedente), todo o grupo *ien* me lembra um emaranhado de cordas de cânhamo ainda frescas, ainda não tendo adquirido o tom esbranquiçado da corda usada.

Esse parágrafo sobre o som /ɛ̃/ em suas várias grafias é textualmente marcante de uma forma que parece explicar mais do que talvez realmente explique. Ao relatar ver *ain* como "amarelo pálido como um tijolo malcozido ao fogo", é difícil não pensar no produto assado prototípico e uma das duas palavras francesas mais comuns com *ain*. Embora Saussure não mencione o "*pain*" [pão], que também é uma espécie de amarelo pálido quando mal assado, sua presença parece palpável. Quando diz que *ein* "parece-me uma rede de veias violáceas", a palavra usada para identificar a associação visual está presente – *veines* [veias] – e contém as letras *ein*, ainda que nessa palavra não se pronuncie /ɛ̃/; *veines* é /vɛn/, sem a vogal nasal. No entanto, o elemento visual *ein* está presente nas veias violáceas.

Quanto a Saussure estar inclinado a pensar que *in* "não evoca nenhuma" sensação de cor, é uma coincidência o fato de que o termo funciona como um prefixo negativo? Parece apropriado que a sensação que deve evocar em sua mente não seja nada. E, embora possa ser uma conjectura exagerada, *in* também é a vogal tônica de seu nome Mongin, que nunca usou. Ele oferece a própria análise de sua sinestesia:

> Não parece, portanto, ser a vogal como tal, isto é, tal como existe para o ouvido, que evoca uma certa sensação visual correspondente. Por outro lado, também não é a visão de uma determinada letra ou grupo de letras que evoca essa sensação. É antes a vogal enquanto contida nessa expressão gráfica, é o ser imaginário formado por essa primeira associação de ideias que, por outra associação, me parece dotado de uma certa *consistência* e de uma certa *cor*, às vezes também de uma certa *forma* e um certo *odor*.
> Esses atributos de cor e outros não se prendem, em outras palavras, a valores acústicos, mas sim a valores ortográficos, que involuntariamente transformo em substâncias.

Saussure entra em mais detalhes sobre como o *a* é esbranquiçado, quase amarelo, e tem a consistência de uma casca de ovo quebrada, que pode rachar ainda mais quando pressionada. Em contraste, *ou* (que foneticamente em francês é /u/) é um veludo cinza; enquanto, com o mesmo som em alemão, escrito com a letra gótica u, "a sensação é basicamente a mesma, mas incomparavelmente menos forte".

As associações inconscientes estavam se tornando uma forma padrão de explicação na década de 1890, mas o fato de serem baseadas em experiências pessoais e privadas impedia a investigação por métodos desenvolvidos para registrar e analisar fenômenos objetivos. Para Saussure, sua sinestesia estava fundamentada na ligação entre a forma acústica e a forma gráfica da vogal. As duas juntas formam um "ser imaginário" – uma entidade que tem uma existência psicológica em sua imaginação – por meio de uma primeira associação das "ideias" que representam. Embora Saussure não o aponte, esses seres imaginários, já meio acústicos e meio visuais – cruzando assim as fronteiras dos sentidos – são *intrinsecamente sinestésicos*. Parece, portanto, menos lógico que sejam esses seres, e não apenas os sons ou as letras, que entrem em associações adicionais de natureza sensorial, evocando as imagens mentais de consistências, cores, formas e odores particulares.

Os termos *associação*, *sensação* e *correlação* que figuram na discussão de Saussure eram todos proeminentes no associacionismo de origem britânica que dominou a psicologia de língua francesa nas últimas décadas do século XIX. Saussure emprega o vocabulário de maneira casual e confortável, o que sugere não um estudo profundo do assunto, mas o tipo de familiaridade adquirida com a leitura de artigos dirigidos ao público geral e com discussões de salão.[62] Ele não tem a pretensão de analisar suas próprias reações do ponto de vista psicológico, mas simplesmente as registra em detalhes e oferece observações analíticas apenas sobre a relação do som-ideia falado com sua contraparte escrita e o ser imaginário que eles compõem em conjunto.

O único termo marcadamente "saussuriano" no texto é "valor". As associações sinestésicas, diz ele, vinculam-se a valores ortográficos, não a acústicos. O "valor ortográfico" parece significar a mesma coisa que "a vogal enquanto contida nessa expressão gráfica" – em outras palavras, o ser imaginário. O fato de as ideias que compõem os seres imaginários de Saussure operarem apenas no nível da "figura vocal", o significante, distingue a análise que faz de sua sinestesia do que Flournoy tem a dizer sobre ela. Ao discutir a imprecisão das associações sinestésicas, Flournoy faz uma analogia com o sentido das palavras:

> Mais simplesmente ainda, que se pense no modo de existência mais comum dos sentidos das palavras na leitura, na conversação, na fala interior. Essas palavras são

> compreendidas, seu valor é apreendido pelo espírito, na ausência de imagens correspondentes adequadas.[63]

A expressão "fala interior" ecoa o livro de Egger de 1881, que foi central para a compreensão psicológica da linguagem no mundo francófono nas duas últimas décadas do século XIX e parece ter colocado o pensamento linguístico de Saussure em uma nova direção. O uso do *valor* por Flournoy pode ter sido inspirado pelo próprio uso que Saussure fez dele em sua resposta ao questionário.

Continuando com sua análise, Flournoy afirma o princípio da arbitrariedade do signo linguístico, que geralmente será creditado às aulas posteriores de Saussure, embora, como mostrado em capítulos anteriores, ainda fosse ensinado como parte da tradição geral da gramática na educação genebrina nos tempos de Flournoy e de Saussure.

> A palavra é arbitrária, convencional, e só se liga à ideia pelo vínculo direto, mas puramente superficial e cortical, se posso dizer, que a repetição acaba criando entre os centros ou plexos correspondentes; a conexão do signo com a coisa significada é artificial e resulta da associação habitual. Por outro lado, a relação do fotismo com o fenômeno auditivo é natural, essencialmente fundada [...] sobre os efeitos psicológicos idênticos que eles provocam nas profundezas do organismo [...].[64]

Caracterizar os fotismos como "naturais" em oposição aos signos linguísticos levanta a questão de por que os fotismos não são objeto de um consenso mais amplo. A resposta de Flournoy é que o consenso é um mero efeito de *repetição*, não estando baseado em nenhuma ligação psicológica situada "nas profundezas do organismo", como são as associações sinestésicas. A partir de sua perspectiva, a diversidade de associações de pessoa para pessoa não tem impacto em sua "naturalidade", mas apenas mostra que não apresentam um caráter convencional.

Saussure nunca se pronunciou publicamente sobre questões psicológicas, independentemente do que pensasse da análise de Flournoy. Suas observações sobre sua sinestesia pessoal foram feitas por alguém que se presta como objeto de estudo, e não como especialista, e relatadas anonimamente. Em momento algum faz a menor sugestão de que compartilhem de sua posição. Sendo assim, a linguagem – um fato social – não está implícita. Se há algo de surpreendente na resposta de Saussure ao questionário de Flournoy, é o *status* que ele atribui ao signo escrito. Nenhuma pista aqui de suas observações posteriores sobre as pronúncias ortográficas serem teratológicas, "anômalas", até mesmo "monstruosas",[65] sugerindo que não seja natural que a imagem visual de um som afete a imagem falada que deve representar. Na sua sinestesia, as duas imagens ocupam um plano muito mais igualitário, sem que nenhuma se sobreponha à outra na constituição do ser imaginário que evoca as sensações sinestésicas.

Aqui, porém, não é o linguista, mas o poeta que fala. No questionário de Flournoy, pela única vez em sua vida adulta, respondendo diretamente a uma pergunta que lhe foi feita e protegido pelo véu do anonimato, Saussure sentiu-se capaz de dar rédea solta à sua sensibilidade poética privada em um contexto público.

"Mostrar ao linguista o que ele faz"

No final de 1892, Saussure, anteriormente um prolífico escritor de cartas, começou a reclamar de uma "preguiça" que o impedia de ser um bom correspondente desde o casamento. Ele se desculpou com Paul Boyer por não ter respondido antes às felicitações de casamento enviadas em março: "Culpe apenas uma preguiça invencível de pegar a caneta para a nota mais simples; sem essa enfermidade minha vida seria feliz".[66] A maioria de nós baseia tais desculpas na vida corrida, não na preguiça; Saussure, porém, nem mesmo menciona que se tornou pai pela primeira vez havia nove dias, ou que nos últimos nove meses também teve que lidar com o colapso de sua mãe, os manuscritos de seu irmão, seus cursos e muito mais.

Nem o apologista normalmente vai tão longe a ponto de culpar sua preguiça por sua infelicidade geral – a menos que tenha uma forte veia calvinista. Ele diz a mesma coisa ainda mais incisivamente no dia seguinte, em um pedido de desculpas a Gaston Paris: "parece-me que a fatal preguiça epistolar que me atingiu quase como uma doença gradualmente me custará tudo o que prezo em muitas frentes".[67]

Ele havia completado 35 anos recentemente, idade em que Dante se viu perdido em uma floresta escura. Um ano antes, Saussure ainda era solteiro; agora era um *pater familias*, com todas as responsabilidades que isso implica. Um ano atrás, sua mãe estava em casa e passando bem; agora ela havia deixado o círculo familiar. A visão expressa em suas aulas inaugurais deu lugar ao árduo trabalho de ensinar alunos iniciantes em sânscrito. Os manuscritos de "Sobre a essência dupla" que rascunhava com alguma esperança foram deixados de lado enquanto suas crescentes obrigações universitárias preenchiam o espaço mental necessário para resolver os problemas.

Uma nova responsabilidade aparecia, nesse momento, no horizonte, o que consumiria muito de seu tempo e energia nos próximos dois anos – e iria curar sua epistolofobia, pelo menos temporariamente, porque o deixou sem escolha a não ser escrever dezenas de cartas. Na sessão de encerramento do Nono Congresso Internacional de Orientalistas, realizado em Londres, em setembro de 1892, sob a presidência de Max Müller, decidiu-se aceitar o convite de Édouard Naville para realizar o Décimo Congresso em Genebra, em 1894.[68] Naville, é claro, não tinha intenção de fazer todo o árduo trabalho organizacional; os presidentes nunca o faziam. Esse era o trabalho dos secretários, função que coube a colegas mais jovens, no caso Saussure, com quem Naville dividia a grande casa de Malagny, e Paul Oltramare, agora professor substituto na Université, cujo trabalho na história das religiões o aproximava dos textos em sânscrito.

Saussure sempre manteve distância dos círculos orientalistas. Entretanto, muitos dos linguistas que mais respeitava se autodenominavam orientalistas, incluindo Whitney, Ascoli e James Darmesteter. Os dois últimos haviam comparecido ao Congresso de Londres. Nenhum dos neogramáticos de Leipzig estava presente – em parte talvez devido ao atrito que eclodiu entre os orientalistas alemães e franceses no congresso anterior, em Estocolmo, que resultou no apoio dos franceses à candidatura inglesa em detrimento de uma rival alemã.[69] A disputa não terminou aí, porém, porque após o sucesso da candidatura de Londres, conquistada pelo relativamente obscuro anglo-húngaro Gottfried Leitner, fundador de um Instituto Oriental em Woking, um grupo dissidente de importantes orientalistas ingleses convocou uma reunião informal no Museu Britânico, em que votaram para dispensar Leitner e nomear Max Müller em seu lugar. Foi esse grupo que organizou o Congresso de Londres em 1892. Leitner, a despeito do ocorrido, seguiu em frente com seus próprios planos e realizou o Congresso "oficial" de Londres em 1891, e seus aliados, embora menos poderosos academicamente do que o grupo em torno de Max Müller, negaram que a reunião de 1892 tivesse qualquer autoridade para decidir onde o próximo congresso ocorreria. Todos sabiam de tudo isso porque a imprensa internacional se apropriou da história, mas o Comitê de Genebra a considerou uma bobagem inconsequente que poderia ser tranquilamente ignorada.

Começou a se formar na mente de Saussure a ideia de que o Congresso de Genebra pudesse ser a ocasião para fazer o grande avanço que almejava há mais de uma década: a prova da correção do sistema fonético que havia apresentado no *Mémoire*, com base na evidência da acentuação lituana. Por volta dessa época, ele encontrou uma referência a um artigo recente de Adalbert Bezzenberger contendo observações sobre a entonação lituana que Saussure julgou ser "metade justas, metade falsas".[70] Isso o convenceu da urgência de tornar pública sua própria visão sobre o assunto, que considerava mais bem desenvolvida.

Ao retomar as suas notas lituanas, acrescido do imperativo por novas publicações em vista de uma candidatura ao cargo de professor ordinário na Université, Saussure decidiu, antes de tudo, terminar o artigo sobre a acentuação lituana que entregou à Société em 1889, em vez de segurá-lo por mais tempo. Prometeu a Louis Duvau, seu ex-aluno que o substituiu como editor das publicações da Société, que o entregaria em breve.[71]

Na verdade, Duvau ficou à espera do texto por mais de um ano, antes de finalmente receber o que estava em vigor no rascunho original que Saussure havia escrito em 1889, com a adição de apenas um parágrafo sobre um ponto relativamente menor e um anúncio no final comunicando uma segunda parte que se seguiria.[72] A grande revisão ainda poderia chegar a tempo do congresso. Saussure esperava persuadir outros linguistas parisienses importantes além de Darmesteter a comparecer – o sucesso do congresso em geral, e o da sua própria contribuição em particular, poderiam finalmente justificar, aos olhos deles, sua decisão de retornar a Genebra.

Em outubro de 1892 teve início o segundo ano do ensino de Saussure em Genebra, pouco depois da internação de sua mãe e apenas algumas semanas depois de outro triste marco: a morte de Renan, em 12 de outubro, coincidentemente o 400º aniversário da chegada dos europeus às Américas. No ano letivo de 1892-1893, os cursos de Saussure eram os de fonética grega e latina, história do verbo indo-europeu e elementos da língua sânscrita. Sechehaye, que foi aluno dos três,[73] lembrou mais tarde que as aulas de gramática sânscrita eram mantidas em estreito paralelo com os outros cursos.[74] Tojetti e três outros alunos também estavam matriculados em um ou dois dos cursos,[75] e agora Bally era também provavelmente um frequentador regular. O semestre de verão seria, no entanto, o último de Sechehaye, pois partiria no outono para estudar em Leipzig, como o próprio Saussure havia feito.

A esperança que Saussure havia expressado a Gaston Paris, de que suas turmas cresceriam graças a um fluxo de alunos alemães e suíço-alemães provenientes dos cursos ministrados por Muret, começou a se concretizar em seu terceiro ano de ensino, 1893-1894. Três estudantes alemães se juntaram a

Tojetti no curso de sânscrito, que se estendeu pelos dois semestres.[76] A essa altura, o trabalho de organização do Congresso Internacional de Orientalistas estava atingindo seu auge. Saussure convenceu seu velho amigo Émile Odier a servir como tesoureiro. Também faziam parte do Comitê Organizador muitos nomes conhecidos: Léopold Favre, Lucien Gautier, Jules Nicole, o primo de Saussure, Max von Berchem, e mais dois primos distantes, Alfred Boissier e François Turrettini, ambos membros da Société Asiatique de Paris. Além do professor de linguística da universidade, Joseph Wertheimer. Com tanto apoio pessoal no Comitê, Saussure tinha certeza de que poderia atingir seu objetivo de reorientar o congresso para que, como disse a Antoine Meillet, entre as áreas especializadas participantes, "a das línguas indo-europeias estivesse fortemente representada em relação aos congressos anteriores".[77]

Infelizmente para Saussure, alguns dos linguistas parisienses que mais esperava que comparecessem estavam enviando suas desculpas, inclusive Gaston Paris.[78] Não menos angustiante foi descobrir que suas tentativas de escrever sobre o sistema de acentuação lituano de maneira precisa e consistente encontravam os mesmos obstáculos que todos os seus outros grandes projetos desde a terceira parte abandonada de sua tese de doutorado. A epistolofobia do ano anterior metamorfoseava-se num "desgosto" geral pela escrita. Ele expressou isso a Meillet em uma carta que, por sua franqueza, mostra o alto nível de confiança que passou a sentir em seu ex-aluno.

> Mas eu estou enojado com tudo isso e com a dificuldade que há em geral em escrever somente dez linhas tendo o senso comum em matéria de fatos de linguagem. Preocupado sobretudo desde muito tempo com a classificação lógica desses fatos, com a classificação dos pontos de vista sob os quais nós os tratamos, eu vejo cada vez mais a imensidade do trabalho que deveria ser feito para mostrar ao linguista *o que ele faz*; reduzindo cada operação a uma categoria prevista; e, ao mesmo tempo, a grande vaidade de tudo que se pode fazer finalmente em linguística.
>
> É, em última análise, apenas o lado pitoresco de uma língua, aquilo que faz com que ela difira de todas as outras como pertencente a determinado povo tendo determinadas origens, é esse lado quase que etnográfico que conserva para mim um interesse: e precisamente eu não tenho mais o prazer de poder me lançar nesses estudos sem reservas, e de gozar de um fato particular ligado a um meio particular.
>
> Sem cessar, a inépcia absoluta da terminologia corrente, a necessidade de reformá-la e de mostrar com isso que espécie de objeto é a língua em geral tem estragado meu prazer histórico, embora eu não tenha nenhum desejo mais caro que o de não ter de me ocupar da língua em geral.

> Isso terminará, à minha revelia, em um livro em que, sem entusiasmo nem paixão, eu explicarei por que não há um só termo empregado em linguística ao qual eu atribua um sentido qualquer. E apenas depois disso, confesso, poderei retomar meu trabalho do ponto onde eu o havia deixado.
> Eis uma explicação, talvez estúpida, para dar a Duvau por que, por exemplo, deixei arrastar por mais de um ano a publicação de um artigo que não apresentava, materialmente, nenhuma dificuldade – sem, no entanto, conseguir evitar expressões logicamente odiosas, porque isso exigiria uma reforma decididamente radical.[79]

Esse não era um bom presságio para o novo artigo com o qual planejava relançar sua carreira em nove meses. A reforma radical o iludiu durante toda a sua vida adulta, e agora percebia que não poderia fazer mais nada até que a realizasse.

Os meses que antecederam o congresso seriam repletos de complicações. Após um progresso lento no ano anterior, sua mãe teve um revés devastador, com uma crise descrita por sua irmã Blanche Naville como "tendo durado mais tempo em sua intensidade do que as anteriores".[80] Mas houve também complicações felizes: no início de 1894, Marie soube que estava grávida mais uma vez. O segundo filho nasceu em 2 de agosto, em casa, em Malagny. O menino foi batizado de Raymond-Maximilien-Théodore, os dois últimos nomes em homenagem aos tios favoritos de Ferdinand. Raymond, por outro lado, rompeu com a tradição – um nome medieval que voltou a se popularizar nos últimos anos, como parte do Renascimento Neogótico.

Notas

1 "Allocution de M. Albert Sechehaye" (em Marie dS. (org.). *Ferdinand de Saussure (1857-1913)*. Genève, Imprimerie W. Kündig, 1915 (p. 60)), em que o título do curso é dado como "Gramática comparada de grego e latim". No entanto, há uma variação considerável quanto ao título do curso. Markus Linda, em "Kommentiertes Verzeichnis der Vorlesungen F. de Saussures an der Universität Genf (1891-1913)" (*Cahiers FdS*, vol. 49, 1995/1996, pp. 65-84 (p. 76)), o registra como "fonologia grega e latina", enquanto em sua aula inaugural (CLG/E, p. 5) o próprio FdS diz que "*histoire*" [história] faz parte do título, embora o termo "gramática comparada" seja mais amplamente utilizado. Sechehaye lembrou que Tojetti era o único outro aluno além dele, mas, conforme observado abaixo, outros dois foram registrados.

2 Para os títulos dos cursos, ver: Linda, 1995/1996, p. 76. Para o registro de Sechehaye neles, ver: Fryba-Reber, A.-M. *Albert Sechehaye et la syntaxe imaginative: contribution à l'histoire de la linguistique saussurienne*. Genève, Droz, 1994 (p. 190).

3 "Allocution de M. Albert Sechehaye", p. 61.

4 *Idem, ibidem.*

5 Os manuscritos estão em BGE Ms. fr. 3951, com exceção do "Extrato 17", que está em Ms. Cours univ. 433. Os excertos aparecem em "Notes inédites de F. de Saussure", editado por Robert Godel (*Cahiers FdS*, vol. 12, 1954, pp. 49-71 (pp. 65-67), e em Godel, *Les sources manuscrites du Cours de Linguistique Générale de F. de Saussure* (Genève, Droz, 1957 (pp. 13, 37-9)). A primeira publicação completa foi em CLG/E (pp. 3-14), que continua sendo a versão definitiva publicada, visto que a reimpressão em ELG carece do aparato crítico.

6 FdS, primeira aula na Université de Genève, curso de fonologia grega e latina, novembro de 1891 (em CLG/E, vol. 2, fasc. 4 (N 1.1, passagem 3283), p. 3; ELG, p. 130).

7 FdS, primeira aula, em CLG/E (N 1.1, passagem 3281 = Extrato 17), pp. 4-5; ELG, p. 130.

8 Regnaud, P. *Observations critiques sur le système de M. de Saussure*. Gray, Haute-Saône, Bouffaut Frères, 1891.

9 *Idem*, pp. 6-7; Desmet, P. *La linguistique naturaliste en France (1867-1922): Nature, origine et évolution du langage*. Leuven/Paris, Peeters, 1996 (p. 378, n. 50); ELG, pp. 130-131.

10 FdS, primeira aula, em CLG/E (N 1.1, passagem 3281 = Extrato 17), p. 5; ELG, pp. 131-132.

11 FdS, segunda aula na Université de Genève, curso de fonologia grega e latina, novembro de 1891, em CLG/E (N 1.2, passagem 3284), p. 8; ELG, p. 138.

12 FdS, Neuchâtel, para Gaston Paris, Paris, 30 de dezembro de 1891 (em DÉCIMO, M. "Saussure à Paris". *Cahiers FdS*, vol. 48, 1994, pp. 75-90 (p. 80)). Ver também: Vessélinov, D. *Les étudiants bulgares de Ferdinand de Saussure*. Sofia, Ciela, 2008.

13 Décimo, 1994, p. 80.

14 FdS, Malagny-Versoix, para Paul Boyer, Paris, 30 de dezembro de 1892 (em Décimo, 1994, p. 86).

15 ELG, p. 15. Uma edição crítica dos manuscritos está sendo preparada por Alessandro Chidichimo.

16 ELG, p. 44.

17 A página datada é AdS 372/4, f. 118, início do §18 do ELG publicado. Essa página fornece a principal evidência para datar os manuscritos de "Sobre a essência dupla", junto com duas outras páginas, AdS 372/2, ff. 54 e 58, que estão escritas no verso dos anúncios de casamento datados de outubro de 1891.

18 FdS, Neuchâtel, para Gaston Paris, Paris, 30 de dezembro de 1891 (em Décimo, 1994, p. 79).

19 ELG, p. 23.

20 Para confundir ainda mais as coisas, ao descrever o segundo ponto de vista, que não leva em conta a dualidade, FdS diz aqui que "não é diferente do ponto de vista diacrônico" – o que significa que, nessa passagem, os significados de "histórico" e "diacrônico", familiares em seu ensino posterior, estão efetivamente invertidos.

21 ELG, p. 27.

22 *Idem*, p. 30.

23 *Idem*, p. 33.

24 *Idem*, p. 35.

25 *Idem*, p. 38.

26 *Idem*, p. 43.

27 *Idem*, p. 44.

28 *Idem*, p. 52.

29 Em seu original e instigante *The Clash of Empires: The Invention of China in Modern World Making* (Cambridge, MA, Harvard University Press, 2004), Lydia H. Liu escreve: "É sabido que o linguista suíço Saussure demonstrou profundo interesse pela língua de sinais dos surdos e acompanhou de perto os novos desenvolvimentos da sinalização militar e marítima e das tecnologias telegráficas do seu tempo" (p. 8). Não há evidência de tal "profundo interesse".

30 ELG, p. 58.

31 *Idem*, p. 67.

32 *Idem*, p. 70.

33 Henri dS, *Antiquités mexicaines*. Como ele o imprimiu às suas próprias custas, e como a impressão envolvia uma litografia muito cara, pode ser que o longo atraso se devesse à falta de fundos.

34 Léon Lejeal, "Henri de Saussure", *Journal de la Société des Américanistes de Paris*, vol. 3, n. 1, 1906, pp. 97-99.

35 HAMY, E.-T. "Le Codex Becker no. 1 et le manuscrit du Cacique récemment publié par M. H. de Saussure". *Journal de la Société des Américanistes*, vol. 1, 1895-1896, pp. 171-174 (p. 171). Após a morte de Becker, em 1896, sua coleção de antiguidades mexicanas foi comprada por Georg von Haas e doada ao k. k. Naturhistorisches Hofmuseum [Museu de História Natural da Corte Real Imperial] em Viena. Em 1928, a cidade estabeleceu um Museum für Völkerkunde [Museu Etnológico] separado, e todos os acervos etnológicos, incluindo a coleção de Becker, foram transferidos para lá. O manuscrito que pertenceu a Cardozo é agora conhecido como Codex Becker I, embora às vezes seja referido pelo título de Henri, "o manuscrito do Cacique", e muito ocasionalmente chamado Codex Saussure.

36 *Almanach généalogique suisse 4*, 1913, p. 387.

37 Um convite para a cerimônia encontra-se em AdS 272/8, item 2. A conjectura equivocada de Redard em "Ferdinand de Saussure et Louis Havet" (BSLP, vol. 71, 1976, pp. 313-349 (pp. 340-341), de que os Saussure se casaram em 6 de janeiro, foi baseada na observação de FdS em uma carta a *Mme.* Havet sobre aquele ser um "dia especial" para ele e sua esposa. Mas foi a apresentação vindoura do *Festschrift* para Havet que o tornou especial.

38 Raymond dS. "Léopold de Saussure (1866-1925)". *Isis*, vol. 27, 1937, pp. 286-305 (p. 287).

39 Ver: FdS, Genebra, para Henry-A. dS, Charleston, Carolina do Sul, 11 de setembro de 1901, AdS 368/3, ff. 312. Victor dS teve duas filhas, mas tal era a importância dada à transmissão do sobrenome que deixou seus papéis para o primo distante e não para os próprios descendentes.

40 O manuscrito *Metageometry* contém a menção "Roanoke, Virgínia, 1892", então é possível que o tenha finalizado entre 19 e 31 de dezembro.

41 René dS, Roanoke, Virgínia, para FdS, Genebra, 26 de novembro de 1895, AdS 367, ff. 176-177.

42 René dS. *La structure de la réalité*. Neuchâtel et Genève, Éds Forum, s.d., prefácio assinado em 1921.

43 Em carta para Théodore dS de 29 de maio de 1892 (AdS 262, f. 187/5), René diz que são casados e pede desculpas pela demora em responder a respeito. O *Almanach généalogique suisse 4*, 1913, dá a data como 1892; isso é "corrigido" para 1893 na edição de 1943.

44 O *Almanach généalogique suisse 4*, 1913, nomeia seu pai como Henri. Em "Changes in the Corps", (*Washington Post*, 3 de novembro de 1895, p. 16), ele é referido como "Capt. H. Davin", presumivelmente seu posto no Exército Confederado. O nome da empresa que dirigia é dado no *Roanoke Times*, 19 de junho de 1892.

45 Adèle dS, entrada do diário de 19 de junho de 1895, 416/3, e *Notes et souvenirs de familles*, 1916, AdS 417.

46 René dS, Roanoke, Virginia, para Théodore dS, Genthod, 29 de maio de 1892, AdS 262, f. 187/5.

47 Ver: René dS, Roanoke, Virgínia, para FdS, Malagny, 19 de dezembro de 1892, AdS 367, f. 175.

48 René dS. "La construction des théâtres au point de vue optique". *Revue scientifique*, vol. 52 (30e année, 1893), n. 12, 16 set., pp. 353-367 ; n. 13, 23 set., pp. 393-400. Nos anos seguintes, René e Léopold contribuiriam com diversos artigos sobre uma variedade de assuntos para essa revista, dirigida por Charles Richet e também conhecida como *Revue rose*.

49 Noland tornou-se o arquiteto mais reverenciado não apenas em Roanoke, mas em toda a região, e o maior prêmio concedido pela seção da Virgínia do Instituto Americano de Arquitetos continua a levar seu nome.

50 Louise dS, Creux de Genthod, para Georges Delaye, c/o Sr. LeCoultre, Genebra, 5 de abril de 1892, em BGE Ms. Musique 295/1, ff. 25-26.

51 "Chronique musicale. Concerts". *Le Genevois*, 7 de maio de 1892 [p. 2].

52 Henriette Bréal, Genebra, para Henri dS, Genthod, 27 de junho de 1892, AdS 226, f. 2.

53 De acordo com BGE Cat. des ms. XIIC, p. 227, referindo-se a cartas em AdS 262, ela estava em La Métairie desde o outono de 1892. Isso é confirmado por Adèle dS, *Notes et souvenirs de famille*, 1916, AdS 417.

54 As notas em BGE Cat. des ms. XIIC, p. 227, apontam que, em uma carta de 29 de julho de 1894, pode-se ler que Louise teve um "*retour de tristesse mais sans acte de violence*", "retorno da tristeza, mas sem ato de violência" – sugerindo que houve atos violentos no passado.

55 Ver *The Letters of William James and Théodore Flournoy*, editado por Robert C. Le Clair (Madison, University of Wisconsin Press, 1969).

56 Flournoy, T. *Des phénomènes de synopsie (audition colorée) : Photismes – schèmes visuels – personnifications*. Genève/Paris, Charles Eggimann/Félix Alcan, 1893.

57 William James, resenha de Flournoy, *Des phénomènes de synopsie*, em *Philosophical Review*, vol. 3, 1894, pp. 88-92 (p. 89).

58 Bleuler, E. & Lehmann, K. *Zwangsmässige Lichtempfindungen durch Schall und verwandte Erscheinungen auf dem Gebiete der anderen Sinnesempfindungen*. Leipzig, Fue's Verlag, 1881. O primeiro projeto importante publicado na França foi de Ferdinand Suarez de Mendoza, *L'audition colorée : Études sur les fausses sensations secondaires physiologiques et particulièrement sur les pseudo-sensations de couleurs associées aux perceptions objectives des sons* (Paris, Octave Doin, 1890).

59 Para uma visão geral do trabalho de seu laboratório psicológico, ver Théodore Flournoy, *Notice sur le laboratoire de psychologie de l'Université de Genève* (Genève, Charles Eggimann, 1896), e Serge Nicolas e Agnès Charvillat, "Théodore Flournoy (1854-1920) and Experimental Psychology : Historical Note" (*American Journal of Psychology*, vol. 111, 1998, pp. 279-294). Alfred Binet, em "Le problème de l'audition colorée" (*Revue des deux mondes*, n. 113, 1º de outubro de 1892, pp. 586-614), apresentou a pesquisa em andamento sobre sinestesia para um grande público, dando impulso a um conjunto de projetos de pesquisa internacionais, dos quais Flournoy fazia parte. Uma visão geral muito completa do trabalho que estava sendo feito na época e dos estudos que o alimentaram é dada por William O. Krohn, em "Pseudo-Chromesthesia, or the Association of Colors with Words, Letters and Sounds" (*American Journal of Psychology*, vol. 5, 1892, pp. 20-41).

60 A primeira referência a Rimbaud que vi nesse contexto em uma revista acadêmica ocorre quando M. Daubresse, em "L'audition colorée" (*Revue philosophique*, vol. 49, 1900, pp. 300-305 (p. 304)), busca banir o tópico da investigação científica: "Arth. Rimbaud proferiu apreciações

desse tipo quando... zombava de seu público". Em sua resposta calculada, mas firme, Claparède, em "Sur l'audition colorée" (*Revue philosophique*, vol. 49, 1900, pp. 515-517), não retoma a menção de Rimbaud, mas cita um artigo do filósofo estético Paul Souriau, "Le Symbolisme des couleurs" (*Revue de Paris*, vol. 2, n. 2, 15 de abril de 1895, pp. 849-870), que se refere a Baudelaire, além de uma série de artistas plásticos e compositores.

61 Flournoy, 1893, p. 50. Itálicos no original. A identificação do Sr. X como FdS foi feita a partir das notas originais de Édouard Claparède por Mireille Cifali, em "Théodore Flournoy, la découverte de l'inconscient" (*Les bloc-notes de la psychanalyse*, vol. 3, 1983, pp. 111-131), seguido por sua "Présentation" (pp. 133-135) de "Réponse à une enquête sur l'audition colorée" de FdS (pp. 137-139, reimpresso de Flournoy, 1893, pp. 50-52).

62 Aqui também podemos localizar a fonte de algumas das ressonâncias de Taine discutidas no capítulo 5.

63 Flournoy, 1893, p. 59.

64 *Idem*, p. 60.

65 CLG/E, pp. 88-89.

66 FdS, Malagny-Versoix, para Paul Boyer, Paris, 30 de dezembro de 1892 (em Décimo, 1994, p. 86).

67 FdS, Versoix, para Gaston Paris, Paris, 31 de dezembro de 1892 (em Décimo, 1994, p. 81).

68 *Transactions of the Ninth International Congress of Orientalists (held in London, 5th to 12th September 1892)*, editado por E. Delmar Morgan (2 vols. London, Comitê do Congresso, 1893), vol. 1, p. lii. Naville não compareceu à reunião de Londres, embora estivesse inscrito.

69 O ocorrido foi amplamente divulgado na imprensa internacional; ver, por exemplo, "Squabbling Orientalists" (*The New York Times*, 18 de janeiro de 1891, p. 4), em que se relata que a disputa poderia ter sido desarmada se o Comitê tivesse apenas pensado em olhar para o outro lado do Atlântico e nomear como presidente "James" Dwight Whitney. Nenhum dos professores de FdS em Leipzig compareceu ao Congresso de Londres, embora pelo menos Hübschmann tenha se inscrito.

70 AdS 376/17, f. 1; esse caderno pode ser datado de 1892, pois se refere ao artigo de junho de 1889 para a Société de Linguistique de Paris como ocorrido três anos antes. A referência é a Adalbert Bezzenberger, "Zum baltischen Vocalismus", *Beiträge zur Kunde der Indogermanischen Sprachen (Bezzenberger's Beiträge)* vol. 17, 1891, pp. 213-227.

71 Ver: FdS para Antoine Meillet, 4 de janeiro de 1894 (em Benveniste, É. "Lettres de Ferdinand de Saussure à Antoine Meillet". *Cahiers FdS*, vol. 21, 1964, pp. 89-135 (pp. 95-96)).

72 FdS, "A propos de l'accentuation lituanienne"; sobre a adição de apenas um parágrafo: FdS. *Recueil des publications scientifiques de Ferdinand de Saussure*. Ed. Charles Bally e Léopold Gautier. Genève/Lausanne/Heidelberg, Sonor/Payot/C. Winter, 1922 (p. 490, nota de rodapé; na segunda parte a seguir, p. 512).

73 Fryba-Reber, 1994, p. 190.

74 "Allocution de M. Albert Sechehaye", p. 63.

75 BGE Ms. fr. 1599/8, f. 13. Também cursavam fonética grega e latina e história do verbo indo-europeu John Bérard, que havia feito o último curso da FdS em Paris, e F. Gardy. As listas de alunos dos cursos de FdS em Genebra foram elaboradas ao longo de muitos anos por Léopold Gautier, por meio de uma combinação de consultas a registros universitários incompletos e entrevistas com os presentes. Eles fazem parte de sua coleção de material relacionado a FdS em BGE Ms. fr. 1599. Em suas reminiscências de 1913, Sechehaye lembra que Bérard ingressou no curso, mas parece ter se esquecido de Gardy.

76 BGE Ms. fr. 1599/8, f. 13. Seus nomes eram Laupsberg, Friedlander e Sudel. Outro aluno, F. Visler, da Basileia, fez o curso de dois semestres sobre etimologia grega e latina, juntamente com o semestre de inverno sobre o verbo grego, ambos dos quais Tojetti e Bérard também participaram.

77 FdS para Antoine Meillet, 4 de janeiro de 1894 (em Benveniste, 1964, p. 95).

78 Ver: FdS, Genebra, para Gaston Paris, Paris, 26 de janeiro de 1894, lamentando que Paris não pudesse comparecer ao Congresso (em Décimo, 1994, pp. 81-83).

79 FdS para Antoine Meillet, 4 de janeiro de 1894 (em Benveniste, 1964, pp. 95-96).

80 Blanche Naville, Hyères, para FdS, Malagny, 17 de junho [1894], AdS 366, ff. 149-150.

13

1894-1899

O Congresso Internacional de Orientalistas

Os preparativos meticulosos foram feitos para garantir que os delegados do Congresso Internacional de Orientalistas fossem tratados como a realeza acadêmica. Nenhuma despesa foi poupada. Eles pretendiam deixar Genebra impressionada com suas realizações e aspirações de classe mundial em estudos orientais e com uma qualidade de vida pelo menos igual à de qualquer uma das grandes capitais europeias. Ao longo da segunda-feira, 3 de setembro, os delegados chegaram de trem, incluindo aqueles que primeiro cruzaram o mar ou o oceano e embarcaram em um trem em Marselha ou Le Havre. Mesmo esse trecho de viagem relativamente curto levou quase um dia, então nenhum evento poderia ser agendado para o dia de abertura da conferência além de um chá da tarde no Hôtel National.

Entre os presentes estava Ascoli, a quem Saussure admirava há tanto tempo, mas não conhecia pessoalmente. Bréal e Meillet vieram de Paris, assim como vários membros seniores da Société Asiatique, incluindo Regnaud. Infelizmente, o orientalista que Saussure mais reverenciava, Whitney, morrera em 7 de junho, após uma longa doença.

A dedicação e o empenho mais zelosos colocados na preparação do evento nunca eliminarão todas as chances de catástrofe, e o Congresso não escapou à sina. Tudo o que deu errado foi relatado com certa alegria pelo jornal radical *Le Genevois*, que, com sua marca registrada de ódio de classe, zombou do luxo principesco esbanjado em todos os aspectos do Congresso, ao mesmo tempo em que se orgulhava de Genebra ser a anfitriã desse evento internacional.

O primeiro desastre começou a se desenrolar bem antes do dia da abertura. Foi uma ressaca do cisma ridículo que transformou o Nono Congresso em Londres – ou melhor, os dois Nonos Congressos em Londres – em motivo de chacota internacional. O Congresso "oficial" de 1891 havia concedido o X

Congresso a Lisboa, onde um evento rival ao de Genebra foi devidamente organizado para 1893, mas teve que ser cancelado no último minuto por causa de uma epidemia de cólera, e nunca foi remarcado. Isso deveria ter removido qualquer obstáculo para o Congresso de Genebra ser reconhecido como o oficial, curando a cisão que havia começado na corrida para Londres.

No entanto, de Paris, o Barão Textor de Ravisi, Presidente do Comitê Permanente do Congresso Internacional de Orientalistas, enviou um protesto a Édouard Naville contra a pretensão de Genebra de sediar o décimo congresso da série, anunciando que ele iniciaria os procedimentos de acordo com a lei suíça de propriedade intelectual.[1] Ele também propôs uma saída: a reunião de Genebra poderia se chamar Congresso Oriental Internacional de Genebra, ou qualquer outro nome que não indicasse nenhuma conexão com a série iniciada em 1873.

Naville, Saussure e os outros que planejaram o encontro nunca levaram a disputa a sério. O fato de o Congresso de Londres de 1892 ter sido o mais potente em termos acadêmicos deixou seus rivais de 1891 parecendo tolos. Agora o comitê de Genebra optou por ignorar Textor de Ravisi, mesmo que a imprensa não o fizesse. A disputa foi, no entanto, uma distração da grande impressão que Saussure esperava causar.

A outra coisa que os organizadores do congresso não podem controlar é o clima. O chá da noite de abertura no Hôtel National foi marcado por uma tempestade dramática e, na opinião do *Le Genevois*, "não teve todo o sucesso que se esperava". Isso foi apenas o começo. Dia após dia, o céu se abria. O *Le Genevois* deu uma nota sarcástica:

> Os senhores orientalistas reunidos em Genebra podem muito bem ter errado ao persistir em chamar sua assembleia de X Congresso Internacional, ignorando os protestos do altíssimo e poderoso senhorio Barão Textor de Ravisi. Esse último, vendo que sua carta de advertência não estava sendo levada em consideração, longe disso, que nunca um congresso teve maior comparecimento, vingou-se garantindo a ajuda de um Buda disponível para abrir as fechaduras do céu para os "cismáticos". Assim, Margared e Karnac lançaram o Oceano sobre a infeliz cidade de Ys.[2]

Em sua fala de abertura do evento, Naville apontou que

> [...] a Suíça e Genebra não têm grandes glórias a reivindicar nas ciências orientais; é preciso, para falar apenas dos mortos, remontar a Calvino e continuar através

de Jean Humbert, que foi professor de árabe, Frédéric Soret, numismata e filólogo, Adolphe Pictet, estudioso das línguas arianas.[3]

Uma das reuniões naquele dia, 4 de setembro, foi a da Comissão de Transcrição, que tinha como objetivo padronizar o sistema de transcrição da escrita asiática em escrita romana. Dadas as opiniões lúcidas de Saussure sobre o assunto, era natural que Naville o nomeasse para a Comissão. Infelizmente, não contaram com a distância disciplinar entre linguistas e orientalistas, que não reconheciam Saussure como um dos seus.

Ao entrar na primeira reunião, Saussure não sabia que sua nomeação havia realmente ofendido os demais membros da Comissão, que consideravam seu direito, e não do presidente do Congresso, escolher seus colegas. Um dos membros, Johann Georg Bühler, um sanscritista intimamente associado a Max Müller, não tinha intenção de disfarçar suas objeções. As notas sinceras de Saussure sobre os encontros sobreviveram.

> Comissão de Transcrição
> (Confidencial) Primeira reunião 4 set.
> – Terça-feira, 4 de setembro. – A atitude dos membros da Comissão indica que não só não se consideram obrigados a mostrar qualquer cortesia para com um membro do Comitê Organizador, mas que provavelmente consideram necessário fazê-lo sentir que é um intruso, o que aparece em particular nas palavras do Sr. Bühler: "*Aqui, – se isso lhe interessa*", ao qual ele imediatamente recebeu a resposta (textualmente): "*Penso que sim, – já que faço parte da Comissão!*" – que ele embolsou, tentando se desculpar por não sei o quê.[4]

Após um dia cheio de reuniões e apresentação de trabalhos, os participantes da conferência foram brindados, naquela noite, com uma recepção, um concerto e um banquete de gala.[5] Mais uma vez, o evento foi atingido pela chuva. Em um congresso internacional, atualmente, os participantes em geral podem esperar por *um* banquete, pelo qual devem pagar. No Congresso dos Orientalistas em Genebra, um suntuoso banquete com entretenimento foi oferecido quase todas as noites às custas de algum órgão do governo ou de um dos organizadores. Na terceira noite, quarta-feira, o anfitrião era Naville, e seria um evento ao ar livre, uma *garden-party* – os costumes ingleses estavam tão na moda na Genebra de 1894 quanto na época de Horace-Bénédict de Saussure – no terreno do *château*, em Malagny, que Naville compartilhava com Saussure e Max van Berchem. Mas o mal tempo não deixou.

Mais cedo naquele dia, a Comissão de Transcrição realizou sua segunda reunião. O humor da Comissão, assim como o clima, começou ruim e piorou progressivamente. Saussure decidira ceder, mas em seus próprios termos. Infelizmente, apenas três dos outros membros compareceram à reunião, seu antigo professor Windisch, Bühler e o sanscritista parisiense Senart, com quem Guieysse estava prestes a empreender um projeto na época de seu suicídio.

> Segunda reunião: 5 set.
> Visto que às 15h, apesar de a reunião ter sido convocada para as 14h30, havia apenas os senhores Bühler, Senart e Windisch, e como eu estava absolutamente determinado a especificar duas coisas por declaração formal *desde a reunião de quarta-feira, dia* 5, a saber.
> a) que *eu era* membro da Comissão e que, nessa qualidade, estava depondo por escrito um dos *desiderata* da mais alta importância para a linguística indo-europeia
> b) que *depois disso* eu estava me retirando da Comissão
> foi-me necessário *ler na presença desses três membros* a declaração anexa, que por um lado tornava-se necessariamente familiar no tom, mas que permanecia muito formal, visto que eu declarava a intenção de *ler* e estava efetivamente lendo diante desses senhores as quatro folhas anexadas – (*sem nenhuma alteração*).[6]

As quatro folhas lidas por Saussure eram uma declaração de sua forte objeção à transcrição proposta pelo contingente alemão para os *r*, *l*, *m* e *n* vocálicos em sânscrito. Tal proposta colocaria um ponto sob o *r* e o *l* e nada sob o *m* ou o *n*. Os símbolos *ṃ* e *ṇ* seriam usados para outras variantes. Para Saussure, a inconsistência era intolerável e só levaria à confusão sobre que tipo de *m* e *n* estava realmente sendo transcrito. Parte de sua declaração foi incluída no relatório publicado da Comissão de Transcrição:

> É desejável, no interesse da linguística indo-europeia, e independentemente de qualquer concepção pessoal da questão, que a notação *r̥* e *l̥* prevaleça sobre a notação *ṛ* e *ḷ*, porque, na análise de qualquer língua indo-europeia, incluindo o sânscrito, as vogais *m̥* e *n̥* ocupam um lugar igual em todos os aspectos ao das vogais *ṛ* e *ḷ*; consequentemente, se *ṛ* e *ḷ* forem adotados, os linguistas serão forçados a escrever *ṃ* e *ṇ*; e, consequentemente, uma confusão será estabelecida – para *ṃ* com certas notações do Anusvâra, – para *ṇ* com a consoante retroflexa *ṇ*.[7]

A retroflexão é pronunciada com a ponta da língua curvada para trás para tocar o palato. Apesar de sua negação de qualquer preocupação "pessoal",

Saussure sempre transcreveu todos os quatro sons com círculos em vez de pontos subscritos, exatamente pelas razões descritas acima.

A Comissão reconheceu a objeção de Saussure, mas decidiu que sua proposta seria impraticável e autodestrutiva. Observaram que o contingente alemão havia deliberado sobre essas mesmas questões e, de forma independente, apresentou a mesma solução indicada pelos britânicos. Seria prudente reabrir o debate? – perguntou Senart em seu relatório. Além disso, ele destacou a importância, "para a difusão verdadeiramente ampla e geral do sistema, que, na medida do possível, ofereça aos olhos, mesmo os profanos, apenas sinais que não os desorientem ou assustem".[8] A proposta de Saussure estava entre os "*desiderata* (perfeitamente legítimos em si mesmos) da linguística" aos quais "deve-se, no entanto, renunciar, pois a pretensão de introduzi-los condenaria de antemão o empreendimento a uma lamentável esterilidade".

Essa foi uma repreensão brusca a um dos coorganizadores do Congresso. A questão, porém, foi colocada em meio a tensões entre orientalistas e linguistas e entre os vários contingentes nacionais. Apesar de tudo isso, o sistema estabelecido pela Comissão de Transcrição em Genebra, em 1894, permaneceu até hoje como o sistema internacional acordado para a transcrição do sânscrito.

As notas de Saussure relatam o que aconteceu na reunião da Comissão depois que explicou sua objeção ao uso de *ṛ* e *ḷ*:

> Após essa leitura, tive uma conversa amigável sobre o assunto com esses senhores por quase três quartos de hora, e devo dizer que eles ouviram atentamente tudo o que eu disse e discutiram seriamente. Mas, no fundo, foi com dificuldade que o Sr. Senart, por pura polidez formal, emitiu a ideia de que eu poderia, no entanto, continuar a aceitar um papel na comissão. A palavra "demissão" que pronunciei não suscitou o menor protesto, nem mesmo por deferência ao Comitê Organizador e ao Presidente que havia indicado os membros.
> Devo dizer, além disso, que essa Comissão está na mais completa anarquia; não há nem presidente nem qualquer cargo. [...] Eu era obviamente o membro suspeito que a Comissão não aceitaria e, além disso, não tinha o direito de presidir uma comissão composta quase exclusivamente por nobres orientalistas.
> [...] Esperemos, porém, para ver se, assim que a Comissão se reunir com mais membros presentes, alguém se dignará a tomar nota da minha partida.[9]

Essa foi uma das várias ocasiões em sua vida em que vemos Saussure irritado com um suposto insulto à sua posição. Ele não era excessivamente orgulhoso, mas também não tolerava de bom grado menosprezos daqueles menos dotados, mas mais poderosos do que ele. Em Paris, não lutou por uma cadeira como Regnaud, mas renunciou e ignorou aqueles que tentaram detê-lo. No Congresso, enfrentou Bühler até certo ponto – depois renunciou e ficou magoado quando ninguém o tentou deter. Se chegou a esperar que esse Congresso lhe trouxesse amplo reconhecimento e o colocasse no caminho para a carreira internacional que merecia, não esperava mais. Mas havia ainda seu artigo para entregar dali a alguns dias, e para isso suas ambições permaneciam altas.

As reuniões terminavam cedo nessas tardes de meio de semana. Toda a quinta-feira deveria ser dedicada a um cruzeiro no Lago de Genebra, mas o mau tempo forçou o cancelamento. Em vez disso, foi oferecido aos participantes um cruzeiro mais curto precedido por um piquenique improvisado. Max van Berchem fez um discurso espirituoso que ajudou muito a manter o ânimo, inclusive dos organizadores.

> Ao convidá-los para esta modesta refeição, sob o céu do Oriente que hoje nos favorece, a comissão de recepção, impelida por sua consciência, sente a necessidade de fazer aos senhores uma confissão. [...] Este lago, seus louvores cantados por todos os poetas, de Rousseau a Baedeker, este lago é apenas uma miragem obtida por processos secretos. Este admirável Mont Blanc, conquistado por De Saussure e devidamente gravado por todos os ingleses, este Mont Blanc é apenas um pano de fundo pintado. Estas águias, descendo dos picos mais altos, não passam de patos.
>
> [...] Como todos sabem, a Suíça é um deserto habitado por estalajadeiros. Para viver neste deserto, esses estalajadeiros construíram estalagens, organizaram-se em uma vasta associação chamada "Sociedade anônima para o aparelhamento da Suíça". Essa sociedade, na qual Rousseau e Byron tiveram investimentos maciços, está sediada em Genebra.
>
> Aqui somos todos acionistas: é o único negócio que ainda está em funcionamento. Agora, no ano passado, tivemos que arcar com algumas despesas consideráveis. [...] Naquele momento crítico, o Sr. Édouard Naville, há muito confiado por nossa empresa à vigilância dos templos de papelão do Vale do Nilo, o Sr. Naville teve a feliz ideia de recorrer aos orientalistas. Ele sabia que eram pessoas imaginativas, prontas para inflamar com descrições poéticas, inclinadas a ver as coisas no passado... Como dizer? Coisas... que talvez nem sempre tenham existido.[10]

Seria realmente interessante saber quem riu e quem não riu dessa última observação. No sábado, 8 de setembro, Saussure leu seu artigo sobre "A acentuação da língua lituana" para o Congresso. Voltava a pontos levantados no artigo que havia lido para a Société de Linguistique de Paris em 1889 e recentemente publicado em seu jornal. A questão central era como os três contornos entoacionais da acentuação lituana – grave em vogais curtas, circunflexo ou agudo em vogais longas – interagiam com o local onde a ênfase recaía na palavra. Olhando para muitos pares correspondentes, como *laîk**ý**ti* e *r**ái**žyti*, Saussure notou que aqueles com a ênfase na segunda sílaba tinham algo em comum: seus tons. Mais precisamente,

1. Sempre que a *segunda* sílaba fosse tônica, haveria uma vogal aguda e
2. a sílaba átona que a precedesse possuiria um grave ou circunflexo.

Por outro lado,

3. Sempre que a *primeira* sílaba fosse tônica, esse padrão tonal nunca ocorreria.

Isso sugere que essas palavras originalmente não pertenciam a classes morfológicas distintas, como Kurschat presumia, mas à mesma classe. Em um estado anterior e pré-histórico da língua,[11] a ênfase sempre recaía na sílaba anterior:

*l**aî**kýti   _r**ái**žyti_

No estado de língua para o qual estão disponíveis os primeiros textos escritos, a interação entre tom e acento já havia se manifestado. O acento seria retirado de uma sílaba com vogal grave ou circunflexa e realocado na sílaba seguinte, se essa possuísse uma vogal aguda:

*laîk**ý**ti → laîk**ý**ti

O resultado foi que nesse estado posterior da língua parecia haver duas classes diferentes de palavras:

*laîk**ý**ti   _r**ái**žyti_

Entretanto, na realidade, era apenas uma, sendo sua identidade disfarçada por uma mudança meramente fonológica, desvinculada de qualquer diferença de sentido. À primeira vista, isso parece um tecnicismo bastante trivial em uma língua pouco conhecida, mas Saussure reconheceu sua importância potencial. Ele simplificou bastante a gramática lituana, reduzindo as quatro classes de substantivos de Kurschat para duas (uma em que o movimento de acentuação ocorreu, outra em que a acentuação se manteve).

Além disso, Saussure estava preparado para sugerir que as entonações agudas e graves do lituano eram elas mesmas o reflexo sobrevivente dos coeficientes sonoros que ele havia postulado em seu *Mémoire*, enquanto a entonação circunflexa refletia as primeiras contrações e o grau alongado.[12]

Charles Bally, que não planejara comparecer à reunião até que Saussure o instou,[13] ficou muito impressionado com sua apresentação. Anos mais tarde, se lembraria de ter visto nela lampejos do poeta Saussure.

> No fundo, esse acadêmico, aparentemente tão impessoal, era um artista até a medula. Em sua juventude, foi fortemente atraído pelas letras, e seus íntimos conheciam alguns belos versos de sua pena. Esse sentido artístico, ele o trouxe para suas construções científicas. Quando De Saussure comunicou, no Congresso de Orientalistas de 1894 em Genebra, suas descobertas sobre as entonações lituanas, que causaram tamanha agitação, teve-se a impressão, ao vê-lo traçar seus esquemas no quadro-negro, de um matemático demonstrando um teorema, e, no entanto, pela elegância sóbria, suas demonstrações produziam uma sensação quase estética.[14]

É extraordinário perceber que esse foi o primeiro e último artigo que Saussure apresentaria em uma conferência internacional. Foi mais desconfortável para ele do que Bally percebeu, e talvez apenas o imperativo de uma decisão futura sobre a nomeação para uma cadeira permanente garantiu que realizasse essa apresentação. O resumo de seu artigo nas atas do Congresso diz o seguinte:

> O lugar do acento foi constantemente deslocado de uma sílaba quando o acento repousava sobre uma sílaba suave [circunflexa] (dita por Kurschat *geschliffen*), ela própria seguida por uma sílaba rude [aguda] (*gestossen*) e, nesse caso, o acento mudou para a sílaba rude. Pode-se formular a lei: "Suave tônica + rude átona resulta em suave átona + rude tônica". Todos os esquemas, até o momento fantásticos, de declinação e conjugação tornam-se repentinamente simples. O Sr. De Saussure demonstra isso com a declinação de *žol*ė⊠, com seus quatro paradigmas tônicos, cujas formas ele reduz a dois paradigmas, um móvel, o outro imóvel.[15]

Enfim, Saussure tinha uma lei linguística a seu favor. Os livros didáticos de indo-europeu ainda incluem a Lei de Saussure, conforme formulada naquele resumo. No contexto das carreiras e dos linguistas do século XIX, eis que lhe chega o sucesso – uma ideia revolucionária, de validade verificável pelo exame da gramática do lituano, e que veio para colocar ordem onde antes não havia, exatamente o que se espera de uma lei. O *Mémoire* criara uma ordem muito maior a partir de um caos muito maior, mas o sistema ali proposto não era verificável empiricamente. Muito tinha que ser aceito com base na fé, não apenas nos coeficientes sonoros hipotéticos, mas na crença de que todos os fatos deixados sem solução acabariam sendo resolvidos. Tal fé não era difundida. Embora os relatos sobre a vida de Saussure apresentem o *Mémoire* como uma grande e duradoura conquista, fato é que já se passaram décadas desde que o consenso dos indo-europeístas aceitou suas propostas básicas. A Lei de Saussure, por outro lado, permanece nos livros, e provavelmente assim se manterá.

Na noite de sábado, outra recepção principesca foi realizada no *château* da família Van Berchem em Crans.[16] Previsivelmente, as chuvas retornaram por volta das seis da tarde, tornando-se torrenciais. Na segunda-feira seguinte, houve mais uma festa no jardim, dessa vez organizada pelo parente de Saussure, Agénor Boissier, e sua esposa em seu *château* em Chougny. O filho deles, Alfred, era um orientalista iniciante que havia recentemente acompanhado Ernest Chantre em uma expedição à Anatólia central, que será discutida em uma seção posterior. Dessa vez, finalmente, o tempo estava excelente.[17]

E tudo terminou bem na noite de terça-feira com o banquete formal de encerramento para os delegados oficiais de cada país participante.[18] A mesa principal incluiu vários membros do *Conseil d'État* e do *Grand Conseil*, o Grande Rabino Wertheimer, Naville e os presidentes de cada seção do Congresso, e os delegados nacionais, incluindo Maspéro e Jules Oppert da França. Saussure certamente compareceu a esse banquete, embora não estivesse sentado à mesa principal, devido ao seu *status* relativamente mais baixo. Naville agradeceu e elogiou as autoridades do cantão e da cidade por seu generoso patrocínio e, principalmente, pelas recepções que ofereceram.

Então, um dos participantes, entre os mais ilustres presentes, embora não sentado à mesa principal por não ser um delegado oficial, ofereceu outro brinde. Bréal saudou o trabalho de Ferdinand de Saussure, descrevendo-o como "o fundador de uma escola genebrina de linguística". Anos depois, Bally, lembrando Saussure do acontecimento, disse: "Recordo que sua modéstia recebeu essas palavras com um ceticismo sorridente".[19] O ceticismo sem dúvida compareceu, não isento de algum embaraço, pois os presentes de sua própria Université sabiam que, se se podia dizer que uma "escola" estava se formando, ela quase não tinha alunos.

A favor e contra Whitney

Três membros da American Oriental Society participaram do Congresso de Genebra, incluindo seu vice-presidente, C. Howell Toy.[20] A presença deles ajuda a explicar por que, em 10 de novembro de 1894, Saussure recebeu uma carta de Herbert Weir Smyth, do Bryn Mawr College, secretário da American Philological Association, convidando-o a contribuir com um artigo para o Whitney Memorial Meeting agendado para 28 de dezembro na Universidade da Pensilvânia, na Filadélfia. Seria um evento conjunto de orientalistas e filólogos, juntamente com a Modern Language Association e quatro outras organizações relacionadas.[21] Whitney havia sido o primeiro presidente da American Philological Association quando essa se separou da American Oriental Society em 1869,[22] três anos depois de a Société de Linguistique de Paris ter se separado da Société Asiatique.

Um convite inicial para participar foi provavelmente feito a Saussure pelos estadunidenses no Congresso de Orientalistas, quando lhes contou sobre seu grande apreço pelo trabalho de Whitney. O ensino e as obrigações familiares impediram sua viagem, mas ele poderia enviar um artigo para ser lido na reunião e publicado no planejado volume memorial.

A participação de Saussure precisava da aprovação de Charles Rockwell Lanman, protegido de Whitney, que organizava o Memorial Meeting – daí a carta formal de convite, datada de 29 de outubro. Para surpresa de Saussure, a carta pedia especificamente uma avaliação de Whitney como filólogo comparativo. Saussure não era de forma alguma a escolha óbvia para fornecer tal análise. Seu único trabalho notável em filologia comparada apareceu 15 anos antes e mal mencionava Whitney, e nenhum outro de seus textos publicados tratou com alguma densidade do trabalho de Whitney. O breve encontro que tiveram não levou a uma correspondência constante.

Além disso, Saussure não considerava Whitney um filólogo comparativo.[23] Saussure provavelmente começou a esboçar seu artigo antes de receber a carta, o que o deixou em uma situação embaraçosa.[24] Ele poderia recomeçar e tentar atender ao pedido, ou poderia prosseguir com sua ideia original e explicar o mais educadamente possível às sociedades eruditas estadunidenses por que, se consideravam Whitney um filólogo comparativo, não compreendiam realmente sua maior figura.

As notas de Saussure mostram que tentou a segunda abordagem – mas o tempo era curto. Seu ensino incluía três cursos em vez dos dois habituais, e cada um o levava a uma nova direção, exigindo muita preparação. Ele continuou dividindo seu ensino entre o sânscrito, por um lado, e as línguas clássicas, por outro. Em vez de sânscrito elementar, ele dava um curso mais avançado chamado *Leituras de hinos védicos* e estava deixando de lado o latim em favor de um curso sobre declinação grega e outro, bastante novo, sobre inscrições gregas arcaicas.

Três cursos de um ano de duração – para um total de três alunos. Tojetti foi o único a fazer todos os cursos oferecidos por Saussure em 1894-1895. A decisão de focar no grego foi determinada pelos interesses particulares de Tojetti. Um estudante alemão juntou-se a ele para inscrições em grego arcaico e um búlgaro para sânscrito, possivelmente apenas para um dos dois semestres. Só Tojetti estava matriculado no curso de declinação grega. Embora levasse muitos anos para vir a público, as baixas matrículas nos cursos de Saussure não passaram despercebidas pelo Departamento de Instrução Pública, responsável por garantir a rentabilidade dos cursos. O Departamento também não desconhecia seu frágil perfil de pesquisador. Ajudou o fato de ele estar servindo como bibliotecário da Faculdade de Letras, dando-lhe uma carga de trabalho diária para decidir quais livros encomendar, administrar o orçamento, lidar com alunos que não devolviam livros e muito mais. O que o Departamento não podia ver era o cuidado intenso que dedicava a essas funções e à preparação de seus cursos, fosse para um ou para muitos alunos.

As notas para o artigo sobre Whitney sugerem que Saussure pode ter retornado aos seus manuscritos de "Sobre a essência dupla", escritos havia alguns anos, dada a recorrência aqui da ideia de que a língua é "fundamentalmente dupla" e a linguística é uma "ciência dupla" com uma "dualidade fundamental".[25] Para Saussure, Whitney foi o único linguista de seu tempo a ver que uma língua é uma instituição humana, cujo propósito é unir a dualidade essencial entre a diferença de som e a diferença conceitual. A língua não institui um conjunto particular de sons ou um conjunto particular de conceitos; deter-se nisso leva os linguistas a supor erroneamente que tudo o que pode ser "natural" sobre a linguagem lhe é essencial, e não acidental. A instituição da linguagem existe para alinhar quaisquer conjuntos de sons e conceitos existentes em um determinado ponto no tempo. Saussure escreveu:

> Alguns iluminados diziam: "A linguagem é algo inteiramente extra-humano e em si organizada, como uma vegetação parasitária espalhada pela superfície de nossa espécie". Outros: "A linguagem é algo humano, mas como uma função natural". Whitney disse: "A linguagem é uma instituição humana". Isso mudou o eixo da linguística.[26]

Os "iluminados" são os naturalistas, de Schleicher e Max Müller a Regnaud. Proclamar que a linguagem é "em si organizada" quer dizer que ela é organizada por seu passado. Na visão romântica, em que toda a história de uma língua ou de um povo está contida em embrião em sua origem e se desenrola inexoravelmente ao longo dos séculos, o tempo é na verdade trivial – talvez até uma ilusão. Se, por outro lado, a linguagem não existe fora do humano e nem é inteiramente auto-organizada, ela é um produto histórico, com ênfase tanto no "produto" quanto no "histórico".[27] De fato, Saussure faz aqui uma distinção que não fará nos mesmos termos em outro lugar, entre a "ciência da língua", que, como a própria língua, só possível se "se abstrair o que precedeu", e a "linguística", que só existe "com a condição precisamente oposta".[28]

Saussure concordou com Max Müller que os sentidos das palavras são trazidos à existência quando a palavra é criada e não antes. Porém, sustentou com Whitney, contra Müller, que a criação de uma palavra nada mais é do que o estabelecimento de uma ligação institucional arbitrária entre uma estrutura sonora e um sentido. A segunda hipótese, emitida por Whitney, supera a primeira, sem que a primeira esteja errada.

Mas qual é a natureza dessa "ligação institucional"? Saussure encontrou a resposta para essa questão crucial no oitavo capítulo de *The Life and Growth of Language*, no qual Whitney dá sua justificativa para a criação da linguagem. Ele a baseia em dois conceitos muito modernos, comunicação e associação, e em um critério científico moderno, a simplicidade de explicação, que carregava um valor particular no contexto pós-darwiniano.

> Na realidade, o fim ao qual ela tende é encontrar um signo que possa a partir de então estar estreitamente ligado a um conceito, e empregado para representá-lo na comunicação e nos processos mentais. Procurar outra coisa seria, de fato, inútil, quando o laço pelo qual todo vocabulário se liga à mente é, em cada indivíduo, um laço puramente convencional.[29]

Conforme observado no capítulo 9, a ideia de laço, de associação, desempenhou um papel central no trabalho de Bain, a principal figura da psicologia de língua inglesa na segunda metade do século XIX. Na teoria de Bain, a associação é o mecanismo primário pelo qual a mente opera. A simplicidade da teoria foi talvez o que mais chamou atenção. Entre outras coisas, explicava como a mente humana poderia ter evoluído a partir do animal. Outro apelo para Whitney foi que uma mente que funciona por associação pode ser facilmente concebida como pré-linguística. Quando Whitney comenta que "procurar outra coisa seria, de fato, inútil", ele quer dizer que a associação, em oposição à racionalização mais profunda no estilo de Max Müller, é toda a explicação que a psicologia científica da época exigia.

O associacionismo descende diretamente da concepção de Mill de que toda consciência é apenas uma questão de diferença, que Saussure encontrou por meio do trabalho de seu irmão René. Em suas notas para o artigo sobre Whitney, Saussure escreveu:

> Tanto quanto ousamos dizer, a lei absolutamente final da linguagem é que nela nada há que possa residir em *um* termo (em consequência direta do fato dos símbolos linguísticos não terem relação com o que devem designar), que *a* é impotente para designar qualquer coisa sem a ajuda de *b*, como esse sem a ajuda de *a;* ou que os dois valem por sua *diferença* recíproca, ou que nenhum deles vale [...] senão por esse mesmo plexo de diferenças eternamente negativas. Nós nos admiramos. Mas onde estaria, na verdade, a possibilidade do contrário? [...]
> Não se vê com muita facilidade, mas com igual clareza depois de se refletir, que é precisamente porque os termos *a* e *b* são radicalmente incapazes de chegar como tais às regiões da consciência – que percebe apenas a *diferença a/b* [...].[30]

Whitney apontou que os processos de criação e mudança da linguagem não são realizados de maneira totalmente "consciente". Ele utilizou "consciente" em um sentido já um pouco antiquado em sua época, referindo-se a ações realizadas para um propósito específico, em vez do sentido mais moderno de estar disponível para introspecção.[31] Mesmo que a linguagem se destine à função geral de comunicar e realizar ações, nenhuma palavra é criada ou alterada com um objetivo mais específico que esse.

Apesar de toda a importância que Saussure dá à visão institucionalista da linguagem de Whitney, ele tende a moderar o que tal visão sugere sobre a naturalidade. Outras instituições além da linguagem

> [...] são todas baseadas (em graus diversos) sobre as relações NATURAIS das coisas [...]. Por exemplo, o *direito* de uma nação, ou o sistema político, ou até

> mesmo a moda da sua roupa, até mesmo a caprichosa moda que estabelece a nossa indumentária e que não pode se afastar um instante sequer do dado das [proporções] do corpo humano.[32]

A comparação pode levar as pessoas a pensar erroneamente que as inovações na linguagem seguem alguns princípios encontrados nas profundezas do espírito humano.

Há ainda outro ponto fundamental sobre o qual Saussure discorda de Whitney, que apenas articulou 14 anos depois, mas deve ter percebido já em 1894. Ao eliminar o papel da consciência, Whitney não a substitui por um inconsciente mais sistemático. Em 1908, Saussure lamentaria em notas preliminares que "[o] americano *Whitney*, que eu reverencio, jamais disse uma única palavra sobre esses mesmos assuntos que não fosse correta, mas, como todos os outros, ele não imagina que uma língua exigiria uma sistemática".[33]

A busca por uma sistemática é caracteristicamente saussuriana e está por trás daqueles aspectos de seu pensamento que dariam origem ao estruturalismo do século XX. Se o modernismo inicial de Whitney atraiu Saussure, foi, por outro lado, o modernismo mais tardio de Saussure que gerou suas divergências com Whitney.[34]

Mesmo quando repreendeu Whitney por não seguir sua hipótese até uma conclusão lógica, Saussure reconheceu, no entanto, que foi a colocação do problema pelo estadunidense que possibilitou seu desenvolvimento. Em Whitney, o genebrino encontrou o único linguista que compartilhava sua visão fundamental do sistema linguístico como uma instituição social composta de signos arbitrários, pertencentes à comunidade e não ao indivíduo, que apenas participa dela.

Pesares e infortúnios

Quando completou 37 anos, no outono de 1894, Saussure havia sofrido uma série de reveses profissionais paralisantes, em parte culpa de outros que não conseguiram entender seu trabalho, mas principalmente devido ao perfeccionismo que tornou impossível para ele defender e desenvolver suas ideias por escrito de uma forma que atendesse aos seus próprios padrões. A sua vida pessoal também passava por dificuldades, sobretudo com os graves problemas de depressão nervosa que levaram a mãe a separar-se da família. Suas esperanças frustradas de um brilhante casamento parisiense foram, no entanto, compensadas pelo lar feliz e solidário que desfrutou com Marie e seus dois filhos, no afetuoso ambiente familiar em Malagny. Naquele outono, Marie ficaria grávida mais uma vez, a terceira vez em menos de três anos de casamento.

Seu pai estava um pouco mais tranquilo agora que Louise estava fora. René e Horace desistiram de seus interesses no escritório de arquitetura em Roanoke, e René decidiu passar vários meses de 1894-1895 em um rancho na América do Sul, provavelmente deixando sua esposa Jeanne para trás com sua família em Baltimore.[35] Também pode ter sido nessa época que Louis, agora com 23 anos, tenha ido morar em uma fazenda na província de Buenos Aires, Argentina, chamada La Bella Suiza, de propriedade de um suíço chamado Francesco Riat. Louis gostou de Riat, que se preparava para nomeá-lo responsável por uma de suas plantações depois de alguns meses de aprendizado. Escreveu a Théodore dizendo que, embora as condições fossem básicas e o trabalho intenso, estava se divertindo e aproveitando ao máximo as oportunidades oferecidas.[36] Quanto a Horace, ao menos era casado, ou algo parecido, o que dava certa estabilidade em sua vida.

Ferdinand estava tão envolvido com os preparativos do Congresso que poucas vezes teve oportunidade de visitar seu pai durante esse período. Sua tia Blanche Naville enviou bilhetes contando como Henri estava. Em particular, mencionou como uma visita de Léopold em junho de 1894 foi o suficiente para deixar Henri em péssimo estado.[37] Embora seu filho estivesse prosperando em sua carreira naval, a tensão entre os dois persistiu, e Léopold desfrutava de um prazer mordaz em aborrecer seu pai. Depois do fim do Congresso e do nascimento do pequeno Raymond, Henri foi reinstalado em Genebra, e Ferdinand passou a visitá-lo com mais frequência com sua esposa e seus filhos.

Nessa época, Henri começou a desenvolver uma nova obsessão. O caso do capitão Alfred Dreyfus não atraiu muita atenção quando esse foi acusado de traição pela primeira vez, condenado e enviado para a Ilha do Diabo. Só gradualmente se tornou uma causa célebre, e foi então que a judeidade de Dreyfus passou a ser uma questão importante. Em 9 de novembro de 1894, o jornal de direita fervorosamente católico *La libre parole*, editado por Édouard Drumont, declarou que todos os judeus estavam por trás do traidor Dreyfus. Um artigo da edição de 24 de novembro referia-se, em particular, à invasão da França por "hordas judaico-alemãs", e parece ter sido esse fato que provocou um rascunho de carta endereçada ao editor do *La libre parole* que consta do caderno em que Saussure estava esboçando suas ideias para o texto planejado ao volume memorial de Whitney.[38] Lê-se:

> Ao senhor editor do *La libre parole*. Paris.
>
> Senhor
>
> Dos dois principais erros de que toda a França estava imbuída com relação aos judeus, Drumont destruiu o primeiro. Ele estabeleceu que não há nenhum judeu (além de uma dezena de judeus portugueses) cujo direito à cidadania francesa remonta para além de 1792, no máximo; e que, em geral, é muito mais recentemente, por exemplo, por volta de 1830, que esses enxames de parasitas deixaram Frankfurt para descer sobre Paris.
>
> Resta o outro erro, difundido com toda a seriedade por nossos judeus, que, se eles vieram sobrecarregar as nações ocidentais, é porque o imperador Tito, filho de Vespasiano, lhes causou problemas na Judeia por volta do ano 68. Que, consequentemente, nós, como herdeiros de Roma, não temos do que reclamar, mas devemos começar a ver as consequências eternas da iniquidade cometida contra o povo ~~de Deus~~ de Israel há 1.800 anos.
>
> Isso faria todo o sentido se fôssemos persuadidos de que é porque Tito travou uma guerra na Judeia que hoje existem judeus no mundo. A verdade é que muito antes de Tito, os judeus povoaram o Império com colônias de usurários,[39]

O rascunho, que se interrompe nesse ponto, não parece ter sido concluído, muito menos enviado. Não apareceu no *La libre parole*, que em nenhum caso publicou cartas ao editor.[40] No entanto, a presença desse rascunho descartado no caderno de Saussure resultou em acusações de antissemitismo feitas a ele.

A disposição física do rascunho da carta é estranha, embora isso não tenha sido aparente para a maioria de seus leitores, que o conhecem apenas pela fotocópia que a Bibliothèque de Genève normalmente mostra a quem a solicita. O original está em um caderno grosso, cujas primeiras 29 folhas, escritas frente e verso, contêm notas para o artigo abandonado sobre Whitney. As folhas 30 e 31, que contêm o fragmento do rascunho da carta, são escritas em uma direção diferente, com o caderno girado meia-volta no sentido horário, de modo que a carta seja voltada para baixo em direção à encadernação. Também é peculiar o fato de o verso não ser usado; o rascunho vai diretamente da folha 30 *recto* para a 31 *recto*. A partir daí o caderno retoma sua direção normal, com os dois lados da folha utilizados. Essa não era a prática típica de Saussure ao mudar de assunto em um caderno ou fólio. Ele desenhava uma linha e continuava na mesma página ou passava para a página seguinte, mas não mudava de direção.

Não é apenas a disposição física que é estranha. Os sentimentos expressos não têm paralelo em nenhum outro lugar nas milhares de páginas escritas por Saussure. Não é sua retórica ou sua política que encontramos aqui. Quando ele às vezes se preocupa com uma questão política, como em um rascunho de carta sobre a disputa da fronteira venezuelana de 23 de dezembro de 1895,[41] ou em rascunhos posteriores relacionados à política britânica na Guerra dos Bôeres ou a relatos de maus-tratos a súditos imperiais na Índia ou na África, sua ira é sempre dirigida contra um governo poderoso que está pisando nos direitos de indivíduos indefesos, de qualquer origem. Também não se pode ignorar outro rascunho de cerca de três anos depois, quando o caso Dreyfus estava no auge, no qual Ferdinand se declara um "*Dreyfusiste convaincu*", um Dreyfusista convicto.[42] Em nenhum momento ele comenta sobre a identidade judaica de qualquer daqueles com quem trabalhou de perto, incluindo Bréal, que se tornaria um proeminente apoiador de Dreyfus, ao lado dos dois mais fervorosos defensores públicos de Dreyfus, Louis Havet e Gaston Paris, novamente homens com quem Saussure permaneceu próximo em espírito. A influência de Paris aumentou consideravelmente com sua eleição para a Académie Française, em 1896.

Havia, no entanto, dois homens no círculo familiar mais íntimo de Saussure com um histórico desse tipo de retórica racista: seu pai e seu irmão Léopold. No capítulo 8, encontramos Ferdinand, de volta à casa em Genebra, em 1880, tomando ditado de artigos e cartas de seu pai – na verdade, ele interrompe uma carta para Albertine dizendo: "Devo deixá-la por um momento, já que papai tem que ditar sua correspondência para mim".[43] Na década de 1890, a visão de Henri estava começando a falhar, deixando-o finalmente incapaz de ler ou escrever até que uma operação em 1903 restaurou sua visão para os dois anos restantes de sua vida. Durante esse período, precisou mais do que nunca da ajuda de seus filhos para ditar sua correspondência. Do capítulo 2, serão relembradas as cartas descaradamente racistas que Henri enviou para casa durante sua viagem às Antilhas e ao México. E a obsessão de Henri com o caso Dreyfus é evidenciada por sua enorme coleção de artigos de jornal sobre o caso, agora na Bibliothèque de Genève. No entanto, seus comentários escritos à mão em recortes de jornais sobre o caso mostram que ele também era um "*Dreyfusiste convaincu*".[44] Então, se ele realmente ditou a carta a Ferdinand em 1894, ele mudou de posição depois, talvez quando se tornaram disponíveis mais evidências de que Dreyfus estava sendo incriminado.

Quanto a Léopold, suas autoproclamadas doutrinas racistas serão discutidas no próximo capítulo. Seu nome foi levantado recentemente em conexão com o rascunho do fragmento, embora apenas para sugerir por que Ferdinand teria se interessado pelo assunto.

> Saussure tinha um irmão nas forças armadas francesas, Léopold, que [...] estava envolvido no teatro que estava sendo noticiado quase diariamente pelo *La libre parole* em sua "chronique militaire". As atenções voltaram-se para a Guerra Sino--Japonesa, assunto sobre o qual Saussure formulou suas reflexões no mesmo caderno em que aparece o rascunho da carta.[45]

Na verdade, porém, Léopold não estava no Pacífico. Ele estava em casa e escrevendo uma série de artigos sobre a Guerra Sino-Japonesa para o *Journal de Genève*.[46] A caligrafia dos dois irmãos é muito parecida, e é perfeitamente possível que o trecho do caderno acima referido seja de Léopold. As opiniões que expressa são perfeitamente compatíveis com as de seus artigos de jornal. E há algo de notável nesses oito artigos: toda vez que eles abordam o colonialismo francês no sudeste da Ásia – o assunto do livro de Léopold de 1899 a ser discutido abaixo –, a palavra *essaim* [enxame] aparece, assim como no rascunho da carta ao *La libre parole*.

Protestantes como os Saussure eram, para o *La libre parole*, inimigos não menos perigosos do Estado francês do que os judeus de quem supostamente eram aliados. Drumont protestou particularmente contra os calvinistas de Genebra, de forma mais memorável em uma edição de 1898 do jornal intitulado "Calvino nas tendas de Sem".[47] Para Léopold, que havia transferido sua lealdade para a França, isso importava menos do que para outros membros da família.

Albert Reville, cujas conferências no Collège de France Ferdinand havia assistido em 1880, observou em seu diário que "era particularmente entre os oficiais do exército que o *La libre parole* era lido assiduamente".[48] Presume-se que oficiais da marinha também o faziam, o que pelo menos explica como o *La libre parole*, que não foi amplamente distribuído, entrou na casa de Saussure e, somado ao tique estilístico do "enxame", aponta para Léopold como provável autor do rascunho de carta.

Saber que ele registrava as cartas que seu pai lhe ditava torna impossível provar ou refutar a autoria de Ferdinand do rascunho, mas é suficientemente questionável para enfraquecer a hipótese de que o fragmento revelasse algum antissemitismo profundo e oculto por parte de um homem que se destaca fortemente em seu meio familiar por estar do lado da Genebra liberal e antirracista de Henri Dunant, em vez de estar do lado de seu próprio pai e irmão, que viam a raça como essencial para o caráter humano, precisamente da maneira que Ferdinand negou explicitamente em seu ensino posterior.

Um período de graves perdas pessoais havia começado para a família Saussure. Em agosto de 1894, enquanto Louise ainda estava sofrendo com a recaída do início do ano, Jeanne, agora com 25 anos, começou a apresentar sinais perturbadores de deterioração. Ela sempre foi retraída. Blanche Naville pediu que Dr. Widemer, um velho amigo da família a quem Louise havia sido entregue, a examinasse. Blanche escreveu a Ferdinand com notícias sobre Jeanne apenas uma semana antes do início do Congresso Internacional de Orientalistas. Sua carta aponta que Widemer "se especializa fundamentalmente em doenças *nervosas*, não em doenças mentais", e diz que "posso garantir que não se trata aqui de doença imaginária, nem de hipocondria".[49]

Em março de 1895, Jules Faesch adoeceu gravemente em sua casa de inverno, a Villa Noël em Menton, na Côte d'Azur. Como era o intervalo entre os períodos letivos da universidade, Ferdinand pôde ir com Marie ficar ao lado do sogro quando ele morreu.[50] Foi a primeira morte de um de seus pais, o que também levantou a questão da herança de sua propriedade e se a viúva desejaria ficar sozinha no Château de Vufflens. O filho mais velho, Albert, ainda estava na América e não deu nenhuma indicação de que pretendia voltar. Marie herdou uma soma considerável em dinheiro de seu pai; assim, o orçamento cuidadoso de seus primeiros anos de casada não era mais necessário. Enquanto seus livros de contabilidade de 1892 detalhavam o preço de cada ovo que comprava, os de 1895 simplesmente davam um valor total para "despesas domésticas", com valores separados (e bem mais altos) listados para roupas, chapelaria e peles. A economia doméstica a que Ferdinand se acostumara desde os antigos reveses financeiros de seu pai estava finalmente chegando ao fim.

O mês de maio assistiu ao casamento em Genthod de Léopold, agora com 29 anos, com Germaine Duval, dez anos mais jovem. Foi um evento particularmente feliz porque, ao contrário de Horace ou René, sua esposa era do círculo familiar. De fato, em 1903, seu irmão mais novo, Maurice, se casaria com Bettine Faesch, prima de primeiro grau de Marie. Mas naquele ano de 1895 uma nova perda parecia seguir-se a cada feliz recompensa. Edmond Gautier, primo de segundo grau de Ferdinand, que fizera parte de seu círculo de amigos íntimos em Leipzig, morreu aos 40 anos – o tipo de perda precoce que deixa os amigos sobreviventes dolorosamente cientes de que sua vida provavelmente já passou da metade.

Em 10 de agosto, Marie teve seu bebê em casa, em Malagny. Era outro menino, que foi batizado de André Victor. Parecia que Ferdinand e Marie poderiam superar até Henri e Louise em fecundidade. Certamente qualquer preocupação de que o nome Saussure fosse extinto em Genebra agora parecia remota. Em 1895, a assistência médica havia feito grandes progressos desde a infância de Ferdinand, quando os tratamentos de água gelada de Henri podiam ser vistos como intervenções brilhantes. A mortalidade infantil não era mais tão comum e, por conta disso, os pais já não estavam mais emocionalmente preparados para ela como antes. Mesmo quando ficou claro que o pequeno André estava gravemente doente, ninguém realmente esperava o pior. Ele passou pelo primeiro mês em estado crítico e depois pelo segundo mês, passando do período de vulnerabilidade máxima. No entanto, no final de outubro, quando o novo semestre começou e Ferdinand teve que começar a viagem diária para Genebra, os médicos pareciam mais preocupados.

André morreu de cólera no dia 5 de novembro, com menos de três meses. Ele ficou com a família por tempo suficiente para que eles se apegassem profundamente a ele e ficassem arrasados com a perda. Para Ferdinand, trouxe de volta memórias cruéis da morte do pequeno Max, há 20 anos. Assim como seus pais não tiveram mais filhos depois dessa perda, Ferdinand e Marie nunca tiveram outro filho. É uma reação comum – uma autoproteção instintiva contra a pior dor que alguém pode sofrer.

A morte de André ocorreu logo após o início do semestre, e, na universidade, Ferdinand passou pelo período mais delicado de sua carreira docente em termos de número de alunos. No ano letivo de 1895-1896, havia o sempre fiel Tojetti, e mais ninguém. Tojetti foi um dos estudantes de idiomas mais sortudos que já existiu. Ele não apenas vivenciou a maior parte do ensino genebrino de Ferdinand de Saussure, mas por um ano o teve só para si, em cursos adaptados precisamente aos seus interesses. Na opinião do altamente politizado Departamento de Instrução Pública, no entanto, o povo comum de Genebra estava pagando caro demais por seu privilégio.

O ano de 1896 traria mais altos e baixos. Em março, Léopold e Germaine tiveram seu primeiro filho, uma menina que chamaram de Yvonne. Ela nasceu em Ajaccio, Córsega, onde Léopold estava temporariamente alocado. No mês seguinte, Henri e Ferdinand viajaram para lá para visitá-los.[51] Uma nova tragédia ocorreu em 25 de novembro, um dia antes do 39º aniversário de Ferdinand, quando a esposa de René, Jeanne, morreu em Baltimore. René havia retornado da América do Sul no ano anterior para assumir o cargo de professor associado de matemática pura e aplicada na Universidade Católica da América em Washington, DC.[52] Ele e Jeanne estavam casados há quase cinco anos. Em agosto, Jeanne contraiu "mania puerperal" após um trabalho de parto ao qual a criança, a primeira, não sobreviveu. Na medida em que sua condição piorava,

Albertine partiu da Inglaterra para dar apoio, mas chegou logo após a morte de sua cunhada.[53]

No campo profissional, Ferdinand teve pelo menos um pequeno aumento no número de seus alunos em 1896-1897. O curso de sânscrito atraiu, além de Tojetti, dois irmãos, Henri e Eugène Duchosal. Os três permaneceram no curso durante os dois semestres. Saussure havia anunciado o sânscrito como um "curso elementar ou mais avançado, conforme a vontade e o grau de preparo dos alunos", e acabou dando os dois, ensinando o básico aos Duchosal enquanto fazia trabalhos especializados com Tojetti. Mais de meio século depois, Henri Duchosal escreveria sua lembrança dos cursos de Saussure.

> Em um de seus cursos de sânscrito, eu era o único aluno, acompanhado por um único ouvinte. Mas isso não o desencorajou. De giz na mão desde a sua chegada, sempre de pé, nunca se apoiando em notas, cobria grandes lousas com toda sorte de vocábulos, com espantosos escólios e, sem parar, sem se virar, o olhar às vezes perdido no céu pela janela alta, dava suas explicações em voz suave e monocórdia. Segui-lo nem sempre foi fácil. Com uma erudição de causar vertigem – dizia-se que conhecia profundamente mais de 20 línguas –, demonstrou sem a menor dificuldade aparente as inúmeras influências da língua sagrada dos brâmanes sobre os meios de expressão do indo-europeu, passeando pelos mais diversos idiomas como num jardim sem limites onde com prazer colhia flores e frutos em abundância. Ele alertou seus alunos de que, para economizar tempo, presumia que eles já soubessem grego, latim, francês, alemão, inglês e italiano – o que, como era de esperar, muitas vezes não deixava de fazê-los perder o passo. (Nunca, de fato, minha *licence ès lettres*, recém-adquirida, me pareceu uma bagagem tão modesta.) Para garantir que o acompanhávamos, bem como para nos obrigar a um esforço sério, ele exigia de uma aula para outra trabalhos escritos, "lições de casa" que lhe enviávamos pelo correio, em sua casa, onde ele os examinava com um cuidado admirável. (No ano passado, em uma reunião em que muitas lembranças foram evocadas, os membros da Société Genevoise de Linguistique puderam examinar mais de quatro páginas de comentários da caligrafia do professor em um dos meus exercícios de apenas uma página.) Ele nos devolvia os exercícios corrigidos pelo correio para que pudéssemos revisá-los cuidadosamente antes da aula seguinte. Na Université pedia-nos às vezes, com o seu fino sorriso, para lermos os exercícios de sânscrito que havíamos escrito nos caracteres originais (*devanâgari*) e divertia-se ao ver-nos desamparados, boquiabertos, perante o nosso próprio trabalho, perante esses sinais complicados; então, a nosso pedido, pegando nossos cadernos, ele os lia em voz alta com a mesma facilidade como se tivessem sido apresentados a ele em letras latinas.

> Nada poderia ser menos banal do que sua forma de apreciar nosso trabalho. Quando notava alguma dificuldade especial evitada, era generoso em seus elogios, apesar da abundância de erros, mas também ocorria o inverso, pois certos erros tinham a capacidade de exasperá-lo. Um dia, depois de ter me dito – coisa muito rara – que eu só tinha cometido um erro numa folha comprida, anunciou-me com um tom triste que me tinha, no entanto, dado a nota zero porque, num caso inadmissível, eu tinha confundido um *a* curto com um *a* longo![54]

Para o grego, Saussure deu um curso com um foco que lhe era incomum: o léxico de Hesíquio, com estudos das formas importantes para a gramática e a dialetologia gregas. Aqui Tojetti foi acompanhado por um alemão e uma romena, Cécile Mizzea, a primeira aluna que Saussure ensinou.

Também foi anunciado um curso de gramática gótica e da interpretação de Úlfilas, fazendo com que Saussure retomasse o assunto de seus anos em Paris e potencialmente atraísse estudantes das línguas germânicas. Saussure nunca havia se aventurado nessa área nos anos em que a cadeira de línguas germânicas – aquela que ele mesmo foi instado a assumir – foi ocupada por Bernard Bouvier. Mas, em 1895, Bouvier a havia desocupado para a cadeira de literatura francesa. A partir desse ponto, o ensino de Saussure geralmente incluiria um curso de alto-alemão antigo ou outro assunto germânico. Mas nesse primeiro ano, 1896-1897, nenhum aluno foi registrado para a gramática gótica e a interpretação de Úlfilas. Parece que, em vez disso, Saussure dobrou as horas do curso de grego para seus três participantes.

Artigos para a Indogermanische Forschungen *e outros escritos*

O fim do período concedido ao posto de professor extraordinário se aproximava. No entanto, Saussure não conseguiu nem mesmo finalizar uma versão escrita de seu artigo para as atas do Congresso. Seria humilhante não apenas para ele e sua família, mas para todos que o apoiaram na Université, se ele não recebesse uma cadeira ordinária. Ele abandonou a segunda parte planejada e anunciada no final de seu artigo sobre a acentuação do lituano no jornal da *Société* e, em vez disso, concentrou sua atenção em dois artigos para a *Indogermanische Forschungen*, considerada em grande medida a revista de maior prestígio no campo. Era também a revista dos neogramáticos, de quem se ressentia por não terem apreciado seus primeiros trabalhos; mas agora estava preparado para jogar o jogo deles. Esses foram os dois únicos artigos que publicou em uma revista acadêmica, além daqueles publicados pela Société de Linguistique de Paris. Cada um ocupa apenas 12 páginas na coleção de publicações de Saussure de 1922.

Os dois artigos eram sobre o lituano, embora apenas um tratasse da acentuação. O primeiro apareceu no volume de 1894 da revista, dedicada a Leskien, seu primeiro professor de lituano.[55] Nele, Saussure se concentrou no sistema de declinações, motivado talvez pelo desejo de mostrar à Université que o trabalho que desenvolvia, além da direção fonológica, apresentava também uma direção morfológica. O texto discordava do coeditor da revista, Karl Brugmann, que em *Litauische Volkslieder und Märchen* [Canções folclóricas e contos de fadas lituanos] mencionou em uma nota que a desinência nominativa plural e genitiva singular *-ens* era uma característica antiga da língua que remonta ao período "antedialetal".[56] Nesse período, afirmou Brugmann, já haveria ocorrido um desenvolvimento maior em que o *n* desapareceu da desinência, deixando a vogal anterior nasalizada. Saussure mostra que, com ou sem a nasalização, a desinência *-ens* era "absolutamente impossível" em protolituano, e que sua forma completa original *-enės* é atestada em textos do século XVI e mesmo do século XVII.[57]

Logo no início, Saussure reconhece as dificuldades de saber o que é autêntico nos textos e o que foi adulterado para torná-los mais antigos – uma prática entre alguns editores comparável à fabricação de móveis pseudoantigos. Ele propõe que a solução está em considerar as formas não isoladamente, mas como parte de um todo textual: "O valor de uma forma está inteiramente no texto do qual é extraída, isto é, na totalidade das circunstâncias morfológicas, fonéticas e ortográficas que a cercam e a iluminam".[58]

A discussão a seguir mostra um conhecimento enciclopédico do material sobre o dialeto lituano publicado até aquele momento. Aqui há muito mais para se basear do que na pesquisa de acentuação, uma vez que as terminações são sempre indicadas enquanto as entonações não o são. Suas observações críticas sobre determinados textos, incluindo até mesmo o primeiro texto conhecido em lituano, o *Catechismusa prasty szadei* [Palavras simples do catecismo] (1547), de Martynas Mazvydas, sendo "infelizmente escrito no triste dialeto de Memel", não deixam dúvidas sobre seu pessimismo acerca da possibilidade de estabelecer qualquer conclusão confiável na história fonológica do lituano.

O segundo artigo, de 1896, reafirma a lei de Saussure nos termos mais claros possíveis e reivindica sua prioridade autoral.[59] Mais uma vez, ele se esforçou para entrar na conversa: o artigo inclui um pós-escrito que começa com: "Ao preparar estas linhas, não sabia do livro recente de M. H. Hirt, *Der indogermanische Akzent*". Hermann Hirt afirmou, sem atribuir a Saussure, que "as desinências rudes atraíram para elas o acento de uma raiz suave".[60] Com medo de estar prestes a perder sua lei, Saussure fez todos os esforços para reforçar sua reivindicação anterior. Ele insistiu que Hirt realmente não entendia o fenômeno e que ele próprio já havia declarado a lei impressa várias vezes, começando com seu artigo para a Sociedade, apresentado oralmente em 1889 e publicado em 1894. Porém, o foco desse artigo estava em outro lugar, na relação putativa entre os tons lituanos e o *r̥* vocálico sânscrito, mas a afirmação mais relevante – "ele resulta da lei desenvolvida mais adiante (Acentuação) que o acento não poderia recair sobre *nê-* se a sílaba seguinte fosse rude" – ficou escondida em uma nota sobre o infixo participial.[61]

Saussure possuía uma reivindicação melhor, a que foi apresentada no resumo impresso de seu artigo que apareceu em um dos fascículos das atas do Congresso de Orientalistas em 1895, mas esses não foram amplamente distribuídos, e atas completas (novamente incluindo apenas seu resumo, não o artigo completo) não chegariam à impressão até 1897. Em sua reivindicação contra Hirt, o genebrino parecia se agarrar a uma tábua de salvação. No entanto, em uma das poucas vezes em sua vida profissional, o destino sorriu para ele. O tempo estabeleceu a lei como sua, considerando-se apenas a anterioridade das observações de Fortunatov e o fato de que elas também compreendiam as línguas eslavas, de modo que em sua forma balto-eslava mais ampla a lei é chamada de Lei de Saussure-Fortunatov.

Ainda assim, o verdadeiro objetivo de Saussure com a pesquisa sobre a acentuação lituana – elaborar uma prova do sistema hipotetizado em seu *Mémoire* – permaneceu fora de alcance, pela medida de seus próprios padrões de exigência. As evidências se mostraram elusivas. Quanto mais fontes de dados ele buscava, mais confusão encontrava. Era óbvio que os linguistas que transcreveram dados lituanos ao longo das décadas tinham entendimentos do sistema de entonação que eram parciais em ambos os sentidos da palavra: incompletos e inclinados a registrar o que esperavam ouvir, ignorando nuances que supunham sem sentido. Nos piores casos, eles ouviam apenas os recursos que sustentavam suas hipóteses e nenhum que os desafiasse. Sobre a fonte mais afinada com as entonações, Saussure escreve, com evidente frustração, que Baranowski

> [...] não esconde que o estado com que está esboçando a tabela é uma espécie de norma ideal da qual muitos dos dialetos se distanciam, e ele não teme em admitir que nenhum corresponde completamente. Poder-se-ia desejar mais detalhes sobre o modo como essa média interdialetal é deduzida.[62]

Outro dos sonhos há muito acalentados por Saussure estava prestes a se esvanecer.

Ao mesmo tempo em que escrevia o artigo sobre a acentuação lituana, Saussure preparava uma resenha da *Kritik der Sonantentheorie* [Crítica da teoria das sonantes], de Johannes Schmidt, também para a *Indogermanische Forschungen*.[63] Porções do rascunho do artigo e da resenha às vezes são entrelaçadas nas mesmas páginas do manuscrito.[64] Cerca de 174 páginas manuscritas foram reduzidas a apenas três páginas impressas.[65] O resultado foi indiscutivelmente o melhor texto que Saussure já publicou. Mesmo seus dois textos não técnicos para o *Journal de Genève*, no início e no fim de sua carreira, parecem, por comparação, jornalísticos e irrelevantes. Aqui ele desenvolve um argumento em uma crítica que é devastadora sem ser mesquinha. Ele apoia tudo o que diz com evidências, sem obstruir seu próprio fluxo argumentativo.

A resenha começa admitindo que não fará uma análise justa do livro, e termina explicando o porquê: "é composto de argumentos completamente desconexos em que as refutações são regularmente misturadas com uma certa proporção de teses positivas e pessoais, formando um todo que é muito difícil de analisar e criticar a não ser página por página". Assim, uma escolha de foco teve que ser feita, e Saussure escolheu uma "questão muito geral e periférica" ao perguntar-se se Schmidt estava certo em tratar a "teoria das sonantes" em seu livro (ou melhor, "sua polêmica", exclama Saussure) como sendo "um objeto perfeitamente definido de antemão, como uma doutrina que pode ser combatida ou defendida". Na verdade, Schmidt nunca diz o que é essa "teoria".

Saussure verifica todas as possibilidades. Poderia "consistir pura e simplesmente em reivindicar a existência em indo-europeu dos quatro sons **ṛ, ḷ, ṃ, ṇ*; mas admitir esse fato bruto não pode constituir nenhum tipo de ponto de vista ou teoria". Um "sonantista" certamente sustentaria, por exemplo, que o *tatós* grego não era originalmente **tentós* com a mesma vogal que em *pente* [cinco]. Mas seria possível assumir essa posição mesmo sem admitir a existência de *ṛ, ḷ, ṃ, ṇ*.

Uma teoria só poderia começar quando *ṛ, ḷ, ṃ, ṇ* recebem um sentido, o que requer opô-los a outra coisa. Essa é a primeira declaração explícita e impressa do conceito de significação de Saussure sendo gerado pela diferença. Os sons aos quais eles podem se opor são *er*, *el*, *em*, *en*, ou ainda as formas mais fracas, ${}_{e}r$, ${}_{e}l$, ${}_{e}m$, ${}_{e}n$. Esse, diz Saussure, é de fato um debate importante, muitas vezes erroneamente descartado como trivial por analistas que esquecem que *ṛ*, *ḷ*, *ṃ*, *ṇ* implicam igualmente r_{e}, l_{e}, m_{e}, n_{e}.

> Há um interesse de primeira ordem, há toda uma oposição de pontos de vista, em saber se *perk-* e *prek-* se enfraqueceram identicamente em **pṛk* ou, ao contrário, diferentemente em $p_{e}rk$- e $pr_{e}k$-. Mas por qual razão? E qual é essa divergência? Ela não é, no entanto, relativa à líquida, ela é inteiramente relativa ao *e*, do tipo possível ou necessário de um *e* em indo-europeu. E essa questão é ao menos limitada às sílabas contendo uma nasal ou uma líquida? Todo mundo sabe que não é isso e que deve se tratar também de *ket-* ($k_{e}t$-, *kt-*), *ed-* (${}_{e}d$-, *d-*) e de 20 outros casos.

Por fim, e se a teoria das sonantes se referir à relação entre as sonantes *ṛ*, *ḷ*, *ṃ*, *ṇ* e as consonantes *r*, *l*, *m*, *n*? Isso leva Saussure a fazer suas declarações publicadas mais diretas sobre a pesquisa fonológica que vinha desenvolvendo na última década e meia, e a invocar a distinção entre sincronia e diacronia que estava ligada a ela.

> [Q]uando pela primeira vez uma teoria verdadeira da língua é formulada, um dos primeiros princípios a ser nela inscrito será que nunca, em nenhuma circunstância, uma regra que tem por característica se mover em um *estado de língua* (= entre 2 termos contemporâneos), e não em um *evento fonético* (= 2 termos sucessivos), não pode ter mais do que uma validade casual.

Isso é surpreendente, pois a argumentação parece ser *contrária* à análise sincrônica, descrevendo suas regras não como leis. O ponto central, entretanto, é que sincronia e diacronia não devem ser misturadas em uma análise, como Schmidt fez. Cada uma teria seu próprio domínio de aplicação.

Assim, Saussure chega ao que supõe que Schmidt mais provavelmente quis dizer com "teoria das sonantes", já que ele "a cita aqui e ali: é a ideia de paralelismo constante entre *r*, *l*, *m*, *n* e *i*, *u*. 'Tudo o que acontece com *i*, *u* acontece com *r*, *l*, *m*, *n*'. Isso pode dar uma ilusão de clareza. Mas não é difícil mostrar que temos aqui talvez uma fórmula empírica, mas absolutamente nenhum princípio". Saussure mostra o absurdo de assumir que a questão de saber se **prek-* enfraquecido para **pṛk-* ou *$pr_{e}k$- envolve qualquer simetria necessária com **wed-* > **ud-*, ou que qualquer luz seria lançada invocando tal simetria.

A resenha termina com uma homenagem ao "eminente professor berlinense" autor do livro, mas abaixo dela uma extensa nota de rodapé dá a análise detalhada de um capítulo, no qual, sem necessidade de mais comentários de Saussure, pode-se facilmente ver a falta de coerência na estrutura argumentativa da obra resenhada. Sem uma única palavra indelicada, Saussure oferece a crítica mais contundente que fez de qualquer pessoa num texto publicado. Sua revisão expõe os problemas de forma clara e sucinta, e o fato de ser uma resenha o absolveu da necessidade incapacitante de uma solução conclusiva.

Uma outra publicação menor pertence a esse período. Em algum momento de 1894 até o final de 1895, Saussure ajudou o explorador Ernest Chantre a decifrar textos que Chantre, trabalhando com Alfred Boissier, parente de Saussure, descobriu em 1893 em Euyrek, perto de Bogazköy, na Anatólia Central. Esses foram os textos "fáceis" da descoberta, uma vez que eram reconhecíveis em uma versão arcaica do alfabeto grego. Outros estavam em um sistema de escrita não decifrado, composto principalmente de cunhas colocadas em várias posições, denominado "cuneiforme".[66] Quando, em 1915, após a morte de Saussure, foi anunciado que o linguista tcheco Bedřich Hrozný havia decifrado esses textos e determinado que o idioma em que foram escritos era comprovadamente indo-europeu, o impacto na linguística foi enorme.

Os textos alfabéticos encontrados por Chantre estavam em duas pedras que haviam sido cortadas de sua configuração original e usadas na construção de uma casa. Em 1894, Chantre voltou à área, acompanhado por Boissier, e acordou com as autoridades otomanas a remoção das duas pedras para o museu em Constantinopla. Os textos foram fotografados e moldados em gesso, e foi a partir deles que Saussure trabalhou para decifrar as inscrições. O dialeto frígio arcaico em que foram escritos ainda tinha a letra digama e outras formas antigas de letras gregas muito parecidas com suas fontes fenícias.

O longo comentário de Saussure sobre o texto visa estabelecer a identidade de cada letra gravada, com um grau de precisão e detalhamento que beira o excessivo. Ele faz digressões em todas as oportunidades, talvez como uma cortina de fumaça para sua relutância em arriscar um palpite sobre o que todos os textos, exceto um pequeno fragmento, podem significar. As exceções eram sequências de letras das quais ele poderia citar ocorrências em outras inscrições. Isso lhe permite postular que, no início da Inscrição 1, FASOUSIMANMEKAS, o FASOUS é o nome de um indivíduo, e SIMAN (o S não seria necessariamente escrito duas vezes nas inscrições desse período) um nome de clã. Em uma nota de rodapé, ele sugere que essa linha *poderia* significar "VASOUS FEZ ESTE MONUMENTO", o que ele diz que seria um "resultado bastante brilhante", mas exigiria uma elisão do *n* que o frígio não admite tão facilmente quanto outros dialetos de grego.

Um conservadorismo surpreendente, timidez mesmo, em alguém que já foi tão ousado a ponto de inferir a existência de uma vogal não atestada e coeficientes sonoros no indo-europeu primitivo. Mas veja onde isso levou. Até mesmo sua tentativa de influenciar a Comissão de Transcrição do Congresso Orientalista foi rechaçada. Essas experiências pareciam confirmar a sabedoria do que lhe havia sido ensinado desde a infância na escola e em casa: não publique nada até que esteja inteiramente certo de sua veracidade e a tenha expressado perfeitamente. Isso não salva seus comentários sobre as inscrições frígias de serem tristes e absurdos, o tipo de comentário acadêmico ridicularizado por Nabokov em *Pale fire* [*Fogo pálido*]. E, no entanto, seja qual for o seu vazio, pelo menos os comentários de Saussure são *verdadeiros*. Ele está dizendo o que pode dizer e que não seja extravagante.

Em 23 de outubro de 1896, Saussure soube que finalmente alcançara um importante sucesso acadêmico. Ele foi nomeado professor ordinário de sânscrito e línguas indo-europeias na Université de Genève.

O mundo dos espíritos

O nome de Auguste Lemaître apareceu repetidamente nesses capítulos. Ele foi o menino que cresceu na casa ao lado da mansão Saussure, que mais tarde se tornou colega de classe de Ferdinand no Collège de Genève, e levou o prêmio de boas notas no ano em que Ferdinand ficou inelegível após ser pego passando bilhetes em latim. Lemaître seguiu a carreira de professor no Collège enquanto realizava pesquisas originais sobre como a linguagem se desenvolve na mente da criança, em conjunto com o trabalho do laboratório de psicologia de Flournoy na Université. Uma das linhas de pesquisa de Flournoy eram os fenômenos religiosos e espirituais, um interesse compartilhado com seu amigo William James. Alguns desses fenômenos, como os transes de xamãs, médiuns, sonâmbulos e glossolálicos, ofereciam uma janela para a mente inconsciente, mais reveladora porque se abria espontaneamente, e não pela intervenção de um hipnotizador.[67]

Na primavera de 1894, Lemaître ouviu falar de uma balconista genebrina de trinta e poucos anos chamada Catherine-Élise Müller, conhecida por suas habilidades como médium. Após suas primeiras sessões, em fevereiro de 1892, ela começou a desenvolver uma "escrita automática", da qual apenas algumas palavras eram decifráveis.[68] Em abril, entrou em transe durante uma sessão e começou a falar com vozes masculinas, incluindo a do poeta e o romancista Victor Hugo, que se identificou como protetor e guia de Élise no mundo espiritual. Ele reapareceria esporadicamente nas sessões seguintes.

Então, em agosto de 1892, uma nova figura masculina mais dominante tomou posse da voz de Élise. Chamando-se Léopold, falava com sotaque italiano e, segundo as anotações de alguém presente na época, "ele aparenta ter cerca de 35 anos de idade, e está todo vestido de preto".[69] Por mais de um ano, uma luta pelo controle de Élise aconteceria entre Léopold e Victor Hugo, até que Léopold levou a melhor.[70] A partir desse momento, Léopold se estabeleceria permanentemente como espírito protetor de Élise e, em suas palavras, seu mestre.

No início de 1894, Élise começou a manifestar a presença de outro espírito feminino ao lado de Léopold. Em uma sessão em 30 de janeiro, Léopold revelou aos presentes que aquela era a falecida rainha francesa Maria Antonieta e que Élise era sua reencarnação.[71] Assim, começou um longo "ciclo real", como Flournoy mais tarde o apelidou, se alongando por muitos anos, no qual ela falaria e escreveria em um estilo afetado do século XVIII e com sotaque estrangeiro, como a histórica Maria Antonieta, que era austríaca.[72] Mais tarde, descobriu-se que Léopold era na verdade Joseph Balsamo, também conhecido como Conde Alexandre de Cagliostro, um aventureiro siciliano do século XVIII (daí seu sotaque) cuja lenda foi mantida viva em dois romances de Alexandre Dumas.

Foi em março de 1894, não muito depois da primeira aparição de Maria Antonieta, que Lemaître conheceu Élise e começou a frequentar suas sessões, que duravam cerca de três horas.[73] Levava de meia a uma hora para Élise cair gradualmente em transe. A partir desse ponto, o que acontecia não seguia qualquer padrão definido, embora fosse típico de Léopold aparecer primeiro, como o espírito dominante. Ele transmitia mensagens oralmente, por escrito, ou por movimentos do dedo mindinho de Élise sobre um tabuleiro com o alfabeto.

Lemaître organizou pela primeira vez uma sessão espírita em sua própria casa em 28 de outubro de 1894.[74] Entre os convidados estava Madame Mégevand, uma parente de Louis Morel, ex-*Privatdozent* de Saussure. Ela estava de luto por seu filho Aléxis, aluno de Lemaître no Collège, que havia morrido três anos antes, aos 17 anos.[75] Durante a sessão, Élise teve a visão de um jovem que, ao descrevê-lo, foi facilmente reconhecido como o falecido Aléxis. Ela o ouviu falar palavras de carinho para sua mãe, mas a visão foi breve. Madame Mégevand voltou para a sessão seguinte, em 25 de novembro. Dessa vez, as coisas começaram de forma dramática. Lemaître registrou tudo em suas notas, posteriormente publicadas por Flournoy, com Élise recebendo o pseudônimo de "Hélène Smith".

> Hélène sente que está ascendendo; então a mesa dá por batidas, letra a letra: "Lemaître, o que você tanto desejou!". *Mlle.* Smith, que estava pouco à vontade, sente-se melhor; ela distingue três enormes globos, um deles muito bonito. "Sobre o que estou caminhando?", ela pergunta. E a mesa responde: "Sobre um mundo – Marte".[76]

Ela viu carros sem cavalos nem rodas deixando um rastro de faíscas enquanto deslizavam e outras maravilhas. Viu também Aléxis Mégevand, que, através das batidas de Élise na mesa, conseguiu ter uma conversa consoladora com sua mãe.

Lemaître convidou Flournoy para assistir à sessão espírita seguinte, em 9 de dezembro de 1894.[77] Flournoy foi pego de surpresa por Élise, cuja aparência e comportamento desafiaram todas as suas expectativas do estereótipo de um médium: "Sua força física é maravilhosa. Isso é necessário, de fato, para enfrentar essa profissão com que se ocupa por cerca de 11 horas por dia, quase continuamente em pé [...]. Ela é muito inteligente e altamente talentosa".[78]

No livro que publicou sobre a moça no final da década, *Des Indes à la planète Mars* [Das Índias ao planeta Marte], Flournoy escreveu que sua presença teve um impacto profundo em Élise.[79] Por um lado, o "ciclo marciano" entrou em remissão por quase 15 meses, quando as primeiras visões orientais de Élise se cristalizaram em um novo "ciclo hindu". Como o ciclo real original, que ainda estava em andamento, o ciclo hindu era interativo. O próprio Flournoy era central para o drama, e outros presentes – eventualmente incluindo Saussure – também figuravam como reencarnações de divindades antigas. Nos primeiros seis meses de 1895, soube-se que Élise estava sendo transportada em transe para o palácio de Chandragiri, na região de Kanara, no sul da Índia, em 1401. Ela se tornou a princesa árabe Simandini, esposa do príncipe Sivrouka Nayaca, que encarnou na pessoa de Flournoy.[80]

Durante a sessão de 6 de março de 1895, ela pronunciou uma frase que Lemaître transcreveu como *atiêya ganapatinâmâ*. Os outros presentes apelaram a Léopold por uma tradução, mas ele respondeu que não sabia sânscrito. Posteriormente, Flournoy buscou por algum esclarecimento com seus dois principais colegas sanscritistas, Paul Oltramare e Saussure. Ele também consultou

Auguste Glardon, um ex-missionário que falava hindustani e estava familiarizado com os antigos idiomas vernáculos conhecidos como prácritos, além de ter interesse na psicologia do espiritismo.[81] Nenhum dos três pôde dar sentido a *atiêya*, embora Oltramare tenha arriscado que "talvez seja **atreya**, que, ao que parece, serve como designação para mulheres que sofreram aborto, explicação que, no entanto, não garanto".[82] E, enquanto todos reconheceram *ganapatinâmâ* como um composto da conhecida divindade Ganapati com a palavra para "nome", Oltramare interpretou como "quem carrega o nome de Ganapati", Glardon como "nomeado por Ganapati".

Saussure se recusou a traduzir a frase, observando apenas que as duas palavras foram "construídas juntas, não se sabe como, mas não necessariamente de uma maneira falsa". O que mais o impressionou foi como foi pronunciado: "É bastante curioso que esse fragmento, que se confunde com o nome de um deus, possa ser pronunciado adequadamente com uma espécie de ênfase solene e um gesto de bênção religiosa. Isso denota, de fato, um uso inteligente e intencional". Mas Élise Müller não tinha a menor noção da língua sânscrita. Depois de muito interrogá-la, o cético Flournoy estava convencido de que ao menos ela não tinha memória consciente de ter sido exposta ao sânscrito na forma falada ou escrita em qualquer momento de sua vida.

Na sessão de 15 de setembro de 1895, Flournoy testemunhou o próximo "acesso de sonambulismo hindu", como ele disse.

ou mama priva (prira/priya?)–mama radisivou–mama sadiou sivrouka–apa tava va signa damasa–simia damasa bagda sivrouka[83]

Flournoy pediu uma tradução de Léopold, que possuía o braço direito de Élise, enquanto Simandini possuía o resto de seu corpo. Léopold novamente protestou que não sabia sânscrito, mas, após repetidos apelos, ele concordou em dar o sentido geral, o que poderia fazer interpretando os sentimentos íntimos de Élise.

Meu bom, meu excelente, meu bem-amado Sivrouka, sem ti onde buscar a felicidade?

Foi uma fervorosa declaração de amor ao avatar de Flournoy – e talvez expressasse os sentimentos de Élise em relação ao próprio Flournoy.[84]

Dessa época em diante, o envolvimento de Oltramare recuou. Glardon continuou a procurar paralelos com as línguas indianas modernas, mas foi sobretudo Saussure quem ajudou Flournoy com análises cuidadosas. Com Élise, ele foi dominado por mais um quebra-cabeça linguístico que chamaria sua atenção em vários momentos de sua vida. As declarações estavam realmente em sânscrito? Saussure assegurou a Flournoy que

> [...] certamente há nesse texto alguns fragmentos sânscritos respondendo mais ou menos à interpretação de Léopold. Os mais claros são **mama priya**, que significa *meu querido, meu amado*, e **mama sadiou** (corrigido para **sâdhô**), *meu bom, meu excelente*. O restante da frase é menos satisfatório em sua condição atual; **tava** poderia muito bem ser *de ti*, mas **apa tava** é puro barbarismo se quiser significar *pra longe de ti*. Da mesma forma a sílaba **bag** in **bagda** parece significar, independentemente da tradução de Léopold, **bhâga**, *felicidade*, mas está rodeada de sílabas incompreensíveis.[85]

Mais textos desse tipo foram produzidos na sessão de 1º de dezembro, quando Simandini brincava com seu macaco de estimação, Mitidja. Depois de dirigir-lhe algumas palavras ternas, ela disse

Adaprati tava sivrouka ... nô simyô sinonyedô ... on yediô sivrouka

Aqui Saussure pensou que a sequência *sinonyedô ... on yediô* poderia, com alguma boa vontade,

> [...] nos fazer pensar na palavra **anyediuh**, *no dia seguinte*, ou, *outro dia*, repetida duas vezes; e, por outro lado, a primeira palavra pode ser transformada em **adya--prabhrti**, *começando a partir de hoje*; que, combinadas com outras sílabas, elas mesmas convencionalmente trituradas, podem dar algo como: **adya-pra-bhrti tava, sivruka ... yôshin ... na anyediuh, anyediuh**: *a partir de hoje, de ti, Sivrouka, (que eu sou) ... mulher ...* não outro dia, outro dia – que, além disso (se é que tem algum sentido!), quase não tem nenhuma conexão com a cena.

Saussure deu aqui um passo a mais em relação a suas análises anteriores; olhar para além das quebras de palavras registradas por Flournoy permitiu-lhe ler uma suposta palavra *yôshin* dentro do ***simyô sin****onyedô* de Flournoy. Ele segue uma estratégia semelhante com o último desse conjunto de enunciados:

Mama plia ... mama naximi (naxmi?) sivrouka ... aô laos mi sivrouka

Ele apontou que *mama plia* era a mesma expressão que a anterior *mama priya* "minha amada", e *naxmi* poderia ser *lakshmî* "beleza e fortuna", com o deslizamento entre *n* e *l* que é típico de muitas línguas asiáticas. Mas entender o *aô laos mi* novamente exigia ignorar as quebras de palavras registradas, para conjecturar que essa sequência "pode conter **asmi**, *eu sou*". Saussure estava, com efeito, olhando para os enunciados de maneira "translexical", e permitindo a possibilidade de que o que foi ouvido como um *o* pudesse ser o que foi escrito em sânscrito como um *a*. Ele advertiu Flournoy: "Mas deve-se ter em mente que qualquer aparência de significado contínuo, onde me diverti procurando por ele, é no momento simplesmente um jogo".[86]

Ninguém que testemunhou os transes de Élise ficou com qualquer suspeita de que eles poderiam ser *performances* deliberadamente planejadas. Os aspectos físicos sozinhos, incluindo uma diminuição de sua frequência cardíaca para níveis quase intransponíveis, pareciam descartar isso. Ainda assim, as explicações sobrenaturais não eram as únicas possíveis. Sua audiência se dividia perfeitamente entre aqueles convencidos, como a própria Élise, de que um espírito estava se apossando dela, e aqueles como Lemaître e Flournoy, que acreditavam estar testemunhando um fenômeno psicológico. Mesmo assim, poderia ser de vários tipos: memórias profundamente enterradas de coisas que ela ouvira ou vislumbrara de forma meio consciente há muito tempo; manifestações de atavismo, vestígios físicos de memória herdados de um ancestral antigo; mensagens telepáticas que ela recebia de alguma outra pessoa viva, talvez alguém presente nas sessões que soubesse um pouco de sânscrito.

Saussure participou de cerca de quatro sessões espíritas,[87] incluindo uma em 20 de junho de 1897, na qual anotou diretamente as declarações de Élise/Simandini. Sua atitude em relação a elas evoluiu ao longo dos cinco anos em que ajudou Flournoy nessa empreitada. No início, Saussure, como Flournoy, assumiu o que ele mesmo mais tarde consideraria uma postura um tanto crédula. Com todos concordando que Élise não poderia ter sido exposta ao sânscrito anteriormente, nenhuma explicação parecia totalmente irracional. Deve-se ter em mente também que o ano de 1895, quando Saussure se envolveu profundamente com os textos sânscritos de Élise Müller, foi também o ano em que seu filho André nasceu e morreu. O último dos textos discutidos acima foi proferido três semanas e meia depois de a pobre criança ter deixado este mundo. Foi a dor de um filho perdido que trouxe Madame Mégevand à sessão organizada por Lemaître. O mesmo não aconteceu com Saussure, e, no entanto, os pensamentos de André podem ter permanecido enquanto buscava sentido naquelas declarações supostamente de outra dimensão.

A reviravolta seguinte na saga de Élise Müller começou na sessão de 2 de fevereiro de 1896, que durou mais de duas horas e meia, com a presença de Madame Mégevand. Depois de mais de um ano dominado pelo ciclo hindu, o transe de Élise a levou de volta a Marte. Flournoy registrou a cena em detalhes, usando o pseudônimo de Mirbel para Mégevand.

> Hélène levantou-se, saiu da mesa e manteve uma longa conversa com uma mulher imaginária que [...], depois de lhe endereçar a palavra em francês, obstina-se ago-

ra a falar-lhe uma linguagem ininteligível, como o chinês. Léopold nos revelou, pelo dedo mindinho, que era a língua do planeta Marte, que essa mulher é a mãe atual de Alexis Mirbel, reencarnado naquele planeta, e que a própria Hélène falará marciano. Nesse momento *Mlle.* Smith, depois de pedir a sua interlocutora que fale mais devagar para poder repetir suas palavras, começa a recitar com volubilidade crescente um jargão incompreensível, cujo início é o seguinte, tal como registrado por M. Lemaître na época, com a maior precisão possível: **mitchma mitchmon mimini tchouainem mimatchineg masichinof mézavi patelki abrésinad navette naven navette mitchichénid naken chinoutoufiche...**[88]

Em nota, Flournoy sugere que os leitores "[c]omparem com o caso de *Mlle.* Anna O., que entendia sua comitiva alemã, mas falava apenas inglês sem perceber", em uma obra pouco conhecida de 1895 de dois psiquiatras vienenses chamados Breuer e Freud.[89] Era um momento crucial no desenvolvimento da psicanálise. A diferença, claro, era que o inglês era uma língua terrena e não precisava ser decifrada. O marciano precisava, então Flournoy aproveitou a oportunidade para obter todas as informações que pôde de Élise: "Aproveitamos para questioná-la sobre uma visita que havia feito há alguns dias a M. C., [...] conseguimos identificar as quatro palavras marcianas seguintes graças ao fato de ela pronunciar os nomes próprios tais quais: **métiche S.**, *senhor S.*; **médache C.**, *senhora C.*; **metaganiche Smith**, *senhorita Smith*; **kin't'che**, *quatro*." Essa foi, nem é preciso dizer, uma sessão sensacional. Os presentes estavam ouvindo falar, presumivelmente pela primeira vez na história terrestre, a língua de outro planeta.

Algumas semanas depois, a saúde de Élise piorou, e não houve mais sessões por muitos meses. Apenas em setembro a moça foi transportada de volta a Marte e, a partir de então, teve visões marcianas espontâneas com frequência, às vezes diariamente. Após apelos de Flournoy a Léopold, na noite de 22 de outubro, Élise "traçou rapidamente, na caligrafia característica de Léopold e com sua assinatura, uma bela epístola de 18 versos alexandrinos" endereçada a Flournoy, terminando com o conselho de que ele poderia obter alguma iluminação se colocasse sua mão muito suavemente na testa de Élise e pronunciasse suavemente o nome "Ésenale". O nome não significava nada para Flournoy, mas, na sessão seguinte, na segunda-feira, 2 de novembro de 1896, ele tentou o método prescrito quando Léopold lhe indicou que era o momento certo.

Coloco minha mão na testa de Hélène e pronuncio o nome de Ésenale, ao que Hélène responde com uma voz suave, fraca, um tanto melancólica: "Ele partiu,

> Ésenale... ele me deixou só... Mas ele retornará... Ele logo retornará... Ele me pegou pela mão e me fez entrar na casa. [...] Não sei para onde Ésenale está me levando, mas ele me disse: '**dodé né ci haudan té méche métiche astané ké dé mé véche**,' mas eu não entendi... **dodé**, *isso*; **né**, é; **ci**, *a*; **haudan**, *casa*; **té**, *do*; **méche**, ótimo; **métiche**, *homem*; **astané**, *Astané*; **ké**, *quem*; **dé**, *tu*; **mé**, *tens*; **véche**, *visto*. ... Esta é a casa do grande homem Astané, a quem tu tens visto. ... Ésenale me disse isso. ... Ele partiu, Ésenale... Ele retornará... ele logo retornará... ele me ensinará a falar... e Astané me ensinará a escrever".

Esse texto era a Pedra de Roseta da língua marciana. O momento em que a tradução começa, logo após Élise dizer "eu não entendi", é quando sua voz dá lugar à de Ésenale, que permaneceria com ela pelos próximos anos como seu guia para o mundo marciano. Em uma sessão espírita em novembro de 1896, Léopold revelou que Ésenale era na verdade a reencarnação marciana de Aléxis Mégevand.[90] Essa foi outra noite em que Madame Mégevand estava presente.

Nos sete meses seguintes, Élise mencionou repetidamente em seus transes que o grande homem Astané a estava ensinando a escrever e que logo produziria textos na língua marciana.[91] As mensagens escritas finalmente começaram em 18 de junho de 1897 e apresentavam um alfabeto consistente, diferente de qualquer alfabeto conhecido, embora com a forma dos caracteres remanescentes do sânscrito devanagari, com exceção da barra superior usada para conectar as letras naquele sistema de escrita. Na produção oral e escrita combinada, Élise produziu 40 textos em marciano, com traduções fornecidas por Ésenale, começando na sessão de 20 de junho de 1897, à qual, como mencionado anteriormente, Saussure compareceu.

Naquela noite de 20 de junho, Élise começou a cantar, em uma bela melodia, terminando suas frases com vogais longas e estendidas, mantidas por 14 segundos. Ela estava sentada no chão, com Saussure ao lado dela, transcrevendo cuidadosamente, em caracteres fonéticos, seu canto.[92]

> Gâya gaya naïa ia miya gayâ briti ... gaya vayayâni pritiya kriya gayâni i gâya mamata gaya mama nara mama patii si gaya dandaryô gâya ityâmi vasanta ... gaya gayayâmi gaya priti gaya priya gâya patisi ...

Em seguida, Ésenale e Léopold honraram a "presença bastante excepcional do Sr. De Saussure". Ésenale deu uma tradução do texto marciano que Élise havia proferido havia duas noites.[93] Perto do final da sessão, Ésenale deu lugar a Léopold, que ofereceu sua interpretação do canto hindu que Saussure havia gravado, curiosamente incluindo alguns nomes que não estavam no original.

> Cante, pássaro, cantemos! *Gaya*! Adèl, Sivrouka, cantemos a primavera! Dia e noite sou feliz! Cantemos! Primavera, pássaro, felicidade! *ityâmi mamanara priti*, cantemos! amemos! meu rei! Miousa, Adèl!

Os novos nomes eram de figuras cujas reencarnações estavam presentes na sala. Adèl, um escravo árabe, era Paul Seippel, um escritor de certa importância na história e na literatura, que seria em breve notado por Romain Rolland. Miousa era Ferdinand de Saussure. Esse episódio há muito fascina os interessados em Saussure, e isso é compreensível. É um momento assustadoramente romântico: o estudioso do sânscrito transportado de seu próprio tempo para a Índia medieval de 1401, de seu próprio corpo para o de seu avatar Miousa.

Mas Saussure não aceitava nada disso. Essa sessão foi um ponto de virada para ele em seu envolvimento com Élise. As observações que ele mais tarde enviou a Flournoy sobre o canto dela mudam do fascínio cético que ele havia demonstrado até então para uma rejeição fria e bastante cínica. Sobre as falas que ele mesmo transcreveu, ele se pergunta se não foi tudo um jogo de azar.

> Quanto à questão de verificar se tudo isso representa positivamente o "sânscrito", é necessário responder evidentemente que *não*. Só se pode dizer: 1. Que é uma mistura de sílabas, no meio das quais existem, incontestavelmente, algumas séries de oito a dez sílabas, constituindo um fragmento de uma frase que tem um sentido (sobretudo frases exclamativas, por exemplo, **mama priya**, *mon bien-aimé* [meu bem-amado]; **mama soukha**, *mes délices* [meu deleite]. 2. Que as outras sílabas, de aspecto ininteligível, nunca apresentam um caráter antissânscrito – isto é, não apresentam grupos materialmente contrários ou em oposição à figura geral das palavras sânscritas. 3. Finalmente, que o valor dessa última observação é, por outro lado, consideravelmente diminuído pelo fato de *Mlle.* Smith raramente se lançar em formas complicadas de sílabas e afeta muito a vogal *a*; mas o sânscrito é uma língua em que a proporção de *a* para as outras vogais é quase quatro para um, de modo que, ao pronunciar três ou quatro sílabas em *a*, dificilmente se poderia evitar de encontrar vagamente uma palavra sânscrita.[94]

Saussure foi ainda mais longe. No que Flournoy caracterizou como "conjecturas engenhosas", Saussure sugeriu que o mesmo processo básico estava por trás do marciano de Ésenale e das expressões "Sivroukianas" – ele não estava mais preparado para chamá-las de sânscrito, mesmo quando as palavras correspondiam ao sânscrito. Isso é consistente com o que sempre sustentou sobre uma língua ser um sistema completo. Palavras individuais não geradas por tal sistema não podem ser consideradas parte da língua.

Flournoy "não estava convencido de que o processo geral, tão bem descrito pelo Sr. De Saussure, de substituir palavra por palavra os termos franceses por termos de aspecto oriental, que é certamente o processo empregado na fabricação do marciano, tenha sido usado no caso das palavras orientais de Hélène".[95] Ele suspeitava que essas últimas tivessem uma origem *visual* – que, em algum momento, mais tarde esquecido, ela havia encontrado alguns textos sânscritos transcritos em letras romanas. Sua evidência para isso foi de fato fornecida por Saussure, que apontou seu uso frequente da palavra genuinamente sânscrita *bahu* [muito] – mas pronunciada não com um /u/ final, como em sânscrito, mas com o /y/ anterior e fechado tipicamente francês.[96] Se Élise tivesse aprendido suas palavras sânscritas ouvindo-as, ela teria dito /bahu/ e escrito, *à la française*, como "bahou". Somente ao encontrar a palavra *bahu* visualmente, um falante de francês a pronunciaria incorretamente como /bahy/.

No outono de 1899, mais de dois anos após sua última análise das declarações de Élise, Flournoy enviou a Saussure as provas impressas de *Des Indes à la planète Mars* contendo seus comentários e convidando-o a fazer correções. Saussure estava prestes a partir de férias para a Inglaterra com os Marcet, então levou as provas consigo, planejando enviar as correções de volta para Flournoy. Ele não fez nada com elas durante sua estada, no entanto. Durante sua viagem de volta, preparou várias páginas de anotações, que enviou para Flournoy de Amsterdam.[97] Dois dias depois, escreveu a Flournoy de Colônia, desculpando-se por não ter devolvido as provas e alegando: "É difícil imaginar a impossibilidade de dedicar até mesmo duas horas ao trabalho nesta vida inglesa de férias; toda a organização do tempo e da própria hospitalidade é inconcebível".[98] Ele se ofereceu para ir à casa de Flournoy no final da semana.

As novas percepções de Saussure sobre as declarações de Élise foram significativas o suficiente para Flournoy inserir um acréscimo de quatro páginas em seu texto, o que significou um gasto considerável com o livro já em fase de prova: "As páginas anteriores já estavam no prelo quando o Sr. De Saussure teve uma ideia tão gentil quanto engenhosa".[99] Para dar aos leitores que não conheciam sânscrito uma noção de como era o "hindu" de Élise, Saussure compôs um texto em latim macarrônico, "o mais próximo possível da língua de Lívio ou Cícero como o sânscrito de Simandini é da dos brâmanes":

> Suponha que as seguintes palavras sejam pronunciadas em uma cena sonambúlica "romana" em vez de "hindu": – Meâte domina mea sorôre forinda inde deo inde sîni godio deo primo nomine ... obera mine ... loca suave tibi ofisio et ogario ... et olo romano sua dinata perano die nono colo desimo ... ridêre pavêre ... nove ... – aqui estão as observações a que essa passagem singular provavelmente daria origem, e que são idênticas àquelas suscitadas pelos textos hindus de *Mlle.* Smith. 1. Nenhum sentido geral apreensível se se buscar uma frase. De vez em quando, porém, algumas palavras formam uma sequência bastante boa, um segmento de frase. – 2. Cada uma tomada isoladamente, como uma coleção de vocábulos extraídos de um dicionário, algumas palavras são irrepreensíveis (como *domina*); outras meio corretas (*ogurio* etc.); outras ainda sem qualquer identidade evidente com uma palavra latina (*dinata* etc.). – 3. O texto é totalmente empobrecido na questão particular das terminações gramaticais. Não apenas não se vê nada que remeta às terminações bastante características como *-orum* ou *-ibus*, nem mesmo uma terminação consonantal qualquer como seria *-as*, *-os*, *-is*, *-us* ou mesmo *-um* ao final de uma palavra. Parece que o autor achou muito penoso o calvário de fixar o final e a condição gramatical da palavra. – 4. O mesmo sentimento parece se manifestar para além das terminações no fato de usar apenas palavras extremamente simples em seu quadro consonantal, como *do-mi-na*, evitando qualquer forma que ofereça complicação, como *octo*, *somnus*, *semper*, *culmen*.

Saussure apontou também que seu texto – sua única peça de "escrita criativa" a ser impressa em vida, a menos que se contem as observações anônimas sobre sua sinestesia no livro anterior de Flournoy – não era uma mistura de duas línguas, e que "oferece um valor preciso pelo fato de *não apresentar nada contrário ao latim*", novamente uma visão caracteristicamente saussuriana de como o valor de tipo positivo pode ser gerado por conteúdo negativo. Essa também foi a natureza de seu comentário final sobre o sânscrito de Élise:

> Esse sânscrito *nunca contém a consoante f*. Esse fato é considerável, embora negativo. O *f* é efetivamente estranho ao sânscrito; ora, em uma invenção livre, as chances seriam de 20 para 1 de criar palavras em sânscrito sem *f*, essa consoante parecendo tão legítima quanto qualquer outra se não se estivesse advertido.

Flournoy não havia notado a ausência de *f* nas falas de Élise e ficou claramente surpreso quando Saussure apontou-lhe o fato. Isso aumentou sua convicção de que Élise havia adquirido suas noções de sânscrito por meio de algum texto transliterado, do qual poderia ter intuído a ausência dessa consoante, mas não o fato de que o *u* era pronunciado de maneira diferente do francês.

Enquanto isso, ao folhear livros sobre a história da Índia em busca de informações sobre os personagens do ciclo hindu de Élise, Flournoy tropeçou em uma passagem de um livro de 1828 do obscuro Jacques Lacroix de Marlès: "Tchandraguiri, que significa Montanha da Lua, é uma vasta fortaleza construída, em 1401, pelo rajá Sivrouka Nayaca".[100] Saussure colocou Flournoy em contato com muitos indologistas europeus proeminentes, nenhum dos quais jamais tinha ouvido falar de Sivrouka ou Simandini. Portanto, foi com entusiasmo genuíno que Flournoy percebeu que seu próprio avatar não era uma invenção do inconsciente de Élise. Ele assumiu que em algum momento ela deve ter entrado em contato com a história de Marlès ou uma das fontes a que ele havia recorrido. Poderia ser tão pouco quanto seus olhos examinando rapidamente uma página enquanto espanava uma mesa sobre a qual havia um livro aberto.[101] Mas pelo menos ele não estava perdendo seu tempo com meros contos de fadas.

Quanto ao ciclo marciano, entretanto, ele estava menos confiante, depois que Saussure lhe mostrou a maneira simplista com que as sentenças francesas estavam sendo codificadas em marciano. Sentindo que havia chegado a um ponto de retornos decrescentes com Élise, Flournoy decidiu fazer uma experiência. Durante uma sessão espírita, ele explicou a Léopold por que estava convencido de que os textos marcianos eram de "fabricação terrena".[102] Léopold negou a acusação. Alguns meses depois, Flournoy tentou a mesma tática com Élise diretamente, enquanto estava acordada. Ela insistiu com veemência que ele estava errado em todos os pontos.

No entanto, suas objeções a impressionaram, pois, algum tempo depois, o ciclo marciano tomou uma nova direção, metamorfoseando-se em um ciclo "ultramarciano", com personagens adicionais e ocorrendo "em algum planeta indeterminado além de Marte".[103] Isso levou Flournoy à conclusão de que "[t]odo o ciclo marciano, com sua língua especial e seu apêndice ultramarciano, é apenas, no fundo, um vasto produto de sugestões ocasionais", de autoria de "um antigo estado infantil, menos evoluído da individualidade de Hélène, que voltou à luz, renovou sua vida e tornou-se novamente ativo em seus sonambulismos marcianos".[104] O ciclo em si, ele julgou "infantil, pueril, insignificante em todos os aspectos" – mas não hesitou em incluí-lo no sensacional título do livro que o tornou conhecido internacionalmente.

Des Indes à la planète Mars vendeu um grande número de cópias em francês e em inglês. A reação foi previsivelmente mista, com muitos, incluindo o resenhista do *Journal de Genève*, lendo-o como uma denúncia de um médium fraudulento. Flournoy foi rápido em responder ao jornal que essa não era sua intenção. No entanto, seu relacionamento com Élise esfriou,[105] e ela o acusou de a desapropriar de seus bens.[106] Flournoy escreveu-lhe explicando sobre as despesas a serem cobertas, sem mencionar o quanto Saussure havia acrescentado às despesas ao atrasar suas considerações finais até a fase de prova. Flournoy adiantou a Élise uma soma significativa como sinal de sua boa vontade; mas ela parece ter interpretado isso como uma admissão de culpa.

O curso sobre a sílaba

Em 1897, Saussure foi convidado a contribuir com aulas para um curso de férias de verão,[107] uma inovação introduzida por Bernard Bouvier para possibilitar que professores de francês estudassem na Université após o término de seus próprios semestres de ensino. Esse foi mais um passo na modernização da instituição. Saussure não menosprezou a mudança, abraçando a oportunidade que ela oferecia para ampliar seu público estudantil.

Embora o francês fosse sua língua materna, ele nunca havia tentado qualquer análise linguística dela. Havia, no entanto, passado os últimos 20 anos pensando sobre a sílaba e seus componentes. Entre suas notas, reunia um amplo material para uma teoria geral da sílaba que poderia ser útil para estudantes de qualquer língua. Saussure os expandiu de uma forma que torna difícil separar o que escreveu especificamente para essas aulas do material anterior. Algumas passagens, porém, foram claramente escritas para apresentação oral e referem-se à pesquisa que vinha fazendo nos "últimos 15 anos",[108] a quantidade precisa de tempo entre o manuscrito de fonologia do início da década de 1880 e as aulas de 1897 sobre a sílaba. Essas notas dizem também que suas observações sobre o *i* e o *u* "não são mais do que simples extratos de uma teoria completa da sílaba que há muito pretendemos publicar".[109]

Como nos manuscritos da década de 1880, Saussure acredita que a solução dependerá de uma combinação entre "a ABERTURA de diversas espécies fonológicas" e a "forma IMPLOSIVA ou EXPLOSIVA que as espécies fonológicas individuais podem ter constantemente, qualquer que seja seu grau de abertura":[110] "As espécies *i* e *u* são as únicas que possuem atualmente no alfabeto uma notação diferente, conforme apareçam sob a forma implosiva (*i*, *u*) ou sob a forma explosiva (*j*, *w*). [...] nós propomos estendê-lo a todas as espécies, usando para a implosiva as maiúsculas *T*, *N*, *R* etc". Para maior coerência, os *i* e *u* usuais serão substituídos por *I* e *U*, e – o que pode gerar alguma confusão

– os *j* e *w* usuais por *i* e *u*. Quanto à abertura, a cada som se espera atribuir um local dado em uma escala de seis graus:

Abertura	
zero	p t k; b d g
1	m
1	s f þ etc.; z v d etc.
2	r l
3	i u ü
4	e o ö
5	a

Saussure baseia sua teoria da sílaba nos efeitos produzidos por combinações particulares de explosivos. Em primeiro lugar, qualquer explosivo pode ser unido a um implosivo sem considerar a abertura. Porém, se os explosivos devem ser combinados, importa se a sequência envolve aumentar ou diminuir a abertura. Se estiver diminuindo, algumas combinações podem ser impossíveis sem que o explosivo se transforme em implosivo. Na verdade, Saussure evita dizer que algo é impossível, ou mesmo que uma determinada sequência pode ser mais difícil ou mais natural do que outra. Ele se esforça para manter a discussão no nível dos "efeitos" – articulatório, expiratório ou acústico –, sendo eles semelhantes ou diferentes.

> Suponhamos que se proponha articular *duas ou mais explosões consecutivas* estipulando que elas devem produzir um efeito único e ininterrupto na orelha. Ver-se-á, de qualquer maneira que se esforce, que isso é impossível se qualquer uma das explosões corresponder a uma abertura menor que a precedente. Assim, pode ser "possível" pronunciar *ksrj*, *tlm*, mas não pronunciar esses elementos e produzir um único efeito na orelha. Isso porque a abertura é 0.2.1.3.[111]

A hipótese parece promissora – mas, mais uma vez, como 15 anos antes, as notas começam a se interromper e finalmente não levam a lugar nenhum, além de algumas ideias que ele tenha conseguido transmitir oralmente em suas aulas.

Nos últimos anos do século, os cursos que oferecia continuavam a ser um rodízio de sânscrito, em nível adequado ao conhecimento prévio dos alunos; uma das antigas línguas germânicas (alto-alemão antigo, saxão antigo ou inglês antigo); e a gramática comparada do grego e do latim. Em outubro de 1897, Saussure viajou sozinho para a Grécia, apenas um mês após a assinatura de um armistício que pôs fim à Guerra dos Trinta Dias entre a Grécia e o Império

Otomano. Ele retornou para o início do ano acadêmico de 1897-1898, quando quatro alunos estudaram sânscrito, incluindo Tojetti, e dois estudaram alto-alemão antigo, novamente incluindo Tojetti, mas não houve candidatos para a gramática comparada das línguas clássicas. A essa altura, as coisas chegaram a um limite: seu baixo número de alunos estava causando rumores no Departamento de Instrução Pública.

Para aliviar a situação, Saussure acrescentou mais um curso à sua oferta anual, um para alunos do Seminário de Francês Moderno, outra das inovações de Bouvier, voltada para estudantes estrangeiros que vêm à Université para aprimorar o francês enquanto estudam a língua e sua literatura. O curso de Saussure sobre fonética francesa atraiu meia dúzia de alunos em 1898-1899, todos falantes nativos de alemão ou inglês. Enquanto isso, o mesmo ano viu um aumento nas matrículas em seus outros cursos, com seis alunos fazendo alto-alemão antigo, também seis fazendo gramática comparada de grego e latim, e quatro fazendo sânscrito. Pela primeira vez, Tojetti não se matriculou em todos os cursos, apenas no alto-alemão antigo. Também em um ou dois dos cursos estava o jovem primo de Saussure, Aloys Gautier, cujo pai Lucien fizera parte da "colônia suíça de Leipzig" nos tempos de estudante de Saussure.

Excepcionalmente, Saussure concordou em fazer o que provavelmente era um curso de leitura dirigida sobre "autores franceses" para apenas um aluno, Jean Debrit, durante o período de verão de 1898. A matéria principal de Debrit era geografia, ensinada por um antigo colega de escola de Saussure, William Rosier. Talvez Saussure tenha reconhecido em Debrit uma alma gêmea de seu eu mais jovem, atraído pelo estudo da literatura, mas optando por seguir um caminho diferente ou, no caso de Saussure, escolhido por ele. A gratidão de Debrit foi duradoura; ele voltará a desempenhar um papel simpático no capítulo final da vida de Saussure, no qual Rosier será o principal antagonista.

Notas

1 "Congrès International des Orientalistes". *Le Genevois*, 5 de setembro de 1894, p. 2. O *Le Genevois* não publicou números em suas páginas nesse período e, como a maioria dos jornais, geralmente mantinha seus artigos de notícias anônimos.

2 "Congrès International des Orientalistes". *Le Genevois*, 8 de setembro de 1894, p. 3.

3 "Congrès International des Orientalistes". *Le Genevois*, 5 de setembro de 1894, p. 3.

4 AdS 369/11, f. 8.

5 "Congrès International des Orientalistes". *Le Genevois*, 8 de setembro de 1894, p. 3.

6 AdS 369/11, f. 8 *recto* e *verso*.

7 Declaração de FdS citada por Émile Senart, em "Rapport de la Sous-commission pour la transcription des alphabets sanscrits et pracrits" (*Rapport de la Commission de Transcription, Xme Congrès International des Orientalistes, Session de Genève*. Leiden, impresso por E. Brill, s.d., pp. 9-13 (p. 10)).

8 *Idem*, p. 11.

9 AdS 369/11, f. 8 *recto* e *verso*.

10 "Congrès International des Orientalistes". *Le Genevois*, 10 de setembro de 1894, pp. 2-3.

11 Como o texto lituano mais antigo data apenas de meados do século XVI, sua pré-história é relativamente recente.

12 Ver: Kortlandt, F. "Historical Laws of Baltic Accentuation". *Baltistica*, vol. 13, 1977, pp. 319-330 (p. 319).

13 FdS para Charles Bally, 3 de julho de 1894, em "Correspondance Bally-Saussure", editado por René Amacker, *Cahiers FdS*, vol. 48, 1994, pp. 91-134 (p. 92).

14 Bally, C. "Ferdinand de Saussure". *La semaine littéraire*, 1 de março de 1913, reimpresso em: Marie dS. (org.). *Ferdinand de Saussure (1857-1913)*. Genève, Imprimerie W. Kündig, 1915, pp. 35-39, pp. 51-57 (p. 55).

15 *Actes du Xe Congrès International des Orientalistes*, 1897, vol. I, p. 89; FdS. *Recueil des publications scientifiques de Ferdinand de Saussure*. Ed. Charles Bally e Léopold Gautier. Genève/Lausanne/Heidelberg, Sonor/Payot/C. Winter, 1922 (pp. 603-604).

16 "Congrès International des Orientalistes". *Le Genevois*, 10 de setembro de 1894, p. 3.

17 "Congrès International des Orientalistes". *Le Genevois*, 12 de setembro de 1894, p. 3.

18 "Congrès International des Orientalistes". *Le Genevois*, 13 de setembro de 1894, p. 2.

19 Bally, C. "Maître et disciples". *Journal de Genève*, 18 de julho de 1908.

20 Os outros eram o colega semiticista de Toy, Richard Gottheil, e o especialista em iraniano Williams Jackson. Toy era um professor de divindade em Harvard, forçado a renunciar ao cargo no Southern Baptist Theological Seminary em 1879, por adotar uma abordagem muito permissiva e filologicamente fundamentada para a interpretação das escrituras e por se recusar a rejeitar a evolução darwiniana imediatamente.

21 Tratava-se da Society of Biblical Literature and Exegesis, da American Dialect Society, da Spelling Reform Association e da Archaeological Association.

22 Para uma história detalhada, ver: ALTER, S. G. *William Dwight Whitney and the Science of Language*. Baltimore/London, Johns Hopkins University Press, 2005 (pp. 104-109).

23 ELG, p. 183.

24 Supõe-se que as 70 páginas de notas que FdS escreveu para um artigo sobre Whitney devem ter sido compostas no curto período entre o recebimento da carta dos Estados Unidos, datada de 10 de novembro, e um ponto em meados de dezembro, quando ficou claro que ele não poderia concluir o artigo a tempo do evento. Na sequência de suas conversas com Toy, FdS pode realmente ter começado as anotações em meados de setembro, logo após o término do Congresso.

25 ELG, p. 180.

26 Citado por Godel (ed.), em "Notes inédites de F. de Saussure" (*Cahiers FdS*, vol. 12, 1954, pp. 49-71 (p. 59)).

27 ELG, p. 180.

28 *Idem*, p. 186.

29 WHITNEY, W. D. *A vida da linguagem*. Trad. M. A. Cruz. Petrópolis, Vozes, 2010 (p. 139).

30 ELG, p. 188.

31 Ver: JOSEPH, J. E. "The Unconscious and the Social in Saussure". *Historiographia Linguistica*, vol. 27, 2000, pp. 307-334.

32 ELG, p. 181.

33 *Idem*, p. 221. Essa passagem foi publicada pela primeira vez, com a ênfase retirada e a pontuação alterada, por Godel, em *Les sources manuscrites du Cours de Linguistique Générale de F. de Saussure* (Genève, Droz, 1957 (p. 51)). Sobre Ch.-Albert Sechehaye, *Program et méthodes de la linguistique théorique: Psychologie du langage* (Paris/Leipzig/Genève, Honoré Champion/ Otto Harrassowitz/A. Eggimann, 1908), e sobre a reação de FdS a ela, ver mais em Joseph (2000, pp. 318-321).

34 Essas discordâncias podem ter sido exacerbadas pela tradução francesa anônima de *Life and Growth of Language*, de Whitney, conforme explicado em John E. Joseph, *From Whitney to Chomsky: Essays in the History of American Linguistics* (Amsterdam/Philadelphia, John Benjamins, 2002 (pp. 44-45)). FdS cita diversas vezes o original inglês e a tradução francesa, e também pode ter conhecido a tradução alemã de seu professor Leskien, publicada em 1876, ano em que iniciou seus estudos em Leipzig.

35 Os livros de contabilidade de René dessa estada encontram-se no AdS 396/10.

36 Louis dS, c/o Franco Riat, La Bella Suiza Cel. Pringles, para Théodore dS, Genthod, sem data, em papel de carta impresso 189?, AdS 262, ff. 170-172.

37 Blanche Naville, Montchoisy, Genebra, para FdS, Malagny, 17 de junho de 1894, AdS 366, ff. 149-150.

38 A identificação desse artigo em particular como a origem para a escrita da carta foi feita por Michael Lynn-George, em "The Crossroads of Truth: Ferdinand de Saussure and the Dreyfus Affair" (*Modern Language Notes*, vol. 121, 2006, pp. 961-988).

39 A carta está em BGE Ms. fr. 3951/10, ff. 30-31. Frequentemente mencionado, foi publicado pela primeira vez por Maurice Olender, *La chasse aux évidences: sur quelques formes de racisme entre mythe et histoire, 1978-2005* (Paris, Galaade, 2005).

40 Eu li todos os números do *La libre parole* durante os seis meses de outubro de 1894 a março de 1895, e a carta não está lá. Nesse período, era raro algum jornal publicar cartas de leitores.

41 AdS 368/4, ff. 46-47. O ano não é dado na carta, mas dezembro de 1895 é quando a disputa ocorreu.

42 AdS 371/2, f. 12.

43 FdS, Genebra, para Albertine dS, Cannes, 11 de março de 1880, em BGE AdS 396/3, ff. 10-11.

44 Ver, por exemplo, suas observações furiosas na margem de um recorte do *Journal de Genève*, 30 de junho de 1898, AdS 352/6, f. 10.

45 Lynn-George, 2006, p. 971.

46 Os artigos eram publicados anonimamente, mas Léopold era o redator regular do jornal para esses assuntos. Eles aparecem no *Journal de Genève* em 17 e 25 de novembro e 2 de dezembro de 1894; e em 1º de março, 3 e 4 de julho e 20 e 22 de agosto de 1895.

47 "Calvin sous les Tentes de Sem". *La libre parole*, 15 de janeiro de 1898. Ver mais em: BRENNAN, J. E. *The Reflection of the Dreyfus Affair in the European Press, 1897-1899*. New York, Peter Lang, 1998 (pp. 23, 32).

48 Réville, A. *Les Étapes d'un Intellectuel: à Propos de l'Affaire Dreyfus*. Paris, Stock, 1898 (p. 46), citado em Lynn-George (2006, p. 971). Foi a esse diário de Reville que Ferdinand reagiu alguns anos depois no fragmento em que se autodenominava um "Dreyfusiste convaincu" – seu argumento era que, embora fosse um dreyfusista convicto, ele não estava convencido de que o diário representava as reações genuínas de Reville registradas no dia a dia.

49 Blanche Naville, Montchoisy, Genebra, para FdS, Malagny, 26 de agosto de 1894, AdS 366, ff. 145-146.

50 Ver: FdS, Menton (villa Noël), para Graziado Ascoli, 14 de março de 1895, publicado em Demetrio Gazdaru, *Controversias y documentos lingüísticos* (La Plata, Instituto de Filología, Faculdad de Humanidades y Ciencias de la Educación, Universidad Nacional de la Plata, 1967, pp. 179-184 (p. 183)); obituário de Jules Faesch, *Journal de Genève*, 16 de março de 1895.

51 Adèle dS, entrada de diário de 21 de abril de 1896, AS 416/3.

52 "University Notes". *Washington Post*, 20 de novembro de 1899, p. 4.

53 Adèle dS, entrada de diário para o Natal de 1896.

54 Duchosal, H. "Les Genevois célèbres: Notes et souvenirs sur un linguiste de génie: Ferdinand de Saussure". *Tribune de Genève*, 27 de dezembro de 1950. A descrição de Duchosal do sorriso de FdS como *fin* [fino] é intraduzível: significa "bom" em grau e refinamento, sendo o exemplo clássico o sorriso de Mona Lisa, geralmente descrito como "enigmático".

55 FdS. "Sur le nominatif pluriel et le génitif singulier de la déclinaison consonantique en lituanien". *Indogermanische Forschungen*, vol. 4, 1894, pp. 456-470; *Recueil*, pp. 513-325.

56 *Litauische Volkslieder und Märchen aus dem preussischen und dem russischen Litauen*, reunidos por August Leskien e Karl Brugman (Straßburg, Karl J. Trübner, 1882 (p. 288, nota de rodapé)). A passagem ocorre na Parte II, que retoma os estudos de Brugmann sobre a gramática e o léxico do dialeto de Godlew com base em textos coletados no local.

57 FdS, "Sur le nominatif pluriel"; *Recueil*, p. 514.

58 *Idem, ibidem.*

59 FdS. "Accentuation lituanienne". *Indogermanische Forschungen*, vol. 6 Anzeiger, 1896, pp. 157--166; *Recueil*, pp. 526-538.

60 Hermann Hirt, *Der indogermanische Akzent: Ein Handbuch* (Straßburg: Karl J. Trübner, 1895), p. 95. Hirt concentrou-se em estabelecer uma lei fonológica separada, a lei de Hirt, que se aplica tanto às línguas eslavas quanto às línguas bálticas e explica a retração do acento para a sílaba anterior se essa sílaba for fechada por uma laríngea consonantal (não sonante) em protoindo--europeu.

61 FdS, "À propos de l'accentuation lituanienne"; *Recueil*, p. 511.

62 *Idem*, p. 503.

63 FdS. Resenha de Johannes Schmidt, *Kritik der Sonantentheorie: Eine sprachwissenschaftliche Untersuchung* (Weimar, Hermann Böhlaus Nachfolger, 1895); *Indogermanische Forschungen*, vol. 7, 1897, pp. 216-219; *Recueil*, 539-541.

64 Para detalhes, ver: FdS. *Théorie des sonantes: il manoscritto di Ginevra, BPU Ms. fr. 3955/1*, editado por Maria Pia Marchese (Pádua, Unipress, 2002).

65 O título do manuscrito indica que a resenha foi originalmente destinada a cobrir também o trabalho de Sievers, mas apenas algumas referências passageiras a ele aparecem no manuscrito, e nenhuma na resenha final.

66 Outros textos semelhantes haviam sido encontrados na região anteriormente, e um tesouro real seria descoberto em 1906, rendendo uma grande quantidade deles, mas a coleção de Chantre era de importância central.

67 Em 1890, Flournoy já estava pesquisando "alucinações entre os normais". Ver: "Compte rendu des seances de la Société de Physique et d'Histoire Naturelle de Genève, Séance du 18 décembre 1890". *Bibliothèque universelle de Genève, Archives des sciences physiques et naturelles*, 3e période, t. 25, 1891, pp. 135-136 (p. 136).

68 Flournoy, T. *Des Indes à la planète Mars: étude sur un cas de sonambulisme avec glossolalie*. Paris/ Genève, F. Alcan/Ch. Eggimann, 1900.

69 *Idem*, p. 80.

70 *Idem*, pp. 82-84.

71 *Idem*, p. 337.

72 Flournoy observa que, para seus ouvidos, o sotaque trazia mais características do inglês do que do alemão, embora Élise não soubesse inglês.

73 *Idem*, p. 146.

74 *Idem*, pp. 146-147.

75 Em seu primeiro artigo sobre o assunto, Lemaître substituiu "Mégevand" pelo pseudônimo "Mirbel", que Flournoy também adotou. O nome verdadeiro foi recuperado das notas originais de Cifali, "Théodore Flournoy". Uma nota de falecimento de Aléxis Mégevand apareceu no *Journal de Genève*, 7 de julho de 1891, p. 3.

76 Flournoy, 1900, p. 141.

77 Detalhes recuperados das notas de Lemaître por Cifali, "Théodore Flournoy", p. 113.

78 Flournoy, 1900, pp. 36-39.

79 *Idem*, pp. 141-142. Datado de 1900, o livro foi publicado no Natal de 1899, de acordo com Théodore Flournoy, "Nouvelles observations sur un cas de somnambulisme avec glossolalie" (*Archives de Psychologie*, vol. 1, 1902, pp. 101-255 (p. 104)).

80 Flournoy, 1900, p. 264.

81 Glardon contribuiu com uma resenha de um artigo de J. H. Hyslop, "A Further Record of Observations of Certain Trance Phenomena" (*Proceedings of the Society of Psychical Research*, part XLI, vol. XVI, outubro de 1901), para os *Archives de Psychologie*, de Flournoy, vol. 1, 1902, pp. 257-258. Ele havia publicado anteriormente um artigo sobre "La Société Théosophique et le monde occulte" na *Bibliothèque universelle* (vol. 37, 1888, pp. 225-139, 473-495), no qual desdenhou maliciosamente do movimento teosófico, a ser discutido no capítulo 16.

82 Flournoy, 1900, p. 294. As observações de Glardon e FdS que se seguem são da mesma página.

83 *Idem*, p. 295.

84 Essa é a opinião do neto psicanalista de Flournoy, que analisou a complexa relação entre Élise, Simandini, Sivrouka e Théodore: Flournoy, O. *Théodore et Léopold: de Théodore Flournoy à la psychanalyse, suivi d'une correspondance entre Théodore Flournoy et Hélène Smith et de lettres de trois linguistes concernant le sanscrit d'Hélène*. Neuchâtel, à la Baconnière, 1986.

85 Flournoy, 1900, p. 295.

86 *Idem*, p. 296.

87 *Idem*, p. 314. Flournoy diz que FdS e Glardon compareceram a quatro sessões "no total", deixando incerto em quantas cada um compareceu.

88 *Idem*, p. 149.

89 Breuer, J. & FREUD, S. *Stüdien über Hysterie*. Leipzig/Wien, Franz Deuticke, 1895 (p. 19). Anna O. era o pseudônimo da paciente de Breuer, Bertha Pappenheim, escritora de histórias infantis e mais tarde uma ilustre assistente social e uma importante feminista alemã.

90 Flournoy, 1900, p. 159.

91 *Idem*, p. 195.

92 *Idem*, p. 302.

93 *Idem*, p. 302.

94 *Idem*, p. 303.

95 *Idem*, p. 306.

96 *Idem*, p. 309.

97 13 de outubro de 1899; estes foram publicados por Olivier Flournoy, 1986, p. 204.

98 *Idem*, pp. 204-205.

99 Flournoy, 1900, p. 315.

100 Marlès, J. L. de. *Histoire générale de l'Inde ancienne et moderne, depuis l'an 2000 avant J.-C. Jusqu'à nos jours; précédée d'une Notice géographique et de traités spéciaux sur la cronologie, la religion, la philosophie, la legislación, la littérature, les sciences, les arts et le commerce des Hindous* (4 vols. Paris, Emler Frères, 1828 (vol. 1, pp. 268-269). Citado em Flournoy, 1900, p. 277.

101 Andrew Lang, em "Three Seeresses (1880-1900, 1424-1431)" (*Anglo-Saxon Review*, vol. 6, setembro de 1900, pp. 63-73 (p. 69)), não considerou que fosse uma coincidência o fato de que "[e]la começou a falar seu jargão em 1895, e fui informado de que um congresso de orientalistas foi realizado em Genebra em 1894".

102 Flournoy, 1900, p. 246.

103 *Idem*, p. 250.

104 *Idem*, pp. 254-255.

105 Ver: Flournoy, 1902, pp. 105-110.

106 Ver: Olivier Flournoy, 1986, pp. 153-160. As informações neste parágrafo foram recolhidas de uma correspondência inédita entre Flournoy e Élise.

107 A data de 1897 é dada por Bally (1915, p. 56) e Badir, em "Chronologie" (*Ferdinand de Saussure*. Ed. Simon Bouquet. Paris, L'Herne, 2003, pp. 502-504 (p. 503)), embora Linda, em "Kommentiertes Verzeichnis der Vorlesungen F. de Saussures an der Universität Genf (1891--1913)" (*Cahiers FdS*, vol. 49 (1995/1996), pp. 65-84), os coloque em 1898.

108 ELG, p. 209.

109 *Idem*, p. 209.

110 *Idem*, p. 205.

111 *Idem*, pp. 206-207. Algo está errado aqui: *ksrj* possui a abertura 0.1.2.3, enquanto *tlm* tem a 0.2.1.

14

1899-1903

A linguística colonial de Léopold de Saussure

À medida que o século XIX se aproximava do fim, a maré da opinião pública voltou-se a favor de Dreyfus. Em janeiro de 1898, seu acusador, Esterhazy, anteriormente revelado ser um espião alemão, foi julgado e sumariamente absolvido por uma corte marcial, levando Émile Zola a publicar seu famoso artigo "J'accuse" [Eu acuso!] em *L'Aurore*. Ninguém poderia ser neutro nessa questão que colocou em primeiro plano a identidade nacional e a raça e polarizou as posições sobre o tema de uma forma sem precedentes. Dentro da família Saussure, isso ampliou o abismo político entre o liberal Ferdinand e seu irmão Léopold, que, como oficial militar francês, provavelmente viu o caso em termos de apoio a instituições nacionais coletivas, superando a possível injustiça contra um indivíduo.

Foi também em 1897 que Léopold e Germaine tiveram sua segunda filha, Hélène. Com o crescimento de sua jovem família, era cada vez mais difícil dizer adeus a Léopold sempre que retornava à Indochina para servir na administração colonial. Seus pais continuaram seu longo e triste declínio. Henri estava perdendo a digestão e a visão.[1] Dr. Widemer, que cuidava de Louise, aceitou um cargo em outro lugar e, em uma carta a Ferdinand, de janeiro de 1898, Albertine se pergunta se a mãe não estaria melhor sem ele.

> Estou muito triste que as notícias sobre mamãe não sejam melhores. Quase não tenho detalhes. Você acha que ela está mais feliz desde a saída de Widemer? Ela está feliz em vê-lo e ainda acredita que os ausentes estão mortos? Ela percebeu ao ver Léopold que estava enganada? Escrevi um bilhetinho para ela no Ano-Novo, mas é sempre difícil saber o que dizer.[2]

Sua preocupação com o pai, diz ela, diminui ao saber que ele tem Ferdinand por perto.

Alguns meses depois, a família comemorou um feliz acontecimento. René, agora um viúvo de 30 anos, voltou para casa para se casar novamente, com uma jovem da aristocracia genebrina. Catherine Amélie Maurice, de 23 anos, era filha do Barão Frédéric-Alexandre Maurice e de Mathilde-Camille Guebhard. O casamento aconteceu em Genthod no mês de junho. No outono, Catherine estava grávida, e ela e René voltaram para os Estados Unidos a tempo do início do ano acadêmico na Universidade Católica. O filho deles, Jean-Albert, nasceu em 11 de abril de 1899. Porém o parto foi difícil e, embora o bebê tenha sobrevivido, a mãe não. Catherine morreu em 13 de abril, deixando René viúvo pela segunda vez. Ele renunciou ao cargo na universidade e voltou a Genebra no dia seguinte com o corpo da esposa e o bebê Jean,[3] que seria criado pela irmã de Catherine.

Em setembro, o presidente francês, Émile Loubet, concedeu o perdão a Dreyfus. Foi um triunfo para aqueles que lideraram o levante em sua defesa, principalmente Louis Havet e Gaston Paris.[4] Foi, no entanto, considerado uma derrota pelas forças armadas francesas, e a desilusão pode ter contribuído para a decisão de Léopold de se aposentar da marinha, com apenas 33 anos. A razão oficial era "circunstâncias familiares",[5] que certamente eram genuínas, com uma esposa e dois filhos em casa. Léopold voltou a Genebra com o plano de fazer carreira literária a partir de vários aspectos de suas experiências no Leste Asiático.

Suas opiniões sobre o colonialismo se beneficiaram dos ares do momento, já que a França estava tendo sérias dúvidas sobre os benefícios de sua presença na Indochina. A política de deixar intactas as estruturas organizacionais nativas locais, em vez de impor a autoridade central, parecia estar funcionando com eficácia. Isso, porém, ia contra a política doméstica implacavelmente centralizadora da França, e algo tinha que mudar apenas para tranquilizar a opinião pública de que os custos administrativos não continuariam aumentando em espiral. Paul Doumer, mais tarde presidente da França por um curto período antes de seu assassinato, foi nomeado governador-geral em 1897, com a missão de "trazer a Indochina para a civilização", substituindo os sistemas nativos pela lei francesa e por uma burocracia centralizada. Em seus cinco anos no cargo, a sensação de desordem só aumentou à medida que os indochineses começaram a se sentir escravos de uma economia de exportação que beneficiava mais a França do que eles. O caminho estava aberto para o conflito e a agitação, que atingiram o auge na segunda metade do século XX.[6]

A reforma radical de Doumer e a reação a ela impeliram Léopold a escrever sua *Psychologie de la colonisation française* [Psicologia da colonização francesa], publicada em Paris em 1899. No livro, argumentava que as coisas teriam sido melhores se as estruturas administrativas nativas tivessem sido respeitosamente deixadas intactas. Para Léopold,

> [...] uma nação civilizada pode exercer (e é seu dever fazê-lo) uma direção salutar sobre as sociedades indígenas submetidas à sua dominação [...] mas essa direção deve ser inspirada por uma compreensão profunda de seu estado social e deve estar de acordo com as suas necessidades e inclinações.[7]

A França apegava-se ao ideal iluminista de igualdade, *égalité*, e ao direito humano de todos serem membros plenos de uma república democrática, o que implicava o direito de ser educado na língua da república. Embora Léopold houvesse reivindicado a cidadania francesa à qual sua família havia renunciado quando deixou Lorraine em 1550, e tivesse servido na marinha francesa e na administração colonial, ele permaneceu distante o suficiente para ver essa ideologia como antiquada. A ciência moderna confirmou que a igualdade humana nunca passou de um sonho, escreveu ele, transformado em um dogma político irreal. Ainda segundo Léopold, o evolucionismo e, de fato, a linguística, forneceram uma estrutura para entender por que os níveis muito diferentes de realização cultural das raças branca, negra e amarela não foram mero acidente.

Da perspectiva de meados ao final do século XIX, uma crença antiquada e dogmática na igualdade humana levou os "assimiladores" a assumirem ingenuamente que pessoas de todas as raças podem ser ensinadas a serem bons europeus.[8] Em contraste, a visão "associacionista" moderna, informada pelos desenvolvimentos nas ciências naturais, reconheceu que as diferenças raciais impõem rubicões culturais que não devemos tentar cruzar porque, de fato, não podem ser cruzados. Como disse Léopold, referindo-se a uma fábula de La Fontaine, "[n]ão importam seus esforços, a rã não pode se igualar ao boi".[9] Portanto, as instituições desenvolvidas pelos povos colonizados devem ser respeitadas e mantidas intactas.

Léopold argumenta que todas as pessoas deveriam poder falar suas línguas originárias da maneira que lhes é natural, sem que uma língua colonial lhes fosse imposta. Os atributos mentais das raças diferem tanto que, de qualquer maneira, apenas a assimilação superficial é possível. Léopold introduz o conceito de "raças psicológicas" com base em características mentais herdadas, inspirando-se nas "raças históricas" de Gustave Le Bon:[10] "Os elementos de uma civilização são apenas manifestações do caráter de uma raça. A aquisição de uma civilização estrangeira está, portanto, subordinada à aquisição de certas características mentais".[11] Segue-se que ensinar francês aos indochineses não os "civilizará", mesmo que se torne a primeira língua das gerações futuras. A língua francesa é uma manifestação cultural do caráter mental francês. O caráter mental indochinês é totalmente diferente, e não pode ser alterado por uma imposição cultural superficial. A assimilação é uma noção utópica.[12]

Durante seus estudos em Paris, na École des Langues Orientales, suas viagens pelo leste e sudeste da Ásia a bordo do Aspic e seu serviço posterior como administrador na Indochina, Léopold ganhou considerável proficiência linguística. Seu parente Horace Micheli escreveria em sua necrologia que "no Extremo Oriente ele aprendeu chinês e os diferentes dialetos anamitas, e esse conhecimento, raro entre os oficiais da marinha, permitiu-lhe prestar serviços eminentes à sua pátria adotiva no interior do país". O oitavo capítulo de *Psychologie de la colonisation française*, intitulado "Assimilação pela língua", expõe a teoria do próprio Léopold sobre a linguística colonial. Como muitos dos escritos sobre a linguagem de meados para o final do século XIX, ele perpetua a ligação romântica entre a estrutura da língua e a mentalidade nacional, sintetizada de forma mais contundente por Humboldt:[13] "[A] língua está ligada à mentalidade da raça, ao seu entorno e às suas necessidades. Transportada de uma raça para outra, sofre inevitavelmente uma deformação proporcional ao grau de diferença entre as constituições mentais das duas raças".[14]

Em 1899, essa era uma proposição óbvia; poucos divergiriam dela. Imaginar a língua francesa sendo deformada nas bocas de asiáticos é suficiente para encher os conservadores culturais de horror até hoje. Ao retratar tal deformação simplesmente como algo natural, Léopold está se opondo à ideia de que um forte intervencionismo fará da Indochina uma nação de perfeitos falantes de francês, com corações e mentes franceses. Ele adverte quem possa encontrar um súdito colonial que pareça falar bem o francês:

> A língua de uma nação civilizada implantada nos indígenas das colônias logo se torna irreconhecível. Pode, sem dúvida, ser falada corretamente por um certo número de indivíduos estudados, mas seria um erro tirar uma conclusão geral desse fato [...]. [O] indígena que fala uma língua europeia reflete não a mentalidade de sua raça, mas a do meio civilizado ao qual ele deve se conformar por um esforço de atenção e memória. É necessariamente um fenômeno muito limitado de imitação [...].

A noção de não europeus falando línguas europeias apenas por meio do uso mecânico da atenção e da memória, como animais de circo realizando truques, está de acordo com o que Le Bon diz sobre a ilusão de aborígenes aparentemente assimilados.[15] Léopold, no entanto, é um pragmatista e despreocupado com qualquer deformação que o francês possa sofrer:

> Apesar dessa inevitável alteração, a difusão da nossa língua nas colônias é útil e desejável. Cria um novo vínculo entre conquistadores e conquistados; dissipa o ódio e a incompreensão; reduz custos, garantindo o recrutamento de funcionários nativos. Esse é um resultado muito considerável, mas inteiramente relativo e essencialmente diferente daquele que buscam os "assimiladores".[16]

Os "assimiladores", adversários de Léopold, acreditam que aprender a língua e outras instituições de seus mestres transformará os súditos coloniais em europeus civilizados. Os principais obstáculos à assimilação são as línguas e instituições nativas, e por isso estão empenhados em erradicá-los:

> Nisso eles são muito lógicos com seus princípios: de acordo com sua concepção do gênero humano, as diferenças raciais consistem apenas em diferenças de instituições, crenças e línguas. Como não admitem nenhuma relação íntima entre esses elementos de civilização e a raça, não veem dificuldade em suprimi-los e substituí-los por outros. A transformação das raças indígenas se realiza, acreditam eles, com essa substituição da língua e das instituições civilizadas às línguas e instituições indígenas.
> Não é de admirar, então, que os assimiladores atribuam tanta importância à destruição das línguas indígenas.

O argumento de Léopold para uma política colonial de diversidade cultural e linguística é fundamentado em evidências "científicas" que mostram que a assimilação é impossível. Ele se refere à tipologia das línguas de Humboldt: o vietnamita é uma língua isolante, o francês é uma língua flexional. Léopold vai mais longe que Humboldt ao afirmar que essa diferença torna impossível para falantes de um tipo entender o pensamento do outro:

> A forma monossilábica é mantida apenas pelos chineses e pelos anamitas. [...] Apenas quem esteve em contato com essas populações e tentou penetrar em seu pensamento pode compreender a distância que a separa da nossa.

> [...] Somente a raça ariana ascendeu, desde sua aurora, à forma completa de flexão que constitui o veículo por excelência, indefinidamente perfectível, do pensamento [...].
> Essa forma linguística de inflexão, peculiar às raças arianas, é naturalmente inconcebível para outras raças; e o francês que eles aprendem é imediatamente devolvido [...] à forma monossilábica.[17]

Para o irmão de Ferdinand, é porque os franceses não veem que esse abismo nunca pode ser transposto que suas façanhas coloniais estão fracassando. Isso vale também para os espanhóis; Léopold escreve após o Tratado de Paris de 1898, que encerrou a Guerra Hispano-Americana, praticamente dissolvendo o império da Espanha. Mas mesmo falhas como essas são determinadas pelo "caráter nacional" francês e espanhol, que "[...] não é outra coisa senão a mentalidade herdada e hereditária, o que significa que é suscetível apenas a modificações lentas e, por consequência, impõe à nação um destino quase inelutável".[18]

É esse funcionamento que garante tanto que a França jamais conseguirá assimilar suas colônias à sua própria cultura quanto que os franceses jamais perceberão ou compreenderão essa incapacidade. Os ingleses percebem isso, diz ele; serem racistas em vez de universalistas explica por que são muito mais bem-sucedidos que os franceses ou espanhóis na manutenção de colônias. Não tendo a ilusão de que vão transformar os indígenas em ingleses de verdade, eles conseguem controlar uma vasta população com um número relativamente pequeno de homens. Os franceses, com quase o mesmo número de homens, não podem controlar uma população argelina com menos de um sétimo do tamanho da Índia.[19]

Conforme indicado na discussão de seu manuscrito sobre Whitney (capítulo 13), para Ferdinand, a história não é predeterminada. Em suas aulas posteriores sobre linguística geral, ele deixará claro que etnicidade e linguagem são o produto de uma longa série de acidentes arbitrários que estão ligados apenas de forma contingente. A força do laço social é tal que nenhum indivíduo pode escolher mudá-las, e, no entanto, acredita Ferdinand, historicamente tudo pode acontecer em qualquer língua ou etnia (e *a fortiori* em qualquer "raça"), devido à sua arbitrariedade básica. Léopold, como Le Bon, acredita que a história de uma raça ou a de sua língua sejam estritamente limitadas por sua natureza essencial. Assim, uma vez que superamos suas isenções de que a raça é uma construção artificial, seus escritos são lidos como tratados racistas típicos, enquanto Ferdinand, como Darwin, parece muito mais modernista.[20]

Após a publicação do livro, Léopold apresentou um artigo sobre a moral dos povos indígenas ao Congresso Internacional de Sociologia Colonial que se reuniu em Paris em 1900 e, em 1901, iniciou e editou um periódico "científico" intitulado *Les milieux et les races* [O meio e a raça], que teve uma tiragem de cinco edições. Por razões desconhecidas, ele usou o *nom de plume* "L. de Morrens" para esse trabalho editorial, que não era exatamente um nome fictício, pois, como mencionado no capítulo 1, os Saussure haviam sido *seigneurs* de Morrens em Vaud.[21] Esse foi o ponto culminante de sua carreira como escritor sobre raça e política colonial. Ele continuou a escrever artigos sobre assuntos relacionados no *Journal de Genève*, mas seus interesses gradualmente mudaram para uma direção histórica.

Fin de siècle

O número de alunos de Ferdinand permaneceu alto em 1899-1900, com todos os cursos novamente funcionando e, pela primeira vez, alguns estadunidenses nas aulas.[22] Um dos novos alunos de Genebra, Lucien Marti, havia se afastado de seu cargo de professor para realizar estudos na Université. Em 1963, Marti, que viveu até os 103 anos, escreveu a Léopold Gautier, filho de Lucien e irmão de Aloys, com sua lembrança "totalmente vívida" do primeiro dia de seu curso de sânscrito com Saussure.

> [N]um dia de outono, cinzento e frio, adentrei a Université na sala do *Maître*. Estava cheia e só consegui encontrar meio assento no final de uma fileira.
> Na hora exata, o Sr. Ferdinand de Saussure entrou. Eu o vi pela primeira vez. A sala inteira se levantou como num só movimento. Em grande silêncio, com o rosto impassível, dirigiu-se à sua mesa. Como ele me pareceu jovem! Com um gesto seco, ele nos convidou a sentar. Ele permaneceu de pé, olhou-nos com a indiferença de um senhor presidindo uma reunião pública. Então, com uma voz entrecortada, ele disse: "Senhoras e senhores, certamente houve um erro. Este é o curso de sânscrito, que não deve ser confundido com um relaxamento prazeroso. Agradeço-vos a vossa presença, mas, sem que eu o deseje, tenho a certeza de que as vossas fileiras em breve se tornarão escassas. (Ele deu uma pequena tosse seca.) Dito isso, devo começar".
> E sobre as cabeças ligeiramente resfriadas espalhou, como um plantador, a semente fecunda de sua magistral exposição de abertura.
> Saí um sonhador.[23]

No entanto, como previu Saussure, com base em muitas experiências anteriores, a maioria dos outros alunos saiu de lá como se estivesse em um pesadelo e não retornou.

> Na segunda aula, havia apenas cerca de 20 de nós; na terceira, três; na quarta, encontrei-me sozinho com uma moça búlgara. Refugiados na menor sala de aula da Université, trabalhávamos diante do grande quadro-negro. Assim que chegou, o *Maître* pegou o giz branco e, como escrevia sem erguer o braço, tive que me contorcer na cadeira para ver e copiar os desenhos bizarros de um alfabeto novo. Ele não voltou a se virar até o final da aula, quando tirou do bolso um maço de folhas cobertas com sua caligrafia grande e nos entregou dizendo: "Tentem fazer o máximo possível desses exercícios". Rapidamente percebi que esse pequeno gesto preencheria a maior parte das minhas noites de estudo.
> Quando me devolveu o trabalho corrigido, as páginas estavam cobertas de comentários escritos em vermelho, em verde, em azul. As correções, sublinhadas por um traço bem forte, me encheram de confusão, a ponto de logo não ousar mais olhá-las em sua presença. Mas um olhar indiscreto para as folhas da minha colega me tranquilizou um pouco: eram decoradas com as mesmas cores.

A outra aluna matriculada no curso de Saussure era *Mme.* Kama Fairbanks, cuja língua materna era o russo. Ela contribuiu com dois artigos para o primeiro volume dos *Archives de psychologie* de Flournoy, publicação fundada em 1901, e foi descrita por ele uma década depois como "um dos membros mais ilustres de nossa universidade", com uma "curiosidade imparcial para os problemas da psicologia supranormal".[24] Pode ter sido o interesse dela no caso de "Hélène Smith" que a trouxe para o curso.

As lembranças de Marti revelam o motivo das baixas matrículas nos cursos de Saussure: seu padrão intransigente. O grande número de presentes na aula de abertura mostra que Saussure poderia ter um grande número de alunos se estivesse disposto a ajustar o curso ao que os iniciantes medianos eram capazes. Embora não estivesse disposto a comprometer seus padrões, Saussure estava pronto para fazer o que fosse necessário para ajudar alunos talentosos e esforçados a alcançarem-nos. Insatisfeito com os livros didáticos disponíveis, ele preparou materiais e exercícios originais em sânscrito e, em anos com matrículas maiores, imprimiu-os para seus alunos às suas próprias custas.[25] Para aqueles poucos alunos corajosos, como Marti, que se esforçaram para encontrá-lo no meio do caminho, sua generosidade era ilimitada.

Mais tarde, quando o gelo foi quebrado e conversamos antes de nos despedirmos, eu disse um dia a esse frio e distante Maître: "Por favor, desculpe-me, professor, pois você deve achar o lamentável resultado do trabalho que entrego a você desanimador. 223 erros! Tenho vergonha de ser um aluno tão ruim; Eu esperava mais de mim mesmo". Ele olhou para mim com espanto e pela primeira vez tentou um sorriso verdadeiro. "Sim, esses são erros para os quais estou tentando chamar sua atenção com essa notação exagerada. Mas fique tranquilo, são erros 'interessantes', do tipo que alguém da sua inteligência não repete e, perdoe-me, erros que eu esperava. Mas posso dizer-lhe que o seu trabalho é notável, sim, verdadeiramente excelente".
E pela primeira vez ele estendeu a mão para mim. Foi o elogio? Foi o gesto? Meu coração batia de alegria.
Infelizmente, depois de um ano e meio de trabalho árduo, um terrível caso de peritonite me deixou de cama por vários meses. Isso me deixou com um corpo perigosamente magro. Minhas economias se tornando escassas, então tive que retomar meu cargo de professor (meu ganha-pão) ao mesmo tempo que continuava meus estudos e isso me deixou com uma depressão nervosa preocupante... e o Sr. De Saussure só tinha um aluno sobrando!
Ele me escreveu uma carta de pesar e de reconforto em termos tão afetuosos que só então percebi que esse homem com um cérebro tão prodigioso tinha um coração tímido.

O que Marti não sabia era quantas vezes aquele coração havia sido partido – pelo menos pelo primeiro aluno de quem ele se tornou próximo, Guieysse, cuja própria "depressão nervosa preocupante" só se tornou aparente tarde demais. Marti teve uma longa carreira como mestre de latim e reitor do Collège Calvin, a ala clássica do Collège de Genève depois que foi dividido em duas instituições separadas.

Para Saussure, a depressão nervosa nunca esteve longe de casa, embora não em Malagny, nesses anos felizes. Sua ternura como pai é demonstrada de maneira comovente em uma carta que escreveu a seus dois filhos durante uma de suas visitas a Albertine e Alex na Inglaterra, provavelmente em 1899.[26] Ela inclui desenhos animados do cachorro de Albertine, seu novo cavalo e sua carruagem. A crescente prosperidade de Saussure é demonstrada por uma carta de 28 de abril de 1898 de Édouard Cramer, seu consultor financeiro, revendo seus investimentos internacionais.[27] Os últimos anos da década até viram a situação de seus pais se estabilizar, não feliz, mas toleravelmente, com Louise ficando em St. Aubin e sendo cuidada por sua irmã em Neuchâtel, com visitas ocasionais de seus filhos. Entretanto, a condição da filha mais nova,

Jeanne, nunca melhorou totalmente depois que começou a precisar de cuidados psiquiátricos em 1894. Uma crise veio em março de 1900, e Jeanne teve que ser enviada para a Villa Sismondi, um sanatório administrado por um Dr. Kohler em Chêne-Bougerie, um subúrbio ao sul de Genebra. Três meses depois, o Dr. Kohler escreveu a Henri assegurando-lhe que Jeanne estava "fazendo progressos animadores; a partir de hoje ela está hospedada na casa principal, onde ocupa um quarto muito tranquilo. Ela deseja a mudança há muito tempo, mas não foi possível até hoje devido à falta de espaço".[28]

Um mês depois daquela carta tranquilizadora, porém, o estado de Jeanne era tal que foi preciso uma cuidadora de tempo integral. Mais um mês se passou e, em 21 de agosto de 1900, ela faleceu, aos 31 anos. Albertine viera da Inglaterra para ficar ao seu lado.[29] Certamente foi um golpe para a família e, ao mesmo tempo, um alívio, pois sua vida parece ter sido sempre uma espécie de tortura. Como a mais nova das meninas, e sem ter se casado, recebeu o peso das tensões entre o pai e a mãe e sofreu mais com a separação. O próprio Henri ainda se recuperava de uma cirurgia de catarata a que fora submetido em julho e, poucos dias antes da morte de Jeanne, tentava aliviar seu sofrimento com injeções de óleo canforado, geralmente usado para estimular a respiração. Ele, ainda assim, cuidou de todos os deveres necessários, incluindo comprar um vestido novo para o corpo de Jeanne e organizar o funeral e o enterro no cemitério de Genthod.

Um detalhe sobre o funeral diz muito sobre Henri de Saussure, um homem cujas fraquezas dominaram estes capítulos por causa de seu impacto em seu filho mais velho. Foi mencionado anteriormente que Jeanne e Louis se interessaram pelo catolicismo, para grande horror de Henri, um calvinista instintivo. É um sinal de seu amor e respeito por sua filha o fato de ele ter feito o enterro do Serviço Funerário Católico. Isso não deve ter sido fácil para ele. Da mesma forma, quando Ferdinand ofereceu a mão a seu aluno Lucien Marti, foi um pequeno gesto que mostra a grande generosidade de espírito que faz quase esquecer suas falhas.

Versificação francesa

Com exceção da Austrália, onde o 1º de janeiro de 1901 marcou a fundação da Federação, o início do século XX não foi acompanhado por um sentimento generalizado de renovação ou mudança de época. Na Grã-Bretanha, Victoria ainda ocupava o trono como havia feito por mais de 63 anos, embora a morte encerrasse seu reinado dali a três semanas. Isso foi sentido como o fim de uma era, ainda que a presença de Franz Joseph, imperador da Áustria-Hungria desde 1848, ainda proporcionasse uma sensação de profunda continuidade histórica, que não seria quebrada até 1916.

O ensino de Saussure continuou seu padrão básico da década anterior. Em 1900-1901, ele ofereceu não um, mas dois cursos de linguística germânica, em anglo-saxão e gótico, embora apenas o curso de gótico tenha sido ministrado. Havia também o curso usual de sânscrito e, para os classicistas, "o dialeto homérico e as principais questões ligadas a ele". Os cursos de linguística atraíram cerca de dez matrículas, uma tendência ascendente bem-vinda. A mudança mais fundamental, duradoura e consequente realizada por Saussure foi, no entanto, a reformulação do curso de fonologia para o Seminário de Francês Moderno, que passaria a se concentrar na "versificação francesa, um estudo de suas leis do século XVI até o presente". Em seu primeiro ano, atraiu mais dez alunos, quase todos falantes de alemão como língua materna. O curso seguiu sendo oferecido todos os anos até 1909.[30]

Para Saussure foi um retorno à poesia, o grande amor de sua juventude. Ele agora poderia responder a isso de uma maneira mais rica, em termos de conteúdo e forma linguística. E também mais livremente, não tendo que se preocupar em se conformar aos gostos de seus professores, embora os limites de seus horizontes poéticos permanecessem conservadores. Nada que cheirasse a decadência jamais apareceu. Tampouco há qualquer indicação de que Saussure estivesse ciente de Stéphane Mallarmé, apesar das semelhanças às vezes marcantes em suas visões sobre a linguagem.[31] Ele não manteve contato com seus ex-alunos Marcel Schwob e Pierre Quillard, que haviam se estabelecido no mundo literário parisiense.

O mais completo dos cadernos de notas de Saussure sobre a versificação francesa contém 58 páginas. Estava entre os papéis que Bally e Sechehaye tinham à sua disposição ao montar o *Curso* publicado após a morte de Saussure, e foi um dos manuscritos sobre os quais Bally procurou o conselho do *Privatdozent* da Université, Jules Ronjat.[32] Na primeira página do caderno de versificação francesa de Saussure, Ronjat escreveu:

> [M]uito curioso, pois contém o germe da lei de Roudet (deslocamento expressivo de acento) e de muitas coisas elucidadas por Grammont em *O verso francês*, mas não muito avançado na edição para ser publicado, além da nota *muito interessante* na parte inferior da página que começa com *Esquecido pela maioria*.[33]

Em um artigo de 1907 sobre o deslocamento do acento no francês moderno, Léonce Roudet sugeriu existirem dois tipos de deslocamento, um conduzido pelo ritmo, o outro pela necessidade de ênfase.[34] O que veio a ser conhecido como sua "lei" é a observação de que, no segundo caso, o acento, que geralmente recai sobre a última sílaba de uma palavra francesa, é movido para a primeira sílaba se a palavra começar com uma consoante e para a segunda sílaba se a palavra começar com uma vogal. A nota de Saussure que Ronjat destacou diz:

> [...] Esquecido pela maioria
> A métrica é em parte uma contagem dupla <e a clareza da métrica depende unicamente da consistência com que essa verdade é observada>. – Há um esquema métrico a ser realizado, <algo abstrato>, e por outro lado palavras concretas se preparam mais ou menos para entrar nesse esquema. A questão é <desde o início> saber em que posição as palavras ocorrem em relação ao verso; pois, se não houvesse essa questão, isso provaria que, ao alinhar as palavras de qualquer maneira, sempre se cai em um esquema métrico e, portanto, não haveria dificuldade nem interesse em fazer um verso[35]

Talvez o que tenha mais interessado Ronjat seja a hipótese do ajuste automático de palavras em um esquema métrico, de modo que o verso não fosse realmente uma arte, ou mesmo um fenômeno propriamente dito. Depois dos coeficientes soantes e da vogal *A* terem sido considerados por muitos leitores do *Mémoire* como quiméricos, Saussure se preocupava com o fato de que em sua pesquisa linguística ele pudesse estar perseguindo sombras. No início das notas, escreve: "Meu sistema é [...] admitir apenas esquemas racionais e verificar com muito cuidado se os autores poéticos seguiram ou não esses esquemas racionais".[36]

Ele diz ainda que seu sistema nada tem a ver com sua admiração por um poema, insistindo que é um analista crítico e não um comentarista. No entanto, suas notas não confirmam isso, pois ele está constantemente dando seu julgamento sobre a qualidade artística dos poemas que analisa.

> A rima é um meio de primeira ordem quando é alternada. Não alternada, não se descobre nela nenhuma virtude harmônica. A rima não alternada é uma série de assonâncias, que foi uma forma enfadonha de terminar versos entre os séculos XI e XIV, e a qual se mantinha pelo servilismo. Ao contrário, a rima alternada pro-

> cede de um princípio totalmente independente das raízes históricas da assonância e esteticamente aprovável[37]
> [...] <a> nulidade de um espírito como Bossuet [...] O nada de Bossuet deveria ter sido confirmado para mim pelo excesso de Brunetière sobre ele. É sempre o abismo que chama ao abismo, e sobretudo na literatura.[38]

Apesar de Saussure ter um espírito aberto, seu julgamento sobre o bispo Bossuet não surpreende, dado o clamor surgido quando Ferdinand Brunetière, editor da *Revue des deux mondes* e membro da Académie Française, se converteu ao catolicismo romano depois de estudar os sermões de Bossuet. No final desse caderno, encontram-se algumas observações sobre as "disjunções entre verso e pronúncia (em geral)":

> Esta pergunta pode ser feita: existe um momento em qualquer idioma em que a pronúncia <do verso> coincide exatamente com a pronúncia <corrente>? Essa questão <pode tornar-se> muito real e muito grave, por exemplo, quando vemos em grego que[39]

> Em geral, a pronúncia do verso repousa <momento a momento> em um estado anterior de pronúncia geral, e isso fica imediatamente claro em francês, por exemplo, ao ver que, no verso, *dénouer* [desatar] tem três sílabas, enquanto na conversação[40]

No francês oral, *dénouer* é pronunciado com apenas duas sílabas (/de nwe/). A lacuna entre a língua falada ordinária e o verso é muito evidente no francês, em que cada "e mudo" conta como uma sílaba e deve ser pronunciado em verso. Assim, por exemplo, *Je ne me lave guère* [Eu quase nunca me lavo] sairia na fala cotidiana com três sílabas (/žœ mlav gɛr/ ou /žm lav gɛr/), mas com sete sílabas em verso (/žœ nœ mœ la vœ gɛ rœ/), como no francês falado ordinário dos séculos anteriores (e ainda em dialetos do sul). Se essa análise reflete um princípio universal do verso, há sérias implicações para o uso de textos poéticos como evidência linguística. Afinal, foi principalmente a partir do verso que o conhecimento dos padrões de acentuação e entonação das antigas línguas indo-europeias foi deduzido. Eles poderiam de fato ser o produto de um padrão artificial?

Saussure parece suspeitar disso. Ele também acredita que o ritmo "natural" do francês, conforme refletido em sua poesia mais antiga, foi desfigurado pelas normas "artificiais" importadas do período clássico, particularmente o alexandrino, um verso de 12 sílabas com uma cesura no meio: "o verso francês normal, passa a ser, desde a *Chanson de Roland* (cerca de 1100), um verso de *10* sílabas (4 + 6) [...]. Esse é o *grande verso* francês: 4 + 6, que se adapta admiravelmente ao caráter da língua, alerta e sem pretensão de efeitos magníficos".[41] Seu desdém pelo ritmo da poesia dos séculos XVII e XVIII leva-o a fazer comentários iconoclastas sobre dois gigantes literários: "É uma pena ver um gênio como Racine lutar contra leis que ele considerava inquebrantáveis, quando um único voo da musa poderia talvez ter quebrado o molde e nos dado outra coisa". Outra passagem refere-se a "toda a fria produção do século XVIII, entre a qual coloco em primeiro lugar as tragédias reunidas de Voltaire". Pode-se esperar que Saussure encontre suas esperanças satisfeitas com a poesia romântica, mas mesmo aqui ele se refere a uma "segunda oportunidade para modificar o verso francês", que foi, ao que parece, perdida.

Que poesia, então, Saussure aprovava? Outro caderno é dedicado "à poética de Parny". Erariste-Désiré de Forges de Parny não é amplamente lembrado hoje, exceto por suas *Chansons madécasses*, poemas em prosa musicados por Ravel em 1925. Entretanto, no século XIX, ele era reverenciado por ninguém menos que Pushkin como seu mestre poético. Além de ser um pioneiro do poema em prosa, Parny utilizou uma grande variedade de formas e métricas. No caderno de Saussure, todas as vogais de um poema de Voltaire e outro de Parny foram apresentadas e contadas, em uma impressionante prefiguração do tipo de análise estruturalista que se tornaria popular nas décadas de 1960 e 1970.[42] Ainda assim, Saussure não podia ignorar o fato de que a obra mais famosa de Parny foi seu volume de *Poésies érotiques* [Poemas eróticos], seguido por sua sátira do inglês em quatro volumes intitulada *Goddam!*. No início de "Poétique de Parny", Saussure alerta seus alunos:

> Nota: talvez eu não lhes recomende os poemas de Parny do ponto de vista de seu conteúdo moral, embora mesmo sob esse ponto de vista algumas coisas tenham sido mal compreendidas; muitas partes de Alfred de Musset são mais imorais do que todo Parny.[43]

O curso de versificação francesa inaugurou uma renovação dos interesses poéticos de Saussure, que, na década seguinte, incluiria o estudo da *Canção dos Nibelungos* e de outras lendas em verso germânicas, bem como dos saturnianos latinos, a serem descritos em seções posteriores.

Pesquisas sobre dialetos e nomes de lugares

Como a maioria dos linguistas, Saussure sempre registrava fenômenos linguísticos interessantes que ouvia ao seu redor. Poucos deles encontraram um lugar em seu trabalho publicado, embora às vezes ele utilizasse algum para ilustrar um ponto de seu ensino. Uma nota de julho de 1900 registra que, no início da década de 1890, coincidindo com a série de crises pessoais que levaram à mudança de sua carreira, Saussure pensou em mudar também sua pesquisa, a fim de abranger fenômenos tanto contemporâneos quanto históricos.

> Há uma década elaborei uma tabela de *quantidades francesas*, como se ouve em Genebra, e há três meses <propus> a mim mesmo refazer essa tabela sem consultar, <proibindo-me de [ilegível]> minhas listas de outrora, a fim de ter duas séries de observações independentes que se servem de controle.[44]

Essa nota marca o início de um período de vários anos em que a atenção de Saussure seria redirecionada para seu ambiente imediato. Uma carta de novembro de 1901 diz que está trabalhando em "uma cobertura completa" da área do dialeto suíço-românico, incluindo suas extensões imediatas além da fronteira francesa.[45] Ele menciona também que vem fazendo esse tipo de pesquisa dialetal "há anos, seja no cantão de Vaud ou na Haute-Savoie".

Entre os papéis de Saussure estão centenas de páginas de anotações sobre formas do dialeto franco-suíço, a maioria sem data.[46] Ele partia para caminhadas de um dia inteiro pelas montanhas a oeste e a norte de Malagny e Vufflens, parando nas aldeias de ambos os lados da fronteira, conversando com os habitantes locais ou, sentado em um café, ouvindo suas conversas e anotando foneticamente partes delas. Alguns de seus passeios, como os da região de Chablais, no extremo leste do Lago Léman, envolviam uma estada mais longa. Intencionalmente ou não, Ferdinand estabelecia uma conexão espiritual com Horace-Bénédict, que sempre insistiu que a verdadeira educação não vem dos livros, mas de ir a campo e experimentar o mundo com os sentidos.

Talvez tenha sido ingênuo de sua parte não prever que tais atividades levantariam suspeitas. As coisas haviam mudado desde a época em que seu bisavô podia invadir qualquer aldeia alpina e, com seu *droit de seigneur* [direito de senhor], levar para casa dois idiotas microcefálicos para usar como espécimes científicos. Para crédito de Ferdinand, quando foi preso sob suspeita de ser um espião, embora indignado, não perdeu totalmente o senso de humor. Ele registrou os eventos em suas anotações.

20 de novembro de 1901
Em Segny, pesquisando o dialeto, fui acusado de espionagem pelo reparador de estradas local.
Logo se espalhou um boato por toda a estalagem, e o reparador que me fornecera as poucas palavras acima repetia sem parar:
"Fui enganado... fui enganado" – como se ele tivesse traído seu país sem querer –
Eles se retiraram quase ameaçadoramente.
O senhor está autorizado?, essa era a grande questão.
"O senhor considera os camponeses como completos tolos e, bem, se o guarda campestre estivesse lá, eu o chamaria para mostrar seus papéis".[47]

Seus papéis, se os tivesse, teriam mostrado que ele era tecnicamente um cidadão estrangeiro, mas não existia hostilidade política entre a França e Genebra ou a Suíça. Saussure redigiu uma carta de reclamação ao subprefeito de Segny, mas deixou-a inacabada. Na carta, ele reconhece que as suspeitas dos aldeões eram totalmente perdoáveis, visto que eles não tinham ideia da pesquisa linguística que realizava. Permanece, no entanto, uma certa amargura pelo tratamento rude, que contrastava fortemente com a gentileza sempre demonstrada pelos aldeões de Vaud e Haute-Savoie.[48]

O projeto de pesquisa de dialetos não prosperou, o que não ocorreu com a pesquisa de Saussure sobre os dialetos locais em geral. Enquanto examinava os formulários, seus instintos históricos voltaram à tona, o que o fez analisar o desenvolvimento do *o* e do *u* latinos nos dialetos de Vaud.[49] Mas então outro fato linguístico despertou seu interesse: os topônimos, nomes de aldeias, montanhas, rios e coisas do gênero. Ele começou a manter registros de viagens de suas caminhadas pelas aldeias, anotando, por exemplo, as primeiras coisas que se vê ao entrar, como parte do método de entender seus nomes. Ele encheu centenas de páginas com esse material, no qual baseou uma conferência sobre "O nome da cidade de Oron no período romano", proferida em 28 de março de 1901 para a Sociedade de História e Arqueologia.

O documento conhecido como *Itinerário Antonino*, datado de cerca de 300 d.C., embora provavelmente baseado em um documento ainda mais antigo, menciona uma estação romana chamada *Bromagus* na rota de Milão para Moudon. Há muito se supunha que essa era a vila moderna de Promasens, pelos nomes serem superficialmente semelhantes. Entretanto, uma mudança de *-magus* (céltico para "campo") para *-masens* era linguisticamente inexplicável. Saussure notou que um manuscrito do itinerário preservado na Espanha dá o nome como *Uromagus*. Os copistas muitas vezes confundiam as letras iniciais, escritas, como eram às vezes, com floreios ornamentados. *Uromagus* em celta significa o campo dos auroques. Todas as aldeias que terminam em *-magus* aparentemente tinham o acento na sílaba que o precede, e as sílabas após o acento diminuíam regularmente. Assim, *Urómagus* teria regularmente dado *Ourón*, que era de fato como a cidade de Oron era chamada no dialeto do próprio lugar.

O principal obstáculo a essa solução foi outro documento, os *Atos do Concílio de Agaune*, que em 516 estabeleceu (ou restabeleceu) a Abadia de São Maurício. Entre os vários locais do Vaud concedidos à Abadia por Sigismundo, rei da Borgonha, estava *Auronum*, que claramente se referia a Oron. Era impossível que Uromagus pudesse ter evoluído para *Auronum* – a vogal inicial e a terminação estavam erradas, e sílabas internas como *-mag-* não poderiam ter simplesmente desaparecido, deixando a última sílaba intacta. Saussure investigou a história documental dos *Atos do Concílio de Agaune*, contando com a ajuda de seu primo Victor van Berchem. Eles determinaram que a cópia mais antiga conhecida do documento remontava apenas ao século XII, no mínimo, e que havia motivos para suspeitar que o texto em si não era muito mais antigo. Era bastante comum para os escribas da época "reconstruir" feitos perdidos, salpicando o texto com pseudoarcaísmos para dar a ilusão de autenticidade. No século XII, salientou Saussure, a mudança de *Uromagus* para *Ouron* teria sido concluída e o nome original, esquecido. O escriba "fabricou" *Auronum* "através de uma falsa latinização".[50]

A conferência de Saussure era claramente destinada ao público local, o que não o impediu de dedicar tempo a um trabalho voltado a seus pares, num âmbito internacional. Um resumo dessa pesquisa apareceu no *Journal de Genève* de 7 de abril de 1901.[51] Saussure daria outro artigo à Sociedade de História e Arqueologia em 29 de janeiro de 1903, sobre as "Origens de alguns nomes de lugares na região genebrina". O texto começa com um apelo à importância da pesquisa toponímica, alertando que, quando todos perceberem isso, pode ser tarde demais: "os nomes se vão, e se vão ano após ano. Esse fenômeno de destruição [...] <não> seria <sem> interesse em seguir e estudar, se não fosse acima de tudo deplorável em seu resultado".

Ele é especialmente sensível à deformação do nome de Genthod através da pronúncia ortográfica: "uma vez que *Genthod* é o que escrevemos, os jovens genthodienses devem pronunciar *Gentho*, e não *Gentou*. [...] o que era *la baie de Gentou* [Baía de Gentou], tornou-se <em poucos anos> *le bas-fonds de Gento* [Águas rasas de Gento]".[52] Voltando sua atenção para sua origem, ele propõe derivar *Gentou* de *janitorium*, "alojamento do guarda, cabana do porteiro". Outros nomes de aldeia que considera são Ecogia, perto de Versoix, para o qual sugere duas etimologias, *excubiaia* "posto de vigia", ou o derivado grego *exagogida*, que poderia referir-se ao canal de captação de água proveniente da grande nascente do vilarejo. Admitindo que *exagogida* requer arriscar-se com o recurso ao grego, e que *excubiaia* não encontra respaldo na forma do dialeto local, ele conclui que "é entre essas duas hipóteses que pode transitar provisoriamente a etimologia".[53]

Saussure sugere que Carouge, ao sul de Genebra, pode ser o lugar chamado *Quadruvium* na proclamação emitida pelo rei Sigismundo da Borgonha em 516, mencionada anteriormente em conexão com Oron. Finalmente, examina a série aparentemente relacionada de nomes de montanhas *Jura – Joux – Jorat*. Ele aponta que, embora *Joux* seja o nome, em dialeto local, para o Jura, os dois não são sinônimos, pois *joux* também é a palavra geral para qualquer floresta de pinheiros. Com relação a *Jorat*, a designação dialetal de outra cadeia montanhosa de menor importância, essa só faz, segundo ele, complicar as coisas, e planeja examiná-la mais detidamente em outro estudo.

Embora esse estudo nunca tenha sido concluído, a pesquisa toponímica despertou seu interesse pela história antiga do país em torno de sua cidade natal, lembrando-o de como, durante séculos, foi o cadinho cultural dos ramos europeus do povo indo-europeu – celtas, gregos, romanos e várias tribos germânicas. O que o atraiu para o estudo desses nomes de lugares foi mais profundo do que apenas a curiosidade intelectual. Há um registro de que tenha dito, em uma discussão sobre a origem do antigo nome *Nuithonie* para Uchtland, na região de Berna: "Nas palavras, eu sinto a terra".[54]

Notícias de Marte

Apesar da reviravolta nas relações de Flournoy com Élise Müller, em 1902, ele publicou uma segunda monografia sobre a moça, não comercialmente dessa vez, mas como uma edição de seu recém-criado jornal.[55] Enquanto isso, Auguste Barth, um dos estudiosos do sânscrito que Saussure havia consultado sobre a identidade dos personagens do ciclo hindu, deu uma cópia de *Des Indes à la planète Mars* a Victor Henry, que não via nenhum mistério nos ciclos de Hélène Smith. Eles claramente emanam de seu "subconsciente", o nível da mente em que Henry localizou a operação da linguagem em seu livro de 1896 *Antinomies linguistiques*. Ele acreditava que os enunciados de Hélène/Élise ofereciam a possibilidade de uma justificativa experimental de sua teoria.[56]

Henry empreendeu um estudo completo do léxico marciano, escrevendo regularmente para Flournoy com suas descobertas – uma "etimologia" para cada palavra, com base nos idiomas aos quais Élise teve algum contato: francês; um pouco de sânscrito; alemão, que ela estudou entre os 12 e os 15 anos; e húngaro, a primeira língua de seu pai. Embora Élise não falasse húngaro, parecia impossível para Henry que em seus primeiros anos ela não tivesse ouvido seu pai pronunciar ocasionalmente frases em sua língua materna. A análise mostrou que o húngaro era de fato o elemento dominante em seu léxico marciano, algo que Saussure havia deixado escapar completamente.

Henry tinha um longo histórico de ofuscar Saussure involuntariamente, e isso se repetiu sobre a língua extraterrestre. Saussure rejeitou os textos marcianos tão abruptamente, alegando que sua sintaxe era claramente a do francês, que perdeu algumas conexões bastante evidentes. As palavras marcianas iniciais de Élise, *Métiche*, *Médache*, *Métaganiche* (*Monsieur*, *Madame*, *Mademoiselle*), foram formadas com um sufixo *-che*, característico das gírias analisadas pelos alunos de Saussure, Guieysse e Schwob.[57] Tais formas alcançaram amplo reconhecimento por meio de sua aparição no romance *Os miseráveis* de ninguém menos que Victor Hugo, o primeiro guia de Élise no mundo espiritual. Em relação à observação "engenhosa" de Saussure de que o sânscrito de Élise não continha nenhum exemplo de *f*, ele não percebeu que, na verdade, seu marciano também não possuía, exceto por 6 ou 7 exemplos em um total de 300 palavras. Isso significava, acreditava Henry, que um único princípio estava em ação nas duas línguas, e não tinha nada a ver com a falta de *f* no sânscrito "real".

> Se existe um pensamento geral que ocupa inteiramente o subconsciente de *Mlle.* Smith no momento em que ela reúne os sons do sanscritoide ou de seu marciano, é seguramente o de não falar "francês": toda a sua atenção deve estar voltada para esse esforço. Ora, a palavra francesa, *français*, começa com um *f*, razão pela qual o *f* deve lhe parecer a letra "francesa" por excelência, e por isso ela a evita tanto quanto pode: é por isso que não há *f* em sanscritoide, e quase nenhum em marciano.[58]

Henry havia superado Saussure no quesito engenhosidade. Flournoy ficou tão impressionado que pediu a Henry permissão para publicar sua análise em livro. Foi sua especulação sobre o *f* que atraiu a atenção que *Le langage martien* [A língua marciana] de Henry recebeu. A maior parte de suas etimologias são absurdamente inventadas, tendo sido a maioria descartada como duvidosa pelo próprio Henry. Tomemos, por exemplo, sua explicação do nome *Ésenale*, a reencarnação marciana de Aléxis Mégevand.[59] As consoantes das duas sílabas finais de Aléxis lembram o húngaro *csacsi*, um apelido infantil para um asno: "A palavra pode ter saído dos lábios do Sr. Smith na primeira vez que ele mostrou um burro para Hélène, logo depois que ela foi desmamada". A palavra alemã para asno é *Esel*, "em outras palavras, quase exatamente as duas primeiras sílabas do nome de Ésenale", e a última sílaba corresponde ao início do nome Aléxis. Isso dá "Eselale", que se torna *Ésenale* através da dissimilação consonantal, ou inserção de uma metátese da palavra francesa para asno, *âne*, ou a influência do húngaro *ézen állat* "este animal".

Flournoy escreveu a Henry que achou essa dedução "absolutamente satisfatória por sua perfeita conformidade com os processos costumeiros dos sonhos".[60] A solução foi tão satisfatória que Flournoy esqueceu de considerar o fato de que o nome de solteira de Madame Mégevand, mãe de Aléxis, era Lachenale. Ésenale é algo como um entrecruzamento de Mégevand e Lachenale, sem a necessidade de metátese de asnos multilíngues. A pergunta é: Élise Müller sabia? É provável que sim. Isso fica claro a partir de um apontamento feito no estudo de Flournoy de 1902, que acompanhava o episódio. As mensagens espirituais de Élise incluíam uma para *Mme*. Mégevand de "Jean, o pedreiro". Madame Mégevand estava perplexa. Quarenta anos antes, seu pai era dono de uma pedreira na aldeia de Neydens, no sopé do Salève. Ela às vezes visitava o local com ele quando era uma garotinha. Ela gostava particularmente do pedreiro Jean, empregado de seu pai, já falecido há muito tempo, e que lhe enviava mensagens de carinho via Élise. As descrições físicas de Jean feitas pela médium concordavam precisamente com as memórias de *Mme*. Mégevand.

Até mesmo Lemaître foi persuadido de que esse incidente só poderia ter uma explicação sobrenatural e publicou um estudo com essa conclusão.[61] Então, um dia, a mãe de Élise mencionou casualmente a ele que ela mesma, quando menina, "costumava ir regularmente a Neydens às quartas e aos sábados à noite, voltando às sextas e segundas de manhã; além disso, ela passou 'todas as suas férias' lá até seus 12 anos, hospedando-se com seu primo B., grande proprietário e morador dessa aldeia".[62] Como Flournoy concluiu, provavelmente "Hélène havia aprendido anteriormente através de histórias contadas por sua mãe – e talvez diretamente em alguma excursão a Neydens – todos os detalhes (relativos aos Mirbel, suas pedreiras e seus trabalhadores) que o sonambulismo trouxe em sua memória latente quando ela mais tarde reencontra a *Mme*. Mirbel nas sessões do Sr. Lemaître". É evidente que não eram os Mirbel ou mesmo os Mégevand de quem ela ouviu falar em Neydens, mas dos Lachenales.

Tudo isso era apenas mais um grão para o moinho de Flournoy, extasiado como estava nesse novo mundo de lógica onírica e interpretação de sonhos, fenômenos que também interessavam a Henry. Sua insistência à moda saussuriana no prefácio de seu livro de que "[u]ma língua, seja ela qual for, é um todo: ela não se explica destacando algumas palavras fáceis e deixando todo o resto morrer por exposição" soa vazia quando se lê suas explicações *ad hoc*.

Quanto a Élise, a notoriedade de *Des Indes à la planète Mars* estimulou-a a uma atividade cada vez maior como médium, incluindo uma exploração interplanetária mais ampla. O sucesso foi alavancado pela generosidade de uma rica viúva estadunidense que concedeu a ela uma anuidade que lhe permitiu desistir de seu emprego como balconista.[63] Enquanto continuava a produzir mais textos ultramarcianos, ela se mudou para Urano, depois para a Lua, falando e escrevendo a língua de cada localidade. Flournoy achou-os menos desenvolvidos – isto é, mais transparentemente copiados do francês – do que os ultramarcianos; portanto, de menos interesse psicológico. "Mais uma vez observamos", concluiu Flournoy, "que as formas estruturais da língua materna de Hélène representam uma barreira intransponível para suas criações linguísticas subliminares".[64]

Durante todos os anos de fascínio e reações inconstantes de Lemaître e Flournoy, e as especulações de Henry, Saussure não deixou que a noção romântica de mente inconsciente o derrubasse. Ele ficou intrigado com isso, como todo mundo – esse fenômeno tinha o potencial de resolver os mistérios mais profundos do comportamento humano. Com o passar das décadas, Hélène Smith não foi totalmente esquecida, mesmo após o fim da moda do espiritismo. Na década de 1920, os surrealistas invocariam sua memória, como musa da escrita automática, técnica que ela praticava e que se tornaria o ponto de partida para essa versão do modernismo. Em 2007 foi feita uma versão cinematográfica francesa de *Des Indes à la planète Mars*, com Flournoy e Lematre, mas não Saussure, entre os personagens retratados.

Saussure era, afinal, uma figura secundária no drama da vida real, ou farsa, mas com um papel crucial. Foi ele quem trouxe Flournoy de volta à terra, convencendo-o de que os textos em sânscrito e marciano de Élise eram, em última análise, banais. Ainda assim, todo o episódio é o mais colorido da vida de Saussure, se não da vida de qualquer linguista.

Uma publicação por procuração: Naville

Parecia ao mundo que, por volta dos 40 anos, Saussure havia desistido da pesquisa linguística original. Publicamente, permanecera em silêncio, exceto pelos dois artigos sobre nomes de lugares publicados em Genebra. O único material novo oferecido a um público mais amplo foram as análises que Flournoy incluiu em *Des Indes à la planète Mars*. Seu *Mémoire* estava um quarto de século atrasado, e a linguística parecia tê-lo deixado de lado. O trabalho mais recente sobre a acentuação lituana recebeu alguma atenção, dentro da órbita limitada da linguística báltica, mas suas implicações mais amplas não foram apreciadas.

Saussure tinha seu círculo de apoiadores, principalmente em Genebra, embora também estivessem frustrados com sua incapacidade de concluir seus vários projetos. Continuou a planejar novos livros e a escrever centenas de páginas para cada um, mas, desde seus artigos e resenhas para o *Indogermanische Forschungen* em 1894-1897, os únicos projetos não locais que ele completaria seriam trabalhos para *Festschriften* oferecidos a velhos amigos, para quem a falha em contribuir seria sentida como uma ofensa pessoal. Quando convidado a participar de um banquete em Paris em 1º de dezembro de 1900 para comemorar o 25º aniversário da entrada de Bréal no Institut de France, ele recusou. Enviou, no entanto, um telegrama, que foi lido no banquete.[65]

No âmbito familiar, a perda de Jeanne foi seguida por um período mais feliz. René, duas vezes viúvo, agora com 32 anos, casou-se pela terceira vez em novembro de 1900. Sua nova esposa, Violette Anna Hélène Heer, cinco anos mais nova que René, era filha de um rico industrial de Zurique. Em agosto de 1901, Ferdinand recebeu uma carta de um de seus primos há muito perdidos em Charleston, Carolina do Sul, e passou dias redigindo uma resposta em seu inglês torturante.[66] Quinze dias depois, nasceu sua sobrinha Hermine, a terceira filha de Léopold e sua esposa, seguida, uma quinzena depois, por um sobrinho, Maxime, nascido em Zurique, filho de René e Violette. Somados aos dois filhos de Ferdinand e ao filho de René, Jean, de seu segundo casamento, compunham um total de sete crianças na geração mais jovem, o mesmo número da geração de Ferdinand.

Em alguns meses, no entanto, as coisas tomariam um rumo diferente. O marido de Dora, Edmond de la Rive, adoeceu gravemente e foi enviado para um sanatório em Nyon, onde morreu em abril de 1902, aos 54 anos. Um choque ainda maior veio menos de um ano depois, quando o marido de Albertine, Alex Marcet, morreu repentinamente de uma doença intestinal aos 44 anos. Saussure viajou para a Inglaterra para o funeral de seu cunhado, que era dois anos mais novo que ele. Ferdinand e Albertine permaneceram próximos, e ele às vezes enviava seu filho mais velho, Jacques, para ficar com os Marcet durante as férias escolares.[67] Alex deixou Albertine bem provida, com uma propriedade no valor de 87.338 libras, o equivalente a cerca de 40 milhões de libras em 2011. Albertine, nas palavras de sua tia Adèle, agora "entregava-se à Ciência Cristã com grande fervor".[68]

No retorno do funeral, Ferdinand fez uma visita a Paris, mas não há indicação de que tenha visitado algum dos linguistas de lá, incluindo Meillet, com quem manteve contato regular.[69] Meillet nunca deixou de chamar atenção para os escritos de Saussure e creditá-lo com a estrutura intelectual em que ele e toda a sua geração trabalharam. Em 1900, o aluno de Meillet, Robert Gauthiot, publicou um artigo sobre acento lituano e quantidade que começava afirmando que praticamente tudo o que se sabe sobre o assunto está contido nos artigos de Saussure.[70] Meillet, na mesma direção, publicou um artigo de sua autoria na edição seguinte da revista e, novamente, em um livro de 1903, que dedicou a Saussure, no 25º aniversário do *Mémoire*. Em cada um dos textos, Meillet expôs as descobertas de Saussure sobre o lituano com uma clareza e um foco que o próprio Saussure nunca conseguiu alcançar.[71]

Enquanto isso, o que viria a ser um dos legados mais importantes de Saussure para o pensamento do século XX apareceu pela primeira vez publicado, não em um trabalho próprio, mas com seu nome associado à ideia. Em 1901, seu colega Adrien Naville, enquanto atuava como reitor da Faculdade de Letras e Ciências Sociais, publicou uma segunda edição de sua *Classification des sciences* [Classificação das ciências], incluindo esta passagem que não havia aparecido na primeira edição de 1888:

> O Sr. Ferdinand de Saussure insiste sobre a importância de uma ciência muito geral que ele chama de semiologia, cujo objeto seriam as leis da criação e transformação dos signos e seus sentidos. A semiologia é uma parte essencial da sociologia. Como o mais importante dos sistemas de signos é a linguagem convencional dos seres humanos, a ciência semiológica mais avançada é a linguística, ou ciência das leis da vida da linguagem. A fonologia e a morfologia tratam sobretudo das palavras, a semântica dos sentidos das palavras. Mas certamente há uma ação recíproca das palavras sobre seus sentidos e do sentido sobre as palavras; querer separar esses estudos uns dos outros seria entender mal seus objetos. Os linguistas atuais renunciaram a explicações puramente biológicas (fisiológicas) em fonologia e consideram, com razão, toda a linguística como uma ciência psicológica.[72]

O fragmento marca a primeira aparição impressa conhecida de *semiologia* em seu sentido moderno de ciência dos signos linguísticos. Como tal, essa passagem tem sido muito celebrada pelos semiólogos modernos. Vimos, entretanto, que Saussure já usava esse termo em suas anotações cerca de 20 anos antes.[73]

O pai de Naville, Ernest, fora professor de teologia na Université. Eles eram parentes distantes de Saussure, por meio de seu tio por casamento Édouard Naville, e novamente por meio da sobrinha de Adrien, Alice, esposa de seu primo Max van Berchem. Alice e Max se casaram após a morte da primeira esposa de Max, em 1893, e dividiam a casa em Malagny com os Saussure e a família de Édouard Naville.

A referência à semiologia por parte de Naville não atraiu atenção especial na época. É significativo principalmente como evidência de sua afinidade intelectual com Saussure. Naville já havia escrito, em 1888, em um estudo sobre o riso, que "[a] natureza dos elementos de nossas percepções e ideias pouco importa; o que importa é a natureza das relações entre esses elementos",[74] e que "os autores modernos [...] defendem que a atividade da inteligência consiste em apreender semelhanças e diferenças"[75] – a ideia de pura diferença que a obra de René renovou para Saussure no início da década de 1890. Naville também manteve uma correspondência de alguns anos com o economista e sociólogo Vilfredo Pareto, iniciada quando Pareto foi nomeado professor em Lausanne em 1893.[76] Pareto escreveu frequentemente sobre questões econômicas para o *Journal de Genève*, e mais tarde mudou-se para Genebra, onde morreu. Alguns viram em sua obra uma possível inspiração para comentários sobre "economia política" que Saussure faria em suas aulas de linguística geral.

Embora Naville diga que a linguística é uma ciência psicológica, é em sua discussão sobre a *sociologia* que Naville inclui a referência a Saussure e à semiologia. A isso seguiram-se as seguintes observações:

> A sociologia é a ciência das leis da vida dos seres conscientes – especialmente os humanos – em sociedade. Deve admitir como dados todas as condições sem as quais não podemos representar a vida social para nós mesmos. Quais são essas condições? Não sei se a ciência já as distinguiu e enumerou suficientemente. Uma das mais aparentes é a existência de signos por meio dos quais os seres associados fazem conhecer uns aos outros seus sentimentos, pensamentos, vontades.

Por trás disso está o próprio esquema de Naville para dividir as áreas de estudo acadêmico. Ele está explicando e defendendo sua decisão de incluir a linguística no ramo que chama de "teoremática", as "ciências das leis", juntamente com a matemática e a física. A teoremática compreende a categoria das "Ciências psicológicas: psicologia, sociologia (linguística, economia etc.)".[77]

O último parágrafo citado não é muito saussuriano. A ligação de "leis" com seres "conscientes", a implicação de que a sociologia humana é apenas um caso especial da sociologia animal, a ideia de que o estudo dos signos pode abranger "sentimentos, pensamentos, vontades" – nada disso tem eco em Saussure. No entanto, tudo no parágrafo seguinte, o da semiologia citado anteriormente, está em consonância com o que Saussure ensinaria em suas conferências sobre linguística geral alguns anos mais tarde, com uma exceção: ele não caracterizará a semiologia como uma "parte" da sociologia, uma formulação que sugere que é o domínio de estudo apropriado aos sociólogos.

Logo em seguida ao parágrafo sobre semiologia, Naville escreve: "A linguística é, ou pelo menos tende progressivamente a se tornar, uma ciência de leis; ela se distingue cada vez mais claramente da história da linguagem e da gramática". Não está claro se esse é seu ponto de vista ou o de Saussure. A distinção entre linguística e "história da linguagem" é intrigante, já que a maioria dos linguistas da época igualava as duas. Tanto essa distinção quanto o distanciamento entre a linguística e a gramática têm como premissa que as *leis* são o objetivo do linguista, e não do gramático ou do historiador da linguagem.

Revisitando essas questões em um artigo pouco conhecido de 1906 sobre "sociologia abstrata e suas divisões", Naville faz dos "sistemas de signos e de linguagem" uma das seis categorias principais de "relações inter-humanas".[78] Ele continua a hesitar sobre a questão de saber se a linguagem e as cerimônias são realmente relações em si mesmas ou apenas auxiliares das relações, mas insiste que isso não desabona sua centralidade na vida social e "que, façam ou não parte de sociologia propriamente dita, a semiologia e a linguística têm com ela uma relação muito estreita de parentesco".

Em 1901-1902 e 1902-1903, Saussure promoveu uma mudança em sua rota de ensino, fazendo uma pausa em seus cursos de linguística clássica e germânica pela primeira vez em vários anos. Em 1901-1902, ele ministrou um curso único de lituano, como havia feito em Paris em 1888-1889; Kama Fairbanks parece ter sido a única aluna.[79] No primeiro semestre de 1902-1903, ele ofereceu um novo curso sobre "Linguística geográfica da Europa (antiga e moderna), que comportava uma introdução aos objetos da linguística geográfica em geral", e, no segundo semestre, dialetologia grega, para que houvesse pelo menos alguma coisa para os alunos dos estudos clássicos. Durante esses dois anos, esses cursos se somaram ao de sânscrito – o único curso do qual ele nunca desistiu, porque estava vinculado à sua cadeira – e ao de versificação francesa no quadro do Seminário de francês moderno.

O curso de linguística geográfica foi uma inovação significativa, o primeiro curso que ele deu com "linguística" no título e "moderna" ainda por cima. Ele estava potencialmente entrando no território de Wertheimer; de fato, quando sucedeu Wertheimer no curso de linguística geral alguns anos depois, ele incluiria nele as aulas de linguística geográfica. Assim, iniciou-se o ensino pelo qual se tornaria mais famoso – mas não em seu aspecto mais original. Foi em parte uma pesquisa de línguas e famílias linguísticas, em parte uma explicação do método geográfico associado a Paul Meyer, coeditor com Gaston Paris das revistas *Romania* e *Revue critique*. A máxima de Meyer era que "[e]xistem características dialetais, não existem dialetos".[80] Embora contraintuitiva quando foi enunciada pela primeira vez, essa visão foi confirmada pelo atlas de dialetos da França de Jules Gilliéron, que mostrou, característica por característica, que as fronteiras geográficas não cessam de se deslocar.

Saussure esboçou no quadro-negro uma amostra de duas dessas características na história da França. A mudança do *-a* final para o "*e* mudo" ocorreu a oeste de uma linha que descia o vale do Ródano. A palavra correspondente ao latim *porta* é *porte* na maioria dos dialetos franceses, mas *porta* no extremo leste, como em italiano. Por outro lado, a mudança consonantal de *ca* para *cha* ocorre ao sul de uma linha que separa os dialetos da Normandia e da Picardia do restante da França; de modo que a palavra correspondente ao latim *vacca* é *vache* na maioria dos dialetos franceses, mas *vaque* nos dialetos do norte. "Isso", escreve Saussure, "é o cerne da questão em relação às diferenças dialetais. Cada evento terá sua própria área". O mapeamento das características individuais se assemelha à ilustração que segue:

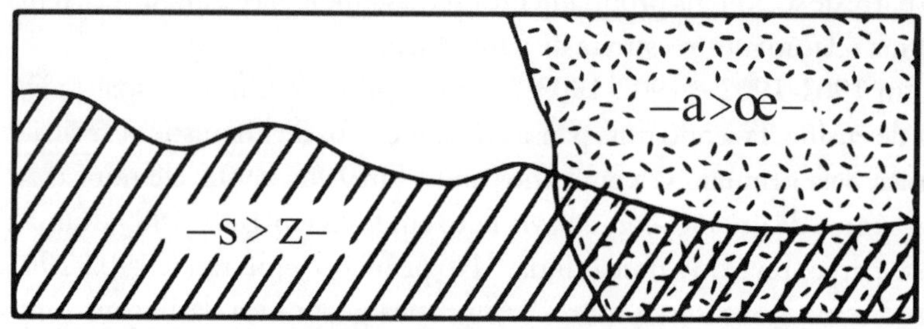

Onde se pode dizer, então, que "um dialeto" começa e termina? Se outras características seguissem as mesmas linhas mostradas acima, poderíamos ter os fatos científicos à nossa disposição para decidir que estamos lidando com quatro dialetos aqui. Essa foi uma das motivações originais para a geografia linguística. Mas, quando cada traço revela uma linha única, ou "isoglossa", o número de "dialetos" torna-se indeterminável. Saussure retornaria a esse paradoxo nos anos seguintes, chegando finalmente a uma solução de compromisso em seu terceiro curso de linguística geral em 1910-1911.

Esse foi um momento de mudança em outras frentes. Henri de Saussure, agora na casa dos 70 anos, não pôde viajar para a Inglaterra para o funeral de seu genro. Sua visão estava tão comprometida que teve que passar por uma cirurgia da qual ainda estava se recuperando. A cirurgia foi um sucesso, permitindo que voltasse a fazer uma quantidade limitada de trabalho.[81] Foi talvez para estar mais perto de seu pai doente e de sua irmã Dora que, nessa época, Ferdinand e sua família deixaram Malagny, seu lar nos últimos dez anos. Eles fixaram residência lá onde tradicionalmente morou a família Saussure desde a época de Horace-Bénédict: verão e outono em Creux de Genthod, inverno e primavera – o ano acadêmico – na mansão da família na Rue de la Cité, agora ainda mais agradável pela criação, em 1902, do adorável Promenade des Bastions, ligando virtualmente a mansão com a Université.[82]

Mais uma vez, como em sua pesquisa sobre dialeto, a mudança de residência estava reconectando Ferdinand com seu bisavô, cuja história girava em torno da "conquista" do Mont Blanc, obscurecendo a fronteira entre fato e lenda. Esse é o limite que Ferdinand exploraria em seu próximo grande projeto de pesquisa. E, como na época de Horace-Bénédict, a agitação social estava no ar. Em outubro de 1902, ocorreu uma greve geral sem precedentes, de três dias, em Genebra, quando trabalhadores de todos os setores se solidarizaram com os trabalhadores do bonde que estavam em disputa com a empresa estadunidense proprietária do sistema. Para a velha guarda aristocrática, isso era sinal de que seus piores pesadelos estavam prestes a se tornar realidade.

Notas

1 Sobre a digestão de Henri, ver: Dr. Dubois, Bern, para FdS, 19 de fevereiro de 1899, AdS 366, f. 82; sobre sua visão, ver: Lawrence Bruner, University of Nebraska, para Henri dS, 26 de setembro de 1899, AdS 226, f. 7.

2 Albertine Marcet, Londres, para FdS, Malagny, 14 de janeiro de 1898, AdS 366, ff. 260-263.

3 "Catholic University Notes". *Washington Post*, 17 de abril de 1899, p. 2; "University Notes", *Washington Post*, 20 de novembro de 1899, p. 4.

4 A carta de felicitações de FdS para Paris, datada de 9 de abril de 1896, encontra-se em: DÉCIMO, M. "Saussure à Paris". *Cahiers FdS*, vol. 48, 1994, pp. 75-90 (p. 84).

5 Ver: Horace Micheli, "Léopold de Saussure" (*Journal de Genève*, 2 de agosto de 1925, p. 4), e Raymond dS, "Léopold de Saussure (1866-1925)" (*Isis*, vol. 27, 1937, pp. 286-305).

6 Para uma história mais completa do período, incluindo informações detalhadas sobre a situação linguística, consulte: DeFrancis, J. *Colonialism and Language Policy in Vietnam*. The Hague, Mouton, 1977 (capítulo 4).

7 Léopold dS. *Psychologie de la colonisation française*. Paris, Félix Alcan, 1899 (p. 113).

8 Ver: BETTS, R. F. *Assimilation and Association in French Colonial Theory, 1890-1914*. New York, Columbia University Press, 1961.

9 Léopold dS, *Psychologie*, p. 108.

10 *Idem*, p. 14. Horace Micheli (1925) menciona que Léopold também era fascinado pela mais famosa *Psychologie des foules*, de Le Bon (Paris, Félix Alcan, 1895).

11 Léopold dS, *Psychologie*, pp. 34-35.

12 *Idem*, p. 83.

13 Sobre a questão do "racismo" de Humboldt, ver: JOSEPH, J. E. "A Matter of *Consequenz*: Humboldt, Race and the Genius of the Chinese Language". *Historiographia Linguistica*, vol. 26, 1999, pp. 89-148.

14 Léopold dS, *Psychologie*, pp. 164-165.

15 Le Bon, G. *Les lois psychologiques de l'évolution des peuples*. Paris, Félix Alcan, 1894 (p. 35).

16 Léopold dS, *Psychologie*, p. 167.

17 *Idem*, pp. 172-174.

18 *Idem*, pp. 4-5.

19 *Idem*, p. 24.

20 Outra diferença entre os irmãos Saussure é que FdS frequentemente evita o termo "psicológico" em favor de "social", embora para ele o sistema de linguagem pertença fundamentalmente aos dois domínios (ver: JOSEPH, J. E. "The Unconscious and the Social in Saussure". *Historiographia Linguistica*, vol. 27, 2000, pp. 307-334). Para Robert J. C. Young, em "Race and Language in the Two Saussures" (*Philosophies of Race and Ethnicity*. Ed. Peter Osborne e Stella Sandford. London, Continuum, 2002 (pp. 63-78), a rejeição de FdS ao psicológico define uma diferença mais essencial entre as concepções de linguagem dos irmãos do que é defendido por John E. Joseph, em "Language and 'Psychological Race': Leopold de Saussure on French in Indochina" (*Language & Communication*, vol. 20, 2000, pp. 29-53).

21 O nome de L. de Morrens como editor é dado em *Les milieux et les races*, vol. 1, 1901 (pp. 137, 140). Ele foi identificado pela primeira vez como Léopold dS por Vilfredo Pareto em *Les systèmes socialistes*, (1902-1903, p. 25, n. 1), e novamente, de modo independente, por Martin Staum, em "Nature and Nurture in French Ethnography and Anthropology, 1859-1914" (*Journal of the History of Ideas*, vol. 65, 2004, pp. 475-495 (p. 493)).

22 Além do sânscrito, os nomes dos cursos oferecidos por FdS, conforme recuperados dos arquivos da Université por Linda, em "Kommentiertes Verzeichnis der Vorlesungen F. de Saussures an der Universität Genf (1891-1913)" (*Cahiers FdS*, vol. 49, 1995/1996, pp. 65-84), não correspondem em todos os casos aos listados por Léopold Gautier em BGE Ms. fr. 1599.

23 Lucien Marti para Léopold Gautier, 25 de fevereiro de 1963, em BGE Ms. fr. 1599/5, ff. 21-22.

24 Flournoy, T. *Esprits et médiums: mélanges de métapsychique et de psychologie*. Genève, Kundig, 1911 (p. 337, nota de rodapé). Em 1903, Kama Fairbanks mudou-se para Berlim, de acordo com a lista de assinaturas do *Journal of the Society for Psychical Research*.

25 Ver carta de FdS de 23 de agosto de 1901 ao impressor Bertrand Châlon, BGE Ms. fr. 3957/2, f. 1, perguntando sobre o preço de materiais sânscritos impressos em vários formatos e apontando que eles são estritamente para uso de seus alunos, não para uma circulação mais ampla. Em 1902, ele escreveu a Meillet, que estava prestes a lançar seu livro sobre gramática comparada: "Não preciso dizer a você que aguardo esse novo livro com impaciência (por mim, mas também pelos desafortunados alunos que só com muita dificuldade conseguem se encontrar em Brugmann e em Henry)" (FdS, Genthod, para Antoine Meillet, Paris, 28 de outubro de 1902, em: BEN-

VENISTE, É. "Lettres de Ferdinand de Saussure à Antoine Meillet". *Cahiers FdS*, vol. 21, 1964, pp. 89-135 (p. 100)).

26 FdS para Jacques & Raymond dS, s.l., s.d., AdS 398, f. 20.

27 AdS 366, f. 60.

28 Dr. Kohler, Villa Sismondi, para Henri dS, Genthod, 20 de junho de 1900, AdS 272/10, f. 21. Outrora a residência do historiador e economista Simonde de Sismondi, mencionado nos capítulos 1 e 2, a Villa é agora um anexo da Mairie de Chêne-Bougerie.

29 Adèle dS, *Notes et souvenirs de familles*, 1916, AdS 417.

30 Os diversos cadernos que preencheu sobre o conteúdo do curso de versificação de francês são, como tantos de seus manuscritos, de difícil datação precisamente entre 1900 e 1909, anos importantes em sua trajetória intelectual, porque, ao final deles, ele estava na metade do segundo curso de linguística geral.

31 Também foram detectadas semelhanças entre FdS e o protegido de Mallarmé, Paul Valéry. Sobre Mallarmé, ver: Sanders, Carol (ed.). *The Cambridge Companion to Saussure*. Cambridge, Cambridge University Press, 2005 (pp. 40-41); sobre Valéry, ver: Wunderli, P. *Valéry saussurien: zur linguistischen Fragestellung bei Paul Valéry*. Frankfurt am Main, Peter Lang, 1977.

32 Ronjat é agradecido na introdução dos editores ao *Curso*. Sobre a correspondência dos dois homens, ver: Chambon, J.-P. & Fryba-Reber, A. "'Sus la draio que condus d'Auro en auro en païs brodo – sur la voie qui conduit de Vienne à Genève': Lettres et fragments inédits de Jules Ronjat adressés à Charles Bally (1910-1918)". *Cahiers FdS*, vol. 49, 1995-1996, pp. 9-63. Ronjat publicou um estudo inicial sobre o bilinguismo infantil que hoje é considerado o marco inicial dessa área de pesquisa: *Le développement du langage observé chez un enfant bilíngue* (Paris, Champion, 1913). Esse foi um estudo do filho de Ronjat, Louis, que foi criado de acordo com o princípio de "uma pessoa, uma língua", defendido pelo ex-aluno de FdS, Maurice Grammont.

33 Jules Ronjat, nota autográfica escrita em BGE Ms. fr. 3970/f, f. 1. O livro de Grammont era *Le vers français: ses moyens d'expression, son harmonie* (Paris, A. Picard, 1904).

34 ROUDET, L. "La désaccentuation et le déplacement d'accent dans le français moderne". *Revue de philologie française et de littérature*, vol. 4, 1907, pp. 297-314. O fenômeno era, na verdade, mais complexo e tornou-se um tema perene de debate nos periódicos nas décadas seguintes.

35 BGE Ms. fr. 3970/f, f. 8.

36 *Idem*, f. 6.

37 *Idem*, f. 8 *verso*.

38 *Idem*, f. 13. Um julgamento semelhante é proferido sobre os *pensées* [pensamentos] de Pascal. O abismo chamando ao abismo é uma alusão bíblica (Salmo 42).

39 BGE Ms. fr. 3970/f, f. 55.

40 *Idem*, escrito na margem ao lado do excerto precedente.

41 *Idem*, f. 56.

42 AdS 379, Cahier 9, ff. 1-10 *recto* e *verso*, e f. 11 *verso*.

43 *Idem*, f. 1 *verso*. Outra conexão pessoal aqui: Musset fora amante de George Sand em 1833-1835, pouco antes de sua viagem a Genebra e a Chamonix na companhia de Liszt e Adolphe Pictet, conforme relatado no capítulo 6.

44 AdS 383/2, f. 63, em papel timbrado do Hôtel Terminus, Lausanne, datado de 16 de julho de 1900.

45 AdS 3956/8, f. 8, minuta de carta ao Sous-Préfet de Segny, França, datada de 20 de novembro de 1901.

46 AdS 3956/8 registra dialetos de aldeias francesas a oeste de Malagny e Genthod; AdS 3956/9 é dedicado às várias localidades do Vaud; enquanto AdS 3956/10 inclui o Chablais, no extremo leste do Lago Léman, perto de Montreux.

47 AdS 3956/8, f. 8.

48 *Idem*, metade direita da página. Outro rascunho parcial em f. 10 diz, de forma bastante paternalista: "não guardo rancor em relação às populações muito simples que [a linha é interrompida]".

49 AdS 3956/11.

50 "Le nom de la ville d'Oron à l'époque romaine: étude de Ferdinand de Saussure † publiée et annotée par L. Gauchat". *Anzeiger für schweizerische Geschichte/Indicatore di storia svizzera/ Indicateur d'histoire suisse*, vol. 18, 1920, pp. 1-11 (p. 8).

51 Como pode ser visto na nota anterior, sete anos após a morte de FdS, uma versão mais completa do estudo foi preparada e publicada por Louis Gauchat, outro linguista suíço-francês lembrado hoje como o precursor da sociolinguística moderna (ver: CHAMBERS, J. K. "Louis Gauchat, Proto-Variacionista". *Historiographia Linguistica*, vol. 35, 2008, pp. 215-225). Gauchat deixa claro que o artigo foi quase todo escrito, mas não inteiramente; ele teve que reconstruir partes de notas que FdS usou como *aide-mémoire*, lembrete, em sua conferência na Sociedade de História e Arqueologia.

52 BGE Ms. fr. 3956/4, ff. 3-4.

53 FdS. "Origine de quelques noms de lieux de la région genevoise". *Bulletin de la Société d'Histoire et d'Archéologie de Genève*, vol. 2, 1903, p. 342 e ss.; resumo em: FdS. *Recueil des publications scientifiques de Ferdinand de Saussure*. Ed. Charles Bally e Léopold Gautier. Genève/Lausanne/ Heidelberg, Sonor/Payot/C. Winter, 1922 (p. 605). O artigo foi objeto de uma nota de Gauchat no *Bulletin du Glossaire des patois de la Suisse romande*, vol. 3, 1904, pp. 14-16. Essa solução representa uma mudança considerável do que ele disse a Charles Bally em 1900: "Para os nomes de montanhas e rios [...], parece-me que a maioria é pré-helênica, assim como, por exemplo, o nome do Reno ou do Jura são provavelmente pré-gauleses" (FdS, Creux de Genthod, para Charles Bally, 26 de setembro de 1900, em "Correspondance Bally-Saussure", editado por René Amacker (*Cahiers FdS*, vol. 48, 1994, pp. 91-134 (p. 94)).

54 Reynold, G. *Le Génie de Berne et l'Âme du Fribourg*. Lausanne, Payot, 1934 (p. 87).

55 FLOURNOY, T. "Nouvelles observations sur un cas de somnambulisme avec glossolalie". *Archives de Psychologie*, vol. 1, 1902, pp. 101-255.

56 HENRY, V. *Le langage martien*. Paris, J. Maisonneuve, 1901.

57 *Idem*, p. 37, em que a referência é ao artigo de Guieysse & Schwob no MSLP, vol. 7, 1892, pp. 40 e ss.

58 Henry, 1901, p. 23.

59 Henry sabia que "Mirbel" era um pseudônimo, mas Flournoy o informou por carta que "Aléxis" não era (*Idem*, p. 57).

60 Flournoy para Henry, 16 de junho de 1900, citado nas notas adicionais para Henry, 1901, p. 145.

61 Lemaître, A. "Contribution à l'étude des phénomènes psychiques". *Annales des Sciences Psychiques*, vol. 7, 1897, pp. 65-88 (p. 74), citado em Flournoy (1902, p. 239, nota de rodapé).

62 Flournoy, 1902, p. 238.

63 *Idem*, pp. 112-113.

64 *Idem*, p. 189.

65 BSLP, vol. 11, 1901, clxxviii, clxxxix.

66 Os rascunhos estão em AdS 368/3, ff. 29-31.

67 Ver, por exemplo, Raymond dS para Jacques dS, 12 de fevereiro de 1901, AdS 398, f. 22.

68 Adèle dS, *Notes et souvenirs de familles*, 1916, AdS 417.

69 Ver: FdS, Paris, para Wilhelm Streitberg, 2 de abril de 1902 (em: VILLANI, P. "Documenti saussuriani conservati a Lipsia e a Berlino". *Cahiers FdS*, vol. 44, 1990, pp. 3-33 (p. 26)).

70 Gauthiot, R. "De l'accent et de la quantité en lituanien". *La parole*, vol. 10, 1900, pp. 143-156.

71 Meillet, A. "À propos de l'article de M. R. Gauthiot sur les entonations lituaniennes". *La Parole*, vol. 10, 1900, pp. 193-200; e *Introduction à l'étude comparative des langues indo-européennes*. Paris, Hachette, 1903.

72 NAVILLE, A. *Nouvelle Classification des Sciences: Étude philosophique*. Paris, Félix Alcan, 1901. A edição original, *De la classification des sciences: Étude logique* (Genève/Bâle, Georg, 1888), apareceu inicialmente como um artigo na *Critique philosophique*.

73 Não era um neologismo, aparecendo regularmente nos tratados médicos franceses de meados do século XVIII para denotar a ciência de diagnosticar sintomas internos a partir de sinais externos. Em inglês, a *semaeology* remonta ainda a mais um século, sendo usada pelo bispo Wilkins para significar linguagem de sinais. A forma mais amplamente usada *semiótica* foi introduzida em sua versão grega *σημιοτική* por Locke em seu *Ensaio sobre o entendimento humano* de 1690 (IV.xx.361) para significar a "doutrina dos signos, sendo o mais comum deles as palavras".

74 NAVILLE, A. "Le rire: causerie psychologique". *Bibliothèque universelle et revue suisse*, vol. 40, 1888, pp. 5-30 (p. 9).

75 *Idem*, p. 10.

76 Pode ter sido Naville quem disse a Pareto que L. de Morrens, editor de *Les milieux et les races*, era Léopold dS, conforme discutido na primeira seção deste capítulo.

77 A filologia não se enquadra na teoremática, mas no ramo da "história", a "ciência dos fatos". Mas lá, na série "História humana – história propriamente dita e filologia", Naville inclui novamente a "linguística".

78 NAVILLE, A. "La sociologie abstraite et ses divisions". *Revue philosophique*, vol. 61, 1906, pp. 457-471.

79 Lista de Gautier dos alunos de FdS, BGE Ms. fr. 1599/8, f. 14.

80 FdS o citará em seu terceiro curso de linguística geral (FdS/Constantin. "Linguistique générale, cours de M. le professeur de Saussure 1910-1911". Ed. Daniele Gambarara e Claudia Mejía Quijano. *Cahiers FdS*, vol. 58, 2005, pp. 71-290 (p. 119)). Uma discussão detalhada sobre o desenvolvimento dessa visão no trabalho de Meyer e o uso feito por FdS está em Rudolf Engler, "La géographie linguistique" (*Histoire des idées linguistiques*. Ed. Sylvain Auroux, vol. 3: *L'hégémonie du comparatisme*. Bruxelles, Mardaga, 2000, pp. 239-252).

81 Ver: Lawrence Bruner, Lincoln, Nebraska, para Henri dS, 7 de abril de 1903, em BGE AdS 226, f. 27.

82 Ver: FdS, Genebra, para Antoine Meillet, Paris, 26 de fevereiro [1903, ano estabelecido por alusão à obra de Gauthiot mencionada na carta], publicado em Benveniste (1964, p. 101): "As missivas do Sr. Gauthiot [...] foram endereçadas para minha antiga agência postal em Versoix. Vivendo agora no verão em Genthod, no inverno em Genebra [...]". O Jardin des Plantes, que anteriormente ocupava o Promenade, foi transferido para outra parte da cidade.

15

1903-1906

Mitos e lendas

A pesquisa de Saussure sobre topônimos locais colocou seu trabalho de campo sobre os dialetos de sua região natal em contato direto com seu conhecimento da história linguística e com documentos medievais relativos ao cantão de Genebra. Na complexa transmissão desses documentos, encontrou os mesmos problemas dos poemas épicos medievais que forneceram a maior parte dos primeiros textos aos linguistas românicos, germânicos e celtas. Não estava totalmente claro onde as linhas divisórias poderiam ser traçadas entre história e lenda, e entre lenda e mito.

Os textos que conhecia melhor eram as lendas germânicas, como a *Canção dos Nibelungos*, que havia estudado pela primeira vez no Gymnase com Krauss, e revisitado em seus cursos em Paris e Genebra. Nos primeiros meses de 1903, Saussure começou a concentrar sua atenção neles com mais intensidade e planejou um livro sobre esse material.[1] Então, no semestre de verão, a partir de março de 1904, assumiu uma hora por semana de aulas em que interpretava e comentava autores alemães, substituindo Émile Redard, professor de "literaturas e línguas do Norte", que estava de licença. Saussure adotou a *Canção dos Nibelungos* como ponto central do curso.[2]

Após a morte de Saussure, Édouard Naville escreveria sobre a pesquisa de Saussure acerca da *Canção dos Nibelungos*:

> É sobre esse último assunto que me parece mais desejável coletar o que pode restar. Durante um inverno, ele ficou completamente preocupado com isso, dizendo que havia chegado a resultados muito interessantes, mas não disse quais eram esses resultados. Creio que se tratava de fatos históricos que ele encontrou na poesia; portanto, espero vivamente que algum traço tenha restado de seu trabalho sobre os Nibelungos.[3]

Muitas notas sobreviveram, embora não fossem publicadas até os anos 1970 e 1980.[4] O material se divide em três grupos principais: um sobre a lenda de Siegfried e sua relação com a história da Borgonha; outro sobre o ciclo de Dietrich e suas versões nórdicas, e a relação entre história e mito; e outro sobre as lendas de Tristão, que atravessam fronteiras linguísticas, e a relação entre mito e lenda.[5]

Em 1903, o colega e ex-aluno de Saussure, Ernest Muret, estava preparando uma edição de *Le Roman de Tristan* [*O romance de Tristão*], um poema do século XII de Béroul em francês antigo.[6] O prefácio de Muret agradece ao sucessor de Gaston Paris, Joseph Bédier, por sua ajuda, mas não menciona Saussure, o que é surpreendente, dado que muitas questões envolvem versões germânicas da lenda de Tristão e Isolda. Bédier acreditava que todas as muitas variantes remontavam a um "Ur-Tristão" celta perdido e, em 1900, publica uma reconstrução dele em francês moderno, com enorme sucesso.[7] Não demorou muito para Bédier e outros verem que esse método poderia ser estendido para conectar a lenda de Tristão e Isolda a outras lendas estruturalmente semelhantes, como a lenda grega de Teseu e Ariadne.

Essa hipótese capturou a imaginação de Saussure e o levou a preencher vários cadernos com comparações aproximadas dessas e de outras lendas. Uma comparação-reconstrução que pudesse, em princípio, remontar ao passado indo-europeu pré-histórico era interessante em si, mas o objetivo de Saussure era ainda mais ambicioso: elaborar os paralelos entre a estrutura das lendas e a estrutura da linguagem.

Suas notas sobre a lenda de Siegfried destacam sua conexão local com "a existência muito efêmera do reino burgúndio do Ródano" nos séculos V e VI.[8] "Que tesouro extraordinário para a história não temos na *Canção dos Nibelungos*?", ele insiste. A própria existência desse reino é conhecida apenas por duas menções em crônicas, mas, se os historiadores pudessem ser persuadidos a olhar sob a superfície de conto de fadas da *Canção dos Nibelungos*, encontrariam "uma profusão de detalhes incomparável!", "uma lacuna em nossa história é substituída por uma fonte abundante". Encontrariam coisas até no que *não* é dito.

> A ausência, na lenda germânica, de qualquer elemento referente à NAÇÃO FRANCA, e à dinastia merovíngia é, de todos os fatos discutidos a respeito dessa lenda, o que mais chama atenção do crítico e o mais surpreendente: essa lacuna, *sobretudo pelo que ela tem de preciso* na sua negatividade, ao não permitir, mesmo sobre nenhum detalhe, a menção aos francos parece inexplicável, ou melhor, marcada de antemão por uma improbabilidade particular.[9]

Saussure observa que, "por uma simples transposição de nomes, são os hunos que representam os francos em toda a lenda germânica". A história se repetiria em alguns anos, quando "os hunos" passaram a representar os alemães no discurso popular durante a Grande Guerra. Saussure está sugerindo que um elemento na lenda é o que é devido ao seu lugar no sistema, seu valor definido não por si mesmo, mas pelos outros elementos aos quais está conectado. A ausência de qualquer referência aos francos gera um valor positivo, ao qual se atribui o nome de outro povo, os hunos, que na verdade não têm nenhum papel histórico nos eventos relatados. O paralelo com a percepção de Henry de que a ausência de *f* nas declarações de transe de Élise Müller tinha o valor positivo de "não francês" é o mais impressionante, dado que o próprio *francês* deriva do nome dos francos.

Grande parte da análise de Saussure visa traçar o modo como personagens e eventos históricos se condensam na passagem para a lenda. Pessoas com nomes semelhantes ou que apenas compartilham um elemento comum são transformadas em uma única personagem, mesmo que tenham vivido em séculos diferentes. As relações de parentesco são transpostas: em uma versão da lenda de Tristão, ele e Isolda são irmãos. Na passagem das notas que mais chamou atenção, Saussure descreve a lenda como um sistema *semiótico* composto de *símbolos*, então passa a usar "símbolos" de uma maneira que mostra que ele o está usando no lugar de seus "signos" habituais.

> – A lenda se compõe de uma série de símbolos com um sentido a ser especificado.
> – Esses símbolos, sem que disso suspeitem, são submetidos às mesmas vicissitudes e às mesmas leis que todas as outras séries de símbolos, por exemplo, os símbolos que são as palavras de uma língua.[10]

As vicissitudes e as leis sofrem mudanças ao longo do tempo. Tal mudança, embora inevitável, também é limitada.

> – Não há método algum para supor que o símbolo deva permanecer fixo, nem que deva variar indefinidamente, ele deve provavelmente variar dentro de certos limites.
> – A identidade de um símbolo não pode nunca ser fixada desde o momento em que ele é símbolo, isto é, derramado na massa social que lhe fixa a cada instante o valor.[11]

Os símbolos de que trata aqui são os personagens da lenda, como Siegfried ou Tristão, mas as observações se aplicam até às letras ou runas individuais que compõem o texto. Em cada nível surgem as mesmas questões sobre identidade – o que significa dizer que diferentes atos significantes constituem uma única unidade, implicando uma unidade que não é objetivamente especificável:

> [...] percebe-se, nesse domínio, como no domínio parental da linguística, que todas as incongruências do pensamento provêm de uma reflexão insuficiente sobre o que é a *identidade* ou as características da identidade, quando se trata de um ser inexistente, como a *palavra*, ou a *pessoa mítica*, ou uma *letra do alfabeto*, que são apenas formas diferentes do SIGNO, no sentido filosófico.[12]

A natureza indefinível da identidade explica a mudança, porque, uma vez em circulação, os signos ficam à mercê de quaisquer acidentes introduzidos pela massa social. Assim, "*todo símbolo*, uma vez lançado em circulação, [...] está, nesse instante mesmo, em uma incapacidade absoluta de dizer em que consistirá sua identidade no momento seguinte".

> É nesse espírito geral que abordamos qualquer problema da lenda, porque cada um dos personagens é um símbolo do qual se pode variar, – exatamente como para a runa – a) o nome, – b) a posição diante dos outros, – c) o caráter, – d) a função, os atos. Se um *nome* é transposto, pode ocorrer que uma parte dos atos seja transposta, e reciprocamente, ou que todo o drama mude por um acidente desse tipo.

É um erro, insiste Saussure, acreditar que qualquer um na linhagem dos bardos que transmitiu o épico tenha introduzido essas mudanças como uma questão de arte. Em vez disso, "uma profunda tendência conservadora reina em todo o mundo da lenda. Mas a imaginação *sobre a lacuna* de memória é o principal fator de mudança com vontade de permanecer de outro modo na tradição". Ele acrescenta uma nota de rodapé que relembra suas reações à leitura de Egger: "No domínio linguístico, vê-se florescer, da mesma forma, toda uma categoria de formações engenhosas provocadas pela *falha da memória*".[13]

Em outras notas, provavelmente posteriores, ele trata os símbolos não como sinônimos de signos, mas como um tipo especial de signo. Esses pensamentos surgem no contexto de sua consideração de um livro de 1845 sobre a *Canção dos Nibelungos* de Wilhelm Müller, que interpretou – na verdade, superinterpretou, na visão de Saussure – muitos aspectos do texto simbolicamente, tomando, por exemplo, a esposa de um príncipe como o símbolo do poder real do marido, "uma alegoria", comenta Saussure, "da qual nunca fui capaz de ver a necessidade, a probabilidade ou o benefício".[14] Sua observação, citada anteriormente, de que "não há método algum para supor que o símbolo deva permanecer fixo" faz parte de sua rejeição à simbologia de Müller, que afirma encontrar equações que se aplicam a lendas ao longo das eras históricas.

Saussure insiste que, "assim como toda espécie de signo", os símbolos "nunca são outra coisa senão o resultado de uma evolução que criou uma relação involuntária das coisas: eles não são inventados, nem se impõem de chofre". Ele desconfia do termo "simbolização", preferindo falar de "redução de proporções ou amplificação de acontecimentos seguindo um *tempo decorrido*, ou seja, um número indefinido de recitações transformadas, mas não de simbolização em um momento qualquer". A interpretação simbólica ocorre apenas na mente do crítico que vê a sucessão de versões e expressões do acontecimento. Para o bardo que aprendeu de seu mestre apenas uma versão da *Canção dos Nibelungos*, "é pura verdade que Hagen jogou o tesouro no Reno e, consequentemente, não há nada de simbólico nisso":

> – forma supostamente inegável do simbólico: *o tesouro*. Puramente visto tal como nos tempos merovíngios. Nem um pouco simbólico.

Isso leva à questão da relação entre lenda e história. Para Müller, a lenda é precisamente a simbolização da história, o que Saussure chama de "uma alegoria desejada", em vez de "o resultado dos acidentes normais para uma narrativa concreta".[15] Saussure acredita que apenas a segunda opção nos levará de maneira "matemática" à verdade dentro da lenda – algo bem diferente do "pueril e vão desejo de encontrar regularmente coincidências entre a lenda e o fato real". Seu método consiste em decompor a lenda em seus elementos constitutivos e em sua organização interna:

> [...] obriguei-me a substituir cada conclusão pelos elementos a partir dos quais qualquer um pode concluir, e vi-me forçado a dar uma forma consistente às minhas afirmações porque as coisas se encadeiam [...]. A análise pura é um bom procedimento para cada ponto tomado em particular: ela é absolutamente inaplicável para um conjunto de grande extensão no qual cada suposição, positiva ou negativa, implicaria matematicamente um número indefinido de subsuposições conectadas em todos os sentidos.

Saussure elaborou uma "tabela de equivalências nominais", observando que "a ideia de tomar os *nomes próprios* em geral, em vez de, por exemplo, os papéis dos personagens [...], é absolutamente arbitrária na crítica da lenda". Novamente, os personagens que compartilham um nome em diferentes versões da lenda às vezes são personagens muito diferentes, enquanto o mesmo personagem recebe nomes diferentes. Mesmo em uma única versão, dois personagens podem ser combinados. Assim, Gunther na *Canção dos Nibelungos* e na *Canção de Siegfried* às vezes representa o personagem original [*Ur-figure*] de Gundebad, outras vezes o de Sigismundo. Gunnarr, na lenda nórdica, corresponde, em geral, a Gunther, mas nunca replica sua representação de Gundebad ou Sigismundo.[16]

Tal qual na visão de Meyer sobre os dialetos, Saussure diz sobre esses personagens que

> [...] somente os elementos existem. Assim, Dietrich tomado em sua verdadeira essência não é um personagem, histórico ou a-histórico: ele é puramente a combinação de três ou quatro traços que podem ser dissociados a qualquer momento, acarretando a dissolução de toda a unidade.[17]

Para ele não há uma divisão clara entre personagens históricos e personagens míticos. Júlio César passa de uma figura histórica para uma figura lendária, e depois para uma figura mítica no *Kaiserchronik* [Crônica dos imperadores], em que se torna filho de Eneias e Vênus, parte para conquistar a Rainha do Egito e tem um filho com ela, é perseguido por um inimigo chamado Senatus, a quem ele derrota, e vive para ver Augustus, seu filho com a rainha do Egito, crescer até a idade adulta.[18]

A conclusão a que pode chegar Saussure é que o paralelo entre lenda e linguagem, embora significativo, não é completo, porque nenhum elemento da lenda está sujeito ao equivalente de leis fonéticas.[19] Tais leis são possíveis na linguagem por causa da continuidade "na forma material dos signos VOCAIS", ao passo que, "[e]ntre um estado de lenda e aquele que o segue três ou quatro séculos depois, não há, pelo contrário, nenhum elemento fixo, ou nenhum elemento destinado a ser fixo". Os títulos nascidos de personagens, como "*rei* em oposição a vice-rei, governador, conde etc.", são os que mais se aproximam de tais leis, mas aqui as notas se interrompem, o que não é surpresa, dada a dificuldade com que encara a própria forma material dos sinais vocais.

Sua empolgação durante o inverno em que Édouard Naville diz que ficou tão absorto nesse assunto é compreensível. Ele havia antecipado os métodos básicos da análise "estruturalista" que, inspirada em seu *Curso de Linguística Geral*, assumiria a etnografia, a literatura e uma série de outras áreas de estudos por várias décadas a partir de meados dos anos 1950. Se ele realmente tivesse concluído e publicado esse livro meio século antes, e se tivesse sido amplamente lido e apreciado, toda a história intelectual do século XX poderia ter sido muito diferente.

Em um nível mais pessoal, essa pesquisa reuniu tantos de seus interesses de longa data que, se tivesse dado certo, sua peculiar carreira poderia parecer em retrospecto como se fizesse todo o sentido – como se tudo o que ele fez em sua vida adulta tivesse o conduzido a isso.[20] E seu próximo grande fascínio também é antecipado: alguns dos manuscritos investigam como os nomes de três dos personagens – Hildebrand, Sigelint e Kriemhild – são embaralhados e escondidos no texto de muitas versões germânicas do épico.[21] Mas, como Naville disse em sua resposta a um pedido de Bally para qualquer coisa que Saussure pudesse ter enviado a ele sobre um determinado assunto: "Se ele tivesse começado algo destinado a mim, seguindo seu hábito corrente, ele não o teria concluído".[22]

Lenda pessoal

Quando, em 4 de agosto de 1903, o tio Théodore de Saussure faleceu, aos 79 anos, todos celebraram a longa vida de que desfrutou, repleta de serviços à comunidade e à nação, respeitada e adorada pelos sobrinhos e sobrinhas, que foram os filhos que nunca teve. Ainda assim, foi um momento difícil. Théodore tinha sido o porto seguro de Ferdinand, seu verdadeiro pai em muitos aspectos. Sua morte foi um momento para olhar para trás, e talvez não seja por acaso que nessa época o sobrinho finalmente tenha reunido um grande segmento das memórias de sua juventude e dos estudos iniciados e abandonados em anos anteriores.

Esse livro de memórias, cuja versão mais completa foi publicada em 1960 por Godel,[23] foi frequentemente referido na Parte II, pois durante meio século serviu como a principal fonte de informação sobre a educação de Saussure e o despertar de sua consciência linguística. Sua narrativa foi infinitamente repetida como fato, mas vimos as inconsistências entre as várias versões do texto e entre as lembranças de Saussure e os fatos documentáveis.

Muita coisa mudou entre sua primeira tentativa, o "Mémoire contre Osthoff et Brugmann" [*Mémoire* contra Osthoff e Brugmann], que parece datar de 1887,[24] e os vários rascunhos de agosto de 1903. A primeira versão revela raiva e ressentimento muito mais profundos do que qualquer um dos textos posteriores. Não hesita em acusar Brugmann e Osthoff de plagiar suas principais ideias, usando inclusive a palavra *piratas* para descrevê-los.[25] Saussure ficou chocado, por exemplo, que a hipótese do *A*, a contribuição mais importante de seu *Mémoire*, fosse em 1887 regularmente atribuída a Osthoff.[26] Os rascunhos de 1903 apenas sugerem que Brugmann pode ter tirado dele exemplos de correspondências de *ablaut*, enquanto a primeira versão o acusa abertamente de inquirir Saussure por informações que acabaram não atribuídas em publicações do próprio Brugmann ou de Osthoff.

Em 1903, Saussure já havia aceitado o fato de que, se sua promessa inicial como linguista não tivesse se concretizado, não poderia culpar inteiramente seus professores de Leipzig. Seus pais assumem sua parcela de responsabilidade por retê-lo em seu progresso acadêmico quando adolescente; Bopp por desviá-lo da natureza primitiva do *ṛ* sânscrito; Louis Morel por não reconhecer a importância de sua "descoberta" das soantes nasais.

A história que constrói é a de um menino com instintos fortes e totalmente originais sobre história linguística, que precisava de orientação adequada para desenvolvê-los em todo o seu potencial. Essa orientação ele encontrou desde cedo em Adolphe Pictet e em seu avô, o conde Alexandre de Pourtalès, mas nunca mais em nenhum outro mentor. Pictet corretamente o afastou de sua tentativa juvenil de construir um sistema abrangente de linguagem. Nos dois anos que se passaram antes que lesse qualquer outro texto em linguística, fez a descoberta das soantes nasais. Quando retomou o estudo linguístico, seu tutor, Morel, estava muito ligado às doutrinas de Curtius para compreender qualquer coisa original, e assim Saussure perdeu a oportunidade de reivindicar o crédito por sua descoberta. Brugmann, que recebeu o crédito, tornou-se seu amigo quando chegou a Leipzig, mas ignorava os fatos linguísticos básicos e usou Saussure como uma fonte fácil de informação. O *Mémoire* surgiu totalmente formado a partir da cabeça de Saussure, com base em sua análise original de padrões de *ablaut* e correspondências sonoras nas línguas indo-europeias. O cenário linguístico alemão não conseguia enxergar isso. Falharam em entender a maior parte do que o *Mémoire* propunha, e começaram a repetir algumas de suas ideias centrais, muitas vezes de forma mutilada, sem creditá-las a ele, enquanto o faziam ser o plagiador de seus professores de Leipzig, a quem ele quase nunca tinha ido ouvir, e, quando o fez, foi somente depois de já ter começado o *Mémoire*.

Os fatos que desafiam mais diretamente essa versão dos eventos são que o *Ensaio* "infantil" para Pictet data de quando ele tinha quase 17 anos, bem depois de sua percepção sobre as soantes nasais; que essa hipótese já havia aparecido décadas antes em um livro didático usado pelo próprio Saussure; que sua frequência às aulas em Leipzig era regular e suas anotações, conscienciosas.

Saussure, um homem honesto e íntegro, certamente sabia em seu coração que a culpa era principalmente de si mesmo. Talvez tenha sido necessário esse esforço de reconstruir várias versões possíveis do que deu errado para aceitar que nenhuma delas foi finalmente convincente. Ou talvez – pareceria absurdo, se ele não escrevesse sobre isso exatamente ao mesmo tempo, no contexto das lendas germânicas – ele estivesse experimentando para ver se seu método crítico estava certo, e, confrontando diferentes versões da mesma história, poderia permitir ao analista voltar ao original: da lenda à história.

No final, ele não fez nada desonesto. Ele não publicou o suplemento planejado para a reedição do *Mémoire* em 1887. Em 1903, não tinha mais intenção de publicar suas reminiscências, mas planejava perguntar a Wilhelm Streitberg, o coeditor do *Indogermanische Forschungen*, com quem havia se correspondido, sobre os eventos em questão, para atuar como "depositário provisório" do documento. Isso para o caso de uma acusação de plágio ser aberta contra ele, após sua morte. No final, ele não parece ter produzido uma versão derradeira de suas reminiscências ou enviado qualquer rascunho para Streitberg. Também não mostrou a ninguém as outras versões. Ele buscou enganar ninguém, exceto, talvez, a si mesmo.

Pode ter havido outro motivo por trás dessas reminiscências. Quando a *Introdução ao estudo comparativo das línguas indo-europeias*, de Meillet, apareceu em 1903, trazia a seguinte dedicatória: "Ao meu professor FERDINAND DE SAUSSURE por ocasião dos 25 anos desde a publicação do *Mémoire sur le système primitif des voyelles dans les langues indo-européennes* (1878-1903)".[27] Sua introdução apresentava a primeira versão da lenda de Ferdinand de Saussure conforme ela vinha sendo desenvolvida em Paris na década anterior, incluindo, pela primeira vez, uma descrição do sistema apresentado no *Mémoire* como aquele em que *tout se tient*, em que tudo se encaixa.

> Ao mesmo tempo em que reunia todas as descobertas anteriores sobre o vocalismo, o *Mémoire* trazia, por meio de uma inovação capital e verdadeiramente decisiva, um sistema coerente que abarcava todos os fatos, colocava os fatos conhecidos em seu verdadeiro lugar e revelava uma série de novos. Desde então, nunca mais se permitiu ignorar, e em relação a qualquer questão, que cada língua forma um sistema no qual tudo se encaixa, e tem um plano geral de um maravilhoso rigor. Trabalhos publicados desde então sobre o vocalismo, notavelmente por Hübschmann e Hirt, trouxeram precisão em muitos detalhes, mas deixaram intacta a doutrina postulada por F. de Saussure.[28]

Tout se tient, a ideia de que cada elemento se conecta e é solidário a todos os outros elementos, tornou-se uma frase tão intimamente associada a Saussure que as gerações futuras presumiriam que fosse dele, embora de fato não ocorra em nenhum lugar do *Cours* ou em qualquer um de seus escritos publicados ou não. Mas o *tout se tient* do *Mémoire* não possui o sentido posterior de que o valor de cada fonema ou unidade conceitual é gerado puramente por sua diferença de todas as outras unidades desse tipo. Essa ideia aparece pela primeira vez no manuscrito de fonologia do início da década de 1880, depois repetidamente em trabalhos não publicados posteriores. Sem dúvida, essa formulação surgiu no ensino de Saussure durante seus anos em Paris. Meillet está aqui usando *tout se tient* para se referir à necessidade de considerar todos os fatos disponíveis em conjunto, não isoladamente, como fica claro algumas páginas a seguir:

> [...] em seu artigo no Volume IV dos *Indogermanische Forschungen*, F. de Saussure mostrou, com um exemplo, todo o trabalho crítico necessário antes de afirmar uma interpretação de uma forma em um texto antigo; por meio de suas pesquisas sobre a entonação lituana, ele estabeleceu simultaneamente a necessidade de observar os dialetos atuais e a impossibilidade de explicar qualquer coisa sem propor uma doutrina que abranja todos os fatos.[29]

Também no *Mémoire*, *tout se tient* no sentido de que todos os níveis da estrutura linguística estão inseparavelmente ligados: fonemas, *ablaut*, acentuação, entonação, estrutura silábica e muito mais. Assim, por exemplo, um coeficiente soante funcionando como uma vogal pode se tornar uma característica da entonação, que é então projetada no sistema de acentuação, como Saussure descobriu no lituano.

Embora Saussure tenha ficado comovido com a dedicatória de Meillet, ela não poderia deixar de lembrá-lo de quantos anos ele havia deixado passar sem concluir outra obra importante.[30] A menção "1878-1903", em particular, deu-lhe a aparência de um epitáfio para uma carreira moribunda, em torno da qual se desenvolveu a lenda de que sua falta de publicações era prova de uma concepção de linguagem tão poderosa que deveria ser deixada para outros concretizarem. Na verdade, isso tornou o trabalho de escrita ainda mais difícil para Saussure. Além de seu próprio perfeccionismo, ele agora ficaria aquém dos lendários ideais impostos a ele por outros.

Outra publicação indireta: Odier

Das famílias de banqueiros do círculo genebrino, que incluía os Saussure, os Odier ocupavam o primeiro lugar, especialmente desde sua fusão com os Lombard – primeiro, no campo dos negócios, para formar a Lombard, Odier & Cie. em 1798, depois com o casamento de James Odier com Blanche Lombard. O fruto dessa união, Gabriel, figura entre os nomes nas contas de pôquer de Ferdinand em Paris na década de 1880, e vimos também seu poema cômico para o casamento do irmão de Gabriel, Émile, que serviu como tesoureiro do Congresso de Orientalistas em 1894.

Para o caçula dos irmãos, Henri Charles Agénor Odier,[31] Saussure foi um herói e um mentor. Agénor era poeta e músico, e apostava na carreira artística. Como benjamim da família, enfrentou menos oposição a um caminho literário do que Ferdinand como primogênito. Ele publicou poemas, como seu "Soneto para Keats", de 1898,[32] mas, chegando aos 30 anos, ainda não havia incendiado o mundo literário. Depois de se casar em 1902, foi persuadido a seguir estudos acadêmicos avançados em uma área que o interessasse e pudesse lhe dar algumas credenciais intelectuais. Ele não precisava de uma renda além do que suas participações na empresa familiar forneciam.

Ele se matriculou no programa de doutorado no semestre de inverno de 1903-1904 na Université, não de Genebra, mas de Berna, sob a supervisão do Dr. L. Stein. Isso é surpreendente, considerando sua formação e o fato de que mais tarde trabalharia como *Privatdozent* para o departamento de Flournoy. Talvez Flournoy precisasse de provas de que Odier não fosse um poeta antes de levá-lo a sério. Em dezembro de 1904, a tese de doutorado de Odier, *Essai d'analyse psychologique du mécanisme du langage dans la compréhension* [Ensaio sobre a análise psicológica do mecanismo da linguagem na compreensão], foi aceita pela Université de Berne e apareceu impressa no ano seguinte.[33] Odier seguiu a carreira acadêmica por vários anos, sem, no entanto, publicar mais nada sobre psicologia e linguagem. Na página 40 de sua tese, Odier afirma:

> As palavras são molduras que designam objetos individuais; a experiência aumenta sua extensão e precisa sua limitação. O Sr. F. de Saussure, professor de sânscrito na Universidade de Genebra, gentilmente nos disse que, em sua opinião, essa limitação é negativa. Ela assim o é, parece-nos, na medida em que fornece um obstáculo à invasão de outros sentidos possíveis. Quando refletimos, o conteúdo da palavra nos aparece muitas vezes em toda a sua extensão. Essa operação exige uma aplicação palpável ao lidar com um texto laborioso. Isso parece demonstrar,

em casos de ambiguidade ou homonímia, a necessidade de um esforço para delimitar o sentido exato das palavras. Nessa operação, certos contornos tornam-se mais firmes, enquanto outros desaparecem.[34]

Duas páginas adiante, encontramos a primeira aparição impressa do modelo de signo linguístico de Saussure:[35]

O sentido, definido pela experiência e concentrado pela reflexão, é comparável à imagem dada por uma objetiva cujo diafragma acentua os contornos e realça as cores. A relação que existe entre signos e ideias foi formulada pelo Sr. F. de Saussure da seguinte maneira:

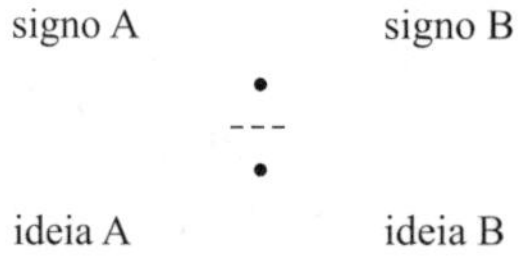

signo A • signo B
---
ideia A • ideia B

A palavra exclui sentidos errôneos; o contexto, por oposição, determina o que está "preso" ao sentido.[36]

Embora o livro de Adrien Naville, de 1901, tenha precedência histórica como o primeiro relato publicado de qualquer aspecto da teoria da linguagem madura de Saussure, esse não passa de um chamado programático de natureza geral. O livro de Odier foi o primeiro a incluir detalhes do modelo saussuriano do signo e da natureza do sistema de signos.[37]

Odier se distancia de Saussure, por exemplo, no uso de "limitação" e "limitativo" para o processo de como o valor é gerado pela diferença. Essas não são palavras que Saussure tenha utilizado em outro lugar nesse contexto. Quando Odier passa a interpretar a limitação no sentido de que a palavra "fornece um obstáculo à invasão de outros sentidos possíveis", o "parece-nos" mostra se tratar de sua adição à visão de Saussure. Odier acredita em uma versão muito forte do que Saussure chamaria de relações associativas, e que Odier chama de "harmônicos" de uma palavra, todas as associações verbais e imaginárias que ela evoca, que variam de indivíduo para indivíduo.[38] Isso presumivelmente incluiria as reações sinestésicas que alguém como Saussure experimentou com as vogais. Mas lá onde Saussure excluiu tais associações do sistema linguístico por não serem compartilhadas socialmente, Odier as transforma em evidência de que a variação é o estado normal da linguagem, assim como o mal-entendido a que diferentes associações dão origem: "A linguagem permanece uma notação sumária que leva a *mal-entendidos* porque implica *subentendidos*. A linguagem é mais um sinal sugestivo do que explícito".[39]

O funcionamento de uma palavra consiste em delimitar a gama de associações possíveis que o ouvinte espera ouvir com base no que já foi dito – pois Odier também opera uma versão forte do que Saussure chamaria de relações sintagmáticas, e o que Odier chama de "expectativas":

> A palavra contém, virtualmente, além das associações que definem *sua significação*, associações oriundas de sua repetição em um contexto, que prescrevem *sua ordem gramatical* [...]. Essa influência, tanto ativa quanto latente, cria, ao lado das *expectativas semânticas*, uma *expectativa formal*. É assim que estamos atentos, em uma e mesma percepção, ao sentido da palavra, ou melhor, à ideia ou ao objeto em questão, e ao lugar da palavra na frase. Essa situação da palavra delimita qual aspecto de suas associações, possivelmente semânticas e motoras, devemos considerar. Depois de um substantivo: *a árvore*, por exemplo, esperamos que figure um *que*, um *cuja*, um verbo ou um adjetivo.[40]

Assim, um certo número de possibilidades foi delimitado semanticamente, e, quando a palavra que esperamos chega a ser pronunciada, ela faz o trabalho "negativo" de fornecer um obstáculo à invasão de outros significados possíveis, excluindo os errôneos.

> Suponhamos que se pronuncie diante de nós a palavra *cavalo*, quando nosso espírito está em um estado de calma absoluta e nada de exterior vem perturbá-lo. Do ponto de vista simplesmente da compreensão, é mais fácil definir por exclusão e negativamente o que ouvimos, dizendo que *cavalo* não é *mula*, nem *asno* etc.[41]

Mas o processo só é assim fácil quando estamos em contemplação pacífica, pois, como Odier disse em uma passagem citada anteriormente: "Quando refletimos, o conteúdo da palavra nos aparece muitas vezes em toda a sua extensão". Quando, porém, lidamos com um texto difícil, ou com homonímia ou ambiguidade, o processo deixa de ser automático e se torna algo de que temos consciência, algo que fazemos deliberadamente. É nesse contexto que Odier fala dos "*contours*" [contornos] do sentido e introduz a interessante metáfora de um *objectif*, uma câmera ou outro dispositivo ótico, que distorce uma imagem em uma realidade intensificada. Isso é o que o sentido linguístico, em sua opinião, faz com os objetos que significa. Embora isso não soe muito saussuriano, pode estar relacionado a outras declarações de Odier como: "A linguagem decompõe, seguindo a ordem do tempo, os elementos que apareceram à atenção humana compactados no espaço".[42]

Não podemos estabelecer claramente o quanto Odier extraiu de suas discussões com Saussure, e o quanto a leitura que Saussure fez da tese de Odier ajudou a esclarecer e reforçar seu próprio pensamento. A evidência para a última possibilidade é fornecida pelo fato, observado por Godel, de que Saussure fez uma marca na margem de sua cópia do livro de Odier,[43] ao lado da citação, em uma longa nota de rodapé de uma passagem do *Laocoonte* de Lessing: "A poesia é obrigada a usar signos arbitrários que seguem um após o outro".[44] Godel pergunta, "é devido aos 'sinais arbitrários' ou à alusão à natureza linear do discurso?". A implicação é que ambos os princípios fundamentais do signo linguístico tal como articulados em suas aulas posteriores, a arbitrariedade e a linearidade, estão contidos nessa única frase.[45]

A marca feita por Saussure na passagem de Lessing, escondida como está em uma nota de rodapé de meia página, mostra que ele leu o livro de Odier cuidadosamente. Isso torna digna de nota a riqueza de referências que Odier cita, abrangendo várias áreas da filosofia e da psicologia. As obras especificamente sobre a linguagem nas quais mais se baseia são as que Saussure já conhecia: *La parole intérieure*, de Egger, e *Antinomies linguistiques*, de Henry. Para a análise psicológica do signo linguístico, seu principal guia é um livro de 1901 de Eduard Martinak, do qual Saussure já devia ter ouvido falar por meio de Flournoy, que o resenhou em sua revista.[46] Existem inúmeros pontos de contato entre as definições de Martinak e as de Saussure com relação ao signo linguístico – menos surpreendente quando percebemos que a invenção de Saussure não foi uma invenção original, mas foi transmitida a ele da tradição da gramática geral por seus primeiros professores de filosofia, Verchère e Amiel. Outro dos guias psicológicos de Odier foi o *Principles of Psychology*, de William James, incluindo suas observações sobre o signo linguístico, que deve muito a Charles Sanders Peirce.[47] Mais uma vez, no entanto, seria surpreendente se Saussure já não tivesse conhecimento da obra por meio de Flournoy, amigo em comum dele e de James.

Por fim, três outras obras citadas por Odier são significativas por seus vínculos com Saussure: o artigo de Adrien Naville de 1888 sobre a psicologia do riso, mencionado no capítulo anterior; o capítulo de Adrienne-Albertine Necker de Saussure sobre "Como as crianças aprendem a falar" de *L'éducation progressive*, que Odier cita duas vezes em conjunto com as *Antinomies linguistiques*[48] de Henry; e Taine, citado junto com a tia-avó Adrienne-Albertine e

Henry após uma declaração de que "[a] palavra geralmente é dada à criança antes da coisa".[49] Taine aparece como uma figura secundária, de interesse ocasional, diferentemente de Egger, Henry ou Martinak, a quem Odier trata como contemporâneos, com sistemas atualizados de ideias que importam profundamente para a compreensão do assunto.

A negligência histórica que foi dispensada ao *Essai* de Odier pode ser atribuída em parte a uma crítica negativa concisa e severa de Meillet, que começa assim: "A tese do Sr. Odier realmente tem a ver apenas com a psicologia da inteligência; parece não conter nenhuma visão muito nova, e a conclusão é simplesmente que 'a inteligência tem como missão adaptar o indivíduo às condições de existência'".[50] Na verdade, a conclusão do livro de Odier não é "simplesmente" o que Meillet relata: ele dá apenas sua primeira frase. Ainda assim, isso não é uma banalidade, mas representa a vanguarda do neoevolucionismo do início do século XX, representado, por exemplo, por James Mark Baldwin,[51] além de se conectar ao trabalho de James e Bergson. Essa crítica devastadora foi todo o incentivo de que Agénor Odier precisava para abandonar o estudo psicológico da linguagem e retornar a uma vida de diletantismo endinheirado.

A perda dos pais

Em 1904, os irmãos Saussure pareciam estar se reunindo depois de mais de uma década seguindo caminhos separados. Léopold se aposentou da marinha francesa e, com sua jovem família, foi morar com a recém-viúva Adèle, em Genthod. Horace, agora um pilar da comunidade artística de Genebra, estava desenvolvendo projetos para o interior de prédios estatais em outras cidades. Embora ainda oficialmente casado com Anna, ele mantinha um relacionamento com Marie Jeanne Weiss, dois e não dez anos mais velha que ele, e vinda da burguesia genebrina. René foi nomeado *Privatdozent* de matemática na Université de Genève, um cargo do qual se pode eventualmente ascender a uma cadeira. Mas talvez a maldição de Horace-Bénédict, rejeitado para a cadeira de matemática em 1761, persistisse, porque René nunca foi promovido, apesar de um impressionante recorde de publicações. Ainda assim, o cargo de *Privatdozent* era honroso e, tendo se casado com uma rica família industrial, a diferença salarial pouco importava.

O mesmo não acontecia com Charles Bally, que estava cada vez mais ansioso para deixar o Collège e se dedicar ao ensino universitário em tempo integral. Ele obteve licença para passar o primeiro semestre de 1903-1904 em Paris e, achando-o extremamente frutífero, conseguiu que se estendesse por quase todo o ano. Saussure escreveu para expressar sua alegria, tanto por Bally pessoalmente quanto "pelo futuro dos estudos linguísticos em Genebra".[52] Também em 1904, Bernard Bouvier foi nomeado vice-reitor da Université, garantindo a Saussure um aliado de alto escalão nos quatro anos seguintes. Com o apoio de Bouvier, o ensino da gramática comparada das línguas clássicas foi transferido de Saussure para Bally após seu retorno de Paris.

Um acontecimento em particular aproximou os irmãos Saussure nessa época: um telefonema de emergência de Albertine a respeito de Louis, agora com 33 anos, que, segundo sua tia Adèle, havia "enlouquecido".[53] Seus irmãos mais velhos correram para a Inglaterra para ajudar Albertine a rastreá-lo, e bastou encontrarem o rapaz, para que escapasse novamente. Quando o encontraram pela segunda vez, eles o levaram de volta para casa para ser internado por um período no asilo de Bel-Air.

No semestre de outono de 1904-1905, Saussure ofereceu um curso de Gramática do nórdico antigo: leitura de textos éddicos (especialmente o *Edda poético*). Não há registro de alunos para o curso, o que o fez se aproximar ainda mais de sua pesquisa sobre a *Canção dos Nibelungos* e outras lendas. As reflexões sobre o *Edda* são relativamente escassas em suas notas. Nove alunos estão registrados como tendo frequentado seus outros cursos durante o ano, em sânscrito e gramática comparada, mais um ou dois no curso de alto-alemão antigo que ministrou no segundo semestre.

Durante o primeiro semestre, Ferdinand sofreu a perda de outro tio, Hermann de Pourtalès, em novembro. Embora com quase 60 anos, Hermann gozava de uma saúde robusta. Ele e sua segunda esposa, nascida nos Estados Unidos, Hélène, *née* Barbey, ganharam medalhas de ouro e prata em iatismo nos Jogos Olímpicos de 1900 em Paris. Seu filho Guy, agora com 23 anos, estava começando seu terceiro e último ano de estudos musicais na Universidade de Bonn. Guy havia inicialmente abandonado a música para estudar química, mas retornou à música – apenas para descobrir que sua paixão era a literatura. Em 1905, iria a Paris estudar literatura na Sorbonne. Mais tarde, como romancista, seu grande tema seria a luta do jovem romântico para desenvolver suas sensibilidades no meio sufocante da Genebra calvinista da virada do século. Paul de Villars, personagem principal de seu romance transparentemente autobiográfico *La pêche miraculeuse* (1937), divide-se entre "a inquietação de ter sido sufocado por sua educação calvinista e a de não ter seguido seus preceitos fecundos, entre sua dívida para com as tradições de seu país e suas aspirações artísticas".[54] Depois que o livro ganhou o *grand prix du roman* da Académie Française, ele escreveu ao *Journal de Genève* sobre os rumores que o livro havia causado localmente: "Fui muito severo com Calvino e a Rue des Granges? [...] Talvez. Mas à maneira de quem ama o que sofreu... Só um genebrino pode compreender a veneração que temos por nossas instituições mais temíveis e por aqueles que as dirigem".[55]

Na verdade, é um sentimento que pode ser entendido universalmente, embora Guy, que assumiu a cidadania francesa como parte de sua ruptura espiritual, estivesse certo ao identificar a cepa genebrina como particularmente virulenta.

O início de 1905 foi agitado para a família. Em janeiro, a prima em segundo grau de Saussure, Marguerite de Rochemont, casou-se com Henri Pictet. Eles eram um casal ideal, na casa dos 20 anos, cheios de juventude e promessas. Então, em setembro, Henry morreu repentinamente, aos 25 anos, de causas desconhecidas, deixando Marguerite viúva aos 23 anos e, embora ainda não soubessem, grávida. Ferdinand ficaria ao lado de Marguerite, oferecendo seu apoio nos anos seguintes. Enquanto isso, Louis escapou do asilo de Bel-Air com a ajuda de Margarethe "Meta" Clausius, de 24 anos, membro do círculo da Ciência Cristã de Albertine, com quem ele havia se envolvido romanticamente. Meta e Louis seguiram para a Grã-Bretanha e, em março, casaram-se em Leighton Buzzard, em Bedfordshire, a noroeste de Londres. O casamento provou ser conturbado, embora tenha produzido cinco filhos e durado, pelo menos oficialmente, até a morte prematura de Meta 17 anos depois.

Ferdinand não pôde ir à Inglaterra para o casamento de Louis por um bom motivo. Em 20 de fevereiro de 1905, Henri de Saussure morreu, aos 75 anos. Emocionalmente, a perda de um pai é sempre um duro golpe, e havia se passado apenas um ano e meio desde a morte de Théodore, a figura paterna estável e racional. Embora a correspondência sobrevivente desde a juventude mostre que, apesar de toda a irritação com suas neuroses e da culpa que atribuíam a ele pelos nervos em frangalhos e pela separação de Louise da família, seus filhos nunca deixaram de ter grande afeição pelo pai. Era o caso do que seu primo Guy de Pourtalès quis dizer com amar o que se sofreu. Mesmo nos anos em que Léopold fazia o possível para insultar Henri, suspeita-se que fosse um estratagema para chamar atenção de seu pai. Nove meses após a morte de Henri, a esposa de Léopold deu à luz um filho, a quem batizaram de Henri Bénédict.

Ferdinand não era mais apenas o chefe de fato da família, mas o oficial. O trabalho administrativo que isso implicava não era novidade, já que ajudava seu pai havia 30 anos. No entanto, gerou alguns momentos tensos com a tia Adèle, que continuou a exercer seus direitos de viúva sem se preocupar em sempre tomar decisões claras com o sobrinho. Significava também que Ferdinand agora tinha total responsabilidade por sua mãe, cuja saúde estava piorando.

Em suma, isso resultou em uma pressão considerável. Desde seu retorno a Genebra em 1891, grande parte de sua vida foi dedicada aos negócios da família, incluindo seu próprio casamento e a criação de seus filhos, agora com 13 e 11 anos. Ele havia desempenhado bem suas responsabilidades, tanto em casa quanto na Université, embora à custa de nunca ter tido energia ou liberdade de espírito para concluir qualquer de seus vários projetos de escrita que estavam nas gavetas de sua escrivaninha: livros sobre fonologia, acentuação do lituano, a essência dupla da linguagem, as lendas germânicas. No entanto, as responsabilidades familiares podem ter sido uma desculpa conveniente para o que teria sido, de qualquer forma, uma incapacidade de concluir projetos de acordo com seus próprios padrões de perfeição. Seus anos de solteiro em Paris, afinal, não foram mais frutíferos.

Em Paris, seis dias após a morte de Henri, Marcel Schwob morreu, aos 37 anos, em circunstâncias controversas descritas em capítulo anterior. Ferdinand não manteve contato com ele e não há indicação de que tenha sentido particularmente a perda, em contraste marcante com sua dor pelo suicídio de Guieysse 18 anos antes. No entanto, Saussure estava restabelecendo sua amizade com outros dois colegas de seus anos em Paris. Paul Boyer, o eslavo que havia sido seu aluno na École, veio a Genebra em março para dar uma palestra na Université. Saussure escreveu oferecendo uma recepção para Boyer após sua palestra, mas então teve que se desculpar e reduzir a oferta a um almoço ou jantar íntimo, explicando que seu plano original teve que ser posto de lado por causa do "grande luto que tenho vivido desde 20 de fevereiro, quando tive a infelicidade de perder meu pai, que nos foi tirado após uma breve doença".[56]

Saussure também retomou a correspondência regular com Meillet, após anos em que havia sido esporádica. Bréal logo se aposentaria, e sua cadeira era, é claro, aquela que o próprio Saussure poderia ter herdado se tivesse permanecido em Paris. Ora, Meillet era o candidato óbvio – mas Saussure descobriu um problema e escreveu a Meillet em outubro de 1905 expressando sua preocupação.[57] O laboratório de fonética experimental, estabelecido pelo abade Rousselot, teve tanto sucesso que houve um movimento para "atualizar" a cadeira de Bréal em gramática comparada para uma de matéria mais moderna. Quando Meillet o assegurou de que não havia motivo sério para preocupação, Saussure respondeu: "Que ideia boba – se querem estabelecer uma cadeira de fonologia experimental, querem instalá-la no túmulo da gramática comparada!".[58]

Ter De Crue como reitor e Bouvier como vice-reitor não prejudicou o pedido de Saussure de licença da Université, de modo que, durante uma longa pausa de inverno em 1905-1906, ele e Marie puderam finalmente tirar férias de verdade. A licença foi solicitada por motivos de saúde e, embora não tenham sido fornecidos mais detalhes, esse é o primeiro sinal oficial de que, aos 48 anos, Saussure estava entrando em declínio físico.[59]

O destino do casal era a Itália, onde permaneceram por cinco ou seis semanas, sem seus filhos. A viúva Dora estava livre para cuidar dos meninos e resolver, com a ajuda de Léopold, qualquer emergência que surgisse com Louise. Na Université, Bally e outros colegas cujas licenças Saussure ajudou a cobrir poderiam pagar parte de suas dívidas.

Antes de partir, no entanto, Saussure precisava concluir um trabalho para os *Mélanges* em homenagem a Jules Nicole, que havia sido professor de línguas clássicas na Université desde os tempos de estudante de Saussure. Em sua contribuição, intitulada "De ōmḗlusis a Triptólemos: comentários etimológicos", ele argumenta que o que essas duas palavras têm em comum é o *-ḗlu-* da primeira e o *-óle-* da segunda, ambas cognatas do inglês *ale*, que significa *cevada*. O termo *ōmḗlusis* é uma palavra da antiga literatura médica grega e refere-se a um tipo de emplasto, embora sua natureza exata não seja clara. Há muito se pensava que a palavra derivava de *lúsis* [solução]. Isso faria sentido, argumentou Saussure, se o emplasto fosse fervido, por exemplo. Mas nada sugeria que o fosse. A reanálise de Saussure sugeriu que era uma aplicação de farinha de cevada pura na ferida:

> Trata-se de um termo que, certamente, era para todos os contemporâneos de Hipócrates claro, para todos os contemporâneos de Galeno era mais ou menos obscuro em seus elementos; apenas os primeiros autores originais poderiam ter suspeitado que álu-sis era uma variante de ále-sis, a moagem.[60]

A etimologia popular criou mais tarde a falsa ligação com *lúsis*. Da mesma forma, o topônimo *Triptólemos* foi tradicionalmente analisado como *trip--ptólemos*, a partir do nome Ptolomeu, escreve Saussure, mas com o *tri-* sem nenhum sentido evidente. Saussure sugere que originalmente pode ter sido **Trib-ólemos*, "debulhador de cevada", e que, novamente, a etimologia popular o conectou com Ptolomeu e influenciou seu desenvolvimento posterior. Entretanto, levanta ainda outra possibilidade: que o nome original representasse de forma *muito transparente* a moagem da cevada. Aqui vemos seu interesse por lendas e mitos vir à tona.

A preocupação particular dos antigos em sempre evitar na linguagem uma expressão que pudesse conter uma ofensa a alguma divindade tem sua repercussão também no mito, e pode-se falar de "mitos eufemísticos" como de frases eufemísticas, tendendo a mascarar o real significado das coisas pela crença religiosa. Se o moinho devora e esconde imprudentemente o que Deméter produziu, um sacrilégio tão útil à humanidade será apresentado apenas precisamente com a cor inversa, como se o moinho fosse a "ama" de Ceres, ou a "casa onde ela se refugia".[61]

Os detalhes fonéticos não são a preocupação central de Saussure, tornando esse artigo mais fácil de ler do que a maioria de seus esforços etimológicos. Como em seu ensino, ele aprendeu a se concentrar no quadro geral. Essa também foi a primeira vez que teve assistência de pesquisa significativa na preparação de um artigo. Bally desenterrou as informações necessárias no final de setembro e no início de outubro, enquanto Saussure estava em Cossonay, a noroeste de Lausanne, para o funeral de Henri Pictet e para ajudar a confortar sua prima viúva.[62]

Ferdinand e Marie passaram dezembro em Nápoles, de onde visitaram Pompeia, depois voltaram para o norte, para Roma, por mais um mês. A viagem poderia ter sido mais difícil para eles enquanto Henri ainda estava vivo, desconfiado como era do fascínio sombrio do catolicismo, especialmente depois da súbita conversão de Horace à fé romana durante uma estada em Florença.[63] Eles planejaram ficar no Hotel Regina, na Via Veneto, recém-construído em 1904 e talvez um pouco luxuoso demais para suas sensibilidades calvinistas suportarem por quatro semanas. Em vez disso, acabaram no mais discreto Hotel Pincio, na Via Gregoriana.[64] De lá, Saussure escreveu a Meillet aconselhando-o a não se deixar sobrecarregar, mas a

> [...] procurar descansar o necessário, não mais tarde, mas se possível imediatamente. [...] Estou fazendo essa experiência neste momento e me arrependo de não ter decidido mais cedo o que decidi neste inverno, de interromper completamente minhas ocupações e preocupações habituais. Tirei uma licença da Université de Genève e estou escrevendo para você de Roma, onde estou com minha esposa para uma estada prolongada. Estou me sentindo muito bem, mas me sentiria ainda melhor, como estava dizendo, se tivesse feito isso antes.[65]

Antes do fim da estada, Saussure soube da nomeação de Meillet para a cadeira de Bréal e enviou-lhe os parabéns. Há sinais na carta de que Saussure estava pronto para voltar às suas "ocupações habituais".

> Inútil dizer-lhe que não estou fazendo muito aqui. A inscrição arcaica no Fórum é a diversão indicada quando sinto necessidade de quebrar a cabeça. Nada a extrair dela, claro, mas é interessante contemplar o bloco enigmático e verificar as leituras à vista.[66]

Observar *in loco* foi o que não teve a chance de fazer com as inscrições frígias enviadas a ele por Chantre uma década antes. Acredita-se que a inscrição no Fórum, descoberta em 1899 perto da Cúria Julia, data da primeira metade do século V a.C. Está em latim arcaico, e restam apenas partes dela, insuficientes para serem interpretadas, à exceção do verso inicial: "Aquele que violar este lugar sagrado será condenado aos deuses do inferno".[67] Para Saussure, a inscrição despertou um intenso fascínio pelo latim, uma língua que até então nunca o interessou tanto quanto o sânscrito, o grego, o lituano ou as línguas germânicas antigas. Naquele momento, porém, teve uma espécie de visão e sentiu a emoção que um novo projeto traz. Ele estava ansioso para voltar para casa e começar a desenvolvê-lo.

Primeiro, é claro, todos os afazeres acumulados em sua ausência precisavam ser resolvidos. Pouco depois de seu retorno, o divórcio de Horace e Anna tornou-se definitivo. O momento sugere que Horace esperou até a morte de seu pai para iniciar o processo. Isso abriu caminho para que se casasse com Marie quatro meses depois, em junho de 1906. Nesse mesmo mês, a viúva Albertine, agora com 44 anos, também se casou novamente. Seu novo marido, Hastings Ross-Johnson, era amigo de Alex Marcet, que nasceu em Meerut, na Índia britânica, por volta de 1862 ou 1864, e voltou para Bedfordshire em 1871, de acordo com o censo daquele ano. Hastings era major do exército britânico. Em termos sociais, Albertine estava rebaixando seu *status*, e talvez isso explique a surpreendente ausência de Ferdinand no casamento de sua irmã favorita.[68] Mas o casal logo veio para Genebra, onde a família pôde ver como Albertine estava feliz, e a bonomia de Hastings logo o tornou querido por todos.

Enquanto isso, a família continuou a crescer, com Louis e Meta tendo sua primeira filha, Odette, em março. Em maio, sua prima viúva Marguerite Pictet deu à luz sua filha, Nadège, dois dias antes do aniversário de nove meses da morte de seu marido. Mas a geração mais velha continuou a ceder. Louise tinha agora 68 anos. Sua saúde piorou a ponto de ter que ser transferida de volta para o sanatório em Nyon. Finalmente, em 10 de setembro de 1906, ela morreu, um ano e meio depois de Henri. As notas nos jornais foram breves. Não houve grande funeral. De certa forma, ela já estava morta há mais de dez anos. Ninguém se lembrava de suas composições musicais ou de suas outras contribuições para a vida musical de Genebra. As muitas instituições de caridade que ela apoiou com seu tempo e dinheiro sabiam ler os avisos: nenhum reconhecimento público seria bem-vindo pela família. Depois de uma vida dominada pelo sofrimento, seus filhos só queriam que Louise finalmente encontrasse a paz.

No entanto, analisando sua correspondência juvenil, ou tocando sua composição musical sobrevivente, pode-se ter uma noção da alegria e energia que irradiava durante a infância de Ferdinand. Na época, Henri ainda era o homem que daria ao mundo um relato científico completo do México, revolucionaria a agricultura e faria fortuna com madeira em Mons-Djémila e energia hidrelétrica em Bellegarde, enquanto Louise forneceria a trilha sonora. São os pais de nossa juventude que lamentamos enquanto enterramos suas velhas ruínas.

Ao mesmo tempo, Ferdinand, o filho pródigo, com sua quarta década chegando ao fim, estava finalmente livre. Sem perceber, vivia sua vida intelectual conforme as restrições que seus pais, especialmente seu pai, haviam colocado para ele. Finalmente pôde se aventurar além deles, e começou a fazê-lo praticamente no caminho para casa, depois de colocar Louise para descansar ao lado de Henri no cemitério de Genthod.

Do metro saturnino aos anagramas

A descoberta que animara Saussure durante sua estada em Roma no início de 1906 envolvia um tipo particular de verso latino arcaico, o saturnino. Desde meados do século XIX, os latinistas estavam divididos quanto ao princípio métrico básico.[69] Pouco antes da chegada de Saussure a Leipzig, surgiu um consenso na Alemanha de que o saturnino retinha uma métrica baseada na acentuação, que era a forma de verso mais antigo tanto para o itálico quanto para o germânico. Acreditava-se que foi substituído na Roma do século II a.C. pelo hexâmetro grego, impondo ao latim o acento baseado na entonação ou na "musicalidade" do grego, com seus acentos agudos, graves e circunflexos indicando diferentes contornos prosódicos.

O saturnino tinha esse padrão métrico básico, em que / representa uma batida forte e ˇ uma batida fraca:

/ ˇ / ˇ / ˇ ˇ/ ˇ ˇ/ ˇ (ˇ)

como em inglês "APle || APple || STRAWberry || STRAWberry || APple (sauce)". Uma linha da inscrição saturnina no túmulo de Lucius Cornelius

Scipio Barbatus, listando seus cargos cívicos, diz, com a sílaba tônica em negrito:

> ***cōn****sul* || ***cēn****sor* || *ae****dī****lis* || ***quī*** *fuit* || *apud* ***vōs*** [quem foi cônsul, censor e edil dentre vós]

O primeiro, o segundo e o quarto pés seguem o padrão, mas o terceiro e o quinto apresentam variações. Uma explicação de analistas anteriores era que *aedīlis* e *apud* tinham uma ênfase "secundária" em sua sílaba inicial, o que é plausível. No entanto, essa é hipótese para um esquema métrico que pode explicar qualquer coisa e, portanto, não explica nada. De fato, as variações são tão frequentes que qualquer padrão "básico" pautado pela acentuação é altamente idealizado, levando os estudiosos a se perguntarem se o princípio operacional não é outro, como a quantidade – sílabas leves e pesadas, com base em uma combinação de comprimento vocálico e seguindo consoantes – ou uma interação complexa de ênfase, entonação e quantidade que pode ter evoluído ao longo do tempo.

A falta de uma resolução clara para o problema, e ainda atual aos latinistas, tornou-o exatamente o tipo de quebra-cabeça que atraía Saussure. Como a acentuação lituana, o verso saturnino apresentava a possibilidade de que a resposta estivesse na pré-história da língua, talvez até mesmo na colocação de coeficientes sonoros agora perdidos. Esse problema não era novo para Saussure. Em Leipzig, estudou com Fritzsche, um dos que defendiam que a métrica saturnina se baseava no acento das palavras. Então, em seu primeiro ano em Paris, estudou os saturninos novamente com Havet, que havia escrito sua tese de doutorado sobre o assunto, e foi a essa tese que Saussure se voltou em 1906 como fonte primária de material. Em seus manuscritos sobre os saturninos, que totalizam mais de 400 páginas, Saussure escreve:

> À frente deste opúsculo, não poderia colocar outro nome senão o de Louis Havet. Se há aqui algo de bom, apenas extraí sua substância lendo e relendo *De Saturnio Latinorum versu*,[70] que publicou há 25 <6> anos. [...] Sem dúvida, a teoria que se verá abaixo não é em nada compatível com a sua. ~~Eu ignoro, ao escrever isso~~ parte de um outro princípio. Eu ignoro, além disso, ao escrever, qual seria ~~o ponto de vista de~~ hoje o ponto de vista de meu professor e amigo sobre o mesmo tema de métricas.

Provavelmente Saussure planejasse que esse estudo fosse sua contribuição para os *Mélanges* que Meillet começara a organizar para o 60º aniversário de

Havet. A crença inicial de Saussure era que Havet e todos os outros latinistas haviam errado ao assumir uma divisão primordial entre a arcaica métrica saturnina e uma poesia clássica baseada no hexâmetro grego. Ele escreveu a Bally em 5 de junho de 1906:

> A solução é tão simples que me faz rir quando penso nos desvios que tive que fazer para chegar a ela. Para mim, o saturnino nada mais é do que o puro e simples hexâmetro grego, adaptado de tal forma que é permitido substituir os espondeus por anapestos, <tribraques> e anfibraques, bem como por dáctilos. Há ainda outras alterações permitidas [...].[71]

O problema é novamente: em que ponto todas essas mudanças possíveis significam que o saturnino tenha realmente existido? Poderia simplesmente ser uma categoria à qual foi atribuído qualquer verso que não se encaixasse nos esquemas métricos clássicos?[72]

No entanto, Havet tinha apontado para outra característica dos saturninos que intrigava Saussure: um padrão de uso vocálico, de modo que cada vogal no primeiro segmento de um verso tinha que ter um eco no segundo segmento. Esse eco era a mesma vogal ou uma vogal muito próxima. Durante o mês de junho, encontramos Saussure em Vufflens, trabalhando no quebra-cabeça dos saturninos e se correspondendo com Bally, que procurava coisas para ele na Bibliothèque Publique et Universitaire de Genève.[73] Ele diz a Bally: "Há alguns clarões na nuvem, mas de um modo geral nada límpido: as coisas parecem ter sido perturbadas pela aplicação sucessiva de dois princípios – algo que poderia reconciliar os quantificadores e os acentistas".[74] Saussure não era de fato o primeiro a sugerir tal reconciliação. Pouco tempo antes, a proposta havia sido feita por Joseph Vendryès, um *protégé* de Meillet.[75]

Mas, à medida que julho avançava, Saussure começou a perceber um princípio diferente em ação no saturnino, novamente uma extensão do que Havet havia observado com relação à repetição de vogais. Embora fosse um princípio poético, Saussure descobriu que se aplicava tanto a epígrafes gravadas quanto a textos literários, e tinha semelhança com o processo fonético do *ablaut*, em que a vogal em uma parte de uma palavra causa a vogal em outra parte da palavra para ecoá-la. Em um rascunho de carta a um destinatário desconhecido de 14 de julho de 1906, ele escreveu:

> [...] obtive êxito em todos os sentidos. Passei dois meses a interrogar o monstro e a operar apenas às cegas contra ele, mas há três dias que só ando a tiros de artilha-

ria pesada. Tudo o que escrevia sobre o metro datílico (ou melhor, espondaico) subsiste, mas agora é pela Aliteração que cheguei a obter a chave do Saturnino, mais complicada do que parecia.
Todo fenômeno da aliteração (e também das rimas) que se observa no Saturnino é tão-somente uma parte insignificante de um fenômeno mais geral ou melhor, *absolutamente total*. A totalidade das sílabas de cada verso Saturnino obedece a uma lei de aliteração, da primeira à última sílaba; e sem que uma única consoante, – nem uma única vogal a mais, – nem uma única *quantidade de vogal* a mais, seja escrupulosamente levada em conta. O resultado é tão surpreendente que somos levados a nos perguntar, antes de tudo, como os autores desses versos [...] podiam ter tempo para se dar a esse tipo de quebra-cabeça: pois o Saturnino é um verdadeiro jogo chinês, independentemente de qualquer consideração sobre a métrica. Eu precisaria de uma epístola considerável para alinhar exemplos, mas bastam-me duas linhas para dar a lei.[76]

Foi preciso um pouco mais do que duas linhas, mas a primeira "lei" que Saussure deduziu estabelece:

1º Uma vogal não tem o direito de figurar no Saturnino a não ser que tenha sua *contravogal* em um lugar qualquer do verso (a saber, a vogal idêntica e sem transação sobre a quantidade: há somente transação para o *timbre*, entre ĕ breve – ĭ breve; ŏ breve – ŭ breve; 2º às vezes ē: *ei*; 3º às vezes ō: ū [...].
Resulta disso que, se o verso não tem um número ímpar de sílabas <[...]>, as vogais se ligam exatamente duas a duas e devem sempre ter como resto: zero, com número par para cada espécie de vogais: por exemplo: 2 ā, 4 ĕ [= ĭ], 6 ŏ [= ŭ], 2 ă. – Se as sílabas do verso são em número ímpar, como 11, 13, 15, sobra necessariamente uma vogal *sem contravogal*. Veja mais abaixo o que acontece com ela.

Ao retomarmos a amostra de verso saturnino citada anteriormente, descobrimos que ela tem 13 sílabas:
cōn · sul || cēn · sor || ae · dī · lis || quī · fu · it || a · pud · vōs
As vogais do ***cônsul*** têm seus ecos em ***apud vōs***; outros pares são os *ī* de *aedīlis* e de *quī* e o *i* de *aedīlis* e de *fuit*, e, com o intercâmbio permitido, o *ŏ* de *censor* e o *ŭ* de *fuit*. Isso, no entanto, deixa três vogais sem um par evidente, o *ē* de *cēnsor*, o *ae* de *aedīlis* e o *a* de *apud*. Um deles é um resto ou resíduo de vogal, mas, seja qual for, não ficamos com nenhum dos pares especificados acima.[77]

Como Saussure apontou em sua carta, a aliteração, a repetição de consoantes, também faz parte desse esquema métrico, e ele agora explica seu funcionamento:

> 2º Lei das consoantes. [...] Há sempre um número par para toda consoante e sobretudo é preciso não esquecer as consoantes que aparecem nos grupos: assim a palavra *qvod* será certamente seguida no verso: 1º de um outro *q* ou *c*; 2º de um outro *v*; 3º de um outro *d*; e somente de um ÚNICO outro *q-c*; de um único outro *v*, de um único outro *d*; – a menos que não haja 4, 6, ou 8 delas fazendo sempre par.[78]

Retomando novamente nosso exemplo de verso saturnino, encontramos *c* duas vezes, *n* duas vezes, *s* quatro vezes, *l* duas vezes, *d* duas vezes e *v* duas vezes se tomarmos a segunda letra de *quī* como um *v*, como Saussure fez com *qvod* (*quod*).[79] Mas há apenas uma ocorrência de *r*, *f* e *p*. A explicação de Saussure oferece outra saída, que apresenta não como uma saída de emergência, mas como uma indicação da complexidade do esquema métrico.

Mas a coisa vai tão longe que:

> 3º Se houver qualquer resíduo irredutível, seja qual for, quer nas vogais, o que acontece necessariamente se o número de sílabas no verso for ímpar; ou nas consoantes, o que pode acontecer facilmente através de grupos de consoantes com qualquer número de sílabas, – ao contrário do que se poderia esperar, nenhuma condenação é passada sobre esse resíduo, seja um único ĕ, ou um único *l* em um grupo como *fl* já aliterando com *f*; mas o poeta toma nota desse ĕ ou deste *l*, e então é visto reaparecer no verso seguinte como um novo resíduo correspondente ao transbordamento do anterior. Essa é a confirmação mais divertida da lei, e dela tenho todos os exemplos que se possam desejar, tanto em textos epigráficos como em textos literários, nos quais infelizmente é raro termos dois versos consecutivos.

A raridade de versos consecutivos é realmente problemática, pois sem eles sua terceira lei não pode ser provada. Saussure poderia perseguir obstinadamente uma hipótese linguística na esperança de que resistisse a todos os dados e lhe permitisse estabelecer uma lei, mas, no final, estava pronto para arruiná-la impiedosamente quando isso não acontecesse. No final de julho de 1906, entretanto, ele se apegava à esperança de ter encontrado a solução definitiva para o ritmo saturnino. Talvez a coisa mais impressionante sobre os manuscritos desse período seja sua segurança e clareza, como se essa pesquisa tivesse restaurado sua confiança intelectual.[80]

Ao olhar, porém, para os repertórios de sons em seus versos saturninos, Saussure nota algo mais. Parece que *cōnsul cēnsor aedīlis quī fuit apud vōs* "se desdobra" a partir da primeira palavra, *cônsul*, suas consoantes formando um padrão para a próxima palavra, suas vogais espelhadas no pé final. Ou, na verdade, o nome do homem de cujo túmulo vem a inscrição, Lucius Cornelius Scipio, poderia fornecer a matriz. Cornēlius, por exemplo, tem cada um de seus sons representados em *CŏNSUL CĕNSOR aedīLIS*. Uma coincidência? Ou um princípio esquecido da antiga poesia latina – vale destacar que o verso saturnino é construído a partir dos sons componentes de uma palavra-chave, um *tema* do próprio poema.

> Mas – ao menos no que diz respeito às consoantes –, uma outra condição deveria ser preenchida. Há sempre nas inscrições um resíduo consonântico, e, segundo nossa hipótese acima desenvolvida, esse resíduo é desejado, e destinado a reproduzir as consoantes do TEMA inicial, escrito de forma abreviada para nomes próprios, e por extenso para os outros.[81]

A ideia do tema oculto agora se torna tão importante quanto as ideias anteriores de Saussure sobre o emparelhamento de sons. Ele está convencido da possibilidade de que a produção do verso saturnino tenha começado com o poeta tomando um tema, "escolhido por ele mesmo ou fornecido por aquele que pagava a inscrição", e "composto apenas de algumas palavras, quer seja unicamente de nomes próprios, quer seja de uma ou duas palavras anexadas à parte inevitável dos nomes próprios".[82] O poeta então colocaria "diante de si [...] o maior número possível de fragmentos fônicos que ele pode tirar do tema; por exemplo, se o tema [...] é *Hērcolei*, ele tem disponíveis os fragmentos *-lei-* ou *-cŏ-*; ou com um outro corte da palavra, os fragmentos *-ŏl-* ou *ēr*; ou então de *rc* ou de *cl* etc.". Depois, o poeta compõe sua peça "introduzindo o maior número possível desses fragmentos em seu verso, por exemplo *afleicta* para relembrar *Hercolei* e assim por diante", ao mesmo tempo em que segue o princípio anteriormente delineado, exigindo que "a sequência vocálica que se encontra em um tema como *Hērcŏlei* ou *Cornēlius* reapareça, quer na mesma ordem, quer com variação". Só então o poeta volta-se para a questão da métrica: "só lhe resta ocupar-se do METRO e evitar que esses versos não possam, fora de todas as condições precedentes, escandir-se regularmente".[83]

Essa seria realmente uma descoberta importante: que a poesia havia começado não a partir da métrica, mas do louvor de um nome, cantado não apenas na superfície, mas fragmentado e disperso no verso, permitindo-lhe exercer uma força ainda mais implícita no ouvinte.

Os avanços feitos pelos linguistas nos 50 anos anteriores surgiram da expansão de seus horizontes explicativos para incluir fatos sobre a articulação e a influência de sons vizinhos, *ablaut* forte-fraco, acentuação e entonação. Os três últimos figuraram em tentativas de explicar o verso saturnino, que Havet ampliou ainda mais para incluir a possibilidade de padronização de som deliberada pelo poeta. Foi esse desenvolvimento perfeitamente lógico e metódico que levou Saussure, passo a passo, do fascínio pela inscrição arcaica do Fórum Romano à busca de "anagramas" ou "hipogramas", primeiro em saturninos (dos quais preencheu 17 cadernos e mais um pacote de papéis); então no verso homérico (24 cadernos);* depois, em vários poetas latinos: Virgílio (19), Lucrécio (3), Sêneca e Horácio (1), Ovídio (3), vários outros (12), canções epigráficas (12); em seguida, no poeta latino renascentista Policiano (11) e nas traduções para o latim de Thomas Johnson (13); e nos poemas italianos modernos de Rosati e Pascoli (tabelas desenhadas em grandes folhas).[84]

A partir da década de 1960, essas dezenas de cadernos sobre anagramas passariam a ser superinterpretadas como reveladoras de um outro Saussure secreto, que via a linguagem em termos diametralmente opostos ao que está no *Curso de Linguística Geral*. Isso teve um efeito profundo e duradouro em sua imagem popular. No final dos anos 1960, a ideia de um Saussure em uma busca romântica e meio louca por significados ocultos enterrados em textos poéticos antigos estava muito mais em sintonia com os tempos do que a de um aristocrata calvinista austero que ensinava filologia. Tornou-o alguém por quem a Geração de 1968 sentiu empatia e pena por um projeto que acabou em fracasso.[85]

No entanto, curiosamente, a pesquisa dos anagramas é um dos poucos projetos empreendidos por Saussure que não falhou, no sentido de que parece finalmente ter se convencido de que o "princípio" era apenas aparente. Com outros projetos, ele continuou a acreditar que tinha um princípio genuíno e ficou frustrado por sua incapacidade de fixá-lo de forma absoluta. Os anagramas também fazem parte de seu legado, depois do que está no *Curso*, que mais tarde receberia as mais robustas tentativas de continuação. Eles foram trazidos à atenção do público exatamente no momento em que as abordagens estruturalistas da análise literária estavam sendo vistas como abrindo o sentido secreto dos textos, ao mesmo tempo em que permitiam que o sentido fosse definido de maneira objetiva e científica. Com o surgimento do "pós-estruturalismo", na segunda metade da década de 1960, eles foram reinterpretados como reve-

* O material sobre os versos homéricos foi publicado e discutido por Pierre-Yves Testenoire. Ver: FdS. *Annagrammes homériques*. Éd. P.-Y. Testenoire. Limoges, Lambert-Lucas, 2013; e comentários em: Testenoire, P.-Y. *FdS à la recherche des anagrammes*. Limoges, Lambert-Lucas, 2013. (N. da T.)

ladores de *Ferdinand deux* [dois] *Saussures*, para usar um trocadilho da época, que insistia num Ferdinand dual: durante o dia na linearidade dos signos linguísticos e à noite sentado em seu escritório obcecado por signos quebrados e arranjados em ordem não linear.

O perfeccionismo de Saussure começa a se manifestar nos cadernos quando, insatisfeito com o "anagrama", ensaia termo após termo: anafonia, hipograma, paragrama, paramima, parônimo, logograma, antigrama.[86] O hipograma assume uma importância particular quando ele se convence de que a palavra-chave é dividida não em sons individuais, como normalmente são os anagramas, mas em pares de sons, ou "dífonos".[87] Ele perseguiu essas questões por cerca de três anos, até abril de 1909, quando já estava no segundo semestre de seu segundo curso de linguística geral. Os desenvolvimentos posteriores dessa pesquisa e as conclusões a que ele finalmente chegou serão descritos no capítulo 17.

Outra responsabilidade

No semestre de outono de 1906, Saussure ofereceu seu agora habitual menu de cursos para cerca de nove alunos. A versificação em sânscrito e francês foi anunciada, como de costume, além da gramática histórica do alemão, uma novidade em sua oferta em linguística germânica. Tomando o alemão moderno como ponto de chegada, a ideia era atrair estudantes além da minoria, cada vez menor, fascinada por textos antigos. Esses alunos muitas vezes escolhiam o curso de linguística geral de Wertheimer como uma opção relativamente fácil, envolvendo muito menos detalhes técnicos do que qualquer um dos cursos de Saussure.

Quanto ao conteúdo que Wertheimer ministrava, um conjunto sobrevivente de anotações anônimas de estudantes datadas de 1880-1881 não é particularmente útil. Inclui apenas definições muito breves de fonologia, morfologia, declinação, inflexão, vários casos, e assim por diante, depois uma viagem de Cook pelas línguas mundiais e, finalmente, alguns "Extratos de *A origem da linguagem*, do Cardeal Wiseman".[88] Não se pode determinar, porém, se a natureza empobrecida dessas notas reflete a qualidade do curso ou do aluno, ou de ambos. Mas a faculdade estava tendo que lidar com o fato de que Wertheimer, agora com 73 anos e com problemas de saúde, apresentou sua demissão da cadeira de linguística e filologia em 1º de setembro. No curso normal das coisas, estariam considerando qual dos *Privatdozenten* promover para a cátedra; trazer um professor de fora não era o costume genebrino.

Parece ter havido um candidato óbvio: Bally, que naquele ano publicou seu *Précis de stylistique* [Resumo de estilística],* com uma recepção positiva. Saussure leu o manuscrito e elogiou Bally, além de ter feito algumas sugestões críticas sobre o que exatamente "estilística" significava. Esse era um termo novo, que surgiu nos estudos latinos nas décadas anteriores; no capítulo 12, vimos Saussure incluí-lo entre as subáreas da semiologia em seus manuscritos de "Sobre a essência dupla", no início da década de 1890. Ainda não significava o que viria a denotar no final do século XX, ou seja, o estudo linguístico do estilo de um determinado escritor. Na verdade, tal estudo seria especificamente excluído da estilística como Bally a imaginou. Para ele, tratava-se da expressão afetiva, dos recursos emocionais de uma língua em oposição aos recursos intelectuais. Poderia estudá-los do ponto de vista do sistema socialmente compartilhado como um todo, ou de um indivíduo, mas, no último caso, deve-se considerar "como e em que medida a linguagem de um indivíduo difere da linguagem de todo o grupo quando é colocada *nas mesmas condições gerais que os outros indivíduos desse grupo*".[89] A estilística só pode ser aplicada a um "sujeito que fala espontaneamente sua língua materna", não a um escritor ou orador que "faz da língua um uso consciente e [que], acima de tudo, usa-a em uma intenção estética", o que eliminaria a possibilidade de análise científica.

A distinção central de Bally entre usos afetivos e intelectuais da linguagem não tem equivalente na linguística saussuriana. De fato, nada no sistema de Saussure parece apoiar tal distinção. O que isso significava não estava bem estabelecido, e Saussure pediu a Bally que considerasse se sua definição particular era adequada:

> [...] por mais perfeitos que sejam os parágrafos preliminares sobre a diferença de natureza entre o *intelectual* e o *afetivo*, não encontrei nada que visasse medir sua importância comparativa, <de fato e não em princípio,> e consequentemente em fixar para o *afetivo* esta ou aquela *extensão* na totalidade dos fenômenos.[90]

Bally aceitou o conselho. Seu *Traité de stylistique française* [Tratado de estilística francesa], de 1909, dedicado a Saussure, começa com uma tentativa de qualificar esses elementos: "O sujeito falante às vezes dá aos movimentos do espírito uma forma objetiva, *intelectual*, conformando-se tanto quanto possível à realidade; na maioria das vezes, ele junta a ela elementos *afetivos* em doses muito variáveis".[91]

* BALLY, C. *Précis de stylistique*. Genève, Eggiman, 1905. (N. da T.)

Se, de fato, a linguagem é afetiva na maior parte do tempo, então a estilística parece se encaixar bem na rubrica de "linguística geral". O capítulo final do livro de 1909 afirma que a estilística é a única forma de linguística que pode resolver a "crise" na educação universitária provocada pela inclusão de línguas modernas no currículo. Até agora, diz Bally, as universidades têm respondido com cursos que tratam as línguas modernas filologicamente, como se fossem línguas clássicas, "travestindo-as e tornando-as antiquadas; elas só são levadas a sério se usarem perucas empoadas".[92] Sua abordagem, ao contrário, investiga profundamente os recursos reais colocados à disposição de um falante contemporâneo. Essa foi uma crítica adequada, e o ponto não passou despercebido por Saussure nos anos seguintes.

Bally era o substituto óbvio para Wertheimer, mas a Faculdade de Letras e Ciências Sociais estava sentindo a pressão do Departamento de Instrução Pública. Especialmente desde janeiro, quando William Rosier foi nomeado seu presidente, o Departamento acompanhava de perto o rendimento de seus professores. Decidiu-se por não renovar a cadeira de linguística geral como tal, mas acrescentar suas responsabilidades às da cadeira de sânscrito e filologia comparada.

Assim, em 8 de dezembro de 1906, após a aposentadoria de Wertheimer, Saussure é nomeado Professor Ordinário de Linguística Geral.[93] Ele tinha 49 anos, idade em que sua mãe se tornara mentalmente instável. Havia passado apenas quatro meses de sua morte e menos de um ano desde que aconselhou Meillet a descansar um pouco. Agora assumia o fardo de lecionar duas horas por semana sobre um assunto pelo qual não tinha grande entusiasmo, tendo repetidamente tentado e falhado em articular o que pensava sobre ele. Ainda assim, estava no currículo, os alunos que faziam certos diplomas eram obrigados a cursá-lo, e Saussure não era nada além de obediente. O curso não se destinava a alunos com sério interesse na linguagem, que podiam ter uma percepção geral de seu conteúdo através das disciplinas específicas. Pessoalmente, Saussure preferia iniciar os alunos na compreensão linguística dessa maneira, na estrutura de um curso de sânscrito ou lituano. No entanto, ano a ano, essas línguas eram sucessivamente percebidas como recônditas pelos alunos que vinham cada vez mais das classes médias baixas, com pais preocupados em que seus filhos cursassem disciplinas com aplicações práticas.

O novo curso não trouxe nenhuma redução em sua já completa carga horária de quatro horas de aulas semanais de gramática comparada e sânscrito,[94] nem em suas responsabilidades administrativas, inclusive como bibliotecário do corpo docente. Na verdade, isso o levou de volta à sua carga mais pesada da década de 1890, quando também lecionava o curso de grego e latim comparado, antes de esse ser assumido por Bally. Talvez o maior desafio tenha sido o conhecimento limitado sobre as línguas de alguns dos seis alunos presentes.[95] O que Saussure nunca suspeitou foi que, lutando para encontrar uma maneira de comunicar os princípios da linguagem a meia dúzia de assistentes relativamente ignorantes no que diz respeito às línguas antigas, ele estava preparando um material que um dia falaria a centenas de milhares de pessoas que não tinham o conhecimento necessário sobre linguística histórica indo-europeia ao abrirem o *Curso de Linguística Geral*.

Notas

1 Sobre a datação, ver: TURPIN, B. "Légendes et récits d'Europe du Nord: de Sigfrid à Tristan". *In*: BOUQUET, S. (ed.). *Ferdinand de Saussure*. Paris, L'Herne, 2003, pp. 351-429 (p. 2). A data mais antiga encontrada entre essas notas é 6 de julho de 1903, impressa em dois anúncios para cerimônias de formatura universitária, cujo verso FdS usou para notas. Outras datas de 1903 a 1905 figuram entre esses manuscritos. Um dos cadernos sobre a *Canção dos Nibelungos* é, no entanto, datado de outubro de 1910 em sua capa, deixando claro que o interesse de FdS por esse assunto foi mantido por muitos anos além de seu período inicial e mais intenso.

2 Ele também ministrou um curso de gótico e alto-alemão médio durante esse período, além de sânscrito e, no Seminário de francês moderno, fonologia. Cerca de sete alunos se inscreveram em seus cursos naquele ano, sem contar os do curso da *Canção dos Nibelungos* ou os do Seminário de francês moderno. Um deles foi um repatriado bem-vindo: Albert Sechehaye matriculou-se no curso de gótico após uma ausência de mais de dez anos. Outro, Walter Meylan, seguiria a carreira de professor no Collège de Genève, como colega de Bally e Tojetti.

3 Édouard Naville, Malagny, presumivelmente para Charles Bally, 8 de junho de 1916, BGE Ms. fr. 3957/7, f. 30.

4 Extratos sobre semiologia foram publicados pela primeira vez em: AVALLE, d'A. S. "La sémiologie de la narrativité chez Saussure". *Essais de la théorie du texte*. Paris, Galilée, 1973, pp. 19-49. Publicações mais abrangentes são: FdS, *Le leggende germaniche* (editado por Anna Marinetti e Meli Marcello. Este, Zielo, 1986); e Turpin, 2003.

5 Essa é a divisão feita por Turpin (2003, pp. 357-359), que inclui no primeiro grupo o Ms. fr. 3958/1-5 e parte do 6, e ainda 3959/4; no segundo grupo, o restante de 3958/6, parte de 3958/7-8 e 3959/5-9; e, no terceiro grupo, o restante de 3958/7-8, mais 3959/2-3, 8 e 10. A autora coloca 3959/11 em um grupo próprio, chamado "Precisões teóricas", mas parece ter omitido acidentalmente o Ms. fr. 3958/2, f. 5, que diz respeito à representação em vasos etruscos de aspectos da lenda de Teseu e Ariadne.

6 Gaston Paris havia convidado Muret para colaborar no projeto já em 1887, quando era aluno da École, mas outras coisas continuaram atrapalhando, de acordo com a introdução de Muret (assinada em dezembro de 1903) à sua edição de Béroul, *Le Roman de Tristan* (Paris, Firmin Didot, 1903 (p. lxxviii)). Paris morreu logo depois que as primeiras impressões do texto de Muret saíram do prelo.

7 O trabalho de Bédier inovou na abordagem científica da filologia. Seu método focava em personagens e episódios em diferentes versões da lenda a fim de extrair o funcionamento desses elementos na história como um todo. Mostrou que personagens com nomes diferentes às vezes eram os "mesmos" quando vistos na perspectiva de seu lugar e valor na trama. Episódios envolvendo diferentes personagens ou eventos podem funcionar para o mesmo fim narrativo. A abordagem de Bédier é frequentemente citada como a primeira tentativa do que se desenvolveria como poética formalista ou estruturalista no final do século XX. O diário de Adèle dS de abril de 1907 observa que ela deu "jantares adoráveis" a Bédier e a várias outras "estrelas passageiras"; ela não registra se FdS estava presente.

8 BGE Ms. fr. 3958/2, f. 3 (em Turpin, 2003, p. 362).

9 *Idem*, f. 6 (em Turpin, 2003, p. 363); ver também: Ms. fr. 3958/6, f. 49 (em Turpin, 2003, p. 383).

10 BGE Ms. fr. 3958/4 f. 1 (em: Starobinski, J. *As palavras sob as palavras: os anagramas de Ferdinand de Saussure*. São Paulo, Cultrix, 1974, p. 13; também em Turpin, 2003, p. 367).

11 BGE Ms. fr. 3958/2, f. 6 (em Turpin, 2003, p. 363); ver também: Ms. fr. 3958/6, f. 49 (em Turpin, 2003, p. 383).

12 BGE Ms. fr. 3958/8, f. 21 (em Turpin, 2003, p. 387).

13 BGE Ms. fr. 3959/3, f. 3 (em Starobinski, 1974, p. 15; também em Turpin, 2003, p. 400).

14 BGE Ms. fr. 3958/4, f. 64 (em Turpin, 2003, p. 376), comentário sobre Wilhelm Müller, *Ueber die Lieder von den Nibelungen* (Abgedruckt aus den Göttinger Studien. Göttingen, bei Vandenhoeck & Ruprecht, 1845).

15 BGE Ms. fr. 3958/4, f. 65 (em Turpin, 2003, p. 376).

16 *Idem*, f. 109 (em Turpin, 2003, p. 378).

17 BGE Ms. fr. 3958/8, f. 22 (em Turpin, 2003, p. 387).

18 BGE Ms. fr. 3959/6, f. 10 (em Turpin, 2003, p. 396).

19 Édouard Naville, Malagny, presumivelmente para Charles Bally, 8 de junho de 1916, BGE Ms. fr. 3957/7, f. 30. BGE Ms. fr. 3959/11, f. 20 (em Turpin, 2003, p. 428).

20 Ao escrever sobre a relação entre lenda e história, FdS traz o documento de Sigismundo do Concílio de Agaune, discutido em seu artigo sobre o nome de Oron (BGE Ms. fr. 3959/11, f. 149 (em Turpin, 2003, pp. 423-424)). Ironicamente, dado o papel que atribuiu aos lapsos de memória na evolução das lendas, FdS erroneamente se lembrou do fato como "a fundação do mosteiro de Agaune", em vez da abadia de Auronum, estabelecida no Concílio de Agaune.

21 BGE Ms. Fr. 3959/9; ver: Turpin, 2003, p. 397. Uma vez que a datação precisa desses cadernos não pode ser determinada, não sabemos se essa busca por anagramas é anterior ou contemporânea à busca mais intensa por anagramas na poesia latina, discutida no próximo capítulo.

22 Édouard Naville, Malagny, presumivelmente para Charles Bally, 8 de junho de 1916, BGE Ms. fr. 3957/7, f. 30.

23 BGE Ms. fr. 3957/1, datado de agosto de 1903, publicado em: FdS. "Souvenirs de F. de Saussure concernant sa jeunesse et ses études". Editado e apresentado por Robert Godel. *Cahiers FdS*, vol. 17, 1960, pp. 12-25..

24 BGE Ms. fr. 3970/b, f. 1.

25 *Idem*, f. 9.

26 *Idem*, f. 5.

27 MEILLET, A. *Introduction à l'étude comparative des langues indo-européennes*. Paris, Hachette, 1903. Esse foi o livro que FdS disse a Meillet que esperava ansiosamente, para que seus alunos não tivessem que sofrer com Brugmann e Henry.

28 *Idem*, p. 407.

29 *Idem*, p. 412.

30 Ver: FdS, Genebra, para Antoine Meillet, Paris, 20 de março de 1903, agradecendo o envio do livro (em: BENVENISTE, É. "Lettres de Ferdinand de Saussure à Antoine Meillet". *Cahiers FdS*, vol. 21, 1964, pp. 89-135 (p. 102)).

31 Ele publicou como Henri, mas normalmente atendia por Agénor.

32 ODIER, H. "Sonnet à Keats". *La Plume : Revue littéraire, artistique et sociale bi-mensuelle*, 9e année, n. 226, 15 de setembro de 1898, p. 557.

33 ODIER, H. *Essai d'analyse psychologique du mécanisme du langage dans la compréhension* (Inaugural-Dissertation der philosophischen Fakultät der Universität Bern zur Erlangung der Doktorwürde. Bern, Imprimerie Sheitlin Spring & Cie, 1905).

34 *Idem*, pp. 40-41.

35 A citação a seguir, exceto a primeira frase, aparece em Godel (*Les sources manuscrites du Cours de Linguistique Générale de F. de Saussure*. Genève, Droz, 1957 (p. 222)), com a última frase repetida nas páginas 196 e 245. FdS não está incluído na bibliografia de Odier – nunca tendo publicado nada sobre o assunto, ele não poderia estar.

36 Odier, 1905, pp. 42-43. Aqui Odier parece usar "palavra" e "signo" de forma intercambiável, para o que FdS às vezes também chamou de signo, porém mais frequentemente especificou como a imagem acústica. Ao longo da discussão a seguir, o uso de "palavra" por Odier deve ser entendido dessa maneira.

37 A possibilidade de que os comentários de Odier (1905, p. 34) sobre "valor" também derivem de FdS foi levantada por Rudolf Engler, em "European Structuralism: Saussure" (*In*: Sebeok, T. A. (ed.). *Current Trends in Linguistics*, vol. 13: *Historiography of Linguistics*. Haia, Mouton, 1975, pp. 829-86 (p. 831)). Mas a única coisa que essa passagem tem em comum com as observações de FdS sobre o valor do signo linguístico é a própria palavra "valor". Ver mais adiante: JOSEPH, J. E. "The Centenary of the First Publication of Saussure's Sign Theory – Odier (1905)". *Historiographia Linguistica*, vol. 32, 2005, pp. 309-324.

38 Odier, 1905, p. 32.

39 *Idem*, p. 53.

40 *Idem*, pp. 22-23.

41 *Idem*, p. 51.

42 *Idem*, p. 17.

43 Há uma dedicatória manuscrita do autor para ele (GAMBARARA, D. "La bibliothèque de Ferdinand de Saussure". *Genava*, n.s. 20, 1972, pp. 319-368 (p. 353)).

44 Lessing, G.-E. *Laokoon, oder, Über die Grenzen der Malerei und Poesie*. Berlin, C. F. Voss, 1766. Tradução francesa de A. Courtin : *Laocoon, ou des limites de la peinture et de la poésie* (2. ed. Paris, Hachette, 1877), citada por Odier, 1905, p. 31, nota de rodapé. Ver: Godel, 1957, p. 194, nota de rodapé.

45 A citação de Lessing por Odier é feita no contexto de sua discussão sobre linguagem falada *versus* linguagem escrita. Continua: "O que o olho percebe de uma só vez, o poeta enumera para nós pedaço por pedaço".

46 MARTINAK, E. *Psychologische Untersuchungen zur Bedeutungslehre*. Leipzig, J. A. Barth, 1901. A resenha de Flournoy está em *Archives de Psychologie*, vol. 1, 1902, p. 419. Os pontos de contato entre Martinak e FdS foram notados pela primeira vez por E. F. K. Koerner, em "European Structuralism: Early Beginnings" (SEBEOK, T. A. (ed.). *Current Trends in Linguistics*, vol. 13: *Historiography of Linguistics*. Haia, Mouton, 1975, pp. 717-827 (pp. 799-801)).

47 JAMES, W. *Principles of Psychology*. 2 vols. London, Macmillan, 1890. Sobre o signo linguístico em James, ver: Koerner, 1975, p. 795.

48 Uma dessas referências conjuntas está em uma nota de rodapé na página 40, a mesma página em que aparece pela primeira vez o nome de FdS.

49 Odier, 1905, p. 38, nota de rodapé. Odier cita Taine duas vezes como a fonte de uma anedota em particular, duas vezes como um dos vários autores que apoiam uma posição que Odier está assumindo, três vezes em apoio a algum detalhe e três outras vezes a fim de discordar completamente de algum ponto de vista específico adotado por Taine. As duas obras de Taine citadas são sua tese de doutorado de 1853, *Essai sur les fables de La Fontaine*, e *De l'intelligence*.

50 MEILLET, A. Resenha de Odier, *L'année psychologique*, vol. 12, 1906, pp. 425-426.

51 Sobre Baldwin, ver mais em: JOSEPH, J. E. "Evolutionary Theories of Language: Previous Theories". *In*: BROWN, K. (ed.). *Encyclopedia of Language and Linguistics*. 2. ed. Oxford, Elsevier, 2006, vol. 4, pp. 365-369.

52 FdS, Genebra, para Charles Bally, Paris, 9 de abril de 1904, em "Correspondance Bally-Saussure", editado por René Amacker (*Cahiers FdS*, vol. 48, 1994, pp. 91-134 (p. 96)).

53 Adèle dS, entrada de diário de 2 de novembro de 1904, AS 416/6.

54 ChaponniÈre, P. "Guy de Pourtalès". *Journal de Genève*, 15 de junho de 1941, p. 3.

55 *Idem, ibidem*.

56 FdS, Genebra, para Paul Boyer, Paris, 6 de março de 1905 (em: DÉCIMO, M. "Saussure à Paris". *Cahiers FdS*, vol. 48, 1994, pp. 75-90 (p. 87)).

57 FdS, Genebra, para Antoine Meillet, Paris, 31 de outubro de 1905 (em Benveniste, 1964, pp. 103-104).

58 FdS, Genebra, para Antoine Meillet, Paris, 3 de novembro de 1905 (em Benveniste, 1964, p. 104).

59 O pedido de licença encontra-se em Archives de l'Université de Genève, Régistre des Séances de la Faculté des Lettres, 1984/20/91 (15 de maio de 1901 a 20 de junho de 1908), 1º de novembro de 1905, pp. 197. Chidichimo, A. "Une autre source de documentation saussurienne : Index et analyse des documents conservés aux Archives de l'Université de Genève".*

*Não publicado. (N. da T.)

60 FdS. "D'ΩMHΛYΣIΣ à TRIΠToΛEMoΣ : Remarques Étymologiques". *Mélanges Nicole : Recueil de mémoires de philologie classique et d'archéologie offerts à Jules Nicole*. Genève, Impr. W. Kündig & Fils, 1905, pp. 503-514 ; FdS. *Recueil des publications scientifiques de Ferdinand de Saussure*. Ed. Charles Bally e Léopold Gautier. Genève/Lausanne/Heidelberg, Sonor/Payot/C. Winter, 1922, pp. 576-584 (pp. 577-578).

61 FdS, "D'ΩMHΛYΣIΣ à TRIΠToΛEMoΣ" ; *Recueil*, p. 584.

62 Ver cartas de FdS, Cossonay, para Charles Bally, Genebra, 30 de setembro, 5 de outubro e 8 de outubro de 1905, em "Correspondance Bally-Saussure", pp. 98-101, e a resposta de Bally para FdS, 3 de outubro de 1905, p. 100.

63 Adèle dS, *Notes et souvenirs de familles*, 1916, AdS 417.

64 O primeiro endereço é dado por FdS a Bally em uma carta para ele de Nápoles, 26 de dezembro de 1905, em "Correspondance Bally-Saussure", p. 101; a segunda é o de suas cartas de Roma a Meillet, discutidas abaixo. O Hotel Pincio atual não está na Via Gregoriana, enquanto o único hotel agora na Via Gregoriana ainda era um mosteiro em 1906. O Hotel Regina, ainda hoje um lugar luxuoso, recebeu esse nome porque a Rainha de Savoia ocupava o último andar.

65 FdS, Roma, para Antoine Meillet, Paris, 10 de janeiro de 1906 (em Benveniste, 1964, p. 105).

66 FdS, Roma, para Antoine Meillet, Paris, 23 de janeiro de 1906 (em Benveniste, 1964, p. 106).

67 GANDON, F. *De hazardeux édifices : Saussure lecteur de Lucrèce, Les cahiers d'anagrammes consacrés au de Rerum Natura*. Louvain/Paris, Peeters, 2002, p. 14, nota de rodapé, repetido na p. 459.

68 Uma carta que Ferdinand escreveu a Bally, de Vufflens, em 25 de junho de 1906, data do casamento de Albertine em Londres, prova que não compareceu ao evento.

69 Um relato conciso é dado em: ABBOTT, F. F. "The Accent in Vulgar and Formal Latin". *Classical Philology*, vol. 2, 1907, pp. 444-460.

70 BGE Ms. fr. 3962/4, f. 12, 3962/7, f. 21. A data de 1880 de *De Saturnio Latinorum versu, inest reliquiarum quotquot supersunt sylloge* (Paris, F. Vieweg, 1880), de Louis Havet, e o comentário sobre os anos decorridos permitem que o rascunho de FdS seja datado de 1906. Thurneysen, colega de classe de FdS em Leipzig, também publicou um estudo de *Der Saturnier und sein Verhältniss zum späteren römischen Volksverse* (Halle, Max Niemeyer, 1885).

71 FdS para Charles Bally, 5 de junho de 1906, publicado (parcialmente) por Aldo Prosdocimi e Anna Marinetti, em "Saussure e il saturnio: Tra scienza, biografia e storiografia" (*Cahiers FdS*, vol. 44, 1990, p. 43); publicação completa em "Correspondance Bally-Saussure".

72 Essa visão foi desenvolvida por Françoise Rastier, em "À propos du Saturnien : Notes sur 'Le texte dans le texte, extraits inédits des cahiers d'anagrammes de Ferdinand de Saussure' par Jean Starobinski" (*Latomus*, vol. 29, 1970, pp. 3-24 (p. 21)).

73 FdS, Vufflens, para Charles Bally, Genebra, 9 de junho de 1906, em "Correspondance Bally-Saussure", pp. 101-102.

74 FdS, Vufflens, para Charles Bally, Genebra, 12 de junho de 1906, em "Correspondance Bally-Saussure", p. 102.

75 VendryÈs, J. *Recherches sur l'histoire et les effets de l'intensité initiale en Latin*. Paris, C. Klincksieck, 1902.

76 FdS, Vufflens, para correspondente desconhecido, 14 de julho de 1906, BGE Ms. fr. 3962 (em Starobinski, 1974, p. 17).

77 É plausível que *ē* e *ae* possam formar um par, ou *ae* possa ser dividido em *a* + *j*, que é como foi pronunciado em latim, mas FdS não diz isso.

78 Starobinski, 1974, pp. 17-18.

79 Essa última análise também parece autorizar a possibilidade, levantada acima, de dividir *ae* em *a* + *j*, de modo que as vogais caiam em seis pares com *ē* como resíduo. Mas essa mesma análise nos deixaria com um terceiro *c*, como o primeiro som de *quī*.

80 Ver, por exemplo, a observação metodológica em BGE Ms. fr. 3962/2, f. 16.

81 BGE Ms. fr. 3962 (em Starobinski, 1974, p. 20).

82 *Idem* (em Starobinski, 1974, p. 19).

83 *Idem* (em Starobinski, 1974, p. 20).

84 BGE Ms. fr. 3962 (Saturninos), 3963 (Homero), 3964 (Virgílio, Lucrécio, Sêneca, Horácio, Ovídio), 3965 (vários autores latinos), 3966 (Carmina epigraphica), 3967 (Político), 3968 (Thomas Johnson), 3969 (Rosati, Pascoli). Relacionados a esses estão 26 cadernos de notas védicas (Ms. fr. 3960 e 3961).

85 Mesmo um excelente estudioso do assunto como Gandon (2002, p. 69) considera: "A busca saussuriana é simultaneamente uma cegueira e uma obsessão".

86 Ver: Starobinski, 1974, pp. 23-26.

87 BGE Ms. fr. 3966 (em Starobinski, 1974, p. 35).

88 BGE Cours univ. 778, ff. 338-344. Não está claro se as notas no livro de Wiseman (ff. 342-344) fazem parte do curso ou são separadas.

89 BALLY, C. *Traité de stylistique française*. 2 vols. Heidelberg, Carl Winter, 1909 (p. 18).

90 FdS para Charles Bally, 3 de julho de 1905 (em: CIFALI, M. *Bloc-notes de la psychanalyse*, vol. 5, 1985, pp. 143-144; e novamente em "Correspondance Bally-Saussure", pp. 95-96, em que Amacker contesta a datação de 1904 desse último por Alice Bally e Cifali, que defendem o ano de 1905). A data posterior é apoiada por uma carta de Bally para FdS de 19 de julho de 1905, agradecendo-lhe por seus comentários positivos sobre o manuscrito.

91 Bally, 1909, p. 12.

92 *Idem*, p. 324.

93 Ver: AdS 369/16 e "Kommentiertes Verzeichnis der Vorlesungen F. de Saussures an der Universität Genf (1891-1913)", de Markus Linda (*Cahiers FdS*, vol. 49, 1995/1996, pp. 65-84 (p. 65)).

94 Godel, 1957, p. 34.

95 Para o número de alunos, ver: Komatsu, E. *Ferdinand de Saussure, Cours de linguistique générale, premier et troisième cours d'après les notes de Riedlinger et Constantin*. Tóquio, Collection Recherches Université Gakushin, 1993 (p. 5).

16

1907-1908

O primeiro curso de linguística geral

A linguística geral era um curso de um ano de duração, oferecido a cada dois anos. Se Wertheimer tivesse se aposentado em um ano sem curso, quem quer que o substituísse teria tempo de sobra para se preparar. Entretanto, ele se afastou apenas algumas semanas antes do início do semestre do outono de 1906, devido ao desenvolvimento súbito de problemas de saúde, o que acabou por precipitar sua aposentadoria. Ele morreria em abril de 1908, aos 75 anos.

Saussure apenas foi designado para substituí-lo no início de dezembro, com o primeiro semestre já avançado, o que o impediu de assumir a responsabilidade de uma vez. Por outro lado, o início do curso não poderia ser adiado até o verão, em março. As aulas tiveram início na quarta-feira, 16 de janeiro de 1907, o que significava que muito teria que ser feito antes do longo intervalo entre os semestres.[1]

Os alunos matriculados no curso incluíam um alemão, um russo, um escocês e dois jovens genebrinos, Henri Chavannes e Albert Riedlinger.[2] Quando Bally e Sechehaye prepararam o *Curso de Linguística Geral* para publicação, basearam-se apenas nos três cadernos de Riedlinger para o primeiro curso e sinalizaram sua importância única para o empreendimento ao incluir seu nome como colaborador.[3] No entanto, outros alunos, muitas vezes matriculados em outros cursos de Saussure, assistiam às aulas, assim como alguns de seus colegas.[4]

O primeiro curso reuniu muito do pensamento de Saussure sobre conceitos e métodos linguísticos desde seus tempos de estudante, material que sempre fez parte de seu ensino. Ao mesmo tempo, continha, em germe, os traços distintivos de seu pensamento posterior. A ordem do curso é diferente daquela que se tornou familiar no *Curso* publicado, e algumas ideias são desenvolvidas de forma menos completa. Essa maneira de proceder mostra os tateamentos que dá ao curso seu caráter particular. Ele se concentrou primeiro nas questões históricas e, eventualmente, teve que aceitar que não seria capaz de tratar as questões sincrônicas da maneira integral que pretendia.[5]

Sua aula de abertura começa com "Preliminares", a primeira das quais é definir a linguística.[6] Se tomada como a ciência da linguagem ou das línguas, isso levanta a questão: o que é a linguagem? Portanto, temos que defini-la de fora, por assim dizer, olhando como a linguística se tornou progressivamente consciente de si mesma ao estabelecer o que ela *não* é, assim como uma criança compara e aprende.[7] Saussure examina brevemente como a linguística se relaciona com a etnologia e a lógica (sobre as quais ele não tem nada de substancial a dizer), e também com a filologia, a fonética, a psicologia e a sociologia.

Havet é criticado por ter "confundido" a filologia, estudo dos textos, com a linguística, estudo da linguagem principalmente em sua dimensão falada.[8] A fonologia, parte da linguística preocupada com o som, é contígua à fonética, o lado físico da produção do som. A fonética, acredita Saussure, deveria estar mais preocupada com a percepção do som, porque "o som articulado é regido não apenas pelas leis acústicas, mas provém igualmente da psicologia, como imagem acústica".[9] Quanto aos psicólogos, Saussure observa, eles construíram uma pequena província para si dentro da linguística, mas não prestaram grandes serviços aos linguistas. É por intermédio da sociologia que a linguística e a psicologia têm seu contato mais importante.

A segunda questão que Saussure aborda em suas aulas são os "erros linguísticos", todos ligados à escrita.[10] O primeiro deles é pensar que a mudança em uma língua ao longo do tempo representa a "corrupção" de sua forma anterior. Isso não faz sentido, aponta Saussure, porque a mudança está na natureza da língua. Entretanto, um conjunto de circunstâncias "anormais" pode fazer com que uma língua se torne imóvel na mente de seus falantes, como aconteceu com o francês nos últimos dois ou três séculos. A civilização conduz a um certo grau de alfabetização geral. Quando a maioria da população escreve, e quando o que escreve não é uma língua clássica, mas seu próprio vernáculo (mais ou menos), impõe-se uma fixidez que não se encontra no caso mais normal e natural das línguas não escritas. Com o tempo, cria-se uma imensa literatura e, com ela, uma língua literária conscientemente estilizada e elaborada com empréstimos estrangeiros (no caso do francês, os empréstimos vieram principalmente do grego, do latim e do italiano). Se um órgão como a Academia Francesa é criado para manter o controle oficial sobre o idioma, um terceiro nível de anormalidade é alcançado.

As pessoas naturalmente dão preeminência ao signo escrito sobre o falado, diz Saussure. Como resultado, a escrita torna-se o modelo para a fala, quando a história mostra que o inverso deveria ser o caso. Saussure atribui esse erro em parte ao maior peso que a maioria das pessoas dá à evidência visual em detrimento da oral, já que a escrita é mais estável que a fala, e em parte à crença de que a língua é ordenada por um código que assume a forma de regras escritas. A experiência de aprender gramática formal na escola nos faz esquecer que já falamos nossa língua materna antes de aprender a escrevê-la, e invertemos a prioridade dos dois modos. Por direito, insiste Saussure, a palavra falada tem preeminência sobre a escrita, e a palavra escrita não poderia ser tomada como base da linguística. No entanto, a linguística se baseia no estudo de textos escritos, que oferecem nosso único acesso à língua falada de tempos passados. É um acesso obscuro, e a primeira tarefa do linguista é reinterpretar os registros escritos para determinar qual era exatamente o uso falado que o escritor estava tentando registrar.

Saussure introduz três termos que serão importantes em seu legado: *signo*, *sistema* e *valor*.

> Temos dois sistemas que se correspondem, o dos signos escritos e o dos sons; os sons mudam, os signos permanecem os mesmos, por isso produz-se <indiretamente> um deslocamento do valor dos signos, a equação baseada no valor convencionalizado dos signos torna-se falsa do lado dos sons.[11]

Os três termos sempre estiveram no centro de seu pensamento sobre a linguagem: *sistema* já no título de seu *Mémoire*, *valor* desde seu manuscrito de fonologia do início da década de 1880, e *signo* desde as notas um pouco posteriores sobre Egger. Saussure não via necessidade de destacar esses termos ou explicá-los a seus alunos. Aqueles que já haviam feito um curso de filologia com ele, qualquer que fosse o assunto, os conheciam. Isso vale para *semiológico* e *semiologia*, que usará em breve, novamente sem introdução ou glosa.[12]

Saussure assume que todo sistema ortográfico teria sido originalmente fonêmico, com uma letra correspondendo a um som em particular e vice-versa. Com o tempo, um fonema pode se dividir em dois na língua falada, enquanto a ortografia permanece inalterada. A letra latina *c* originalmente correspondia a /k/ em todos os casos, mas com o tempo o som tornou-se [ts] quando seguido por uma vogal anterior:

Latim clássico	Latim vulgar
cor /kor/ [coração]	*cor /kor/*
civitas /kiwitas/ [cidade]	*civitas /tsiwitas/*

Ainda hoje, a letra *c* é foneticamente ambígua nas línguas românicas (e no inglês, com todos os seus empréstimos latinos); seu valor depende do que a segue (*cordial*, mas *cidadão*). Como outros exemplos do que chama de "uma falsificação da língua pela escrita",[13] Saussure cita "pronúncias ortográficas", incluindo o caso de como os genebrinos pronunciam *Zurique*.

> Devemos dizer *Tsüric*^{h} ou *Züric*? Em nossa opinião, *Züric*, por este motivo: *Z* em francês é vozeado, então como somos franceses temos que pronunciar *Züric*. Aqui o signo é considerado como algo dado, com valor absoluto em si, e a ortografia como um bem nacional, um patrimônio. No entanto, apenas *Tsüric*^{h} está correto, e *Züric* não tem nenhuma razão para existir além da falsificação da pronúncia pela escrita. É claro que estamos passando apenas por um julgamento científico, pois é costume pronunciar *Zürich*!

O paradoxo para Saussure é que a normalidade da mudança linguística deveria significar que a pronúncia com *Z* deveria ser aceita como parte integrante do sistema fonológico francês. E, no entanto, só parece ser assim, porque foi um erro trazer a letra *Z*, que significa /ts/ em alemão, para o francês, em vez de mudá-la para *Ts*. A propósito, é surpreendente encontrar Saussure dizendo a seus alunos que "nós somos franceses" – aqui a identidade linguística supera o pertencimento nacional.

A fonologia revisitada

A insatisfação fundamental de Saussure com a fonologia datava de mais de um quarto de século e surgia de uma forma ou de outra em todos os cursos que ministrava. A seção sobre "Princípios de fonologia" no primeiro curso de linguística geral levanta questões filosóficas profundas sobre a natureza do fonema como uma unidade e sua conexão com o tempo. Assim que abre a seção, começa a detalhar por que "[o] método seguido em geral nos manuais de fonologia não é bom".[14] Eles se concentram exclusivamente na articulação, negligenciando o lado acústico: a forma como um ouvinte percebe e entende os sons. No entanto, insiste Saussure, o que vem primeiro não são os movimentos musculares, mas "a impressão <acústica>, mental".

O segundo ponto essencial indicado por Saussure é que os manuais fonéticos esquecem "<o que> nos é dado primeiro, não são sons isolados, mas extensões, cadeias de sons". O primeiro trabalho que o falante deve realizar inconscientemente é segmentar essa cadeia em consoantes e vogais – assim como os gregos fizeram ao criar seu alfabeto. Saussure aponta para a característica "verdadeiramente genial" que os gregos foram os primeiros a descobrir: marcar uma consoante longa com uma letra dupla, por exemplo *abba*, em que o som marcado com *b* é na verdade uma única consoante, com os lábios se fechando apenas uma vez, não duas, mas sendo mantidos fechados pelo dobro da duração da vogal *a*. O conceito que essa notação capturou é chamado por Saussure de "tempo homogêneo". É essa combinação de *som* e *tempo* que compõe o ato fonético.

O termo de Saussure ecoa o conceito de "tempo homogêneo" na obra do homem que em 1907 estava mais intimamente associado à renovação filosófica do tempo no mundo francófono, Henri Bergson. A maior parte do capítulo final de seu *L'évolution créatrice* [*A evolução criadora*] apareceu na amplamente lida *Revue philosophique* em novembro de 1906.[15] Saussure não extraiu suas ideias básicas de Bergson. Na verdade, as mesmas fontes alimentaram seu pensamento, não sendo menos importante *La parole intérieure*, de Egger.[16] Na década de 1880, Bergson e René de Saussure trabalharam com os mesmos problemas que articulavam geometria estendida e física, e, na década de 1890, Bergson tornou-se intimamente associado a William James e ao pragmatismo, o que o fez conhecer o trabalho de Flournoy. Nas décadas seguintes, ele se aproximou ainda mais de Claparède.[17] Tanto o "tempo homogêneo" quanto a "evolução criadora" desempenham um papel na atenção crescente de Saussure e na mudança de atitude em relação à criação *versus* transformação na evolução linguística, como veremos mais adiante.

Saussure identifica o fonema como a unidade sonora, entendida como a conjunção de um tempo acústico (designado por F) com um tempo articulatório (designado por f):[18]

$\frac{F}{f}$ = fonema = a soma das impressões acústicas e dos atos articulatórios, a unidade ouvida e falada, uma condicionando a outra

Uma condiciona a outra no sentido de que nossas experiências de ouvir e falar produzem, juntas, nossa capacidade de analisar as unidades que compõem a linguagem. Depois de "analisar centenas de encadeamentos falados", o falante está apto a ouvir um número "indefinido" de novos encadeamentos e classificar suas unidades "por abstração", ou seja, conforme correspondam a "'tipos fonológicos' diferentes que considero de maneira abstrata, como variedades possíveis". Para Saussure, essa análise é "abstrata" porque considera os sons estritamente em termos de articulação, fora do "ponto de vista concreto" que deveria reconhecer sua "qualidade de preencher um tempo na cadeia falada".[19] Em uma aula posterior sobre analogia, ele revisitará a questão e, com o tempo, chegará a conceber a linguagem em termos opostos aos que propunha naqueles primeiros dias. Nesse momento, ele abriu a linha de investigação a partir da qual esse conceito se desenvolveu posteriormente.

Saussure volta-se a seguir para os órgãos vocais e seu papel na produção do som, com bastante detalhamento no que diz respeito ao vozeamento (vibração da laringe) e ressonância (oral e nasal). Depois dessa apresentação convencional da fonética articulatória, ele evoca um modo totalmente idiossincrático – totalmente saussuriano – de "decompor os fonemas em seus elementos de diferenciação": "Classificar os fonemas é menos uma questão de saber em que consistem do que como eles diferem uns dos outros. Assim, os fatores negativos têm maior importância para a classificação do que os positivos".[20]

Levaria décadas até que a classificação dos fonemas por seus elementos diferenciadores entrasse na fonologia dominante, sob a influência póstuma de Saussure.[21] O ponto é um tanto confuso aqui pelo exemplo escolhido pelo genebrino, em que os fatores negativos não têm de fato mais importância do que os positivos, mas igual importância. Uma característica como o vozeamento pode ser o único contraste entre pares de sons como *t/d*, *p/b*, *s/z* na maioria das línguas, de modo que sua ausência é tão distinta quanto sua presença. Saussure analisa os fonemas oclusivos como:[22]

Fonema	m	b	p	n	d	t	ŋ	g	k
Articulação	α	α	α	ά	ά	ά	α̋	α̋	α̋
Som vozeado	~~	~~	[ ]	~~	~~	[ ]	~~	~~	[ ]
Ressonância nasal	...	[ ]	[ ]	...	[ ]	[ ]	...	[ ]	[ ]

Nesse sistema, α indica que um fonema pertence à família das oclusivas (β indicará as fricativas e assim por diante), e o número de acentos mostra a que distância da abertura da boca ocorre a oclusiva. O símbolo "~" indica que as cordas vocais vibram, e "..." indica nasalidade. Usando este sistema, cada um dos sons poderia ser representado de maneira algébrica a partir de suas características distintivas: *t* como [ά], *m* como [α ~~ ...].

Depois de passar em revista o restante dos sons comuns às línguas europeias, Saussure observa: "Até agora não falamos nem de vogais nem de consoantes, cuja diferença é bastante difícil de determinar".[23] Ele não se alonga no assunto por enquanto, sem dúvida deixando seus alunos perplexos, já que a diferença entre consoantes e vogais era tida como certa desde o início do ensino fundamental. Para "o detalhe infinito no estudo dos sons", Saussure remete seus alunos aos "fonólogos ingleses Bell, Sweet etc." – a primeira vez que ele realmente menciona livros que os alunos podem ler para obter mais informações – ao mesmo tempo em que garante que "não há necessidade de ser um fonólogo ou fisiologista de carteirinha para fazer linguística".[24]

Ao longo de seus cursos de linguística geral, serão raras as citações a outros trabalhos. As publicações a que ele poderia ter se referido eram muito especializadas para esses alunos não especialistas ou não tentavam chegar ao fundo da linguagem, como Saussure estava determinado a fazer. Mesmo Bell e Sweet, disse ele à turma, falharam em dar a devida importância à síntese de fonemas em cadeias faladas.

A linguística propriamente dita

"Até este ponto", lembra Saussure a seus alunos, que podem ter ficado surpresos ao ouvir isso a essa altura do curso, "nós não estudamos linguística".[25] Os sons são apenas o material para a linguagem e, embora tal material seja necessário, sua natureza precisa é desprovida de significação.

> A língua é um sistema de sinais: o que faz a língua é a relação que o espírito estabelece entre esses sinais. A matéria, em si, desses sinais pode ser considerada indiferente. Somos obrigados, é verdade, a nos servirmos de sinais de uma matéria fônica, e de uma única matéria, mas, mesmo se os sons mudassem, a linguística não se preocuparia com isso, desde que as relações permanecessem as mesmas.

Saussure dá o exemplo dos sinais marítimos, explorados pela primeira vez em suas notas de 1885 e revisitados nos manuscritos de "Sobre a essência dupla", nos quais diz que o sistema não mudaria se as cores das bandeiras desbotassem. Dessa vez, ele parece tratá-lo como um exemplo direto de semiologia, não sujeito às qualificações que postulou 16 anos antes. No entanto, ele parece incapaz de abrir mão da existência "positiva" do material fonético da linguagem, e agora apresenta duas razões pelas quais isso é importante para a linguística. A primeira é que esse material nos fornece a observação das variedades de sons que formam um "estado fônico". A segunda e mais importante razão é que ele nos permite explicar por que as mudanças fonéticas ocorrem ao longo do tempo e julgar se elas são "naturais" e "fáceis", como a mudança do *k* latino para o *ts* antes de uma vogal anterior, discutida acima. "Temos assim, por meio da fisiologia fonológica", diz Saussure, "uma visão racional desses fenômenos, em vez de sermos obrigados a aceitá-los tais como são". Em outras palavras, Saussure considera esses fenômenos arbitrários.

Mais uma vez, ao introduzir o tema "linguística", Saussure começa a explicar por que o assunto em si é tão intratável que todas as "nossas" concepções dele – inclusive as do próprio genebrino – são inadequadas.[26] Ele diz que, para termos uma ideia da complexidade do tema, basta compararmos as três principais concepções de linguagem que se apresentam "naturalmente" a nós e que são insuficientes. A primeira é conceber a linguagem como tendo uma existência em si mesma, como um organismo sem raízes, crescendo por conta própria. Saussure chama isso de "a Linguagem tomada como uma abstração, da qual fazemos um ser concreto". A segunda concepção olha para a linguagem da perspectiva do falante individual. Assim concebida, diz ele, pode parecer uma "função natural", particularmente dada a evidência de "um aparelho vocal expressamente destinado à fala, <e> a gritos naturais". E, ainda, que tipo de função "natural" é essa que tem que assumir uma forma determinada pela sociedade antes de poder operar? É essa questão que dá origem à terceira concepção da linguagem, como uma "instituição social", que Saussure declara estar "mais próxima da verdade do que as outras".

Ele levanta a questão de que há em francês duas palavras, *langue* [língua] e *langage* [linguagem]. A primeira corresponde à instituição social. A outra, a linguagem, ele define como a *langue* "no indivíduo". O problema é que, no uso comum do francês, essas duas palavras não são claramente distintas, e muitas vezes são intercambiáveis. Uma língua particular é quase sempre *la langue* (português, inglês etc.), o que pode ser o que tenha levado Saussure a associar *langue* mais intimamente com a "instituição social" de Whitney. Saussure observa que, mesmo que essa concepção da língua esteja mais próxima da verdade do que as outras, ainda não há outra instituição social comparável a ela.

"Feita essa consideração", diz Saussure, "nós abordamos a linguística". Ele introduz outra de suas dicotomias clássicas, dizendo que em linguística "duas portas se abrem para a linguagem", uma nos mostrando seu lado "estático", a outra o "histórico". Ele descreve a diferença não em termos do que os linguistas escolhem analisar, mas do que os falantes comuns sabem e não sabem. Da dimensão estática, "todos estão em casa, [...] nós falamos e assim somos aptos a julgar o que falamos". Da dimensão histórica, ao contrário, "o instinto é inútil

[...]: todo o lado histórico da língua, tudo o que está no passado, <é forçado a> escapar de nosso senso linguístico imediato, tem que ser aprendido".

Saussure conclui que "será bom começar o estudo da linguagem do ponto de vista histórico [...] porque ele <nos escapa à primeira vista [...]>",[27] mas salienta que isso não o torna mais importante do que a dimensão estática, com a qual "forma uma espécie de antinomia". O eco das antinomias linguísticas de Henry é inconfundível. Uma "antinomia" como um par de conceitos opostos com uma dinâmica dialética entre eles é um termo associado a Kant, e não uma parte regular do vocabulário de Saussure. A biblioteca de Saussure continha, no entanto, uma cópia de *Antinomies linguistiques*, com uma dedicatória manuscrita de Henry.[28]

Algumas das oposições já apresentadas por Saussure parecem, na verdade, antinomias: a relação da articulação com a imagem acústica, do visual com o auditivo, das forças de mudança e de conservação linguísticas, da abstração de sons individuais para sua realização concreta em segmentos de tempo, de elementos negativos e positivos, das abordagens estática e histórica, de língua e linguagem, e da tríplice concepção (composta por dois pares de antinomias) da linguagem como um organismo desenraizado, um atributo individual ou ainda uma instituição social. Cada uma delas poderia ser facilmente moldada a partir do livro de Henry, de 1896. Mas esse livro continha uma década de noites de sábado ouvindo a discussão de artigos de Saussure na Société de Linguistique de Paris.

Saussure considerou tudo até esse ponto do curso como preliminar. Agora estava se aproximando do final do semestre de inverno e das férias de fevereiro. Ele havia percorrido muito terreno em um mês e, com todo o semestre de verão pela frente, sentia-se ambicioso.[29] Ele introduziu o título "Primeira parte: *Evoluções* / Capítulo I / *Evoluções fonéticas*".

Ele começa por contestar a noção de "leis fonéticas", a base do método neogramático. Segundo essas leis, "um elemento colocado em condições idênticas mudará da mesma maneira, em cada palavra".[30] Saussure reconhece a verdade disso, mas insiste que "um elemento não pode ser regido por uma lei! É, portanto, um contrassenso falar de leis fonéticas, <mas> não temos outra palavra". Mais adiante ele dirá que "a lei existe de uma vez por todas e não está subordinada a condições de tempo".[31] As mudanças fonéticas, no entanto, afetam elementos que existem *no tempo*, e as próprias mudanças começam em um determinado momento e terminam em outro momento. As leis, para Saussure, não são assim – o que sugere que o que ele tinha em mente eram leis físicas, não convencionais.

Ele explica como o método histórico surgiu e por que ele é necessário na linguística.[32] Como o registro textual das línguas é tão incompleto, ele envolve dois outros métodos: interpretação filologicamente informada de documentos escritos, com a fisiologia fonológica como auxiliar; e, para o período pré-histórico, a reconstrução. Ele conduz seus alunos em um passeio paciente pelas armadilhas que aguardam quem não aplica esses métodos com precisão.

Férias de fevereiro

A pausa entre os semestres deveria ter dado a Saussure tempo suficiente para escrever sua resenha sobre *La théosophie brahmanique* [A teosofia bramânica], de Oltramare, que, com data de publicação de 1906, já deveria ter sua resenha local. Era também sua chance de planejar as aulas do restante desse novo curso e se preparar para os outros três cursos que estava programado para ministrar entre março e julho. Trata-se dos cursos de gramática histórica do grego e do latim (Parte um), por duas horas semanais, além da continuação do curso de sânscrito e do curso de versificação de francês para o Seminário de Francês Moderno.[33] No final das contas, o curso de sânscrito seria cancelado.[34] Mesmo com algum tempo liberado para Saussure, isso também significou perder o curso que ele mais gostava de lecionar.

Mais alguns infortúnios encontraram Saussure. Ele soube que Horace estava emprestando obras de seu falecido tio Théodore para exibição pública, sem solicitar a permissão que, como irmão mais velho, Ferdinand considerava possuir. No final de janeiro, ele disse à tia Adèle como estava chateado. Ela escreveu uma resposta excepcionalmente severa, dizendo que, depois daquela conversa, ela havia examinado os papéis de seu falecido marido e descoberto que ele havia legado a Horace todo o conteúdo de seu ateliê, então era para Horace fazer com eles o que quisesse.[35] Ela também afirmou ter uma carta provando que Ferdinand sabia sobre os planos e acrescentou que, se tivesse uma objeção tão forte a eles, deveria tê-la informado. A mão trêmula com que a carta foi escrita sugere o desânimo de Adèle por ter que intervir entre os irmãos.

O problema também estava se formando na casa do mais novo, Louis, que tinha 35 anos. Ele parecia ter se estabelecido em sua carreira como arquiteto na França, e ele e Meta esperavam o segundo filho. No entanto, em março de 1907 ou 1908, Saussure recebeu uma carta de Meta pedindo ajuda.[36] Quando ela adoeceu durante a gravidez, Louis enviou-a, como era comum na época, para uma estada em Côte d'Azur, perto de Cannes e da pequena colônia dos parentes Pourtalès e Marcet. Mas, enquanto ela convalescia, Louis se inquietava. Ele parecia estar passando pela proverbial crise da meia-idade. Meta escreveu que Louis estava sempre indo para Marselha, o que, se for verdade, sugeria noites dissolutas passadas em bordéis – um boato que, por acaso, se ligaria a Ferdinand. Não há, no entanto, nenhuma evidência de que Ferdinand se envolvesse em atividades mais dissolutas do que jogar pôquer; então, se alguém realmente o viu batendo nas portas de bordéis em Marselha, o que é extremamente duvidoso, ele provavelmente estava caçando seu reprovável irmão.

Esse período viu a morte de três pessoas importantes do passado de Ferdinand. Graziadio Ascoli, com quem se correspondeu em 1894-1895, morreu em 21 de janeiro, aos 77 anos. Seguiu-se, em rápida sucessão, o desaparecimento dos dois rivais de Saussure, cujos triunfos em 1889 ajudaram a impulsionar sua saída de Paris. Victor Henry morreu em 6 de fevereiro, bem na época da alusão de Saussure às "antinomias" em sua aula sobre as perspectivas estática e histórica. Saussure não soube da morte de Henry até ler o obituário de Meillet no *Bulletin* da Société de Linguistique em setembro, no qual foi apontado, de forma bastante romântica, que

> [...] o devotado professor que foi V. Henry teve o fim que merecia: ele morreu em pé. Na quarta-feira, 6 de fevereiro de 1907, ele veio a Paris, deu seus dois cursos habituais na Sorbonne; voltou para casa em Sceaux, como de costume; e, naquela noite, em poucos minutos, morreu de angina nos braços de sua companheira de vida.[37]

Então, em 16 de março, veio a morte do Barão Robert d'Hauteville, marido de Noémi Mallet d'Hauteville, a jovem com que Ferdinand uma vez esperou tão fervorosamente se casar. Com apenas 40 anos, Noémi viveria mais 54 anos de viuvez.[38]

Quando as férias do semestre terminaram, a resenha ainda incompleta a Oltramare estava se tornando uma vergonha. Obviamente significou muito para Oltramare e sua família. A resenha de Havet sobre o *Mémoire* apareceu apenas um mês após a publicação de um trabalho difícil de resumir em poucas linhas. O mesmo não pode ser dito do livro de Oltramare. A resenha atrasada pesaria na mente de Saussure durante o restante do primeiro curso de linguística geral. Seus compromissos de ensino eram prioritários, mas pelo menos seus outros cursos não lhe exigiam tanto preparo e atenção, já que os ministrava há alguns anos.

Mudança linguística

Com o segundo semestre, ocorre uma mudança no tom das aulas de Saussure.[39] Até então, muitas de suas declarações foram lançadas como uma crítica à prática usual e refletem suas próprias hesitações e confusão. Agora ele apresenta uma hipótese com um pouco mais de entusiasmo. A principal causa das mudanças fonéticas, diz ele, é "a lei do menor esforço". Se se sustentasse, seria genuinamente uma lei, porque é um princípio de natureza geral aplicável em todos os lugares e em todos os momentos.

Por que a preocupação com a aplicação geral das leis? Porque esse é um curso de linguística *geral*. Ele fornece exemplos que a lei do menor esforço parece explicar: simplificação, em que sons ou sílabas inteiras são descartados ou sons contíguos são assimilados uns aos outros. E, no entanto, destaca que a história das línguas está repleta de casos de complexificação. Além disso, uma simplificação do ponto de vista do falante pode exigir esforço adicional do ouvinte para decifrá-la. Saussure deixa claro que não pretende que esses contraexemplos sejam "uma refutação improvisada à solução proposta. De fato, é uma questão muito delicada determinar em cada língua o que era mais fácil e o que era mais difícil".[40] Portanto, apesar de a "lei" poder ser geral, ela ainda deve ser interpretada especificamente para cada caso individual.

Uma segunda causa aparente de mudança fonética é a agitação e a instabilidade política na comunidade de fala. Aqui, novamente, ele encontra um equilíbrio para que as limitações da explicação não levem a que ela seja descartada completamente. A estabilidade política, diz ele, é a causa externa indireta da estabilidade linguística. Somente em tempos de estabilidade política um sistema educacional e outras instituições "anormais" fundamentadas na prática da escrita podem se estabelecer, favorecendo a imobilidade antinatural de uma língua. Se a instabilidade segue e as instituições param de funcionar, "a língua retorna ao estado de liberdade em que segue seu curso regular" de mudança.

No entanto, diz ele, esse é o caso apenas das mudanças gramaticais, não fonéticas: "como as formas gramaticais dependem mais diretamente do pensamento, elas sofrem mais facilmente convulsões externas que têm uma repercussão direta sobre o espírito". As mudanças fonéticas têm causas profundas, intocadas pelo estado geral de uma nação. Mesmo em períodos em que as forças sociais conspiram para manter uma língua anormalmente estável, há sempre uma corrente subterrânea de mudança fonética.

Ele rapidamente descarta como causas de mudança fonética quaisquer predisposições inerentes a uma "raça" ou favorecidas por condições geográficas, incluindo o clima. Longe de ser absurdo, Saussure observa, cada um desses elementos capta um pouco da verdade, e é por isso que desde a Antiguidade surgiram explicações tão convincentes e poderosas. Ele critica a teoria em voga na época, de que a mudança fonética começa na aquisição da linguagem pelas crianças, e cita Meillet sobre "tentativas e erros, testes e ajustes" das crianças, que seriam "o ponto de partida das mudanças; todas as imprecisões da criança seriam levadas para a vida e permaneceriam fixadas para a geração mais jovem".[41] Para Saussure, o problema fundamental é precisamente que nem toda inovação é aceita pela geração seguinte: "Há algo de arbitrário na escolha de pronúncias viciosas e não se sabe de onde vem o acordo secreto; o inelutável 'porquê' fica para sempre sem resposta: [...] por que esse fenômeno conseguiu irromper dessa vez e não de outra?".[42] Esse acordo secreto, essa convenção que se mantém secreta às pessoas mesmas que a estabelecem tacitamente, é inseparável do próprio conceito misterioso de "sociedade".

A última causa de mudança fonética levada em conta por Saussure não é exatamente uma explicação. Ela "assimila as mudanças fonéticas em mudanças da moda. Mas ninguém explicou as mudanças da moda; elas dependem das leis da imitação, com as quais os filósofos estão muito preocupados". A observação é importante porque as "leis da imitação" foram intimamente associadas a Gabriel de Tarde e retomadas por seu discípulo Le Bon, cujo trabalho inspirou o livro de Léopold de Saussure sobre a psicologia da colonização francesa. A imitação é aqui concebida como um fenômeno psicológico, a necessidade do indivíduo de se comportar como os outros. Ele não tenta explicar o que provocou uma inovação específica, mas enfatiza as forças de coesão social que fazem com que uma inovação seja seguida. A coesão, por sua vez, é fortalecida quando a comunidade aceita a mudança. Mais uma vez, essa explicação psicológica contrastava com a abordagem do proeminente sociólogo da época, Émile Durkheim, que partia de estruturas sociais e não das pulsões internas que supostamente as produziam.

Saussure abre seu segundo "capítulo" retomando a hipótese neogramática de que "todas as <modificações normais da língua que não provêm da> mudança fonética <são efeitos da> analogia".[43] Ele evita a palavra "lei", tendo passado tanto tempo examinando seus limites,[44] e apresenta a mudança analógica baseada no princípio "psicológico" da analogia proporcional. Uma criança que aprendeu muitos pares de palavras em inglês, como *boy / boys* [menino / meninos], e quer formar o plural de *man*, monta uma espécie de equação em sua mente:

Boy está para *boys* assim como *man* está para *x*

Ou, expresso por meio de uma fórmula:

boy : *boys* = *man* : *x*
x é então preenchido pela "quarta proporcional":
x = **mans*

Esse processo é perfeitamente lógico, e sua operação corrente na linguagem infantil (e na linguagem adulta não padronizada) dá a Saussure total confiança em sua realidade como uma lei psicológica geral aplicável a todos os falantes de todas as línguas em todos os momentos.

No entanto, um problema fundamental persiste. Por que *mans* não substituiu *men* como plural de *man*? Seguindo o mesmo processo, *cows* substituiu *kine* como plural de *cow* [vaca]. Isso nos leva de volta ao acordo secreto, a convenção social que admite na língua algumas inovações enquanto rejeita outras. Há, acredita Saussure, uma diferença fundamental entre a mudança fonética e a analógica a esse respeito. A palavra latina para "honra" era originalmente *honos* no nominativo, *honosem* no acusativo. Através de uma mudança fonética chamada rotacismo, um *s* entre duas vogais passou a ser pronunciado como *z*, depois como *r*.[45] Após a mudança, o latim ainda registrava *honos* no nominativo, mas *honorem* no acusativo. Então a analogia entrou em jogo, baseada nas muitas palavras latinas como *orator* (acusativo *oratorem*) que sempre tiveram *-r* no nominativo:

oratorem : *orator* = *honorem* : *x*
x = *honor*

Assim, o latim adquiriu duas formas para o nominativo, *honos* e *honor*, nenhuma delas considerada incorreta; o mesmo ocorre com *indices* e *indexes* em inglês. *Honor* tornou-se a forma cotidiana, enquanto *honos* permaneceu disponível em contextos de formalidade ou solenidade quando a linguagem arcaica era apropriada. Ninguém, no entanto, teria usado *honosem* em vez de *honorem* como acusativo, por medo de soar absolutamente pretensioso. Para Saussure, isso ilustra a diferença fundamental entre mudança analógica e fonológica: "na mudança analógica não há necessariamente desaparecimento da forma que foi substituída (*honos*), enquanto a mudança fonética introduz uma nova forma (*honorem*), eliminando a anterior (*honosem*)".[46] Isso significa que o processo implicado pela analogia é de *criação*, não de *transformação* como na mudança fonética. Curiosamente,

> [...] <Agora> a única forma que não desempenha nenhum papel na criação de *honor* <é precisamente *honos*>. Se sondarmos profundamente o processo psicológico que faz surgir pela primeira vez o tipo *honor*, é certamente que a condição fundamental para essa criação é o esquecimento <momentâneo> da forma legítima até então existente. A forma herdada é a única que não participa da formação do novo tipo.

Isso fica claro na analogia proporcional *oratorem* : *orator* = *honorem* : *x*, em que *honos* não aparece. Assim, conclui Saussure:

> <Não se pode> falar em transformação <uma vez que a primeira forma está ausente da consciência no momento em que se opera essa suposta transformação>. Na realidade, é uma criação, um paraplasma, a instalação de um concorrente <ao lado de uma forma>.

Essa é uma reformulação em relação ao que havia professado em sua segunda aula inaugural de 1891. Lá, ele disse, sobre uma forma analógica como *honor*, que, "*em certo sentido*, isso não é uma transformação, *é uma criação*; mas, em última análise, não passa de uma transformação, já que todos os elementos [...] estão contidos nas formas existentes, fornecidas pela memória".[47] A falha dessa formulação inicial é que, se tudo for fornecido pela memória, a própria mudança teria de ser deliberada.

Saussure geralmente se refere ao estado mental em que a analogia ocorre como inconsciência; estado de semi-inconsciência é mencionado apenas uma vez. No francês antigo, *je treuve* / *nous trouvons* [Eu encontro / nós encontramos], com uma mudança na vogal produzida devido ao acento presente na primeira forma, mas não na segunda, foi regularizado na língua moderna como *je trouve* / *nous trouvons*, por analogia com verbos como *je pousse* / *nous poussons* [eu empurro / nós empurramos], que nunca tiveram a alternância vocálica.

> Deve-se ressaltar que a forma engendrada *je trouve* <antes de ser produzida é primeiramente> sentida [*voulue*], para responder a uma ideia precisa <que tenho> no espírito: a primeira pessoa do singular. As formas <*nous poussons, je pousse*> são apenas pensadas <ou melhor, sentidas em uma semi-inconsciência> [...].[48]

Essa discussão, com os mesmos exemplos, aparece no livro *Programme et méthodes de la linguistique théorique* [Programa e métodos da linguística teórica], de Albert Sechehaye, de 1908, discutido no capítulo 17.[49] Saussure utilizará repetidamente o verbo "sentir" em diferentes formas para tratar do estado semi-inconsciente, como uma forma de evitar o verbo "pensar", que sugere muito mais um estado de consciência. Ele também distingue cuidadosamente "intenção" e "vontade", alertando que deturparíamos toda a psicologia imaginando que a analogia é pretendida pelos falantes. Se a *intention* implica necessariamente um desejo consciente e deliberado, esse não é o caso da *volonté*. Uma vontade pode ser "sentida", no estado de semi-inconsciência a que ele aludiu. Ele conclui:

> [...] <pode-se dizer> que o fenômeno analógico é uma força transformadora da língua, ainda que as criações analógicas não sejam transformações! E, se quiséssemos estudar as evoluções da língua em sua totalidade, seria preciso conceder à analogia uma ação tão considerável quanto a das mudanças fonéticas.[50]

Como sugerido anteriormente, essas questões de "criação" na evolução linguística podem ter algo a ver com a recente publicação da *Évolution créatrice*, de Bergson. O mesmo pode acontecer com a mudança de perspectiva pela qual Saussure não mais supõe que a criação deva ser *ex nihilo*, mas, ao contrário, espera que sempre envolva o rearranjo de material preexistente.

O enigma colocado pela mudança analógica é que ela é motivada por um processo psicológico envolvendo formas da língua que o falante conhece – os três elementos dados da analogia proporcional. Seu produto, porém, é uma forma que não faz parte da língua no momento de sua criação. No entanto, está sendo produzida por analogia proporcional nas mentes dos falantes individuais. De que, então, ela é parte?

Língua e fala

A resposta, diz Saussure, é a "fala", *la parole*: "É necessário <então> confrontar o ato de fala para compreender <uma> criação analógica".[51] As formas à esquerda do sinal de igual em uma analogia proporcional, como *boy* : *boys* = *man* : *x*, ou seja, as formas "geradoras" ou "evocativas", "são pensadas <ou melhor, sentidas em uma semi-inconsciência>"; elas "permanecem subconscientes, nas profundezas do pensamento".[52] A forma "engendrada" ou "evocada" que constitui a nova criação analógica (**mans*) "é a única a ser executada pela fala", a única a "ser manifestada". Entretanto, existe na fala sem fazer parte do que Saussure chama aqui de "o reservatório das formas pensadas <ou> conhecidas pelo pensamento".[53] Esse reservatório de formas é *la langue*, "a língua".

Ao introduzir aquela que se tornaria uma de suas díades mais famosas, Saussure não está tentando separar *langue* de *parole*, mas insistir em sua interdependência mútua.

> Se é verdade que o tesouro da língua é sempre necessário para falar, reciprocamente, tudo o que entra na língua foi primeiro experimentado na fala um número de vezes suficiente para que resulte em uma impressão duradoura: a língua é apenas a consagração do que antes foi evocado <pela> fala.

A palavra "consagração" pode levar a pensar que Saussure esteja falando do processo social pelo qual formas inovadoras são aceitas na língua. Mas agora seu foco está no falante individual, e a consagração é uma metáfora para a criação de uma impressão mental durável por meio da repetição, algo que Flournoy havia sugerido em 1893 ao comentar a sinestesia de Saussure.

Nesse ponto, o primeiro curso de linguística geral difere significativamente dos últimos, nos quais menos atenção será dada aos aspectos psicológicos da linguagem, em benefício dos aspectos sociais. Aqui, Saussure compreende a língua como "[t]udo o que está contido no cérebro do indivíduo, o depósito das formas <ouvidas e> praticadas e de seus sentidos". A fala é "tudo o que é trazido à boca pelas necessidades do discurso e por uma operação particular".[54] A intenção aqui não é a de propor a melhor ou a única definição possível de linguagem, mas uma noção que pudesse tornar a oposição entre língua e fala "particularmente sensível e <observável>".[55] Ele nos fornece uma ilustração visual:

A língua, em outras palavras, é "interior", mental e privada, enquanto a fala é "exterior", destinada ao público. Daí a conclusão de Saussure:

> Dessas duas esferas, a esfera da fala é a mais social, a outra a mais completamente individual. A língua é o reservatório individual; tudo o que entra na língua, isto é, na cabeça, é individual.

Mas ele rapidamente se afasta dessa posição aparentemente clara de que a língua pertence ao indivíduo, dizendo, em vez disso, que "bastará pegar a soma dos tesouros de língua individuais para ter *a língua*". Essas são duas definições bastante diferentes. Do ponto de vista de um falante individual, a língua é o que está em sua mente; mas, quando falamos da "língua francesa", não queremos dizer o que está na mente de Saussure, ou de Brigitte Bardot, com quaisquer idiossincrasias linguísticas que possam ter. Queremos dizer algo coletivo – daí essa noção de "a soma dos tesouros de língua individuais", conceito que não deixa de intrigar. Tal "soma" pode ter alguma existência concreta? Saussure se refere à sua noção anterior de "consagração" – dessa vez entendida socialmente – para sugerir que quaisquer aparentes contradições realmente não importam.

> Tudo o que se considera estar na esfera interior do indivíduo é sempre social, porque nada nela penetrou que <não> tenha sido primeiro <consagrado pelo uso> de todos na esfera exterior da fala.[56]

Podemos, portanto, investigar a língua tal como existe no espírito de um indivíduo com a confiança de que estamos olhando para os aspectos individuais e sociais da língua. Essa última citação incorpora uma posição fundamental de Durkheim, que acreditava que as estruturas sociais constituem uma realidade primária, da qual cada indivíduo é uma espécie de representação microcósmica. A "consciência coletiva" é, nesse sentido, mais real do que qualquer uma das consciências individuais que a refletem parcial e imperfeitamente. De 1895 a 1903, Durkheim se envolveu em uma polêmica com Tarde, o qual acreditava no contrário, ou seja, que apenas os indivíduos são reais e que o que chamamos de sociedade é uma espécie de indivíduo idealizado projetado em uma escala coletiva. A consciência coletiva emana do que é compartilhado pela consciência individual que ela subsome. Enquanto Durkheim priorizava dados "objetivos" sobre tendências sociais, para Tarde é, em última análise, na psicologia do indivíduo que as explicações dos fatos sociais podem ser encontradas. Um fenômeno social começa como criação de um indivíduo, que se espalha para outros indivíduos por *imitação* e *repetição*, duas palavras-chave da sociologia de Tarde. Esse é então extrapolado para um fenômeno social de natureza mais abstrata.

Em nenhuma parte das aulas, das publicações ou dos artigos inéditos de Saussure se encontram os nomes de Durkheim ou Tarde.[57] Consequentemente, como acontece com tantas outras figuras que ele nunca cita, suas supostas influências sobre ele são inferências baseadas em termos compartilhados, como "consciência coletiva", que poderiam muito bem ter vindo de uma fonte intermediária, como o envolvimento de Meillet com *L'année sociologique* de Durkheim ou a estreita confiança de Léopold em Le Bon.[58] A posição de Saussure no primeiro curso é basicamente tardeana, mas a distinção individual *versus* social é obscurecida ao sustentar que tudo na psicologia individual é, antes, social. Sua conclusão parece ser que a distinção *langue-parole* repousa no fato de que a *langue* é socialmente consagrada, mas individual e internamente possuída, enquanto a *parole* é inteiramente social e exterior. Mas ambas são, em última análise, sociais. Portanto, com o devido respeito a Tarde, não deve haver conflito sério entre uma abordagem psicológica e uma abordagem sociológica da linguagem.

Saussure retorna àquela questão não resolvida do pensamento inconsciente ou semiconsciente por meio do qual ocorre a analogia proporcional. Antes, ele havia tratado da atividade criativa pela qual novas formas são produzidas. Agora, porém, ampliando a questão para considerar tudo o que pode passar pela cabeça de um falante ao produzir a linguagem, ele imagina uma atividade "quase passiva" de hierarquização de formas com outras formas e com ideias: "Do lado interno (esfera da língua) nunca há premeditação ou mesmo meditação, reflexão sobre as formas, fora do ato, <a ocasião> da fala, além de uma atividade que é inconsciente, quase passiva e, em todo caso, não criativa: a atividade de classificação".[59]

Às vezes, "premeditamos" e "refletimos sobre" as formas que usamos – se devemos nos dirigir a alguém como você ou o senhor, ou quando hesitamos sobre duas formas de subjuntivo. Saussure não está negando isso, mas está atribuindo tal pensamento à esfera da fala e não à da língua, uma vez que o "depósito de formas" presente no cérebro de alguém não é diretamente moldado por tal reflexão, apenas o é a escolha entre essas formas em um ambiente e contexto particular.

Ordem e linearidade

O depósito de formas no cérebro do falante não é uma massa caótica. Por "classificação", Saussure entende a *ordenação* necessária dessas formas:

> Como primeiro elemento dessa ordem devemos colocar: a associação primordial entre forma e ideia e grupo de ideias; depois outra associação sem a qual a primeira <não> poderia existir: a associação de forma com forma, de formas entre si.[60]

Em sua segunda aula inaugural de 1891, Saussure disse que o raciocínio por trás da mudança analógica representa "uma associação mental de formas, que é ditada pela associação das ideias representadas".[61] A formulação de 1907 mostra uma mudança substancial, que se alinha com a visão de seu colega psicólogo Claparède de que, para entender uma palavra, não é necessário que a imagem do objeto seja evocada.[62] O nível das formas parece agora vir primeiro e dominar, mas Saussure se apressa em acrescentar que

> [...] quando dizemos <que o espírito associa uma> forma <com uma forma>, queremos dizer a forma envolta em sua ideia:
>
> 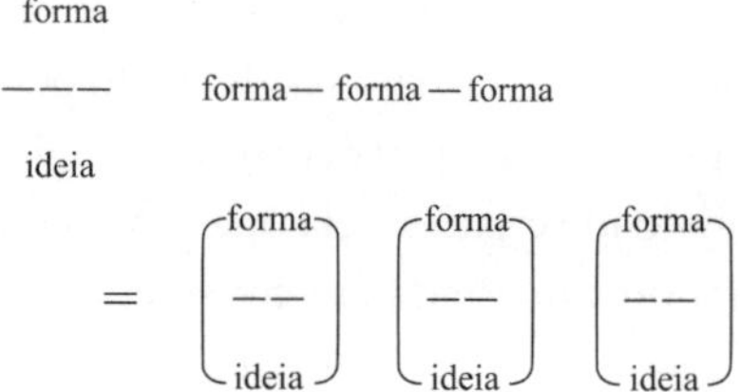
>
>
> as duas tabelas podem ser reduzidas a uma única; em toda associação de formas, o sentido desempenha seu papel.[63]

Essa é sua concepção habitual do signo linguístico, sem que a palavra signo apareça – ele ainda está trabalhando em como lidar com sua ambiguidade entre o que ele eventualmente chamaria de "signo" e "significante".

Saussure diz que *chapeau* [chapéu] e *hôtel* [hotel] ocupam dois compartimentos separados em seu esquema, enquanto *chapeau* e *chapelier* [chapeleiro] ocupam o mesmo compartimento. Mas há casos intermediários. Ele pressente algo em comum entre os pares *chapeau/chapelier* e *hôtel/hôtelier* [hoteleiro]. Eles têm compartimentos contíguos, por assim dizer, embora o sufixo *-ier* que os une não signifique exatamente a mesma coisa em *chapelier* e em *hôtelier* (não se trata de um "'fabricante ou vendedor de hotéis", mas de um "dono de hotel"). Ele contrasta:

> 1. a ordem que as unidades de linguagem [*langage*] assumem na fala [*parole*], e depois disso
> 2. os principais agrupamentos existentes na esfera da língua [*langue*] ela mesma.

A formulação "e depois disso" é significativa: Saussure tem sido frequentemente criticado por postular a *langue* como um sistema que precede a *parole*, e a partir do qual a *parole* é meramente gerada. Significativo também é o comentário que segue: "é arbitrariamente que partimos da unidade da palavra; poderíamos muito bem ter começado com a unidade da frase". Essa é uma reverência à sintaxe, um tópico que ele desenvolverá consideravelmente no segundo curso. Voltando a associações como as que ligam *chapeau*, *chapelier*, *hôtelier* e assim por diante, Saussure observa que uma associação começa com o agrupamento de formas, em pelo menos duas séries. Ele dá o exemplo da palavra *quadruplex*. Em sua classificação interna, a palavra está associada a ambas as séries:

I	II
quadru]pes	*triplex*
quadri]frons	*simplex*
quadr]aginta	*centuplex*

A associação estabelecida na Série I é lexical, a de II é gramatical. As palavras da Série I compartilham a raiz quadr- "quatro" (respectivamente, "quatro pés", "quatro folhas", "quarenta"). As da série II compartilham um morfema derivacional *-plex* que transforma um número em um adjetivo. Fixar o valor de cada uma dessas porções da palavra é o segundo aspecto da associação: "A língua aprecia qual porção da palavra permanece constante quando ela faz variar a forma com seus análogos <das duas séries> [...]. Disso deriva a própria inteligibilidade da palavra e em todo caso seu exato valor".[64]

Ele acrescenta que "todo reagrupamento de analogias implica também o reagrupamento de diferenças". A operação inconsciente que fixa o valor de um elemento como *-plex-* o faz contrastando-o como um "elemento constante" com os "elementos variantes" *quadr-*, *tri-*, *centu-* e assim por diante: "a associação pressupõe sempre a apreciação dos dois elementos <(variante e constante)> simultaneamente". Isso também é verdadeiro tanto para a morfologia flexional quanto para a derivacional – levando Saussure a deixar de representar a série de associações em forma de colunas para apresentá-la em forma de uma estrela ou teia mais complexa, como neste exemplo para a palavra latina *legimus* [nós lemos]:

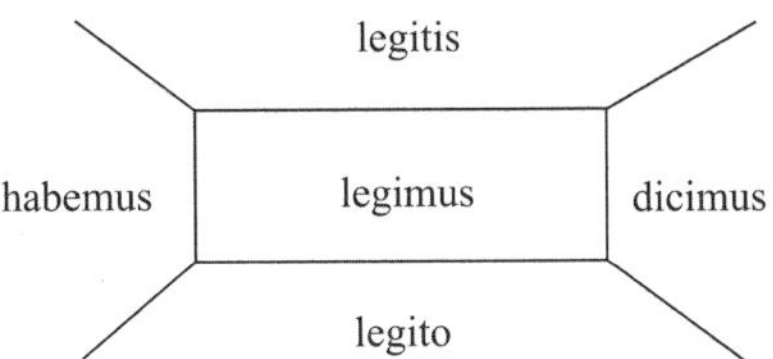

Uma questão importante permanece quanto à realidade psicológica desses agrupamentos. E quando há identidade de função, mas não de forma? Alguns substantivos latinos formam seus plurais dativos e ablativos em *-ibus*, outros em *-is*, sem diferença em seu funcionamento gramatical. Mas os falantes percebem essa identidade funcional quando as formas são tão diferentes? Ou a categoria única de "plural dativo-ablativo" à qual eles são atribuídos é apenas uma invenção de um gramático? Saussure não responde à pergunta, que ressurgirá mais tarde no curso.

Outra questão central: como a língua "sabe" o que é uma raiz, um prefixo, um sufixo? Por que um sufixo é sempre tratado como tal e não prefixado ocasionalmente?

> A língua não conhece os nomes de raiz, sufixo etc., mas não se pode refutar a consciência e o uso dessas diferenças. A formação analógica é a verificação dessa análise da língua, mas é preciso levar em conta as diferentes funções de todas essas unidades, algumas mais ou menos presentes, outras completamente presentes na consciência da língua. [...] Quando a língua tiver percebido [...] as unidades <que estão> em "*signifer*", ela não dirá em outro momento, na ocasião de uma nova formação: *fer-signum*.[65]

A palavra latina "*signifer*" [que porta signos] prenuncia o substantivo "*signifiant*" [significante], que Saussure introduzirá no terceiro curso. A sintaxe é o fenômeno pelo qual *signifer* é sempre *signifer*, não *fer-signum*. Ele atribui a sintaxe a um "princípio" ainda mais profundo, a saber:

> [...] *o caráter linear da língua*, ou seja, a impossibilidade de pronunciar ao mesmo tempo dois elementos da língua. Isso é o que faz com que para cada forma haja uma anterior e um posterior. Esse princípio é dado pela própria natureza das coisas: não posso representar a palavra para mim mesmo senão <através de uma única linha composta de partes sucessivas:>
>
> |-|-|-|-|-|-|
>
> No interior <no cérebro e também na esfera da fala>.

O princípio da linearidade está relacionado ao que evoca anteriormente sobre "segmentos de tempo" na fonologia. Para se desdobrar no tempo na fala, os elementos de uma língua devem ter uma extensão linear, mesmo estando armazenados no cérebro. É assim que a língua sabe o que é um elemento "anterior", o que é um elemento "posterior" e o que não é nenhum dos dois (um radical). Esse desdobramento não poderia ocorrer de maneira regular e ordenada, a menos que já estivesse *integrado ao próprio sistema linguístico*.

Diacrônico e sincrônico

Para saber se uma lei diacrônica é realmente uma "lei", precisamos observá-la trabalhando sincronicamente, aqui e agora. Para saber que um elemento é realmente parte da consciência linguística dos falantes e não uma invenção abstrata da análise do gramático, precisamos observá-lo trabalhando diacronicamente – em específico na analogia, já que a mudança puramente fonológica não envolve a consciência linguística de maneira alguma. Aqui reside a resposta de Saussure ao mistério de como "a língua sabe" – como os falantes sabem – que um dado elemento é um prefixo, uma raiz ou um sufixo.

Mas como o conhecimento sintático existe? O princípio da linearidade estabelece que os elementos da linguagem devem ser ordenados, tanto em sua existência virtual como *langue* quanto em sua realização como *parole*. Mas os falantes de francês, de inglês e também de português "sabem" que *re-* é um prefixo? Eles definitivamente sabem onde pode ou não ocorrer, afirma Saussure, mesmo sem saberem o termo gramatical. A prova disso é a operação observável da analogia: falantes criaram, e continuam a criar, novas palavras começando com *re-*, por analogia a palavras já existentes; e não criam palavras usando *-re* como sufixo. Da mesma forma, novas raízes que entram na língua por meio de empréstimos (*smoking*, *filé*) ou de neologismo (blogue) são tratadas gramaticalmente como palavras já existentes: smokings, filetado, blogueiro. Isso é evidência da consciência linguística concreta que os falantes têm das inflexões gramaticais da língua.

Saussure já declarou que a linearidade se aplica igualmente aos elementos internos à palavra e às palavras dentro de uma frase, mas dedica mais tempo refletindo sobre como os falantes percebem algumas conjunções de elementos como uma única palavra.[66] A palavra *lieutenant*, por exemplo, é um aglutinação de *lieu* [lugar] + *tenant* [tenente, substituto]. Em um período anterior da língua, seria possível inverter as duas partes, ou inserir algo entre elas, mas a aglutinação elimina essa possibilidade. A aglutinação é crucial para a compreensão da analogia e da consciência do falante porque não envolve nenhuma mudança *material*. O som e o sentido permanecem os mesmos, mas a "construção" muda.[67] Ele conclui que, enquanto a analogia requer "uma indústria, uma vontade",[68] "é <justamente> a ausência de vontade que é uma das características pela qual a aglutinação se distingue da criação analógica".[69]

Para os neogramáticos, a mudança linguística é orquestrada por leis fonéticas, e quando eles recorrem à analogia é para explicar exceções a essas leis.

Para Saussure, a analogia é o que torna possível que os materiais da língua sejam reformados e reutilizados, portanto, mantidos.

> Na enorme massa de fenômenos analógicos que representam vários séculos da história de uma língua, o que é interessante para o historiador é que quase todos os elementos são antigos, mas encontram-se continuamente mudados de lugar. [...] O papel da analogia não pode, então, ser exagerado; a mudança global provocada pelo <fenômeno> analógico é muito mais considerável do que aquela ocasionada pela mudança fonética.[70]

A primeira frase desfaz a visão naturalista de como uma língua, tal como uma planta, está constantemente se regenerando com novos elementos. A segunda frase vira o princípio neogramático central de cabeça para baixo. É à originalidade e à iconoclastia de Saussure que se deve essa passagem, que seria compreendida pelos linguistas históricos de todo o espectro ideológico como flagrante heresia.

O papel central que Saussure atribui ao saber do falante deixa em aberto o problema da "etimologia popular", na qual os falantes reanalisam as origens de uma palavra erroneamente do ponto de vista do linguista, que conhece sua história. Um exemplo é o *Abenteuer* alemão, popularmente entendido como "<o que> se conta à noite (*Abend*)", mas na verdade se trata da palavra *aventure* [aventura] emprestada do francês.[71] Ao explicar a mudança analógica por meio da fórmula da analogia proporcional, ele notou que a forma original da palavra que sofre a mudança é momentaneamente "esquecida"; na etimologia popular, a forma antiga é lembrada, mas de modo imperfeito.[72] É um caso "patológico"; deve-se até mesmo "recusar o nome de formação à etimologia popular; ao contrário, é uma deformação".[73] Mas isso não a torna menos útil como evidência de como a analogia funciona.

Depois de ter passado em revista as formas básicas da evolução da língua, "[o] ponto de vista mais natural seria considerar agora a língua da perspectiva estática, a língua em seus diferentes estados". Mas, lamenta Saussure, "a linguística estática não pode ser tratada no restante do semestre (7-8 aulas!); ela será mais tarde objeto de um curso completo". Isso sugere que a anotação foi feita na quarta-feira, 5 de junho ou na segunda-feira, 10 de junho, já que as inscrições finais de Riedlinger para o curso são datadas de 3 de julho. Nas aulas restantes, ele tratou de uma quantidade muito grande de material, essencialmente uma pesquisa da família de línguas indo-europeias,[74] fazendo, ao final, uma introdução aos princípios da reconstrução histórica.[75]

Antes de deixar os princípios gerais da linguística evolutiva, Saussure apresenta uma de suas inovações terminológicas mais duradouras, experimentada pela primeira vez em seus manuscritos de "Sobre a essência dupla", de 1891.

> O grande domínio das evoluções linguísticas não é bem nomeado quando chamado de história da língua. Não seria ruim adotar uma nova palavra, desde que seja totalmente clara: é melhor dizer: o que é diacrônico na língua (= os estados sucessivos da língua considerados em contraste entre si) e o que é sincrônico (= os fatos de língua como dados quando alguém se limita a um único estado).[76]

Nenhuma das duas palavras era completamente nova: ambas apareceram impressas no século XIX, embora raramente. Seu uso comum na linguística e além dela, porém, foi obra inteiramente de Saussure. O problema que ele viu com a "história da língua" é que ela abrange muito mais do que as mudanças dentro do sistema da língua de um ponto no tempo (um estado sincrônico) para outro. Em vez de compreender a evolução de uma língua dessa maneira, a "história" tende a considerar que a linguagem existe de modo contínuo no fio do tempo, com alguns de seus elementos se submetendo a transformações enquanto o sistema em sua integralidade permanece inalterado. A visão de Saussure era oposta: os elementos persistem ao longo do tempo e são simplesmente rearranjados, com cada rearranjo introduzindo um novo sistema.

Estreitamente relacionada à sua abordagem diacrônica, em vez de histórica, da evolução linguística, está a rejeição de Saussure da ainda muito poderosa visão romântica alemã que havia sido articulada mais plenamente por Humboldt. Saussure declara: "pareceria que, como se por um fato de raça, um tipo determinado estivesse de uma vez por todas enraizado dentro de uma família. Isso seria desconhecer vários princípios: de início, que um estado estático nunca é permanente".[77] Mais uma iconoclastia saussuriana. A permanência dos tipos linguísticos foi a grande descoberta na qual muitos antropólogos e psicólogos se basearam em suas análises da história e da aptidão intelectual de diferentes "raças". Léopold de Saussure havia adotado sem hesitação a perspectiva humboldtiana, e mesmo Whitney, apesar de toda a sua insistência progressista na separação entre linguagem e "raça" e na convencionalidade da linguagem, nunca conseguiu se livrar dela completamente.

Ferdinand, no entanto, teve de se distanciar da tipologia humboldtiana para que sua recém-definida linguística diacrônica tivesse algum sentido real e robusto. Cada estado de uma língua, é claro, carrega a maior parte de seu conteúdo do estado que o precedeu. Mas, como sistema, cada estado é novo, e o que determina sua natureza fundamental não é herdado, mas "o que existe em um dado momento".

As aulas finais do curso, após o levantamento da família linguística indo-europeia, foram dedicadas aos métodos de reconstrução histórica. Eles são nitidamente mais técnicos do que os anteriores, talvez porque, novamente, Saussure estivesse ciente do pouco tempo que dispunha. Sentiu-se compelido a cobrir fatos básicos sobre o desenvolvimento do indo-europeu com ilustrações do latim, do grego e do germânico, e o que fazer quando as atestações textuais estão ausentes. Ele abandona a ideia fundamental de que, ao fazer a reconstrução,

> [...] <A verdadeira maneira de representar os> elementos fônicos de uma língua <é não os considerar> como sons de valor absoluto, mas <com valor puramente> opositivo, relativo, negativo. Portanto, não é de extrema importância para a língua saber se o "*ch*" é pronunciado como palatal (*Kirche*, *auch*); que ele seja diferente de todos os outros eis o essencial para cada elemento de uma língua, mesmo moderna, e eu poderia escrever as palavras designando as unidades fônicas por números <cujo valor seria fixado>.[78]

A noção de "oposição pura" já havia sido mencionada três ou quatro vezes durante o curso, sem ser muito desenvolvida além da seção inicial sobre "decompor os fonemas em seus elementos diferenciadores". Mas já não há mais tempo, e a noção deverá ser deixada para o próximo ano.

O curso não termina com uma conclusão bem elaborada. Apressando-se na aula final a uma velocidade vertiginosa, ele mal toca nos tópicos que marcaram seu próprio interesse inicial na linguística indo-europeia: as duas séries de guturais e o desenvolvimento do *a*.[79] No badalar dos sinos, ele introduz um novo tópico. Riedlinger encerra suas notas: "Finis 3/VII 1907. D. G.".[80] O *Deo Gratia*, pela graça de Deus, pode ser apenas uma fórmula piedosa, mas sente-se um certo alívio depois do que deve ter sido tomar notas num ritmo frenético.

Embora Saussure tenha lecionado por mais de 25 anos, esse foi seu primeiro curso cuja base não era um texto. Em sua experiência anterior, o ritmo do curso podia ser ajustado gastando mais ou menos tempo em um texto, e qualquer texto que estivesse sendo trabalhado ao final do semestre tornava-se de fato o final do curso. Mas a linguística geral era baseada em tópicos, exigindo habilidades muito diferentes de controle do tempo. Para seu próximo curso, tendo aprendido com os erros, ele reorganizaria as coisas desde o início.

René e o esperanto, Léopold e a astronomia chinesa

A Associação Internacional de Esperanto realizou seu segundo congresso anual em Genebra, em 1906. O movimento pelo esperanto havia crescido de forma surpreendente na década anterior, a ponto de sua adoção universal parecer inevitável e iminente, a princípio nas esferas científica e acadêmica, mas, em última análise, como uma segunda língua "auxiliar" para todos, de modo que nunca mais dois seres humanos fossem incapazes de se comunicar apenas porque cresceram com línguas maternas diferentes.[81]

Inevitavelmente, um número crescente de adeptos significa cisão. Conflitos internos causaram o rápido declínio do volapuque, o último projeto de língua auxiliar internacional de maior sucesso. Em 1889, as propostas de seus usuários para reformá-lo encontraram resistência obstinada do padre Schleyer, seu criador, que afirmou ser seu proprietário. Na esteira disso, o esperanto ganhou destaque e, quando alguns de seus usuários propuseram reformas, Zamenhof adotou o rumo oposto de Schleyer, insistindo que ninguém era dono do esperanto. Ele, no entanto, publicou em 1905 o *Fundamento*, um conjunto de princípios fundamentais que os esperantistas deveriam jurar defender, a fim de que, quaisquer que fossem as mudanças que os usuários individuais pudessem introduzir, intencionalmente ou como herança de suas várias línguas maternas, a língua permaneceria unificada.

Havia, entretanto, divisões filosóficas mais profundas. Para Zamenhof, a língua esperantista era apenas um símbolo do sentimento universalista que definia uma nação esperantista, atravessando divisões políticas e étnicas. Para outros, incluindo o apoiador de Zamenhof e colaborador de confiança, o Marquês de Beaufront, tais reivindicações utópicas atrapalharam a utilidade prática do esperanto para a comunicação. Dirigindo-se ao congresso de Genebra em 1906, Zamenhof expressou sua posição de forma dramática, em palavras dirigidas contra a oposição interna.

> Se nós, os pioneiros, somos obrigados a erradicar toda ideologia de nossas ações, com indignação vamos queimar, vamos destruir tudo o que escrevemos para o esperanto, vamos aniquilar com tristeza o trabalho e os sacrifícios de nossas vidas inteiras, nós lançaremos fora a estrela verde fixada em nossos peitos e gritaremos com horror: "Com esse esperanto, que deve servir exclusivamente aos negócios e às necessidades práticas, não queremos ter nada em comum!" [...]. Os primeiros esperantistas prezavam o esperanto, não porque uniu os espíritos dos homens, mas porque uniu seus corações.

Um idealista, Zamenhof poderia atrair uma multidão, mas teve que contar com outros mais bem conectados e politicamente mais experientes do que ele para alcançar uma audiência mundial. Em retrospecto, as sementes do declínio do movimento linguístico internacional foram plantadas quando linguistas acadêmicos, sempre com ciúmes do que eles veem como tentativas de invasão de seu território por parte de forasteiros, e atentos às oportunidades de divulgar seus próprios conhecimentos, começaram a se interessar por ele. Um dos primeiros foi Schuchardt, que, em um artigo de 1888, apoiou o movimento em geral, mas criticou o então dominante volapuque.[82] Regnaud, antigo inimigo de Saussure, produziu um livro, em 1901, sobre *As condições para o estabelecimento de uma língua internacional: a propósito do esperanto*, que na verdade pedia uma versão radicalmente simplificada do latim. Nesse mesmo ano, Bréal publicou um artigo na *Revue de Paris* que, embora positivo em relação ao esperanto, expressava preferência pela bilíngua, descrita como "um condomínio anglo-francês".[83]

Também em 1901, o matemático Léopold Leau organizou a Delegação para a Adoção de uma Língua Auxiliar, com o primeiro encargo de determinar qual dessas línguas seria a mais adequada para o propósito. Em 1907, não havendo chegado a um consenso, um comitê especial de 12 especialistas foi nomeado, incluindo três proeminentes linguistas, Baudouin de Courtenay, Schuchardt e Otto Jespersen, de Copenhague.[84] Os secretários da Delegação, Leau e Louis Couturat, foram posteriormente adicionados ao comitê, junto com mais três membros.

Os criadores de diversos projetos linguísticos compareceram perante o comitê para defender seu caso. Zamenhof, o criador do esperanto, não pôde comparecer e enviou em seu lugar o Marquês de Beaufront. O comitê decidiu que o esperanto fosse o projeto escolhido, "desde que certas modificações fossem executadas [...] nas linhas indicadas pela conclusão do Relatório dos Secretários e pelo projeto do ido, se possível em acordo com o Comitê Linguístico Esperantista".[85] A menção ao "ido" era bastante misteriosa: referia-se a um panfleto anônimo submetido ao Comitê, propondo reformas radicais ao esperanto. Ao receber a decisão, o Comitê Linguístico Esperantista destacou que não poderia de fato colaborar ou mesmo discutir tais reformas, por ter sido nomeado com o propósito juramentado de assegurar que qualquer evolução da língua não ferisse os princípios estabelecidos no *Fundamento*.

Quando vazou a notícia de que os autores anônimos do panfleto ido eram ninguém menos que Couturat, um dos secretários do Comitê, e Beaufront, o delegado de confiança de Zamenhof, o resultado foi consternação e inimizade por toda parte. As pessoas que anteriormente poderiam ter apoiado pequenas mudanças no esperanto e se ressentido com a autoridade quase bíblica do *Fundamento* agora tinham que dar sua total lealdade a ele ou ao ido. Também se instaurou uma sensação de que a batalha era entre os franceses e o resto da Europa, como se a França, tendo se tornado o principal reduto do esperanto, estivesse agora afirmando sua autoridade para ditar o futuro da língua, na forma do ido.

Era a típica situação política em que a neutralidade suíça era requerida. Poucas semanas após o Congresso de Genebra de 1906, René de Saussure, que havia recentemente se interessado pelo esperanto, publicou um artigo em seu apoio no *Journal de Genève*. Ele foi então escolhido para ser vice-presidente da associação esperantista local.[86] Seu artigo, entretanto, provocou uma reação furiosa do conde d'Haussonville, encontrado brevemente no capítulo 8 como descendente de Germaine de Staël. No jornal parisiense *Le Figaro*, ele expressou seu desdém de que alguém com "o nome glorioso 'De Saussure'" pudesse trair as línguas que são patrimônio de todos os povos:

> Cada idioma traduz, de maneira apropriada, as necessidades, as aspirações, os modos de sentir de cada uma das raças que povoam o globo. Presta-se às nuanças de seu pensamento; ele se modifica e se renova de algum modo de século em século, assim como esse próprio pensamento se modifica e se reveste de novas formas.[87]

Em sua resposta, René virou o idealismo romântico de Haussonville diretamente contra ele, apontando que essas diferentes formas nacionais de pensar foram precisamente o que levou à guerra.

> Duas mentalidades diferentes vão entrar em conflito, duas mentalidades igualmente respeitáveis e que viveram tranquilamente lado a lado, muitas vezes entre os membros de uma mesma família. [...] O que o esperanto nos traz não é a vitória deste ou daquele partido, ou a supremacia desta ou daquela raça. Pode-se permanecer cético sobre a sinceridade de uma reconciliação entre os católicos e os maçons ou entre os franceses e os alemães, mas aqueles que participaram do Congresso de Genebra perceberam que um *novo* terreno de entendimento existia realmente.[88]

René lembrou a seus leitores que o esperanto estava sendo proposto apenas como uma língua auxiliar, a ser aprendida e utilizada por todos além de sua língua materna, não em seu lugar. Outras trocas com Haussonville seguiram-se no *Journal de Genève* e no *Le Figaro*, e "suscitaram um vivo interesse no continente".[89] A disputa elevou tanto o perfil de René como um defensor do esperanto que, quando em 1907 um Escritório Científico Esperantista Internacional foi estabelecido em Genebra, ele foi nomeado seu diretor fundador. René adotou o *nom de guerre* "Antido" ("anti-ido") para os tratados sobre a linguagem que começaram a fluir de sua caneta. Entretanto, não insistiu que o esperanto devesse ou pudesse permanecer inalterado. Ao contrário, enfatizou que melhorias poderiam ser alcançadas dentro dos princípios do *Fundamento*.

Os anos seguintes não foram bons para os inimigos de Zamenhof. Pouco depois de se declarar pacifista no início da Primeira Guerra Mundial, Couturat foi morto em uma colisão com um carro que levava ordens para mobilizar o exército francês. Quanto ao Marquês de Beaufront, após sua morte foi revelado que ele era, na verdade, Louis Chevreux, um sujeito pedante de ascendência desconhecida que havia concedido o título de Marquês a si mesmo.

Uma extensão adicional do ideal esperantista trouxe ainda mais atenção internacional para René. Em um artigo de maio de 1907 na principal revista científica de esperanto, ele propôs uma moeda auxiliar internacional, o *spesmilo*, com um valor fixo em relação às moedas nacionais: "Dessa forma, o uso de uma moeda auxiliar internacional se espalharia no mesmo tempo que o da língua auxiliar".[90] Na época, o franco belga, francês e suíço, a lira italiana, a peseta espanhola, o dracma grego, o lev búlgaro, o leu romeno e o dinar sérvio eram todos de valor idêntico, vinculados à mesma quantia fixa de ouro. Isso tornava menos lógico que as moedas e notas de um desses países não fossem aceitas em outro. René estava convencido de que não era uma moeda "universal" que defendia, mas uma que existisse ao lado das moedas nacionais.

> Pode-se comparar uma moeda universal a uma língua universal, pois uma língua serve para a troca de ideias como uma moeda para a troca de mercadorias. Uma língua universal é utópica porque não demoraria muito para se desintegrar em dialetos, assim como a moeda universal em moedas de troca diferentes. Por outro lado, a adoção de *uma língua auxiliar internacional* como o esperanto, que coexistiria com as línguas nacionais, é um empreendimento totalmente razoável, pois não afeta a ordem das coisas estabelecida em cada país, e a integridade de tal língua seria garantida pelo próprio fato de servir apenas para as relações com outros países e não na vida cotidiana.[91]

O *spesmilo* teria uma vida longa. Além de ter sido adotado por organizações esperantistas, encontrou algum uso comercial como moeda "virtual" antes da

Primeira Guerra Mundial. Na década de 1950, moedas reais de *spesmilo*, com um retrato de Zamenhof, foram emitidas em pequena quantidade.

René permaneceu seriamente envolvido com o movimento esperantista por décadas, e sua memória continua sendo reverenciada por seus membros. Ferdinand fará breves comentários sobre o esperanto em seus segundo e terceiro cursos de linguística geral. Seus manuscritos inéditos incluem algumas páginas de notas sobre a língua, indicando que "observações tendem a mostrar que não é verdade que os criadores do esperanto foram metódicos na aplicação de seu princípio de menor esforço internacional", acrescentando, entretanto, que "[n]ada é perfeito desde o primeiro lance".[92]

Também em 1907, Léopold começou a escrever sobre um novo assunto que por um tempo lhe traria sucesso de crítica para rivalizar com o de Ferdinand. Em uma série de mais de 30 artigos, ele examinou as origens da astronomia chinesa e sua relação histórica com os zodíacos da Ásia Ocidental, do Egito e da Grécia.[93] Léopold argumentou longa e duramente a favor da visão de que o zodíaco chinês não era uma importação de alguma civilização mais "avançada", mas uma criação original que era realmente muito mais desenvolvida e com mais base científica do que qualquer uma de suas contrapartes em outros lugares, mesmo aquelas de séculos posteriores. A controvérsia centrou-se na datação do Shu Ching, atribuído ao semilendário imperador Yao. Ao datar o "Cânon de Yao" no terceiro milênio a.C., muito antes do desenvolvimento de qualquer ciência no oeste da China, Léopold estava ressuscitando uma teoria defendida entre o século XVIII e meados do século XIX por dois franceses, o missionário jesuíta Antoine Gaubil e o físico e astrônomo Jean-Baptiste Biot.

Na segunda metade do século XIX, no entanto, os estudiosos começaram a "corrigir" essa visão, que parecia dar muita plausibilidade histórica às tradições orais e figuras semimíticas. Léopold escreveu severamente sobre os "corretores" posteriores:

> Um vento de loucura parece ter soprado sobre a discussão das famosas "Instruções de Yao". Apenas os franceses (Gaubil e Biot) ficaram ilesos, tendo morrido antes do início da epidemia.
> Digo "parece ter soprado", porque é, naturalmente, apenas uma aparência; e minha intenção certamente não é lançar calúnias sobre as reputações universais e justamente merecidas de um Legge ou de um Whitney.[94]

O Whitney em questão é William Dwight Whitney, o linguista reverenciado – embora também criticado em certos pontos – por Ferdinand. Em 1874,

Whitney se aventurou a escrever "On the Lunar Zodiac of India, Arabia, and China" [Sobre o zodíaco lunar da Índia, da Arábia e da China],[95] capítulo no qual argumentava que as astronomias de todas essas três culturas tiveram suas origens na Mesopotâmia. Seu livro se tornou o alvo principal de Léopold, que tentou provar a originalidade e a singularidade do zodíaco chinês.

De todos os estudiosos que escreveram sobre o assunto, apenas Léopold não só foi treinado como sinólogo e era fluente em chinês, mas também tinha ampla experiência em navegar nos mares da China. A navegação foi, juntamente com a agricultura, o berço da astronomia. Na análise de Léopold, o calendário chinês baseava-se na posição da Lua em relação à estrela Spica, que funcionava como a estrela marcadora do zodíaco.[96] A lua cheia aparecendo à esquerda da estrela era considerada a primeira do ano, e aquela à direita da estrela como a última. A lua cheia em conjunção com a constelação de Escorpião marcou o festival de primavera da Renovação do Fogo e, em conjunção com Orion, o festival da colheita.

Esse sistema tinha pouco em comum com os desenvolvidos em outros lugares, sendo tanto cultural quanto físico. Seu ano lunar às vezes tinha 12 luas cheias, às vezes 13, e as estações com o tempo foram progressivamente iniciando cada vez mais tarde no ano. No entanto, o valor simbólico – tanto moral quanto mítico – atribuído às estrelas e constelações era poderoso o suficiente para que o sistema fosse mantido intacto, mesmo quando se tornou óbvio que a primavera estava gradualmente se aproximando do solstício de verão e o outono, do solstício de inverno.

Anos mais tarde, Léopold mudou sua postura e argumentou que o zodíaco chinês estava realmente relacionado a outros, principalmente ao iraniano. No entanto, foi o trabalho anterior, no qual defendia uma visão supostamente ultrapassada contra todas as autoridades científicas que afirmavam desacreditá-la, que teve impacto internacional. Isso fica evidente em uma brilhante resenha do trabalho de Léopold por Otto Franke,[97] e na correspondência que ele manteve perto do fim de sua vida com George Sarton, o "pai da história da ciência", que considerava Léopold um dos luminares intelectuais de seu tempo.[98]

Marcos importantes

Com o fim dos cursos, Saussure pôde finalmente se organizar para escrever seu artigo atrasado sobre *La théosophie brahmanique*, de Oltramare. Ele não havia escrito uma crítica jornalística nos 30 anos desde sua apreciação de Pictet, quando escrever não era a tarefa insuportável que havia se tornado. O trabalho árduo na resenha de Oltramare é evidente pelas notas sobreviventes – 29 páginas delas, para um artigo de 12 parágrafos que finalmente apareceu em 29 de julho de 1907.[99]

Saussure pode ter concordado em resenhar o livro antes de lê-lo e descobrir que não dava muita importância a ele. O artigo começa distanciando o livro da crença da Sociedade Teosófica, fundada na década de 1870 por Madame Blavatsky, que se tornou um grande movimento mundial.[100] Pode-se perguntar por que Oltramare colocou a palavra em seu título sabendo que os leitores antecipariam essa conexão, apenas para ficarem desapontados. Talvez Oltramare não hesitasse em aproveitar a publicidade e as vendas de livros que seu título despertaria, assim como havia feito Max Müller com seu próprio livro intitulado *Theosophy* na década anterior. Ou ele pode ter calculado que os teosofistas dos últimos dias eram precisamente as pessoas que mais necessitavam de iluminação – nenhum verdadeiro estudioso poderia levar a sério as alegações de Blavatsky de estar recebendo textos hindus, anteriormente desconhecidos, transmitidos a ela por meio de "tábuas astrais" por seus mestres no Himalaia. Koot Hoomi seria um dos mestres de quem Blavatsky dizia receber os textos. Esse mesmo Koot Hoomi é Nisi Kānta Chattopādhyūya, que em Leipzig se encontrou com Saussure para tratar do sânscrito, conforme relatado no capítulo 6.

Saussure defende o uso da palavra com base no fato de que o conjunto de ideias que ela designa não cabe nem na filosofia nem nos estudos religiosos. Na teosofia, explica ele, questiona-se "se a alma individual é idêntica ou não à alma universal [...]. Mas a unidade do grupo que é formado por essas ideias em combinação resulta em ainda outro ponto de vista, que pode surpreender ou concentrar a gênese em uma época bastante determinada". O período fundador para as religiões indianas, segundo Oltramare, foi o dos Upanishads, parte do cânone védico, que Saussure diz incluir "tantas coisas díspares e diversas em suas origens, sua data e seu sentido". Nesse período, "o brâmane não destronou exatamente, mas absorveu pouco a pouco em si mesmo o deus. [...] Quando o sacerdote não tinha mais diante de si nada além do Rito, [...] ele a princípio pensou apenas em teorizar seus ritos, sua virtude, seu valor, sua relação com as coisas e consigo mesmo". Isso explicava por que os escritos védicos, e sua popularização posterior no budismo, têm um ar de ateísmo sobre eles, apesar de seu caráter superficialmente religioso. Isso não era menos preocupante na Genebra calvinista do que na Europa católica e luterana, onde a própria Genebra parecia quase secular em seu distanciamento das crenças tradicionais.

Saussure conclui sua crítica com um toque jornalístico, brincando que não sabe se o fato de Oltramare ter ocupado cátedras de estudos latinos e orientais "não seria considerado, às margens do Indo, como resultado de uma ou duas existências distintas". É uma blague forçada em um artigo em grande parte tortuoso, no qual em quase todas as frases ele parece estar se esforçando para obter um efeito "literário", bem diferente do discurso relativamente simples de suas aulas.

Durante o restante do verão, Saussure continuou seu trabalho com anagramas. Escreveu a Meillet em 23 de setembro de 1907, depois de ler o *Bulletin de la Société de Linguistique de Paris* daquele ano. Continha um aviso de que, na reunião de 20 de abril,

> [...] [o] Sr. MEILLET, recordando o fato reconhecido pelo Sr. Bezzenberger de que a mudança de acento definida pela lei do Sr. De Saussure não ocorre após um curto segmento vocálico, tira daí a conclusão de que essa mudança ocorreu independentemente no lituano e no prussiano antigo e, *a fortiori*, em lituano e em eslavo.[101]

Saussure agradeceu a Meillet por aproveitar todas as ocasiões para relembrar o conteúdo de seus artigos sobre as línguas bálticas, acrescentando:

> Aqui também há algo que me faz lamentar nunca ter terminado o das *Mémoires de la Soc. Ling.* O segundo artigo não foi apenas escrito, mas amplamente composto, e recebi as provas da Imprensa Nacional Francesa, ele continha precisamente o ponto central de onde eu havia partido, ou seja, que o desaparecimento de ə [= ^{A}] que deve ter sido a causa da diferença entre *vémti peñktas* etc. Foi ao ver que Bezzenberger havia tropeçado na lei de *vémti* (sem ir além desse caso limitado) que fui incitado a começar uma publicação de minhas observações, e tive o talento de interrompê-la antes mesmo de chegar a esse caso capital que importava duplamente para mim porque confirmava a importância geral de ġani-tum contra *man-tum* em sânscrito. As provas da Imprensa Nacional também continham todo o início da teoria morfológica, ou de uma teoria morfológica, pela qual expliquei que a entonação havia sido unificada nas raízes bálticas [...].[102]

Ele passou a se juntar a Meillet para lamentar "a atenção insuficiente dada em geral por nossos colegas alemães a qualquer coisa que não esteja em sua língua", expressando particular choque pelo *Lateinische Laut- und Formenlehre* [Fonética e morfologia latinas], de Sommer nem sequer mencionar o nome de Louis Havet, cujas descobertas originais na fonética latina "encontram-se incorporadas a ela como por um milagre".

Saussure também agradece a Meillet por renovar sua oferta de ler suas páginas sobre anagramas homéricos, acrescentando: "reuni os cadernos que havia levado e talvez os envie ao senhor, mas aqui está a circunstância que me deixa hesitante para roubar-lhe o tempo com isso e me convença a enviar-lhe, em vez disso, uma visão geral dos resultados a que cheguei para o saturnino latino". Seguem-se longas páginas sobre anagramas em saturninos, como aquelas discutidas no capítulo anterior.

A essa carta, Saussure acrescentou um P.S., referindo-se a um dos obituários da recente edição do *Bulletin*: "Recebi com tristeza a notícia da morte do Sr. Victor Henry. Embora nunca tenha sido particularmente próximo dele, nos correspondemos mais de uma vez". Parece uma resposta fria à perda de alguém com quem Saussure interagiu regularmente nas reuniões da Société por uma década. As cópias autografadas de suas obras que Henry lhe enviava regularmente sugerem uma sensação duradoura de proximidade, tanto pessoal quanto intelectual, que não era recíproca. Vimos em mais de uma ocasião como Henry talvez involuntariamente tenha provocado ressentimento em Saussure, que pode ter ficado irritado ao ver o reconhecimento que lhe foi negado ir para alguém menos merecedor.

Meillet continuou a escrever a Saussure nos meses seguintes, instando-o a publicar as descobertas da pesquisa do anagrama. Embora em uma resposta Saussure afirme que "o 'atraso' de que você fala em relação aos cadernos de anagramas não existe", ele claramente estava protelando, esperando até que ele próprio estivesse satisfeito de que o fenômeno que parecia estar diante dele não fosse uma fantasia.[103]

Além da resenha de Oltramare, a única publicação de Ferdinand em 1907 foi novamente obra de outra pessoa. Joseph Loth, um de seus primeiros alunos em Paris, havia escrito para ele acerca de sua pesquisa sobre topônimos, um importante ponto de continuidade das palavras celtas nos dialetos românicos. Em um artigo na *Revue celtique*, Loth incluiu uma passagem de sete parágrafos de uma resposta que Saussure lhe enviou sobre o nome do Jura, a cadeia montanhosa na fronteira noroeste da Suíça com a França.[104] O nome inicialmente parece não trazer nenhum problema, uma vez que a cadeia já se chama *Jura* em *De bello gallico* [A Guerra da Gália], de César. Em sua aula de 1903 sobre nomes de lugares na região de Genebra, no entanto, Saussure tocou no fato de que os Jura eram chamados de *Joux* no dialeto local, e que *joux* também era a palavra para uma floresta de pinheiros. Documentos até o século XVIII nomeiam as montanhas como *la Jour*, e isso corresponde exatamente ao nome *Jures* registrado por Plínio. Saussure deduz que um topônimo celta *Jur-* foi pluralizado como um neutro (*Jura*) por César, enquanto a forma feminina *Jures* de Plínio realmente concordava com o nome do dialeto local. O nome moderno *Jura* não contém "nada autêntico em qualquer grau", mas é "puramente uma reconstituição erudita do *Jura* de César".

O dia 26 de novembro de 1907 trouxe um marco pessoal para Saussure: seu 50º aniversário. Numa época em que a média de vida era menor do que hoje, o evento era tratado como o ponto culminante da carreira de um homem profissional. Para estudiosos ilustres, era quando eles recebiam seu *Festschrift*, a coleção de artigos de outros da área, incluindo ex-alunos que tiveram suas próprias carreiras de sucesso.[105] Saussure não tinha ilusões sobre sua própria falta de sucesso – se é que havia algum, ele exagerou para si mesmo e para aqueles ao seu redor –, então, não ficou desapontado quando seu aniversário não trouxe tal honra. É possível que tenha jantado com a família e depois passado a noite em busca de anagramas.

Uma semana depois, ele e Marie convidaram seus velhos amigos, os Lucien Gautier, para jantar. Gautier estivera em Leipzig com Saussure, estudando teologia. Era agora presbítero sênior na igreja e professor na Université. Posteriormente, ele escreveu a seu filho Léopold, um linguista iniciante que tinha um cargo de professor em Lausanne, do qual estava de licença para estudar em Göttingen:

> Jantamos no sábado, mamãe e eu, na casa dos F. de Saussure. Confessei um pouco a F. de S. sobre o seu trabalho (do qual já lhe falei e peço que guarde segredo). Disse-me que ao estudar os versos saturnianos (dos quais possuímos, creio eu, cerca de 200 exemplares) havia encontrado algumas coisas curiosas a) do ponto de vista da métrica, b) a respeito dos anagramas, e que, tendo desejado verificar por comparação o que fazer com eles, examinando Virgílio e Ovídio do mesmo ponto de vista, ele descobriu que esses dois poetas apresentam os mesmos fenômenos. Devo admitir a você que a exposição dessa teoria me deu um arrepio na espinha. Evidentemente é possível que seja bem fundamentado; nesse caso, é uma maravilha que ninguém tenha suspeitado até agora. Mas também pode ser que F. de S. seja vítima de uma ilusão, de uma descoberta ou pseudodescoberta muito engenhosa, engenhosa demais! Eu naturalmente não sou competente para julgá-la. Ele me disse também que havia enviado a coisa para seu aluno e amigo Meillet, que não respondeu nem sim nem não, e que parece ao mesmo tempo interessado e cético. E F. de S. hesita em proclamar sua descoberta publicamente, porque sente que ela ainda precisa ser controlada e verificada. – Naturalmente, não tive chance de falar com F. de S. sobre sua ideia de servir como seu secretário. De qualquer modo, o momento não me parece adequado agora.[106]

Essa é uma carta reveladora. Pode-se ter certeza de que Gautier não foi o único entre os amigos e familiares de longa data de Saussure a sentir um arrepio na espinha ao ouvir sobre os anagramas. Mesmo que Saussure tenha dito a ele que precisa ser controlado e verificado, Gautier está claramente em dúvida sobre o poder de raciocínio de seu velho amigo. No entanto, Léopold Gautier ignorou o conselho de seu pai e escreveu a Saussure em janeiro de 1908 oferecendo-se para ajudá-lo em seu empreendimento de pesquisa. Saussure respondeu instando o jovem a aproveitar ao máximo seu tempo em Göttingen, já que as semanas dedicadas em tal estudo "são de um valor inestimável para toda a vida: elas somam, acredite em mim, anos se mais tarde tivermos de os compensar. Eu, portanto, nunca seria de aconselhá-lo, sob qualquer pretexto, a interromper tal licença de estudo, se isso puder ser evitado".[107] Ele acrescentou: "se você ainda estiver disposto por volta do mês de agosto, terei grande prazer em trabalhar com você e não teremos falta de material".

Enquanto isso, Saussure deveria estar encerrando seu trabalho para os *Mélanges* planejados para homenagear Louis Havet. Sua intenção original era contribuir com um estudo dos saturninos, mas o assunto provou ser mais complexo e aberto do que inicialmente imaginado. Como o plano era apresentar os *Mélanges* a Havet em seu 60º aniversário, 6 de janeiro de 1909, Meillet, o editor, havia pedido aos contribuidores que lhe enviassem seus manuscritos um ano antes disso. Saussure escreveu a Meillet em 8 de janeiro de 1908 com desculpas, incluindo também vários parágrafos sobre anagramas.[108] Meillet, compreensivelmente, começou a entrar em pânico e apelou para o antigo medo de Saussure de ser derrotado na linha de chegada.

> Agora que o senhor tem a prova definitiva, parece-me urgente não atrasar a publicação de sua ideia. Se a coisa for indicada por alguém incapaz de ver as coisas em sua totalidade e sua lógica, tudo estará arruinado. É necessário, portanto, que o senhor emita a doutrina com suas evidências essenciais.[109]

Três dias depois, Meillet enviou um cartão-postal contendo uma descoberta confirmatória de sua autoria – um anagrama nas *Odes* de Horácio, "encontrado ao abrir o texto exatamente por acaso".[110]

Quando, em fevereiro, Saussure finalmente apresentou um artigo – bem a tempo de manter o projeto dentro do cronograma –, tratava-se de um assunto completamente diferente. Ele se sentiu obrigado a escrever a Madame Havet implorando-lhe que não imaginasse que seu atraso indicasse que o projeto não era de grande importância para ele, e sugeriu que ele e Marie planejavam comparecer à cerimônia de apresentação em 11 meses.[111]

O encorajamento de Meillet sobre a pesquisa de anagramas foi suficiente para Saussure prosseguir com seu plano de contratar Léopold Gautier como seu assistente de pesquisa em agosto.[112] Sua tarefa era empreender um "trabalho de controle", presumivelmente destinado a encontrar poemas latinos nos quais não apareciam anagramas plausíveis, ou localizar anagramas independentemente de Saussure, para mostrar que eles não eram apenas uma questão de leitura subjetiva de um homem.

O ensino de Saussure em 1907-1908 incluiu cursos com duração de dois semestres, como o de versificação francesa e gramática comparada do grego e do latim, que retomou depois de vários anos em que Bally o havia ministrado. O sânscrito era dividido em três horas semanais apenas no primeiro semestre, seguido por uma hora de interpretação de textos do alto-alemão antigo no segundo. O número de alunos estava aumentando, com oito em alto-alemão antigo – quatro deles austríacos – e quatro em sânscrito.[113] A gramática comparada teve sete alunos, entre eles Albert Riedlinger e André Oltramare, filho de Paul. As notas de Riedlinger para os cursos de 1907-1908 e 1908-1909 de gramática histórica do grego e do latim sobreviveram.[114] O curso anterior começou com uma aula sobre "história e gramática histórica" que mostra uma considerável sobreposição com o primeiro curso de linguística geral do semestre anterior. Saussure explica por que acredita que a "história gramatical" é preferível à "gramática histórica", sendo a "gramática comparada" ainda pior. Após essa introdução, Saussure se propôs a fazer "uma revisão sumária e sucinta dos fatos fonéticos mais antigos e importantes para uma e outra língua". Ele começou com as consoantes, dedicando muito tempo à "semiconsoante indo-europeia *n*" e às suas formas derivadas, seguidas pelas "velares guturais" em suas duas séries hipotéticas. Ele propôs tratar isso de uma maneira "mais viva", privilegiando a pesquisa de "um idioma indo-europeu refletindo o estado primitivo de uma maneira clara e descomplicada, um idioma que oferece as duas séries de forma muito distinta, sem exceção. [...] Portanto, vamos fazer um pouco de lituano".

A seção dedicada às consoantes continuou até o final do primeiro semestre, com a mudança para o sistema vocálico no início do segundo. Saussure anunciava que "[o] sistema vocálico servirá de ponte para a passagem à morfologia", mas ao final do curso a morfologia não havia sido alcançada, salvo algumas de suas implicações no sistema fonológico. Ao tratar da "apofonia" – o nome que Max Niedermann havia estabelecido no lugar de "*ablaut*", em que Saussure preferia "alternância" –, ele observou: "Essas modificações sempre ocorreram em relação ao acento. Foi apenas Louis Havet (*Mémoires de la Société de Linguistique* <VI p. 11 ss> e *De saturnio latinorum versu*) que realmente explorou essa delicada questão do acento". Isso foi o mais próximo que Saussure chegou de tocar no tema de sua própria pesquisa sobre os saturninos em seu trabalho.

Quando se tratava das vogais do indo-europeu primitivo, Saussure as apresentava, surpreendentemente, como *a* e *o*. Isso não é, estritamente falando, uma contradição em relação a seu *Mémoire*, em que há de fato um estágio de três vogais (a_1, a_2, ^{A}), mas ele condensou as coisas consideravelmente. Deixou claro que o *a* primitivo não deveria ser confundido com o *a* sânscrito, como fizeram gerações de linguistas antes da década de 1870, quando foi definitivamente estabelecido que "foi o sânscrito que mais se afastou do estado primitivo".[115]

O semestre de verão terminou na terça-feira, 7 de julho. Uma semana depois, parece ter sido uma completa surpresa para Saussure ver-se conduzido à sala do Sénat da Université, onde uma audiência de rostos familiares o esperava. Ele foi presenteado com seu *Festschrift*, os *Mélanges linguistiques offerts à M. Ferdinand de Saussure*, não em seu aniversário, mas ainda durante o ano em que completou 50 anos. Embora nenhum nome seja dado como editor, Meillet foi o principal impulsionador, auxiliado por seus ex-alunos Gauthiot e Alfred Ernout, e em Genebra por Bally, que também organizou a cerimônia de apresentação. Em seu discurso, Bally observou:

> Os cadernos de seus alunos formariam uma verdadeira biblioteca científica; eles bastariam para renovar nossas ideias e nossos métodos em um grande número de pontos, se o senhor não reservasse zelosamente os tesouros de sua mente para um pequeno círculo de iniciados. [...] Dar uma ideia do seu modo de exposição é algo impossível, porque é algo único: é uma imaginação científica, a mais fecunda que se possa sonhar, da qual explodem como feixes as ideias criativas; é um método ao mesmo tempo flexível e severo que, enquanto retém qualquer salto excessivamente vivo ao espírito, faz produzir com esforço o máximo; é também uma clareza de visão impressionante, que ilumina as questões mais obscuras; é, enfim, algo indefinível, um *je ne sais quoi* que revela a natureza de um artista e que consegue acrescentar um toque de beleza e de sóbria elegância à discussão dos mais árduos problemas.[116]

Em uma resenha dos *Mélanges Saussure* por Grammont – ele mesmo um dos colaboradores do volume –, encontramos a lenda de Saussure recontada tal como foi escrita pela primeira vez por Meillet, em 1903, com a frase *tout se tient*:

> Seu livro trouxe, por meio de uma inovação capital, um sistema coerente no qual todos os fatos conhecidos encontraram seu lugar e, ao lado deles, uma multidão

de outros que não haviam sido suspeitados anteriormente. Desde então, nunca foi permitido, em relação a qualquer questão, esquecer que cada língua forma um sistema no qual tudo se encaixa [*tout se tient*] e possui um plano geral de um rigor maravilhoso. O *Mémoire* marcou uma etapa decisiva e tornou-se o ponto de partida para todas as pesquisas posteriores.

Na Alemanha, à qual a gramática comparada ainda estava quase inteiramente confinada no momento em que esse livro apareceu, ele não foi geralmente compreendido pela geração que estava em seu período produtivo e, embora essa geração tenha sofrido mais ou menos inconscientemente sua influência, ele passou por ela quase em silêncio. A geração seguinte voltou ao estudo do vocalismo, mas, ao mesmo tempo em que tornou mais precisos alguns detalhes, apenas confirmou em geral a doutrina do Sr. De Saussure. A nova geração nunca ouviu falar dele e desconhece sua existência.

Na França, o Sr. De Saussure ensinou gramática comparada na École des Hautes-Études por dez anos (1881-1891). Seu ensino deu origem a uma verdadeira escola, a escola francesa de linguística, que se tornou conhecida sobretudo pela clareza de seus pontos de vista e pela segurança de seu método. Fora dessa escola, seu nome é desconhecido.[117]

Os representantes dessa "escola francesa" nos *Mélanges* incluíam, além de Meillet e do próprio Grammont, apenas outros dois ex-alunos de Saussure, Dottin e Muret. Os alunos de Meillet também estavam bem representados: Gauthiot, Ernout, Niedermann, Albert Cuny e Joseph Vendryès. Também houve seis colaboradores da Suíça: Bally e Sechehaye; Thurneysen, antigo colega de classe de Saussure em Leipzig, agora em Freiburg im Breisgau; seu respeitado ancião, Jacob Wackernagel, de Göttingen; Eduard Schwyzer, professor em Zurique, mais conhecido por seu trabalho sobre os antigos dialetos gregos; e Renward Brandstetter, professor em Lucerna, que poderia ter contribuído com algo de sua reconstrução em andamento do sistema vocálico proto-austronésio, mas em vez disso ofereceu um artigo sobre "expressões amorosas na poesia lírica malaia de Makassar", sugerindo uma consciência dos interesses poéticos de Saussure.[118]

Todos os relatos da cerimônia de apresentação mostram seus autores impressionados com a humildade, beirando o constrangimento, que Saussure sentiu.[119] Ele escreveu a Paul Boyer, que havia enviado suas desculpas: "Garanto-lhe que, se eu tivesse sido capaz de inspirar apenas no mínimo a direção que tantos espíritos notáveis seguiriam, ficaria extremamente orgulhoso. E mal tenho a sensação de ter feito o que precisava ser feito para esboçar um método".[120] Temos o suficiente de sua correspondência para saber por que ele se sentia assim.

Em sua mente, enquanto ouvia os elogios a ele concedidos, estavam as pilhas de manuscritos que desistira de concluir.

Aos 50 anos, seu vigor juvenil havia se esvaído. Sua saúde começou a piorar. Fantasmas estavam começando a assombrá-lo; em um P.S. a Boyer, ele escreveu: "Sua carta para Muret mencionou uma memória que permaneceu cara para mim, a de Georges Guieysse, um dos jovens mais promissores da linguística, e um daqueles em que pensei ao fazer a revista dos ausentes". Guieysse, pelo menos, permaneceria para sempre promissor e jovem. Quanto a Saussure, seus médicos haviam diagnosticado arteriosclerose, um endurecimento das artérias, para a qual não havia tratamento direto. As viagens aos banhos minerais no leste da Suíça trariam alguma melhora temporária à sua circulação, mas seu ensino e suas outras responsabilidades limitavam-nas a períodos de férias. Seu vigor mental não diminuiu, independentemente do que outros possam temer ao ouvir sobre a pesquisa do anagrama. Doravante, ele se concentraria em pelo menos concluir esse projeto e em repensar o curso de linguística geral, que deveria ministrar novamente no ano acadêmico de 1908-1909.

A celebração de julho, o volume *Mélanges* e as coisas ditas por Grammont e outros em suas resenhas deixaram claro para ele que a visão da linguagem que desenvolveu a partir do final da década de 1870 deu frutos no trabalho de seus alunos e dos alunos deles, mesmo que não tenha frutificado em seus próprios trabalhos. Isso lhe deu confiança suficiente para repensar o curso que estava prestes a ministrar, reformulando-o em torno de sua própria concepção de linguagem, em vez de simplesmente encaixar suas ideias na estrutura mais padrão que havia definido o curso da primeira vez.

Notas

1 Riedlinger anotou erroneamente a data de "16/1/1906", em vez de 1907.

2 Os três primeiros foram, respectivamente, Marie Wittman, A. Alexandroff e George Turner Ford.

3 As notas de Riedlinger foram publicadas por Komatsu, em *Ferdinand de Saussure, Cours de linguistique générale, premier et troisième cours d'après les notes de Riedlinger et Constantin* (Tóquio, Collection Recherches Université Gakushin, 1993), e republicadas por ele com uma tradução para o inglês de George Wolf em páginas opostas, como *F. de Saussure, Premier cours de linguistique générale (1907) d'après les cahiers d'Albert Riedlinger/Saussure's First Course of Lectures on General Linguistics (1907), from the notebooks of Albert Riedlinger* (Oxford, Pergamon, 1996). Algumas correções foram feitas entre as edições de 1993 e 1996, e alguns novos erros foram introduzidos. Os cadernos originais de Riedlinger foram doados por sua família à BGE em 1979 (FdS, Cours universitaire 761/I-III).

4 As notas de Louis Caille, que faria o curso de sânscrito de FdS no ano seguinte, existem e, embora não sejam tão completas quanto as de Riedlinger, às vezes ajudam a resolver ambiguidades no que Riedlinger registrou, além de dar uma segunda opinião sobre onde estava o foco para cada um dos pontos de que FdS tratava. Os cadernos de Caille não foram publicados na íntegra, mas todas as partes das notas de Riedlinger e Caille que encontram alguma reflexão no *Cours* publicado estão incluídas na edição de Engler.

5 Retrospectivamente, quando comparados os desenvolvimentos posteriores sobre a sincronia de FdS, este parece o menos interessante dos três cursos e o menos desenvolvido, uma espécie de aquecimento para os dois que se seguiram. Embora haja alguma verdade nisso, das 3.281 passagens publicadas no *Cours* (conforme numerado por Engler), nada menos que 742, ou 22,6%, vêm do primeiro curso.

6 Komatsu & Wolf, 1996, p. 1.

7 Em uma aula posterior, ele dirá que definir a linguagem ocuparia um curso inteiro (*Idem*, p. 27).

8 *Idem*, p. 2.

9 A partir da década de 1920, a fonética e a fonologia se desenvolveriam em direções opostas a essas. A fonética estaria mais envolvida com a mecânica física da produção e da percepção da fala, e a fonologia com os sistemas mentais por meio dos quais elas são processadas.

10 Komatsu & Wolf, 1996, p. 3.

11 *Idem*, p. 6.

12 *Idem*, pp. 10, 11.

13 *Idem*, p. 9.

14 *Idem*, p. 12.

15 BERGSON, H. "L'idée du néant". *Revue philosophique*, vol. 62, 1906, pp. 449-466. O livro completo apareceu em maio seguinte: *L'évolution créatrice* (Paris, Félix Alcan, 1907). A notoriedade do livro, com sua ideia central amplamente influente de um *élan* vital, fez com que muitos retomassem os trabalhos anteriores de Bergson, incluindo seu primeiro livro, *Essai sur les données immédiates de la conscience* [*Ensaio sobre os dados imediatos da consciência*] (Paris, Félix Alcan, 1889). A obra inclui um capítulo sobre "tempo homogêneo e duração concreta", que parece se encaixar nas questões que FdS está considerando; por exemplo: "A duração toda pura é a forma que assume a sucessão de nossos estados conscientes quando nosso eu [*moi*] se deixa viver, quando se abstém de estabelecer uma separação entre o estado atual e os estados anteriores" (BERGSON, H. *Œuvres*. Ed. André Robinet. Paris, Presses Universitaires de France, 1959, p. 67).

16 Ver: Bergson, 1959, p. 1141, nota à p. 32, I. 17.

17 Bergson também apresentou um artigo no Congresso Internacional de Filosofia de setembro de 1904, realizado na Université de Genève, na seção organizada por Claparède, que editou os anais publicados. Nesse mesmo ano, Bergson sucedeu Tarde na cadeira de filosofia moderna do Collège de France. Quando consideramos a conferência que René dS daria sobre "Le temps en général et le temps bergsonien en particulier" [O tempo em geral e o tempo bergsoniano em particular] no 9º encontro dos Philosophes de la Suisse Romande em 1914, em que Flournoy e Claparède publicaram o texto em seus *Archives de Psychologie*, torna-se difícil imaginar que as ideias de Bergson não tenham sido comentadas no meio de FdS.

18 Komatsu & Wolf, 1996, p. 13.

19 Revisitando mais adiante esse ponto, FdS esclarecerá que, com a análise de uma consoante dupla, passamos do abstrato ao concreto, porque "chegamos aos verdadeiros segmentos de tempo usados na fala e agora podemos reuni-los em cadeias faladas" (Komatsu & Wolf, 1996, p. 22).

20 Komatsu & Wolf, 1996, p. 15.

21 Ver: JOSEPH, J. E. "The Genesis of Jakobson's 'Six Lectures on Sound and Meaning'". *Historiographia Linguistica*, vol. 16, 1989, pp. 415-420.

22 Komatsu & Wolf, 1996, p. 16.

23 *Idem*, pp. 18-19.

24 *Idem*, pp. 20-21. Os livros aos quais FdS se refere são o de Henry Sweet, *A Handbook of Phonetics* (Oxford, Clarendon Press, 1877), que é citado três vezes em seu longo manuscrito sobre fonética do início da década de 1880 (FdS. *Phonétique: Il manoscritto di Harvard Houghton Library bMS Fr 266 (8)*. Padova, Unipress, 1995 (pp. 97, 102, 160)), e *The Science of Speech* (Washington, Volta Bureau, 1897), de Alexander Melville Bell, pai de Alexander Graham Bell, e não de fato inglês, mas escocês.

25 Komatsu & Wolf, 1996, p. 23.

26 *Idem*, p. 27.

27 *Idem*, pp. 27-28.

28 GAMBARARA, D. "La bibliothèque de Ferdinand de Saussure". *Genava*, n.s. 20, 1972, pp. 319-368 (p. 343).

29 Isso fica claro em um comentário em Komatsu & Wolf (1996, pp. 28-29).

30 *Idem*, p. 28; ver também p. 31.

31 *Idem*, p. 35.

32 *Idem*, p. 29.

33 LINDA, M. "Kommentiertes Verzeichnis der Vorlesungen F. de Saussures an der Universität Genf (1891-1913)". *Cahiers FdS*, vol. 49, 1995/1996, pp. 65-84 (p. 81, nota de rodapé).

34 Linda observa que a inscrição do curso no registro oficial da universidade foi riscada à mão.

35 AdS 366, ff. 232-233 (1º de fevereiro de 1908).

36 Meta dS para FdS, 20 de março [1907 ou 1908], em Ms. Fr. 3957/2, ff. 34-35. O ano foi deduzido do conteúdo.

37 BSLP, vol.14 (1906-1907), n. 55 (1907), pp. ccxxiv-ccxxxi.

38 Sua sobrinha-bisneta Christine Cruse seria a primeira esposa de Thierry dS, neto de René.

39 Como Riedlinger não datou suas notas, não podemos dizer exatamente a data. No entanto, na página 37 de Komatsu e Wolf (1996), FdS observa: "Mas o tempo nos falta", sugerindo que o final do primeiro semestre estava próximo. Logo depois vem o que parece ser um comentário inserido no início do segundo semestre sobre o último exemplo dado na aula anterior.

40 Komatsu & Wolf, 1996, pp. 38-39.

41 *Idem*, p. 41 (citando MEILLET, A. *Introduction à l'étude comparative des langues indo-européennes*. Paris, Hachette, 1903, pp. 6 e ss., 15 e ss.).

42 Komatsu & Wolf, 1996, p. 41.

43 *Idem*, p. 55.

44 A seção a seguir tem algumas características incomuns, que podem ser devidas à lacuna de várias páginas (pp. 55-62, em Komatsu & Wolf, 1996) que ocorre nesse ponto nas notas de Riedlinger e que ele preencheu tomando emprestadas as notas taquigráficas de Caille.

45 Os sons *r* e *z* são acusticamente próximos e têm um histórico de substituição de um pelo outro em palavras em vários idiomas, inclusive no francês.

46 Komatsu & Wolf, 1996, pp. 56-57.

47 ELG, p. 140.

48 Komatsu & Wolf, 1996, p. 64.

49 Sechehaye, C.-A. *Programme et méthodes de la linguistique théorique: Psychologie du langage*. Paris/Leipzig/Genève, Honoré Champion/Otto Harrassowitz/A. Eggimann, 1908 (pp. 187--188).

50 Komatsu & Wolf, 1996, p. 63. Nesse ponto, as anotações do próprio Riedlinger foram retomadas.

51 *Idem*, pp. 64-65.

52 *Idem, ibidem*. FdS não estabelece de maneira clara uma distinção entre semiconsciente, inconsciente, subconsciente ou mesmo consciente. Ver mais em: JOSEPH, J. E. "The Unconscious and the Social in Saussure". *Historiographia Linguistica*, vol. 27, 2000, pp. 307-334.

53 Komatsu & Wolf, 1996, p. 65.

54 *Idem, ibidem*.

55 Ele observa entre parênteses que a linguagem como um fenômeno humano geral "é social, é verdade, mas para muitos fatos é mais conveniente encontrá-la no indivíduo".

56 Komatsu & Wolf, 1996, p. 66.

57 Em um artigo ainda controverso, "Quelques remarques sur les rapports de la sociologie et la linguistique: Durkheim et F. de Saussure" (*Journal of Psychology*, vol. 30, 1944, pp. 82-91), Witold Doroszewski identificou Durkheim e Tarde como as fontes das concepções de *langue* e *parole* de FdS, respectivamente. Depois, Doroszewski afirma ter ouvido de Louis Caille que FdS havia acompanhado o debate Durkheim-Tarde com profundo interesse. E. F. K. Koerner, em *Ferdinand de Saussure: Origin and Development of his Linguistic Thought in Western Studies of Language: A Contribution to the History and Theory of Linguistics* (Braunschweig, Vieweg, 1973 (p. 60)), é extremamente cético em relação às opiniões de Doroszewski, uma vez que FdS em nenhum lugar cita Durkheim ou Tarde pelo nome. Entre os discípulos de Tarde estava Le Bon e, portanto, indiretamente, Léopold dS. Ver também: Bierbach, C. *Sprache als 'Fait social': Die linguistische Theorie F. de Saussures und ihr Verhältnis zu den positivistischen Sozialwissenschaften*. Tübingen, Niemeyer, 1978.

58 É muito fácil inventar ou inflar tais influências, da mesma forma que também é fácil ignorá-las completamente. O desafio é pesar as evidências com um olhar cético, mas não desdenhoso, e, nos estudos saussurianos, tais olhos têm sido raros.

59 Komatsu & Wolf, 1996, pp. 65-66.

60 *Idem, ibidem*.

61 ELG, p. 140.

62 Claparède, É. "Le langage". *L'association des idées*. Paris, Octave Doin, 1903 (pp. 340-344).

63 Komatsu & Wolf, 1996, p. 66.

64 *Idem*, p. 68. Quando FdS diz que "a língua aprecia" algum aspecto de si mesma, ele lembra sua afirmação anterior de que a analogia "não tem consciência" da história de uma forma particular. O relaxamento de seu rigor terminológico sugere que ele se sente confortável e seguro o suficiente nesse ponto do curso para não temer que seus alunos o interpretem literalmente.

65 *Idem*, p. 70. Aqui, novamente, FdS sente-se livre para personificar a linguagem como algo que não apenas "percebe", mas "está consciente de" algo.

66 *Idem*, pp. 86-96, com numerosos exemplos de aglutinação dados na página 94.

67 *Idem*, p. 90.

68 *Idem*, p. 95.

69 *Idem*, p. 92. Comentários ainda mais fortes nesse sentido são feitos na página 93.

70 *Idem*, p. 97.

71 *Idem*, p. 99.

72 *Idem*, p. 101.

73 Mais uma vez, FdS dedica uma quantidade surpreendente de tempo de aula a exemplos de um fenômeno que considera "patológico" (*Idem*, p. 101, para "patológico", e p. 102 para a discussão completa).

74 Essa pesquisa, que cobriu a família de oeste a leste, ocupou quase 14 páginas do caderno de Riedlinger. Bally e Sechehaye decidiram não a incluir no CLG. Citando seu precedente, essas páginas também foram omitidas por Komatsu e Wolf (1996, p. xi), os quais alegaram que "era claramente uma apresentação de livro didático e não imediatamente relevante para o assunto que FdS estava discutindo (como Bally e Sechehaye sugerem, *Cours*, p. 7)". A omissão ocorre na página 107 de Komatsu e Wolf (1996).

75 Ele também pretendia fazer "uma classificação geral das línguas", mas isso, diz ele, exigiria lidar primeiro com a linguística estática (Komatsu & Wolf, 1996, p. 105).

76 *Idem*, p. 102.

77 *Idem*, p. 105.

78 *Idem*, p. 116.

79 *Idem*, pp. 123-124.

80 A data é fornecida corretamente por Godel (*Les sources manuscrites du Cours de Linguistique Générale de F. de Saussure*. Genève, Droz, 1957) e por Komatsu (1993, p. 3), mas é transcrita erroneamente como 31 de julho por Komatsu (1993, p. 176), e esse erro é transferido para a obra de Komatsu e Wolf (1996, p. 125).

81 Ernest Naville, o pai de Adrien, tornou-se um proeminente apoiador, defendendo o esperanto na Academia Francesa de Ciências Morais e Políticas, em 1899. Ver: Guérard, A. L. *A Short History of the International Language Movement*. London, T. Fisher Unwin, 1922 (p. 116).

82 Schuchardt, H. *Auf Anlaß des Volapüks*. Berlin, Oppenheim, 1888. Schuchardt publicou um segundo livro sobre o assunto, *Weltsprache und Weltsprachen: an Gustav Meyer* (Straßburg, Trübner, 1894), em resposta às críticas feitas por Meyer em *Essays und Studien zur Sprachgeschichte und Volkskunde* (vol. 2. Straßburg, Trübner, 1893).

83 Regnaud, P. *Les conditions d'établissement d'une langue internationale, à propos de l'Esperanto*. Paris, Le Soudier, 1901; BRÉAL, M. "Le choix d'une langue internationale". *Revue de Paris*, 15 de julho de 1901. A descrição do "condomínio" é de Guérard (1922, p. 213).

84 Outro membro, o químico vencedor do Prêmio Nobel Wilhelm Ostwald, tinha interesses abrangentes, e uma série de conferências que publicou em 1908 incluía uma sobre linguagem, na qual dizia: "*Cada língua é um sistema de signos*" (Ostwald, W. "Die Sprache". Conferência Nove de *Energetische Grundlagen der Kulturwissenschaft*. Leipzig, Klinkhardt, 1908, pp. 123--136 (p. 126, itálico no original)).

85 Citado por Guérard, 1922, p. 148.

86 Ele substituiu Edmond Privat, que renunciou após ter organizado e dirigido com sucesso o congresso internacional (*Journal de Genève*, 23 de setembro de 1906, p. 2).

87 *Le Figaro*, 1º de outubro de 1906, resumido em: "Le Comte d'Haussonville contre l'Espéranto". *Journal de Genève*, 3 de outubro de 1906, p. 2.

88 René dS. "Pour l'Espéranto". *Journal de Genève*, 10 de outubro de 1906, p. 1.

89 Clark, W. J. *International Language: Past, Present and Future, with specimens of Esperanto and grammar*. London, J. M. Dent & Co., 1907 (pp. 111-112).

90 René dS. "La monnaie internationale". *Revue suisse de numismatique*, vol. 18, 1912, pp. 306-314 (pp. 307-308).

91 *Idem*, pp. 306-307.

92 BGE Ms. fr. 3954, ff. 82-85; essa citação em particular é de f. 84 *verso*.

93 O primeiro desses artigos foi "L'astronomie chinoise dans l'antiquité" (*Revue générale des sciences*, 28 de fevereiro de 1907). Outros apareceram no *Archives des sciences physiques et naturelles*, *Journal asiatique*, *New China Review* e *T'oung Pao*. Uma bibliografia de seus textos foi publicada por Paul Pelliot em *T'oung Pao*, vol. 24, 1926, pp. 298-300, reproduzida com acréscimos em: Raymond dS. "Léopold de Saussure (1866-1925)". *Isis*, vol. 27, 1937, pp. 286-305 (pp. 294-7).

94 Léopold dS. "Le texte astronomique du Yao-Tien". *T'oung Pao*, 2ª série, vol. 8, 1907, pp. 301-390 (p. 301).

95 William Dwight Whitney, "On the Lunar Zodiac of India, Arabia, and China", capítulo 12 de seu *Oriental and Linguistic Studies* (2ª série. New York, Scribner, Armstrong & Co., 1874 (pp. 341-421)).

96 Léopold dS. *Origines de l'astronomie chinoise*. Paris, Maisonneuve, 1930 (p. 134). Esse volume foi uma coleção póstuma de seus artigos sobre o assunto para *T'oung Pao*. Sobre os detalhes de sua análise, ver: Gleadow, R. *The Origin of the Zodiac*. London, Jonathan Cape, 1968 (p. 92).

97 Franke, O. "Die religionswissenschaftliche Literatur über China seit 1909". *Archiv für Religionswissenschaft*. Leipzig/Berlin, 1915; cópia em AdS 396/5.

98 Editor fundador da proeminente revista *Isis*, Sarton viu o sentido abrangente das visões de Léopold para a compreensão da história cultural global e queria levá-las a um público mais amplo. Sua correspondência com Léopold, mantida na Houghton Library, Harvard University, Ferdinand de Saussure Linguistic Papers (bMS Am 1803, fr 1280), foi publicada como um apêndice de Raymond dS, "Léopold de Saussure".

99 Houghton Library, Harvard University, Ferdinand de Saussure Linguistic Papers (bMS Fr 266), Caixa 6, ff. 48-75. Uma parte substancial desse material foi publicada por Hermann Parret, em "Les manuscrits saussuriens de Harvard" (*Cahiers FdS*, vol. 47, 1993, pp. 179-234). A resenha publicada está na página 1 do *Journal de Genève*, 29 de julho de 1907.

100 Não estava alinhada a nenhuma religião convencional, mas proclamava seu apego a um conjunto de princípios universais que Blavatsky afirmava estarem na raiz de todas as religiões e que encontraram sua expressão mais direta nos escritos dos antigos hindus. Periódicos teosóficos podem ter tido algo a ver com as declarações sânscritas de Élise Müller e certamente foram responsáveis pelo intenso interesse que despertaram em Genebra e ao redor do mundo.

101 BSLP, vol. 14, 1907, pp. ccxii-xiii.

102 FdS para Antoine Meillet, 23 de setembro de 1907 (em: BENVENISTE, É. "Lettres de Ferdinand de Saussure à Antoine Meillet". *Cahiers FdS*, vol. 21, 1964, pp. 89-135 (pp. 108-115)).

103 FdS para Antoine Meillet, 18 de dezembro de 1907 (em Benveniste, 1964, p. 117).

104 *Revue celtique*, vol. 28, 1907, pp. 340 e ss.; FdS. Recueil des publications scientifiques de Ferdinand de Saussure. Ed. Charles Bally e Léopold Gautier. Genève/Lausanne/Heidelberg, Sonor/Payot/C. Winter, 1922 (p. 607).

105 Os *Festschriften* ainda são hoje a principal marca de estima acadêmica, embora tendam agora a chegar aos 60 ou 70 anos.

106 Lucien Gautier para Léopold Gautier, 4 de dezembro de 1907, em Ms. fr. 1599/4, f. 24 (cópia datilografada).

107 FdS, Vufflens, para Léopold Gautier, 30 de janeiro de 1908, em BGE Ms. fr. 1599/1, ff. 1-2.

108 FdS para Antoine Meillet, 8 de janeiro de 1908 (em Benveniste, 1964, pp. 117-119).

109 Antoine Meillet para FdS, 7 de fevereiro [1908]. BGE Ms. fr. 3957/3 (em: Starobinski, J. *As palavras sob as palavras: os anagramas de Ferdinand de Saussure*. São Paulo, Cultrix, 1974 (p.

112, nota)). O ano é estabelecido por uma referência na carta a André Pirro, *Esthétique de Bach* (Paris, Félix Alcan, 1907).

110 Antoine Meillet para FdS, 10 de fevereiro de 1908, BGE Ms. fr. 3957/3 (em Starobinski, 1974, p. 113).

111 FdS para *Mme.* Havet, 4 de fevereiro de 1908 (em: REDARD, G. "Ferdinand de Saussure et Louis Havet". BSLP, vol. 71, 1976, pp. 313-349 (pp. 340-341)).

112 Ver: FdS, Vufflens, para Léopold Gautier, 28 de agosto de 1908 (em BGE Ms. fr. 1599/1, ff. 5-6; e Starobinski, 1974, p. 95).

113 A classe de sânscrito incluía Louis Caille, o escocês George Turner Ford e um romeno chamado Fourem, que se inscreveu sozinho em todas as ofertas de FdS naquele ano.

114 BGE Ms. fr. Cours universitaire 824 (1986/15). O curso de 1907-1908, discutido neste capítulo, ocupa dois cadernos.

115 Ele dá crédito a Karl Verner, "quem primeiro teve essa ideia", em "Eine Ausnahme der ersten Lautverschiebung" (*Zeitschrift für vergleichende Sprachforschung (Kuhns Zeitschrift)*, vol. 23, 1875, pp. 97-138).

116 Bally, C. "Maître et disciples". *Journal de Genève*, 18 de julho de 1908.

117 Maurice Grammont, resenha de *Mélanges linguistiques offerts à M. Ferdinand de Saussure* (*Revue des langues romanes*, n. 55, 1912, pp. 387-389 (p. 387)). Tendo sido aluno de FdS, Grammont deveria ter se lembrado de que não ensinou gramática comparada durante esses dez anos.

118 Formado como indo-europeísta, Brandstetter fez seu doutorado em Berna em suíço-alemão, estabelecendo a primeira "lei" sobre o acento tônico nessa língua (Wolfgang Marshall, "Renward Brandstetter", *Historisches Lexikon der Schweiz*). A partir de 1891, ele voltou sua atenção para o leste, tornando-se uma figura fundadora da linguística comparada austronésia.

119 MURET, E. "Ferdinand de Saussure". *Journal de Genève*, 26 de fevereiro de 1913, pp. 1-2; reimpresso em: Marie dS. (org.). *Ferdinand de Saussure (1857-1913)*. Genève, Imprimerie W. Kündig, 1915, pp. 41-48 (p. 47); Benveniste, 1964, p. 91; DÉCIMO, M. "De quelques candidatures et affinités électives de 1904 à 1908, à travers un fragment de correspond: le fonds Michel Bréal (Lettres d'O. Jespersen, A. Bach, V. Henry, G. Maspéro, A. Meillet, F. de Saussure et Ch. Bally)". *Cahiers FdS*, vol. 47, 1993, pp. 37-60 (p. 53); Bally, 1908.

120 FdS, Vufflens, para Paul Boyer, Paris, 25 de julho de 1908 (em: DÉCIMO, M. "Saussure à Paris". *Cahiers FdS*, vol. 48, 1994, pp. 75-90 (pp. 88-89)).

PARTE V

Última florada

17

1908-1909

O segundo curso de linguística geral

Pouco antes do início do semestre de inverno, em novembro de 1908, Saussure passou por Paris "por algumas horas, muito apressadamente", provavelmente voltando para casa depois de uma visita a Albertine, na Inglaterra.[1] Ele deveria estar de volta a Genebra na quinta-feira, 12 de novembro, para o início de seu segundo curso de linguística geral,[2] dessa vez em dois semestres completos e com um público maior. Dezesseis nomes são registrados por Léopold Gautier, ele mesmo um membro da classe.[3] Riedlinger estava de volta e, novamente, foi sobretudo de suas anotações que Bally e Sechehaye obtiveram material para o curso publicado, além das anotações de quatro outros alunos também consultadas.[4] Nesse primeiro semestre, Saussure ministrou também cursos de sânscrito, interpretação de textos do alto-alemão antigo e do alto-alemão médio, e versificação do francês.

Em sua aula de 12 de novembro, Saussure não tentou, como no primeiro curso, definir a linguística. Em vez disso, começou chamando atenção de seus alunos para a complexidade da linguagem e alguns dos paradoxos que ela incorpora. Pode-se pensar que é simples de compreender, porque está tão perto de nós, mas

> [...] [h]á aqui uma ilusão. A língua oferece os contrastes, os paradoxos mais perturbadores para aqueles que querem apreendê-la de um lado ou de outro. Existe algo mais arbitrário do que as palavras de uma língua? "*Fuir*" [fugir] <poderia> da mesma forma <significar> seguir em frente. A escolha é arbitrária, mas a menor modificação na pronúncia de "*fuir*" pode mudar seu sentido a ponto de torná-lo <in>inteligível. [...] Então <essa escolha arbitrária> parece ser o que há de mais fixo. E, apesar dessa fixidez <até o mais ínfimo detalhe>, não entendemos a língua de alguns séculos atrás.[5]

O trecho faz ecoar os paradoxos levantados na seção "linguística propriamente dita" do primeiro curso, em que o uso de "antinomia" por Saussure sugere uma afinidade com Henry.

Saussure introduz a dualidade perpétua da linguagem, explorada nos manuscritos de "Sobre a essência dupla" anos antes: "O som vocal é uma palavra apenas na medida exata, constante em que um sentido se liga a ele". O "sentido" é "uma unidade complexa mental e psicológica". E aponta para outra dualidade:

> <para> um só <a língua> seria inútil <: a língua é feita para se comunicar com seus semelhantes> Enfim, é apenas através da vida social que a língua recebe sua consagração.
>
> Na língua há, então, sempre um lado duplo que se corresponde. Ela é:
>
> *social*
> ———
> *individual*

Essa reflexão leva diretamente à distinção de *langue* dos termos *langage* e *parole*, introduzida logo no início do curso, diferentemente do ocorrido no ano anterior. Saussure continua a associar a linguagem ao indivíduo, ao passo que a língua é o que é compartilhado. Mas ele agora especifica que a linguagem como "língua considerada no indivíduo" não é senão "uma potência, uma faculdade, a organização pronta para falar". A língua é "um conjunto de convenções necessárias adotadas pelo corpo social para permitir o uso da faculdade da linguagem nos indivíduos". É "uma <coisa> eminentemente social; nenhum fato existe linguisticamente até o momento em que se torna fato de todos, seja qual for seu ponto de partida". Mais uma vez, sua proposta remete à visão de Whitney da língua como uma instituição, com a qual concorda em termos, pois se distancia da proposta whitneiana de que "é uma instituição que por acaso tomou como meio de expressão os órgãos vocais".

O primeiro curso considerou a díade *langue/langage* separadamente de *langue/parole*, deixando claro como as duas se encaixam. O segundo curso as une, definindo *parole* como "o ato de um indivíduo realizar sua faculdade por meio da convenção social que é a língua". Com efeito, o que Saussure nomeia de *langage* é a faculdade *universal* da linguagem humana; uma *langue* é um sistema *socialmente* compartilhado de signos como o português; e a *parole* é o que você ou eu falamos ou compreendemos como *indivíduos*. A *parole* tem ainda uma dimensão social, mas fornecida pela língua que é posta em funcionamento: "Na fala há uma ideia <de> realização do que é permitido pela convenção social".

À medida que a *parole* se torna a esfera do individual, o interesse de Saussure pelo psicológico parece diminuir. A discussão da analogia é condensada, e a teorização mentalista quase eliminada.[6] A analogia era importante em 1907, por ser o ponto focal da psicologia da linguagem para os neogramáticos. Isso agora ficou em segundo plano, uma vez que a agenda sociológica sincrônica veio à tona. O primeiro curso coincidiu com a publicação de livros com "psicologia linguística" e "psicologia da linguagem" em seus títulos, notadamente do linguista holandês Jacobus van Ginneken, e de Sechehaye, que dedicou seus *Programme et méthodes de la linguistique théorique: Psychologie du langage* a Saussure, dizendo que foi inspirado por seus ensinamentos e seu encorajamento constante, e reconhecendo sua ajuda na revisão do manuscrito.[7] Em uma resenha de Meillet sobre os dois livros, a crítica foi dura: "o Sr. Sechehaye se apega à teoria pura, seu único objetivo é o de mapear uma linguística teórica, ressaltando as relações com a psicologia geral. [...] Basta, portanto, mencionar essas duas obras em que a sociologia não está diretamente implicada".[8]

Na verdade, está longe de ser óbvio que o livro de Sechehaye seja desprovido de sociologia. Baseado inteiramente em uma dicotomia entre psicologia "individual" e "coletiva", a obra parece lidar com a questão fundamental que a sociologia tenta responder. Entretanto, a crítica de Meillet apareceu em *L'année sociologique*, o jornal de Durkheim. Para os durkheimianos, não passava de pura heresia tardeana a distinção de Sechehaye entre "elementos gramaticais" que se ligam à psicologia coletiva e "elementos extragramaticais" que "não estão sujeitos a nenhuma regra convencional, mas dependem diretamente da atividade psicofisiológica do falante"[9] e que, portanto, devem ser explicados por leis da "psicologia fisiológica simples ou individual".[10]

O primeiro curso de Saussure incluía uma passagem sobre analogia (citada no capítulo anterior) retirada diretamente do livro de Sechehaye,[11] seguida de outra em que a divisão do individual e do social é considerada em linhas fundamentalmente compatíveis com as do colega.[12] A mudança de ênfase entre o primeiro e o segundo cursos de uma perspectiva psicológica para uma compreensão de que a linguagem é "algo eminentemente social" reflete o impacto de Meillet, que escreveu:

> A linguagem é, portanto, eminentemente um fato social. Com efeito, ela entra exatamente na definição proposta por Durkheim: uma língua existe independentemente de cada um dos indivíduos que a falam e, embora não tenha nenhuma

> realidade fora da soma de indivíduos que a falam, ela é, no entanto, além de sua generalidade, exterior a cada um deles. A prova disso é que não depende de nenhum deles para mudar e que todo desvio individual de uso provoca uma reação; essa reação tem como sanção mais frequente o ridículo a que ela expõe o homem que não fala como todo mundo; mas, nos Estados civilizados modernos, ela vai até excluir dos empregos públicos, por exames, aqueles que não sabem se conformar ao bom uso admitido pelo grupo social dado. Assim, os traços de exterioridade ao indivíduo e de coerção, pelos quais Durkheim define o fato social, revelam-se na linguagem até o último detalhe.[13]

Algo muito parecido com a ideia durkheimiana de "coerção" aparecerá no segundo curso como o "caráter imperativo" das leis linguísticas, incluindo uma menção a "sanções". Saussure nunca adota completamente a perspectiva durkheimiana, mas a ideia de que a língua escapa à mudança voluntária de falantes individuais será cada vez mais central em sua concepção do sistema linguageiro.

A aula passa em seguida para a questão da diversidade. "O francês está longe de ser um", diz Saussure, "mas está subdividido em uma infinidade de dialetos <locais>". Essa falta de unidade é, diz ele, produto do tempo. Ele não aborda o que isso implica para a definição de *langue*, apenas enfatiza que "a língua tem então a ver com o tempo [...]. <Quando uma regra é formulada, os dois pontos de vista são constantemente fundidos.> Distinguir, portanto, as leis <dinâmicas> que progridem no tempo de outras que são estáticas".[14] Perto do final do primeiro curso, Saussure propôs que a linguística estática forneceria o assunto para um curso inteiro. Mesmo que o segundo curso não lhe seja inteiramente dedicado, ela também não será negligenciada.

Semiologia

A abertura do primeiro curso centrou-se em pressupostos feitos sobre a linguagem fora da linguística. Essa abordagem é muito reduzida no segundo curso. Saussure reconhece que muitas ciências além da gramática e da filologia podem reivindicar a linguagem como seu objeto, nomeando a psicologia, a fisiologia e a antropologia, mas não a sociologia. O essencial é que "acima de tudo a língua é um sistema de signos". Ele esboça a ainda inexistente ciência dos signos – a semiologia – muito nos termos que Naville relatou em sua *Classification des sciences*, de 1901. Esta será, diz Saussure a seus alunos,

> [...] mais ampla que a linguística (sistemas de signos: marítimo, dos cegos, dos surdos-mudos e, finalmente, <o mais importante:> a própria escrita!). Mas é preciso dizer desde já que a língua ocupará o compartimento principal dessa ciência; <será seu padrão geral>. Mas isso será por acaso; teoricamente será apenas um caso particular.

Ao citar a escrita como "um sistema de signos semelhante ao da língua", ele elenca suas principais características:

1. o signo escrito é arbitrário;
2. é puramente negativo e diferencial;
3. os valores agem apenas como grandezas opostas <em um sistema definido> [...] <há um limite no número de valores>; e
4. indiferença total do meio de produção do signo [...] que eu escreva em branco, preto, gravado, em relevo etc., <isso é indiferente>.

Saussure diz que 2 e 3 são consequências necessárias de 1. Não está claro por que deveria ser assim. Pode-se dizer, raciocinando de outra forma, que 1 é uma consequência necessária de 2 e atribuir 3 aos limites da memória humana.

Se algumas pontas foram deixadas soltas nessa aula, o público ficou deslumbrado demais para perceber. Eles tinham acabado de ouvir Ferdinand de Saussure apresentar a essência do que seria a linguística do século XX, de uma forma mais focada e menos confusa do que jamais fizera. Era o tipo de apresentação que fracassou em colocar no papel durante toda a sua vida adulta. O primeiro curso ficou tão amarrado a preconcepções do que deveria ser ensinado simplesmente porque era ensinado em outros lugares que, no final, o que importava para ele pessoalmente foi deixado de lado. Saussure continuou insatisfeito após a abertura do segundo curso, sendo incapaz de corresponder às suas próprias expectativas. Mas ele havia feito história, e continuaria a fazê-lo nas aulas que se seguiram, mesmo que nenhuma delas se igualasse à espetacular explosão de brilhantismo de 12 de novembro de 1908.

Ao retornar à questão da arbitrariedade em 16 de novembro, Saussure observa que um sistema de escrita, como uma língua, está além do poder da comunidade para modificá-lo ou impedi-lo de evoluir, embora isso não seja verdade para todos os signos convencionais: o sistema de sinais marítimos pode ser alterado por um ministro de Estado. Ele cita o livro de Naville, acrescentando que "cabe a nós determinar o que, nos diferentes sistemas semiológicos, faz da língua um sistema à parte. Mas deve-se notar mais uma vez que, se podemos classificar a língua, se pela primeira vez ela não parece ter caído do céu, é porque a <vinculamos> à semiologia".

Ele acredita que a semiologia "verá seu domínio se expandir cada vez mais", até incluir, por exemplo, gestos de polidez, que não são arbitrários como os signos linguísticos. Cita também casos como "<o chinês que se prostra nove vezes diante de seu imperador chegando a tocar no chão!> eles deixarão para trás esse caráter arbitrário para se aproximar do símbolo".

Ele expande seu terceiro ponto na lista acima, sobre valores sendo grandezas, tamanhos ou graus:

> Todas as grandezas dependem umas das outras [...]. Da mesma forma os sinônimos *craindre*, *redouter* [temer] existem apenas um ao lado do outro: *craindre* será enriquecido com todo o conteúdo de *redouter* no momento em que *redouter* deixar de existir. O mesmo aconteceria com *chien* [cachorro], *loup* [lobo], ainda que sejam considerados como signos isolados.

O verbo *craindre* evoca a emoção do medo mais fortemente do que *redouter*, que se concentra na expectativa racional de que algo ruim acontecerá. O verbo inglês *fear* tem "todo o conteúdo" de ambos os verbos franceses, porque carece da distinção que dá a cada um seu valor. Da mesma forma, não é evidente que cães e lobos pertençam a espécies separadas; há maior semelhança entre um lobo e um pastor alemão do que entre um pastor e um chihuahua, e a categoria de "cachorro" poderia muito bem incluir todos os três se "lobo" não existisse.

Trata-se aqui de uma questão de "convenção" ou "contrato" ou "acordo" social, mas chamá-la assim é sucumbir à tentação de tomar

> [...] a língua como uma legislação à maneira dos filósofos do século XVIII, como dependente de nossa vontade. [...] O momento em que o acordo sobre os signos é feito não existe realmente, é apenas ideal [...]. O contrato primitivo se confunde com o que <se> passa a cada dia na língua, <com as condições permanentes da língua:> se você aumenta a língua em um signo, diminui a significação dos outros na mesma proporção.

Isso, aponta Saussure, é verdade mesmo no caso do esperanto. Na transmissão, um sistema linguístico, como qualquer sistema de signos, "se altera em seu material [...], o que altera a relação do signo com o pensamento". Portanto, a origem da língua é irrelevante para seu estado em qualquer ponto no tempo.

Ao encerrar essa aula com uma definição do signo linguístico, ele introduz uma de suas metáforas mais memoráveis. O signo:

> <não a série de sílabas, mas> ser duplo, constituído por uma série de sílabas na medida em que uma significação particular está ligada a ela; o signo é duplo:
>
> $$\frac{\textit{significação}}{\textit{sílabas}}$$
>
> [...] Essa correspondência poderia ser representada pela seguinte comparação: não se pode cortar a frente de uma folha de papel e não o verso. Somente por abstração um pode ser tomado sem o outro.

A existência da "frente" e do "verso" de uma folha de papel é puramente conceitual, portanto, abstrata. O ato de cortar mostra que, fisicamente, tudo o que existe é a folha. Saussure tratará consistentemente os signos linguísticos da mesma maneira: a realidade concreta é o signo como conjunção do que ele chama aqui de "significação" e "sílabas". Quando falamos de qualquer um deles separadamente, entramos no reino da abstração – um lugar perigoso de estar, porque nada controla ou limita inerentemente o que o linguista é capaz de imaginar. Somente o concreto ancora nossas análises à verdade.

Unidades e valores

Em 23 de novembro, Saussure retomou o estudo do sistema semiológico, composto de unidades de várias ordens, cuja natureza real é a de serem valores.[15] O signo é incorpóreo: nenhum dos elementos imediatamente apreensíveis, a substância fônica ou a ideia, é suficiente para fixar ou definir seu valor. Ele compara o signo linguístico com a unidade social de valor mais óbvia: o dinheiro.

> Outros valores devem ser comparados; <seria um erro grosseiro crer que> a matéria que compõe uma moeda é o que fixa o valor: muitas coisas adicionais <o determinam> (por exemplo o écu [escudo] tem o valor 1/4 de 20 francos, o metal 1/8, <ou mesmo com uma efígie diferente, será totalmente inútil>! De um lado da fronteira vale tanto, do outro, tanto!)

É precisamente nessa época que a proposta de René da unidade monetária esperantista internacional "fictícia", o *spesmilo*, discutida no capítulo anterior, ganhava cada vez mais atenção. No congresso da Associação Francesa para o Avanço das Ciências em Reims, em agosto de 1907, a seção de economia política havia recomendado sua adoção, e a associação como um todo concordou em endossá-la. Levaria até meados da década de 1960 para o mundo se ajustar totalmente a uma compreensão do dinheiro como algo diferente de medidas padrão de metais preciosos. Mesmo o *spesmilo* baseava-se na concepção antiga, porque, na visão de René, "o meio mais prático é estabelecer uma relação *fixa* entre o *spesmilo* e uma unidade monetária muito estável, por exemplo, a libra esterlina ouro".[16]

Considerar a libra esterlina ouro o padrão internacional levantaria claramente uma questão de identidade nacional. René pode ter enfraquecido involuntariamente o apoio internacional ao *spesmilo* com essa proposta, sob a qual o *spesmilo* perderia sua arbitrariedade e se tornaria uma espécie de código para libras esterlinas. A discussão desses assuntos entre Ferdinand e René, nesse período em que ambos trabalhavam na Université, pode ter algum reflexo nas observações de Ferdinand sobre valor, dinheiro e economia política no segundo e terceiro cursos.

A aula relativamente curta de 26 de novembro concentrou-se em unidades e identidades, com dois exemplos específicos: *cheval* [cavalo] e seu plural *chevaux* [cavalos]; e *mois* [mês] e seu plural *mois* [meses]. Qual é, pergunta Saussure, a unidade básica que dá identidade a *cheval* /šœval/ e *chevaux* /šœvo/? Tudo o que eles têm em comum é /šoev/, que em si não significa "cavalo" ou qualquer outra coisa. Com o segundo exemplo, dizemos que existe uma única unidade *mois* /mwa/ que significa tanto "mês" quanto "meses", ou duas unidades? Dado que o plural (mas não o singular) torna-se /mwaz/ quando a próxima palavra começa com uma vogal (*deux mois_encore*), dizemos que existe uma unidade /mwaz/ da qual o /z/ é normalmente excluído?[17] E como a unidade *mois* /mwa/ "mês" se relaciona com *moi* /mwa/ "eu"? Para Saussure, essas questões serão respondidas de forma diferente dependendo do ponto de vista adotado, o que depende do propósito da análise.

> Na maioria dos domínios que são objeto de uma ciência, essa pergunta nem precisa ser feita: essas unidades são todas dadas. Em zoologia ou botânica, a unidade do indivíduo, <animal ou planta>, oferece-se imediatamente, assegurada como base <desde o primeiro instante.> [...] a língua nos impressiona <– pois essa é sua primeira característica –> por não apresentar unidade concreta <*prima facie*,> e sem que possamos renunciar à ideia de que elas existem, e que é seu jogo que faz a língua.[18]

Saussure levanta a questão de saber se a própria palavra é necessária como unidade de análise. Ele conclui que sim, o que não é surpreendente, dado o valor que sempre atribuiu ao que é psicologicamente real para os falantes.

> Há um ponto de vista que diz: as unidades concretas são somente as frases, <nós falamos apenas em frases,> somos nós que então procuramos as palavras <por abstração.> Mas isso nos leva mais longe. Se tomarmos a massa de frases que são pronunciadas, sua <grande> característica é não se assemelharem em nada entre si, não oferecerem um núcleo comum que possa ser objeto de estudo. [...] Na frase tudo é diversidade, e, se alguém quiser encontrar algo em comum, chega-se à palavra, que não estava sendo buscada diretamente!

Na segunda metade do século XX, Saussure seria acusado de ignorar a centralidade da sintaxe na estrutura de uma língua. Na verdade, ele terá muito a dizer sobre sintaxe mais adiante neste curso e no seguinte; mas, enquanto isso, a linguística voltou a aceitar as palavras como unidades básicas da língua.

Em 30 de novembro, Saussure apresentou sua aula como um apêndice à questão das unidades. Do lado material do signo linguístico, o essencial é o caráter linear da matéria fônica, a "cadeia falada", que limita as possibilidades de combinação: "A matéria fônica estará sempre no mesmo sentido e não admite a <simultaneidade> de dois signos". Assim, "não se pode ter simultaneamente uma vogal acentuada e uma vogal átona". Isso torna os signos vocais semelhantes aos musicais, mas diferentes dos visuais, em que "uma multiplicidade simultânea de signos" é possível, assim como "todas as direções e combinações".

A natureza linear do signo vocal implica que "o lado material <do signo> é um lado amorfo, <que não tem forma em si mesmo.> Eis uma das <causas> que torna difícil encontrar onde estão as unidades". Tomados isoladamente, o pensamento e a matéria fônica são caóticos, mas sua combinação instancia divisões e, portanto, análise e ordem. Saussure faz uma comparação de como as ondas – uma sucessão de unidades – são formadas pelo contato do ar e da água, cada uma delas sendo uma massa amorfa antes de seu contato. Aí reside "o terreno da linguística", diz Saussure, trazendo as metáforas do lago para a margem. É o terreno das "articulações, isto é, dos '*articuli*', pequenos membros nos quais o pensamento toma consciência <(valor? B.)> através de um som".[19] Considerar apenas o som não é fazer linguística, mas fonética; considerar apenas o pensamento não é linguística, mas psicologia.

Saussure retorna à questão das identidades, ao perguntar sobre a "identidade de '*messieurs*' e '*messieurs*'!". Ou seja, quando uma palavra é repetida, podemos de fato identificá-la como "a mesma palavra" ocorrendo em dois atos sucessivos? "<Deve-se referir a um vínculo qualquer. O que é isso?>", ele pergunta. Sua resposta envolve outra de suas impressionantes metáforas.

> Trata-se mais ou menos da mesma identidade quando falo da identidade do trem expresso das 12h50 e das 5h para Nápoles. Pode parecer paradoxal: material fônico diferente! Mas em *Messieurs* pronunciado duas vezes é a mesma coisa: <Tive que renovar a matéria!>. Portanto, não é uma identidade qualquer que se tem à mão. Exemplo diferente: uma rua é recapeada, é a mesma rua! Essa identidade é do mesmo tipo que a identidade linguística. Essa questão – em que se baseia a identidade – é a mais séria, porque se resume inteiramente à questão da unidade.

Ele perceberá, posteriormente, que a metáfora do trem é mais complexa do que parece à primeira vista. Não apenas os trens são designados de forma diferente, mas fisicamente eles nunca são compostos do mesmo motor e dos mesmos vagões. Ele voltará a isso no devido tempo. A relevância da reconstrução da rua torna-se evidente quando se olha para as datas dos edifícios em Genebra hoje. Entre os anos de 1907 e 1912, no centro da cidade, além da sacrossanta Cidade Alta, as paisagens urbanas que Saussure conhecera durante toda a sua vida desapareceram e foram substituídas por novos edifícios, enquanto a própria rua, embora alargada e endireitada, manteve seu antigo nome. "No exemplo da rua, pode-se perguntar de que tipo é essa unidade: veremos que é puramente negativa ou opositiva". A rua continua a ser "a mesma" apenas porque continua a ser uma rua diferente das outras ao seu redor.

"Essa questão das identidades acaba <sendo> a mesma das realidades linguísticas." A língua, diz Saussure, está cheia de "realidades enganosas", porque "um certo número de linguistas criou fantasmas e se apegou a eles". Enfatizando que é difícil decidir "onde estão os fantasmas, onde está a realidade", ele cita o exemplo das partes do discurso. Em francês, *bon marché* (literalmente "bom mercado") significa "barato" e é usado para modificar substantivos: *ces gants sont bon marché* [essas luvas são baratas]. Funcionalmente, então, *bon marché* é um adjetivo. Formalmente, entretanto, não se comporta como um. Os adjetivos franceses concordam em número e gênero com o substantivo que modificam, enquanto *bon marché* é invariável. Então, pergunta Saussure, "bon marché é um adjetivo?". Responder "não" é ser vítima do fantasma do que costumava ser *bon marché*. Sua função atual revela como os falantes o concebem, ou melhor, como o sentem. E é isso que é real, como explicará em sua aula seguinte, no dia 3 de dezembro:

> <A todo momento se fala do perigo das abstrações. Para compreender o que é, é necessário um critério. Esse critério está na consciência de cada um.> O que está no sentimento dos sujeitos falantes, o que é sentido um grau qualquer, é a significação, e pode-se dizer então que a concretude real, nada fácil de apreender na língua = o que é sentido, o que por sua vez = o que é significativo em algum grau.

No primeiro curso, o critério de concretude estava vinculado à realização de uma unidade em um "segmento de tempo". Também no segundo curso, toda a questão surge na esteira do ponto de vista de que a natureza linear da matéria fônica exige a segmentação do sentido linguístico em unidades. Tal segmentação é uma via de mão dupla: "O que é significativo se traduz por uma delimitação de unidade, que é criada pela significação e não existe antes dela: <não são as unidades que ficam esperando receber uma significação>". Entretanto, Saussure não relaciona mais a consciência dos falantes ao tempo; ao colocar o foco no "sentimento", ele desloca a concretude da ação, o domínio da fala, para uma dimensão psicológica que, ele admite, "não é tão fácil de apreender".

Nesse ponto, Saussure sinaliza uma ruptura, marcada por Gautier como o início da "Segunda Parte" do curso: "Divisão da linguística em externa e interna". Para Saussure, nada disso pertencia à linguística propriamente dita,[20] mas reconhecia as objeções à separação entre externo e interno que estavam no cerne do manifesto recentemente publicado para a nova revista *Wörter und Sachen* [Palavras e coisas],[21] em que "foi apontado <o quanto a gramática de uma língua depende dessas causas externas (assim como uma planta pode ser alterada internamente através de fatores externos: terreno, clima)>".

A formação de línguas literárias também é uma questão externa "enorme". A língua literária constitui uma anomalia a certos olhares; entretanto, ela apresenta um desenvolvimento "normal" ao lado dos dialetos locais. Saussure aqui enfrenta um dilema: a maioria dos textos que chegaram até nós desde os tempos antigos são literários. Determinar o que é "anormal" na língua literária requer uma compreensão de fatores externos tanto quanto internos, o que sugere que os dois modos de estudo sejam indissociáveis. E, no entanto, está claro para ele que a linguística real se restringe àquele estudo interno do sistema no qual, como disse Meillet, *tout se tient*.

A aula de segunda-feira, 7 de dezembro, deu continuidade à anterior, com o novo argumento de que a divisão interno-externo é metodologicamente necessária. A linguística interna exige uma sistematicidade que a perspectiva externa não admite. Ele lembra a metáfora do xadrez, em que o valor das peças, os movimentos que elas podem realizar, é inseparável do sistema que é o próprio jogo. A "passagem do jogo da Pérsia para a Europa é externa; [...] se as peças são de marfim ou madeira, isso é indiferente ao sistema, portanto, exterior; se uma peça extra ou uma linha de casas for adicionada, isso é importante para o sistema interno". Tal reflexão o leva a uma definição do interno como "o que é suscetível a mudar os valores em algum grau".

Riedlinger insere aqui uma nota: "Para simplificar, o Sr. De Saussure não faz nenhuma distinção fundamental entre <estas cinco coisas>: um valor, uma identidade, uma unidade, uma realidade (no sentido linguístico, realidade linguística) e um elemento concreto linguístico". Essa é uma visão impressionante. Ainda hoje, a maioria das pessoas assumiria que um "valor" é um elemento abstrato e que a concretude reside no som ou no significado. Para ilustrar a identidade desses conceitos, Saussure pergunta se o cavalo é um "elemento concreto" no xadrez. Novamente, a resposta da maioria das pessoas seria que uma determinada figura de cavalo, que pode ser segurada na mão, é "concreta", enquanto o cavalo como uma série de movimentos potenciais no jogo é "abstrato". Mas a resposta de Saussure é exatamente oposta a essa.

> [...] tomado apenas em sua materialidade, fora de sua casa <e outras circunstâncias>, ele representa algo para a matéria universal, mas absolutamente nada para o jogo de xadrez; o que é concreto será o cavalo revestido de seu valor, fazendo um com ele. Ele tem uma identidade? Totalmente, na medida em que ele terá um valor. <Nota-se não apenas que todos os outros cavalos, mas que> mesmo as peças que não têm nenhuma semelhança com o cavalo, desde que difiram de todas as outras, serão declaradas idênticas para o jogo de xadrez, desde que tenham o mesmo valor. O que mostra [...] o vínculo entre identidade e unidade, sendo uma a base da outra. <É a mesma coisa, colocado numa esfera sistemática, falar de realidade ou valor, mas também de identidade e valor, e vice-versa.>

Retornando à linguagem, ele insiste que não devemos "tomar as sílabas como realidades", sendo as sílabas os sons articulados que podem ser ouvidos. "Já é algo a adicionar-lhes a significação", diz ele, "mas insuficiente". O sentido é notoriamente ambíguo: de um lado, *ovelha* é um animal particular que se pode ver e tocar; mas, no que diz respeito ao sistema linguístico, tudo o que importa é o conceito desse animal em oposição, por exemplo, a *cabra*. A oposição entre eles dá a cada termo seu valor, e "[o] valor não é a significação. O valor é dado por outros dados, [...] pela situação recíproca das peças na língua

[...]. O próprio valor é que fará a delimitação; a unidade não é delimitada fundamentalmente, e é isso que é peculiar à língua".[22]

Linguística diacrônica, (idio)sincrônica e pancrônica

Ainda na aula do dia 7, Saussure volta à distinção de diacrônico e sincrônico introduzida no primeiro curso. Ele dá um exemplo mostrando os paradoxos e as tensões que podem surgir entre os dois tipos de identidades: o *pas* [não] de *je ne sais pas* [eu não sei] não tem valor sincronicamente idêntico ao da palavra *pas* [passo] no *pas de deux* [passo a dois] do balé, apesar de sua identidade fonológica. Diacronicamente há identidade de valor entre eles: o *pas* da negação francesa originalmente ocorria em frases como *je ne vais pas* [eu não vou dar um passo], em que *pas* simplesmente intensificava a negação de *ne*. Não é que uma perspectiva esteja certa e a outra errada. Cada uma delas é correta, embora as respostas que dão sejam contraditórias. As dimensões sincrônica e diacrônica devem ser consideradas separadamente, cada uma em seus próprios termos.

Ao voltar a essa questão em 10 de dezembro, Saussure tentou maior precisão. O termo *sincrônico* significando "o que pertence a um instante determinado da língua" é "um pouco impreciso. Parece pressupor que tudo o que é simultâneo constitui uma mesma ordem".[23] Ele propõe, então, adicionar mais um neologismo, *idiossincrônico*, em que o *idio-* acrescenta a especificação "na ordem especial correspondente a uma língua determinada". Isso não se aplica à perspectiva diacrônica, porque "os termos reunidos em uma visão diacrônica não se enquadram na mesma língua". Saussure não se debruça sobre o último ponto aqui, mas este passará a fazer parte de sua doutrina central: a mudança não pode acontecer dentro de uma língua; qualquer mudança afeta o sistema como um todo, resultando em uma nova língua.

Ele se volta para a sintaxe para mostrar como tal mudança sistêmica não precisa envolver nenhuma mudança fonológica. O grego *katabainō oreos* [eu desço a montanha] era originalmente *oreos* [da montanha] *bainō* [eu vim] – havendo, é claro, apenas uma maneira de vir de uma montanha, ou seja, descendo. Em seguida, *kata* [para baixo] foi adicionado "para nuances". Mas "em um segundo momento" *kata* assumiu o papel principal de sinalizar "para baixo", enquanto a "grande força significativa" que estava ligada à desinência de caso *-os* de *oreos* é enfraquecida, para se tornar simplesmente a desinência que a preposição "comanda" ou "governa". Finalmente, chegamos ao estágio de *ka-*

tabainō oreos, em que *kata* se funde com o verbo e continua a governar o caso do substantivo objeto. Nem um único som foi alterado; os fenômenos diacrônicos envolvidos são todos "deslocamentos".[24]

Tendo buscado durante toda a sua vida adulta resolver essas questões, e encontrando-se, a cada passo, atrapalhado pela terminologia existente, Saussure não hesita em se valer de uma série de neologismos. Ele abandonou o termo "história", porque é "muito vago": inclui a perspectiva estática ou (idio) sincrônica situada no passado, bem como a diacrônica que atravessa períodos de tempo de maneira "cinemática" ou "evolutiva". Ele está experimentando todos esses termos e rapidamente dispensa o termo "evolutivo", porque também "ainda não é preciso o suficiente, não coloca em oposição o suficiente os dois sistemas de forças".

Ao mesmo tempo em que enfatiza a necessidade de opor as forças estáticas e diacrônicas "muito nitidamente", ele se pergunta se "essas duas ordens esgotam os pontos de vista da língua" ou se não há também uma perspectiva pancrônica. Isso poderia se aplicar, diz ele, a "generalizações", como sons vocais considerados puramente como substância fônica, independentemente de seu papel em qualquer língua específica; ou ainda a mudança fonológica considerada como um fenômeno geral que sempre ocorreu e sempre ocorrerá em oposição a qualquer mudança fonológica particular, de ordem diacrônica. Essa concepção, no entanto, significaria que os sons vocais como substância fônica não seriam "linguísticos", nem a mudança fonológica um fato linguístico, apenas uma generalização sobre o comportamento humano. Saussure conclui, então: "Se falamos de fatos concretos, não há um ponto de vista pancrônico. É justamente isso que vai marcar o que é linguístico e o que não é, ou seja, o que pode ser considerado pancronicamente". Somente aquilo ao qual um valor pode ser atribuído é linguístico, e esse valor deve ser sincrônico ou diacrônico. Os termos "idiossincrônico" e "pancrônico" não tornarão a aparecer.

As três últimas aulas de dezembro ilustram os pontos teóricos sobre as perspectivas sincrônica e diacrônica. Nenhuma grande ideia nova é introduzida. Ele adverte novamente que "uma armadilha contínua é produzida entre o sincrônico e o diacrônico. [...] esses fenômenos encontram-se em estreita dependência e, por outro lado, são completamente independentes".[25] Ele novamente invoca a palavra "antinomias". Nas três décadas anteriores, seu fracasso em resolver tais antinomias o deixou paralisado. Agora, tendo passado dos 50, ele era maduro o suficiente para aceitar que eram verdadeiros paradoxos que nunca resolveria, mas que ainda poderia esclarecer. A "estreita dependência" entre o sincrônico e o diacrônico desmente qualquer afirmação de que Saussure pedia que a investigação diacrônica fosse abandonada ou marginalizada. Quando em 17 de dezembro observou que "a única maneira de compreender o que há em uma língua em um determinado momento é fazer tábula rasa do passado!", ele completou: "nada é mais importante do que conhecer a gênese do que existe dentro de uma época". O sincrônico considerado separadamente do diacrônico é puramente uma abstração, e vice-versa, assim como os lados fônico e conceitual do signo linguístico.

Ele reitera que, do ponto de vista sincrônico, *tout est rapport* [tudo é relação]. Não há diferença real entre fenômenos e unidades: "toda unidade <linguística> representa uma relação, <todo fenômeno também> [...]. Ou então falemos de diferenças: tudo é apenas diferença usada como oposição, e a oposição dá o valor". O mesmo para a diacronia, "haverá todo tipo de questões sobre unidades" e "nenhuma distinção essencial entre o que é um fenômeno e a classificação das unidades".

Em uma passagem que deu origem a muita especulação sobre sua leitura para além da linguística, Saussure afirma que a divisão sincronia-diacronia provavelmente pertence "a todas as ciências que se preocupam com o valor [...]. Portanto, a história econômica deve ser distinguida da economia política. As obras <recentes> com orientação científica nesse domínio acentuam essa distinção". Não há outra evidência de seu interesse pela economia política, exceto na qualidade de bibliotecário da Faculdade de Letras e Ciências Sociais, onde a seção de *économie politique* estava alocada. Pode ser que, durante o ano em que fez cursos promiscuamente como aluno da Université em 1875-1876, ele tenha frequentado o curso de economia política de Dameth, descrito no capítulo 5.

Saussure deixa claro que qualquer analogia entre linguística e economia é apenas parcial, porque, "quanto mais os valores formam um sistema fechado, mais essa necessidade cresce", e

> [...] nenhum sistema é tão fechado quanto a língua: fechado = precisão de valores (a menor nuance muda as palavras), multiplicidade dos tipos de valor, multiplicidade imensa de termos, de unidades <em funcionamento no sistema,> recíproca e estrita dependência das unidades entre elas: tudo é sintático na língua, tudo é um sistema.

Somente fatos sincrônicos formam o sistema, diz Saussure; os fatos diacrônicos o modificam a cada momento, mas "não estão ligados entre si, <não formam sistema entre si> = somente soma de fatos particulares".

Em sua última aula de 1908, em 21 de dezembro, Saussure volta-se para a questão das "leis" linguísticas. Para ilustrar uma lei sincrônica, ele toma como exemplo a ordem da sentença em francês, em que "o complemento <direto> não deve preceder o verbo" (a menos que seja um pronome), e, para uma lei fonológica, o exemplo é o caso do francês antigo *teste* e *paste*, que no século XIII tornou-se *tête* e *pâte* [cabeça e massa] (com a mesma mudança afetando todas as palavras contendo *-st-*). Essas são realmente "leis"? Ele inicia sua resposta observando que

> [...] o termo lei remete a duas ideias:
> 1. a da regularidade <ou ordem> por um lado, e
> 2. a de seu caráter imperativo, de uma necessidade imperativa.

O exemplo sincrônico, acredita ele, oferece "uma regularidade, uma ordem, mas há apenas isso [...]. Não há caráter imperativo. Ela tem um caráter imperativo no sentido de que os indivíduos não podem dela se afastar, mas perante a comunidade é absolutamente precária, nada garante a sua estabilidade". Com a lei fonética, por outro lado, "não se pode desconhecer a força imperativa da lei. Vemos, com efeito, que ela tem uma sanção que resulta do <evento>." Mais uma vez, essa combinação de coerção e sanção é a marca registrada da explicação de Durkheim sobre o social.[26]

No final da aula, ele passa para a questão do que constitui uma unidade em morfologia, concentrando-se na palavra grega *phylanx* (a unidade militar) e como ela se relaciona com suas várias formas de caso. Ele observa que "a gramática se ocupa com as funções dessas formas, enquanto a morfologia estabelece seus estados. <A morfologia nos diz que o genitivo de *phylanx* é *phylakos*, e a gramática nos diz quando é usado>". Ele adverte, entretanto, que *phylakos* "em si não é absolutamente nada, existe apenas por sua oposição a *phylaki*, *phylaka*", outras formas de caso. Ele se refere novamente à metáfora da folha de papel para explicar a inseparabilidade dos aspectos formal e funcional da oposição, concluindo que o "estudo das formas e das funções é a mesma coisa. Não será tão fácil estabelecer compartimentos".

Por que, então, a preocupação com a compartimentalização da gramática, por um lado, e o estudo linguístico da morfologia, por outro? Para entender isso, será útil dar um passo atrás e examinar a resenha em quatro partes dos *Mélanges Saussure* que começou a aparecer no *Journal de Genève* em 16 de novembro de 1908, na qual a distinção entre gramática e linguística ocupava o centro das atenções.[27]

Viagem a Paris

Ocupando a maior parte da primeira página do jornal, a resenha de Havet começava lembrando como ele havia apresentado o *Mémoire* de Saussure na mesma publicação quase 30 anos antes. Agora, o renome de Havet ia muito além de seu campo de especialização, por ter sido o grande defensor de Dreyfus, e por ter se tornado um "Membre de l'Institut", uma distinção imediatamente inferior à da Académie Française.

Ao examinar as contribuições para os *Mélanges* uma a uma, ele fica desapontado com o fato de Wackernagel tocar apenas casualmente na sintaxe, seu assunto especial, e de as outras contribuições nada dizerem sobre o tema – assim como, diz Havet, o *Mémoire* de Saussure, que também a deixou de lado.[28] Isso desencadeia uma discussão sobre como a sintaxe deveria ser obra não de linguistas, mas de gramáticos: "A gramática, como todos sabem, é filha da Grécia; a linguística é filha da Índia, assim como seu instrumento favorito, a fonética de precisão". Embora essas duas vias para a linguagem tenham se fundido na primeira metade do século XIX, a divisão metodológica entre elas deveria refletir "um dualismo da própria linguagem". Ele faz à primeira vista o que parece ser uma afirmação profundamente saussuriana – "A linguagem é, de fato, dupla" –, mas claramente sua duplicidade não é a de Saussure: "Existe a língua falada e existe a língua escrita".

Ele continua dizendo: "A língua escrita é individual e não nacional. [...] nunca se chega a nada além de estudar as latinidades do indivíduo [...] isto porque não há língua escrita das massas". A língua falada é, ao contrário, "popular, coletiva, anônima". Os gramáticos têm o escrito, os linguistas o falado, com seus respectivos domínios. A sintaxe, para Havet, significa implicitamente sintaxe notável, ordem das palavras que se desvia dos padrões usuais da fala cotidiana, e esse é o fator-chave para identificar o estilo de escrita de um indivíduo. Portanto, a sintaxe é o domínio por excelência do gramático, que tem de trabalhar também com os materiais "descosidos" da morfologia, e da estilística, que lida com "uma sintaxe mais elevada, mais refinada, mais psicológica". A fonologia e a etimologia são domínios do linguista. A longa discussão inclui uma alusão à "força vital" bergsoniana da linguagem, que é "o dom que as crianças, os ignorantes e os instintivos têm de inventar combinações de elementos", antes de concluir: "É por isso que a sintaxe está ausente, ou melhor, banida, dos *Mélanges de Linguistique*".

Saussure escreveu para agradecer a Havet no dia em que a resenha apareceu, com uma carta mais longa enviada no dia 17, na qual ele relatou suas memórias daquela primeira resenha de 30 anos antes.

> Lembro-me de fato como se fosse ontem. Eu estava em Berlim, mais do que ansioso em meu quarto de estudante com o resultado que meu presunçoso empreendimento teria: o livro estava lançado havia dois meses, e eu esperava o colapso à primeira resenha que se ocupasse do ensaio; eu havia me endurecido antecipadamente para o pior. É por isso que a impressão que tive ao ler seu artigo de 25 de fevereiro de 1879 tornou-se para mim uma impressão indelével: era a certeza, pela primeira vez tangível, e que todo trabalhador deseja, de não ter trabalhado em vão.[29]

Saussure continua abordando, breve e diplomaticamente, o foco da nova crítica de Havet, sugerindo de modo sutil, mas inequívoco, que eles não concordam.

> Tenho me interessado muito [...] pelo paralelismo e pela oposição que você estabelece entre língua escrita – gramática – sintaxe e por outro lado: língua falada – linguística fonética. Se não me engano, uma ideia mais ou menos vizinha da sua seria encontrada naqueles aos quais eu mesmo me conduzi, e que me levou a professar a respeito da língua, mas infelizmente sem que eu pudesse ver se a coincidência é tão perfeita quanto eu gostaria que fosse [...].

Dois dias depois de escrever sua crítica, Saussure recebeu uma carta da Sra. Havet, renovando seu convite a Ferdinand e Marie para que fossem a Paris em janeiro para a apresentação do *Festschrift* de Havet. Ele não respondeu até 1º de dezembro, na esperança de que Marie, doente, apesar de sua saúde geralmente frágil, pudesse acompanhá-lo. Infelizmente, ela permaneceu em repouso sob ordens do médico, e ele, então, teve que dizer à Sra. Havet: "nós dois lamentamos muito não poder ter essa curta estadia juntos em Paris".[30]

A resenha de Havet dos *Mélanges Saussure* foi concluída em 23 de novembro. Após um resumo do artigo de Meillet, que elogiou por seu uso brilhante e preciso da metodologia linguística, Havet escreveu algumas linhas que merecem ser lembradas.

> O método é tudo em linguística.
> A linguística, com efeito, é uma crítica aplicada aos dados (os materiais, os simples materiais que toda língua fornece). Ora, a crítica, como disse há muito tempo em

> meu artigo sobre o Sr. De Saussure, nada mais é do que um bom andaime de hipóteses. A solidez vem exclusivamente do método, sem o qual o andaime seria um castelo de cartas.
> [...] A questão do método cuidadoso é, nos *Mélanges Saussure*, o traço marcante.[31]

Saussure certamente ficou aliviado que os últimos fascículos de Havet não adotaram as visões equivocadas apresentadas no primeiro, de modo que qualquer preocupação sobre um possível constrangimento em seu próximo encontro poderia ser deixada de lado.

A cerimônia surpresa de apresentação dos *Mélanges Havet* ocorreu no escritório de Havet em 6 de janeiro, data do seu aniversário de 60 anos. De acordo com um relatório, foi "o famoso F. de Saussure" quem apresentou os *Mélanges* a Havet, embora Meillet afirmasse que ele mesmo o havia feito.[32] A apresentação do livro foi seguida de uma *soirée intime* oferecida pela Sra. Havet.

O artigo de Saussure para os *Mélanges Havet* foi "Sobre os compostos latinos do tipo *agricola*". Essas palavras são masculinas, mas pertencem à primeira declinação, composta comumente de substantivos femininos. Saussure rejeitou a ideia predominante de que todos eles derivam de substantivos originalmente abstratos, de modo que *agricola* tivesse o sentido de "agricultura" antes de ter o de "agricultor".

A suposição forçaria a imaginar ao mesmo tempo que *agricola* em seu sentido desviado foi transmitido sem dificuldade, mas que a mesma formação vívida foi morta em todas as representações que teriam mantido algo de seu sentido direto. Uma chance muito improvável.

Sua explicação alternativa era que o *-a* final desses substantivos é de fato um reflexo da vogal primitiva ^{A} (aqui chamada de *ö*) hipotetizada em seu *Mémoire*. Outra descoberta significativa do *Mémoire* também está implicada, ou seja, as raízes dissilábicas, cuja importância a resenha de Havet do *Mémoire* foi única em apreciar. Seguindo o exemplo de todos os linguistas que trataram suas inovações como propriedade comum, Saussure não cita seu próprio trabalho anterior, de fato plagiando a si mesmo. Detalhe picante: Brugmann é um dos linguistas citados no artigo, por apoiar a teoria de que substantivos como *agricola* possuíam em sua origem um sentido abstrato.

O tempo de Saussure em Paris em janeiro de 1909 foi necessariamente breve, pois as aulas estavam recomeçando na Université de Genève. É provável que ele e Meillet tenham aproveitado a oportunidade para discutir a direção tomada por Saussure em sua pesquisa sobre anagramas, que ganharia um novo e definitivo impulso na primavera.

Sintagmas e associações

O segundo curso de linguística geral recomeçou na segunda-feira, 11 de janeiro de 1909, com Saussure retomando de onde havia parado três semanas antes. Nas quatro aulas seguintes, ele revisou os principais pontos já apresentados, acrescentando apenas uma ideia principal. A aula de 11 de janeiro voltou à questão das unidades determinadas pela forma e pela função, concluindo: "Tudo retorna às diferenças, tudo retorna aos agrupamentos".[33] Ele acrescenta que se deve "estabelecer uma distinção fundamental" entre os dois sentidos da palavra ambígua *agrupamentos*: um é o de "unidades de associação", por exemplo aquele que liga *contre* [contra] a *contraire* [contrário], *rencontrer* [encontrar] etc., que Saussure chama de "grupos no sentido de famílias", descrevendo-os como "o tesouro interno que equivale ao gabinete da memória", o "armazém". O outro sentido é o de "unidades discursivas", como *contre-marche* [contramarcha], descrito como "grupos no sentido de sintagmas", parte da "cadeia falada", portanto não "puramente mental" como são os grupos associativos.

Isso se aproxima da diferenciação feita no primeiro curso entre a "ordem" que as unidades linguísticas assumem na fala e os "agrupamentos" existentes na esfera da língua – mas com a mudança essencial de que aqui ele não está alinhando essa distinção com a língua e a fala. Em vez disso, as unidades associativas e discursivas fazem parte da *langue*, embora a associativa seja mais puramente mental, enquanto a discursiva se relacione mais diretamente com a realização da língua na fala.

Saussure retoma a observação feita no primeiro curso sobre sempre haver um elemento constante no grupo associativo, como *contr-* no exemplo acima, e um elemento variável (*-e*, *-aire*, *ren-er*). Assim que esses elementos se combinam em uma ordem particular – primeiro para formar uma palavra, depois novamente para formar uma frase –, eles entram no reino sintagmático, discursivo. Um sintagma, ao contrário, envolve sempre uma ordem, uma sequência linear. Todos os valores resultam desse duplo agrupamento, analítico e sintagmático, seja qual for o tamanho: a frase *Que vous dit-il?* [O que ele te disse?] é um sintagma, assim como as palavras *contraire* e *rencontrer* são sintagmas. E *Que vous dit-il?* faz parte de um grupo associativo que inclui *Que nous dit-il?* [O que ele nos disse?], *Que vous dit-elle?* [O que ela te disse?], e assim por diante.

Os agrupamentos sintagmáticos e associativos aplicam-se também ao nível do som individual: "<O valor possível de *m* resultará por um lado> da oposição que é interior com todo tipo de elemento da mesma ordem [...] mas há outra maneira de valor, que é ter valor sintagmaticamente", que diz respeito à posição em que exatamente um *m* pode ocorrer e ocorre em uma palavra específica em uma língua específica. Saussure dá o exemplo do latim *anima* [mente, alma], que se tornou *anma* no latim tardio falado – mas *nm* não era uma unidade sintagmática possível para sons no galo-romance ou no ibero-romance. Como resultado, a palavra espanhola é *alma*, com o *n* dissimilado para *l*, e a francesa é *âme*. Ele conclui:

> São essas duas oposições perpétuas: por sintagmas e por tudo que difere, o que não trazemos, mas poderíamos trazer para o discurso; é sobre essas duas oposições, modos de ser vizinho <ou diferente de alguma coisa> que repousa o mecanismo de um estado de língua.

A aula de 14 de janeiro observa que "a sintagmática não precisa se preocupar particularmente com a sintaxe", mas "os fatos da sintaxe recaem sobre a sintagmática", uma vez que "sempre ocorrem entre duas unidades no mínimo". Saussure é inflexível: "A ideia de que pode haver uma sintaxe incorpórea fora dessas unidades materiais que podem ser distribuídas no espaço é uma ideia falsa". Ele dá o exemplo do inglês *the man I have seen* [o homem que eu vi], em que em outras línguas indo-europeias deve-se utilizar o pronome relativo *that* [que], *the man* ***that*** *I have seen* (*l'homme que j'ai vu / o homem que eu vi*). Sem o pronome relativo, **l'homme j'ai vu* [*o homem eu vi] é impossível em francês. Ele reconhece a tentação de supor que um *que* é elidido, não expresso. Mas como então os falantes de inglês poderiam entendê-lo? O fato de compreenderem significa que não falta nada: temos que assumir um grupo associativo para sintagmas desse tipo que inclua tanto *that* quanto (zero). Esse zero é um *termo real*, um elemento do sistema tão real e concreto quanto *that*.

Saussure traz à tona o "imenso" fenômeno da analogia, que está ligado à associação e aos sintagmas e ocupa "um ponto muito delicado na distinção entre sincrônico e diacrônico". A analogia ocorre apenas "através das forças sincrônicas no sistema". O depósito de elementos associados fornece as quartas proporcionais por meio das quais as analogias são feitas. *Aimer* [amar], *aimable* [amável] e *entamer* [começar] dão origem a uma palavra, *entamable* [começável], que talvez nunca tenha sido produzida antes, e é "uma palavra <nova> que é necessária". Assim, "<a consciência interior,> o sentimento da língua extrairá isso dela: posso substituir *-er* por *-able*. <Há um elemento que faço variar>".

Saussure tira uma conclusão provisória que lembra a tentativa de Havet de dividir gramática e linguística.

> Tudo o que há no sincrônico de uma língua, inclusive a analogia (= consequência de nossa atividade) é muito bem resumido no termo gramática em uma concepção muito próxima da ordinária. [...] Não há <para nós> gramática histórica, <os termos se chocam:> não há sistema que possa transpor uma série de épocas. O que há de sincrônico em uma língua é um equilíbrio que se realiza momento a momento. Por gramática histórica entende-se a linguística diacrônica, que é outra coisa e está condenada a nunca ser gramatical.
>
> gramatical = significativo = relativo a um sistema de signos = sincrônico *ipso facto*

Saussure concorda com Havet que há uma distinção a ser feita entre linguística e gramática, mas não pela oposição entre o escrito e o falado. A linguística implica o estudo diacrônico, a gramática a análise do sistema sincrônico. Ele reitera "a divisão racional do sincrônico em sintagmas e associações. [...] Numa língua só há diferenças e nenhuma quantidade positiva. Mas essas diferenças podem ser exercidas em dois eixos: linha falada e comparações <interiores> mentais <de forma a forma>".

Na terça-feira, 19 de janeiro, Albert Riedlinger se reuniu com Saussure para discutir a "linguística estática". Saussure havia mencionado em uma aula que esta poderia ser tema de um curso inteiro, e parece que era sobre isso que Riedlinger queria saber mais. Estas são suas notas do que foi dito:

> O Sr. De Saussure estava muito ocupado com isso há 15 anos, e ele levaria pelo menos de dois a três meses reunindo suas anotações, durante as férias, antes de iniciar tal curso (não é algo para ser improvisado de uma aula para outra) e... alunos já cientes dos métodos da linguística.
>
> Não há assunto mais árduo do que este: seria preciso retomar, para refutá-lo, tudo o que Paul e os modernos escreveram sobre o assunto. Teria que se estabelecer uma teoria das partes do discurso. Isso seria uma *gramática geral*.
>
> O que torna o assunto difícil é que, como certos teoremas em geometria, ele pode ser tomado de vários lados: tudo é um corolário de tudo o mais na linguística estática: quer se fale de unidades, de diferenças, de oposições etc., tudo retorna à mesma coisa. Uma língua é um sistema fechado, e a teoria deve ser um sistema tão fechado quanto a língua. Esse é o ponto difícil, pois não é nada estabelecer, um após o outro, afirmações, pontos de vista sobre uma língua; coordená-los em um sistema é tudo.
>
> Seria preciso começar pela linguística diacrônica; o sincrônico deve ser tratado isoladamente; mas, sem a perpétua oposição com a diacrônica, ficamos sem nada:

os gramáticos antigos se divertiam fazendo a linguística estática e não arriscavam confundir os dois pontos de vista, mas a que chegaram?
A melhor maneira de proceder seria tomar as expressões que os bons linguistas usam quando falam de fenômenos estáticos e ver os erros e as ilusões que eles contêm. Assim, eles usam a palavra "forma" para designar todo tipo de coisas: constituição fônica ou significação, função de uma palavra. Na linguística, a necessidade de não usar um termo por outro é única: o que se deve designar não são de fato unidades concretas já dadas, como um ser vivo para o zoólogo, mas resulta sempre de uma combinação, é complexo (as primeiras unidades linguísticas – sons, sílabas – que podem ser consideradas já são um produto acústico-vocal, e unidades como a palavra são, por sua vez, o produto dessas unidades materiais e de pensamento) e, ao designá-las por um lado e não por outro, isto é, por abstração, corremos o risco de perceber a cada momento que o que distinguimos é idêntico.
O Sr. De Saussure [...] teme manifestamente aceitá-lo; ele se apressa em acrescentar com um sorriso: "Eu certamente não me nomearia para criar uma linguística estática", e aos meus protestos ele responde apenas retornando incessantemente à dificuldade do empreendimento.
A introdução que o Sr. De Saussure deu até agora em seu curso de linguística geral é apenas uma *causerie*, uma divagação verbal. Se todo o curso [dedicado à linguística estática] fosse seguido, teria que ser totalmente diferente. O Sr. De Saussure abordará neste ano as línguas indo-europeias e os problemas que elas representam. Essa será uma preparação para um curso filosófico em linguística. O Sr. De Saussure não se recusa categoricamente a concedê-lo em dois anos; isso será para os alunos, eu acho, decidir. Quanto a um livro sobre o assunto, é impensável: ele deve, diz o Sr. De Saussure, registrar o pensamento definitivo de seu autor.[34]

Quinze anos antes era 1894, o ano das notas para o artigo sobre Whitney, e não muito depois da redação dos manuscritos de "Sobre a essência dupla". Sabemos que ele já estava tentando traçar uma linguística estática antes mesmo disso. Mas 1894 marca um ponto importante no desenvolvimento de seu pensamento, tanto no registro escrito quanto em sua própria memória. A observação final sobre um livro ter que registrar o pensamento definitivo de seu autor sobre o assunto explica muito sobre sua incapacidade de concluir os muitos livros que começou. O que talvez seja mais surpreendente é que ele não considerava o que estava ensinando um curso de linguística estática – mas que este poderia acontecer no ano seguinte, e com um claro caráter filosófico.[35]

A aula de quinta-feira, 21 de janeiro, concluiu a "introdução" ao curso. Retomando a ligação que fez entre o gramatical como significativo e o sincrônico, Saussure revisita uma ideia articulada pela primeira vez em sua carta a Gaston Paris no final de 1891 e explorada nos manuscritos de "Sobre a essência dupla".

> Tudo o que é fonético é diacrônico. Isso concorda muito bem com o fato de que o que é fonético não é significativo, não é gramatical. Para fazer a fonética de uma unidade eu a despojo, posso despojá-la, de sua significação. [...] Consideramos apenas a parte material das palavras na fonética, mas não é isso que é o mais característico da fonética; o mais característico é que a fonética é <unicamente> diacrônica.[36]

Isso cria um dilema. Implica que um estudo diacrônico da morfologia ou de outros assuntos "gramaticais" seria impossível, o que parece contraintuitivo. Ele investiga uma série de exemplos, incluindo a perda de casos nominais entre latim e romance e sua substituição funcional por preposições (por exemplo, *liber Marci* → *livre de Marc* [livro de Marcos]). Não é essa a matéria própria de uma "gramática histórica"? Saussure argumenta que a mudança diacrônica é realmente o "fato material fonético", o enfraquecimento e a perda de sílabas finais que acabaram com as desinências de caso, e que, em segundo lugar, isso foi seguido pelo estabelecimento de um estado gramatical, que aconteceu na dimensão sincrônica. Mas ele está hesitante: Riedlinger observa que, talvez em resposta a uma pergunta dele ou de outro aluno, "o Sr. De Saussure não ignora que se pode falar da história de uma declinação, dos grupos associativos de que falamos". Entretanto, "a fonética intervém <quase que infalivelmente> de um lado ou de outro. A dificuldade, que o Sr. De Saussure não ignora, está no resíduo <que parece justificar uma história gramatical>". As notas para essa aula concluem, fraca, mas honestamente: "A questão sobre o que pensar sobre a visão evolutiva das coisas para o que não é puramente fonético não é clara; nenhuma resposta simples será encontrada, e a fonética certamente desempenhará um papel".

Nesse ponto, ainda durante a aula de 21 de janeiro, Saussure começou o "Panorama da linguística indo-europeia como uma introdução à linguística geral", que ele dissera a Riedlinger ser o núcleo do curso. Desse ponto em diante, não temos a divisão aula por aula. Saussure propõe uma história da linguística, seguindo as mesmas linhas gerais do primeiro curso, porém mais compacta para o período inicial e expandida, com mais exemplos, para as principais figuras de Bopp, Grimm, Pott e seus sucessores. As aulas restantes, continuando ao longo do segundo semestre, combinam uma visão geral das línguas com a fonologia diacrônica dos vários ramos do indo-europeu, parcialmente integrada com a cobertura de figuras de meados do século XIX. Saussure frequentemente cita *A vida da linguagem*, de Whitney, que pode ter usado como modelo para essa parte principal do segundo curso.

Comparados à versão de 1907, os vários componentes do segundo curso encaixam-se de forma mais coerente. A ênfase mudou do que acontece no inconsciente ou semiconsciente do indivíduo para a natureza social do sistema de linguagem. Saussure chegou à sua divisão madura da *linguagem* como a faculdade humana universal, da *língua* como um sistema particular de signos socialmente compartilhado e da *parole* como a realização individual desse sistema. Sua teoria da semiologia foi desenvolvida ao máximo, com o valor em seu centro; e, assim, com a ideia de que um valor, uma identidade, uma unidade, uma realidade linguística e um elemento linguístico concreto são, em última análise, o mesmo. Manteve a divisão de sincronia e diacronia desde o primeiro curso, acrescentando a pancrônica, embora essa não tenha sido uma categoria que perduraria. A distinção entre agrupamentos associativos e discursivos foi elevada a uma posição central dentro da perspectiva sincrônica e repensada de modo que não mais correspondesse à divisão *langue-parole*; em vez disso, ambos os agrupamentos pertencem à língua. Possivelmente em resposta à tentativa de Havet de distinguir linguística e gramática, Saussure resgatou a ideia de que a linguística tem como domínio próprio apenas a fonologia diacrônica, e que tudo o que envolve a significação só pode pertencer à sincronia, e à gramática, embora admita certa inquietação a respeito desse último ponto.

Tudo o que acabamos de resumir se enquadra naquela parte "introdutória" do curso que Saussure rejeitou a Riedlinger meramente como uma *causerie*, e não o curso real de linguística estática que ele imaginou e esperava talvez dar no ano letivo seguinte, em 1910-1911. Durante o segundo semestre de 1908--1909, Saussure também ensinou sânscrito e interpretação de textos anglo-saxões e de alto-alemão antigo. Ele também estava lidando com complicações decorrentes da votação da Faculdade de Letras e Ciências Sociais em fevereiro que a dividiria em duas subfaculdades.[37] Isso afetou quase imediatamente seu trabalho como bibliotecário da faculdade, mas também significou que, pelo restante de sua carreira, ele faria parte de uma unidade menos diversa, ficando separado de colegas como Flournoy e Claparède. A nova unidade seria dominada pelas forças de elite e conservadoras dentro da Université, o que produziria efeitos positivos e negativos. Isso poderia dar a pessoas como ele e seus parentes, além de velhos amigos como De Crue, mais controle sobre seus próprios assuntos, mas também os tornaria um alvo mais fácil para os políticos radicais que dirigiam o Departamento de Instrução Pública.

Abandono dos anagramas

Na primavera de 1909, Saussure havia passado mais de três anos pesquisando anagramas na poesia clássica. No verão anterior, Léopold Gautier começara a auxiliá-lo. Em 28 de agosto de 1908, Saussure escreveu a Gautier sobre voltar sua atenção para Policiano, um poeta renascentista que, escrevendo em latim, que não era sua língua materna, devia ou não usar anagramas como um artifício.

> Os cadernos que lhe entreguei não contêm nada sobre Angelo Policiano, e parece-me, depois de um novo estudo, que tenho um pouco o dever de lhe dizer que espere até que eu termine as séries relativas a este autor. [...] mas tenho o sentimento de que você acabará ficando perplexo, já que não disfarço o fato de que eu mesmo continuei assim –, sobre o ponto mais importante, ou seja, o que se deve pensar da realidade ou da fantasmagoria de todo o caso.
> O senhor bem viu, ainda mais do que eu poderia lhe dizer, que se trata antes de mais nada de ganhar algum tipo de fé, seja por exemplo na probabilidade do todo, ou que "qualquer coisa" esteja certa. [...] se o hipograma não existe em Policiano, entendo como algo que se reconhece como pretendido por ele, juro então abandonar o hipograma em todos os lugares, sem qualquer remissão e por todas as épocas da latinidade.[38]

Saussure encomendou uma cópia dos poemas de Policiano a ser entregue a Gautier, nos quais havia encontrado "palavras cuja composição silábica constitui uma nova evidência de que não foram escolhidas por acaso".[39] Os dois trabalharam separadamente nos poemas nas semanas seguintes, encontrando-se de vez em quando após o retorno de Saussure de Vufflens a Genebra, por volta de 12 de outubro, para se preparar para o novo semestre.[40] Enquanto isso, Saussure começou a lançar sua rede ainda mais longe no tempo. Ele escreveu, ou pelo menos redigiu, uma carta ao diretor do Eton College, na Inglaterra, pedindo informações sobre Thomas Johnson, que em 1699 publicou sua tradução latina dos epigramas gregos para uso como livro-texto em Eton, onde era professor de latim e onde suas traduções permaneceram em uso como texto didático por mais de um século.[41] Saussure abriu uma cópia da edição de 1813 do livro de Johnson e descobriu que "choveram hipogramas, literalmente",[42] o suficiente para preencher 11 de seus cadernos. Em uma linha, *Hospes, Artemias sum: Patria Cnidus: Euphronis veni*, ele encontrou os hipogramas "Thomas Iohnsonius", "Artium Magister" (o grau mais alto de Johnson em Cambridge) e "in usum scholae Etonensis" [usado na Eton School], uma fórmula que apareceu na página de título e que exigia um pouco de trabalho para explicar o *l* de *scholae*. Os mesmos três hipogramas aparecem em cada um dos três versos seguintes.

Na consulta que endereçou a Eton, Saussure disse apenas ter encontrado na tradução de Johnson "algumas características extremamente notáveis, segundo observações anteriores que fiz sobre certas regras especialmente recomendadas desde a Renascença nas escolas de todo o Ocidente para escrever latim". Não se sabe se ele enviou a carta e se recebeu uma resposta.[43] Em 21 de outubro, ele escreveu a Gautier em termos extraordinariamente intensos, na tentativa de inculcar nele que "silabogramas" – estruturas baseadas apenas no som (sendo "sílaba" seu termo do momento para designar a imagem acústica ou o significante) – eram inúteis, a menos que um sentido relevante para o tema do poema pudesse ser associado a eles, tornando-os "hipogramas".[44] Então, uma semana depois, ele enviou outra carta a Gautier:

> Sinto-me obrigado a escrever para lhe dizer que o trabalho de controle que o senhor tão gentilmente empreendeu está se tornando inútil e para pedir-lhe que não perca mais tempo com esse trabalho ingrato. Encontrei uma base completamente nova que, para o bem ou para o mal, permitirá em qualquer caso fazer uma contraprova em um período mínimo de tempo e com resultados mais claros.
> A coisa não diz respeito apenas ao método de controle, mas também à própria teoria do hipograma, embora eu não possa ainda especificar em detalhes a nova concepção que se abriu para mim e da qual devo informá-lo.[45]

Quando, mais de 50 anos depois, Jean Starobinski discutiu esses assuntos com Gautier, ele não pôde oferecer nenhum esclarecimento sobre a que Saussure se referia no último parágrafo. O fato é que Saussure se preparava para embarcar na viagem, provavelmente para a Inglaterra, que o levaria brevemente a Paris antes do início do semestre. Ele sabia que precisava encerrar suas pesquisas por enquanto e preparar seus cursos, sobretudo o curso de linguística geral, que planejava reorganizar e reorientar.

Gautier, que estava fazendo o curso, continuou a trabalhar com Saussure nos anagramas quando ele voltou à pesquisa durante as férias de primavera. Saussure havia, então, decidido levar a questão ainda mais longe, aos raros poetas contemporâneos que compunham em latim. Eis que os anagramas saltavam aos seus olhos ao ler a elegia a Ferdinand de Lesseps do padre Pietro Rosati,[46] e novamente ao examinar os poemas latinos de Giovanni Pascoli, professor da Universidade de Bolonha e o poeta mais célebre de sua geração em seu italiano nativo. Saussure escreveu a Pascoli em 19 de março de 1909, novamente em termos circunspectos, perguntando a respeito da poesia latina contemporânea: "Certos detalhes técnicos, aparentemente observáveis na versificação de alguns modernos, existem puramente por acaso ou são intencionados e aplicados de maneira consciente?".[47] Ele elogiou a poesia de Pascoli como um modelo de latinidade moderna, acrescentando que em poucos outros contemporâneos se "sente tão distintamente a continuação de uma tradição puríssima". Sem entrar em mais detalhes, ele diz que, "se o senhor estiver gentilmente disposto a receber os detalhes de minhas perguntas, ficaria honrado em enviar-lhe esses detalhes em outra carta". Embora a resposta não tenha sido encontrada, Pascoli aparece na carta seguinte de Saussure como tendo dúvidas sobre os hipogramas serem intencionais, convidando-o a enviar mais detalhes.

Em sua segunda carta, de 6 de abril, Saussure deu exemplos dos próprios poemas latinos de Pascoli.

> 1. É por acaso ou intencionalmente que em uma passagem como Catullocalvos p. 16, encontra-se o nome de *Falerni*, rodeado de palavras que reproduzem as sílabas deste nome
> *.../ facundi calice hausere – alterni*
> FA AL ER ALERNI
> 2. *Ibidem*, p. 18, será ainda por acaso que as sílabas de *Ulixes* parecem ser procuradas numa série de palavras como
> / *Urbium simul / Undique pepulit lux umbras ... resides*
> U——UL U——ULI–X——S——S–ES
> e também os de *Circe* em
> /*Cicuresco*/...
> CI–R–CE
> ou / *Comes est itineris illi cerva pede* /...
> [...] quanto mais numerosos se tornam os exemplos, mais provável é pensar que é o efeito natural do acaso nas 24 letras do alfabeto que pode produzir essas coincidências quase regularmente.[48]

Nenhuma resposta a essa segunda carta foi recebida de Pascoli. Saussure interpretou isso como um repúdio.[49] Era tudo o que faltava para confirmar o que Saussure há muito sentia em seu coração: que esse era de fato "o efeito natural do acaso" em qualquer texto. Ele abandonou a pesquisa que o ocupava desde seu primeiro fascínio pelas inscrições de Saturno no Fórum Romano em janeiro de 1906, sem nenhum sinal aparente de decepção.

Como mencionado no capítulo 15, os relatos publicados por Starobinski sobre essa pesquisa na década de 1960 levariam a interpretações exageradas de Saussure como um praticante da poética estruturalista *avant la lettre*, tão à frente de seu tempo que foi levado à beira da loucura. O verdadeiro significado da pesquisa do anagrama é mais banal: ela demonstra o rigor metodológico e a honestidade acadêmica de Saussure. Um princípio oculto da poesia clássica parecia estar diante dele. Quanto mais procurava, mais exemplos encontrava. Meillet o incentivou a publicar essa descoberta espetacular. Se Saussure tivesse acatado o conselho, sua vida poderia ter culminado na fama e não na obscuridade, embora a fama não fosse duradoura. Em vez disso, ele foi fiel a seus próprios instintos e crenças. O último dos 99 cadernos de anagramas foi fechado, e ele seguiu em frente.

O fim da pesquisa sobre os anagramas coincidiu com outra crise familiar. Em 20 de abril de 1909, Saussure recebeu um cartão postal de seu tio Auguste de Pourtalès, em Cannes, sobre seu irmão mais novo Louis, cuja esposa Meta "se acalmou e chorou muito, lamentando a violência. Portanto, podemos esperar um período de trégua. Ela definitivamente deve dar à luz em 6 ou 8 semanas".[50] A carta de Meta a Ferdinand, um ou dois anos antes, fez com que ela parecesse a rocha da estabilidade, casada com um sonhador egoísta e perdulário. Auguste, por outro lado, garante a Ferdinand que havia encontrado Louis "com seu bom senso intacto e muito paciente", acrescentando: "Podemos ficar tranquilos, mas o futuro dessa casa continua preocupante". Ele estava certo em estar preocupado, apesar de Louis e Meta terem quatro filhos e continuarem casados até a morte de Meta, em 1921.

O jubileu de Calvino e a Académie

A história social moderna de Genebra pode ser lida na resposta da cidade aos centenários do nascimento de João Calvino. Em 1609 e 1709, qualquer coisa mais do que um respeitoso aceno de cabeça teria parecido contrário aos princípios do próprio Calvino, e em 1809 correria o risco de ser interpretado como *chauvinismo* antibonapartista – uma palavra que, coincidentemente, partilha da mesma etimologia de *calvinismo*.[51]

Entretanto, em 1909 foi completamente diferente. O Cristianismo Reformado ainda era a força obrigatória na sociedade genebrina, atravessando as divisões sociais. A República era próspera como nunca, segura em sua autonomia dentro do Estado federal e cada vez mais importante no papel mundial único que lhe foi conferido por sua neutralidade. O quarto centenário de Calvino, combinado com o 350º aniversário da fundação da Académie, agora Université, de Genève, tornou-se a grande celebração "nacionalista" de Genebra, repleta de falsa pompa renascentista.

A semana de 2 de julho foi reservada para o evento. Primeiro vieram as comemorações do quarto centenário de Calvino, celebrado nos templos de Genebra de 2 a 7. A semana foi encerrada com a colocação da primeira pedra do Monumento Internacional da Reforma, o magnífico muro de arenito voltado para a Université do outro lado do Parc des Bastions que retrata os momentos representativos da história da Reforma, ocupado no centro pelas figuras de Calvino, Théodore de Bèze, Guillaume Farel e John Knox. Um comitê internacional foi nomeado para arrecadar fundos para o muro.[52] Horace de Saussure foi um dos nove membros do júri encarregado de selecionar o projeto entre os muitos planos impressionantes apresentados.[53] Às 6 da tarde, na quarta-feira, 7 de julho, uma recepção e um jantar foram oferecidos aos delegados internacionais da Associação para o Monumento Internacional e outros convidados selecionados por Marie de Saussure na mansão da família.

Entre os dias 7 e 9 foi comemorado o aniversário da Académie. Bouvier, que deixou o cargo de Reitor em 1908, organizou essa parte da celebração, tendo William Rosier, Conselheiro de Estado e chefe do Departamento de Instrução Pública, como Presidente Honorário.[54] Na sexta-feira, dia 9, foi oferecido um almoço a 850 graduados da Université, seguido de um passeio de barco às 15h30 com parada para um chá oferecido das 16h às 18h pelos Sr. e Sra. Ferdinand de Saussure, Sr. e Sra. Léopold de Saussure e Sr. e Sra. René de Saussure, "em sua esplêndida propriedade rural de Creux de Genthod", onde os formandos "foram recebidos por seus anfitriões da maneira mais charmosa". Mas os deuses hindus que haviam estragado as festividades do Congresso dos Orientalistas em 1894 estavam de volta com seus velhos truques: o chá ao ar livre foi atingido por um dilúvio. Ainda assim, de acordo com o relatório publicado, "apesar do mau tempo, a tarde passou muito rapidamente e todos levaram uma lembrança maravilhosa dela".[55]

Talvez nem todos. Quaisquer que fossem as alturas administrativas a que ascendeu e o poder que detinha sobre a Université, William Rosier nunca poderia aspirar a uma mansão na Cidade Alta ou a uma propriedade rural em Creux de Genthod, ou mesmo à generosidade pessoal de um jantar para 850 pessoas. Os ciúmes nutridos no Collège de Genève o levaram para alto e avante. Nos três anos seguintes, ele estava determinado a colocar em seu lugar aqueles que o dominavam. Não era o momento mais oportuno para que um professor que lhe respondia oficialmente mostrasse seu valor perante Genebra e o mundo.

Notas

1 FdS para Louis Havet, 17 de novembro de 1908 (em REDARD, G. "Ferdinand de Saussure et Louis Havet". BSLP, vol. 71, 1976, pp. 313-349 (pp. 342-344).

2 Há alguma confusão sobre a data; ver: GODEL, R. *Les sources manuscrites du Cours de Linguistique Générale de F. de Saussure*. Genève, Droz, 1957 (p. 66); conferir: FdS. *Deuxième Cours de Linguistique Générale (1908-1909), d'après les cahiers d'Albert Riedlinger et Charles Patois/Saussure's Second Course on General Linguistics (1908-1909), from the notebooks of Albert Riedlinger and Charles Patois*. Ed. Eisuke Komatsu e trad. George Wolf (Oxford/New York, Pergamon, 1997 (p. vii, n. 6)).

3 A lista incluía P. F. Regard, C. Daouchka, E. Constantin, Gen. Oltramare, Alb. Burton, L. Gautier, F. Bouchardy, Ch. Patois, Margu^{te} Boursin, Eug. Charlet, Sogola (Itália), Riedlinger, Ch. G. Perrot, Eliz. Barth (Alemanha), Werner Amsler (Schaffh.), Louis Richard. "Boursin" é confundido com "Burdet", mas na verdade Marguerite Jenny Burdet, de Cévennes na França, era agora Marguerite Sechehaye, tendo se casado com Albert Sechehaye em 20 de março de 1908.

4 As outras notas usadas foram as de Bouchardy, Constantin, Gautier e Patois. Um resumo das notas de Gautier foi o primeiro a ser publicado, em Godel (1957). Extratos de todos os 5 conjuntos de notas para passagens incluídas no *Cours* foram publicados por Rudolf Engler em CLG/E. Os 7 primeiros dos 14 cadernos de Riedlinger e os 2 primeiros dos 3 de Patois foram publicados integralmente em Komatsu e Wolf (1997).

5 Komatsu & Wolf, 1997, p. 1.

6 Resta apenas uma proposição, que vem após uma discussão da equação *aimer : aimable = entamer : x* [amar : amável = começar : x]: "Essa fórmula se resume ao fato de que <consciência interior,> o sentimento da língua, derivará o seguinte: Eu posso substituir *-er* por *-able*. <Há um elemento que eu vario>" (Komatsu & Wolf, 1997, p. 61).

7 Ginneken, J. van. *Principes de linguistique psychologique: essai de synthèse*. Tradução francesa anônima. Paris, Droz, 1907; publicado originalmente em holandês em *Leuvensche Bijdragen* 6 & 7, 1904-1906. SECHEHAYE, C.-A. *Programme et méthodes de la linguistique théorique: Psychologie du langage*. Paris/Leipzig/Genève, Honoré Champion/Otto Harrassowitz/A. Eggimann, 1908.

8 MEILLET, A. "Le langage" [resenha de vários livros]. *Année sociologique*, vol. 11, 1906-1909, pp. 789-798 (p. 790). A revista foi publicada em volumes, cada um cobrindo de dois a três anos, e esse volume de 1906-1909 traz a data de publicação de 1910. Em vista de sua amizade, não seria surpreendente se FdS já soubesse da reação de Meillet ao livro de Sechehaye antes de a resenha aparecer. O assunto pode ter surgido no encontro dos dois em janeiro de 1909.

9 Sechehaye, 1908, p. 53.

10 A resenha de Meillet também cobriu o *Traité* de Bally, sobre o qual Meillet escreve: "Parecia que, em seu *Précis de stylistique: esquisse d'une méthode fondée sur l'étude du français moderne*

(Genève, A. Eggimann, 1905), Bally negligenciou considerar os fatos sociais. Essa foi uma omissão grave. Dessa vez, ao contrário, ele dá provas de quanto uma língua varia de um grupo social para outro e, dentro de um mesmo indivíduo, de uma situação para outra" (Meillet, 1906-1909, p. 797). Ainda que involuntariamente, Bally aprendera o segredo de obter uma boa crítica em *L'année sociologique* e de cair nas boas graças do homem que, durante o próximo quarto de século, seria a figura mais poderosa em seu campo no mundo francófono.

11 FdS. *Premier cours de linguistique générale (1907) d'après les cahiers d'Albert Riedlinger/Saussure's First Course of Lectures on General Linguistics (1907), From the notebooks of Albert Riedlinger.* Ed. Eisuke Komatsu e trad. George Wolf. Oxford/New York, Pergamon, 1996 (p. 64), discutido mais acima.

12 Godel (1957, pp. 51-52) resume sete páginas de notas não datadas de FdS sobre o livro de Sechehaye, que Godel supõe que podem ser o esboço de uma resenha de livro, mas são mais provavelmente as notas que FdS fez ao ler o manuscrito completo a pedido de Sechehaye, conforme consta na dedicatória. As notas são particularmente críticas sobre como o livro aborda a psicologia. Depois de observar que Sechehaye deveria ter começado situando a linguística em face das ciências sociais, FdS diz que ambas as ciências são, em última análise, redutíveis à psicologia de qualquer maneira, apressando-se a acrescentar que isso não significa que não haja uma enorme linha de demarcação entre elas. Ele achava que o psicologismo falho de Sechehaye ainda era válido o suficiente para citar "La stylistique et la linguistique théorique", de Sechehaye (*Mélanges de linguistique offerts à M. Ferdinand de Saussure*. Paris, H. Champion, 1908, pp. 153-187), como sua autoridade para afirmar que a linguagem está localizada somente no cérebro (ver: Godel, 1957, p. 82, nota de rodapé).

13 MEILLET, A. "Comment les mots changent de sens". *Année sociologique*, vol. 9, 1904-1905, pp. 1-38 (pp. 1-2). Ver também: KOERNER, E. F. K. "French Influences on Saussure". *Canadian Journal of Linguistics/Revue Canadienne de Linguistique*, vol. 29, 1984, pp. 20-41 (reimpresso em: KOERNER, E. F. K. *Saussurean Studies/Études saussuriennes*. Genève, Slatkine, 1988 (pp. 67-88)).

14 Komatsu & Wolf, 1997, p. 5.

15 *Idem*, p. 14.

16 René dS. "La monnaie internationale". *Revue suisse de numismatique*, vol. 18, 1912, pp. 306-314 (p. 312).

17 *Chevaux* também está sujeito ao efeito de ligação, tornando-se /šoevoz/. Para complicar as coisas, enquanto no francês padrão é apenas no plural que a consoante de ligação pode aparecer, no uso coloquial ela também pode aparecer com uma terminação de singular em *-s* (*un mois encore*). A alternativa para postular um /mwaz/ que geralmente perde o /z/ é um /mwa/ que às vezes ganha um /z/, mas isso cria o problema de como a unidade "sabe" adicionar /z/ em vez de qualquer outra consoante.

18 Komatsu & Wolf, 1997, pp. 18, 20.

19 *Idem*, p. 22. O "B." representa Bouchardy, cujas notas Riedlinger utilizava para checar as suas.

20 *Idem*, p. 25.

21 A revista *Wörter und Sachen* foi lançada em 1909, sob a direção de Rudolf Meringer e com Meyer-Lübke e Schuchardt entre seus principais luminares. FdS provavelmente reagia à publicação da revista. Seus objetivos – às vezes chamados de "morfologia cultural" – são explicados de forma clara e concisa por Yakov Malkiel, em *Etymology* (Cambridge, Cambridge University Press, 1993 (pp. 60-63)).

22 Komatsu & Wolf, 1997, p. 29.

23 *Idem*, p. 31.

24 Ver: JOSEPH, J. E. "'La teinte de tous les ciels': divergence et nuance dans la conception saussurienne du changement linguistique". *Cahiers FdS*, vol. 63, 2010, pp. 145-158.

25 Komatsu & Wolf, 1997, p. 37.

26 O restante dessa discussão parece um tanto confuso, com FdS contradizendo suas caracterizações anteriores de leis.

27 Os fascículos apareceram em 16, 18, 20 e 23 de novembro de 1908 – Redard (1976, p. 342, nota de rodapé) dá datas erradas. A resenha foi reimpressa na íntegra em BSLP, vol. 16, 1909, n. 57, pp. xxi-liv.

28 Louis Havet, resenha de *Mélanges Saussure*, primeira parte, *Journal de Genève*, 16 de novembro de 1908, p. 1.

29 FdS para Louis Havet, 17 de novembro de 1908 (em Redard, 1976, pp. 342-344).

30 FdS para Sra. Havet, 4 de janeiro de 1909 (em Redard, 1976, pp. 344-345).

31 Havet, resenha de *Mélanges Saussure*, quarta parte, *Journal de Genève*, 23 de novembro de 1908, pp.1-2 (p. 2).

32 Marouzeau diz que foi FdS em sua necrologia de Havet (*Revue des Études Latines*, vol. 3, 1925, p. 25). A alegação de Meillet seguiu em "A la mémoire de Louis Havet" (*Revue des Études Latines*, vol. 4, 1926, p. 25). Ver: Redard, 1976, pp. 345-346, nota de rodapé.

33 Komatsu & Wolf, 1997, p. 51.

34 Albert Riedlinger, notas do encontro com FdS, 19 de janeiro de 1909, publicado em Godel, 1957, pp. 29-30.

35 Com isso ele pode ter se referido a um foco no signo linguístico, como nos cursos de filosofia oferecidos quando ele próprio era estudante.

36 Komatsu & Wolf, 1997, pp. 66-67.

37 Ver documentos em BGE Ms. fr. 3957/4.

38 FdS, Vufflens, para Léopold Gautier, 28 de agosto de 1908, BGE Ms. fr. 1599/1, ff. 5-6 (em: Starobinski, J. *As palavras sob as palavras: os anagramas de Ferdinand de Saussure*. São Paulo, Cultrix, 1974 (pp. 138-139)).

39 FdS, Vufflens, para Léopold Gautier, 15 de setembro [1908 acrescentado a lápis por Gautier], BGE Ms. Fr. 1599/1, f. 7.

40 FdS, Vufflens, para Léopold Gautier, 1º de outubro de 1908, BGE Ms. Fr. 1599/1, f. 8.

41 Rascunho da carta de FdS, Genebra [para o Diretor do Eton College (marcado no papel anexo, embora não na própria carta)], 1º de outubro de 1908, BGE Ms. Fr. 3957/2, ff. 19-20 (em Starobinski, 1974, pp. 147-148).

42 Palavras de Starobinski, 1974, p. 146.

43 Em junho de 2009, a arquivista do Eton College, Penny Hatfield, gentilmente vasculhou os arquivos a meu pedido e não encontrou vestígios de uma carta de FdS ou qualquer coisa relacionada a ele.

44 FdS para Léopold Gautier, 21 de outubro de 1908, BGE Ms. fr. 1599/1, f. 9.

45 FdS para Léopold Gautier, [29 de outubro de 1908 acrescentado a lápis por Gautier], BGE Ms. fr. 1599/1, f. 10.

46 *Ad Ferdinandum Lessepsum: Carmen Pietri Rosati in certamine poetico hoeufftiano magna laude ornatum* (Amstelodami, apud Io. Mullerum; Harlemi typis Ioh. Enchedé et fil., 1895).

47 FdS para Giovanni Pascoli, 19 de março de 1909 (em: NAVA, G. "Lettres de F. de Saussure à G. Pascoli". *Cahiers FdS*, vol. 24, 1968, pp. 73-81; citado em Starobinski, 1974, p. 149).

48 FdS para Giovanni Pascoli, 6 de abril de 1909 (em Nava, 1968; citado em Starobinski, 1974, pp. 150-151).

49 Novamente confirmado por Gautier para Starobinski.

50 Auguste de Pourtalès, Cannes, para FdS, 20 de abril de 1909, AdS 366, f. 199. O termo "violências" já foi encontrado no capítulo 12, no relatório de um psiquiatra sobre Louise dS. A criança, Antoine, só nasceu de fato depois de três meses, em 3 de agosto.

51 Em 2009, os 500 anos de seu nascimento foram novamente assinalados com modéstia, tendo em vista as possíveis consequências políticas de gastar dinheiro público com os símbolos de um cristianismo reformado que perdeu a coragem em uma época de crescente secularismo. No mesmo ano, um referendo suíço proibiu a construção de minaretes em mesquitas, novamente por motivos secularistas e não pró-cristãos.

52 *Les Jubilés de Genève en 1909* (Genève, Atar, 1909 (p. 61)). Para o Comitê genebrino, o presidente era Lucien Gautier, e outros membros eram Bernard Bouvier, Victor van Berchem, Édouard Naville e Horace dS. Os delegados estrangeiros incluíam um grande contingente de escoceses e presbiterianos estadunidenses, entre eles os linguistas Daniel Coit Gilman e Benjamin Ide Wheeler.

53 O muro só foi concluído em 1917, de forma que provavelmente FdS apenas o viu na sua fase inicial.

54 Martin Rizek, verbete sobre Bernard Bouvier no *Dictinonaire historique de la Suisse*. Disponível *on-line*.

55 *Les Jubilés de Genève en 1909*, pp. 93, 216, com foto na p. 217.

18

1909-1911

Gramática comparada do grego e do latim

Os problemas familiares recaíram sobre ombros enfraquecidos. Já passados os 50 anos, Saussure sentia cada vez mais os efeitos da arteriosclerose, o enrijecimento das artérias.[1] Não havia tratamento específico. A diminuição do fluxo sanguíneo afetava todas as partes do corpo, sendo a impotência um dos resultados, quase inevitável. Seus médicos – todos os vários médicos de seu círculo familiar – prescreviam visitas aos banhos minerais quentes no leste da Suíça para estimular a circulação. Em agosto de 1909, ou possivelmente um ano antes ou depois disso, retirou-se para uma cura de três semanas em Ragaz, ainda hoje um balneário popular, embora bastante luxuoso.[2]

Uma semana depois de os irmãos Saussure oferecerem sua recepção para os graduados da Université, em Creux de Genthod, Léopold ficou gravemente ferido em um acidente de moto.[3] Ele sofreu múltiplas fraturas, e teria ficado ainda pior se os veículos da época fossem capazes de velocidades maiores. Em setembro já havia se recuperado o suficiente para anunciar um curso sobre a antiga civilização chinesa no Athénée a partir de janeiro de 1910. Horace também ministrava um curso na École des Beaux Arts sobre "a história da pintura do ponto de vista dos *processos*, tema ensinado pela primeira vez em Genebra a partir desse ângulo especial".[4] René se tornava cada vez mais conhecido; no Congresso Internacional de Psicologia organizado na Université por Flournoy, em agosto de 1909, discursou na sessão plenária sobre as vantagens do esperanto – *em* esperanto.[5] No mês seguinte, assumiu um papel de liderança no Congresso Internacional de Esperanto realizado em Barcelona.[6] Em 1910, publicaria livros sobre geometria multidimensional e sobre sua teoria da construção de palavras em esperanto.

Para Ferdinand, não havia curso de linguística geral a ser preparado, pois este era oferecido a cada dois anos. Ele ensinaria sânscrito, como de costume, "gótico e saxão antigo, estudado como introdução à gramática das línguas germânicas", e a gramática comparada do grego e do latim.[7] O curso de gramática comparada anterior foi discutido no capítulo 16, quando seu conteúdo se sobrepôs consideravelmente ao do primeiro curso de linguística geral. O curso de gramática comparada de 1909-1910 também recapitulou muitos pontos do segundo curso, em algumas áreas desenvolvendo-os ainda mais, na direção do que será abordado no terceiro curso de linguística geral, a ser ministrado no ano seguinte.

Pela datação das notas de Riedlinger para o curso de gramática comparada, parece que Saussure tratava de fonologia e morfologia conjuntamente, em dias alternados.[8] Nas aulas de fonologia, desenvolveu uma nova perspectiva sobre a mudança linguística: "As leis históricas têm como efeito principal destruir a relação, <os vínculos existentes> entre duas formas. Esse é um dos efeitos contínuos que requer a fonética para restabelecer esses vínculos".[9] A fonologia, em outras palavras, deve restaurar continuamente a estabilidade do sistema, pois as leis sonoras desfazem cegamente as relações pelas quais o valor é estabelecido. Em francês antigo, as três formas verbais abaixo são ligadas de maneira transparente por sua raiz compartilhada *val-*.

Francês antigo	Francês moderno	
Valoir	*valoir /valwar/*	[valer]
Valt	*vaut /vo/*	[vale]
Valrai	*vaudrai /vodre/*	[valerá]

Com as formas francesas modernas, "não há mais nenhuma [relação] que seja clara, há anomalia". Invocando o debate grego entre analogistas e anomalistas, Saussure sugere que este se resumia à diferença entre leis fonéticas cegas operando diacronicamente e a força psicológica da analogia, restaurando a ordem sincronicamente.

> O vínculo que o gramático procura existe também para a língua, através da consciência dos sujeitos falantes. Para eles também é destruído. [...] A analogia tenta restabelecer a unidade perdida, cria formas de todas as peças, mas segundo modelos. Ela recria a unidade, muitas vezes no próprio lugar em que foi desfeita.

Saussure introduz as consoantes do indo-europeu primitivo, descrevendo-as como um sistema "simples" de 16 elementos.[10] Seis deles – *r*, *l*, *m*, *n*, *j*, *w* – são rotulados como "fluidos ou semiconsoantes", deixando de lado seus anos de luta para explicar por que tais categorias são ilusórias e por que qualquer som pode funcionar como vogal ou consoante, dependendo de seu ambiente. Não há menção ao *A* ou ao o̯.

O curso segue, então, com uma complexificação: a segunda série de guturais de Ascoli é acrescentada ao sistema, embora sem menção direta aos laríngeos ou à sua possível ligação com as "aspiradas fortes" *ph*, *th* e *kh*, afirmando que "certos fonetistas acreditam que pode ter existido, além disso, uma série de aspiradas fortes". Recusando-se a adicioná-las ao seu sistema, ele admite: "A questão é difícil de resolver. Mas ninguém pode dizer que essas aspiradas não sejam excepcionais; elas, portanto, não ocupam um grande lugar no sistema, razão pela qual podemos deixá-las de lado". Isso pareceria violar o espírito do sistema saussuriano, no qual todos os elementos são calvinisticamente iguais, a menos que por "excepcional" ele se referisse a sons ouvidos erroneamente, transcritos incorretamente ou simplesmente ilusórios.

No início das aulas de morfologia, Saussure anunciava:

> [...] vamos fixar nossa atenção em apenas uma operação que se faz na morfologia, que é analisar a palavra, <de>compô-la <em várias partes>. Daí em diante podem ser feitas todas as deduções capazes de lançar luz sobre a morfologia em geral.[11]

Dessa forma, no entanto, seguiria na direção oposta ao tipo de análise que os alunos aprenderam em seus cursos de línguas clássicas, em que identificavam unidades sonoras e depois atribuíam sentido a elas.

sentido *legontes* [particípio presente ativo grego, 3ª pessoa do plural – "dizente"]	unido, inseparavelmente de
fonismo *legontes*	

[...] é que é o caráter da morfologia confrontar-se com a palavra integral. A morfologia se ocupa de

enquanto qualquer outro ramo da linguística se ocupa de uma abstração, assim a fonética se ocupará apenas de

fonismo *legontes*

Essas subunidades estabelecidas pela análise, se consideradas em sua síntese, representam a estrutura desta ou daquela palavra.

Assim, *legontes* pode ser dividido em *leg-* [dizer] e as demais subunidades *-o-* + *-nt-* + *-es* que fornecem suas especificações gramaticais. Saussure persegue a ideia, enfatizada no segundo curso de linguística geral, de que, apesar da indissociabilidade entre sentido e fonismo, o que "dita a separação da palavra" em partes componentes é seu sentido, tal como "sentido" pelos falantes nativos. A divisão e a ordenação fazem parte do princípio da linearidade.

> [...] não há nada mais uniforme, mais empobrecido do que a ordem da língua: a fala (como a música, exceto os acordes) é linear. A estrutura é, portanto, naquilo que tem de material, de uma simplicidade suprema: a língua está em condição de alinhar; [...] de fazer caminhar os elementos <um> após o outro. [...] Na medida em que (não digo conscientemente) instintivamente os sujeitos falantes tenham uma percepção das unidades na língua, teremos uma justificativa para estabelecê-las. Assim, a análise *sal-tus* corresponde a algo concreto, real, responde ao sentimento dos latinos.

O que está sendo dito sobre *saltus* [salto] é que falantes nativos de latim teriam sentido uma unidade *sal-* ligando o substantivo ao verbo *salire* [saltar]. Tais falantes não reconheceriam, no entanto, o *-s* final como uma unidade distinta, como o faz o linguista que adota uma perspectiva histórica mais ampla.

> Mas então – ponto importante – pode-se facilmente encontrar um grande número de análises em que é duvidoso que os gregos e os latinos reconheçam <esses elementos> diferentes. Sem ir mais longe, há muito pouca chance de que um latino tenha separado *s* finais em: *sal-tu-s*, não mais do que em *vic-tī-s*. Mas aqui se coloca a observação: é verdade que, por <um> hábito que tem muitas vantagens, nós dividimos de uma maneira que não corresponde à divisão instintiva do grego ou do latino, mas que de fato correspondia ao sentimento de sujeitos falantes se os colocarmos do ponto de vista [indo-europeu]. Essa análise é anacrônica. Basta perceber que a divisão λεγ-ο-ντ-ες [leg-o-nt-es] é uma projeção da morfologia [indo-europeia] sobre a morfologia grega.

A noção de análise *anacrônica* foi retomada a partir das notas de "Sobre a essência dupla". Saussure a defende com base no fato de que apenas o linguista pode esperar reconstruir o "sentimento" de um sujeito falante do indo-europeu primitivo. Esse sentimento não está extinto, mas sobrevive sob a superfície do que é sentido pelos falantes das línguas-filhas. Há, portanto, uma realidade profunda, mesmo que não esteja disponível para a consciência dos falantes.

Em seguida, ressalta que o que chamou de "sentido" dos elementos é mais precisamente sua *função*.

Veremos que em uma palavra como *sal-tus* seria falso supor que havia saltar + ação de... Os diferentes elementos de uma palavra têm um sentido por combinação; é em suas relações recíprocas que se estabelece o sentido. Seria mais correto falar aqui de função; esse sentido reduz-se muitas vezes a uma função (variante de valor e de sentido!).

Pode-se pensar nessa concepção como uma versão do ditado modernista, associado principalmente à arquitetura, de que a forma sempre segue a função. Mas Saussure vai além, ao afirmar que a função nunca é totalmente independente da forma, mesmo que seja prioritária.

Nada é mais lamentável do que imaginar que existe algo conhecido que é

leg –	*o* –	*nt* –
↓	↓	↓
sentido	sentido	sentido

e combinar isso [...].

Em vez disso, "[a] delimitação é dada pelo sentido geral da palavra e pela maneira como ela se divide em diferentes unidades":

sentido
↓ ↓ ↓ (a relação é orientada no sentido inverso)
leg – *o* – *nt* –

A matéria não é nada fora de sua delimitação, pois há apenas uma direção na fala.

Essa é uma inflexão significativa em sua teoria do signo que não encontra expressão nos cursos de linguística geral. Além disso, é o mais próximo que ele chega de traduzir essa teoria em um método linguístico – ou melhor, gramatical.

Dividir um curso como esse em um componente de fonologia e outro de morfologia era e continua sendo perfeitamente comum. Saussure reconheceu sabiamente essa divisão como sendo também entre uma abordagem que se concentra na forma e outra que parte do sentido e, ao mesmo tempo, entre uma abordagem diacrônica e outra sincrônica. A importância desse curso é que ele não apenas tenta derivar um método de pesquisa da concepção de linguagem, mas coloca essa concepção em prática como um modelo pedagógico.

Apesar de sua reputação de mestre severo, Saussure sempre ajustou seu ensino para levar em conta o nível de preparação de seus alunos. Ele julgou que essa classe tinha um conhecimento muito avançado de grego e latim e, portanto, entrou em detalhes linguísticos e filológicos profundos. Esse era o tipo de ensino que adorava e sentia não poder realizar no curso de linguística geral, que atraía alunos de origens tão diversas.

Pouco antes do final do semestre de inverno, um desastre em Paris colocou Saussure em contato com Havet pela última vez. Entre 26 e 31 de janeiro de 1910, o Sena transbordou. Milhares de pessoas em situação de vulnerabilidade morreram afogadas, e dezenas de milhares ficaram desabrigadas no auge do inverno. Em Genebra, um fundo de amparo para a inundação da França foi rapidamente criado, para o qual Saussure contribuiu com 25 francos.[12] Tal como aconteceu com fundos semelhantes para os nativos do Congo,[13] foi tanto uma obra de caridade cristã quanto uma expressão de desdém por uma República Francesa ou um Rei dos Belgas indiferentes. O gesto teria sido apreciado pelo liberal Havet, a quem Saussure escreveu em 5 de fevereiro expressando sua preocupação, juntamente com sua gratidão tardia pela republicação da resenha de Havet sobre os *Mélanges Saussure* no *Bulletin* da Société de Linguistique de Paris.

> Foi preciso toda a minha grave enfermidade para escrever duas linhas de modo que ainda não lhe contei sobre a extrema alegria que tive com a reimpressão de seus artigos [...]. Decididamente e com certeza é na proporção inversa de como as coisas me tocam e me interessam que respondo a alguém, e isso tem posto à prova muitas amizades queridas.[14]

A maioria dessas amizades sobreviveu, e a publicação dos *Mélange*s e das resenhas lembrou a alguns velhos amigos a inspiração que eles haviam tirado direta ou indiretamente dos escritos, ensinamentos ou conversas de Saussure. Em abril de 1910, Saussure recebeu um reconhecimento muito palpável desse tipo, quando foi nomeado membro honorário da Real Academia Dinamarquesa de Ciências e Letras, tendo sido indicado por Holger Pedersen e Vilhelm Thomsen.[15] Foi a primeira vez que tais louros chegaram a ele desde a Légion d'Honneur francesa, quase 20 anos antes.

O terceiro curso de linguística geral

Agosto de 1910 foi um mês agitado para a família. O tio Max de Pourtalès casou-se pela primeira vez, aos 65 anos. Sua noiva, nove anos mais jovem, era Mina de Constant de Rebecque, viúva do primo de Max, Albert de Rougemont, que morreu em 1899. Albert fez uma breve aparição no capítulo 10, em conexão com sua irmã, Madame Mallet, a mãe de Noémi, a quem Ferdinand cortejou sem sucesso. Apesar das idades relativamente avançadas de Max e Mina, eles desfrutariam de 23 anos juntos, antes da morte de Max.

Em 7 de agosto ocorreu a primeira tentativa de travessia aérea da extensão do Lac Léman pelos irmãos Dufaux, "com o pouso programado na propriedade do Sr. De Saussure em Creux de Genthod".[16] A empresa Gaumont enviou uma equipe de Paris para filmar o evento. Porém, uma falha no motor fez com que a data tivesse de ser adiada para o dia 28, e o pouso foi transferido para la Gabiule, no lado oposto do lago. Enquanto isso, no dia 26, Louis e Meta tiveram seu terceiro filho vivo, Victor, na casa em Evian onde haviam estabelecido sua residência.

Setembro e outubro foram relativamente tranquilos, dando a Saussure tempo para planejar a terceira edição do curso de linguística geral. Ele ensinaria sânscrito e também uma introdução à gramática histórica do alemão e do inglês, com todos os três cursos se estendendo ao longo dos dois semestres. Mas também fazia pesquisas: outubro de 1911 é a data que está na capa de um de seus cadernos dedicados à *Canção dos Nibelungos*.[17] Durante o semestre de inverno, René também ministrou um curso na Faculdade, sobre a "História do movimento linguístico internacional de Descartes e Leibniz ao esperanto".[18]

Catorze alunos são registrados no terceiro curso de linguística geral. Estavam entre eles Marguerite Sechehaye, esposa de Albert, e Émile Constantin, ambos haviam feito o segundo curso. Bally e Sechehaye fariam uso das anotações feitas por Marguerite, bem como por Georges Dégallier e Francis Joseph; as de Constantin foram extraviadas e só foram descobertas e publicadas muitos anos depois.[19] Os outros alunos abrangiam uma gama internacional maior do que nas séries anteriores do curso, incluindo Alemanha, Áustria, Bulgária e Hungria. O sânscrito atraiu apenas três alunos; o curso de germânico, onze, incluindo Geneviève Oltramare, filha de Paul, e Hélène Gautier, irmã de Léopold.

O curso de linguística geral teve início na sexta-feira, 28 de outubro de 1910, com uma aula que dividia a história da linguística nas três fases já delineadas no capítulo 3. Essa aula foi escolhida por Bally e Sechehaye para abrir o *Curso de Linguística Geral* publicado. O terreno coberto na história da linguística foi bastante reduzido desde o segundo curso, mas mover o tópico para o início colocou-o em primeiro plano, dando ao curso um arco mais convencionalmente "temporal". Mesmo assim, os conteúdos do terceiro curso são orientados de forma mais sincrônica do que os precedentes. Essa primeira aula terminou com comentários sobre a utilidade da linguística na cultura geral, alegando que todos os historiadores, sociólogos e psicólogos têm algo significativo a ganhar com as descobertas dos linguistas – novamente uma reviravolta em relação aos cursos anteriores, em que afirmava que cada um desses campos reivindica certos aspectos da linguagem como próprios e tentava delimitar o que resta como espaço legítimo para o linguista ou o gramático.

A segunda aula deveria ter sido na terça-feira, 1º de novembro, mas teve de ser cancelada. A mãe de Marie, Amélie de Senarclens Vufflens Faesch, estava gravemente doente e morreu no dia seguinte no Château de Vufflens. Ferdinand permaneceu para apoiar Marie e sua irmã solteira, Madeleine, durante a crise. Quanto ao irmão mais velho, Albert, ouvimos falar dele pela última vez em 1892, quando foi enviado para a América, onde sua vida deu uma guinada surpreendente.

Albert Faesch tornou-se o contador de uma das duas fábricas de tingimento de seda em Lodi, Nova Jersey, que se fundiram em 1903 para se tornar a United Piece Dye Works. Era uma grande empresa, envolvendo negócios complexos com os grandes produtores alemães de corantes artificiais, como a BASF e a Bayer.[20] Além de negociar com eles, a United Piece Dye Works tinha de administrar uma grande força de trabalho imigrante que estava se tornando cada vez mais sindicalizada. As condições de trabalho eram terríveis, com exposição constante a corantes venenosos que até hoje, meio século após o fechamento das fábricas de Lodi, continuam em processo de despoluição ambiental. Seria um longo caminho até o Château de Vufflens.

Em 1898, Albert casou-se com uma viúva ou divorciada francesa chamada Marie Govignon, dois anos mais velha que ele, que fora para os Estados Unidos em 1889 com seu filho de um ano, George.[21] Algum tempo depois de 1900, Marie morreu, e George, ainda no início de sua adolescência, foi enviado para morar com uma família chamada Gagliardi, uma das milhares de famílias italianas que trabalhavam nas fábricas de Lodi. Mais tarde, George foi trabalhar no mesmo escritório que Albert, sugerindo ainda haver um vínculo entre eles. Embora não exista nenhuma evidência de qualquer outra coisa ligando Albert aos Estados Unidos, ele parece nunca ter pensado em voltar para casa.

Albert nunca foi esquecido por sua família na Suíça, que sempre colocou seu nome devidamente em primeiro lugar nas notificações de falecimento, tanto de sua mãe quanto mais tarde de seu cunhado Ferdinand – e, claro, ele herdou sua parte do *château*, que, em circunstâncias normais, poderia ter vendido às irmãs que ali pretendiam continuar a viver. Ou ele poderia ter voltado e se estabelecido na casa da família, agora que seus pais haviam partido. Isso deixou um ponto de interrogação sobre a organização da vida de Ferdinand pelo resto de seus dias. Quando o próprio Albert morreu, em 1914, nenhum aviso apareceu no *Journal de Genève*, embora a família deva ter sido informada. Eles finalmente inseriram a data de sua morte no *Almanach généalogique suisse* de 1936.

Saussure ministrou sua aula seguinte em 4 de novembro, expondo como o curso seria organizado em três seções: as línguas (*les langues*); a língua (*la langue*); e a faculdade de linguagem (*faculté du langage*) e sua realização pelos indivíduos. Ele começou pela diferença existente entre a segunda e a terceira seções, obtendo maior clareza do que em qualquer tentativa anterior. Entretanto, o curso não chegou a abordar em detalhe a faculdade da linguagem. Em vez disso, Saussure recomeçou a segunda seção, tendo pelo menos duas, e sem dúvida três, tentativas distintas de explicar *la langue*.

Sua definição introdutória coloca sob o termo *langue* [língua] tudo o que diz respeito às línguas como instituições semiológicas e produtos sociais. A *língua* é concreta, e sua essência é "a imagem acústica ligada a uma ideia".[22] Tudo o que diz respeito à língua enquanto atividade que põe em funcionamento os órgãos articulatórios é *linguagem*, e inclui tanto o que é universal quanto o que é individual. A *linguagem* é "uma coisa abstrata e que supõe, para se manifestar, a existência humana". É na realização fonética – parte da linguagem – que ocorrem "os inúmeros acidentes", como a repetição e as mudanças fonológicas. O que o termo *parole* [fala] recobria nos cursos anteriores agora parece ter sido engolido pela linguagem. Eventualmente, em abril, a *fala* retornará, com um sentido ligeiramente diferente.

Nessa discussão, Saussure introduziu uma de suas imagens mais duradouras, a da língua como um tesouro de signos depositado no cérebro.

> Pode-se representar esse produto [social] de maneira muito precisa – e ter-se-á diante de si, por assim dizer, materialmente a língua – tomando o que existe virtualmente no cérebro de uma totalidade de indivíduos <pertencentes a uma mesma comunidade> mesmo em estado de sono; pode-se dizer que em cada uma de suas cabeças se encontra todo o produto que chamamos de língua. Pode-se dizer que o objeto a ser estudado é o tesouro depositado em cada um de nossos cérebros; esse tesouro, sem dúvida, se tomado em cada indivíduo, em nenhum lugar estará perfeitamente completo.

Ele elaborará essa ideia de língua como depósito mental no final do curso. Nesse momento, volta-se a Whitney, que, por volta de 1870, "surpreendeu a todos ao comparar uma língua a uma instituição social". Após afirmar que as ideias de Whitney estão de acordo com as suas, Saussure então revisita o assunto sobre o qual se distanciou anteriormente do sanscritista estadunidense e muda sua posição de forma bastante dramática.

> "É por acaso", dizia ele, "que os homens se serviram da laringe, dos lábios, da língua para falar, acharam que era mais cômodo, mas se tivessem usado sinais visuais, ou as mãos, a língua permaneceria a mesma em sua essência, nada teria mudado". Isso era verdade, pois ele descontou a execução. Isso volta ao que dizíamos: a única mudança é que as imagens acústicas de que falávamos seriam substituídas por imagens visuais.[23]

Saussure foi consistente ao longo de sua vida em seus principais posicionamentos, e mudou apenas em questões de detalhe e terminologia. Essa, porém, parece ser uma inversão genuína se considerarmos como ele se opôs no primeiro curso à ideia de que a escrita era uma linguagem, e não sua representação secundária. Tendo chegado a uma ruptura clara entre o sistema linguístico e sua execução (agora parte da linguagem), ele então é capaz de aceitar que o meio, falado ou visual, é uma questão de execução, tornando-o acidental em vez de essencial. Ainda assim, Saussure continua explicando por que nenhuma outra instituição é como a linguagem, que por si só envolve todos os indivíduos o tempo todo e pode ser influenciada por todos eles, mas nunca alterada deliberadamente por ninguém.

Ele oferece outra nova perspectiva sobre como se pode ter acesso ao que é a língua. O linguista

> [...] deve estudar, antes de tudo, as línguas, tantas línguas quanto possível; ele deve estender seu horizonte o mais longe possível. [...] Através do estudo, da observação dessas línguas, ele poderá extrair características gerais, reterá tudo o que lhe parece essencial e universal, deixando de lado o particular e o acidental. Ele terá diante de si um conjunto de abstrações, que será a língua.[24]

No primeiro curso, o levantamento das línguas havia começado apenas no final de junho, após uma reflexão sobre o que é uma língua. No segundo curso, esse levantamento foi adiado para o final de janeiro, pouco antes do intervalo do semestre. Agora, no terceiro curso, ele tem início em 8 de novembro de 1910 e continua até o final de dezembro. Saussure constrói esse panorama para explorar como surge a diversidade geográfica, insistindo repetidamente que é o primeiro fato fundamental sobre as línguas.

Quando Saussure diz que "é apenas pela persistência da língua que ela pode ser mais ou menos uma característica de raça",[25] o contexto deixa claro que o tipo de "raças" que ele tem em mente são os franceses, italianos e alemães. Isso o leva a considerar como as famílias linguísticas se relacionam com a diversidade no espaço e no tempo. Quando observa que, "mesmo recentemente, tentativas foram feitas para unir a família semítica e a família indo-europeia", ele se refere sem dúvida ao livro de 1906, *Semitisch und Indogermanisch* [Semítico e Indo-Germânico], de seu velho amigo Möller.[26] Saussure, porém, adverte seus alunos para nunca esquecerem "o grande abismo entre o que é possivelmente verdadeiro e o que é demonstrável". A natureza das mudanças linguísticas é tal que, "<mesmo que> o parentesco entre todas as línguas do globo fosse um fato verdadeiro, seria matematicamente impossível demonstrá-lo".[27]

A aula de 11 de novembro de 1910 recebeu o título "Dos diferentes fatos que podem entrecruzar o fato da diversidade geográfica".[28] Uma das complicações é "a importação para um único território de dois ou mais idiomas concorrentes", geralmente por meio da colonização ou da conquista imperial. Depois, há casos do que hoje se chamaria de "diglossia", que envolve "a superposição de uma língua literária sobre uma língua natural da mesma fonte, as duas convivendo uma com a outra",[29] questão já explorada no segundo curso. Ele encerra a discussão com uma declaração curiosa:

> O que, para nós, se fala em Bruxelas? Bem, para nós, contaremos Bruxelas dentro do país flamengo, porque essa cidade fica na região flamenga da Bélgica. O francês é importado e, para nós, inexistente. Em Liège, é importado como em Genebra. Consideraremos apenas o que se desenvolveu fora da língua literária. Da mesma forma, todo o norte da Alemanha (Berlim) é para nós uma região da Baixa Alemanha, embora o alto-alemão seja falado lá.

Saussure parece ter caído momentaneamente sob o feitiço dos atlas de dialetos, compilados com base no fato de que cada lugar no mapa tinha seu idioma único e singular. Bruxelas e Berlim são famosas "ilhas de fala", enclaves de francês e alto-alemão cercados por flamengo e baixo-alemão, respectivamente. É uma fantasia do purismo histórico-linguístico, algo de que Saussure geralmente zombava, fingir que tais ilhas de fala "não existem", e mais estranho ainda para ele insinuar isso sobre o francês de Genebra. Ele e *le tout Genève*, toda a Genebra, não poderiam estabelecer uma conversa naquilo que havia restado do dialeto urbano local, mesmo com seu conhecimento dos dialetos próximos de Vaud e da Savoia. Mas Saussure nunca foi de encobrir as complexidades por muito tempo, e era para esses problemas que estava prestes a voltar sua atenção.

Geografia linguística

A aula de 15 de novembro abordou casos de migração linguística, como a que levou o anglo-saxão para a Grã-Bretanha. Isso resulta em "descontinuidade" geográfica entre o dialeto conforme ele se desenvolve no novo local e em sua terra natal.[30] A mudança de lugar pode parecer a causa dessa diversidade, mas, na verdade, afirma Saussure, é simplesmente o *tempo*. Falar de descontinuidade geográfica é implicar afastamento da unidade. "Onde está essa unidade?", ele pergunta. "Ela se encontra no passado, portanto, no tempo".[31]

As duas aulas seguintes examinaram "[a] evolução dentro da continuidade geográfica. Caso a considerar como o caso normal e como o caso central", sendo o exemplo de estudo a evolução do latim para as línguas românicas a partir da ótica indo-europeia. A apresentação seguiu de perto a abordagem de Paul Meyer, que Saussure utilizou pela primeira vez em seu curso de linguística geográfica em 1902-1903. Em 29 de novembro, ele apresentou uma nova perspectiva sobre a velha questão de saber se os dialetos existem ou se são apenas traços dialetais.[32] Há, afirma ele, uma tensão inerente à linguagem entre, por um lado, "a força do paroquialismo" e, por outro, "a força do intercurso".[33] A primeira é o *esprit de clocher*, o sentimento de pertencimento, que, "entregue a si mesmo, resultaria na diversificação infinita dos costumes".[34] A segunda é a necessidade de se comunicar com estranhos, criando pressão para limitar a diversidade. Seu posicionamento contrariou a visão comumente aceita de que, deixadas por conta própria, as pessoas manteriam sua língua inalterada e que a revolta, o movimento populacional e o comércio são as forças por trás da evolução linguística. Saussure assume a posição oposta: "Ao 'intercurso' que se deve a coesão de uma língua sobre um grande espaço".[35]

A importância particular do intercurso é seu papel em determinar quais das inovações introduzidas na fala serão suprimidas e quais serão aceitas, levando a um novo estado de língua. Essa "forma propagativa da influência do intercurso" leva Saussure a corrigir um ponto de uma aula anterior sobre como a diversidade geográfica é apenas o produto do tempo. Há de se distinguir, por um lado, o *foyer*, o ponto de origem onde "a inovação nasce, faz-se através de fatores fonéticos" e só o tempo é de fato relevante, e, por outro, as *zonas de contágio*, onde há uma genuína "propagação geográfica" na qual "a mudança ocorre por imitação".[36]

Em 2 de dezembro, Saussure esclareceu que essa propagação geográfica ainda é produto do tempo, que é sempre um fator de mudança. Observou também que, quando olhamos para um único ponto em um mapa dialetal, é fácil dizer se suas características são o resultado da força unificadora do intercurso ou da força divisora do paroquialismo, dependendo se são compartilhadas com outras localidades ou se são peculiares àquele lugar. No entanto, "assim que falamos de um pequeno cantão em vez de uma aldeia, substituindo uma *superfície* <*geográfica*> pelo que era apenas um ponto, cria-se o paradoxo de que não se pode mais dizer se os fenômenos se devem principalmente ao fator A ou B".[37] Em cada traço, ambas as forças estão envolvidas, porque nunca encontramos traços "únicos": o mesmo traço que distingue o local x do local y também serve para ligá-lo ao local z. A partir disso, Saussure conclui: "Ao considerar uma superfície, é necessário abstrair a força particularizante", que se aplica apenas a um determinado *ponto*,

> [...] e trazer tudo de volta de forma unificada à força solidarizante, que se manifesta em graus diversos. Se <para um traço> ela se manifesta por todo o território, ela resulta na manutenção da unidade. Se não tiver força para ir tão longe, resulta numa divisão linguística, mas há uma certa vantagem em não complicar o fator de resistência, pois o fator de resistência repousaria ele próprio sobre a coesão linguística de outra parte do território.[38]

Na aula seguinte, o foco muda para os efeitos da escrita, e o tom volta ao do primeiro curso, retratando-a como uma miragem, uma fonte de ilusões.[39] Saussure examina o desenvolvimento da escrita ao longo da história do francês, concluindo: "Às vezes, faz-se do signo gráfico um ser fictício que parece preexistir a tudo. Os franceses pronunciam *an* <ã, nasal> como ą [a + *ogonek*]. Esse signo está quase fora das línguas como um ser mitológico".[40] Tal comentário remete às suas próprias associações sinestésicas que relatou a Flournoy em 1892.

Em 9 de dezembro, Saussure foi eleito membro correspondente do Institut de France, a mais alta condecoração acadêmica concedida a um cidadão não francês. Um artigo sobre o prêmio no *Journal de Genève* de 20 de dezembro continha a primeira publicação impressa da história, muitas vezes repetida desde então, de que Saussure havia sido pressionado por Bréal a assumir sua cadeira, considerando-o seu aluno mais brilhante, e que Saussure a recusou porque teria de mudar de cidadania.[41] A correspondência da década de 1880 não confirma o relato; ao contrário, Saussure parece estar pronto para assumir a nacionalidade francesa que lhe seria automaticamente conferida, como ocorreu com seus irmãos Léopold, René e Louis. Ele próprio reivindicou a nacionalidade prussiana por meio de sua mãe para facilitar a obtenção de um passaporte para viajar para a Lituânia russa. A essa altura, porém, a história de que deixou Paris em vez de renunciar à cidadania suíça era conveniente para todos. Não insultava seus amigos e simpatizantes na França e falava bem dele como um patriota convicto.

Havet telegrafou a Saussure informando-o de sua eleição. Ele respondeu com uma carta alguns dias depois, expressando sua "estupefação" com a notícia.

> Eu não deveria ter acreditado que meus títulos me permitissem ambicionar. [...] Meus 30 anos de silêncio são deveras assustadores para se sentir atrás de mim, em face da elevada distinção que parece destinada a recompensar os meus esforços científicos! [...] O senhor me deu um grande prazer ao permitir que eu redescobrisse, de uma maneira nova, o país de adoção que pensei ter deixado ao partir da França [...].[42]

A observação sobre os "30 anos de silêncio" reduz a nada os artigos sobre a acentuação lituana e todo o trabalho nas publicações da Société de Linguistique de Paris – e não se percebe nenhuma falsa modéstia por trás disso. Como na apresentação dos *Mélanges Saussure* dois anos e meio antes, ele ficou constrangido com um prêmio que sentia não ter merecido.

Sua aula de 9 de dezembro manteve o foco nos desenvolvimentos "desviantes", em que a ortografia afetou a pronúncia na história do francês, chamando-os de "deformações" e "monstruosidades" e caracterizando seu estudo como "teratologia".[43] Em seguida, retomou suas implicações para o estudo da linguística, que depende de textos escritos para acessar dados históricos. Diferentes tipos de evidências devem ser combinados, incluindo o testemunho de gramáticos sobre o que ouviram e a maneira como caracterizaram os sons de sua língua, bem como evidências comparativas e etimológicas. A aula seguinte acrescentou "outros tipos de fontes <para atestar a escrita>, a serem extraídas do próprio período": diferentes grafias da mesma palavra; evidências de versificação sobre quantidade e rima; e jogos de palavras – trocadilhos, por exemplo. Ele cita o trabalho de Wilhelm Viëtor na Alemanha e seu próprio ex-aluno Paul Passy como tendo "ideias reformadas sobre os melhores métodos a serem usados".

Isso levou a uma discussão sobre a *Lautphysiologie*, "a fisiologia dos sons da fala", cuja crescente proeminência estava, ele reconheceu, levando a uma confusão entre os sentidos estabelecidos dos termos franceses *phonétique* e *phonologie*. Como observado em capítulo anterior, Saussure usava *phonétique* para significar o que agora seria usualmente chamado de *fonologia*, e *phonologie* para significar *fonética*, da qual a *Lautphysiologie* fazia parte. Ao explicar por que ela está fora da linguística, Saussure faz uma intrigante comparação da linguagem com uma tapeçaria.

A combinação de tons forma o jogo da tapeçaria; e é indiferente saber como o tintureiro criou a mistura. <O que importa é a série de impressões visuais, não de saber como os fios foram tingidos etc.> <Portanto, o que importa é a impressão acústica, não os meios de produzi-las.>[44]

No entanto, a *phonologie* como um todo faz parte da linguística – mais precisamente, ela se sobrepõe de tal forma que a parte da fonética que não se cruza com a linguística é a *Lautphysiologie*. O estudo dos sons na linguagem "deve sempre começar com a impressão acústica", sem a qual "não podemos sequer distinguir as unidades".

A questão das unidades e da sua segmentação na cadeia acústica dominou a aula do dia 16 de dezembro. Saussure começou mostrando como o desenvolvimento da escrita grega foi uma forma de análise fonética, chegando a uma hipótese que perdeu de vista sua fonte semítica. O restante dessa aula e a seguinte foram dedicados aos sons disponíveis para qualquer sistema linguístico, com atenção especial ao funcionamento da nasalidade. Saussure também voltou a se interessar pelos modos de articulação muito diferentes, por exemplo, dos dois *p* em *appa*, o primeiro implosivo e o segundo explosivo, mas que o ouvido de fato percebe uma única consoante estendida no tempo.

Um novo curso: a língua

Durante as férias do semestre, na primavera de 1911, um acontecimento inesperado ocorreu na casa dos Saussure. Dois anos antes, a prima de Saussure, Marguerite de Rougemont, viúva de Henri Pictet, havia embarcado em uma viagem ao redor do mundo com o objetivo de restaurar seu ânimo e dar-lhe algum descanso da interferência de sua sogra, Henriette Pictet Bates, que não aprovava seu estilo de vida de espírito livre. Durante uma parada em Yokohama, no Japão, Marguerite conheceu e se casou com seu segundo marido, Henri Ehlers. O romance dos dois passou tão rápido quanto começou, e eles se divorciaram um ano e meio depois.

Marguerite decidiu voltar ao mar, rumo ao Taiti. Ela deixou para trás sua filha de cinco anos, Nadège Pictet, por insistência de Madame Bates, que, no entanto, não podia ou não queria assumir os cuidados da menina. Saussure concordou em ficar com sua guarda por tempo indeterminado.[45] Era típico dele ignorar sua própria saúde debilitada ao aceitar ser o tutor de Nadège. Mas, com Raymond agora com 17 anos e com os sobrinhos e sobrinhas – incluindo a filha mais recente de Louis, Rose-Alice, nascida em novembro de 1910 – longe o suficiente para que as visitas fossem apenas ocasionais, a presença de uma criança no Château de Vufflens pode ter sido uma alegria em vez de um aborrecimento.

Com a retomada do curso de linguística geral em 25 de abril, Saussure abordou as questões gerais da língua. Intitulou o módulo "Segunda parte: a língua",[46] e começou a partir do capítulo 1, em vez de seguir a numeração interrompida no semestre anterior. Em 19 de maio, ele se referiria às aulas daquele semestre como o "curso sobre a língua", mais uma indicação de que, em sua mente, tratava-se de um módulo distinto.

Em seu primeiro curso de linguística geral, Saussure havia afirmado desde cedo que "uma língua é um sistema de signos", mas não investiu mais na perspectiva semiológica.[47] O segundo curso colocou o signo linguístico no centro do palco quase desde o início, mas não passou a analisar seu funcionamento interno além da noção de valor. A investigação detalhada sobre o signo seria finalmente realizada nessa segunda metade do terceiro curso.

Saussure começa reiterando a distinção entre *língua* e *linguagem*: "A língua para nós será o produto social cuja existência permite ao indivíduo o exercício da faculdade da linguagem".[48] A complexidade que caracteriza essas noções é específica a cada uma delas: a complexidade da linguagem assume a forma de uma ausência de união, a complexidade da língua reside, por outro lado, no interior do sistema que ela constitui – Saussure chega a chamá-la de "um organismo em si", arriscando-se a mal-entendidos, contra os quais sempre lutou. Agora, porém, havia outra ilusão a combater. Citando a descoberta de Broca de uma "faculdade de linguagem localizada na terceira convolução frontal esquerda do cérebro", Saussure adverte contra a conclusão precipitada de que a faculdade da *linguagem* como uma realidade *física* deve fornecer o fundamento firme e essencial sobre o qual qualquer *língua* é convencional e contingentemente construída. O debate se deslocou das visões polarizadas da linguística como uma ciência natural ou histórica. Trata-se de ambas. Mas qual tem precedência? A linguagem como função do corpo ou como produto do espírito?

Com relação ao sistema de sons, Saussure já havia se posicionado, rejeitando a ideia de que se deve partir da fonética articulatória, a *Lautphysiologie*, e dela nunca se desviar como princípio norteador. O sistema de sons é antes de tudo psicológico e usa os órgãos físicos para servir a seus propósitos, e não o contrário. Ele agora concorda com o argumento de Whitney, que originalmente rejeitou, de que o aparelho vocal foi *escolhido* para falar porque era o mais conveniente.

Como parte dessa investigação, Saussure examina onde exatamente a língua entra em jogo no "circuito da fala" (*circuit de la parole*), identificado como "o ato individual" de linguagem, que supõe a presença de "dois indivíduos". Desenha duas cabeças contornadas uma de frente para a outra, com uma linha que se estende da boca de cada uma até a orelha da outra. Em um segundo desenho, abstrai o circuito dessas cabeças para mostrar que a língua está localizada em dois pontos do circuito, operando igualmente no ouvinte, que parte de imagens acústicas e as vincula a conceitos (a parte "receptiva"), e no locutor, que parte de conceitos e os relaciona a imagens acústicas (a parte "executiva").[49] Saussure deixa claro: "A imagem verbal (acústica) é o som transformado em sensações psíquicas. <É tão psíquica quanto o conceito que está ligado a ela.> O conceito e a imagem acústica são igualmente psíquicos".

Introduz-se aí a ideia de um "centro associativo" onde imagens acústicas são associadas a conceitos e vice-versa. Entretanto, acrescenta, isso não basta: outro espaço deve ser adicionado ao circuito da fala para "uma operação de coordenação regular" das múltiplas imagens acústicas e dos múltiplos conceitos envolvidos em um enunciado. Saussure não elabora essa operação, que presumivelmente envolve o que antes chamou de relações associativas e sintagmáticas entre os signos. A coordenação faz parte da dimensão social da linguagem.

> O executor permanecerá individual; é aí que reconheceremos o domínio da fala. É a parte receptiva e coordenadora <(que é social)>: eis o que forma um depósito dentro dos diferentes indivíduos, que consegue estar em apreciável conformidade entre todos os indivíduos.

Saussure associa aqui a questão de como um indivíduo chega a conhecer uma língua com a questão do que acontece na produção de um enunciado. É porque aprendemos a compreender nossa língua materna antes de a podermos falar que a parte receptiva é responsável por formar o "depósito" da língua, que, ele repete no final da aula, "tem como sede apenas o cérebro". E o que recebemos é por definição social, já que nos vem dos outros.

Nesse ponto fica claro que a *língua* é o que é social, e a *fala* o que é individual – e essa visão, exatamente oposta ao que ele havia ensinado no primeiro curso, é a que seria consagrada no *Curso de Linguística Geral* publicado. No que diz respeito à *língua*, qualquer dimensão individual simplesmente desaparece.

Pode-se dizer que ao tomar um indivíduo teremos nesse exemplar a imagem do que é a língua na massa social. <Se pudéssemos examinar o depósito das imagens verbais em um indivíduo, conservadas, colocadas em certa ordem e classificação, veríamos aí o laço social que constitui a língua.> Vemos que essa parte social é puramente mental, puramente psíquica. É assim que concebemos a língua.

A representação do indivíduo como um microcosmo da sociedade se assemelha mais à visão de Durkheim, enquanto chamar a parte social de puramente mental está mais próximo de Tarde.[50]

A aula seguinte, em 28 de abril, examina novamente como *langue*, *parole* e *langage* se relacionam. Dessa vez, Saussure considera a linguagem como o fenômeno geral do qual a *língua* e a *fala* são as partes constituintes. A *língua* é descrita como "passiva e residente na coletividade", enquanto a *fala* é "ativa e individual". A indefinição da distinção social-individual não é mencionada no final da aula anterior. Seu esforço é tornar as coisas mais claras e insiste em que "[d]emos uma definição de coisas e não apenas de palavras. <Essa distinção não depende do acaso dos termos de cada idioma.>". Ele toma o exemplo do alemão, em que *Sprache* corresponde tanto aos termos franceses *langue* quanto *langage*, enquanto *Rede* abrange tanto *parole* quanto *discours*. Ele encobre, porém, o fato de que os falantes de francês, apesar de poderem escolher entre *langue* e *langage*, nunca os distinguiram rigorosamente.

A fim de mostrar que as três partes são genuinamente separáveis, ele diz que "acontece em casos de doença que um homem totalmente privado da fala retém a capacidade de escrever: a língua está intacta, apenas a fala é afetada". Há aqui uma espécie de premonição – um ano depois, Ferdinand se retirará do ensino por causa do comprometimento de sua fala como complicação do agravamento da arteriosclerose.[51]

O funcionamento interno da língua é o próximo tópico abordado. Como ambas as partes do signo linguístico são mentais, "nada mais homogêneo poderia ser desejado".[52] Ele insiste, como sempre, que ser mental não torna um sistema linguístico abstrato.

Na língua temos um <objeto> fato de natureza concreta. Esses signos não são abstrações, por mais espirituais que sejam. O conjunto de associações socialmente ratificadas que constituem uma língua tem sua sede no cérebro; é um conjunto de realidades semelhantes a outras realidades psíquicas. Acrescente-se que uma língua é tangível, ou seja, traduzível em imagens fixas como as imagens visuais, o que não seria possível para atos de fala, por exemplo.

Saussure acrescenta que os signos da língua são "depositados como imagens fotográficas no cérebro". Localizar algo no cérebro (em oposição à mente) é uma forma clássica de reivindicar uma realidade física. Ainda assim, a afirmação de que a língua, e não a fala, é "tangível", ou seja, diretamente disponível para os sentidos, é surpreendente e novamente nos remete a suas associações sinestésicas.

Ele oferece, em seguida, uma nova analogia, comparando a língua a uma obra musical e a fala a suas execuções. Embora "[u]ma obra musical exista apenas através da soma de suas execuções", paradoxalmente, "<[u]ma sinfonia é uma realidade que existe sem sua execução>".[53] A metáfora mostra a natureza não essencial da fala e explica por que "devemos partir da língua como único fato essencial". Ele introduz uma "restrição", no entanto, em relação à sintaxe, que parece transpor a divisão que quer fazer entre a língua como sistema socialmente determinado e a fala como sua realização individual.

> É apenas na sintaxe que se apresentará uma certa flutuação entre o que é dado na língua e o que fica à iniciativa individual. A delimitação é difícil de fazer. <Deve-se admitir que aqui> no campo da sintaxe, o elemento social e o elemento individual, <execução e associação fixa>, estão um tanto misturados, <acabam mais ou menos misturados>.

Algumas décadas depois, quando, na esteira de Chomsky, uma massa crítica de linguistas acreditava que toda a sintaxe era fisicamente determinada pela arquitetura de "mente/cérebro", Saussure seria duramente criticado por sugerir que a sintaxe dependia em parte de indivíduos, em vez do próprio fundamento do sistema linguístico. Entretanto, a análise chomskyana depende de focar em uma sintaxe "central" e relegar qualquer desvio dela para uma "periferia", varrendo os problemas para debaixo do tapete a fim de evitar confrontá-los. Saussure não tinha tapete; o chão nu de seu escritório era coberto apenas por rascunhos, entre os quais se esforçava para escolher as infinitas variações sintáticas da mesma frase.

Arbitrariedade e linearidade

A aula de 2 de maio de 1911, intitulada "<Capítulo II> Natureza do signo linguístico", deu início a uma série bastante conhecida, transportada mais ou menos diretamente para o *Curso de Linguística Geral*.[54] Saussure lembra seus alunos de que "a imagem acústica é <não o som material>, é a impressão psíquica do som", e que não serve para nomear um objeto. Considerá-la como tal, diz ele, seria uma abordagem "infantil".

Saussure então introduz o que chama de "primeiro princípio ou verdade primária: o signo linguístico é arbitrário". Com isso ele quer dizer que "o elo que liga uma dada imagem acústica a um conceito particular e que lhe confere seu valor como signo é um elo radicalmente arbitrário. Todos estão de acordo". Por exemplo, o conceito "irmã" (*soeur*) "não está ligado por nenhuma característica <relação> interna com a série de sons *s* + *ö* + *r* que forma a imagem acústica correspondente". Ele continua:

> <Esse conceito pode muito bem ser representado por qualquer outra série de sons. Basta considerar as diferentes línguas.> Ao passar de uma língua para outra, vê-se que o conceito boi também é representado pela série de sons bos.

O problema, como o linguista Roman Jakobson apontaria mais tarde, é que Saussure já havia insistido que o conceito não é dado de antemão, mas é "esculpido" junto com a imagem acústica e compõe uma língua particular tanto quanto a imagem acústica. Aqui ele sugere que os conceitos "irmã" e "boi" são os mesmos de um idioma para outro.[55]

Saussure afirma: "O lugar hierárquico dessa verdade", da relação arbitrária entre a imagem acústica e o conceito, "está no topo. Só pouco a pouco se acaba reconhecendo quantos fatos diferentes são apenas ramificações, consequências veladas dessa verdade". A força dessa afirmação levou alguns a suporem que todos os outros aspectos da teoria de Saussure realmente decorrem da arbitrariedade do signo.[56] Mas não está claro que eles o façam, e o constrangimento das tentativas de explicá-los todos por esse único princípio indica que alguns deles, pelo menos, precisam ser afirmados separadamente.

A ideia de que as palavras estão ligadas aos seus significados apenas de forma arbitrária e convencional tem seu *locus classicus*, lugar clássico, no *Crátilo*, de Platão. O antigo debate foi lembrado e ressuscitado por Whitney.[57] Saussure aponta um equívoco comum: a imagem acústica não deve ser entendida como um "símbolo" do conceito. Esse ponto decorre da arbitrariedade do signo: "O símbolo", ao contrário da imagem acústica, "nunca está vazio: há pelo menos um rudimento de ligação entre a ideia e o que lhe serve de signo. A balança, símbolo da justiça: há uma ligação aqui".[58] De fato, ele admite, o termo "imagem acústica" se presta a um mal-entendido semelhante, "pois uma imagem sempre tem uma ligação com a coisa que ela representa". Ele deixa esse problema de lado por ora, enquanto esclarece um último ponto terminológico:

> Devemos retornar à palavra arbitrário. Não é arbitrário no sentido de depender da livre escolha do indivíduo. É arbitrário em relação ao conceito, pois não tem nada em si que o ligue particularmente a esse conceito. Uma sociedade inteira não poderia mudar o signo, porque a herança do passado lhe é imposta pelos fatos da evolução.

E os casos aparentemente óbvios encontrados em todas as línguas de palavras que não são arbitrárias, mas onomatopaicas? Palavras como *tique-taque*, para o som de um relógio, *glub-glub*, para o som de uma garrafa derramando, soam como o que significam, e as exclamações parecem representar reações corporais diretas. Saussure os descarta com base no fato de que eles nunca são elementos "orgânicos" de um sistema linguístico. Elas já são arbitrárias em certa medida, sendo apenas imitações aproximadas e semiconvencionais de certos ruídos, e, uma vez parte da língua, passam essencialmente pelo mesmo processo evolutivo que outras palavras. Isso pode ser visto em palavras supostamente onomatopaicas como *pluit*, latim para "chove", que pode soar como chuva caindo; "mas, se voltarmos um pouco, pode-se ver que não é nada do tipo <(anteriormente *plovit*, etc.)>".[59]

Saussure introduz então o "[s]egundo princípio ou segunda verdade primária" sobre a linguagem: "O signo linguístico (imagem que serve como signo) possui uma extensão, e essa extensão se desenrola em uma única dimensão". Essa dimensão é uma extensão linear no tempo, e decorre da dimensão acústica do signo. Ele considera uma aparente exceção: com uma sílaba tônica, "<[p] arece que elementos de signos diferentes se acumulam em um único ponto>" – um fonema mais um acento – "mas [é uma] ilusão". Na visão de Saussure, a vogal tônica é um signo único e unificado, diferindo em valor de sua contraparte átona. Por exemplo, o verbo *con**tract*** [contratar] e o substantivo ***con**tract* [contrato] em inglês não compartilham uma matriz fonológica básica /kon trækt/ à qual um acento móvel é adicionado; em vez disso, desde o início, o primeiro é /kən trǽkt/ e o segundo /kón trækt/.

Outro ponto levantado por Saussure em sua aula sobre linearidade foi omitido do *Curso*: "Se podemos separar as palavras em uma frase, é uma consequência desse princípio". Isso se conecta com o que ele disse no segundo curso sobre pensamento e som tendo sido massas amorfas antes que a linguagem as colocasse em contato. "Separar as palavras" é tornar os pensamentos e os sons distintos pela criação de signos linguísticos, e o processo é linear porque é impulsionado pela natureza da produção de sons vocais.

Entidades, unidades, identidades

A aula de 5 de maio coloca uma questão nova e espinhosa. Sabemos o que são "línguas" e podemos aprender sobre elas comparando-as ou examinando uma em profundidade. Mas o que é "língua", *la langue*, distinta tanto de "uma língua" quanto da faculdade física que Saussure designou como *linguagem*? "Entendemos com isso uma generalização, o que será considerado verdadeiro para cada língua particular, sem ser obrigado a especificar."[60]

Essa afirmação pode surpreender até quem conhece bem Saussure. Estamos acostumados com a ideia de que a estrutura de *une langue* é específica da língua; *la langue*, essa forma generalizada da qual toda língua particular é uma instância, parece pertencer mais ao mundo conceitual posterior de Chomsky do que a Saussure. Mas, na verdade, nenhuma característica universal putativa emerge quando ele agora abre o "Terceiro capítulo: quais são as entidades concretas das quais a língua é composta?". Não se trata de uma pergunta com uma resposta imediata.

> É preciso esforço para apreender o que forma as diversas entidades contidas na língua, ou evitar tomar como entidades linguísticas o que são entidades de outra ordem. Não estamos diante de seres organizados ou coisas materiais. Estamos muito mal posicionados com a língua para ver as entidades reais, pois o fenômeno da língua é interior e fundamentalmente complexo. Pressupõe a associação de duas coisas: o conceito e a imagem acústica.

Estamos de volta ao signo. Cada unidade concreta deve ser entendida como a conjunção de conceito e imagem acústica, e a identidade dessas unidades-signo não é óbvia para todos. As sílabas parecem ser unidades da língua, mas, "olhando de perto, percebe-se que são [...] unidades da fala e não unidades linguísticas". A razão é que uma sílaba não corresponde a um conceito, exceto para palavras que são monossilábicas. Mesmo em uma língua que possui apenas palavras de uma sílaba, esse fato deveria ser tratado como acidental, tendo em vista o que conhecemos da *língua*, a estrutura das línguas em geral.

Saussure reitera que o lado *material*, os sons reais enunciados na fala, "é uma questão que não é linguística". Novamente, podemos ouvir os sons de uma língua que não conhecemos, mas, sendo sem sentido, eles "não são linguísticos para nós". Paradoxalmente, "desse ponto de vista, pode-se dizer que a palavra material é uma abstração do ponto de vista linguístico. Como objeto concreto, não faz parte da linguística". Isso vale também para o conceito:

> Se <os diferentes conceitos> são tomados em si mesmos, destacando-os <de um signo representativo> de sua representação, eles são um série de objetos psicológicos: <(amar, ver, casa)>. Na ordem psicológica, pode-se dizer que é uma unidade complexa. O conceito não deve ser mais do que o valor de uma imagem <acústica> para fazer parte da ordem linguística.

Ele acrescenta uma observação que suscitou muita curiosidade em vista de como vincula seu conceito de signo à semiologia antiga e medieval: "Comparação com uma pessoa (formada de corpo e alma) parcialmente correta".

A aula se encerra com uma ilustração da dificuldade de dividir a língua em unidades. A língua, como sistema virtual, não pode ser examinada diretamente, mas apenas por meio de sua atualização como fala: "Com efeito, as divisões existentes no interior de nosso cérebro não são algo que possamos explorar. Somos obrigados a usar um método exterior, dado na fala". Ele toma como exemplo a oração /s i ž l a p r ã/, que no francês falado é ambígua entre *si je la prends* [se eu a pegar] e *si je l'apprends* [se eu aprender isso]. Uma divisão puramente fonológica em sílabas (siž.la.prã) deixaria de ser linguística porque ignoraria a que as unidades correspondem conceitualmente.

Saussure ensaia uma comparação entre a entidade linguística, o signo, e H_2O, mas vacila: pode-se decompor a água em hidrogênio e oxigênio e ainda fazer química, ao passo que tomar um dos componentes do signo isoladamente é sair do domínio da linguística. Isso pode estar em parte por trás de seu comentário a Léopold Gautier, quando se encontraram no dia seguinte, de que estava "muito preocupado" com o curso.[61] Quando Gautier expressou o desejo de "conhecer pelo menos um pouco de seu sistema de filosofia da linguagem", Saussure respondeu: "Acho que não. Tudo isso não está suficientemente elaborado". Gautier perguntou a Saussure se era verdade que não havia tratado muito desses assuntos antes da morte de Wertheimer, ao que Saussure respondeu:

> Pelo contrário, acho que não acrescentei nada desde então. São assuntos que mais me ocuparam antes de 1900. [...] Encontro-me diante de um dilema: ou apresentar o assunto em toda a sua complexidade e admitir minhas dúvidas, que não cabem em um curso em que os alunos devem ser examinados. Ou então fazer algo simplificado, mais adaptado a um público de alunos que não são linguistas. Mas, a cada passo, me encontro parado por escrúpulos. Para chegar ao fim, precisaria de meses de meditação obstinada.

No momento, a linguística geral me parece um sistema de geometria. Acabamos com teoremas que precisam ser demonstrados. Então notamos que o teorema 12 é, em outra forma, igual ao teorema 33.

Primeira verdade: a língua é distinta da fala. Isso serve apenas para eliminar o problema de tudo o que seja fisiológico. Resta então apenas uma questão puramente psíquica. Ora, parece-me que chegamos a essa primeira necessidade por vários caminhos opostos. (*Aqui*, observa Gautier, *algo perdido de minha lembrança.*) – Então, sim, o essencial é o problema das unidades. Com efeito, a língua é necessariamente comparável a uma linha cujos elementos são cortados com tesouras, *pan*, *pan*, *pan*, e não cortam cada um com uma forma. Quais são esses elementos? Etc., etc.

(*Perguntei se ele havia escrito suas ideias sobre esses assuntos.*) – Sim, tenho anotações, mas perdidas em pilhas, de modo que não as encontraria. (*Insinuei que ele deveria publicar algo sobre esses assuntos.*) – Seria absurdo começar um longo projeto de pesquisa para publicação, quando tenho aqui (faz um gesto) tantos trabalhos não publicados.

Este, o único comentário mais extenso de Saussure sobre seu curso de linguística geral de que temos notícia, deixa claro que ele se esforçava em simplificar sua visão do sistema linguístico para que não especialistas pudessem entendê-lo, mas encontrava obstáculos impossíveis a cada passo. A observação sobre a linguística geral ser como um sistema de geometria lembra seu envolvimento com o trabalho de seu irmão René 20 anos antes. De fato, há ecos da multidimensionalidade na insistência constante de Ferdinand de que a geometria da linguagem é estritamente linear, ou seja, bidimensional, não hesitando em fundir espaço e tempo nessa linearidade, ao invés de opor um ao outro. Também lembra o retrato, feito por Bally, de que Saussure, ao apresentar seu artigo no Congresso de Orientalistas em 1894, dava a impressão de "um matemático demonstrando um teorema".

Na aula seguinte, em 9 de maio, Saussure levantou a questão das identidades: "O ponto exato <onde há identidade> é sempre delicado de fixar".[62] A palavra latina *lens* [lentilha] foi aplicada, metaforicamente a princípio, ao cristalino do olho quando foi descoberto, porque tem formato de lentilha; depois para lentes de vidro. Em francês, *lentille* designa tanto "lentilha" quanto "lente". Saussure pergunta: "há identidade ou não? Se nos faltam meios para dizer, não é nossa culpa". E, no entanto, declara: "<Todo o mecanismo de língua gira em torno da identidade e da diferença>", acrescentando que a questão das unidades e das identidades "é a mesma coisa".

Isso leva ao "Capítulo IV. As entidades abstratas da língua", que, Saussure adverte desde o início, "estão entre os campos mais difíceis de explorar". Ele admite que não vê essas entidades com total clareza, tem apenas um vislumbre. Na verdade, não definirá o que quer dizer com entidades "abstratas" até mais adiante, e pode-se inferir de sua discussão que não está nem um pouco convencido de que "abstrato" seja a palavra que deseja utilizar. O que tem em mente são relações sintático-gramaticais entre unidades que não são expressas por uma imagem acústica particular. Com o contraste entre *je dois* [eu devo] e *dois-je* [eu devo?], por exemplo, "é a ordem que decide o valor para a ideia". Relacionado a isso está o fato de que em *désireux* [desejoso], as duas unidades *désir* e *eux* só podem ocorrer nessa ordem: "não se pode dizer *eux-désir*".

> Portanto, há uma ordem que é usada aqui como um meio. Por um lado, constatamos que isso decorre da condição fundamental de que a língua é linear. <[...]> Na ideia de ordem pode-se ver, ao contrário, uma noção abstrata; poderia ser equiparada às entidades abstratas, pois é um meio. <Não parece algo que possa ser chamado de entidade concreta.>

Os outros exemplos que dá introduzem outras complicações. Em latim, as terminações *-i*, *-is* e *-um* (*domini* [mestre], *regis* [rei], *regum* [reis]) marcam o caso genitivo de substantivos masculinos. Eles nada têm em comum, enquanto imagens acústicas, que levasse a identificá-los como "a mesma" unidade:

> No entanto, há aqui, com esse suporte material diverso, algo que é a consciência de um certo valor, que é o mesmo <e dita um uso idêntico. Aqui nos afastamos totalmente do contato com o suporte material>. Há uma abstração positiva operada sem dúvida por todos os falantes.

Ao retornarmos ao exemplo do inglês do segundo curso, *The man I saw*, ele identifica seu "signo zero" como outro tipo de entidade abstrata.

Recordando seu uso anterior de "abstrato" para significar a fantasia de um linguista, ele diz que, na presente aula, "não é nesse sentido que tomamos concreto e abstrato. Reservamos o termo concreto para os casos em que a ideia se sustenta diretamente por uma unidade sonora. Abstrato tendo seu suporte indiretamente em uma operação de sujeitos falantes".[63] O fato de Saussure estar usando dois conjuntos de distinção concreto *versus* abstrato, ambos diferentes do cotidiano, deixou como legado décadas de mal-entendidos.

O limite do arbitrário

Ainda na aula de 9 de maio, Saussure abre o "Capítulo V. Arbitrariedade absoluta e arbitrariedade relativa na língua" e o inicia dizendo: "Nós colocamos como uma verdade evidente que a ligação do signo em relação à ideia representada é radicalmente arbitrária". Isso não era óbvio para seus alunos, nem para outros que não compartilharam sua educação de infância com a velha guarda de Genebra que ainda ensinava a tradição da gramática geral. Mas não é como se Saussure nunca tivesse pensado nessa tradição e além dela. Grande parte do restante do curso explora como "[a]penas uma parte dos signos em cada língua será radicalmente arbitrária. Com outros <signos> intervém um fenômeno em nome do qual se distinguem graus. [...] Pode acontecer que a ligação entre o signo e a sonoridade seja relativamente motivada".

Seu primeiro exemplo de signo motivado é o francês *dix-neuf* [dezenove] em oposição a *vingt* [vinte]. *Vingt* é perfeitamente imotivado – nada na imagem acústica se conecta de alguma forma com o conceito. Mas isso é menos verdade para *dix-neuf*, pois evoca os termos que o compõem: *dix* [dez] e *neuf* [nove]. Da mesma forma, *poirier* [pereira] lembra a palavra simples *poire* [pera], enquanto seu sufixo *-ier* traz à mente *cerisier* [cerejeira], *pommier* [macieira] e assim por diante.

Saussure contrasta pares de palavras em que uma é arbitrária e a outra relativamente motivada: enquanto *berger* [pastor] é imotivado, *vacher* [vaqueiro] contém *vache* [vaca].[64] O advérbio *souvent* [frequentemente] é imotivado, enquanto *fréquemment* é motivado, porque apenas o último tem um adjetivo relacionado. *Métier* [ofício] é imotivado, mas sua contraparte alemã, *Handwerk*,* é relativamente motivada, como um composto de duas outras palavras.[65] A palavra inglesa no plural *ships* lembra, por sua formação, toda a série *flags*, *birds*, *books* etc., enquanto *men* e *sheep* não lembram nada. A aula termina com uma afirmação que parece paradoxal vinda do homem que estabeleceu a arbitrariedade como princípio da linguística moderna:

> Tudo o que faz de uma língua um sistema <ou um organismo> exige ser abordado neste ponto de vista, a partir do qual quase nunca é abordado: <como uma> limitação do arbitrário em relação à ideia. Implicitamente, então, a melhor base possível será invocada, uma vez que o dado fundamental para o signo linguístico é o arbitrário.[66]

* *Handwerk* [ofício] é formada por *Hand* [mão] + *Werk* [trabalho]. (N. da T.)

Na aula de 12 de maio, Saussure diz: "Toda língua contém, paralelamente misturados em proporções diversas, os dois elementos: o perfeitamente imotivado e o relativamente motivado". A diferença de proporções constitui uma das características de uma língua e, além disso, "[t]odo o movimento que representa para a língua a evolução pode ser resumido em um vaivém entre a soma respectiva do perfeitamente imotivado e do relativamente motivado". A evolução do latim para o francês mostra "um enorme deslocamento na direção do imotivado". Por exemplo, "amigo" e "inimigo" em latim eram *amicus* e *inimicus*, transparentemente relacionados; mas as contrapartes francesas *ami* e *ennemi* não são percebidas como relacionadas pelos falantes de francês. Assim, *ennemi* "voltou à arbitrariedade absoluta".

O inglês, diz ele, dá um lugar muito mais proeminente aos imotivados do que o alemão, porque o alemão indica as relações gramaticais por meio de flexões de substantivos e verbos, enquanto o inglês o faz por meio da posição e do uso de auxiliares e preposições. Nesse sentido, o alemão é mais "gramatical" e inclinado para o motivado, enquanto o inglês é mais "lexical" e inclinado para o radicalmente arbitrário.

> De fato, pode-se distinguir como dois polos contrários, como duas correntes antinômicas entre si, reinando em todas as línguas, a tendência ao uso do instrumento lexicológico ou a tendência ao uso do instrumento gramatical. [...] O tipo ultralexicológico é incorporado, por exemplo, no chinês; o tipo ultragramatical: indo-europeu primitivo, sânscrito, grego.

Saussure precisa agora aquilo que chamara de arbitrariedade relativa no que diz respeito à relação entre os signos. Essa relação não afeta a arbitrariedade radical no interior do signo, entre uma imagem acústica e seu conceito associado. E, no entanto, tudo se resume à relação interior do signo: "É a única [relação] a considerar". Ele reconhece que "[i]sso não é nada surpreendente à primeira vista", mas insiste que "[n]ós <nunca> poderíamos conceber a relação de uma palavra com outra sem conceber a relação <interior> para cada palavra entre o conceito e a imagem acústica".

O quarto curso de linguística geral?

Embora não o tenha dito, Saussure chegara ao fim da segunda parte do curso, dedicada à língua. Não houve aula no dia 15 de maio, dando-lhe uma semana para refletir sobre o que havia e o que não havia dito até então, os paradoxos abertos que nunca poderiam ser devidamente fechados. Quando o curso retornou, em 19 de maio, ele fez algo realmente extraordinário: voltou ao início do "curso sobre a língua", iniciado em 25 de abril. Tratando-o como se fosse um manuscrito, passou a revisá-lo. As revisões são tão significativas que estamos realmente lidando com uma quarta fase em suas aulas sobre linguística geral, e a mais próxima que temos de uma fase definitiva. No final do semestre, ele recapitularia tudo novamente, embora dessa vez as revisões fossem menos rígidas.

Saussure anunciou que o primeiro capítulo, sobre o circuito da fala e o lugar da língua em relação à linguagem e à fala, estava bem tal como havia sido proferido. Entretanto, algo precisava ser acrescentado entre ele e o segundo capítulo, sobre a natureza do signo linguístico. Era preciso enfrentar o problema fundamental do ovo e da galinha: "Não há nada na língua que não tenha sido incorporado <direta ou indiretamente> através da fala", e ainda assim "reciprocamente a fala só é possível com a elaboração do produto que se chama a língua e que fornece ao indivíduo os elementos para compor sua fala".[67]

Para resolver essa questão, ele recorre ao conceito de "inteligência coletiva" ou, como ele vai chamar mais tarde, a "consciência coletiva", que teve origem na obra de Durkheim.[68] Sobre a língua, Saussure diz: "É obra da inteligência coletiva elaborar e fixar esse produto. <[...]> Tudo o que é língua é implicitamente coletivo. Em contrapartida, não há fala coletiva".[69] Ele então faz alusão à imagem de uma multidão, que evoca inequivocamente Le Bon.

> Multidão reunida em uma praça do mercado; de que forma a língua está presente nessa multidão? Na forma de um depósito <existente no cérebro> de cada uma das pessoas que constituem a multidão <como um dicionário do qual todas as cópias seriam distribuídas entre essas pessoas>. Essa coisa, embora interior em cada indivíduo, é ao mesmo tempo uma propriedade coletiva que se coloca fora da vontade do indivíduo.
> 1 + 1 + 1......= 1 (modelo coletivo)

Apesar da dependência de Le Bon em relação a Tarde, o que Saussure diz aqui soa durkheimiano: a *língua* parece vir primeiro e é "depositada" em "cópias" nos indivíduos. A *fala*, por outro lado, consiste em uma série de realizações da *língua*, "dependendo da vontade do indivíduo", para o que a *língua* está além. Como "não há fala coletiva", a *fala* simplesmente não está implicada no debate Durkheim-Tarde. A questão que se coloca é a seguinte: a *língua* coletiva tem uma realidade primordial que se reflete nos cérebros dos indivíduos ou emerge dos atos de fala dos indivíduos? Saussure tenta resolver o impasse por meio de outra díade: sincronia e diacronia. De um ponto de vista sincrônico, os indivíduos têm a língua lançada sobre eles; na diacronia, seus atos de fala dão origem ao próximo *état de langue*, estado de língua. Isso ficará ainda mais claro adiante, na aula de 16 de junho de 1911, quando ele diz:

> A linguística estática se ocupará das relações lógicas e psicológicas <entre termos> coexistentes, <tais como eles são> percebidos pela mesma consciência coletiva (da qual, aliás, uma consciência individual pode dar a imagem – cada um de nós tem a língua em si mesma) e formando um sistema. Já a linguística evolutiva se ocupará das relações entre termos sucessivos que se substituem, não se referindo a uma única consciência e não formando entre si um sistema.[70]

Não se trata simplesmente do caso de a *língua* derivar da *fala* ou vice-versa. A existência de cada uma depende tão completamente da outra que "cada uma delas exige sua teoria separada. Ao buscar quimericamente reduzir essas duas partes da linguagem a um único ponto de vista, só se criará uma disciplina bastante confusa".[71]

O curso de Saussure aborda estritamente a linguística da *língua*, um estudo puramente mental. Uma linguística da *fala*, um estudo ao mesmo tempo físico e psíquico, é possível, e a linguística da língua pode ainda "lançar um olhar" sobre a linguística da fala. No entanto, ele insiste: "Não é possível se comprometer com os dois caminhos em simultâneo, sendo necessário seguir ambos separadamente ou escolher um deles".

Esse é o fim do material a ser interpolado entre os dois primeiros capítulos. Ele agora revê o que disse em seu capítulo 2, que propõe renomear como "A língua como sistema de signos". Nesse momento, Saussure promove uma importante mudança terminológica para as duas partes do signo linguístico: a imagem acústica doravante será chamada de *significante*, e o conceito a que este está associado será o *significado*. O uso desses particípios como substantivos não é clássico, mas revela uma terminologia especializada. Saussure lutou com alternativas do vocabulário comum durante toda a sua vida profissional, tendo renunciado apenas em sua aula final sobre o tema.[72] Com os novos termos, ele reitera seus dois princípios fundamentais:

<1)> Na língua, o elo que une o significante ao significado é um elo radicalmente arbitrário. <E 2)> Na língua, o significante, sendo de natureza auditiva, desdobra-se apenas no tempo, <tem o> caráter que toma emprestado do tempo:

a) de representar uma extensão

b) de representar uma extensão figurável em apenas uma dimensão. <Antes, simplesmente demos a palavra *signo*, que deixou confusão.>

Com relação à frase final, o "esclarecimento" cria um novo problema. Se o significante tem uma extensão linear no tempo, como pode o signo como um todo não ter a mesma extensão? Mas, se o significado se estende no tempo da mesma maneira que o significante, seríamos obrigados a dizer, de modo um tanto absurdo, que o significado de *fourmi* [formiga] é duas vezes maior que o significado de *chat* [gato], justamente porque os significantes têm duas e uma sílabas respectivamente.

A questão da linearidade envolve aquilo que diferencia as duas ordens distintas de valor representadas por significantes e significados. Nenhum dos dois é material, no sentido de que os significantes não são sons e os significados não são referentes. Cada um deles é um valor gerado pela diferença de todos os outros elementos dentro do mesmo sistema. No entanto, deve haver alguma natureza particular para significados e alguma outra natureza particular para significantes que os tornam parte de um ou outro sistema em primeiro lugar – caso contrário, seria impossível serem distinguidos e ocuparem suas funções específicas. Talvez o que faz de um valor um significante ou um significado seja algo que emana ou é emprestado, como diz Saussure, da forma material na qual ele encontrará sua realização. No caso do significante, trata-se de uma "natureza auditiva". O significante *se desdobrará*, encontrará sua realização eventual, na fala, que existe no tempo. Para isso, deve tomar emprestada a característica-chave do tempo, a linearidade, que o significante possui, embora seja mental.

O significante não poderia ter essa linearidade virtual sem que ela fosse compartilhada pelo signo, do qual o significante é uma metade inseparável. Os signos se desdobrarão ao longo do tempo, apenas porque os significantes possuem essa característica. E, no entanto, a linearidade do significante não age sobre o significado considerado em si, mantendo-se como a característica que distingue os dois termos. E a *língua*, definida por Saussure como todo o sistema de signos? Ela também existe fora do tempo, mas como os signos compartilham da linearidade virtual de seus significantes, a *língua* como um sistema de signos lineares também deve carregar o caráter linear emprestado do tempo, o que torna possível sua realização temporal na *fala*.

Saussure diz então a seus alunos para inserirem um novo terceiro capítulo, antes do original sobre entidades concretas, e o intitular "A imutabilidade e a mutabilidade do signo". O título indica o paradoxo instaurado no fato de que as línguas mudam inevitavelmente, mas ninguém as pode mudar. As consequências desse fenômeno, ele descreve como "incalculáveis", o tipo de avaliação que atribui apenas à arbitrariedade.

Embora veja a ligação entre o significante e o significado como arbitrária, Saussure deixa claro que, por ser arbitrária do ponto de vista da comunidade de fala como um todo, essa ligação não pode ser arbitrária para o falante individual. A mudança na língua sempre ocorre de maneira inconsciente, nunca como resultado de uma decisão voluntária, seja por um indivíduo, seja pela comunidade linguística como um todo:

> Com relação à ideia que representa, o significante <(signo)>, seja ele qual for, é arbitrário, aparece como livremente escolhido, podendo ser substituído por outro (*table* [mesa] passível de ser chamada de *sable* [areia] e vice-versa). Com relação à sociedade humana que é chamada a usá-lo, o signo não é livre, mas imposto, sem que essa massa social seja consultada e como se não pudesse ser substituído por outro. Esse fato, que até certo ponto parece envolver a contradição da não liberdade do que é livre, <esse fato> poderia ser chamado informalmente de fenômeno da "carta forçada". <É dito à língua:> "Escolha ao acaso", mas ao mesmo tempo é dito: "você não tem o direito de escolher, será este ou aquele!".
> Se um indivíduo quisesse mudar uma palavra francesa ou um modo, ele não poderia, – mesmo a massa não poderia; a massa está ligada à língua exatamente como ela é.

Saussure usa a metáfora da "carta forçada", um truque de salão do *fin de siècle*, para criar a ilusão de que o paradoxo de a língua ser um sistema de signos arbitrários, que são, no entanto, totalmente determinados, na verdade não é um paradoxo. Mas apenas uma ilusão.

Saussure não nega a validade das explicações usuais dadas em sua época para a imutabilidade: de um lado, a transmissão da língua através de gerações que se sobrepõem, o que exclui qualquer possibilidade de mudança repentina ou geral; de outro, a quantidade de esforço imitativo envolvido em dominar nossa língua materna. Entretanto, ele argumenta, em última análise, que tanto a mutabilidade quanto a imutabilidade da língua resultam da arbitrariedade do signo. Se houvesse alguma conexão racional entre significado e significante, isso permitiria que os falantes da língua interviessem para evitar mudanças inevitáveis ou para iniciar suas próprias mudanças. A natureza arbitrária do signo, porém, protege a língua de qualquer tentativa de modificá-la, pois a população em geral seria incapaz de discutir o assunto, mesmo que tivesse mais consciência da língua do que de fato tem. Para que algo seja questionado, ele deve se basear em uma norma que seja *raisonnable*, passível de ser arrazoada.

Na dimensão sistemática da língua, a arbitrariedade é limitada e "reina uma razão relativa". Assim, teoricamente, a população (ou pelo menos os gramáticos e os lógicos) pode mudar as coisas. No entanto, apesar de todas as tentativas dos gramáticos de reformar as ilogicidades da gramática francesa (que, na verdade, correspondiam a casos em que o francês difere do latim), o uso popular – ou pelo menos *le bon usage* das classes altas – sempre prevaleceu.

A imutabilidade também tem uma dimensão social. O fato de a língua ser parte integrante da vida de todos cria uma resistência coletiva à mudança iniciada por qualquer indivíduo. E tem uma dimensão histórica: estando a língua situada no tempo, a solidariedade com o passado impede a liberdade de escolha: "Justamente porque o signo é arbitrário, não conhece outra lei senão a da tradição, e é por basear-se na tradição que pode ser arbitrário".[73]

Quanto à mutabilidade, Saussure vê a mudança da língua como sempre resultando em "uma alteração na relação, ou da relação entre significante e significado. Talvez seja melhor dizer: um deslocamento da relação entre ideia e signo".[74] Ele cita o exemplo do latim *necare* [matar], que se tornou o francês *noyer* [afogar-se], através de uma série de mudanças tanto no som quanto no sentido, que seria inútil tentar separar.[75] Como o signo é historicamente contínuo, ele muda – inevitavelmente, porque a língua não está isenta do fato geral de que as coisas mudam no fio do tempo. Contra a explicação usual da mudança da língua como causada por movimentos de povos, invasões e migrações, Saussure argumenta que a fonte da mudança deve ser encontrada na própria língua e no próprio fato de ela estar situada no tempo. Tanto a dimensão social quanto a histórica devem ser consideradas: "A língua não é livre, porque mesmo *a priori* o tempo dará ocasião para que as forças sociais envolvidas com a língua exerçam seus efeitos, pelo princípio da continuidade ou da solidariedade indefinida com as épocas precedentes".[76]

Os principais alvos de Saussure nesse capítulo são a suposição dos linguistas históricos de que a mudança linguística deve ser provocada externamente e as tentativas de intervir na evolução das línguas por meio do prescritivismo e da criação de línguas artificiais. Ironicamente, as tentativas de impedir que as línguas mudem envolvem fazer mudanças – tentar impor regras contranaturais, como aquela contra a interposição, em inglês, de um advérbio entre o *to* e a base verbal ou, em caso extremo, inventar uma língua totalmente nova. No entanto, apesar de todos esses esforços, as línguas seguem seu próprio caminho, o caminho do "uso", o que a população em geral decide aceitar sem pensar.

Saussure começou sua aula de 30 de maio com uma ideia diferente: só o tempo explica a imutabilidade da língua: "Por que dizemos: homem, cachorro? Porque antes dizia-se homem, cachorro. A justificativa está no tempo. Ela não suprime a arbitrariedade, e a suprime".[77] É comum dizer da transmissão da língua de geração em geração, mas, como disse na aula anterior, na verdade "as gerações não se sucedem como as gavetas de uma cômoda <porque dentro de uma geração há homens de todas as idades>". Para funcionar, a língua precisa ser socialmente compartilhada. Assim,

> [...] a não liberdade dos signos que compõem a língua compreende uma dimensão histórica, ou é uma manifestação do fator tempo na língua, já que essa não liberdade repousa na continuidade do fator tempo na língua, <na continuidade do signo ao longo das gerações>.

Saussure utiliza o esquema abaixo para representar as relações envolvidas:

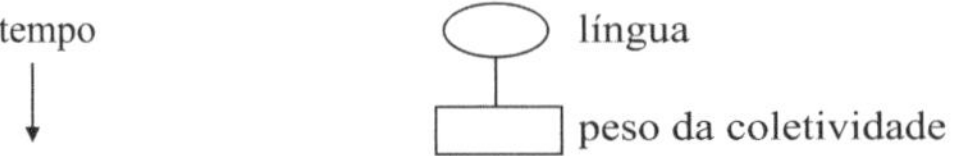

O esquema é acompanhado do seguinte comentário: "A circunstância de que a língua é um fato social cria um centro de gravidade". Essa "gravidade" é o "peso da coletividade", que ancora a língua ao fio do tempo. Em uma recapitulação no final da aula, Saussure reintroduzirá essa figura, dessa vez rotulando o retângulo inferior de "massa social", depois de "massa falante" – em que "massa" é entendida em sua acepção científica relacionada a peso e gravidade.

Entretanto, fica evidente que o tempo é igualmente responsável pela alteração dos signos. Saussure tenta resolver a contradição dizendo que o signo está sujeito à mudança porque é contínuo. Se a cada dez anos uma nova língua fosse criada do zero, não haveria mais a noção da imutabilidade do signo: "Em toda alteração, o que domina é a persistência de boa parte do que já existia. [...] O princípio da alteração se funda sob o princípio da continuidade". Isso, no entanto, diz menos sobre a língua do que sobre a percepção geral do tempo. A identidade de uma pessoa é aquilo que persiste ao longo do tempo, mas é essa mesma persistência que nos faz perceber que estamos envelhecendo. Saussure, no entanto, não ficou plenamente satisfeito com seu argumento e voltou à lousa.

<Recolocando-nos mais uma vez nosso ponto de partida, teremos:>

Fora do dado Tempo	*Em virtude do dado Tempo*
Arbitrário do signo portanto Liberdade	1. *Não liberdade* (*Imutabilidade*) 2. *Alteração* (*Mutabilidade de uma certa ordem*)

Os exemplos a seguir ajudam a esclarecer o que Saussure estava tentando transmitir. O princípio da arbitrariedade, que estende a liberdade absoluta à relação entre significante e significado, é duradouro, na verdade atemporal (acrônico). Não muda mesmo quando a relação entre qualquer significante e significado dados muda – sua mutabilidade é inevitável porque existem ao longo do tempo (diacronicamente), expondo-os às forças tardeanas de inovação difundidas pela imitação e pela repetição. Essa existência *ao longo do* tempo é ela mesma o resultado necessário do fato de que *no* tempo, a qualquer momento (sincronicamente), a comunidade de fala inclui pessoas que atravessam gerações, obrigando-as, à maneira durkheimiana, a manter uma continuidade linguística geral, que produz a impressão de imutabilidade.

A mudança sempre resulta, afirma Saussure, em uma mudança na relação entre significante e significado. Às vezes isso é evidente, como quando comparamos o francês *noyer* [afogar-se] com seu étimo latino *necare* [matar]. Mais frequentemente, porém, a mudança é mais sutil. O antigo *Dritteil* do alto-alemão [um terço] estava transparentemente relacionado ao *Teil* [parte], mas o equivalente alemão moderno *Drittel* não está; houve, portanto, uma mudança de um signo mais motivado para um menos motivado, e Saussure explicou anteriormente por que a motivação implica sempre a relação entre significante e significado dentro de cada signo.

Ele vai ainda mais longe: tal é a sistematicidade da língua que "não se conhece nenhum exemplo em que a relação tenha permanecido completamente a mesma"; há um "deslocamento de momento a momento da relação total do significante com o significado", mesmo no caso em que cada um deles parece permanecer o mesmo em um estágio anterior da língua. "Este é o corolário imediato do princípio da continuidade": enquanto uma língua está "em circulação", as relações mudam, em função do princípio da mudança coletiva proposto por Tarde.

Quando então pergunta, "[o] esperanto, <essa tentativa de uma língua artificial que parece estar dando certo> obedecerá à lei fatal, tornando-se social?", não se pode deixar de pensar em René e nas disputas mortíferas entre os esperantistas, que cabia a ele gerenciar. Para os "naturalistas", como o antigo antagonista de Ferdinand, Regnaud, a resposta à questão era que suas origens racionalmente controladas tornavam as línguas artificiais diferentes das naturais e imunes à mudança.[78] René acreditava que o que protegia o esperanto da mudança linguística normal era o fato psicológico de todos os seus falantes terem alguma outra língua como língua materna. Ferdinand, que no segundo curso insinuou claramente que o esperanto deve mudar, dessa vez não faz uma previsão, mas oferece uma explicação de por que ele pode não mudar: "Não é uma massa compacta que usa o esperanto, mas grupos disseminados perfeitamente conscientes, que não aprenderam essa língua como língua natural". Essa frase sintetiza os argumentos naturalista e psicológico, e os inclui em uma explicação essencialmente social: os esperantistas não constituem um grupo social propriamente dito, portanto não se esperaria que estivessem sujeitos aos tipos de processos considerados por Durkheim ou por Tarde.

> [...] na linguagem, a língua foi separada da fala.
> Quando se deduz da linguagem tudo o que é apenas fala, o resto pode ser propriamente chamado de língua e inclui apenas termos psíquicos. A língua = nó psíquico entre ideia e signo. Mas essa seria a língua <tomada> fora de sua realidade social, e irreal (porque incluindo apenas uma parte de sua realidade). Para que haja língua, é preciso uma massa falante usando a língua. A língua reside na alma coletiva [...].[79]

Por trás dessa redefinição de língua reside o espectro do esperanto e da "alma coletiva" durkheimiana, que os falantes do esperanto não constituem. Cada falante de esperanto, ao contrário, participa da "alma coletiva" da massa falante compacta de sua língua materna. As expressões em esperanto são atos de fala provenientes de algo como um código, não de uma língua. Presumivelmente, isso pode mudar, se uma massa de língua esperantista se tornar uma realidade social.

Isso traz Saussure de volta ao seu esquema envolvendo o tempo e o vínculo entre a língua e a massa social ou o falante. Pode-se considerar que esse vínculo funciona com base em princípios puramente psicológicos; mas "aqui intervém a realidade histórica do tempo", fazendo com que as "realidades externas" que são "forças sociais" se "manifestem em uma massa social". O alvo provável de Saussure aqui é a linguística neogramática, com seus princípios psicológico-lógicos de leis sonoras sem exceção afetadas apenas pela analogia. Ao recusar-se a atender a qualquer força social externa à língua, tal análise se abstrai da história, ou seja, do tempo. Os neogramáticos são incapazes, consequentemente, de explicar o que Saussure chama de "imutabilidade". Eles simplesmente a consideram o estado natural das coisas, com a mudança inerentemente anômala e, portanto, a única coisa que precisa de uma explicação. No entanto, como diz Saussure: "<Invoquemos simplesmente o fato> de que não conhecemos coisa alguma que não se altere com o tempo".

A linguística estática: última versão

Em 2 de junho de 1911, Saussure abre o "Capítulo IV. Linguística estática e linguística histórica. Dualidade da linguística", reiterando que "a questão do tempo cria questões particulares" para os linguistas.[80] Poucos a veem como "um cruzamento central, em que é obrigatório se perguntar se é preciso permanecer no tempo ou sair do tempo". Outras ciências não estão sujeitas ao mesmo efeito. A geologia se preocupa principalmente com as mudanças históricas, mas, quando lida com estados fixos da Terra, "não os torna um objeto fundamentalmente separado". E, embora "exista uma ciência do direito e uma história do direito [...], ninguém as opõe". Muita atenção tem sido dada ao fato de que Saussure insere aqui uma referência bastante específica à "economia política (*Wirtschaftslehre*)", que é semelhante à linguística ao separar

> [...] [a] história econômica (economia política dentro do tempo) e a economia política (duas cátedras diferentes). [...] com a economia política, deparamo-nos com a noção de valor, <(e sistema de valores)>, mas em menor grau do que com a linguística. Não se pode tomar simultaneamente o sistema de valor em si e o sistema de valor de acordo com o tempo.

Dado que Saussure nunca cita diretamente fontes exteriores à linguística, especulou-se sobre os economistas políticos que tinha em mente e até que ponto eles poderiam ter influenciado sua teoria do "valor" linguístico. Um nome que surge com frequência é Pareto, cuja correspondência com Adrien Naville e citações de Léopold de Saussure foram observadas no capítulo 14. No entanto, Ferdinand já escrevia sobre valor desde muito antes, de modo que, se absorveu algo da economia política, provavelmente foi durante seu ano assistindo promiscuamente a aulas na Université de Genève.[81] Sua referência às duas cátedras diferentes tem a ver com a política acadêmica interna da Université na época. As ciências sociais vinham crescendo com o apoio de William Rosier. O estabelecimento de cadeiras separadas em história econômica e economia política, preenchidas com homens de origem de classe média e tendências socialistas, estava mudando o equilíbrio de poder no que ainda era uma instituição bastante pequena.

Saussure passa a argumentar que uma distinção entre o "eixo das contemporaneidades" e o "eixo das sucessividades"[82] é realmente necessária em todos os campos de estudo, incluindo os mais práticos. Ele dá o exemplo do valor ao longo do tempo de uma propriedade de 50 mil francos – similar a um signo linguístico, arbitrariamente fixado, e com "um contravalor como 50 mil sendo ele próprio sujeito a variação de acordo com a abundância de ouro em determinado momentos etc.".[83] Entretanto, ele então viu a falha na comparação: o preço pode ser algo semelhante a um significante, mas a própria terra, sendo material e em nenhum sentido arbitrária, não tem nada em comum com um significado. Ele conclui dizendo que "chegamos ao máximo de complicação dos fatos de valor" antes de observar que valores de diferentes épocas não podem ser misturados. De fato, não é fácil traduzir o valor do franco suíço em 1911 para o de cem anos depois, dadas as mudanças desiguais nos preços de bens, serviços e mão de obra.

Ele critica a linguística por ter obscurecido a distinção crucial entre o eixo vertical do sucessivo e o eixo horizontal do contemporâneo. A gramática histórica e comparada concentrava-se inteiramente no primeiro, enquanto a gramática tradicional que a precedeu preocupava-se apenas com o segundo: "Ela <(a gramática de Port-Royal)> quer, por exemplo, fixar os valores do francês de Luís XIV, sem o misturar com o valor do francês da Idade Média ou do latim". No entanto, diz ele, "sua base <na gramática clássica> era muito mais científica do que a da linguística posterior, porque esta, colocando-se diante de um terreno ilimitado no tempo, não sabe exatamente o que tem diante de si".

A aula de 6 de junho é iniciada com a observação de que, do ponto de vista dos falantes, a diacronia não existe; falantes lidam apenas com um estado. Assim, argumenta Saussure, os linguistas também devem primeiro se esforçar para entender o estado sincrônico. Eles "só podem entrar na consciência dos falantes adotando o ponto de vista da ignorância das fontes".[84] Não se pode, diz ele, obter um panorama da cordilheira dos Alpes simultaneamente de Le Reculet, La Dole e Le Chasseral, três picos da cordilheira do Jura ao lado norte do lago de Genebra. Pode-se imaginar um observador em movimento, indo de Le Reculet a Le Chasseral, com sua perspectiva mudando ao longo do *tempo* da viagem, mas isso seria o equivalente a uma análise diacrônica. Desenhar o panorama requer focar em um único estado. Isso é mais importante na linguística do que em outras ciências, porque "a língua é um sistema. Em todo sistema, deve-se considerar o conjunto, <é isso que faz o sistema.> [...]. A alteração repercutirá no sistema em virtude de sua solidariedade", ainda que cada mudança inicialmente afete apenas um ponto do sistema e depois se espalhe através dele como o alpinista da montanha. Imaginar tudo isso mudando ao mesmo tempo é um erro comparável a imaginar que se poderia ter um panorama tirado simultaneamente de muitos lugares ao mesmo tempo. "Nunca", ele dirá na aula seguinte, "um sistema é alterado em sua totalidade".[85]

Para não ser mal interpretado como defensor do abandono do estudo diacrônico, Saussure pergunta: "Tem sido inútil, para apreender o fato estático, conhecer sua origem <conhecer os fatos diacrônicos>? Não, isso é útil. Mostra-nos um fato ao qual teremos de voltar: a passividade dos falantes em relação ao signo".[86]

Ainda assim, fatos diacrônicos e sincrônicos não podem ser combinados no mesmo estudo. Eles são de ordens diferentes.

Nas aulas seguintes, Saussure dá exemplos específicos de desenvolvimentos diacrônicos considerados nessa perspectiva. Na aula de 13 de junho, retorna mais uma vez à metáfora do xadrez para mostrar como, na mesma medida em que o valor de cada peça é determinado pelo sistema, em outra escala mais sutil, seu valor muda com cada movimento feito por qualquer um dos jogadores: "O que causa a passagem de uma posição das peças a outra, de um sistema a outro, de uma sincronia a outra? É o deslocamento de uma peça, não uma reviravolta de todas as peças".[87] A metáfora falha, reconhece Saussure, quando o enxadrista tem a *intenção* de provocar um efeito no sistema movendo uma peça, ao passo que, "[q]uando a língua faz um movimento (uma mudança diacrônica), ela o faz sem premeditação".[88]

O restante dessa aula foi dedicado a explorar a diferença entre leis diacrônicas e sincrônicas, um tópico herdado do segundo curso: "Uma lei diacrônica expressa uma coisa imperativa, que é realizada contra toda resistência. Uma lei sincrônica expressa uma ordem existente". É, com efeito, o que costumamos chamar de norma. Às vezes falamos de "leis" da natureza humana, mas vagamente, já que, nas palavras de Saussure, elas são "<[n]ão imperativas, não dinâmicas.>".

A aula de 16 de junho enfatiza novamente como os falantes experimentam "todo tipo de mudança" como "balões de ensaio".[89] É agora que o termo "consciência coletiva" aparece, substituindo os anteriores "inteligência coletiva" e "alma coletiva". Conforme discutido anteriormente, a consciência coletiva está implicada apenas na *língua*, não na *fala*.

Essa é sem dúvida a última ideia substancial articulada por Saussure no curso. Ele já havia começado a repetir pontos anteriores, às vezes pela segunda ou pela terceira vez. Dado o seu estado físico geral, sem dúvida se sentia exausto à medida que o ano letivo se aproximava do fim. Suas aulas estavam perdendo força. Era como se tivesse dito tudo o que tinha a dizer e estivesse preenchendo o tempo ilustrando os pontos com exemplos, mas eles, em alguns casos, acabam por distorcer o foco em vez de aguçá-lo.

Em 20 de junho, Saussure tentou "mostrar a dependência e a independência do fato sincrônico em relação ao fato diacrônico".[90] Sua melhor comparação é a de sincronia e diacronia com seções horizontais e verticais cortadas de um caule de planta. A seção horizontal não mostra "nada além de uma certa perspectiva, uma certa visão que se tem das fibras verticais que uma outra seção, a seção vertical, revelaria. Uma depende da outra". Com a língua, a fatia sincrônica é a mais importante, porque é o que todos os falantes realmente usam para produzir enunciados. A fatia diacrônica, por outro lado, é apenas algo que os linguistas estudam.

A aula de 23 de junho é intitulada "Linguística estática".[91] Saussure atribui, de forma autodepreciativa, "o descosido desse curso" ao fato de ter introduzido a bifurcação estática *vs* dinâmica antes do previsto. Uma das coisas que pertence à linguística estática é "o que tem sido chamado de 'gramática geral', que incluirá notavelmente os pontos em que a linguística está intimamente ligada à lógica". Categorias como substantivo e verbo pertencem à linguística estática, porque "é somente por meio de estados de língua que se estabelecem as relações e diferenças encontradas na gramática geral". Ele não menciona que, em seus próprios estudos no Gymnase de Genève, a *grammaire générale* fazia parte do curso de lógica, e opina que a linguística evolutiva é muito mais fácil e atraente do que a linguística estática, que requer perseverança para determinar as relações e os valores que ela, sozinha, pode explicar.

O restante da aula é dedicado a "[o]bservações preliminares <sobre toda a linguística estática>",[92] que tem a ver principalmente com o que se entende por um estado de língua, um *état de langue*. Saussure declara que este não pode ser fixado em termos de tempo:

> Há espaços de tempo em que a soma das modificações sofridas é quase nula, enquanto outros espaços de tempo menos consideráveis acabam sendo o teatro de uma soma de modificações muito importantes. [...] Chamamos de estado todo o espaço durante o qual nenhuma modificação séria mudou a fisionomia da língua.

Essa mudança, no entanto, está sempre em andamento, manifestando-se a qualquer momento como variação entre gerações. Nesse sentido, Saussure admite: "Nós procedemos como os matemáticos fazem com seus planos, eles também ignoram as mudanças infinitesimais. [...] para demonstrar as coisas, é-se obrigado a simplificá-las".

Na aula de 27 de junho, mais uma vez, os primeiros princípios da linguística estática são revisitados – unidades, diferença, valor –, bem como as duas esferas totalmente distintas de como os valores são gerados e coordenados, uma sintagmática, a outra associativa. Saussure introduz o termo "sintagma" para a combinação de dois ou mais elementos que dão origem a uma relação particular entre eles. As relações sintagmáticas se desdobram em uma única extensão linear do tempo – assim como, embora ele não o mencione aqui, o significante individual. As relações associativas, por outro lado, estão fora do tempo e do espaço, sendo relações puramente mentais. Ele extrai seu exemplo da atividade em que está envolvido no momento.

> Exemplo: uma palavra como *enseignement* evocará de uma maneira inconsciente a ideia de uma série de outras palavras que, de uma forma ou de outra, têm algo em comum com ela. Isso pode se dar por vias muito diferentes. Por exemplo, *enseignement* será incluído em uma série associativa na qual se verá: *enseignement – enseigner – enseignons – enseigne* etc. [ensino – ensinar – ensinamos – ensina] Há algo em comum na ideia representada e algo em comum na imagem acústica. O significante e o significado juntos formam essa série associativa. Da mesma forma *enseignement – armement – rendement* [ensinamento – armamento – rendimento]: outra série associativa igualmente baseada em uma relação entre significante e significado, mas em outra parte da palavra. Série associativa baseada no significado: *enseignement – instruction – apprentissage – éducation* [ensino – instrução – aprendizagem – educação].[93]

Saussure acrescenta outro tipo de associação pouco familiar aos leitores do *Curso de Linguística Geral*:

> Pode-se ter: simples comunidade das imagens auditivas:
> *blau* [azul]
> *durchbleuen** → não tem relação com *blau*.
> ä
> (bater com bastões)
> [...] Essas coordenações podem ser consideradas como existentes no cérebro tanto quanto as próprias palavras.

* *Durchbläuen* [bater com bastões] era tradicionalmente grafado *durchbleuen*. A mudança para a forma atual deve-se à etimologia popular que a associa a "*blau*" [azul]. (N. da T.)

Ele reitera que as relações associativas não são lineares: formam uma constelação, nesse caso tendo como centro *enseignement*, embora na verdade não existam no espaço. O sintagma pode ser compreendido como um conjunto do que uma palavra dada "tem ao seu redor" *in praesentia* [em presença], em um enunciado real, enquanto a série associativa é o que a palavra tem ao seu redor *in absentia* [em ausência] – o que poderia ter sido escolhido em seu lugar.

Saussure levanta ainda o problema de que a sentença, atribuída em uma aula anterior à *fala*, é a unidade central do sintagma, mas aqui ele está colocando as relações sintagmáticas diretamente na *língua*. Ele admite que essa é uma "questão difícil de decidir", pois "<[é] efetivamente aqui que há algo delicado na fronteira entre os domínios>". Mesmo uma palavra composta como o latim *magnanimus* [magnânimo] ou o alemão *Dummheit* [estupidez] é um sintagma, como de fato o é uma palavra flexionada (*dominus*, *domini*, *domino* etc.), mas certamente faz parte da *língua*. "Além disso, há uma série de frases que são pré-formadas para a língua", como *s'il vous plaît* [por favor], e que o próprio indivíduo "não precisa combinar".

Talvez por relembrar conversas com seu irmão Horace, ele traz uma metáfora arquitetônica, comparando um elemento da língua a uma fachada com colunas. A relação entre as colunas e o friso que sustentam é "sintagmática". Mas, se alguém está olhando para as colunas dóricas e comparando-as com as jônicas ou as coríntias, uma série associativa está sendo invocada, de uma forma que Saussure chama de "virtual ou mnemônica". Mais uma vez, ele lembra a seus alunos que a análise linguística não deve começar a partir da palavra ou do termo individual, mas do sistema, o "todo solidário" do qual cada elemento deriva um valor.

Na sequência do curso, temos o "Capítulo V. Valor dos termos e sentido das palavras. Em que as duas coisas se fundem e se distinguem"[94] – certamente uma das grandes e duradouras questões relativas à linguística saussuriana: "Quando se fala de valor, sente-se que ele se torna aqui sinônimo de sentido (significação), e isso indica um outro terreno de confusão". Existe já uma confusão inerente ao uso cotidiano de termos como *sentido*. Saussure nunca considera a distinção estabelecida pelo filósofo analítico Gottlob Frege entre *Sinn* e *Bedeutung*, "sentido" e "referência", a significação conceitual de uma palavra *versus* as coisas no mundo que ela denota. À questão "o que significa *livro*?", pode-se responder designando o objeto que se tem em mãos, ou uma imagem de tal objeto, ou dando uma descrição verbal dele, ou a palavra correspondente em outra língua. Todas essas respostas se enquadram no que normalmente chamamos de "sentido" – e nenhuma delas é o que Saussure chama de *significado*. Chamar o significado de "conceito" implica que seja mais ou menos similar ao *Sinn* de Frege. Essa é uma das dificuldades terminológicas que tanto o frustraram. "Essa é talvez uma das operações mais delicadas de fazer em linguística, a de ver como o sentido depende e ainda permanece distinto do valor."

> Eis o paradoxo em termos baconianos, "a caverna" contendo uma armadilha: é que a significação que nos aparece como a contraparte da imagem auditiva é igualmente a contraparte dos termos coexistentes na língua. [...] O valor de uma palavra só resultará da coexistência dos diferentes termos.

De fato, o significado é ele mesmo, como o significante, um valor derivado de sua diferença em relação aos outros significados aos quais ele se relaciona associativamente. Significados e significantes definem duas ordens separadas de valor por diferença, que o papel essencial da língua é alinhar. O alinhamento "vertical" de significado para significante "é muito difícil de distinguir" do alinhamento "horizontal" de significado para outros significados. Como resultado, "[o] significado como contraparte da imagem se funde com o significado como contraparte dos termos coexistentes". Isso também vale para os valores exteriores à língua.

> Por exemplo, uma moeda de 20 francos: entra em seu valor uma coisa dissemelhante que posso trocar (por exemplo, libras de pão). 2) a comparação de uma moeda de 20 francos com moedas de 1 e 2 francos etc., ou moedas de valor semelhante (guinéu). O valor é ao mesmo tempo a contraparte de um e a contraparte do outro. Nunca a significação de uma palavra será encontrada <considerando apenas coisas permutáveis>, mas é-se obrigado a comparar a série <semelhante> de palavras comparáveis. [...] É assim que o sistema do qual procede o termo é uma das fontes de seu valor. É a soma dos termos comparáveis em oposição à ideia trocada.

Esse não é o melhor exemplo. Trocar uma moeda suíça de 20 francos por 1 guinéu britânico é menos comparável a trocá-la por 10 moedas de 2 francos do que a comprar pão – e isso dificilmente se assemelha à relação entre significante e significado, já que o pão é uma substância física, exatamente o que Saussure se esforçou ao máximo para incutir em seus alunos que o significado *não* é.[95] Como pano de fundo, estão sendo feitos os preparativos para a primeira pequena emissão de moedas *spesmilo*, à venda no Congresso Mundial de Esperanto de 1913, em Berna. Não sendo a moeda corrente em nenhum país, embora com uso crescente no câmbio internacional, o *spesmilo* de René de

Saussure foi a primeira moeda puramente conceitual e, na verdade, teria ilustrado muito bem o ponto de Ferdinand.

Ele se volta para como o plural não tem o mesmo significado em francês e em sânscrito, que também tem um número dual (uma marcação especial apenas para dois elementos). O plural sânscrito significa "três ou mais", enquanto o plural francês, como o inglês, significa "dois ou mais" – o valor é gerado pelo sistema como um todo. Nem o *mouton* [carneiro] francês tem o mesmo valor que sua homóloga inglesa *sheep*. "Se se fala do *mouton* que está no campo e não sobre a mesa", observou Saussure, "diz-se *sheep*. É a presença na língua de um segundo termo que limita o valor que pode ser atribuído a *sheep*".* Aqui, novamente, o valor depende "da presença ou da ausência de um termo vizinho", de modo que "a significação é determinada pelo que a cerca".

Em 4 de julho de 1911, Saussure deu sua aula final sobre linguística geral. Mais uma vez, não encontramos ideias totalmente novas, mas a concretização daquelas já apresentadas, às vezes com ilustrações que perdurarão. A primeira questão levantada é: o que são ideias, psicologicamente, quando abstraídas da língua? A resposta incisiva vem de imediato: "Elas provavelmente não existem, ou existem sob a forma que pode ser chamada de amorfa".[96] Como no segundo curso, ele diz que a parte sonora da língua também é amorfa, até que som e conceito sejam unidos.

> Esse fato <linguístico> dará origem a valores que <pela primeira vez> serão determinados. [...] Não apenas esses dois domínios entre os quais se dá o fato linguístico são amorfos, <mas a escolha do vínculo entre os dois> esse casamento <entre os dois> que criará o valor é perfeitamente arbitrário.

Esse é o cerne do que há de absolutamente original no pensamento saussuriano: que a *conexão* entre os dois domínios de valores que se referem ao som e ao conceito é o que cria cada um deles, é essencial para cada um deles e é o lócus da arbitrariedade da língua. Nenhuma das peças por si só é original de Saussure. O que é distinta e exclusivamente dele é a visão de língua como a interface arbitrária, mas inseparável, desses dois domínios.

* Em língua inglesa, há uma distinção entre a palavra para designar o animal (*sheep* [carneiro]) e sua carne enquanto alimento (*mutton* [carne de carneiro]). A mesma distinção ocorre em inglês com *pig* [porco, o animal] e *pork* [carne de porco]. Em francês, e também em português, essa distinção não ocorre: *mouton* [carneiro] designa tanto o animal quando sua carne. (N. da T.)

À medida que se aproxima a hora de encerrar o percurso, ele martela os pontos que acredita serem fundamentais, como se soubesse que está fazendo isso pela última vez.

> [...] na língua, só existem diferenças sem termos positivos. Essa é a verdade paradoxal. [...]
>
> Não há, a rigor, signos, mas diferenças entre os signos. [...]
>
> Portanto, pode-se encarar todo o sistema da língua como diferenças de sons combinadas com diferenças de ideias. [...]
>
> O princípio, enfim, a que a coisa retorna é o princípio fundamental do arbitrário do signo. [...]
>
> Consideramos a palavra como <termo> colocado em um sistema, <isto é, como um valor. – Ora,> A solidariedade dos termos no sistema pode ser concebida como um limite do arbitrário, seja a solidariedade sintagmática ou a solidariedade associativa.[97]

O sino está prestes a soar. Há tempo para apenas três últimas frases de desculpas.

> <Neste curso, quase concluímos apenas a parte externa.> Na parte interna, a linguística evolutiva é deixada de lado para <a linguística sincrônica, e nós retomamos> apenas princípios gerais em linguística.
> <É com base nesses princípios gerais que serão tratados de forma proveitosa o detalhe de um estado estático ou a lei dos estados estáticos>[98]

Com esse reconhecimento do que havia feito e do que havia deixado de fazer, Saussure encerrou o curso. Como sempre, muito não foi dito, e sua prontidão em se arriscar na exploração de novas ideias produziu algumas contradições e repetições ao lado de fagulhas de genialidade. No entanto, sua visão do sistema linguístico sincrônico foi levada ao máximo desenvolvimento.

Notas

1 Sobre sua arteriosclerose, ver G. G. & J[ean] D[ebrit], "Une gloire genevoise qui s'en va" (*A.B.C.*, Genebra, 25 de fevereiro de 1913), e capítulo 19, a seguir.

2 Ver: FdS, Ragaz, para Charles Bally, Genebra, 20 de agosto [ano desconhecido], em "Correspondance Bally-Saussure", editado por René Amacker (*Cahiers FdS*, vol. 48, 1994, pp. 91-134 (pp. 131-132)). A datação da carta proposta por Amacker para 1912 é impossível; não pode ser posterior a 1910, porque menciona a sogra de FdS tendo a casa cheia de hóspedes em Vufflens, e ela morreu em 2 de novembro de 1910. É improvável que seja anterior a 1908, pois mostra uma maior intimidade das cartas de FdS a Bally após a apresentação dos *Mélanges* naquele mês de julho.

3 *Journal de Genève*, 16 de julho de 1909.

4 *Journal de Genève*, 7 de outubro de 1909.

5 *Journal de Genève*, 31 de julho, 4 e 6 de agosto de 1909. Posteriormente, René foi submetido a uma violenta denúncia do filósofo Wincenty Lutoslawski, embora Flournoy tenha surgido para tomar seu partido. Ele também foi nomeado para servir em um comitê tripartite para padronizar a terminologia psicológica, junto com Claparède e o estudioso estadunidense James Mark Baldwin.

6 *Journal de Genève*, 16 de setembro de 1909.

7 O curso de sânscrito teve apenas 3 alunos, mas o de gramática comparada do grego e do latim atraiu 14, e o de gótico e o antigo saxão 15, incluindo dois estadunidenses, E. Clark e O. Harter.

8 BGE Ms Cours univ. 824 (1986/15). Os 15 cadernos, 10 de fonologia e 5 de morfologia, totalizam 543 páginas. As notas de fonologia começam no "semestre de inverno 1909/1910" e terminam no "fim do semestre, quinta-feira, 7 de julho de 1910, às 10h". As notas de morfologia não têm data de início, mas terminam na "segunda-feira, 4 de julho [1910 acrescentado a lápis] às 12h15". No curso de 1907-1908, FdS planejou tratar da fonologia primeiro, depois da morfologia, mas nunca chegou a essa última, devido ao desejo fortemente expresso de seus alunos de que ele não deveria deixar de lado as duas séries de guturais indo-europeias, como originalmente pretendia (ver notas de Riedlinger em BGE Ms Cours univ. 824, Grammaire historique du grec et du latin, 1907-1908, Cahier II, f. 14).

9 BGE Ms Cours univ. 824, A, f. 8.

10 *Idem*, ff. 10-11.

11 BGE Ms Cours univ. 824, B, f. 1.

12 *Journal de Genève*, 4 de fevereiro de 1910.

13 FdS era membro da Sociedade de Genebra para o amparo ao Congo. O *Journal de Genève* de 24 de março de 1909 relata que ele assinou uma carta ao *The Times* sobre o Congo.

14 FdS para Louis Havet, 5 de fevereiro de 1910 (em: REDARD, G. "Ferdinand de Saussure et Louis Havet". BSLP, vol. 71, 1976, pp. 313-349 (pp. 346-347)).

15 O prêmio foi anunciado no *Journal de Genève*, em 19 de abril de 1910. Agradeço a Bjarne Stavnshøj, arquivista da Academia Real Dinamarquesa, por me fornecer os nomes dos indicados.

16 Informação disponível em <www.pionnair-ge.com/spip1/spip.php?article219>. Acesso em 12/10/2023.

17 BGE Ms. fr. 3959/1; ver: TURPIN, B. "Légendes et récits d'Europe du Nord: de Sigfrid à Tristan". *In*: BOUQUET, S. (ed.). *Ferdinand de Saussure*. Paris, L'Herne, 2003, pp. 351-429 (p. 352)).

18 LINDA, M. "Kommentiertes Verzeichnis der Vorlesungen F. de Saussures an der Universität Genf (1891-1913)". *Cahiers FdS*, vol. 49, 1995/1996, pp. 65-84.

19 Tanto Albert Riedlinger quanto Charles Patois estavam fazendo o curso de germânico de FdS durante esse ano, mas não compareceram ao curso de linguística geral pelo que teria sido a segunda vez de Patois e a terceira de Riedlinger.

20 As duas empresas fundiriam-se com outras quatro, em 1925, para formar a IG Farben.

21 A informação é dos censos dos Estados Unidos de 1900, 1910 e 1930, e foi confirmada para mim pelo filho de George Govignon, Edward Govignon. George passou sua vida profissional na fábrica de corantes, chegando ao cargo de tesoureiro.

22 FdS. "Notes preparatoires pour le Cours de Linguistique Générale 1910-1911"; CONSTANTIN, É. "Linguistique générale, cours de M. le professeur de Saussure 1910-1911". Ed. Daniele Gambarara e Claudia Mejía Quijano. *Cahiers FdS*, vol. 58, 2005, pp. 71-290 (p. 87).

23 A citação não corresponde exatamente a nenhuma passagem que encontrei em Whitney, mas parece ser a paráfrase de FdS da visão de Whitney expressa, por exemplo, em *A vida da linguagem* (Trad. M. A. Cruz. Petrópolis, Vozes, 2010 (pp. 264-267)).

24 FdS/Constantin, 2005, p. 89.

25 *Idem*, p. 97.

26 *Idem*, p. 99. Hermann Möller, *Semitisch und Indogermanisch* (Copenhague, H. Hagerup, 1906). Nenhum outro volume desse trabalho apareceu. FdS não menciona a tentativa de Möller, de quase 30 anos antes, de estabelecer um vínculo entre as famílias reinterpretando seus coeficientes sonoros como laríngeos.

27 FdS/Constantin, 2005, p. 99. FdS refere-se ao argumento de Alfredo Trombetti em *L'unità d'origine del linguaggio* (Bologna, Libreria Treves di Luigi Beltrame, 1905) de que todas as línguas do mundo tinham uma origem comum.

28 FdS/Constantin, 2005, p. 101.

29 *Idem*, p. 102. Ver também: JOSEPH, J. E. "Natural Language *versus* the Literary Standard from Varro to Saussure". *Journal of Literary Semantics*, vol. 30, 2001, pp. 19-36; e o capítulo 5 de JOSEPH, J. E. *Limiting the Arbitrary: Linguistic Naturalism and its Opposites in Plato's Cratylus and Modern Theories of Language*. Amsterdam/Philadelphia, John Benjamins, 2000.

30 FdS/Constantin, 2005, p. 106.

31 *Idem*, p. 110, da nota preparatória de FdS.

32 FdS reconhece que os dialetos são abstrações enganosas e que, embora "na prática seja necessário manter o termo dialeto" (*Idem*, p. 123), é apenas sob a condição de que "ou seja necessário 1) concordar que uma única característica é suficiente para caracterizar um dialeto, 2) ou então, se todas as características são tomadas, é necessário restringi-las a um único ponto no mapa e falar do dialeto daquela aldeia" (*Idem*, p. 121).

33 *Idem*, p. 129. O termo *intercurso* foi emprestado do inglês por FdS – mais especificamente, ao que parece, de Whitney, identificado como a provável fonte da tensão paroquialismo/intercurso por Godel, em *Les sources manuscrites du Cours de Linguistique Générale de F. de Saussure* (Genève, Droz, 1957 (p. 265)), e por Koerner, em *Ferdinand de Saussure: Origin and Development of his Linguistic Theory in Western Studies of Language: A Critical Evaluation* (Tese de doutorado. Simon Fraser University, 1971 (p. 88)). De Whitney, ver, por exemplo, *Language and the Study of Language: Twelve Lectures on the Principles of Linguistic Science* (New York/London, C. Scribner/Trübner, 1867), p. 405, sobre "o intercurso social do homem com o homem", e p. 159, sobre "a força coesiva" da cultura; e *A vida da linguagem* (2010), p. 261, sobre como "a comunicação é sempre a principal força determinante que faz com que o homem fale", a força que "determina a unidade de uma língua e restringe sua variação dialetal". Ver também os textos de Whitney "Logical Consistency in Views of Language" (*American Journal of Philology*, vol. 1, 1880, pp. 327-343 (p. 342)) e "On Mixture in Language" (*Transactions of the American Philological Association*, vol. 12, 1881, pp. 5-26 (p. 10)). FdS já havia usado a palavra

"intercurso" em sua terceira aula inaugural de novembro de 1891, embora não em clara oposição a algo como a *force du clocher* (ELG, p. 145).

* Tradução modificada da versão brasileira. (N. da T.)

34 FdS/Constantin, 2005, pp. 128-129. Os editores do CLG substituíram a *force du clocher* da aula de FdS pela frase mais familiar *esprit de clocher*.*

* Na edição brasileira, lemos "espírito de campanário". Cf.: CLG, p. 238. (N. da T.)

35 FdS/Constantin, 2005, p. 130.

36 *Idem*, p. 134, combinando os dois conjuntos de notas.

37 *Idem*, p. 137, da nota de FdS.

38 *Idem*, p. 138, da nota de FdS.

39 *Idem*, p. 143.

40 *Idem*, p. 148.

41 Um artigo anterior na edição de 18 de dezembro relatou sua eleição para a "Académie des Belles Lettres".

42 FdS para Louis Havet, 17 de dezembro de 1910 (em Redard, 1976, p. 348).

43 FdS/Constantin, 2005, p. 149.

44 *Idem*, p. 154.

45 Marguerite de Rochemont, Tahiti, para FdS, 18 de março de 1911, AdS 366, ff. 208-211. Como ela apontou em um pós-escrito, "retomei meu nome de solteira"; o fato de ela não ter alterado de volta para Pictet é indicativo de relações familiares tensas, que em todo caso não são disfarçadas na carta.

46 FdS/Constantin, 2005, p. 214.

47 FdS. *Premier cours de linguistique générale (1907) d'après les cahiers d'Albert Riedlinger/Saussure's First Course of Lectures on General Linguistics (1907), From the notebooks of Albert Riedlinger*. Ed. Eisuke Komatsu e trad. George Wolf. Oxford/New York, Pergamon, 1996 (p. 23); Godel, 1957, p. 54.

48 FdS/Constantin, 2005, p. 214.

49 *Idem*, p. 216. FdS designa inicialmente as duas partes do signo de "imagem verbal" e "conceito verbal", mas depressa as altera para "imagem acústica" e "conceito". É surpreendente notar, em retrospecto, que ele tenha que lutar com esses termos toda vez que os introduz: agora temos uma distinção clara entre eles, que devemos a FdS, mas, em seu tempo, todo o peso da língua francesa estava operando para confundir os dois.

50 FdS remete seus alunos ao "artigo do Sr. Sechehaye", presumivelmente "La stylistique et la linguistique théorique" (*Mélanges de linguistique offerts à M. Ferdinand de Saussure*. Paris, H. Champion, 1908, pp. 153-187).

51 Quando a artéria coronária que fornece sangue ao coração é afetada, um dos resultados comuns é a dor no esôfago, o que dificulta a fala. Quando as artérias carótidas ou vertebrais que fornecem sangue ao cérebro são afetadas, o resultado pode ser um comprometimento do processamento mental da fala. Os poucos comentários que temos sobre os sintomas de FdS sugerem o primeiro, mas não descartam o segundo.

52 FdS/Constantin, 2005, p. 218.

53 *Idem*, p. 219.

54 *Idem*, p. 220.

55 JAKOBSON, R. *Six leçons sur le son et le sens*. Paris, Minuit, 1976 [1939], p. 116.

56 Por exemplo, Jonathan Culler, em *As ideias de Saussure* (São Paulo, Cultrix, 1976).

57 Whitney, W. D. "Φύσει or Θέσει – Natural or Conventional?". *Transactions of the American Philological Association*, vol. 5, 1874, pp. 95-116.

58 FdS/Constantin, 2005, p. 222. A "semiótica" do contemporâneo de FdS, Charles Sanders Peirce, divide os signos em ícones, índices e símbolos. Embora seja impossível traduzir diretamente os sistemas de FdS e de Peirce entre si, os signos arbitrários de FdS são um subtipo do que Peirce chama de símbolos, enquanto o que FdS chama aqui de símbolos pode ser qualquer um dos três tipos de Peirce, dependendo de como eles simbolizam seu referente.

59 *Idem*, p. 77. Jacques Derrida, em *Glas* (Paris, Galilée, 1974), mostrou como os próprios critérios que FdS usa para determinar o que é ou não uma onomatopeia minam seu próprio argumento de tal forma que nenhum elemento de qualquer língua poderia ser definitivamente declarado como sendo arbitrário; conferir, porém, *What if Derrida was wrong about Saussure?*, de Russell Daylight (Edinburgh, Edinburgh University Press, 2011).

60 FdS/Constantin, 2005, p. 223.

61 Extratos das notas da reunião de Gautier (sábado, 6 de maio de 1911) em Godel (1957, p. 30).

62 FdS/Constantin, 2005, p. 227.

63 *Idem*, pp. 229-230.

64 Embora não relacionado com *mouton* [carneiro], *berger* está relacionado historicamente com *brebis* [ovelha] – mas os falantes de francês geralmente não sabem disso.

65 Na verdade, como FdS apontará, *métier* deriva do latim *ministerium* [ministério], tornando-o relacionado a palavras francesas como *ministre* [ministro], um empréstimo renascentista do latim, mas a relação é opaca.

66 FdS/Constantin, 2005, p. 232.

67 *Idem*, p. 236.

68 Não havia consenso sobre como exatamente a "consciência coletiva" deveria ser entendida, mas a versão durkheimiana havia recebido um impulso da análise das "representações coletivas" de culturas primitivas em Lucien Lévy-Bruhl, *Les fonctions mentales dans les sociétés inférieures* (Paris, Alcan, 1910). Influente em uma direção diferente foi o psicanalista suíço Carl Jung, com sua ideia de um "inconsciente coletivo", obviamente baseado em Freud, que era profundamente cético em relação a qualquer realidade "social".

69 FdS/Constantin, 2005, p. 236.

70 *Idem*, p. 271.

71 *Idem*, p. 237.

72 Mesmo assim, FdS ainda estava insatisfeito com a palavra *signo* para "designar seu conjunto sem ambiguidade possível", uma vez que continuará a ser mal interpretado por muitas pessoas como se referindo apenas ao significante, mas ele não consegue encontrar uma alternativa melhor.

73 Essa frase é uma interpolação de Bally e Sechehaye (CLG, p. 88).

74 FdS/Constantin, 2005, pp. 241-242.

75 FdS foi criticado por falar aqui de uma palavra latina "tornando-se" uma palavra francesa, algo que ele rejeitou explicitamente em outros lugares.

76 FdS/Constantin, 2005, p. 252, combinando as notas de Constantin e FdS.

77 *Idem*, p. 241.

78 Ver: FdS. *Deuxième cours de linguistique générale (1908-1909), d'après les cahiers d'Albert Riedlinger et Charles Patois/Saussure's Second Course on General Linguistics (1908-1909), from the notebooks of Albert Riedlinger and Charles Patois*. Ed. Eisuke Komatsu e trad. George Wolf. Oxford/New York, Pergamon, 1997 (p. 12); ver também Paul Regnaud, *Les conditions d'établissement d'une langue internationale, à propos de l'Esperanto* (Paris, Le Soudier, 1901).

79 FdS/Constantin, 2005, p. 248.

80 *Idem*, p. 253.

81 Seu uso do alemão *Wirtschaftslehre* é incomum o suficiente para parecer significativo, mas não forneceria uma conexão com o italiano francófono Pareto.

82 FdS/Constantin, 2005, p. 258.

83 A ideia de que a inflação poderia ser uma característica permanente e inevitável das economias ainda não havia se enraizado, mas teria fortalecido o ponto que FdS estava tentando defender.

84 FdS/Constantin, 2005, p. 261.

85 *Idem*, p. 265.

86 *Idem*, p. 263.

87 *Idem*, p. 267.

88 FdS caiu novamente em uma armadilha verbal – uma língua não pode "fazer um movimento", apenas os falantes podem, começando na *fala* –, e sua luta para se libertar dela gera confusão.

89 FdS/Constantin, 2005, p. 270.

90 *Idem*, p. 273.

91 *Idem*, p. 275.

92 *Idem*, p. 276.

93 *Idem*, p. 278.

94 *Idem*, p. 282.

95 Outros aspectos do valor da moeda são deixados de lado na metáfora de FdS. Até a década de 1960, as moedas eram cunhadas em metais preciosos, dando-lhes um valor *intrínseco* do tipo que o significante não possui. Seu valor de troca é afetado pela quantidade total de moedas em circulação, e ainda mais pela quantidade de notas bancárias em comparação com a quantidade de bens e serviços disponíveis. O guinéu, não cunhado desde 1813, era conhecido por FdS como uma quantia conceitual (uma libra mais um xelim), ainda comumente utilizada em 1911 para os honorários de médicos e outros profissionais, e ainda hoje na compra e na venda de cavalos de corrida, obras de arte, antiguidades e afins.

96 FdS/Constantin, 2005, p. 285.

97 *Idem*, pp. 288-289.

98 *Idem*, p. 289.

19

O fim: 1911-1913

As últimas viagens

O verão de 1911 foi dominado por tensões latentes entre a França e a Alemanha. Era um momento oportuno para Saussure produzir seu breve artigo sobre os "Alamans" para um dicionário histórico do cantão de Vaud.[1] Os alamanos, um povo germânico do sul, eram ancestrais dos suíço-alemães e rivais tradicionais dos ancestrais burgúndios dos Saussure. Porém, o sangue alamânico, assim como o da Burgúndia, corria em suas veias, e seu interesse pelas antigas lendas germânicas o conectava com uma época em que os alamanos e os burgúndios compunham ainda uma mesma cultura.

O artigo traça a trajetória dos alamanos desde o século III até sua derrota para Clóvis em 506, quando perderam sua independência, mas mantiveram sua identidade como um ducado sob o império. Suas expansões e dispersões posteriores são obscuras, mas Saussure observa que alguma luz sobre sua fixação no Vaud foi recentemente lançada pela pesquisa de seu colega Muret sobre nomes de lugares locais. O artigo é repleto de percepções etimológicas, como sobre como o nome "Alamans" – "all mann" [todos os homens], originalmente acreditado para designar uma liga de 10 ou 12 tribos que se uniram na batalha de Estrasburgo em 357 –, que praticamente desapareceu dos dialetos germânicos, sobrevivendo "no uso popular dos povos românicos, que mais tarde o aplicaria ao conjunto dos habitantes da Deutschland (*Allemands*)".[2] A bibliografia cita principalmente obras históricas alemãs e a obra recém-publicada de Paul sobre filologia germânica,[3] mas também um estudo de Paul-Edmond Martin,[4] genro de seu velho amigo Amé Pictet. Alguns anos depois, Martin faria a primeira publicação póstuma de um artigo de Saussure.[5]

Naquele momento a saúde de Saussure havia melhorado o suficiente para que ele e Marie partissem para a Inglaterra em outubro, antes do início do semestre de outono.[6] Seria sua última viagem, longa ou curta, mas não um grande passeio, apenas uma visita familiar a Albertine, no Castelo de Mettingham, em Suffolk. Durante a estada, foi combinado que Jacques, cujo aniversário de 18 anos se aproximava, passaria as férias de Natal em Mettingham. Ferdinand, no entanto, entrou em um pequeno contratempo com seu cunhado Hastings, que anunciou seu ceticismo sobre a alegação de que Albertine fosse descendente de uma nobre família inglesa, os Egerton. Ele mostrou a Ferdinand as edições recentes do *Burke's Peerage*, que não davam nenhuma indicação de qualquer ligação entre os Egerton e os Saladin, bisavós dele e de Albertine.[7]

Hastings e Albertine estavam casados e felizes havia mais de cinco anos. Com a Inglaterra tendo sido seu lar durante toda a sua vida adulta, ela agora era tão inglesa quanto genebrina, e seu relacionamento com a família Egerton, socialmente proeminente, ajudou a estabelecer sua identidade adotiva. Hastings não se importava nem um pouco com a ascendência da esposa. Ele a adorava, e, se suas provocações doíam, ela não admitia. Ferdinand, no entanto, não conseguiu disfarçar seu ressentimento. Como em outros momentos de sua vida quando as pessoas lhe negaram o devido reconhecimento, ele reagiu como se fosse uma provocação. Em seu retorno a Genebra, consultaria documentos de família e obras de referência para estabelecer a verdade sobre sua ascendência e a de sua irmã.

A caminho de casa, os Saussure pararam em Paris, uma cidade associada a deslizes muito mais antigos e profundos. Sua recente eleição como membro correspondente do Institut de France, porém, havia feito muito para aliviar as mágoas de 20 anos antes. Visitou Meillet, a quem havia escrito de Mettingham dizendo para esperá-lo,[8] depois voltou a Genebra para o início do semestre de outono, no final de outubro. Esse foi um ano de folga para o curso de linguística geral, então seu ensino consistia em uma hora de anglo-saxão (gramática e interpretação de textos), duas horas de sânscrito e duas horas de etimologia grega e latina: famílias de palavras e processos de derivação. Ele não ministrava aulas de etimologia grega e latina desde 1893-1894.[9] O novo curso, menos ambicioso filologicamente do que seu precedente, foi projetado para alunos cujo conhecimento de latim e grego não era necessariamente muito detalhado e que não conheciam linguística. O tipo de aluno, em outras palavras, que estava se tornando a norma na Faculdade de Letras e Ciências Sociais.

No Natal, a celebração da família em Vufflens foi animada, pela segunda vez com a presença de Nadège Pictet, pupila de Ferdinand, de seis anos. Pela primeira vez, porém, um dos meninos estava ausente. Jacques talvez estivesse com saudades de casa em Suffolk, a julgar pelo que Hastings escreveu a Ferdinand no dia de Ano-Novo de 1912.

> Jacques parece muito feliz aqui em nossa companhia, embora esteja muito quieto, mas não parece estar entediado. Ele está aprendendo a jogar golfe, e meu guarda de caça está ensinando-o a manusear uma arma de fogo sem perigo para si ou para qualquer outra pessoa, o que é muito útil. Acho que essas formas mais rudes de diversão serão boas para ele.[10]

Como as coisas haviam mudado desde a infância de Ferdinand e as listas de criaturas que ele carregava em seus idílios de verão! As atividades campestres da aristocracia continental haviam sofrido uma mudança radical desde a década de 1870. Na Grã-Bretanha, elas durariam um pouco mais, até a Segunda Guerra Mundial. Apenas no caso de Ferdinand não ter entendido a mensagem de que "formas mais rudes de diversão" são "boas para" Jacques, Hastings explicou as coisas com um pouco mais de clareza: "Ele é um menino de uma gentileza inacreditável, que tem um senso moral que é incomum em jovens de sua idade – mas acho que ele deveria se ocupar de coisas um pouco mais desafiadoras fisicamente e um pouco mais viris". Como um veterano do Exército da Índia, Hastings naturalmente se preocuparia com a "virilidade" de qualquer jovem que parecesse introvertido e preferisse atividades internas ao rúgbi ou à caça. Os livros da época sobre como lidar com adolescentes enfatizam as virtudes do "ar fresco" para superar quaisquer tendências não masculinas.

Seria um alívio para Hastings quando, oito anos depois de escrever a carta, a esposa de Jacques, Marguerite, deu à luz seu primeiro filho – uma façanha que, infelizmente, Albertine e Hastings nunca conseguiram. E como Hastings, que morreu em 1931, teria ficado orgulhoso de ver seu sobrinho, Egerton ou não Egerton, nomeado Cavaleiro Honorário do Império Britânico em 1952, em reconhecimento à fibra moral que demonstrou como chefe da Divisão de Interesses Estrangeiros do governo da Suíça durante a Segunda Guerra Mundial.[11]

Ferdinand não deixou de examinar a história da família, mas qualquer pesquisa séria teve que esperar até o fim do semestre. Para sua consternação, ele não conseguiu apresentar nenhuma evidência positiva, então escreveu para seu primo Victor van Berchem, também descendente de Saladin-Egerton, pedindo ajuda:

> Se você tiver alguma clareza sobre tudo isso, por favor, envie-me uma palavra, pois eu não me importaria nem um pouco em 'martelar' o recalcitrante Hastings, ou pelo menos dar a Albertine uma justificativa para a filiação que ela sabe que tem, sem poder estabelecê-lo com precisão.[12]

Victor, nomeado naquele ano na *Encyclopaedia Britannica* como um dos sete "principais historiadores contemporâneos" da Suíça, não conseguiu socorrê-lo.[13]

Ferdinand persistiu e, provavelmente durante o intervalo de fevereiro entre os semestres, vasculhou velhos papéis de família e livros que datavam do século XVIII, quase com o mesmo zelo que há muito tempo aplicava ao sistema vocálico das línguas indo-europeias. Ele produziu muitas páginas de anotações em inglês e árvores genealógicas. Estas são particularmente notáveis porque mostram a ascendência de Ferdinand e seus irmãos como remontando ao rei Henrique VII da Inglaterra. Duas das árvores mostram que a filha de Henrique VII, Maria, a irmã mais nova do rei Henrique VIII, teve duas filhas. Uma delas, Lady Eleonore Brandon, era tataravó de John Egerton, segundo conde de Bridgewater.[14] Outra árvore segue a linhagem de seu filho, John Egerton, 3º Conde de Bridgewater, e a traça até Henry Egerton, William Egerton e Elizabeth Mary Egerton, que se casou com Antoine-Charles-Benjamin Saladin de Crans em Londres em 19 de fevereiro de 1784.[15] Estes eram os bisavós de Louise de Pourtalès de Saussure.

Portanto, Ferdinand e Albertine estavam na décima terceira geração de descendência direta da Coroa inglesa. Hastings pagou seu blefe – apenas para ser derrotado por um rei. Na verdade, toda uma quadra de reis, pois pertencer à linhagem de Henrique VII significava que Albertine era descendente direta de Guilherme, o Conquistador. Hastings foi apenas nomeado para um de seus campos de batalha.

Embora a pesquisa de Ferdinand seja precisa até os Egertons de Bridgewater, não está totalmente claro se havia uma ligação deles com os Brandon. Mas é um fato revelador que Ferdinand acreditasse em sua própria ascendência real inglesa ou estivesse preparado para suspender a descrença para restaurar a honra da família.

O último trabalho

Seu último artigo publicado em vida, "Adjetivos indo-europeus do tipo *caecus* 'cego'", apareceu em 1912. Assim como seus dois esforços anteriores em linguística propriamente dita, o texto foi para um *Festschrift*; nesse caso, para o 70º aniversário de Vilhelm Thomsen, professor de filologia comparada na Universidade de Copenhague. Sua contribuição foi muito curta, cerca da metade da extensão de seus artigos homenageando Nicole, em 1905, e Havet, em 1909. E foi ousado, pois, pela primeira vez desde 1876, propunha que um determinado conjunto de sons tinha um sentido correspondente em indo-europeu.

O artigo trata de um grupo de adjetivos ligados foneticamente por possuir um ditongo que começa com *a*, e semanticamente por se referir a alguma enfermidade ou desvio do que se considera "bom" ou "normal". O ditongo poderia ser *ai* (como no latim *caecus*), *au*, *ar*, *al*, *an* ou *am*, todos os casos de *a* + sonante – embora fosse raro um linguista concordar com Saussure ao reconhecer que *ar*, *al*, *an* ou *am* pudessem ser ditongos.

Saussure destaca que palavras como o latim *blaesus* [gago], *claudus* [coxo], *calvus* [calvo], *mancus* [manco] são muito poucas em número e estão isoladas dentro da língua, não estando ligadas a qualquer verbo forte ou a uma família etimológica. Normalmente, esse seria um motivo para não as estudar. Mas Saussure argumenta que sua natureza isolada e a raridade dos ditongos que elas contêm lhes dão "um certo tipo de regularidade", mas "de maneira completamente exterior e negativa". A ligação semântica, por outro lado, é uma ligação positiva.

Os ditongos em *a* seriam "marcados" (para usar uma terminologia posterior) para raridade e isolamento; e, sendo assim marcados, eles se correlacionariam *não arbitrariamente* com significações que também envolvem marginalidade ou anormalidade. É pela regularidade dessa correlação que esses elementos aparentemente marginais se incorporam ao sistema em que tudo se encaixa. Mas como isso acontece? A explicação de Saussure se baseia em outro aspecto de seu sistema linguístico geral, a relação da sincronia com a diacronia. Assim, ele imagina

> [...] [o] tempo em que existiam talvez apenas quatro ou cinco adjetivos de "enfermidade" com os ditongos *ai*, *au*, *an* etc. Em torno desse núcleo fornecido pelo acaso, terão vindo a fixar-se formações cada vez mais numerosas, nas quais uma certa comunidade de ideias privilegiou ditongos com *a*. Isso envolveria, portanto, um fato de analogia lexicológica [...].[16]

A possibilidade de tal analogia lexical é o que as leis sonoras neogramáticas foram projetadas para eliminar. Mas as relações associativas, que são centrais para a concepção de *língua* de Saussure, tornam plausível que esse tipo de analogia seja sincronicamente real para os falantes; portanto, o conjunto de ditongos forma um *morfema*, uma unidade significativa no indo-europeu. Ele reconhece que esse tipo de unidade "é no caso ordinário sufixal (sintagmático); não é assim no caso de **kaikos*, **laiwos* etc. Isso faz uma diferença, até mesmo séria, mas não uma diferença radical que atinja o próprio princípio".

E qual é esse princípio? Que as línguas contêm correlações forma-sentido ocultas que se cristalizam à medida que os falantes fazem ligações analógicas em suas mentes. Saussure havia ensinado a seus alunos que o trabalho do linguista consiste quase inteiramente em limitar o que há de arbitrário na língua. Seu último trabalho publicado forneceu um exemplo de como fazê-lo.

A enfermidade

Em março, era hora de voltar as atenções para os cursos. Os cursos de sânscrito e de etimologia de grego e latim continuaram de onde haviam parado. Além disso, Saussure deu uma aula semanal de uma hora analisando textos do alto-alemão antigo, a primeira vez desde 1908 que suas aulas de análise de textos se concentravam apenas no alto-alemão antigo. Ele estava à vontade, abordando temas que ensinou por 30 anos e de que gostava, enquanto a linguística geral era uma obrigação pesada. Seu público era um casal de estudantes que escolheram estar lá, em vez do grande público cativo do seminário francês. Foi, para ele, pessoalmente, um semestre ideal.

Mas os augúrios não eram favoráveis. Seu uma vez correspondente Giovanni Pascoli, cuja ausência de resposta à segunda carta de Saussure ajudou a convencê-lo a desistir da pesquisa de anagramas, morreu em 6 de abril, aos 56 anos, de cirrose hepática. Durante a noite do dia 14 e a manhã do dia 15 ocorreu o trágico naufrágio do Titanic, que chocou o mundo. Isso foi seguido, no dia 17, por um extraordinário eclipse anular do Sol, novamente observado por todo o globo.

Então a saúde de Saussure piorou drasticamente. O sintoma que ele não podia ignorar era um problema persistente na garganta, que dificultava a fala e, portanto, suas aulas.[17] Uma enfermidade na garganta foi o que forçou Horace-Bénédict a deixar de lecionar na Académie em 1786. A situação não parecia grave, a julgar por sua correspondência nos meses seguintes; mesmo assim Ferdinand teve que suspender o ensino desde o início do trimestre.[18] Sabendo que era um professor consciencioso e que ensinava suas matérias favoritas na época, podemos ter certeza de que ele teve de ser persuadido, por seus médicos e sua esposa, de que não tinha escolha a não ser recuar e dar a seu corpo uma chance de se recuperar.

Ele, entretanto, não podia desistir de todas as atividades, pelo menos não facilmente. Em junho, envolveu-se em negociações incômodas sobre uma nova cadeira universitária que Bally havia proposto para si mesmo, a ser discutida em uma seção posterior. À medida que o verão avançava, sua saúde piorava. Seu corpo, ainda magro, tornou-se encurvado, fazendo-o parecer mais velho do que era.[19] As advertências do médico tornaram-se mais firmes, até que finalmente ele de fato se permitiu descansar. Albertine, que recebia notícias de Marie, escreveu em 4 de agosto para dizer a Ferdinand como estava feliz em saber que

> [...] você está finalmente cuidando de si mesmo ficando em sua cama. Estava prestes a chegar a isso, querido, pois todos nós sabíamos que você estava exausto, desgastando-se demais. Também estou emocionada em saber que você já está com uma aparência melhor e tenho certeza de que, se perseverar, irá se restabelecer prontamente. Prometa-me não resistir à sua cura, mas ir até o fim e tentar se tornar um "*foie gras*" como Léopold.[20]

Ao falar de Léopold, ela agradece a Ferdinand por ter-lhe escrito com boas notícias sobre ele: "É um prazer saber que ele está indo tão bem". O que ambos ignoravam, entretanto, é que Léopold havia se separado de Germaine, mãe de seus quatro filhos, com idades entre 7 e 17 anos. O divórcio seria concedido em Paris no mês de maio seguinte. Albertine diz também que Marie mencionou como Horace está sofrendo – novamente sem nenhuma indicação do motivo, ou do fato de que seu segundo casamento, agora com seis anos, também estava destinado ao divórcio.

É possível que Ferdinand tenha frequentado Léopold regularmente durante esse período, porque, anos depois, Léopold Gautier relataria que, antes de sua doença, Ferdinand havia desenvolvido um interesse pelo chinês.[21] Se ele perseguiu o interesse enquanto estava acamado em Vufflens, seu irmão naturalmente teria sido uma fonte de informação. Pode ser que Gautier tenha entendido mal quando Ferdinand lhe disse que estava lendo sobre o manchu, uma língua não relacionada ao mandarim, mas cooficial junto a este na dinastia Qing, até a revolução de 1911. Ferdinand deixou um caderno muito elegante, coberto por seda vermelha com desenhos de flor-de-lis, com notas sobre fonologia tiradas de uma gramática de manchu de 1832.[22]

Ferdinand ainda tinha esperança de poder retomar o ensino no início do semestre, no final de outubro, se seguisse a prescrição médica de repouso absoluto. Tentando ser otimista e encorajadora, mas sem muito sucesso, Albertine escreveu: "Não sei se você pode ler ou se deve ficar totalmente inativo. De qualquer forma, é bom saber que você está em Vufflens, em que ama estar, e não em uma clínica, onde é difícil não afundar na melancolia".[23]

Se a leitura fosse proibida, até a carta dela teria de ser lida para ele, e é difícil imaginar Saussure, mesmo em casa, passando um dia sem estudar e, dada a quantidade de papéis, sem escrever. No entanto, Albertine, a mais próxima de seus irmãos, compartilhou sua ampla experiência nas clínicas que trataram de sua mãe e de sua irmã, e sabia que a depressão era de família.

Em 9 de setembro, Ferdinand escreveu ao reitor da faculdade para solicitar licença por motivos médicos para o ano acadêmico de 1912-1913. Não havia dúvida de que o reitor seria compreensivo. Ele era, afinal, Francis de Crue, com quem Ferdinand havia se aconchegado para se aquecer naqueles dias e noites de inverno passados escrevendo em Paris tantos anos antes, e que o havia instado a voltar para Genebra.

> Na sequência de um estado de saúde que deixa a desejar, e muito particularmente por um problema de garganta que afeta a voz, deparei-me com uma certa dificuldade em cumprir plenamente as minhas funções docentes durante o último semestre que acaba de terminar.
> Eu esperava que, dedicando o tempo de minhas férias inteiramente ao descanso e aos cuidados médicos que me foram prescritos, eu me encontraria suficientemente restabelecido no início do semestre de inverno para assumir minhas funções de professor. Para meu grande pesar, as coisas não aconteceram como eu esperava, e os médicos, devo dizer, são extremamente contrários a que eu faça uma tentativa desse tipo por muito tempo.
> Nessas circunstâncias, sou levado a solicitar, Senhor Reitor, que gentilmente apresente às autoridades da universidade em meu nome um pedido de licença para todo o ano de 1912-1913.
> Permaneço inteiramente à sua disposição para elaborar com você a cobertura de meus cursos e farei tudo o que puder para garantir que a interrupção no ensino do titular crie o mínimo de problemas possível.[24]

De Crue ficou aliviado ao receber o pedido, acreditando que Saussure deveria tê-lo feito antes e temendo que sua admirável dedicação ao ensino estivesse colocando em risco sua delicada saúde.[25]

Os cursos de línguas antigas tinham de ser oferecidos, porém havia poucos interessados. Foi também um ano em que ocorreria o curso de linguística geral. A escolha de um substituto estava fadada a se resumir a um dos *Privatdozenten*, Bally ou Sechehaye. Na verdade, eles concordaram em dividir entre si as duas horas de linguística geral, as duas horas de sânscrito e a hora de análise de textos do alto-alemão antigo e médio.[26]

Um outro evento familiar marcante ocorreu nessa época. Em 10 de setembro, a prima Marguerite de Rougemont, mãe da pupila de Saussure, Nadège Pictet, casou-se novamente. Se alguém houvesse detectado um padrão nos nomes de seus maridos anteriores, Henri Pictet e Henri Ehlers, agora teria certeza com seu terceiro marido, um comandante da marinha francesa chamado Henry Henrys. O casamento aconteceu em Paris e, dada a saúde de Ferdinand, não havia dúvida de que os Saussure não compareceriam.[27]

Normalmente, em outubro, a família se mudava de Vufflens para Genebra a tempo do início do semestre. Novamente nesse ano a mudança foi necessária, pois, embora Saussure estivesse de licença médica da universidade, Jacques estava iniciando seus estudos lá e Raymond ainda estava na escola. Marie não poderia mandá-los de volta por conta própria, precisava estar em Genebra para costurar suas roupas e cuidar da casa. A filosofia médica da época tornava inconcebível que Ferdinand pudesse retornar à cidade com eles.

Pelo contrário, o isolamento no Château de Vufflens era ideal. É claro que alguns criados ficariam para atender às suas necessidades, mas lá reinava a calma absoluta. O *château* ficava muito longe do caminho para amigos ou colegas aparecerem sem avisar. Mesmo as visitas da família seriam esporádicas.

Ele lia periódicos especializados como o *Indogermanische Forschungen*.[28] O *Journal de Genève* o manteve a par das notícias mundiais, incluindo a eclosão da Primeira Guerra dos Bálcãs em outubro, e relatou, favoravelmente, o progresso das aulas de Bally sobre linguística geral.[29] Foi também por meio de reportagens do jornal que Ferdinand tomou conhecimento das mudanças significativas na estrutura da Université, abruptamente propostas pelo presidente do Departamento de Instrução Pública, o temível William Rosier.

William Rosier

É difícil precisar quando as relações entre a Université e o Departamento de Instrução Pública passaram de tensas a hostis. Como Rosier era professor na Université, era de esperar que o relacionamento fosse amistoso. Rosier, porém, não era o típico professor genebrino, e nem um pouco parecido com os íntimos de Saussure. Apesar das diferenças em suas origens e em suas trajetórias educacionais, os dois tinham muito em comum. Cada um deixou o Gymnase em 1876 com uma base sólida em seu campo escolhido – no caso de Rosier, geografia –, adquirida menos por meio de instrução direta do que de forma autodidata, por meio de leitura extensa. Já em 1876, Rosier dava uma série de aulas, posteriormente publicadas como monografia, sobre a geografia do Oceano Atlântico, corpo d'água que, como já foi dito, ele nunca havia visto.[30] Nesse mesmo ano, com apenas 19 anos, começou a lecionar e foi rapidamente nomeado para um cargo de história e geografia na École Industrielle. Não muito tempo depois, envolveu-se na política radical.

Essa foi uma época de fermentação política em Genebra. Apesar das concessões de 1848, as antigas famílias aristocráticas ainda mantinham muitos de seus privilégios tradicionais. Em 1875, Georges Favon fundou o jornal *Le Petit Genevois*, que forneceu um órgão para o Parti Radical [Partido Radical], que liderou a revolução de 1846-1848 e deu-lhe um novo ímpeto. Embora de orientação socialista, o Parti não exigia o governo do proletariado, apenas um campo de jogo mais nivelado, criando espaço para a meritocracia na República. Renomeado em 1877 como *Le Genevois*, o jornal sobrevive até hoje. A reforma educacional sempre foi uma preocupação central do Parti Radical, cujos membros ocuparam a presidência do Departamento de Instrução Pública de Genebra por 86 dos 115 anos do período de 1846, quando o cargo foi estabelecido, até 1961, embora nunca mais desde então. O próprio Favon o manteve de 1899 até sua morte, em 1902.

A reforma de 1886, liderada por Adolphe Tschumi, e com a participação de Rosier em sua formulação final, foi descrita no capítulo 11. Ela iniciou um processo que continuaria progressivamente nas décadas seguintes, de reorientação do ensino secundário e universitário de modo que o currículo clássico e o de ciências e humanidades fosse expandido para incluir disciplinas mais novas e "democráticas", como a sociologia, a economia política e a própria área de Rosier, a geografia. Defendendo sua inclusão no programa do Gymnase, Rosier atribui uma clara dimensão moral e política ao ensino da geografia.

> Se ela descreve a influência do meio físico sobre o homem, mostra também, através de múltiplos exemplos, a poderosa ação que o homem, por meio de seu trabalho, exerce sobre a natureza, e assim proclama a utilidade e a necessidade da energia ativa. Mostra-nos o homem, através de seu trabalho incansável, fazer sair da terra o bem-estar, o conhecimento e a moralidade.[31]

O conhecimento vindo não de livros, mas de homens que trabalham na terra – a geografia acadêmica como política radical.

Os cursos de geografia começaram a ser oferecidos na Université na década de 1890, mas foi somente no início do século XX que uma cadeira foi estabelecida, tendo Rosier como seu primeiro titular. No entanto, essa foi apenas a primeira de suas ambições realizadas. Em seu *annus mirabilis* de 1906, foi nomeado presidente do Departamento de Instrução Pública, ocupando o cargo até 1918, e foi eleito para o Conselho de Estado, do qual também serviria como presidente em 1912-1913 e 1914-1915. Rosier tinha participação direta em todas as nomeações de professores, embora, nos termos da lei de 1886, o poder de nomear novos professores recaísse em uma comissão na qual os delegados da Université constituíam maioria.

À medida que ficava mais claro como Rosier utilizava esse poder para remodelar a Université de acordo com sua própria visão social e política, a resistência aumentava entre a "velha guarda". Isso, por sua vez, apenas alimentou a determinação de Rosier de diminuir o tamanho desses aristocratas acadêmicos que zombavam dele como um arrivista, agora que não podiam mais ignorá-lo, como faziam em seus dias de estudante no Gymnase.

No outono de 1912, as tensões chegaram ao auge. Rosier propôs "muito rapidamente" uma nova lei do ensino universitário que em alguns aspectos apelava à velha guarda, sobretudo porque criaria uma nova Faculdade de Ciências Econômicas e Sociais, incorporando cátedras relevantes na Faculdade de Letras e Ciências Sociais, bem como criando várias novas.[32] No entanto, uma das novas cadeiras pertencia a um campo que estava além dos limites para os tradicionalistas: estudos comerciais. Genebra tinha *écoles de commerce* [escolas de comércio] no nível secundário, mas seus graduados não eram elegíveis para admissão na Université, a mesma situação que o próprio Rosier enfrentou ao deixar o Gymnase. Ainda mais controversa, a nova lei mudou a estrutura da *comission de préavis* responsável pela nomeação de novos professores para que os delegados indicados pelo Diretor de Instrução Pública formassem a maioria.

Apesar dos protestos da Université, o Grande Conselho aprovou a lei em 19 de outubro.[33] Antes de se tornar oficial, a lei teria que ser aprovada por referendo, mas parecia improvável que o povo deixasse de apoiar uma medida de democratização do ensino superior. Em novembro, sem surpresa, o *Le Genevois* declarou seu apoio à nova *Loi Universitaire* [Lei Universitária], observando: "Que os mandarins se tranquilizem: os estudos de letras, de direito, de medicina e outros conservarão o mesmo corpo discente de agora e não serão afetados, direta ou indiretamente, pela introdução do ensino de estudos comerciais na Université".[34]

Mas os "mandarins", a velha guarda da Université, não ficaram tranquilos. Esse artigo desencadeou uma disputa furiosa, que seria travada nas primeiras páginas do radical *Le Genevois* e do conservador *Journal de Genève* durante as seis semanas que antecederam a votação do referendo público sobre a *Loi Universitaire* no domingo, 22 de dezembro. Quando o *Le Genevois* decidiu começar a ridicularizar os mandarins diretamente, procurou um alvo óbvio – um professor de línguas mortas, que ensinava a poucos alunos, publicava quase nada e tinha o aristocrático "de" em seu nome. Como o *Journal de Genève* estava sem dúvida certo em suas afirmações de que o *Le Genevois* agia como órgão pessoal de William Rosier,[35] é ainda menos surpreendente que o alvo escolhido fosse aquele que vingaria humilhações e ressentimentos desde quando eles entraram no Gymnase juntos, 39 anos antes.

Bally e a cadeira de estilística

As cátedras a serem criadas no âmbito da *Loi Universitaire* destinavam-se ao novo corpo docente proposto. Para aplacar as cinco faculdades existentes quanto aos recursos a serem desviados delas, essas faculdades também receberiam algumas novas cadeiras. Bally viu sua oportunidade e a agarrou. Como Rosier, Bally veio de uma origem social modesta e passou do Gymnase para uma carreira distinta no ensino de nível secundário, aumentada por muitos anos trabalhando como *Privatdozent* na Université. Entretanto, aos 47 anos e com uma reputação profissional crescente por seus trabalhos publicados, estava impaciente para progredir. Ele podia ver a Université caminhando em uma direção que não prometia um futuro forte para "línguas mortas", mas onde uma abordagem com um título inovador poderia prosperar.

No início de junho de 1912, Bally escreveu a Rosier propondo a criação de uma cadeira de estilística.[36] Bally havia publicado dois livros sobre o assunto.[37] Mas nenhuma cadeira em estilística existia em qualquer lugar do mundo. Rosier informou oficialmente Édouard Montet, reitor da Université, sobre o pedido de Bally, sem acrescentar nenhum comentário de sua autoria.[38] Normalmente, tal relatório teria ido na direção oposta, de Montet a Rosier. Fazer o relatório ser entregue ao reitor por seu superior político foi certamente a via mais rápida para obter a aprovação para a cadeira. As coisas avançaram à velocidade da luz, tendo a proposta sido incluída na ordem do dia da reunião do Senado Universitário de 19 de junho. Apenas dois dias antes dessa reunião, Bally apresentava sua descrição da cadeira ao reitor da faculdade, Charles Seitz.

> A estilística é uma ciência que, combinando os métodos da psicologia da linguagem e da linguística geral, estuda os aspectos afetivos da linguagem natural.
> Chamo de aspectos afetivos todas as expressões de emoção na linguagem.
> A linguagem natural é a linguagem espontânea a serviço da vida real (isto é, quase sempre a linguagem falada) em oposição às formas de linguagem que não têm

> essa função ou a têm apenas indiretamente (por exemplo, a língua literária, a língua científica etc.).[39]

A referência à "vida real" tem ecos claros da filosofia acadêmica de Rosier, enraizada no que as pessoas comuns fazem. Bally também se distancia das atividades literárias e de ciência pura associadas aos aristocratas.

Ao alinhar-se tacitamente com Rosier, no entanto, Bally não podia se dar ao luxo de alienar os "mandarins" do corpo docente, que poderiam, afinal, rejeitar a nova cadeira. Era fundamental contar com o apoio de Saussure, a quem toda a velha guarda reverenciava. Doente e incapacitado como estava, e com toda a sua dificuldade habitual em escrever qualquer coisa que tivesse a ver com a linguagem, Saussure redigiu um texto que pretendia ler ao Senado em 19 de junho.[40] Isso certamente seria contra as ordens dos médicos – lembre-se de que sua irmã escreveria para ele em 4 de agosto expressando sua alegria por ele estar "finalmente" descansando na cama –, e, no caso, ele não compareceu à reunião.[41]

O fato de considerar sua ida ao Senado indica a importância que dava à questão. Mas, se tivesse feito seu discurso, o público teria ficado se perguntando até o fim se ele estava apoiando a nova cadeira ou se opondo a ela, e teria achado seu endosso final nada mais do que morno. A primeira metade do texto trata da relação entre estilística e estilo e visa dissipar um mal-entendido central que o nome da cadeira estava fadado a suscitar.

> O nome de estilística é um nome imposto por falta de outro melhor. Estilo e estilística criam uma ambiguidade infeliz. Aqui estão algumas correções necessárias para ver exatamente o que isso significa:
>
> 1. A palavra *estilo* evoca a ideia de uma pessoa, um indivíduo, um processo individual. (*Le style, c'est l'homme* [O estilo é o homem] etc.) Exatamente oposta a isso, a estilística concebida nas obras de Bally visa estudar os meios de expressão da língua na medida em que são consagrados pelo uso comum, na medida em que se enquadram na categoria de fato social e, consequentemente, são fixados fora do indivíduo. [...]
> 2. A palavra *estilo* evoca a ideia do que é literário ou, pelo menos, do que está *escrito*. A estilística, sem se desinteressar pelo que se escreve, vê seu objeto sobretudo na observação do que se fala, nas formas das línguas vivas [...].
> 3. A estilística não tem por objetivo o estilo, embora possa ser útil. Ela não é uma ciência normativa, ditando regras. Ela pretende ser uma ciência de pura observação, afirmando fatos e classificando-os.[42]

Saussure admite que nenhuma fronteira clara separa a estilística assim concebida da linguística, mas reafirma ao Senado que há muito trabalho para a linguística e a estilística fazerem em conjunto. A quem objetasse que "o que nos é apresentado como estilística é simplesmente a linguística", Saussure responderia:

> Sim, senhores, simplesmente linguística. Só que a linguística, arrisco dizer, é vasta. Notavelmente, envolve duas partes: uma mais próxima da língua, o depósito passivo, a outra mais próxima da fala, a força ativa e verdadeira origem dos fenômenos que são gradualmente percebidos na outra metade da linguagem.

Resultaria em uma clara divisão de trabalho se Saussure dissesse que a linguística lidará com a língua e a estilística com a fala – mas não era absolutamente o que pensava. A parte da linguística que está mais próxima da língua é a sincrônica, a que está mais próxima da fala é a diacrônica. Em outras palavras, tanto a linguística quanto a estilística relacionam-se tanto com a língua quanto com a fala de maneira idêntica. O texto de Saussure conclui que a linguística, sendo tão vasta,

> [...] tem bastante a ver, ouso dizer, nos compartimentos mais elementares, ou voltados para outros sentidos, como, por exemplo, a história evolutiva das formas. <Portanto, isso é algo bem-vindo>, [ ] a explicação de fórmulas linguísticas da língua na medida em que são motivadas por este ou aquele estado psicológico.

Saussure deve ter percebido como isso soava pouco convincente. Negar a existência da estilística como um campo distinto de estudo só poderia minar os argumentos para uma cadeira dedicada ao tema. Ao fim, ele parece estar pedindo uma cátedra de psicologia da linguagem, ou pelo menos identificando-a como a área em que a estilística pode dar uma contribuição distinta. Havia alguém trabalhando com Saussure que escrevera um livro sobre a psicologia da linguagem, e seu primeiro nome era Charles, mas o sobrenome não era Bally. *Psychologie du langage* era o subtítulo do livro de 1908 *Programs et méthodes de la linguistique théorique*, de Charles-Albert Sechehaye. Intencionalmente ou não, os comentários de Saussure parecem abrir a cadeira proposta para abraçar tanto o trabalho de Sechehaye quanto o de Bally.

Não sabemos se Saussure comunicou seus pontos de vista aos colegas do Senado, talvez por meio de Naville ou De Crue. De qualquer forma, o Senado votou unanimemente para estabelecer a cadeira, e, após algumas disputas, foi acordado que seria uma cadeira ordinária, permanente e com salário integral.[43]

A política acadêmica da época era tão tensa, entretanto, que a unanimidade da votação no Senado pode ter funcionado contra Bally. Se a cadeira de estilística fosse realmente tão inovadora quanto Bally imaginava, teria dividido conservadores e liberais no Senado. Melhor ainda, na perspectiva de Rosier, poderia ter dividido os conservadores em facções – enfraquecendo-os para a luta maior que viria. Como se aproveitasse qualquer oportunidade para fomentar a discórdia, Rosier anunciou em setembro que a cadeira de estilística seria estabelecida como um cargo extraordinário, em vez do ordinário aprovado pelo Senado.

Bally revelou sua decepção, e Rosier garantiu que estabelecer a cadeira extraordinária era apenas um trampolim para o *status* ordinário. Até mesmo Saussure havia sido originalmente nomeado para uma cadeira extraordinária. A resposta de Bally deixa claro que o assunto era, para ele, pessoal: "A cadeira extraordinária pode ser considerada uma etapa necessária; mas meu próprio estágio durou 20 anos, e eu suportei todos os tipos de provações".[44] Bally menciona as objeções feitas à proposta que o levaram a alterar o nome da cadeira de "estilística" para "psicologia da linguagem e estilística", e, embora não diga quem o fez, a ligação com o discurso planejado de Saussure ao Senado é patente. Potencialmente, pelo menos, Bally não era mais o único candidato.[45]

Saussure havia sido informado da mudança na designação antes de escrever uma carta sem data ao Departamento de Instrução Pública que está anexa à de Bally, juntamente com uma petição assinada por 51 alunos, que Bally organizou.[46] Saussure diz não ter objeção à cadeira: "Seja sob o nome de Psicologia da Linguagem ou outro, não prevejo nenhuma competição problemática; pelo contrário, um feliz concurso entre a nova cadeira e a de linguística geral". Ao tentar influenciar Rosier, Bally dificilmente poderia ter feito uma jogada mais errada do que obter o apoio de Saussure. O nome por si só teria bastado para irritar Rosier. Mas, quando Saussure sugere um "feliz concurso" para os alunos com a nova cadeira, quando suas próprias aulas atraíram um número tão pequeno de alunos – Saussure estava insultando deliberadamente a inteligência de Rosier, ou era apenas o desdém de um aristocrata por um assunto tão mundano como se uma nova cátedra realmente atendesse às necessidades de qualquer aluno? Intencionais ou não, as 51 assinaturas na petição não enganaram Rosier, fazendo-o acreditar que os alunos a serem divididos entre as duas cadeiras eram assim numerosos.

O que Rosier fez a seguir foi maquiavélico em seu cinismo e brilhantismo tático. Apesar de saber (como logo ficaria claro) quão poucos alunos Saussure tinha, ele concordou em dar à nova cadeira o *status* de "ordinária" que Bally ansiava e o Senado havia endossado – mas a ser anexada a proposta à *Loi Universitaire* para ser votada no referendo de dezembro. Essa era a lei que introduziria os estudos de comércio na Université e representava tudo a que seus "mandarins" deveriam se opor. Agora Saussure e os outros membros do Senado que haviam votado para a presidência teriam interesse direto na aprovação da proposta. Rosier esperava que isso pelo menos suavizasse a resistência deles, mesmo que não os silenciasse.

Rosier era um dos poucos que sabia como Saussure estava doente. Como Saussure lhe havia solicitado em 9 de setembro, De Crue encaminhou a Rosier no dia 26 seu pedido de licença médica para o ano seguinte. "Considerando seu estado de saúde precário, do qual tive que tomar conhecimento, para meu grande pesar", De Crue informou a Rosier, "não tenho outra escolha a não ser apresentar este pedido ao Departamento de Instrução Pública". É de impressionar a hesitação da linguagem, mesmo com o discurso elaborado da época, e com a demora de De Crue em encaminhar o pedido. Ambos sugerem que essa pode não ter sido uma questão simples. Enquanto isso, a saúde de Saussure parecia estar melhorando, e, em 16 de novembro, ele pôde vir a Genebra para participar de uma reunião da Faculté.[47]

"Pilhérias anódinas às minhas custas"

O *Journal de Genève* e o *Le Genevois* trocaram salvas relativamente suaves sobre a *Loi Universitaire* até novembro, com os outros jornais locais assumindo suas próprias posições, mas ficando bem atrás da linha de frente. Perto do final do mês, o debate arrefeceu. Então, em 5 de dezembro, o *Le Genevois* abria com um artigo intitulado "O povo e a Université", iniciando com "*Ça recommence*" [Recomeça]. Isso foi um eufemismo: o *Le Genevois* estava declarando guerra. O jornal começou sua estratégia de selecionar "mandarins" individuais da Université de Genève para assassinato de caráter. O pretexto para isso foram as declarações no *Journal de Genève* sobre o perigo de os socialistas fazerem incursões no ensino universitário, na forma da nova cátedra de proteção legal do trabalho (um conceito socialista fundamental) na proposta Faculdade de Estudos Sociais e Econômicos. O jornal conservador apontou o dedo para o socialista Jean Sigg, que, como Rosier, era um legislador eleito e professor universitário. O *Le Genevois* respondeu com uma série de artigos de primeira página cheios de sarcasmo.

> E então, vejamos, uma cadeira de proteção legal do trabalho, uma cadeira de 2.600 francos, e daí? Não temos uma cadeira de sânscrito com um ou dois alunos? E não é o senhor De Saussure quem a ocupa?
>
> Aqui está um tipo distinto de estudo! Ele sabe sânscrito, querida! Pelo amor do sânscrito, permita-nos, *Monsieur* de Saussure, beijá-lo...
>
> É verdade que se pode aprender sânscrito em Genebra; por outro lado, um aluno que se forma em nossa escola de comércio tem o direito de se matricular na Universidade... de Zurique. [...]
>
> O "Journal de Genève" tentou alinhar a Université contra o povo. Tanto pior para seus amigos! É o povo que nós, por nossa vez, desejamos alinhar contra eles e contra a Université que eles desejam transformar em seu feudo.[48]

Se uma bomba tivesse explodido na Faculdade de Letras e Ciências Sociais, o choque não teria sido maior. Os colegas correram em defesa de Saussure, com uma pressa que denuncia o quão fatal foi o objetivo.

"Seu feudo". Os prédios da universidade no Parc des Bastions ficam à sombra de uma magnífica mansão no topo da Rue de la Cité, parecendo muito com os domínios de um suserano. Só isso já teria feito de Saussure a escolha ideal para o ataque do *Le Genevois*. Mas a atenção dada ao número de alunos que frequentavam seus cursos no debate sobre a cadeira de estilística pode ter contribuído, juntamente com a hospitalidade principesca oferecida pela família Saussure em 1909 como parte do Jubileu, a levantar inevitavelmente a questão de por que o presidente honorário – William Rosier – não exibia tal generosidade pessoal.

No dia seguinte, o *Journal de Genève* registrou seu choque com o ataque, não em sua primeira página (felizmente, talvez, para Saussure), mas enterrado nas "crônicas locais".

> A ciência de Ferdinand de Saussure, professor de linguística geral e de história e comparação das línguas indo-europeias, é conhecida em todo o mundo; só os editores do *Le Genevois* não sabem disso. Se a universidade de sua cidade natal não tivesse o privilégio de mantê-lo, o Collège de France teria recebido o Sr. De Saussure, que também é membro correspondente do Institut. Em vez de expressar sua gratidão a ele, o *Le Genevois* o ridiculariza.[49]

O editor do *Journal*, Horace Micheli, escreveu com autoridade, tendo assistido às aulas de Saussure na École des Hautes Études em Paris em 1888-1889.[50] Além disso, ele era sobrinho do falecido cunhado de Saussure, Edmond de la

Rive, e casado com a neta de Adolphe Pictet. É claro que todos na alta sociedade genebrina eram multiplamente relacionados dessa maneira – esse era o principal problema que os radicais viam como tendo de combater. Essas pessoas se promoviam e defendiam umas às outras de uma forma que parecia nepotismo para alguém de fora. Por dentro, porém, eles exigiam os mais altos padrões uns dos outros e não promoviam ninguém que não os alcançasse. Mesmo homens tão talentosos e conhecidos internacionalmente como Henri e René de Saussure não eram considerados à altura e nunca recebiam nomeações universitárias fixas.

O *Journal* observou, a respeito de Dubois, outro dos três professores visados na primeira onda de ataques, que "o *Le Genevois* se aproveita do fato de que um deles está doente no momento, para atacá-lo quando não pode se defender". O jornal, entretanto, não tentou defender sua reputação, ou a da terceira vítima, o professor de botânica Robert Chodat, como fez com Saussure. E é digno de nota que não mencionou que Saussure também estava "doente". Na época, uma certa reticência foi mantida sobre essas questões; no entanto, o silêncio do jornal sobre a condição de Saussure nesse momento, combinado com sua observação, 15 dias depois, de que "o professor F. de Saussure nos escreve que, estando de licença por motivos de saúde [...]",[51] indica que mesmo pessoas próximas à família Saussure não suspeitavam da gravidade de sua enfermidade. Ou, talvez, pensassem que sua doença não fosse fatal em circunstâncias normais.

Por mais mortificante que tenha sido para Saussure ser escolhido como um dos primeiros alvos da pilhéria pública do *Le Genevois*, ele não foi tão atacado como aqueles colegas espetados em uma série de artigos intitulada "Silhuetas universitárias – a Galeria dos Puros", a partir de 7 de dezembro. Estimulados pela reação do *Journal*, esses ataques eram muito mais longos e detalhados, especificando os salários e a carga horária do professor. Paul Moriaud, professor de direito, foi o primeiro a ser colocado na berlinda, seguido, no dia seguinte, por Bouvier, ex-reitor de Letras e colaborador de longa data de Saussure no seminário de francês moderno. Embora Bouvier não fosse de origem grandiosa, o *Le Genevois* observou que "ele compartilha com nossos aristocratas o privilégio de ser adepto de tudo e, de um dia para o outro, ministrar qualquer ensino que quiser".[52] Mais uma vez, seu registro de publicação foi questionado – algo de que Saussure foi poupado, felizmente, pois sabia que esse era seu calcanhar de Aquiles e se arrependia profundamente disso. Um artigo separado respondeu às defesas feitas pelo *Journal de Genève*.

> Mais duas palavras sobre os senhores De Saussure e Chodat, acima de nossos ataques, ao que parece, porque são homens de conhecimento.

Sua ciência não está em questão. O que se deve perguntar é se Genebra realmente precisa de uma cadeira de sânscrito, de interesse de apenas um ou dois alunos, e que nunca atraiu ninguém de fora. Uma vez que o *Journal de Genève*, de flagrante má-fé, contesta a utilidade de certas cadeiras criadas pela nova Lei, temos razão em dar-lhe uma dose de seu próprio remédio e perguntar, de boa-fé, para que serve ter um professor de sânscrito que disserta diante de bancos vazios.[53]

A segunda-feira foi tranquila, mas a terça-feira, dia 10, trouxe outro comentário do *Le Genevois*.

Dissemos que, com muita frequência em nossa Université, o órgão criava a função; que, quanto ao Sr. De Saussure, por exemplo, conhecedor do sânscrito, era esperado que fosse nosso dever fazer com que ele o ensinasse – mesmo diante de bancos vazios – e ninguém foi capaz de contestar o fato de que esse curso não teve público...
[...] Esse exame de consciência só pode beneficiar a Université, onde o trigo precisa ser separado do joio.[54]

É triste dizer, mas o jornal estava exagerando apenas um pouco. Ninguém contestou suas afirmações sobre a escassez de alunos de Saussure – na verdade, não podiam. Nenhum deles, porém, tratou de seu ensino. Ninguém havia apontado que ele cobria outras disciplinas além do sânscrito, incluindo linguística geral, ou que ele era um professor extraordinariamente talentoso e consciencioso, ou que havia prestado um serviço longo e diligente como bibliotecário da faculdade, tudo para que, em vista do estilo de vida imposto sobre ele por suas responsabilidades sociais como descendente de uma família aristocrática, fosse mais um honorário do que um salário. Para o *Le Genevois* e o Departamento de Instrução Pública, em uma universidade que precisava separar o joio do trigo, Ferdinand de Saussure era o joio.

Conservou-se o rascunho de uma carta que escreveu em Vufflens em 11 de dezembro, com destinatário desconhecido. É uma carta triste, até trágica, porque, embora estivesse se sentindo melhor, a solidão da vida no *château*, sem família e apenas com visitas ocasionais, o estava afetando. E, enquanto afastava os ataques humilhantes contra ele na imprensa, não havia ninguém em quem confiar ou para confortá-lo ou distrair seus pensamentos.

Caro amigo
Sua gentil lembrança chegou até mim como um raio de sol na bruma dessas manhãs de dezembro e me tocou vivamente.

> Não me queixo em demasia da minha solidão invernal e já estou me sentindo melhor do que no verão passado.
> Nem é preciso dizer que, se alguma vez – quando o tempo estiver muito bom – você fizesse uma excursão a Vufflens, seria um dia inesquecível para mim. Mas a viagem é tão longa que não ouso pressionar ninguém, principalmente quando o tempo é precioso.[55]

Apenas em um pós-escrito ele levanta a controvérsia da imprensa.

> Não sei se todos estão no mesmo diapasão que o *Journal de Genève* no que diz respeito aos artigos do *Le Genevois*. Pessoalmente, devo dizer que não consegui me irritar com as pilhérias anódinas publicadas às minhas custas. – Não tenho em mãos as que se dirigem a Moriaud ou a Bernard Bouvier.[56]

Só se pode admirar o espírito de um homem que, em circunstâncias tão terríveis, tenta se mostrar forte. No entanto, todos os momentos cruciais da vida de Saussure nos mostram alguém que, embora nunca abertamente orgulhoso, reagiu duramente quando alguém lhe negou o que lhe era devido. Se ele realmente estivesse rindo das "pilhérias anódinas", ele teria mencionado a controvérsia?[57]

Alguns meses depois, Élie David, amigo de Saussure desde os tempos de Hofwyl, o descreveria durante esse período.

> A sua acolhida foi sempre cordial, a sua mão lealmente aberta, o seu saber e o seu tempo a serviço dos mais indignos. Assim foi quando jovem e assim foi até os últimos dias, quando, na residência de Vufflens, enfrentou a aproximação da morte com um estoicismo sombreado de melancolia. O timbre da sua voz, alterado pela doença, manteve apesar de tudo o tom de dignidade e ternura que sempre conquistou quem dele se aproximava. Para aqueles cujos negócios absorventes os mantinham longe dele, sua mão dirigia o testemunho de sua afeição, e nenhuma fraqueza na escrita revelava nessas cartas a aparência de qualquer enfraquecimento da moral.[58]

Isso soa bem com o que podemos ver na carta de 11 de dezembro. A melancolia – inevitável se, como David parece sugerir, Saussure soubesse que estava morrendo – só pode ter sido agravada pelo que os jornais o fizeram passar.

Ataques pessoais

O *Journal de Genève* de 10 de dezembro havia incluído uma carta de Adrien Naville, abrindo uma nova frente no debate sobre a *Loi Universitaire* ao insinuar que o Estado, na forma do Departamento de Instrução Pública, buscava assumir o controle da universidade.[59] Naville argumentou que o departamento não tinha o direito, porque "os professores são pagos não só pelo Estado, mas também pelos alunos".

Não há prêmios para adivinhar quem foi escolhido pelo *Le Genevois* para sua próxima "silhueta" no dia 12. Os ataques foram ficando cada vez mais pessoais, com insinuações de nepotismo e avareza: "o Sr. Adrien Naville tem o mesmo nome de Ernest Naville. É sempre assim. [...] ele tem muito dinheiro, e, entre os nossos aristocratas genebrinos, o dinheiro é como o abismo do salmo de Davi: sempre traz mais dinheiro".[60] Nas semanas seguintes, o *Le Genevois* retornaria com desdém ao que chamava de "a tese de Adrien Naville, que quer que a Universidade seja uma escola livre, escapando do controle do Estado, mas subvencionada pelo Estado".[61]

Na mesma página apareceu uma carta de De Crue defendendo Moriaud e Bouvier. Seguiu-se uma longa resposta na qual o editor se refere a ele como "Sr. Decrue (perdão! De Crue)".[62] Mais uma vez, isso foi bem direcionado: até mesmo os amigos de De Crue ficaram constrangidos quando, algumas décadas antes, ele alterou a grafia de seu nome em uma tentativa flagrante de ascensão social, tornando-se o único outro professor além de Saussure na Faculdade de Letras e Ciências Sociais a ter um *de* em seu nome. Fora dessa faculdade, apenas Adolphe d'Espine, professor de pediatria, compartilhava agora essa pesada distinção onomástica.

No domingo, 15, o *Journal de Genève* decidiu que era hora de adotar as táticas adversárias de ataques pessoais, embora seu tom patrício não permitisse a mesma franqueza. Para o *Journal*, essa batalha permaneceria sobretudo travada contra o Estado pela independência da Université.

> Na bem governada Université que está sendo preparada para nós e pela qual a Europa não tardará em nos invejar, qual será o professor ideal, segundo o Sr. William Rosier?
> Certamente não será Ferdinand de Saussure. Reconhecido por especialistas de todo o mundo como um dos principais linguistas de nosso tempo, o Sr. De Saussure, segundo o *Le Genevois*, tem o defeito de não atrair multidões para seus

> cursos de sânscrito. Que extraordinário. Nesse curso de sânscrito nunca se viu um único búlgaro ou moldavo.
> [...] O professor ideal será um funcionário de bom estilo. Seu primeiro dever não é ensinar, mas informar. Ele deve circular entre a Université e a Prefeitura. Para a prefeitura, ele leva as notícias da Université. Para a Université, ele carrega as ordens da Prefeitura.[63]

A mesma edição trouxe uma carta de protesto contra o tratamento de Paul Moriaud no *Le Genevois*, assinada por seus alunos, incluindo Jacques de Saussure.[64]

Depois de voltar ao silêncio na segunda-feira, 16, a polêmica reacendeu no dia 17, quando o *Le Genevois* publicou a "silhueta" de Muret, líder da resistência à *Loi Universitaire* no Senado universitário. O jornal acusou-o de ter sido nomeado para a cadeira de espanhol antes de realmente conhecer o idioma, tirando então um ano de licença remunerada na Espanha para adquiri-lo. Implicava ainda que seu motivo para se opor à lei era o de bajular os "mandarins".

> Com Paul Moriaud e Bernard Bouvier, Muret liderou a campanha do Senado da Universidade. Ele finalmente encontrou uma ocasião para afirmar o ódio que sente por todo progresso. Como resultado, mais alguns salões foram-lhe abertos, e os Srs. De Saussure, Naville, Sarasin etc. tiram seus chapéus para ele.[65]

Duas páginas à frente, o texto comentava a carta de protesto dos alunos de Moriaud que o *Journal de Genève* havia publicado: "Na verdade, além de alguns 'balcânicos', os signatários desse certificado de estudos têm nomes bastante grandiloquentes: são o jovem L. Boissier , E. Empeyin, E. Georg, J. Lullin, J. de Saussure etc. Há aqui, de fato, a *savonnette à vilain*, e o Sr. P. Moriaud a adquiriu".[66] Quando a continuação da "silhueta" foi publicada no dia seguinte dando o nome de Jacques por completo, Ferdinand pode ter ficado consternado ao ver suas deficiências serem utilizadas para atacar seu filho.

Talvez o que mais surpreendesse nessa edição fosse sua quinta página, inteiramente dedicada a uma "Carta aos eleitores", assinada por 13 dos 82 professores da universidade, declarando-se a favor da nova *Loi Universitaire*. Trinta e quatro professores acabariam se declarando contrários a ela – mas ainda assim o professorado estava dividido.

Na quarta-feira, dia 18, outro jornal entrou em ação: o *A.B.C.*, que se autodenominava "o único diário ilustrado da Suíça". Seu editor-chefe, Jean Debrit, havia estudado na universidade com William Rosier e provavelmente foi o único estudante de geografia a também ter feito um curso com Saussure (em 1898-1899). Ao fazer de Rosier o sujeito anônimo (mas transparente) de uma "silhueta" no estilo do *Le Genevois*, ele estava em uma boa posição para ridicularizar sua obra.[67] Na primeira página daquele dia, Debrit publicou uma série de fotografias sob dois títulos: *Aqueles que comandarão*, sobre duas fotografias de William Rosier e Jean Sigg; e *Aqueles que serão obrigados a "obedecer"*, sobre fotos de Chodat, Georges Fulliquet (professor de teologia sistemática), Muret, Naville e "Sr. Horace de Saussure, o mais renomado especialista na Europa em línguas asiáticas".[68] O *Le Genevois* não deixou de apontar no dia seguinte que o *A.B.C.* havia publicado "o perfil de Ferdinand de Saussure, chamado... Horace! É preciso admirar a precisão – realmente convincente!".[69]

Vitória pírrica

Nos últimos dias que antecederam o referendo, multiplicaram-se os editoriais de jornais e as reportagens de partidos políticos. O clima estava ficando tenso. Na sexta-feira, dia 20, Jean Debrit relatou ter recebido em sua caixa de correio uma cópia de seu último artigo, com sua assinatura rasurada:

~~Jean~~ **dEBRIS**
~~*Antigo-aluno do Ilmo.*~~
canalha infame
língua de víbora[70]

Naquela noite, uma assembleia foi realizada na prefeitura de Plainpalais, bairro adjacente à Université. A *Loi Universitaire* foi denunciada por Moriaud, Flournoy e pelo professor de história nacional e direito público Charles Bourgeaud. Autor da história definitiva da Université de Genève, Bourgeaud trouxe à tona as tensões sectárias que borbulhavam sob a superfície do debate.

> Foi alegado que alinharíamos a Université contra o povo. Por que essa acusação? Porque em 1909 comemoramos o 350º aniversário de sua fundação por Calvino! Porque solicitamos e nos foi permitido realizar a posse bienal do novo reitor no dia 5 de junho, data em que nossa Escola foi inaugurada em 1559 na Cathédrale St.-Pierre! (Vivos aplausos)[71]

No sábado, dia 21, o *Journal de Genève*, além de informar sobre a assembleia, expôs sua posição sobre a *Loi*. Não se tratava apenas de criar um novo corpo docente, ou introduzir estudos comerciais, ou mesmo mudar a forma como as cadeiras eram preenchidas. Não, os bárbaros estavam às portas.

> O **objetivo aparente** da lei é desenvolver o ensino comercial superior, mas mostramos, com evidências, que essa aparência é falsa. **Os empresários não foram consultados** sobre essa questão. [...]
> O **verdadeiro objetivo** da lei é a subjugação da Université. [...] Cidadãos de Genebra! Vocês entregariam a Université à influência doentia da política partidária? Vocês gostariam que, doravante, os professores fossem escolhidos não com base em suas habilidades científicas, mas de acordo com suas visões políticas? Vocês deixariam a instrução pública de nosso cantão ser invadida pelo socialismo internacional? Vocês permitiriam a humilhação de homens que honram Genebra em todo o mundo? Não! Não![72]

A maioria dos professores, seguindo a sugestão da minoria que havia publicado sua carta no *Le Genevois*, lançou seu próprio manifesto nessa edição do *Journal*. Os signatários incluem Saussure, bem como todos os seus parentes, ex-colegas de escola ou colegas próximos da Faculdade. Uma nota específica, no entanto, aponta que a assinatura de Saussure não constava da versão original da carta, que havia sido afixada no dia anterior nas paredes da universidade: "O professor F. de Saussure nos escreve que, estando de licença por motivos de saúde, não tomou conhecimento em tempo da carta enviada pela maioria dos professores à comissão de referendo, carta que ele teria assinado, não fosse essa circunstância".[73]

Um leitor em especial certamente sentiu seu coração afundar. Depois de todo o trabalho lutando para estabelecer a cadeira na psicologia da linguagem e estilística – depois de todos os anos de serviço fiel para conquistá-la –, Bally viu seu principal apoiador entre os professores retirar seu apoio à *Loi*, à qual estava vinculado. Dado o que estava acontecendo nos jornais na última quinzena, ele pode não ter ficado surpreso, mas, em um nível pessoal, sentiu-se muito decepcionado, até mesmo traído.

No entanto, ainda havia esperança. O clima político em Genebra havia mudado. Sempre que a velha guarda se opunha a algum movimento liberalizante em bloco, era de esperar que a maioria do eleitorado assumisse que isso ia contra os interesses dos aristocratas e, portanto, a favor dos seus próprios. No dia da votação, o *Le Genevois* conseguiu escapar em uma última crítica aos autodenominados "anjos da guarda" do povo.

> A maioria dos professores de bom senso afixou em nossas paredes um cartaz protestando seu apego à Université – e é verdade, pois eles a consideram seu feudo e não se preocupam mais com isso do que um camponês com um par de bois. Mas eles também professam seu respeito pelo povo. E continua-se sonhando ao ler os nomes daqueles que ousam apresentar-se nessa ocasião como conselheiros do povo, entre outros: E. Claparède, F. de Crue, [...] F. de Saussure etc. Ah! Os interesses do povo estão em boas mãos, é preciso dizer.[74]

Dois dias depois, na véspera de Natal, os jornais anunciaram o resultado do referendo: 5.214 a favor da *Loi*, 6.375 contra.

O *Le Genevois* não aceitou a derrota com elegância: "A campanha da direita foi tão pérfida quanto possível. Eles evocaram o espectro do socialismo; falavam da 'Genebra vermelha'".[75] Era verdade – o *Journal de Genève* emitira uma ameaça exagerada de invasão pelo socialismo internacional. O jornal radical deixou a questão de lado temporariamente, exceto por um último suspiro bastante perspicaz em 29 de dezembro.

> Não queremos, por ora, revisitar a questão universitária. Mas [...] os conservadores [...] sabem muito bem que, desde Calvino, houve duas Genebras: a Genebra oligárquica, que afirma ter herdado do reformador uma espécie de direito divino de regência sobre nós, e a Genebra popular, que não cessou de defender a causa da verdadeira democracia e que, oprimida ao longo dos séculos, finalmente triunfou em 1846.[76]

Se a expressão "por ora" soa sinistra, essa era a ideia. Os mandarins da Université travaram uma batalha de retaguarda contra as modernizações que ocorriam em toda a Europa. Eles não conseguiram derrubar Rosier, que permaneceu no cargo e, embora desistisse de sua reestruturação do sistema de indicação de professores, obteve aprovação fácil para a Faculdade de Ciências Econômicas e Sociais em 1914. Ele introduziu novas cadeiras em estudos comerciais no ano seguinte – assim como a Université iniciou um período de declínio, devido aos efeitos que a Grande Guerra teve até mesmo nesse país neutro.

Janeiro e fevereiro de 1913

Espera-se que a vitória no referendo tenha levantado o ânimo durante a temporada de férias no Château de Vufflens. A velha ordem estava mudando rapidamente, e não estava claro em que lugar, se é que em algum, o novo mundo que a substituiria colocaria a velha aristocracia. Dentro da Université, esse foi seu último viva. Para Saussure, a breve vitória de sua facção custou o repúdio aberto às aspirações de alguém muito próximo a ele, a quem havia prometido apoio poucos meses antes.

De volta a Genebra, Bally não estava simplesmente deprimido por seu desastre. Ele estava ficando seriamente ressentido e com raiva. "Meus 21 anos de trabalho na Université como *Privatdozent* estão começando a pesar sobre meus ombros", escreveu ele a Max Niedermann em 16 de janeiro. "Essa situação não é mais aceitável".[77] Palavras fortes, e o sentimento é compreensível – aos 47 anos, estava sendo tratado da mesma forma que quando começou a trabalhar aos 26, apesar de ter ganhado fama mundial por seus escritos e tendo dado à instituição tudo de si. De fato, nos últimos dois meses ele vinha fazendo o trabalho de um professor, enquanto assistia ao seu próprio sonho de uma cadeira ser consumido pelas chamas.

Mas o que ele poderia fazer? Outra tentativa de instalação de uma cadeira ainda exigiria que ela fosse aceita pelos professores titulares, os mesmos que, por ampla maioria, acabavam de derrubá-la, embora com danos colaterais. Enquanto isso, ele tinha muito o que fazer para se preparar para as aulas que voltaria a dar em março.

Quanto a Saussure, sua saúde parece ter melhorado continuamente. Ele escreveu a Léopold Gautier em 31 de janeiro de 1913, desculpando-se por ter estado ausente quando Gautier o visitou em Vufflens 15 dias antes: "Foi um golpe particular de má sorte (ou má-sorte? Nunca soube qual dos dois escrever) já que praticamente nunca estou fora".[78] Ele convidou Gautier para voltar a qualquer momento, pois não tinha nada planejado antes de março, "quando talvez eu faça um passeio ao Midi. [...] Minha saúde é mais ou menos a mesma, mas não tenho muito do que reclamar". Viagens ao sul da França eram rotineiramente prescritas como parte do tratamento, mas mesmo isso estaria fora de questão se sua condição não fosse razoavelmente estável.

Ler os jornais não deve ter levantado seu ânimo. Durante meses, os problemas nos Bálcãs levaram as potências europeias inexoravelmente à guerra. A Primeira Guerra dos Bálcãs, que estourou em outubro de 1912, terminou dois meses depois, mas nunca houve uma diminuição real nas tensões que explodiriam na guerra mundial em agosto de 1914. O grande evento em Genebra durante a terceira semana terrivelmente fria de fevereiro de 1913 foi a estreia esgotada no Apollo-Théâtre de uma versão cinematográfica do naufrágio do Titanic.[79] Além do habitual acompanhamento orquestral, no momento em que os passageiros condenados eram engolidos pelas ondas, o coral La Muse se fez presente para entoar o hino *Plus près de toi, ô mon Dieu* [Mais perto de Ti, meu Deus], levando todo o público às lágrimas.

Na quinta-feira, 20 de fevereiro, Saussure escreveu sua última nota conhecida, com caligrafia firme, em uma de suas *cartes de visite*. Foi enviada do Château de Vufflens para René Claparède, que estava oferecendo um chá na noite seguinte para os membros genebrinos da Liga Suíça de Defesa dos Nativos do Congo. Isso se seguiria a uma conferência sobre a escravidão na África Ocidental proferida na Société de Géographie por Alice Seeley Harris, que viveu muitos anos no Congo.[80] Lê-se:

> FERDINAND DE SAUSSURE
> apresenta seus cumprimentos ao Sr. e à Sra. René Claparède, com muito pesar por não poder aceitar o amável convite para sexta-feira, 21 de fevereiro.[81]

Saussure não foi o único a pedir licença por motivos de saúde: Claparède recebeu desculpas no mesmo dia do conde W. de Saint-Georges, que explicou: "estou gripado e não ouso sair à noite durante esse tempo frio".[82]

Na noite de sábado, 22 de fevereiro de 1913, apenas três semanas após sua carta contemplando uma viagem ao Midi, Marie, Jacques, Raymond, Dora, Léopold e outros parentes próximos reuniram-se no Château de Vufflens,[83] para onde Ferdinand havia se retirado quando acometido por problemas de saúde. O ataque pessoal dirigido a ele pelo *Le Genevois* pode ter feito com que se retraísse ainda mais dentro de si, não muito diferente da maneira como seu ancestral Nicolas, pai de Horace-Bénédict, se retirou da vida pública quando seu compatriota genebrino o fez refém no portão da cidade na batalha entre os *Représ* e os *Négatifs* em 1782. Agora, Ferdinand, apenas algumas semanas depois de ter sido submetido à difamação pública e a uma defesa espirituosa daqueles que o admiravam e amavam, retirava-se da vida.

Reações

Sua morte veio naquela noite.[84] A causa é incerta e pode ter sido múltipla. Os jornais de Genebra e Lausanne eram caracteristicamente reticentes, com uma exceção. O *A.B.C.* de Jean Debrit estava empurrando a imprensa suíça para a era moderna dos jornais ilustrados, com reportagens investigativas e opiniões independentes. Seu obituário de Saussure, em coautoria com Debrit, deu detalhes precisos de sua carreira acadêmica, tendo o cuidado de especificar as datas de suas três nomeações na Université de Genève. O trabalho que Debrit claramente teve para estabelecer os fatos dá credibilidade à afirmação do obituário de que "De Saussure morreu ainda no auge, de uma terrível e dolorosa arteriosclerose, contra a qual lutou heroicamente até o verão passado, quando teve que abandonar seus cursos".[85]

A carta de De Crue a Rosier relatando a morte, por outro lado, dá a causa imediata como bronquite.[86] Da mesma forma, a anotação do diário de Havet na segunda-feira, 24 de fevereiro, diz que Meillet contou a ele sobre a morte de Saussure depois de receber uma carta de Bally, e que Saussure morreu de gripe infecciosa.[87] Embora pareça difícil de acreditar agora, a gripe era frequentemente fatal nos dias anteriores à penicilina[88] e ainda hoje representa um risco particular para qualquer pessoa que sofra de arteriosclerose.

Claro, em 1913 muitas doenças das quais falamos livremente hoje ainda eram vistas com uma espécie de vergonha. Bally pode ter relatado o que a família lhe disse – e talvez o que a própria família ouviu. Uma dessas doenças tabus era o câncer, e o problema na garganta que afetava sua voz, que Saussure citou em setembro em seu pedido à Université para ser dispensado do ensino naquele ano, levou à especulação de que ele tinha câncer de laringe.[89] Isso faria sentido em termos de sintomas. E ele era fumante.[90] No entanto, o câncer não era uma doença comum em Genebra antes da década de 1920 – a taxa de câncer de pulmão para homens na população era de apenas cerca de 1 em 100 mil mortes por ano em 1913.[91] A taxa comparável para tuberculose era de cerca de 260 por 100 mil mortes masculinas, e, para suicídio, cerca de 55 por 100 mil para os homens – três vezes o que era para as mulheres, embora diminuindo em relação às taxas muito mais altas dos séculos anteriores. Mas, com os suicídios, os genebrinos ficavam completamente em silêncio quanto à causa da morte e tendiam a realizar funerais privados. Nenhum desses foi o caso de Saussure.

Aos 55 anos, ele foi o mais jovem a morrer em sua linhagem masculina desde 1569, quando Antoine de Saussure faleceu com a mesma idade. Três ancestrais, incluindo seu avô Alphonse, viveram até os 80 anos. Até Henri, que passou toda a sua vida adulta esperando cair morto a qualquer minuto, sobreviveu até os 75 anos.

O fato de Ferdinand estar doente era amplamente conhecido, sobretudo depois que o *Journal de Genève* o mencionou em 21 de dezembro em conjunto com sua oposição à *Loi Universitaire*. No entanto, ninguém esperava que morresse. O choque é palpável nos discursos e nos artigos que anunciam sua morte, nas cartas e nos telegramas recebidos pela família, na extraordinária devoção à sua memória que seria manifestada por aqueles que o cercavam. E há um subtexto nisso tudo, que afetou a escolha de quem falaria no funeral e escreveria os principais obituários: o desejo de desfazer a injustiça que foi infligida a esse grande e sensível homem pelos ataques a ele no *Le Genevois*.

Em 1879, Havet foi o primeiro a proclamar o gênio do jovem Saussure aos leitores do *Journal de Genève*. Agora, 34 anos depois, ele foi o primeiro a telegrafar condolências ao reitor da Université de Genève assim que soube da notícia na segunda-feira, dia 24. Em nome da École des Hautes Études, ele expressou "o mais vívido pesar pela morte prematura de Ferdinand de Saussure, a quem por muito tempo contamos entre nossos professores mais eminentes".[92] Na terça-feira, 25 de fevereiro, um artigo sobre Saussure de Michel Bréal apareceu no jornal parisiense *Le Temps*.

> A morte, tão inesperada e repentina, de Ferdinand de Saussure deixa um grande vazio no estudo da linguística. Ele pertencia tanto à França quanto à Suíça [...]. Foi na França que estreou como professor, e os alunos não demoraram a se agrupar em torno dele, alunos ativos e comprometidos, que fizeram dele, em poucos dias, mestre e diretor de uma escola. Os discípulos de Saussure são imediatamente reconhecíveis pela importância que atribuem à fonética e pelo cuidado que dedicam à análise das formas da linguagem. [...] Seu caráter estava à altura de seu talento. Severo, consciencioso, desdenhoso dos sucessos fáceis, Ferdinand de Saussure apresentava a imagem do erudito vivendo apenas para a pesquisa e a descoberta da verdade. Seu nome permanecerá ligado a certos princípios e teorias que muitas vezes surpreenderam no início, mas a maioria acabou sendo aceita e hoje faz parte das ideias incontestes.[93]

O primeiro parágrafo não é totalmente preciso: levou anos, não dias, para que uma "escola" se formasse em torno de Saussure em Paris. O mesmo dia viu uma necrologia profundamente pessoal na *Gazette de Lausanne*, por seu editor, Élie David.[94] O texto começa com uma lembrança das contribuições científicas da família de Horace-Bénédict a Henri, a musicalidade consumada de Louise e os ambientes distintos e elegantes de Genthod e da Rue de la Cité, antes de se voltar para o próprio Ferdinand, como David se lembrava dele de Hofwyl a seu leito de morte. Lembra-se dele em seus vinte e poucos anos, desacreditando seu *Mémoire* como de pouco valor, presunçoso e já superado. Mas para com os outros sua generosidade intelectual era infinita.

> Que alguém o questionasse sobre uma observação feita, sobre uma singularidade notada, uma diferença encontrada, ele era inesgotável. Lentamente, com sua voz

grave, ele enumeraria as causas possíveis, as razões plausíveis, as opiniões autorizadas, discutiria com elas e consigo mesmo, e terminaria apontando o dedo para a ignorância última da qual o conhecimento humano mal sai para lançar uma luz vacilante. Pois ele era a gentileza, a própria generosidade, e, se seus excessivos escrúpulos deixavam fragmentos de estudos para dormir em caixas que teriam assegurado a glória de dez filólogos, por falta de encontrar uma conclusão suficientemente definitiva para sua consciência, ele não tinha maior prazer do que citar, com a mais sincera e comovente admiração, os nomes e as obras dos discípulos que ele havia ensinado.

O *Journal de Genève* segurou seu artigo até o dia do funeral, quarta-feira, 26, dando ao editor Micheli tempo suficiente para encomendá-lo a algum luminar internacional cujo nome por si só sinalizaria o renome científico das contribuições de Saussure à linguística. O fato de ter escolhido Muret, atacado ao lado de Saussure pelo *Le Genevois* dois meses antes, mostra que havia um sinal mais importante a enviar. O artigo de Muret tem um tom muito pessoal.

Ele morreu na noite de sábado, no Château de Vufflens. Durante alguns meses soubemos que estava muito doente; não ousávamos esperar que voltasse a ocupar a cadeira que seu ensino havia tornado ilustre; mas acariciamos a esperança de que suas forças, restauradas por um longo descanso, assistidas pelo cuidado mais amoroso e dedicado, lhe permitissem um dia retornar aos seus trabalhos interrompidos e contribuir com novos trabalhos para o progresso da ciência e a glória de Genebra.[95]

Quem exatamente eram os "nós" que sabiam que ele estava muito doente? Talvez apenas o círculo íntimo de professores "mandarins" de confiança de De Crue. Se Bally soubesse da doença, é duvidoso que tivesse continuado atrás de Saussure escrevendo-lhe sobre sua cadeira, ou que soasse tão ressentido em sua carta de janeiro a Niedermann quando seus planos fracassaram.

Muret faz um resumo da carreira do colega falecido e, quando chega à mudança de Paris para Genebra em 1891, faz uma alusão direta ao que o *Le Genevois* havia criticado em Saussure.

Aqui, o ensino de línguas indo-europeias não poderia atrair um público tão grande como na École des Hautes Études. O novo professor, no entanto, dedicou-se a ela com zelo, ardor e devoção incansáveis, não economizando nem trabalho nem tempo, dando muito mais aulas do que o especificado no decreto de sua nomeação. Com alguns alunos de elite, ele percorreu quase todo o campo da linguística indo-europeia [...].

Muret aponta que seu ensino em linguística geral "agrupou ao pé de sua cadeira um número maior de alunos", e que a esse novo ensino "ele deu o resto de suas forças enfraquecidas e esbanjou os tesouros de seu pensamento e vasto conhecimento". Com não menos devoção, desempenhou o cargo de bibliotecário da Faculdade e, além disso, "[n]os conselhos da Université, como no círculo de sua família e amigos, suas opiniões moderadas e judiciosas eram ouvidas com a maior deferência, e aqueles que os seguiram sempre se acharam bem servidos". Muret foi direto sobre as dificuldades de Saussure em publicar:

> Os estudos que Saussure publicou em longos intervalos trouxeram uma contribuição importante e original para o progresso da ciência linguística. Que ele tenha escrito tão pouco é infinitamente lamentável; seus admiradores e amigos sofreram com isso, e ele próprio frequentemente se recriminava por isso. Para esse espírito sempre ativo, era repugnante fixar seu pensamento em uma redação definitiva. Perfeccionista, autodesafiador, nunca se contentava com os resultados obtidos e olhava sempre mais à frente, cada vez mais alto. Incessantemente, o seu devaneio inquieto e a sua curiosidade insaciável orientavam-no para novos problemas e conduziam-no para novos horizontes. Quantas obras iniciadas, há muito perseguidas e nunca concluídas!

Muret expressa a magnitude da perda em termos que não poderiam deixar dúvidas nas mentes de seus inimigos sobre o crime que cometeram ao arrastar esse anjo moribundo para a lama.

> Sobre todas as coisas ele era admiravelmente informado, tinha visões originais e profundas, nas quais se revelava o homem superior a quem nada do humano permanecia estranho. [...] A extrema modéstia desse estudioso só foi igualada por seu mérito. Por mais que gostasse de exaltar os méritos dos outros, tanto se esquecia de si mesmo. Ninguém foi mais privado do egoísmo e de todas as preocupações mesquinhas. Ele tinha uma alma muito elevada [...]. Aqueles de nós que tivemos o privilégio de desfrutar de sua amizade, que conhecemos, sob o exterior reservado, esse coração tão caloroso, leal e terno, lamentamos esse amigo encantador e perfeito, e jamais nos consolaremos por tão cruel perda.

O artigo de Muret apareceu a tempo de ser citado por Lucien Gautier na oração fúnebre que proferiu na tarde de quarta-feira, na qualidade de professor de teologia e pároco auxiliar da Église Nationale protestante de Genebra.[96] Foi um elogio profundamente religioso. Depois de citar Muret sobre o perfeccionismo de Saussure, Gautier comentou:

Sim, no terreno científico, onde foi mestre e líder, Ferdinand de Saussure poderia ter aplicado a si mesmo as palavras do apóstolo: *Agora meu conhecimento é limitado... Pois agora vemos em espelho e de maneira confusa.*

O que é verdadeiro no domínio intelectual, consideramos verdadeiro também no domínio religioso, seguindo São Paulo, certamente em melhor posição do que qualquer outro para falar dessas experiências cristãs.

Gautier teria feito bem em manter o que elidiu de São Paulo: *mas, depois, conhecerei como sou conhecido.*

Também falando no funeral estava De Crue, novamente não uma escolha neutra. Ele não tentou esconder o quão difícil era a tarefa para ele.

É uma experiência cruel fazer um discurso sobre o túmulo de um amigo. Chorar silenciosamente no meio da multidão seria mais adequado...
Deve-se, se necessário, superar essa dificuldade. Os costumes da Université ditam que o reitor da Faculdade preste homenagem ao colega que perdeu.[97]

Ele passou a fazer um relato detalhado da carreira, da história familiar e do caráter de Saussure, enfatizando seus laços com Genebra.

Convinha-lhe viver num país neutro, como um observador entusiasta da verdade, um crítico moderado e imparcial das cenas representadas entre as grandes nações no teatro do vasto mundo. A injustiça com um povo oprimido, um ser perseguido, um gênio incompreendido, revoltava-o, apesar de sua moderação. Com uma ironia sempre espirituosa, às vezes rindo, às vezes mais aguda, ele trouxe à tona as iniquidades deste mundo e notou as contradições, as complicações da vida, os absurdos da natureza humana. Nem tudo é perfeito.

Como Muret, outro veterano da batalha do *Le Genevois*, De Crue enfrentou diretamente as deficiências que deram alguma substância aos ataques de dezembro: "A absoluta falta de egoísmo e ambição pessoal, o cuidado constante de uma consciência que se julgou escrupulosa na composição livresca: são qualidades que talvez não facilitem a conquista deste mundo, mas tornam a alma grande e bela".

Dado o que aconteceu em dezembro, é difícil ver a escolha de Muret para o memorial impresso e a de De Crue para o falado como neutras. Qualquer um deles poderia ter sido convidado a assumir a tarefa mesmo que nada tivesse acontecido, mas também muitos outros, homens cuja amizade com Saussure remontava aos seus dias no Collège de Genève, ou com quem ele tinha laços pessoais e intelectuais ainda mais estreitos do que com Muret, que, como o *Le Genevois* havia apontado, era afinal um arrivista. A escolha de dois de seus colegas vítimas para esses papéis públicos importantes serviu como um lembrete para todos do que havia acontecido e quem era o responsável. Acima de tudo, pelo menos um dos presentes ao funeral: o Presidente do Conselho de Estado, William Rosier.[98]

Em meio à "multidão considerável"[99] que se dirigira a Genthod para a cerimônia, estavam dois outros conselheiros de Estado, Albert Maunoir e Jules Mussard; o primeiro secretário do Departamento de Instrução Pública, Étienne Chennaz; o Reitor da Universidade, Albert Mayor; o *bureau* do Senado da Universidade; e muitos dos colegas professores de Saussure, incluindo Oltramare, Moriaud, Seitz e Bouvier. Todas as sociedades estudantis também estiveram representadas, desfilando com suas bandeiras, lideradas pelo Sr. Cornu, Presidente da Société de Belles Lettres, carregando a bandeira do Comitê Universitário. Durante a cerimônia religiosa na igreja, os estandartes foram colocados ao pé do púlpito.[100]

Uma oração ao lado do túmulo foi pronunciada por Henri Berguer, pastor em Genthod. Berguer estudou em Leipzig na mesma época que Saussure, depois voltou para Genebra, onde logo adquiriu a reputação de pregador inspirador.[101] Em 1882, Saussure havia expressado sua admiração por um dos sermões de Berguer em uma carta a Albertine.[102] A admiração era mútua: Berguer, que também era poeta, compôs um verso intitulado "Soir" que dedicou a Ferdinand de Saussure "quando o estudioso ainda era um jovem cheio de promessas".[103]

E assim os restos mortais de Ferdinand de Saussure foram depositados no túmulo 86 do cemitério de Genthod, ao lado de seus pais e outros membros da família, incluindo seu tio Théodore, com seu monumento de grande prefeito. Ferdinand deixou para trás um legado de memórias poderosas, como mostraram os artigos de jornal e as orações fúnebres. Mas tão pouco em termos de trabalhos publicados, com realmente apenas um item lembrado, e mesmo permanecendo altamente controverso. Ele sabia melhor do que ninguém a extensão de seu fracasso. Essa foi a verdadeira causa da depressão dos últimos meses.

Por um momento, 30 anos antes, parecia que ele poderia ser outro Horace-Bénédict, devolvendo o nome De Saussure às alturas da glória científica. No final, ele publicou menos que seu próprio pai. As pilhas de manuscritos eram como as ruínas de seus sonhos. Ele passou a vida neles, esperando por uma luz aperfeiçoadora que nunca veio.

Lucien Gautier, sucessor de João Calvino, não poderia ter escolhido uma referência bíblica mais adequada do que a passagem da carta de São Paulo aos Coríntios sobre como, neste mundo, vemos como que através de um vidro escuro. Saussure percebeu lampejos do que está além, tentou juntá-los – angustiadamente, porque ele não era o tipo de homem que se contenta com uma compreensão parcial. Por fim, em suas aulas sobre linguística geral na primavera de 1911, as peças começaram a se encaixar.

E então seu corpo falhou, seguido por seu espírito, até aquela noite de inverno quando ele fechou os olhos, e todos os padrões ocultos que procurou se revelaram a ele em uma explosão de esplendor brilhante.

Notas

1 FdS. "Alamans". *Dictionnaire historique, géographique et statistique du canton de Vaud*, vol. 1. Ed. Eugène Mottaz. Lausanne, F. Rouge, 1911), pp. 54-57. O vol. 2 apareceria em 1914.

2 FdS, "Alamans", p. 56.

3 PAUL, H. *Grundriß der germanischen Philologie*, vol. 3. Straßburg, Karl J. Trübner, 1911 (p. 931).

4 MARTIN, P.-E. *Études critiques sur la Suisse à l'époque mérovingienne (534-715)*. Genève, Imprimerie Kündig, 1910.

5 MARTIN, P.-E. "La destruction d'Avenches dans les Sagas scandinaves, d'après des traductions et des notes de F. de Saussure". *Indicateur d'histoire suisse*, 1915, pp. 1-13. Martin casou-se com Albertine Pictet em 1909.

6 FdS, Mettingham Castle, para Antoine Meillet, Paris, 11 de outubro de 1911 (em: BENVENISTE, É. "Lettres de Ferdinand de Saussure à Antoine Meillet". *Cahiers FdS*, vol. 21, 1964, pp. 89-135 (p. 123)); e, para a presença de Marie na viagem, AdS 371/4, f. 5 ("estávamos em Mettingham").

7 AdS 371/4, f. 5.

8 Benveniste, 1964, p. 123.

9 LINDA, M. "Kommentiertes Verzeichnis der Vorlesungen F. de Saussures an der Universität Genf (1891-1913)". *Cahiers FdS*, vol. 49, 1995/1996, pp. 65-84.

10 AdS 366, ff. 206a-b.

11 BGE Catalogue des Manuscrits XIID, p. 70.

12 AdS 371/4, f. 6.

13 *Idem*, f. 1. Francis de Crue também estava entre os historiadores apontados pela *Encyclopaedia Britannica* em seu artigo "Switzerland".

14 AdS 371/4, ff. 8, 11.

15 *Idem*, f. 7.

16 FdS. *Recueil des publications scientifiques de Ferdinand de Saussure*. Ed. Charles Bally e Léopold Gautier. Genève/Lausanne/Heidelberg, Sonor/Payot/C. Winter, 1922 (p. 599).

17 FdS para Francis de Crue, 9 de setembro de 1912, citado na íntegra abaixo.

18 Sobre a suspensão do ensino, ver Meillet (em Marie dS. (org.). *Ferdinand de Saussure (1857--1913)*. Genève, Imprimerie W. Kündig, 1915 (p. 85)). Sobre o início do trimestre, ver *Académie des Inscriptions & Belles-Lettres, Comptes rendus des séances de l'année 1913*, de Noël Valois (séance du 28 fev., p. 68), em que consta que a doença o havia afastado da cadeira por mais de um ano. Como o texto de Valois é fortemente dependente do texto de Muret, "Ferdinand de Saussure" (*Journal de Genève*, 26 de fevereiro de 1913, pp. 1-2; reimpresso em: Marie dS. (org.). *Ferdinand de Saussure (1857-1913)*. Genève, Imprimerie W. Kündig, 1915, pp. 41-48 (p. 47)), é possível que Valois esteja relatando informações de segunda mão de forma imprecisa.

19 "Allocution de M. le professeur Francis de Crue" (em Marie dS. (org.). *Ferdinand de Saussure (1857-1913)*. Genève, Imprimerie W. Kündig, 1915 (p. 21)).

20 AdS 366, f. 269.

21 GODEL, R. *Les sources manuscrites du Cours de Linguistique Générale de F. de Saussure*. Genève, Droz, 1957 (p. 29).

22 AdS 379/5, intitulado "Remarques sur le Mandchou". As notas são de Hans Conon von der Gabelentz, *Élémens de la grammaire mandchoue* (Altenbourg, Comptoir de la littérature, 1832). Como o livro não figura nem na biblioteca pessoal de FdS (conforme inventariado por Gambarara em "La bibliothèque de Ferdinand de Saussure" (*Genava*, n.s. 20, 1972, pp. 319-368)) nem na BGE, pode ser que ele tenha emprestado uma cópia de Léopold.

23 AdS 366, f. 269.

24 FdS para Francis de Crue, Archives d'État, Instruction publique, 1912/Université/facultés/lettres, publicado em *Cahiers FdS*, vol. 48, 1994, p. 134.

25 "Allocution de M. le professeur Francis de Crue", p. 22.

26 Linda, 1995/1996, p. 66.

27 Os Henrys tinham residências em Rabat, Marrocos, e St.-Jean-de-Luz, França. Alguém poderia supor que Marguerite agora retirasse Nadège da tutela de FdS, mas não é certo; o *Almanach généalogique suisse* de 1936 não mostra Marguerite como tendo uma filha, embora Nadège tenha vivido até 1982, e a anotação do diário de Adèle dS em 21 de maio de 1913 observa que Marguerite se casou com Henrys, "um oficial francês no Taiti, depois de ter gerado uma criança" (AS 416/4).

28 FdS, Vufflens, para Léopold Gautier, 20 de novembro de 1912, Ms. fr. 1599/1, f. 15. FdS diz que recebeu justamente naquele dia a edição de *Indogermanische Forschungen* que apareceu em 16 de outubro e parabeniza Gautier pela revisão de H. Meltzer no *Anzeiger* adjunto da tese de Gautier sobre a linguagem de Xenofonte.

29 *Journal de Genève*, 17 de dezembro de 1912, relata sua segunda aula.

30 Fischer, C.; MERCIER, C. & Raffestin, C. "Entre la politique et la science – Un géographe genevois: William Rosier". *Le Globe*, n. 143, 2003, pp. 13-25 (p. 15).

31 ROSIER, W. "L'enseignement de la géographie dans les gymnases et la place de cette science dans le programme des examens de maturité". *Rapport annuel de l'association des sociétés suisses de géographie*. Berne, Haller, 1893 (p. 25).

32 "muito rapidamente": Geisendorf, em *L'Université de Genève, 1559-1959* (Genève, Alexandre Jullien, 1959 (p. 272)), observa também que uma faculdade separada de ciências sociais já havia sido solicitada por James Fazy décadas antes.

33 *Idem*, p. 273.

34 "La question universitaire: Pour l'instruction supérieure de nos jeunes commerçants", *Le Genevois*, 10 de novembro de 1912, p. 1.

35 "Les professeurs de l'Université", *Journal de Genève*, 11 de dezembro de 1912, p. 1.

36 O termo surgiu na década de 1880, no campo dos estudos latinos.

37 BALLY, C. *Précis de stylistique*. Genève, Eggiman, 1905; BALLY, C. *Traité de stylistique française*. 2 vols. Heidelberg, Carl Winter, 1909.

38 Rosier para Montet, 6 de junho de 1912, Archives "Instruction publique, 1912/Université I/ Organisation II" (citado em: AMACKER, R. "Le combat de Bally". *Cahiers FdS*, vol. 46, 1992, pp. 57-71 (p. 60, n. 5)).

39 Bally para Seitz, 17 de junho de 1912, Archives Instruction publique, 1912/Université I/Facultés/ Lettres (em Amacker, 1992, p. 60) ; rascunho de fragmentos em BGE Ms. fr. 5009/107.

40 Inclui sentenças começando com endereçamento direto – "*Messieurs*", "*Oui, messieurs*" –, que não estariam presentes a menos que fossem escritas para apresentação oral.

41 Amacker, 1992, p. 60, nota de rodapé.

42 CLG/E, fasc. 4, p. 51 ; ELG, pp. 231-233.

43 Amacker, 1992, p. 60, citando Archives of the Département d'Instruction Publique/SG : 1911--1920/Université/Organisation, Procès-verbaux des séances du sénat universitaire, séance du 19 juin 1912, p. 2. As condições de uma cadeira extraordinária são especificadas em "La loi universitaire: comment elle fut discutée" (*Journal de Genève*, 13 de dezembro de 1912, p. 1), como tendo vigência de três anos com um salário máximo de 2 mil francos, um terço do que ganhava um professor ordinário.

44 Bally para Rosier, 26 de setembro de 1912, Archives of the DIP: Instruction publique, 1912/ Université/Facultés/Lettres, citado por Amacker (1992, p. 60), que comenta que a redação mal disfarça a impaciência por trás dela.

45 Se a mudança de nome foi de fato motivada por FdS, a razão pode não ter sido nem para segurar Bally nem para estabelecer uma rivalidade com Sechehaye, mas para garantir que um ou outro pudesse ocupar a cadeira, talvez em sucessão.

46 Bally para Rosier, 26 de setembro de 1912 (em Amacker, 1992, p. 61).

47 Chidichimo, "Une autre source de documentation saussurienne : index et analyse des documents conservés aux archives de l'Université de Genève".*
*Não publicado. (N. da T.)

48 "Chez l'"alma mater"", *Le Genevois*, 6 de dezembro de 1912, p. 1.

49 "Chronique locale. L'université bafouée", *Journal de Genève*, 7 de dezembro de 1912, p. 4.

50 FLEURY, M. "Notes et documents sur Ferdinand de Saussure (1880-1891)". *Annuaire de l'École Pratique des Hautes Études*, IVe section, 1964/5, 1964, pp. 35-67 (pp. 48, 66).

51 "Chronique locale. Le manifeste de la majorité des professeurs", *Journal de Genève*, 21 de dezembro de 1912, p. 4.

52 "Silhouettes universitaires. M. Bernard Bouvier", *Le Genevois*, 8 de dezembro de 1912, p. 1.

53 "La faveur et le privilège à l'Université", *Le Genevois*, 8 de dezembro de 1912, p. 1.

54 "Pour la vérité", *Le Genevois*, 10 de dezembro de 1912, p. 1.

55 AdS 368/4, f. 41.

56 *Idem*, f. 42.

57 Possíveis evidências da raiva de FdS sobre o assunto são encontradas em um fragmento de rascunho sem data de uma carta ao editor de um jornal não identificado, provavelmente o *Le Genevois* (BGE Ms. fr. 3953, f. 190 *recto* e *verso*, publicado em: JOSEPH, J. E. "The Attack on Saussure in *Le Genevois*, December 1912". *Cahiers FdS*, vol. 62, 2008, pp. 251-281). FdS encaminha uma nota assinada por "Peter Morios, súdito de Sua Majestade Helênica", que havia caído na caixa de correio da mansão Saussure, mas aparentemente era destinada ao jornal. FdS primeiro afirma não entender do que se trata, mas depois recomeça sua carta: "Parece-me que

o senhor me acusa há algum tempo de coisas desagradáveis em seu jornal. As acusações que joga na minha cara, eu levo na minha cara. [...] É verdade (é verdade, como diz o *Le Genevois*), que <o último> artigo em que o senhor me flagela foi escrito por um de seus editores comuns, o Sr. Carment? Se assim for, o senhor levou sua indignidade ao grau máximo. Não espera, <certamente,> que eu vá responder a um artigo, quando <todos> sabem exatamente que foi escrito por um de seus editores? Isso seria me achar muito ingênuo, decididamente". É improvável que a carta tenha sido concluída ou enviada.

58 DAVID, J.-É. Necrologia de FdS (*Gazette de Lausanne*, 25 de fevereiro de 1913; reimpressa em: Marie dS. (org.). *Ferdinand de Saussure (1857-1913)*. Genève, Imprimerie W. Kündig, 1915, pp. 35-39 (pp. 38-39).

59 "Correspondance: la loi universitaire", carta ao editor de Adrien Naville (datada de 8 de dezembro), *Journal de Genève*, 10 de dezembro de 1912, p. 5.

60 "Silhouettes universitaires. M. Adrien Naville", *Le Genevois*, 12 de dezembro de 1912, p. 1.

61 "Un silhouette extra-universitaire", *Le Genevois*, 21 de dezembro de 1912, p. 1.

62 "La faveur à l'Université. Une lettre de M. de Crue", *Le Genevois*, 12 de dezembro de 1912, p. 1.

63 "Menus propos. Le professeur idéal", *Journal de Genève*, 15 de dezembro de 1912, p. 1.

64 "Une protestation", *Journal de Genève*, 15 de dezembro de 1912, p. 4.

65 "Silhouettes universitaires – la galerie des purs", *Le Genevois*, 17 de dezembro de 1912, p. 1.

66 "Le monde renversé", *Le Genevois*, 17 de dezembro de 1912, p. 3. *La savonnette à vilains* [literalmente, "sabonete de vilão"] é um termo depreciativo usado pela nobreza francesa pré-1789 para se referir àqueles que compraram terras a fim de tomar o nome vinculado a elas, adquirindo, assim, um nome aparentemente nobre (com um "de") a que não tinham direito estrito.

67 "Nos 'silhouettes'", *A.B.C.*, 18 de dezembro de 1912, p. 2.

68 "L'Université sous tutelle", *A.B.C.*, 18 de dezembro de 1912, p. 1.

69 "Quelques mots à l'A.B.C. Précisons", *Le Genevois*, 19 de dezembro de 1912, p. 3.

70 *A.B.C.*, 20 de dezembro de 1912, p. 1.

71 "Chronique locale. Dernière heure. Pourquoi la majorité des professeurs repousse la loi. L'assemblée populaire d'hier soir. Discours de M. Bourgeaud", *Journal de Genève*, 21 de dezembro de 1912, p. 3.

72 "La loi néfaste", *Journal de Genève*, 21 de dezembro de 1912, p. 1. Negrito no original.

73 "Chronique locale. Le manifeste de la majorité des professeurs", *Le Genevois*, 21 de dezembro de 1912, p. 4.

74 "Nos anges gardiens", *Le Genevois*, 22 de dezembro de 1912, p. 3.

75 "Échec", *Le Genevois*, 24 de dezembro de 1912, p. 1.

76 "Faute de connaître l'histoire...", *Le Genevois*, 29 de dezembro de 1912, p. 1.

77 Citado por Georges Redard, em "Charles Bally disciple de Ferdinand de Saussure" (*Cahiers FdS*, vol. 36, 1982, pp. 3-23), e novamente por Amacker (1992, p. 61, nota de rodapé).

78 FdS para Léopold Gautier, Vufflens, 31 de janeiro de 1913, Ms. fr. 1599/1, f. 16.

79 *A.B.C.*, 17 de fevereiro de 1913, p. 5, e 18 de fevereiro de 1913, p. 6.

80 Ver A. L., "Moeurs curieux des nègres du Congo", *A.B.C.*, 15 e 16 de fevereiro de 1913, p. 5, e a notícia da conferência de *Mme.* Harris no *A.B.C.* de 21 de fevereiro de 1913.

81 BGE Ms. fr. 3978, Papiers René Claparède, Lettres de Genevois, f. 373.

82 BGE Ms. fr. 3978, Papiers René Claparède, Lettres de Genevois, f. 369.

83 "Allocution de M. le professeur Francis De Crue", p. 22.

84 Há alguma dúvida sobre a data exata. Todos os avisos de falecimento e obituários indicam 22 de fevereiro, alguns especificando "à noite", que obviamente se estendeu até 23 de fevereiro. Em uma carta que Jacques dS escreveu à sua amiga, a romancista Marguerite Yourcenar, do Château de Vufflens, em 4 de outubro de 1950 (Houghton Library, Harvard University, Ferdinand de Saussure Linguistic Papers (bMS Fr 372.2, pasta 3670), ele observou que sua mãe havia morrido no início daquele ano "em 21 de fevereiro, ou seja, exatamente 37 anos após a morte de meu pai". A primeira notícia de sua morte no jornal só veio na segunda-feira, 24 de fevereiro, no *Journal de Genève*, que dizia ter recebido a notícia pouco antes de ir para a prensa.

85 G. G. & J. D., "Une gloire genevoise qui s'en va", *A.B.C.*, Genebra, 25 de fevereiro de 1913.

86 Francis de Crue para William Rosier, 23 de fevereiro de 1913, em : AMACKER, R. "L'école genevoise de linguistique dans la tourmente : documents d'archives 1912-1913". *Cahiers FdS*, vol. 59, 2006, pp. 187-204 (p. 9).

87 Berelowitch, A. & Delaine, M.-N. "Sources de l'histoire de la Section des sciences historiques et philologiques de l'École Pratique des Hautes Études. Un document de 1913 : huit mois de vie de la Section à travers le Journal de Louis Havet (20 de dezembro de 1912-19 de julho de 1913)". *Livret-Annuaire de l'École Pratique des Hautes Études*, vol. 18, 2002/2003, pp. xlix-civ.

88 Interessante e instrutivo a esse respeito é o texto de Dr. Odin-Chatam, "Propos de femmes: Propos du Docteur: La Grippe", *A.B.C.*, 17 de janeiro de 1913, p. 4.

89 Johannes Fehr, em *Saussure entre linguistique et semiologie* (Paris, Presses Universitaires de France, 2000 (p. 248)), sugeriu câncer de laringe, mas a lei suíça protege os registros privados por 125 anos após a morte de uma pessoa (nesse caso, até 2038), com o resultado tristemente irônico de que os rumores circulam livremente. Riccardo Ambrosini, em *Momenti e problemi di storia della linguistica, I: de Saussure – Jakobson – Chomsky* (Pisa, Goliardica, 1985 (p. 19)), refere-se ao "alcoolismo de FdS, muitas vezes lembrado pelos biógrafos", mas não vi nenhuma outra referência publicada. Todas as evidências apontam para que esses rumores sejam o produto de imaginações hiperativas e faculdades críticas pouco ativas.

90 Uma conta de seu tabacarista, Auguste Francon, Rue de la Corraterie, Genebra, 27 de dezembro de 1896 (AdS 369/1, f. 21) é para cigarros franceses em maços azuis, como os clássicos Gitanes, ainda vendidos hoje.

91 Morabia, A. & Khatchatrian, N. "Major Causes of Deaths between 1901 and 1990 in Geneva, Switzerland". *International Journal of Public Health*, vol. 41, n. 5, 1996, pp. 315-321 (p. 317). Todos os valores citados nesse artigo são para pessoas com menos de 80 anos.

92 Lido no funeral por De Crue e incluído em "Allocution de M. le professeur Francis De Crue", pp. 22-23. Havet e sua esposa também escreveram em particular para Marie e enviaram flores para o funeral; ver carta de agradecimento de Marie dS para Havet, 28 de fevereiro de 1913 (em: REDARD, G. "Ferdinand de Saussure et Louis Havet". BSLP, vol. 71, 1976, pp. 313-349 (p. 349)).

93 Michel Bréal (em Marie dS. (org.). *Ferdinand de Saussure (1857-1913)*. Genève, Imprimerie W. Kündig, 1915 (pp. 49-50)).

94 David, Necrologia de FdS, pp. 35-39.

95 Muret, "Ferdinand de Saussure", p. 41.

96 Lucien Gautier (em Marie dS. (org.). *Ferdinand de Saussure (1857-1913)*. Genève, Imprimerie W. Kündig, 1915 (pp. 9-10).

97 "Allocution de M. le professeur Francis de Crue", p. 15.

98 "Ferdinand de Saussure", *Journal de Genève*, 27 de fevereiro de 1913.

99 *Idem*, que também inclui os nomes de alguns dos participantes listados aqui, embora a maioria venha da lista mais completa fornecida em "Les obsèques de Ferdinand de Saussure", *Genève Mondain*, 2 de março de 1913. Esse último é acompanhado por uma fotografia de algumas figuras não identificadas prestando suas últimas homenagens ao lado do túmulo ao sair da cerimônia.

100 "Les obsèques de Ferdinand de Saussure".

101 Outro Georges Berguer foi professor de psicologia religiosa da Université e escreveu sua tese de doutorado em Genebra sobre *La notion de valeur: sa nature psychique, son importance en théologie* (Genève, Georg, 1908). Uma revisão cita sua afirmação de que "qualquer modificação da natureza afetiva de um indivíduo será seguida por modificações concomitantes de todo o seu conjunto de valores" (PERRIER, J. L. *Journal of Philosophy, Psychology and Scientific Methods*, vol. 6, 1909, pp. 242-248 (p. 243)). Esse Georges Berguer, no entanto, converteu-se do calvinismo ao luteranismo.

102 FdS para Albertine dS, 16 de março de 1882, AdS 396/3, ff. 29-30.

103 "Les conférences de l'Aula", *Journal de Genève*, 4 de março de 1913, relatando a leitura do poema de Jules Cougnard, que, junto com FdS, havia sido um dos meninos expulsos da aula de latim por passar bilhetes 40 anos antes. O quanto Cougnard já era ultrapassado como figura literária para a geração mais jovem fica evidente a partir de uma anotação do diário de 16 de julho de 1913 por Guy de Pourtalès, reagindo à resenha de seu romance *Solitudes* no *Journal de Genève* de 7 de julho: "um artigo genuinamente ESTÚPIDO e assinado Cougnard, que explica tudo" (Guy de Pourtalès, em: JAKUBEC, D.; DELACRÉTAZ, A.-L. & BOUVIER, R. (ed.). *Guy de Pourtalès, Correspondances, I: 1909-1918*. Genève, Slatkine, 2006, p. 126, nota de rodapé).

20

Obra póstuma

O Cours de Linguistique Générale

Uma semana após a morte de Ferdinand de Saussure, em 1º de março de 1913, um artigo necrológico de Bally em *La semaine littéraire* evoca as aulas de linguística geral, preenchidas "por ideias preservadas nas anotações dos alunos".[1] Isso deve ter acontecido assim que souberam de sua morte, pois Bally teve que transmitir seu texto ao jornal com antecedência. Ele proclamou que "o livro que derivaria delas seria um belo livro" – e perguntou, com alguma esperança, "será que não verá ele jamais a luz do dia?".

O semestre de verão estava prestes a começar. O plano era que Bally entregasse a segunda metade do curso de linguística geral a Sechehaye, que cobriria "a vida das línguas" e "a evolução das línguas", ao passo que Bally lecionaria a fonologia e a morfologia comparada do grego e do latim. Enquanto isso, a Faculdade teria que tratar de nomear o sucessor de Saussure. Bally e Sechehaye eram os dois candidatos óbvios. Em princípio, a cadeira poderia ter sido redividida em duas partes separadas, como havia ocorrido antes da morte de Wertheimer, e os dois serem nomeados. Mas esses ainda eram tempos relativamente difíceis.

Bally, cinco anos mais velho e com um histórico mais longo e distinto de realizações e serviço, tinha o caminho livre. Por outro lado, passara a maior parte do último ano tentando persuadir a Faculdade de que sua estilística era tão distinta da linguística praticada por Saussure que não haveria sobreposição se uma nova cadeira fosse criada para ele. E, com todos cientes de que as simpatias políticas de Bally estavam intimamente alinhadas com as de Rosier, havia a inevitável suspeita de que ele fosse um daqueles "professores ideais" satirizados pelo *Journal de Genève*, que circulam entre a Prefeitura e a Université.

Durante o semestre, os alunos de Saussure, liderados por Léopold Gautier, ponderaram o que fazer com suas notas de curso coletadas e com os muitos manuscritos não publicados, que Saussure havia mencionado a Gautier em sua entrevista de 1911. Eles abordaram a viúva de Saussure, que pediu conselhos a Meillet. Em uma carta de maio de 1913, agradecendo-lhe por seus artigos memoriais, ela escreveu:

> E agora vários de seus alunos me perguntaram se não poderia haver algo publicável entre suas notas. Isso naturalmente seria algo que teria de ser analisado primeiro, e eu não me oporia em princípio; mas, caro senhor, o senhor conhecia meu marido bem o suficiente para saber como ele era escrupulosamente consciencioso sobre todas as questões que levantava, e tenho a impressão de que, em qualquer caso, nada deveria ser publicado muito rapidamente, porque eu não gostaria de fazer nada que ele não aprovasse. Talvez, comparando as anotações feitas por diferentes alunos em diferentes anos, se possa ter uma ideia bastante completa de um de seus cursos, mas também para isso nada deve ser feito às pressas [...]. Sei que meu marido nunca agiu precipitadamente e que o que ele deu à ciência foi fruto de uma reflexão madura.[2]

Marie parecia esperar que Meillet assumisse o papel de executor literário de Saussure. Era uma escolha óbvia, tendo estado intimamente ligado à obra de Saussure desde os últimos anos do seu ensino em Paris, através dos estudos da acentuação lituana e dos anagramas na poesia latina. Ele havia expressado publicamente sua dívida intelectual para com Saussure. No entanto, não há indicação de que ele tenha considerado seriamente assumir a tarefa.

Em junho, o Senado da Faculdade nomeou Bally como o sucessor de Saussure na cadeira de linguística comparada das línguas indo-europeias e linguística geral. A nomeação deu-lhe confiança e força para começar a construir-se como o principal apóstolo de Saussure. Já no final de abril, quando "os alunos genebrinos de F. de Saussure" enviaram a Marie um cartão assinado por todos eles, o nome de Bally estava no topo da lista – talvez apenas porque ali se encaixava alfabeticamente. No entanto, criou a impressão de que ele estava acima do resto, incluindo Albert e Marguerite Sechehaye, Léopold Gautier, até mesmo Virgile Tojetti, sem cuja presença fiel Saussure não teria nenhum aluno em alguns cursos. Bally nunca foi realmente aluno de Saussure, embora tenha participado de vários de seus cursos ao longo de muitos anos. Agora, porém, talvez impulsionado em parte por um sentimento de culpa pela raiva que sentiu em dezembro depois de ter sido negada a cátedra de estilística, ele se tornou São Pedro, o primeiro na sucessão apostólica. Sechehaye teria que se contentar com Paulo.

Estruturar o *Curso de Linguística Geral* para publicação não foi tarefa fácil, dado que os três cursos que Saussure ministrou eram cada um único em forma e orientação, e com certas ideias – notadamente a relação entre *langue*, *langage* e *parole* – desenvolvendo-se consideravelmente do primeiro ao terceiro. O livro segue o terceiro curso, abrindo com um breve olhar sobre a história da linguística; depois passa para uma tentativa de definição de linguística, como no início do primeiro curso; e daí para a identificação do objeto da linguística, algo levantado em diferentes pontos nos três cursos. Tudo isso faz parte de uma "Introdução", que dá uma primeira amostra de outras questões fundamentais: a definição da linguagem, da semiologia, dos problemas colocados pela escrita. Formando um "Apêndice à Introdução", há uma versão condensada das três aulas sobre a sílaba que Saussure deu no verão de 1897. Esse anexo foi criado na crença de que a fonética devesse vir primeiro, mas não é o lugar ideal para esse material detalhado, que é muito mais técnico do que o que o precede ou o sucede, e que interrompeu muitos leitores em suas trilhas.

Seguindo essa Introdução com seu Apêndice, há cinco "Partes". A Primeira Parte abrange os "Princípios gerais": a natureza do signo linguístico, com seus dois princípios fundamentais de arbitrariedade e linearidade; a imutabilidade e a mutabilidade do signo; e a linguística estática e a evolutiva, em que se introduz o contraste entre as abordagens diacrônica e sincrônica. A Segunda Parte então retoma a "Linguística Sincrônica", com material principalmente do terceiro curso, sobre entidades e unidades, identidades e valores, relações sintagmáticas e associativas e arbitrariedade absoluta *versus* relativa – o último tópico mais uma vez não idealmente situado, pois separado da apresentação inicial de arbitrariedade na Primeira Parte.

Essas são as seções do *Curso* que foram mais lidas e que exerceram grande influência no desenvolvimento da linguística, da semiologia e do estruturalismo no século XX. A relativa negligência da Terceira Parte, sobre "Linguística Diacrônica", da Quarta Parte, mais curta, sobre "Linguística Geográfica" e da Quinta Parte, sobre "Questões de Linguística Retrospectiva", deveu-se a acidentes da história – mas tudo sobre o *Curso* é um acidente de história. As seções posteriores tratavam de questões relativamente atuais, mas foram as partes anteriores que impressionaram o mundo linguístico como totalmente novas e originais, embora, ou melhor, porque continham material que era lugar-comum desde a Idade Média até a tradição da *grammaire générale*, mas que foi abandonado no primeiro terço do século XIX. Mesmo em Genebra, onde resistiu por mais algumas décadas, extinguiu-se logo depois de ser transmitido ao jovem Saussure em sua educação no Gymnase e na Université.

A maneira como o *Curso* progride do geral para o específico, e se desenvolve em direção à linguística diacrônica como seu aparente ponto-final, é fiel à visão de Saussure. No entanto, nenhum livro tem o controle sobre como será lido, e o que é falso para Saussure é a forma como o *Curso* foi lido de modo que a linguística sincrônica fosse seu clímax, deixando a diacrônica como uma mera coda. Isso levou as gerações posteriores a creditar ou culpar Saussure por alterar o curso da linguística de sua investigação histórica para a investigação sincrônica. Certamente ele considerava a linguística histórica necessitada de uma reforma fundamental, e fez disso o trabalho de sua vida, embora nunca com a intenção de ver a investigação diacrônica marginalizada.

A primeira edição tem a data de publicação de 1916, embora o fato de o prefácio dos editores ter sido assinado em 1915 tenha levado muitos a citá-la com essa data. De qualquer forma, não era o momento ideal para lançar um livro a um público internacional, já que o envio era tão limitado durante a Grande Guerra. No entanto, o livro esgotou, e, em 1922, Bally e Sechehaye produziram uma segunda edição, com algumas correções, que permaneceu como a versão definitiva. Aquele se tornou o momento propício para uma nova abordagem do estudo da linguagem ser adotada por linguistas prontos para se livrarem do domínio cultural alemão e abraçarem o modernismo que estava varrendo o mundo. O *Curso* foi vivenciado como moderno por conta de algumas de suas doutrinas mais antigas, como o arbitrário do signo e o conceito de valor como pura diferença, que haviam caído no esquecimento no período de foco único na fonologia histórica.

Enquanto isso, outras publicações póstumas de Saussure surgiram. Em 1915, Paul-Edmond Martin, genro de Amé Pictet, publicou um artigo sobre a destruição de Avenches nas sagas escandinavas, baseado em traduções e notas de Saussure.[3] Em 1920, na mesma revista histórica suíça, Gauchat publicou uma versão comentada do artigo de Saussure sobre o nome da vila de Oron.[4] Mais significativamente, no início de 1922, Bally e Léopold Gautier publicaram o *Recueil* das publicações "científicas" de Saussure. O *Mémoire* ocupa metade do volume; segue-se a tese de doutorado de Saussure sobre o genitivo absoluto e a maioria de seus artigos e resenhas publicados, com exceções como o artigo sobre o livro de Oltramare acerca da teosofia bramânica. As contribuições de Saussure para os livros de Giraud-Teulon e Chantre foram incluídas, mas não aquelas feitas para Flournoy em *Des Indes à la planete Mars*. E, é claro, nada do vasto acervo de material não publicado foi usado, embora grande parte estivesse disponível para os editores. Até a década de 1950, os dois volumes, o *Curso* e o *Recueil*, constituíam a obra de Saussure até onde o mundo sabia.

Amigos e família

Junho de 1914 trouxe a morte do cunhado de Saussure, Albert Faesch, aos 45 anos, em Nova Jersey. Marie não o via desde sua partida para a América, 22 anos antes. Como ele não tinha herdeiros legítimos, Marie poderia pelo menos saber que a propriedade do Château de Vufflens passaria intacta para seus filhos, Jacques e Raymond. Felizmente, como cidadãos suíços, os dois jovens, de 21 e 20 anos, não precisaram lutar na Grande Guerra, que começou em agosto de 1914. Hastings Ross-Johnson, marido de Albertine, era um oficial do exército britânico e estava ansioso para ir para a França, mas os médicos o proibiram, por causa de problemas hepáticos.[5] Tal era o fervor patriótico da época que ele não aceitou o veredito, exigiu outro exame e foi enviado à França dentro de 15 dias. Lá ficou encarregado de campos de treinamento preparando soldados para o *front*.

Léopold de Saussure, embora há muito aposentado como oficial da marinha francesa, manteve sua cidadania francesa e apresentou um pedido ao Ministério da Guerra para ser colocado em serviço em um escritório ou depósito no sul da França.[6] Enquanto isso, continuou a produzir artigos sobre assuntos militares para o *Journal* e o *Tribune de Genève*. Mesmo seus tios Pourtalès, que haviam sido oficiais alemães de alto escalão, tornaram-se agora "muito francófilos" e "convencidos do crime e da injustiça dos alemães", nas palavras de Jacques de Pourtalès, membro do ramo parisiense da família, que parou de se intitular "conde" e incitou seus parentes franceses a fazerem o mesmo: "O crime de nossos inimigos torna insuportável para mim carregar um título dado pelos prussianos".[7] Esse lado da família havia se esquecido de que o título não foi de fato dado por Berlim, mas comprado do Império Austríaco havia pouco mais de cem anos.

Guy de Pourtalès, que estava prestes a se tornar pai pela primeira vez e poderia ter reivindicado a neutralidade suíça, sentiu um fardo moral muito forte pela lealdade de longa data de sua família à Alemanha e, como uma espécie de expiação, ofereceu-se para o exército francês. Ele foi colocado em uma divisão de infantaria em Chartres, onde se viu "morrendo de tédio". Escreveu a Hastings perguntando se seu irmão, o coronel Max Ross-Johnson, não poderia conseguir para ele um posto de intérprete, já que ele era perfeitamente bilíngue em francês e inglês – sua mãe, Daisy, falava apenas inglês com os filhos antes de sua morte prematura, quando Guy tinha sete anos. Agora, a esposa grávida de Guy, Hélène, estava sendo cuidada em Genebra por Dora de la Rive, e foi combinado que ficaria no apartamento de Marie de Saussure, na mansão da Rue de la Cité, durante o inverno de 1914.[8] Lá ela deu à luz o único filho do casal, um menino, Raymond.

Max Ross-Johnson fez o pedido de realocação de Guy, mas, antes que pudesse passar pela burocracia militar, Guy foi gaseado. Os efeitos foram ainda piores, pois sofria de um caso grave de gripe na época, resultando em pleurisia. A essa altura, Max estava prestes a ser promovido a general e providenciou que Guy fosse transferido a Paris para trabalhar no Comitê Protestante de Propaganda Francesa. Max, sentindo-se culpado por não ter conseguido uma nova postagem a tempo de poupar Guy de sua terrível provação física, se correspondeu com ele regularmente durante o resto da guerra. No final, Guy havia escrito o romance que viria a ser considerado a primeira de suas duas obras-primas, *Marins d'eau douce* [Marinheiro de água doce], publicado em 1919, uma reminiscência mal disfarçada da infância às margens do Lago Léman com seus avós Marcet.

Antes que a guerra terminasse, haveria outra morte na família. Aos 80 anos, Adèle de Saussure havia sobrevivido a Théodore, Henri e Louise por mais de uma década quando sucumbiu, em julho de 1917. Para os irmãos sobreviventes de Ferdinand, foi o fim de uma era, a quebra de seu último vínculo direto com o passado glorioso da família. Eles perderam seu tio materno Léopold de Pourtalès no mesmo ano e seu irmão, Auguste, no ano seguinte. Ainda assim, 1918 foi um ano mais feliz, e não apenas pelo armistício. René recebeu o Prêmio Montyon da Académie des Sciences de Paris, no valor de 700 francos, por seu trabalho em mecânica. Em outubro, Léopold, agora com 52 anos, casou-se novamente, cinco anos e meio após seu divórcio de Germaine. Sua nova esposa era Marthe-Berthe Ducimetières (também conhecida como Monod), de 28 anos, de Corsier em Vaud.

Com o fim da guerra, veio um reconhecimento generalizado de que a velha ordem havia finalmente chegado ao fim. Nenhum dos governos da Europa Ocidental queria uma revolução social, mas havia um consenso de que os últimos vestígios do feudalismo deveriam desaparecer, e a maneira de fazer isso era por meio da tributação. Ao tributar pesadamente grandes propriedades herdadas, os governos deixaram os aristocratas sem escolha a não ser dividir suas propriedades. Os camponeses podiam agora tornar-se proprietários das terras que cultivaram por gerações, ou o próprio Estado poderia adquiri-las, mas na verdade muitas propriedades foram compradas por estrangeiros ricos. Outra grande onda de vendas seguiu-se à quebra do mercado de ações em 1929.

As famílias Saussure e Pourtalès, com suas muitas mansões, tiveram que se desfazer de algumas para manter as demais. Eles não podiam se dar ao luxo de escolher com base em quais casas apreciavam mais – como Henri disse a Théodore ao vender La Charniaz, o sentimento era a ruína das famílias –, mas tinham que equilibrar o valor de mercado e a posição social. Para Marie de Saussure e seus filhos, as residências familiares da Rue de la Cité e do Château de Vufflens não eram realmente deles para vender, mas estavam sob seus cuidados para as gerações futuras. A mansão Pourtalès em Malagny, onde Ferdinand e Marie passaram a maior parte de sua vida de casados, tinha vários apartamentos vagos, e, durante a guerra, um deles foi alugado temporariamente para Aga Khan, o líder espiritual dos ismaelitas da porção norte, predominantemente islâmica, das Índias britânicas, agora conhecida como Paquistão. Aga Khan foi enviado a Londres em 1915 para ajudar a administrar os assuntos indianos, e lá conheceu Horace de Pourtalès, que lhe sugeriu Malagny como a base genebrina que ele procurava.[9] Quando, em 1919, a família decidiu colocar Malagny à venda, Horace foi o mais afetado.[10] Falou-se muito sobre ela se tornar a sede da recém-formada Liga das Nações, para a qual o próprio Horace trabalhava, mas uma nova e moderna sede acabou por ser construída dentro da cidade.

Para os Saussure, a decisão dolorosa foi se desfazer de Creux de Genthod. Para a geração de Ferdinand, tinha sido o idílio de sua infância e o lar de seus corações. Certamente era magnífico para os padrões de qualquer pessoa, e o dinheiro que trouxe quando vendido para uma rica manufatura de produtos químicos era suficiente para salvaguardar a mansão da cidade.[11] Malagny está atualmente abandonada e ameaçada de demolição.

Em dezembro de 1918, aconteceu o casamento de Jacques – filho de Ferdinand e Marie –, então com 25 anos, o chefe da família. Como tantos de seus antepassados na mesma posição, casou-se com uma jovem de outra das grandes famílias protestantes; nesse caso, com uma distinta herança intelectual. Marguerite Emma Anna de Bonstetten pertencia à família de Charles-Victor de Bonstetten, o historiador que apareceu no capítulo 2 como membro do Groupe de Coppet centrado em torno de Germaine de Staël no início do século XIX. Ele foi a principal força no desenvolvimento do interesse do Groupe pela filosofia estética, que teve um florescimento posterior no *Du beau*, de Adolphe Pictet. Os Bonstetten tinham a sede da família em Berna, e foi lá que o casamento aconteceu, e que o filho de Jacques e Marguerite, Claude, e a filha Alix, nasceram em 1920 e 1921. Claude foi batizado com os nomes adicionais Raymond e Ferdinand.

Quando seu pai morreu, Raymond de Saussure, o filho sobrevivente mais novo de Ferdinand e Marie, estudava psicologia na Université de Genève com Théodore Flournoy. Entre seus colegas, estava a filha de Flournoy, Ariane, que, como Raymond, sentiu a forte atração da psicanálise freudiana, que estava revolucionando a prática da psiquiatria com sua cura pela fala voltada para o tipo de neuróticos e depressivos da classe média alta e da aristocracia que eram tão comuns nas grandes famílias genebrinas. Raymond formou-se em medicina, em parte sob a supervisão de Flournoy. Em junho de 1919, casou-se com Ariane em Genebra, e quando, naquele mesmo ano, Édouard Claparède estabeleceu o Grupo Psicanalítico de Genebra, Raymond e Ariane estavam entre os membros fundadores.[12] Outro membro proeminente do grupo nos próximos anos seria Marguerite Sechehaye, cujo maior sucesso não viria até a década de 1950.

Théodore Flournoy morreu um ano e meio depois do casamento de Raymond e Ariane, muito cedo para vê-los se tornarem duas das principais figuras da psicanálise no mundo francófono. Depois de conhecer Freud no Congresso Internacional de Psicanálise em Haia, em 1920, Raymond passou por seis meses de psicanálise com o mestre, tornando-se a primeira pessoa a receber treinamento psicanalítico de Freud de maneira formal.[13] Quando Raymond publicou uma introdução à psicanálise em 1922, o próprio Freud contribuiu com o prefácio.[14]

Raymond estabeleceu-se em Genebra em 1924 e, naquele mesmo ano, Ariane deu à luz seu primeiro filho, Gérard, e mais um, Bertrand, em 1927. Nessa época, Raymond e Ariane haviam se tornado líderes em seu campo, não apenas na Suíça, mas também em Paris. Eles se tornaram parte do círculo de Sua Alteza Real a princesa George da Grécia e Dinamarca, nascida princesa Marie Bonaparte, sobrinha-bisneta de Napoleão. Ela própria foi paciente e aluna de Freud, e sua apoiadora mais importante. Em novembro de 1926, a princesa Marie Bonaparte liderou a fundação da Sociedade Psicanalítica de Paris, com os Saussure entre os membros fundadores.

Dois outros novos casamentos tardios ocorreram na família na década de 1920. Após a morte, no dia de Natal de 1921, de Meta de Saussure, Louis, agora com 51 anos, casou-se com Berthe-Sophie Zahler em junho de 1922. Quatro meses depois, Horace, duas vezes divorciado, agora com 63 anos, casou-se com Elsa Magdalena Gutzwiller em Genebra. Eles tiveram menos de quatro anos juntos antes da morte de Horace, em setembro de 1926. Em abril de 1927, Louis e Sophie tiveram uma filha, Renée-Henrie-Edmée, a única sobrinha de Ferdinand de Saussure nascida depois de sua morte.

Além disso, os anos 1920 são, inevitavelmente, um triste catálogo das mortes daqueles que estiveram próximos de Saussure. Seu primo Max van Berchem morreu em 1921, sua madrinha Blanche Naville em 1923, Lucien Gautier em 1924, Louis Havet e Wilhelm Streitberg em 1925. No ano seguinte, Léopold de Saussure morreu, aos 59 anos, seguido por Édouard Naville em 1927. Outubro de 1929 trouxe a quebra do mercado de ações, que reduziu muito as fortunas das famílias de banqueiros genebrinos, embora sem a falência de nenhum de seus bancos. No mesmo mês, Albert Sechehaye assumiu uma cadeira extraordinária de "teoria da gramática" na Université, para a qual apresentou uma aula inaugural intitulada "Miragens linguísticas".[15]

Nas duas décadas seguintes, as mortes vieram em massa e rapidamente. As tias maternas de Saussure, Marguerite Naville e Cécile de Wesdehlen, morreram em 1930, mas esse ano também trouxe o feliz acontecimento do casamento de Nadège Pictet, de 24 anos, de quem Saussure se tornara tutor em 1911. Ela se casou com um cidadão português, Narciso de Freire de Andrade. Um de seus dois filhos tornou-se oficial da marinha portuguesa, e o outro ficou em Genebra e chegou a chefiar os escritórios da Merrill Lynch na cidade.

O ano de 1931 trouxe a morte de Hastings Ross-Johnson, transformando Albertine em uma viúva solitária no Castelo de Mettingham, em Suffolk. No Château de Vufflens, onde Marie continuou a viver, ela ofereceu uma recepção para os delegados do Congresso Internacional de Linguistas reunidos em Genebra em agosto de 1931, com Bally como presidente e Sechehaye como secretário. Foi um momento importante para a reputação crescente de Saussure e do *Curso de Linguística Geral*, pois o "estruturalismo" geral que ele inspirou estava se enraizando na vanguarda da linguística europeia e, possivelmente, também da linguística estadunidense, como será descrito na próxima seção. Foi nessa ocasião que Jacques e Raymond conheceram o linguista russo Roman Jakobson, que faria mais do que ninguém a divulgação dos ensinamentos de Saussure nas décadas seguintes.

Essa geração seguiu de perto o exemplo da geração de seus pais, com o casamento do filho mais velho permanecendo intacto, mas não o do caçula. Menos de um mês depois de Raymond e Ariane se divorciarem em 1935, Raymond se casou com Nicole Schnetzler Vauthier, ela mesma divorciada, em Vufflens-le-Château. No ano seguinte, partiram de Genebra para Paris, onde Raymond montou uma clínica psicanalítica. Em 1939, com os exércitos nazistas em marcha, deixaram Paris, terminando, em 1941, em Nova York, junto com tantos outros intelectuais horrorizados com o que estava acontecendo na Europa. Muitos deles, como Jakobson, eram judeus e, portanto, fugiam para salvar suas vidas. Jakobson e Raymond iniciaram uma longa amizade durante os anos em Nova York, que continuou mesmo após a mudança de Jakobson para Harvard, no final da década de 1940, e o retorno de Raymond a Genebra em 1952.

Também em 1939, Bally, de 74 anos, aposentou-se da cadeira anteriormente ocupada por Saussure, para ser finalmente substituído por Sechehaye, ele próprio agora com 69 anos. Apesar de sua idade e longas décadas de serviço, ou talvez por causa delas, Sechehaye foi nomeado apenas para uma cadeira extraordinária.

Como na Guerra Franco-Prussiana, a Suíça não confiava que a Alemanha respeitaria suas fronteiras e sua neutralidade e se preparou para defendê-las. Jacques de Saussure foi nomeado em 1939 chefe adjunto, depois chefe da Divisão de Interesses Estrangeiros do Departamento de Política Federal, cargo que manteve até 1947. Era um cargo extraordinariamente delicado. Hitler sabia, assim como o mundo inteiro, que a Suíça não era perfeitamente neutra. Ela oferecia um refúgio seguro em potencial para judeus, prisioneiros aliados e outros perseguidos pelo regime nazista – ao mesmo tempo em que servia como banqueira do regime. Alguém poderia esperar que Jacques, trilhando uma linha política tão delicada, fosse cuidadoso em oferecer proteção e abrigo a civis aliados e prisioneiros de guerra. Mas, na verdade, era infalivelmente generoso, arriscando sua própria posição em vez de negar cuidado aos necessitados. Por conta disso, recebeu o título de cavaleiro honorário da Grã-Bretanha em 1952.

No final da guerra, todos os irmãos e irmãs de Saussure estavam mortos. No dia da morte de Albertine, 17 de março de 1940, Guy de Pourtalès escreveu em seu diário:

> A querida tia Albertine morreu nesta tarde às 5h30 em uma clínica em Chamby-sur-Vevey. Ela havia sido levada da casa de Dora, em Genebra, onde passou o inverno e teve icterícia.
>
> É lamentável para o bem dela que ela não tenha morrido em seu castelo de Mettingham. Ela tinha 79 anos. A seu pedido, será cremada. Ela foi uma das cristãs mais puras e simples que já conheci. Eu a amava muito. Ela havia se tornado muito inglesa, especialmente desde seu novo casamento (com um belo "*touch*" poético de vitorianismo). Por dez dias ela mal esteve consciente e adormeceu como uma criança, neste Domingo de Ramos.[16]

Albertine deixou uma herança de 70.715 libras.[17] Guy de Pourtalès finalmente ganhou fama literária na França com seu romance *La pêche miraculeuse*, uma reminiscência de sua vida desde a morte de sua mãe até os primeiros anos de sua carreira. Suas memórias, no entanto, pouco veladas e muito verídicas, resultaram em Guy sendo tratado como um traidor pela aristocracia de Genebra. Sua família o apoiou, mas a rejeição dos outros foi dolorosa. E muito mais dor viria a seguir: o único filho de Guy, Raymond, foi morto na guerra em 1940. Isso foi mais do que o sensível Guy poderia suportar, e ele próprio morreu, dois meses antes de seu 60º aniversário, em 12 de junho de 1941.

Os três irmãos restantes de Saussure sucumbiram com cinco meses de diferença: Louis em 19 de setembro de 1943, René em 2 de dezembro do mesmo ano, Dora em 4 de fevereiro de 1944. Sechehaye e Bally morreram em 1946 e 1947, respectivamente. Em 21 de fevereiro de 1950, a viúva de Saussure, Marie, morreu aos 83 anos, em Colombier, perto de Neuchâtel, onde seu marido havia treinado na milícia mais de 70 anos antes. Ela foi enterrada no Château de Vufflens, que passou para seus filhos. O corpo de Saussure seria mais tarde desenterrado do cemitério em Genthod e transferido para Vufflens, para ficar ao lado dela.

A segunda esposa de Raymond, Nicole, morreu em 1954, aos 53 anos, apenas dois anos após seu retorno a Genebra, onde Raymond voltou a estabelecer sua prática psicanalítica. Em dez anos, ele se casou e se divorciou de Anne Cade e, em 1964, casou-se com sua última esposa, a psicanalista americana Janice Davis.

As últimas figuras significativas remanescentes da vida de Saussure desapareceram uma a uma: sua prima Marguerite de Rougemont em 1960; a prima com quem esperava se casar, Noémi Mallet de Hauteville, em 1961; a viúva de René, Violette, em 1964, mesmo ano em que morreu sua ex-aluna Marguerite Sechehaye. Jacques de Saussure morreu em 1969, aos 76 anos; Raymond em 1971, aos 75. Em 1977, Nadège Pictet de Andrade faleceu em sua casa em Creux de Genthod, vizinha de onde fora pupila de Saussure quando menina.

Com a morte de Léopold Gautier, em 1973, pouco depois de receber a medalha "Genève reconnaissante", a mais alta condecoração da cidade para um funcionário público, não sobrou ninguém que tivesse sido intelectualmente próximo de Saussure em primeira mão. No entanto, foi apenas em 1983, 70 anos após a morte de Saussure, que provavelmente seu último aluno sobrevivente, Lucien Marti, morreu, com 103 anos de idade.

O estruturalismo e suas consequências

A ascensão de um "estruturalismo" generalizado no pensamento de meados do século XX, atribuído à influência do *Curso de Linguística Geral*, colocou a linguística no centro do palco das ciências humanas em um grau sem paralelo nos tempos modernos e deu a Saussure uma fama póstuma pelo menos tão grande quanto se esperava que ele alcançasse quando publicou seu *Mémoire*. "Estruturalismo" não foi um termo que o próprio Saussure tenha usado; ele ocasionalmente usava *estrutura*, mas *sistema* é o termo usual para seu conceito de rede autônoma de valores na qual cada elemento está ligado a todos os outros.[18]

O estruturalismo não foi um movimento coerente. Várias "escolas" estruturalistas surgiram em vários lugares, compartilhando apenas parcialmente compromissos conceituais e metodológicos. Em muitos casos, seus membros negaram que eles próprios fossem estruturalistas, associando o termo a seus rivais em outros lugares. No entanto, a razão pela qual tendem a ser agrupados é que compartilham os seguintes aspectos da teoria linguística de Saussure:

- uma orientação sincrônica;
- uma visão da língua como um sistema de signos, e dos signos como a associação de um significante a um significado;
- a natureza arbitrária dessa associação;
- a identificação de significantes e significados como valores gerados internamente pelo sistema;
- o caráter negativo e diferencial do valor linguístico, entendido como forma, não substância;
- o sistema linguístico entendido como psicológico, inconsciente, socialmente compartilhado e internamente estruturado de tal maneira que *tout se tient*;
- a distinção entre *langue* e *parole*.

Indiscutivelmente, o primeiro lugar fora do mundo francófono onde o *Curso* teve um efeito profundo foi a URSS. O movimento formalista dos anos 1910 e do início dos anos 1920 estava tentando mover a literatura e as artes para um tipo de objetividade. Entre os líderes intelectuais dos formalistas, estava o jovem polímata Jakobson, que aprendeu sobre o *Curso* com Sergej Karcevskij, o qual se familiarizou com ele durante seu tempo em Genebra. Jakobson reconheceu no *Curso* uma certa afinidade com o que ele e seus companheiros estavam tentando alcançar, e acreditava que as concepções saussurianas abriam a possibilidade de uma abordagem muito mais poderosa, dinâmica e rica da linguagem e dos textos.

No entanto, desde o início, Jakobson se ressentiu de como Saussure recebeu crédito por ideias antecipadas por estudiosos russos ignorados no Ocidente, como Fortunatov e Potebnja, e se opôs a grandes e pequenos pontos de doutrina em que acreditava que Saussure não havia ido longe o suficiente ou simplesmente que havia se equivocado. Ainda assim, ao longo de sua longa vida, Jakobson deixaria claro que, mesmo sendo um saussuriano ambivalente e heterodoxo, foi de Saussure que adquiriu a visão básica da linguagem e a estrutura para analisá-la que fundamentaria seu trabalho a partir de então.

Jakobson trocou Moscou por Praga em 1920 e, em 1933, assumiu uma cadeira em Brno. Morar na Tchecoslováquia significava que Jakobson estava fisicamente próximo do linguista que seria seu mais importante colaborador nas décadas de 1920 e 1930, o príncipe Nikolaj Trubetzkoy, que fugiu da Rússia na época da Revolução e assumiu uma cadeira em Viena em 1922. Em 1926, o Círculo Linguístico de Praga foi estabelecido pelo professor de inglês da Universidade Carolina de Praga, Vilém Mathesius, com Jakobson como membro fundador e principal força intelectual.

Em outubro de 1927, o comitê organizador do Primeiro Congresso Internacional de Linguistas, a ser realizado em Haia, em abril de 1928, enviou uma série de perguntas aos que planejavam participar, solicitando suas opiniões sobre vários assuntos metodológicos e terminológicos. Jakobson escreveu uma réplica que constituiu um manifesto para um método de análise sincrônica partindo de Saussure e se baseando em oposições binomiais.[19] Também em 1928, Jakobson e Jurij Tynianov publicaram um breve conjunto de oito teses sobre "problemas no estudo da língua e da literatura", que esboçaram um programa para estender os princípios estruturais além da linguística, com foco nas dicotomias de Saussure de sincronia-diacronia e língua-fala, articulando a necessidade de o estudo da literatura ser colocado em bases científicas.[20]

O Congresso Internacional de Linguistas de 1928 deu a Jakobson uma plataforma para apresentar o programa estruturalista em desenvolvimento, que teve um grande apelo tanto entre os europeus, que haviam sido preparados para isso pela leitura de Saussure, quanto entre os estadunidenses, que apreciaram as características que ele compartilhava com sua própria abordagem descritiva sincrônica, discutida abaixo. Centros de linguística estruturalista logo se desenvolveram em Copenhague, em torno de Viggo Brøndal e Louis Hjelmslev – contra alguma resistência do grande ancião da linguística dinamarquesa, Otto

Jespersen –, e em Paris, em torno de alguns dos alunos de Meillet, incluindo Émile Benveniste e André Martinet, e, em uma direção particular, de Gustave Guillaume. Nenhum deles seguiu a linha de Praga, mas todos receberam algumas ideias de Praga e, até certo ponto, olharam para Praga em busca de validação.

O desenvolvimento da linguística nos Estados Unidos e na Europa nunca pode ser totalmente separado ou integrado. Dos dois linguistas estadunidenses mais proeminentes da primeira metade do século, Leonard Bloomfield foi treinado na Alemanha e começou sua carreira como seguidor de Wundt, enquanto o alemão Edward Sapir foi treinado por um emigrado alemão que se tornou um dos mais célebres antropólogos da América, Franz Boas. Boas é amplamente creditado por estabelecer a base do que se tornaria o método "distribucional" para a análise de línguas que está no cerne do que é geralmente identificado como "estruturalismo americano".[21] Na Europa, Claude Lévi-Strauss prontamente reconheceu sua própria dívida para com Boas, enquanto, nos Estados Unidos, Bloomfield, em uma carta de 1945, respondeu irritadamente às críticas de seu livro de 1933 por supostamente ignorar Saussure, dizendo que de fato sua influência é evidente "em todas as páginas". No entanto, ao tentar esclarecer o modelo de Saussure, Bloomfield transformou-o em um behaviorista *manqué*, falho, para quem um significante era uma "expressão verbal" e um significado era um "objeto real".[22]

Desde o início da década de 1930, houve contatos regulares, embora esporádicos, entre linguistas estadunidenses e seus colegas em Praga e Paris, Londres e Copenhague. A fertilização cruzada pode ser vista mais claramente no trabalho sobre o núcleo comum de seus interesses, o fonema, a unidade de som mínima em uma língua – até que Jakobson o reanalisou como um conjunto de traços distintivos. Mas as diferenças não são menos marcantes. Mesmo nos Estados Unidos, Bloomfield e seus seguidores entenderam o fonema como uma categoria para a descrição do comportamento, enquanto Sapir deu maior peso à sua força psicológica. Na Europa, onde o behaviorismo não havia exercido tal impacto, havia poucos problemas em aceitar a visão saussuriana do sistema linguístico como sendo simultaneamente uma realidade mental e social. Apesar dessa diferença bastante fundamental, uma fé comum na existência da categoria abstrata do fonema foi suficiente para tornar possível o diálogo transcontinental, com alguma interferência ocasional.

Após a morte de Sapir, em 1939, a abordagem de Bloomfield começou a dominar os Estados Unidos, e sua posição foi definitivamente consolidada quando se tornou a base para a preparação altamente bem-sucedida de materiais de ensino de idiomas durante a guerra. Com sua firme rejeição de qualquer coisa "mentalista" como sendo inerentemente metafísica e, portanto, não passível de estudo científico, a linguística estadunidense sob a égide de Bloomfield tinha consideravelmente menos em comum com o estruturalismo da variedade europeia do que na década de 1930, quando a figura intermediária de Sapir era dominante. Se perguntarmos o que há de "estruturalista" na linguística de Bloomfield a partir de uma perspectiva europeia, voltando-nos para aspectos do pensamento saussuriano como base, encontramos pontos em comum: sincronicidade, arbitrariedade, natureza social da linguagem, a ideia de que na língua *tout se tient*, a distinção dos eixos sintagmáticos e paradigmáticos. Entretanto, a semiologia de Saussure foi reinterpretada como um sistema de estímulo e resposta; e talvez a maior diferença seja que o significado não existe mais na língua, mas em todos os estímulos do mundo. Para Bloomfield, não pode haver significado porque a mente, mesmo que aceitemos sua existência como uma questão de experiência de senso comum, não é observável objetivamente e, portanto, está fora dos limites para fins científicos.

Portanto, não pode haver algo como "valor" no sentido saussuriano – um conceito tão central para o pensamento de Saussure que significa que mesmo as aparentes convergências mencionadas acima são apenas parciais. A existência do sistema linguístico também não pode ser de forma alguma psicológica ou, pior, inconsciente. A maioria dos linguistas do grupo de Bloomfield negava a distinção entre *langue* e *parole*, pela simples razão de que uma língua, para eles, era um conjunto de enunciados observáveis, não um sistema inobservável que, dada a sua recusa em recorrer ao espírito, eles teriam dificuldade em localizar fisicamente, como exigia sua metodologia. Finalmente, eram, com poucas exceções, extremamente céticos sobre quaisquer "universais" da língua além do esquema comportamental básico de estímulo e resposta. Em vista dessas divergências, é realmente enganoso identificar a linguística dominada por Bloomfield nas décadas de 1940 e 1950 como "estruturalismo americano".

Jakobson e sua esposa fugiram de Praga em antecipação à invasão nazista, viajando primeiro para a Dinamarca, onde o linguista foi recebido pelos estruturalistas de lá; depois, quando ficou claro que a Dinamarca cairia sob o controle nazista, foram para a Suécia. Finalmente, em maio de 1941, eles partiram para os Estados Unidos. Jakobson passou as duas semanas da travessia conversando animadamente com outro refugiado, o filósofo Ernst Cassirer, ele próprio bem versado na história da linguística e profundamente interessado no papel da linguagem no sistema filosófico.[23]

No início de 1942, Jakobson começou a lecionar na École Libre des Hautes Études organizada em Nova York por outros refugiados, a maioria dos quais, como Jakobson, havia chegado sem encontrar perspectiva imediata de emprego acadêmico. A audiência incluía linguistas de várias nacionalidades,* bem como alguns colegas professores de Jakobson na École, um dos quais era Lévi-Strauss. Durante o primeiro período, Jakobson deu dois cursos, um consistindo em seis aulas sobre som e significado e outro sobre Saussure.[24] O último curso foi de fato uma crítica completa de Saussure, e o primeiro também incluiu um desafio à doutrina da linearidade de Saussure.[25] Ambos refletem a nova virada introduzida no pensamento de Jakobson por sua análise do fonema em traços distintivos. No entanto, o público de Jakobson conhecia o *Curso* apenas superficialmente,[26] se é que o conhecia, de modo que, apesar da natureza crítica de suas aulas, elas tiveram o efeito de chamar atenção para Saussure e garantir seu lugar à frente do cânone estruturalista.

A primeira incursão de Lévi-Strauss no estruturalismo veio em um artigo de 1944 para o Círculo Linguístico de Nova York: "Análise estrutural em linguística e antropologia".[27] O artigo estabelece um padrão de discurso que se tornaria familiar nas duas décadas seguintes, e não apenas nos escritos do etnógrafo francês. "A linguística", começa, "não é uma ciência social como as outras, mas aquela que, de longe, realizou o maior progresso; a única, sem dúvida, que pode reivindicar o nome de ciência e que conseguiu formular um método positivo e compreender a natureza dos fatos submetidos à sua análise".[28] Já em 1946-1947, o amigo de Lévi-Strauss, Maurice Merleau-Ponty, cujo trabalho anterior foi sobre a fenomenologia da percepção, deu um curso na École Normale Supérieure em Paris sobre "Linguagem e Comunicação", no qual prestou muita atenção a Saussure, particularmente à sua teoria do signo.[29] Todavia, foi o sucesso fenomenal dos *Tristes trópicos*, de Lévi-Strauss, em 1955, que estabeleceu o estruturalismo como a nova corrente intelectual da época.

Jakobson e Lévi-Strauss colaboraram em uma análise estruturalista inovadora do poema de Baudelaire *Les chats*, muito no espírito da pesquisa de Saussure sobre anagramas, localizando padrões ocultos de sons que definiam uma unidade e uma tensão complementares e, às vezes, em desacordo com os padrões da mensagem de superfície. Essa poética estruturalista tornou-se a tendência de ponta nos estudos literários, começando na França, onde sua figura principal, Roland Barthes, expandiu o domínio da investigação crítica de

* É nesse período que ocorre o contato do linguista brasileiro Joaquim Mattoso Câmara, parte dessa audiência, com as teses estruturalistas difundidas por Roman Jakobson (ver, por exemplo: ALTMAN, C. "A conexão americana: Mattoso Câmara e o Círculo Linguístico de Nova Iorque". *D.E.L.T.A.*, vol. 20, n. especial, 2004, pp. 129-158. (N. da T.)

um cânone de literatura estreitamente definido para abraçar os "estudos culturais", estabelecendo que toda a cultura é uma espécie de texto, e que "a literatura não está separada da vida cotidiana e seu poder flui".[30] Os *Elementos de Semiologia*, de Barthes, de 1964, foram ao mesmo tempo uma síntese e uma codificação, e até certo ponto uma simplificação, da essência dos princípios e da metodologia do estruturalismo generalizado. Com Saussure fornecendo a maior parte de suas divisões organizacionais, o pequeno livro tece um número surpreendente de desenvolvimentos associados a Hjelmslev, Martinet, Jakobson, Trubetzkoy, Peirce e outros. Se o estruturalismo francês da década de 1960 carecia de um manual, era esse, e dificilmente alguém poderia ter pedido uma combinação mais eficaz de brevidade e riqueza. Através de Barthes, a visão saussuriana de que a língua é um entre muitos sistemas de signos que são instituídos na sociedade, e que uma ciência geral dos signos deveria se desenvolver tomando a linguística como sua disciplina-piloto, tornou-se moeda comum e uma característica distintiva do estruturalismo francês mais amplo que se desenvolveu na esteira de Lévi-Strauss.

O outro estruturalista de primeira geração mais importante na Paris dos anos 1950-1960 foi o psicanalista Jacques Lacan, amigo íntimo de Lévi-Strauss e Merleau-Ponty.[31] O cerne do projeto de Lacan é uma leitura de Freud pelo prisma da teoria saussuriana do signo, com seu princípio operacional sendo que o inconsciente é estruturado como uma linguagem. Em certo sentido, esse princípio está implícito em todo o estruturalismo generalizado de Jakobson e Lévi-Strauss em diante, no qual as estruturas sociais universais ou a competência literária ou quaisquer outras estruturas semelhantes à linguagem que estavam sendo buscadas devem fazer parte do inconsciente. Lacan, porém, foi o primeiro a abordar diretamente todo o inconsciente freudiano dessa maneira.

Paris, a primeira cidade a abraçar Saussure após o *Mémoire*, era agora o centro de uma explosão de novo interesse nas crescentes extensões e implicações do *Curso*, meio século após sua publicação. Em outros lugares, foram apenas indivíduos dispersos que tomaram nota desses desenvolvimentos. Em 1966, uma conferência na Johns Hopkins University em Baltimore, Maryland, levou Lacan e Barthes aos Estados Unidos, bem como Jacques Derrida, cujo trabalho foi visto como marcando o início do "pós"-estruturalismo, mesmo quando o estruturalismo estava fazendo suas primeiras incursões na consciência acadêmica mais ampla. Os três livros de Derrida de 1967 estabeleceram uma abordagem da filosofia, ou uma estratégia filosófica, chamada "desconstrução", cujo objetivo é localizar as oposições conceituais sobre as quais obras filosóficas, literárias e outras são baseadas e invertê-las:

> Em uma oposição filosófica clássica, nós não estamos lidando com uma coexistência pacífica de um *face a face*, mas uma hierarquia violenta. Um dos termos comanda (axiologicamente, logicamente etc.), ocupa o lugar mais alto. Desconstruir a oposição significa, primeiramente, em um momento dado, inverter a hierarquia.[32]

Um dos alvos centrais dessa estratégia nos primeiros trabalhos de Derrida foi o *Curso* de Saussure – o que significava que, desde o início, a desconstrução era vista como estando em oposição à própria pedra fundamental do pensamento estruturalista.[33] No entanto, a desconstrução não deve ser igualada à rejeição, e Derrida extrai seu conceito semiótico fundamental de *différance* da noção saussuriana do caráter essencialmente opositivo e negativo do signo linguístico. Ainda assim, a *différance* é Saussure com uma diferença, entendida de uma forma pós-desconstrutiva, e nunca é o caso de Derrida simplesmente aplicar conceitos da linguística sem primeiro reprocessá-los através da maquinaria desconstrutiva.

A história subsequente do estruturalismo e do pós-estruturalismo é vasta demais para ser coberta nesta coda à vida de Saussure. É preciso notar, porém, que tanto a continuação quanto as reações contra as ideias saussurianas dentro da linguística seguiram um curso quase totalmente desvinculado do observado em outros campos. Começando em 1957, e com força acelerada de cerca de 1960-1962 em diante, a "linguística transformacional-generativa" de Noam Chomsky começou a desfazer os fundamentos da linguística "estruturalista" estadunidense. No início da década de 1950, Chomsky era próximo de Jakobson – que supervisionava a tese de doutorado de Morris Halle, amigo de Chomsky – e havia absorvido de Jakobson uma perspectiva sobre a linguagem muito diferente da de seus próprios professores, que tinham sido alunos de Sapir e Bloomfield. A revolução de Chomsky consistiu em convencer os linguistas estadunidenses de que a rejeição behaviorista da mente era equivocada e de que as intuições do senso comum sobre o mental não eram necessariamente não científicas. Ele insistiu em uma distinção entre "competência" e "desempenho", que em seus primeiros trabalhos comparou especificamente à distinção entre *langue* e *parole* de Saussure,[34] e sustentou que a competência linguística era um componente discreto e inconsciente da mente, tendo uma estrutura fundamentalmente universal, da mesma forma como os estruturalistas europeus interpretaram a *langue* de Saussure. À medida que Chomsky se consolidava como a corrente hegemônica, a abordagem de Bloomfield tornava-se a antiquada da velha geração, posta de lado pelo gerativismo transformacional dos jovens rebeldes.[35]

De volta ao berço do estruturalismo, Genebra, as coisas pareciam diferentes. Para Piaget, as "transformações" eram uma das três características definidoras do estruturalismo, e Chomsky estava bem no centro do movimento.[36] Com uma visão mais retrospectiva, a abordagem de Piaget é ainda mais convincente. A linguística estadunidense antes de Chomsky compartilhava várias características com o estruturalismo europeu que os diferenciava da linguística anterior, de predominância histórica; no entanto, em vários pontos doutrinários essenciais, o abismo entre elas era tão grande quanto o Atlântico. Muitos desses pontos doutrinários foram os mesmos que Chomsky derrubou e, ao fazê-lo, estreitou consideravelmente o abismo. Da perspectiva europeia, olhando por baixo dos termos abertos do debate, foi Chomsky quem trouxe o estruturalismo completo para a linguística estadunidense pela primeira vez, desfazendo uma resistência de décadas a ele.

Estudos saussurianos

No ano do centenário do nascimento de Saussure, apareceu a primeira história textual de sua obra, na forma de um livro de Robert Godel sobre as fontes manuscritas do *Curso de Linguística Geral*. É um estudo magistral que as descobertas posteriores apenas complementaram, sem o ultrapassar ou desatualizar. Além de delinear a estrutura dos três cursos como Saussure os ensinou, e como exatamente o material de cada um foi reunido por Bally e Sechehaye, ele catalogou o material manuscrito conhecido e forneceu informações sobre as "publicações por procuração" esquecidas da teoria dos signos de Saussure por Naville e Odier. Além disso, estabeleceu a primeira base para datar e codificar fragmentos manuscritos e alinhá-los com o *Curso* publicado. O livro de Godel lançou o estudo acadêmico sério e sustentado de como o pensamento linguístico de Saussure se desenvolveu ao longo de sua vida. Nos anos seguintes, Godel publicou vários manuscritos nos *Cahiers Ferdinand de Saussure*, incluindo a versão dos "Souvenirs" que formaram o primeiro relato substancial dos primeiros anos de Saussure, apesar das várias divergências dos fatos documentados, mencionadas nos capítulos anteriores.

A década de 1960 trouxe grande interesse em uma área particular dos materiais manuscritos inéditos: os estudos de anagramas, disponibilizados em artigos, depois em livro, de Jean Starobinski. Como foi observado no capítulo 17, isso conduziu alguns a uma interpretação *à la* Jekyll e Hyde, bastante romantizada, de Saussure, supostamente revelando uma vida intelectual noturna e oculta em conflito direto com seu ensino diurno de linguística. Tudo isso nutriu o mito de uma vida secreta e alcoólatra nos bordéis de Marselha, mito que tem demorado a se dissipar, mesmo que nenhuma prova jamais tenha sido encontrada a esse respeito pelos estudiosos do assunto.

O ano de 1968 viu a contribuição mais importante para os estudos saussurianos até hoje. A edição crítica do *Curso* de Rudolf Engler, apresentando seus materiais de origem em colunas paralelas; trata-se da extensão lógica e muito necessária da análise de Godel. Para qualquer passagem do *Curso*, os leitores podem ver de que material – tanto manuscritos quanto anotações dos alunos – Bally e Sechehaye a haviam extraído e como a remodelaram. Em um segundo fascículo, seis anos depois, Engler publicou o texto completo do material manuscrito conhecido sobre linguística geral, parte do qual publicada anteriormente nos *Cahiers Ferdinand de Saussure*. Nesse ínterim, o primeiro estudo detalhado do curso e de suas relações com outras figuras da linguística do século XIX apareceu na forma de uma tese de doutorado canadense de E. F. K. Koerner, que logo fundou a primeira revista e série de livros inteiramente dedicadas à historiografia da linguística.

As décadas de 1980 e 1990 viram a publicação de mais material manuscrito: sobre as lendas germânicas, o verso saturnino e, mais notavelmente, o manuscrito fonológico do início da década de 1880, o qual Jakobson persuadiu Jacques e Raymond de Saussure a doar à Biblioteca da Universidade de Harvard em vez de à Bibliothèque Publique et Universitaire de Genève, que guardava as notas dos alunos e os fragmentos de manuscritos que haviam sido utilizados na montagem do *Curso*. Além disso, conjuntos unificados de notas de cada um dos três cursos de linguística geral foram publicados por Eisuke Komatsu, juntamente com traduções para o inglês de Roy Harris e seu ex-aluno George Wolf.

Em 1996, uma coleção de muitas centenas de páginas manuscritas e correspondências inéditas foi doada pela família Saussure à Bibliothèque. Um conjunto, os manuscritos "*Essence double*", foi publicado em 2002 por Engler e Simon Bouquet, junto com algumas dezenas de outros novos fragmentos, em um volume que consistia principalmente de material já publicado por Engler em 1974. Desde então, esse material vem sendo traduzido em vários idiomas, tornando-o disponível para um público muito mais amplo do que qualquer outro desde o próprio *Curso*.

A segunda metade dos anos 2000 viu um esforço por parte de vários estudiosos, apoiados pelo *Cercle Ferdinand de Saussure*, para disponibilizar, impressos ou *on-line*, todos os manuscritos de Saussure. Muitos já apareceram nos

Cahiers Ferdinand de Saussure e em outras revistas, e Claudia Mejía Quijano publicou muito material pessoal do início da vida de Saussure no primeiro volume de uma biografia que, lamentavelmente, coloca seu trabalho linguístico em segundo plano e o psicologiza a ponto de sustentar, por exemplo, que os coeficientes sonoros são símbolos da bissexualidade. Até o centenário da morte de Saussure, em 2013, o projeto de publicação de todos os manuscritos tornados públicos até o momento está em andamento. Mas outros manuscritos e correspondências ainda estão em posse da família Saussure, e, dado que muitas das cartas que ele escreveu estão esquecidas nos sótãos dos descendentes de seus destinatários, é duvidoso que chegue algum dia em que alguém possa dizer com total confiança que todos os escritos sobreviventes de Saussure foram contabilizados.

Graças à fecundidade de Louise de Saussure, a família continua numerosa, embora apenas metade de seus filhos tenha filhos, e nenhum deles em grande número. Os descendentes de Ferdinand, Léopold, René e Louis, todos alcançaram grandes feitos. O filho mais velho de Jacques, Claude, teve uma carreira de muito sucesso no banco Pictet, do qual seu próprio filho Jacques ascendeu ao cargo de presidente. O filho de Raymond, Gérard, emigrou para os Estados Unidos, onde se tornou um importante cientista nuclear. A filha de Léopold, Hermine, ganhou notoriedade ao velejar junto com Ella Maillart, que se tornou ainda mais famosa como aventureira e escritora; e, como mencionado em um capítulo anterior, sua neta Delphine Seyrig se tornou uma das maiores atrizes do cinema francês das décadas de 1960 e 1970. O filho de René, Jean, tornou-se um dos principais clérigos calvinistas de sua geração e presbítero sênior do Templo de St.-Pierre em Genebra. O filho de Louis, Antoine, foi um arquiteto de sucesso, e seu próprio filho, Louis, fechou o círculo com uma carreira como linguista renomado. Esses são apenas alguns dos que podem ser mencionados: a família inclui muito mais indivíduos de realizações notáveis em suas esferas escolhidas.

O extraordinário sobre Ferdinand de Saussure é o quanto ele pertencia a um lugar particular, Genebra, e a uma classe social particular dentro daquele lugar, e ainda assim seu pensamento transcende o local. Seu meio foi moldado por sua história, continha sua história, embora ocupasse sua própria fatia de tempo. As aulas que ministrou falavam tão diretamente para as pessoas que liam suas sombras décadas depois quanto para aqueles que as assistiram pessoalmente. Ele conseguiu persuadir o mundo a pensar sobre a linguagem de uma maneira diferente – mas nunca conseguiu convencer a si mesmo de que seu pensamento havia alcançado uma forma apresentável ao público. Sua vida pessoal teve altos e baixos, mas ele certamente estava entre os calvinistas eleitos predestinados à graça. Sua tragédia parecia estar em sua vida intelectual: todas as suas primeiras promessas se desvaneceram, ele morreu reconciliado com seu esquecimento. O destino, como sabemos, tinha outros planos. Se Saussure tivesse sonhado como seria lido e mal interpretado, entendido e mal compreendido, suspeita-se que ele teria preferido permanecer esquecido.

E, no entanto, por que ele não queimou todas aquelas milhares de páginas manuscritas antes de morrer? A resposta só pode ser que uma parte dele queria que fossem encontradas e nunca perdeu a fé de que, mesmo que poucos de seus contemporâneos em linguística estivessem prontos para libertar suas mentes dos dogmas ilógicos que os mantinham seguros como um sacerdócio hermético, aqueles que viessem depois veriam com mais clareza e entenderiam o que ele passou a vida lutando para capturar com as palavras certas.

Notas

1 BALLY, C. "Ferdinand de Saussure". *La semaine littéraire*, 1º de março; reimpresso em: Marie dS (org.). *Ferdinand de Saussure (1857-1913)*. Genebra, W. Kündig, 1915, pp. 51-57 (p. 53).

2 Marie dS para Antoine Meillet (em: BENVENISTE, É. "Lettres de Ferdinand de Saussure à Antoine Meillet". *Cahiers FdS*, vol. 21, 1964, pp. 89-135 (p. 124)).

3 MARTIN, P.-E. "La destruction d'Avenches dans les Sagas scandinaves, d'après des traductions et des notes de F. de Saussure". *Indicateur d'histoire suisse*, 1915, pp. 1-13.

4 FdS. "Le nom de la ville d'Oron à l'époque romaine: étude de Ferdinand de Saussure † publiée et annotée par L. Gauchat". *Anzeiger für schweizerische Geschichte/Indicatore di storia svizzera/ Indicateur d'histoire suisse*, vol. 18, 1920, pp. 1-11.

5 Max Ross-Johnson para Guy de Pourtalès, 17 de julho de 1915 (em JAKUBEC, D.; DELACRÉTAZ, A.-L. & BOUVIER, R. (ed.). *Guy de Pourtalès, Correspondances, I: 1909-1918*. Genève, Slatkine, 2006 (p. 323)). Acrescentou: "Acho que Albertine está secretamente satisfeita, o que é natural".

6 Dora de la Rive para Guy de Pourtalès, 28 de novembro de 1914 (em Jakubec; Delacrétaz & Bouvier, 2006, pp. 247-249).

7 Jacques de Pourtalès para Guy de Pourtalès, 20 de novembro de 1914 (em Jakubec; Delacrétaz & Bouvier, 2006, pp. 242-243).

8 Constance de Saugy para seu irmão Guy de Pourtalès, 17 de setembro de 1914 (em Jakubec; Delacrétaz & Bouvier, 2006, pp. 218-220).

9 Édouard Naville para Guy de Pourtalès, 30 de julho de 1915 (em Jakubec; Delacrétaz & Bouvier, 2006, pp. 328-329).

10 POURTALÈS, G. de. *Chaque mouche a son ombre, Deuxième partie: 1919-1941*. Paris, Gallimard, 1991 (p. 35).

11 POURTALÈS, G. de. *Chaque mouche a son ombre, Première partie: Mémoires de ma vie, 1881--1906*, Livre I, 1881-1893. Paris, Gallimard, 1980 (p. 92).

12 O outro era Charles Odier, de uma família normanda sem parentesco com os banqueiros Odiers. Ele permaneceria um colaborador próximo de Raymond. Em 1927, casou-se com a viúva do linguista Jules Ronjat, que havia assessorado Bally e Gautier na composição do *Recueil* das obras de FdS.

13 Delahanty, G. "Piaget y la atmósfera psicoanalítica en Ginebra". *Revista Subjetividad y Cultura*, n. 15, 2000, p. 102-107.

14 Raymond dS. *La méthode psychanalytique*. Prefácio de Sigmund Freud. Lausanne, Payot, 1922.

15 Fryba-Reber, A.-M. *Albert Sechehaye et la syntaxe imaginative: contribution à l'histoire de la linguistique saussurienne*. Genève, Droz, 1994 (p. 191).

16 Guy de Pourtalès, 1991, p. 348.

17 *The Times*, 1 de agosto de 1940, p. 6.

18 O termo "estruturalismo" apareceu pela primeira vez em inglês em "The Province of Functional Psychology", de James Rowland Angell (*Psychological Review*, vol. 14, 1907, pp. 61-91). Angell aplicou-o à abordagem estabelecida pelo psicólogo anglo-americano Edward Bradford Titchener em "The Postulates of a Structural Psychology" (*Philosophical Review*, vol. 7, 1898, pp. 449-465). Quando o termo foi revivido pelos linguistas a partir do final da década de 1920, foi sem consciência desse precedente.

19 A proposta foi assinada por Sergej Karcevskij, que estava na Université de Genève na época dos cursos de linguística geral de FdS, embora não haja registros de que os tenha frequentado, e pelo principal colaborador de Jakobson, o príncipe N. S. Trubetzkoy. Ele apareceu nos anais da conferência e foi republicado como "Proposition au Premier Congrès International de Linguistes: Quelles sont les méthodes les mieux appropriées à un exposé complet et pratique de la phonologie d'une langue quelquonque?", em Jakobson, *Selected Writings, I: Fonological Studies* (The Hague, Mouton, 1962 (pp. 3-6).

20 Tynianov, J. & Jakobson, R. "Problemy izucenija literatury i jazyka". *Novyi Lef*, vol. 12, 1928, pp. 36-37. Tradução para o inglês, "Problems in the Study of Language and Literature", de R. T. de George, em *The Structuralists: From Marx to Lévi-Strauss*, editado por Richard e Fernande de George (New York, Anchor Books, 1972 (pp. 80-83).

21 Esse rótulo tornou-se amplamente utilizado na esteira de Dell Hymes e John Fought, em *American Structuralism* (The Hague, Mouton, 1981).

22 Bloomfield, L. "On Recent Work in General Linguistics". *Modern Philology*, vol. 25, 1927, pp. 211-230; ver: JOSEPH, J. E. "Ideologizing Saussure: Bloomfield's and Chomsky's Readings of the *Cours de Linguistique Générale*". *In*: JOSEPH, J. E. & TAYLOR, T. J. (ed.). *Ideologies of Language*. London/New York, Routledge, 1990 pp. 51-78 (pp. 58-63).

23 Ver: Jangfeldt, B. "Roman Jakobson in Sweden, 1940-41". *In*: GADET, F. & SÉRIOT, P. (ed.). *Jakobson entre l'Est et l'Ouest, 1915-1939: Un épisode de l'histoire de la culture européenne*. Lausanne, Institut de Linguistique et des Sciences du Langage, Université de Lausanne, 1997, pp. 149-157.

24 Esses só foram publicados décadas depois, o primeiro como *Six leçons sur le son et le sens* (Paris, Minuit, 1976), o segundo como "La théorie saussurienne en rétrospection", editado por Linda Waugh (*Linguistics*, vol. 22, 1984, pp. 161-196).

25 Ver: JOSEPH, J. E. "The Genesis of Jakobson's 'Six Lectures on Sound and Meaning'". *Historiographia Linguistica*, vol. 16, n. 3, 1989, pp. 415-420.

26 Ver o prefácio de Claude Lévi-Strauss para Jakobson, 1976.

27 Lévi-Strauss, C. "L'analyse structurale en linguistique et en anthropologie". *Word*, vol. 1, 1945, pp. 33-53; reimpresso como capítulo 1 de: Lévi-Strauss, C. *Anthropologie structurale*, vol. 1.

Paris, Plon, 1958; versão brasileira: *Antropologia Estrutural*, vol. 1. Trad. Chaim Samuel Katz e Eginardo Pires. Rio de Janeiro, Tempo Brasileiro, 1975.

28 Lévi-Strauss, 1945, p. 33.

29 As aulas foram publicadas postumamente como "La conscience et l'acquisition du langage", de Maurice Merleau-Ponty (*Bulletin de Psychologie*, n. 236, XVIII, 1964, pp. 3-6, 226-259).

30 Introdução de Simon During ao *The Cultural Studies Reader* (London/New York, Routledge, 1993 (p. 44)), em que as *Mythologies* de Barthes (Paris, Seuil, 1957) são chamadas de "o texto fundador da crítica ideológica prática".

31 Ver: Silverman, H. J. "French Structuralism and After: De Saussure, Lévi-Strauss, Barthes, Lacan, Foucault". *In*: Kearney, R. (ed.). *Twentieth-Century Continental Philosophy*. London/New York, Routledge, 1994, pp. 390-408 (p. 395).

32 Derrida, J. *Positions*. Paris, Minuit, 1972; versão brasileira: *Posições*. Trad. Tomaz Tadeu da Silva. Belo Horizonte, Autêntica, 2001 (p. 48).

33 Derrida, J. *De la grammatologie*. Paris, Minuit, 1967; versão brasileira: *Da gramatologia*. Trad. Miriam Chnaiderman e Renato Janine Ribeiro. São Paulo, Perspectiva, 2000. Um resumo da ampla crítica de Derrida a FdS pode ser encontrado em: CULLER, J. *On Deconstruction: Theory and Criticism after Structuralism*. Ithaca, NY, Cornell University Press, 1982 (pp. 97-101 e *passim*).

34 No entanto, eles não eram exatamente os mesmos: ver Joseph, 1990.

35 Sobre essa questão, ver, por exemplo, *Structuralist Poetics: Structuralism, Linguistics, and the Study of Literature* (Ithaca, NY/London, Cornell University Press/Routledge and Kegan Paul, 1975 (p. 7)), de Jonathan Culler, que escreve que "a gramática gerativa não desempenha nenhum papel no desenvolvimento do estruturalismo".

36 PIAGET, J. *Le estruturalisme*. Paris, Presses Universitaires de France, 1968; versão brasileira: *O estruturalismo*. Trad. Moacir Renato de Amorim. São Paulo, DIFEL, 1979 (pp. 71-74).

Seleção bibliográfica

Trabalhos sobre Saussure

AARSLEFF, Hans. *From Locke to Saussure: Essays on the Study of Language and Intellectual History*. London/Minneapolis, Athlone/University of Minnesota Press, 1982.

AHLQVIST, Anders. "Notes on Saussure's Old Irish Copybook". *In*: EMBLETON, Sheila; JOSEPH, John E. & NIEDEREHE, Hans-Josef (ed.). *The Emergence of the Modern Language Sciences: Studies on the Transition from Historical-Comparative to Structural Linguistics in Honour of E. F. K. Koerner*. 2 vols. Amsterdam/Philadelphia, John Benjamins, vol. 1, 1999, pp. 169-186.

AMACKER, René. *Linguistique saussurienne*. Genève, Droz, 1975.

____. "Le combat de Bally". *Cahiers Ferdinand de Saussure*, vol. 46, 1992, pp. 57-71.

____. "Correspondance Bally-Saussure". *Cahiers Ferdinand de Saussure*, vol. 48, 1994, pp. 91-134.

____. "L'école genevoise de linguistique dans la tourmente: documents d'archives 1912-1913". *Cahiers Ferdinand de Saussure*, vol. 59, 2006, pp.187-204.

AMACKER, René; DE MAURO, Tullio & PIETRO, Luis J. (org.). *Studi saussuriani per Robert Godel*. Bologna, Il Mulino, 1974.

AMBROSINI, Riccardo. *Momenti e problemi di storia della linguistica*, I: *de Saussure-Jakobson-Chomsky*. Pisa, Goliardica, 1985.

AMSTERDAMSKA, Olga. *Schools of Thought: The Development of Linguistics from Bopp to Saussure*. Dordrecht, Reidel, 1987.

ARRIVÉ, Michel. *À la recherche de Ferdinand de Saussure*. Paris, Presses Universitaires de France, 2006. [*Em busca de Ferdinand de Saussure*. Trad. Marcos Marcionilo. São Paulo, Parábola Editorial, 2010.]

ARRIVÉ, Michel & NORMAND, Claudine (org.). *Saussure aujourd'hui: Actes du colloque de Cerisy la Salle*, 12 août 1992. Nanterre, Université de Paris X, 1995.

AVALLE, d'Arco Silvio. *L'ontologia del segno in Saussure*. Torino, Giappichelli, 1973.

BADIR, Sémir. *Saussure: la langue et sa représentation*. Paris, L'Harmattan, 2001.

BALLY, Charles. *Le langage et la vie*. 3. ed. Genève, Droz, 1952.

BENVENISTE, Émile. "Lettres de Ferdinand de Saussure à Antoine Meillet". *Cahiers Ferdinand de Saussure*, vol. 21, 1964, pp. 89-135.

BERGOUNIOUX, Gabriel (org.). *Aux origines de la linguistique française*. Paris, Pocket, 1994.

BIERBACH, Christine. *Sprache als "Fait social": die linguistische Theorie F. de Saussures und ihr Verhältnis zu den positivistischen Sozialwissenschaften*. Tübingen, Niemeyer, 1978.

BOTTARI, Piero. *Ricerche saussuriane: "Langage: langue e parole" o "langage, parole e langue"?*. Pisa, Giardini, 1985.

BOUISSAC, Paul. *Saussure: A Guide for the Perplexed*. London/New York, Continuum, 2010. [*Saussure: um guia para os perplexos*. Trad. Renata Gaspar Nascimento. Petrópolis, RJ, Vozes, 2012.]

BOUQUET, Simon. *Introduction à la lecture de Saussure*. Paris, Payot, 1997. [*Introdução à leitura de Saussure*. Trad. Carlos A. L. Salum e Ana Lúcia Franco. São Paulo, Cultrix, 2000.]

____ (org.). *Ferdinand de Saussure*. Paris, L'Herne, 2003.

BRAVO, Federico. *Anagrammes, sur une hypothèse de Ferdinand de Saussure*. Limoges, Lambert-Lucas, 2011.

BRONCKART, Jean-Paul & BRONCKART, Ecaterina Bulea. *Ferdinand de Saussure – une science du langage pour une science de l'humain*. Paris, Classiques Garnier, 2022.

CALVET, Louis-Jean. *Pour et contre Saussure: vers une linguistique sociale*. Paris, Payot, 1975.

CAPT-ARTAUD, Marie-Claude. *Petit traité de rhétorique saussurienne*. Genève, Droz, 1994.

CHIDICHIMO, Alessandro. *Une autre source de documentation saussurienne: index et analyse des documents conservés aux Archives de l'Université de Genève*. Inédito.

CHISS, Jean-Louis & PUECH, Christian. *Fondations de la linguistique: études d'histoire et d'épistémologie*. Bruxelles, De Boeck Université, 1987.

CHOI, Yong-Ho. *Le problème du temps chez Ferdinand de Saussure*. Paris, L'Harmattan, 2002.

CIFALI, Mireille. "Théodore Flournoy, la découverte de l'inconscient". *Les bloc-notes de la psychanalyse*, vol. 3, 1983, pp. 111-131, seguido de sua "Présentation" (pp. 133-135) da "Réponse à une enquête sur l'audition colorée" (pp. 137-139); reimpresso a partir de Flournoy, *Des phénomènes de synopsie*.

COLLIGNON, Albert. "Un savant d'origine lorraine: La famille de Saussure". *Le pays lorrain et le pays messin*, vol. 10, 1913, pp. 211-214.

CRAMER, Robert. *Les Pourtalès, 1300-2000*. Saint-Pierre de Vassols, Éditions Familiales, s.d.

CROWLEY, Tony. "That Obscure Object of Desire: A Science of Language". *In*: JOSEPH, John E. & TAYLOR, Talbot J. (ed.). *Ideologies of Language*. London/New York, Routledge, 1990, pp. 27-50.

CULLER, Jonathan. *Ferdinand de Saussure*. 2 ed. Ithaca, N.Y., Cornell University Press, 1986. [*As ideias de Saussure*. Trad. Carlos Alberto da Fonseca. São Paulo, Cultrix, 1979.]

DAVID, Jean-Élie. *Notes au crayon: Souvenirs d'un arpenteur genevois, 1855-1898*. Org. Marianne e Pierre Enckell. Lausanne, Éditions d'En-bas, 2004.

DAYLIGHT, Russell. *What If Derrida Was Wrong about Saussure?*. Edinburgh, Edinburgh University Press, 2011.

D[EBRIT], J[ean]. "Dernière heure: autour de la mort de F. de Saussure". *A.B.C.*, 26 fév. 1913, p. 5.

DÉCIMO, Marc. "De quelques candidatures et affinités électives de 1904 à 1908, à travers un fragment de correspondance: le fonds Michel Bréal (Lettres d'O. Jespersen, A. Bach, V. Henry, G. Maspéro, A. Meillet, F. de Saussure et Ch. Bally)". *Cahiers Ferdinand de Saussure*, vol. 47, 1993, pp. 37-60.

____. "Saussure à Paris". *Cahiers Ferdinand de Saussure*, vol. 48, 1994, pp. 75-90.

DE MAURO, Tullio. "Rileggendo il terzo corso di linguistica generale di Ferdinand de Saussure (1910-1911)". *Historiographia Linguistica*, vol. 27, 2000, pp. 289-295.

DE MAURO, Tullio & SUGETA, Shigeaki (org.). *Saussure and Linguistics Today*. Roma, Bulzoni, 1995.

DE PALO, Marina. *La conquista del senso: la semantica tra Saussure e Bréal*. Roma, Carocci, 2001.

DERRIDA, Jacques. *De la grammatologie*. Paris, Minuit, 1967. [*Gramatologia*. Trad. Miriam Chnaiderman e Renato Janine Ribeiro. São Paulo, Perspectiva, 2013.]

____. *Glas*. Paris, Galilée, 1974.

DESMET, Piet. *La linguistique naturaliste en France (1867-1922): nature, origine et évolution du langage*. Leuven, Peeters, 1996.

DOROSZEWSKI, Witold. "Quelques remarques sur les rapports de la sociologie et la linguistique: Durkheim et F. de Saussure". *Journal de psychologie*, vol. 30, 1933, pp. 82-91.

DUCHOSAL, Henri. "Les Genevois célèbres: notes et souvenirs sur un linguiste de génie: Ferdinand de Saussure". *Tribune de Genève*, 27 déc. 1950.

ELIA, Annibale. *Per Saussure, contro Saussure*. Bologna, Il Mulino, 1978.

ELIA, Annibale & DE PALO, Marina (org.). *La lezione di Saussure: Saggi di epistemologia linguistica*. Roma, Carocci, 2007.

ENGLER, Rudolf. *Lexique de la terminologie saussurienne*. Utrecht, Het Spectrum, 1968.

____. "European Structuralism: Saussure". *In*: SEBEOK, Thomas A. (ed.). *Current Trends in Linguistics*, vol. 13: *Historiography of Linguistics*. The Hague, Mouton, 1975, pp. 829-886.

____. "La géographie linguistique". *In*: AUROUX, Sylvain (ed.). *Histoire des idées linguistiques*, vol. 3: *L'hégémonie du comparatisme*. Bruxelles, Mardaga, 2000, pp. 239-252.

ENGLER, Rudolf. "Die Zeichentheorie F. de Saussures und die Semantik im 20. Jahrhundert". *In*: AUROUX, Sylvain; KOERNER, Ernst Frideryk Konrad; NIEDEREHE, Hans-Josef & VERSTEEGH, Kees (ed.). *History of the Language Sciences: an International Handbook on the Evolution of the Study of Language from the Beginnings to the Present*. Berlin/New York, Walter de Gruyter, vol. 3, 2006, pp. 2.130-2.152.

FEHR, Johannes. *Saussure entre linguistique et sémiologie*. Paris, Presses Universitaires de France, 2000.

FLEURY, Michel. "Notes et documents sur Ferdinand de Saussure (1880-1891)". *Annuaire de l'École Pratique des Hautes Études*, IVe section, 1964/5, 1964, pp. 35-67.

FLOURNOY, Olivier. *Théodore et Léopold: de Théodore Flournoy à la psychanalyse, suivi d'une correspondance entre Théodore Flournoy et Hélène Smith et de lettres de trois linguistes concernant le sanscrit d'Hélène*. Neuchâtel, à la Baconnière, 1986.

FRYBA-REBER, Anne-Marguerite. *Albert Sechehaye et la syntaxe imaginative: contribution à l'histoire de la linguistique saussurienne*. Genève, Droz, 1994.

G. G. & D[EBRIT], J[ean]. "Une gloire genevoise qui s'en va". *A.B.C.*, Genève, 25 fév. 1913.

GADET, Françoise. *Saussure, une science du langage*. Paris, PUF, 1987.

GAMBARARA, Daniele. "La bibliothèque de Ferdinand de Saussure". *Genava*, n. 20, 1972, pp. 319-368.

____. "Diachronie et synchronie". *Cahiers Ferdinand de Saussure*, vol. 45, 1991, pp. 183-199.

GANDON, Francis. *De dangereux édifices: Saussure lecteur de Lucrèce, Les cahiers d'anagrammes consacrés au de Rerum Natura*. Louvain/Paris, Peeters, 2002.

____. *Le nom de l'absent, Epistémologie de la science saussurienne des signes*. Limoges, Lambert-Lucas, 2006.

____. *La morale du linguiste: Saussure entre Affaire Dreyfus et massacre des Arméniens 1894-1898*. Limoges, Lambert-Lucas, 2011.

GEISENDORF, Paul-F. *L'Université de Genève, 1559-1959*. Genève, Alexandre Jullien, 1959.

GMÜR, Remo. *Das Schicksal von F. de Saussures "Mémoire": Eine Rezeptionsgeschichte*. Bern, Institut für Sprachwissenschaft der Universität, 1980.

GODEL, Robert. *Les sources manuscrites du Cours de Linguistique Générale de F. de Saussure*. Genève, Droz, 1957.

____. "F. de Saussure's Theory of Language". *In*: SEBEOK, Thomas A. (ed.). *Current Trends in Linguistics*, vol. 3: *Theoretical Foundations*. The Hague/Paris, Mouton, 1966, pp. 479-493.

____. "Problèmes de linguistique saussurienne". *Cahiers Ferdinand de Saussure*, vol. 29, 1974/1975, pp. 76-90.

____. "L'école saussurienne de Genève". *Cahiers Ferdinand de Saussure*, vol. 38, 1984, pp. 77-82.

GODEL, Robert. "Sincronia, diacronia e pseudo-diacronia". *Cahiers Ferdinand de Saussure*, vol. 38, 1984, pp. 169-187.

GORDON, W. Terrence. "Les rapports associatifs". *Cahiers Ferdinand de Saussure*, vol. 33, 1979, pp. 31-40.

____. *Saussure for Beginners*. London/New York, Writers & Readers, 1996.

GREGERSEN, Frans. *Sociolingvistikkens (u)mulighed: Videnskabshistoriske studier i Ferdinand de Saussures og Louis Hjelmslevs strukturalistike sprogteorier*. 2 vols. Copenhagen, Tiderne Skifter, 1991.

HARRIS, Roy. *Reading Saussure: a Critical Commentary on the Cours de Linguistique Générale*. London/LaSalle, III: Duckworth/Open Court, 1987.

____. *Language, Saussure and Wittgenstein: How to Play Games with Words*. London/New York, Routledge, 1988.

____. *Saussure and his Interpreters*. 2. ed. Edinburgh, Edinburgh University Press, 2003.

HEWSON, John. "Un système où tout se tient: Origin and Evolution of an Idea". *In*: ed. NIEDEREHE, Hans-Josef & KOERNER, Ernst Frideryk Konrad (ed.). *History and Historiography of Linguistics: Papers from the Fourth International Conference on the History of the Language Sciences (ICHoLS IV), Trier, 24-28 August 1987*, vol. 2: *18th-20th Century*. Amsterdam/Philadelphia, John Benjamins, 1990, pp. 787-794.

HILDEBRANDT, E. *Versuch einer kritischen Analyse des Cours de linguistique générale von Ferdinand de Saussure*. Marburg, Elwert, 1972.

HOLDCROFT, David. *Saussure: Signs, System and Arbitrariness*. Cambridge, Cambridge University Press, 1991.

HÜBSCHMANN, Heinrich. *Das indogermanische Vokalsystem*. Strassburg, Trübner, 1885.

HUTTON, Christopher M. "The Arbitrary Nature of the Sign". *Semiotica*, vol. 75, 1989, pp. 63-78.

____. "Meaning and the Principle of Linearity". *Language & Communication*, vol. 10, 1990, pp. 169-183.

JÄGER, Ludwig (ed.). *Ferdinand de Saussure: Wissenschaft der Sprache: Neue Texte aus dem Nachlass*. Frankfurt, Suhrkamp, 2003.

____. *Ferdinand de Saussure zur Einführung*. Hamburg, Junius Verlag, 2010.

JÄGER, Ludwig & STETTER, Christian (ed.). *Zeichen und Verstehen: Akten des Aachener Saussure-Kolloquiums 1983*. Aachen, Rader, 1986.

JOSEPH, John E. "Saussure's Meeting with Whitney, Berlin, 1879". *Cahiers Ferdinand de Saussure*, vol. 42, 1988, pp. 205-214.

____. "Ideologizing Saussure: Bloomfield's and Chomsky's Readings of the Cours de linguistique générale". In: JOSEPH, John E. & TAYLOR, Talbot J. (ed.). *Ideologies of Language*. London/New York, Routledge, 1990, pp. 51-78.

JOSEPH, John E. "'Undoubtedly a Powerful Influence': Victor Henry's Antinomies linguistiques (1896), with an annotated translation of the first chapter". *Language & Communication*, vol. 16, 1996, pp. 117-144.

____. "Language and 'Psychological Race': Leopold de Saussure on French in Indochina". *Language & Communication*, vol. 20, 2000, pp. 29-53.

____. *Limiting the Arbitrary: Linguistic Naturalism and its Opposites in Plato's Cratylus and Modern Theories of Language*. Amsterdam/Philadelphia, John Benjamins, 2000.

____. "The Unconscious and the Social in Saussure". *Historiographia Linguistica*, vol. 27, 2000, pp. 307-334.

____. *From Whitney to Chomsky: Essays in the History of American Linguistics*. Amsterdam/Philadelphia, John Benjamins, 2002.

____. "Pictet's Du beau (1856) and the Crystallisation of Saussurean Linguistics". *Historiographia Linguistica*, vol. 30, 2003, pp. 365-388.

____. "Root and Branch: Pictet's Role in the Crystallization of Saussure's Thought". *Times Literary Supplement*, n. 5.258, 9 Jan. 2004, pp. 12-13.

____. "The Centenary of the First Publication of Saussure's Sign Theory – Odier (1905)". *Historiographia Linguistica*, vol. 32, 2005, pp. 309-324.

____. "The Secret Saussure". *Times Literary Supplement*, n. 5.459, 16 Nov. 2007, pp. 14-15.

____. "Two Mysteries of Saussure's Early Years Resolved". *Historiographia Linguistica*, vol. 34, 2007, pp. 155-166.

____. "The Attack on Saussure in *Le Genevois*, December 1912". *Cahiers Ferdinand de Saussure*, vol. 61, 2008, pp. 251-281.

____. "Why Lithuanian Accentuation Mattered to Saussure". *Language and History*, vol. 52, 2009, pp. 182-198.

____. "'La teinte de tous les ciels': Divergence et nuance dans la conception saussurienne du changement linguistique". *Cahiers Ferdinand de Saussure*, vol. 63, 2010, pp. 145--158.

____. "Saussure's Notes of 1881-1885 on Inner Speech, Linguistic Signs and Language Change". *Historiographia Linguistica*, vol. 37, 2010, pp. 105-132.

____ (org.). *Ferdinand de Saussure: critical assessment of leading linguistics*, 4 vols. London/New York, Routledge, 2013.

JOSEPH, John E & VELMEZOVA, Ekaterina (org.). *Cahiers de l'ILSL – Institut de Linguistique et des Sciences du Langage de l'Université de Lausanne*, n. 57, *Le Cours de Linguistique Générale: réception, diffusion, traduction*, 2018.

KELLY, Louis G. "*Langue* and *parole* once again". *Canadian Journal of Linguistics*, vol. 15, 1970, pp. 129-142.

KIM, Sung-Do. "La mythologie saussurienne: une nouvelle vision sémiologique?". *Semiotica*, vol. 97, 1993, pp. 5-87.

KOERNER, Ernst Frideryk Konrad. *Bibliographia saussureana 1870-1970: an Annotated, Classified Bibliography on the Background, Development, and Actual Relevance of Ferdinand de Saussure's General Theory of Language*. Metuchen, N.J., Scarecrow Press, 1972.

KOERNER, Ernst Frideryk Konrad. *Ferdinand de Saussure: Origin and Development of his Linguistic Thought in Western Studies of Language: A Contribution to the History and Theory of Linguistics*. Braunschweig, Vieweg, 1973.

____. "European Structuralism: Early Beginnings". *In*: SEBEOK, Thomas A. (ed.). *Current Trends in Linguistics*, vol. 13: *Historiography of Linguistics*. The Hague, Mouton, 1975, pp. 717-827.

____. *Saussurean Studies/Études saussuriennes*. Genève, Slatkine, 1988.

LEMAÎTRE, Auguste. *En glanant dans mes souvenirs (Croquis & anecdotes)*. Neuchâtel/Genève, Éditions Forum, [1922].

LEPSCHY, Giulio C. *Intorno a Saussure*. Torino, Stampatori, 1979.

LINDA, Markus. "Kommentiertes Verzeichnis der Vorlesungen F. de Saussures an der Universität Genf (1891-1913)". *Cahiers Ferdinand de Saussure*, vol. 49, 1995/1996, pp. 65-84.

____. *Elemente einer Semiologie des Hörens und Sprechens zum kommunikationstheoretischen Ansatz Ferdinand de Saussures*. Tübingen, Narr, 2001.

LYNN-GEORGE, Michael. "The Crossroads of Truth: Ferdinand de Saussure and the Dreyfus Affair". *Modern Language Notes*, vol. 121, 2006, pp. 961-988.

MEILLET, Antoine. *Introduction à l'étude comparative des langues indo-européennes*. Paris, Hachette, 1903.

MEJÍA QUIJANO, Claudia. *La linguistique diachronique: le projet saussurien*. Genève, Droz, 1998.

____. "L'adresse et l'écoute, la dualité de la parole: à propos d'un texte politique dans le Ms. fr. 3951/10". *Cahiers Ferdinand de Saussure*, vol. 60, 2007, pp. 281-299.

____. *Le cours d'une vie: portrait diachronique de Ferdinand de Saussure*, tome I: *Ton fils affectionné*; tome II: *Devenir père*. Nantes, C. Defaut, 2008; 2011.

____. *Ferdinand de Saussure, une vie en lettres, 1866-1913*. Nantes, C. Defaut, 2014.

MOUNIN, Georges. *Saussure, ou le structuraliste sans le savoir*. Paris, Seghers, 1968.

NERLICH, Brigitte. "Le même et l'autre: le problème de l'identité en linguistique chez Saussure et Wittgenstein". *Cahiers Ferdinand de Saussure*, vol. 37, 1983, pp. 13-34.

____. "Saussurean Linguistics and the Problem of Meaning: from Dynamic Statics to Static Dynamics". *Language & Communication*, vol. 6, 1986, pp. 267-276.

NORMAND, Claudine (ed.). *Avant Saussure: choix de textes (1875-1924)*. Bruxelles, Éditions Complexe, 1978.

____. *Saussure*. Paris, Les Belles Lettres, 2000. [*Saussure*. Trad. Ana de Alencar e Marcelo Diniz. São Paulo, Estação Liberdade, 2009.]

OLENDER, Maurice. *Les langues du Paradis: Aryens et Sémites – un couple providentiel*. 2. éd. Paris, Gallimard/Le Seuil, 1994.

____. *La chasse aux évidences: sur quelques formes de racisme entre mythe et histoire, 1978-2005*. Paris, Galaade, 2005.

OLENDER, Maurice. *Race sans histoire*. Paris, Seuil, 2009.

PARRET, Herman. "Les manuscrits saussuriens de Harvard". *Cahiers Ferdinand de Saussure*, vol. 47, 1993, pp. 179-234.

____. "Réflexions saussuriennes sur le temps et le moi". *Cahiers Ferdinand de Saussure*, vol. 49, 1995/1996, pp. 85-119.

____. *Le son et l'oreille – six essais sur les manuscrits saussuriens de Harvard*. Limoges, Lambert-Lucas, 2014.

PEDERSEN, Holger. *The Discovery of Language: Linguistic Science in the 19th Century*. Translated by John Webster Spargo. Cambridge, Mass., Harvard University Press, 1931.

PETROFF, André-Jean. *Saussure: la langue, l'ordre et le désordre*. Paris, L'Harmattan, 2004.

POURTALÈS, Guy de. *Chaque mouche a son ombre*, 1e partie: *Mémoires de ma vie, 1881-1906*, Livre I, *1881-1893*. Paris, Gallimard, 1980.

PRAMPOLINI, Massimo. *Ferdinand de Saussure*. Teramo, Giunti Lisciani Editori, 1994.

PRECHTL, Peter. *Saussure: zur Einführung*. Hamburg, Junius, 1994.

PRIETO, Luis-J. *Études de linguistique et de sémiologie générales*. Genève, Droz, 1975.

____. "Signe zéro, absence de signe et analyse de l'énoncé en signes". *Cahiers Ferdinand de Saussure*, vol. 31, 1977, pp. 185-204.

PROSDOCIMI, Aldo. "Sul Saussure delle leggende germaniche". *Cahiers Ferdinand de Saussure*, vol. 37, 1983, pp. 35-106.

____. "Sul fenomeno Saussure: Fra storiografia e biografia". *In*: THUN, Harald (ed.). *Energeia und Ergon: Sprachliche Variation-Sprachgeschichte-Sprachtypolgie*, II: *Das Sprachtheoretische Denken Eugenio Coserius in der Diskussion, I*. Tübingen, Narr, 1988, pp. 225-246.

PROSDOCIMI, Aldo & MARINETTI, Anna. "Saussure e il saturnio: tra scienza, biografia e storiografia". *Cahiers Ferdinand de Saussure*, vol. 44, 1990, pp. 37-71.

PUECH, Christian. "L'esprit de Saussure – Paris contre Genève: l'héritage saussurien". *Modèles linguistiques*, n. 21, 2000, pp. 79-93.

RASTIER, Françoise. "À propos du Saturnien: Notes sur 'Le texte dans le texte, extraits inédits des cahiers d'anagrammes de Ferdinand de Saussure' par Jean Starobinski". *Latomus*, vol. 29, 1970, pp. 3-24.

____. *Saussure au futur*. Paris, Les Belles Lettres et Encre Marine, 2015.

REDARD, Georges. "Ferdinand de Saussure et Louis Havet". *Bulletin de la Société de Linguistique de Paris*, vol. 71, 1976, pp. 313-349.

____. "Le voyage de F. de Saussure en Lituanie: suite et fin?". *Cahiers Ferdinand de Saussure*, vol. 30, 1976, pp. 141-150.

____. "Louis Havet et le Mémoire". *Cahiers Ferdinand de Saussure*, vol. 32, 1978, pp. 103-122.

REDARD, Georges. "Charles Bally disciple de Ferdinand de Saussure". *Cahiers Ferdinand de Saussure*, vol. 36, 1982, pp. 3-23.

ROULET, Eddy. *Cours de Linguistique Générale de Ferdinand de Saussure: choix de textes et commentaires*. Paris, Hatier, 1975.

SANDERS, Carol. *Cours de linguistique générale de Saussure*. Paris, Hachette, 1979.

____ (ed.). *The Cambridge Companion to Saussure*. Cambridge, Cambridge University Press, 2005.

SAUSSURE, Louis de (ed.). *Nouveaux regards sur Saussure: Mélanges offerts à René Amacker*. Genève, Droz, 2006.

[SAUSSURE, Marie de (org.)]. *Ferdinand de Saussure (1857-1913)*. Genève, Imprimerie W. Kündig, 1915.

SAUSSY, Haun. "Writings in General Linguistics". *Substance*, vol. 100, 2003, pp. 165--171.

SCHAZMANN, Paul-Emile. "Célébrités genevoises. Un linguiste de génie: Ferdinand de Saussure". *Tribune de Genève*, 27 nov. 1957.

SCHEERER, Thomas M. *Ferdinand de Saussure, Rezeption und Kritik*. Darmstadt, Wissenschaftliche Buchgesellschaft, 1980.

SECHEHAYE, Albert. "Les problèmes de la langue à la lumière d'une théorie nouvelle". *Revue philosophique*, vol. 84, 1917, pp. 1-30.

SIMONE, Raffaele. *Il sogno di Saussure*. Roma and Bari, Laterza, 1992.

SOFIA, Estanislao (ed.). *La "Collation Sechehaye" du "Cours de Linguistique Générale" de Ferdinand de Saussure*. Edição, introdução e notas de Estanislao Sofia. Leuven/Paris/Bristol, Peeters, 2015.

STAROBINSKI, Jean. *Les mots sous les mots: les anagrammes de Ferdinand de Saussure*. Paris, Gallimard, 1971. [*As palavras sob as palavras*. Trad. Carlos Vogt. São Paulo, Cultrix, 1974.]

STAWARSKA, Beata. *Saussure's Philosophy of Language as Phenomenology: Undoing the Doctrine of the Course in General Linguistics*. Oxford, OUP, 2015.

____. *Saussure's Linguistics, Structuralism, and Phenomenology: The Course in General Linguistics after a Century*. Oxford, OUP, 2020.

STELLING-MICHAUD, Suzanne (ed.). *Le livre du Recteur de l'Académie de Genève (1559-1878)*. 6 vols. Genève, Droz, 1959-1980.

SUENAGA, Akatane. *Saussure, un système de paradoxes: langue, parole, arbitraire et inconscient*. Préface de Michel Arrivé. Limoges, Lambert-Lucas, 2005.

SWIGGERS, Pierre. "De Girard à Saussure: sur l'histoire du terme 'valeur' en linguistique". *Travaux de linguistique et de littérature*, vol. 20, 1982, pp. 325-331.

____. "Ferdinand de Saussure et la perspective sociale sur la langue". *Neophilologische Mitteilungen*, vol. 100, 1999, pp. 433-443.

TALLIS, Raymond. *Not Saussure: a Critique of Post-Saussurean Literary Theory*. Basingstoke/London, Macmillan, 1988.

TESTENOIRE, Pierre-Yves. "Saussure métricien: les diérèses homériques". *Cahiers Ferdinand de Saussure*, vol. 61, 2008, pp. 43-59.

____. *Ferdinand de Saussure à la recherche des anagrammes*. Limoges, Lambert-Lucas, 2013.

THIBAULT, Paul J. *Re-reading Saussure: the Dynamics of Signs in Social Life*. London/New York, Routledge, 1997.

THILO, Ulrich Ch. M. *Rezeption und Wirkung des Cours de linguistique générale: Überlegungen zu Geschichte und Historiographie der Sprachwissenschaft*. Tübingen, Narr, 1989.

UTAKER, Arild. *La philosophie du langage: Une archéologie saussurienne*. Paris, Presses Universitaires de France, 2002.

VALLINI, Cristina. *Linee generali del problema dell'analogia dal periodo schleicheriano a F. de Saussure*. Pisa, Pacini, 1972.

____. "Le point de vue du grammairien ou la place de l'étymologie dans l'œuvre de Ferdinand de Saussure indoeuropéaniste". *Cahiers Ferdinand de Saussure*, vol. 32, 1978, pp. 43-57.

____. "Realtà e finzioni nell'opera di Saussure". *Studi e saggi linguistici*, vol. 18, 1988, pp. 375-402.

____. "Tipo e razza in Saussure: il mistero della persistenza". *Lingua e stile*, vol. 30, 1995, pp. 141-150.

____. "Saussure e la linguistica geografica". *Plurilinguismo*, vol. 6, 2002, pp. 113-125.

VESSÉLINOV, Dimitar. *Les étudiants bulgares de Ferdinand de Saussure*. Sofia, Ciela, 2008.

VILLANI, Paola. "Documenti saussuriani conservati a Lipsia e a Berlino". *Cahiers Ferdinand de Saussure*, vol. 44, 1990, pp. 3-33.

VOLOSHINOV, Valentin N. *Marxismo e filosofia da linguagem*. Trad. Michel Lahud e Yara F. Vieira. São Paulo, Ed. Hucitec, 2004 [1929].

WATKINS, Calvert. "Remarques sur la méthode de Ferdinand de Saussure comparatiste". *Cahiers Ferdinand de Saussure*, vol. 32, 1978, pp. 59-69.

WELLS, Rulon S. "De Saussure's System of Linguistics". *Word* 3, 1947, pp. 1-31.

WUNDERLI, Peter. *Ferdinand de Saussure und die Anagramme: Linguistik und Literatur*. Tübingen, Niemeyer, 1972.

____. *Valéry saussurien: zur linguistischen Fragestellung bei Paul Valéry*. Frankfurt am Main, Peter Lang, 1977.

____. *Saussure-Studien: Exegetische und wissenschaftsgeschichtliche Untersuchungen zum Werk von F. de Saussure*. Tübingen, Narr, 1981.

____. *Principes de diachronie: Contributions à l'exégèse du Cours de linguistique générale de Ferdinand de Saussure*. Frankfurt am Main, Peter Lang, 1990.

YAMAGUCHI, Liesl. "Sensuous Linguistics: on Saussure's Synesthesia". *New Literary History*, t. 50, fasc. 1, 2019, pp. 23-42.

YOUNG, Robert J. C. "Race and Language in the Two Saussures". *In*: OSBORNE, Peter & SANDFORD, Stella (org.). *Philosophies of Race and Ethnicity*. London, *Continuum*, 2002, pp. 63-78.

ZIEGLER, Henri de. *Le Collège de Genève*. Paris/Neuchâtel, Victor Attinger, 1933.

ZILBERBERG, Claude. "Retour à Saussure?". *Actes sémiotiques*, vol. 63, 1985, pp. 5-38.

Trabalhos publicados por Saussure em vida

MSLP = *Mémoires de la Société de Linguistique de Paris*.

Recueil = *Recueil des publications scientifiques de Ferdinand de Saussure* [ed. Charles Bally e Léopold Gautier]. Genève/Lausanne/Heidelberg, Sonor/Payot/C. Winter, 1922.

"Essai d'une distinction des différents a indoeuropéens". MSLP, vol. 3, fasc. 5, 1877, pp. 359-370; *Recueil*, pp. 379-390.

"Exceptions au rhotacisme". MSLP, vol. 3, fasc. 4, 1877, p. 299; Recueil, p. 376.

"i u = es, os". MSLP, vol. 3, fasc. 4, 1877, pp. 299-301; *Recueil*, pp. 377-378.

"La transformation latine de *tt en ss suppose-t-elle un intermédiaire *st?". MSLP, vol. 3, fasc. 4, 1877, pp. 293-298; *Recueil*, pp. 370-375.

"Le suffixe – t-". MSLP, vol. 3, fasc. 3, 1877, pp. 197-209; *Recueil*, pp. 339-352.

"Sur une classe de verbes latins en – eo". MSLP, vol. 3, fasc. 4, 1877, pp. 279-293; *Recueil*, p. 353-369.

Resenha de Adolphe Pictet, *Les origines indo-européennes, ou les Aryas primitifs: essai de paléontologie linguistique* (3 vols. 2. ed. Paris, Sandoz & Fischbacher, 1877). *Journal de Genève*, 17, 19 e 25 Avril 1878; *Recueil*, pp. 391-402.

Mémoire sur le système primitif des voyelles indoeuropéennes. Leipzig, B. G. Teubner, 1879; *Recueil*, pp. 1-168. [Publicado em dez. 1878. Reimpresso em Paris, F. Vieweg, 1887.]

"Αγαμέμνων". MSLP, vol. 4, fasc. 5, 1881, p. 432; *Recueil*, p. 403.

De l'emploi du génitif absolu en sanscrit, thèse pour le doctorat présentée à la Faculté de Philosophie de l'Université de Leipzig. Genève, Imprimerie Jules-Guillaume Fick, 1881; *Recueil*, pp. 269-338.

Resenha de Axel Kock, *Studier öfver fornsvensk ljudlära*, vol. 1 (Lund, C. W. K. Gleerup, 1882). *Revue critique d'histoire et de littérature*, vol. 16, 15 Oct. 1883, pp. 295-297.

"Sūdo", MSLP, vol. 5, fasc. 5, 1884, p. 418; *Recueil*, p. 405.

"Une loi rythmique de la langue grecque". *Recueil de travaux d'érudition classique dédié à la mémoire de Charles Graux*. Ed. Louis Havet. Paris, E. Thorin, 1884, pp. 737-748; *Recueil*, pp. 464-476.

"Védique líbugā, Paléo-slave lobŭzati". MSLP, vol. 5, fasc. 3, 1884 [1883], p. 232; *Recueil*, p. 404.

"Vieux haut-allemand murg, murgi". MSLP vol. 5, fasc. 5, 1884, pp. 449-450, *Recueil*, pp. 406-407.

GIRAUD-TEULON, Alexis. *Les origines du mariage et de la famille*. Genève, A. Cherbuliez, 1884. [As páginas 494-503 reproduzem parte da carta de Saussure para Giraud-Teulon em resposta à sua questão sobre a etimologia dos termos do indo--europeu para marido e mulher; *Recueil*, pp. 477-480.]

"Comparatifs et superlatifs germaniques de la forme inferus, infimus". *Mélanges Renier: Recueil de travaux publiés par l'École pratique des Hautes Études en mémoire de son président Léon Renier*. Paris, E. Bouillon, 1887, pp. 383-391; *Recueil*, pp. 481-489.

"αδήν", MSLP, vol. 6, fasc. 1, 1889 [1885], p. 53; "lūdus", p. 75; "Grec ʿαλκνών – Allemand Schwalbe", p. 75; "ννστάζω", p. 76; "λύθρον", p. 77; "Ἴμβηρις", p. 78; *Recueil*, pp. 408--415.

"Κρήνη", MSLP, vol. 6, fasc. 2, 1889 [1886], p. 119; "Βονκόλος", pp. 161-162; "Sanscrit stōká-s", p. 162; *Recueil*, pp. 416-419.

"Sur un point de la phonétique des consonnes en indo-européen". MSLP, vol. 6, fasc. 3, 1889, [1887], pp. 246-257; *Recueil*, p. 420-432.

"Un ancien comparatif de σώφρων", MSLP, vol. 6, fasc. 4, 1889 [1888], p. 323; "Gotique WILWAN", p. 358; *Recueil*, pp. 433-434.

"Les formes du nom de nombre six en indo-européen", MSLP, vol. 7, fasc. 1, 1892 [1889], pp. 73-77; "Φρνκτός", p. 77; "Λιγύς", pp. 77-79; "Vieux prussien siran 'le coeur'", pp. 79-80; "Traitement de l'ū en vieux prussien", pp. 80-82; "Les féminins en – ū du vieux prussien", pp. 82-83; "Gotique þarf, þaúrban 'avoir besoin'", pp. 83-86; "ʿΑκέων", p. 86; "Τετίημαι", pp. 86-87; "ʿΕπιτηδές", p. 87; "Περί = ὑπερι", pp. 87-88; "ʾΗνία", p. 88; "ʿοκκρνόεις", pp. 88-89; "ʾΥγιής", pp. 89-90; "Κ, Φ pour ks, ps", pp. 90-91; "Attique – ρη – pour – ρ-", pp. 91-92; "-νμνο – pour – ομνο-?", pp. 92-93; "Lituanien kùmstė 'le poing'", p. 93; *Recueil*, pp. 435-463.

FLOURNOY, Théodore. *Des phénomènes de synopsie (audition colorée): Photismes--schèmes visuels-personnifications*. Genève/Paris, Charles Eggimann/Félix Alcan, 1893. [Inclui as respostas a um questionário sobre sinestesia atribuído ao "Sr. X", identificado posteriormente como Saussure.]

"À propos de l'accentuation lituanienne (intonations et accent proprement dit)". MSLP, vol. 8, fasc. 5, 1894, pp. 425-446 ; *Recueil*, pp. 490-512.

"Sur le nominatif pluriel et le génitif singulier de la déclinaison consonantique en lituanien". *Indogermanische Forschungen*, vol. 4, 1894, pp. 456-470; *Recueil*, pp. 513-525.

"Accentuation lituanienne". *Indogermanische Forschungen Anzeiger*, vol. 6, 1896, pp. 157-166; *Recueil*, pp. 526-538.

BOUVIER, Bernard. "La Faculté des Lettres de 1872 à 1896: Mémoire rédigé à l'occasion de l'Exposition nationale suisse de Genève", 1896. Publicado em *Histoire de l'Université de Genève: L'Académie et l'Université au XIXe siècle*, Annexes. Genève, Georg, 1934, pp. 69-168. [Contém uma apreciação do trabalho de Pictet escrita por Saussure.]

Resenha de Johannes Schmidt, *Kritik der Sonantentheorie: Eine sprachwissenschaftliche Untersuchung* (Weimar, H. Böhlaus Nachfolger, 1895). *Indogermanische Forschungen Anzeiger*, vol. 7, 1897, pp. 216-219; *Recueil*, pp. 539-541.

[OLTRAMARE, Paul & SAUSSURE, Ferdinand de (ed.)]. *Actes du Xᵉ Congrès International des Orientalistes, Session de Genève, 1894*. 4 vols. Leiden, E. J. Brill, 1897. [O resumo do trabalho de Saussure, sobre acentuação lituana, para o Congresso está em I, p. 89; *Recueil*, pp. 603-604.]

CHANTRE, Ernest. *Recherches archéologiques dans l'Asie Occidentale: Mission en Cappadoce, 1893-1894*. Paris, E. Leroux, 1898. [pp. 165-191 apresenta a tentativa de Saussure de analisar as inscrições frígias descobertas por Chantre; *Recueil*, pp. 542-575.]

FLOURNOY, Théodore. *Des Indes à la planète Mars: étude sur un cas de somnambulisme avec glossolalie*. Paris/Genève, F. Alcan/Ch. Eggimann, 1900. [Apresenta a análise de Saussure dos enunciados em "sanscritoide" e "marciano" da médium Hélène Smith.]

"Le nom de la ville d'Oron à l'époque romaine" (résumé). *Journal de Genève*, 7 Avril 1901; *Recueil*, pp. 604-605.

"Origine de quelques noms de lieux de la région genevoise" (résumé). *Bulletin de la Société d'Histoire et d'Archéologie de Genève*, vol. 2, 1903, p. 342; *Recueil*, p. 605.

"Les Burgondes et la langue burgonde en pays roman" (résumé). *Bulletin de la Société d'histoire et d'archéologie de Genève*, vol. 3, 1906-1913 [1904], p. 9; *Recueil*, p. 606.

"D'ὦμήλυσις à Τ ριπτόλεμος: Remarques étymologiques". *Mélanges Nicole: Recueil de mémoires de philologie classique et d'archéologie offerts à Jules Nicole*. Genève, Impr. W. Kündig & Fils, 1905, pp. 503-514; *Recueil*, pp. 576-584.

"La théosophie brahmanique", resenha de Paul Oltramare, *Histoire des idées théosophiques dans l'Inde* (Paris, E. Leroux, 1906). *Journal de Genève*, 29 juillet 1907, p. 1.

LOTH, Joseph. "Mélanges celtiques, II: Jura". *Revue celtique*, vol. 28, 1907, pp. 339-341; *Recueil*, p. 607. [Inclui extratos da carta de Saussure a Loth a respeito da origem dos nomes Jura e Joux.]

"Sur les composés latins du type agricola". *Philologie et linguistique: Mélanges offerts à Louis Havet par ses anciens élèves et ses amis à l'occasion du 60ᵉ anniversaire de sa naissance le 6 janvier 1909*. Paris, Hachette, 1909, pp. 459-471; *Recueil*, pp. 585-594.

LECOULTRE, Jules. *Notice historique sur l'Institution LeCoultre (1851-1869) et l'Institution Martine (1869-1882)*. Genève, A. Jullien, 1910. [Contém a avaliação de Saussure sobre o ensino de Jude Millenet, seu professor de latim na Institution Martine.]

"Alamans". *Dictionnaire historique, géographique et statistique du canton de Vaud*, vol. 1. Ed. Eugène Mottaz. Lausanne, F. Rouge, 1911, pp. 54-57.

"Adjectifs indo-européens du type caecus 'aveugle'". *Festschrift Vilhelm Thomsen zur Vollendung des siebzigsten Lebensjahres am 25. Januar 1912, dargebracht von Freunden und Schülern*. Leipzig, Otto Harrassowitz, 1912, pp. 202-206; *Recueil*, pp. 595-599.

Breves resumos das palestras de Saussure publicados no *Bulletin de la Société de Linguistique de Paris* entre 1881 e 1891 foram dispostos como apêndice ao *Recueil*, pp. 600-603.

Trabalhos com citações relevantes de Saussure publicados durante sua vida

JAMES, William. Resenha de Théodore Flournoy, *Des phénomènes de synopsie (audition colorée): Photismes-schèmes visuels-personnifications*. Genève/Paris, Charles Eggimann/ Félix Alcan, 1893. *Philosophical Review*, vol. 3, 1894, pp. 88-92. [Menciona o caso do "Sr. X".]

NAVILLE, Adrien. *Nouvelle classification des sciences: étude philosophique*. 2. ed. Paris, Félix Alcan, 1901. [Primeira ocorrência da visão de Saussure sobre a ciência semiológica.]

ODIER, Henri. *Essai d'analyse psychologique du mécanisme du langage dans la compréhension*. (Inaugural-Dissertation der philosophischen Fakultät der Universität Bern zur Erlangung der Doktorwürde.) Bern, Imprimerie Sheitlin Spring & Cie, 1905. [Primeira ocorrência do modelo de signo linguístico de Saussure.]

REGNAUD, Paul. *Observations critiques sur le système de M. de Saussure*. Gray, Haute--Saône, Bouffaut Frères, 1891.

SENART, Émile. "Rapport de la Sous-commission pour la transcription des alphabets sanscrits et pracrits". *Rapport de la Commission de Transcription, X*[me] *Congrès International des Orientalistes, Session de Genève*. Leiden, E. Brill, s.d., pp. 9-13. [Relatos da contestação de Saussure rejeitada pela Comissão acerca da transcrição de algumas consoantes do sânscrito.]

Trabalhos publicados postumamente (seleção)

"La destruction d'Avenches dans les Sagas scandinaves, d'après des traductions et des notes de F. de Saussure", por Paul-E. Martin. *Indicateur d'histoire suisse*, 1915, pp. 1-13.

Cours de Linguistique Générale, ed. Charles Bally e Albert Sechehaye, com a colaboração de Albert Riedlinger. Lausanne/Paris, Payot, 1916. (2. ed. 1922; edições posteriores sem alterações). Edição crítica de Rudolf Engler (Wiesbaden, Otto Harrassowitz, 1968-1974). [Edição brasileira com tradução de A. Chelini, J. P. Paes e I. Blikstein. *Curso de Linguística Geral*. São Paulo, Cultrix, 1970. Nova tradução brasileira de Marcos Bagno. *Curso de Linguística Geral*. São Paulo, Parábola, 2021.]

"Le nom de la ville d'Oron à l'époque romaine: étude de Ferdinand de Saussure† publiée et annotée par L. Gauchat". *Anzeiger für schweizerische Geschichte/Indicateur d'histoire suisse*, vol. 18, 1920, pp. 1-11.

Recueil des publications scientifiques de Ferdinand de Saussure, ed. Charles Bally e Léopold Gautier. Genève/Lausanne/Heidelberg, Sonor/Payot/C. Winter, 1922.

"Notes inédites de F. de Saussure", ed. Robert Godel. *Cahiers Ferdinand de Saussure*, vol. 12, 1954, pp. 49-71.

"Souvenirs de F. de Saussure concernant sa jeunesse et ses études", ed. e intro. Robert Godel. *Cahiers Ferdinand de Saussure*, vol. 17, 1960, pp. 12-25.

"Les anagrammes de Ferdinand de Saussure: textes inédits", apresentação de Jean Starobinski. *Mercure de France*, n. 350, 1964, pp. 243-262.

"Les mots sous les mots: textes inédits des cahiers d'anagrammes de Ferdinand de Saussure", apresentação de Jean Starobinski. *To Honor Roman Jakobson*. The Hague/Paris, Mouton, vol. 3, 1967, pp. 1.906-1.917.

"Le texte dans le texte: extraits inédits des Cahiers d'anagrammes de Ferdinand de Saussure", apresentação de Jean Starobinski. *Tel Quel*, vol. 37, 1969, pp. 3-33.

"Morphologie et Linguistique statique: quelques principes généraux", ed. Robert Godel. *A Geneva School Reader in Linguistics*, ed. por Robert Godel. Bloomington/London, Indiana University Press, 1969, pp. 23-52.

"Nota sul 'segno'", apresentação de d'Arco Silvio Avalle. *Strumenti critici*, vol. 19, 1972, pp. 275-281.

Note sulle legende germaniche, ed. d'Arco Silvio Avalle. Torino, Giappichelli, 1972.

"Essai pour réduire les mots du grec, du latin & de l'allemand à un petit nombre de racines", ed. Boyd Davis. *Cahiers Ferdinand de Saussure*, vol. 32, 1978, pp. 73-101.

"Tristan: notes de Saussure", ed. Eisuke Komatsu. *Annual Collection of Essays and Studies*, Faculty of Letters, Gakushuin University, 1985, pp. 149-229.

Le leggende germaniche, ed. Anna Marinetti e Meli Marcello. Este, Zielo, 1986.

"Dix-huit notes étymologiques inédites de Ferdinand de Saussure", ed. René Amacker e Simon Bouquet. *Cahiers Ferdinand de Saussure*, vol. 42, 1988, pp. 215-244.

"Note de Ferdinand de Saussure concernant le 'discours'", ed. René Amacker. *Cahiers Ferdinand de Saussure*, vol. 43, 1990, pp. 93-94.

Cours de linguistique générale, premier et troisième cours d'après les notes de Riedlinger et Constantin, ed. Eisuke Komatsu. Tokyo, Collection Recherches Université Gakushuin, 1993.

Troisième cours de linguistique générale (1910-1911), d'après les cahiers d'Émile Constantin/Saussure's Third Course of Lectures on General Linguistics (1910-1911), from the notebooks of Émile Constantin, ed. Eisuke Komatsu, trad. Roy Harris. Oxford/New York, Pergamon, 1993.

Phonétique: Il manoscritto di Harvard Houghton Library bMS Fr 266 (8), ed. Maria Pia Marchese. Padova, Unipress, 1995.

Premier cours de linguistique générale (1907) d'après les cahiers d'Albert Riedlinger/Saussure's First Course of Lectures on General Linguistics (1907), From the notebooks of Albert Riedlinger, ed. Eisuke Komatsu, trad. George Wolf. Oxford/New York, Pergamon, 1996.

Deuxième cours de linguistique générale (1908-1909), d'après les cahiers d'Albert Riedlinger et Charles Patois/Saussure's Second Course on General Linguistics (1908-1909), from the notebooks of Albert Riedlinger and Charles Patois, ed. Eisuke Komatsu, trad. George Wolf. Oxford/New York, Pergamon, 1997.

Écrits de linguistique générale, ed. Simon Bouquet e Rudolf Engler, com a colaboração de Antoinette Weil. Paris, Gallimard, 2002. [*Escritos de linguística geral*. Trad. Carlos A. L. Salum e Ana Lucia Franco. São Paulo, Cultrix, 2004.]

Théorie des sonantes: il manoscritto di Ginevra, BPU Ms. Fr. 3955/1, ed. Maria Pia Marchese. Padova, Unipress, 2002.

"La légende de Sigfrid et l'histoire burgonde". *Cahier L'Herne – Saussure*, ed. Béatrice Turpin. Paris, Éd. L'Herne, 2003, pp. 351-429.

Anagrammes homériques, ed. Pierre-Yves Testenoire. Limoges, Lambert-Lucas, 2013.

Choquant d'harmonie, dossier du cours de versification française, BGE Ms. Fr. 3970/f, donné à l'Université de Genève de 1900 à 1909, et Archives de Saussure "Cahier Parny", 379/9, ed. Francis Gandon. Limoges, Lambert-Lucas, 2017.

Ferdinand de Saussure, Le premier Cours de Linguistique générale: la trilogie achevée, ed. François Vincent. Paris, Éditions Champs-Elysées-Deuville, 2020.

Muitos textos inéditos de Saussure têm surgido nos últimos anos, principalmente nos volumes dos *Cahiers Ferdinand de Saussure*. Diversos projetos estão em andamento para a disponibilização *on-line* de reproduções fotográficas do material manuscrito.

Seleção de trabalhos brasileiros sobre Saussure

ABRAHÃO E SOUZA, Lucília Maria; NAGEN, Glaucia & BALDINI, Lauro. (org.). *A palavra de Saussure*. São Carlos, SP, Pedro e João editores, 2016.

ALMEIDA, Ítalo de Freita; LIMA, Maria Hozanete Alves de & FARIA, Núbia Rabelo Bakker. "O Conceito de analogia nos Princípios Fundamentais da História da Língua de Hermann Paul e no Curso de Linguística Geral de Ferdinand de Saussure". *Miguilim – Revista Eletrônica Do Netlli*, vol. 10, 2021, pp. 712-730.

ALTMAN, Cristina. *A Guerra Fria Estruturalista. Estudos em Historiografia Linguística Brasileira*. São Paulo, Parábola, 2021.

ALTMAN, Cristina & TORELLI, Lygia (org.). "Por ocasião do centenário do Curso de Linguística Geral (1916)". *Cadernos do Centro de Documentação e Historiografia Linguística*, n. 2. São Paulo, Humanitas, 2017.

BEHARES, Luis Ernesto & PEREIRA CASTRO, Maria Fausta. (org.). *El legado de Ferdinand de Saussure sobre la subjetividad y el lenguage*, n. 52. *Caderno de Estudos*

Linguísticos. Instituto de Estudos da Linguagem (IEL), Universidade Estadual de Campinas (Unicamp), 2010.

BEIVIDAS, Waldir; LOPES, Ivã Carlos & BADIR, Sémir (org.). *Cem anos com Saussure. Textos do Congresso internacional*. 2 tomos. São Paulo, Annablume, 2016.

CAMARA, Tania Maria Nunes de Lima & SHEPHERD, Tania Maria Granja (org.). Saussure e a linguística novecentista, vol. 21, n. 34. *Matraga – Estudos Linguísticos e Literários*. Revista do Programa de Pós-Graduação em Letras da UERJ, 2014.

CIULLA, Alena & MILANO, Luiza. "Sons nas nuvens: sobre o lugar do fônico no Curso de Linguística Geral". *Desenredo*, vol. 13, 2018, p. 7.

COELHO, Micaela Pafume. "A trajetória de elaboração da noção saussuriana de sistema". *Domínios de Lingu@gem*, vol. 12, 2018, p. 396.

____. "Ferdinand de Saussure: entre la langue et les langues". *Cahiers Ferdinand de Saussure*, vol. 73, 2020, pp. 187-196.

CRUZ, Marcio Alexandre. "A filologia saussuriana: debates contemporâneos". *Alfa*, São Paulo, vol. 53, n. 1, 2009, pp. 107-126.

CRUZ, Marcio Alexandre & FARIA, Núbia Rabelo Bakker (org.). *Leitura* – número temático *Novo retorno a Saussure*, n. 62, 2019.

CRUZ, Marcio Alexandre; PIOVEZANI, Carlos & TESTENOIRE, Pierre-Yves. (org.). *Saussure, o texto e o discurso: cem anos de heranças e recepções*. São Paulo, Parábola, 2016.

DE MAURO, Tullio. "Introdução" (1967). Tradução brasileira de Amanda E. Scherer e Maria Iraci S. Costa. *Fragmentum*, n. espec., 2018, pp. 239-257.

D'OTTAVI, Giuseppe & MILANO, Luiza (org.). *Revista Virtual De Estudos Da Linguagem*, edição especial *A Linguística Saussuriana Italiana Contemporânea*, vol. 20, 2022, pp. 4-22.

FALCONE, Karina & NÓBREGA, Mônica. *Revista Investigações – Linguística e Teoria Literária*. Revista do Programa de Pós-Graduação em Letras da Universidade Federal de Pernambuco, vol. 26, n. 2, 2013.

FARACO, Carlos Alberto (org.). *O efeito Saussure: cem anos do Curso de Linguística Geral*. São Paulo, Parábola, 2016.

FARIA, Núbia Rabelo Bakker. "A linguagem é uma instituição sem análogo: (ainda) sobre o social em Whitney e em Saussure". *Cadernos de Linguística*, vol. 1, 2020.

FARIA, Núbia Rabelo Bakker & LIMA, Dayanne Teixeira. "O Curso de linguística geral e seus efeitos: a escrita em Hjelmslev". *Gragoatá*, Niterói, vol. 22, n. 44, 2017, pp. 1.027-1.048.

FARIA, Núbia Rabelo Bakker & PEREIRA CASTRO, Maria Fausta. "Estudos saussurianos hoje". *D.E.L.T.A.* – Documentação de Estudos em Linguística Teórica e Aplicada, vol. 34, 2018.

FIGUEIRA, Rosa Attié. "O que a investigação sobre o erro na fala da criança deve a Saussure". *Cadernos de Estudos Linguísticos*, vol. 52, n. 1, 2010, pp. 115-143.

FIGUEIRA, Rosa Attié. "Em torno da analogia: a contribuição de Saussure para a análise da fala da criança". *Prolíngua*, João Pessoa, vol. 10, 2015, pp. 174-189.

____. "La langue en mouvement: ce que la théorisation sur les occurrences divergentes doit à Saussure". *In*: GAMBARARA, Daniele & REBOUL, Fabienne (ed.). *Travaux des Colloques Le Cours de Linguistique Générale 1916-2016: l'émergence, le devenir*. Genève, Cercle Ferdinand de Saussure, 2018.

____. "Entrevista de Daniele Gambarara a Rosa Attié Figueira". *Revista Leitura*, vol. 1, 2019, pp. 422-425.

____. "A reflexão saussuriana na investigação da fala da criança: algumas questões e perspectivas". *In*: SHIRO, Martha; BOLÍVAR, Adriana & MARINKOVICH, Juana (ed.). *Procesos de Aprendizagem de la Lengua Oral y Escrita: Teoría y Práctica*. Una obra del proyecto 13. Estudio de la lengua escrita (*e-book*). Líquido Editorial, 2022, pp. 27-51.

FIORIN, José Luiz; FLORES, Valdir Nascimento & BARBISAN, Leci Borges (org.). *Saussure a invenção da Linguística*. São Paulo, Editora Contexto, 2019.

FLORES, Valdir do Nascimento. "Sobre a fala no *Curso de Linguística Geral* e a indissociabilidade língua/fala". *In*: BARBISAN, Leci Borges & DI FANTI, Maria da Glória. (org.). *Enunciação e Discurso: tramas de sentidos*. São Paulo, Contexto, 2012, pp. 188-196.

____. "Ensinar Saussure? Sim, mas como?". *In*: REBELLO, Lúcia Sá & FLORES, Valdir do Nascimento (org.). *Caminhos das letras: uma experiência de integração*. Porto Alegre, Editora do IL/UFRGS, 2015, pp. 124-139.

____. "Saussure é mesmo estruturalista? Atualidades do pensamento de Ferdinand de Saussure". *In*: BUTTURI JR., Atílio; XHAFAJ, Donesca Cristina Puntel; OLIVEIRA, Leandra Cristina de; GUIMARÃES, Noêmia Soares & PEDRALLI, Rosângela. (org.). *Estruturalismos, pós-estruturalismos e outras discussões*. Curitiba, Editora CRV, 2016, pp. 21-28.

____. "O que há para ultrapassar na noção saussuriana de signo? De Saussure a Benveniste". *Gragoatá*. vol. 22, 2017, pp. 1.005-1.026.

____. *Saussure e Benveniste – quatro aulas na École Normale Supérieure*. São Paulo, Parábola, 2017.

____. *Saussure e a tradução*. Brasília, Editora da UnB, 2020.

____. *A linguística geral de Ferdinand de Saussure*. São Paulo, Editora Contexto, 2022.

FLORES, Valdir do Nascimento & BARBISAN, Leci Borges. "Sobre Saussure, Benveniste e outras histórias da linguística. *In*: FLORES, Valdir do Nascimento & BARBISAN, Leci Borges (org.). *Convite à linguística*. São Paulo, Contexto, 2009, pp. 7-22.

FLORES, Valdir Nascimento & OTHERO, Gabriel (org.). *Saussure e a escola de Genebra*. São Paulo, Editora Contexto, 2023.

FONTANILLE, Jacques & SOUSA, Silvia Maria de (org.). *Gragoatá* – Revista dos Programas de Pós-graduação do Instituto de Letras da UFF, vol. 22, n. 44, *Da língua ao discurso: paradigmas teóricos*, 2017.

HENRIQUES, Stefania Montes. "Les Manuscrits de Ferdinand de Saussure sur les légendes germaniques: une relation entre la parole et l'histoire". *Cahiers Ferdinand de Saussure*, vol. 72, 2021, pp. 133-138.

____. *O caso mais grosseiro da semiologia. O que Saussure pode nos dizer sobre os nomes próprios?* Campinas, SP, Editora da Abralin, 2021.

HENRIQUES, Stefania Montes & COELHO, Micaela Pafume. "Ferdinand de Saussure: relações possíveis entre a língua e a história". *Estudos Linguísticos* (São Paulo, 1978), vol. 49, 2020, pp. 117-134.

LEMOS, Claudia Thereza Guimarães de. "Da morte de Saussure o que se comemora?". *Psicanálise e Universidade*, São Paulo, vol. 3, 1995, pp. 41-52.

____. "Língua e discurso na teorização sobre aquisição de linguagem". *Letras de Hoje* 102, vol. 30, n. 4, 1995, pp. 9-28.

LEMOS, Claudia Thereza Guimarães de. "Uma crítica (radical) à noção de desenvolvimento na Aquisição de Linguagem". *In*: VITTO, Maria Francisca Lier de & ARANTES, Lúcia. (org.). *Aquisição, patologias e clínica da linguagem*. São Paulo, Editora PUCSP, 2006, pp. 21-32.

LEMOS, Claudia Thereza Guimarães de; VITTO, Maria Francisca Lier de; ANDRADE, Lourdes & SILVEIRA, Eliane. "Le saussurisme en Amérique Latine au XXᵉ siècle". *Cahiers Ferdinand de Saussure*, vol. 56, 2004, pp. 165-176.

LIMA, Thayanne Raísa Silva & SILVEIRA, Eliane. "A concepção saussuriana de som nos manuscritos de Harvard". *(Con)textos linguísticos*, vol. 11, 2017, pp. 28-38.

MARQUES, Allana. "Restabelecendo as relações fundamentais: da linguística histórica à linguística moderna". *Revista Leitura*, vol. 1, 2019, pp. 276-295.

MARQUES, Luciana Moraes Barcelos. *As aulas de Saussure: um retorno aos manuscritos*. Belo Horizonte, Editora PUC Minas, 2016.

MILANO, Luiza. "Jakobson, a fonologia e a herança saussureana". REBELLO, Lúcia Sá & FLORES, Valdir do Nascimento (org.). *Caminhos das letras: uma experiência de integração*. Porto Alegre, Editora da UFRGS, 2015. pp. 101-110.

____. "Le statut du phonique dans le CLG". *Cahiers Ferdinand de Saussure*, vol. 70, 2017, pp. 85-100.

____. "O estatuto do fônico na fronteira entre línguas". *Visitas al Patio*, Cartagena de Indias, Colombia, n. 11, 2017, pp. 39-51.

____. "'As coisas significam alguma coisa?': sobre as limitações do arbitrário do signo". *Linguagem & Ensino*, Pelotas, vol. 23, n. 3, jul.-set., 2020, pp. 828-837.

MILANO, Luiza & RIBEIRO, Joana de Quadros. "O funcionamento de falas sintomáticas para além da distinção normal/patológico: contribuições saussurianas". *Letras de hoje*, Porto Alegre, RS, vol. 53, n. 1, jan./mar. 2018, pp. [158]-165.

MILANO, Luiza & SILVEIRA, Mélany Dias da. "Implicações da noção de escuta para a clínica de linguagem: uma reflexão saussuriana". *Eutomia*, vol. 1, 2020, pp. 204-214.

PEREIRA CASTRO, Maria Fausta. "Saussure e o necessário esquecimento da fala infantil: uma leitura para a aquisição da linguagem". *Cadernos de Estudos Linguísticos*, vol. 52, 2010, pp. 91-102.

____. "Sur la pertinence de la théorie saussurienne pour l'étude des faits de l'acquisition du langage. *Travaux du 19ème ICL*. Genève, Dép. de Linguistique, 2013.

____ (org.). *Dossiê: Saussure (100 anos depois). CULT*. São Paulo, vol. 216, 2016.

____. "Sobre a analogia na reflexão saussuriana", *D.E.L.T.A.* – Documentação de Estudos em Linguística Teórica e Aplicada, vol. 34, n. 3, 2018.

____. "Sur Saussure et la portée de sa pensée". *In*: GAMBARARA, Daniele & Reboul, Fabienne (org.). *Travaux des colloques Le CLG, 1916-2016. L'émergence, le devenir*. Genève, Cercle Ferdinand de Saussure, 2018.

PEREIRA CASTRO, Maria Fausta.; SILVEIRA, Eliane & FARIA, Núbia Rabelo Bakker (org.). *Études saussuriennes aujourd'hui*. Roma, Aracne, 2023.

PINHEIRO, Clemilton & LIMA, Maria Hozanete Alves (org.). *Diálogos: Saussure e os estudos linguísticos contemporâneos*. 3 vols. Natal, EDUFRN, 2015-2017.

ROCHA, Raul de Carvalho & FARIA, Núbia Rabelo Bakker. "Das leis fonéticas à sincronia: percurso e implicações possíveis em Ferdinand de Saussure". *Revista da Abralin*, vol. 3, 2021, pp. 698-721.

SCHERER, Amanda Eloina & COSTA, Maria Iraci Sousa. "Ainda (e sempre) Saussure: história, memória e discurso em três versões de um mesmo texto". *Letrônica*, vol. 11, 2018, pp. 54-67.

____. "A problemática acerca da edição das notas saussurianas: um livro sem fim nem começo ou um livro de areia à la Borges". *Leitura*, vol. 1, 2019, pp. 191-214.

SILVA FILHO, Jomson Teixeira da. *(Re)leituras em Ferdinand de Saussure e Émile Benveniste*. São Carlos, SP, Pedro & João Editores, 2021.

____. "Questionando a noção de representação a partir da relação língua-escrita em Saussure e Benveniste". *In*: ROSÁRIO, Heloisa Monteiro; HOFF, Sara Luiza & FLORES, Valdir do Nascimento. (org.). *Leituras de Émile Benveniste: estudos sobre literatura brasileira moderna*. Porto Alegre, Zouk, 2022, pp. 49-57.

SILVA, José Pereira (org.). *A herança de Ferdinand de Saussure*. Rio de Janeiro, Autografia, 2017.

SILVEIRA, Eliane. *As marcas do movimento de Saussure na fundação da linguística*. Campinas, SP, Mercado de Letras, 2009.

____ (org.). *Letras & Letras* – Revista do Instituto de Letras e Linguística da Universidade Federal de Uberlândia, vol. 25, n. 1, 2009, *Um século com a teoria do valor: 1909-2009*.

____. *A aventura de Saussure*. São Paulo, Editora da Abralin, 2022.

____. "A invenção do linguista: Saussure entre os manuscritos e o Curso de Linguística Geral". *Estudos Linguísticos* (São Paulo, 1978), vol. 51, 2022, pp. 415-427.

SILVEIRA, Eliane & BRAZÃO, Michele. "Saussure entre o geral e o particular: o caso do lituano". *Estudos linguísticos* (São Paulo, 1978), vol. 43, 2014, pp. 309-318.

SILVEIRA, Eliane & HENRIQUES, Stefania Montes (org.). *Saussure: manuscritos, aulas e publicações*. Uberlândia, MG, EDUFU, 2022.

SOUZA, Marcen de Oliveira. *Os anagramas de Saussure: entre a poesia e a teoria*. Uberlândia, MG, EDUFU, 2018.

SOUZA, Marcen de Oliveira & SILVEIRA, Eliane. (org.). *Todas as Letras* – Revista de Língua e Literatura – *Dossiê Saussure*, São Paulo, vol. 22, n. 2, 2020.

____. "As cartas de Saussure: um lugar singular em sua produção". *Estudos Linguísticos* (São Paulo, 1978), vol. 49, 2020, pp. 1.727-1.742.

STAWINSKI, Aline. "À l'écoute de la langue-parole: considérations à partir de la théorie saussurienne". *Cahiers Ferdinand de Saussure*, vol. 74, 2022, pp. 137-146.

STAWINSKI, Aline & BARBOSA, Victória. "CLG em voz alta.". MILANO, Luiza (org.). *Leitura em voz alta compartilhada*. Porto Alegre, Zouk, 2023.

STAWINSKI, Aline & MILANO, Luiza. "O sentimento do falante nos manuscritos saussurianos". *Prolíngua*, João Pessoa, vol. 16, 2021, pp. 259-270.

TURRA, Bruno. "Ferdinand de Saussure". *Entremeios*, vol. 21, 2020, pp. 291-302.

____. "O papel da escrita na fundação da linguística moderna: uma leitura dos cursos ao Curso de Linguística Geral". *Porto das Letras*, vol. 6, 2020, pp. 272-298.

____. *Ferdinand de Saussure e seu saber fazer com a escrita ou do que se circunscreve de um enigma*. Campinas, SP, Mercado de Letras, no prelo.

VILELA, Izabel. "Saussure pró: a unidade saussuriana presente no Curso, nos anagramas e na psicanálise de Lacan." *Cahiers Ferdinand de Saussure*, vol. 51, 1998, pp. 251-272.

Há ainda uma profusão de teses e dissertações em estudos saussurianos nas bases de dados das universidades brasileiras. Destaco também alguns dos importantes Grupos de Pesquisa que têm a teoria de Ferdinand de Saussure como objeto central:

Grupo de Pesquisa Ferdinand de Saussure (GP_FdS) – UFU.
Acesso em <saussure.com.br>.

Grupo de Trabalho Estudos Saussurianos – Anpoll.
Acesso em <anpoll.org.br/gt/estudos-saussurianos/>.

Estudos saussurianos e benvenistianos – UFRGS.
Acesso em <ufrgs.br/saussure-benveniste/>.

Seminário de Estudos Avançados em Saussure do Programa de Pós-Graduação em Letras da UFSM. Acesso em <https://www.ufsm.br/cursos/pos-graduacao/santa-maria/ppgletras/eventos/123o-seminario-de-estudos-avancados-o-estudo-da-obra-de-ferdinand-de-saussure-problemas-teoricos-filologicos-e-editoriais>.

Índice

Ascoli, Graziadio Isaia (1829-1907), 145-149, 285, 291-292, 324, 531, 541, 669, 745
Lei de Ascoli, 145-149
Assimilacionismo e associacionismo na política colonial, 591-592
Associacionismo, em psicologia, 413, 528, 553
Astronomia chinesa, 689-690
Aufrecht, Theodor (1822-1907), 137
Avéstico, 142

B

Bacon, *Sir* Francis (1561-1626), 794
Bain, Alexander (1818-1903), 413, 552
Baldwin, James Mark (1861-1934), 635
Bally, Charles (1865-1947), 505-506, 532, 548-549, 599, 627, 635-636, 639, 644, 650-652, 659, 696-698, 709, 749, 766, 798, 800-801, 804-808, 816, 818, 820, 822, 833-834, 836, 841-843, 851
Balmat, Jacques (1762-1834), 58-59
Balmat, Pierre, 58
Balsamo, Joseph, vulgo Conde Alessandro di Cagliostro (1743-1795), 569
Baranowski, Anton (Antanas Baranauskas) (1835-1902), 481, 564
Barth, Auguste (1834-1916), 479, 606
Barthélemy-Saint-Hilaire, Jules (1805-1895), 171
Barthes, Roland (1915-1980), 848-849
Bastard, Algernon (1884-1908), 269, 365
Bastions, 60, 206, 615, 738
Bates, Henriette, *née* Baron (1858-1943), 757
Baudelaire, Charles (1821-1867), 402, 848
Baudouin de Courtenay, Jan (1845-1929), 328, 415-416, 508, 686
Bauer, Alfred Christophe (1843-), 393-394, 398, 400, 419, 433, 448-449
Baunack, Johannes (1855-1928), 277, 364, 367, 375, 377
Beaudroit, Sr., 208
Beaufront, Louis Chevreux, Marquês de (1855-1935), 685-686, 688
Becker, Philipp August (1862-1947), 449
Becker, Philipp Joseph (-1895), 102-103, 107, 520
Beckford, William (1760-1844), 59
Bédier, Joseph (1864-1938), 622
Bell, Alexander Melville (1819-1905), 665
Benfey, Theodor (1809-1881), 137, 246, 273
Benveniste, Émile (1902-1976), 846
Bergaigne, Abel (1838-1888), 258, 280, 372, 376, 400, 416, 448, 463, 473-475, 477-479, 496
Bergson, Henri (1859-1941), 413, 491, 522, 635, 663, 674, 725
Berguer, Henry (1854-1937), 825
Béroul (séc. XII), 622
Berquin, Louis de (c.1490-1529), 35-36
Berthout van Berchem, ver Van Berchem
Bétant, Ami (1803-1871), 181
Bethmann-Hollweg, Isabelle, *née* de Rougemont de La Schadau (1833-1908), 270
Bethmann-Hollweg, Theobald von (1856-1921), 270
Bèze, Théodore de (1519-1605), 738
Bezzenberger, Adalbert (1851-1922), 532, 692
Bíblia, 35, 37, 58, 91, 129, 241
Biot, Jean-Baptiste (1774-1862), 689
Blagden, *Sir* Charles (1748-1820), 54, 78
Blanchard, Émile, 100
Blavatsky, *née* von Hahn (1831-1891), 272, 691
Bloomfield, Leonard (1887-1949), 134, 846-847, 850
Boas, Franz (1858-1942), 846
Böckh, August (1785-1867), 141
Boethius, Anicius Manlius Torquatus Severinus (c.475-524), 424
Boissier, Agénor (1841-1913), 549
Boissier, Alfred (1867-1945), 553, 549, 567
Boissier, Jean-Jacques André (1717-1766), 119
Boissier, Marie-Charlotte "Manon", *née* Lullin (1725-1750), 42, 48-50
Bonald, Louis Gabriel Ambroise, Visconde de (1754-1840), 396
Bonaparte, Princesa Marie (1882-1962), 840
Bonaparte, ver Napoleão
Bonnet, Charles (1720-1793), 47, 50, 56, 72, 76

Bonnet, Jeanne-Marie, *née* de la Rive (1728-1796), 47
Bonstetten, Charles-Victor de (1745-1832), 71, 839
Bopp, Franz (1791-1867), 135-137, 141-143, 191, 217, 235, 246-247, 265-267, 273-274, 286-288, 321-322, 334, 474, 628, 732
Bossuet, Jacques-Bénigne (1627-1704), 601
Botânica, 42, 46-47, 70
Boulanger, Georges (1837-1891), 482
Bouquet, Simon, 852
Bourgeaud, Charles (1861-1940), 815
Bouvier, Aimé (1844-1919), 182-183
Bouvier, Bernard (1861-1941), 246, 478, 484, 552, 580-582, 636, 639, 738, 810-814, 825
Boyer, Paul (1864-1949), 449, 494, 392, 511, 530, 698
Braillard, Jean-Charles "John" (1822-1883), 212-213, 220, 227, 237, 268
Brandon, *Lady* Eleonore (1519-1547), 796
Brandstetter, Renward (1860-1942), 698
Braune, Wilhelm (1850-1926), 271, 277, 399, 403
Bréal, Henriette, 524
Bréal, Michel (1832-1915), 139, 255-258, 282, 297, 302, 372-380, 416, 417-420, 450, 462-463, 473-477, 482-485, 495-497, 508, 541, 549, 557, 610, 638-640, 686, 755, 821
Breuer, Josef (1842-1925), 574
Broca, Paul (1824-1880), 758
Brøndal, Viggo (1887-1942), 845
Brugman (posteriormente Brugmann), Karl, (1849-1919), 263-266, 274-293, 312-324, 354, 363-365, 461, 487, 495, 563, 470-471, 727
Brunetière, Ferdinand (1849-1906), 601
Buffon, Georges-Louis Leclerc, Conde de (1707-1788), 51
Bühler, Johann Georg (1837-1898), 543-546
Bülow, Bernhard von, Príncipe (1849-1929), 177
Burdet, ver Sechehaye
Burgúndios, 31-32, 793
Burlamacchi, Anne, *née* Diodati (1615-1693), 39
Burnouf, Eugène (1801-1852), 137, 359
Burton, Capitão *Sir* Richard (1821-1890), 469
Burton, Isobel, *Lady* (1831-1896), 469
Busken Huet, Gédéon (1860-1921), 401

C

Cadeia da fala, ver Cadeia fonética
Cadeia fonética, 407, 413, 717
Cadernos de fonologia, 390-414, 435, 490, 580, 638
Cagliostro, ver Balsamo
Cahun, David Léon (1841-1900), 401
Calvinismo, 35-38, 57, 59, 90-91, 184, 420, 521, 558
e austeridade, 94
e suicídio, 50
e tempo, 92
na Bélgica, 90
Calvino (originalmente Chauvin ou Cauvin), João (1509-1564), 33-37, 520, 636-367, 737-738, 815-817, 826
Canção dos Nibelungos, 209, 243, 271, 341, 354, 379, 602, 621-627, 749
Candolle, Alphonse de (1806-1893), 99
Candolle, Augustin-Pyramus de (1778-1841), 97
Caráter amorfo do pensamento e do som isoladamente, 717, 763, 785
Caráter negativo, ver Diferença
Caráter real, 129
Cardozo, Sr., *L'infame*, 103, 520
Carnot, Marie François Sadi (1837-1894), 482
Caro, Elme-Marie (1826-1887), 372-373, 395
Carolina do Sul, ramo da família, 39-40, 106, 610
Cart, Théophile (1855-1931), 447-448
Carta forçada, 773
Casamentos consanguíneos nas famílias genebrinas, 39, 75, 90
Cassirer, Ernst (1874-1945), 847
Catolicismo, 35, 85, 91, 94, 105, 128-129, 131, 219, 452-453, 522, 598-601
Cavour, Camillo Benso, Conde de (1810-1861), 166

César, Júlio (100-44 a.C.), 31, 213, 626, 693-694
Chaix, Paul (1808-1901), 208-209
Chantre, Ernest (1843-1924), 549, 567, 641, 836
Charencey, Hyacinthe Gouhier, Conde de (1832-1916), 417, 419
Charles V, sacro imperador romano (1500-1558, reg. 1519-1558), 33
Charles, Duque de Lorraine (1543-1608), 34
Charniaz (ou Charnéa), La, fazenda da família Saussure, 96, 100, 105, 158-159, 169, 176, 233, 294-295, 839
Château de Vufflens, 489, 559, 750, 801, 819, 839
Chattopādhyūya (ou Chattopadhyay(a)), Nisi Kānta (ou Nishikanta), "Koot Hoomi", (1852-1910), 272, 691
Chennaz, Étienne (1881-1933), 825
Chodat, Robert (1865-1934), 810-811, 815
Chomsky, Noam (1928-), 134, 761-764, 850
Chopin, Frédéric (1810-1849), 108, 524
Chouel, ver Saulxures
Christine da Dinamarca (1521-1590), 34
Cícero, Marco Túlio (106-43 a.C.), 209, 213, 577
Ciência cristã, 452, 611, 637
Ciências naturais, papel na educação, 55-57, 80
Circuito da fala, 759
Circulação, 241-242, 624
Claparède, Alexandre (1858-1913), 208-210
Claparède, Édouard (1873-1940), 526, 663, 678, 733, 817, 840
Claparède, René (1863-1928), 819
Clovis (c.466-511), 793
Codex Becker I, ver *Manuscrit du Cacique*; Saussure, Henri de
Coeficientes sonânticos, 320-328, 461, 548, 643
Colladon, Jean-Daniel (1802-1893), 99
Collège de France, 256, 378
Collège de Genève, 36, 46, 55-57, 93, 185
  divisão entre trilha clássica e industrial, 189-190, 483-484
  Ferdinand no, 187-197, 203-206
Comércio, ver Estudos comerciais
Comunicação, 125, 352, 552
Conceito, 759, 764-765, 784
  ver também Significado
Conches, fazenda da família em, 42-43, 46, 54, 60, 77
Condillac, Étienne Bonnot, Abade de (1714-1780), 56, 72-74, 130-132, 211, 244-245, 413, 442
Congo, Comitê de amparo ao, 748, 819
Congresso de Viena, 32, 69, 91
Congresso Internacional de Orientalistas, Genebra, 531-534, 541-548
  Comissão de transcrição, 543-546
Consanguinidade, 39, 163
Consciência coletiva, 676, 770-771, 780
Constant, Benjamin (1767-1830), 71
Constantin, Émile (1888-1963), 749
Convencionalismo, 396-398, 714
Coppet, Château de, 70-71, 373
Coppet, Grupo de, 71, 218, 839
Coreia de Sydenham (dança de São Vito), 158, 221
Cornu, Sr., 825
Correspondências vocálicas nas línguas indo-europeias, 284
Costumes britânicos em Genebra, 49-50
Cougnard, Jules (1855-1937), 179, 190, 237
Cours de Linguistique Générale (publicação póstuma), 133,833-837
Cousin, Victor (1792-1867), 71, 218, 373
Couturat, Louis (1868-1914), 686-688
Cramer, Édouard (1831-1901), 597
Cramer, Robert, 85
Crans, Château de, mansão da família Saladin, 90, 549
Crátilo, 123-125
Crénées, Les, mansão da família Pourtalès, 89, 91
Creux de Genthod, vila às margens do lago da família Saussure, 41, 615
  venda de, 839
Crud, Élie-Victor-Benjamin, Barão (1772-1845), 80-84, 96
  Économie de l'agriculture [Economia agrícola], 82

Crud, Marie Salomé Andrienne, *née* Pétra (ou Pétraz) (1771-), 80-81
Cruz Vermelha, fundação da, 165, 167
Cuny, Albert (1869-1947), 698
Cursos em linguística geral, 119
primeiro curso, 70, 659-684
segundo curso, 120-121, 709-733
terceiro curso, 120-121, 748-786
Curtius, Georg (1820-1885), 137, 142, 217, 235-238, 242-243, 246-248, 255, 264-267, 277-278, 284-286, 315-316, 321, 334, 339, 363-364, 474, 628
Cuvier, Georges, Barão (1769-1832), 247

D

d'Agoult, Marie, Condessa, *née* de Flavigny (1805-1876), 301
d'Espine, Adolphe (1846-1930), 233-234, 813
d'Haussonville, Gabriel Othenin de Cléron, Conde (1843-1924), 373, 687
d'Hauteville, Noémi, Baronesa, *née* Mallet (1866-1961), 375, 453-455, 469-476, 497, 669, 843
d'Hauteville, Robert Anne George de Renusson, Barão (1860-1907), 476, 669
Dameth, Henri (1812-1884), 241, 723
Dante Alighieri (1265-1321), 237, 530
Darmesteter, Arsène (1846-1888), 372, 394, 400, 473, 477
Darmesteter, James (1849-1894), 375-376, 419, 439, 473, 531-532
Darwin, Charles (1809-1882), 97, 139, 242, 318-319, 352, 376, 594
David, Jean-Élie (1855-1938), 170-173, 178, 182-184, 208-212, 420, 525, 812, 821
David, René (1841-), 393-394, 398-399, 403, 433
Davidson, Geneviève, *née* Oltramare (1887--1967), 749
Davin, Henri, 522
De l'emploi du génitif absolu en sanscrit, tese de doutorado, 357-366
de la Rive, Charles-Gaspard (1770-1834), 99
de la Rive, Edmond Agénor (cunhado, 1847--1902), 422, 487, 610, 809-810
de la Rive, Horace-Bénédict (1687-1773), 97
de la Rive, Théodora "Dora", *née* de Saussure (irmã, 1863-1944), 159-160, 163, 268, 353, 367, 422, 450, 489, 610, 615, 639, 819, 838, 842-843
De Mauro, Tullio, 243
Debate Durkheim-Tarde, 660, 671, 676-677, 711-712, 770, 776-777
Debrit, Jean (1880-1956), 582, 814-815, 819-820
Decrue (posteriormente De Crue), Francis (1854-1928), 355, 420, 478, 483-487, 525, 639, 753, 800, 806-808, 813-817, 822-824
Decrue, David (1807-1892), 209
Dégallier, Georges (1885-1973), 749
Degeneração, 140, 325
Delbrück, Berthold (1842-1922), 277, 350
Delille, Jacques (1738-1813), 227, 237
Delitzsch, Franz (1813-1890), 354
Departamento de Instrução Pública, Genebra, 483, 551, 560, 582, 651, 733, 801-817
Depressão (melancolia), 50
Derrida, Jacques (1930-2004), 849-850
DeSaussure, Henry William (1763-1839), 40
DeSaussure, William Ford (1792-1870), 106
Descartes, René (1596-1650), 129-131, 749
Descombaz, Sr., professor em Hofwyl, 171
Descombes, Sr., 295
Desfeuilles, Arthur, 449
Desfeuilles, Paul (1866-1943), 449
Desjardins, Abel (1814-1886), 386
Desjardins, Ernest (1823-1886), 372
Diacronia, ver Sincronia e diacronia
Diderot, Denis (1713-1784), 43
Diez, Friedrich (1794-1876), 136, 394
Diferença, 211-212, 223, 292, 407-414, 490-494, 515-519, 578, 612, 630-632, 663-664, 684, 713, 718, 723, 728, 782-786
Dinamarquês, 148
Diodati, Jean (ou Giovanni, 1576-1649), 37--39
Diodati, Madeleine, *née* Burlamacchi (1579--1633), 37-38
Discours, 760
Disputa da fronteira venezuelana (1895), 557
Divergência, 435-436

"D'ὠμήλυσις à Τριπτόλεμος: Remarques étymologiques", 639-640
Döderlein, Ludwig (1791-1863), 213, 238
Dommartin-sous-Amance (residência oficial da família Saulxures), 33
Dorez, Léon (1864-1922), 449
Dottin, Georges (1863-1928), 449, 494, 698
Doumer, Paul (1857-1932), 590-591
Dreyfus, Alfred (1859-1935), 555-557, 589-590, 725
Drumont, Édouard (1844-1917), 555-558
Du Pan, Jules (1827-1901), 456
Du Pan, Marie, *née* Faesch (1831-1921), 559
Duchosal, Eugène (1868-1948), 561
Duchosal, Henri (1872-1962), 561-562
Dufaux, irmãos, 749
Dufriche-Desgenettes, Antoni (1804-1878), 327-328
Dumas, Alexandre (pai, 1802-1870), 183, 569
Dunant, Daniel (1831-1904), 165
Dunant, Henri (1828-1903), 164-169, 261, 294
Durkheim, Émile (1858-1917), 660, 671, 676-677, 711-712, 724, 760, 770, 776-777
Duval, Bettine, *née* Faesch (1879-1953), 559
Duval, Maurice (1879-1941), 559
Duvau, Louis (1864-1903), 433-434, 446-448, 510, 532-534
Duvillard, Joseph Marc (1836-1920), 209-210

E

Eccard, Geneviève, *née* Duval (cunhada, 1876-1920), 559-560, 589, 637, 738, 799, 838
École LeCoultre/Martine, ver Institution
École Pratique des Hautes Études, 257, 262, 375, 494, 510, 698
  fundação da, 378
Economia política, 241, 612, 715-716, 723, 778
Edito de Nantes, 38
  revogação do, 40, 85
Educação, filosofia da, 48, 59-60, 71, 79-82
Edzardi, Anton Philipp (1849-1882), 271, 290, 325
Egerton, Henry (1689-1746), 796
Egerton, John, 2º Conde de Bridgewater (1623-1686), 796
Egerton, John, 3º Conde de Bridgewater (1646-1701), 796
Egerton, William, 796
Egger, Émile (1813-1885), 256, 395
Egger, Victor (1848-1909), 139, 373, 395-398, 412, 434-442, 529, 634-635, 661
Ehlers, Henri, 575, 801
Einstein, Albert (1879-1955), 491-493
Eixo associativo, relações associativas, 519, 632, 677-680
  ver também Sintagmático
Eletricidade, 48, 51
  e a vida, 50, 52
Elías, Pedro (c.1100-após 1166), 128
Engels, Friedrich (1820-1895), 242
Engler, Rudolf (1930-2002), 511-512, 852
Entomologia, 97, 99, 105-106, 158
Epicuro (341-270 a.C.), 128-129
Epistemologia, 56
Erdmann, Oskar (1846-1895), 271
Ernault, Émile (Emil Ernod) (1852-1938), 394, 416, 448, 463
Ernout, Alfred (1879-1973), 697-699
Escalada, 38
Escândalo, 53
Escravidão, 39, 87, 165
  Henri sobre a, 102
Esperanto, 447, 685-689, 714, 743, 749, 776-777
Espiritismo, 568-580
"Essai d'une distinction des différents *a* indo-européens", 283-285, 288-293, 311, 324
"Essai pour réduire les mots du grec, du latin & de l'allemand à un petit nombre de racines", 194, 219-227, 234-235, 238, 341
Estado de língua, estado linguístico, 415, 435, 512-514, 566, 770-771, 781
Esterhazy, Charles Ferdinand (1847-1923), 589
Estética, 71, 241
Estilística, 517, 650, 804-808
Estoicos, 125-126
Estrutura, 440
Estruturalismo, 328, 554, 626, 844-851

Franz Joseph, Imperador (1830-1916, reg. 1848-1916), 599
Frederico Guilherme I, Rei da Prússia (1688--1740, reg. 1713-1740), 84, 86
Frege, Gottlob (1848-1925), 783
Freire de Andrade, Nadège de, *née* Pictet (1906-1977), 641, 757-758, 794, 841-843
Freire de Andrade, Narciso de (1898-1968), 841
Freshfield, Douglas William (1845-1934), 58
Freud, Sigmund (1856-1939), 574, 840
Fritzsche, Adolph Theodor Hermann (1818--1878), 273, 643
Fröhde, Friedrich (1834-1895), 282, 314
Frontenex, casa da família em, 41-43, 52, 54, 60
Fulliquet, Georges (1863-1924), 815
Função, 746-747

G

Gabelentz, Georg von der (1840-1893), 247
Gaidoz, Henri (1842-1932), 416
Galeno de Pérgamo (129-c.200), 639
Garibaldi, Giuseppe (1807-1882), 166
Garrick, David (1717-1779), 51
Gaubil, Antoine, S. J. (1689-1759), 689
Gauchat, Louis (1866-1942), 836
Gauthiot, Robert (1876-1916), 425, 434, 611, 697-699
Gautier, Alfred (1858-1920), 183-185
Gautier, Aloys (1879-1944), 582
Gautier, Edmond (1855-1895), 262, 559
Gautier, Hélène, ver Laufer
Gautier, Léopold (1884-1973), 493, 595, 694-696, 709, 719, 733-734, 765-766, 799, 818, 834-836, 843
Gautier, Lucien (1850-1924), 262, 475, 533, 582, 694-695, 823-826, 841
Gautier, Raoul (1854-1931), 262
Gautier, Théophile (1811-1872), 213
Gautier, Victor Horace Charles (1824-1890), 163, 233-234
Geilfus, Georg (1815-1891), 213
Genebra, República e Cantão de, 31-42, 59--61
anexação à França Revolucionária, 59-61
Convenção de Genebra, origem da, 165, 167
entrada na Confederação Suíça, 69
estrutura do Conselho, 36, 70, 92
Greve Geral de 1902, 615
influência do clima na taxa de suicídio, 50
Revolta de 1782, 59-60
Revolução de 1846-1848, 91-95, 178, 206, 211, 817
Voltaire em, 46-47
Genitivo absoluto, 357-358
Genthod, 41, 78, 81-84
nome de, 605-606
Théodore como prefeito de, 93, 95
Geografia dialetal, 448, 613-614
Geologia, 48, 52, 58, 77, 97
Geometria multidimensional, 491-494, 663, 766
George V, Rei (1865-1936, reg. 1910-1936), 479-480
Giessen, Universidade de, 100
Gillet, Denise-Apolline, ver Sarkissof
Gillet, Frédéric (1814-1884), 186
Gilliéron, Jules (1854-1926), 614
Giraud-Teulon, Alexis (1839-1916), 240--242, 294, 367, 425-426, 836
Glardon, Auguste (1839-1922), 571
Godel, Robert (1902-1984), 627, 634, 851--852
Gótico, 140, 271, 284
Gourmont, Rémy de (1858-1915), 449
Govignon, George (1888-), 750
Govignon, Marie (1866-após 1900), 750
Gradação vocálica (coloração), 143, 285-286, 288-289, 321-322, 326-327, 436-437
Gramática comparada do grego e do latim, curso em Paris, 449
curso em Genebra, 581-582, 636, 696, 743-744
Gramática especulativa, 128
Gramática geral, ver *Grammaire générale*
Gramática gótica, curso em Paris, 379, 389, 400, 433, 446-447, 494
curso em Genebra, 599
Gramática histórica do grego e do latim, curso em Genebra, 668
Gramática, 712, 724

Marignac, Jean-Charles-Galissard de (1817--1894), 240
Markendorf, Gustav, 269-270
Marti, Lucien (1880-1983), 595-598, 843
Martin, Paul-Edmond, (1883-1969), 793, 836
Martinak, Eduard (1859-1943), 634-635
Martine, Eugène (1819-1898), 178
Martinet, André (1908-1999), 846-849
Maspéro, Gaston (1846-1916), 549
Massa social, 275-276, 623, 773-778
Massacre do dia de São Bartolomeu, 37, 85
Matemática, 48, 99
Mathesius, Vilém (1882-1945), 845
Maunoir, Albert (1863-1929), 825
Maurice, Baron Frédéric-Alexandre, 590
Maurice, Mathilde-Camille, Baronesa, *née* Guebhard, 590
Maury, Matthew Fontaine (1806-1873), 106
Maus-tratos a súditos do Império Britânico, 557
Max Müller, Friedrich (1823-1900), 137, 246, 351-352, 507-508, 531, 543, 552-553
Maximiliano I, Imperador Romano (1459--1519, reg. 1483-1519), 32
Mayor, Albert (1853-1931), 825
Mazvydas, Martynas (1510-1563), 563
Mégevand, Aléxis, vulgo Mirbel (1874--1891), 569-570, 573, 607-608
Mégevand, *Mme.*, *née* Lachenale, 569-570, 573, 608
Meillet, Antoine (1866-1936), 326, 449-450, 476-477, 494, 510, 533, 541, 611, 629--630, 635-644, 651, 669-671, 677, 692-699, 711, 719, 726-727, 737, 794, 820, 834, 846
Mejía Quijano, Claudia, 853
Melancolia, ver Depressão
Mélanges Saussure (*Festschrift*), 697-699
  resenha de Havet, 726
Mémoire sur le système primitif des voyelles dans les langues indoeuropéennes, 89-90, 193-194, 320-342, 350-351, 353-354, 460, 493, 532, 548-549, 564, 600, 610, 628, 725
  data de publicação, 462
  reimpressão, 461-463
Memória, 440-441, 624
Menn, Barthélemy (1815-1893), 186
Mérimée, Prosper (1803-1870), 213
Merleau-Ponty, Maurice (1908-1961), 848--849
Metafísica, 48, 52, 56
Metodismo, 90-91, 451
Método comparatista, 148-149
Métrica, 273, 600, 643
México, viagem de Henri ao, 100-107
Meyer, Paul (1840-1917), 508, 614, 626, 754
Meylan, Henri (1860-1929), 393
Micheli, Horace (1866-1931), 592, 809-810, 822
Mill, John Stuart (1806-1873), 492, 553
Millenet, Jude (1818-1912), 181-182, 191
Milne-Edwards, Henri (1800-1885), 100
Milton, John (1608-1674), 37
Mimesis, 124
Mizzea, Cécile, 562
Möhl, Georges (1866-1904), 447-448, 463, 485, 496
Möller, Hermann (1850-1923), 340-342, 354, 461, 495, 753
Mongin, Jean (1865-), 448
Mons-Djémila, 164-169, 294, 450
Mont Blanc, 45, 48, 58-59, 176, 546, 615
Montesquieu, Charles-Louis de Secondat, Barão de (1689-1755), 102
Montet, Édouard (1856-1934), 804
Morel, Louis (1851-1917), 240-248, 264--267, 569, 628
Morfologia, 440, 517, 724
  não pode ser histórica, 511-512, 732
Moriaud, Paul (1865-1924), 810-815, 825
Morrens, L. de (*nom de plume* de Léopold de Saussure), 39, 595
Motivação, 138, 768-769, 776
Moynier, Gustave (1826-1910), 167
Müller von Lanhof, Édouard-Ludwig-Gabriel (1815-1892), 170-175, 261
Müller von Lanhof, Flora Anna, *née* Ackerly Grisdale (1821-1891), 170
Müller, Catherine-Élise, vulgo Hélène Smith (1861-1929), 520, 568-580, 596, 606-609
Müller, Friedrich (1834-1898), 508
Müller, Wilhelm (1812-1890), 624-625
Muret, Ernest (1861-1940), 447-448, 510, 532, 622, 698-699, 793, 814-815, 822-825

Musée de l'Histoire Naturelle, 99
Musée Rath, 95
Mussard, Jules (1857-1935), 825
Musset, Alfred de (1810-1857), 602
Mutabilidade, ver Imutabilidade

N

Nabokov, Vladimir (1899-1977), 568
Nações Unidas, 169
Napoleão Bonaparte (1769-1821), 31, 61, 69, 81, 91, 378
Napoleão III, Imperador dos franceses (Louis-Napoléon Bonaparte, 1808-1873, reg. 1852-1870), 166, 294, 378
Natifs, partido político dos não burgueses, 42, 50, 57
Natureza *versus* convenção, ver *Physis versus nomos*
Naville, Adrien (1845-1930), 525, 611-613, 632-634, 712-713, 778, 806, 813-815, 851
  Classificação das ciências, 611
Naville, Blanche-Sophie, *Mme.* Gabriel Naville, *née* Countess de Pourtalès (tia e madrinha, 1836-1923), 90-91, 157, 268, 451-454, 534, 555, 559, 841
Naville, Édouard (1844-1926), 241, 298, 531, 542-549, 611, 621, 626-627, 841
Naville, Ernest (1816-1909), 94, 233, 612, 813
Naville, Gabriel (1825-1864), 157
Naville, Marguerite, *née* Countess de Pourtalès (1852-1930), 841
Naville, Mathilde, *née* Saladin (1826-1898), 268
Necker, Albertine-Adrienne, *née* de Saussure (tia-avó, 1766-1841), 49, 56-57, 70-75, 97, 137, 245, 260, 373, 483-484, 634-635
Necker, Hortense, *née* de Senarclens Vufflens (1846-1904), 75, 489
Necker, Jacques (1732-1804), 51, 60, 70
Necker, Jacques, o jovem (1757-1825), 70
Necker, Suzanne de, *née* Curchod (1737-1794), 51, 70, 375
Necker, Théodore (1791-1849), 75
Neoepicuristas, 129
Neogramáticos, 276, 281-282, 313-319, 667, 681-682, 777
Neuchâtel, 34, 84-88, 108
  independência da Prússia, 110, 157
Nicole, Jules (1842-1921), 240-241, 533, 639
Niedermann, Max (1874-1954), 696-698, 818, 822
Nietzsche, Friedrich (1844-1900), 401
Nodier, Charles (1780-1844), 213
Noland, William Church (1865-1951), 522-533
Nomenclaturismo, 517
Nominalismo *versus* realismo, 127
Nórdico antigo, 271
  aulas de, 433
Notação algébrica em linguística, 149, 291
Notker Labeo (c.950-1022), 424

O

Observatório Nacional, 106
Odier, Blanche, *née* Lombard (1836-1919), 108, 422, 631
Odier, Émile (1862-1920), 488, 533, 631
Odier, Gabriel (1860-1947), 422, 488, 631
Odier, Henri Charles Agénor (1873-1938), 488, 525, 851
  Essai d'analyse psychologique du mécanisme du langage dans la compréhension, 631-635
Odier, Jacques "James" (1838-1918), 488, 631
Oldenberg, Hermann (1854-1920), 313, 349
Oltramare, André (1822-1896), 191, 196, 240
Oltramare, André-Louis (1884-1947), 696
Oltramare, Geneviève, ver Davidson
Oltramare, Paul (1854-1930), 259, 296, 531, 570-571, 668-669, 690-692, 825, 836
Onomatopeia, 398, 471, 763
Oposições, ver Diferença
Oppert, Jules (1825-1905), 218, 549
Organicismo, 139
"Origine de quelques noms de lieux de la région genevoise" [Origens de alguns nomes de lugares na região genebrina], 605
Osthoff, Hermann (1847-1909), 120, 137, 271-274, 277, 286, 293, 314-316, 333-341, 354, 365, 414, 461-462, 627-628

curso de História da linguística moderna, 273-274
Otfrid de Weissenburg (c.800-após 870), 399
Othenin, ver d'Haussonville
Overbeck, Johannes (1826-1895), 272-273
Ovídio (Publius Ovidius Naso, 43 a.C.-17/18 d.C), 648, 694
Owen, Robert Dale (1801-1877), 79

P

Paccard, Michel-Gabriel (1757-1827), 58-59,
Paedagogia, sociedade estudantil, 189, 207, 213-214, 239,
Palavra, 717
Paleontologia, 97-98
Linguística, 247
Pancrônico, 721-722
Para-raios, 52
Pareto, Vilfredo (1848-1923), 612, 778
Paris, Gaston (1839-1903), 372, 416, 462-463, 474, 485-490, 496-498, 508-512, 530-533, 557, 590, 614, 731
Parmentier, Léon Joseph (1863-1929), 447-448
Parny, Evariste-Désiré de Forges de (1753-1814), 602
Parole, ver *Langue-parole-langage*,
Paroquialismo, força do, 754-755
Pascoli, Giovanni (1855-1912), 648, 735-736, 798
Passy, Frédéric (1822-1912), 169
Passy, Paul (1859-1940), 447-448, 496, 756
Paul, Hermann (1846-1921), 276, 440, 459, 508, 516, 730, 793
Paulo, o Apóstolo, São (c.5-c.67), 824-826
Pedersen, Holger (1867-1953), 144, 284, 748
Pedro II, Imperador do Brasil (1825-1891), 295
Peirce, Charles Sanders (Santiago) (1839-1914), 525, 634, 849
Pénard, Ernest (1823-1897), 179-181
Pequenos círculos entre as famílias genebrinas, 39, 49
Pérgamo, 125
Periodização no indo-europeu primitivo, 271, 290, 325
Persa antigo, 142, 263, 274, 439
Pestalozzi, Johann Heinrich (1746-1827), 79, 170
Petitpierre, ver Wesdehlen
Peyrot, Alice, *née* Pictet (1841-1892), 268
Peyrot, Henri (1833-1877), 101-106, 159, 268
Physis versus nomos, 123, 127-128, 129-130
Piaget, Jean (1896-1980), 56, 851
Picot, Dr., 233
Pictet de la Rive, Eléonore, (1812-1887), 97
Pictet de la Rive, François-Jules (1809-1872), 97-99
Pictet de Rochemont, Charles (1755-1824), 69, 71, 79
Pictet, Adolphe (1799-1875), 71, 94, 120, 137, 159, 211, 215-218, 235-240, 245-247, 264, 267, 298-302, 339, 373, 425-426, 439, 458, 506-507, 543, 628, 810, 839
Du beau [Sobre o belo], 299-302, 439
Les origines indo-européennes [As origens indo-europeias], 215-219, 229, 299, 326, 458
Une course à Chamounix, 301-302
Pictet, Amé (1857-1937), 208, 239-240, 245, 270, 283, 793, 836
Pictet, Charles (1755-1824), 161, 479
Pictet, Ernest (1829-1909), 176
Pictet, família, 42-43
Pictet, Guillaume (1855-1924), 283
Pictet, Henri (1879-1905), 637, 640, 757, 801
Pictet, Nadège, ver Freire de Andrade
Pictet, Raoul (1846-1929), 454
Pineau, Léon (1861-1965), 401, 403
Pio IX (Giovanni Maria Mastai-Ferretti, 1792-1878, Papa 1846-1878), 452
Plantamour, Émile (1815-1882), 99
Platão (428/427-348/347 a.C.), 14, 123-125, 128, 191, 762
Crátilo, 123-125, 762
Plínio, o Velho (23-79), 693-694
Ploix, Charles (1821-1895), 473
Poe, Edgar Allan (1809-1849), 402
Policiano (Angelo Ambrogini, 1454-1494), 648, 734

Políticas educacionais (Genebra), 93-94
Ponto de vista anacrônico, 514, 746
Port-Royal, gramática e lógica, 130, 211
Pós-estruturalismo, 648, 850
Potebnja, Oleksandr O. (1835-1891), 845
Pott, August Friedrich (1802-1877), 137, 246, 732
Pourtalès, Adèle-Anna, Condessa de, *née* Hagerman (1825-1898), 471
Pourtalès, Alexandre, Conde de (avô, 1810--1883), 84, 88-91, 105, 109-110, 206, 221, 247, 259-262, 267, 298, 312, 350, 421, 426, 628
Pourtalès, Augusta, Condessa de, *née* Saladin de Crans (avó, 1815-1885), 84, 88, 90-91, 221, 298, 426, 451
Pourtalès, Auguste, Conde de (tio, 1840--1918), 737, 838
Pourtalès, Esther, Condessa de, *née* de Luze, 86
Pourtalès, família, aliança com a Prússia, 176--177
  aquisição de títulos de "Conde" e "Condessa", 88
  origem da, 84
Pourtalès, Frédéric, Conde de (1799-1882), 110
Pourtalès, Guy, Conde de (1881-1941), 44, 90-91, 98, 421, 474, 524, 636-637, 837--843
  La pêche miraculeuse [A pesca milagrosa], 90, 636, 843
Pourtalès, Hélène, Condessa de, *née* Barbey (1868-1945), 636
Pourtalès, Hélène, Condessa de, *née* Marcuard (1885-1964), 838
Pourtalès, Hermann, Conde de (tio, 1847--1904), 90, 349, 474, 636
Pourtalès, Horace, Conde de (1888-1970), 474, 839
Pourtalès, Jacques, Conde de, 837
Pourtalès, Jacques-Louis, Conde de ("le Roi", 1722-1814), 84-89
Pourtalès, Jean de (1669-1739), 85
Pourtalès, Jérémie de (1700-1784), 86-87
Pourtalès, Léopold, Conde de (tio, 1842--1917), 90, 349, 838
Pourtalès, Louis de (1692-1751), 86
Pourtalès, Louis, Conde de (1796-1870), 84, 313
Pourtalès, Marguerite "Daisy", Condessa de, *née* Marcet (1857-1888), 421, 474, 838
Pourtalès, Maximilien, Conde de (tio, 1845--1933), 90, 177, 221, 349, 470-472, 748--749, 838
Pourtalès, Mina, Condessa de, *née* Constant de Rebecque (1854-1935), 748-749
Pourtalès, Raymond, Conde de (1914-1940), 837-838, 843
Pourtalès, Robert, Conde de (1821-1874), 471
Povo hebreu, 218-219
Povo indo-europeu, separação do, 140
  divisão asiático-europeia, 142-143, 284--286, 321
  "superioridade", 218-219
Prêmio Nobel da Paz, 169
Prêmio Volney, 458
Priestley, Joseph (1733-1804), 75-76
Proust, Adolphe Eugène (1859-), 433
Proust, Marcel (1871-1922), 420, 449
Prússia, Exército da, 88
  Corte real da, 86-87, 157
Psichari, Jean (1854-1929), 421, 463, 472--476, 486-487
Psicologia, 248, 276, 317-318, 396-397, 442--443, 552-553, 612, 660, 710-712, 717, 806-807, 840
Pushkin, Alexander (1799-1837), 602

Q

Quicherat, Louis (1799-1884), 213
Quillard, Pierre (1864-1912), 449, 494, 599
Química, 52, 238-241

R

Racine, Jean (1639-1699), 602
Racismo, 102, 556-558, 591-595
Raízes dissilábicas, 329-331
Ravel, Maurice (1895-1937), 602
Realidade linguística, 733
Realismo *versus* nominalismo, 127
Reanimação de tecido morto, 52
Reconstrução em linguística histórica, 145

Reconstrução interna, 324
Recueil des publications scientifiques de Ferdinand de Saussure, 836-837
Redard, Émile (1848-1913), 621
Referente, 126, 248, 397, 772, 783
Reforma, 32-38, 85, 91
e teoria da linguagem, 128-129, 131
Regnaud, Paul (1838-1910), 474-475, 507-508, 512, 541, 546, 552, 686, 776-777
Reid, Thomas (1710-1796), 72
Relojoeiro, 36, 59, 92
Renan, Ernest (1823-1892), 138, 375, 400, 416, 442, 472-475, 532
René II, Duque de Lorraine (1451-1508), 33
Renier, Léon (1809-1885), 459
Représentants (*Représ*), partido político da classe média, 42-43, 57
Resenha de Kock, *Studier öfver fornsvensk ljudlära*, 423-424
Resenha de Oltramare, *La théosophie brahmanique*, 690-691
Resenha de Pictet, *Les origines indo-européennes*, 298-302
Resenha de Schmidt, *Kritik der Sonantentheorie*, 565-567
Reville, Albert (1826-1906), 372-373, 558
Revolução Ayutla, México, 101
Revolução francesa, 37, 60, 76
Riat, Francesco, 555
Richelieu, Armand-Jean du Plessis, Duque-Cardeal de (1585-1642), 54
Richthofen, Barão Emil Karl Heinrich von (1810-1895), 101
Riedlinger, Albert (1883-1978), 659, 682-684, 696, 709, 720, 730-733, 744
Riemann, Bernhard (1826-1866), 491
Rimbaud, Arthur (1854-1891), 227, 526
Ritter, Eugène (1836-1928), 243
Rochat, Louis (1824-1882), 181
Rod, Édouard (1857-1910), 98, 484
Rolland, Romain (1866-1944), 576
Roma, 105
Ronjat, Jules (1864-1925), 599-600
Rosati, Fr. Pietro (1834-1915), 648, 735
Rosier, William (1856-1924), 484, 582, 651, 738-739, 778, 801-809, 813-820, 825, 833
Rossini, Gioachino (1792-1868), 83
Ross-Johnson, Albertine, *née* de Saussure (irmã, 1861-1940), 158-160, 162-164, 170-173, 268, 353-356, 377, 380-382, 390, 420-423, 450-456, 469, 474, 488-489, 497, 561, 577, 589, 597-598, 610-611, 636-637, 641, 709, 794-800, 825, 841-843
Ross-Johnson, Hastings (cunhado, 1862 ou 1864-1931), 641, 794-796, 837, 841
Ross-Johnson, Max, 837-838
Roudet, Léonce (1861-1935), 600
Rougemont, Albert de (1837-1899), 453, 472, 748-749
Rougemont, Marguerite de, ver Henrys
Rousseau, Jean-Jacques (1712-1778), 36, 44-45, 56, 95-96, 98, 132, 311, 396, 444
Rousselot, Pierre Jean, abade (1846-1924), 638
Rue de la Cité, mansão da família Saussure, 41, 48, 615, 839
requisitada por Napoleão, 61
Rue de la Tertasse, 95 (para mansão Saussure, ver Rue de la Cité)
Rue de Saussure, Paris, 61
Ruskin, John (1819-1900), 58

S

Sacro Império Romano, 32-33
Saint-Beuve, Charles-Augustin (1804-1869), 213
Saint-Georges, W., Conde de, 819
Saintine, X. B. (1798-1865), 184
Saladin de Crans, Antoine-Charles-Benjamin (1757-1814), 796
Saladin de Crans, Elisabeth, *née* Saladin de Budé (1789-1862), 90, 163
Saladin de Crans, Elizabeth Mary, *née* Egerton (1760-1810), 90, 796
Saladin de Crans, William (1785-1865), 90, 163
Saladin, Auguste (1798-1875), 83, 90
Saladin, Louise, *née* Crud (1799-1877), 83, 90, 108
Sand, George, pseudônimo de Aurore Dupin (1804-1876), 301, 373
Sânscrito, 121, 133-135, 140-149, 215-217, 234-235, 266, 271-275, 283-287

aulas em Genebra, 510, 532-533, 595-596, 636, 709, 733, 743, 749, 794, 798
"Sanscritoide", ver Müller, Élise
Santa Anna, Antonio López de (1794-1876), 101, 105
Sapir, Edward (1884-1939), 846-847, 850
Sarasin, Charles (1870-1933), 814
Sarkissof(f), Denise-Apolline, *née* Gillet (1856-1920), 186-187, 204
Sarkissof(f), Serge, 186-187
Sarton, George (1884-1956), 61, 690
Sassetti, Filippo (1540-1588), 273-274
Saulxures, origem da família, 32-34
Saulxures-lés-Nancy, Catherine de, *née* Warin de Clémery (c.1470-1537), 33
Saulxures-lés-Nancy, Chouel (Schouel) de, senhorio de Monteuil (fl. c.1440), 33
Saulxures-lés-Nancy, Mongin (or Mengin) Chouel de (1469-1542), 33
Saussure, Adèle de, *née* Pictet de la Rive (1836-1917), 97-98, 105, 158, 176, 215, 234, 260, 268, 353, 381, 426, 521-523, 611, 635-638, 668, 838
Saussure, Albertine de, ver Ross-Johnson
Saussure, Albertine-Amélie de, *née* Boissier (1745-1817), 48-52, 75-77
Saussure, Alix de, ver Weck
Saussure, Alphonse de (avô, 1770-1853), 52, 77-80, 83-84, 99, 236, 820
Saussure, André-Victor (filho, 1895-1895), 559-560, 573
Saussure, Anna de, *née* Schwer (cunhada, 1848-), 488-489, 523, 635, 641
Saussure, Anne de, *née* Cade (nora), 843
Saussure, Anne de, *née* de Pierre, 37
Saussure, Anne-Catherine de, *née* Lullin (1652-1692), 40
Saussure, Antoine de (1514-1569), 33-37, 820
Saussure, Antoine de (sobrinho), 853
Saussure, Antoinette de, *née* d'Augy, dama de Sorcy, 34
Saussure, Ariane de, *née* Flournoy (nora, 1896-1978), 840-841
Saussure, Berthe-Sophie de, *née* Zahler (nora), 840
Saussure, Bertrand de (neto, 1927-1994), 840
Saussure, Catherine Amélie de, *née* Maurice (cunhada), 590
Saussure, César de (1637-1703), 39-40
Saussure, Claude de, 34-37
Saussure, Claude Raymond Ferdinand de (neto, 1920-2002), 840, 853
Saussure, Daniel de, 38, 236
Saussure, Dora (Théodora) de, ver De la Rive
Saussure, Élie de (1602-1662), 38-40
Saussure, Elsa Magdalena de, *née* Gutzwiller, 840
Saussure, Fanny de, *née* Crud (avó, 1796-1862), 78-84, 90, 101, 105, 158-159
Saussure, Ferdinand Mongin de (1857-1913)
  Academia Real Dinamarquesa, membro honorário, 748
  afastamento da docência, 798
  alemão, conhecimento de, 172-174, 379-380
  análise da língua particular do irmão, 163, 416
  "antissemitismo", acusações recentes de, 554-558
  arteriosclerose, 699, 760
  aulas e palestras, relatos sobre, 505-506, 548, 560-562, 595-596
  aulas inaugurais em Genebra, 505-511
  Berlim, estudos em, 313-314, 349-353
  Bibliotecário da Faculdade de Letras, 551, 651-652, 723, 733
  bondade e generosidade, 171-172, 260-261, 561-562, 596-597
  bordéis em Marselha, rumores de, 669
  caça, interesse pela, 161, 204, 230, 239, 261, 356, 795
  Casamento, 497, 520-521
  charges de humor e bilhetes, 179-180
  ciências, formação em, 174, 207-209, 239-240, 259-260
  coleção de selos, 213
  Collège de Genève, formação no, 187-197, 203-206
    ressentimento ao ser enviado ao, 187, 214, 627-628
composição de poesia, 175-176, 180-183, 185-187, 190, 203-206, 214, 227-230, 235-238, 259-260, 488

vida social em Leipzig, 276-278, 472
vida social em Paris, 376-377, 472-473
Saussure, Georges de, 456
Saussure, Gérard de (neto, 1924-1991), 840, 853
Saussure, Germaine de, ver Eccard
Saussure, Hélène de, ver Ferrier de Montal
Saussure, Henri Bénédict de (sobrinho, 1905-1984), 637
Saussure, Henri de (1612-1686), 39
Saussure, Henri de (pai, 1829-1905), 44, 78-84, 88-110, 157-169, 172-176, 184, 187-188, 197, 203-206, 220, 230-241, 259-263, 270, 280, 294-298, 311-315, 319, 335, 361, 367, 376-377, 380-381, 420-421, 426, 446, 450-459, 469-472, 489-490, 497, 520-524, 554-560, 589, 597-598, 615, 628, 637-642, 810, 820-826, 838
Manuscrit du Cacique, 103-107, 520
estudo sobre vespas, 100
Saussure, Henri de, emigração para a Carolina do Sul (1709-1761), 39
Saussure, Hermine de, ver Seyrig
Saussure, Horace de (irmão, 1859-1926), 158-160, 170-174, 220-221, 230, 233-239, 261, 268, 294-298, 377, 423, 446-454, 459, 488-489, 521-523, 555, 635, 640-641, 668, 738-739, 743, 783, 799, 815, 840-841
Saussure, Horace-Bénédict de (1740-1799), 42-70, 78, 100-101, 160-162, 174, 183, 185-187, 236, 260, 280, 355, 375, 379, 422, 453, 509, 603, 615, 635, 798, 821, 825
Projet de réforme pour le Collège de Genève, 55--57
Voyages dans les Alpes, 47-48, 58-61, 77, 109
Saussure, Jacques de (bisneto), 853
Saussure, Jacques de (filho, 1892-1969), 521, 597, 610, 639, 794-795, 801, 814, 819, 837-843, 852
Saussure, Janice de, *née* Davis (nora), 843
Saussure, Jean de (c.1550-1617), 34-37, 236-237
Saussure, Jean-Albert de (sobrinho, 1899-1977), 590, 610, 853
Saussure, Jean-Baptiste de (1576-1647), 37-38, 236
Saussure, Jeanne de (irmã, 1869-1900), 163, 239, 268, 423, 451, 469, 521, 559, 597-598, 610
Saussure, Jeanne de, *née* Davin (cunhada, -1896), 522-523, 555, 560-561
Saussure, Judith de (1745-1809), 53
Saussure, Judith de, *née* de Saussure (1710-1802), 456
Saussure, Judith de, *née* Rigot (1692-1769), 43, 456
Saussure, Léopold de (irmão, 1866-1925), 39, 161-163, 268, 376-377, 380-381, 416, 420-423, 438, 450, 454-456, 489-490, 494-497, 518-521, 555-560, 589, 635-639, 671, 677, 683, 689-690, 738-739, 743, 755, 778, 799-800, 819, 837-841, 853
Psychologie de la colonisation française, 591-595
Saussure, Louis de (sobrinho-neto), 853
Saussure, Louise de, *née* Condessa de Pourtalès (mãe, 1837-1906), 84, 90-91, 98-100, 105-110, 157-159, 163-164, 203, 220, 231-234, 239, 423, 450-452, 459, 469, 511-512, 520-524, 531-534, 555, 559, 589, 597-598, 627-628, 637-642, 796, 821, 824-825, 838, 853
Marche funèbre, 109, 523
Tarentelle, 108
Saussure, Louis-Octave de (irmão, 1871-1943), 164, 423, 451-453, 489, 520-521, 598, 636-637, 641, 668-669, 737, 749, 755-758, 840-843, 853
Saussure, mansão da família, ver Rue de la Cité
Saussure, Margarethe "Meta" de, *née* Clausius (cunhada, 1880-1921), 637, 641, 668-669, 737, 749, 840
Saussure, Marguerite Emma Anna de, *née* de Bonstetten (nora, 1894-1983), 795, 839-840
Saussure, Marie de, *née* Faesch (esposa, 1867-1950), 75, 455-456, 489, 497, 520-525, 534, 555, 559-560, 639-640, 694-696, 726, 738, 750, 793-794, 799-801, 819, 834-839, 841-843
contabilidade doméstica, 521-522, 559

Saussure, Marie de, *née* Mallet (1678-1741), 40-42, 456
Saussure, Marie-Jeanne, *née* Weiss (cunhada, 1857-1922), 635, 641
Saussure, Marthe-Berthe de, *née* Monod (vulgo Ducimetière) (cunhada, 1890-1960), 838
Saussure, Maxime de (sobrinho, 1901-1962), 610
Saussure, Maximilien de (irmão, 1873-1875), 164, 203, 233-234
Saussure, Nicolas de (1709-1791), 41, 48-49, 96, 819
Saussure, Nicolas-Théodore de (tio-avô, 1767-1845), 50, 59, 75-80, 101, 162, 236-237, 259-260
Recherches chimiques sur la végétation, 77-78
Saussure, Nicole de, *née* Schnetzler (nora, 1900-1954), 841
Saussure, Odette de (sobrinha, 1906-1952), 641
Saussure, Raymond de (filho, 1894-1971), 534, 555, 597, 639-640, 757, 801, 819, 837-843, 852-853
Saussure, René de (irmão, 1868-1943), 163, 416, 423, 454-456, 489-494, 521-523, 533-555, 560, 589-590, 610, 635, 663, 687-689, 715-716, 738-739, 743, 749, 766, 776-777, 784-785, 810, 838, 843, 853
Manuscritos de "Metageometria", 491-494, 522
Saussure, Renée de, *née* de la Rive (1715-1789), 42, 45-46, 49, 422
Saussure, Renée de, *née* Fabri-Vernet (1767-1847), 77-80
Saussure, Renée-Henrie-Edmée de (sobrinha), 841
Saussure, Rose-Alice de, ver Francq
Saussure, Sara de, *née* Burlamacchi (1615-1693), 39
Saussure, Suzanne de, *née* Diodati (1573-1624), 37-38
Saussure, Théodore de (1674-1750), 40-43, 456
Saussure, Théodore de (tio, 1824-1903), 78-79, 93-99, 105, 158, 162-163, 170, 176, 233-237, 260-261, 295, 353, 380, 426, 443-446, 450-456, 459, 521, 555, 627, 637, 668, 825, 838
Étude sur la langue française, 95
Saussure, Victor de (1839-1892), 521
Saussure, Victor de (sobrinho, 1910-1940), 749
Saussure, Violette Anna Hélène de, *née* Heer (cunhada, 1873-1964), 610, 738, 843
Saussure, Yvonne de (sobrinha), 560
Savoia, 32, 38, 60, 158
Savori, Camilo (1815-1894), 367
Saxão antigo, curso em Genebra, 744
Sayce, Archibald Henry (1845-1933), 356
Schaerer, Sr., fazendeiro em La Charniaz (-1870), 158, 176
Scherer, Edmond (1815-1889), 213
Schlag, *Frau* H., locatária em Leipzig, 262
Schlegel, Friedrich (1772-1829), 134, 138, 217-218, 274
Schleicher, August (1821-1868), 143-144, 242, 288, 325, 329, 334, 507-508, 522
Schleyer, Fr. Johann Martin (1831-1912), 685
Schmidt, Johannes (1843-1901), 565-567
Schreck, *Frau*, locatária em Leipzig, 262, 354-356
Schreyer, Victor, 241
Schuchardt, Hugo (1842-1927), 508, 516, 686
Schwob, Marcel (1867-1905), 401, 449-450, 473, 477-480, 495-497, 599, 607, 638
Schwyzer, Eduard (1874-1943), 698
Scrimgeour, Catherine de, *née* de Veillet, (c.1550-), 37
Scrimgeour, Françoise, *née* de Saussure (1542-1568), 37
Scrimgeour, Henry (c.1505-1572), 37
Sechehaye, Charles-Albert (1870-1946), 351, 494, 505-506, 532, 599, 659, 673, 698, 709-711, 749, 800, 806, 833-836, 841-843, 851
Sechehaye, Marguerite Jenny, *née* Burdet (1887-1964), 749, 834, 839-840, 843
Sedgwick, Adam (1785-1873), 97
Seippel, Paul (1858-1926), 576
Seitz, Charles (1860-1930), 804, 825

Soret, Frédéric (1795-1865), 543
"Souvenirs", 191-194, 215, 221, 226, 234-236, 240, 242-243, 262-267, 271-279, 293, 337-339, 353, 626-629
Spencer, Herbert (1820-1903), 413
Spesmilo, 688-689, 715-716, 784
Spitzer, Leo (1887-1960), 449
Staël-Holstein, Eric-Magnus, Barão de (1749-1802), 71
Staël-Holstein, Germaine, Baronesa de, *née* Necker (1766-1817), 71, 373, 687, 839
Stallo, John Bernhard (1823-1900), 491-493
Stanley, Dorothy, *Lady*, *née* Tennant (1855-1926), 494
Stanley, *Sir* Henry Morton, *né* John Rowlands (1841-1904), 494
Starobinski, Jean, 735-737, 851
Status burguês, 39-40
Stein, Ludwig (1859-1930), 631
Steinthal, Heymann (1823-1899), 442
Stephen, Leslie (1832-1904), 45
Stevenson, Robert Louis (1850-1894), 402
Stowe, Harriet Beecher (1811-1896), 165
Streitberg, Wilhelm (1864-1925), 487, 629, 841
"Sūdo", 424
Suetônio (Gaius Suetonius Tranquillus, c. 60-após 130), 213
Suíça (Confederação suíça), 31-32, 69, 92
neutralidade da, 69-71
Suicídio, 50, 76, 83, 162, 419, 479-483
Sumichrast, Jean-François de (1828-1882), 101, 104-106
"Sur le nominatif pluriel et le génitif singulier de la déclinaison consonantique en lituanien", 562-564
"Sur les composés latins du type agricola" [Sobre os compostos latinos do tipo *agricola*], 727
"Sur un point de la phonétique des consonnes en indo-européen" [Sobre um ponto da fonética das consoantes no indo-europeu], 459
"Sur une classe de verbes latins en -eo" [Sobre uma classe de verbos latinos em -eo], 280-282
Sweet, Henry (1845-1912), 448, 665

T
Tábuas Eugubinas, 256
Taine, Hippolyte (1828-1893), 243-245, 373, 634-635
Talleyrand-Périgord, Charles-Maurice de, 1º Príncipe de Bénévente (1754-1838), 31-32
Tarde, Gabriel de (1843-1904), 671, 676-677, 711, 760, 770-771, 776-777
Tatian, o assírio (c.120-180), 399, 403, 433
Tavan, Édouard (1842-1919), 209-210
Taverney, Adrien (1858-1951), 399-400, 419
Teatro, 47, 59
Tell, William, 32
Τετάχαται (*tetákhatai*), 191-195, 226, 266
Tempo, 492, 522
e calvinismo, 92
e língua, 138, 413-414, 435, 512-514, 662-664, 667, 712, 754, 772, 774-778, 782
"obsessão" de Saussure, 92
segmento de tempo, 719
Tempo homogêneo, 663
Textor de Ravisi, Arthur-Anatole, Barão (1822-1902), 542
Thomsen, Vilhelm (1842-1927), 285, 292, 748, 796
Thurneysen, Rudolf (1857-1940), 277, 313, 350, 698
Tito, Imperador (39-81, reg. 79-81), 556
Tojetti, Virgile (1867-1932), 505-506, 532-533, 551, 560-561, 582, 834
Tolstói, Lev Nikolaevich (1828-1910), 256
Töpffer, Rudolf (1799-1846), 211
Tout se tient, 629-630, 719
Toy, C. Howell (1836-1919), 550
Trubetzkoy, Nikolaj, Príncipe (1890-1938), 845, 849
Tschudi, Friedrich von (1820-1886), 213
Tschumi, Adolphe (1856-1894), 185, 230, 483-484, 802
Tucídides de Alimos (c.460-c.395 a.C.), 194
Turrettini, François (1845-1908), 533
Twain, Mark, *nom de plume* de Samuel Langhorne Clemens (1835-1910), 473
Tynianov, Jurij (1894-1943), 845

397, 405-406, 516, 531, 541, 550-554, 594, 689-690, 710, 732, 751-752, 758, 762
Widmer (Widemer), Auguste (1853-1939), 559, 589
Wilde, Oscar (1854-1900), 480
Wimmer, Ludvig Frands Adelbert (1839--1920), 460
Windisch, Ernst (1843-1918), 271, 274, 357, 362-363, 544
Wirtschaftslehre, ver Economia política
Wiseman, Nicholas Cardinal (1802-1865), 649
Wolf, George (1950-2002), 852
Wörter und Sachen, 719
Wundt, Wilhelm (1832-1920), 525, 846
Wyss (Arthur Franz Wilhelm, 1852-1900?), 277, 313

X
Xadrez, comparação ao sistema linguístico, 720, 780
Xenofonte de Atenas (c.430-354 a.C.), 194

Z
Zamenhof, Ludwig Lazarus (1859-1917), 447, 685-687
Zende, 137, 140, 145-146
Ziegler, Embaixador, 371
Ziegler, Henri de (1885-1970), 446
Zimmer, Heinrich Friedrich (1851-1910), 313, 349-351
Zimmerli, Jakob (1863-1940), 399
Zola, Émile (1840-1902), 589
Zoologia, 97

Título	Saussure
Autor	John E. Joseph
Tradutor	Bruno Turra
Coordenador editorial	Ricardo Lima
Secretário gráfico	Ednilson Tristão
Preparação dos originais	Laís Souza Toledo Pereira
Revisão	Luis Dolhnikoff
Editoração eletrônica	Estúdio Bogari
Design de capa	Estúdio Bogari
Formato	16 x 23 cm
Papel	Avena 80 g/m² – miolo Cartão supremo 250 g/m² – capa
Tipologia	Minion Pro / Garamond Premier Pro
Número de páginas	904

ESTA OBRA FOI IMPRESSA NA GRÁFICA CS
PARA A EDITORA DA UNICAMP EM DEZEMBRO DE 2023.